Microeconomia
Princípios e Aplicações

Dados Internacionais de Catalogação na Publicação (CIP)
(Câmara Brasileira do Livro, SP, Brasil)

Hall, Robert E.
Microeconomia: princípios e aplicações/ Robert E. Hall, Marc Lieberman; tradução Luciana Penteado Miquelino; revisão técnica Carlos Roberto Martins Passos. -- São Paulo : Pioneira Thomson Learning, 2003.

Título original: Microeconomics: principles and applications
Bibliografia.
ISBN 85-221-0289-9
1. Microeconomia I. Lieberman, Marc. II. Título

02-6166 CDD-339

Índices para catálogo sistemático:

1. Microeconomia 339

Microeconomia
Princípios e Aplicações

Robert E. Hall
Marc Lieberman

Tradutora
Luciana Penteado Miquelino

Revisor Técnico
Carlos Roberto Martins Passos
Economista, formado pela FEA/USP; lecionou, entre outras instituições, na Pontifícia Universidade Católica de São Paulo – PUC/SP; pós-graduado em Economia pela FIPE/FEA/USP; consultor de empresas e professor nos cursos de MBA – Finanças e do IbmecLaw, do Ibmec Educacional S.A.

THOMSON

Austrália Brasil Canadá Cingapura Espanha Estados Unidos México Reino Unido

THOMSON

Gerente Editorial:
Adilson Pereira

Editora de Desenvolvimento:
Eugênia Pessotti

Produtora Gráfica:
Patricia La Rosa

Título Original:
Microeconomics: Principles & Applications

Tradução:
Luciana Penteado Miquelino

Revisão Técnica:
Carlos Roberto Martins Passos

Copidesque:
Glauco Peres Damas

Revisão:
Simone Sant'ana da Veiga e Maria Alice da Costa

Composição:
LUMMI Produção Visual e Assessoria Ltda.

Capa:
MAR, GD Design Gráfico

Impresso no Brasil.
Printed in Brazil.
1 2 3 4 05 04 03

Rua Traipu, 114 – 3º andar
Perdizes – CEP 01235-000
São Paulo – SP
Tel.: (11) 3665-9900
Fax: (11) 3665-9901
sac@thomsonlearning.com.br
www.thomsonlearning.com.br

Dados Internacionais de Catalogação na Publicação (CIP)
(Câmera Brasileira do Livro, SP, Brasil)
Hall, Robert E.
Microeconomia: princípios e aplicações / Robert E. Hall, Marc Lieberman;
São Paulo: Pioneira Thomson Learning, 2003.
Título original: Microeconomics: principles and applications
Bibliografia.
ISBN 85-221-0289-9
1. Microeconomia I. Lieberman, Marc. II. Título.
02-6166 CDD – 339
Índice para Catálogo Sistemático:
1. Microeconomia 339

Este livro trata de princípios econômicos e de como os economistas os utilizam para entender o mundo. Foi concebido, escrito e substancialmente revisto para ajudar seus alunos a se concentrarem nestes princípios e aplicações básicos.

Decidimos escrever este livro porque cremos que os livros existentes muitas vezes confundem a visão que os alunos têm da economia e daquilo de que ela trata. Em nossa opinião, os principais textos podem ser divididos em três categorias. Na primeira estão as enciclopédias – grandes volumes que trazem um parágrafo sobre cada tópico ou subtópico que você pode querer apresentar a seus alunos. O resultado é um livro por demais abrangente – e, muitas vezes, superficial – em que se perdem os temas e idéias centrais.

O segundo tipo de texto é o que chamamos "álbum de recortes". Em uma tentativa de aumentar o interesse dos alunos, esses livros incluem quadros multicoloridos, trechos de notícias, entrevistas, cartuns e o que mais considerarem necessário para animar o leitor a cada página virada. Embora estas características sejam muitas vezes divertidas, há um porém: esses livros sacrificam uma apresentação lógica e concentrada do material e, com isso, perdem-se os temas e idéias centrais.

Finalmente, o terceiro tipo de texto, talvez como forma de reação aos dois primeiros, procura fazer menos em todas as áreas – e *muito* menos. Mas, em vez de apenas omitir detalhes estranhos ou não essenciais, esses textos procuram redefinir a introdução à economia por meio da eliminação de idéias, modelos e conceitos fundamentais. Se esses livros pudessem falar, diriam: "duvidamos que nossos leitores pensem muito ou se lembrem de muita coisa, então nem nos damos ao trabalho de tentar". Os alunos que usam esses livros podem passar a crer que a economia é por demais simplificada e pouco realista. Após concluírem o curso, podem não estar preparados para ir a campo ou para pensar sozinhos sobre economia.

UMA ABORDAGEM DIFERENCIADA

Nossa abordagem é muito diferente. Achamos que a melhor maneira de ensinar os Princípios é apresentar a economia como um assunto coerente e unificado. Isto não se dá automaticamente. Pelo contrário, aos estudantes de. Princípios muitas vezes escapa a unidade daquilo que chamamos "o modo econômico de pensar". Por exemplo, é provável que eles vejam a análise dos mercados de bens, de trabalho e financeiro como fenômenos inteiramente distintos, e não como uma aplicação repetida de uma só metodologia, com uma ou outra diferença. Assim, o curso de Princípios parece se resumir a "uma coisa após a outra", ao contrário da apresentação coerente que pretendemos atingir.

Para permitir que os alunos percebam as virtudes da abordagem econômica, incluímos no livro algumas características importantes. A primeira é uma metodologia consistente. A maioria dos economistas, ao abordar um problema, começa pensando em compradores e vendedores, em objetivos e restrições. Em seguida passam ao estudo do equilíbrio e, depois, experimentam seu modelo em um exercício de estática comparada. Para entender o que é a economia, os alunos precisam, primeiro, entender este processo e vê-lo operar em diferentes contextos. Para ajudar neste esforço, identificamos e destacamos quatro "Etapas-Chave para a Compreensão da Economia" que são usados pelos economistas na análise de problemas. São eles:

1. **Caracterizar o Mercado.** Definição do mercado (ou mercados) que melhor se adequa ao problema objeto de análise e identificação dos tomadores de decisão (compradores e vendedores) que interagem no mercado.
2. **Identificar os Objetivos e Restrições.** Identificação dos objetivos que os tomadores de decisões procuram atingir e das restrições que enfrentam para a realização de seus objetivos.

3. **Encontrar o Equilíbrio.** Descrição das condições necessárias para o equilíbrio do mercado e um método para encontrar o equilíbrio.
4. **O Que Acontece Quando as Coisas Mudam?** Exploração da maneira como novos eventos e políticas governamentais afetam o equilíbrio do mercado.

No fim do Capítulo 3 há uma descrição aprofundada de cada uma dessas etapas. Daí em diante, sempre que uma das Etapas-Chave for usada em capítulos futuros, ela será identificada pelo símbolo de uma chave, como na margem ao lado. Por meio do uso das Etapas-Chave, os alunos aprenderão a pensar como economistas, tudo de uma maneira natural. E eles perceberão a economia como um todo, não como um conjunto de idéias desconexas.

Outra maneira pela qual destacamos a unidade da economia é um capítulo de conclusão desenvolvido à parte:

Utilizando Toda a Teoria: A microeconomia do varejo on-line. Esse capítulo-base ajuda os estudantes a apreciarem a unidade essencial da microeconomia. Nele, utilizamos as quatro Etapas-chave para estudar uma questão importante e interessante – a evolução e o impacto econômico do varejo na Internet. Revisitamos as idéias-chave sobre mercados de produtos, mercados de trabalho e sobre mercados financeiros e as aplicamos neste novo e importante contexto.

Neste capítulo, os alunos poderão perceber que muito daquilo que lêem e ouvem dizer na imprensa pode ser compreendido por meio da aplicação das ferramentas que aprenderam no curso de Princípios.

FOCO CUIDADOSO

Por termos evitado a complexidade enciclopédica, tivemos de pensar muito sobre os tópicos de maior importância. Como se verá:

Evitamos material que não seja essencial. Nos casos em que acreditamos que um tópico não era essencial para a compreensão básica da macroeconomia, o deixamos de lado. Também evitamos entrevistas, trechos de notícias e quadros apenas distantemente ligados ao assunto central. As características que seus alunos *encontrarão* neste livro têm por objetivo ajudar a entender e aplicar a teoria econômica em si e ajudar a explorar por conta própria outras fontes de informação, com uso da Internet.

Explicamos pacientemente conceitos difíceis. Como omitimos tópicos de menor importância, podemos explicar os tópicos que foram incluídos com maior profundidade e paciência. Conduzimos os alunos, passo a passo, por meio de cada aspecto da teoria, cada gráfico e cada exemplo numérico. Ao desenvolvermos este livro, pedimos a outros professores experientes que nos dissessem que aspectos da teoria econômica apresentavam maior dificuldade para seus alunos e dedicamos atenção especial aos pontos problemáticos.

Usamos exemplos concretos. Os alunos aprendem melhor quando vêem como a economia pode explicar o mundo que os cerca. Sempre que possível, desenvolvemos a teoria por meio de modelos da vida real. Quando usamos exemplos hipotéticos, por ilustrarem com maior clareza a teoria, procuramos deixá-los o mais realistas possível. Além disso, cada capítulo termina com uma aplicação aprofundada e ampla que se concentra em uma relevante questão da vida real.

CARACTERÍSTICAS DE REFORÇO

Optamos por características que reforcem a teoria básica, em vez de distrair a atenção que deveria ser dedicada a ela. Segue uma lista das mais importantes e uma descrição do porquê acreditamos que elas ajudem os alunos a se concentrarem na essência.

Curvas Perigosas – Os ícones de Curvas Perigosas aparecem em diversos capítulos. Seu objetivo é eliminar a confusão que por vezes surge quando os alunos lêem o texto – erros do tipo que vemos repetidamente em suas provas.

Utilizando a Teoria – As seções de Utilizando a Teoria, que apresentam aplicações aprofundadas, aparecem no fim de cada capítulo. Embora haja uma abundância de exemplos e fatos da vida real no corpo de cada capítulo, ajudando a ilustrar cada passo do caminho, também achamos importante incluir uma aplicação mais profunda que unifique o material contido em cada capítulo. Nas seções de Utilizando a Teoria, os alunos vêem como as ferramentas que aprenderam podem explicar algo a respeito do mundo – algo que seria difícil de explicar na falta destas ferramentas.

INOVAÇÕES DO CONTEÚDO

Além das características especiais que acabamos de descrever, você encontrará algumas diferenças importantes em relação a outros textos no que se refere à abordagem e à organização dos tópicos. Também estes aspectos têm por objetivo fazer com que a teoria se torne mais evidente e facilitar o aprendizado. Não se trata de experimentos pedagógicos ou de inovações feitas apenas em nome da inovação. As diferenças encontradas neste texto são o resultado de anos de experiência em sala de aula.

INOVAÇÕES QUANTO À MICROECONOMIA

Escassez, escolha e sistemas econômicos (Capítulo 2): Esse primeiro capítulo, além de abranger material padrão, como custo de oportunidade, também introduz conceitos centrais muito antes, em comparação com outros textos. Mais importante, ele introduz o conceito de vantagem comparativa e o princípio básico de especialização e trocas. Esses conceitos foram colocados no início do nosso livro porque acreditamos que oferecem base importante para a construção do que vem posteriormente. Por exemplo, a vantagem comparativa e a especialização na firma ajudam a explicar as economias de escala (Capítulo 6). O comércio internacional (Capítulo 16) pode ser visto como uma aplicação especial desses princípios, estendendo-os para o comércio entre nações.

A teoria da firma (Capítulo 7): Muitos livros introduzem a teoria da firma utilizando o modelo perfeitamente competitivo. Acreditamos que isso seja uma escolha infeliz, pois força os estudantes a dominarem a lógica da maximização do lucro e os detalhes de um tipo muito especial de mercado ao mesmo tempo. Os alunos, muito naturalmente, pensam nas firmas como enfrentando curvas de demanda de inclinação para baixo – não curvas horizontais. Descobrimos que eles aprendem mais facilmente a teoria da firma com esse tipo de curva de demanda mais familiar.

Além disso, tratando a teoria da firma em um capítulo separado, antes da concorrência perfeita, podemos separar conceitos que se aplicam a todas as estruturas de mercado (as formas da curva de custo marginal e das curvas de custo médio, custo marginal igual à receita marginal, a regra do fechamento etc.) dos conceitos exclusivos da concorrência perfeita (curva de demanda horizontal, receita marginal igual ao preço etc.). Isso evita posterior confusão.

Concorrência monopolista e oligopólio (Capítulo 10): Duas características do nosso tratamento são dignas de nota. Primeiro, enfatizamos a publicidade, um recurso-chave desses dois tipos de mercados. Os estudantes estão muito interessados na publicidade e na maneira como as empresas tomam decisões sobre ela. O capítulo é aberto com esse tema e a seção Utilizando a Teoria o aprofunda. Segundo, omitimos teorias mais antigas de oligopólio que faziam surgir mais perguntas do que respostas, como o modelo de curva de demanda quebrada. Nosso tratamento do oligopólio é estritamente baseado na teoria dos jogos, mas tomamos um cuidado enorme para mantê-lo simples e claro.

Mercados financeiro e de capital (Capítulo 13). Escrevemos um capítulo totalmente voltado para os mercados financeiro e de capital. Ele se concentra no tema comum dessas matérias: o valor presente da renda futura. Além disso, oferece análise simples, no nível de princípios, dos mercados de ações e de títulos, algo pelo qual os estudantes estão ávidos, mas que poucos livros-texto abordam.

Descrição vs. Avaliação (Capítulos 8, 10 e 14): Ao tratar estruturas de mercado de produtos, a maioria dos livros vai e volta entre descrição e análise de diferentes mercados de um lado e suas propriedades de eficiência do outro.

Nosso livro agrupa o material sobre eficiência em um único capítulo (Capítulo 14), com várias vantagens. Primeiro, permite que você se concentre na descrição e na previsão ao ensinar sobre estruturas de mercado – um prato cheio, na nossa experiência. Segundo, um capítulo devotado à eficiência permite um tratamento mais abrangente do tópico em comparação ao que se vê em outros textos. Finalmente, nossa abordagem – na qual os estudantes aprendem sobre eficiência depois de terem dominado as quatro estruturas de mercado – permite que eles estudem a eficiência com a perspectiva necessária para realmente entendê-la.

O papel do governo na eficiência econômica (Capítulo 15): Abrangemos as falhas do mercado – e a intervenção do governo para corrigi-las, em um único capítulo. Além dos tópicos padrão (externalidades, bens públicos e avaliação da concorrência imperfeita), introduzimos um assunto crucial, geralmente ausente nos livros introdutórios: o papel econômico do sistema jurídico. Acreditamos que deveria ser um tópico central no curso introdutório.

Vantagem comparativa e os ganhos da comercialização (Capítulo 16): Descobrimos que o comércio internacional é mais bem entendido por meio de exemplos numéricos claros e os desenvolvemos cuidadosamente nesse capítulo. Também tentamos construir uma ponte para a lacuna entre a economia e a política do comércio internacional, com uma discussão sistemática de vencedores e perdedores.

FLEXIBILIDADE ORGANIZACIONAL

Organizamos o conteúdo de cada capítulo como um todo, de acordo com nossa ordem recomendada de apresentação, mas também colocamos flexibilidade. Por exemplo, o Capítulo 5 desenvolve a teoria do consumidor tanto com a utilidade marginal, como (em um apêndice) com curvas de indiferença, permitindo que você apresente qualquer um dos dois métodos na sala de aula. Se desejar destacar o comércio internacional, você pode indicar o Capítulo 16 imediatamente depois do Capítulo 3.

Finalmente, incluímos somente os capítulos que pensamos serem tanto essencial como possíveis de ensinar em um curso de duração de um ano. Mas nem todos concordarão sobre o que é essencial. Embora nós – como autores – não desejemos que um capítulo seja omitido no interesse do tempo, permitimos essa possibilidade. Nada no Capítulo 12 (Desigualdade de renda), no Capítulo 13 (Mercados de capitais e financeiros), no Capítulo 15 (O papel do governo na eficiência econômica) ou no Capítulo 16 (Vantagem comparativa e os ganhos com a comercialização) é necessário para o entendimento de qualquer um dos outros capítulos do livro. Pular qualquer um deles não deve provocar problemas de continuidade.

Em muitos casos, um capítulo pode ser indicado seletivamente. Por exemplo, no Capítulo 11 (O mercado de trabalho), um professor que se sente apressado poderia concentrar-se no equilíbrio e nos resultados estáticos comparativos dos mercados de trabalho e pular as análises da empresa como demandante de trabalho.

AGRADECIMENTOS

Nossa grande dívida de gratidão, neste livro, é para com os muitos revisores que leram cuidadosamente o manuscrito e fizeram numerosas sugestões de melhorias. Embora não tenhamos podido incorporar todas as suas idéias, avaliamos cuidadosamente cada uma delas. Entre aqueles cujas sugestões nos foram particularmente úteis estão:

Ljubisa Adamovich	Florida State University
Rashid Al-Hmoud	Texas Tech University
David Aschauer	Bates College
Richard Ballman	Augustana College
Charles A. Bennett	Gannon University
Sylvain Boko	Wake Forest University
Mark Buenafe	Arizona State University

Stephen Call	Metropolitan State University
Kevin Carey	American University
Steven Cobb	Xavier University
Dennis Debrecht	Carroll College
Selhattin Dibooglu	Southern Illinois University
John Duffy	University of Pittsburgh
James Falter	Mount Marty College
Sasan Fayazmanesh	California State University, Fresno
Satayjit Ghosh	University of Scranton
Rik Hafer	Southern Illinois University
Andrew Hildreth	University of California, Berkeley
Thomas Husted	American University
David Kaun	University of California, Santa Cruz
Philip King	San Francisco State University
Kate Krause	University of New Mexico
Viju Kulkarni	San Diego State University
Nazma Latif-Zaman	Providence College
Teresa Laughlin	Palomar College
Judith Mann	University of California, San Diego
Chris Niggle	University of Redlands
Farrokh Nourzad	Marquette University
William Rosen	Cornell University
Thomas Sadler	Pace University
Jonathan Sandy	University of San Diego
Razaman Sari	Texas Tech University
Edward Scahill	University of Scranton
Mary Schranz	University of Wisconsin, Madison
Alden Shiers	California Polytechnic State University
Martha Stuffler	Irvine Valley College
Glen Whitman	California State University, Northridge
Robert Whaples	Wake Forest University

Foi realizada uma pesquisa de mercado juntamente com o desenvolvimento deste livro. Os resultados proporcionaram informações que foram de grande importância durante a revisão. Manifestamos nossa gratidão aos mais de 600 entrevistados e, especialmente, aos instrutores citados a seguir, que participaram de uma pesquisa mais aprofundada de mercado:

Erol Balkan	Hamilton College
Amanda Bayer	Swarthmore College
Cliff Bekar	Lewis and Clark College
Michael Ben-Gad	University of Houston
John Blair	Wright State University
Jack Chambless	Valencia Community College
Jai-Young Choi	Lamar University
James Cover	University of Alabama
Jerry Crawford	Arkansas State University
Audrey Davidson	University of Louisville
Al DeCook	Broward Community College
Amy Diduch	Mary Baldwin College
John Dodge	Indiana Weslyan University
Gary Ferrier	University of Arkansas
Fred Glahe	University of Colorado
Gary Greene	Manatee Junior College

Paul Grimes	Mississipi State University
Wayne Grove	Colgate University
Carl Gwin	Babson College
Steven Hackett	Humboldt State University
Bassam Harik	Western Michigan University
Emily Hoffman	Western Michigan University
Janet Koscianski	Shippensburg University
Shah Mehrabi	Montgomery College
Will Melick	Kenyon College
Diego Mendez-Carbajo	Florida International University
John Nader	Grand Valley State University
David O'Hara	Metro State University
Carl Parker	Ft. Hays Kansas State University
Min Qi	Kent State University
Richard Roehl	University of Michigan, Dearborn
George Samuels	Sam Houston State University
Edward Schumacher	East Carolina University
Eric Schutz	Rollins College
Barry Seldon	University of Texas at Dallas
Michael Smitka	Washington and Lee University
Martin Spechler	Indiana University - Purdue University Indianapolis
Brian Strow	Western Kentucky University
Edward Stuart	Northeastern Illinois University
James Sullivan	U.S. International University
Timothy Sullivan	Towson State University
Amy Quist Vander Laan	Hanover College
Craig Walker	Delta State University
Kathryn Wilson	Kent State University
William Wood	James Madison University

O belo livro que você tem em mãos não existiria se não fosse pelo árduo trabalho de um talentoso grupo de profissionais. A produção do livro foi supervisionada por Sharon Smith, da South-Western College Publishing, e realizada por The Pre-Press Company. Na Pre-Press, tudo se revelou possível graças à dedicação de Jennifer Carley e Kurt Jordan. Jennifer fez o livro acontecer e Kurt garantiu que os gráficos fossem desenhados com clareza e precisão. Uma equipe de estudantes da NYU ajudou a localizar e corrigir os erros restantes. Foram eles Jerry Revich, Mathew Venzon, Elizabeth Taylor, James Dec, Amarna Tolentino, David Feygenson, Andrew Chiang e Brigitta Shtern.

A programação visual do livro resulta do projeto de Joe Devine, da South-Western, e foi executada pela Hespenheide Design. Paul Neff projetou a capa e Cary Benbow gerenciou com habilidade o programa fotográfico, com alguma ajuda de Darren Wright. Charlene Taylor fez com que tudo isso se encaixasse, em sua função de Coordenadora de Produção.

Finalmente, estamos particularmente gratos pelo trabalho dedicado e profissional da equipe de marketing e vendas da South-Western College Publishing. Dennis Hanseman, nosso editor de desenvolvimento desta edição ultrapassou seus próprios recordes em termos de auxílio e habilidade. Seus conselhos sobre conteúdo e redação foram de valor inestimável e ele foi incansável em sua busca pela excelência no processo de revisão. Lisa Lysne foi persuasiva e apaixonada em sua defesa de nosso texto na qualidade de Gerente Sênior de Marketing. Sua criatividade e seu senso de humor fizeram com que o trabalho junto à equipe de marketing e vendas da South-Western fosse interessante e divertido. E os representantes de vendas da South-Western foram defensores extremamente persuasivos do livro. Declaramos, aqui, nossa sincera gratidão por seus esforços!

SOBRE OS AUTORES

ROBERT E. HALL

é um notório especialista em economia aplicada. É o Robert and Carole McNeil Professor of Economics da Stanford University e Senior Fellow da Hoover Institution da Stanford, onde conduz pesquisas sobre inflação, desemprego, tributação, política monetária e aspectos econômicos da alta tecnologia. Recebeu seu Ph.D. do MIT e foi professor tanto no MIT quanto na University of California em Berkeley. Hall é o diretor do programa de pesquisa sobre Flutuações Econômicas do National Bureau of Economic Research e Presidente do Bureau's Committee on Business Cycle Dating, que mantém a cronologia semioficial do ciclo de negócios dos Estados Unidos. Publicou numerosas monografias e artigos em periódicos acadêmicos e foi co-autor de um popular texto de nível intermediário. Hall foi assessor sobre política econômica nacional do Departamento do Tesouro e do Conselho de Administração do Federal Reserve e apresentou testemunho perante comitês do Congresso em numerosas ocasiões.

MARC LIEBERMAN

é Clinical Associate Professor of Economics da New York University. Recebeu seu Ph.D. da Princeton University. Lieberman ministrou seu popular curso de Princípios da Economia em Harvard, Vassar, University of California em Santa Cruz e na University of Hawaii, além da NYU, onde foi agraciado com o Economics Society Award for Excellence in Teaching. É co-editor e colaborador do livro *The Road to Capitalism: Economic Transformation in Eastern Europe and the Former Soviet Union.* Lieberman prestou consultoria ao Bank of America e ao Educational Testing Service. Em seu tempo livre, é roteirista para a TV. Foi co-autor do roteiro de *Love Kills,* um filme de suspense apresentado pela rede de TV a cabo USA e ministra periodicamente cursos de roteiro para a TV na School of Continuing and Professional Studies da NYU.

SUMÁRIO

PARTE I
PRELIMINARES

PARTE II
TOMADORES DE DECISÕES MICROECONÔMICAS

PARTE III

MERCADOS DE BENS

PARTE IV

MERCADOS DE TRABALHO, DE CAPITAL

PARTE V

A EFICIÊNCIA, O GOVERNO E A ECONOMIA GLOBAL

CAPÍTULO

1

O QUE É ECONOMIA?

Economia. A palavra nos faz pensar em todo o tipo de imagem: corretores enlouquecidos em Wall Street, um encontro de cúpula em uma capital européia, um sisudo âncora de telejornal dando boas ou más notícias sobre a situação econômica... Cada um de nós, "provavelmente", ouve falar de economia com muita freqüência. Mas o que *é*, exatamente, sua definição?

Primeiro, economia é uma *ciência social*, o que significa que procura explicar algo sobre a *sociedade*. Nesse sentido, tem alguma coisa em comum com a psicologia, a sociologia e as ciências políticas, mas o que a diferencia é *aquilo* que os economistas estudam e *a maneira* como o fazem. Os economistas fazem perguntas fundamentalmente distintas e as respondem por meio do uso de ferramentas que os demais cientistas sociais consideram exóticas.

ECONOMIA, ESCASSEZ E ESCOLHA

Uma boa definição de economia, capaz de destacar a diferença entre ela e as demais ciências sociais, é a seguinte:

> ***Economia** é o estudo da escolha sob condições de escassez.*

Economia O estudo da escolha sob condições de escassez.

Essa proposição pode parecer estranha. Onde estão as palavras que estamos habituados a associar à economia, como "dinheiro", "ações", "títulos", "preços", "orçamentos"...? Como veremos em breve, a economia trata de todas essas coisas e de outras mais. Mas vamos, primeiro, estudar um pouco mais a fundo duas importantes idéias presentes nessa definição: escassez e escolha.

ESCASSEZ E ESCOLHA INDIVIDUAL

Pense um pouco em sua própria vida – em suas atividades rotineiras, nos bens que você possui e aprecia, no ambiente em que vive. Há algo que você não tenha no momento e que *gostaria* de ter? Algo que você já tenha, mas gostaria de ter em *maior quantidade*? Se a sua resposta for "não", parabéns! Ou você já está bem avançado no caminho do ascetismo Zen ou então é parente próximo de Bill Gates. A vasta maioria, no entanto, sente a pressão das restrições ao padrão material de viver. Essa verdade encontra-se no coração da economia e pode ser reescrita da seguinte maneira: todos enfrentamos o problema da **escassez**.

Escassez uma situação em que a quantidade disponível de algo não é suficiente para satisfazer o desejo por ele.

À primeira vista, pode parecer que você sofre de uma infinita variedade de carências. São tantas as coisas que você gostaria de ter exatamente agora – uma sala ou um apartamento maior, um carro novo, mais roupas... A lista é interminável. Um pouco de reflexão, porém, sugere que nossa limitada capacidade de satisfazer esses desejos se baseia em duas limitações mais essenciais: escassez de *tempo* e de *poder aquisitivo.*

Como indivíduos, deparamo-nos com escassez de tempo e de poder aquisitivo. De posse de maior quantidade de quaisquer das duas coisas, poderíamos ter mais dos bens e serviços que desejamos.

A escassez de poder aquisitivo é, sem dúvida, familiar a você. Todos já quisemos ter renda maior para comprar mais das coisas que desejamos. Entretanto, a escassez de tempo é igualmente importante. Muitas das atividades de que gostamos – ir ao cinema, tirar férias, dar um telefonema – exigem tanto tempo quanto dinheiro. Assim como o poder aquisitivo é limitado, temos um número finito de horas por dia que podemos dedicar à satisfação dos desejos.

Devido à escassez de tempo e à de poder aquisitivo, somos forçados a fazer *escolhas.* Precisamos distribuir o escasso *tempo* entre diferentes atividades: trabalho, diversão, educação, sono, compras e outras coisas mais. Precisamos também distribuir o escasso *poder aquisitivo* entre diferentes bens e serviços: abrigo, alimento, móveis, viagens e muitas outras coisas. Cada vez que escolhemos comprar ou fazer uma determinada coisa, estamos também escolhendo *não* comprar ou não fazer outra.

Os economistas estudam as escolhas que precisamos fazer como indivíduos e a maneira como essas decisões moldam a economia. Por exemplo, na próxima década, cada um de nós poderá – como indivíduos – optar por fazer maior quantidade de compras pela Internet. Coletivamente, essa resolução determinará quais firmas e indústrias crescerão e contratarão novos empregados (por exemplo, firmas de consultoria para a Internet e fabricantes de tecnologia para a Internet) e quais firmas se contrairão e demitirão empregados (como o varejo tradicional).

Os economistas também estudam os efeitos mais sutis e indiretos da escolha individual sobre a sociedade. A maioria das pessoas continuará a viver em casas – como se deu com os europeus – ou a maioria acabará em apartamentos? Teremos uma população educada e bem-informada? Os engarrafamentos nas cidades ficarão cada vez piores ou haverá uma luz no fim do túnel? Poderá a Internet gerar crescimento econômico acelerado e padrões de vida em ascensão mais rápida por muitos anos ou será apenas uma pequena explosão de atividade econômica que breve irá diminuir? Essas perguntas giram, em grande parte, em torno das decisões individuais de milhões de pessoas. Para responder a elas, é preciso compreender como os indivíduos fazem escolhas sob condições de escassez.

ESCASSEZ E ESCOLHA SOCIAL

Pensemos, agora, em escassez e escolha do ponto de vista da *sociedade*. Quais são as metas da sociedade? Queremos um padrão de vida mais elevado para os cidadãos, ar limpo, ruas seguras, boas escolas e muito mais. O que nos impede de realizar todos esses objetivos de uma maneira satisfatória para todos? A resposta é óbvia: a escassez.

No caso da sociedade, o problema é uma escassez de **recursos** – as coisas que usamos para produzir bens e serviços que nos ajudam a atingir os objetivos. Os economistas classificam os recursos em três categorias:

1. **Trabalho** é o tempo que as pessoas despendem produzindo bens e serviços.
2. **Capital** consiste em instrumentos duradouros que as pessoas usam para produzir bens e serviços. Isto inclui *capital físico*, que reúne coisas como prédios, maquinaria e equipamentos, e ***capital humano*** – as *habilidades* e o *treinamento* que têm os trabalhadores.
3. **Terra** é o espaço físico em que se dá a produção, além dos recursos naturais nela encontrados, como petróleo, ferro, carvão e madeira.

Recursos A terra, o trabalho e o capital usados para produzir bens e serviços.

Trabalho O tempo que as pessoas dedicam à produção de bens e serviços.

Capital Os instrumentos duradouros usados para produzir bens e serviços.

Capital Humano As habilidades e o treinamento da força de trabalho.

Terra O espaço físico em que se dá a produção e os recursos naturais dela extraídos.

Qualquer coisa *produzida* na economia resulta de alguma combinação desses recursos. Pense na última palestra à qual você assistiu na faculdade. Você estava consumindo um serviço – uma palestra universitária. O que foi usado na produção desse serviço? Seu instrutor forneceu trabalho. Também foram usadas muitas formas de capital. O capital físico incluiu coisas como mesas, cadeiras, lousa ou retroprojetor e o próprio prédio da faculdade. Incluiu , também, o computador que seu instrutor pode ter usado para preparar o texto da apresentação. Além disso, há o capital humano – o conhecimento especializado de seu instrutor e sua habilidade como palestrante. Finalmente, há a terra – o terreno em que foi construído o prédio da faculdade.

Além dos três recursos, outras coisas também foram usadas para produzir a palestra. O giz, por exemplo, é uma ferramenta usada pelo instrutor e poderíamos pensar que se trata de uma forma de capital, mas isso seria um erro. Por quê? Porque não é *duradouro*. De maneira geral, os economistas somente consideram uma ferramenta como capital se ela tiver duração de alguns anos ou mais. O giz é consumido à medida que se desenrola a palestra, de modo que é considerado como *matéria-prima*, não capital.

Um pouco de reflexão deve bastar para nos convencer de que o próprio giz é produzido a partir de alguma combinação dos três recursos (trabalho, capital e terra). Na verdade, todas as matérias-primas usadas para produzir a palestra – a energia usada para aquecer ou refrigerar o prédio, o papel que o instrutor usou para fazer anotações sobre a palestra, etc. – vêm dos três recursos da sociedade. E a escassez desses recursos, por sua vez, causa a escassez de todos os bens e serviços a partir deles produzidos.

> *Como sociedade, nossos recursos – terra, trabalho e capital – são insuficientes para produzir a totalidade dos bens e serviços que desejamos. Em outras palavras, a sociedade enfrenta uma escassez de recursos.*

Essa dura verdade a respeito do mundo nos ajuda a entender as escolhas que a sociedade precisa fazer. Queremos um povo mais educado? Claro que sim, mas isso exigirá mais trabalho – operários para construir mais salas de aula e professores para ensinar. Exigirá mais recursos naturais – terra para instalação das salas e madeira para sua construção e também mais capital – betoneiras, caminhões, etc. Mas esses mesmos recursos poderiam ser usados para produzir *outras* coisas que desejamos, como casas, hospitais, carros ou filmes. Como resultado, toda sociedade deve dispor de algum método de *alocação* de seus recursos escassos para escolher quais dos muitos desejos concorrentes serão satisfeitos ou não.

Muitas das perguntas mais importantes de nossos tempos giram em torno das diferentes maneiras como os recursos podem ser alocados. As mudanças cataclísmicas que abalaram o Leste Europeu e a antiga União Soviética durante o início da década de 90 se deveram a um simples fato: o método pelo qual esses países usaram durante décadas para alocar recursos não estava funcionando. Por outro lado, os intermináveis debates entre democratas e republicanos nos Estados Unidos refletem diferenças de opinião sutis, porém, abordam sempre como alocar recursos. Em muitos casos, discutem se o setor privado deve lidar sozinho com a alocação de recursos ou se deve haver envolvimento do governo.

ESCASSEZ E ECONOMIA

A escassez de recursos – e as escolhas que somos forçados a fazer – é a fonte de todos os problemas que estudaremos em economia. As famílias têm rendas limitadas, a partir das quais buscam satisfazer seus desejos, de modo que precisam escolher cuidadosamente como alocar seus gastos entre diferentes bens e serviços. As firmas desejam ter o maior lucro possível, mas precisam pagar por seus recursos e por isso escolhem cuidadosamente *o que* produzir, *quanto* produzir e *como* produzir. Agências governamentais federais, estaduais e municipais operam com orçamentos limitados, por isso precisam escolher cuidadosamente as metas às quais pretendem se dedicar. Os economistas estudam essas decisões tomadas por famílias, firmas e governos para explicar como opera o sistema econômico, a fim de prever o futuro da economia e sugerir meios para chegar a um futuro melhor.

O MUNDO DA ECONOMIA

O campo da economia é surpreendentemente amplo. Vai do rotineiro (por que um quilo de picanha custa mais do que um quilo de frango?) ao pessoal e profundo (como os casais decidem quantos filhos ter?). Com um campo tão grande, é aconselhável ter algum meio de classificar os diferentes tipos de problemas estudados pelos economistas e os diferentes métodos que eles usam em suas análises.

MICROECONOMIA E MACROECONOMIA

Microeconomia
O estudo do comportamento das famílias, firmas e governos; as escolhas que eles fazem; a maneira como interagem em mercados específicos.

O campo da economia se divide em duas partes principais: microeconomia e macroeconomia. **Microeconomia** vem da palavra grega *mikros*, que significa "pequeno". Dedica-se a uma visão em *close* da economia, como se estivesse olhando a economia através de um microscópio. A microeconomia se dedica ao comportamento de agentes *individuais* no panorama econômico – famílias, empresas e governos. Avalia as escolhas que esses agentes fazem e as interações que há entre eles quando se encontram para negociar bens e serviços *específicos*.

O que acontecerá com o preço dos ingressos para o cinema nos próximos cinco anos? Quantos empregos serão criados no setor de fast-food? Todas essas questões são de natureza microeconômica porque analisam *partes* individuais da economia e não a economia *como um todo.*

Macroeconomia – da palavra grega *makros*, que significa "grande" – adota uma visão *geral* da economia. Em vez de se concentrar na produção de cenouras ou computadores, a macroeconomia agrega todos os bens e serviços e aborda a *produção total.* Em vez de enfocar o emprego na indústria de *fast-food* ou no setor de manufatura, considera o *emprego total* da economia. Em vez de perguntar por que os cartões de crédito cobram taxas de juros mais altas do que as de hipotecas residenciais, questiona o que faz as taxas de juros *em geral* subirem ou caírem. Em todos esses casos, a macroeconomia se concentra no panorama geral e desconsidera os pequenos detalhes.

Macroeconomia
O estudo da economia como um todo.

ECONOMIA POSITIVA E ECONOMIA NORMATIVA

A distinção entre micro e macro se baseia no nível de detalhamento que desejamos considerar. Outra distinção importante tem que ver com o *propósito* da análise de um problema. A **economia positiva** lida com o que *é – a maneira como* a economia funciona, pura e simplesmente. Se reduzirmos as alíquotas do Imposto de Renda no ano que vem, a economia poderá crescer mais rapidamente? Em caso positivo, quanto mais? E que efeito isso terá sobre o emprego total? Essas são perguntas de economia positiva. Podemos discordar quanto às respostas, mas todos havemos de aceitar a *existência* de respostas corretas para as perguntas – só é preciso encontrá-las.

Economia positiva
O estudo do que *é*, de como a economia funciona.

A **economia normativa** se refere ao que *deveria ser.* É usada para tecer julgamentos sobre a economia, identificar problemas e prescrever soluções. Enquanto a economia positiva se preocupa somente com os fatos, a normativa exige que façamos julgamentos de valor. Quando um economista sugere que se diminuam os gastos governamentais – medida que beneficiará alguns cidadãos e prejudicará outros –, ele está fazendo uma análise normativa.

Economia normativa
O estudo do que *deveria ser*; é usada para fazer julgamentos de valor, identificar problemas e prescrever soluções.

A economia positiva e a normativa estão intimamente relacionadas na prática. Por um lado, não podemos argumentar sobre o que deveria ou não ser feito, a menos que saibamos alguns fatos reais sobre o mundo. Toda análise normativa é, portanto, baseada em uma análise positiva subjacente, mas, embora uma análise positiva possa, pelo menos em tese, ser realizada sem julgamento de valor, uma análise normativa sempre se baseia, pelo menos em parte, nos valores da pessoa que a realiza.

Por Que os Economistas Discordam

A diferença entre a economia positiva e a normativa pode nos ajudar a entender por que os economistas às vezes discordam. Suponhamos que estejamos assistindo a uma entrevista na TV em que se pergunta a dois economistas se os Estados Unidos deveriam remover todas as barreiras impostas pelo governo ao comércio com o resto do mundo. O primeiro diz: "Sim, com certeza", enquanto o outro responde: "Não, definitivamente, não". Por que essa divergência?

A diferença de opinião pode ser de natureza *positiva*: os dois economistas podem ter opiniões diferentes sobre o que aconteceria se fossem eliminadas as barreiras comerciais. Diferenças como esta, por vezes, surgem porque nosso conhecimento da economia é imperfeito ou por causa de divergências em relação a determinados fatos.

É mais provável, contudo, que a desavença seja *normativa*. Os economistas, como todo o mundo, têm diferentes valores. Neste caso, os dois economistas poderiam concordar com a hipótese de que a abertura ao comércio internacional seria benéfica para *a maioria* dos americanos, mas causaria danos a *alguns* deles. Ainda assim, poderiam discordar quanto à mudança de política por terem diferentes valores. O primeiro economista poderia dar maior ênfase aos benefícios para a economia como um todo, enquanto o segundo poderia dar maior ênfase à prevenção de danos a um grupo específico. Aqui, os dois economistas chegariam à mesma conclusão *positiva*, mas seus *diferentes valores* os levariam a diferentes conclusões *normativas.*

Nos meios de comunicação, os economistas raramente dispõem de tempo suficiente para explicar as bases de suas opiniões, de forma que o público ouve só a divergência. As pessoas podem concluir – erroneamente – que os economistas não conseguem chegar a um consenso sobre a maneira como a economia funciona, quando a *verdadeira* divergência é quanto às metas mais importantes para a sociedade.

POR QUE ESTUDAR ECONOMIA?

Os alunos fazem cursos de economia por diversos motivos.

PARA COMPREENDER MELHOR O MUNDO

A aplicação das ferramentas da economia pode ajudá-lo a entender eventos globais e cataclísmicos como guerras, fome, epidemias e depressões, mas também pode ajudá-lo a compreender muito do que se passa com você local e pessoalmente – a deterioração das condições do trânsito em sua cidade, o aumento que você espera conseguir no seu trabalho este ano ou a longa fila de pessoas esperando para comprar ingressos para um concerto.

A economia tem o poder de nos ajudar a entender esses fenômenos porque eles resultam, em grande parte, das escolhas que fazemos sob condições de escassez.

É claro que a ciência econômica tem suas limitações. É difícil, no entanto, identificar qualquer aspecto da vida a respeito do qual a economia não tenha pelo menos *algo* importante a dizer. A economia não é capaz de explicar por que tantos americanos gostam de assistir à TV, mas *pode* explicar como as emissoras decidem quais programas oferecer. A economia não pode nos proteger de um assalto, mas *pode* explicar por que algumas pessoas optam por se tornarem ladrões e por que nenhuma sociedade escolheu erradicar completamente o crime. A economia não pode melhorar sua vida amorosa, resolver conflitos inconscientes remanescentes de sua infância ou ajudá-lo a superar o medo de avião, mas *pode* nos dizer quantos terapeutas, sacerdotes e conselheiros treinados há para nos ajudar a lidar com esses problemas.

PARA ADQUIRIR AUTOCONFIANÇA

As pessoas que jamais estudaram economia, muitas vezes, têm a impressão de que forças misteriosas e inexplicáveis conduzem suas vidas, jogando-as de um lado para o outro, como se fossem uma bolinha em uma máquina de fliperama, determinando se são ou não capazes de conseguir um emprego, qual será seu salário, se conseguirão comprar uma casa e em qual bairro ela será. Se você é uma dessas pessoas, tudo isso está para mudar. Depois de aprender economia, poderá se surpreender com o fato de não jogar mais fora a seção de economia de seu jornal simplesmente porque ela parece estar escrita em uma língua incompreensível. Talvez não pegue correndo o controle remoto da TV para mudar de canal assim que ouvir "a seguir, notícias sobre a economia...". Você poderá se descobrir ouvindo relatórios econômicos com espírito crítico, encontrando erros de lógica, declarações enganosas ou coisas que são mentiras, pura e simplesmente. Quando compreender bem a economia, você terá adquirido um senso de domínio sobre o mundo e, com isso, sobre sua própria vida.

PARA REALIZAR MUDANÇAS SOCIAIS

Se é de seu interesse fazer do mundo um lugar melhor, a economia é indispensável. Não há falta de graves problemas sociais dignos de atenção como desemprego, fome, pobreza, doença, abuso infantil, drogas, crimes violentos. A economia pode ajudar a entender as raízes desses problemas, explicar por que os esforços dedicados a resolvê-los falharam e nos permitir criar soluções novas e mais eficazes.

PARA AJUDAR NA PREPARAÇÃO PARA OUTRAS CARREIRAS

A economia há muito é a graduação de nível superior mais popular entre as pessoas que pretendem trabalhar em administração de firmas. Mas, nos últimos 20 anos, tornou-se também popular entre aqueles que planejam fazer carreira em política, relações internacionais, direito, medicina, engenharia, psicologia e outras profissões. E por um bom motivo: os profissionais, em todas essas áreas, muitas vezes se deparam com questões econômicas. Por exemplo, os advogados cada vez mais lidam com sentenças baseadas no princípio de eficiência econômica. Os médicos precisam entender como novas tecnologias na área de *laser* ou mudanças estruturais das firmas de seguro-saúde poderão afetar seus consultórios. Psicólogos que atuam em firmas precisam compreender as implicações econômicas de mudanças que podem promover no ambiente de trabalho como flexibilização de horários ou o oferecimento de creches.

PARA SE TORNAR UM ECONOMISTA

Apenas uma minoria dos leitores deste livro optará pela carreira de economista. É uma boa notícia para os autores, e, depois de estudar os mercados de trabalho em seu curso de *microeconomia*, você entenderá o porquê. Mas, se decidir tornar-se um economista – obtendo um mestrado ou mesmo um doutorado –, encontrará muitas oportunidades de emprego. Dos 16.780 membros da American Economic que responderam a uma recente pesquisa,[1] 65% estavam empregados em faculdades ou universidades; os demais se dedicavam a diversas atividades, tanto do setor privado (21%) quanto no governo (14%). Os economistas são contratados por bancos para avaliar os riscos de investimentos no exterior; por

[1] *American Economic Review*, dezembro de 1993, p. 635.

empresas de manufatura, para ajudar na determinação de novos métodos de fabricação, comercialização e formação de preço de seus produtos; por órgãos governamentais, para ajudar a criar políticas de combate ao crime, à doença, à pobreza e à poluição; por organismos internacionais, para ajudar a criar programas de auxílio a países menos desenvolvidos; pelos meios de comunicação, para ajudar o público a interpretar eventos globais, nacionais e locais; e até mesmo por organizações sem fins lucrativos, para oferecer conselhos sobre como obter maior eficiência no controle de custos e no levantamento de recursos.

OS MÉTODOS DA ECONOMIA

Uma das primeiras coisas que você percebe à medida que começa a estudar economia é a forte confiança em *modelos*. De fato, a disciplina supera todas as outras ciências sociais em relação à insistência de que toda teoria pode ser representada por um *modelo* explícito e cuidadosamente construído.

Você certamente já encontrou muitos modelos em sua vida. Quando criança, você brincava com modelos de trens, aviões ou mesmo pessoas – bonecas. No curso de Ciências do colegial, provavelmente viu algum modelo de um átomo – algo feito de plástico e arame, com bolinhas vermelhas, azuis e verdes que representavam prótons, nêutrons e elétrons. Também pode ter visto os modelos em papelão que arquitetos fazem de seus prédios. São modelos físicos, réplicas tridimensionais que podemos pegar com as mãos. Os modelos econômicos, por outro lado, não são feitos de cartão, plástico ou metal, mas de palavras, diagramas e afirmações matemáticas.

O que é, exatamente, um modelo?

Modelo Uma representação abstrata da realidade.

*Um **modelo** é uma representação abstrata da realidade.*

As duas palavras-chave dessa definição são *representação* e *abstrata*. Um modelo não tem por objetivo ser idêntico à realidade. Pelo contrário, ele *representa* o mundo real por meio de uma *abstração*, algo que é *extraído* do mundo real e que nos ajuda a entender como ele funciona. Em qualquer modelo, muitos detalhes da vida real são deixados de lado.

A ARTE DA CONSTRUÇÃO DE MODELOS ECONÔMICOS

Ao construir um modelo, você sabe quais detalhes serão considerados e quais serão deixados de fora? Não existe uma resposta simples a essa pergunta. O nível apropriado de detalhamento depende, em primeiro lugar, da nossa meta ao construir o modelo. Há, contudo, um princípio orientador:

O modelo deve ser o mais simples possível para poder atingir seu objetivo.

Isso significa que os modelos devem conter apenas os detalhes *necessários*.

Para entender tudo isso um pouco melhor, considere um mapa. Um mapa é um modelo – representa parte da superfície da Terra –, mas deixa de lado muitos detalhes do mundo real. Em primeiro lugar, os mapas são bidimensionais, de modo que sempre deixam de lado a terceira dimensão – a altitude – do mundo real. Em segundo lugar, os mapas sempre ignoram pequenos detalhes como árvores, casas e buracos no asfalto. Em terceiro lugar, um mapa é muito menor do que a área que representa. Mas quando compramos um mapa, que nível de detalhamento desejamos que ele tenha?

Digamos que você está em Boston e precisa de um mapa (seu *objetivo*) para descobrir a melhor maneira de chegar até o aeroporto Logan partindo do Centro de Convenções no centro da cidade. Nesse caso, você iria querer um mapa bem detalhado da cidade que mostrasse com clareza cada rua, parque e praça, porque um mapa rodoviário, que deixaria de lado esses detalhes, não resolveria seu problema.

Suponhamos agora que seu objetivo seja outro: escolher a melhor rota entre Boston e Cincinnati. Você precisa então de um mapa rodoviário. Um mapa que mostre todas as ruas que há entre uma cidade e outra seria detalhado *demais*. Toda a informação adicional que ele contém só confundiria aquilo que você realmente precisaria ver.

Embora os modelos econômicos sejam mais abstratos do que mapas de ruas, o mesmo princípio se aplica a sua construção: o nível de detalhamento que seria ideal para um objetivo geralmente seria excessivo ou insuficiente para outro. Quando, ao ler este texto, você discordar de algum modelo por causa de um detalhe que foi deixado de lado, lembre-se do objetivo para o qual o modelo foi construído. Na introdução à economia, o objetivo é inteiramente didático. Os modelos foram projetados para ajudar a entender alguns princípios simples, porém, importantes, sobre a maneira como a economia opera. Manter a simplicidade dos modelos facilita a percepção de como os princípios funcionam e a lembrar-se deles depois.

É claro que os modelos econômicos têm outros objetivos além do ensino. Podem ajudar as firmas na tomada de decisões sobre formação de preço e produção, ajudar famílias a decidir como e em que investir seu dinheiro e ajudar governos e órgãos internacionais na formulação de políticas. Os modelos construídos para tais fins serão muito mais detalhados do que os encontrados neste texto e você aprenderá sobre eles se fizer um curso mais avançado de economia. Mas até os modelos mais complexos são construídos em torno de uma estrutura muito simples – a mesma estrutura que você aprenderá aqui.

PREMISSAS E CONCLUSÕES

Todo modelo econômico começa com *suposições* sobre o mundo. Há dois tipos de suposições nos modelos: as simplificadoras e as críticas.

Uma **suposição simplificadora** é exatamente o que diz seu nome – um meio pelo qual se pode simplificar um modelo sem sacrificar suas conclusões importantes. O objetivo de uma suposição simplificadora é eliminar do modelo detalhes excessivos, para que suas características essenciais possam ser mais facilmente visualizadas. Um mapa de ruas, por exemplo, adota uma suposição simplificadora: "não há árvores" porque, no mapa, elas só iriam atrapalhar. Da mesma forma, em um modelo econômico, podemos adotar a suposição de que só há dois bens dentre os quais as famílias podem escolher ou de que só há dois países no mundo. Adotamos essas suposições *não* porque sejam verdadeiras, mas porque facilitam o acompanhamento do modelo e não alteram nenhuma das conclusões importantes que podemos dele tirar.

Suposição simplificadora Qualquer suposição que simplifique um modelo sem afetar qualquer uma de suas conclusões importantes.

Suposição crítica Qualquer suposição que afete as conclusões de um modelo de uma maneira importante.

Uma **suposição crítica**, por outro lado, tem efeito relevante sobre as conclusões do modelo. Quando usamos um mapa de ruas, por exemplo, adotamos a suposição crítica: "Todas estas ruas estão abertas ao tráfego". Se a suposição for incorreta, a conclusão – o melhor caminho a ser tomado – também poderá estar errada.

Em um modelo econômico, há sempre uma ou mais suposições críticas. Não é preciso procurar muito por elas, porque os economistas têm o hábito de explicitá-las logo de início. Por exemplo, ao estudarmos o comportamento de firmas, nosso modelo assumirá que elas procuram obter, para seus proprietários, o lucro mais elevado possível. Declarando logo de início essa suposição, podemos perceber imediatamente de onde vêm as conclusões do modelo.

O PROCESSO EM QUATRO ETAPAS

Ao ler este livro, você aprenderá como os economistas usam modelos econômicos para abordar uma gama de problemas. No Capítulo 2, por exemplo, você verá como um modelo econômico simples pode nos dar *insights* importantes a respeito das escolhas de produção da sociedade. Capítulos subseqüentes apresentarão diferentes modelos que nos ajudarão a entender a economia dos Estados Unidos e o ambiente econômico global em que ela opera. À medida que avançar na leitura, poderá haver a impressão de que há muitos modelos para aprender e dos quais se lembrar.

Há um entendimento sobre a ciência econômica que, uma vez dominado, fará com que sua tarefa se torne mais fácil do que você poderia imaginar. Há uma forte semelhança entre os tipos de modelos construídos por economistas, entre as suposições a eles subjacentes e entre as coisas que os economistas efetivamente *fazem* com seus modelos. Na verdade, você verá que os economistas seguem um mesmo *processo em quatro etapas* para analisar quase qualquer problema econômico. As duas primeiras Etapas-Chave explicam como os economistas *constroem* um modelo econômico e as duas últimas Etapas-Chave explicam como eles *utilizam* o modelo.

Quais são essas quatro etapas que dão sustentação à abordagem econômica a qualquer problema? Desculpe-me o suspense, mas você terá de esperar um pouco – até o fim do Capítulo 3 – para ter a resposta. Quando chegarmos lá, você já terá aprendido um pouco mais sobre economia e o processo de quatro etapas fará mais sentido para você.

MATEMÁTICA, JARGÃO E OUTROS CONCEITOS

Os economistas muitas vezes exprimem suas idéias por meio de conceitos matemáticos e de um vocabulário especial. Por quê? Essas ferramentas permitem que os economistas se expressem de forma mais precisa do que com a linguagem comum. Por exemplo, alguém que jamais tenha estudado economia poderia dizer: "Quando há disponibilidade de livros-texto usados, os alunos não compram livros novos". Essa declaração pode não incomodá-lo por enquanto, mas, depois de terminar seu primeiro curso de economia, você dirá a mesma coisa mais ou menos assim: "Quando cai o preço dos livros-texto usados, a curva de demanda por livros novos se desloca para a esquerda".

A segunda declaração soa estranha para você? Pois deveria. Primeiramente, usa um termo especial – *curva de demanda* – que você ainda não aprendeu. Em segundo lugar, usa um conceito matemático – *deslocamento da curva* – com o qual você pode não estar familiarizado. Embora a primeira declaração possa significar muitas coisas diferentes, a segunda declaração – como veremos no Capítulo 3 – só pode ter um significado. Sendo precisos, podemos nos desviar de confusões desnecessárias. Se você estiver preocupado com o vocabulário especial da economia, pode relaxar. Todos os novos termos serão definidos e explicados cuidadosamente conforme forem apresentados. Na verdade, este livro não parte do princípio de que você tem algum conhecimento específico em economia. Ele pretende ser, verdadeiramente, um "primeiro curso" no campo da economia.

E quanto à matemática? Também, neste caso, não há a necessidade de preocupação. Embora os economistas profissionais usem, freqüentemente, cálculos matemáticos sofisticados para resolver seus problemas, para entender os *princípios* econômicos básicos basta um pouquinho de matemática. E quase toda a matemática vem da álgebra e da geometria do ginásio.

Ainda assim, pode ser que você tenha se esquecido da matemática que aprendeu na escola. Se for este o caso, aconselha-se uma revisão. É por isso que incluímos um apêndice no final deste capítulo. Ele abrangerá alguns dos conceitos mais básicos – como a equação de uma linha reta, o conceito de inclinação e o cálculo de variações percentuais – que você necessitará neste curso. Pode ser uma boa idéia dar uma olhada no apêndice agora mesmo, só para saber o que pode ser encontrado ali. Daqui por diante, de tempos em tempos, você será lembrado dele quando necessário.

COMO ESTUDAR ECONOMIA

Enquanto lê este livro ou ouve seu instrutor, você poderá se surpreender meneando a cabeça e achando que tudo está fazendo sentido. A economia pode até parecer fácil. Realmente, *é* bastante fácil acompanhar a matéria, já que ela está fortemente ancorada na lógica simples. Mas *acompanhar* e *aprender* são duas coisas muito diferentes. Você acabará descobrindo (*antes* da primeira prova, de preferência) que a economia deve ser estudada ativamente, não passivamente.

Se estiver lendo estas palavras deitado no sofá, com o telefone na mão e o controle remoto da TV na outra, você estará indo pelo caminho errado. Estudar ativamente significa ler com um lápis na mão e uma folha de papel em branco na mesa. Significa fechar o livro de tempos em tempos e *reproduzir* o que aprendeu. Fazer uma lista dos passos de cada argumento lógico, refazer as etapas de causa e efeito de cada modelo e desenhar os gráficos que o representam. Significa, ainda, *pensar* sobre os princípios básicos da economia e sobre como eles se relacionam com o que se está aprendendo. É um trabalho árduo, mas o resultado é uma boa compreensão da economia e um melhor entendimento de sua vida e do mundo à sua volta.

RESUMO

Economia é o estudo da escolha sob condições de escassez. Como indivíduos e como sociedade, temos ilimitados anseios por bens e serviços. Infelizmente, os *recursos* – terra, trabalho e capital – necessários para a produção desses bens e serviços são escassos. Assim, precisamos escolher quais desejos satisfazer e como esses desejos serão satisfeitos. A economia proporciona ferramentas para explicar essas decisões.

O campo da economia se divide em duas áreas principais. A *microeconomia* estuda o comportamento individual das famílias, firmas e governos à medida que se interagem em mercados específicos. A *macroeconomia*, por outro lado, se preocupa em estudar o comportamento da economia como um todo, levando em consideração variáveis como produção total, emprego total e o nível geral de preços.

A economia faz uso intenso de *modelos* – representações abstratas da realidade – que são construídos com palavras, diagramas e conceitos matemáticos que nos ajudam a compreender como a economia opera. Todos os modelos são simplificações, mas um bom modelo conterá apenas *o volume exato de detalhes para o objetivo a que se propõe.*

Na análise de praticamente qualquer problema, os economistas seguem um processo em quatro etapas para a construção e uso de modelos econômicos. Esse processo será apresentado no fim do Capítulo 3.

PALAVRAS-CHAVE

economia
escassez
recursos
trabalho
capital
capital humano
terra
microeconomia
macroeconomia
economia positiva
economia normativa
modelo
suposição simplificadora
suposição crítica

QUESTÕES PARA REVISÃO

1. Discuta (separadamente) como surge a escassez para as famílias, firmas e governos.
2. Poderia cada uma das alternativas abaixo ser classificada como microeconomia ou macroeconomia? Por quê?
   a. Uma pesquisa sobre por que a taxa de crescimento do produto total se elevou durante a década de 90.
   b. Uma teoria sobre como os consumidores decidem o que comprar.
   c. Uma análise da participação da Dell Computer no mercado de computadores pessoais.
   d. Uma pesquisa sobre por que as taxas de juros estavam mais elevadas do que o normal no fim da década de 70 e começo da década de 80.
3. Discuta se cada uma das afirmativas abaixo é exemplo de economia positiva ou economia normativa, ou se contém elementos de ambas:
   a. Uma elevação do imposto sobre a renda de pessoas físicas fará diminuir a taxa de crescimento da economia.
   b. A meta da política econômica de qualquer país deveria ser elevar o bem-estar de seus cidadãos mais pobres e vulneráveis.
   c. A excessiva regulamentação das pequenas firmas está sufocando a economia. As pequenas firmas foram responsáveis pela maior parte do crescimento do emprego nos últimos dez anos, mas a regulamentação está afetando severamente sua capacidade de sobrevivência e crescimento.
   d. Os anos 90 foram desastrosos para a economia americana. A má distribuição de renda chegou a seu maior nível desde antes da Segunda Guerra Mundial.

4. O que determina o nível de detalhamento que os economistas admitem em seus modelos?
5. Qual a diferença entre uma suposição simplificadora e uma suposição crítica?

PROBLEMA

1. Crie uma lista de suposições críticas que possam estar por trás de cada uma das afirmativas a seguir. Discuta se cada suposição poderia ser classificada como positiva ou normativa.
   a. Os Estados Unidos são uma sociedade democrática.
   b. Os filmes europeus são melhores do que os americanos.
   c. Quanto maior uma cidade, melhor é a qualidade de seu jornal.

APÊNDICE

GRÁFICOS E OUTRAS FERRAMENTAS ÚTEIS

TABELAS E GRÁFICOS

Uma breve olhada sobre este texto lhe dirá por que os gráficos são importantes. Eles são uma forma conveniente de apresentar dados. Tome-se o exemplo da Len & Harry's, fabricante em franca expansão de sorvetes *premium*, localizada no Texas. Suponhamos que você tenha sido contratado para encabeçar o departamento de Publicidade da firma e queira aprender o máximo possível sobre como a propaganda pode ajudar a aumentar as vendas da firma.

A Tabela A.1 registra o dispêndio mensal da firma com propaganda na coluna da esquerda, sendo as vendas de sorvete no mesmo mês mostradas na coluna da direita. Note que os dados estão organizados de maneira que o investimento em publicidade aumenta à medida que nos movemos para baixo na primeira coluna. Em muitos casos, basta olhar para uma tabela como essa para perceber padrões úteis. Nesse caso, parece que maiores gastos com publicidade estão associados a maiores vendas mensais. Isso sugere que pode haver alguma *relação causal* entre publicidade e vendas.

Para explorar de forma mais aprofundada essa relação, podemos optar por plotar os dados e desenhar um gráfico (ver Figura A.1). Antes, precisamos escolher unidades para representação das duas variáveis. Medimos tanto a publicidade quanto as vendas em milhares de dólares. Os diferentes valores de uma variável são, então, medidos ao longo do eixo horizontal, aumentando à medida que nos deslocamos para a direita a partir da origem. Os valores correspondentes da outra variável são medidos ao longo do eixo vertical, elevando-se à medida que nos deslocamos para cima a partir da origem.

Usando os dados da tabela, seja X o desembolso mensal de publicidade e Y o faturamento mensal. Note que cada linha da tabela nos dá um par de números: o primeiro é sempre o valor da variável que denominamos X, e o segundo é o valor da variável que chamamos Y. Muitas vezes escrevemos os pares sob a forma (X,Y). Por exemplo, escreveríamos as três primeiras linhas da tabela como (2, 46), (3, 49) e (6, 58), respectivamente.

Para plotar o par (X,Y) em um gráfico, partimos da origem, onde os eixos se encontram. Conte X unidades para a direita ao longo do eixo horizontal, Y unidades para cima no eixo vertical e marque o ponto obtido. Por exemplo, para plotar o par (2, 46), vamos 2 unidades para a direita no eixo horizontal e depois subimos 46 unidades no eixo vertical, chegando ao ponto *A* marcado na Figura A.1. Para plotar o par seguinte, (3, 49), vamos 3 unidades para a direita a partir da origem e subimos 49 unidades, chegando ao ponto chamado *B*. Repetindo o processo,

Tabela A.1

PUBLICIDADE E FATURAMENTO DA LEN & HARRY'S

Publicidade ($1.000 por mês)	Faturamento ($1.000 por mês)
2	46
3	49
6	58
7	61
11	73
12	76

Figura A.1

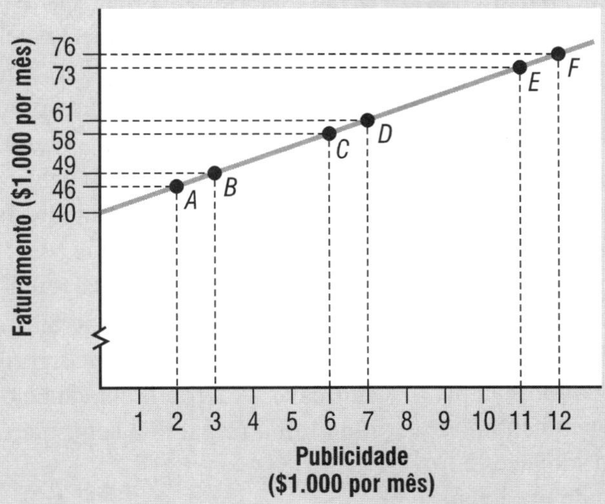

podemos plotar todos os pares remanescentes da Tabela A.1, representados como os pontos *C*, *D*, *E* e *F*.

Se ligarmos os pontos de *A* a *F*, veremos que eles se encontram ao longo de uma mesma linha reta. Agora estamos chegando a algum lugar. A relação que descobrimos parece, com base no gráfico, ser altamente regular.

Estude cuidadosamente o gráfico. Você perceberá que toda vez que os gastos com publicidade se elevam (movimento para a direita) em $1.000, *Y* se desloca para cima em $3.000. Por exemplo, quando as despesas com publicidade se elevam de $2.000 para $3.000, o faturamento sobe de $46.000 para $49.000. Verificando a diferença entre quaisquer outros dois pontos do gráfico, você verá que sempre que *X* aumenta horizontalmente em uma unidade (aqui, a unidade é $1.000), *Y* eleva-se verticalmente em três unidades (aqui, em $3.000). Assim, conclui-se que a *taxa de variação* de *Y* é de três unidades de *Y* para cada unidade de *X*.

A *inclinação* de um gráfico nos diz a razão à qual a variável *Y* varia para cada variação de uma unidade da variável *X*. A inclinação de uma linha reta entre dois pontos quaisquer (X_1, Y_1) e (X_2, Y_2) é definida como a variação em *Y* – a "elevação vertical" – dividida pela variação em *X* – o "avanço" horizontal. É por isso que em muitos casos a inclinação é descrita como "elevação sobre avanço". Suponha que partamos de (X_1, Y_1) e terminemos em (X_2, Y_2); a variação da variável *X* é ($X_2 - X_1$). A variação correspondente da variável *Y* é ($Y_2 - Y_1$). Dessa maneira, calculamos assim a inclinação:

$$\textbf{Inclinação da linha de } (X_1, Y_1) \textbf{ a } (X_2, Y_2) = \frac{\textbf{Elevação ao longo do eixo vertical}}{\textbf{Avanço ao longo do eixo horizontal}}$$

$$= \frac{Y_2 - Y_1}{X_2 - X_1}$$

Por vezes usamos a letra grega maiúscula Δ (delta) para designar a variação de uma variável. Aqui, escreveríamos $\Delta X = X_2 - X_1$ para denotar a variação de *X*, e $\Delta Y = Y_2 - Y_1$ para denotar a variação correspondente de *Y*. Então, poderíamos reescrever a fórmula da inclinação de maneira mais compacta.

$$\textbf{Inclinação da linha de } (X_1, Y_1) \textbf{ a } (X_2, Y_2) = \frac{\Delta Y}{\Delta X}$$

GRÁFICOS NÃO-LINEARES

Embora muitas das relações que encontramos em economia sejam representadas por gráficos de linhas retas, também há muitas que não o são. Ainda assim, os gráficos podem nos ajudar a entender as relações subjacentes e o conceito de inclinação permanece muito útil.

Por exemplo, vejamos os dados da Tabela A.2, que registra o preço de uma ação da Len & Harry's em diferentes pontos no tempo, desde que a ação foi lançada no mercado. Para entender como o preço dessa ação se comportou ao longo do tempo, podemos, mais uma vez, começar plotando um gráfico a partir dos dados da tabela. Parece natural medir o tempo – em "semanas a contar do lançamento" – no eixo *X* e o preço da ação – em "dólares por ação" – no eixo *Y*. Como se pode ver na Figura A.2, o caminho da Len & Harry's foi tumultuado desde seu aparecimento no mercado. Nas primeiras dez semanas, o preço da ação subiu, de modo que a inclinação da relação subjacente foi positiva durante o período. Mas tudo mudou nas dez semanas seguintes: o preço da ação caiu, de forma que a inclinação da relação passou a ser negativa. Entre as semanas 20 e 30, as coisas se estabilizaram: não houve variação do preço da ação e, com isso, a inclinação do gráfico foi zero no período. Entretanto, as coisas melhoraram entre as semanas 30 e 40, fazendo com que a inclinação voltasse a ser positiva, já que o preço da ação se elevou.

A partir deste exemplo, podemos perceber que:

- a inclinação é positiva quando uma elevação em *X* está associada a uma elevação em *Y*;
- a inclinação é negativa quando uma elevação em *X* está associada a uma queda em *Y*.
- a inclinação é zero quando a elevação em *X* não está associada a nenhuma variação em *Y*.

EQUAÇÕES LINEARES

Voltemos, agora, à relação entre a publicidade e o faturamento, como mostra a Tabela A.1. E se precisássemos saber qual o faturamento que a firma poderia esperar se gastasse $5.000 em publicidade no próximo mês? E se gastasse $8.000 ou $9.000? Não seria bom poder responder a perguntas como esta sem precisar de tabelas e gráficos? Ocorre que, sempre que a relação objeto de estudo tem um gráfico em linha reta, é fácil descobrir a equação da relação como um todo. Podemos, então, usar a equação para responder a qualquer pergunta do gênero.

Todas as linhas retas têm a mesma forma genérica. Se *Y* é a variável representada no eixo vertical e *X* é a representada pelo eixo horizontal, toda linha reta terá a seguinte equação

$$Y = a + bX$$

onde *a* e *b* são dois números quaisquer. O número *a* é chamado *intercepto* vertical porque marca o ponto em que o gráfico dessa equação atinge (intercepta) o eixo vertical. Isso se dá quando *X* é igual a zero. (Se você colocar $X = 0$ na equação, verá que, de fato, $Y = a$.) O número *b* é a inclinação da reta, o que nos diz quanto *Y* varia cada vez que *X* aumenta em uma unidade. Para confirmar, observe que, à medida que *X* se eleva de 0 para 1, *Y* passa de *a* para $a + b$. O número *b* é, portanto, a variação de *Y* que corresponde a uma variação de uma unidade de *X*, exatamente o que nos diz a inclinação do gráfico.

De forma mais geral, se *X* varia de um valor X_1 para outro valor X_2, *Y* varia de

$$Y_1 = a + bX_1$$

para

$$Y_2 = a + bX_2$$

Se subtrairmos Y_1 de Y_2 para calcular a variação de Y (ΔY), veremos que

Tabela A.2

PREÇO DAS AÇÕES DA LEN & HARRY'S APÓS O LANÇAMENTO

Semanas Após o Lançamento	Preço da Ação
3	$20
10	50
18	35
20	20
25	20
30	20
40	75

Figura A.2

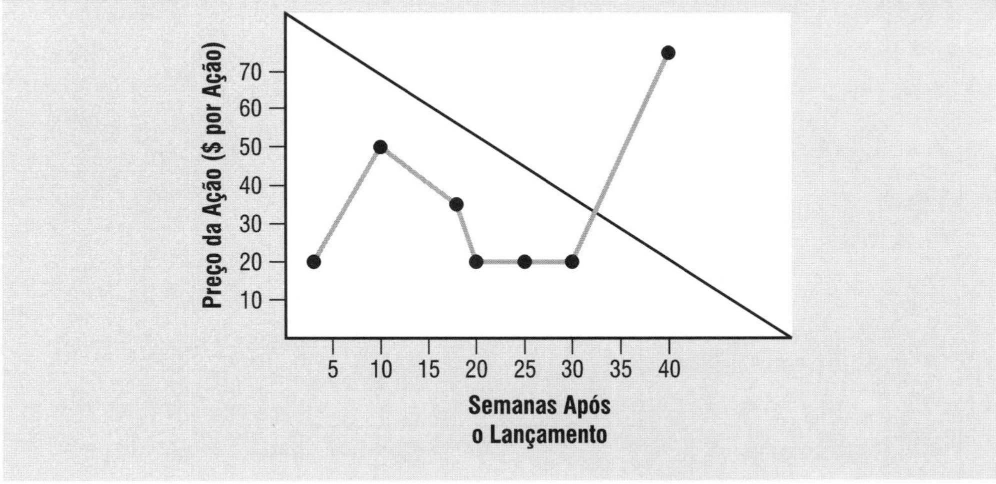

$$
\begin{aligned}
\Delta Y = Y_2 - Y_1 &= (a + bX_2) - (a + bX_1) \\
&= a + bX_2 - a - bX_1 \\
&= b(X_2 - X_1) \\
&= b\Delta X
\end{aligned}
$$

Dividindo os dois lados da equação $\Delta Y = b\Delta X$ por ΔX, teremos

$$\frac{\Delta Y}{\Delta X} = b$$

o que confirma que b realmente mede a inclinação.

Se b for um número positivo, um aumento de X igual a uma unidade fará com que Y se eleve em b unidades, de modo que o gráfico de nossa reta terá inclinação ascendente, como ilustra a linha preta do painel (a) da Figura A.3. Se b for um número negativo, uma elevação de X igual a uma unidade fará com que Y *diminua* em b unidades, de modo que o gráfico terá inclinação descendente, como mostra a linha cinza-clara do painel (a). É claro que b poderia, ainda, ser zero. Nesse caso, uma unidade de aumento em X não causaria qualquer variação em Y e, com isso, a reta seria horizontal, como a linha cinza do painel (a).

O valor de a não tem nenhum efeito sobre a inclinação do gráfico. Pelo contrário, diferentes valores de a determinam a posição do gráfico. Quando a é um número positivo, o gráfico intercepta o eixo Y *acima* da origem, como mostra a linha preta do painel (b) na Figura A.3. Quando a é negativo, entretanto, o gráfico intercepta o eixo Y *abaixo* da origem, como mostra a linha cinza claro no painel (b). Quando a é igual a zero, o gráfico intercepta o eixo Y na origem, como faz a linha cinza do painel (b).

Vejamos se podemos descobrir qual a equação da relação ilustrada pela Figura A.1. Ali, X representa a publicidade e Y, o faturamento. No gráfico, é fácil ver que quando a despesa em publicidade é zero, o faturamento é de $40.000. Nossa equação tem, portanto, um intercepto *vertical* de $a = 40$. Anteriormente, calculamos que a inclinação desse gráfico era 3. Assim, a equação tem $b = 3$. Reunindo essas duas observações, concluímos que a equação da linha da Figura A.1 é

$$Y = 40 + 3X$$

Agora, se você precisa descobrir quanto a mais de faturamento deve esperar de um determinado investimento em publicidade, já pode chegar a uma resposta: basta multiplicar o valor gasto em propaganda por 3 e somar $40.000. Para confirmar, solucione a equação usando como X quaisquer dos valores de gastos em publicidade encontrados na coluna da esquerda da Tabela A.1. Você verá que o resultado será o valor correspondente de faturamento da coluna da direita.

COMO SE DESLOCAM AS RETAS E AS CURVAS

Até aqui, concentramo-nos em relações nas quais alguma variável Y depende de uma única outra variável X. Mas em muitas teorias reco-

Figura A.3

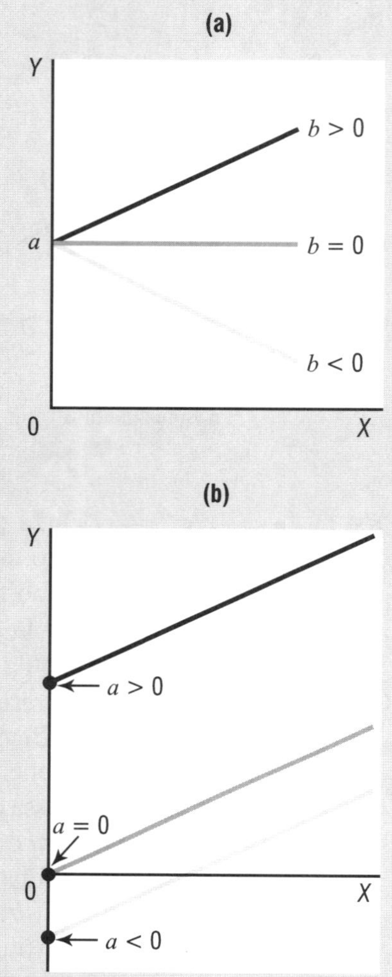

nhecemos que alguma variável de nosso interesse é afetada, na verdade, por mais de uma variável. Quando *Y* é afetada tanto por *X* quanto por alguma terceira variável, alterações da terceira variável geralmente causam um *deslocamento* do gráfico que relaciona *X* e *Y*. Isso porque, sempre que traçamos um gráfico de *X* e *Y*, estamos mantendo constantes todas as demais variáveis que poderiam afetar *Y*.

Um gráfico de duas variáveis X e Y somente reflete sua relação quando todas as demais variáveis que afetam Y são constantes. Mudanças em uma ou mais dentre essas outras variáveis causarão deslocamento do gráfico de X e Y.

Voltemos à relação entre publicidade e faturamento. Anteriormente, admitimos que o faturamento dependesse apenas da publicidade. Mas suponhamos que façamos uma importante descoberta: as vendas de sorvete são afetadas *também* pela temperatura. E mais, todos os dados da Tabela A.1 em que estávamos baseando a análise eram de junho, quando a temperatura média no Texas é de 30 graus. O que acontecerá em julho, quando a temperatura média no Estado se eleva para 40 graus?

Na Figura A.4, refizemos o gráfico da Figura A.1, agora indicando que a reta se refere a "junho". Em muitos casos, um bom meio de determinar como um gráfico se deslocará é fazer um experimento simples: coloque a ponta do seu lápis em qualquer ponto da reta que re-

Figura A.4

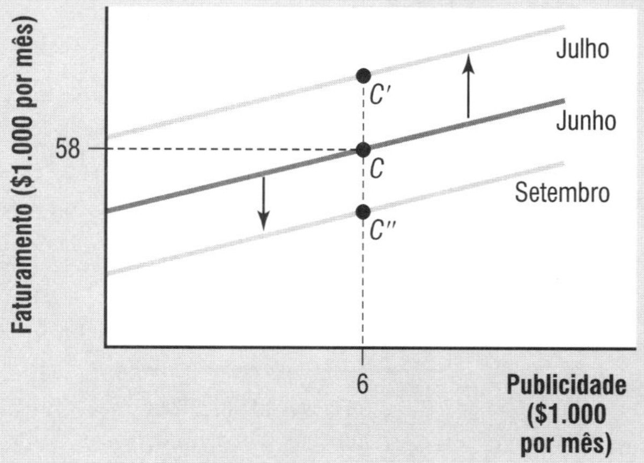

presenta junho – o ponto *C*, por exemplo. Agora faça a seguinte pergunta: se o investimento em publicidade for mantido em $6.000, devo esperar vender mais ou menos sorvete quando a temperatura subir, em julho? Se você espera vender mais, o faturamento correspondente a $6.000 em propaganda estará *acima* do ponto *C*, em um ponto que chamaremos *C*'. A partir disso, sabemos que o gráfico se deslocará para cima com a elevação da temperatura. Em setembro, contudo, quando a temperatura cai, o faturamento correspondente a $6.000 em propaganda será menor que o do ponto *C*, sendo representado por um ponto como o *C*''. Nesse caso, o gráfico se deslocará para baixo.

O mesmo procedimento funciona independentemente de ser o gráfico ascendente ou descendente e de ser uma reta ou uma curva. A Figura A.5 ilustra dois exemplos. No painel (a), uma elevação de uma terceira variável, *Z*, faz subir o valor de *Y* para cada valor de *X*, de modo que o gráfico da relação entre *X* e *Y* se desloca para cima com a elevação em *Z*. Geralmente expressamos isso da seguinte maneira: "Uma elevação em *Z* causará uma elevação em *Y*, *para qualquer valor de X*". No painel (b), uma elevação em *Z* faz *diminuir* o valor de *Y* para qualquer valor de *X*, de modo que o gráfico da relação entre *X* e *Y* se desloca *para baixo* com a elevação em *Z*.

RESOLVENDO EQUAÇÕES

Quando derivamos pela primeira vez a equação da relação entre publicidade e faturamento, queríamos saber que nível de faturamento esperar a partir de diferentes valores investidos em publicidade. Entretanto, e se a pergunta for um pouco diferente? Suponhamos, agora, que lhe tenha sido dito que o comitê de vendas fixou uma ambiciosa meta de $64.000 para o faturamento do próximo mês. A tesouraria quer saber qual deverá ser o orçamento para publicidade e cabe a você dar a resposta.

Uma vez que sabemos como funciona a relação entre publicidade e vendas, devemos ser capazes de chegar à resposta. Um meio seria simplesmente estudar o gráfico da Figura A.1. Ali, poderíamos, primeiro, localizar um faturamento de $64.000 no eixo vertical. Depois, seguindo a linha para a direita e em seguida para baixo, poderíamos encontrar o investimento em publicidade necessário para gerar tal nível de vendas. No entanto, mesmo com um diagrama cuidadosamente traçado, nem sempre é fácil perceber exatamente qual seria o investimento necessário. Se quisermos ser precisos, será melhor usar a equação do gráfico.

Segundo a equação, faturamento (*Y*) e publicidade (*X*) estão relacionados da seguinte maneira:

Figura A.5

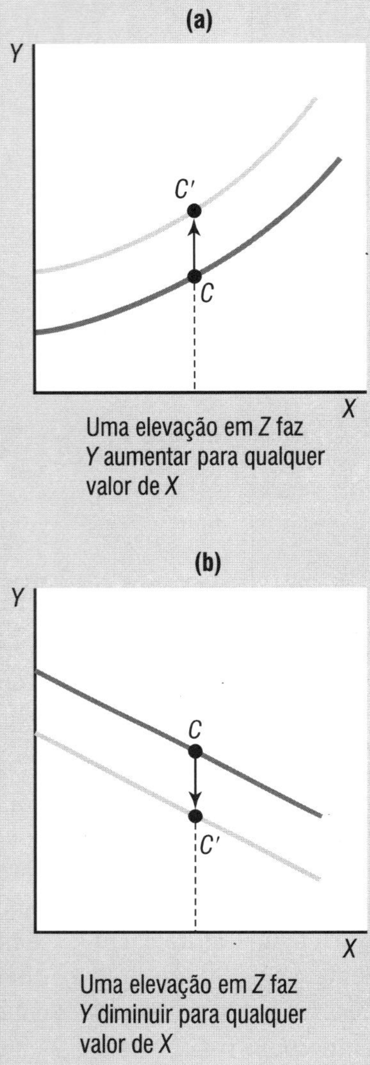

$$Y = 40 + 3X$$

No problema que estamos estudando, sabemos o valor do faturamento e precisamos solucioná-lo para a quantia correspondente em publicidade. Substituindo a meta de faturamento de \$64.000 por *Y*, temos de encontrar o valor de *X* para que

$$64 = 40 + 3X$$

Aqui, *X* é a incógnita para a qual queremos encontrar o valor.

Sempre que solucionamos uma equação para uma incógnita, precisamos *isolar X* de um lado do sinal de igual e deixar todo o resto do outro lado do sinal. Isso é feito por meio de operações matemáticas idênticas dos dois lados do sinal. Aqui, podemos primeiro subtrair 40 dos dois lados, obtendo

$$24 = 3X$$

Podemos, então, dividir os dois lados por 3 e obter

$$8 = X$$

É a resposta que queremos. Se pretendemos atingir um faturamento de \$64.000, precisamos gastar \$8.000 em publicidade.

Analisando em retrospecto o que acabamos de fazer, podemos criar uma fórmula útil capaz de ajudar a resolver equações semelhantes. Partindo de uma equação

$$Y = a + bX$$

primeiro subtraímos a dos dois lados para obter

$$Y - a = bX$$

e depois dividimos os dois lados por b para obter a resposta:

$$\frac{(Y - a)}{b} = X$$

É uma fórmula que podemos usar para resolver para X sempre que X e Y estiverem linearmente relacionados e sempre que b for diferente de zero. É claro que nem todas as relações são lineares, o que significa que essa fórmula não funciona em todas as situações. Mas, independentemente da relação subjacente, o conceito se mantém:

> *Para solucionar para X em qualquer equação, ela deve ser reorganizada segundo as regras algébricas de maneira tal que X fique de um lado do sinal de igual e todo o restante da equação fique do outro lado.*

VARIAÇÕES PERCENTUAIS

Muitas vezes pode ser conveniente expressar variações em termos percentuais e não absolutos. Embora estejamos todos habituados a pensar em termos de porcentagens, pode ser útil fazer uma breve revisão de como elas são calculadas. Se alguma variável X parte de um valor e termina em outro, a variação percentual de X, chamada $\%\Delta X$, é calculada da seguinte maneira:

$$\%\Delta X = \frac{\textbf{valor final de } X - \textbf{valor inicial de } X}{\textbf{valor inicial de } X} \times 100$$

Vamos estudar essa fórmula por um momento. Ela nos diz que, para calcular a variação *percentual* de X, calculamos primeiro a *variação* de X, subtraindo do valor final o valor inicial e dividindo pela "base" o valor encontrado ou valor inicial, de X. A fração resultante é multiplicada por 100. A fórmula demonstra que:

> *Sempre que o valor de uma variável diminui, a variação percentual é negativa. Sempre que o valor de uma variável aumenta, a variação percentual é positiva.*

Às vezes, queremos calcular a variação percentual de um produto ou de uma taxa. Há algumas regras de bolso que podem simplificar esses cálculos. Mais especificamente, temos:

Regra para Produtos: Se $A = B \times C$, então $\%\Delta A = \%\Delta B + \%\Delta C$

Regra para Quocientes: Se $A = \dfrac{B}{C}$, então $\%\Delta A - \%\Delta B = \%\Delta C$

A regra para produtos nos diz que quando A é o produto de B e C, para encontrar a variação percentual em A basta *somar* a variação percentual em B com a variação percentual em C. A regra para quocientes nos diz que quando A é o quociente de B/C, para encontrar a variação percentual em A basta *subtrair* a variação percentual em C da variação percentual em B.

Tecnicamente falando, essas regras são *aproximações*. São mais precisas quando as variações percentuais em B e em C são muito pequenas. Contudo, desde que tais variações se mantenham dentro dos limites do "razoavelmente pequeno", as regras levarão a aproximações "razoavelmente boas". Alguns exemplos bastarão para convencê-lo disso.

Suponhamos que B se eleve de 100 para 103 e C, de 20 para 21. Para maior clareza, recordamos os dados importantes na Tabela A.3. As duas primeiras linhas indicam os valores iniciais e finais de B e C e a variação percentual de cada variável. As duas últimas linhas mostram os valores iniciais e finais do produto $B \times C$ e do quociente B/C, respectivamente e a variação percentual de cada um, calculada com precisão.

Agora vejamos o que temos à nossa disposição. Seguindo a terceira linha, vemos que o produto $B \times C$ se eleva de 2.000 para 2.163,

Tabela A.3

REGRAS DE BOLSO PARA VARIAÇÕES PERCENTUAIS

Variável	Valor Inicial	Valor Final	Variação Percentual Calculada
B	100	103	3%
C	20	21	5%
$B \times C$	2.000	2.163	8,15%
B/C	5	4,905	1,9%

uma elevação de 8,15% quando calculada com precisão. Note que esse valor é muito próximo do que obteríamos se aplicássemos a regra do produto, somando a variação de 3% em *B* à de 5% em *C*, obtendo uma estimativa de 8% no que se refere ao produto $B \times C$. Assim, a aproximação se mostra aceitável. Da mesma forma, seguindo a quarta linha, vemos que o quociente *B/C* declina de 5 para 4,905, uma queda percentual de exatamente 1,9%. Se tivéssemos aplicado a regra do quociente, teríamos tomado a elevação de 3% em *B* e dela subtraído a elevação de 5% em *C* para chegar a 3% – 5% = –2% – mais uma vez, um valor muito próximo da variação exata de 1,9%.

CAPÍTULO

2

ESCASSEZ, ESCOLHA E SISTEMAS ECONÔMICOS

RESUMO DO CAPÍTULO

Quanto custa ir ao cinema? Se você respondeu oito ou nove dólares porque esse é o preço do ingresso, então está deixando muitas coisas de lado. A maioria de nós está habituada a pensar em "custo" como o dinheiro que pagamos por algo. Um Big Mac custa $2,50, um Toyota Corolla novo custa $15.000 e a babá custa $8,00 por hora. É claro que o dinheiro que pagamos por algo representa *parte* do custo. A economia, no entanto, tem uma visão ampla dos custos, reconhecendo componentes tanto monetários quanto não monetários.

O CONCEITO DE CUSTO DE OPORTUNIDADE

O custo total de qualquer escolha que fazemos – comprar um carro, produzir um computador, ler um livro – é tudo aquilo de que precisamos *abrir mão* quando praticamos um ato. Esse custo é chamado *custo de oportunidade* do ato porque abrimos mão da oportunidade de fazer outras coisas.

> *O **custo de oportunidade** de qualquer escolha é o valor da melhor alternativa sacrificada quando da prática de um ato.*

Custo de oportunidade
O valor da melhor alternativa sacrificada quando da prática de um ato.

O custo de oportunidade é o conceito mais preciso e completo de custo – o conceito que devemos usar quando tomamos nossas próprias decisões ou analisamos as dos outros.

CUSTO DE OPORTUNIDADE PARA INDIVÍDUOS

Virtualmente, as ações que praticamos como indivíduos consomem dinheiro escasso, tempo escasso ou as duas coisas. Assim, qualquer ato que pratiquemos exige o sacrifício de outros bens e serviços para os quais poderíamos ter usado nosso tempo e dinheiro. Por exemplo, escrever este livro tomou bastante tempo dos autores. O tempo dedicado poderia ter sido usado por um dos autores para (1) fazer uma faculdade de Direito, (2) escrever um romance ou (3) fundar uma firma lucrativa.

Será que essas possibilidades, combinadas, representam o custo de oportunidade da autoria deste livro? Na verdade, não. Optar por não escrever o livro liberaria algum tempo, mas não o suficiente para que fossem exploradas as três atividades. Para medir o custo de oportunidade, analisamos somente as alternativas que *poderiam* ter sido escolhidas – aquelas das quais efetivamente abrimos mão. Suponhamos que, para um dos autores, a melhor alternativa a escrever o livro fosse fundar uma firma lucrativa. O custo de oportunidade da co-autoria da obra seria abrir mão da oportunidade de fundar a firma. Como as alternativas, sendo menos valiosas, não seriam escolhidas de uma maneira ou de outra, elas não fazem parte do custo de escrever o livro.

Para explorar de forma mais aprofundada esse conceito de custo de oportunidade, voltemos para a pergunta anterior. Quanto custa ir ao cinema? Depende de *quem* vai ao cinema. Suponhamos que alguns amigos convidem Jessica, uma universitária, para ir a um cinema que fica a dez minutos do campus. Para ir, Jessica precisará usar *fundos* escassos para comprar o ingresso e *tempo* escasso para ir ao cinema e assistir ao filme. Suponhamos que o *dinheiro* para pagar o ingresso pudesse ter sido usado, ao contrário, em uma chamada telefônica de longa distância para um amigo que está na Itália – o próximo melhor uso do dinheiro para ela – e que o *tempo* gasto pudesse ter sido usado para estudar para uma prova de Economia – o próximo melhor uso do tempo. Assim, para Jessica, o custo de oportunidade de ir ao cinema consiste em duas coisas das quais abriu mão: (1) um telefonema para seu amigo e (2) uma nota mais alta na prova de Economia. Assistir ao filme custará a Jessica o sacrifício de *ambas* alternativas de valor, já que ir ao cinema lhe custará tanto tempo quanto dinheiro.

Consideremos, agora, Samantha, uma consultora muito bem remunerada que vive em Nova York, a alguns quilômetros do cinema e que está atrasada em relação ao cronograma de diversos projetos. Como no caso de Jessica, uma ida ao cinema custará tanto fundos escassos quanto tempo escasso. Entretanto, no caso de Samantha os dois custos serão mais elevados. Primeiro, os custos diretos em dinheiro: há não só o preço do ingresso, mas também a ida e a volta de táxi, o que elevaria o custo direto para \$20. Mas essa é apenas uma pequena parte do custo de oportunidade de Samantha. Vamos supor que o tempo que ela precise para descobrir onde e a que horas será exibido o filme, chamar um táxi, chegar até o cinema, esperar na fila, assistir aos *trailers* e ao filme e voltar para casa seja de três horas – o que não é exagero no caso de assistir um filme em Manhattan. A próxima melhor alternativa para o uso do tempo de Samantha seria dedicar-se a seus projetos de consultoria, pelos quais ela ganharia \$150 por hora. Nesse caso, podemos medir todo o custo de oportunidade de ir ao cinema em termos monetários: primeiro, o custo direto do ingresso e do táxi (\$20) e, depois, a renda da qual abriu mão por ter ido ao cinema (\$150 × 3 horas = \$450), somando um total de \$470.

A um preço tão elevado, poderíamos até tentar imaginar por que ela jamais optaria por ir ao cinema. O mesmo raciocínio, porém, se aplica a quase tudo que Samantha faz: é muito caro, para ela, falar ao telefone com um amigo, jantar ou mesmo dormir. Cada uma dessas atividades exige que ela sacrifique os custos diretos em dinheiro mais \$150 por hora em renda perdida. Será que ela jamais optaria por fazer essas coisas? A resposta é a mesma para Samantha, Jessica ou qualquer outra pessoa: sim – se a atividade tiver maior valor do que aquela da qual se abre mão. Não é difícil imaginar que, após um dia de trabalho árduo, atividades de lazer sejam muito importantes para Samantha – valendo mais do que o custo em dinheiro e a renda perdida necessários para usufruir delas.

Uma vez compreendido o conceito de custo de oportunidade e como ele pode variar de uma pessoa para outra, é possível entender alguns comportamentos que poderiam, ao contrário, parecer estranhos. Por exemplo, por que pessoas de alta renda raramente compram em lojas de baixo preço, preferindo fazer suas compras em lojas de alto-padrão, onde as mesmas coisas são vendidas por preços mais altos? Isso não quer dizer que as pessoas de alta renda **gostem** de pagar mais pelo que compram. Mas as lojas de descontos geralmente têm menos empregados e muitos clientes, o que significa que comprar nelas toma mais tempo. Embora as lojas de descontos tenham menor custo **em dinheiro**, impõem um maior **custo em tempo**. Para pessoas de alta renda, as lojas de desconto são, na verdade, de custo mais elevado do que aquelas com preços maiores.

Também podemos entender por que os mais bem remunerados consultores, empresários, advogados e médicos muitas vezes levam suas vidas em um ritmo frenético, fazendo muitas coisas ao mesmo tempo e encaixando tarefas em cada minuto livre. Como essas pessoas ganham centenas de dólares por hora de trabalho, qualquer atividade que exerçam carrega um custo de oportunidade equivalentemente alto. Escovar os dentes pode custar $10 e ir de carro para o trabalho pode chegar a centenas. Quando combinam atividades – falando ao telefone enquanto dirigem, pensando e planejando o dia enquanto tomam banho, lendo o jornal no elevador – o custo de oportunidade pode ser reduzido.

E quanto ao restante de nós? Com a elevação dos salários, procuramos encaixar mais atividades em pequenos intervalos de tempo livre. Milhões de pessoas agora têm telefones celulares e os usam no elevador ou enquanto levam seus cachorros para passear. Os livros gravados em fita estão cada vez mais populares e são muito apreciados por corredores. (Por que só se exercitar quando é possível, ao mesmo tempo, "ler" um livro?) E para algumas pessoas, as férias se tornaram mais exaustivas do que o trabalho, com um número crescente de atividades concentradas em períodos de descanso cada vez menores.

CURVAS PERIGOSAS

Em alguns casos, o total do custo de oportunidade de uma decisão pode ser expresso como um valor em dinheiro. No caso de Samantha, por exemplo, o ingresso, a viagem de táxi e até mesmo o tempo gasto podem ser facilmente avaliados em dólares (o valor do tempo é igual aos dólares que ela poderia ter ganho com a próxima melhor alternativa – trabalhar). Mas e quando parte do custo *não pode* ser facilmente medida em dinheiro? Então simplesmente expressamos o custo de oportunidade como diversas coisas diferentes e não como um único número. Por exemplo, suponhamos que a próxima melhor alternativa para Samantha não fosse trabalhar, mas sim ir à festa de aniversário de um amigo. Nesse caso, o custo de oportunidade da ida ao cinema consistiria em ambos: o custo **em dinheiro** (ingresso e táxi) e da festa perdida.

O CUSTO DE OPORTUNIDADE E SOCIEDADE

Para um indivíduo, o custo de oportunidade decorre da escassez de tempo ou dinheiro. Para a sociedade como um todo, o custo de oportunidade nasce de uma fonte completamente diferente: a escassez dos *recursos* sociais. Nosso desejo por bens é ilimitado, mas temos uma quantidade limitada de recursos para produzi-los. Portanto, *toda produção traz consigo um custo de oportunidade. Para produzir maior quantidade de uma coisa, a sociedade precisa retirar recursos da produção de outra coisa.*

Vamos debater uma meta em relação à qual todos podemos concordar: melhor saúde para os cidadãos. O que seria necessário para atingir essa meta? Talvez *check-ups* médicos mais freqüentes para maior número de pessoas e acesso mais fácil à medicina de ponta sempre que necessário. Isso, por sua vez, além de médicos em maior número, exigiria médicos mais bem-treinados, mais hospitais, laboratórios e equipamentos médicos de alta tecnologia como aparelhos de ressonância magnética e *lasers* cirúrgicos. Para produzir esses bens e serviços, precisaríamos retirar recursos – terra, trabalho e capital – da produção de outras coisas das quais também gostamos. O custo de oportunidade de uma melhor assistência médica seria, portanto, equivalente à totalidade dos bens e serviços das quais teríamos que abrir mão.

FRONTEIRAS DE POSSIBILIDADES DE PRODUÇÃO

Vamos construir um modelo simples para nos ajudar a entender o custo de oportunidade que devemos pagar por um melhor atendimento médico. Para uma maior especificidade, mediremos a produção de assistência à saúde segundo o *número de vidas salvas.* Essa variável foi plotada ao longo do eixo horizontal da Figura 1. Para medir o custo de oportunidade da assistência à saúde, adotaremos uma hipótese simplificadora: a de que todos os outros bens, exceto a assistência à saúde – que gera cuidados médicos capazes de salvar vidas –, podem ser agrupados em uma única categoria e de que podemos medir quantas unidades desses "outros bens" estamos produzindo. Na Figura 1, a quantidade de "outros bens" é representada no eixo vertical.

Fronteira de possibilidades de produção (FPP) Uma curva que mostra todas as combinações de dois bens que podem ser produzidos com os recursos e a tecnologia atualmente disponíveis.

Vejamos, agora, a curva apresentada na Figura 1. Ela representa a **fronteira de possibilidades de produção (FPP)** da sociedade, *dando as diferentes combinações de bens que podem ser produzidos com os recursos e a tecnologia atualmente disponíveis.* Mais especificamente, essa FPP nos diz *a quantidade máxima* de todos os outros bens que podemos produzir para cada número de vidas salvas e o número máximo de vidas salvas para cada quantidade de outros bens. As posições além da fronteira não podem ser atingidas com a tecnologia e os recursos que a economia tem à sua disposição. As escolhas da sociedade estão limitadas aos pontos que estão *na curva* ou *dentro* dela.

Vamos examinar com mais atenção a FPP da Figura 1. O ponto *A* representa uma escolha possível para a sociedade: dedicar todos os recursos à produção de "outros bens" e nada à assistência à saúde. Nesse caso, possuiríamos 1.000.000 de unidades de outros bens, mas teríamos de abrir mão de todas as possibilidades de salvar vidas. O ponto *F* representa o extremo oposto, ou seja, todos os recursos disponíveis dedicados à assistência à saúde capaz de salvar vidas. Nesse caso, salvaríamos 500.000 vidas, mas não teríamos outros bens.

Se os pontos *A* e *F* lhe parecem absurdos, lembre-se de que representam escolhas *possíveis* para a sociedade, mas que improvavelmente fazemos. Queremos que a assistência à saúde esteja disponível para quem dela precisar, mas também queremos moradia, vestimentas, entretenimento, carros e assim por diante. Assim, uma escolha realista deverá incluir uma combinação de assistência à saúde com cinema.

A FRONTEIRA DE POSSIBILIDADES DE PRODUÇÃO

Figura 1

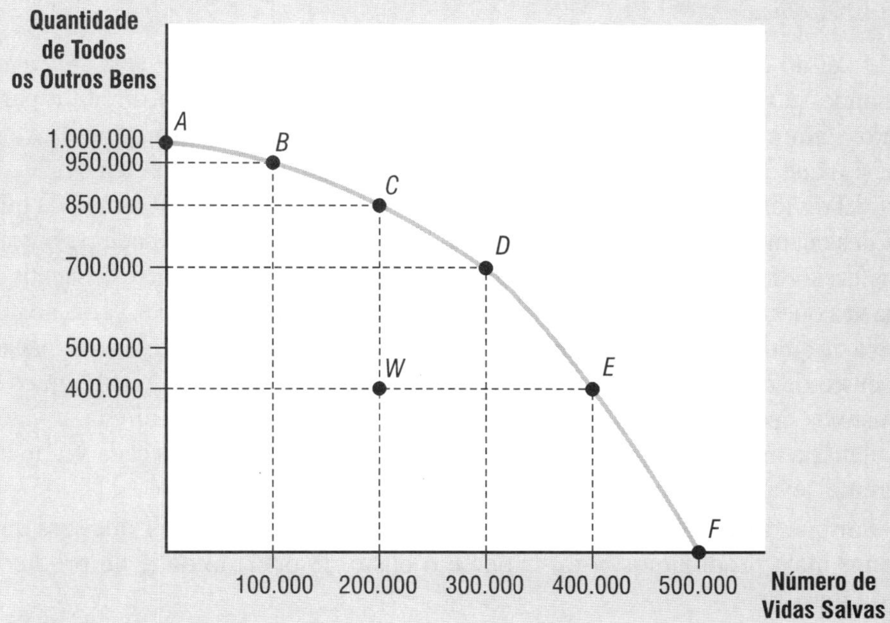

Os pontos ao longo da fronteira de possibilidades de produção indicam combinações de dois bens – neste caso, vidas salvas e "outros bens" – que podem ser produzidos com os recursos e a tecnologia disponíveis. No ponto *A*, todos os recursos são empregados para a produção de outros bens e não se salvam nenhumas vidas. No ponto *F*, salvam-se 500.000 vidas, mas nenhum outro bem é produzido. A curva côncava da fronteira reflete a lei do custo de oportunidade crescente.

Suponhamos que uma combinação como essa seja desejada, mas que a economia, por algum motivo, esteja operando no indesejável ponto *A* – sem assistência à saúde, mas com produção máxima de todo o resto. Então precisamos deslocar alguns recursos dos outros bens para a assistência à saúde. Poderíamos, por exemplo, passar do ponto *A* para o B, onde estaríamos salvando 100.000 vidas. Em conseqüência disso seria reduzir a produção de outros bens, gerando 50.000 unidades a menos. O custo de oportunidade do salvamento de 100.000 vidas seria, assim, de 50.000 unidades a menos de todos os outros bens.

Custo de Oportunidade Crescente

Vamos imaginar que estamos no ponto B e queremos salvar ainda mais vidas. Mais uma vez, deslocamos recursos suficientes para assistência à saúde, a fim de salvar mais 100.000 vidas, indo do ponto *B* para o *C*. Desta vez, contudo, o custo é ainda *maior*: a produção de outros bens cai de 950.000 unidades para 850.000, um sacrifício de 100.000 unidades. O custo de oportunidade do salvamento de vidas se elevou. Pode-se ver que, à medida que mais vidas são salvas – em incrementos de 100.000, indo do ponto *C* para os pontos *D*, *E* e *F* – o custo de oportunidade da produção de outros bens continua a se elevar, até que o salvamento de 100.000 vidas nos custe 400.000 unidades em outros bens.

O comportamento do custo de oportunidade aqui descrito – quanto mais assistência à saúde proporcionarmos, maior o custo de oportunidade de se produzir mais assistência à saúde – se aplica a uma ampla gama de escolhas com que se depara a sociedade, podendo ser generalizado como a *lei do custo de oportunidade crescente*.

Lei do Custo de Oportunidade Crescente
Quanto maior a produção de algum produto, maior o custo de oportunidade para produzir mais uma unidade.

*Segundo a **lei do custo de oportunidade crescente**, quanto mais produzimos algo, maior o custo de oportunidade de uma produção ainda maior dessa mesma coisa.*

A lei do custo de oportunidade crescente faz com que a FPP seja *côncava*, tornando-se mais íngreme à medida que nos deslocamos para a direita e para baixo. Para entender o porquê disso, basta lembrar (voltando à matemática do ginásio) que a inclinação de uma reta ou curva nada mais é que a variação no eixo vertical dividida pela variação no eixo horizontal. Ao longo da FPP, à medida que nos deslocamos para a direita, a inclinação é a variação da quantidade de outros bens dividida pela variação do número de vidas salvas. Esse número é negativo, uma vez que uma variação positiva do número de vidas salvas implica variação negativa da quantidade de outros bens produzidos. O valor absoluto dessa inclinação é o custo de oportunidade do salvamento de mais uma vida. Se – como vimos – o custo de oportunidade se eleva à medida em que vamos para a direita, o valor absoluto da inclinação da FPP também deve subir. A FPP se torna cada vez mais íngreme, levando à forma côncava da Figura 1.[1]

Por que deve haver uma lei para o custo de oportunidade? Por que será que quanto mais produzimos algo, maior é o custo de oportunidade de produzir ainda mais?

Porque a maioria dos recursos – *por sua própria natureza* – é mais adequada a um fim do que a outros. Se a economia estivesse operando no ponto *A*, por exemplo, estaríamos usando todos os recursos para produzir outros bens, inclusive recursos muito mais adequados à assistência à saúde. Um hospital poderia estar sendo usado para enlatar alimentos, *lasers* cirúrgicos poderiam estar sendo usados para shows pirotécnicos e cirurgiões altamente qualificados poderiam estar dirigindo táxis ou procurando desesperadamente nos fazer rir em shows cômicos.

À medida que começamos a nos deslocar pela FPP, de *A* para *B*, por exemplo, deslocamos recursos de outros bens para a assistência à saúde. Todavia, deslocaríamos *primeiro* os recursos *mais adequados à saúde* – e *menos* adequados à produção de outras coisas. Por exemplo, o primeiro grupo de trabalhadores que usaríamos para salvar vidas seria composto daqueles que já têm treinamento como médicos e enfermeiros. Um cirurgião – que provavelmente não seria o melhor comediante – poderia voltar à sala de cirurgia, onde seu desempenho é muito bom. Da mesma forma, os primeiros prédios que dedicaríamos à assistência à saúde seriam os originalmente construídos para as funções de hospitais e consultórios e que não estariam desempenhando bem as funções de fábricas, lojas de varejo ou estúdios de cinema. É por isso que, de início, a FPP é muito pouco íngreme: há um *grande* aumento do número de vidas salvas para uma queda *pequena* dos demais bens.

Conforme continuamos a nos deslocar para a direita, contudo, retiramos dos outros bens recursos cada vez menos adequados ao salvamento de vidas. Decorre que a FPP se torna mais íngreme. Finalmente, chegamos ao ponto *F*,

---

[1] Você pode estar imaginando se a lei do custo de oportunidade crescente se aplica nas duas direções. Ou seja, se o custo de oportunidade da produção de "outros bens" também se eleva à medida que os produzimos em maiores quantidades. A resposta é sim, como você verá ao resolver o Problema 2 no final deste capítulo.

onde todos os recursos – não importa quão adequados a outros bens e serviços – são usados para salvar vidas. Fábricas são convertidas em hospitais, seu carro particular passa a ser usado como ambulância e o comediante Jim Carrey passa a freqüentar a faculdade de Medicina para se tornar um cirurgião.

O princípio do custo de oportunidade crescente se aplica a todas as escolhas sociais de produção e não apenas à assistência à saúde e a outros bens. Se analisarmos a escolha social entre alimentos e petróleo, veremos que alguns terrenos são mais adequados à agropecuária, enquanto outros servem melhor à extração petrolífera. Se continuássemos a produzir mais petróleo, nós nos veríamos furando poços em terrenos cada vez menos adequados a este fim e mais adequados à produção de comida. Com isso, elevar-se-ia o custo de oportunidade da produção de petróleo. O mesmo princípio se aplica à escolha entre bens civis e bens militares, entre alimentos e vestuário ou entre carros particulares e transporte público. Quanto mais produzimos de uma determinada coisa, maior o custo de oportunidade de produzir ainda mais.

A BUSCA POR UMA REFEIÇÃO GRATUITA

Este capítulo sustentou que toda decisão de produção em *maior quantidade* de algo exige que paguemos um custo de oportunidade produzindo menos alguma outra coisa. O ganhador do Prêmio Nobel de Economia Milton Friedman resumiu bem essa idéia em sua famosa frase "*There is no such thing as a free lunch*". Friedman queria dizer, com isso, que, ainda que alguém receba gratuitamente uma refeição, a sociedade usou, mesmo assim, recursos em sua produção. A "refeição gratuita" não é *realmente* gratuita. A sociedade paga um custo de oportunidade ao deixar de produzir outras coisas com os mesmos recursos. O mesmo raciocínio aplica-se a outros bens e serviços supostamente "gratuitos". Do ponto de vista da sociedade, não existem passagens aéreas, computadores ou assistência à saúde gratuitos. O oferecimento de qualquer uma dessas coisas exige que sacrifiquemos outras como foi ilustrado pelo *deslocamento ao* longo da FPP da sociedade.

Se, em vez de explorar todo o seu potencial produtivo, uma economia estiver operando *dentro* da FPP? Por exemplo, na Figura 1, suponhamos que estejamos operando no ponto *W*, onde o sistema de assistência à saúde salva 200.000 vidas e estamos produzindo 400.000 unidades de outros bens. Então podemos nos mover do ponto *W* para o *E* e salvar mais 200.000 vidas sem sacrifício dos demais bens ou, partindo do ponto *W*, nos mover para o ponto *C* (maior quantidade de outros bens sem sacrifício de vidas salvas) ou para um ponto como o *D* (maior quantidade *tanto* de assistência à saúde *quanto* de outros bens).

Como você pode ver, se estivermos operando dentro da FPP, o ditado de Friedman não se aplica – então *é possível* obter uma refeição gratuita. Por que, então, estaria uma economia operando dentro da FPP? Há duas possibilidades.

Ineficiência Produtiva

Uma razão pela qual uma sociedade pode estar operando dentro de sua FPP é o desperdício de recursos. Suponhamos, por exemplo, que muitas pessoas que pudessem ser excelentes profissionais de saúde estivessem, em vez disso, produzindo outros bens, e muitas pessoas que seriam competentes em outras coisas estivessem vinculadas à indústria de assistência à saúde. Trocar as posições dessas pessoas poderia permitir que tivéssemos maior quantidade *tanto* de cuidados médicos *quanto* de outros bens. Isso porque, graças ao desencaixe de trabalhadores e empregos, estaríamos *dentro* da FPP, em um ponto como o *W.* A criação de melhores empregos nos faria passar, assim, para um ponto *na* FPP (como o *E*, por exemplo).

Os economistas usam a expressão *ineficiência produtiva* para descrever o tipo de desperdício que nos coloca dentro da FPP.

Ineficiência produtiva Uma situação em que pelo menos mais de um bem pode ser produzido sem sacrificar a produção de quaisquer outros bens.

Uma firma, um setor ou a economia como um todo se ***revelam produtivamente ineficientes*** *se podem produzir mais de pelo menos um bem sem retirar recursos da produção de outro bem.*

A expressão *eficiência produtiva* significa a ausência de qualquer *in*eficiência produtiva. Por exemplo, se a indústria de computadores está produzindo o maior número possível de unidades com os recursos que está empregando, podemos descrevê-la como produtivamente eficiente. Nesse caso, não há meio de produzir mais computadores sem retirar recursos da produção de algum outro bem. Para que toda uma *economia* seja produtivamente eficiente, não pode haver maneira de produzir mais de *nenhum* bem sem retirar recursos da produção de algum outro.

Embora nenhuma firma, setor ou economia possa chegar a 100% de eficiência produtiva, casos de grande ineficiência não são tão comuns quanto se poderia pensar. Quando estudar microeconomia, você aprenderá que as firmas se encontram submetidas a fortes incentivos para identificar e eliminar ineficiência produtiva, já que qualquer desperdício de recursos eleva os custos e diminui os lucros. Quando uma firma descobre um meio de eliminar desperdícios, as outras rapidamente a seguem.

Por exemplo, assentos vazios em um vôo comercial representam ineficiência produtiva. Como o avião fará a viagem de uma maneira ou de outra, encher o assento vazio permite que a firma atenda mais clientes com um mesmo vôo (produza mais serviços de transporte aéreos) sem usar recursos adicionais (além dos poucos envolvidos na refeição servida a bordo). Assim, mais pessoas poderiam voar sem sacrifício de qualquer outro bem ou serviço. Quando a American Airlines desenvolveu, nos anos 80, um modelo computacional que preenchia os assentos vazios alterando os horários e os preços, suas concorrentes logo seguiram seu exemplo. E quando – no final da década de 90 – uma nova firma chamada Priceline.com permitiu que as companhias de transportes aéreos leiloassem seus assentos vazios pela Internet, diversas firmas do setor se apressaram para aproveitar a oportunidade e outras vieram logo após. Como resultado disso – e de esforços semelhantes para eliminar desperdícios de mão-de-obra, aviões e espaço administrativo – muitos casos de ineficiência produtiva no setor de transportes aéreos foram eliminados.

Esforços do mesmo tipo eliminaram alguns casos facilmente identificáveis de ineficiência produtiva em setores de todas as espécies: bancário, telefônico, provedores de acesso à Internet, editoras etc. Ainda restam, é claro, casos de ineficiência produtiva (um exemplo é apresentado no final deste capítulo), mas de modo geral, se vasculharmos a economia em busca de uma refeição gratuita, não encontraremos tantos casos quanto se poderia imaginar.

Recessões

Outra situação em que uma economia opera dentro de sua FPP é uma recessão – uma desaceleração geral da atividade econômica. Durante as recessões, muitos recursos ficam ociosos. Por um lado, há alto *desemprego* – as pessoas *querem* trabalhar, mas não conseguem encontrar empregos. Por outro, as fábricas fecham as portas, de modo que também não usamos a totalidade do capital ou da terra disponível. O fim da recessão levaria a economia de um ponto *de dentro* da FPP para um ponto *na* FPP – usando recursos ociosos para produzir mais bens e serviços sem sacrificar qualquer coisa.

Essa observação simples pode nos ajudar a entender, em parte, por que os Estados Unidos e a União Soviética passaram por experiências econômicas tão diferentes durante a Segunda Guerra Mundial. Na União Soviética, o padrão de vida médio decaiu consideravelmente com o começo da guerra, mas subiu um pouco quando os Estados Unidos entraram no conflito. Por quê?

A Figura 2 ajuda a resolver a charada. A FPP da Figura 2 é semelhante à da Figura 1. Dessa vez, ao invés de comparar "assistência à saúde" a "outros bens", examinamos a escolha da sociedade entre bens *militares* e bens *civis*. Quando os Estados Unidos entraram na guerra, em 1941, ainda sofriam os efeitos da Grande Depressão – a mais grave e duradoura queda de atividade econômica da história moderna que começou em 1929 e atingiu a maior parte do mundo desenvolvido. Por razões que você entenderá quando estudar macroeconomia, unir-se ao esforço de guerra dos aliados ajudou a encerrar a Depressão nos Estados Unidos e moveu a economia de um ponto como o *A*, *dentro* da FPP, para outro como o *B*, que está *na* fronteira. A produção militar aumentou, mas a de bens civis também. Embora houvesse carência de alguns bens de consumo, o resultado geral foi uma elevação do bem-estar material do cidadão americano médio.

Na União Soviética, as coisas eram bem diferentes. Nos anos 30, a economia soviética – que se isolara internacionalmente – foi capaz de escapar dos efeitos da Depressão que afetou o resto do mundo. Assim, antes da guerra, o país já operava em sua FPP ou próximo dela, em um ponto como o *C*.[2] Entrar na guerra – o que exigia um aumento da produção de bens militares – exigiu um deslocamento, *ao longo* da fronteira, para um ponto como o *D*. No caso da União Soviética, a queda da produção civil – e a queda resultante do padrão de vida – foi um custo de oportunidade que teve de ser pago para travar a guerra.[3]

Uma queda no nível de atividade econômica, como a Grande Depressão dos anos 30, parece oferecer uma bela refeição gratuita. No entanto eliminar uma recessão não é algo *totalmente* livre de custos. Quando estudar macroeconomia,

---

[2] Por causa do fato de seu sistema econômico causar grandes ineficiências econômicas, há quem diga que a União Soviética jamais esteve realmente em sua FPP ou próxima dela. Na Figura 2, contudo, tomamos como dado o sistema econômico soviético. Estar na FPP significa que a economia está produzindo o produto civil máximo para qualquer quantidade de produto militar *e* para um determinado sistema econômico soviético.

[3] Há outra explicação para a queda do padrão de vida na União Soviética, e ela também pode ser ilustrada por meio de FPPs. Ao contrário do que se deu nos Estados Unidos, grande parte da União Soviética foi destruída durante a Segunda Guerra Mundial, reduzindo a quantidade tanto de terra quanto de capital disponível para qualquer tipo de produção. Da mesma forma, a perda de vidas entre os soviéticos foi estarrecedora – cerca de 20 vezes mais do que o número de vidas americanas perdidas. Essas grandes reduções de terra, trabalho e capital fizeram com que a FPP soviética se *contraísse* de forma significativa – com menos recursos, a produção civil teve de ser menor para qualquer nível de produção militar.

Figura 2

Quando começou a Segunda Guerra Mundial, a economia americana estava em recessão, com elevado desemprego. Isso é representado pelo ponto *A* do painel (a), que se encontra dentro da fronteira de possibilidades de produção. A produção de guerra eliminou o desemprego à medida que os Estados Unidos passaram para o ponto *B*, na sua FPP, com maior quantidade de produtos militares e civis. A União Soviética, por outro lado, entrou na guerra com seus recursos econômicos plenamente utilizados. Ela só poderia aumentar sua produção militar por meio do sacrifício de bens civis, deslocando-se do ponto *C* para o *D* ao longo de sua FPP.

PRODUÇÃO E DESEMPREGO

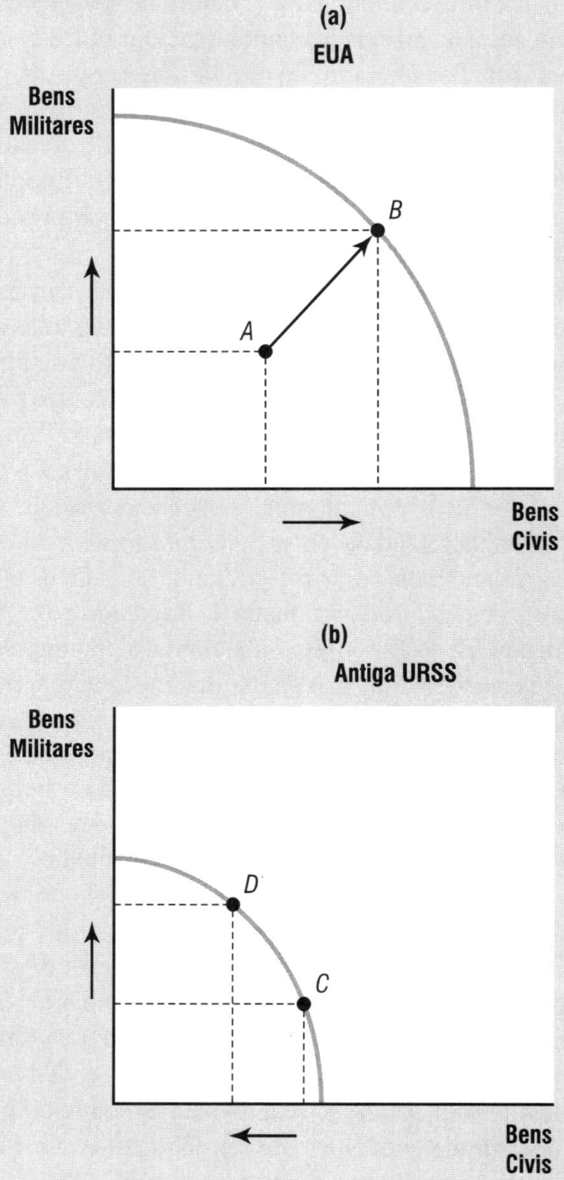

você verá que, embora uma grande variedade de políticas governamentais possa ser usada para curar ou evitar recessões, essas mesmas políticas trazem o risco de criação de outros problemas. É claro que podemos decidir se vale a pena arcar com esses custos para dar fim a uma recessão, mas, ainda assim, existe um custo. Mais uma vez, nem sempre é tão fácil conseguir uma refeição verdadeiramente gratuita.

SISTEMAS ECONÔMICOS

Enquanto lê estas palavras – talvez sentado em sua casa ou em uma biblioteca – você está passando por um momento altamente pessoal. Só você e este livro. O resto do mundo não existe, pelo menos é o que parece...

Na verdade, até neste momento aparentemente íntimo, você está ligado ao resto do mundo por caminhos que pode não ter jamais considerado. Para que você pudesse ler este livro, os autores tiveram de escrevê-lo. Alguém (cujo nome é Dennis Hanseman) teve de editá-lo para certificar-se de que todos os temas necessários tivessem sido abrangidos e explicados da maneira mais clara possível. Outra pessoa teve de preparar os gráficos. Outras tiveram de operar as prensas gráficas e as máquinas encadernadoras, embalar os livros, remetê-los, retirá-los das embalagens, colocá-los nas estantes das livrarias e depois vendê-los a você.

Diversas pessoas tiveram de fabricar bens de todos os tipos: papel e tinta, as caixas usadas na remessa, computadores para cuidar do estoque e assim por diante. Não seria um exagero dizer que milhares de pessoas estiveram envolvidas no processo que terminou por colocar este livro em suas mãos.

E mais. A cadeira ou o sofá em que você está, a lâmpada que ilumina a página, o aquecimento ou ar-condicionado do ambiente, as roupas que você veste – todas as coisas que você está usando neste momento foram *produzidas por alguma outra pessoa*. Assim, agora mesmo, enquanto está sozinho lendo o livro, você está economicamente ligado a outras pessoas por centenas – ou milhares – de caminhos.

Dê uma caminhada por sua cidade e você verá ainda mais provas da interdependência econômica. Há gente na rua fazendo a coleta do lixo, ajudando crianças a atravessar a rua, transportando móveis de um lugar para outro, construindo edifícios, consertando estradas, pintando casas. Todo o mundo está produzindo bens e serviços para *outras pessoas*.

Por que tanto daquilo que consumimos é produzido por outros? Por que somos tão dependentes uns dos outros no que se refere a nosso bem-estar material? Por que não podemos – como Robinson Crusoé em sua ilha – produzir nosso próprio alimento, roupas, casas e tudo o mais que desejamos? E como você – que não produziu por si só nenhuma dessas coisas – acaba sendo capaz de consumi-las?

Todas essas perguntas dizem respeito ao *sistema econômico* – a maneira segundo a qual a economia se organiza. De modo geral, nós nos apropriamos das coisas que o sistema econômico nos oferece, como fazemos com a água que sai de nossas torneiras e nem pensamos em como essas coisas chegam até nós. Mas é chegada a hora de examinar com um pouco mais de cuidado o encanamento – para aprender como a economia serve a tantos milhões de pessoas, permitindo que sobrevivam e prosperem.

ESPECIALIZAÇÃO E TROCA

Se fôssemos forçados a isso, a maioria de nós poderia se tornar economicamente auto-suficiente. Poderíamos cercar um pedacinho de terra, plantar nossa própria comida, fazer nossas próprias roupas e construir nossas próprias casas. Contudo, em sociedade nenhuma existe auto-suficiência a esse ponto. Pelo contrário, todos os sistemas econômicos dos últimos 10.000 anos se caracterizaram por duas coisas: (1) **especialização**, segundo a qual cada um de nós se concentra em um número limitado de atividades produtivas e (2) **troca**, segundo a qual a maior parte daquilo que desejamos é obtida por meio de negociações com outras pessoas e não através de produção individual.

Especialização Um método de produção segundo o qual cada pessoa se concentra em um número limitado de atividades.

Troca O ato de negociar com outros para obter o que desejamos.

A especialização e a troca nos permitem dispor de maior produção e padrões de vida mais elevados do que seria possível caso elas não existissem. Como resultado, todas as economias apresentam grau elevado de especialização e troca.

São três as razões pelas quais a especialização e a troca nos permitem desfrutar de mais produção. A primeira tem a ver com as capacidades humanas: cada um de nós só pode aprender uma quantidade limitada de coisas durante a vida. Limitando-nos a um conjunto restrito de tarefas – conserto de encanamentos, gerenciamento de operários, composição musical ou criação de páginas de Internet – podemos aprimorar nossas habilidades e nos tornar peritos em uma ou duas coisas, em vez de sermos amadores em várias. É fácil perceber que uma economia de peritos produzirá mais do que uma economia de amadores.

Um segundo ganho proporcionado pela especialização resulta do tempo necessário para passar de uma atividade para outra. Quando as pessoas se especializam e, com isso, passam mais tempo realizando uma só tarefa, há menos perda de tempo decorrente da transição entre as tarefas.

Antes de abordarmos a terceira vantagem da especialização, é importante observar que esses dois primeiros ganhos – aquisição de perícia e minimização da perda de tempo – poderiam ocorrer ainda que todos os trabalhadores fossem idênticos. Para ver o porquê, vamos tomar um exemplo extremo. Suponhamos que três gêmeas idênticas – Sheri, Gerri e Keri – decidam abrir sua própria loja de fotocópias. Elas logo descobrem que são três as tarefas principais a serem realizadas todos os dias: extrair cópias, lidar com clientes e cuidar das máquinas.

Suponhamos, primeiro, que as trigêmeas optem pela *não* especialização. Sempre que um cliente entra, *uma* delas aceita o pedido, extrai as cópias, recebe o dinheiro, faz o troco e emite um recibo. Além disso, sempre que uma máquina fica sem papel ou tinta, a gêmea que a estiver usando precisa solucionar o problema. Pode-se perceber, aqui, que muito tempo será gasto indo e voltando entre o balcão, as copiadoras e o depósito de suprimentos. Ademais, nenhuma das gêmeas se tornará perita nos cuidados a serem tomados com as máquinas, no atendimento aos clientes ou na extração de fotocópias. Por causa da perda de tempo entre tarefas e da falta de perícia, as trigêmeas não conseguirão fazer o máximo possível de cópias e nem atender ao número máximo de clientes a cada dia.

Agora, vamos reorganizar a produção para tirar vantagem da especialização. Vamos deixar Sheri no balcão, Gerri na copiadora e Keri encarregada da manutenção. Subitamente, todo aquele tempo perdido em idas e vindas passa a ser dedicado a tarefas mais produtivas. Além disso, Sheri se torna perita na operação da caixa registradora, por ser o que faz durante todo o dia. Gerri se torna perita na operação das copiadoras, descobrindo o meio mais rápido de selecionar as configurações adequadas, posicionar os originais e virar páginas. Keri logo aprende a diagnosticar – e até prever – problemas nas máquinas. Cada tarefa passa a ser desempenhada por uma perita. Pode-se ver que a especialização aumenta o número de cópias e clientes com os quais as irmãs podem lidar a cada dia, ainda que não haja diferenças entre suas aptidões e talentos fundamentais.

Adam Smith foi o primeiro a explicar estes ganhos decorrentes da especialização em seu livro *Uma Investigação sobre a Natureza e Causas da Riqueza das Nações*, publicado em 1776. Smith explicou como a especialização em uma fábrica de alfinetes aumentou drasticamente o número de alfinetes produzido. Para fabricar um alfinete...

> *Um homem puxa o fio, outro o alisa, um terceiro o corta, um quarto o afia, um quinto esmerilha a outra ponta para receber a cabeça; preparar a cabeça exige três operações distintas; colocá-la é uma atividade [em separado], clarear os alfinetes, ainda outra; até prendê-los na cartela é uma atividade por si só; e o importante negócio da fabricação de alfinetes se divide, assim, em cerca de 18 operações diferentes que, em algumas fábricas, são realizadas por mãos distintas.*

Smith observou, ainda, que dez homens trabalhando individualmente eram capazes de fazer 200 alfinetes por dia, mas, com a especialização, podiam produzir até 48.000. O que é verdade para uma fábrica de alfinetes ou para uma loja de fotocópias pode ser generalizado para toda a economia. Mesmo quando os trabalhadores são identicamente adequados a diversas tarefas, a produção total aumenta com a especialização.

É claro que, na vida real, os trabalhadores *não* são igualmente adequados a diferentes tipos de trabalho. E nem são todos os terrenos, recursos naturais ou tipos de capital igualmente adequados para diferentes tarefas. Essa observação nos leva à *terceira* fonte de ganhos que decorre da especialização.

Outros Ganhos da Especialização: Vantagem Comparativa. Imagine um naufrágio com apenas dois sobreviventes – vamos dizer que se chamam Maryanne e Gilligan – que acabam sendo levados pela maré para lados opostos de uma ilha deserta. De início, não sabem da existência um do outro, de modo que são forçados a se tornarem inteiramente auto-suficientes.

De um dos lados da ilha, Maryanne percebe que precisa de uma hora para achar um quilo de frutas ou pescar um peixe, como mostra a primeira linha da Tabela 1. Do outro lado, Gilligan – que não é tão bom quanto ela em nenhuma das duas tarefas – precisa de uma hora e meia para pegar a mesma quantidade de frutas e de três horas para pescar um peixe, como mostra a segunda linha da tabela. Como os dois apreciariam um pouco de variedade em suas dietas, podemos presumir que cada um passe parte do dia procurando por frutas e pescando.

Suponhamos que, um dia, Maryanne e Gilligan se encontrem. Após se felicitarem pela descoberta de outra pessoa, eles decidem desenvolver um sistema de produção mutuamente benéfico. Vamos deixar de lado quaisquer ganhos de especialização decorrentes da minimização da perda de tempo ou da aquisição de perícia. Será que ainda assim a especialização será vantajosa para eles? A resposta é positiva como veremos após um breve desvio.

Vantagem Absoluta: um Desvio. Quando Maryanne e Gilligan se sentam para determinar quem deve fazer o quê, cometem um erro comum, pois baseiam sua decisão na *vantagem absoluta*. Uma pessoa tem uma **vantagem absoluta** na produção de um determinado bem quando é capaz de produzi-lo com *menos recursos* do que outra pessoa. Na ilha, o único recurso utilizado é o tempo de trabalho, de forma que o raciocínio deles pode ter sido o seguinte: a Maryanne

Vantagem absoluta A capacidade de produzir um bem ou serviço com menos recursos do que outros produtores.

consegue pegar um quilo de frutas mais rapidamente que Gilligan (ver Tabela 1), o que indica que ela desfruta de uma *vantagem absoluta* nessa tarefa. Parece lógico, portanto, que ela deva ficar encarregada disso.

Esperem! Maryanne também consegue pescar mais rapidamente do que o Gilligan, de modo que também tem vantagem absoluta nessa área. Sendo a vantagem absoluta o critério para distribuição do trabalho, Maryanne deveria realizar *as duas* tarefas. Isso, contudo, deixaria Gilligan sem fazer nada, o que evidentemente não seria benéfico para a dupla. O que podemos concluir desse exemplo? Que a vantagem absoluta não é um indicador confiável para a alocação de tarefas entre diferentes trabalhadores.

Vantagem Comparativa. O princípio que deve ser aplicado na divisão do trabalho na ilha é a vantagem comparativa:

Vantagem comparativa A capacidade de produzir um bem ou serviço com menor custo de oportunidade do que outros produtores.

*Uma pessoa desfruta de uma **vantagem comparativa** na produção de um bem se puder produzi-lo com menor custo de oportunidade do que as outras pessoas.*

Observe a importante diferença entre a vantagem absoluta e a comparativa: há vantagem *absoluta* na produção de um bem se ele puder ser produzido com menos *recursos.* Temos uma vantagem *comparativa* se ele puder ser produzido com menor *custo de oportunidade.* Como veremos, as duas coisas não são necessariamente iguais.

A Tabela 2 apresenta o custo de oportunidade dos dois náufragos para produzir frutas e peixes. Para Maryanne, pescar um peixe leva uma hora, tempo que poderia ser usado para achar um quilo de frutas. Assim, para ela, o custo de oportunidade de um peixe é de um quilo de frutas. Esses custos de oportunidade estão indicados na Tabela 2. No caso do Gilligan, pescar um peixe leva três horas, tempo que ele poderia usar para pegar dois quilos de frutas. Para ele, portanto, o custo de oportunidade de um peixe é de dois quilos de frutas e o de um quilo de frutas é de meio peixe. (É claro que ninguém pode pescar meio peixe, mas ainda assim podemos usar esse número para representar uma proporção de custo de oportunidade.) Comparando os dois números, percebemos que o custo de oportunidade de um peixe é menor para Maryanne, de modo que ela tem uma *vantagem comparativa* na pescaria. Quando voltamos a atenção para a coleta de frutas, vemos que é Gilligan quem apresenta o menor custo de oportunidade – meio peixe. Portanto, Gilligan – que não desfruta de vantagem *absoluta* em coisa nenhuma – tem uma vantagem *comparativa* na coleta de frutas.

Vejamos o que acontece quando os dois decidem adotar a especialização de acordo com a vantagem comparativa. O que acontece cada vez que Gilligan decide pescar um peixe a menos?

Tabela 1

NECESSIDADE DE TRABALHO PARA FRUTAS E PEIXES

	1 Quilo de Frutas	1 Peixe
Maryanne	1 hora	1 hora
Gilligan	1½ hora	3 horas

A Tabela 2 nos diz que ele libera tempo suficiente para achar dois quilos de frutas. Podemos representar os resultados da produção de Gilligan da seguinte forma:

Gilligan: Peixe ↓ 1 = Frutas ↑ 2

A Tabela 2 também nos diz que cada vez que Maryanne decide pescar um peixe a mais, ela precisa abrir mão do tempo que poderia dedicar à procura por frutas, sacrificando, assim, um quilo do produto:

Maryanne: Peixe ↑ 1 = Frutas ↓ 1

O que acontece, porém, com a produção total na ilha quando o par de náufragos adota a produção segundo a vantagem comparativa? Como se pode ver, Maryanne compensa o peixe que Gilligan não está mais pescando e ele *mais do que compensa* o quilo de frutas que ela deixou de encontrar. Com isso, quando eles adotam a especialização, a produção de peixes se mantém inalterada, mas a de frutas aumenta. Os ganhos continuam até que Maryanne passe todo o seu tempo de trabalho pescando e Gilligan passe todo o seu tempo em busca de frutas.

Uma vez que – produzindo de acordo com a vantagem comparativa – a produção total na ilha aumenta, o *consumo* total também pode aumentar. Gilligan e Maryanne podem encontrar alguma forma de troca de peixes por frutas que seja vantajosa para os dois. Assim, os dois náufragos desfrutarão de um padrão de vida mais elevado quando se especializarem e trocarem um com o outro o que desfrutariam se tivessem se mantido auto-suficientes.

O que se aplica aos náufragos, é igualmente verdadeiro para a economia como um todo:

A produção total de todos os bens e serviços é maior quando as pessoas se especializam de acordo com suas vantagens comparativas. Este é outro motivo pelo qual a especialização e a troca levam a padrões de vida mais elevados do que a auto-suficiência.

Quando mudamos o foco da ilha fictícia para o mundo real, será que a produção realmente condiz com o princípio da vantagem competitiva? Com efeito, sim. Uma jornalista talvez seja capaz de pintar sua casa mais rapidamente do que um pintor, dada a sua vantagem *absoluta*. Mas será que ela faria isso? Salvo sob circunstâncias extraordinárias, não, uma vez que ela tem vantagem *comparativa* na autoria de artigos de notícias. De fato, a maioria dos jornalistas – como a maioria dos professores universitários, advogados, arquitetos e outros profissionais – contrata pintores de paredes, ficando com mais tempo para exercer as profissões nas quais desfruta de vantagem comparativa.

Tabela 2

CUSTOS DE OPORTUNIDADE

	Custo de Oportunidade de:	
	1 Quilo de Frutas	1 Peixe
Para Maryanne	1 peixe	1 quarto de frutas
Para Gilligan	½ peixe	2 quartos de frutas

Até os super-heróis dos quadrinhos parecem se comportar de forma condizente com a vantagem comparativa. O Super-Homem certamente é capaz de cozinhar, consertar carros, rachar lenha e fazer *qualquer coisa* mais rápido do que qualquer pessoa. Lançando mão do novo vocabulário, o Super-Homem tem vantagem absoluta em tudo, mas ele tem uma evidente vantagem comparativa na captura de criminosos e em salvar o universo da destruição, passa a gastar seu tempo exatamente nisso.

Especialização em Perspectiva. Os ganhos da especialização, decorram eles do desenvolvimento de perícia, da minimização da perda de tempo ou da exploração das vantagens comparativas, podem explicar muitos traços da economia. Por exemplo, estudantes universitários precisam escolher uma graduação e, depois, uma carreira específica.[N.T.] Os que seguem esse caminho são recompensados com rendimentos maiores do que os que desistem. Isso é um incentivo à especialização. A sociedade se beneficiará se você se especializar, já que estará ajudando a economia a produzir mais. Dessa forma, a sociedade premia essa contribuição com maior renda.

Os ganhos proporcionados pela especialização também podem explicar por que a maioria de nós acaba trabalhando para firmas que empregam dúzias, centenas ou mesmo milhares de pessoas. Por que existem firmas como essas? Por que não somos todos peritos *autônomos*, trocando nossa produção pela de outros peritos autônomos? Parte da resposta está no fato de que a organização da produção em firmas faz crescer ainda mais os ganhos da especialização. Em uma firma, algumas pessoas podem se especializar em trabalhos manuais, muitas no gerenciamento de trabalhadores, outras em marketing e ainda outras em contabilidade. Cada firma é uma espécie de minissociedade, dentro da qual se dá a especialização. O resultado são maior produção e um padrão de vida mais elevado do qual atingiríamos se fôssemos todos autônomos.

A especialização permitiu às sociedades em todo o mundo atingir padrões de vida inimagináveis para nossos antepassados. Se levada a extremos, no entanto, pode ter aspectos negativos. No velho filme *Tempos Modernos*, Charlie Chaplin representa um trabalhador de uma linha de montagem, prendendo a peça 27 à de número 28 milhares de vezes por dia. Na vida real, são raros os casos de especialização tão extrema. Ainda assim, alguns empregos são repetitivos e tediosos. Em algumas fábricas, os funcionários são deliberadamente deslocados de uma especialidade para outra para aliviar o tédio.

É claro que maximizar o padrão de vida material não é nossa única meta. Em alguns casos, seria melhor *aumentar* a variedade de tarefas que cumprimos a cada dia, ainda que isso signifique sacrificar parte da produção e da renda. Por exemplo, em muitas sociedades, um sexo se especializa no trabalho externo e o outro na administração do lar e em cuidados com as crianças. Será que as famílias estariam em melhor situação se as crianças tivessem maior acesso *aos* pais, mesmo que isso representasse uma renda familiar um pouco menor? Trata-se de uma pergunta importante. Embora a especialização nos proporcione ganhos materiais, pode haver *custos de oportunidade* a serem pagos em decorrência da perda de outras coisas com as quais nos importamos. O nível

---

N.T.: No sistema educacional dos Estados Unidos.

correto de especialização só pode ser encontrado por meio do equilíbrio entre os ganhos e esses custos.

ALOCAÇÃO DE RECURSOS

Faz só 10.000 anos – um piscar de olhos em termos da história humana – que a revolução neolítica teve início e a sociedade humana passou da caça e da coleta para a agricultura e para a manufatura simples. Ao mesmo tempo, os desejos humanos foram além de simplesmente comida e abrigo, passando a incluir a infinita variedade de coisas que podem ser *feitas*. A partir daí, todas as sociedades se viram diante de três perguntas importantes:

1. *Quais* bens e serviços devem ser produzidos com os recursos sociais?
2. *Como* devem ser produzidos?
3. *Quem* deve ficar com eles?

Tomadas em seu conjunto, essas três perguntas constituem o problema da **alocação de recursos**. A resposta que uma sociedade dá a essas perguntas, ou seja, o método segundo o qual aloca seus recursos, determinará, em parte, a natureza de seu sistema econômico.

Alocação de Recursos Um método de determinação de quais bens e serviços serão produzidos, como o serão e quem ficará com eles.

Consideremos, primeiro, a pergunta que trata de *o quê* deve ser produzido. Devemos produzir mais assistência à saúde ou mais filmes, mais bens de consumo ou mais bens de capital? Em que ponto da fronteira de possibilidades de produção deve a economia operar? Como se verá, há diferentes métodos que as sociedades podem adotar para responder a essas perguntas.

A questão de *como* é mais complicada. A maioria dos bens e serviços pode ser produzida de muitas formas diferentes, cada uma usando mais de alguns recursos e menos de outros. Por exemplo, há muitas maneiras de construir uma vala. Poderíamos *não usar nenhum capital* e fazer com que dúzias de operários cavassem com as próprias mãos. Poderíamos usar *uma pequena quantidade de capital*, dar a cada operário uma pá e, com isso, usar menos trabalho, já que cada trabalhador passaria a ser mais produtivo. Ou poderíamos usar *mais capital ainda* – uma retroescavadeira – e cavar a vala usando apenas um ou dois trabalhadores. Em todos os sistemas econômicos, sempre deve haver algum mecanismo que determine como os bens e serviços são produzidos dentre a infinita variedade de meios possíveis.

Finalmente, chegamos à pergunta sobre *quem*. É aqui que a economia interage mais intensamente com a política. Há muitas maneiras segundo as quais podemos nos dividir em grupos: homens e mulheres, ricos e pobres, trabalhadores e proprietários, famílias e pessoas solteiras, jovens e idosos... A lista de possibilidades é interminável. Como devem os produtos da economia ser divididos entre esses diferentes grupos e entre os componentes individuais de cada grupo?

A determinação de *quem* ficará com o produto da economia é sempre o aspecto mais controverso da alocação de recursos. Nos últimos 50 anos, a sociedade se tornou mais sensibilizada à maneira como os bens e serviços são distribuídos e cada vez mais nos perguntamos se essa distribuição é justa. Por exemplo, os homens recebem uma parte desproporcionalmente elevada do produto nacional, se comparada à das mulheres; os brancos recebem mais do que os descendentes de africanos e latinos; e os trabalhadores de meia-idade recebem mais do que os muito velhos e os muito jovens. Como sociedade, queremos saber *por que* observamos esses padrões (uma pergunta de economia positiva) e o que devemos fazer a respeito deles (uma pergunta de economia normativa). A sociedade, além disso, se concentra cada vez mais na distribuição de bens e serviços específicos. Devem os escassos órgãos doados ser reservados para os que estão há mais tempo na fila, para que todos tenham as mesmas chances de sobrevivência? Ou devem ser leiloados e entregues a quem fizer a maior oferta, de forma que aqueles que possam pagar mais fiquem com eles? Devem as montagens de peças de Shakespeare ser subsidiadas pelo governo para permitir que mais pessoas – especialmente as mais pobres – as vejam? Ou será que as pessoas que vão ao teatro devem pagar pela totalidade do custo de produção?

Economia tradicional Uma economia em que os recursos são alocados de acordo com antigas práticas tradicionais.

Os Três Métodos de Alocação de Recursos. Ao longo da história, apresentam-se três mecanismos principais de alocação de recursos. Em uma **economia tradicional**, os recursos são alocados de acordo com antigas práticas tradicionais. A tradição foi o principal método de alocação de recursos durante a maior parte da história humana e continua viva e forte em muitas sociedades tribais e em pequenas vilas em regiões da África, da América do Sul, da Ásia e do Pacífico. Tipicamente, os métodos tradicionais de produção são passados à frente pelos anciões da aldeia e os princípios tradicionais de justiça regem a distribuição de bens e serviços.

As economias em que os recursos são alocados principalmente segundo a tradição tendem a ser estáveis e previsíveis, mas têm um grave defeito, não crescem. Com todas as pessoas presas aos padrões tradicionais de produção, há pouco espaço para inovação e avanços tecnológicos. As economias tradicionais têm, por isso, grandes chances de ficarem estagnadas.

Economia de comando ou de planejamento centralizado Um sistema econômico em que os recursos são alocados de acordo com instruções explícitas de uma autoridade central.

Em uma **economia de comando**, os recursos são alocados por instruções expressas de alguma autoridade superior. *Quais* bens e serviços devemos produzir? Aqueles que temos *ordens* produzir. *Como* devemos produzir? Da maneira como *mandam* que façamos. *Quem* deve ficar com o produto? Quem a autoridade *determinar*.

Em uma economia de comando, o governo *planeja* a maneira como os recursos serão alocados. É por isso que as economias de comando são também chamadas **economias de planejamento centralizado**. Mas as economias de comando estão desaparecendo rapidamente. Até poucos anos atrás, entre os exemplos estariam a ex-União Soviética, a Polônia, a Romênia, a Bulgária, a Albânia e muitos outros países. A partir do fim da década de 80, todos esses países abandonaram o planejamento centralizado. Os únicos exemplos restantes são Cuba, China e Coréia do Norte, e mesmo essas economias – embora ainda dominadas pelo planejamento centralizado – estão se afastando dessa corrente.

Economia de mercado Um sistema econômico em que os recursos são alocados por meio da tomada individual de decisões.

O terceiro método de alocação de recursos – e certamente aquele com o qual você está mais familiarizado – é "o mercado". Em uma **economia de mercado**, nem a tradição e nem ordens vindas de cima comandam o comportamento econômico. Em vez disso, as pessoas têm ampla liberdade para fazer o que quiserem com os recursos que têm à sua disposição. No final das contas, os recursos são alocados em decorrência das tomadas de decisões individuais. *Quais* bens e serviços produzir? Aqueles que os produtores *decidirem* produzir.

Como produzir? Como os produtores *optarem*. *Quem* fica com esses bens e serviços? Quem *escolher* comprá-los.

Há, evidentemente, limites quanto à liberdade de escolha em uma economia de mercado. Algumas restrições são impostas pelo governo para garantir que a sociedade seja ordeira, justa e produtiva. Não podemos matar, roubar ou romper contratos – ainda que queiramos – sem sofrer conseqüências graves e precisamos pagar impostos para financiar os serviços do governo. No entanto, as limitações mais importantes que encontramos em uma economia de mercado decorrem da escassez geral de recursos.

Este último ponto é crucial: em um sistema de mercado, as pessoas não podem simplesmente fazer o que bem entenderem. Pelo contrário, elas se encontram limitadas pelos recursos que controlam. E, a esse respeito, não começamos todos no mesmo ponto da corrida econômica. Alguns, como os Rockefellers e os Kennedys, herdam grandes fortunas. Alguns, como o empreendedor Bill Gates, a escritora Toni Morison e a atriz Julia Roberts, herdam grande inteligência, talento ou beleza. Outros, como os filhos de profissionais liberais bem-sucedidos, nascem em um mundo cheio de contatos pessoais úteis. Outras pessoas, infelizmente, não herdam nenhuma dessas vantagens. Em um sistema de mercado, aqueles que controlam mais recursos, têm maiores oportunidades à sua disposição do que as que controlam menos recursos. Ainda assim, apesar de as limitações impostas pelo governo e de as restrições impostas pelos recursos limitados, o mercado se baseia fundamentalmente na liberdade individual de escolha para alocar recursos.

Não haveria um problema aqui? Pessoas agindo segundo seus próprios desejos, sem a mão firme do comando ou da tradição para indicar a direção? Isso parece ser uma receita garantida de caos. Como, em tal boca-livre, os recursos são realmente *alocados*?

A resposta se encontra em duas palavras: *mercados* e *preços*.

A Natureza dos Mercados. A economia de mercado deve seu nome a algo que acontece virtualmente todas as vezes em que as pessoas têm liberdade para fazer o que quiserem com os recursos que possuem. Elas inevitavelmente optam por especializar-se na produção de uma coisa ou de uma pequena quantidade de coisas – muitas vezes organizando-se sob a forma de firmas – e, então, compradores e vendedores *se reúnem para negociar*. Um **mercado** é um conjunto de compradores e vendedores que têm o potencial para negociar uns com os outros.

Mercado Um grupo de compradores e vendedores que têm potencial para negociar uns com os outros.

Em alguns casos, o mercado é *global*, isto é, consiste em compradores e vendedores espalhados pelo mundo todo. O mercado de petróleo é um bom exemplo de mercado global, já que os compradores de qualquer país podem comprar dos vendedores de qualquer país. Em outros casos, o mercado é local. O mercado de refeições em restaurantes, cortes de cabelo e serviços de táxi são exemplos disso.

Os mercados desempenham uma função primordial na alocação de recursos por forçarem os tomadores de decisões individuais a considerarem com muita cautela suas decisões de compra e venda. Isso por causa de uma característica muito importante de todos os mercados, o *preço* pelo qual um produto é comprado e vendido.

Preço A quantia em dinheiro que deve ser paga a um vendedor para obter um bem ou serviço.

A Importância dos Preços. Um **preço** é *a quantidade de dinheiro que o comprador deve pagar ao vendedor por um produto ou serviço.* Preço não é a mesma coisa que *custo.* Em economia, como já vimos neste capítulo, custo significa *custo de oportunidade – tudo* aquilo que é sacrificado para adquirir o bem. Embora o preço de um bem seja *parte* de seu custo de oportunidade, não é o único custo a ser considerado. Por exemplo, o preço não inclui o valor do tempo sacrificado para comprar algo. Comprar um paletó novo exige que você gaste tempo indo para a loja e voltando dela, experimentando diferentes estilos e tamanhos e esperando na fila da caixa registradora.

Ainda assim, na maioria dos casos, o preço de um bem é uma parte importante de seu custo de oportunidade. No que se refere a grandes compras como uma casa ou um carro, o preço será *a maior parte* do custo de oportunidade. É por isso que os preços são tão importantes para o funcionamento geral da economia: eles fazem com que os tomadores de decisões individuais se deparem com o custo de suas escolhas.

Tome como exemplo a compra de um carro. Como será preciso pagar um preço por ele, você sabe que comprar o carro fará com que você tenha de reduzir as compras de outras coisas. Assim, o custo de oportunidade que fazer outro carro representa para a *sociedade* é convertido em um custo de oportunidade *para você.* Se você dá mais valor a um carro do que às coisas que sacrificará por causa dele, você o comprará; do contrário, não.

Por que é tão importante que as pessoas encarem o custo de oportunidade dos atos que praticam? O experimento mental a seguir pode oferecer uma resposta. Imagine que o governo emita uma nova lei: sempre que alguém comprar um carro novo, o governo reembolsará à pessoa imediatamente o valor gasto. As conseqüências disso seriam facilmente previsíveis. Em primeiro lugar, no dia em que a lei entrasse em vigor, todos correriam para comprar carros. E por que não, se eles seriam de graça? Todo o estoque existente de carros desapareceria em dias – horas, talvez. Muitas pessoas que não dão muito valor aos carros e quase nunca os usam se veriam de posse de vários – um para cada dia da semana ou combinando com diferentes peças de seus guarda-roupas. Outras, que se vissem impossibilitadas de agir a tempo – inclusive algumas que precisam desesperadamente de um carro novo para trabalhar ou administrar suas casas – não conseguiriam encontrar nada.

Ao longo do tempo, as montadoras aumentariam sua produção para fazer frente ao aumento da demanda e nos depararíamos com outro problema: o "orçamento anual para carros" do governo que seria de centenas de bilhões de dólares. Em última análise, teríamos de arcar com o custo da maior produção de carros, já que o governo teria de aumentar os impostos. Contudo, pagaríamos como *contribuintes,* não como proprietários de carros e nossa pesada carga tributária estaria sustentando alguns usos bastante fúteis de carros. O mais provável é que seríamos todos prejudicados pela nova política. Com a eliminação do preço dos carros e da ligação entre o custo de oportunidade de produção de um carro e a decisão individual de comprá-lo, teríamos nos metido em uma bela encrenca.

Quando os recursos são alocados pelo mercado e as pessoas precisam pagar por suas compras, elas são obrigadas a considerar o custo de oportunidade, para a sociedade, de seus atos individuais. Com isso, os mercados podem gerar uma alocação sensata de recursos.

Alocação de Recursos nos Estados Unidos

Os Estados Unidos sempre foram considerados o maior exemplo de economia de mercado. A cada dia, milhões de itens diferentes são produzidos e vendidos nos mercados. Os supermercados estão sempre abastecidos de brócolis e sopa de tomate e a farmácia sempre tem lenços descartáveis e aspirina para vender – tudo graças às escolhas individuais de produtores e consumidores. Os bens negociados, a maneira como o são e seu preço são determinados pelas próprias partes negociadoras. Não é preciso ter orientação vinda de cima para manter os mercados em operação.

Mesmo nos Estados Unidos, entretanto, há muitos casos de alocação de recursos *externa* ao mercado. Por exemplo, as famílias são instituições importantes no país e muitas decisões econômicas são tomadas dentro delas. As famílias tendem a funcionar como aldeias tradicionais e não como economias de mercado. Afinal de contas, poucas são as famílias que cobram pelos bens e serviços oferecidos dentro de casa.

A economia norte-americana também aloca alguns recursos por comando. Os diversos níveis de governo captam, ao todo, cerca de um terço da renda sob a forma de impostos. *Recebemos instruções* de quanto pagar e aqueles que desobedecem ficam sujeitos a penas graves, inclusive prisão. É o governo – e não os tomadores de decisões individuais – que gasta a receita tributária. Com isso, o governo desempenha um papel central na alocação de recursos – especialmente quanto a determinar quais bens serão produzidos e quem ficará com eles.

Há outros meios, além das ordens propriamente ditas, pelos quais o governo limita a liberdade de mercado. Regulamentos impostos para proteger o meio ambiente, manter a segurança do trabalho e garantir a segurança de suprimento de alimentos são apenas alguns exemplos de restrições impostas pelo governo à liberdade de escolha individual.

O que devemos concluir, portanto, a respeito da alocação de recursos nos Estados Unidos? Os mercados são, sem dúvida, submetidos a restrições. Mas para cada exemplo que possamos indicar de alocação de recursos por comando ou tradição ou de casos em que restrições governamentais limitam severamente a liberdade de mercado, há centenas de outros exemplos de escolhas feitas individualmente, segundo os desejos pessoais. As coisas que compramos, os empregos, as casas – em quase todos os casos, isso resulta de escolhas de mercado. O mercado, embora não seja puro, é certamente a forma dominante de alocação de recursos nos Estados Unidos.

PROPRIEDADE DOS RECURSOS

Até aqui, concentramo-nos na maneira como os recursos são alocados. Outra característica importante dos sistemas econômicos se refere a como funciona a *propriedade* sobre os recursos. O proprietário de um recurso – seja um terreno, uma fábrica ou o tempo de trabalho da própria pessoa – determina como ele será utilizado e recebe renda quando outros o usam. E há, na história humana, três modos principais de propriedade sobre recursos.

Sob a propriedade *comunitária*, os recursos são de propriedade de todos, ou de ninguém, dependendo do ponto de vista. Estão à disposição de quem quiser, nenhuma pessoa ou organização impõe restrições ao seu uso ou cobra tarifas por eles. É difícil encontrar economias com propriedade comunitária considerável sobre os recursos. Karl Marx acreditava que, com o tempo, todas as economias se desenvolveriam para atingir a propriedade comunitária e chamou de **comunismo** o sistema que previu. Na verdade, nenhuma das economias que se intitulavam marxistas (como a ex-União Soviética) atingiu a visão comunista de Marx. Isso não deve surpreender, pois a propriedade comunitária em ampla escala só pode funcionar quando não há conflitos entre os indivíduos a respeito de como os recursos devem ser usados. Assim, o comunismo exige o fim da *escassez* – algo muito pouco provável no futuro previsível.

Comunismo Um tipo de sistema econômico em que a maioria dos recursos é de propriedade comum.

Ainda assim, há exemplos de propriedade comunitária em menor escala. As aldeias tradicionais mantêm propriedade comunitária sobre a terra e, por vezes, o gado. Em algumas fazendas cooperativas de Israel – os chamados *kibbutzim* – a terra e o capital são de propriedade de todos os membros. Muitas vezes há um só televisor, uma única cozinha e apenas uma sala de brincar para as crianças – tudo de propriedade comunitária. Podem surgir conflitos quando as pessoas divergem a respeito de como esses recursos devem ser usados, mas quaisquer conflitos são resolvidos por consenso e não por decreto ou pelo estabelecimento de tarifas pelo uso.

Mais perto de nós, a maioria das famílias funciona com base no princípio da propriedade comunitária. A casa, o televisor, o telefone e a comida que está na geladeira são tratados como se fossem possuídos conjuntamente. De forma mais ampla, quem é o "dono" de nossas calçadas, ruas e praias públicas? Na verdade, ninguém. Na prática, os cidadãos estão livres para utilizá-los sempre que quiserem. Isso é, essencialmente, propriedade comunitária.

Sob o **socialismo**, o *Estado* detém a maioria dos recursos. O melhor exemplo é a ex-União Soviética, onde o Estado era proprietário de toda a terra e todos os bens de capital existentes no país. De muitas maneiras, era também proprietário do trabalho dos lares individuais, na medida em que era o único empregador do país e o desemprego era considerado crime.

Socialismo Um tipo de sistema econômico em que a maioria dos recursos é de propriedade do Estado.

A propriedade estatal também existe em economias não socialistas. Nos Estados Unidos, os parques nacionais, os sistemas estaduais de estradas de rodagem, as bases militares, as faculdades e universidades públicas e os edifícios governamentais são todos recursos de propriedade do Estado. Mais de um terço do território do país é de propriedade do Governo Federal. As Forças Armadas, mesmo sob o atual sistema de serviço militar voluntário, são um exemplo em que o Estado é proprietário do trabalho do soldado – ainda que por um período limitado.

Finalmente, chegamos ao terceiro sistema. Quando a maior parte dos recursos é de propriedade *privada* – como se dá nos Estados Unidos – temos o **capitalismo**. Tome-se como exemplo este livro. Se você for para a página inicial, verá o logotipo da Thomson. Trata-se de uma firma *privada*, de propriedade de outra firma – a Thomson Learning – que, por sua vez, é de propriedade de indivíduos. Esses indivíduos, em última análise, detêm as instalações da Thomson: os prédios, o terreno em que estão construídos, os móveis de escritório, os computadores e até mesmo a reputação da firma. Quando essas instalações são usadas para produzir e vender um livro, os proprietários individuais recebem a

Capitalismo Um tipo de sistema econômico em que a maioria dos recursos é de propriedade privada.

renda, predominantemente sob a forma de lucros da firma. Da mesma forma, os empregados da Thomson são indivíduos. Estão *vendendo* um recurso de sua propriedade – seu tempo de trabalho – à firma e recebem renda – salários – em troca.

Os Estados Unidos são um dos países mais capitalistas do mundo. É verdade, há exemplos de propriedade estatal e comunitária, como já vimos, mas o modo dominante de propriedade sobre recursos nos Estados Unidos é a propriedade *privada*. Os proprietários dos recursos retêm *a maior parte* da renda do fornecimento dos recursos de que dispõem e têm alto grau de liberdade no que se refere à decisão de como usá-los.

TIPOS DE SISTEMAS ECONÔMICOS

Já usamos a expressão *sistema econômico* algumas vezes até este ponto do livro. É hora de dar uma definição formal.

Sistema econômico
Um sistema de alocação de recursos e de propriedade de recursos.

*Um **sistema econômico** se compõe de duas características: um mecanismo de alocação de recursos e um modo de propriedade sobre os recursos.*

Figura 3

TIPOS DE SISTEMAS ECONÔMICOS

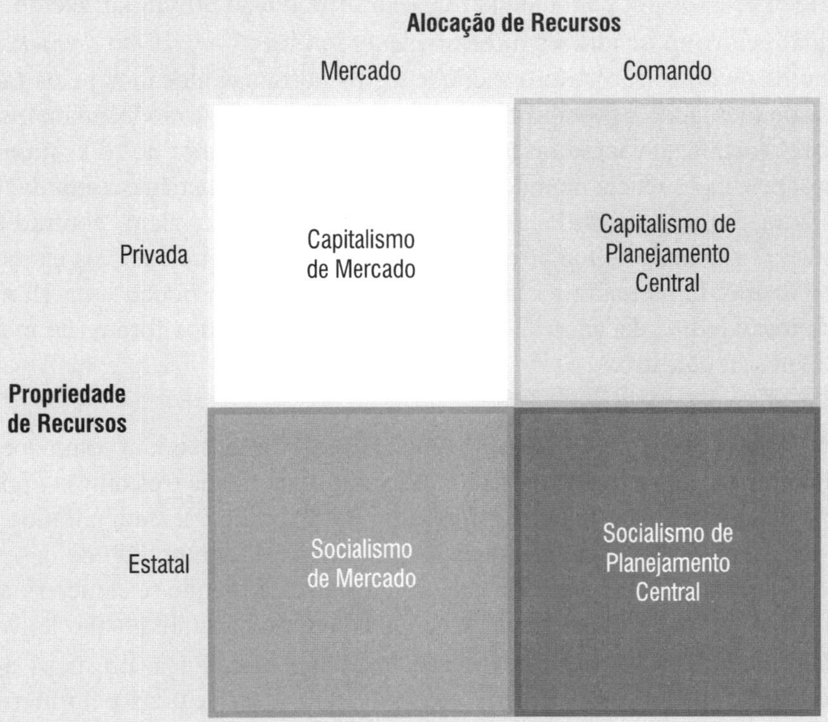

Deixemos de lado as raras economias em que a propriedade comunitária é dominante e aquelas em que os recursos são alocados principalmente segundo a tradição. Isso nos deixa quatro tipos básicos de sistema econômico, indicados pelos quatro quadrantes da Figura 3. No quadrante superior esquerdo, temos o *capitalismo de mercado.* Nesse sistema, os recursos são *alocados* principalmente pelo mercado e de *propriedade* principalmente privada. Hoje, a maioria das nações tem economias de capitalistas de mercado, inclusive todas as da América do Norte e da Europa e a maioria das nações da Ásia, da América Latina e da África.

No quadrante inferior direito está o *socialismo de planejamento centralizado,* em que os recursos são alocados principalmente por comando e de propriedade predominantemente estatal. Este *era* o sistema da ex-União Soviética e dos países do Leste Europeu até o fim da década de 80. Em menos de uma década, as economias desses países passaram por uma mudança drástica, passando do quadrante inferior direito para o superior esquerdo. Ou seja, esses países mudaram, ao mesmo tempo, seus métodos de alocação de recursos e seus sistemas de propriedade sobre eles.

Embora o capitalismo de mercado e o socialismo de planejamento centralizado tenham sido os dois sistemas econômicos preponderantes na história moderna, há outros além deles. O quadrante superior direito representa um sistema de *capitalismo de planejamento central,* em que os recursos são de propriedade privada, mas alocados pelo Estado. No passado recente, países como a Suécia e o Japão – onde o governo se envolve mais com a alocação de recursos do que nos Estados Unidos – flertaram com esse tipo de sistema. Nações em guerra – como os Estados Unidos durante a Segunda Guerra Mundial – também se movem nessa direção, na medida em que os governos percebem a necessidade de dirigir recursos por comando para garantir produção militar suficiente.

Finalmente, no quadrante inferior esquerdo está o *socialismo de mercado,* em que os recursos são de propriedade do Estado, mas alocados pelos mecanismos do mercado. A possibilidade do socialismo de mercado fascinou muitos cientistas sociais que acreditaram que ele prometia o melhor dos dois mundos: a liberdade e a eficiência do mecanismo de mercado e a justiça e a eqüidade do socialismo. Surgem, contudo, graves problemas – muitos diriam "contradições insolúveis" – quando se tenta misturar as duas coisas. Os principais exemplos de socialismo de mercado na história moderna duraram pouco – na Hungria e na Iugoslávia nas décadas de 50 e 60 – e seus resultados foram, na melhor das hipóteses, confusos.

Os Sistemas Econômicos e Este Livro. Neste livro, você aprenderá como operam as economias capitalistas de mercado. Isso significa que os três outros tipos de sistema econômico apresentados na Figura 3 serão praticamente ignorados. Até dez anos atrás, essa afirmativa seria acompanhada de um pedido de desculpa mais ou menos assim: "É verdade que grande parte do mundo se caracteriza por sistemas econômicos alternativos, mas não há tempo bastante no ano letivo...".

Na década passada, contudo, o mundo passou por mudanças drásticas, aproximadamente 400 milhões de pessoas passaram a ser regidas pelo mercado quando seus países abandonaram o socialismo de planejamento central; cerca de um bilhão a mais se soma a elas à medida que a China muda de rota. O estudo da economia moderna é, mais do que nunca, o estudo do capitalismo de mercado.

Entendendo o Mercado. O mercado é, ao mesmo tempo, o meio mais simples e o mais complexo de alocação de recursos. Para compradores e vendedores individuais, o mercado é simples. Não há tradições ou comandos a serem memorizados e obedecidos. Pelo contrário, entramos nos mercados nos quais *queremos* negociar e reagimos aos preços do modo como *desejamos*, sem nos preocuparmos com o processo geral de alocação de recursos.

Do ponto de vista dos economistas, no entanto, o mercado é bem complexo. Os recursos são alocados indiretamente, como *subprodutos* das tomadas de decisões individuais e não por tradições ou comandos facilmente identificados. Decorre que muitas vezes é preciso um cuidadoso trabalho de investigação econômica para determinar exatamente como as pessoas estão se comportando e como os recursos estão sendo alocados.

Como entender esse caos e essa complexidade aparentes? É disso que trata a economia. O seu trabalho de investigação começará no Capítulo 3, no qual você aprenderá sobre o modelo mais largamente utilizado no campo da economia: o modelo da oferta e demanda.

ESTAMOS SALVANDO VIDAS COM EFICIÊNCIA?

Utilizando a TEORIA

Neste capítulo, você aprendeu que, se há recursos desperdiçados, estamos operando *dentro* da FPP e não na FPP. Nesse caso, com a eliminação da ineficiência produtiva, podemos liberar recursos. Alguns desses recursos poderiam ser usados para salvar mais vidas e outros para produzir maior quantidade de outros bens. Na Figura 1, isto nos deslocaria, por exemplo, do ponto *W* para o *D*, no qual estaríamos *tanto* salvando mais vidas *quanto* produzindo mais outros bens. Mas também poderia haver ineficiência produtiva no salvamento de vidas humanas. Se fosse esse o caso – se possível salvar mais vidas sem dedicar recursos adicionais – então, novamente, poderíamos estar operando dentro da FPP. E, mais uma vez, poderíamos conseguir uma refeição gratuita – salvar mais vidas e ter mais das outras coisas – por meio da eliminação da ineficiência.

Alguns economistas têm discutido que temos desperdiçado significantes quantidades de recursos em nosso esforço de salvar vidas. Como eles chegaram a essa conclusão?

A primeira coisa de que devemos nos lembrar é que salvar uma vida – não importa como – exige o uso de recursos. Qualquer ato de salvamento que praticamos – colocar cem policiais a mais nas ruas, construir um novo pronto-socorro ou criar uma campanha publicitária que incentive hábitos saudáveis – exige determinada quantidade de recursos e salva um determinado número de vidas. Em uma economia de mercado, os recursos são vendidos por um preço. Isso nos permite usar o custo em dólares de um método de salvamento de vidas para medir o valor dos recursos usados pelo método em questão.

Tabela 3

O CUSTO DO SALVAMENTO DE VIDAS

Método	Custo por Ano de Vida Salva
Rápida intervenção médica antitabagista: um aviso médico para parar de fumar	$150
Exame e tratamento de anemia falciforme em afro-americanos recém-nascidos	$236
Intervenção médica antitabagista intensiva: identificação pelo médico dos fumantes entre seus pacientes; 3 sessões de aconselhamento médico; mais 2 sessões com especialistas para parar de fumar; materiais emplastro ou goma de nicotina	$2.587
Mamografias: uma a cada 3 anos para mulheres entre 50 e 64 anos	$2.700
Mamografias: uma por ano para mulheres entre 50 e 64 anos	$108.401
Eletrocardiogramas como teste de varredura: para homens de 40 anos	$124.374
Transplantes de coração	$157.821
Mamografias: uma por ano para mulheres entre 40 e 49 anos	$186.635
Eletrocardiogramas como teste de varredura: para mulheres de 40 anos	$335.217
Transplantes de coração	$157.821
Cintos de segurança em ônibus escolares	$2.760.197
Varredura antiterrorismo nos aeroportos	$8.000.000
Proibição do amianto em transmissões automáticas	$66.402.402

***Fontes*:** Eletrocardiogramas: Charles E. Phelps, *Health Economics*, 2nd ed. (Reading, MA: Addison-Wesley, 1997). Exercício regular: L. Goldman, A. M. Garber, S. A. Grover e M. A. Hlatky (1996). Task Force 6. Cost-effectiveness of assessment and management of risk factors (Bethesda Conference). *JACC*, 27 (5), 1020-1030. Intervenção antitabagista intensiva: *Journal of the American Medical Association*, Dez. 3, 1997. Intervenção antitabagista breve: Malcolm Law e Jin Ling Tang, "An Analysis of the Effectiveness of Interventions Intended to Help People Stop Smoking", *Archives of Internal Medicine*, 1995; 155: pp. 1933-1941, e cálculos dos autores para converter "custo por vida salva" em "custo por ano de vida salva". Mamografias anuais: Kent Jeffreys, "Progressive Environmentalism: Principles for Regulatory Reform (Policy Report Nº 194), National Center for Policy Analysis, Junho 1995. Controles de emissão de benzeno: Tammy O. Tengs, "Five Hundred Life-Saving Interventions and their Cost-Effectiveness", *Risk Analysis*, 1994. Todos os outros quadros: Tammy O. Tengs, "Dying Too Soon: How Cost-Effectiveness Analysis Can Save Lives", School of Social Ecology, University of California, Irvine, NCPA Policy Report Nº 204, Maio 1997. Varredura antiterrorismo nos aeroportos: Robert W. Hahn, "The Cost of Anti-terrorist Rhetoric", *The Cato Review of Business and Government*, Dez. 17, 1996, e cálculos dos autores para converter "por vida salva" em "por ano de vida salva".

Podemos comparar em diferentes métodos o "custo por ano de vidas salvas". Por exemplo, nos Estados Unidos, atualmente são gastos cerca de $253 milhões em transplantes de coração a cada ano e, com isso, agregamo-se cerca de 1.600 anos às vidas dos cardíacos. Assim, o custo por ano de vidas salvas, com base em transplantes de coração, é de $253.000.000/1.600 = $158.000 (valor arredondado para o milhar mais próximo).

A Tabela 3 apresenta uma lista de diversos métodos que são usados atualmente para salvar vidas nos Estados Unidos. Alguns refletem decisões judiciais ou reguladoras (como a proibição do amianto) e outros refletem práticas médicas comuns (como mamografias anuais para mulheres com mais de 50 anos). Outros métodos são usados apenas esporadicamente (como os cintos de segurança em ônibus escolares). Podemos ver que o custo por vida salva varia muito – de $150 por ano de vida salva, no caso de um médico que aconselha seu paciente a parar de fumar, a mais de $66.000.000 por ano de vida salva, no que toca à proibição do amianto em transmissões automáticas.

A tabela indica que alguns métodos de salvamento de vidas são altamente eficientes. Por exemplo, nossa sociedade provavelmente exaure o potencial de salvamento de vidas por breves intervenções antitabagistas dos médicos. A maioria dos médicos *efetivamente* aconselha seus clientes a parar de fumar.

A tabela também apresenta algumas graves *in*eficiências produtivas nessa área. Por exemplo, fazer em recém-nascidos afro-americanos exames de anemia falciforme e tratá-los em caso positivo é um dos meios menos dispendiosos de salvamento de um ano de vida nos Estados Unidos – apenas $236 por ano de vida salva. Ainda assim, 20% dos recém-nascidos afro-americanos *não* são examinados. Da mesma forma, a intervenção antitabagista intensiva está longe de ser universal no sistema de saúde dos Estados Unidos, muito embora tenha o custo relativamente baixo de $2.587 por ano de vida salva.

Para termos uma idéia do que representa esse tipo de ineficiência produtiva, vamos fazer alguns experimentos mentais. Primeiro, vamos imaginar que deslocamos recursos dos transplantes de coração para esforços antitabagistas *intensivos*. Então, para cada ano de vida que decidimos não salvar com transplantes, estamos liberando $157.821 em recursos médicos. Se aplicarmos esses recursos nos esforços antitabagistas intensivos, a um custo de $2.587 por ano de vida salva, estaremos salvando $157.821/$2.587 = 61 anos de vida a mais. Em outras palavras, podemos aumentar o número de anos de vidas salvas sem nenhum aumento dos recursos que fluem para o setor de cuidados médicos e, portanto, sem sacrifício de outros bens e serviços. Uma refeição gratuita.

Por que escolher os transplantes de coração? A proibição do uso de amianto nas transmissões automáticas – que exige a compra de materiais mais dispendiosos, que contêm maiores quantidades de recursos escassos – nos custa cerca de $66 milhões por ano de vida salva. Suponhamos que esses recursos sejam usados para comprar os recursos necessários para proporcionar mamografias anuais às mulheres de 40 a 49 anos (o que *não* faz, no momento, parte das recomendações médicas). Para cada ano de vida perdida para o amianto, economizaríamos $66 milhões/186.635 = 354 anos de vida graças à detecção precoce do câncer de mama.

O dado mais surpreendente da tabela talvez seja o custo dos novos procedimentos de varredura antiterrorista nos aeroportos, introduzidos no final da década de 90. O valor se funda em muitas suposições críticas. Uma delas é a de que, sem os procedimentos de varredura, o número de vítimas de incidentes terroristas em vôos seria igual à taxa obtida no passado recente – uma média de 37 por ano.[N.T.] Se a taxa tivesse *se elevado* devido à falta dos novos procedimentos, eles estariam salvando mais vidas do que o admitido pelos estudos econômicos e o custo por ano de vida salva seria menor. Por outro lado, o valor monetário admite que as atuais políticas sejam 100% eficazes na prevenção de incidentes terroristas. Se essa suposição estiver incorreta, o custo por ano de vida salva poderá ser mais elevado.

O maior componente do custo da varredura antiterrorista é o maior tempo de que as firmas precisam para fazer o processamento de passageiros e bagagem. Isso significa maior custo de oportunidade em termos de tempo para os passageiros, que – em média – precisam chegar ao aeroporto com meia hora de antecedência. Suponhamos que o tempo seja avaliado em $44 por hora (o que não é pouco realista, já que as pessoas de alta renda – especialmente as que viajam a negócios – tomam mais vôos do que as de renda inferior). Nesse caso, cada atraso de meia hora implicaria um custo de oportunidade de $22 para os passageiros. Multiplicando esse custo por 400 milhões de passageiros por ano, teríamos um custo total de oportunidade de $22 × 400 milhões = $8,8 bilhões por ano. Esse é, por alto, o maior custo dos novos procedimentos de varredura antiterrorista. Some-se a isso os $200 milhões em custos anuais diretos devidos a equipamentos e pessoal e temos um total de cerca de $9 bilhões ao ano, o que implica despesas de $8 milhões por ano de vida salva.

O que aconteceria se aplicássemos os $9 bilhões em outros métodos de salvamento de vidas? Você mesmo pode responder a esta pergunta, com a ajuda da Tabela 3. Você verá que há, com efeito, maneiras mais eficientes de gastar o dinheiro. Ou será que não?

Pode ser que esses estudos tenham deixado muitas coisas de lado. Por exemplo, por que gastamos tanto no combate ao terrorismo aéreo quando poucas pessoas morreram por causa dele até hoje? A resposta pode estar no fato de que o público exagera o risco. Nesse caso, há benefícios, decorrentes da reação a esse risco, que vão além do simples número de anos de vidas salvas.

Por exemplo, pode ser que os novos e mais rígidos procedimentos de segurança tenham convencido dezenas – ou mesmo centenas – de milhares de pessoas a voar em vez de usar outros meios de transporte mais lentos. Esses viajantes *poupam* tempo com os novos procedimentos de varredura. Além disso, muitos viajantes – que do contrário ficariam altamente ansiosos ao voar – certamente se beneficiam de maior paz de espírito ao verem os cuidados que as firmas aéreas estão tomando para evitar ataques terroristas. E quanto vale para os viajantes essa maior paz de espírito? É difícil dizer, mas é algo que não deve ser ignorado.

N.T.: O livro foi escrito antes dos atentados de 11 de setembro de 2001, nos Estados Unidos.

Argumentos semelhantes poderiam ser feitos em relação a muitos regulamentos ambientais como a proibição do uso de amianto em transmissões automáticas. Embora o custo por ano de vida salva seja exorbitante, isso pode trazer benefícios substanciais – ainda que intangíveis – além do salvamento de vidas. (Tente imaginar alguns desses benefícios.)

O que podemos concluir com base nisso tudo? Que o salvamento de vidas nos Estados Unidos certamente apresenta ineficiências produtivas. Mas a medida da ineficiência é mais difícil de determinar do que pode parecer à primeira vista.

RESUMO

Um dos conceitos mais fundamentais em economia é o *custo de oportunidade*. O custo de oportunidade de qualquer escolha é aquilo de que abrimos mão quando a fazemos. No nível individual, o custo de oportunidade decorre da escassez de tempo ou dinheiro. No que diz respeito à sociedade como um todo, emerge da escassez de recursos – terra, trabalho e capital. Para produzir e usar mais uma coisa qualquer, precisamos deslocar recursos da produção de alguma outra coisa. A medida correta de custo não é o preço em dinheiro que pagamos por algo, mas o custo de oportunidade: as coisas que deixamos de lado quando fazemos uma escolha. A *lei do custo de oportunidade crescente* nos diz que, quanto mais produzimos uma determinada coisa, maior o custo de oportunidade de produzir ainda mais.

Em um mundo de recursos escassos, cada sociedade precisa de um sistema econômico – sua forma de organizar a atividade econômica. Todos os *sistemas econômicos* apresentam *especialização*, segundo a qual cada pessoa e empresa se concentra em um número limitado de atividades produtivas e *troca*, por meio da qual obtemos mais daquilo que desejamos ao negociarmos com outros. A especialização e a troca nos permitem gozar de padrões de vida mais elevados do que seria possível sob uma condição de auto-suficiência.

Todo sistema econômico determina o modo de propriedade dos recursos e a maneira como eles são alocados. Em uma economia capitalista de mercado, os recursos são de propriedade predominantemente privada e são alocados principalmente pelos mercados. Os preços representam um papel importante nos mercados, forçando os tomadores de decisões a levar em consideração o custo de oportunidade ao fazerem suas escolhas.

PALAVRAS-CHAVE

custo de oportunidade
fronteira de possibilidades de produção (FPP)
lei do custo de oportunidade crescente
ineficiência produtiva
especialização
troca
vantagem absoluta
vantagem comparativa
alocação de recursos
economia tradicional
economia de comando
economia de planejamento centralizado

economia de mercado
mercado
preço
comunismo
socialismo
capitalismo
sistema econômico

QUESTÕES PARA REVISÃO

1. "Warren Buffett é um dos homens mais ricos do mundo, com um patrimônio de bilhões de dólares. O princípio do custo de oportunidade simplesmente não se aplica a pessoas como ele." Verdadeiro ou falso? Explique.
2. Quais são alguns dos motivos que podem fazer com que um país opere dentro de sua fronteira de possibilidades de produção (FPP)?
3. Por que a FPP é côncava, ou seja, curva no sentido oposto ao da origem? Lembre-se de dar uma explicação *econômica*.
4. Quais são as três razões distintas pelas quais a especialização leva a padrões de vida mais elevados?
5. Qual a diferença entre vantagem absoluta e vantagem comparativa? Qual é mais importante do ponto de vista econômico?
6. Indique as três perguntas às quais qualquer mecanismo de alocação de recursos deve oferecer respostas. Para dar as respostas, descreva rapidamente os três principais métodos de alocação de recursos que se desenvolveram.
7. Quais são os três principais modos de *propriedade* sobre os recursos? Descreva rapidamente cada um deles.
8. Por que a economia dos Estados Unidos não pode ser descrita como uma *economia puramente capitalista de mercado*?
9. Verdadeiro ou falso? "Alocação de recursos e propriedade sobre os recursos são essencialmente a mesma coisa. Uma vez que se sabe quem tem a propriedade sobre os recursos, também se sabe qual será o mecanismo usado para sua alocação." Explique sua resposta.

PROBLEMAS E EXERCÍCIOS

1. Suponha que você esteja pensando sobre o que fazer no próximo fim de semana. Suas opções, da menos à mais preferida, são: (1) estudar para as provas semestrais; (2) ir de avião para o Colorado, para esquiar; (3) entrar em retiro em seu dormitório e tentar melhorar sua pontuação em um jogo para computador. Qual o custo de oportunidade da decisão de passar o fim de semana jogando pelo computador?
2. Refaça a Figura 1, mas, desta vez, identifique um conjunto diferente de pontos na fronteira. Partindo do ponto *F* (500.000 vidas salvas, produção zero de outros bens), faça com que cada ponto selecionado apresente incrementos iguais da quantidade de outros bens produzidos. Por exemplo, o ponto *H* deve corresponder a 200.000 unidades de outros bens, o ponto *J*, a 400.000 unidades, o *K*, a 600.000, e assim por diante. Observe, agora, o que acontece com o custo de oportunidade de "200.000 unidades a mais de outros bens" à medida que você se desloca para a esquerda e para cima ao longo da

FPP. A lei do custo de oportunidade crescente se aplica à produção dos "outros bens"? Explique rapidamente.

3. Como poderia uma inovação tecnológica no salvamento de vidas – por exemplo, a descoberta de uma cura para o câncer – afetar a FPP da Figura 1? Como poderia um inovação tecnológica na produção de *outros* bens – por exemplo, a invenção de um robô que acelere a produção em linhas de montagem – afetar a FPP?

4. Você e um amigo decidiram trabalhar juntos em um projeto para o curso. Francamente, seu amigo não é um parceiro ideal. Suas habilidades como pesquisador são baixas a ponto de ele só conseguir analisar e resumir dois artigos por dia. Além disso, com seu estilo "catador de milho", ele só consegue digitar dez páginas por dia. Você, por outro lado, em um dia consegue resumir seis artigos ou digitar 20 páginas.
   a. Quem tem a vantagem absoluta em resumos, você ou seu amigo? E quanto à digitação?
   b. Quem tem a vantagem comparativa em resumos? E em digitação?
   c. De acordo com o princípio da vantagem comparativa, quem deverá se especializar em cada tarefa?

5. Suponhamos que Gilligan (o náufrago) coma uma planta mágica que o transforme em um perito em tudo. Ele agora só precisa de meia hora para colher um quilo de frutas e de 15 minutos para pescar um peixe.
   a. Refaça as Tabelas 1 e 2 do capítulo.
   b. Quem – Gilligan ou Maryanne – fica com a vantagem comparativa na coleta de frutas? E em pescaria? Quando os dois náufragos se encontram, quem deve se especializar em cada tarefa?
   c. Poderão *os dois* náufragos beneficiarem-se das novas habilidades de Gilligan? Como?

QUESTÃO DESAFIADORA

1. Suponha que a FPP da economia seja uma reta, não de uma curva côncava. O que isso nos diria a respeito do custo de oportunidade à medida que a produção fosse deslocada de um bem para outro?

EXERCÍCIOS EXPERIMENTAIS

1. As economias em transição do Leste Europeu têm aparecido muito em noticiários enquanto passam de uma economia de planejamento central para um sistema mais dirigido pelo mercado. Escolha uma dessas economias e tente determinar com que suavidade está se dando sua transição. Quais problemas o país vem encontrando? Os problemas parecem estar relacionados principalmente com alocação de recursos, propriedade sobre recursos ou a ambos?

2. A capacidade de medir o verdadeiro custo de uma escolha é uma habilidade que lhe renderá muitos dividendos. Usando alguma edição recente de um jornal, tente encontrar um artigo que discuta alguma decisão to-

mada por uma firma. Reveja então a seção "O Conceito de Custo de Oportunidade" deste capítulo. Finalmente, faça uma lista dos tipos de custo envolvidos na decisão da firma. Identifique cada item em sua lista como custo explícito ou implícito.

CAPÍTULO

3

OFERTA E DEMANDA

RESUMO DO CAPÍTULO

O Padre Guido Sarducci, uma personagem das primeiras temporadas do *Saturday Night Live*, certa vez observou que as pessoas, em média, se lembram de apenas o equivalente a cinco minutos de material da faculdade. Ele propôs, por isso, criar a "Universidade dos Cinco Minutos", onde os alunos aprenderiam apenas os cinco minutos do material do qual efetivamente se lembrariam, deixando todo o restante de lado. O curso de Economia duraria somente dez segundos, apenas tempo suficiente para que os alunos decorassem duas palavras: "oferta e demanda".

É claro que a economia vai muito além dessas duas palavras. Ainda assim, a observação de Sarducci era parcialmente verdadeira. Muitas pessoas *realmente* pensam que "oferta e demanda" sejam sinônimo de economia. Surpreendentemente, poucas entendem o que essa expressão significa de verdade. Em um debate sobre assistência à saúde, pobreza, acontecimentos recentes do mercado de ações ou o alto preço da moradia, muitas vezes ouvimos alguém dizer "É só uma questão de oferta e demanda", como se isso bastasse para resolver inteiramente a questão. Outras pessoas usam a frase com reverência exagerada como se oferta e demanda representassem uma lei inviolável sobre a qual nada pode ser feito. Afinal, o que significa essa frase tão repetida pelo mundo afora?

Primeiro, "oferta e demanda" é apenas um modelo econômico criado para explicar *como os preços são determinados em um sistema de mercado.* Por que esse modelo assumiu um papel tão destacado no campo da economia? Porque os preços em si desempenham um papel muito importante. Em um sistema de mercado, uma vez determinado o preço de algo, somente as pessoas dispostas a pagar esse preço terão acesso ao bem em questão. Assim, os preços determinam quais famílias receberão determinados produtos e serviços e quais firmas receberão determinados recursos. Se você quiser saber por que o setor de telefonia celular está em expansão enquanto o de locação de fitas de videocassete se retrai ou por que o problema da falta de moradia é mais comum nos Estados Unidos do que o da falta de alimento, é preciso entender como os preços são determinados. Neste capítulo, você verá como funciona o modelo de oferta e demanda e como fazer uso dele. Aprenderá, ainda, a respeito dos pontos fortes do modelo e de suas limitações. Levará mais tempo que o curso de Economia de dez segundos do Padre Sarducci, mas você saberá muito mais do que duas palavras.

MERCADOS

Ponha qualquer composto defronte a um químico, pergunte-lhe para que pode ser usado e ele imediatamente pensará nos elementos básicos – carbono, hidrogênio, oxigênio, etc. Esses elementos são os blocos de construção dos materiais que há em nosso mundo e permitem que os químicos entendam coisas que, do contrário, pareceriam caóticas.

Da mesma forma, faça a um economista uma pergunta qualquer sobre economia e ele imediatamente pensará em *mercados*. Como vimos no capítulo anterior, a palavra *mercado* tem um significado especial em economia.

Um mercado é um grupo de compradores e vendedores que têm potencial para negociar.

Os economistas vêem a economia como um conjunto de mercados. Em cada um deles, os compradores e vendedores serão diferentes, dependendo do que estiver sendo negociado. Há um mercado de laranjas, outro de carros, ainda outro de imóveis e outros mais de ações, francos franceses e qualquer outra coisa que possa ser comprada e vendida.

É aqui que começam as escolhas. Um mercado, como veremos em breve, é uma parte importante do modelo de oferta e demanda, da mesma forma que a asa é uma parte importante de um aeromodelo. Assim como podemos fazer uma asa de madeira, plástico ou metal – dependendo do objetivo – também há muitas escolhas a fazer quando definimos um mercado.

DEFINIÇÃO DE BEM OU SERVIÇO

Vamos supor que queremos analisar o setor de computadores nos Estados Unidos. Devemos definir o mercado de forma muito ampla ("o mercado de computadores"), muito restrita ("o mercado de laptops com menos de 1,8 quilo) ou intermediária ("o mercado de computadores pessoais portáteis")? Nossa escolha dependerá da pergunta específica para a qual resposta desejamos.

Por exemplo, se a meta for prever quantas famílias estarão conectadas à Internet em 2005, será melhor combinar todos os computadores em uma categoria ampla, tratando-os como um só bem. Os economistas chamam esse processo de **agregação** – a combinação de coisas distintas em uma só. Não seria muito útil para nós *desagregar* os computadores em diferentes tipos – desktops, laptops, de mão, com velocidade de processamento superior a 450 MHz, etc. – porque estas distinções pouco têm a ver com o acesso à Internet e somente nos atrapalhariam.

Agregação O processo de combinação de coisas diferentes em uma só.

Suponhamos, então, que a pergunta seja outra: por que os laptops são sempre mais caros do que os desktops com capacidade de processamento semelhante? Nesse caso, devemos usar uma definição um pouco mais restritiva do produto, agregando todos os laptops como se fossem um bem e todos os desktops como se fossem outro e, em seguida, analisando os mercados de *cada um* deles mais claramente definidos.

A amplitude ou restrição de como definimos um bem ou serviço é uma das escolhas que distinguem a *macro*economia da *micro*economia. Na macroeconomia, bens e serviços são agregados nos níveis mais altos. Os modelos de macro chegam a reunir todos os bens de consumo – lava-louças, telefones celulares, calças jeans, etc. – em uma única categoria chamada "bens de consumo", considerando-os como se fossem negociados em um só mercado de definição ampla, "o mercado de bens de consumo". Da mesma forma, em vez de reconhecer mercados diferente para pás, tratores, computadores e prédios industriais, os modelos de macro analisam o mercado de "bens de capital". A definição dos bens de forma tão ampla permite que os macroeconomistas tenham uma visão geral da economia sem se perderem em detalhes.

Na microeconomia, por outro lado, estamos interessados em bens mais desagregados. Em vez de perguntar quanto gastaremos em *bens de consumo*, um microeconomista quer saber quanto gastaremos em *assistência à saúde* ou *videogames*. Embora a microeconomia sempre envolva algum grau de agregação – combinando em uma só categoria diferentes marcas de laptops, por exemplo – em microeconomia o processo se interrompe antes de atingir o nível mais elevado de generalização.

COMPRADORES E VENDEDORES

Um mercado se compõe de compradores e vendedores que nele negociam. Mas quem *são*, exatamente, esses compradores e vendedores?

Quando pensamos em um vendedor, a primeira imagem que vem à mente pode ser a de uma firma. Na verdade, isso estaria correto em muitos mercados, já que neles, os vendedores *são* firmas. São exemplos disso os mercados de refeições em restaurantes, viagens aéreas, vestuário, serviços bancários e locação de fitas de videocassete. As firmas não são os únicos vendedores existentes na economia, pois em muitos mercados, as *famílias* são vendedores importantes. São, por exemplo, os principais vendedores nos mercados de trabalho como web designers, contadores e operários da indústria. As famílias também são vendedores importantes nos mercados de carros usados, prédios residenciais e obras de arte. Ainda, os governos podem ser vendedores importantes. Por exemplo, os governos estaduais são grandes vendedores no mercado educacional, por meio das universidades estaduais.

E quanto ao outro lado do mercado? Quando pensamos em *compradores*, pensamos primeiro em "pessoas" como nós mesmos ou em "famílias". De fato, muitos bens e serviços são comprados predominantemente pelas famílias como educação superior, filmes, moradia, vestuário, etc., mas também nesse caso o estereótipo nem sempre está certo. Nos mercados de trabalho, as firmas e os órgãos governamentais são os principais compradores como também compradores de grande importância no que diz respeito à computadores pessoais, carros e transportes aéreos.

Como se pode ver, os compradores de um mercado podem ser famílias, firmas ou órgãos do governo. E o mesmo pode ser dito dos vendedores. Algumas vezes, é importante reconhecer que os três grupos estão dos dois lados do mercado. Novamente, tudo depende dos objetivos.

Quando o objetivo é predominantemente educativo, permite-se maior simplificação. Por exemplo, para entender *como* é determinado o preço dos livros, admitiríamos, na maioria dos casos, que as famílias são os únicos compradores. É verdade que as firmas e as bibliotecas públicas também compram livros, mas incluir esses compradores só complicaria o modelo sem mudar qualquer uma das conclusões quanto ao preço. Por outro lado, se quiséssemos prever com precisão as receitas dos livreiros, seria perigoso desconsiderar os pedidos de firmas e bibliotecas públicas.

A GEOGRAFIA DO MERCADO

Embora um mercado não seja propriamente um lugar, seus participantes realmente vivem em alguma área geográfica. Quando falamos da geografia de um mercado, nos referimos à área geográfica em que se encontram seus compradores e vendedores.

Pode parecer que a escolha quanto à geografia decorra logicamente do bem ou serviço objeto da análise. Considere-se, por exemplo, o petróleo bruto, rotineiramente transportado através de águas internacionais e livremente negociado entre compradores e vendedores em muitos países. Então o mercado de petróleo deveria ser um mercado *global*, certo?

Não necessariamente. Vamos imaginar que queremos explicar por que o petróleo é mais barato nos Estados Unidos do que na França. Nesse caso, teríamos de definir um *par* de mercados de petróleo e ver como é determinado o preço em cada. Em um mercado, os produtores globais de petróleo vendem para compradores na França e, no outro, os mesmo produtores vendem para compradores nos Estados Unidos. Nos dois casos, os vendedores globais negociam com compradores *locais.*

Por outro lado, se quisermos explicar e prever os *preços mundiais de petróleo,* teremos pouco a ganhar com a distinção entre compradores franceses e americanos. Nesse caso, tanto os compradores quanto os vendedores serão globais.

Ao definir um mercado, precisamos escolher a área geográfica em que compradores e vendedores se localizam. Os compradores podem estar espalhados por todo o mundo ou podem ser um grupo nacional, regional ou local. O mesmo pode ser dito a respeito dos vendedores. A definição geográfica escolhida depende da pergunta específica para a qual buscamos resposta.

COMPETIÇÃO NOS MERCADOS

Um último ponto sobre a definição dos mercados é a maneira como compradores e vendedores individuais vêem o preço do produto. Em muitos casos, compradores ou vendedores individuais têm influência marcante sobre o preço de mercado. Por exemplo, no mercado de flocos de milho, a Kellog's – uma *vendedora* – simplesmente estabelece seus preços de tempos em tempos. Ela pode elevar o preço e vender menos caixas de cereal matinal ou baixar os preços e vender mais. No mercado de motores para limpadores de pára-brisas, a Ford Motor Company – uma *compradora* – pode influenciar o preço por meio da negociação de operações especiais ou simplesmente variando o número de motores que compra. O mercado de cereais matinais e o de motores para limpadores de pára-brisas são exemplos de mercados de *competição imperfeita.*

*Nos **mercados de competição imperfeita**, compradores ou vendedores individuais têm alguma influência sobre o preço do produto.*

Mercado de competição imperfeita Um mercado em que um único comprador ou vendedor tem o poder de influenciar o preço do produto.

Pensemos, agora, no mercado nacional de trigo. Pode um vendedor específico exercer algum impacto sobre o preço do mercado? Na verdade, não. Em qualquer dia determinado, há um preço – $5,80 por saca, digamos. Se um fazendeiro tentar cobrar mais do que isso, não conseguirá vender nada. Seus clientes se voltarão para um de seus muitos concorrentes e comprarão deles um produto idêntico. Cada produtor de trigo deve considerar o preço de mercado como "dado".

O mesmo se aplica aos *compradores* de trigo. Se um deles tentar negociar um preço menor com um produtor, será recebido a gargalhadas: "Por que eu venderia meu trigo a $5,75 por saca quando há pessoas dispostas a pagar $5,80?" Assim, cada comprador também deve aceitar o preço de mercado como dado.

O mercado de trigo é um exemplo de *mercado de competição perfeita.*

*Nos **mercados de competição perfeita** (ou, simplesmente, **mercados competitivos**), compradores ou vendedores individuais têm de aceitar o preço como dado.*

Mercado de competição perfeita Um mercado em que nem compradores nem vendedores têm o poder de influenciar o preço.

O que faz alguns mercados serem de competitividade imperfeita e outros serem perfeitamente competitivos? Você aprenderá a resposta completa quando estiver bem avançado em seus estudos de *microeconomia*. Há uma dica. Nos mercados competitivos, há muitos compradores e vendedores de pequeno porte e o produto é padronizado como no caso do trigo. Os mercados de competição imperfeita, por outro lado, têm um pequeno número de compradores ou vendedores de grande porte ou, alternativamente, o produto oferecido por vendedor é significativamente diferente dos oferecidos pelos demais.

Na vida real, os mercados perfeitamente competitivos são raros, mas muitos mercados estão *próximos o bastante* disso. Tome como exemplo o mercado de cachorro-quente em uma grande cidade. Por um lado, cada carrinho é um pouco diferente dos demais e cada um deles pode ser capaz de elevar seus preços um pouco acima dos praticados pela concorrência sem com isso perder todos os seus clientes. Por exemplo, se os concorrentes estão cobrando $1,50 por cachorro-quente, um vendedor específico poderia conseguir cobrar $1,60 ou $1,70. Nesse sentido, o mercado de cachorros-quentes vendidos na rua assemelha-se à competição *imperfeita*.

Como há muitos vendedores de cachorro-quente nas grandes cidades e eles não são *tão* diferentes assim uns dos outros, vendedor nenhum pode se distanciar demais do preço praticado de $1,50. Quem tentar cobrar $1,80 ou $1,90, por exemplo, poderá se ver sem clientes. Assim, de certa forma, o mercado se aproxima da competição perfeita.

Como, então, decidir entre considerar um mercado – como o de cachorros-quentes em uma grande cidade – perfeito ou imperfeitamente competitivo? Você provavelmente não se surpreenderá se escutar que isso depende da pergunta à qual se deseja responder. Se quisermos explicar por que às vezes há guerras de preços entre os vendedores de cachorro-quente ou por que alguns deles costumam cobrar mais do que os outros, considerar o mercado como sendo perfeitamente competitivo não funcionará. Para obter respostas para *essas* perguntas, a influência de cada vendedor sobre seu próprio preço é importante.

Se quisermos saber por que os cachorros-quentes são mais baratos do que a maioria das outras espécies de fast-food, a resposta mais simples será considerar o mercado como sendo perfeitamente competitivo. É verdade que cada vendedor tem *alguma* influência sobre o preço, mas é pequena e os preços dos diferentes vendedores são tão parecidos que a presunção de competição perfeita funcionará bem o bastante.

OFERTA, DEMANDA E DEFINIÇÃO DE MERCADO

O modelo de oferta e demanda – que explica como os preços são determinados em um sistema de mercado – é muito versátil. Pode ser aplicado tanto a mercados de definição muito ampla (o mercado de alimentos) quanto restrita (o mercado para maçãs de uma variedade específica). Famílias, firmas e órgãos governamentais podem aparecer sob todas as combinações, do lado do vendedor ou do comprador. Compradores e vendedores podem residir em uma pequena região geográfica ou estar espalhados pelo mundo todo.

Há uma restrição, no entanto, que está sempre implícita em qualquer análise de oferta e demanda: precisamos sempre presumir que o mercado é perfeitamente competitivo.

O modelo de oferta e demanda foi criado para explicar como os preços são determinados em mercados perfeitamente competitivos.

Será que isso significa que só podemos usar o modelo quando compradores e vendedores não têm *nenhuma influência* sobre os preços? Na verdade, não. Como vimos, a competição perfeita é uma questão de grau e não está ligada a características absolutas. Embora haja poucos mercados nos quais compradores e vendedores aceitam completamente o preço como dado, são muitos os mercados nos quais uma *faixa estreita* de preços é vista como dada (como ocorre no mercado de cachorros-quentes). Nesses mercados, a oferta e a demanda muitas vezes dão boa indicação do que está acontecendo. É por isso que esse provou ser o modelo mais versátil e largamente utilizado do kit de ferramentas dos economistas. Nem laptops nem suco de laranja são negociados em mercados perfeitamente competitivos, mas peça a um economista que explique por que o custo dos laptops diminui ano após ano ou por que o preço do suco de laranja aumenta após uma geada na Flórida e ele invariavelmente recorrerá à oferta e à procura para chegar a uma resposta.

Oferta e demanda são como as duas lâminas de uma tesoura: a demanda nos diz quanto de alguma coisa os compradores querem comprar e a oferta nos diz quanto dessa mesma coisa os vendedores querem vender. Para analisar um mercado, precisamos das duas lâminas que necessitam estar bem afiadas. Nesta seção e na seguinte, aprenderemos separadamente como funcionam a oferta e a demanda. Depois, quando tivermos boa compreensão das duas coisas, nós as reuniremos e as colocaremos em prática. Vamos começar pela demanda.

DEMANDA

Quando você entra em um mercado no papel de comprador, qual é a sua meta? Em termos genéricos, é para se dar bem. Então, por que não tentar comprar tudo o que puder em todos os mercados possíveis? Afinal de contas, você estaria em melhor situação se tivesse mais roupas, mais passagens aéreas, uma casa maior, uma conexão de Internet mais rápida... Se sua meta é se sair o melhor possível, você deve tentar conseguir todas essas coisas. Certo?

Não é bem assim. Além de ter uma meta, você também se depara com *restrições*. Primeiro, tudo que você quer comprar tem um *preço*. Em segundo lugar, você dispõe de uma renda limitada com a qual pode comprar coisas. Devido a essas duas restrições – preços e renda limitada – sempre que você decide comprar algo, precisa abrir mão de outra coisa que *poderia ter comprado*, ou seja, toda compra traz um custo de oportunidade. (Ainda que sua renda a cada ano seja maior do que suas despesas, você estará pagando um custo de oportunidade ao comprar algo porque estará *economizando* menos.)

As metas e as restrições aplicáveis a compradores como você desempenham uma função na determinação do lado da demanda do mercado. É por isso que *não* definimos a quantidade de produtos demandada por quanto um comprador *desejaria* se pudesse simplesmente estalar os dedos e tê-los em suas mãos. Em vez disso, nós a definimos por quanto ele efetivamente *escolherá* comprar, dadas as restrições que enfrenta.

*A **quantidade de qualquer produto demandada** por um indivíduo é a quantidade total que ele decidiria comprar a um determinado preço.*

Quantidade demandada pelo indivíduo A quantidade total de um produto que um indivíduo decidiria comprar a um determinado preço.

Quando voltamos a atenção para a demanda no mercado como um todo, definimos um conceito semelhante.

*A **quantidade de qualquer produto demandada** pelo mercado é a quantidade total que a totalidade dos compradores do mercado decidiria comprar a um determinado preço.*

Quantidade demandada pelo mercado A quantidade total de um produto que a totalidade dos compradores do mercado decidiria comprar a um determinado preço.

Observe duas coisas muito importantes a respeito dessa definição. Em primeiro lugar, ela se refere às *escolhas* dos compradores e não à quantidade que *efetivamente* compram. Será que os compradores poderão *realmente* comprar aquilo que escolherem? Ou terão suas tentativas frustradas porque os vendedores não estão fornecendo o bastante? Essas perguntas são muito importantes, mas não podem ser respondidas até que compradores e vendedores – demanda *e* oferta – se encontrem no mercado. Isso virá um pouco adiante.

Em segundo lugar, note que a influência do preço é destacada na definição da quantidade demandada. Há um bom motivo para isso. O modelo de oferta e demanda, como você deve se lembrar, foi criado para explicar como os *preços* são determinados em mercados perfeitamente competitivos. Parece natural, portanto, começar a exploração da demanda pela influência dos preços.

A LEI DA DEMANDA

Como a variação do preço afeta a quantidade demandada? Você provavelmente já sabe a resposta. Quando alguma coisa é mais cara, as pessoas compram menos dela.

Essa observação se aplica a nozes, viagens aéreas, revistas, educação e virtualmente a qualquer coisa que possa ser comprada. Para todos esses bens e serviços há uma *relação inversa* entre preço e quantidade, ou seja, quando o preço sobe, a quantidade demandada cai; quando o preço cai, a quantidade demandada sobe. Essa relação é observada com tanta freqüência nos mercados que os economistas a chamam *lei da demanda.*

Lei da demanda Conforme o preço de um bem aumenta, a quantidade demandada diminui.

*A **lei da demanda** estabelece que quando o preço de um bem se eleva e todas as outras coisas permanecem inalteradas, a quantidade demandada desse bem diminui.*

Leia novamente a definição acima e observe as importantíssimas palavras "e todas as outras coisas permanecem inalteradas". A lei da demanda nos diz o que aconteceria *se* todas as outras influências sobre as escolhas dos compradores se mantivessem inalteradas e apenas uma influência – o preço do produto – variasse.

Isso é um exemplo de uma prática muito comum em economia. Na vida real, muitas variáveis mudam *simultaneamente.* Para entender a economia, no entanto, precisamos entender o efeito de cada variável *separadamente.* Imagine que você esteja tentando descobrir quais remédios para dor de cabeça são melhores para você. Você obteria poucas informações se tomasse uma Novalgina®, um Tylenol® e uma aspirina ao mesmo tempo. Melhor seria tomar apenas *um* desses comprimidos e observar seus efeitos. Para compreender a economia, usamos o mesmo processo, fazendo experimentos mentais em que uma só coisa varia de cada vez. A lei da demanda nos diz o que acontece quando alteramos *apenas* o preço do bem e admitimos que todas as demais influências sobre a escolha do comprador se mantêm constantes.

TABELA DE DEMANDA E CURVA DE DEMANDA

Para colocar o tema em um plano mais concreto, vamos analisar um mercado específico: o de xarope de bordo[NRT] em Wichita, Kansas. Nesse mercado, os compradores são os moradores da cidade, enquanto os fornecedores (dos quais trataremos mais tarde) são produtores de xarope nos Estados Unidos ou no Canadá.

Tabela de demanda Lista que mostra a quantidade de um produto que consumidores escolheriam comprar a preços diferentes, com todas as outras variáveis constantes.

A Tabela 1 apresenta uma **tabela de demanda** hipotética de xarope de bordo no mercado em questão. Trata-se de *uma lista das diferentes quantidades demandadas a diferentes preços, presumindo-se constantes todas as demais variáveis que afetam a decisão de demanda.* Por exemplo, a tabela de demanda nos diz que, quando o preço do xarope é de $2,00 por garrafa, a quantidade demandada será de 6.000 garrafas por mês. Note que a tabela de demanda segue a lei da demanda: quando o preço da garrafa aumenta, a quantidade demandada cai.

N.R.T.: Bordo: árvore da família das aceráceas cujo fruto é uma noz alada, em geral com apenas uma semente.

Vejamos, agora, a Figura 1 que apresenta um diagrama que aparecerá repetidas vezes em seus estudos de economia. Nela, cada combinação de preço e quantidade da Tabela 1 é representada por um ponto. Por exemplo, o ponto *A* representa o preço $4,00 e a quantidade 4.000, enquanto o ponto *B* representa o par $2,00 e 6.000. Quando ligamos todos esses pontos com uma linha, obtemos a famosa *curva de demanda*, indicada na figura pela letra *D*.

*A **curva da demanda de mercado** (ou, simplesmente, **curva de demanda**) mostra a relação entre o preço de um bem e a quantidade demandada, mantendo constantes todas as demais variáveis que afetam a demanda. Cada ponto da curva representa a quantidade total que os compradores decidiriam comprar a um determinado preço.*

Curva da demanda de mercado A representação gráfica de uma tabela de demanda; uma curva que indica a quantidade de um bem ou serviço demandado a diferentes preços, mantendo constantes todas as demais variáveis.

A curva de demanda por xarope de bordo apresentada na Figura 1 – como a virtual totalidade das curvas de demandas que podemos observar – segue a lei da demanda: uma elevação do preço do bem causa uma queda da quantidade demandada. Graficamente, a lei da demanda nos diz que as curvas de demanda têm inclinação descendente.

VARIAÇÕES DA QUANTIDADE DEMANDADA

Os mercados são afetados por acontecimentos diversos. Alguns fazem com que *nos desloquemos ao longo* da curva de demanda de um determinado bem. Outros fazem a curva toda *deslocar-se*. É fundamental distinguir esses dois efeitos sobre a demanda e para isso os economistas adotaram uma convenção lingüística que ajuda a acompanhar a diferenciação.

Voltemos à Figura 1. Nela podemos ver que, se o preço do xarope sobe de $2,00 para $4,00 por garrafa, o número de garrafas demandadas cai de 6.000 para 4.000. É um movimento ao longo da curva de demanda, do ponto *B* para o *A*, e chamamos isso *queda da quantidade demandada*. Mais genericamente,

*uma variação do preço de um bem faz com que nos desloquemos ao longo da curva da demanda. Chamamos isso **variação da quantidade demandada**. Uma elevação do preço causa um movimento para a esquerda na curva* – uma queda da quantidade demandada. *Uma queda do preço causa um movimento para a direita na curva* – um aumento da quantidade demandada.

Variação da quantidade demandada Um movimento ao longo da curva de demanda em resposta a uma variação do preço.

VARIAÇÕES DA DEMANDA

Sempre que traçamos uma curva de demanda, estamos adotando algumas premissas em relação às outras variáveis que afetam as escolhas dos compradores.

Tabela 1

TABELA DA DEMANDA POR XAROPE DE BORDO EM WICHITA

Preço (por Garrafa)	Quantidade Demandada (Garrafas por Mês)
$1,00	7.500
2,00	6.000
3,00	5.000
4,00	4.000
5,00	3.500

Por exemplo, a curva da demanda da Figura 1 pode nos dizer a quantidade demandada a cada preço, *admitindo* que a renda familiar média em Wichita é de \$40.000. Mas é claro que, na vida real, a renda média pode mudar – por exemplo, de \$40.000 para \$45.000. O que aconteceria? Com mais renda, seria normal que as famílias consumissem mais da *maioria* dos bens, inclusive o xarope de bordo. Isso está representado na Tabela 2. No nível de renda original, as famílias escolheriam comprar 6.000 garrafas de xarope se o preço fosse de \$2,00 por garrafa. Após a elevação da renda, elas optariam por comprar 8.000 garrafas ao mesmo preço. O mesmo se aplica a qualquer outro preço do xarope: aumentada a renda, as famílias optam por comprar mais do que antes. Em outras palavras, *toda a relação entre preço e quantidade demandada muda.*

A Figura 2 representa a nova curva de demanda a partir das quantidades constantes da terceira coluna da Tabela 2. A nova curva de demanda está *à direita* da antiga. Por exemplo, ao preço de \$2,00, a primeira curva de demanda nos dizia que a quantidade demandada era de 6.000 garrafas (ponto *B*). Após o aumento da renda, os compradores desejavam comprar 8.000 garrafas ao mesmo preço (ponto *C*). Note que a elevação da renda familiar *deslocou a curva de demanda para a direita.* Chamamos isso *aumento da demanda*, porque a palavra *demanda* indica a totalidade da relação entre o preço e a quantidade demandada.

De forma mais genérica,

Variação da demanda Um deslocamento da curva de demanda causado pela variação de alguma variável que não seja o preço.

uma variação de qualquer determinante da demanda – exceto pelo preço do bem – faz com que a curva de demanda se desloque. Chamamos isso ***variação da demanda****. Se os compradores escolhem comprar mais a um determinado preço, a curva de demanda se desloca para a direita – um aumento da demanda. Se os compradores escolhem comprar menos a um determinado preço, a curva de demanda se desloca para a esquerda – uma queda da demanda.*

Figura 1

A curva de demanda *D*, com inclinação descendente, mostra a quantidade de garrafas de xarope de bordo que seria comprada a cada preço, mantendo constantes todas as demais variáveis que afetam a demanda. A \$4,00 por garrafa, são demandadas 4.000 garrafas de xarope (ponto *A*). A \$2,00 por garrafa, 6.000 garrafas são demandadas (ponto *B*).

A CURVA DE DEMANDA

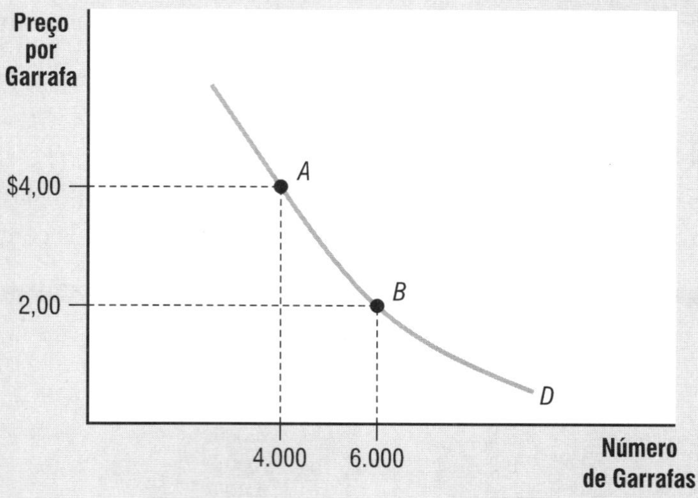

Tabela 2

AUMENTO DA DEMANDA POR XAROPE DE BORDO EM WICHITA

Preço (por Garrafa)	Quantidade Demandada (Garrafas por Mês)	Nova Quantidade Demandada Após o Aumento da Renda (Garrafas por Mês)
$1,00	7.500	9.500
2,00	6.000	8.000
3,00	5.000	7.000
4,00	4.000	6.000
5,00	3.500	5.500

Vamos, agora, ver quais são as diferentes variáveis que podem fazer a demanda mudar e deslocar a curva de demanda.

Renda e Riqueza. Sua **renda** é o que você ganha em um determinado intervalo de tempo – por exemplo, $3.000 por mês ou $36.000 por ano. Sua **riqueza** – se você for afortunado o bastante para ter isso – é o valor total de tudo o que você possui (dinheiro vivo, contas em banco, ações, títulos, imóveis, obras de arte ou quaisquer outros bens valiosos) menos o valor de todos os seus débitos (a hipoteca de sua casa, a dívida do cartão de crédito, o financiamento de seu carro, crédito estudantil, etc.).

Renda A quantia que uma pessoa ou firma ganha em um determinado período.

Riqueza O valor total de tudo o que uma pessoa ou firma possui, em um determinado ponto no tempo, menos o valor total de tudo o que essa pessoa ou firma deve.

Já vimos (na Tabela 2 e na Figura 2) como um aumento da renda pode aumentar a demanda por xarope de bordo. Embora renda e riqueza sejam coisas distintas, elas têm efeitos semelhantes sobre a demanda. Se a riqueza de alguém aumenta – por causa de um herança ou da elevação do valor de suas ações, por exemplo – a pessoa tende a agir como se sua renda tivesse se elevado, ainda que ela se mantenha inalterada.

Uma elevação da renda ou da riqueza aumenta a demanda pela maior parte dos bens. Nós os chamamos **bens normais**. Moradia, viagens aéreas, títulos de sócio em academias de ginástica e xarope de bordo são exemplos de bens normais.

Bem normal Um bem que as pessoas demandam mais após a elevação de sua renda.

Bem inferior Um bem que as pessoas demandam menos após a elevação de sua renda.

A demanda pela maioria dos bens (bens normais) está positivamente relacionada com a renda ou a riqueza. Uma elevação da renda ou da riqueza faz aumentar a demanda por estes bens e desloca a curva da demanda para a direita.

Não são todas as curvas de demanda que se comportam dessa maneira. No caso de alguns bens – chamados **bens inferiores** – uma elevação da renda ou da riqueza causa uma *queda* da demanda. Um exemplo é a carne de marmota. É uma fonte barata de proteína, mas não representa a idéia que a maioria das pessoas faz de uma bela experiência gastronômica.

CURVAS PERIGOSAS

A linguagem é muito importante quando estamos falando de demanda. Se você disser: "As pessoas estão demandando mais xarope de bordo", isso pode significar um deslocamento ao longo da curva de demanda, indo, por exemplo, do ponto *A* para o *B* da Figura 1. Ou pode significar que a curva toda se deslocou, como a passagem de D_1 para D_2, na Figura 2.

Para evitar confusão ou erros em provas, use sempre a linguagem especial que distingue os dois casos. Quando nos movemos ao longo da curva de demanda, chamamos isso *variação da quantidade demandada*. Uma variação da quantidade demandada é sempre causada pela variação do preço do bem. Quando a curva toda se desloca, dizemos que há uma *variação da demanda*. Uma variação da demanda é sempre causada por uma variação de algo *que não seja* o preço do bem.

Figura 2

Uma variação de qualquer influência sobre a curva de demanda, que não seja o preço do bem, faz com que a curva toda se desloque. Um aumento da renda, por exemplo, faz a demanda por xarope de bordo, um bem normal, deslocar-se de D_1 para D_2. A cada preço, mais garrafas são demandadas após o deslocamento.

UM DESLOCAMENTO DA CURVA DE DEMANDA

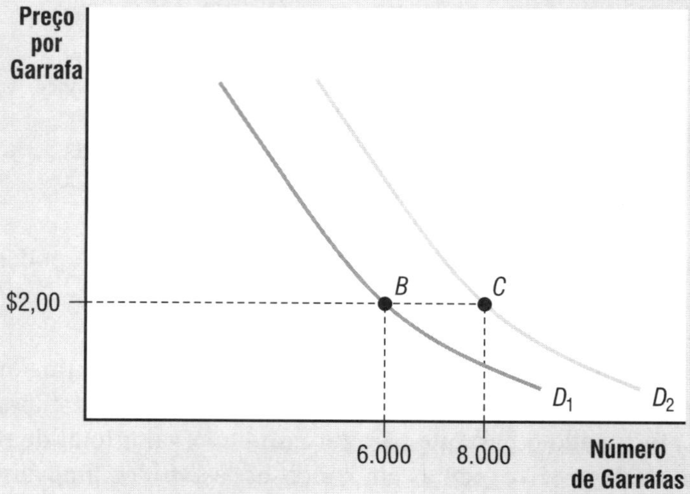

Uma maior renda ou riqueza permitiria que os consumidores de carne de marmota pudessem comprar mais bifes, reduzindo sua demanda por carne de marmota. Por motivos semelhantes, passagens de ônibus intermunicipais, moradia de baixa renda e toalhas de papel recicladas são, provavelmente, bens inferiores. Para todos eles, um aumento da renda ou da riqueza dos consumidores faria diminuir a demanda, deslocando a curva de demanda para a esquerda.

Substituto Um bem que pode ser usado em lugar de outro e que desempenha mais ou menos a mesma função.

Preço dos Bens Relacionados. Um **substituto** é um bem que pode ser usado em lugar de outro e que cumpre mais ou menos as mesmas funções. Por exemplo, muitas pessoas usam xarope de bordo para adoçar suas panquecas, mas poderiam usar vários outros produtos: mel, açúcar, frutas, geléia – que podem ser considerados substitutos para o xarope de bordo.

Quando o preço de um substituto se eleva, as pessoas escolhem comprar *mais* do próprio bem. Por exemplo, quando sobe o preço da geléia alguns consumidores desse bem passam a usar o xarope de bordo e a demanda por este produto se eleva. De maneira geral,

> *quando o preço de um substituto se eleva, a demanda do bem original aumenta, deslocando a curva da demanda para a direita.*

É claro que, se o preço de um substituto cair, teremos o resultado oposto: a demanda pelo bem original diminuirá, deslocando a curva da demanda para a esquerda.

Há incontáveis exemplos de como a variação do preço de um substituto afeta a demanda por um produto. Uma elevação do preço dos selos postais faz aumentar a demanda por correio eletrônico. Uma queda do preço do aluguel de fitas de vídeo faz diminuir a demanda por ingressos de cinema. Em casos como esses, admite-se que o preço do substituto seja o único em alteração.

Complemento Um bem usado juntamente com outro bem.

Um **complemento** é o oposto do substituto e é usado *em conjunto* com o bem no qual estamos interessados. A mistura para preparo de panquecas é complemento do xarope de bordo, já que os dois bens são usados em combinação. Se o preço da mistura para panqueca subir, alguns consumidores optarão por um tipo de desjejum – bacon com ovos, por exemplo – que *não* inclua o xarope de bordo. A demanda por xarope de bordo cairá.

Uma elevação do preço de um complemento faz cair a demanda pelo bem principal, deslocando a curva da demanda para a esquerda.

É por isso que esperamos que uma elevação dos preços dos carros faça cair a demanda por gasolina e que um menor preço dos ingressos de cinema faça aumentar a demanda por pipoca.

População. Com o aumento da população em uma determinada área, o número de compradores normalmente aumenta, junto com a demanda por bem. O crescimento da população dos Estados Unidos nos últimos 50 anos é uma razão importante (mas não a única) para os deslocamentos para a direita das curvas de demanda por alimentos, aluguéis, telefones e muitos outros bens e serviços.

Expectativas. Expectativas acerca de eventos futuros – especialmente quanto a variações dos preços futuros de um bem – podem afetar a demanda. Se, por exemplo, os compradores acharem que o preço do xarope de bordo irá aumentar no próximo mês, poderão optar por comprar mais *agora* e formar estoques antes da elevação do preço. A curva da demanda se deslocaria para a direita. Se as pessoas acharem que o preço irá cair, poderão adiar suas compras, esperando tirar vantagem do menor preço no futuro. Isso deslocaria a curva da demanda para a esquerda.

As expectativas são especialmente importantes nos mercados de ativos financeiros, como os de ações e títulos mobiliários, e no mercado imobiliário. As pessoas querem comprar mais ações, títulos e imóveis quando pensam que os preços vão se elevar no futuro próximo. Isso desloca as curvas das demandas para a direita.

Gostos. Vamos supor que conhecemos o número de compradores em Wichita, suas expectativas quanto ao preço futuro do xarope de bordo, os preços de todos os bens relacionados e os níveis médios de renda e riqueza. Dispomos de todas as informações necessárias para desenhar a curva da demanda por xarope de bordo em Wichita? Na verdade, não. Ainda não sabemos a *opinião* dos consumidores de lá à respeito do xarope de bordo. Quantos deles tomam café-da-manhã? Entre estes, quantos comem panquecas ou waffles? Com que freqüência? Quantos deles *gostam* de xarope de bordo e a que ponto gostam? E quanto a todos os outros bens e serviços que disputam o dinheiro dos consumidores de Wichita? Qual a opinião dos compradores sobre *eles*?

Poderíamos continuar fazendo esse tipo de pergunta, identificando diversas características, sobre os compradores, que influenciam suas atitudes em relação ao xarope de bordo. A abordagem econômica é agrupar todas essas características e chamá-las simplesmente de *gostos*. Os economistas não tentam explicar de onde vêm os gostos ou o que os faz mudar. Essa tarefa cabe a outros cientistas sociais – psicólogos, sociólogos e antropólogos. Os economistas se

CURVAS PERIGOSAS

Um pensamento perturbador pode lhe ter ocorrido. Entre as variáveis que afetam a curva da demanda, listadas na Figura 3, não deveríamos ter incluído a quantidade oferecida pelo vendedor? Ou, em outras palavras, a oferta não afeta a demanda?

A resposta é negativa – pelo menos não diretamente. A curva de demanda nos diz quanto os compradores *escolheriam comprar* a diferentes preços. Ela dá resposta a uma série de perguntas hipotéticas: quanto xarope de bordo os consumidores *escolheriam* comprar se o preço fosse de $3,00 por garrafa? E se o preço fosse de $3,50 por garrafa? E assim por diante. As decisões dos vendedores não têm efeito sobre a curva de demanda, já que não afetam as respostas a essas perguntas hipotéticas.

preocupam com as *conseqüências* das mudanças de gostos, qualquer que seja a razão para sua existência.

Quando os gostos mudam *em favor* de um bem (as pessoas passam a gostar mais dele), a demanda se eleva e a curva da demanda se desloca para a direita. Quando os gostos mudam *contra* ele, a demanda diminui e a curva da demanda se desloca para a esquerda. Um exemplo disso é a mudança de gostos contra o cigarro que vem acontecendo nas últimas décadas. A causa pode ser o envelhecimento da população, maior preocupação das pessoas de *todas* as idades com a saúde ou campanhas antitabagistas bem-sucedidas. Independentemente da causa, o efeito foi a redução da demanda por cigarros, deslocando a curva da demanda para a esquerda.

A Figura 3 resume as principais variáveis que afetam o lado da demanda do mercado e a maneira como seus efeitos são representados em uma curva de demanda. Note a importante distinção entre os movimentos *ao longo* da curva de demanda e os *deslocamentos* da curva toda.

OFERTA

Nosso foco muda, agora, do lado do comprador para o lado do vendedor do mercado. Ao discutirmos demanda, observamos que cada comprador vem ao mercado com uma meta: sair-se o melhor possível. Mas o comprador enfrenta uma restrição: precisa pagar suas compras com uma renda limitada.

O vendedor também vai ao mercado com uma meta – obter o maior lucro possível. Quando o vendedor é uma firma (uma hipótese que adotaremos pelo restante do capítulo), depara-se com uma restrição importante: a produção de bens e serviços requer a utilização de insumos. A quantidade necessária de insumos é determinada pela *tecnologia de produção* da firma.

Tecnologia O conjunto de métodos que uma firma pode usar para transformar insumos em produtos.

*A **tecnologia de produção** de uma firma (ou, simplesmente, **tecnologia**) é o conjunto de métodos que ela pode usar para transformar insumos (recursos e matérias-primas) em produtos (bens ou serviços).*

Dando continuidade ao nosso exemplo, há muitas maneiras pelas quais uma fazenda de xarope de bordo pode produzir seu produto (o xarope de bordo) a partir de seus insumos (terra, árvores de bordo, trabalho, capital, combustível, transporte, garrafas, etc.). A seiva pode ser colhida com baldes, sacos, mangueiras plásticas ou qualquer combinação desses objetos. Os destiladores de xarope podem ser alimentados com madeira, óleo ou gás natural e podem ter acessórios como preaquecedores, osmose reversa, coifas de vapor e respiros automáticos. O xarope pode ser embalado em garrafas de vidro, de plástico ou

Figura 3

VARIAÇÕES DA DEMANDA E DA QUANTIDADE DEMANDADA

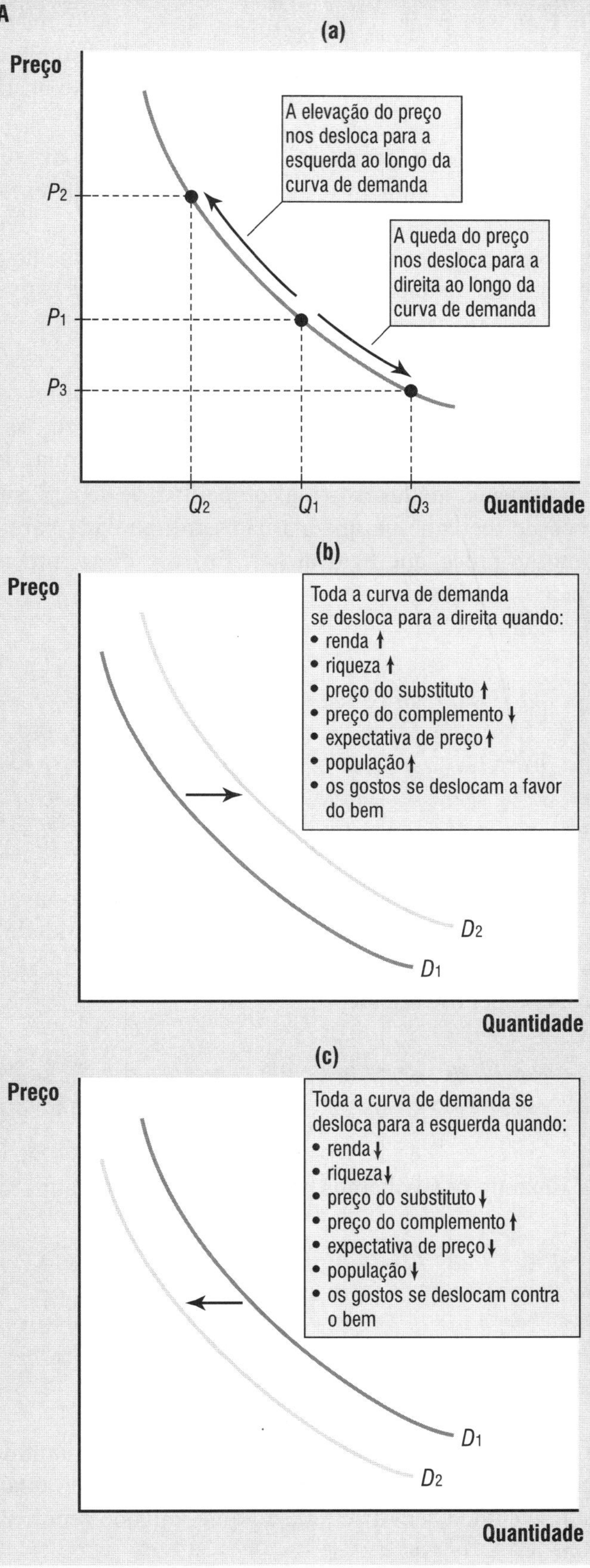

latas metálicas e pode ser transportado através do país por trem, caminhão ou avião. Como se pode ver, há centenas, talvez milhares de meios diferentes de combinar os insumos para chegar a uma determinada quantidade de xarope de bordo. Cada um desses métodos de produção é considerado parte da tecnologia dessa indústria.

A tecnologia de produção de uma firma nos diz não somente o que ela *pode* fazer, mas também o que ela *não pode*. Por exemplo, uma firma não pode produzir milhares de litros de xarope por ano se tiver apenas dez árvores, independentemente de quanto trabalho ou equipamento use, mas também não pode produzir nenhuma quantidade de xarope se estiver usando minério de ferro em vez de árvores de bordo.

A tecnologia conhecida em uma indústria é uma restrição importante para as firmas. Outra limitação é o fato de que precisam *pagar um preço* por seus insumos. Juntos, a tecnologia de produção e o preço dos insumos determinam quanto *custará*, para a firma, produzir diferentes quantidades de produto.

Finalmente, qualquer firma competitiva se depara com mais uma restrição: o preço de mercado, já que ela não tem liberdade para estabelecer para seus produtos o preço que bem quiser. Em vez disso, precisa aceitar o preço de mercado como dado.

Em suma,

quando uma firma competitiva vem ao mercado como vendedora, seu objetivo é atingir o máximo lucro possível. Ela poderá escolher o nível de produção que deseja, mas se depara com três restrições: (1) sua tecnologia de produção, (2) os preços que precisa pagar por seus insumos e (3) o preço de mercado para seu produto.

Juntas, a meta de obtenção do maior lucro possível e as limitações com as quais a firma se depara determinarão a quantidade que ela oferecerá ao mercado.

Quantidade ofertada pela firma A quantidade total de um bem ou serviço que uma firma individual escolheria produzir e vender a um determinado preço.

Mais especificamente,

*a **quantidade ofertada de um bem por uma firma** é a quantidade que ela escolheria produzir e vender a um determinado preço.*

E, quando nos voltamos para o mercado como um todo:

Quantidade ofertada no mercado A quantidade total de um bem ou serviço que todos os produtores presentes em um mercado escolheriam produzir e vender a um determinado preço.

*A **quantidade ofertada de um bem no mercado** é a quantidade que todas as firmas presentes no mercado escolheriam produzir e vender a um determinado preço, dados os preços que precisam pagar por seus insumos e dadas quaisquer outras influências sobre suas decisões de venda.*

Observe que a quantidade ofertada – como a quantidade demandada – nos diz coisas a respeito das *escolhas* dos vendedores. A quantidade que será *efetivamente* vendida será discutida adiante, quando reunirmos oferta e demanda.

A LEI DA OFERTA

Como a variação de um preço afeta a quantidade ofertada? Quando um vendedor pode obter um preço maior por um bem, e a produção e a venda desse bem se tornam mais lucrativas. Os produtores dedicarão mais recursos à sua produção – chegando, talvez, a retirar recursos de outros tipos de produção aumentando a quantidade do bem que gostariam de vender. Por exemplo, uma elevação do preço dos laptops incentivaria os produtores de computadores a deslocar recursos da produção de outras coisas (como computadores de mesa) para a de laptops.

De modo geral, o preço e a quantidade ofertada são *positivamente relacionados.* Quando o preço de um bem se eleva, a quantidade oferecida também se eleva. A relação entre preço e quantidade ofertada é chamada lei da oferta, em contrapartida à lei da demanda discutida anteriormente.

*A **lei da oferta** determina que, quando o preço de um bem se eleva e todas as outras coisas permanecem inalteradas, a quantidade ofertada do bem também se eleva.*

Lei da oferta Quando o preço de um bem aumenta, a quantidade ofertada também aumenta.

Mais uma vez devemos notar a importantíssima expressão "e todas as outras coisas permanecem inalteradas". Embora muitas outras variáveis influenciem a quantidade ofertada de um bem, a lei da oferta nos diz o que aconteceria se todas elas se mantivessem inalteradas e o preço do bem mudasse.

TABELA DE OFERTA E CURVA DE OFERTA

Continuemos com o exemplo do mercado de xarope de bordo em Wichita. Quem são os ofertantes nesse mercado? Como o xarope de bordo é de fácil transporte, qualquer produtor do continente pode vendê-lo em Wichita. Na prática, esses produtores estão localizados principalmente nas florestas de Vermont, ao Norte do Estado de Nova York, e no Canadá. A quantidade ofertada no mercado é a quantidade de xarope de bordo que todos esses produtores, juntos, ofereceriam à venda em Wichita a cada preço do produto.

A Tabela 3 mostra a **tabela de oferta** de xarope de bordo em Wichita – *uma lista de diferentes quantidades oferecidas a diversos preços, mantendo-se constantes todas as demais variáveis.* Como se pode ver, a tabela da oferta obedece à lei da oferta: com a elevação do preço do xarope em Wichita, a quantidade ofertada também aumenta. Mas como? Afinal, as árvores de bordo precisam ter aproximadamente 40 anos para poderem ter sua seiva extraída, de modo que qualquer aumento imediato ou no futuro próximo da quantidade ofertada não poderia decorrer de um aumento do cultivo. O que, então, faz a quantidade ofertada aumentar o preço?

Tabela de oferta Uma lista que apresenta as quantidades de um bem ou serviço que as firmas escolheriam produzir e vender a diferentes preços, mantendo constantes todas as demais variáveis.

Muitas coisas. Primeiro, com preços maiores, as firmas consideram lucrativo explorar mais intensivamente as árvores já existentes. Em segundo lugar, a evaporação e o engarrafamento podem ser feitos com maior cuidado, para que ocorra menos desperdício de xarope e sobre mais para vender. Finalmente, o produto pode ser retirado de outras áreas e enviado para Wichita. Por exemplo, se o preço do xarope subir em Wichita e não subir em Kansas City, os produtores deslocarão remessas de Kansas City para Wichita.

Tabela 3

TABELA DE OFERTA DE XAROPE DE BORDO EM WICHITA

Preço (por Garrafa)	Quantidade Demandada (Garrafas por Mês)
$1,00	2.500
2,00	4.000
3,00	5.000
4,00	6.000
5,00	6.500

Vejamos, agora, a Figura 4, que apresenta uma curva muito importante – a contrapartida à curva de demanda que vimos anteriormente. Na Figura 4, cada ponto representa um par de preço-quantidade retirado da Tabela 3. Por exemplo, o ponto *F* da figura corresponde a um preço de $2,00 por garrafa e uma quantidade de 4.000 garrafas por mês, ao passo que o ponto *G* representa o par preço-quantidade de $4,00 e 6.000 garrafas. Quando ligamos todos os pontos por meio de uma linha, obtemos a *curva da oferta* de xarope de bordo, marcada na Figura com a letra *S*.

Curva de oferta Uma representação gráfica da tabela de oferta; uma curva que mostra a quantidade de um bem ou serviço ofertado a diferentes preços, mantendo constantes todas as demais variáveis.

*A **curva de oferta** mostra a relação entre o preço de um bem e a quantidade ofertada, mantidos constantes os valores de todas as demais variáveis que influenciam a oferta. Cada ponto da curva representa a quantidade que os vendedores escolheriam vender a um determinado preço.*

Note que a curva de oferta da Figura 4 – como todas as curvas de oferta de bens e serviços – tem *inclinação ascendente.* Essa é a representação gráfica da lei da oferta.

A lei da oferta mostra que as curvas de oferta têm inclinação ascendente.

VARIAÇÕES DA QUANTIDADE OFERTADA

As escolhas dos vendedores acerca de quanto vender são afetadas por muitas variáveis diferentes. Uma delas – o preço do bem – faz com que os vendedores *se desloquem ao longo* da curva de oferta. As outras fazem com que a curva toda *se desloque.* Os economistas usam para a oferta a mesma convenção lingüística discutida anteriormente em relação à demanda. Vejamos novamente a Figura 4. Note que, quando o preço do xarope de bordo aumenta de $2,00 para $4,00, o número ofertado de garrafas se eleva de 4.000 para 6.000. Temos um movimento ao longo da curva da oferta, do ponto *F* para o *G*, chamado *aumento da quantidade ofertada.*

De forma mais genérica,

Variação da quantidade ofertada Um movimento ao longo da curva de oferta em resposta a uma variação do preço.

*uma variação do preço de um bem faz com que nos movamos ao longo da curva de oferta. Chamamos isso **variação da quantidade ofertada**. Uma elevação do preço causa movimentos à direita ao longo da curva – um aumento da quantidade ofertada. Uma queda do preço causa um movimento à esquerda ao longo da curva de oferta – uma queda da quantidade ofertada.*

Figura 4

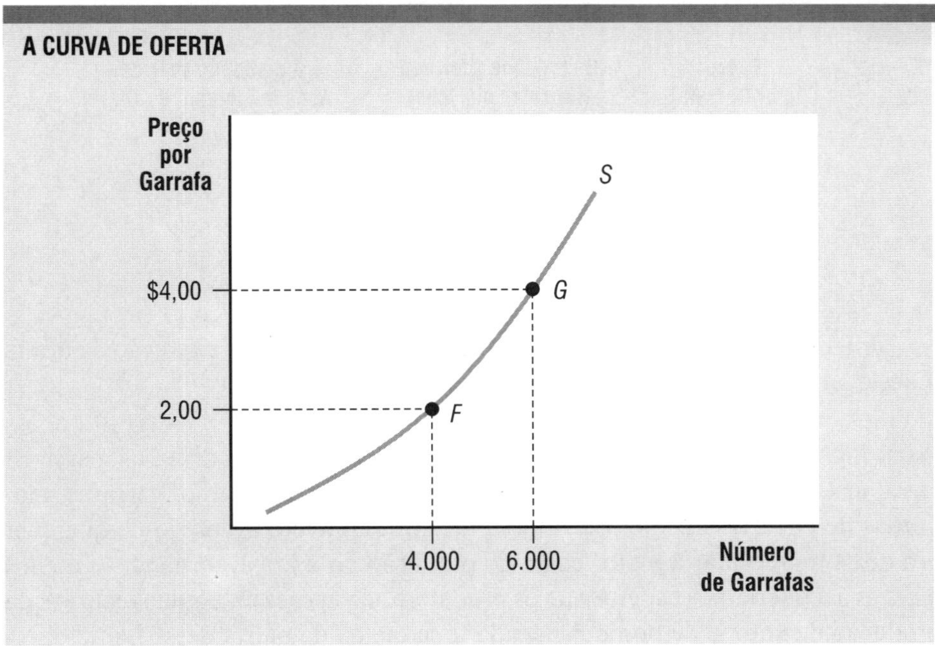

A curva de oferta de inclinação ascendente, *S*, mostra a quantidade de um bem que as firmas desejam produzir e vender a cada preço, admitindo como constantes todas as demais variáveis que afetam a oferta. A $2,00 por garrafa, a quantidade ofertada é de 4.000 garrafas (ponto *F*). A $4,00 por garrafa, a quantidade ofertada é de 6.000 garrafas (ponto *G*).

VARIAÇÕES DA OFERTA

Tanto a Tabela 3 quanto a curva de oferta da Figura 4 admitem determinados valores para todas as demais variáveis capazes de afetar a oferta. Por exemplo, a curva de oferta da Figura 4 pode nos dizer a quantidade oferecida a cada preço, *admitindo-se* que os trabalhadores do setor ganhem $10 por hora. Mas o que aconteceria se os salários deles caíssem para $7,00 por hora? Para cada preço do xarope, as empresas considerariam mais lucrativo produzir e vender o produto e, "certamente", optariam por vender mais. Isso é exemplificado pela Tabela 4. Por exemplo, com o salário original de $10, os produtores de xarope de bordo escolheriam vender 6.000 garrafas com o preço a $4,00. Se pudessem pagar salários menores, de $7, optariam por vender 8.000 garrafas ao mesmo preço de $4,00 por unidade. O mesmo se aplica a qualquer outro preço do xarope de bordo. Com a queda dos salários, os vendedores optariam por vender mais do que antes. Em outras palavras, *toda a relação entre preço e quantidade ofertada muda.*

A Figura 5 traça a nova curva de oferta das quantidades da terceira coluna da Tabela 4. A nova curva está *à direita* da original. Por exemplo, ao preço de $4,00, a curva antiga nos diria que a quantidade ofertada seria de 6.000 garrafas (ponto *G*). Após a queda dos salários, os vendedores optariam por oferecer 8.000 garrafas a $4,00 cada (ponto *J*). A queda dos salários dos empregados do setor de xarope de bordo *deslocou a curva para a direita*. Chamamos isso *aumento da oferta.*

Uma variação de qualquer coisa que influencie a oferta – exceção feita ao preço do bem – causa um deslocamento da curva da oferta. Chamamos isso ***variação da oferta****. Quando os vendedores optam por vender mais a um determinado preço, a curva da oferta se desloca para a direita – um aumento da oferta. Quando escolhem vender menos a um determinado preço, a curva da oferta se desloca para a esquerda – uma diminuição da oferta.*

Variação da oferta Um deslocamento da curva de oferta em resposta a alguma mudança em uma variável que não seja o preço.

Tabela 4

AUMENTO DA OFERTA DE XAROPE DE BORDO EM WICHITA

Preço (por Garrafa)	Quantidade Ofertada (Garrafas por Mês)	Quantidade Ofertada Após o Aumento da Oferta
\$1,00	2.500	4.500
2,00	4.000	6.000
3,00	5.000	7.000
4,00	6.000	8.000
5,00	6.500	8.500

Vejamos, agora, as diferentes variáveis que podem causar alteração da oferta e deslocar a curva da oferta.

Preços dos Insumos. Os produtores de xarope de bordo usam diversos insumos: terra, árvores de bordo, destiladores, panelas de seiva, trabalho, garrafas, máquinas de engarrafamento, transporte, etc. Um aumento do preço de qualquer um deles representaria maior custo de produção do xarope, tornando-o menos lucrativo. Poderíamos esperar que os produtores deslocassem alguns recursos da produção de xarope de bordo causando uma queda da oferta desse bem.

De maneira geral,

uma elevação do preço de um insumo causa uma queda da oferta, deslocando a curva da oferta para a esquerda. Uma queda do preço de um insumo causa um aumento da oferta, deslocando a curva da oferta para a direita.

Um exemplo disso é dado na Figura 5: a curva da oferta deslocou-se para a direita quando caíram os salários pagos aos trabalhadores do setor. Podemos ver, agora, que os trabalhadores são apenas *um* dentre muitos tipos de insumos usados pelos produtores do xarope. Se caísse o preço das garrafas, do trans-

Figura 5

Não sendo o preço, uma variação de qualquer determinante da oferta faz com que toda a curva da oferta se desloque. Uma queda no custo do trabalho, por exemplo, faz com que a oferta de xarope de bordo se desloque de S_1 para S_2. Após o deslocamento, mais garrafas são oferecidas a cada preço.

DESLOCAMENTO DA CURVA DE OFERTA

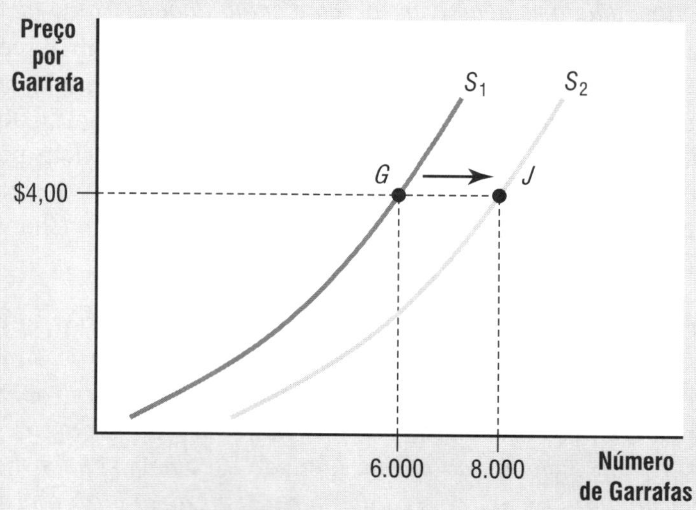

porte ou de qualquer outro insumo, isso também deslocaria a curva da oferta do xarope de bordo para a direita, como na Figura 5.

CURVAS PERIGOSAS

Para evitar confusão, use sempre, em relação à oferta, a linguagem especial que citamos enquanto tratávamos da demanda. Quando nos movemos *ao longo* da curva de oferta, a isso chamamos *variação da quantidade ofertada*. Uma variação da quantidade ofertada é sempre causada por uma alteração do preço do bem. Quando toda a curva de oferta se desloca, dizemos que há uma *variação da oferta*. Uma variação da oferta é causada por uma variação de algo *que não seja* o preço do bem.

Lucratividade dos Bens Alternativos. Muitas firmas podem mudar sua produção com relativa facilidade entre diferentes bens e serviços, desde que todos requeiram mais ou menos os mesmos insumos. Por exemplo, uma clínica dermatológica pode mudar com facilidade sua especialidade da acne dos jovens para tratamento contra rugas. Um produtor de automóveis pode – sem grandes ajustes – passar a produzir caminhonetes. E um produtor de xarope de bordo poderia secar seu xarope e produzir *açúcar* de bordo, em vez de xarope. Poderia, até mesmo, cortar suas árvores e vendê-las como madeira. Esses outros bens que as firmas *poderiam* produzir são chamados **bens alternativos**.

Bens alternativos São outros bens que uma firma pode produzir, usando alguns dos mesmos tipos de insumos usados para o bem em questão.

Quando um bem alternativo se torna mais lucrativo – porque seu preço aumentou ou seu custo de produção caiu – a curva de oferta do bem em questão se desloca para a esquerda.

Em nosso exemplo, se o preço do *açúcar* de bordo subir e nada mais mudar, o açúcar de bordo se tornará mais lucrativo. Os produtores dedicarão uma parte maior de sua produção ao açúcar, *diminuindo* a oferta de xarope de bordo.

Tecnologia. Um *avanço tecnológico* na produção ocorre quando uma firma consegue produzir um determinado nível de produção de uma maneira nova e mais barata. Por exemplo, a descoberta de um procedimento cirúrgico chamado Lasik – com uso de um *laser* para remodelar o interior da córnea, em vez de tratar a superfície externa – permitiu que cirurgiões oftalmológicos corrigissem a visão de seus pacientes com menos consultas de acompanhamento e menores quantidades de medicação. Da mesma forma, no final da década de 90, muitas firmas – inclusive a Ebay, a Amazon.com e a Priceline.com – desenvolveram novos softwares que permitiram que pessoas e firmas negociassem bens usados de forma mais barata, através da Internet (se comparada ao método anterior de publicar e pesquisar anúncios em jornais). Esses exemplos são avanços tecnológicos porque permitem às firmas produzir o mesmo (cirurgias oculares, venda de bens usados) a um custo menor.

Na produção de xarope de bordo, um avanço tecnológico poderia ser um corte novo e mais eficiente para extrair mais seiva de cada árvore ou um novo método de engarrafamento que reduzisse o derramamento. Avanços como esses diminuiriam o custo da produção do xarope de bordo e os produtores desejariam fazer e vender maior quantidade a qualquer preço determinado.

De maneira geral,

avanços tecnológicos que reduzem os custos aumentam a oferta de um bem, deslocando a curva de oferta para a direita.

CURVAS PERIGOSAS

A lista de variáveis capazes de deslocar a curva de oferta apresentada na Figura 6 não inclui a quantidade que os compradores estão dispostos a comprar. Seria um erro? A demanda não afeta a oferta?

A resposta é negativa – pelo menos diretamente. A curva de oferta nos diz quanto os vendedores *escolheriam* vender a diferentes preços. Ela nos dá respostas a uma série de perguntas hipotéticas como "Quanto xarope de bordo as firmas escolheriam vender ao preço de $4,00 por garrafa?", "E se o preço fosse de $3,50 por garrafa?". As decisões dos compradores não afetam as respostas a essas perguntas, de modo que não podem afetar a curva de oferta.

Capacidade Produtiva. A capacidade produtiva de um produtor é determinada pelo número de produtores existentes no mercado e pelas instalações e equipamentos que cada um possui. Sempre que a capacidade produtiva se eleva, a curva de oferta se desloca para a direita, já que os vendedores escolheriam vender uma quantidade total maior a qualquer preço. Da mesma forma, uma diminuição da capacidade produtiva deslocaria a curva de oferta para a esquerda. Por exemplo, se uma geada repentina destruísse árvores de bordo em Vermont, a capacidade produtiva total dos fornecedores de xarope diminuiria, reduzindo a oferta de xarope de bordo em qualquer mercado. Por outro lado, se – ao longo do tempo – um maior número de firmas entrasse no mercado e formasse suas próprias fazendas de xarope de bordo, a oferta aumentaria.

Variações climáticas podem causar alterações repentinas da capacidade produtiva em muitos mercados agrícolas. O bom tempo aumenta a capacidade produtiva de todas as fazendas de uma região, deslocando as curvas das ofertas de produtos agrícolas para a direita. O mau tempo destrói plantações e reduz a capacidade produtiva, deslocando para a esquerda as curvas das ofertas de produtos agrícolas. Desastres naturais como incêndios, furacões e terremotos podem destruir a capacidade produtiva de *todas* as indústrias de uma região, causando, assim, deslocamentos súbitos e drásticos das curvas de oferta para a esquerda.

Um aumento da capacidade produtiva dos produtores – causado, por exemplo, pelo bom tempo ou pelo aumento do número de firmas – desloca a curva de oferta para a direita. Uma queda da capacidade produtiva desloca a curva de oferta para a esquerda.

Expectativas Quanto aos Preços Futuros. Suponhamos que você seja presidente da Xarope de Bordo Grudento S/A e que seu departamento de pesquisa tenha determinado que o preço do xarope de bordo em breve se elevará drasticamente. O que você fará? O certo seria *deixar* a produção – ou, pelo menos, as vendas – para mais tarde, quando o preço estiver mais elevado e os lucros forem maiores. Aplicando de forma mais genérica este raciocínio:

Uma elevação da expectativa quanto ao preço de um produto faz a oferta diminuir, deslocando a curva de oferta para a esquerda.

A Figura 6 resume as diferentes variáveis que afetam a oferta de um bem e deslocam a curva de oferta.

REUNINDO OFERTA E DEMANDA

O que acontece quando compradores e vendedores, cada lado com vontade e capacidade de negociar, se reúnem em um mercado? Os dois lados certamente têm objetivos diferentes. Os compradores querem pagar o menor preço possível e os vendedores vender pelo maior preço possível. Será que há um caos quando eles se encontram, com compradores e vendedores correndo tentando obter uma vantagem, de modo que os negócios nunca cheguem a ser fechados? Uma breve olhada para a vida real sugere que não. Na maioria dos mercados e na maior parte do tempo, há ordem e estabilidade quando compradores e vendedores se encontram. Em geral, os preços não flutuam enormemente de um momento para o outro, mas parecem oscilar em torno de um valor estável. Essa estabilidade pode ser breve – durando apenas um dia, uma hora ou mesmo um minuto, em alguns mercados –, mas ainda assim, por um certo intervalo de tempo, os mercados parecem estar tranqüilos. Sempre que estudamos um mercado, procuramos por essa calmaria – uma quantidade e um preço em que o mercado se estabiliza, ainda que por um momento.

Os economistas usam o termo *equilíbrio* quando se referem a um estado de repouso. Em termos mais formais,

*um **equilíbrio** é uma situação que, uma vez atingida, não se altera a menos que haja mudança de algo que se tenha admitido como constante.*

Equilíbrio Um estado de repouso; uma situação em que, uma vez atingida, não mudará a menos que algum fator externo, anteriormente mantido constante, também mude.

Qual será o preço do xarope de bordo em Wichita? E quanto as pessoas irão efetivamente comprar a cada mês? Podemos reescrever essas perguntas. Qual o preço de *equilíbrio* do xarope de bordo em Wichita? Qual a quantidade de *equilíbrio* do xarope de bordo comprado e vendido? São essas as questões que o modelo de oferta e demanda se propõe a responder.

Olhe para a Figura 7 que combina as curvas da oferta e da demanda do xarope de bordo em Wichita. Usaremos essa figura para encontrar o equilíbrio nesse mercado por meio de um processo de eliminação. Vamos nos perguntar, primeiro, o que aconteceria se o preço de uma garrafa de xarope em Wichita fosse de $1,00. A esse preço, vemos que os compradores escolheriam comprar 7.500 garrafas por semana, enquanto os vendedores desejariam vender apenas 2.500 garrafas semanalmente. Haveria um **excesso de demanda** de 5.000 garrafas. O que aconteceria? Os compradores concorreriam uns com os outros para comprar mais xarope que o disponível, preferindo oferecer um preço mais alto a ficar sem o produto. Com isso, o preço se elevaria. Podemos ver que $1,00 não é o preço de equilíbrio, já que – se o preço fosse de $1,00 – ele tenderia a se elevar automaticamente.

Excesso de demanda Quando, a um determinado preço, temos um excesso de quantidade demandada em relação à quantidade ofertada.

Antes de considerarmos outros preços possíveis, vamos estudar com mais cuidado as alterações que veríamos no mercado com a elevação do preço. Primeiro, haveria uma queda da quantidade demandada – um movimento para a esquerda ao longo da curva de demanda, partindo do ponto *I*. Ao mesmo tempo, notaríamos um aumento da quantidade ofertada – um movimento para a direita ao longo da curva de oferta, a partir do ponto *H*. À medida que esses movimentos se mantivessem, o excesso de demanda por xarope de bordo diminuiria e, finalmente – ao preço de $3,00 por garrafa –, desapareceria por completo. A esse preço, não teria motivo para nenhuma alteração adicional do preço, uma vez que a quantidade ofertada e a demandada seriam de 5.000 garrafas por mês. Não existiria compradores frustrados, dispostos a oferecer preços maiores. Em suma, se o preço estivesse abaixo de $3,00, ele se elevaria para $3,00 e então se manteria.

Figura 6

VARIAÇÕES DA OFERTA E DA QUANTIDADE OFERTADA

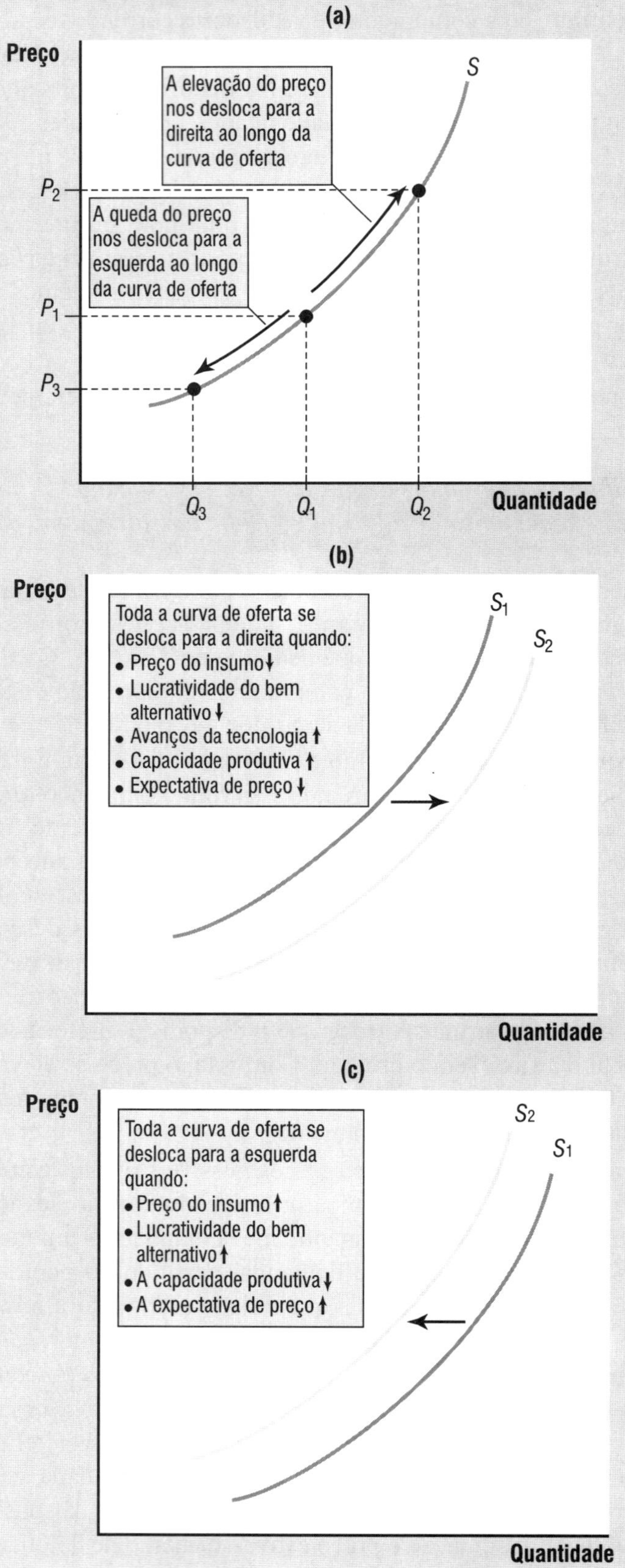

EQUILÍBRIO DO MERCADO

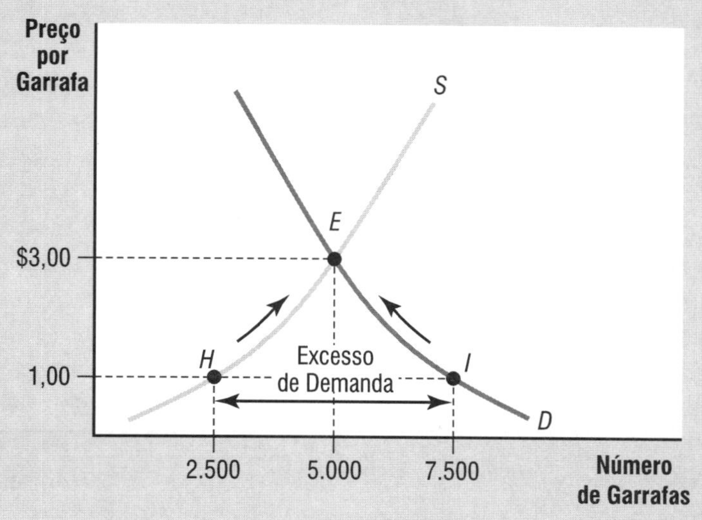

Figura 7

A interseção das curvas de oferta e demanda no ponto *E* determina o preço de mercado do xarope de bordo ($3,00 por garrafa) e o número de garrafas negociadas (5.000). A um preço inferior, como o de $1,00 por garrafa, os compradores gostariam de comprar mais garrafas (7.500) do que os vendedores estariam dispostos a oferecer (2.500). O excesso de demanda resultante, de 5.000 garrafas, faria com que o preço se elevasse.

Vejamos, agora, o que aconteceria se, por algum motivo, o preço do xarope de bordo fosse de $5,00 por garrafa. A Figura 8 nos mostra que, a esse preço, a quantidade ofertada seria de 6.500 garrafas por mês, enquanto a quantidade demandada seria de apenas 3.500 garrafas por mês – um **excesso de oferta** de 3.000 garrafas. Os vendedores concorreriam entre si para vender mais xarope do que os compradores desejariam comprar e, com isso, o preço cairia. Assim, $5,00 não pode ser o preço de equilíbrio. A queda do preço nos moveria (para a esquerda) ao longo da curva de oferta e (para a direita) ao longo da curva da demanda. Mantendo os movimentos, o excesso de oferta de xarope diminuiria até desaparecer, mais uma vez, quando o preço chegasse a $3,00 por garrafa. Conclusão: se o preço estiver acima de $3,00, ele diminuirá até chegar a $3,00 e aí se estabilizará.

Excesso de oferta Quando, a um determinado preço, temos um excesso da quantidade ofertada em relação à quantidade demandada.

Pode-se ver que qualquer preço maior ou menor que $3,00 *não é* o preço de equilíbrio. Se o preço fosse maior que $3,00, ele tenderia a cair e se fosse menor, tenderia a aumentar. Podemos ver, ainda nas Figuras 7 e 8, que, se o preço fosse exatamente de $3,00, não haveria excesso de oferta e nem de demanda. Os vendedores optariam por vender 5.000 garrafas por semana e esta seria exatamente a quantidade que os compradores desejariam comprar. Não haveria motivo para que o preço mudasse. Assim, $3,00 deve ser o preço de equilíbrio que procuramos e 5.000 a quantidade de equilíbrio.

Você deve ter notado que $3,00 é o preço em que se cruzam as curvas de oferta e de demanda. Isso nos leva a uma técnica fácil e gráfica para localizar o equilíbrio:

Para encontrar o preço e a quantidade de equilíbrio em um mercado competitivo, desenhe as curvas de oferta e de demanda. O equilíbrio é o ponto de interseção entre as duas.

A interseção das curvas de oferta e de demanda nos ajuda a compreender o conceito de equilíbrio com clareza ainda maior, pois nesse ponto o mercado

Figura 8

A qualquer preço acima de $3,00 por garrafa, o mercado de xarope de bordo de Wichita estará fora de equilíbrio. O excesso de oferta de 3.000 garrafas ao preço de $5,00 faz cair o preço de mercado. Com a queda do preço, a quantidade ofertada diminui e a quantidade demandada aumenta. No ponto *E*, o mercado volta ao equilíbrio.

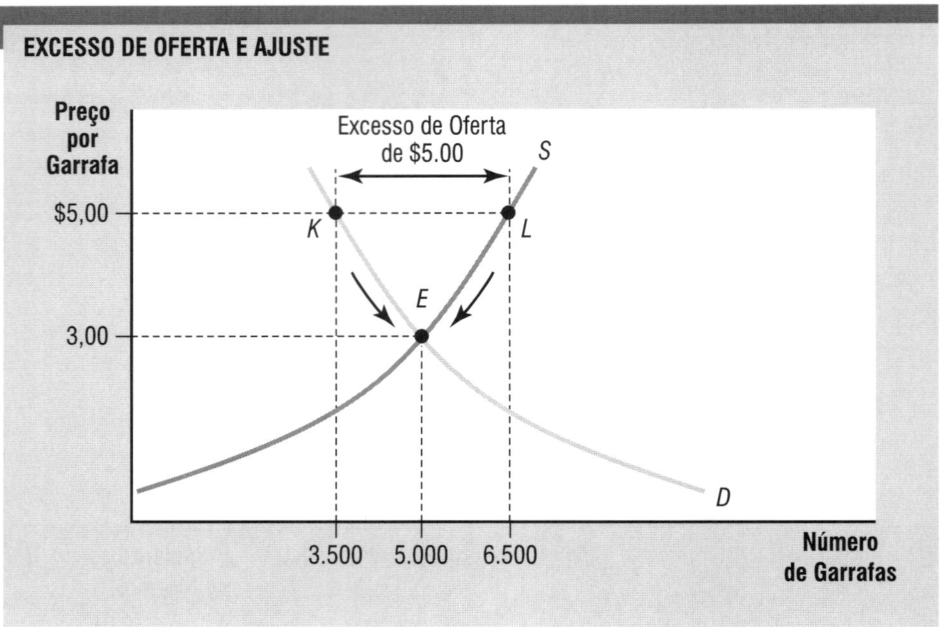

está operando nas curvas *tanto* de oferta *quanto* de demanda. Quando o preço está em $3,00, os compradores e vendedores podem, *efetivamente*, comprar e vender as quantidades que *escolheriam* comprar e vender a $3,00. Não há compradores insatisfeitos, incapazes de encontrar os bens que desejam comprar, e nem vendedores infelizes por não encontrarem compradores para os produtos que trouxeram ao mercado. É por isso que $3,00 é o preço de equilíbrio do mercado. Nesse estado de repouso, há um equilíbrio entre a quantidade ofertada e a quantidade demandada.

Esse ponto de repouso, no entanto, não é necessariamente duradouro, como veremos a seguir.

O QUE ACONTECE QUANDO AS COISAS MUDAM?

Lembre-se que, em primeiro lugar, para traçar as curvas de oferta e de procura, tivemos de admitir valores específicos para as demais variáveis – além do preço – que afetam a demanda e a oferta. Se qualquer uma dessas variáveis mudar, uma das duas curvas se deslocará e o equilíbrio também mudará. Os economistas têm muito interesse em como e por que o equilíbrio em um mercado muda. Vejamos alguns exemplos.

UMA TEMPESTADE DE GRANIZO ATINGE O NORDESTE DOS ESTADOS UNIDOS: QUEDA DA OFERTA

Em janeiro de 1998, a Nova Inglaterra e Quebec foram afetados por uma violenta tempestade de granizo. Centenas de milhares de árvores de bordo foram derrubadas e muitas outras, danificadas. Só em Vermont, 10% das árvores foram destruídas. Como isso afetou o mercado de xarope de bordo na distante Wichita?

As árvores de bordo são parte da capacidade produtiva de uma firma produtora de xarope, da mesma forma que as fábricas são parte da capacidade produtiva de um fabricante de brinquedos. Como vimos neste capítulo (ver Figura 6), uma queda da capacidade produtiva causa um deslocamento da curva de oferta para a esquerda em qualquer mercado em que se venda xarope de bordo – inclusive o mercado local de Wichita.

> CURVAS PERIGOSAS
>
> É tentador usar *para cima* e *para a direita* de forma intercambiável ao descrever um aumento da oferta ou da demanda e *para baixo* e *para a esquerda* ao descrever uma queda da oferta ou da demanda. Mas cuidado! Embora essa linguagem intercambiável funcione no caso da curva de demanda, ela *não* funciona no caso da curva de oferta. Para provar isso por si mesmo, veja a Figura 6. Ali, podemos ver que um deslocamento para a direita na curva de oferta (um aumento da oferta) é também um deslocamento *para baixo* da curva. Em capítulos posteriores, por vezes fará sentido descrever deslocamentos como para cima ou para baixo. Por enquanto, é melhor evitar essas expressões e usar *para a direita* e *para a esquerda.*

A Figura 9 mostra como a tempestade de granizo afetou o mercado. De início, a curva da oferta de xarope de bordo em Wichita era S_1, com o mercado em equilíbrio no ponto E. Após a tempestade e a resultante queda de capacidade produtiva, a curva de oferta deslocou-se para a esquerda – por exemplo, para S_2. O resultado? Houve uma elevação do preço de equilíbrio do xarope de bordo (de \$3,00 para \$5,00, na Figura 9) e uma queda da quantidade de equilíbrio (de 5.000 para 3.500 garrafas).

Nesse caso, foi uma tempestade que deslocou a curva de oferta para a esquerda. Suponhamos, por exemplo, que os salários dos trabalhadores do setor tivessem aumentado, que os destiladores tivessem subido seus preços ou que alguns produtores de xarope tivessem fechado as portas e vendido suas fazendas para empreendimentos imobiliários. Qualquer uma dessas mudanças faria com que a curva de oferta do xarope de bordo se deslocasse para a esquerda, elevando o preço de equilíbrio e diminuindo a quantidade de equilíbrio.

De forma mais genérica,

> *qualquer mudança, em um mercado, que desloque para a esquerda a curva de oferta faz aumentar o preço de equilíbrio e reduzir a quantidade de equilíbrio do mercado em questão.*

Figura 9

UM AUMENTO DE OFERTA E UM NOVO EQUILÍBRIO

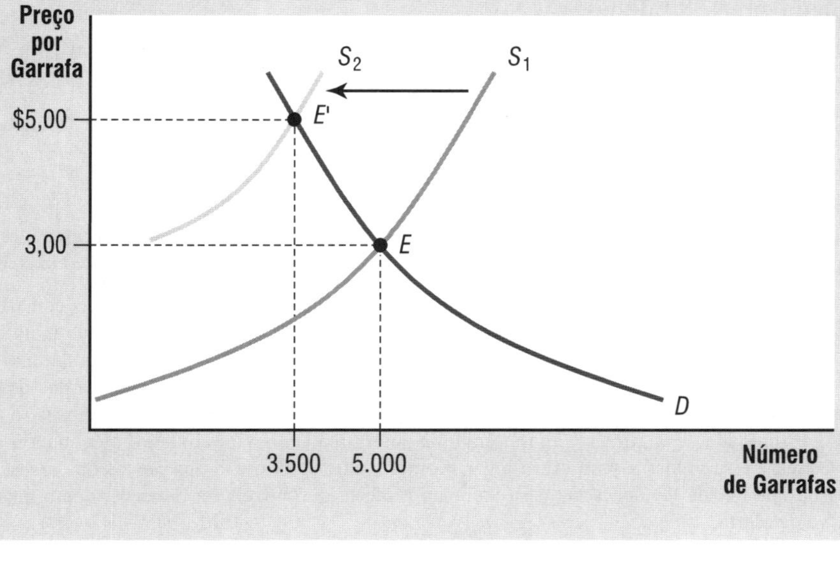

Uma tempestade de granizo fez a oferta decair de S_1 para S_2. Ao antigo preço de equilíbrio de \$3,00, passa a haver um excesso de demanda. Como resultado, o preço se eleva até que o excesso de demanda seja eliminado, no ponto E'. No novo equilíbrio, a quantidade demandada se iguala novamente à quantidade ofertada. O preço é maior e são produzidas e vendidas menos garrafas.

O ENRIQUECIMENTO DOS EMPREENDEDORES DA INTERNET: UM AUMENTO DA DEMANDA

Como os deslocamentos de oferta e de demanda funcionam da mesma maneira em *qualquer* mercado, vamos esquecer o xarope de bordo por enquanto e estudar o mercado imobiliário de San Francisco. Aqui, algo notável aconteceu recentemente: o preço médio de uma residência familiar independente[1] se elevou de $250.450, em meados de 1995, para $373.750, em meados de 1999. Em apenas três anos e meio, o preço quase dobrou. O que explicaria essa elevação drástica dos preços das residências? A oferta e a demanda podem nos dar a resposta.

Primeiro, vamos definir o mercado propriamente dito. Os vendedores são famílias e firmas corretoras de imóveis proprietárias de imóveis na cidade de San Francisco. A Figura 10 mostra a curva da oferta de imóveis residenciais em 1995, chamada de S_{1995}. Note que essa curva tem inclinação ascendente: uma elevação dos preços dos imóveis – na ausência de outra mudança – aumenta o número de imóveis postos à venda.[2]

O lado da demanda do mercado consiste em famílias que têm o potencial de *comprar* casas em San Francisco. Isso inclui todas as pessoas que trabalham na própria cidade ou em suas proximidades, além daquelas que consideram a hipótese de se mudarem para lá. A curva da demanda do mercado em 1995 é representada pela curva D_{1995}. Observe que ela tem inclinação descendente: com um preço maior (na ausência de qualquer outra mudança), os compradores desejam comprar menos casas em San Francisco. O ponto *E* indica o equilíbrio em 1995, a interseção entre a curva de demanda e a de oferta, com preço médio de $254.450.

E o que aconteceu entre 1995 e 1999 para afetar de forma tão significativa esse mercado? A Internet. Mais especificamente, a década de 90 foi uma época em que, fundando firmas bem-sucedidas em uma nova indústria, muitas pessoas se tornaram extraordinariamente ricas em um intervalo de tempo muito pequeno. Por exemplo, Pierre Omidyar fundou a firma de Internet Ebay em 1995, para comercializar com quem morava e trabalhava na mesma área, quando sua namorada queria negociar *on-line* caixinhas de balas Pez. A idéia dos leilões fez sucesso e, em 1999, a riqueza de Omidyar, que tinha 31 anos, estava estimada em $7,8 bilhões.

Essa história não é única. Cerca de 200 pessoas com rendas comuns, mas idéias extraordinárias para novas firmas ligadas à Internet, tornaram-se *bilionárias* nos anos 90. Centenas de milhares de outras pessoas viram o valor de

---

1 Os dados de preços dos imóveis residenciais se referem a imóveis já existentes e sem paredes conjugadas. Não incluem o preço de condomínios, apartamentos ou casas recentemente construídas.

2 A curva da oferta de bens deveria ter inclinação, ainda que ignorássemos as novas construções na cidade. Para entender o porquê, imagine que você tem uma casa na cidade onde mora e que lá os preços dos imóveis residenciais estão se elevando. Há um preço crítico acima do qual você decidiria morar em outro lugar e pôr no bolso o valor de sua casa? Para a maioria das pessoas, a resposta seria positiva. Afinal de contas, mesmo quando você tem uma casa própria, o custo de oportunidade de continuar a morar em uma determinada área é o dinheiro que poderia ter se a vendesse e se mudasse para outro lugar. Com a contínua elevação dos preços das casas, cada pessoa que decide vender a sua casa aumenta a oferta de imóveis residenciais, como mostra a curva de oferta.

UMA VARIAÇÃO DA DEMANDA E UM NOVO EQUILÍBRIO

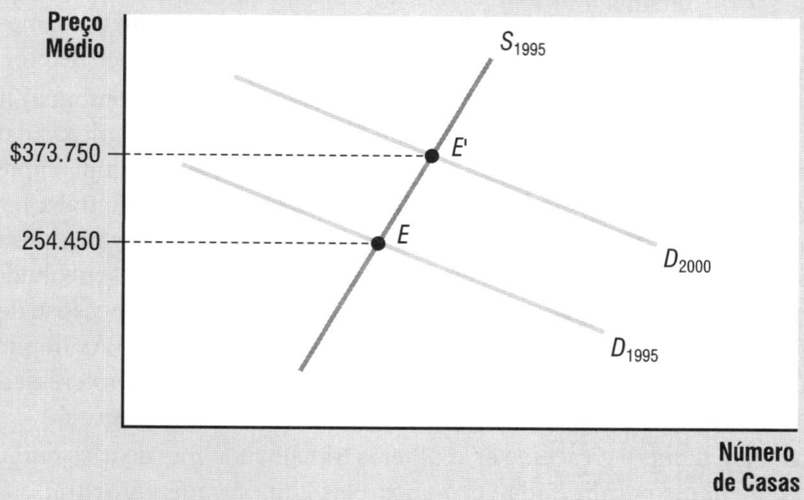

Figura 10

Um aumento da renda familiar aumentou a demanda de D_{1995} para D_{2000}. Ao antigo preço de $254.450, havia um excesso de demanda, por isso, os preços se elevaram até que o excesso de demanda fosse eliminado, no ponto *E'*. No novo equilíbrio, a quantidade demandada novamente se iguala à quantidade ofertada. O preço é mais elevado e são vendidas mais casas.

suas ações e opções subir drasticamente – dobrando, triplicando ou quadruplicando sua riqueza em pouco tempo. Uma parte desproporcional desses novos ricos vivia e trabalhava no Vale do Silício e no Norte da Califórnia – região próxima a San Francisco. Assim, essas pessoas eram parte do lado comprador do mercado de imóveis residenciais da cidade.

Como vimos (observe a Figura 3), um aumento da riqueza dos compradores faz com que a curva de demanda por um bem normal – como uma casa – se desloque para a direita. Nesse caso, maior riqueza faz com que as pessoas escolham ter casas maiores e, por vezes, diversas casas – um aumento da demanda por casas. Na Figura 10 isso é ilustrado pelo deslocamento para a direita de D_{1995} para D_{1999}, com o equilíbrio passando do ponto *E* para o *E'*. Isso explica por que o preço se elevou de $254.450 para $373.750.

Assim,

> *qualquer mudança em um mercado que desloque a curva de demanda para a direita faz aumentar tanto o preço de equilíbrio quanto a quantidade de equilíbrio no mercado em questão.*

Observe que a curva de oferta não se desloca na Figura 10, ela se mantém em S_{1995}. Há um aumento da quantidade de imóveis residenciais ofertados (um movimento ao *longo* da curva de oferta), mas não uma mudança na *oferta* de imóveis (não há deslocamento da curva toda). Por que a curva de oferta não se desloca na Figura 10? Em grande parte porque estamos lidando com um período de cinco anos – muito breve para que um volume significativo de novas construções mude o estoque de imóveis disponíveis na cidade. Embora a quantidade de imóveis oferecidos tenha aumentado, isso se deve ao fato de que os preços mais elevados causaram um uso mais intensivo do estoque *existente* de casas. Isso é representado por um movimento ao longo da curva de oferta.

O MERCADO DE CRECHES: VARIAÇÃO DA OFERTA E DA DEMANDA

Até aqui, vimos as conseqüências de mudanças em relação a apenas uma variável. O que acontece, porém, com o equilíbrio do mercado quando duas ou mais variáveis mudam simultaneamente? A Figura 11 ilustra a maneira como analisaríamos uma situação desse tipo, usando o mercado de serviços de creche.

Tudo começou nos anos 90, quando diversos fatores se combinaram para aumentar o emprego total nos Estados Unidos. Condições econômicas favoráveis atraíram cada vez mais pessoas para a força de trabalho e um clima empresarial cada vez mais competitivo fez com que as pessoas começassem a trabalhar mais horas por dia. Ao final da década, os americanos médios passavam mais tempo no trabalho do que seus colegas em todos os demais países desenvolvidos. Ao mesmo tempo, as reformas legislativas retiraram milhares de pessoas dos ombros da previdência social e as fizeram retomar seus empregos. As implicações dessas mudanças foram amplas e profundas, mas aqui estamos interessados em apenas uma delas: o uso de serviços de creche com fins lucrativos.

Com um número crescente de mulheres trabalhando fora de casa durante um número de horas por dia cada vez maior, elas começaram a procurar cuidados para seus filhos em idade pré-escolar. Muitas não tinham acesso aos prestadores tradicionais de serviços do tipo – parentes (especialmente avós), amigos ou vizinhos, por isso começaram a procurar por serviços no setor comercial. Em termos de modelo de oferta e demanda, essas modificações levaram a um deslocamento para a direita da curva da demanda por serviços de creche. Na Figura 11, a curva da demanda se desloca para a direita, de D_{1990} para D_{2000}.

Ao mesmo tempo, muitas firmas viram uma oportunidade nesses acontecimentos. Elas perceberam que as tendências do mercado de trabalho, que descrevemos anteriormente, se manteriam e poderiam até se tornar mais fortes. Objetivando o lucro, essas firmas se dedicaram a obter espaço físico, contratar professores e se lançarem no mercado como prestadores de serviços de creche de alta qualidade. Grandes firmas, governos e órgãos não governamentais

Figura 11

DESLOCAMENTOS SIMULTÂNEOS DA OFERTA E DA DEMANDA

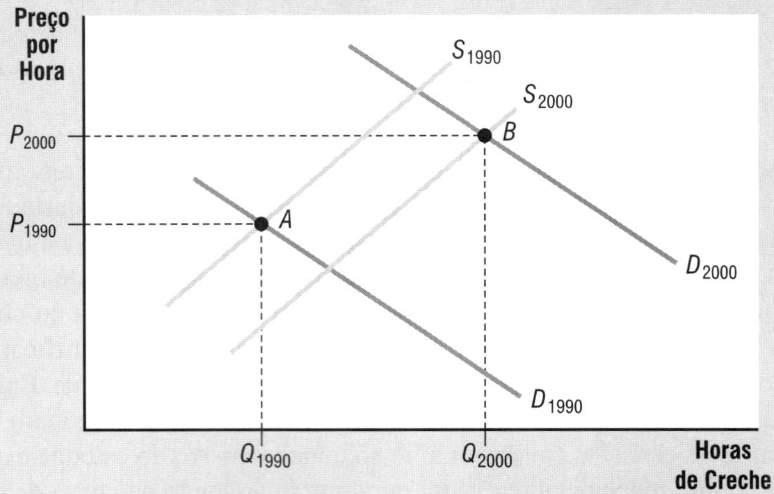

À medida que um número crescente de jovens mães procurou os serviços de creches, a curva de demanda se deslocou de D_{1990} para D_{2000}. Ao mesmo tempo, mais firmas entraram no mercado, elevando a oferta de S_{1990} para S_{2000}. Como resultado, o equilíbrio passou do ponto A para o ponto B. Ao longo da década, tanto a quantidade quanto o preço dos serviços de creches subiram.

também entraram no jogo, oferecendo o mesmo. O efeito foi um deslocamento para a direita dos serviços de creche, de S_{1990} para S_{2000}.

Como você pode ver na Figura 11, o equilíbrio original do mercado, em 1990, era determinado pela interseção das curvas de oferta e de demanda, no ponto *A*. No decorrer da década, as duas curvas se deslocaram para a direita. Assim, não surpreende que a quantidade de serviços de creche prestados tenha se elevado durante a década.

E quanto ao preço? Na verdade, a curva de demanda se deslocou mais no período do que a de oferta. Com isso, o equilíbrio em 2000 – o ponto *B* – apresentava maior quantidade *e* maior preço. E se o contrário tivesse acontecido, com a oferta crescendo mais que a demanda? Nesse caso, a quantidade total comercializada ainda assim teria aumentado, mas o preço cairia.

A Figura 11 ilustra apenas *uma* combinação possível de deslocamentos simultâneos de oferta e demanda. Mas existem outros. A Tabela 5 resume o que *sabemos* que vai acontecer com o preço de equilíbrio (*P*) e a quantidade de equilíbrio (*Q*) e o que se mantém incerto em cada caso. Por exemplo, para descobrir o que ocorre quando a demanda aumenta e a oferta diminui, vamos para a célula inferior à esquerda: o preço de equilíbrio se eleva, enquanto a quantidade de equilíbrio pode aumentar, diminuir ou manter-se inalterada.

Lembre-se do conselho dado no Capítulo 1 – estudar economia ativamente, não passivamente. Esta é uma boa hora para deixar o livro de lado, pegar lápis e papel e ver se você consegue *trabalhar* com as curvas de oferta e de demanda e não apenas seguir enquanto lê. Procure traçar diagramas para ilustrar cada uma das possibilidades da Tabela 5.

O PROCESSO EM QUATRO ETAPAS

Neste capítulo, construímos um modelo – de oferta e de demanda – e o utilizamos para analisar variações de preços em diversos mercados. Talvez você não tenha percebido, mas cumprimos quatro Etapas-Chave distintas à medida que avançamos no texto. Os economistas seguem essas mesmas quatro etapas para responder a praticamente *qualquer* pergunta sobre a economia. Por quê? Porque elas são muito eficazes para eliminar o caos e a confusão e para nos ajudar a perceber como as coisas realmente funcionam.

Neste livro, nos concentraremos neste *processo em quatro etapas*, que forma a base da metodologia exclusiva dos economistas. E começaremos agora, listando e discutindo cada etapa.

Etapa-Chave nº 1 – Caracterização do Mercado: *Decida qual mercado (ou mercados) melhor atende o problema objeto da análise e identifique os tomadores de decisões (compradores e vendedores) que interagem no mercado.*

Caracterizar o Mercado

Em economia, entendemos a complexa economia da vida real tomando-a como um conjunto de *mercados*. Cada um deles envolve um grupo de *tomadores de decisões* – compradores e vendedores – que têm potencial para negociar uns com os outros. No início de qualquer análise econômica, precisamos decidir qual mercado (ou mercados) avaliar e como ele deve ser *definido*.

Tabela 5

EFEITOS DOS DESLOCAMENTOS DA OFERTA E DA DEMANDA SOBRE O PREÇO DE EQUILÍBRIO (P) E A QUANTIDADE DE EQUILÍBRIO (Q)

	Aumento da Demanda (Deslocamento para a Direira)	Nenhuma Mudança na Demanda	Queda da Demanda (Deslocamento para a Esquerda)
Aumento da Oferta (Deslocamento para a Direita)	P? Q↑	P↓Q↑	P↓Q?
Oferta Constante	P↑Q↑	Não há mudança em P ou Q	P↓Q↓
Queda da Oferta (Deslocamento para a Esquerda)	P↑Q?	P↑Q↓	P? Q↓

Para definir um mercado, devemos definir (a) a coisa negociada (como xarope de bordo); (b) os tomadores de decisões do mercado (como os produtores de xarope na Nova Inglaterra e no Canadá, do lado dos vendedores e as famílias de Wichita, do lado dos compradores) e (c) a natureza da competição no mercado (como os mercados perfeitamente competitivos de que tratamos neste capítulo). Tenha em mente o fato de que, sempre que desenhamos curvas de oferta e de demanda de um mercado, nós o estamos tratando como perfeitamente competitivo, no qual cada comprador e vendedor aceita o preço como dado.

Identificar Metas e Restrições

Etapa-Chave nº 2 – Identificação de Metas e Restrições: *Identifique as metas que os tomadores de decisões procuram cumprir e as restrições com as quais se deparam para atingi-las.*

Em todos os mercados, admitimos que cada tomador de decisão esteja tentando atingir uma meta específica. De modo geral, a meta envolve a *maximização de alguma quantidade.* Por exemplo, geralmente se presume que as firmas maximizem seus lucros. As famílias maximizam a utilidade – seu bem-estar ou satisfação. Em alguns casos, contudo, queremos reconhecer que firmas ou famílias são, na verdade, grupos de indivíduos com objetivos diferentes. Embora os proprietários de uma firma possam querer maximizar os lucros, os administradores podem estar levando em consideração seu próprio poder e prestígio e a segurança de seus empregos. Essas metas podem ser conflitantes e o comportamento da firma dependerá de como se dará solução ao conflito.

Embora os economistas muitas vezes tenham discussões acaloradas sobre *o que* está sendo maximizado, há um virtual consenso a respeito de que, em qualquer modelo econômico, todo o mundo está maximizando *alguma coisa.* Presume-se que até o comportamento de grupos – como os tomadores de decisões de uma firma ou as autoridades do governo federal – decorra do comportamento de diferentes indivíduos maximizadores, cada um em busca de seus próprios objetivos.

Além de terem metas, os tomadores de decisões também se deparam com restrições. As firmas são delimitadas por sua tecnologia de produção, pelos preços que precisam pagar por seus insumos e pelo preço que podem obter por seus produtos. As famílias são restringidas pelos preços que precisam pagar por suas compras e por suas rendas limitadas. Os órgãos governamentais são restringidos pelos preços das coisas que compram e pelos orçamentos limitados. Até países inteiros são delimitados, em suas escolhas, pelos recursos que têm à disposição.

Etapa-Chave nº 3 – Encontrar o Equilíbrio: *Descreva as condições necessárias para o equilíbrio no mercado e um método de determinação desse equilíbrio.*

Encontrar o Equilíbrio

Uma vez definidos o mercado e as metas e restrições dos tomadores de decisões nele presentes, geralmente podemos encontrar o ponto em que o mercado estará em repouso – o *equilíbrio.* Nos mercados perfeitamente competitivos que analisamos neste capítulo, nos quais os tomadores de decisões tomam o preço como dado, o preço de equilíbrio é aquele cuja quantidade demandada e a quantidade ofertada são iguais. É fácil encontrar o equilíbrio em um gráfico, caso tenham sido desenhadas as curvas de oferta e de demanda. Ele será, simplesmente, o ponto de interseção das duas curvas.

Lembre-se que nem todos os mercados são perfeitamente competitivos – ou sequer próximos disso. Quando analisamos mercados nos quais a competição é *imperfeita*, temos de encontrar o equilíbrio do mercado de uma forma diferente, como você verá quando estudar microeconomia.

Etapa-Chave nº 4 – O Que Acontece Quando as Coisas Mudam: *Explore como eventos ou políticas governamentais afetam o equilíbrio do mercado.*

O Que Acontece Quando as Coisas Mudam?

Quase toda análise econômica termina com uma investigação de como um evento ou uma política governamental afeta um ou mais mercados. Por exemplo, neste capítulo, exploramos como uma tempestade de granizo afetou o mercado de xarope de bordo, como uma súbita elevação da riqueza afetou os preços dos imóveis residenciais em San Francisco e como variações da oferta e da demanda afetaram o mercado de serviços de creche.

Os economistas seguem, realmente, esse mesmo procedimento para analisar quase todos os problemas econômicos? Sim. Eles o utilizam para responder importantes perguntas *microeconômicas.* Por que a intervenção governamental em um mercado, para reduzir o preço de um bem (por exemplo, o aluguel de apartamentos), muitas vezes não dá certo e acaba prejudicando as próprias pessoas que ela deveria ajudar? Por que algumas pessoas ganham salários centenas de vezes superiores aos de outras? Por que os economistas são, quase sempre, céticos em relação a qualquer pessoa que sustente ser capaz de "ganhar" do mercado de ações, ainda que tenham realmente conseguido fazer isso no passado? Adiante, neste texto, quando voltarmos a atenção para essas coisas, o procedimento em quatro etapas desempenhará papel fundamental.

Os economistas também usam o procedimento para abordar importantes questões *macroeconômicas.* O que causa as recessões e o que pode ser feito para evitá-las? Por que os Estados Unidos vêm apresentando inflação tão baixa nos últimos anos e por quanto tempo podemos esperar que essa maré de sorte continue? Como irão a Internet e outras novas tecnologias afetar a taxa de crescimento da economia americana?

Neste livro, usaremos diversas vezes essas quatro etapas, sempre que quisermos entender algum aspecto da economia. Mas, deste ponto em diante, você reconhecerá os modelos à medida que desenvolvermos outros novos porque chamaremos sua atenção para eles, sempre que os empregarmos.

Alguns dos capítulos a seguir se concentrarão em apenas um dos passos ou em alguns deles, já outros usarão o processo todo. Para ajudar na compreensão, você freqüentemente verá ícones nas margens do livro, lembrando qual das quatro etapas está sendo estudada. Sempre que vir um deles, pense em como a etapa correspondente está sendo usada. Se fizer isso, logo se verá pensando como um economista.

Você já deve ter percebido um dos resultados dessa abordagem: ela é capaz de explicar como os preços são determinados nos mercados perfeitamente competitivos ou em mercados nos quais a competição está próxima da perfeição. Entretanto o procedimento em quatro etapas pode nos levar além. Ele nos ajuda a entender como funcionam mercados de *todos* os tipos, sejam eles perfeitamente competitivos ou não, a prever mudanças importantes da economia e a nos preparar para elas, a criar políticas governamentais para realizar as metas sociais e a evitar políticas com grandes chances de ter resultado contrário ao desejado.

Utilizando a TEORIA

PREVENDO UMA VARIAÇÃO DE PREÇO

No final dos anos 80, muitas faculdades da Costa Leste dos Estados Unidos compraram equipamentos caros que lhes permitiriam passar rapidamente do óleo para o gás natural como fonte de calor. A idéia era proteger as escolas de uma elevação repentina dos preços do petróleo como a que acontecera na década de 70.

Finalmente, aconteceu algo que deu às faculdades uma chance de usar seus novos equipamentos: no terceiro trimestre de 1990, o Iraque invadiu o Kuwait. Os preços do petróleo explodiram e as faculdades substituíram o óleo por gás natural. Os administradores das escolas pensavam em atingir grandes economias em suas contas de energia, mas tiveram um choque. Quando receberam as faturas de suas concessionárias locais, descobriram que o preço do gás natural – como o do óleo – tinha subido muito. Não pouparam quase nada. Muitos desses administradores se enfureceram com as concessionárias e as acusaram de elevar artificialmente os preços. A invasão do Kuwait pelo Iraque, pensavam eles, não afetara a oferta de gás natural, de modo que não haveria motivo para que o preço do produto se elevasse.

Estariam os administradores certos? Seria isso apenas mais um exemplo de exploração de preço pelas concessionárias que estariam simplesmente se aproveitando de uma crise internacional para aumentar seus lucros? Uma análise simples de oferta e demanda nos dará a resposta. Mais especificamente, nos permitirá responder a duas perguntas: (1) Por que a invasão do Kuwait pelo Iraque fez subir o preço do petróleo? (2) Por que o preço do gás natural também subiu?

A Figura 12 mostra as curvas de oferta e de demanda de um dos mercados relevantes para a análise, o de petróleo em estado bruto. Nesse mercado, os produtores – inclusive os do Iraque e os do Kuwait – vendem a compradores americanos. Antes da invasão, o mercado estava em equilíbrio em *E*, com preço P_1 e produção total Q_1.

Então veio a invasão e a ocupação do Kuwait – um dos maiores produtores de petróleo do mundo – pelo Iraque, o que acabou alterando o equilíbrio.

Imediatamente, os Estados Unidos lideraram um embargo mundial contra o petróleo vindo dos dois países. No que dizia respeito ao mercado de petróleo, era como se os campos petrolíferos dos dois países tivessem deixado de existir – uma diminuição considerável da capacidade produtiva da indústria. Se você olhar para a Figura 6, verá que uma queda da capacidade produtiva desloca a curva de oferta para a esquerda. Foi exatamente isso que aconteceu. O novo equilíbrio, em *E',* indicava menor quantidade e maior preço. Essa alteração do equilíbrio dos mercados de petróleo foi bem-compreendida pela maioria das pessoas – inclusive pelos administradores das escolas – e ninguém se surpreendeu quando os preços do petróleo subiram.

Então, o que tudo isso tem que ver com o preço do gás natural? Tudo, como ficará demonstrado na próxima parte de nossa análise.

A Figura 13 mostra o segundo mercado relevante para a análise: o de gás natural. Nele, os produtores mundiais (entre os quais não se encontram o Kuwait ou o Iraque) vendem gás natural para compradores americanos. O equilíbrio – antes da invasão e da alta dos preços do petróleo – estava no ponto *F.* Como pode a invasão ter afetado o equilíbrio?

O petróleo é um *substituto* do gás natural. Uma elevação do preço de um substituto, como sabemos, faz aumentar a demanda de um bem. (Veja a Figura 3 se precisar se lembrar desse processo.) Nesse caso, a elevação do preço do petróleo fez com que a curva da demanda por gás natural se deslocasse para a direita. Na Figura 13, o preço do gás natural se eleva de P_3 para P_4.

Os administradores estavam certos ao presumirem que a invasão do Kuwait não afetaria a oferta de gás natural. O que eles deixaram de perceber, contudo,

O MERCADO DE PETRÓLEO

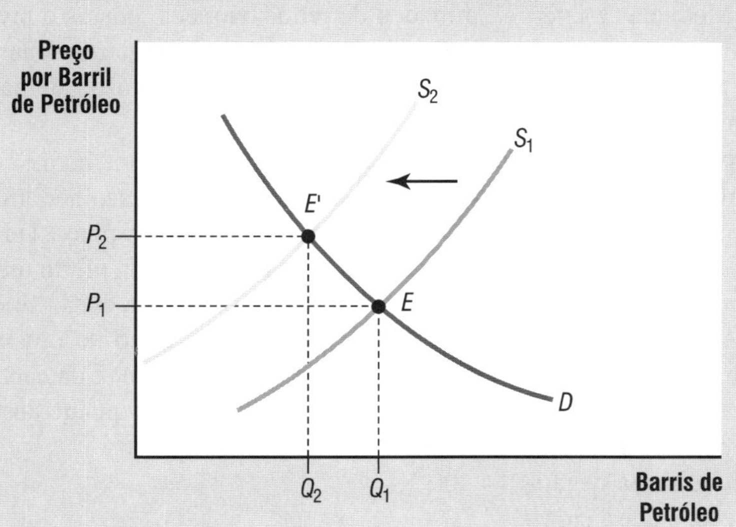

Figura 12

Antes da invasão do Kuwait pelo Iraque, o mercado de petróleo estava em equilíbrio no ponto *E*. A invasão e o conseqüente embargo contra o petróleo iraqueano diminuíram a oferta para S_2. O preço elevou-se para P_2 e a quantidade comercializada caiu para Q_2.

Figura 13

O petróleo é um substituto do gás natural. Uma elevação do preço do petróleo faz aumentar a demanda por gás natural. Aqui, a demanda por gás natural se eleva de D_1 para D_2, e o preço, de P_3 para P_4.

O MERCADO DE GÁS NATURAL

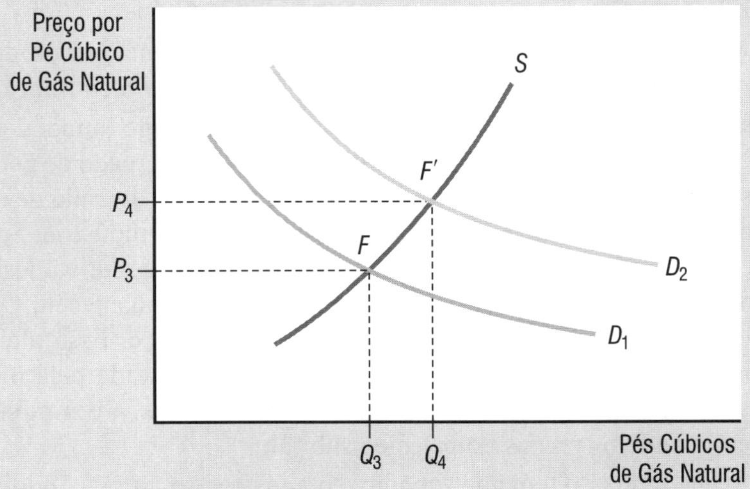

foram os efeitos da invasão sobre a *demanda* por gás natural. Com uma melhor compreensão da oferta e da demanda, eles poderiam ter previsto – *antes* de investirem em equipamentos caros – que qualquer elevação dos preços do petróleo causaria uma elevação dos preços do gás natural. Armados desse conhecimento, teriam previsto uma economia muito menor em custos de energia decorrente da passagem para o gás natural e poderiam ter decidido por usos muito melhores para seus recursos escassos.

RESUMO

Em uma economia de mercado, os preços são determinados pela interação entre compradores e vendedores nos *mercados.* Mercados *perfeitamente competitivos* têm muitos compradores e vendedores e nenhum deles pode, individualmente, afetar o preço de mercado. Se pelo menos um comprador ou vendedor puder influenciar o preço de um produto, o mercado será *imperfeitamente competitivo.*

O modelo da *oferta e da demanda* explica como os preços são determinados em mercados perfeitamente competitivos. A *quantidade demandada* de qualquer bem é a quantidade total que os compradores escolheriam comprar a um determinado preço. A *lei da demanda* estabelece que a quantidade demandada está negativamente relacionada com o preço, e que a *curva da demanda* tem inclinação descendente. A curva da demanda é desenhada para níveis determinados de renda, riqueza, gostos e preços de bens substitutos e complementares. Quando um desses fatores muda, a curva da demanda se desloca.

A *quantidade ofertada* de um bem é a quantidade total que os vendedores escolheriam produzir e vender a um determinado preço. De acordo com a *lei da oferta*, a curva da oferta tem inclinação ascendente. A curva da oferta se desloca quando há alteração do preço de um insumo, do preço de um bem alternativo, da capacidade produtiva ou das expectativas quanto aos preços futuros.

PALAVRAS-CHAVE

Agregação
Mercado de competição imperfeita
Mercado de competição perfeita
Quantidade demandada pelo indivíduo
Quantidade demandada pelo mercado
Lei da demanda
Tabela de demanda
Curva da demanda de mercado
Variação da quantidade demandada
Variação da demanda
Renda
Riqueza
Bem normal
Bem inferior
Substituto
Complemento
Tecnologia
Quantidade ofertada pela firma
Quantidade ofertada no mercado
Lei da oferta
Tabela de oferta
Curva de oferta
Variação da quantidade ofertada
Variação da oferta
Bens alternativos
Equilíbrio
Excesso de demanda
Excesso de oferta

QUESTÕES PARA REVISÃO

1. De que forma o uso dos termos abaixo, em economia, difere da maneira como eles são empregados na linguagem cotidiana?
   a. mercado;
   b. demanda;
   c. bem normal;
   d. bem inferior;
   e. oferta.
2. Qual a diferença entre *demanda* e *quantidade demandada*?
3. Indique e descreva brevemente os fatores que podem deslocar a curva de demanda e os os fatores que podem deslocar a curva de oferta.
4. Qual a diferença entre substitutos e complementos? Quais dos seguintes pares são substitutos, quais são complementos e quais não são nem uma coisa nem outra?
   a. Coca-Cola® e Pepsi-Cola®.
   b. Hardwares para computadores e softwares para computadores.
   c. Carne de boi e carne de frango.
   d. Sal e Açúcar.
   e. Sorvete e iogurte.
5. Classifique os mercados a seguir segundo a maneira como você acredita que eles se aproximam da competição perfeita:
   a. Trigo.
   b. Hardwares de computadores pessoais.
   c. Ouro.
   d. Passagens aéreas de Nova York para Kalamazoo, Michigan.
6. Os bens abaixo têm maior chance de ser *normais* ou *inferiores*?
   a. Carros *Lexus*.
   b. Roupas de segunda mão.
   c. Cervejas importadas.
   d. Serviços de babá.
   e. Pneus recauchutados.
   f. Colchões.
   g. Utensílios para cortar cabelos em casa.
   h. Refeições em restaurantes.
7. O que significa, em economia, o termo *equilíbrio*?
8. Explique por que o preço em um mercado livre não fica acima ou abaixo do equilíbrio por muito tempo, a menos que haja interferências externas.
9. Determine se cada um dos fatos abaixo causará uma alteração da demanda ou da oferta e em que direção.
   a. Aumento dos preços dos insumos.
   b. Queda da renda em uma área.

c. Aumento do preço de um bem alternativo.

d. Mudanças dos gostos em direção contrária a um bem.

10. Na seção Utilizando a Teoria, no final deste capítulo, três das Etapas-Chave do processo em quatro etapas são mencionadas expressamente e uma, de forma implícita.

a. Identifique as três etapas usadas explicitamente na análise e descreva brevemente *em que lugar* cada uma é empregada.

b. Em relação à "etapa que falta", escreva uma ou duas frases que possam ser inseridas na análise e que descrevam a maneira como a etapa é empregada.

PROBLEMAS E EXERCÍCIOS

1. No final dos anos 90, a carne de boi – que vinha sendo menos consumida nas décadas de 70 e 80 – retomou sua popularidade. Em um diagrama de oferta e demanda, ilustre o efeito dessa mudança sobre o preço de equilíbrio e a quantidade de equilíbrio no mercado de carne bovina.

2. Discuta e ilustre, por meio de um gráfico, a maneira como cada um dos fatos a seguir afetaria o mercado de café:

   a. Uma praga destrói grande parte da safra brasileira de café.

   b. O preço do chá cai.

   c. Os trabalhadores dos cafezais formam um sindicato e conquistam salários mais altos.

   d. Fica provado que o café causa câncer em ratos de laboratório.

   e. Existe a expectativa de que os preços do café se elevem rapidamente no futuro próximo.

3. A tabela abaixo contém dados hipotéticos sobre a quantidade de gasolina demandada e ofertada a cada mês na cidade de Los Angeles.

Preço por Galão	Quantidade Demandada Milhões de Galões	Quantidade Ofertada Milhões de Galões
$1,20	170	80
$1,30	156	105
$1,40	140	140
$1,50	123	175
$1,60	100	210
$1,70	95	238

   a. Desenhe os gráficos das curvas de oferta e de demanda.

   b. Encontre o preço e a quantidade de equilíbrio.

   c. Ilustre, em seu gráfico, a maneira como o aumento do preço dos automóveis afetaria o mercado de gasolina.

4. Como poderia cada um dos fatos abaixo afetar o mercado de calças jeans nos Estados Unidos? Ilustre as respostas com um diagrama de oferta e demanda.

   a. O preço das roupas de brim aumenta.

   b. Chega aos Estados Unidos um influxo de imigrantes. (Declare expressamente todas as premissas que adotar.)

   c. Uma desaceleração econômica nos Estados Unidos faz a renda familiar cair.

5. Indique qual curva se desloca – e em qual direção – nos seguintes casos:

   a. O preço dos móveis sobe e as quantidades comprada e vendida caem.

   b. As taxas de ocupação de apartamentos aumentam e o aluguel mensal médio dos apartamentos diminui.

   c. O preço dos computadores pessoais continua a cair, enquanto as vendas têm crescimento explosivo.

6. Desenhe diagramas de oferta e de demanda para dois mercados diferentes e os chame de *A* e *B*. Use seus diagramas para ilustrar o impacto dos eventos a seguir. Em cada um dos casos, determine o que acontece com o preço e com a quantidade em cada mercado.

   a. *A* e *B* são substitutos e os produtores têm expectativa de que o preço de *A* aumente no futuro.

b. *A* e *B* satisfazem o mesmo tipo de desejo e há um deslocamento dos gostos contra *A* e favoráveis a *B*.

c. *A* é um bem normal e *B* é um bem inferior. A renda na comunidade aumenta;

d. *A* e *B* são bens complementares. Ocorre um avanço tecnológico na produção de *B*.

QUESTÕES DESAFIADORAS

1. Suponha que a demanda seja dada pela equação $Q_D = 500 - 50P$, onde Q_D é a quantidade demandada e P é o preço do bem. A oferta é descrita pela equação $Qs = 50 + 25P$, onde Qs é a quantidade ofertada. Qual é o preço e a quantidade de equilíbrio?

2. Uma analista de Wall Street observa as seguintes combinações de preço-quantidade de equilíbrio no mercado de refeições em restaurantes da cidade, em um período de quatro anos:

Ano	P	Q (Milhares de Refeições por Mês)
1	\$12	20
2	\$15	30
3	\$17	40
4	\$20	50

Ela conclui que o mercado desafia a lei da demanda. Está correta? Por quê?

3. Embora as taxas de criminalidade venham caindo em todos os Estados Unidos nos últimos anos, elas diminuíram de forma particularmente rápida em Manhattan. Ao mesmo tempo, em algumas regiões da área metropolitana de Nova York a taxa de criminalidade se manteve constante. Usando diagramas de oferta e demanda de imóveis residenciais alugados, explique como uma queda da criminalidade em Manhattan poderia *piorar* a situação dos residentes de *outros* bairros. (Dica: à medida que pessoas de todo o país se mudam para Manhattan, o que acontece com os aluguéis da região? Qual alternativa resta às pessoas que não podem pagar o aluguel mais alto em Manhattan?)

EXERCÍCIO EXPERIMENTAL

1. Agora você já tem um entendimento básico sobre oferta e demanda. Encontre um artigo atual e relevante no *Wall Street Journal* ou site especializado e o interprete, usando um diagrama de oferta e demanda. Explique pelo menos uma situação na qual uma curva se desloque. O que causou o deslocamento e como isso afetou o preço e a quantidade?

CAPÍTULO

4

COMO TRABALHAR COM A OFERTA E A DEMANDA

No Capítulo 3, você aprendeu como a oferta e a demanda nos permitem explicar de que forma os preços são determinados e, também, como e por que eles mudam. O modelo, no entanto, pode nos ajudar a ver o que ocorre quando os governos intervêm nos mercados para influenciar os preços e nos fornece insights sobre uma variedade de questões político-sociais que variam da guerra contra as drogas ilegais ao projeto de um sistema de saúde eficaz. Todo este capítulo trata sobre *como trabalhar* com *a* oferta e a demanda e como aplicar esses conceitos no mundo real.

Na maior parte do capítulo, estaremos concentrando a atenção na Etapa-Chave nº 4 "O Que Acontece Quando as Coisas Mudam". Tenha em mente, entretanto, que para atingir a Etapa-Chave nº 4 implicitamente passamos pelas outras etapas do procedimento de 4 etapas. Ao falarmos de alterações em um mercado, já caracterizamos (implicitamente) que o mercado (etapa nº 1) identificou os objetivos e restrições dos compradores e vendedores nesse mercado (etapa nº 2) e encontrou o equilíbrio (etapa nº 3). Somente então podemos perguntar o que acontece quando as coisas mudam.

INTERVENÇÃO GOVERNAMENTAL NOS MERCADOS

As forças da oferta e da demanda são importantes. Elas determinam os preços em muitos mercados. Os preços, por sua vez, forçam os tomadores de decisão a considerar o custo de oportunidade de *outras* de suas decisões individuais.

Três urras para a oferta e a demanda. Ou melhor, *dois*, porque, enquanto todos concordam que ter preços é necessário para o funcionamento sem problemas da economia, nem todos estão felizes com os preços que a oferta e a demanda nos oferecem. Moradores de apartamentos geralmente reclamam que seu aluguel é alto demais e fazendeiros reclamam que o preço de suas colheitas é muito baixo.

Para responder a essa insatisfação, os governos intervêm, algumas vezes, para *alterar* o preço em um mercado. Em alguns casos por meio

UM TETO DE PREÇO NO MERCADO PARA XAROPE DE BORDO

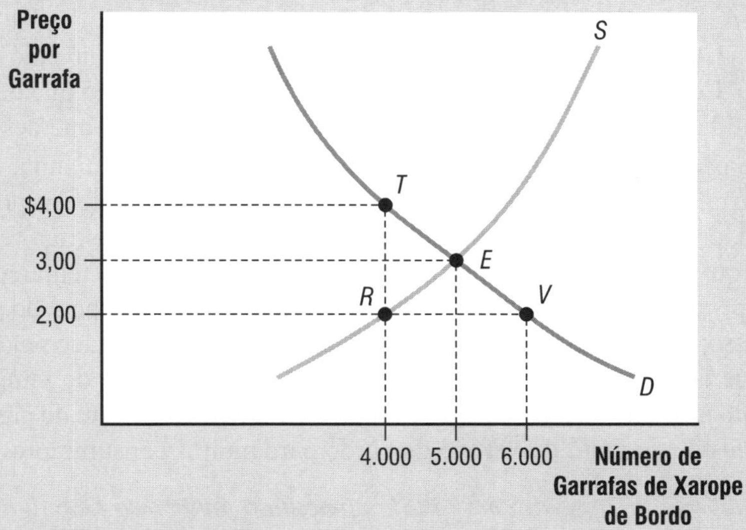

Figura 1

Um teto de preço de $2,00 por garrafa, imposto pelo governo, reduz a quantidade legal vendida para 4.000 garrafas, deixando um excesso de demanda de 2.000 garrafas. Um mercado negro pode surgir, no qual cambistas compram as 4.000 garrafas disponíveis e as vendem (ilegalmente) ao preço mais alto que os consumidores estiverem dispostos a pagar por essa quantidade – $4,00 por garrafa, determinado pelo ponto *T* da curva de demanda.

de *impostos* e *subsídios*, o governo tenta alterar o preço de equilíbrio. Em outros casos com *tetos de preço* e *pisos de preço*, tem por objetivo impedir que o mercado atinja seu equilíbrio. O que acontece quando o governo intervém em um mercado? Vamos ver.

TETOS DE PREÇOS

A Figura 1 mostra o mercado para xarope de bordo em Wichita, com um preço de equilíbrio de $3,00 por garrafa. Suponha que os compradores de xarope de bordo reclamem ao governo contra o preço, achando que é alto demais. O governo responde impondo um **teto de preço** nesse mercado – uma regulamentação que impede que o preço aumente acima do teto.

Teto de preço Um preço máximo imposto pelo governo em um mercado.

Mais especificamente, imagine que o teto seja de $2,00 por garrafa e que ele tenha sido rigorosamente imposto. Assim, os produtores não poderão mais cobrar $3,00 por garrafa de xarope de bordo e terão de se contentar com $2,00. Na Figura 1, iremos nos mover para baixo, ao longo da curva de oferta, do ponto E para o ponto R, reduzindo a quantidade ofertada de 5.000 para 4.000 garrafas. Ao mesmo tempo, a diminuição do preço nos moverá ao longo da curva de demanda, do ponto E para o ponto V, aumentando a quantidade demandada de 5.000 para 6.000 garrafas. Essas alterações das quantidades ofertadas e demandadas, juntas, criam um excesso de demanda para xarope de bordo, de 6.000 – 4.000 = 2.000 garrafas por mês.

Normalmente, o excesso de demanda forçaria o preço de volta para $3,00, mas agora o teto de preço impede que isso ocorra. O que acontecerá?

Existe uma observação prática sobre mercados que nos ajuda a chegar a uma resposta:

Lado curto do mercado A menor das quantidades ofertadas e demandadas a um preço em particular.

*Quando a quantidade ofertada difere da demandada, o **lado curto do mercado** – a menor das duas quantidades – prevalecerá.*

Essa regra simples vem da natureza voluntária de intercâmbio em um sistema de mercado: ninguém pode ser forçado a comprar ou vender mais do que deseja. Com um excesso de demanda, os vendedores estão no lado curto do mercado. Como não podemos forçá-los a vender nada a mais do que desejam – 4.000 unidades – os compradores não podem comprar tudo o que desejam.

Esse não é o fim da história. Por causa do excesso de demanda, todas as 4.000 garrafas produzidas a cada mês desaparecerão rapidamente das prateleiras das lojas, deixando muitos compradores decepcionados. Da próxima vez que as pessoas ouvirem que o xarope de bordo está disponível, todas tentarão chegar às lojas primeiro. Poderemos, então, aguardar longas filas à espera do produto. Além disso, as pessoas talvez terão de ir de loja em loja, procurando pelo escasso xarope de bordo. Quando incluímos o *custo de oportunidade* do tempo gasto esperando nas filas ou à procura do produto, o efeito final do teto de preço pode ser um custo *mais alto* do xarope de bordo para muitos consumidores.

Um teto de preço cria uma falta e aumenta o tempo e o trabalho necessários para comprar o bem. Embora o preço diminua, o custo de oportunidade pode aumentar.

E ainda há mais. Embora o governo possa ser capaz de impedir que os *produtores* de xarope de bordo vendam acima do teto de preço, pode não ser hábil o suficiente para impedir que indivíduos empreendedores comprem xarope de bordo ao teto de preço oficial e, para obter lucro, o revendam para compradores desesperados. O resultado é um **mercado negro**, com os bens vendidos ilegalmente, a preços superiores ao teto legal.

Mercado negro Um mercado em que os bens são vendidos ilegalmente a um preço acima do teto legal.

Ironicamente, o preço no mercado negro deve exceder o preço de equilíbrio original determinado livremente – \$3,00 por garrafa, no nosso exemplo. Para ver o porquê, observe novamente a Figura 1. Com um teto de preço de \$2,00, os vendedores têm uma oferta de 4.000 garrafas por mês. Suponha que todas sejam compradas por pessoas – cambistas de xarope de bordo – que as venderão pelo maior preço que puderem obter. Que preço elas poderiam cobrar? Podemos usar a curva de demanda para descobrir. A \$4,00 por garrafa (ponto *T*), os cambistas conseguiriam, simplesmente, vender todas as 4.000 garrafas. Não teriam motivos, portanto, para cobrar um preço menor que esse.

As conseqüências não intencionais dos tetos de preço como longas filas, mercados negros e, freqüentemente, preços mais altos, explicam por que eles são, geralmente, uma maneira ineficaz de baixar os preços. A experiência com tetos de preço tem, de modo geral, confirmado esse fato, de modo que, na prática, eles são raros.

Controles de aluguel Valores máximos de aluguel, impostos pelo governo, para apartamentos e casas.

Uma exceção, contudo, são os **controles de aluguel** – leis locais que especificam um aluguel mensal máximo para muitos apartamentos e casas. Se você vive em uma cidade com controle de aluguel, as conseqüências já lhe são familiares. Em qualquer caso, é aconselhável reler esta seção com o mercado de apartamentos em mente. Como as faltas e as longas filas se manifestam? Os controles de aluguel sempre reduzem o custo dos apartamentos para os locatários? (Pense: custo de oportunidade.) E quem são os intermediários – os “cambistas de apartamentos” que lucram nesse mercado?

O Que Acontece Quando as Coisas Mudam?

PISOS DE PREÇOS

Algumas vezes, os governos tentam ajudar os vendedores de um bem estabelecendo um **piso de preço** – uma quantia mínima, abaixo da qual não é permitido que o preço caia. O uso mais comum de pisos de preços no mundo tem sido para elevar preços (ou impedir que os preços caiam) nos mercados agrícolas. Pisos de preços para mercadorias agrícolas são geralmente chamados *programas de garantia de preços mínimos*.

Piso de preço Um preço mínimo em um mercado, imposto pelo governo.

Nos Estados Unidos, os programas de garantia de preços mínimos começaram durante a Grande Depressão, depois que os preços de produtos agrícolas caíram mais de 50% entre 1929 e 1932. O Agricultural Adjustment Act (Ato de Ajuste Agrícola), em 1933, e uma emenda, em 1935, concederam ao presidente autoridade para intervir em mercados para uma variedade de mercadorias agrícolas. Nos 60 anos seguintes, o USDA (United States Departament of Agriculture – Departamento de Agricultura dos Estados Unidos), pôs em prática programas para manter altos preços para algodão, trigo, arroz, milho, tabaco, mel, leite, queijo, manteiga e muitas outras mercadorias agrícolas.

As coisas mudaram em 1996. Em abril, a Federal Agriculture Improvement and Reform Act (Lei Federal de Desenvolvimento e Reforma da Agricultura) passou no Congresso e foi assinada pelo presidente Clinton. A nova lei eliminou vários programas de garantia de preços mínimos do governo e reduziu outros

Figura 2

UM PISO DE PREÇO NO MERCADO DE LEITE EM PÓ DESNATADO

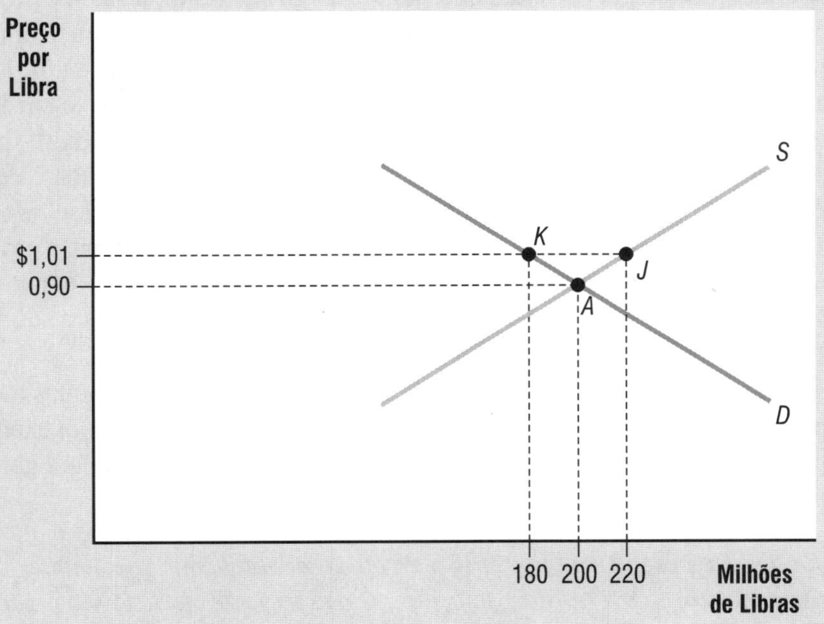

Se um piso de preço é estabelecido acima do preço de equilíbrio de mercado, o resultado é um excesso de oferta. Aqui, o preço de equilíbrio de mercado para leite em pó desnatado é de $0,90 por libra (0,454kg), mas foi estabelecido um preço de piso de $1,01 por libra. Nesse preço mais alto, a quantidade ofertada é de 220 milhões de libras (99.880.000kg) (ponto *J*), mas a quantidade demandada é de apenas 180 milhões de libras (81.720.000kg) (ponto *K*), portanto, existe um excesso de oferta de 40 milhões de libras (18.160.000kg). Para manter seu preço de piso, o governo deve comprar todo o excesso de oferta por esse preço.

drasticamente. Houve, todavia, três exceções importantes: amendoim, açúcar e laticínios. Nesses mercados, o USDA continua a impor pisos de preços, pelo menos por enquanto.

Para ver como os pisos de preços funcionam, vamos examinar o mercado de leite em pó desnatado – um mercado no qual o USDA vem garantindo preços mínimos desde 1933. A Figura 2 mostra, antes da imposição de qualquer piso de preço, que o mercado está em equilíbrio no ponto *A*. O preço de equilíbrio, 90 centavos de dólar por libra (0,454kg),[1NRT] corresponde a estimativas razoáveis nas quais o preço do leite em pó desnatado *estaria* se não houvesse intervenção governamental no mercado. Na figura, supomos que a quantidade de equilíbrio seria de 200 milhões de libras (90.718.400kg).

Agora, vamos examinar o impacto do piso de preço atual, de $1,01 por libra. A esse preço, os produtores desejam vender 220 milhões de libras (99.880.000kg), enquanto os consumidores querem comprar somente 180 milhões de libras (817.200.000kg). Existe um excesso de oferta de 220 milhões (99.880.000kg) – 180 milhões (81.720.000kg) = 40 milhões de libras (18.160.000kg). Nossa regra do lado curto nos diz que os compradores determinam a quantia realmente comercializada. Eles compram 180 milhões (81.720.000kg) dos 220 milhões de libras (99.880.000kg) produzidos e os produtores não conseguem vender o remanescente. O excesso de oferta, de 40 milhões de libras (18.160.000kg), empurraria o preço do mercado para baixo, ou seja, para seu valor de equilíbrio $0,90. O que impede que isso aconteça? Alguma coisa mais que uma simples *declaração* do governo de um piso de preço. Afinal, se o governo simplesmente *declarar* que o leite em pó desnatado deve ser vendido a $1,01 por libra, os produtores terão um forte incentivo para vender um pouco de seu leite por menos. Compradores, claro, ficarão felizes em comprar a um preço menor. Como, então, o governo *impõe* seu piso de preço?

Com uma estratégia perfeitamente segura. O governo simplesmente promete comprar leite em pó desnatado de qualquer vendedor a $1,01 por libra. Com essa política, nenhum ofertante jamais venderia por um preço *abaixo* de $1,01, já que poderia sempre vender para o governo. Com o preço efetivamente fixo em $1,01, compradores particulares compram 180 milhões de libras (81.720.000kg) – ponto *K* na curva de demanda da Figura 2. Mas como a quantidade ofertada é de 220 milhões (99.880.000kg), no ponto *J*, o governo deve comprar o excesso de oferta de 40 milhões de libras (18.160.000kg) a cada ano. Em outras palavras, o governo mantém o piso de preço *comprando* todo o excesso de oferta. Isso evita que o excesso de oferta cause o de costume: levar o preço para baixo, para seu valor de equilíbrio.

Na verdade, é isso que o governo tem feito nos mercados para muitas mercadorias agrícolas, incluindo leite em pó desnatado. Entre 1994 e 1997, por exemplo, o USDA teve de comprar $383 milhões em leite em pó desnatado para garantir seu preço de piso.

Um piso de preço cria um excesso de oferta de um bem. Para manter o piso de preço, o governo deve impedir que o excesso de oferta leve o preço para baixo, até o preço de equilíbrio. Na prática, o governo geralmente atinge seu objetivo comprando ele mesmo o excesso de oferta.

[1]N.R.T: Na verdade, uma libra = 0,453592kg. Para facilitar, esse valor foi arredondado, de forma que uma libra = 0,454kg.

Comprar o excesso de oferta de alimentos é caro e, portanto, os pisos de preços são geralmente acompanhados por esforços do governo em *limitar* qualquer excesso de oferta. No mercado de laticínios, por exemplo, o governo dos EUA desenvolveu um complicado sistema de gestão para controlar a produção e a venda de leite líquido aos fabricantes e processadores, o que ajuda a limitar os custos do governo. Em outros mercados agrícolas, o governo ordenou ou pagou os fazendeiros para *não* plantarem em partes de suas terras e impôs limites severos às importações de alimentos. No início de 2000, essas limitações de oferta ainda estavam sendo utilizadas nos mercados para vários tipos de laticínios, bem como para amendoins e açúcar. Como você pode ver, pisos de preços geralmente fazem com que o governo fique profundamente envolvido nas decisões de produção, em vez de deixá-las para o mercado.

CURVAS PERIGOSAS

É tentador desenhar um diagrama de oferta e demanda com um piso de preço definido *abaixo* do preço de equilíbrio ou um teto de preço *acima* do preço de equilíbrio. Afinal, um piso está geralmente na base de alguma coisa e um teto na parte superior. Certo? Nesse caso, errado. Um piso de preço definido *abaixo* do preço de equilíbrio não teria impacto em um mercado, pois o preço de mercado *já satisfaria* o requisito de ser mais alto que o piso. De maneira semelhante, um teto de preço definido *acima* do preço de equilíbrio não teria impacto (é importante que você entenda o porquê). Para tanto, lembre-se de sempre criar um piso de preço eficaz *acima* do preço de equilíbrio e um teto de preço eficaz *abaixo* do preço de equilíbrio.

Os pisos de preços têm muitos críticos, incluindo a maioria dos economistas. Eles argumentam que o governo gasta dinheiro demais comprando o excesso de produtos agrícolas e os preços mais altos resultantes distorcem os hábitos de compra e de alimentação do público, geralmente em detrimento do aspecto nutricional. Por exemplo, o General Accounting Office estima que, de 1986 a 2001, as garantias de preços mínimos para produtos de laticínios têm custado (e custarão) aos consumidores americanos $10,4 bilhões em preços mais altos. E isso não inclui o custo dos efeitos na saúde – como deficiências de cálcio e de proteína entre as crianças pobres – em decorrência do consumo reduzido de leite. A ironia é que muitos fazendeiros que se beneficiam dos pisos de preços são indivíduos ricos ou corporações grandes e poderosas que não precisam de ajuda governamental.

O governo dos EUA respondeu a esses argumentos com as reformas de 1996. A eliminação total ou parcial dos pisos de preços para muitos produtos agrícolas ajudou a mover muitos desses mercados para algo próximo ao seu preço de equilíbrio. A maioria dos economistas, no entanto, acredita que o governo não foi longe o suficiente, pois continua a elevar os preços por meio de restrições às importações e para alguns produtos como leite em pó desnatado deixou as garantias de pisos de preços como estavam.

IMPOSTOS

O Que Acontece Quando as Coisas Mudam?

Você consegue pensar em algum produto, serviço ou recurso que não seja tributado? Nos Estados Unidos, pagamos impostos sobre a maioria dos bens e serviços que compramos, bem como sobre a renda e a propriedade. As receitas de impostos são a principal fonte de fundos que mantêm os governos funcionando nos níveis local, estadual e federal.

Além de oferecer receita para os serviços do governo, os impostos também têm efeitos importantes nos mercados: eles mudam o comportamento de compradores e vendedores e alteram o preço de equilíbrio e a quantidade de equilíbrio das mercadorias intercambiadas. Nesta seção, estudaremos um imposto em par-

Excise Tax Um imposto sobre um bem ou serviço específico.

ticular, chamado **excise tax**. É um imposto sobre um produto específico. Nos Estados Unidos, os *excise taxes* incidem sobre uma variedade de bens, incluindo cigarros, gasolina e passagens aéreas. A fim de ver como um *excise tax* afeta determinado mercado, precisamos, primeiro, interpretar de uma nova maneira a nossa agora familiar curva de oferta.

Lembre-se de que uma curva de oferta nos mostra a quantidade de uma mercadoria que as firmas gostariam de vender, a cada possível preço. Em termos da curva de oferta *S* da Figura 3, isso significa escolher um preço ao longo do eixo vertical, ir até a curva de oferta e, em seguida, mover para baixo, até o eixo horizontal, para encontrar a quantidade de oferta correspondente. Por exemplo, ao preço de $0,90, seriam ofertadas 60 unidades. Existe, porém, uma interpretação válida e igualmente útil da curva de oferta *S*. Ela nos mostra o preço *mínimo*, por unidade, pelo qual as firmas estão dispostas a vender um particular número de unidades. Sob essa interpretação, podemos escolher uma quantidade – digamos, de 120 unidades, na Figura 3 – ir até a curva de oferta e, em seguida, até o eixo vertical, para encontrar o preço correspondente por unidade. Assim, por exemplo, as firmas somente fornecerão 120 unidades se a elas for pago, no mínimo, $1,50 por unidade. Sabemos disso porque, com qualquer preço inferior a $1,50 por unidade, elas ofereceriam menos de 120 unidades.

Vamos utilizar essa nova interpretação da curva de oferta para estudar o *excise tax* nas passagens aéreas. A Figura 4 mostra o mercado para viagens aéreas internacionais. Na ausência do imposto, a curva de oferta *S* apresenta o preço mínimo que as firmas aéreas devem obter por passagem, a fim de

Figura 3

REINTERPRETAÇÃO DA CURVA DE OFERTA

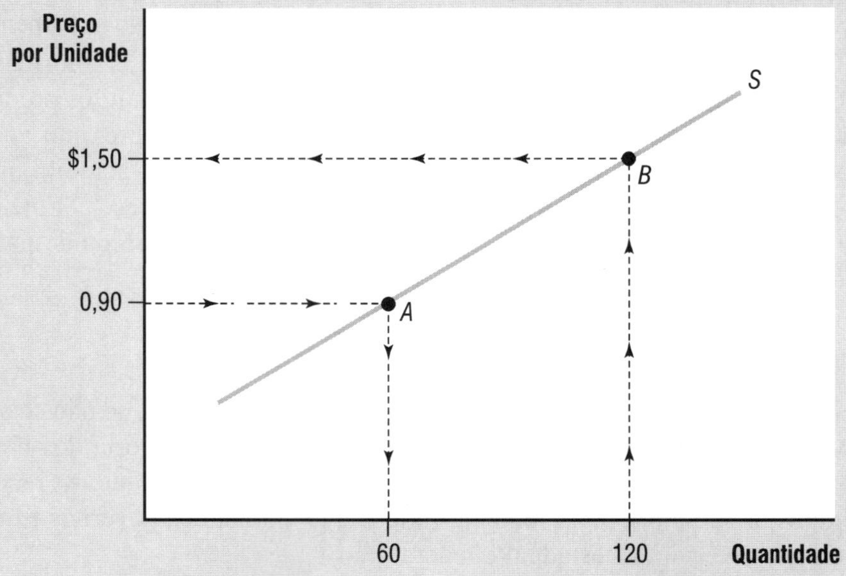

Qualquer curva de oferta pode ser interpretada de duas diferentes – e igualmente válidas – maneiras. Primeiro, ela mostra a quantidade total de um bem ou serviço que todas as firmas em um mercado irão oferecer a um determinado preço. Por exemplo, a $0,90 por unidade, o ponto *A* mostra que as firmas estão dispostas a oferecer 60 unidades. Mas a curva de oferta também mostra o preço mínimo por unidade pelo qual as firmas estão dispostas a vender determinada quantidade. Para vender 120 unidades, as firmas devem receber, no mínimo, $1,50 por unidade (ponto *B*).

Figura 4

O MERCADO PARA VIAGENS AÉREAS INTERNACIONAIS

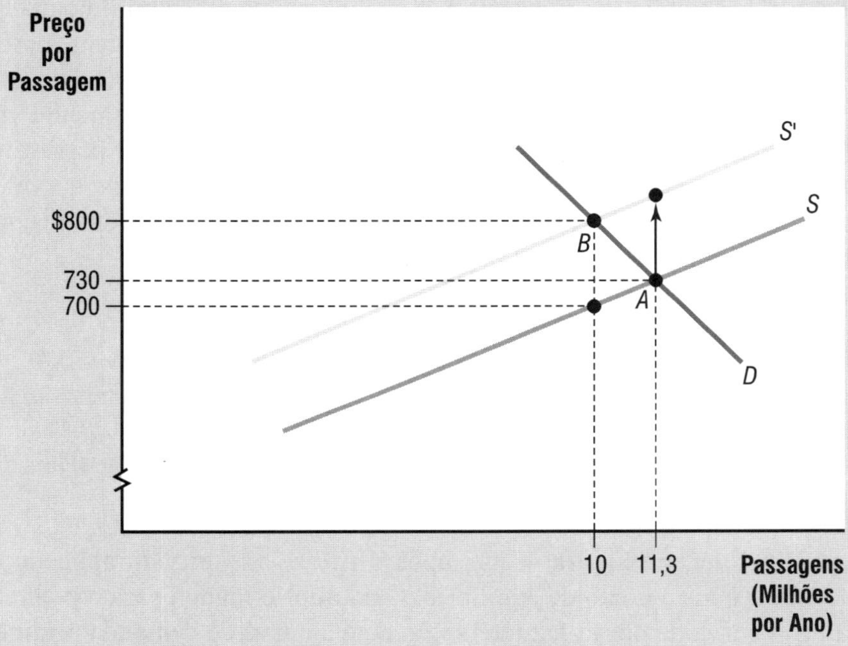

O mercado para viagens aéreas internacionais está inicialmente em equilíbrio no ponto *A*, com 11,3 milhões de passagens vendidas por ano, $730 por passagem. Se o governo impuser um *excise tax* de $100 por passagem, a curva de oferta mudará verticalmente em $100, de *S* para *S'*. O novo equilíbrio está no ponto *B*, onde *S'* cruza a inalterada curva de demanda *D*. No ponto *B*, os consumidores compram 10 milhões de passagens a $800 cada. Da receita total de $800 por passagem, as firmas aéreas devem pagar, por passagem, $100 de imposto para o governo, o que as deixa com uma receita líquida de apenas $700 por passagem. Assim, aplicado um imposto, os consumidores acabam comprando menos passagens a um preço mais alto e as firmas aéreas vendem menos passagens e recebem um preço líquido inferior.

fornecer cada número de passagens no eixo horizontal. Sem nenhum imposto, o equilíbrio ocorre no ponto *A*, com 11,3 milhões de passagens vendidas por ano, a $730 cada.

Agora, imagine que o governo aplique um *excise tax* de $100 por passagem. Esse imposto deve ser coletado das firmas aéreas e entregue ao governo em cada passagem que elas venderem. A curva de oferta *S* ainda representará o comportamento de venda das firmas aéreas no mercado? De jeito nenhum. Por exemplo, veja o ponto *A*. Antes do imposto, esse ponto nos informava que as firmas aéreas venderiam 11,3 milhões de passagens somente se recebessem $730 por passagem. Agora, $100 por passagem devem ser entregues para o governo, de modo que um preço de $730 deixaria apenas $630 para as firmas aéreas. Isso não é suficiente para fazer com que as firmas aéreas forneçam 11,3 milhões de passagens. Qual é o preço mínimo que as firmas aéreas devem receber para fornecer 11,3 milhões de passagens? A resposta é $830. A esse preço, elas poderiam pagar o imposto de $100 ao governo e manter $730 para si próprias, apenas o suficiente para fazê-las fornecer 11,3 milhões de passagens.

O mesmo argumento poderia ser aplicado a *todas* as quantidades ao longo da curva de oferta. Qualquer que seja o preço mínimo necessário por passagem antes do imposto, ele será $100 *maior* depois do imposto. Em outras palavras, o imposto cria uma *nova curva de oferta* no mercado para viagens aéreas. A nova curva de oferta – *S'* na Figura 4 – fica $100 acima da curva original.

Observe que a nova curva de oferta *S'* nos informa o preço mínimo que as firmas aéreas devem receber para vender cada quantidade de passagens. Esse é o preço *bruto* das firmas aéreas – o que elas obtêm *antes* de pagarem o imposto. Mas qual é o preço *líquido* por passagem – a quantia que elas realmente vão *reter*? Para descobrir isso, devemos deduzir o imposto ($100 por passagem) do preço bruto para cada quantidade. Para cada quantidade, a *antiga* curva de oferta, que fica $100 abaixo da nova, nos informa o preço líquido a quantia que as firmas realmente retêm após o pagamento do imposto.

Mais genericamente,

> *um excise tax desloca a curva de oferta do mercado para cima, de acordo com o valor do imposto. Para cada quantidade oferecida, a nova e mais alta curva de oferta nos informa o preço bruto que as firmas recebem e a curva de oferta original, mais baixa, nos informa o preço líquido por elas recebido.*

É possível ver, na Figura 4 que, após o *excise tax* ter sido aplicado, o ponto *A* não é mais o ponto de equilíbrio. O equilíbrio mudou para o ponto *B*, onde a nova curva de oferta faz interseção com a curva de demanda original. No ponto *B*, o preço que os consumidores devem pagar é mais alto –$800, em vez de $730 – e a quantidade comercializada é menor –10 milhões de passagens, em vez de 11,3 milhões. Mas o que ocorre com as firmas aéreas? Embora seu preço bruto seja de $800 – na nova curva de oferta – seu preço líquido é de apenas $700. Assim, o imposto sobre consumo reduziu o preço líquido das firmas aéreas de $730 para $700.

Observe uma coisa interessante sobre a conclusão a que chegamos utilizando a Figura 4. Quando um imposto de $100 por passagem é colocado no mercado, o preço pago pelos compradores aumenta, mas em *menos* de $100. Os compradores, portanto, não estão arcando com todo o ônus monetário do imposto. De maneira semelhante, o preço (líquido) recebido pelos vendedores cai, mas menos que o imposto de $100. Os vendedores também não estão arcando com todo o ônus do imposto.

Podemos concluir que

> *um* excise tax *a um bem aumenta o preço pago pelos consumidores, mas reduz o preço (líquido) recebido pelos vendedores. Assim, tanto os compradores quanto os vendedores arcam com o pagamento do imposto.*

No exemplo, os compradores contribuem com $70 do imposto sobre cada passagem (seu preço é elevado de $730 para $800), e os vendedores, com $30 (seu preço líquido cai de $730 para $700).

Além das alterações dos preços, existe um outro ônus resultante do imposto, a *quantidade comercializada* também é reduzida. Enquanto 11,3 milhões de passagens são vendidas antes do imposto ser aplicado, somente 10 milhões são vendidas depois. Os compradores são prejudicados, pois pagam mais por passagem *e* compram menos passagens. Os vendedores são prejudicados porque retêm menos para cada passagem vendida *e* vendem menos passagens.

Existe alguma regra que determine *como* o ônus de um imposto sobre o consumo será distribuído entre compradores e vendedores? A resposta é sim. E para entender essas regras, você precisa conhecer mais uma ferramenta que os economistas utilizam para analisar mercados. Esse é o assunto da próxima seção.

ELASTICIDADE-PREÇO DA DEMANDA

Imagine que você seja o prefeito de uma grande cidade dos Estados Unidos. Todos os dias, as manchetes falam sobre problemas locais – pobreza, criminalidade, o estado lamentável da educação pública, ruas e pontes em estado precário, congestionamento do tráfego – e você, como prefeito, é considerado responsável por todos eles. Claro, você poderia ajudar a aliviar esses problemas, se tivesse dinheiro para investir nisso. Mas onde obtê-lo?

Um dia, um auxiliar entra no seu escritório. "Encontrei", diz ele, sorrindo. "A solução perfeita. Devemos aumentar as tarifas de trânsito de massa." Ele mostra a você uma folha de papel na qual fez o cálculo: a cada ano, os residentes da cidade fazem 100 milhões de viagens pelo transporte público. Se as tarifas forem aumentadas em 50 centavos de dólar, o sistema de trânsito terá um adicional de $50 milhões – o suficiente para começar a mexer em alguns dos problemas da cidade.

Você coça o queixo e pensa sobre isso. Há tantas questões para levar em consideração: justiça, praticalidade, o impacto político. Se você tiver participado, entretanto, da primeira ou das duas primeiras semanas de um curso introdutório de microeconomia, um outro pensamento ocorrerá: seu auxiliar cometeu um sério erro. O transporte público – como virtualmente tudo o mais que as pessoas compram – obedece à lei da demanda: um aumento do preço – sem nenhuma alteração nos outros elementos que influenciam a demanda – provocará uma redução da quantidade demandada. Se você aumentar as tarifas, cada *viagem* trará mais receita, mas *menos viagens serão realizadas.* Se o impacto no número de viagens for pequeno, a receita proveniente do trânsito de massa poderá aumentar. Se as pessoas começarem a abandonar o trânsito de massa em bandos, a cidade ficará muito pior economicamente, de fato *perdendo* receita, mesmo se os que continuarem a viajar pagarem tarifas mais altas. Como você pode determinar o impacto final do aumento das tarifas na receita da cidade?

Para responder a essa pergunta, seria necessário mais uma informação. A mesma informação é necessária para qualquer pessoa que precise saber como uma alteração no preço afetará sua receita: um teatro, ao definir os preços das entradas; uma firma de telefone celular, ao definir o preço por minuto para as chamadas telefônicas; um médico, ao decidir quanto cobrar dos pacientes. As informações necessárias estão relacionadas com algo que os economistas chamam de *elasticidade-preço da demanda* que é uma medida da *sensibilidade* da quantidade demandada a uma alteração do preço.

Existem muitas maneiras diferentes de medir a sensibilidade da quantidade demandada ao preço. A abordagem da elasticidade – que se provou a mais útil – compara a alteração *em porcentagem*, na *quantidade demandada*, com a variação *em porcentagem* no *preço.*

Mais especificamente:

Elasticidade-preço da demanda A sensibilidade da quantidade demandada ao preço, a variação em porcentagem na quantidade demandada, provocada por uma variação de 1% no preço.

a elasticidade-preço da demanda *(E_D) para uma mercadoria é a variação, em porcentagem, da quantidade demandada, dividida pela variação, em porcentagem, do preço:*

$$E_D = \frac{\%\Delta Q^D}{\%\Delta P}$$

Por exemplo, se um aumento de 2% no preço dos jornais provocar uma queda de 3% na quantidade demandada de jornais, então $E_D = \%\Delta Q^D / \%\Delta P = -3\%/2\% = -1{,}5$. Diríamos, nesse caso: "A elasticidade-preço da demanda para jornais é menos 1,5".

Existem algumas coisas a considerar sobre a elasticidade-preço da demanda ou simplesmente *elasticidade da demanda*, para resumir. Primeiro, sempre será um número *negativo*: desde que a mercadoria obedeça à lei da demanda, uma alteração positiva no preço ($\%\Delta P > 0$) provocará uma alteração negativa na quantidade da demanda ($\%\Delta Q^D < 0$), de modo que a razão dos dois ($\%\Delta Q^D / \%\Delta P$) deve ter um sinal de menos.

Segundo, uma elasticidade da demanda tem uma interpretação simples: informa a variação, em porcentagem, da quantidade demandada *para cada aumento de 1%* no preço. Uma elasticidade de –2,5, por exemplo, nos informa que, se o preço aumentar em 1%, a quantidade demandada cairá em 2,5%. Se o preço aumentar em 2%, a quantidade demandada cairá em 5% e assim por diante. Em geral, quanto maior o valor absoluto do número, mais sensível a quantidade demandada é ao preço: uma elasticidade de –2,5 significa uma sensibilidade ao preço maior que uma elasticidade de –1 ou de –0,5.

Finalmente, tenha em mente que uma elasticidade da demanda nos informa a resposta da quantidade demandada a uma alteração do preço *se todas as outras influências sobre a demanda permanecerem inalteradas.* Estamos interessados no puro efeito de uma alteração de preço na quantidade demandada, desencadeado pelas alterações em outros preços, renda, gostos ou outras variáveis. A elasticidade nos informa a alteração na quantidade que *observaríamos* se apenas o preço da mercadoria fosse alterado e nada mais. Em outras palavras,

uma elasticidade-preço da demanda nos informa a alteração, em porcentagem, na quantidade demandada, provocada por um aumento de 1% no preço conforme movemos de um ponto para outro ao longo de uma curva de demanda.

CALCULANDO A ELASTICIDADE-PREÇO DA DEMANDA

Suponha que você conheça a curva de demanda para um produto. Nesse caso, você sabe qual quantidade os clientes de um mercado gostariam de comprar a cada preço possível. Você ainda teria uma outra tarefa, a fim de calcular a elasticidade da demanda, medir a *variação, em porcentagem,* da quantidade demandada e do preço.

ALTERAÇÕES EM PORCENTAGEM PARA ELASTICIDADES

Uma variação em porcentagem é *geralmente* definida como a variação em uma variável, dividida por seu valor inicial ou valor-base. (Sobre variações percentuais consulte o Apêndice do Capítulo 1.) Isso, contudo, pode criar um problema, quando utilizamos elasticidades.

Por exemplo, examine a Figura 5 que mostra uma curva de demanda mensal hipotética para computadores laptop nos Estados Unidos. À medida que nos movemos do ponto *A* para o *B* nessa curva, o preço de um laptop médio aumenta de \$1.000 para \$1.500. A correspondente variação *percentual* do preço – utilizando o preço inicial de \$1.000 como o preço-base – seria (\$1.500 – \$1.000)/\$1.000 = 0,50 ou 50%. Mas e se – em vez de nos movermos de *A* para *B* – tivéssemos nos movido de *B* para *A*? Assim, em vez de aumentar de \$1.000 para \$1.500, o preço seria *reduzido* de \$1.500 para \$1.000. Nesse caso, o preço-base seria \$1.500 e a variação percentual do preço seria (\$1.000 – \$1.500)/\$1.500 = –0,33 ou –33%. A medida de mudança do preço entre dois pontos da curva de demanda e a medida da elasticidade-preço que é baseada nela, dependeria de o preço estar aumentando ou diminuindo durante o intervalo. O mesmo é verdade para a quantidade demandada: a mudança, em porcentagem, dependeria do *sentido* da mudança.

A fim de assegurar que a elasticidade da demanda seja o mesmo número durante um intervalo, quer o preço aumente ou diminua, adotamos uma convenção simples ao calcular elasticidades: *o valor-base utilizado para calcular uma alteração, em porcentagem, em uma variável está sempre no meio entre o valor inicial e o novo valor.*

Assim, se o preço aumentar de \$1.000 para \$1.500 ou cair de \$1.500 para \$1.000, utilizamos como preço-base o valor do meio entre esses dois preços que é encontrado pelo cálculo de sua média simples: (\$1.000 + \$1.500)/2 = \$1.250. Dessa maneira, estamos utilizando o mesmo valor-base, não importa o sentido em que o preço é alterado.

Mais genericamente, quando o preço muda de um valor P_0 para qualquer outro valor P_1, definimos a variação percentual do preço como

$$\%\Delta P = \frac{(P_1 - P_0)}{\left[\dfrac{(P_1 + P_0)}{2}\right]}$$

É tentador calcular uma elasticidade pela simples observação: examinando o que verdadeiramente aconteceu às despesas dos compradores, após alguns preços terem sido alterados. Mas isso geralmente leva a sérios erros. A elasticidade da demanda nos informa o efeito que uma alteração de preço teria na quantidade demandada, se todas as outras influências sobre a demanda permanecessem inalteradas. No mundo real, é improvável que as outras influências permaneçam inalteradas nas semanas ou meses após uma alteração de preço.

Considere o que ocorreu em Baltimore, em março de 1996, quando a cidade aumentou as tarifas de trânsito de massa em 8%. Nos seis meses seguintes, as viagens aumentaram em 4,5%. Isso significa que a elasticidade da demanda para o trânsito de massa em Baltimore é positiva? O trânsito de massa viola a lei da demanda? De jeito nenhum. Na época do aumento da tarifa, a cidade também fez melhorias no serviço e as anunciou intensamente. Isso, sem dúvida, ajudou a mudar os gostos em favor do trânsito de massa, deslocando a curva de demanda para a direita. Se todas as outras influências sobre a demanda para trânsito de massa tivessem permanecido inalteradas, as viagens teriam, sem dúvida, caído.

Economistas e estatísticos desenvolveram ferramentas para isolar o efeito das variações de preço na quantidade demandada, quando outras variáveis estão sendo alteradas ao mesmo tempo. Se sua atividade principal for economia, você irá aprender algumas dessas ferramentas em um curso com um título como econometria, métodos estatísticos ou análise quantitativa.

Figura 5

CÁLCULO DA ELASTICIDADE-PREÇO DA DEMANDA

Movimento ao Longo da Curva da Demanda	$\%\Delta Q^D$	$\%\Delta P$	Elasticidade da Demanda
Ponto *A* para *B*	(500.000 – 600.000)/ 650.000 = –0,182 ou –18,2%	($1.500 – $1.000)/ $1.250 = 0,40 ou 40%	–18,2%/40% = –0,46
Ponto *C* para *D*	(100.000 – 200.000)/ 150.000 = –0,667 ou –66,7%	($3.500 – $3.000)/ $3.250 = 0,154 ou 15,4%	–66,7%/15,4% = –4,33

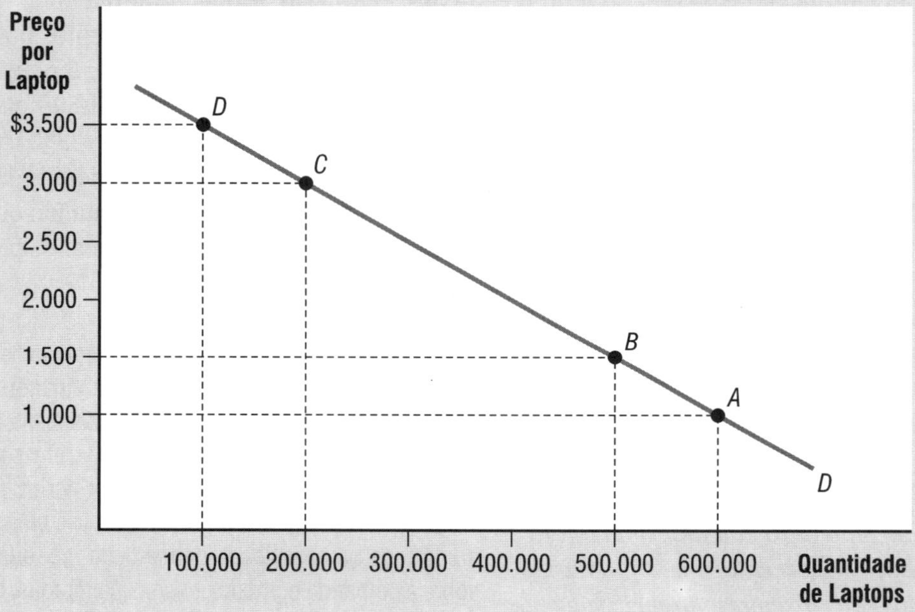

O termo no numerador é a variação do preço e o termo no denominador é o preço-base – o ponto do meio entre os dois preços. Se você colocar os números precedentes nessa fórmula, verá que se o preço aumentar de $1.000 para $1.500, a variação percentual do preço será ($1.500 – $1.000)/$1.250 = 0,40 ou 40%. Se o preço cair de $1.500 para $1.000, a variação percentual será ($1.000 – $1.500)/$1.250 = –0,40 ou –40%.

Calcula-se de maneira semelhante a variação percentual da quantidade. Quando a quantidade demandada muda de Q_0 para Q_1, a variação percentual é calculada como

$$\%\Delta Q^D = \frac{(Q_1 - Q_0)}{\left[\frac{(Q_1 + Q_0)}{2}\right]}$$

Mais uma vez, estamos utilizando o número do meio, entre a quantidade demandada inicial e a nova quantidade demandada, como a quantidade-base.

Utilização da Fórmula. Agora, vamos calcular uma elasticidade de demanda para computadores laptop utilizando os dados da Figura 5. Por enquanto, vamos nos concentrar no intervalo entre o ponto *A* e o ponto *B*. À medida que o preço aumenta de \$1.000 para \$1.500, a quantidade demandada cai de 600.000 para 500.000. Temos

$$\%\Delta Q^D = \frac{(500.000 - 600.000)}{\left[\frac{(500.000 + 600.000)}{2}\right]} = \frac{-100.000}{550.000} = -0{,}182\%, \text{ ou } -18{,}2\%$$

$$\%\Delta P = \frac{(P_1 - P_0)}{\left[\frac{(P_1 + P_0)}{2}\right]} = \frac{(\$3.500 - \$3.000)}{\$3.250} = 0{,}154\%, \text{ ou } 15{,}4\%.$$

$$E_D = \frac{-0{,}667}{0{,}154} = -4{,}33$$

Descobrimos que, durante o intervalo entre os pontos *A* e *B* na Figura 5, a quantidade demandada de laptops cai em 0,46% – um pouco menos que 0,5% – para cada aumento de 1% no preço.

Um Atalho. Na prática, existe uma maneira mais fácil de calcular a elasticidade. Começando com a definição

$$E_D = \frac{\%\Delta Q^D}{\%\Delta P}$$

podemos substituir e, em seguida, reorganizar os termos desta maneira:

$$E_D = \frac{\frac{Q_1 - Q_0}{\frac{1}{2}(Q_1 + Q_0)}}{\frac{P_1 - P_0}{\frac{1}{2}(P_1 + P_0)}} = \frac{(Q_1 - Q_0)}{(Q_1 + Q_0)} \times \frac{(P_1 + P_0)}{(P_1 - P_0)}$$

Aplicando esse método de atalho aos nossos dados para laptops, obtemos

$$E_D = \frac{500.000 - 600.000}{500.000 + 600.000} \times \frac{\$1.500 + \$1.000}{\$1.500 - \$1.000} = -0{,}091 \times 5 = -0{,}46$$

que é exatamente o resultado obtido anteriormente.

ELASTICIDADE E CURVAS DE DEMANDA EM LINHA RETA

Na Figura 5, desenhamos a curva de demanda para laptops como uma linha reta. Ao longo dessa curva de demanda, cada vez que o preço aumenta em \$500, a quantidade demandada para laptops diminui em 100.000 por mês. Esse comportamento permanece constante, não importa o preço a partir do qual começamos. Isso significa que a elasticidade-preço da demanda para laptops é a mesma para qualquer intervalo ao longo dessa curva de demanda? De jeito nenhum.

Para ver o porquê, vamos comparar o que ocorre quando o preço de laptops aumenta em \$500 ao longo de dois intervalos diferentes. Se nos movermos de *A* para *B*, o aumento de preço de \$500 corresponde a um aumento de preço, *em porcentagem*, de \$500/\$1.250 = 0,40 ou 40%. Mas, se nos movermos de *C* para *D* – um outro aumento de \$500 no preço – o aumento, *em porcentagem*, é de \$500/\$3.250 = 0,154 ou 15,4%. Em outras palavras, o mesmo aumento *absoluto* de preço corresponde a um aumento menor *em porcentagem*. Em geral, à medida que nos movemos para cima e para a esquerda ao longo da curva de demanda em linha reta, o mesmo incremento absoluto no preço corresponde a incrementos, em porcentagem, cada vez menores no preço porque o preço-base utilizado para calcular as alterações em porcentagem continua aumentando.

Algo semelhante ocorre à medida que a quantidade é alterada. Quer nos movamos de *A* para *C* ou de *C* para *D*, a quantidade demandada cai pelo mesmo número: 100.000. Entretanto, a queda *em porcentagem* na quantidade da demanda é maior ao longo do intervalo de *C* para *D*, pois nesse intervalo a quantidade-base é menor. Em geral, à medida que nos movemos para cima e para a esquerda ao longo da curva de demanda em linha reta, a mesma redução *absoluta* na quantidade corresponde a reduções *em porcentagem* cada vez maiores na quantidade.

A Figura 6 resume o que acabamos de descobrir sobre uma curva de demanda em linha reta. À medida que nos movemos para cima e para a esquerda por distâncias iguais, a variação percentual na quantidade aumenta, enquanto a variação percentual no preço cai. Isso significa que a elasticidade-preço da demanda deve estar aumentando.

> *A elasticidade da demanda varia ao longo de uma curva de demanda em linha reta. Mais especificamente, a demanda se torna mais elástica à medida que nos movemos para cima e para a esquerda.*

Vamos verificar esse resultado voltando à Figura 5 e calculando a elasticidade da demanda ao longo do intervalo entre o ponto *C* e o ponto *D*.

$$\%\Delta Q^D = \frac{(Q_1 - Q_0)}{\left[\frac{(Q_1 + Q_0)}{2}\right]} = \frac{(100.000 - 200.000)}{150.000} = -0{,}667\%, \text{ ou } -66{,}7\%.$$

$$\%\Delta P = \frac{(P_1 - P_0)}{\left[\frac{(P_1 + P_0)}{2}\right]} = \frac{(\$3.500 - \$3.000)}{\$3.250} = 0{,}154\%, \text{ ou } 15{,}4\%.$$

$$E_D = \frac{-0{,}667}{0{,}154} = -4{,}33$$

Figura 6

A elasticidade varia ao longo de uma curva de demanda de linha reta. À medida que movemos em incrementos iguais para cima e para a esquerda ao longo da curva de demanda (indicada pelas setas), a alteração na porcentagem da quantidade demandada aumenta, enquanto a alteração na porcentagem do preço cai. A demanda se torna, portanto, mais elástica.

ELASTICIDADE E CURVAS DE DEMANDA EM LINHA RETA

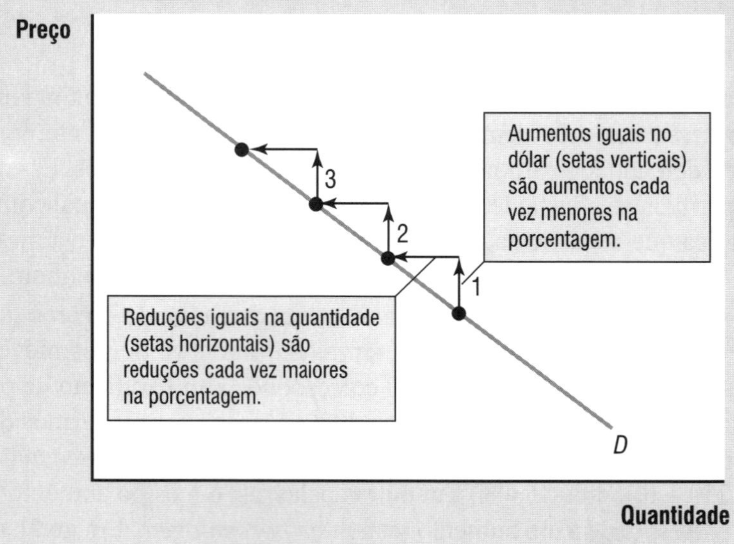

Como esperado, a demanda é mais elástica (–4,33) nesse intervalo que durante o intervalo entre A e B que calculamos anteriormente (–0,46).

CLASSIFICAÇÃO DOS BENS PELA ELASTICIDADE

Quando o valor numérico da elasticidade-preço da demanda está *entre 0 e –1,0,* dizemos que a demanda é **inelástica**. Quando a demanda por um bem é inelástica, o valor absoluto da elasticidade será menor que 1,0, ou seja,

Demanda inelástica Uma elasticidade-preço da demanda entre 0 e –1.

$$\left|\frac{\%\Delta Q^D}{\%\Delta P}\right| < 1{,}0$$

Ou, reorganizando, obtemos

$$|\%\Delta Q^D| < |\%\Delta P|$$

Em palavras, demanda inelástica significa que a variação percentual da quantidade demandada será *menor* que a variação percentual do preço, ignorando o sinal. Por exemplo, se o preço aumentar em 4%, a quantidade demandada cairá, mas em *menos* de 4%. Quando a demanda é inelástica, a quantidade demandada *não* é muito sensível ao preço.

Um caso extremo de demanda inelástica ocorre quando uma alteração do preço não provoca nenhuma alteração na quantidade da demanda. Nesse caso, como $\%\Delta Q^D = 0$, a elasticidade é igual a zero. Chamamos esse caso especial demanda **perfeitamente inelástica**. O painel (a) da Figura 7 mostra como seria uma curva de demanda para um bem, se a demanda fosse perfeitamente inelástica, qualquer que fosse o preço. A curva de demanda é vertical: não importa o preço, a quantidade demandada é a mesma.

Demanda perfeitamente inelástica Uma elasticidade-preço da demanda igual a 0.

A demanda perfeitamente inelástica é mais interessante de um ponto de vista teórico. É difícil encontrar exemplos de bens com elasticidade de demanda zero no mundo real. Com uma elasticidade de demanda zero, teria de ser um bem que os consumidores quisessem somente em uma quantidade fixa. Um exemplo seria a insulina – droga necessária aos diabéticos para controlar o açúcar no sangue. A insulina não tem nenhum outro uso além do tratamento do diabetes. Para os diabéticos, as quantidades requeridas de insulina são bem rígidas e não existe substituto para seu uso. Uma queda do preço não irá estimular os diabéticos a usar mais, nem uma modesta alta no preço fará com que os diabéticos economizem no seu uso.

Quando E_D é menor que –1,0, dizemos que a demanda é **elástica**. Nesse caso, o valor absoluto da elasticidade será maior que 1,0:

Demanda elástica Uma elasticidade-preço da demanda menor que –1

$$\left|\frac{\%\Delta Q^D}{\%\Delta P}\right| > 1$$

Ou, reorganizando, obtemos

$$|\%\Delta Q^D| > |\%\Delta P|$$

Quando a demanda é elástica, a variação percentual da quantidade demandada é *maior* que a variação percentual no preço, ignorando os sinais. Por exemplo, se do preço aumentar em 4%, a quantidade demandada cairá em *mais* de 4%. Demanda elástica significa que a quantidade demandada é *sensível ao preço.*

Um caso extremo de sensibilidade ao preço ocorre quando a demanda é **perfeitamente** ou **infinitamente elástica**. Mesmo a menor alteração no preço provoca uma enorme alteração na quantidade demandada, tão grande que, para

Demanda perfeitamente (infinitamente) elástica Uma elasticidade-preço da demanda que se aproxima ao menos infinito.

Figura 7

CASOS EXTREMOS DE DEMANDA

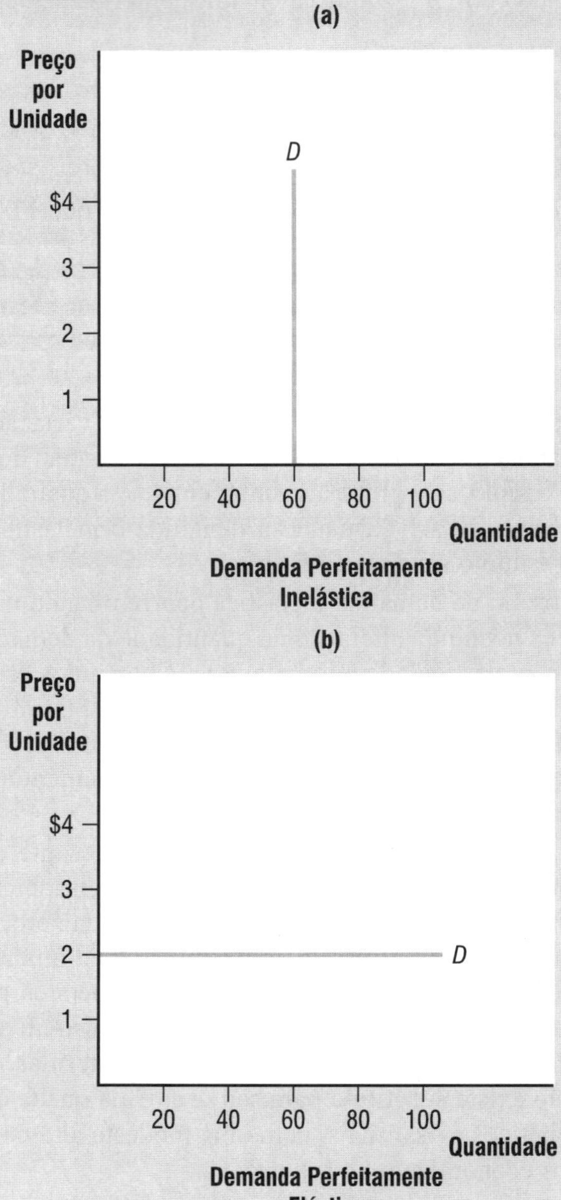

A curva de demanda vertical do painel (a) representa o caso da demanda perfeitamente inelástica. Independentemente do preço, a quantidade demandada é a mesma. A curva horizontal no painel (b) representa a demanda perfeitamente elástica. Uma pequena alteração do preço levaria a uma alteração muito grande na quantidade demandada.

todas as intenções e propósitos, podemos chamar a resposta de infinita. Quando a demanda é perfeitamente elástica em todos os intervalos, a curva de demanda será uma linha horizontal, conforme mostrado no painel (b) da Figura 7. A demanda para uma única marca de sal pode cair nessa categoria. Se o preço do sal Morton[2NRT] sofrer um pequeno aumento, enquanto outras marcas próximas

[2]N.R.T.: Marca de sal existente nos EUA.

a essa na prateleira do supermercado continuarem a custar a mesma coisa, virtualmente, todos iriam mudar para as outras marcas, causando uma queda da quantidade demandada do sal Morton.

Finalmente, quando a elasticidade da demanda é exatamente igual a –1, temos uma **elasticidade unitária**. Nesse caso, $|\%\Delta Q^D| = |\%\Delta P|$ e a demanda pelo bem está exatamente na fronteira entre elástica e inelástica. Muitos produtos para os consumidores parecem ter elasticidades de preço próximas a –1,0. Além disso, uma elasticidade de preço de –1,0 é importante como um caso de *benchmark*[3NRT] como veremos posteriormente.

Demanda elástica unitária Uma elasticidade-preço da demanda igual a –1.

ELASTICIDADE E GASTO TOTAL

Quando o preço de um bem aumenta, a lei da demanda nos diz que as pessoas irão demandar menos desse bem. Mas isso não significa, necessariamente, que as pessoas *gastarão* menos com essa mercadoria. Depois que o preço aumenta, menos unidades serão compradas, mas cada unidade custará mais. A conclusão é que a queda ou o aumento do gasto total com o bem depende inteiramente da elasticidade-preço da demanda por esse bem.

Para ver isso mais formalmente, observe que o Gasto Total (GT) com um bem é definido como

$$GT = P \times Q$$

onde P é o preço por unidade e Q é a quantidade comprada. Podemos utilizar uma regra sobre variações percentuais explicada no Apêndice do Capítulo 1: *quando dois números estão sendo alterados, a variação percentual de seu produto é (aproximadamente) a soma de suas variações percentuais.* Aplicando isso ao gasto total, podemos escrever

$$\%\Delta GT = \%\Delta P + \%\Delta Q$$

Agora, vamos supor que P aumente em 10%. O que acontecerá com o gasto total? Se a demanda for *elástica unitária*, Q cairá em 10%, de modo que teremos

$$\%\Delta GT = 10\% + (-10\%) = 0$$

CURVAS PERIGOSAS

Vimos que a elasticidade muda ao longo de uma curva de demanda em linha reta, mas o resultado também se aplica de uma maneira mais geral. Exceto em casos especiais (como aqueles da Figura 7), a elasticidade pode mudar ao longo de *qualquer* curva de demanda, seja ela uma linha reta ou uma curva. Por esse motivo, tente evitar dois erros comuns. Primeiro, não descreva uma "curva de demanda" como elástica ou inelástica. Embora a demanda possa ser elástica ao longo de *parte* da curva de demanda, ela pode ser inelástica ao longo de uma outra parte da curva.

Segundo, não iguale o fato de uma curva de demanda ser "plana" ou "íngreme" com quão elástica ou inelástica ela é. O fato de ser "plana" ou "íngreme" se refere à inclinação da curva de demanda – a mudança absoluta de uma variável dividida por outra. A elasticidade, por outro lado, refere-se à variação percentual de uma variável, dividida pela variação percentual da outra. Inclinação e elasticidade não são a mesma coisa. Uma curva de demanda em linha reta, por exemplo, permanece igualmente íngreme ou plana ao longo de todo o seu comprimento. Ainda assim, como vimos, a elasticidade da demanda é alterada à medida que nos movemos ao longo dela.

[3]N.R.T.: *Benchmark* – Expressão em inglês que significa "pontos de referência" ou "unidades-padrão", para que se estabeleçam comparações entre produtos, serviços, processos, títulos, taxas de juros etc., para saber se os demais produtos, serviços, títulos, entre outros, se encontram acima ou abaixo em relação ao que serve como referência. Por exemplo, as taxas de juros dos títulos de 90 dias do Tesouro norte-americano servem como *benchmark* para todas as taxas de juros praticadas nos Estados Unidos.

A variação percentual do gasto total é zero, o que significa que o gasto total não é alterado de maneira nenhuma. Se a demanda for *inelástica*, um aumento de 10% no preço fará com que a quantidade demandada caia em *menos* de 10%, de modo que teremos

$$\%\Delta GT = 10\% + (\text{alguma coisa menos negativa que } -10\%) > 0$$

A variação percentual do gasto total é maior que zero e, portanto, o gasto total aumenta. Finalmente, se a demanda for *elástica*, de modo que Q caia em mais de 10%, o GT cairá:

$$\%\Delta GT = 10\% + (\text{alguma coisa mais negativa que } -10\%) < 0$$

Obviamente, os resultados que acabamos de obter para um aumento de preço de 10% seriam mantidos para qualquer alteração do preço –aumento ou redução. Nossas conclusões sobre elasticidade e gasto total estão na Tabela 1. Elas podem ser resumidas:

Onde a demanda é inelástica com relação ao preço, o gasto total se move no mesmo sentido que o preço. Onde a demanda é elástica, o gasto total se move no sentido oposto ao do preço. Finalmente, onde a demanda tem elasticidade unitária, o gasto total permanece o mesmo com as mudanças de preço.

Vamos verificar essas relações na Tabela 1, utilizando a hipotética curva de demanda para computadores de laptop. As primeiras duas colunas da Tabela 2 apresentam pares familiares de preço e quantidade para laptops, tirados da Figura 5. A terceira coluna lista o gasto total.

Observe o que acontece ao gasto total à medida que nos movemos ao longo da curva de demanda. A demanda para laptops, você se lembra, era inelástica ($E_D = -0{,}46$) quando o preço aumentou de \$1.000 para \$1.500. De acordo com as regras da Tabela 1, esperamos que um aumento de preço *aumente* o gasto total e isso é exatamente o que acontece: o aumento de \$500 no preço faz com que o gasto total aumente de \$600 milhões para \$750 milhões. Quando o preço aumentava de \$3.000 para \$3.500, no entanto, a demanda era elástica ($E_D = -4{,}33$). Nossas regras nos informam que um aumento do preço deve reduzir o gasto total. Na verdade, o aumento de \$500 no preço faz com que o gasto total caia de \$600 milhões para \$350 milhões.

Existe uma maneira fácil de ver como uma alteração no preço modifica o gasto total dos compradores, utilizando um gráfico da curva de demanda. Veja a Figura 8. No ponto A, o preço é de \$1.000 por laptop e a demanda é de 600.000 laptops. O gasto total é preço × quantidade = \$1.000 × 600.000 = \$600 milhões. Mas isso é exatamente igual à *área* do retângulo mais largo

Tabela 1

EFEITOS DAS ALTERAÇÕES DOS PREÇOS NOS GASTOS

Onde a demanda for:	Um aumento no preço:	Uma redução no preço:
Inelástica ($\lvert E_D \rvert < 1$)	aumentará os gastos	reduzirá os gastos
elástica unitária ($\lvert E_D \rvert = 1$)	não provocará nenhuma alteração nos gastos	não provocará nenhuma alteração nos gastos
elástica ($\lvert E_D \rvert > 1$)	reduzirá os gastos	aumentará os gastos

Tabela 2

EFEITOS DAS ALTERAÇÕES DOS PREÇOS PARA COMPUTADORES LAPTOP

Preço por Laptop (P)	Quantidade Demandada (por Mês) (Q)	Gasto Mensal Total ($P \times Q$)
\$1.000	600.000	\$600 milhões
\$1.500	500.000	\$750 milhões
\$3.000	200.000	\$600 milhões
\$3.500	100.000	\$350 milhões

que tem uma largura de 600.000 e uma altura de 1.000. Assim, a área desse retângulo mostra o gasto total com a mercadoria, quando o preço é de \$1.000. Mais genericamente:

Em qualquer ponto de uma curva de demanda, o gasto total dos compradores é a área de um retângulo com largura igual à quantidade demandada e altura igual ao preço.

Agora, imagine que o preço aumente de \$1.000 para \$1.500 e, por isso, vamos nos mover, ao longo da curva de demanda, para o ponto *B*, na qual a quantidade da demanda cai para 500.000. Aqui, o gasto total é de \$1.500 × 500.000 = \$750 milhões, dado pela área do retângulo mais alto, com largura igual a 500.000 e altura igual a \$1.500. Você pode ver que a área do retângulo de gasto total desenhada para o preço = \$1.500, é maior que a área do retângulo de gasto total para o preço = \$1.000. Isso confirma o que já sabemos da Tabela 2: o aumento do preço de \$1.000 para \$1.500 faz com que o gasto total aumente, pois a demanda é inelástica para essa variação de preço.

Finalmente, existe uma implicação importante da regra elasticidade – gasto total. O que um comprador gasta, um vendedor recebe, portanto, a quantia total que os consumidores gastam com um bem – que nós chamamos *gasto total* – também é a *receita de vendas total* dos vendedores. Esse é um motivo pelo qual

Figura 8

ELASTICIDADE E GASTO TOTAL

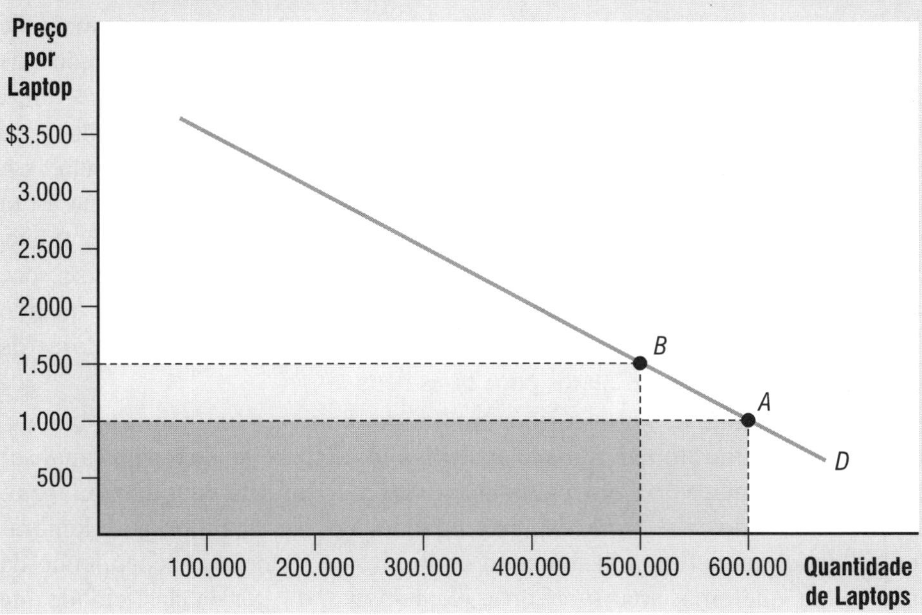

Qualquer ponto ao longo de uma curva de demanda define um retângulo cuja área indica o gasto total com o bem. No ponto *A*, em que o preço é de \$1.000 e 600.000 laptops são demandados, o gasto é de \$600 milhões. No ponto *B*, o gasto é de \$750 milhões. Movendo de *A* para *B*, o gasto aumenta e, assim, a demanda deve ser inelástica nesse intervalo.

o conhecimento da elasticidade-preço da demanda para seu produto pode ser tão importante para as firmas. Em alguns casos, a elasticidade-preço da demanda é tudo que uma firma precisa para prever suas receitas futuras. Alguns dos problemas do final do capítulo irão mostrar como isso é feito.

DETERMINANTES DA ELASTICIDADE

A Tabela 3 lista a elasticidade-preço da demanda para vários bens e serviços. Tenha em mente que essas elasticidades são calculadas para um específico intervalo de preços observado no passado. Se uma alteração grande de preço nos moveu para fora do intervalo das observações passadas, a elasticidade pode ser muito diferente. Por exemplo, embora a elasticidade da demanda para a gasolina seja 0,20, quando o preço varia em um intervalo de $1,00 a $2,00 por galão (3,78 litros), a elasticidade pode ser muito diferente para mudanças de preço em um intervalo de $10,00 a $15,00 por galão, fato este nunca notado.

Observe que todas as elasticidades do preço da demanda são negativas: cada um desses bens obedece à lei da demanda. Mesmo os cigarros – que são altamente viciadores – têm uma elasticidade menor que zero: um aumento do preço reduz a quantidade demandada de cigarros.

Também é possível perceber que as elasticidades calculadas variam amplamente. Por que as demandas para detergente Tide, Pepsi e Coca são tão elásticas, enquanto as demandas para ovo e gasolina são tão inelásticas? Mais genericamente, o que determina se a demanda para um bem será elástica ou inelástica? Duas características parecem ser os determinantes mais importantes da elasticidade: a disponibilidade de substitutos e a importância do bem no orçamento dos compradores.

Disponibilidade de Substitutos. Quando o preço de um bem aumenta, procuramos por bens substitutos. Se for fácil encontrar substitutos próximos, poderemos reduzir as compras da mercadoria em questão e a demanda será mais elástica. Se for difícil encontrar substitutos próximos, não poderemos reduzir tanto as compras e, portanto, a demanda será menos elástica.

Essa lógica ajuda a explicar algumas diferenças nos valores da elasticidade encontradas na Tabela 3. Apesar do que os comerciais nos dizem, a maioria de nós reconhece que a Coca é um substituto muito próximo da Pepsi e vice-versa. Existe, ainda, uma variedade de outros substitutos *razoavelmente* próximos para a Pepsi como outros refrigerantes carbonatados, chá gelado ou suco de fruta. Isso ajuda a explicar por que um aumento de 10% no preço da Pepsi levaria a um declínio de mais de 20% na quantidade demandada desse bem. Em contraste, existem alguns substitutos não tão próximos para ovos, especialmente se você estiver cozinhando com uma receita, ou para a gasolina, principalmente quando você precisar ir de carro para o trabalho. Isso ajuda a explicar os valores de elasticidade relativamente baixos para esses bens.

A possibilidade de substituição, entretanto, pode ser um conceito vago e, por isso, precisamos tomar cuidado ao utilizá-lo. Lembre-se de que, ao analisar qualquer problema, a primeira etapa-chave do procedimento em quatro etapas é definir o mercado com o qual estamos lidando. Você também pode se lembrar de que podemos definir um mercado de diferentes maneiras, dependendo da questão que queremos analisar. Conseqüentemente, o valor da elasticidade que

Tabela 3

ALGUMAS ELASTICIDADES DO PREÇO DA DEMANDA NO CURTO PRAZO

Marcas Específicas		Categorias Limitadas		Categorias Amplas	
Detergente Tide	−2,79	Viagem aérea transatlântica	−1,30	Recreação	−1,09
		Turismo na Tailândia	−1,20		
Pepsi	−2,08	Carne bovina para hambúrguer	−1,02	Roupas	−0,89
Coca	−1,71	Carne de porco	−0,78	Alimentos	−0,67
		Leite	−0,54	Importados	−0,58
		Cigarros	−0,45	Transporte	−0,56
		Eletricidade	−0,40 a −0,50		
		Cerveja	−0,26		
		Ovos	−0,26		
		Gasolina	−0,20		
		Petróleo	−0,15		

Fontes: Michael G. Vogt e Chutima Wittayakorn, "Determinants of the Demand for Thailand's Exports of Tourism", *Applied Economics*, Vol. 30, 6 ed., pp. 711-715. Sachin Gupta et al., "Do Household Scanner Data Provide Representative Inferences from Brand Choices? A Comparison with Store Data", *Journal of Marketing Research*, Outono de 1996, pp. 383ss. F. Gasmi, J. J. Laffont e Q. Vuong, "Econometric Analysis of Collusive Behavior in a Soft-Drink Market", *Journal of Economics and Management Strategy*, Verão de 1992, pp. 277-311. Richard Blundell, Panos Pashardes e Guglielmo Weber, "What Do We Learn about Consumer Demand Patterns from Micro Data?" *Americain Economic Review*, Junho de 1993, pp. 570-597. Michael T. Maloney e Robert E. McCormick, "Setting the Record Straight: The Consumer Wins the Competition", *Citizens for a Sound Economy Foundation*, Issue Analysis Nº 46, 30 de Janeiro, 1997. J. L. Sweeney, "The Response of Energy Demand to Higher Prices: What Have We Learned?" *American Economic Review*, Maio de 1984, pp. 31-37. F. Chaloupka,"Rational Addictive Behavior and Cigarette Smoking" *Journal of Political Economy*, Agosto de 1991, pp. 722-742. J. M. Cigliano,"Price and Income Elasticities for Airline Travel", *Business Economics*, Setembro de 1980, pp. 17-21. M. D. Chinn, "Beware of Econometricians Bearing Estimates", *Journal of Policy Analysis and Management*, Outono de 1991, pp. 546-557. M. R. Baye, D. W. Jansen e Jae-Woo Lee, "Advertising Effects in Complete Demand Systems", *Applied Economics*, Outubro de 1992, pp. 1087-1096. Dale M. Heien, "The Structure of Food Demand: Interrelatedness and Duality", *American Journal of Agricultural Economics*, Maio de 1982, pp. 213-221. Gary W. Brester and Michael K. Wohlgenant, "Estimating Interrelated Demands for Meats Using New Measures for Ground and Table Cut Beef", *American Journal of Agricultural Economics*, Novembro de 1991, pp. 1182-1194. David R. Henderson, "Do We Need to Go to War for Oil?*Cato Foreign Policy Briefing*, Nº 4, 24 de Outubro, 1990.

utilizamos para analisar um problema depende crucialmente de *quão* ampla ou limitadamente definimos o próprio mercado. Afinal, é mais fácil encontrar substitutos para um bem definido de maneira limitada (Pepsi) que para um bem com uma definição ampla (bebidas engarrafadas). Portanto,

quanto mais limitada a definição de um bem, mais fácil é encontrar substitutos e mais elástica é a demanda para esse bem. Quanto mais ampla a definição de um bem mais difícil é encontrar substitutos e mais elástica é a demanda para esse bem.

A chave é que as coisas diferentes são supostas constantes quando utilizamos uma definição limitada, comparada com uma definição mais ampla. Após definirmos o bem em questão, os cálculos de elasticidade sempre supõem que todos os outros preços se alteram. A Pepsi tem uma grande elasticidade de preço, pois quando o preço desse refrigerante aumenta, consideramos o efeito na quantidade demandada, supondo que os preços de *todos os outros refrigerantes*, incluindo a Coca, não estão sendo alterados. Esperamos, portanto, uma resposta forte na quantidade, à medida que os consumidores mudam para esses outros refrigerantes que são, agora, *relativamente* mais baratos. Imagine, porém, que tenhamos definido a mercadoria mais amplamente como *refrigerantes carbonatados*. Agora, qualquer aumento no preço se aplica à Pepsi, à Coca e a *todos* os refrigerantes ao mesmo tempo. Embora ainda seja possível substituir os refrigerantes por outras bebidas, não é tão fácil como substituir um refrigerante por outro. Assim, esperamos que o item mais agregado, refrigerantes, tenha uma elasticidade-preço da demanda muito menor. (Agora, examine a entrada de elasticidade para o detergente Tide. Suponha que a mercadoria tenha sido definida como "detergente para lavar roupa". Você esperaria um valor de elasticidade maior ou menor?)

A Tabela 3 também mostra que, quando os mercados são definidos *muito* amplamente – alimentos, em vez de carne para hambúrguer ou transporte, em vez de viagens transatlânticas – as elasticidades da demanda tendem a ser menores. Existem poucos substitutos para alimentos em geral. Embora muitas pessoas possam comer menos, não é um ajuste fácil de fazer. O mesmo é verdade para outras categorias amplas como recreação, transporte e roupas.

A capacidade de encontrar substitutos para bens também depende dos gostos. É difícil encontrar substitutos para os bens que consideramos *necessidades* como atendimento médico, alimento e moradia . Os bens que enxergamos como *de luxo* a exemplo de uma viagem para a Europa ou recreação, podem ser substituídos mais facilmente. Esperamos que os bens tidos como necessidades tenham menos elasticidade de preço que os bens considerados de luxo e a Tabela 3 confirma isso. A demanda para alimentos é menos elástica que a demanda para recreação e a demanda para leite é menos elástica que a demanda para viagens transatlânticas.

Em geral, quanto mais "necessário" consideramos um item, mais difícil é encontrar substitutos e menos elástica é a demanda para esse bem.

A definição de um bem de maneira ampla ou limitada faz aqui uma importante diferença. Muitos bens que consideraríamos necessidades quando definidos amplamente (exemplo: tratamento médico) tornam-se facilmente substituíveis por bens de luxo ao terem uma definição mais limitada (exemplo: visitas ao Dr. Hacker). Quando o preço de *todos os tratamentos médicos* aumenta, esperamos uma redução relativamente pequena na quantidade demandada. Mas, se somente o preço do *tratamento médico do Dr. Hacker* aumentar, a resposta em quantidade deve ser muito maior.

Elasticidade de curto prazo Uma elasticidade medida logo depois de uma alteração de preço.

Elasticidade de longo prazo Uma elasticidade medida um ano ou mais depois de uma alteração de preço.

Finalmente, a facilidade com que podemos substituir um bem por outro depende muito do *horizonte de tempo* da análise. As elasticidades da Tabela 3 são, todas elas, **elasticidades de curto prazo,** nas quais a resposta em quantidade é medida após um curto espaço de tempo – por exemplo, alguns meses – depois de uma alteração no preço. Uma **elasticidade de longo prazo** mede a resposta em quantidade um ano ou mais depois de ter ocorrido a variação de preço. De estudo em estudo, descobrimos que as elasticidades de longo prazo são geralmente maiores que as elasticidades de curto prazo.

Por quê? É mais fácil, para os consumidores, encontrar substitutos quando eles têm mais tempo para fazê-lo. Por exemplo, enquanto a elasticidade de *curto prazo* para a gasolina é relativamente baixa – cerca de –0,2 – a maioria dos estudos mostra uma elasticidade de *longo prazo* pelo menos três vezes maior. Isso ocorre porque

Tabela 4

AJUSTES APÓS UM AUMENTO DO PREÇO DA GASOLINA

Curto Prazo (alguns meses ou menos)	Longo Prazo (um ano ou mais)
Utilizar o transporte público com mais freqüência	Comprar um carro mais econômico
Organizar um revezamento de carros	Mudar para um local mais próximo do trabalho
Fazer uma regulagem do motor	Mudar para um trabalho mais perto de casa
Dirigir mais devagar na rodovia	Mudar para uma cidade onde irá utilizar, menos o carro
Eliminar viagens desnecessárias (utilizar compra por catálogo, em vez de ir às lojas; localizar bens por telefone, em vez de sair de carro procurando pelos bens desejados; comprar alimentos com menos freqüência e comprar mais de cada vez)	
Se houver dois carros, utilizar o mais econômico	

alguns dos ajustes necessários para substituir a gasolina – como comprar um carro mais econômico – levam algum tempo. A Tabela 4 lista algumas maneiras que as famílias usariam para se ajustar a um aumento significativo do preço da gasolina a curto e a longo prazos. Observe que as opções disponíveis a longo prazo têm um impacto potencial maior que o das opções disponíveis a curto prazo na demanda dos consumidores por gasolina.

Outros bens mostram um padrão semelhante de maior elasticidade a longo prazo do que a curto prazo. Estimativas de elasticidades de longo prazo para cigarros e eletricidade, –0,80 e –0,97, respectivamente, são, cada uma, cerca de duas vezes maior que suas contrapartes na Tabela 3.

É geralmente mais fácil encontrar substitutos para um item a longo prazo que a curto prazo. Portanto, a demanda tende a ser mais elástica a longo prazo que a curto prazo.

Importância do Bem no Orçamento do Comprador. Quando um bem ocupa uma grande parte do seu orçamento, uma alteração no preço tem um forte impacto em quanto dinheiro você ainda tem para gastar com outros bens. Por exemplo, a maioria das pessoas gasta uma grande parte de seu orçamento em moradia. Se o preço das moradias aumentasse em por exemplo 10%, o impacto no orçamento das pessoas seria substancial. Como resultado, as pessoas tentariam economizar muito em moradia (mudar para um apartamento menor ou dividir as despesas de moradia com alguém). Esperamos, então, que a moradia tenha uma grande elasticidade de demanda.

No geral,

quanto mais do total de seus orçamentos as famílias gastam com um item, mais elástica é a demanda para ele.

Por exemplo, uma viagem para a Europa tomaria uma fatia grande do orçamento da maioria das pessoas. Um aumento no preço faria os consumidores pensar com muito cuidado sobre substitutos como viajar para o Canadá ou o México. Essa é uma das razões pelas quais a demanda por viagens aéreas transatlânticas é muito elástica.

No extremo oposto, considere o caso do sal de mesa comum. Uma família com uma renda de $50.000 por ano, geralmente, gasta menos de 0,005% dessa renda em sal. O preço do sal poderia dobrar –até mesmo triplicar, quadruplicar ou quintuplicar – e, ainda assim, não ter, virtualmente, nenhum impacto na capacidade daquela família de comprar outros bens. Economicamente, existe pouco a ganhar reduzindo o consumo de sal, quando seu preço aumenta, de modo que esperamos que o sal seja relativamente *inelástico* em relação ao preço.[1]

UTILIZANDO A ELASTICIDADE-PREÇO DA DEMANDA

O conhecimento da elasticidade-preço da demanda para um bem e o entendimento do vínculo entre a elasticidade e o gasto ou receita total são úteis em muitos contextos diferentes. Por exemplo, os produtores de bens e serviços – médicos, padeiros, proprietários de teatro, fabricantes de manufaturas e outros – podem utilizar a elasticidade-preço da demanda para prever como uma alteração no preço afetará sua receita total de vendas. Os formuladores da política governamental podem e realmente utilizam as elasticidades da demanda para definir o preço de muitos serviços governamentais, traçar políticas de tributação e criar programas de ajuda aos necessitados. O conceito de elasticidade da demanda está até no centro do debate sobre a guerra contra as drogas nos Estados Unidos e em muitos outros países como mostra a seção a seguir.

O Que Acontece Quando as Coisas Mudam?

A Guerra Contra as Drogas. Em 1999, o governo dos EUA gastou cerca de $18 bilhões intervindo no mercado de drogas ilegais como cocaína, heroína e maconha. A maioria desse dinheiro é gasta em esforços para restringir a *oferta* de drogas. Muitos economistas argumentam que a sociedade seria muito melhor se os esforços antidrogas fossem canalizados para o lado da demanda dos mercados e não para o lado da oferta. Por quê? A resposta se encontra na elasticidade-preço da demanda para drogas ilegais.

Examine a Figura 9(a) que mostra o mercado para heroína em intervenção do governo. O equilíbrio está no ponto A, com preço P_1 e quantidade Q_1. O gasto total com heroína é dado pela área do retângulo sombreada, $P_1 \times Q_1$.

O painel (b) da figura mostra o impacto de uma política para restringir a oferta por meio de qualquer um dos vários métodos, incluindo as inspeções vigilantes nas alfândegas, a prisão e as penalidades duras para os traficantes de drogas ou os esforços diplomáticos para reduzir o tráfego de drogas dos países produtores como a Colômbia e a Tailândia. A redução da oferta é representada por um deslocamento para a esquerda da curva de oferta, estabelecendo um novo equilíbrio com preço P_2 e quantidade Q_2. Como podemos ver, as restrições de oferta, se reduzirem com sucesso a quantidade de equilíbrio da heroína, também aumentarão seu preço de equilíbrio.

Agora, vamos considerar o impacto dessa política no gasto total com as drogas. A demanda por drogas viciadoras, como a heroína e a cocaína, é *inelástica*

[1] Anteriormente, argumentamos que a demanda para uma marca de sal de mesa deveria ser perfeitamente *elástica*. Agora, estamos sugerindo que a demanda para sal deve ser *inelástica*. Isso é uma contradição? Não. Você pode explicar por quê? (*Dica:* Estamos definindo o mercado da mesma maneira nas duas declarações?)

Figura 9

A GUERRA CONTRA AS DROGAS

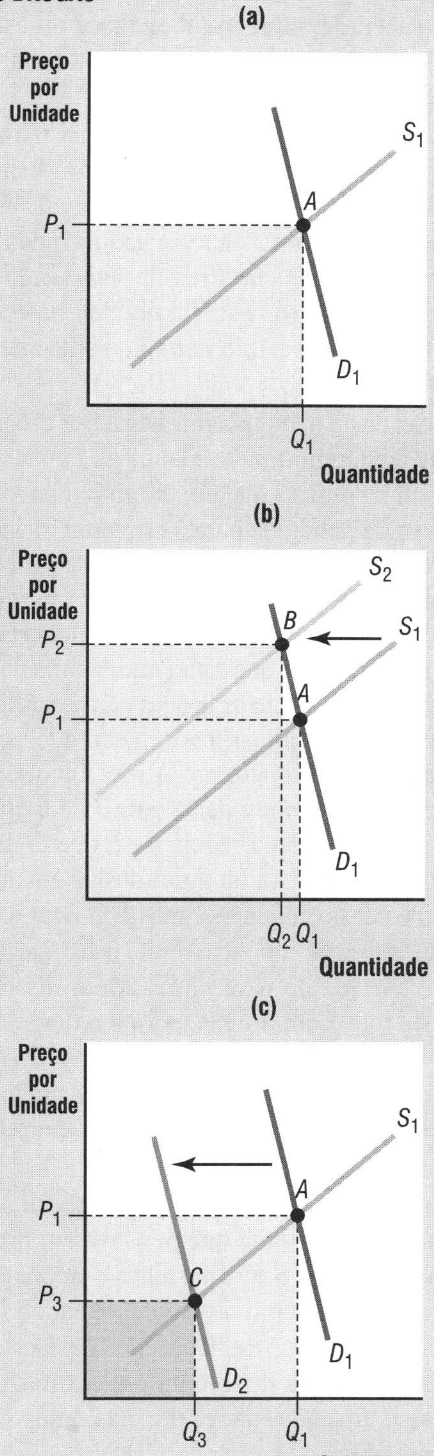

O painel (a) mostra o mercado para a heroína, na ausência de intervenção governamental. Os gastos totais e as receitas totais dos traficantes de drogas são dados pela área sombreada do retângulo. O painel (b) mostra o efeito de um esforço governamental para restringir a oferta: o preço aumenta, mas o gasto total também aumenta. O painel (c) mostra uma política de redução da demanda: o preço e o gasto total caem.

ao preço. Como vimos, quando a demanda é inelástica, um aumento do preço *aumenta* o gasto total. Isso significa que uma política de restrição da oferta de drogas ilegais, se bem-sucedida, também aumentará o gasto total dos usuários de droga com seu vício. No painel (b), o gasto total aumenta de uma área do retângulo mais curto para a área do mais comprido.

A alteração no gasto total tem conseqüências sérias para a sociedade. Muitos usuários de drogas sustentam seu vício por meio do crime. Se o gasto total necessário para sustentar o vício das drogas aumentar, eles poderão cometer mais crimes – e crimes mais sérios. E não se esqueça de que o gasto total dos usuários de drogas também é a *receita* total da indústria ilegal das drogas. As grandes receitas – e os grandes lucros a serem obtidos, associados a elas – atraem tanto o crime organizado quanto o não organizado e levam a freqüentes e muito violentas guerras por territórios.

A mesma lógica, baseada na demanda inelástica por drogas ilegais, tem levado muitos economistas a defenderem uma mudança de ênfase da redução da oferta para a redução da demanda. Políticas que poderiam reduzir a demanda por drogas ilegais deslocando a curva de demanda para a esquerda incluem penalidades mais duras para os *usuários* de drogas, publicidade mais intensa contra o uso de drogas e maior disponibilidade de centros de tratamento para viciados. Além disso, boa parte dos esforços contra os vendedores de drogas poderia ser direcionada aos vendedores do varejo e não contra os que estão mais acima na cadeia de oferta. São os vendedores de varejo que promovem as drogas para usuários futuros e, portanto, aumentam a demanda. O painel (c) ilustra o impacto que essas políticas, se bem-sucedidas, teriam no mercado para heroína. À medida que a curva de demanda se desloca para a esquerda, *o preço cai de* P_1 para P_3 e a quantidade demandada cai de Q_1 para Q_3. Agora, não podemos dizer se a queda da quantidade se deve mais a um deslocamento da demanda ou a um deslocamento da oferta (depende dos tamanhos relativos dos deslocamentos), mas *podemos* ter certeza de que uma política focada na demanda terá um impacto muito diferente no preço de equilíbrio, movendo-o para baixo, em vez de para cima. Além disso, o deslocamento na demanda reduzirá o gasto total com drogas (para o retângulo *interno* sombreado) já que tanto o preço quanto a quantidade são reduzidos. Isso pode contribuir para uma taxa menor de crimes cometidos por usuários de drogas e tornar a indústria das drogas menos atraente para potenciais traficantes e produtores.

O Que Acontece Quando as Coisas Mudam?

Trânsito de Massa. Anteriormente, nesta seção, você foi solicitado a imaginar que era prefeito de uma grande cidade que pensava em promover um aumento das tarifas de trânsito de massa. Seu assistente o aconselhou a fazer isso, já que você iria coletar mais receita com a viagem de cada viajante que utilizasse constantemente esse tipo de transporte. Contudo, você estava preocupado porque o aumento das tarifas poderia fazer com que muitas pessoas parassem de utilizar o trânsito de massa, fazendo sua receita, na realidade, cair. A elasticidade poderia ajudar aqui?

Muito. Os estudos sobre elasticidade mostram que a demanda de longo prazo para o trânsito de massa é inelástica, o que nos diz que o aumento da tarifa *aumentaria* a receita. Mais especificamente, a elasticidade de longo prazo da demanda em grandes cidades (aquelas com mais de um milhão de habitantes) é uma média de –0,36. Em palavras: um aumento de 1% nas tarifas reduziria as viagens em cerca de um terço de 1%.

Vamos utilizar esse número de elasticidade para analisar o que aconteceria se a cidade de Nova York aumentasse o preço das suas viagens de metrô e de ônibus de $1,50 para $2,00. Já que isso seria um aumento de cerca de 29%, poderíamos esperar que as viagens aumentassem em 0,29 × –0,36 = –0,103, ou seja, diminuíssem em cerca de 10%. No final dos anos 90, os viajantes freqüentes faziam cerca de 1,7 bilhão de viagens por ano nos ônibus e metrôs de Nova York, para uma receita total de 1,7 bilhão × $1,50 = $2,55 bilhões. O aumento do preço reduziria o número total de viagens em 10,3%, para cerca de 1,53 bilhão, mas também aumentaria a receita de cada viagem para $2,00. Assim, a receita total seria de cerca de 1,53 bilhão × $2,00 = $3,06. Comparando $2,55 bilhões com $3,06 bilhões, vemos que o aumento da tarifa aumentaria a receita total em cerca de meio milhão de dólares – um aumento substancial.

Por que, então, Nova York não aumenta a tarifa do trânsito de massa para $2,00? Na realidade, por que parar em $2,00? Se a demanda permanecer inelástica, por que não continuar a aumentar as tarifas para $2,50, $3,00 ou até mais? Na realidade, por que as cidades em todo o país não aumentam *suas* tarifas acima dos níveis atuais também?

A resposta é que a geração de receita é apenas *um* objetivo que os governantes das cidades consideram ao definir o preço do trânsito de massa. Além de obter receita, os funcionários das cidades querem oferecer um meio de transporte acessível para as famílias de baixa renda, gerenciar o congestionamento de tráfego nas ruas da cidade e limitar a poluição do ar da cidade. A realização desses e de outros objetivos requer uma grande quantidade de viagens. Um aumento da tarifa, mesmo se aumentasse a receita total, reduziria o total de viagens e iria requerer que a cidade sacrificasse outros objetivos. É isso que mantém as tarifas de trânsito de massa mais baixas que a tarifa de maximização da receita.

O Que Acontece Quando as Coisas Mudam?

Uma Crise do Petróleo. Durante as cinco últimas décadas, o Oriente Médio tem sido um ponto geopolítico central. Os riscos para o resto do mundo são altos, pois a região produz cerca de um quinto do suprimento mundial de petróleo. É por isso que o exército dos EUA está constantemente fazendo perguntas "e se" e fazendo planos de guerra de contingência para responder a situações hipotéticas de crise.

Em outros lugares do governo, os funcionários da área econômica estão constantemente fazendo seu próprio conjunto de perguntas "e se". Se um evento no Oriente Médio interrompesse a oferta de petróleo, o que aconteceria ao preço do petróleo nos mercados mundiais? Não é surpreendente que a elasticidade desempenhe um papel importante na resposta a essa questão.

Como você pode ver na Tabela 3, a elasticidade de curto prazo da demanda de petróleo é de cerca de –0,15. Como uma crise política ou militar é geralmente um fenômeno de curto prazo, estamos interessados na elasticidade de curto prazo. Mas, para esse problema, precisamos utilizar a elasticidade de uma nova maneira. Lembre-se de que a elasticidade nos informa a redução percentual da quantidade demandada para um aumento de 1% no preço. Suponha que viremos a fração da elasticidade de cabeça para baixo para obter $1/E_D = \%\Delta P/\%\Delta Q^D$. Esse número – o inverso da elasticidade – nos informa o aumento percentual do preço que cada redução de 1% na quantidade demandada produziria. Para o petróleo, esse número é 1/–0,15 = –6,67. O que esse número significa? Ele nos informa que, para produzir cada redução de 1% na demanda mundial de petróleo, os preços do petróleo teriam de aumentar em 6,67%.

Agora podemos fazer previsões razoáveis sobre o impacto de vários eventos nos preços do petróleo. Imagine, por exemplo, um evento que tenha removido do mercado mundial, temporariamente, metade do petróleo do Oriente Médio. E vamos supor um cenário do pior caso: nenhuma outra nação aumenta sua produção durante o tempo que está sendo considerado. O que aconteceria com os preços mundiais do petróleo?

Como o Oriente Médio produz cerca de 20% do petróleo mundial, uma redução pela metade reduziria a oferta em 10%. Seria necessário, então, um aumento do preço de 10 × 6,67 = 66,7%, para restaurar o equilíbrio do mercado. Se o petróleo estivesse à venda, inicialmente, a $20 por barril, poderíamos prever que o preço aumentaria em $20 × 0,667 = $13,34 por barril, para um preço final de $33,34.

Por que é tão importante prever o preço do petróleo que poderia resultar de uma crise? Se você fosse um usuário industrial intenso de petróleo, saberia a resposta. Todavia, a previsão é também de um imenso valor para os economistas do governo que a utilizariam para ajudar a responder a *outras* perguntas. Isso incluiria questões macroeconômicas ("Como um aumento de $13,34 por barril no preço do petróleo afetaria a taxa de inflação nos EUA?") e questões microeconômicas ("Como um aumento de $13,34 no preço do petróleo afetaria o número de vôos oferecidos pelas firmas aéreas dos EUA e os preços que elas cobrariam dos viajantes?").

O Que Acontece Quando as Coisas Mudam?

Impostos, Mais Uma Vez. Armados com o conceito de elasticidade-preço da demanda, podemos voltar a uma questão discutida neste capítulo: um *excise tax*. Anteriormente, vimos que esse imposto é parcialmente pago pelos vendedores e pelos compradores de um bem. Agora, veremos uma regra geral que determina como esses pagamentos de impostos são distribuídos entre vendedores e compradores.

Para ver como isso funciona, vamos lembrar o exemplo anterior do mercado para viagens aéreas internacionais. Examine novamente e Figura 4 (p.101). Lembre-se de que, aplicado o imposto, o novo equilíbrio era determinado no ponto *B*, onde a curva de oferta bruta – a que inclui o imposto de $100 por passagem – fazia interseção com a curva de demanda. Por passagem, os viajantes acabaram pagando $800 – $70 a mais que antes e as firmas aéreas obtiveram $700, $30 a menos que antes. Conclusão, embora o imposto seja formalmente *coletado* nas firmas aéreas, ele é *pago* pelas firmas aéreas ($70 de cada $100) e por seus clientes ($30 de cada $100).

O imposto será sempre dividido dessa maneira – 70% pago pelos consumidores e 30% pelas firmas aéreas? Não. Depende, em grande parte, da elasticidade da demanda por viagens aéreas. No exemplo, a elasticidade da demanda é de aproximadamente –1,3. Vamos ver o que aconteceria se a curva de oferta permanecesse a mesma, mas a demanda fosse menos elástica. Especificamente, o que aconteceria se ela fosse perfeitamente inelástica?

O painel (a) da Figura 10 mostra uma curva de demanda perfeitamente inelástica com a mesma curva de oferta como na Figura 5. A aplicação de um imposto sobre consumo de $100 por passagem altera a curva de oferta para cima

Figura 10

ELASTICIDADE E EXCISE TAX NAS VIAGENS AÉREAS INTERNACIONAIS

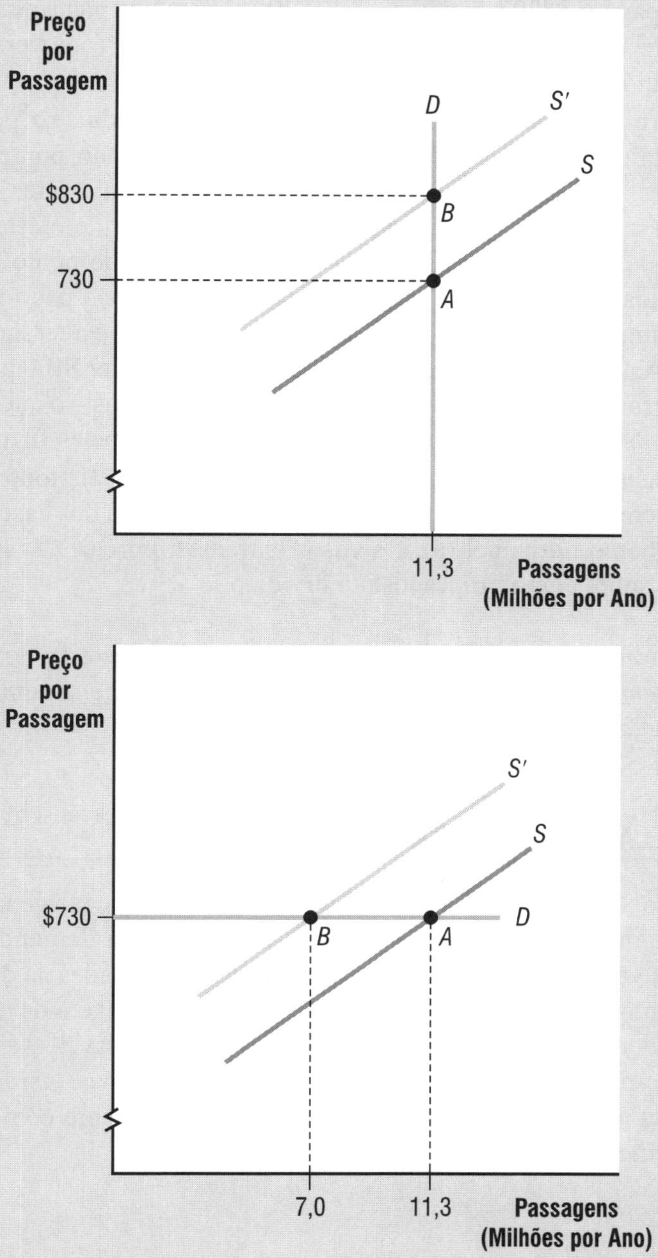

Quem paga um *excise tax*? A resposta depende, em parte, da elasticidade da demanda. No painel (a), a curva de demanda é perfeitamente inelástica. Um *excise tax* de $100 por unidade altera a curva de oferta para cima em $100 – de *S* para *S*'. No novo equilíbrio, no ponto *B*, o preço de mercado é $100 mais alto, mas a quantidade está inalterada. Os vendedores recebem $830 por unidade, pagam $100 para o governo e retêm $730 – o mesmo que antes. Os consumidores, no entanto, pagam $100 a mais por unidade para o mesmo número de unidades que estavam comprando antes do imposto ser aplicado. Com a demanda perfeitamente inelástica, os consumidores carregam todo o ônus do imposto.

O painel (b) mostra o extremo oposto, o caso da demanda perfeitamente elástica. Nesse caso, no ponto *B*, os consumidores acabam pagando o mesmo preço de antes do imposto ter sido aplicado, embora eles comprem menos unidades. As firmas recebem $730 por unidade, mas devem pagar $100 para o governo, de modo que sua receita é de $630 por unidade. As firmas acabam com $100 a menos que antes do imposto, de modo que carregam todo o ônus do imposto.

(S'). Podemos comparar o equilíbrio inicial do ponto *A* ao novo equilíbrio do ponto *B*. Os consumidores carregarão todo o ônus do imposto. Em *B*, os consumidores pagam $830 por passagem – $100 a mais que pagavam no ponto *A*. As firmas recebem $830 por passagem, pagam $100 para o governo e acabam com o mesmo preço líquido ($730) de antes.

No outro extremo, suponha que a curva de demanda seja perfeitamente elástica. Mais uma vez, o equilíbrio pré-imposto está no ponto *A*, no qual 11,3 milhões de passagens são vendidas a $730 cada. Como antes, a imposição de um *excise tax* de $100 por passagem muda a curva de oferta para cima, verticalmente, em $100 para *S'*. O novo equilíbrio está no ponto *B*. São compradas menos passagens que antes, mas desta vez o preço pago por unidade, pelos consumidores, permanece em $730. Esse preço não é alterado de maneira nenhuma. As firmas aéreas, no entanto, ainda devem pagar $100 por passagem para o governo. Portanto, o preço *líquido* das firmas aéreas – o que elas retêm – é de apenas $630. Nesse caso, todo o *excise tax* é pago pelas firmas aéreas.

Os painéis (a) e (b) mostram casos extremos, nos quais todo o imposto é pago pelos compradores ou pelos vendedores. Na maioria dos casos, o imposto é dividido como no painel (a). Os casos extremos, porém, nos levam a uma regra geral sobre como um imposto é dividido.

Quanto mais elástica a curva de demanda, mais excise tax *é pago pelos vendedores. Quanto mais inelástica a curva de demanda, uma fração maior do* excise tax *é paga pelos compradores.*

OUTRAS ELASTICIDADES DA DEMANDA

No Capítulo 3, vimos que outras variáveis, além do preço, influenciam a quantidade demandada. Podemos medir a sensibilidade da demanda para cada uma dessas variáveis, definindo *outros* tipos de elasticidades da demanda. Em geral, o termo *elasticidade* mede a alteração em porcentagem de uma variável, provocada por uma alteração de 1% em alguma outra variável. Mas, enquanto a elasticidade-preço nos informou sobre movimentos relativos *ao longo* da curva de demanda, essas outras elasticidades nos informam sobre como a curva de demanda *muda*.

ELASTICIDADE-RENDA DA DEMANDA

Recorde, do Capítulo 3, que uma mudança na renda média da família em um mercado irá deslocar a curva de demanda. Uma *elasticidade-renda* nos informa quão sensível a demanda é a mudança na *renda*. Mais especificamente, onde *I* é a renda no mercado. De maneira mais simples, podemos interpretar esse número como *o aumento, em porcentagem, da quantidade demandada para cada aumento de 1% na renda*. Por exemplo, se a elasticidade-renda da demanda para um determinado bem for 1,4, um aumento de 1% na renda aumentará a demanda por esse bem em 1,4%, um aumento de 2% na renda aumentará a demanda em 2,8% e assim por diante.

*a **elasticidade-renda da demanda** é a variação percentual da quantidade demandada, dividida pela variação percentual da renda, com todas as outras influências sobre a demanda permanecendo constantes.*

$$E_I = \frac{\%\Delta Q^D}{\%\Delta I}$$

Elasticidade-renda da demanda A variação percentual na quantidade demandada, provocada por uma variação de 1% na renda.

As elasticidades da renda e as elasticidades do preço diferem em vários aspectos. Primeiro, uma elasticidade-preço da demanda mede o efeito das mudanças no *preço* do bem e supõe que outras influências sobre a demanda, incluindo a renda, permanecem constantes. Uma elasticidade-renda faz justamente o inverso: mede o efeito sobre a demanda que observaríamos se a renda mudasse e todas as outras influências sobre a demanda, incluindo o preço da mercadoria, permanecessem as mesmas. Em outras palavras, em vez de deixar que o preço varie, mantendo a renda constante, agora deixaremos a renda variar, mantendo o preço constante.

Isso leva a uma outra diferença entre as elasticidades do preço e da renda da demanda: a elasticidade-preço mede a sensibilidade da demanda ao preço, à medida que *nos movemos ao longo da curva de demanda*, de um ponto ao outro. A elasticidade-renda, por sua vez, nos informa a *mudança* relativa na curva de demanda – o aumento na quantidade demandada *a um dado preço*.

Finalmente, enquanto a elasticidade-preço é sempre negativa, uma elasticidade-renda pode ser positiva ou negativa. Isso ocorre porque um aumento na renda aumentará a demanda por alguns bens e reduzirá a demanda por outros. Se você examinar as elasticidades da renda da Tabela 5, verá números positivos e negativos.

Vimos, no Capítulo 3, que um aumento da renda aumentará a demanda por *bens normais*. Esses bens têm uma elasticidade-renda da demanda *positiva*. Quando definimos os bens por categorias amplas – alimento, moradia , roupas, entretenimento, energia, transporte – a elasticidade-renda é sempre positiva, pois um aumento na renda sempre elevará a demanda em cada uma dessas categorias, mesmo se houver uma redução de gastos com bens específicos *dentro* da categoria. Por exemplo, um aumento na renda pode permitir que você compre roupas de melhor qualidade – de modo que você comprará itens de mais alta qualidade e menos itens de qualidade inferior –, mas você quase certamente acabará comprando *mais roupas*, no geral. Mesmo quando limitamos a definição a bens e serviços específicos – livros, CDs, frango, legumes frescos, automóveis, viagens à Europa – as elasticidades da renda são geralmente positivas. Na Tabela 5, os primeiros seis bens têm elasticidades da renda positivas, como todas as categorias amplas.

No Capítulo 3, no entanto, vimos também que alguns bens são *inferiores* – a demanda diminui quando a renda aumenta. Esses bens terão elasticidade-renda negativa. Enquanto a categoria ampla *viagem* é um bem normal e a categoria mais limitada *viagens aéreas* também, a *viagem de ônibus* é um bem inferior em muitos mercados. À medida que a renda das famílias se eleva, os viajantes provavelmente mudarão da viagem de ônibus, mais barata (mas geralmente menos agradável), para a viagem de carro ou aérea, mais cara (e mais agradável). De maneira semelhante, embora alimento seja normal – como a bisteca, a fruta fresca e o sushi – batatas e carne bovina para hambúrguer são inferiores.

Tabela 5

ALGUMAS ELASTICIDADES DA RENDA

Bem ou Serviço	Elasticidade da Renda	Bem ou Serviço	Elasticidade da Renda
Categorias Limitadas		*Categorias Amplas*	
Frutas frescas	1,99	Importados	2,73
Computadores	1,71		
Viagens aéreas transatlânticas	1,40	Transportes	1,79
Ensino superior	0,55		
Cigarros	0,50	Recreação	1,07
Frango	0,42	Roupas	1,02
Carne de porco	0,34	Alimentos	–0,60 a 0,85
Legumes frescos	0,26		
Extração de dente	–0,13 a 0,47		
Carne bovina para hambúrguer	–0,20		
Pão	–0,42		
Batatas	–0,81		

Fontes: Erik Brynjolfsson, "Some Estimates of the Contribution of information Technology to Consumer Welfare", MIT Sloan School, Working Paper # 161, Revised, Janeiro de 1994. Trisha Bezmen e Craig A. Depken, II, "School Characteristics and the Demand for College", *Economics of Education Review*, Vol. 17, Nº 2, 1998. F. Chaloupka, "Rational Addictive Behavior and Cigarette Smoking", *Journal of Political Economy*, Agosto de 1991, pp. 722-742. J. M. Cigliano, "Price and Income Elasticities for Airline Travel", Business Economics, Setembro de 1980, pp. 17-21. M. D. Chinn, "Beware of Econometricians Bearing Estimates"; *Journal of Policy Analysis And Management*, Outono de 1991, pp. 546-557. Willard G. Manning, Jr. e Charles E. Phelps, "The Demand for Dental Care", *Bell Journal of Economics*, Outono de 1979. Dale M. Heien, "The Structure of Food Demand: Interrelatedness and Duality", *American Journal of Agricultural Economics*, Maio de 1982, pp. 213-221. M. R. Baye, D.W. Jansen e Jae-Woo Lee, "Advertising Effects in Complete Demand Systems", *Applied Economics*, Outubro de 1992, pp. 1087-1096. Gary W. Brester e Michael K. Wohlgenant, "Estimating Interrelated Demands for Meats Using New Measures for Ground and Table Cut Beef", *American Journal of Agricultural Economics*, Novembro de 1991, pp. 1182-1194.

À medida que a renda aumenta, muitas famílias mudarão dessas fontes mais baratas de calorias para itens mais caros. (Por que alguns estudos mostram que a extração de dente é um bem inferior? *Dica:* Quais são os substitutos para a extração de dente? Quanto custam?)

Necessidade econômica Um bem com uma elasticidade-renda da demanda entre 0 e 1.

Os bens normais podem ser divididos em mais duas categorias. Uma **necessidade econômica** tem uma elasticidade de renda entre zero e um. Como a elasticidade-renda é definida como $\%\Delta Q^D/\%\Delta I$, você pode ver que quando $0 < E_I < 1$, devemos ter $\%\Delta Q^D < \%\Delta I$.

Para uma necessidade econômica, um certo aumento em porcentagem da renda provoca um aumento, em porcentagem, *menor* na quantidade demandada. A categoria ampla de alimentos é certamente uma necessidade econômica: um aumento de 10% na renda provocará uma elevação na quantidade demandada de alimentos, mas de menos de 10%. Na realidade, utilizando a menor estimativa da Tabela 5 ($E_I = 0{,}60$), um aumento de 10% na renda aumentaria a demanda para alimentos em apenas 6%.

Bens de luxo Bens com uma elasticidade-renda da demanda maior que 1.

Os bens cuja elasticidade-renda é maior que 1,0 são chamados **bens de luxo**. De acordo com a definição de elasticidade-renda, se $E_I > 1$ devemos ter $\%\Delta Q^D > \%\Delta I$. Portanto, quando a renda aumenta, a quantidade demandada desses itens elevará em uma porcentagem maior que o aumento da renda. Por exemplo, transporte é um bem de luxo: utilizando a elasticidade-renda da Tabela 5 ($E_I = 1{,}79$), vemos que um aumento de 10% na renda ampliará a quantidade demandada de transporte em cerca de 18%.

Uma implicação interessante surge dessas definições: à medida que a renda aumenta, a proporção de renda gasta em necessidades econômicas cai, enquanto a proporção de renda gasta em bens de luxo aumenta. Para ver isso mais claramente, considere a Tabela 6 que mostra o que aconteceria aos gastos de uma família com dois bens – alimentos e transporte – se sua renda dobrasse repetidamente. Utilizaremos as estimativas de elasticidade-renda da Tabela 5: $E_I = 0,60$ para alimentos e $E_I = 1,8$ para transporte.

Na tabela, alimentos são uma necessidade econômica ($E_I < 1$), de modo que, cada vez que a renda dobrar, o gasto com alimentos se elevará, mas em menos de 100%. O transporte, por sua vez, é um bem de luxo ($E_I > 1$), por isso, cada vez que a renda dobrar, o gasto com transporte será de mais que o dobro. Observe como a porcentagem da renda gasta com alimentos continua a cair, enquanto a porcentagem gasta com transporte continua a ampliar.

De certa forma, as definições de necessidades econômicas e de bens de luxo correspondem às noções mais comuns de necessidade e de luxo. No discurso comum, uma necessidade é algo que as pessoas precisam como alimentos, tratamento médico e moradia e que também têm elasticidades renda que são menores que 1,0. Um luxo é considerado algo desejável, mas não realmente necessário. A maioria de nós consideraria como luxo refeições em restaurante, entradas para ópera, viagens a Paris e, certamente, iates e caviar. De fato, cada um desses itens tem elasticidade maior que 1,0.

É importante lembrar que necessidades e bens de luxo são classificados pelo comportamento real do consumidor e *não* pelo julgamento da importância de uma mercadoria para a sobrevivência humana. As pessoas podem, certamente, sobreviver sem cigarros, mas como eles possuem uma elasticidade de renda entre 0 e 1, são classificados como uma necessidade econômica. De maneira semelhante, alguns de nós podem pensar em um computador como uma necessidade e, ainda assim – pelo fato de estudos mostrarem que a elasticidade-renda do gasto com computadores é maior que 1,0 – o categorizamos como um bem de luxo.

ELASTICIDADE CRUZADA DE PREÇOS DA DEMANDA

Uma elasticidade cruzada de preços da demanda relaciona a alteração da quantidade da demanda por um bem a uma alteração do preço de outro bem. Mais formalmente, definimos a **elasticidade cruzada de preços da demanda** entre o bem X e o bem Y como:

Elasticidade cruzada de preços da demanda A variação percentual na quantidade demandada de um bem, provocada por uma variação de 1% no preço de um outro bem.

$$E_{x,y} = \frac{\%\Delta Q_x^D}{\%\Delta P_y}$$

Tabela 6

RENDA E GASTO COM NECESSIDADES ECONÔMICAS E COM BENS DE LUXO

Renda	Gasto com Alimentos	Porcentagem da Renda Gasta com Alimentos	Gasto com Transporte	Porcentagem da Renda Gasta com Transporte
$10.000	$6.000	60%	$1.000	10%
$20.000	$9.600	48%	$2.800	14%
$40.000	$15.360	38%	$7.840	20%
$80.000	$24.576	30%	$21.952	27%

Em palavras:

A elasticidade cruzada de preços da demanda nos informa a variação percentual da quantidade demandada de um bem para cada aumento de 1% no preço de outro bem, com todas as outras influências sobre a demanda permanecendo inalteradas.

Por exemplo, examine as elasticidades cruzadas informadas na Tabela 7. A elasticidade cruzada de preços da Pepsi com o preço da Coca é 0,8. Isso significa que, quando o preço da Coca aumenta em 10%, a quantidade demandada de Pepsi aumenta em 8%, *com todas as outras influências sobre a demanda permanecendo inalteradas* como o preço do próprio bem (Pepsi), os preços de todos os bens relacionados, *exceto* a Coca, e a renda familiar no mercado.

Como podemos ver na tabela, uma elasticidade cruzada de preços pode ser positiva ou negativa e o sinal nos fornece uma informação valiosa sobre a relação entre os dois bens. Se $E_{x,y} < 0$, um aumento do preço do bem *Y* provoca uma redução da quantidade demandada do bem *X*. Como vimos no Capítulo 3, isso significa que as mercadorias *X* e *Y* são complementares. Por exemplo, na Tabela 7, a elasticidade cruzada de preços entre entretenimento e alimentos é negativa: um aumento de 1% no preço dos alimentos provoca uma redução de 0,7% na quantidade demandada de entretenimento, logo, entretenimento e alimentos são complementares. Isso não é surpresa, muitas formas de entretenimento – dar uma festa, fazer um piquenique em um parque estadual ou até mesmo ver um filme – são acompanhadas de gastos com alimentos. Da mesma maneira, a elasticidade cruzada de preços entre automóveis e gasolina deveria ser negativa: um aumento do preço dos automóveis irá reduzir a quantidade da demanda de gasolina, especialmente a longo prazo. De maneira semelhante, as elasticidades cruzadas de preços entre pão e manteiga, computadores e serviço de Internet ou entre loção de filtro solar e romances inferiores são negativas:

Tabela 7

ALGUMAS ELASTICIDADES CRUZADAS DE PREÇOS

Produtos	Elasticidade cruzada de preços
Margarina com preço de manteiga	1,53
Pepsi com preço de Coca	0,80
Coca com preço de Pepsi	0,61
Carne bovina para hambúrguer com preço de cortes para bife	0,41
Carne bovina para hambúrguer com preço de ave	0,24
Eletricidade com preço de gás natural	0,20
Teatro com preço de todas as outras artes vivas	0,12
Entretenimento com preço de alimentos	–0,72

Fontes: F. Gasmi, J. J. Laffont e Q. Vuong, "Econometric Analysis of Collusive Behavior in a Soft Drink Market", *Journal of Economics and Management Strategy*, Verão de 1992, pp. 277-311. Dale M. Heien, "The Structure of Food Demand: Interrelatedness and Duality", *American Journal of Agricultural Economics*, Maio de 1982, pp. 213-221. Gary W. Brester e Michael K. Wohlgenant, "Estimating Interrelated Demands for Meats Using New Measures for Ground and Table Cut Beef", *American Journal of Agricultural Economics*, Novembro de 1991, pp. 1182-1194. E. T. Fuji et al., "An Almost Ideal Demand System for Visitor Expenditures", *Journal of Transport Economics and Policy*, Maio de 1985. C. Hsiao e D. Mountain, "Estimating the Short-Run Income Elasticity of Demand for Electricity by Using Cross-Sectional Categorized Data", *Journal of the American Statistical Association*, Junho de 1985, pp. 259-265.

um aumento do preço de um item do par deve reduzir a quantidade demandada do outro.

Se $E_{x,y} > 0$, um aumento do preço de um bem Y provoca uma redução da quantidade demandada de um bem X. Nesse caso, os bens X e Y são *substitutos*. A maioria das elasticidades cruzadas de preços da Tabela 7 é positiva, indicando que a maioria dos pares de bens é substituta, em vez de complementar. Por exemplo, a tabela nos informa que margarina e manteiga são substitutos, bem como a carne bovina para hambúrguer e a ave.

Enquanto o *sinal* da elasticidade cruzada de preços nos ajuda a distinguir substitutos e complementares entre bens relacionados, seu *tamanho* nos informa quão *próximos* os dois bens estão relacionados. Um valor absoluto grande para $E_{x,y}$ sugere que os dois são substitutos próximos ou complementares, enquanto um valor pequeno sugere uma relação mais fraca.

Manteiga e margarina parecem ser substitutos muito próximos – ainda mais próximos que a Pepsi e a Coca. Um aumento de 10% no preço da manteiga aumentará a quantidade demandada de margarina em cerca de 15%. Isso faz sentido, já que qualquer um dos bens pode ser substituído pelo outro na maioria das receitas. Embora a eletricidade e o gás natural sejam substitutos, eles são substitutos mais distantes que a manteiga e a margarina. Isso também faz sentido: o gás natural e a eletricidade são intercambiáveis somente em certos usos e, mesmo assim, somente quando o equipamento adequado está disponível.

A HISTÓRIA DE DOIS MERCADOS

Utilizando a TEORIA

O MERCADO PARA ALIMENTOS

Pisos de preços não são freqüentes nas economias de mercado, com uma exceção evidente dos mercados para produtos agrícolas. Quase todo governo do mundo já fez, uma hora ou outra, experiências com pisos de preços para ajudar a manter altos os preços dos alimentos. Muitos governos, incluindo o dos EUA, ainda fazem. O que existe de tão especial com os mercados agrícolas? Por que os governos intervêm neles com tanta freqüência? O que aconteceria se eles *não* interviessem?

Caracterizar o Mercado

Os mercados agrícolas têm uma rara combinação de características que afetam a oferta e a demanda. A melhor maneira de entendê-las é considerar o mercado para alimentos *como um todo*, em vez de o mercado para uma colheita específica. Por quê? Porque as forças de mercado que afetam um tipo de produto alimentício tendem a afetar virtualmente *todos* os produtos alimentícios ao mesmo tempo. Quando combinarmos produtos alimentícios em uma categoria, vamos ver como essas forças de mercado operam em todos os produtos alimentícios juntos. Nesse mercado, as famílias – restritas por suas rendas limitadas e pelo preço de mercado – escolhem quanto alimento adquirir, a fim de maximizar seu bem-estar. Os vendedores – com as restrições dadas por sua tecnologia de produção, pelos preços dos insumos e pelo preço que podem obter pelos alimentos – lutam para maximizar o lucro.

Identificar Objetivos e Restrições

Quais são as forças exclusivas que afetam o mercado para alimentos? Primeiro, descobrimos que a *oferta* de alimentos está sujeita a: (1) avanço tecnológico significativo, a longo prazo, e (2) a sensibilidade extrema ao clima, a curto prazo.

Ao mesmo tempo, a *demanda* para alimentos é caracterizada por um outro par de forças: (3) uma elasticidade-preço muito baixa e (4) uma elasticidade-renda muito baixa.

Para ver como os fazendeiros são afligidos por essas características a longo prazo, vamos ver como cada uma delas afeta as curvas de oferta e demanda. A propriedade (1) nos informa que a curva de oferta de alimentos tende a ser alterada para a direita com o tempo. Para ver isso, pense nos efeitos na produção, à medida que os fazendeiros mudaram de arados à mão para arados puxados por cavalos e depois para tratores. Cada inovação provocou uma redução significativa, no custo por unidade de virtualmente todos os tipos de alimentos e os fazendeiros puderam produzir mais alimentos a um dado preço.

Durante os últimos 50 anos, a mecanização no campo levou a deslocamentos constantes para a direita na curva de oferta de alimentos. Por causa dessas alterações tecnológicas, a produção de alimentos cresceu muito mais rápido que a população. Essa é uma notícia muito boa para a raça humana, mas uma má notícia para o fazendeiro médio. Quando a curva de oferta para alimentos se desloca para a direita, o preço de equilíbrio cai.

A fim de impedir que o preço dos alimentos caia, a curva de demanda teria de se deslocar para a direita, pela mesma distância que a curva de oferta. Já apontamos, no entanto, que a população que cresceu – uma causa de um deslocamento para a direita da curva de demanda – ficou com uma pequena parte do crescimento da produção de alimentos. Além da população, a única modificação que poderia alterar a curva de demanda continuamente para a direita seria o crescimento da renda média da população, mas quanto a isso os fazendeiros também não podem esperar nenhuma salvação. Observe a propriedade (4). O alimento é caracterizado por uma elasticidade de renda muito baixa. Um aumento de 1% na renda provoca um aumento de menos de 1% na demanda por alimentos, portanto, o crescimento da renda possui apenas efeitos fracos. Como a alteração tecnológica no campo ultrapassou tanto o crescimento da população quanto os efeitos do aumento das rendas na demanda por alimentos, as mudanças na demanda não conseguiram acompanhar as modificações na oferta.

Como, a longo prazo, os deslocamentos para a direita da curva de oferta parecem ultrapassar os pequenos deslocamentos da curva de demanda, vamos simplificar as coisas imaginando que a curva de demanda não seja modificada. Essa é uma aproximação à situação de longo prazo nos mercados agrícolas e nos permitirá ver como as elasticidades clarearam o problema.

Encontrar o Equilíbrio

Na Figura 11(a), vemos que o mercado está, inicialmente, em equilíbrio no ponto *A*. Quando a curva de oferta se desloca para a direita, nos movemos ao longo da curva de demanda para alimentos, do ponto *A* para o ponto *B*. O que acontece com a receita total dos fazendeiros ao fazermos esse movimento?

O Que Acontece Quando as Coisas Mudam?

Você já tem as ferramentas para responder a essa pergunta: a demanda por alimentos é inelástica em relação ao preço, conforme dito na propriedade (3). Portanto, quando o preço é reduzido, o gasto total com alimentos (a receita total dos fazendeiros) *cai*. Agora vemos o efeito final do progresso tecnológico sobre os fazendeiros: à medida que o progresso tecnológico rápido continua (e à medida que entramos na era da biotecnologia, há todos os motivos para pensar que ele será acelerado), o setor do campo está condenado a uma receita total em constante queda. Como as novas tecnologias geralmente requerem uma produção em larga escala, somente as grandes fazendas conseguirão reduzir os custos de produção. O resultado – para o fazendeiro comum, de pequeno e de médio porte – é um aperto nos lucros.

Agora, vamos nos voltar para o curto prazo. Aqui, o problema é que as colheitas das plantações dependem intensamente dos padrões do clima, que são muito instáveis de ano para ano. Quando há tempo bom, a produção é alta e a oferta de alimentos, grande. Como mostrado na Figura 11(b), a curva de oferta é deslocada para a direita. Com tempo ruim, a oferta de alimentos é muito menor e a curva de oferta é deslocada para a esquerda. Você pode ver que, com tempo bom, temos um preço de equilíbrio mais baixo, mas uma quantidade de equilíbrio mais elevada para os alimentos. Com tempo ruim, o preço de equilíbrio é mais alto e a quantidade de equilíbrio é mais baixa.

Figura 11

O MERCADO PARA ALIMENTOS

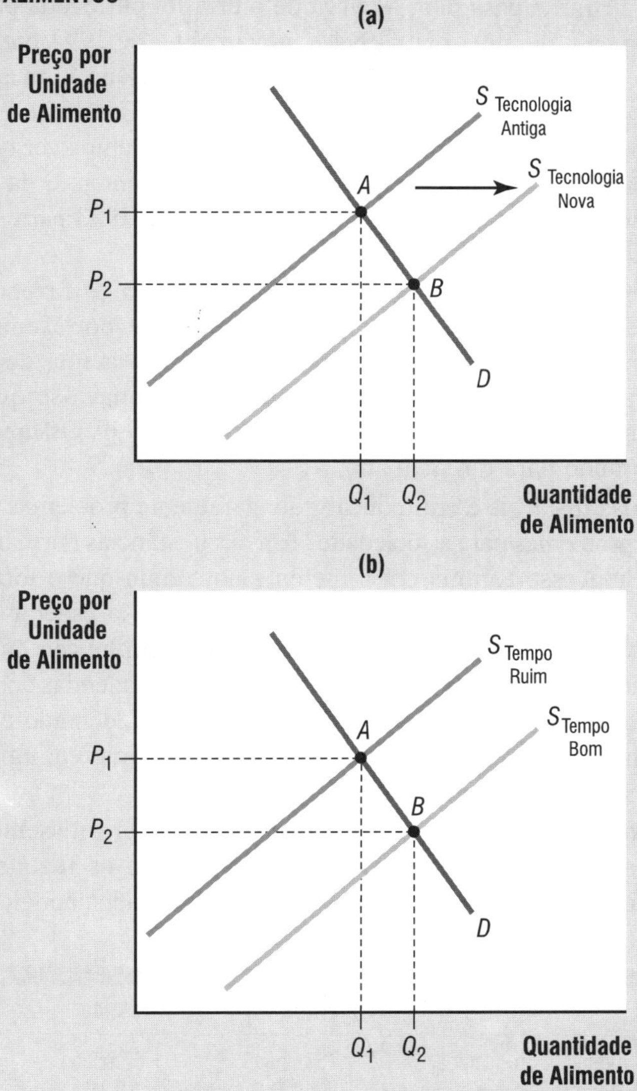

Durante os intervalos normais de preços, a demanda por alimentos é inelástica. O painel (a) descreve o mercado no longo prazo. Com o tempo, as alterações tecnológicas deslocam a curva de oferta para a direita, reduzindo tanto o preço quanto a receita total dos fazendeiros. O painel (b) representa o mercado no curto prazo. Se o tempo estiver bom, a oferta será maior e o preço será menor do que quando o tempo está ruim. A receita total dos fazendeiros (e suas rendas) é menor que quando o tempo está bom.

Como a demanda por alimentos é inelástica, um deslocamento para a esquerda na curva de oferta, que eleva o preço dos alimentos, também aumentará o gasto total com alimentos. Portanto, a alteração na curva de oferta tem um efeito irônico: a receita total dos fazendeiros é maior quando o tempo é ruim. Desde que os custos totais de produção não se diferenciem demais quanto a tempo bom ou ruim, os lucros do campo também serão mais altos com o mau tempo. É por isso que os fazendeiros esperam o mau tempo – ele criará uma escassez de alimentos que elevará o preço e aumentará seus lucros – mesmo com safras menores. Você pode ver, então, que os lucros no campo – que dependem dos padrões do clima, instáveis e imprevisíveis – serão, eles mesmos, altamente instáveis.

A Tabela 8 mostra o impacto que a alteração no clima teve na colheita de trigo de inverno, nos EUA, e o destino de seus fazendeiros. Observe as grandes variações dos preços e das quantidades. Como o tempo, no inverno, passou de bom para ruim e para pior, a curva de oferta foi deslocada para a esquerda: a produção caiu de 1993 para 1994 e, novamente, de 1994 para 1995. Observe, também, que cada queda na produção estava associada a um aumento do preço. O preço se elevou aproximadamente 12% de 1993 a 1994 e teve um enorme aumento de 28% de 1994 a 1995. Finalmente, podemos ver que cada elevação de preço está associado a uma ampliação das vendas e da receita total dos fazendeiros de trigo de inverno. De sua baixa em 1993 para sua alta em 1995, o valor das vendas aumentou em 26%.

A tendência nesses três anos foi positiva para os fazendeiros, mas pode muito bem tornar-se negativa. Na metade de 1999, por exemplo, era esperado que a colheita de trigo de inverno crescesse 9% acima do ano anterior, de 1,74 para 1,9 bilhão de alqueires. Com isso, estimava-se que o preço caísse drasticamente, de $3,70 em 1998 para $2,72 em 1999. Os fazendeiros estavam se preparando para um mau ano.

Rendas instáveis e em redução são claramente problemas para fazendeiros, mas são problemas para a sociedade? Em circunstâncias normais, a resposta seria não. Se houvesse alguma coisa inerente no campo que o tornasse um tipo de trabalho arriscado ou não compensador, poder-se-ia esperar que o emprego e a produção no campo fossem reduzidos. Essa diminuição aumentaria o preço dos alimentos, até que os que permanecessem nas fazendas achassem o trabalho atraente o bastante para ficar. Em outras palavras, deixado com seus próprios dispositivos, o mercado para as mercadorias do campo atingiria um *equilíbrio* como qualquer outro mercado.

O campo, no entanto, parece ser especial. Se permitíssemos que o mercado funcionasse sozinho, os primeiros a sair seriam os fazendeiros de família pequena, sem condições de competir com os grandes conglomerados que são

Tabela 8

PRODUÇÃO DE TRIGO DE INVERNO NOS EUA

	1993	1994	1995
Alqueires produzidos	1,75 bilhão	1,67 bilhão	1,54 bilhão
Preço médio por alqueire	$3,03	$3,40	$4,35
Valor total das vendas	$5,30 bilhões	$5,67 bilhões	$6,70 bilhões

Fonte: U.S. Department of Agriculture, *Marketing Year Average Prices and Value of Production, by States and United States, 1993, 1994* e *1995*. Números da produção calculados pelos autores como o valor total das vendas, dividido pelo preço médio.

mais avançados tecnologicamente e podem correr o risco de uma receita instável mais facilmente. E aí está o problema: a noção de família pequena tem um tremendo apelo político. Além disso, os fazendeiros se agruparam para formar poderosos e eficazes lobbies no governo, para se certificarem de que os mercados agrícolas não passem pelo mesmo processo doloroso de ajuste pelo qual passam outros mercados da economia. O resultado tem sido uma interferência governamental contínua na oferta e na demanda dos mercados agrícolas em todo o mundo. Como vimos neste capítulo, essa interferência provoca seus próprios problemas – o preço que pagamos para proteger os fazendeiros das duras realidades do mercado.

SEGURO-SAÚDE E O MERCADO PARA TRATAMENTO DE SAÚDE

Em 1990, os gastos relacionados com a saúde nos Estados Unidos somaram cerca de $700 bilhões ou 12,2% do PNB (Produto Nacional Bruto) – em inglês GDP, (Gross Domestic Product). Ao final da década, o número tinha aumentado para cerca de $1,3 trilhão ou 14,3% do PNB. Com esse aumento rápido das despesas, os EUA se viram devotando a maior parte de seus recursos a tratamentos de saúde do que qualquer outra nação. Por que um crescimento tão rápido sem nenhum fim à vista? Uma variedade de explicações foi oferecida.

No lado da oferta, descobertas científicas tornaram possível tratar doenças que até então eram fatais. Essas mudanças tecnológicas nos permitem viver mais, mas também elevam o custo de manter uma pessoa saudável. No lado da demanda, à medida que a sociedade dos EUA envelhece, é natural que as despesas com tratamentos de saúde aumentem. Afinal, conforme os indivíduos ficam mais velhos, eles precisam de visitas mais freqüentes a médicos, passam por mais cirurgias e muitos, eventualmente, necessitam de tratamento geriátrico.

Ambos os motivos – a vida mais longa e o uso de tipos mais caros de serviços – contribuem para o aumento dos gastos com tratamentos de saúde. Existe, entretanto, um outro motivo: o seguro-saúde.

Caracterizar o Mercado

Nos Estados Unidos, a maioria dos cidadãos tem alguma forma de seguro-saúde. Para os mais velhos e para uma parcela dos pobres, o seguro é fornecido pelos governos federal e estadual, por meio dos programas Medicare e Medicaid. Para os outros, o seguro-saúde vem como benefício oferecido pelos empregadores. Muitas dessas políticas de seguro têm uma característica chamada *co-seguro* que envolve um compartilhamento de custos entre o consumidor/paciente e o fornecedor do seguro. Com um co-seguro de 30%, por exemplo, o paciente paga 30% da conta de um médico ou do hospital e a firma de seguros paga os 70% restantes.

Identificar Objetivos e Restrições

Vamos examinar o mercado para um tipo específico de tratamento de saúde: exames físicos anuais em uma grande área urbana. Nesse mercado, os compradores – limitados por suas rendas e pelo preço que devem pagar pelos exames físicos – interagem com médicos e com HMOs (Health Maintenance Organizations) que estão lutando para obter o máximo de lucro. Na falta do seguro-saúde, haveria uma demanda por exames físicos, representada pela curva de demanda *D* na Figura 12. Também haveria uma oferta de exames, oferecida por médicos e representada pela curva de oferta *S*. No ponto *A*, a interseção entre as duas curvas determina um preço de equilíbrio de $50 por exame e uma quantidade de equilíbrio de 100.000 exames por ano.

Encontrar o Equilíbrio

O Que Acontece Quando as Coisas Mudam?

Agora, vamos examinar os efeitos do seguro-saúde com uma taxa de co-seguro de 50%. Como os consumidores pagam somente metade do custo de qualquer serviço de saúde que utilizam, o efeito é girar sua curva de demanda para cima (*D'*).

Para entender por que a curva de demanda gira dessa maneira, precisamos apenas reinterpretar a curva de demanda de uma maneira análoga à nossa reinterpretação da curva de oferta anterior, na Figura 3. Geralmente, pensamos na curva de demanda como algo que nos informa a quantidade que os compradores comprarão a cada cada preço, mas ela também informa o preço máximo que pode ser cobrado dos compradores para que eles comprem uma determinada quantidade. Por exemplo, utilizando a curva de demanda original *D*, vemos que, para conseguir que os consumidores comprem 100.000 exames, $100 é o máximo que pode ser cobrado deles por exame. Se o preço for algo mais que $100, as pessoas comprarão menos de 100.000 exames.

Depois que os clientes tiverem uma taxa de co-seguro de 50%, eles estarão dispostos a pagar duas vezes mais e ainda comprar uma certa quantidade. É por isso que a curva de demanda gira de *D* para *D'.* Para qualquer quantidade ao longo do eixo horizontal, o preço correspondente ao longo da curva de demanda *D'* é duas vezes o preço ao longo de *D*. Por exemplo, 100.000 exames, o preço ao longo de *D'* é de $100 por exame, mas metade disso é pago por firmas de seguro que deixam os $50 restantes para serem pagos pelo consumidor.

Após os consumidores estarem segurados, o novo equilíbrio do mercado é determinado no ponto *B*, no qual a curva de oferta *S* e a curva de demanda *D'* se cruzam. O efeito do seguro é aumentar a quantidade do tratamento de saúde oferecido e o preço por unidade. No exemplo, o gasto total aumenta de $50 × 100.000, ou $5.000.000, para $70 × 150.000 ou $10.500.000.

A verdadeira quantia pela qual o gasto aumenta depende, em grande parte, das formas da curva de demanda *D* e da curva de oferta *S*, além da taxa efetiva de co-seguro. Para as curvas de oferta e de demanda dadas, quanto mais alta a taxa

Figura 12

No ponto *A*, o mercado para exames físicos está em equilíbrio, com 100.000 exames fornecidos todo ano, a $50 cada. A introdução do seguro-saúde com uma taxa de co-seguro de 50% faz com que a curva de demanda gire para cima, de *D* para *D'*. No novo equilíbrio (ponto *B*), mais exames são fornecidos a um preço mais alto, de modo que o gasto total com exames físicos aumentou.

O MERCADO PARA TRATAMENTOS DE SAÚDE COM CO-SEGURO

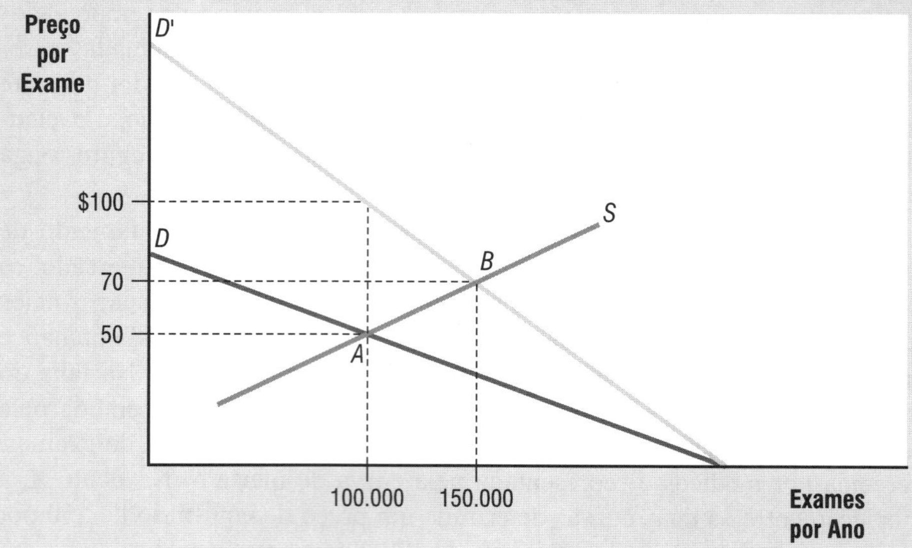

de co-seguro, maior a elevação dos gastos com tratamentos de saúde. Podemos perceber isso imaginando o efeito de uma taxa de co-seguro de 10% (mais próxima à realidade que a taxa hipotética de 50%). Com um co-seguro de 10%, cada indivíduo paga somente um décimo do custo de uma unidade de tratamento de saúde. Nesse caso, a curva de demanda *D'* será tão mais íngreme que a curva mostrada na Figura 12 que, para qualquer quantidade, o preço ao longo da curva *D'* poderia ser 10 vezes mais alto que o preço ao longo da curva *D*.

O seguro-saúde tem benefícios claros para a sociedade. Como a maioria das pessoas é avessa a riscos, elas se sentem melhor quando estão seguradas. Como algumas cirurgias e terapias podem custar $100.000 ou mais, a cobertura do seguro contra doenças catastróficas pode significar a diferença entre a prosperidade e a falência para algumas famílias. Por outro lado, o sistema de seguro-saúde atual impede que os pacientes enfrentem os custos totais de oportunidade de suas decisões de tratamento de saúde. Isso pode fazer com que as pessoas *consumam em excesso* o tratamento de saúde. Alguns economistas acreditam que o seguro-saúde estimule o desenvolvimento de tecnologias de alto custo e baixo benefício. No mínimo, o seguro-saúde reduz os incentivos dos compradores para monitorar seus gastos com tratamentos de saúde de perto ou para procurar tratamento de alta qualidade e baixo custo. Preocupações como essas se encontram no centro dos debates atuais sobre a natureza do sistema de tratamento de saúde.

RESUMO

O modelo de oferta e de demanda é uma ferramenta poderosa para entender todos os tipos de eventos econômicos. Por exemplo, os governos geralmente intervêm nos mercados, criando *tetos* ou *pisos de preços* ou impondo impostos ou subsídios. A oferta e a demanda nos permitem prever como essas intervenções afetarão o preço e a quantidade intercambiada de um bem.

Uma outra ferramenta poderosa é a *elasticidade-preço da demanda*, definida como a variação percentual da quantidade demandada, dividida pela variação percentual do preço que a provocou. Em geral, a elasticidade-preço da demanda varia ao longo de uma curva de demanda. No caso especial de uma curva de demanda em linha reta, a demanda se torna cada vez menos elástica, à medida que movemos para baixo e para a direita na curva. Ao longo de uma parte elástica de qualquer curva de demanda, um aumento do preço faz com que as receitas dos vendedores e os gastos dos consumidores caiam. Ao longo da parte *inelástica* de qualquer curva de demanda, uma elevação do preço faz com que as receitas dos vendedores e os gastos dos consumidores se ampliem. Falando genericamente, a demanda por um bem tende a ser mais elástica: quanto mais limitada for a definição de um bem, mais fácil será encontrar substitutos para ele e maior será a parcela dos orçamentos das famílias gasta com o bem. E *elasticidades de longo prazo* são quase sempre maiores, em valor absoluto, que as *elasticidades de curto prazo.*

A elasticidade-renda da demanda é a variação percentual da quantidade demandada, dividida pela variação percentual da renda que a provoca. Para *bens normais*, a elasticidade-renda da demanda é positiva, já para *bens inferiores*, é negativa.

A elasticidade cruzada de preços da demanda mede a variação percentual da quantidade demandada de um bem como resultado de uma dada variação percentual do preço de outro bem. Se a elasticidade cruzada de preços da demanda for positiva, dizemos que os dois bens são *substitutos*. Se a elasticidade for negativa, dizemos que são *complementares*.

PALAVRAS-CHAVE

teto de preço
lado curto do mercado
mercado negro
controles de aluguel
piso de preço
excise tax
imposto sobre consumo
elasticidade-preço da demanda
demanda inelástica
demanda perfeitamente inelástica
demanda elástica
demanda perfeitamente (infinitamente) elástica
demanda elástica unitária
elasticidade de curto prazo
elasticidade de longo prazo
elasticidade-renda da demanda
necessidade econômica
bens de luxo
elasticidade cruzada de preços da demanda

QUESTÕES PARA REVISÃO

1. Qual a diferença entre a elasticidade-preço da demanda ao longo de uma curva de demanda e a inclinação dessa curva de demanda?
2. A elasticidade-preço da demanda é definida em $\%\Delta Q/\%\Delta P$.
   a. Quais fórmulas os economistas utilizam para calcular $\%\Delta Q$ e $\%\Delta P$?
   b. Por que os economistas utilizam essas fórmulas específicas?
   c. Suponha que a elasticidade-preço da demanda para um bem seja –0,4. Explique exatamente o que isso significa.
3. Para cada par de bens ou serviços dado a seguir, indique qual bem você esperaria que tivesse a *menor* elasticidade-preço da demanda (em valor absoluto). Em cada caso, explique por quê.
   a. Gasolina Exxon e gasolina em geral.
   b. Serviços de beleza e serviços de encanador.
   c. Automóveis e fotocópias coloridas.
   d. Tarifas aéreas para a classe econômica e tarifas aéreas para a classe executiva.
4. Dê alguns exemplos de bens para os quais a demanda seria quase perfeitamente *inelástica*. Em seguida, dê alguns exemplos de bens com demandas quase perfeitamente *elásticas*. Em cada caso, justifique suas respostas.
5. Qual é a relação entre a elasticidade-preço da demanda para um bem e o gasto total com esse bem? Explique como surge essa relação.
6. As elasticidades do preço da demanda de curto prazo são geralmente maiores ou menores (em valor absoluto) que as elasticidades de longo prazo? Por que isso ocorre?
7. Quais fatores determinam a magnitude da elasticidade-preço da demanda por um bem? Especificamente, como cada fator influencia a elasticidade?
8. Quais dos bens a seguir são, provavelmente, bens normais? Quais são, provavelmente, bens inferiores? Defenda suas respostas.
   a. Macarrão em lata.
   b. Aspiradores de pó.
   c. Livros usados.
   d. Softwares de computador.
9. Como as palavras *necessidade* e *luxo* são utilizadas de maneiras diferentes na economia e no discurso do dia-a-dia?
10. Para cada par de bens a seguir, você esperaria que a elasticidade cruzada da demanda fosse positiva ou negativa? Grande (em valor absoluto) ou pequena? Defenda suas respostas.
    a. Hardwares e softwares de computador.
    b. Antibióticos e descongestionantes vendidos sem receita médica.
    c. Gasolina e reparos em automóveis.

PROBLEMAS E EXERCÍCIOS

1. O mercado para arroz tem a tabela de oferta e de demanda dada a seguir:

P (por tonelada)	Q_d (toneladas)	Q_s (toneladas)
$10	100	0
$20	80	30
$30	60	40
$40	50	50
$50	40	60

Para auxiliar os produtores de arroz, o governo impõe um piso de preço de $50 por tonelada.

a. Qual quantidade será comercializada no mercado? Por quê?

b. Qual preço prevalecerá no mercado, após o piso de preço ser imposto?

c. Quais outras medidas o governo terá de tomar para impor o preço de piso?

2. A demanda por água engarrafada em uma cidade pequena é esta:

P (por garrafa)	Q_d (garrafas por semana)
$1,00	500
$1,50	400
$2,00	300
$2,50	200
$3,00	100

a. Essa é uma curva de demanda em linha reta? Como você sabe?

b. Calcule a elasticidade-preço da demanda por água engarrafada, referente um aumento de preço de $1,00 para $1,50. A demanda é elástica ou inelástica para essa alteração de preço?

c. Calcule a elasticidade-preço da demanda para um aumento de preço de $2,50 para $3,00. A demanda é elástica ou inelástica para essa alteração de preço?

d. De acordo com o capítulo, a demanda deve tornar-se cada vez menos elástica, à medida que nos movemos para baixo e para a direita ao longo de uma curva de demanda. Utilize suas respostas em *b.* e em *c.* para confirmar essa relação.

e. Para cada preço, crie uma outra coluna para o gasto total com água engarrafada.

f. De acordo com o capítulo, uma elevação do preço deve *aumentar* o gasto total com água engarrafada quando a demanda for inelástica e *reduzir* o gasto total quando ela for elástica. Para confirmar isso, utilize suas respostas em *b.* e *c.* acima e a nova coluna de gasto total criada por você.

3. Consulte a Tabela 3 da página 115 e responda às perguntas a seguir:

a. A demanda por recreação é mais ou menos elástica que a demanda por roupas?

b. Se 10.000 garrafas de dois litros de Pepsi são atualmente demandadas na sua comunidade a cada mês e o preço aumentar de $0,90 para $1,00 por garrafa, o que acontecerá com a quantidade demandada? Seja específico.

c. Quanto o preço da carne bovina para hambúrguer teria de aumentar (em termos percentuais), a fim de reduzir a quantidade demandada em 5%?

4. Com as informações da tabela dada a seguir, calcule a elasticidade-renda da demanda por esse bem, considerando um aumento na renda de $10.000 para $20.000 e um de $40.000 para $50.000. (Todas as quantidades foram medidas a um preço de $10 por unidade).

Renda	Quantidade Demandada
$10.000	50
$20.000	60
$30.000	70
$40.000	80
$50.000	90

a. Esse é um bem normal ou inferior? Como você sabe?

b. A proporção da renda familiar gasta com esse bem aumenta ou diminui, à medida que a renda se eleva?

c. Esse bem é considerado um bem de luxo, uma necessidade econômica ou nenhuma das duas coisas? Por quê?

5. Utilize os dados da Tabela 7, na página 128, para responder às perguntas a seguir:

a. Se o preço do entretenimento aumentar em 2%, o que acontecerá à quantidade demandada de alimento? Seja específico.
b. Se o preço da eletricidade cair em 3%, o que acontecerá à quantidade demandada de gás natural? Novamente, seja específico.
c. Se uma alteração nos gostos aumentar a demanda por aves e elevar o preço em 5%, o que acontecerá à quantidade demandada de carne bovina para hambúrguer?

6. Three Guys Named Al (Três Caras Chamados Al), uma firma de mudanças, está analisando a possibilidade de aumentar o preço de seus serviços. Atualmente, eles cobram $20 por hora, mas Al acha que eles poderiam obter $30. Al discorda, dizendo que esse aumento prejudicará os negócios. Al, o cérebro do grupo, calculou a elasticidade-preço da demanda para seus serviços de mudança no intervalo de $20 a $30 e descobriu que é de –0,5.
   a. Eles devem fazer como sugere Al e aumentar o preço? Por que ou por que não?
   b. Atualmente, Three Guys é a única firma de mudanças na cidade. Al lê no jornal que várias novas firmas de mudança estão planejando instalar-se lá no próximo ano. Daqui a 12 meses, a demanda pelos serviços da Three Guys será, provavelmente, mais elástica, menos elástica ou terá a mesma elasticidade? Por quê?

PERGUNTAS DESAFIADORAS

1. Um subsídio é o oposto de um imposto, ou seja, é um pagamento *do* governo, em vez de *para* o governo. Suponha que o governo institua um subsídio de $10 para cada novo computador instalado nos Estados Unidos. O dinheiro será pago ao comprador do computador. Utilize um diagrama de oferta e de demanda para mostrar o efeito desse subsídio no preço e na quantidade de computadores.
2. Vimos nos Capítulos 3 e 4 que o preço age como um mecanismo de alocação, determinando como a quantidade produzida seja distribuída entre os que desejam consumir o bem. No caso de um teto de preço, o mecanismo alocativo é frustrado.

   Considere o mercado para aluguel de casas. Se um teto de aluguel for definido abaixo do preço de mercado:
   a. Haverá uma falta ou um excesso de casas para aluguel?
   b. Como o preço não pode mais alocar casas de aluguel, qual outro mecanismo poderia surgir? Quais fatores poderiam ser utilizados para determinar quem obtém apartamentos com aluguel controlado e quem não obtém?

EXERCÍCIO EXPERIMENTAL

1. Elasticidades cruzadas de preços são importantes na indústria de computadores. Leia a coluna "Personal Technology" (Tecnologia Pessoal) no *Wall Street Journal* de quinta-feira e encontre uma história que descreva um produto de hardware ou de software. Faça uma lista de *outros* produtos que você acha que seriam substitutos (elasticidade cruzada de preços positiva) para o produto do artigo. Organize os itens na sua lista de substitutos muito próximos (elasticidade cruzada de preços muito grande) para substitutos mais distantes (menor elasticidade cruzada de preços). Para cada item da lista, faça sua melhor previsão sobre o valor numérico da elasticidade. Utilizando a previsão, o que aconteceria se o preço de cada item na sua lista aumentasse em 10%? Quando terminar, siga as mesmas etapas para uma lista de *complementos* para o produto em questão. Nesse caso, as elasticidades cruzadas de preços serão negativas.

CAPÍTULO

5

ESCOLHA DO CONSUMIDOR

Você está constantemente tomando decisões econômicas. Algumas são relativamente triviais. (Você deveria comprar um café caro no Starbucks ou fazê-lo, mais barato, em casa?) Outras decisões podem ter um impacto profundo no seu estilo de vida. A natureza econômica de todas essas decisões é bem óbvia, já que elas envolvem *gastos*.

Em outros casos, a natureza econômica de suas decisões pode ser menos óbvia. Você levantou cedo hoje para comprar coisas ou dormiu até mais tarde? Em quais atividades de lazer como cinemas, concertos, esportes, hobbies você está envolvido e com que freqüência você recusa uma oportunidade de se divertir por falta de tempo? Neste exato momento, o que você decidiu *não* fazer para ter tempo de ler este capítulo? Todas essas decisões são também escolhas econômicas, pois requerem que você aloque um recurso escasso – seu *tempo* – entre diferentes alternativas.

Para entender as escolhas econômicas que os indivíduos fazem, devemos saber o que eles estão tentando alcançar (seus objetivos) e as limitações que enfrentam para atingi-los (suas restrições). Isso parece familiar: é a Etapa-Chave nº 2 do procedimento em quatro etapas. Esta etapa pertence a famílias individuais – os tomadores de decisões econômicas que compram bens e serviços e que tomam decisões sobre trabalho e lazer.

Como podemos identificar, entretanto, os objetivos e restrições dos *consumidores* quando somos tão *diferentes* uns dos outros?

Na realidade, *somos* diferentes uns dos outros com relação a objetivos *específicos* e a restrições *específicas*. No nível mais alto de generalidade, somos todos muito semelhantes. Todos nós, por exemplo, gostaríamos de aumentar nosso nível geral de *satisfação*. E todos nós, à medida que tentamos satisfazer nossos desejos, nos deparamos com as mesmas restrições: pouca renda ou riqueza para comprar tudo o que poderíamos usufruir e pouco tempo para desfrutar isso.

Iniciaremos nossa análise da escolha individual com as restrições e, em seguida, iremos para os objetivos. Na maior parte do capítulo, vamos nos concentrar nas escolhas sobre *gastos*: como as pessoas decidem o que comprar. É por isso que a teoria da tomada de decisão individual é freqüentemente chamada "teoria do consumidor". Posteriormente, na seção Utilizando a Teoria, veremos como a teoria pode ser ampliada para incluir decisões sobre alocação de tempo escasso entre diferentes atividades.

Identificar os Objetivos e as Restrições

A RESTRIÇÃO DE ORÇAMENTO

Virtualmente, todos os indivíduos devem enfrentar dois fatos da vida econômica: (1) eles precisam pagar preços pelos bens e serviços que compram e (2) têm fundos limitados para gastar. Esses dois fatos são resumidos pela *restrição de orçamento* do consumidor.

Restrição de orçamento As diferentes combinações de bens que um consumidor pode comprar com um orçamento limitado, a preços determinados.

*Uma **restrição de orçamento** do consumidor identifica quais combinações de bens e serviços o consumidor pode comprar com um orçamento limitado, a preços determinados.*

Considere Max, um fã devotado de filmes e de concertos. Ele tem um orçamento total de $150 para gastar em ambos por mês. Para cada filme, Max deve pagar um custo, em dinheiro, de $10 (o preço da entrada, mais o custo do transporte) e, para cada concerto, um custo, em dinheiro, de $30. Se Max gastasse todo o seu orçamento de $150 em concertos, a $30 cada, ele poderia ir a no máximo cinco concertos por mês. Se gastasse todo o orçamento em filmes, a $10 cada, poderia assistir a 15 filmes.

Max também poderia escolher gastar *parte* de seu orçamento em concertos e *parte* em filmes. Nesse caso, para cada número de concertos, existiria um número *máximo* de filmes aos quais ele poderia assistir. Por exemplo, se ele fosse a um concerto por mês, isso custaria a ele $30 do seu orçamento de $150, sobrando $120 para filmes. Assim, se Max escolhesse um concerto, o número *máximo* de filmes que ele poderia escolher seria $120/$10 = 12.

A Figura 1 lista – para cada número de concertos – o número máximo de filmes aos quais Max poderia assistir. As combinações de bens na tabela são acessíveis para Max, pois cada uma custará exatamente $150. A combinação *A*, em um extremo, representa nenhum concerto e 15 filmes. A combinação *F*, o outro extremo, representa cinco concertos e nenhum filme. Em cada combinação entre *A* e *F*, Max assiste a ambos – concertos e filmes.

O gráfico da Figura 1 representa o número de filmes ao longo do eixo vertical e o número de concertos ao longo do eixo horizontal. Cada ponto de *A* até *F* corresponde a uma das combinações da tabela. Se ligarmos todos esses pontos com uma linha reta, teremos uma representação gráfica da restrição de orçamento de Max que chamamos **linha de orçamento** de Max.

Linha de orçamento A representação gráfica de uma restrição de orçamento.

Observe que qualquer ponto abaixo ou à esquerda da linha do orçamento é acessível. Por exemplo, dois concertos e seis filmes – indicados pelo ponto *G* – custariam somente $60 + $60 = $120. Max poderia, com certeza, comprar essa combinação. Por outro lado, ele *não poderia* comprar nenhuma combinação *acima* e à direita dessa linha. O ponto *H*, que representa três concertos e oito

Figura 1

A linha do orçamento mostra todas as combinações de concertos e filmes aos quais Max poderia assistir, gastando $150 por mês. No ponto *A*, ele poderia assistir a 15 filmes, mas a nenhum concerto. Em *F*, ele poderia assistir a 5 concertos, mas a nenhum filme. Nos pontos de *B* a *E*, ele assiste tanto a filmes quanto a concertos. A inclinação da linha($-P_{concerto}/P_{filme} = -3$) mostra que o custo de oportunidade de um concerto adicional é de 3 filmes.

A RESTRIÇÃO DE ORÇAMENTO

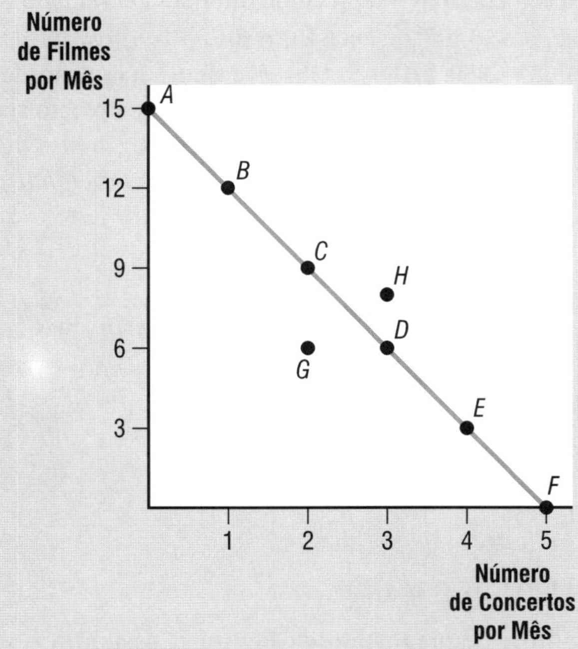

Possibilidades de Consumo de Max, com Renda de $150

	Concertos a $30 cada		Filmes a $10 cada	
	Quantidade	**Gasto Total em Concertos**	**Quantidade**	**Gasto Total em Filmes**
A	0	$0	15	$150
B	1	$30	12	$120
C	2	$60	9	$90
D	3	$90	6	$60
E	4	$120	3	$30
F	5	$150	0	$0

filmes, custaria $90 + $80 = $170, quantia superior ao orçamento de Max. A linha de orçamento, portanto, serve como uma *fronteira* entre as combinações que são acessíveis e as que não são.

Vamos examinar a linha de orçamento de Max com mais atenção. O *intercepto vertical* é 15, o número de filmes aos quais Max poderia assistir se não fosse a nenhum concerto. Iniciando no intercepto vertical (ponto *A*), observe que, cada vez que Max aumenta uma unidade ao longo do eixo horizontal (vai a mais um concerto), ele deve reduzir três unidades ao longo do vertical (deixa de ver três filmes). Assim, a inclinação de linha do orçamento é igual a –3. A inclinação nos informa o *custo de oportunidade*, para Max, de um concerto a mais. No caso, o custo de oportunidade de um concerto a mais é de três filmes aos quais ele deixa de assistir.

Existe uma relação importante entre os *preços* de dois bens e o custo de oportunidade de ter mais de um que do outro. Os preços nos informam quantos dólares Max deve gastar para obter uma outra unidade de cada bem. Se, no entanto, dividirmos um preço em dinheiro por um outro preço em dinheiro, obteremos o que é chamado **preço relativo** – o preço de um bem *em relação* a outro.

Preço relativo O preço de um bem em relação ao preço de um outro.

Como $P_{concerto}$ = \$30 e P_{filme} = \$10, o *preço relativo de um concerto* é a razão $P_{concerto}/P_{filme}$ = \$30/\$10 = 3. Observe que 3 é o custo de oportunidade de um concerto adicional em termos de filmes e – exceto pelo sinal de menos – também é a inclinação da linha de orçamento. Assim, *o preço relativo de um concerto, o custo de oportunidade de um concerto adicional e a inclinação da linha de orçamento* têm o mesmo valor absoluto. Este é um exemplo de uma relação geral.

A inclinação da linha de orçamento indica o conflito nos gastos entre um bem e outro – a quantidade de um bem que deve ser sacrificada, a fim de comprar uma quantidade adicional de um outro bem. Se P_y for o preço do bem no eixo vertical e P_x for o preço do bem no eixo horizontal, a inclinação da linha de orçamento é $-P_x/P_y$.

MUDANÇAS NA LINHA DE ORÇAMENTO

Para desenhar a linha de orçamento da Figura 1, assumimos como dados os preços para filmes, concertos e a renda que Max pode gastar com eles. Esses "dados" – os preços dos bens e a renda do consumidor – são sempre *assumidos como constantes,* à medida que nos movemos ao longo de uma linha de orçamento. Se algum deles for alterado, a linha de orçamento será modificada também. Vamos ver como.

Mudanças na Renda. Se a renda disponível de Max aumentasse de \$150 para \$300 por mês, ele poderia assistir a mais filmes, a mais concertos ou a mais de ambos, conforme mostrado pela mudança na sua linha de orçamento da Figura 2(a). Se Max dedicasse *toda* a sua renda para filmes, ele poderia, agora, assistir a 30 deles por mês, em vez dos 15 de antes. Se dedicasse toda a sua renda para concertos, poderia assistir a dez e não a apenas cinco. Além disso, para qualquer número de concertos, ele poderia assistir a mais filmes que antes. Por exemplo, anteriormente, quando seu orçamento era de \$150, a escolha de dois concertos permitiria a Max assistir a somente nove filmes. Agora, com um orçamento de \$300, ele poderia assistir a dois concertos e a 24 filmes.

CURVAS PERIGOSAS

É tentador pensar que a inclinação de uma linha de orçamento deveria ser $-P_y/P_x$, onde o preço do bem no eixo vertical, P_y, está no numerador e não no denominador. Mas isso é um erro. A inclinação da linha de orçamento é a mudança na *quantidade* ao longo do eixo vertical, dividida pela mudança na *quantidade* ao longo do eixo horizontal. Como mostra o exemplo, quando a inclinação é expressa em termos de *preços* em vez de quantidades, a fórmula é $-P_x/P_y$, tendo no numerador o preço do bem do eixo *horizontal.*

Observe que, na Figura 2(a), a linha de orçamento nova e a linha de orçamento antiga são paralelas – elas têm a mesma inclinação de –3. Isso ocorre porque alteramos a renda de Max, mas *não* os preços.

Como a razão $P_{concerto}/P_{filme}$ não foi alterada, o conflito de se gastar entre filmes e concertos permanece o mesmo. Assim,

Um aumento da renda irá mudar a linha de orçamento para cima (e para a direita). Uma redução da renda irá mudar a linha de orçamento para baixo (e para a esquerda). Essas alterações são paralelas – alterações da renda não afetam a inclinação da linha de orçamento.

Alterações de Preço. Agora, vamos voltar ao orçamento original de Max, de $150, e explorar o que ocorre à linha do orçamento quando um preço é alterado.

Figura 2

MUDANÇAS NA LINHA DE ORÇAMENTO

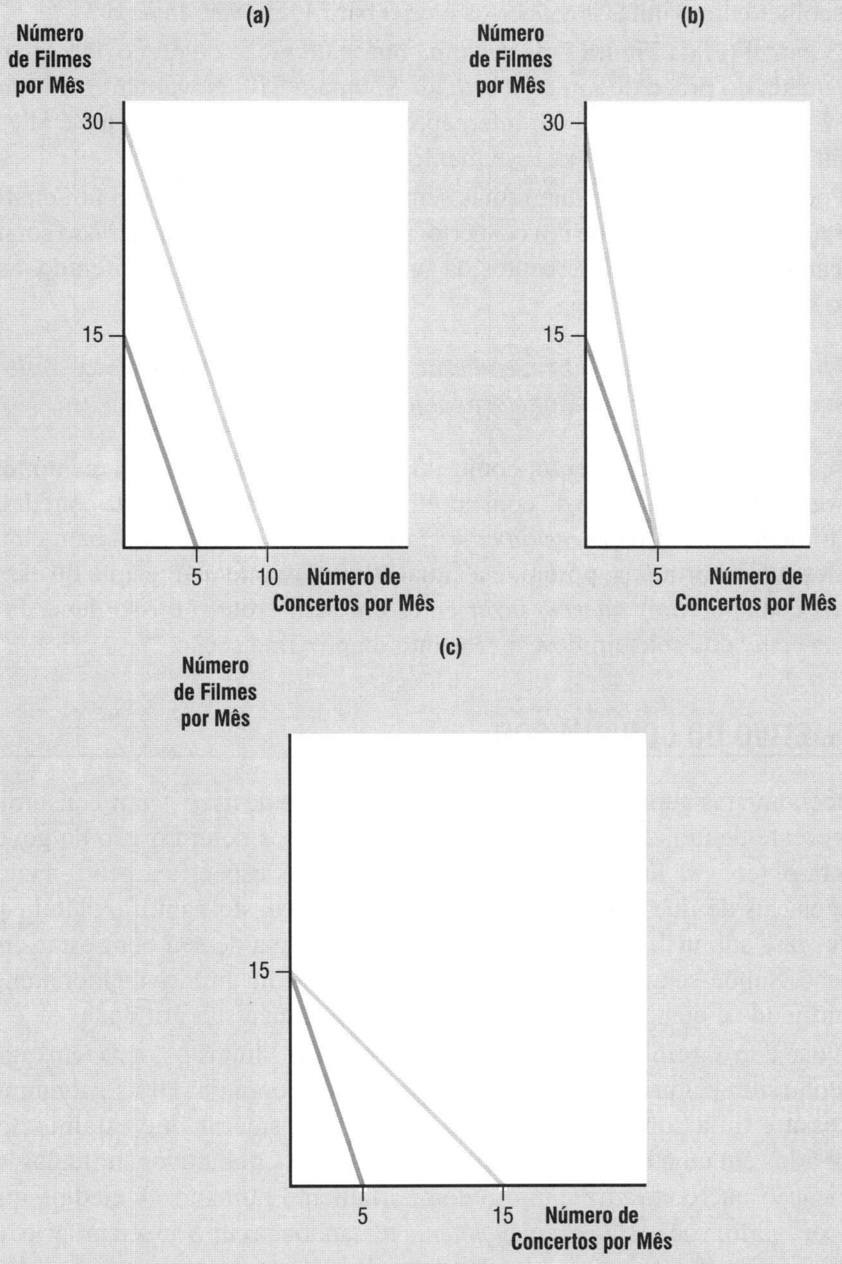

No painel (a), um aumento da renda leva a uma mudança paralela para a direita da linha de orçamento. No painel (b), uma redução do preço de um filme faz com que a linha de orçamento gire para cima. Com isso, o intercepto horizontal não é afetado. No painel (c), uma redução do preço de um concerto leva a uma rotação para a direita da linha de orçamento.

Suponha que o preço de um filme caia de $10 para $5. O gráfico da Figura 2(b) mostra as linhas de orçamento antiga e nova de Max. Quando o preço de um filme cai, a linha de orçamento gira para fora, ou seja, o intercepto vertical é movido mais para cima. O motivo é: quando um filme custava $10, Max podia gastar todos os seus $150 neles e assistir a 15 filmes. Agora que eles custam $5, ele pode ver até 30. O intercepto horizontal – que representa a quantos concertos Max poderia assistir com toda a sua renda – não é alterado, já que não houve nenhuma alteração no preço de um concerto. Observe que a nova linha de orçamento também é *mais inclinada* que a original, com inclinação igual a $-P_{concerto}/P_{filme}$ = –$30/$5 = –6. Agora, com os filmes custando $5, o conflito de escolher entre filmes e concertos é de 6 para 1, em vez de 3 para 1.

O painel (c) da Figura 2 ilustra uma outra alteração de preço. Dessa vez, é uma queda do preço de um *concerto*, de $30 para $10. Novamente, a linha de orçamento gira, mas agora é o intercepto horizontal (concertos) que é alterado e o intercepto vertical (filmes) se mantém fixo.

Poderíamos desenhar diagramas semelhantes que ilustrassem um *aumento* do preço de um filme ou de um concerto, mas você deve tentar fazer isso sozinho. Em cada caso, um dos interceptos da linha de orçamento será alterado, assim como sua inclinação:

> *Quando o preço de um bem é alterado, a linha de orçamento gira: tanto sua inclinação como um de seus interceptos sofrerão mudanças.*

A restrição de orçamento, como ilustrada pela linha de orçamento, é um lado da história da escolha do consumidor. Ela indica a situação de conflito dos consumidores e como eles *estão capacitados* a escolher entre um bem e outro. De mesma importância, porém, é a situação conflitante que resulta da escolha que os consumidores *querem* fazer entre um bem e outro e isso depende das *preferências* dos consumidores – assunto da próxima seção.

Identificar os Objetivos e as Restrições

O OBJETIVO DO CONSUMIDOR

Utilidade Prazer ou satisfação obtida a partir do consumo de bens e serviços.

Os economistas supõem que *qualquer* tomador de decisão – um consumidor, um gerente de uma firma comercial ou funcionários de um órgão do governo – tenta obter *o melhor* de qualquer situação. Mais especificamente, fazemos a suposição de que os consumidores (o assunto deste capítulo) lutam para maximizar sua **utilidade** – uma medida quantitativa de seu bem-estar ou satisfação. Supõe-se que qualquer coisa que torne o consumidor melhor aumente sua utilidade e qualquer coisa que o torne pior reduza sua utilidade.

Você tem algum problema com essa suposição? Muitas pessoas têm quando a encontram pela primeira vez em um curso de economia. Diz-se comumente que essa é uma suposição irreal. Ela parece considerar que estamos todos envolvidos em uma busca consciente e incansável por objetivos limitados, uma implicação que contradiz muito o comportamento humano. À medida que lê este parágrafo, você está *conscientemente* tentando maximizar seu próprio bem-estar? Você está totalmente ciente de que ler este texto o ajudará a melhorar sua nota em Economia, o que, por sua vez, o ajudará a atingir outros objetivos importantes? Talvez. Mais provavelmente, você não está pensando em nada disso. Você está lendo este capítulo agora porque... você *deve*. Na verdade, raramente tomamos decisões conscientes com cálculos difíceis, somos mais freqüentemente guiados por sentimentos em relação aos quais podemos ou não estar cientes. Por que, então, os economistas supõem que as pessoas tomem decisões de maneira consciente e calculada quando, na realidade, elas geralmente não o fazem?

Essa é uma pergunta importante. Os economistas a respondem desta maneira: o principal objetivo de construir um modelo econômico é *entender e prever o comportamento* – das famílias, das firmas, do governo e da economia em geral. Quando as pessoas se comportam como *se* estivessem maximizando alguma coisa, podemos construir um bom modelo, *supondo que elas realmente estejam maximizando algo.* Se elas estão *realmente* maximizando alguma coisa de maneira *consciente* ou não é uma questão filosófica interessante, mas a resposta não afeta a utilidade do modelo.

Milton Friedman, economista vencedor do Prêmio Nobel, coloca essa questão da seguinte maneira:

> *Considere o problema de prever as jogadas feitas por um jogador experiente de bilhar. Parece bem razoável que previsões excelentes seriam obtidas pela hipótese de que o jogador tenha feito suas jogadas* como se *conhecesse as complicadas fórmulas matemáticas que otimizariam a direção de suas tacadas, como se ele pudesse estimar precisamente, pelo olhar, os ângulos, etc, pudesse, descrevendo a localização das bolas, fazer cálculos esclarecedores a partir das fórmulas e, em seguida, pudesse fazer as bolas viajarem no sentido indicado pelas mesmas. Nossa confiança nessa hipótese não é baseada na crença de que jogadores de bilhar, mesmo os experientes, podem ou realmente passam pelo processo descrito, mas sim, na crença de que, ao menos, de uma maneira ou de outra eles consigam alcançar, essencialmente, o mesmo resultado, caso contrário eles não seriam jogadores de bilhar* ***experientes****.*

Tenha isso em mente, à medida que nos aprofundamos na teoria do consumidor. Imagina-se que o consumidor maximize sua *utilidade.* Isso *não* significa que realmente acreditamos que os consumidores consultem algum tipo de sistema de medição de utilidade cada vez que fazem uma compra ou decidem como alocar seu tempo, mas sim que, na maioria das vezes, os consumidores se comportam *como se* consultassem esse sistema de medida.

Quanto à suposição de que as pessoas maximizam a utilidade, alega-se também que é ignorância concentrar-se no egoísmo delas e desconhecer a existência de motivos mais nobres. Na verdade, neste capítulo, iremos supor que a utilidade de um indivíduo aumenta à medida que ele obtém mais e mais coisas materiais.

Ainda assim, a maximização da utilidade não significa, necessariamente, que as pessoas são egoístas ou que os economistas pensam que elas são. Pelo contrário, os economistas estão muito interessados em casos nos quais as pessoas levam o interesse dos outros em conta. Por exemplo, boa parte da vida econômica ocorre na família, na qual as pessoas se importam muito umas com as outras. A maximização da utilidade seria, assim, aplicada à família como um todo, ou seja, iríamos supor que a *família*, em vez de qualquer indivíduo isolado dentro dela, estivesse tentando tirar o melhor proveito de qualquer situação.

Lembre-se, também, de que um modelo econômico é sempre construído para um propósito específico. Modelos econômicos úteis foram construídos para explorar a caridade dos indivíduos e das corporações, o trabalho voluntário e o comportamento ético como honestidade, justiça e respeito pelos cidadãos. Nesses modelos, a economia reconhece que as pessoas geralmente se importam com seus amigos, vizinhos, colegas de trabalho e, de maneira mais ampla, com a sociedade na qual vivem. Esses modelos supõem que a utilidade de um indivíduo aumente não apenas quando ele adquire mais coisas para si mesmo, mas também quando as outras pessoas se tornam melhores.

Por outro lado, quando estamos explorando as questões mais comuns do comportamento do indivíduo em *mercados*, há pouco a ganhar reconhecendo esses motivos mais nobres. Afinal, a mesma pessoa que pratica, generosamente, a caridade, geralmente tenta maximizar seu ganho *particular* ao comercializar no mercado de ações ou ao comprar roupas. É por isso que, neste capítulo, iremos imaginar que a utilidade de cada tomador de decisão depende de suas *próprias* aquisições.

UTILIDADE E UTILIDADE MARGINAL

A Figura 3 fornece uma exibição gráfica da utilidade – neste caso – de Lisa, consumidora que gosta de casquinhas de sorvete. Examine, primeiro, o painel (a). No eixo horizontal, mediremos o número de casquinhas de sorvete que Lisa consome por semana. No eixo vertical, mediremos a utilidade que ela obtém ao consumir cada uma delas. Se Lisa valorizar casquinhas de sorvete, sua utilidade aumentará à medida que ela adquirir mais casquinhas como ocorre na figura. Lá, observamos que, quando ela tem uma casquinha, desfruta de uma utilidade total de 30 "utils", mas quando tem duas casquinhas, sua utilidade total cresce para 50 "utils" e assim por diante. Por meio desse número, a utilidade total que Lisa obtém com o consumo de casquinhas de sorvete continua aumentando conforme ela consome cada vez mais casquinhas.

Observe agora algo interessante e importante: embora a utilidade de Lisa aumente cada vez que ela adquire mais sorvete, a utilidade *adicional* que ela obtém com cada casquinha *sucessiva* fica cada vez menor com a obtenção de mais casquinhas. A *alteração da utilidade* obtida com o consumo de uma *unidade adicional* de um bem é chamada *utilidade marginal* dessa unidade.

Utilidade marginal A alteração da utilidade total que um indivíduo obtém por consumir uma unidade adicional de um bem ou serviço.

> ***Utilidade marginal*** *é a alteração da utilidade total que um indivíduo obtém por consumir uma unidade adicional de um bem ou serviço.*

Lei da utilidade marginal decrescente À medida que o consumo de um bem ou serviço aumenta, a utilidade marginal diminui.

O que observamos sobre a utilidade de Lisa pode ser dito novamente desta maneira: à medida que ela consome mais e mais casquinhas de sorvete em uma certa semana, sua *utilidade marginal* com uma outra casquinha declina. No século XIX e no início do século XX, os economistas pensavam que esse padrão era típico de virtualmente *todos* os consumidores que consumiam qualquer bem ou serviço e eles chamavam isso **lei da utilidade marginal decrescente**. O grande economista Alfred Marshall (1842-1924) coloca desta maneira:

Figura 3

UTILIDADE TOTAL E UTILIDADE MARGINAL

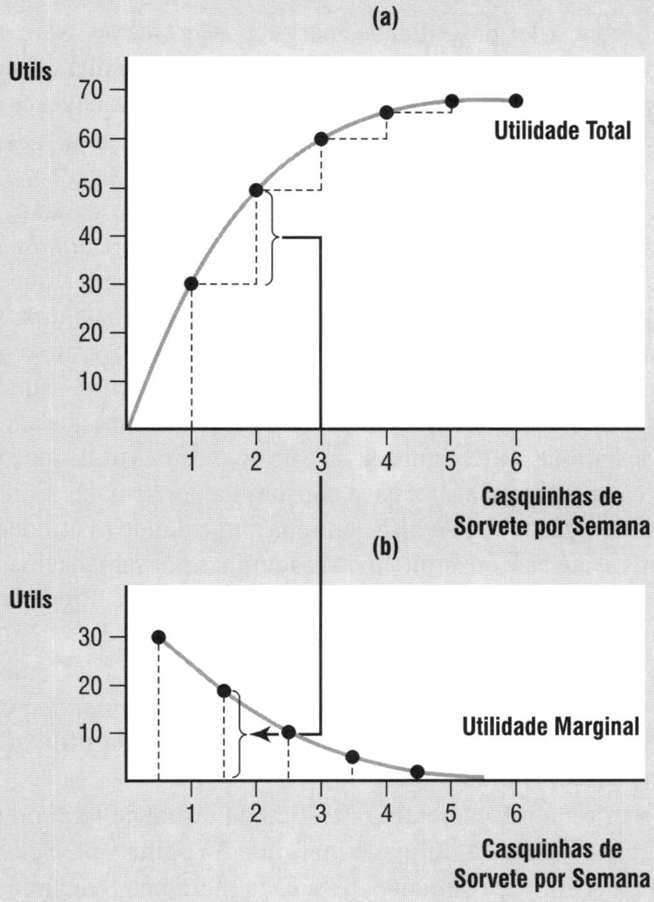

Utilidade Total e Marginal de Lisa com o Consumo de Casquinhas de Sorvete

Número de Casquinhas	Utilidade Total	Utilidade Marginal
0	0 utils	
		30 utils
1	30 utils	
		20 utils
2	50 utils	
		10 utils
3	60 utils	
		5 utils
4	65 utils	
		3 utils
5	68 utils	
		0 utils
6	68 utils	

O painel (a) mostra a utilidade total de Lisa com seu consumo de casquinhas de sorvete. À medida que seu consumo de sorvete aumenta, eleva sua utilidade total. O painel (b) mostra a utilidade marginal correspondente. A UM (Utilidade Marginal) cai, à medida que o consumo de sorvete aumenta, o que indica que cada casquinha de sorvete adicional por semana fornece menos utilidade adicional que a anterior.

A utilidade marginal de uma coisa para qualquer pessoa diminui à medida que aumenta a quantidade dessa coisa que a pessoa já possui.[1]

De acordo com a lei da utilidade marginal decrescente, ao consumir sua primeira unidade de alguma mercadoria, como uma casquinha de sorvete, você obtém alguma quantia de utilidade. Ao obter sua segunda casquinha da semana, você desfruta uma satisfação maior que quando tinha apenas uma, mas a satisfação *extra* obtida com a segunda é, provavelmente, menor que a satisfação obtida com a primeira. A adição da terceira casquinha ao seu consumo semanal aumentará, sem dúvida, ainda mais, sua utilidade, mas, novamente, a *utilidade marginal* obtida com a terceira casquinha será, provavelmente, menor que a utilidade marginal obtida com a segunda. A Figura 3 nos ajudará, mais uma vez, a ver o que está acontecendo. A tabela resume as informações do gráfico de utilidade total. As primeiras duas colunas mostram, respectivamente, a quantidade de casquinhas que Lisa consome toda semana e a utilidade total que ela obtém toda semana por consumi-las. A terceira coluna é nova: mostra a utilidade marginal que ela recebe de cada casquinha sucessiva consumida por semana. Como podemos ver na tabela, a utilidade total de Lisa continua aumentando (a utilidade marginal é sempre positiva) até ela consumir cinco casquinhas por semana, mas a taxa pela qual a utilidade total aumenta torna-se cada vez menor (sua utilidade marginal é reduzida) à medida que seu consumo também se eleva.

A utilidade marginal é mostrada no painel (b) da Figura 3. Como a utilidade marginal é a mudança da utilidade, provocada por uma *mudança* do consumo de um nível para outro, representamos a entrada de cada utilidade marginal *entre* os níveis de consumo antigo e novo.

Observe a estreita relação entre o gráfico da utilidade total no painel (a) e o gráfico correspondente da utilidade marginal no painel (b). Se olhar os dois gráficos com atenção, você verá que, para cada incremento de uma unidade no consumo de sorvete de Lisa, sua utilidade marginal é igual à *mudança* na sua utilidade total. A curva de inclinação para baixo no painel (b) nos fornece uma ilustração nítida da lei da utilidade marginal decrescente.

Uma última coisa sobre a Figura 3: como a utilidade marginal é decrescente para Lisa, no momento em que ela tiver consumido um total de cinco casquinhas por semana, a utilidade marginal que ela obtém com uma casquinha adicional cairá para zero. Nesse ponto, ela estará totalmente *satisfeita* com o sorvete e não obterá nenhuma satisfação ou utilidade extra ao tomar mais sorvete em uma semana típica. Depois de atingido esse ponto de satisfação, mesmo se o sorvete fosse de graça, Lisa o recusaria ("Argh! Não quero mais sorvete!").

PREFERÊNCIAS

Na seção anterior, exploramos a maneira como o bem-estar de um consumidor ou a utilidade é alterada à medida que ele consome cada vez mais de uma *única* mercadoria. Mas o que pretendemos, em última instância, é entender como os consumidores fazem *escolhas* entre *diferentes combinações* de bens. Como

---

[1] *Principles of Economics*, Book III, Ch. III, Appendix notes 1 & 2. Macmillan & Co., 1930.

podemos ver, o conceito de utilidade pode nos ajudar aqui também. Mais especificamente, ele nos ajuda a caracterizar as *preferências* das pessoas.

Como podemos falar, de maneira sistemática, sobre as preferências das pessoas? Afinal, as pessoas são diferentes e gostam de coisas diferentes. Os adolescentes americanos sentem prazer em beber Coca no jantar, enquanto essa simples idéia faz com que um cidadão francês estremeça. O que satisfaria um monge budista muito provavelmente não satisfaria um americano comum.

CURVAS PERIGOSAS

Você encontrará repetidamente a palavra *marginal* no seu estudo da economia. Literalmente, uma margem é um "limite" ou algo *além*. Em economia, marginal significa "adicional" ou "incremental" e é utilizada para descrever o que ocorre quando um tomador de decisão considera uma pequena *mudança* na sua situação atual.

É fácil confundir uma medida *total* de alguma coisa com a medida *marginal* a ela associada, pois elas são ambas medidas nas mesmas unidades. No entanto, elas não são a mesma coisa. A medida marginal sempre nos informa a *mudança na medida total* provocada por *uma unidade a mais* de alguma coisa. Por exemplo, tanto a utilidade total quanto a marginal são medidas em "utils". A utilidade marginal nos informa a *mudança* na *utilidade total* quando um consumidor obtém uma unidade a mais de um bem.

Mesmo entre os "americanos comuns" existe pouco consenso sobre gostos. Alguns lêem Jane Austen, enquanto outros preferem John Grisham. Alguns gostam de passar as férias viajando para terras distantes, mas outros preferem ficar em casa e dormir até tarde todos os dias. Mesmo os que gostam do sorvete Häagen-Dazs não conseguem entrar em acordo sobre qual é o melhor sabor – a firma observa diferenças regionais consistentes no consumo. Em Los Angeles, o sabor chocolate com pedaços de chocolate é claramente o preferido, enquanto na maior parte da Costa Leste é o sabor noz pecan amanteigado, exceto na cidade de Nova York, em que o sabor café vence disparado.

Apesar das diferenças tão grandes nas preferências, podemos encontrar denominadores comuns muito importantes – coisas que parecem ser verdadeiras para uma grande variedade de pessoas. Na teoria da escolha do consumidor, iremos nos concentrar nesses denominadores comuns.

RACIONALIDADE

Um denominador comum – e uma suposição crítica por trás da teoria do consumidor – é que as pessoas *têm* preferências. Mais especificamente, supomos que você possa examinar duas alternativas e declarar que prefere uma à outra ou que é totalmente indiferente entre as duas – você as valoriza igualmente.

Um outro denominador comum é que as preferências são *logicamente consistentes* ou *transitivas*. Se, por exemplo, você prefere um carro esportivo a um jipe e um jipe a uma motocicleta, imaginamos que você prefira um carro esportivo a uma motocicleta. Quando as preferências de um consumidor são logicamente consistentes dessa maneira, dizemos que ele tem **preferências racionais**.

Preferências racionais Preferências que satisfazem a duas condições: (1) duas alternativas podem ser comparadas e uma é preferida ou, caso contrário, as duas têm o mesmo valor; (2) as comparações são logicamente consistentes.

Observe que a racionalidade é uma questão de como você faz suas escolhas *e não de quais escolhas você faz.* Você pode ser racional e gostar de maçãs mais do que de laranjas ou de laranjas mais do que de maçãs. É possível ser racional mesmo se você gostar de anchovas ou de couve de bruxelas. O que importa é que você faça as escolhas de maneira consistente e a maioria de nós geralmente faz. Imagine, por um momento, como poderia ser se você não fizesse escolhas consistentes. Como você decidiria o que pedir em um restaurante se preferisse a salada do chef ao sanduíche de misto quente e o sanduíche de misto quente ao hambúrguer, mas preferisse o hambúrguer à salada do chef? Claro que a escolha consistente é uma parte importante de simplesmente ser capaz de escolher.

PREFERÊNCIAS E UTILIDADE MARGINAL

Uma outra característica das preferências que todos, virtualmente, compartilhamos é: geralmente sentimos que *quanto mais, melhor*. Se obtivermos mais de algum bem ou serviço e nada mais nos for tirado, nós nos sentiremos, geralmente, melhor. Como a utilidade marginal mede a mudança na utilidade a partir da obtenção de uma unidade a mais de um bem, também podemos estabelecer a suposição "quanto mais, melhor" da seguinte maneira: *a utilidade marginal é positiva.*

Essa condição parece ser satisfeita pela vasta maioria dos bens que todos consumimos. Naturalmente, existem exceções. Se você odeia berinjela, quanto mais você come, pior você fica. Nesse caso, a utilidade marginal da berinjela seria negativa, violando a suposição. De maneira semelhante, uma pessoa em dieta que diz "Não traga sorvete para casa, não quero ser tentado" também viola a suposição. O modelo de escolha do consumidor, neste capítulo, foi criado para preferências que satisfaçam a condição "quanto mais, melhor" e teria de ser modificado para levar em conta exceções como essas.

Além de supor que "quanto mais, melhor", faremos uma outra suposição sobre os gostos das pessoas: quanto mais de um bem uma pessoa consome, menos satisfação *adicional* essa pessoa obterá ao consumir ainda mais desse bem. Aqui, estamos supondo que *a utilidade marginal de um bem diminui à medida que são consumidas quantidades adicionais desse bem.* É isso que imaginamos para Lisa e seu sorvete e parece plausível que seja verdadeiro para a maioria das coisas que valorizamos. Mais uma vez, isso não é regra. Se um fã tem orgulho especial em possuir todos os CDs já gravados por um artista, cada vez que ele adquire mais um, aproxima-se de seu objetivo e sua utilidade marginal pode *aumentar* com cada CD adicional adquirido. Mas – como o "quanto mais, melhor" – essas exceções são raras.

TOMADA DE DECISÃO DO CONSUMIDOR

A fim de entender a demanda, precisamos unir as preferências e as restrições do consumidor. E estamos verdadeiramente prontos? Embora tenhamos visto muito sobre a restrição de orçamento do consumidor, a caracterização das preferências do consumidor tem sido relativamente mínima. Fizemos apenas três suposições: (1) os consumidores são racionais, (2) a utilidade marginal de um bem é positiva e (3) a utilidade marginal diminui à medida que mais desse bem é consumido. Com tão pouco para continuar, o que podemos dizer sobre as *escolhas* que um consumidor realmente fará? De maneira surpreendente, podemos dizer bastante.

A primeira conclusão sobre a escolha do consumidor é muito básica:

> *O consumidor sempre escolherá um ponto na linha de orçamento, em vez de um ponto abaixo dela.*

Figura 4

TOMADA DE DECISÃO DO CONSUMIDOR

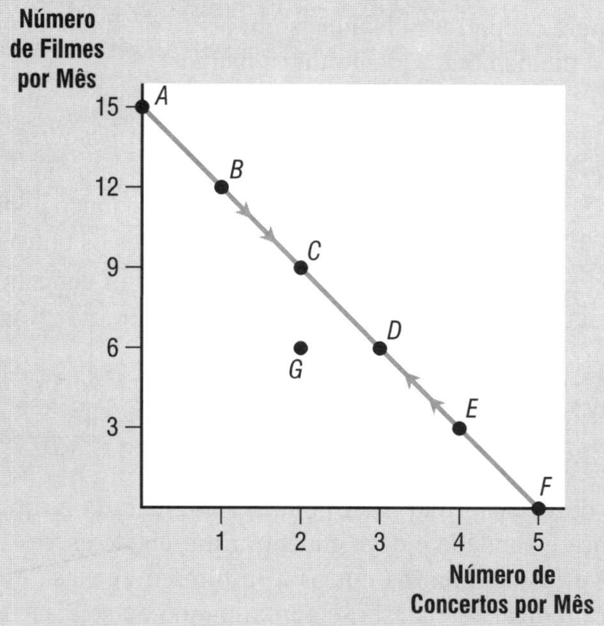

	Concertos a \$30 cada			Filmes a \$10 cada		
(1) Ponto na Linha de Orçamento	(2) Número de Concertos por Mês	(3) Utilidade Marginal com o Último Concerto	(4) Utilidade Marginal por Dólar Gasto no Último Concerto ($UM_{concertos}/P_{concertos}$)	(5) Número de Filmes por Mês	(6) Utilidade Marginal com o Último Filme	(7) Utilidade Marginal por Dólar Gasto no Último Filme (UM_{filmes}/P_{filmes})
A	0	—	—	15	50	5
B	1	1.500	50	12	100	10
C	2	1.200	40	9	150	15
D	**3**	**600**	**20**	**6**	**200**	**20**
E	4	390	13	3	350	35
F	5	300	10	0	—	

A linha de orçamento mostra o número máximo de filmes aos quais Max poderia assistir, para cada número de concertos aos quais ele assiste. Ele nunca escolheria um ponto no interior, como o *G*, pois existem pontos acessíveis – na linha – que o deixam em melhor situação. Max escolherá um ponto na linha do orçamento. Mais especificamente, escolherá o ponto no qual as utilidades marginais por dólar gasto nos filmes e nos concertos são iguais. Na tabela, isso ocorre no ponto *D*.

Para ver o porquê, examine a Figura 4. Você verá a linha de orçamento de Max, reproduzida da Figura 1, em que o preço dos concertos é de \$30, o preço dos filmes é de \$10 e seu orçamento mensal é de \$150. Max nunca escolheria o ponto *G*, que representa dois concertos e seis filmes, já que existem pontos acessíveis – na linha de orçamento – que sabemos que o deixam em melhor situação. Por exemplo, o ponto *C* tem o mesmo número de concertos (dois), mas mais filmes (nove). O "quanto mais, melhor" nos informa que Max irá preferir *C* a *G*, de modo que sabemos que *G* não será escolhido. Pelo mesmo motivo, Max deve preferir o ponto *D*, com três concertos e seis filmes, ao ponto *G*. Na realidade, se olharmos qualquer ponto abaixo da linha de orçamento, poderemos sempre encontrar pelo menos um ponto *na* linha de orçamento que seja preferido, à medida que "quanto mais, melhor".

Saber o que Max não fará – que ele *não* escolherá um ponto dentro da sua linha de orçamento – é útil. Isso nos informa que, na pesquisa sobre o ponto que ele *escolherá*, podemos nos limitar apenas aos pontos ao longo da linha de orçamento *AF*. Contudo, como Max pode encontrar o único ponto, na linha de orçamento, que dê a ele uma maior utilidade que todos os outros?

Tomada de decisão marginal Para entender e prever o comportamento dos tomadores individuais de decisão, concentramo-nos nos efeitos incrementais ou marginais de suas ações.

Para responder a essa pergunta, introduziremos um conceito ao qual voltaremos repetidamente neste livro: **tomada de decisão marginal**.

> *Para entender e prever o comportamento dos tomadores individuais de decisão, concentramos-nos nos efeitos incrementais ou marginais de suas ações.*

A tomada de decisão marginal pode ser comparada ao jogo infantil no qual uma criança é vendada e deve encontrar um objeto escondido. À medida que ela se move à sua volta, os outros a informam apenas "está quente" ou "está frio", para indicar se ela está se aproximando ou se afastando do objeto. Eventualmente, a criança encontra o objeto apenas com essas dicas. Na teoria do consumidor, podemos pensar na utilidade máxima como o objeto escondido que o consumidor está procurando e o imaginamos decidindo se alguma alteração no seu conjunto de bens o torna melhor ou pior – "está quente" ou "está frio". Se ele continuamente fizer mudanças que o tornem melhor, até que não reste mais nenhuma alteração a ser feita, ele descobrirá a combinação que o faz sentir-se o melhor possível.

A tomada de decisão marginal é um conceito de suma importância na economia em geral e na teoria do consumidor em particular. Antes que a coloquemos em uso, no entanto, um pequeno aviso: vista literalmente, a teoria do consumidor parece totalmente irreal. "Claro", você pode pensar. "As pessoas não *utilizam*, na realidade, conceitos como linhas de orçamento ou utilidade marginal, quando tomam decisões." E você está absolutamente correto. Afinal, você vem tomando decisões econômicas sua vida toda sem nem mesmo *conhecer* esses conceitos.

Tenha em mente que a teoria do consumidor, como muitas teorias da economia, é uma teoria "como se". Os economistas não falam que o modelo da escolha do consumidor descreve o mecanismo psicológico que os consumidores realmente utilizam quando tomam decisões. Em vez disso, eles dizem que os consumidores geralmente escolhem seus bens e serviços *como se* seguissem o modelo. É por isso que a maneira altamente estruturada de examinar a tomada de decisão – como não sendo uma descrição realista de *como* as pessoas fazem escolhas – tem-se provado tão útil para explicar a natureza dessas escolhas.

Com essa perspectiva em mente, vamos aplicar a tomada de decisão marginal a Max e a sua escolha entre filmes e concertos. Para fazer isso, precisamos de informações hipotéticas sobre as preferências de Max, fornecidas na tabela da Figura 4.

Cada linha da tabela corresponde a um ponto diferente na linha de orçamento de Max. Por exemplo, a linha rotulada *C* corresponde ao ponto *C* na linha de orçamento. A segunda entrada de cada linha nos informa o número de concertos aos quais Max assiste todo mês e a terceira entrada nos informa a utilidade marginal que ele obtém com o consumo do *último* concerto. Por exemplo, no ponto *C*, Max assiste a dois concertos; o segundo fornece a ele um adicional de 1.200 "utils" em relação ao primeiro. Observe que, à medida que nos movemos *para baixo* ao longo da linha de orçamento, do ponto *A* para o *B*, depois para o *C*, e assim por diante, o número de concertos aumenta e os números da utilidade marginal na tabela ficam menores, consistentes com a lei da utilidade marginal decrescente.

A quarta entrada de cada linha mostra algo novo: a *utilidade marginal por dólar* gasto em concertos, obtida pela divisão da utilidade marginal do último concerto pelo preço de um concerto ($UM_{concertos}/P_{concertos}$). Isso nos informa o ganho em utilidade que Max obtém para cada dólar gasto no último concerto. Por exemplo, no ponto *C*, Max ganha 1.200 "utils" com seu segundo concerto durante o mês, de modo que sua utilidade marginal por dólar gasto nesse concerto é de 1.200 "utils"/$30 = 40 "utils" por dólar. A utilidade marginal por dólar, como a própria utilidade, diminui à medida que mais concertos são consumidos.

As três últimas entradas de cada linha nos fornecem informações semelhantes para os filmes: o número de filmes vistos, a utilidade marginal obtida com o último filme e a utilidade marginal por dólar gasto no último filme (UM_{filmes}/P_{filmes}). À medida que seguimos *para cima* nessa coluna, Max vai a mais filmes e tanto a utilidade marginal como a utilidade por dólar diminuem – consistentes, mais uma vez, com a lei da utilidade marginal decrescente.

Para entender como Max pode encontrar o melhor ponto na sua linha de orçamento – o ponto que fornece a ele a maior utilidade –, suponha que ele esteja, inicialmente, no ponto *B*: um concerto e 12 filmes. Ele está maximizando sua utilidade? Vamos ver. Comparando a quarta e a sétima entradas da linha *B* da tabela, vemos que a utilidade marginal de Max por dólar gasto em concertos é de 50 "utils", enquanto sua utilidade marginal por dólar gasto em filmes é de somente dez "utils". Como ele ganha mais utilidade adicional com cada dólar gasto em concertos do que com cada dólar gasto em filmes, ele terá um ganho líquido em utilidade se mudar alguns de seus dólares de filmes para concertos. Para fazer isso, ele deve caminhar ainda mais para baixo na sua linha de orçamento.

Em seguida, imagine que, após mudar seus gastos de filmes para concertos, Max chegue ao ponto *C* na sua linha de orçamento. O que ele deve fazer? No ponto *C*, a *UM* de Max por dólar gasto em concertos é de 40 "utils", enquanto sua *UM* por dólar gasto em filmes é de 15 "utils". Mais uma vez, ele ganharia utilidade mudando de filmes para concertos, caminhando novamente para baixo na sua linha de orçamento.

Agora, pense que Max chegue ao ponto *D*. Nesse ponto, a *UM* por dólar gasto, tanto em filmes como em concertos, é a mesma: 20 "utils". Não existe ganho adicional com a mudança de gasto de filmes para concertos. No ponto *D*, Max explorou todas as oportunidades para estar em uma situação melhor, movendo-se para baixo na linha de orçamento. Ele maximizou sua utilidade.

E se Max tivesse começado em um ponto, em sua linha de orçamento, *abaixo* do ponto com muitos filmes e poucos concertos? Ele ainda poderia terminar no mesmo lugar? Sim, ele poderia. Suponha que Max se encontre no ponto *E*, com quatro concertos e três filmes. Aqui, as utilidades marginais por dólar são de 13 "utils" para concertos e de 35 "utils" para filmes. Max poderia estar em uma situação melhor mudando os gastos de concertos para filmes. Ele caminharia *para cima* na linha de orçamento, novamente chegando ao ponto *D*, ponto em relação ao qual nenhum outro movimento melhoraria seu bem-estar.

Como podemos ver, não importa se Max começa em um ponto, na sua linha de orçamento, acima ou abaixo do ponto *D*: a tomada de decisão marginal sempre o trará de volta ao ponto *D*. O que existe de tão especial no ponto *D*? É o único ponto na linha de orçamento em que a *utilidade marginal por dólar* é a mesma para os dois bens. Quando essa condição é mantida, não há nada a ganhar com mudanças nos gastos – em nenhuma direção.

O que é verdadeiro para Max e para sua escolha entre filmes e concertos é verdadeiro para *qualquer* consumidor e *quaisquer* dois bens. Podemos generalizar o resultado desta maneira: para quaisquer dois bens *x* e *y*, com preços P_x e P_y, sempre que $UM_x/P_x > UM_y/P_y$, um consumidor encontra-se em uma situação melhor mudando o gasto de *y* para *x*. Quando $UM_y/P_y > UM_x/P_x$, um consumidor encontra-se em uma situação melhor mudando o gasto de *x* para *y*. Isso nos leva a uma conclusão importante:

> *Para maximizar a utilidade, um consumidor escolhe um ponto, na linha de orçamento, onde a utilidade marginal por dólar seja a mesma para os dois bens ($UM_x/P_x = UM_y/P_y$). Nesse ponto, não existe mais ganho ao se realocar gastos em nenhuma direção.*

CURVAS PERIGOSAS

Ao encontrarmos a combinação de bens que maximizam a utilidade de um consumidor, por que utilizamos a utilidade marginal *por dólar*, em vez do simples conceito de utilidade marginal? O consumidor não deveria alterar o gasto sempre que a *utilidade marginal* fosse maior? A resposta é não. A experiência de pensamento a seguir o ajudará a ver o por quê. Imagine que você goste de esquiar e de sair para jantar.

Além disso, dada a sua combinação atual de esquiar e jantar fora, sua utilidade marginal para mais uma viagem, para esquiar, é de 2.000 "utils" e sua utilidade marginal para um jantar adicional é de 1.000 "utils". Você deve mudar seu gosto para esquiar em vez de jantar fora? Pode parecer que sim, já que esquiar tem utilidade marginal mais alta.

E se o preço de esquiar for de \$200 por viagem e o de jantar fora, somente \$20? Assim, embora seja verdade que uma outra viagem para esquiar lhe forneça duas vezes mais utilidade que um outro jantar fora, também é verdade que *esquiar custa dez vezes mais*. Você terá de sacrificar *dez* refeições em restaurantes por uma viagem para esquiar e isso o tornará *pior*. Em vez disso, você deve mudar seu gasto para outra direção: de esquiar para jantar fora. O dinheiro gasto em viagens adicionais para esquiar lhe fornecerá 1.000 "utils"/\$200 = 5 "utils" por dólar, enquanto o dinheiro gasto em jantares adicionais fornecerá 1.000 "utils"/\$20 = 50 "utils" por dólar. Jantar fora lhe dá, com certeza, mais benefícios que esquiar. A lição deste exemplo: ao tentar encontrar a combinação de bens que maximizem a utilidade, compare as utilidades marginais *por dólar*, não as utilidades marginais isoladas.

Podemos generalizar ainda mais. Suponha que existam mais de dois bens que um indivíduo possa comprar. Por exemplo, podemos imaginar que Max queira dividir seu orçamento para entretenimento entre filmes, concertos, peças, jogos, jogos de futebol e o que mais pudermos pensar. Ou podemos pensar em um consumidor que deve alocar toda a sua renda entre milhares de bens e serviços diferentes todos os meses: tipos variados de alimentos, roupas, entretenimentos, transportes e assim por diante. A nossa descrição da escolha ótima para o consumidor ainda pode ser sustentada? Na verdade, sim. Não importa quantos bens existem para serem escolhidos: quando o consumidor está na melhor situação possível, deve ser verdade que $UM_x/P_x = UM_y/P_y$,

EFEITOS DE UM AUMENTO DA RENDA

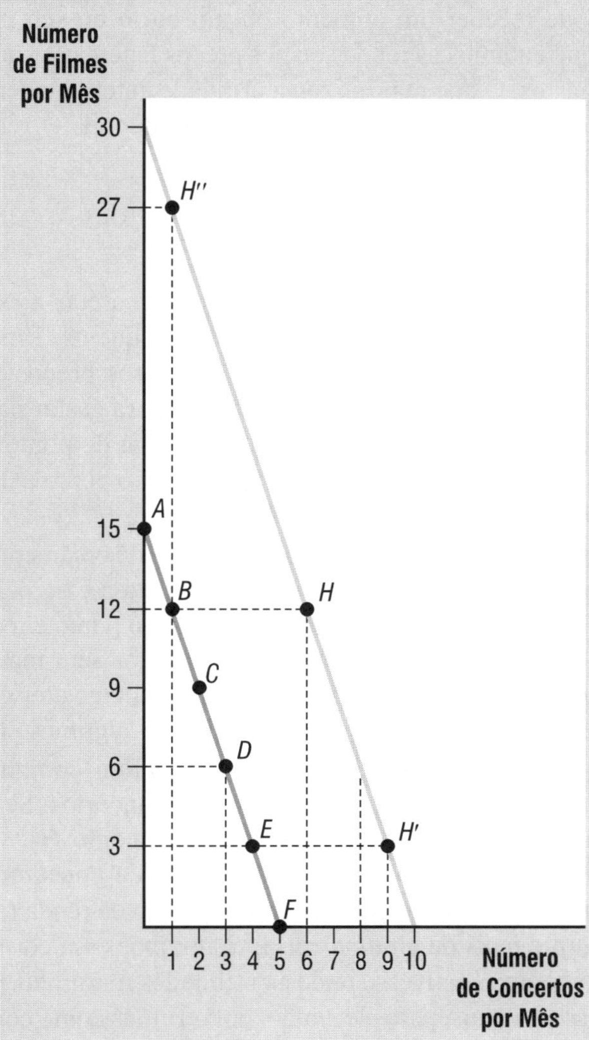

Figura 5

Se a renda de Max dobrar, isso provocará uma alteração paralela e para a direita na sua linha de orçamento. Mais combinações de filmes e concertos estarão disponíveis para ele. Ele escolherá o ponto, na nova linha de orçamento, no qual as utilidades marginais por dólar sejam iguais para os dois bens.

para qualquer par de bens *x* e *y*. Se essa condição *não* for satisfeita, o consumidor estará melhor ao consumir mais de um e menos do outro bem do par.[2]

O QUE ACONTECE QUANDO AS COISAS MUDAM?

Se todas as decisões tivessem de ser tomadas apenas uma vez, a vida seria muito mais fácil. Mas a vida não é assim. Logo quando você pensa que descobriu o que fazer, as coisas mudam. Em uma economia de mercado, como vimos, os

[2] Existe uma exceção: algumas vezes, a escolha ótima é comprar *nada* de bem. Por exemplo, se $UM_y/P_y > UM_x/P_x$, não importa quão pequena a quantidade do bem *x* que uma pessoa consuma, ela sempre pagará para reduzir o consumo do bem *x* ainda mais, até que sua quantidade seja zero. Os economistas chamam isso "solução de canto", pois quando houver somente dois bens sendo considerados, o indivíduo se localizará em uma das extremidades da linha do orçamento, em um canto do diagrama.

preços podem ser alterados por vários motivos. (Ver o Capítulo 3.) A renda de um consumidor também pode mudar. Ele pode perder o emprego ou encontrar um outro ou pode receber um aumento ou um corte no seu pagamento. As alterações que enfrentamos as rendas ou nos preços fazem com que repensemos as decisões de gastos. O que maximizou a utilidade antes da alteração de preço ou de renda, provavelmente não irá maximizá-la depois. O resultado é uma mudança de comportamento.

MUDANÇAS NA RENDA

A Figura 5 ilustra como um aumento da renda pode afetar a escolha de Max entre filmes e concertos. Como antes, vamos supor que os filmes custem $10 cada, que os concertos custem $30 cada e que esses preços permanecerão constantes. Inicialmente, Max tem $150 em renda para gastar nas duas mercadorias, de modo que sua linha de orçamento é a linha do ponto *A* ao ponto *E*. Como já vimos, sob essas condições, Max escolheria o ponto *D* (três concertos e seis filmes) para maximizar a sua utilidade.

Se a renda de Max aumentar para $300, sua linha de orçamento vai se alterar para cima e para fora na figura. Como ele responderá a essa mudança? Como sempre, ele vai procurar, em sua linha de orçamento, o ponto em que a utilidade marginal por dólar gasto nos dois bens seja o mesmo. Sem mais informações – como as fornecidas na tabela da Figura 4 – não podemos ter certeza de qual ponto satisfaria essa condição, mas podemos discutir algumas possibilidades.

A Figura 5 ilustra três possibilidades. Se a melhor combinação de Max fosse o ponto *H*, ele assistiria a 12 filmes e a seis concertos. Se compararmos sua escolha inicial (ponto *D*) a essa nova escolha (ponto *H*), veremos que o aumento da renda possibilitaria a ele um aumento do consumo de ambos os bens. Como vimos no Capítulo 3, quando um aumento da renda faz com que um consumidor compre *mais* de alguma coisa, chamamos essa coisa *bem normal.* Se, para Max, o ponto *H* estivesse onde as utilidades marginais por dólar, para os dois bens, fossem iguais, para ele, então, tanto filmes como concertos seriam bens normais.

CURVAS PERIGOSAS

É tentador pensar que bens inferiores são de menor qualidade que os bens normais. Os economistas não definem normal ou inferior com base nas propriedades intrínsecas de um bem, mas sim com base nas escolhas que as pessoas fazem quando suas rendas aumentam. Por exemplo, Max pode pensar que tanto filmes quanto concertos são bens de alta qualidade. Quando sua renda é baixa, ele pode assistir a filmes na maioria dos fins de semana, pois, sendo mais barato, eles permitem que ele tenha um pouco de entretenimento todo fim de semana. Se sua renda aumentar, ele poderá mudar de filmes para concertos em alguns fins de semana. Se Max fizer essa escolha – e assistir a menos filmes – seu comportamento nos informará que filmes são considerados por ele como um bem inferior. Se, em vez disso ele escolher assistir a mais filmes e a menos concertos quando sua renda tiver aumentado, os concertos serão o bem inferior.

De maneira alternativa, as utilidades marginais de Max por dólar poderiam ser iguais a um ponto como o *H'*, com nove concertos e três filmes. Nesse caso, o aumento da renda faria com que seu consumo de concertos se elevasse (de três para nove), mas *reduziria* seu consumo de filmes (de seis para três). Filmes seriam um *bem inferior* para Max, um bem para o qual a demanda seria reduzida quando a renda aumentasse, enquanto concertos seriam um bem *normal.*

Finalmente, vamos considerar um outro resultado possível para Max: o Ponto *H''*. Nesse ponto, ele assistiria a mais filmes e a menos concertos, se compararmos ao ponto *D*. Se o ponto *H''* fosse onde as utilidades marginais por dólar de Max ficassem iguais após o aumento da renda, *concertos* seriam o bem inferior e filmes seriam o bem normal.

MUDANÇAS NO PREÇO

No Capítulo 3, introduzimos a *lei da demanda* que diz que uma elevação do preço de um bem reduz a quantidade demandada e uma queda do preço aumenta a quantidade demandada. Nesta seção, utilizamos as ferramentas da teoria do consumidor para analisar o que está *por trás* da lei da demanda, a fim de ver o *porquê* do comportamento dos consumidores quando um preço muda. No processo, veremos por que as exceções à lei da demanda são tão raras.

Vamos explorar o que acontece a Max quando o preço de um concerto é reduzido de $30 para $10, enquanto sua renda permanece em $150 e o preço de um filme se mantém em $10. A queda do preço dos concertos gira a linha de orçamento de Max para a direita, com uma rotação em torno de seu intercepto vertical, conforme ilustrado no painel superior da Figura 6. O que Max irá fazer depois que sua linha de orçamento girar dessa maneira? Novamente, ele selecionará a combinação de filmes e concertos, na sua linha de orçamento, que o deixe na melhor situação possível. Essa será a combinação na qual a utilidade marginal por dólar gasto nos dois bens será a mesma. Na figura, supomos que isso ocorra no ponto *J* da nova linha de orçamento, em que Max consome quatro concertos e 11 filmes.

Se o preço de um concerto cair novamente, para $5, a linha de orçamento vai girar para a direita mais uma vez. Na figura, Max escolherá, agora, o ponto *K*, assistindo a seis concertos e a 12 filmes.

A CURVA DE DEMANDA INDIVIDUAL

Acabamos de ver que, a cada alteração do preço dos concertos a quantidade de concertos que Max deseja ver também muda. O painel inferior da Figura 6 destaca essa relação, representando a quantidade demandada de concertos no eixo horizontal e o preço dos concertos no eixo vertical. Por exemplo, nos dois painéis, inferior e superior, o ponto *D* nos informa que, com o preço dos concertos a $30, Max verá três deles. Quando ligamos pontos como *D*, *J* e *K* no painel inferior, obtemos a **curva de demanda individual** de Max que mostra a *quantidade de um bem que ele deseja para cada diferente preço.* Observe que a curva de demanda de Max para concertos inclina-se para baixo – uma queda do preço dos concertos aumenta a quantidade demandada – mostrando que sua resposta às alterações de preços obedece à lei da demanda.

Curva de demanda individual Curva que mostra a quantidade de um bem ou serviço demandada por uma pessoa em particular para cada diferente preço.

Se as preferências de Max fossem diferentes, sua resposta a uma modificação do preço poderia ter violado a lei da demanda? Particularmente, ele poderia ter escolhido pontos como *J'* e *K',* em vez de *J* e de *K* no painel (a) da Figura 6? Se tivesse feito isso, uma queda do preço dos concertos o teria levado a desejar *menos* concertos e sua curva de demanda (que você está convidado a desenhar sozinho) teria inclinação *para cima.* Isso seria possível?

A resposta é sim e não. Sim, é possível, teoricamente, mas não, não parece ocorrer na prática. Para entender por que, devemos examinar com mais

Figura 6

DERIVANDO A CURVA DE DEMANDA

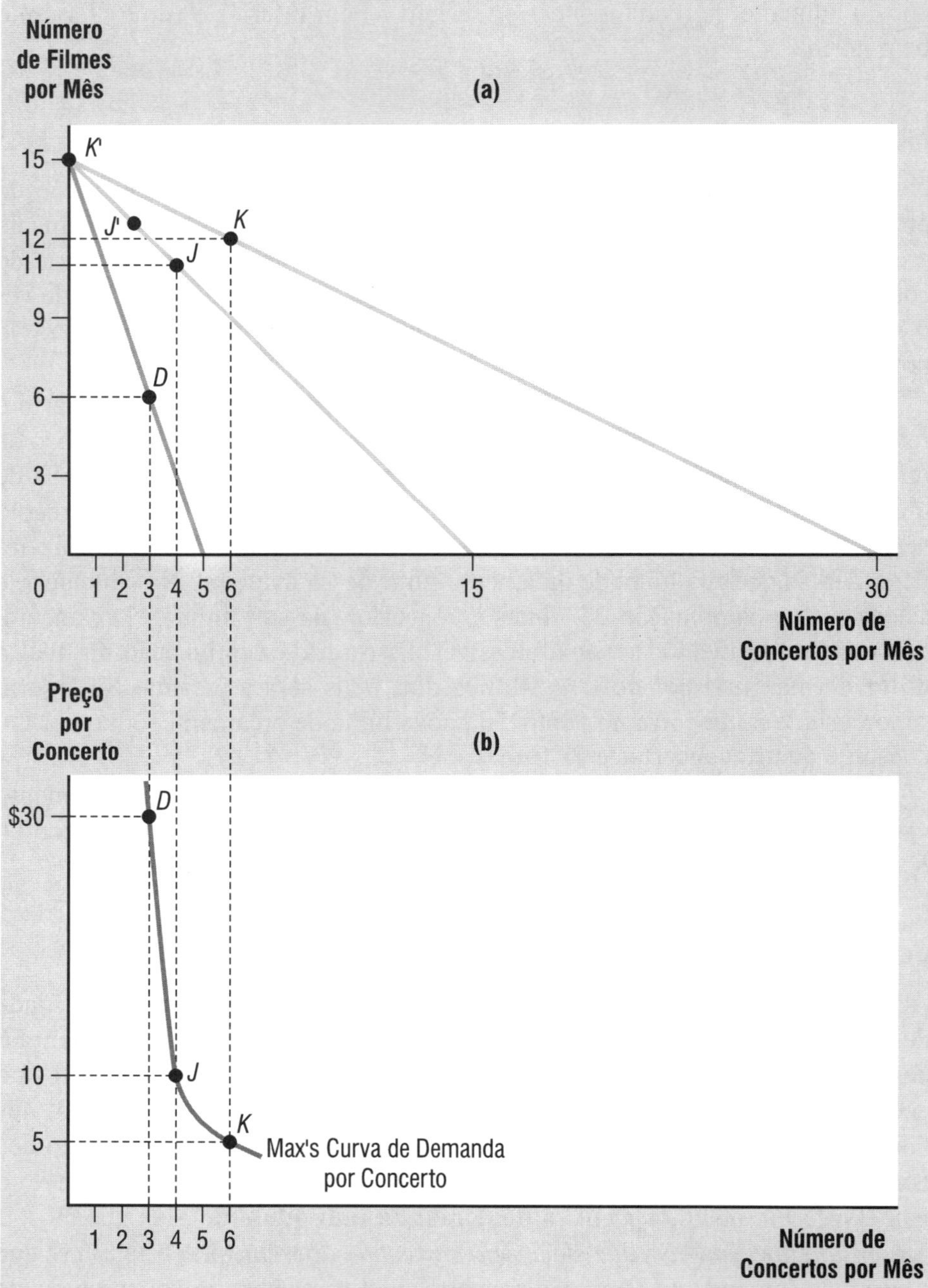

No painel (a), uma redução do preço dos concertos faz com que as linhas de orçamento de Max girem para fora. A $30 por concerto, ele maximiza sua utilidade no ponto *D*, nos dois painéis e assiste a 3 concertos. Se o preço cai para $10 por concerto, ele aumenta seu consumo para 4 concertos por mês, no ponto *J*. A um preço de $5 cada, ele assiste a 6 concertos, mostrado no ponto *K*. A curva de demanda de Max no painel (b) é obtida ligando pontos, como *D*, *J* e *K*.

detalhes os efeitos de uma alteração do preço na quantidade demandada. Com isso, ganharemos mais perspicácia sobre o processo de tomada de decisão do consumidor.

O Efeito Substituição. Quando o preço de um bem é alterado, podemos identificar dois efeitos distintos na quantidade demandada. Como veremos, esses dois efeitos algumas vezes funcionam juntos e outras, em sentidos opostos.

Suponha que o preço de um bem diminua, tornando-se menos caro *em relação a* outros bens cujos preços não caíram. Alguns desses outros bens são *substitutos* do bem que agora é mais mais barato – eles são bens diferentes, mas utilizados para satisfazer o mesmo tipo desejo. (Por exemplo, a Coca e a Pepsi são substitutas muito próximas uma da outra, já que as duas satisfazem o mesmo desejo por uma bebida de cola carbonatada com um pouco de cafeína.) Quando *uma* dessas maneiras de satisfazer um desejo se torna relativamente mais barata, os consumidores compram mais dela e menos do bem substituto.

No caso de Max, concertos e filmes, embora diferentes, satisfazem seu desejo de entretenimento. Quando o preço dos concertos cai, também cai seu preço relativo (relativo a filmes). Max pode então ter mais entretenimento substituindo os filmes por concertos, de modo que sua demanda por concertos aumenta.

Esse impacto de uma redução do preço é chamado **efeito substituição** – o consumidor substitui o bem cujo preço permanece inalterado pelo bem cujo preço foi reduzido.

Efeito substituição
À medida que o preço de um bem cai, o consumidor substitui por ele os bens cujos preços não foram alterados.

O efeito substituição de uma mudança do preço surge de uma alteração do preço relativo de um bem e sempre move a quantidade demandada no sentido oposto ao da mudança do preço. Quando o preço é reduzido, o efeito substituição trabalha no sentido de aumentar a quantidade demandada. Quando o preço se eleva, o efeito substituição trabalha para reduzir a quantidade demandada.

O efeito substituição é uma força poderosa no mercado. Por exemplo, enquanto o preço das chamadas de telefones celulares tem caído nos últimos anos, o preço das chamadas de telefones públicos pouco tem variado. Essa queda do preço relativo dos telefones celulares tem feito com que os consumidores substituam os telefones públicos normais por celulares. Como resultado, muitos fornecedores particulares de telefones públicos estão com dificuldades financeiras.

O efeito substituição também é importante de um ponto de vista teórico: é o principal fator responsável pela lei da demanda. Na realidade, se o efeito substituição fosse o *único* efeito de uma alteração de preço, a lei da demanda seria mais que uma lei, seria uma necessidade lógica. Mas, como vamos ver, uma mudança de preço também tem um outro efeito.

O Efeito Renda. Na Figura 6, quando o preço dos concertos é reduzido de $30 para $10, a linha de orçamento de Max gira para a direita. Max tem, agora, uma gama maior de opções: pode consumir mais concertos, mais filmes ou *mais dos dois.* A queda do preço de *um único* bem aumentou o poder de compra total de Max com relação *aos dois* bens.

Um corte no preço fornece ao consumidor um presente, muito semelhante a um aumento da *renda*. Na realidade, em um sentido importante, *é* uma elevação da renda *disponível*: o ponto *D* (três concertos e seis filmes) custava para Max $150, mas, com a redução do preço dos concertos, a mesma combinação passou a custar apenas (6 × $10) + (3 × $10) = $90, sobrando para ele $60 em *renda disponível* para gastar com mais filmes, concertos ou com os dois. Isso leva ao segundo efeito de uma alteração de preço.

Efeito renda À medida que o preço de um bem diminui, o poder de compra do consumidor aumenta, provocando uma mudança na quantidade demandada do bem.

O ***efeito renda*** *de uma alteração de preço é o impacto na quantidade demandada que surge de uma mudança no poder de compra com relação aos dois bens. Uma queda de preço aumenta o poder de compra, enquanto uma elevação de preço reduz o poder de compra.*

Como uma alteração do poder de compra influencia a quantidade demandada de um bem? Isso depende. Lembre-se de que um aumento da renda eleva a demanda por bens normais e reduz a demanda por bens inferiores. O mesmo é verdade para o *efeito renda* quando há um corte de preços: pode trabalhar a fim de *aumentar* ou de *reduzir* a quantidade demandada de um bem, dependendo de o bem ser normal ou inferior. Por exemplo, se os concertos forem um bem normal para Max, o efeito renda de um corte de preços o levará a consumir mais concertos ou se os concertos forem inferiores, o efeito renda o levará a consumir menos.

Combinando os Efeitos Substituição e Renda. Vamos examinar novamente o impacto de uma alteração de preço, considerando os efeitos substituição e renda juntos. Uma mudança do preço de um bem altera tanto o preço relativo do bem (o efeito substituição) como o poder de compra geral do consumidor (o efeito renda). O impacto final da mudança de preço, na quantidade demandada, dependerá desses *dois* efeitos. Na maioria dos casos, esses dois efeitos funcionam juntos para empurrar a quantidade demandada na mesma direção, mas podem, ocasionalmente, se opor um ao outro. Para ajudar a compreender isso, iremos considerar o impacto total de uma modificação de preço em diferentes tipos de bens.

Bens Normais. Os bens normais são a categoria mais fácil a considerar. Quando o preço de um bem normal cai, o efeito substituição *aumenta* a quantidade demandada desse bem. A queda do preço também eleva o poder de compra do consumidor – para um bem normal –*aumentando* ainda mais a quantidade demandada. O oposto ocorre quando o preço se eleva: o efeito substituição reduz a quantidade demandada e o declínio do poder de compra reduz a quantidade demandada ainda mais. A Figura 7 resume como os efeitos substituição e renda são combinados para fazer com que o preço e a quantidade de um bem normal se movam em sentidos opostos.

Para bens normais, os efeitos substituição e renda funcionam juntos, fazendo com que a quantidade demandada se mova no sentido oposto ao do preço. Os bens normais, no entanto, devem sempre obedecer à lei da demanda.

Bens Inferiores. Agora, vamos ver como uma alteração de preço afeta a demanda por bens *inferiores*. Como um exemplo, considere a carne bovina para hambúrguer. Para muitas pessoas, essa carne é um bem inferior: um aumento da renda reduziria a demanda por ela, por tornar o bife – uma alternativa preferível – mais acessível. Se o preço da carne bovina para hambúrguer caísse, o efeito substituição funcionaria, como sempre, para *aumentar* a quantidade demandada. A queda do preço elevaria também o poder de compra do consu-

Figura 7

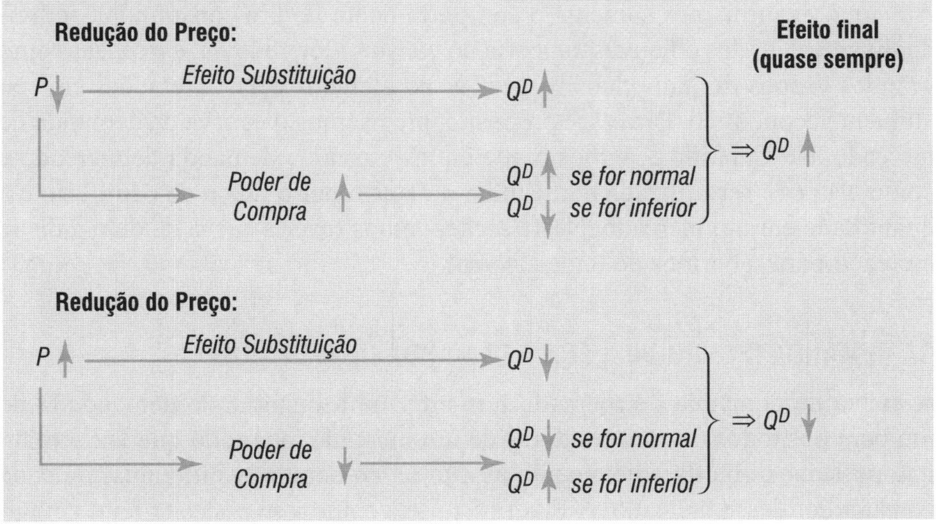

EFEITOS RENDA E SUBSTITUIÇÃO

midor, como sempre. Mas se a carne bovina para hambúrguer fosse inferior, o aumento do poder de compra *reduziria* a quantidade demandada desse bem. Assim, temos dois efeitos opostos: o efeito substituição que aumenta a quantidade demandada e o efeito renda que reduz a quantidade demandada. Em teoria, qualquer um desses efeitos pode dominar o outro, de modo que a quantidade demandada pode mover-se em qualquer direção. Na prática, entretanto, o efeito substituição quase sempre domina no caso de bens inferiores.

Por que o efeito substituição quase sempre domina? Porque consumimos uma variedade tão grande de bens e serviços que uma diminuição do preço de qualquer um deles altera o poder de compra em apenas uma pequena quantia. Por exemplo, suponha que você tenha uma renda de $20.000 por ano e gaste $500 em carne bovina para hambúrguer. Se o preço da carne bovina para hambúrguer diminuísse em 20%, você economizaria $100 – como se a você fosse dado um presente de $100 em sua renda. Mas $100 é apenas 0,5% de sua renda. Uma queda de 20% no preço da carne bovina para hambúrguer provocaria um aumento de apenas 0,5% em seu poder de compra. Mesmo se a carne bovina para hambúrguer fosse para você um bem inferior, esperaríamos apenas uma redução muito pequena da quantidade demandada se o seu poder de compra fosse alterado em uma quantia tão pequena. Assim, o efeito renda seria muito pequeno. Por outro lado, o efeito *substituição* deveria ser relativamente grande: com a carne bovina para hambúrguer 20% mais barata, você provavelmente substituiria outras compras (como o bife) por ela e compraria mais carne bovina para hambúrguer.

Para bens inferiores, os efeitos renda e substituição provocados por uma alteração de preço funcionam um contra o outro. O efeito substituição move a quantidade demandada no sentido oposto ao do preço, enquanto o efeito renda move a quantidade demandada na mesma direção do preço. No entanto, como o efeito substituição sempre domina, o consumo dos bens inferiores – da mesma forma que o consumo dos bens normais – sempre obedecerá à lei da demanda.

CONSUMIDORES NOS MERCADOS

Até aqui, examinamos somente o comportamento de um consumidor, individualmente. Um dos objetivos da teoria do consumidor, todavia, é explicar como grandes grupos de indivíduos reagem e são afetados pelas alterações em seu ambiente econômico. Para esse propósito, precisamos da curva de demanda de mercado. No Capítulo 3, vimos o que é uma curva de demanda de mercado e como ela pode ser utilizada para ajudar a determinar o preço de equilíbrio e a quantidade em um mercado. Nesta seção, vamos rever a curva de demanda de mercado para sabermos de onde ela vem.

DA DEMANDA INDIVIDUAL PARA A DEMANDA DE MERCADO

A curva de demanda de mercado nos informa a quantidade demandada de um bem por todos os consumidores de um mercado, de modo que faz sentido que possamos obtê-la adicionando as curvas de demanda individual de cada consumidor desse mercado. A Figura 8 ilustra como isso pode ser feito em um pequeno mercado local para água engarrafada. Para simplificar, vamos supor que existam apenas três consumidores: Jerry, George e Elaine. Os primeiros três diagramas mostram as curvas de demanda individual. Se o preço do mercado fosse de $2 por garrafa, Jerry compraria quatro garrafas por semana (ponto *c*), George compraria seis (ponto *c'*) e Elaine compraria zero (ponto *c''*). Assim, a quantidade demandada de mercado, a um preço de $2, seria 4 + 6 + 0 = 10 que é o ponto C na curva de demanda de mercado. Para obter a curva de demanda de todo o mercado, repetimos o procedimento para cada diferente preço, adicionando as quantidades demandadas de cada indivíduo para obter a quantidade total demandada no mercado. Veja que os pontos A, B, D e E foram obtidos da mesma maneira. Na realidade, obtemos a curva de demanda de mercado somando horizontalmente cada uma das curvas de demanda individual.

A curva de demanda de mercado é encontrada somando, horizontalmente, as curvas de demanda individual de cada consumidor do mercado.

Observe que, se cada curva de demanda individual tiver uma inclinação para baixo (e sempre será esse o caso), a curva de demanda de mercado também terá uma inclinação para baixo. Mais diretamente, se um aumento do preço fizer com que cada consumidor compre menos unidades, haverá também uma redução da quantidade comprada por todos os consumidores. Na realidade, a curva de demanda de mercado ainda pode obedecer à lei da demanda, mesmo quando alguns indivíduos a violam. Assim, embora já estejamos bem confiantes sobre a lei da demanda no nível individual, podemos ficar ainda mais confiantes no nível de mercado. É por isso que sempre desenhamos curvas de demanda de mercado com uma inclinação para baixo.

DESAFIOS À TEORIA DO CONSUMIDOR

Em algumas circunstâncias, o modelo da escolha do consumidor não funciona bem, pelo menos não sem alguma modificação. Um problema é a incerteza.

Figura 8

DA DEMANDA INDIVIDUAL PARA A DEMANDA DE MERCADO

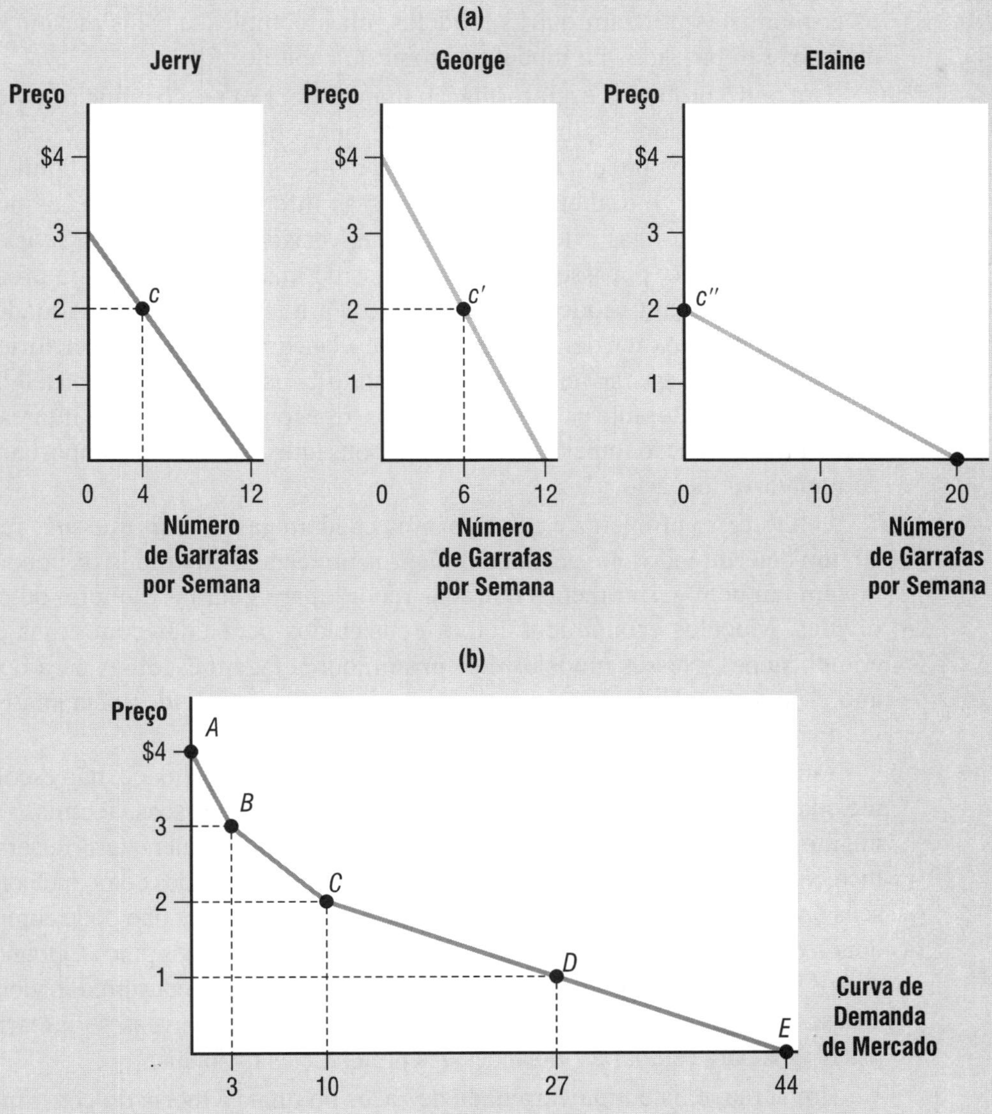

As curvas de demanda individual mostram a demanda de água engarrafada de Jerry, de George e de Elaine para preços diferentes. À medida que o preço cai, cada um deles demanda uma quantidade maior. A curva de demanda do mercado no painel (b) é obtida adicionando a quantidade total demandada por todos os participantes do mercado a cada diferente preço.

Em nosso modelo, o consumidor sabe, com certeza, o resultado de qualquer escolha – muitos filmes e concertos – e sabe, com certeza, quanto tem para gastar. Em muitas situações do mundo real, você faz sua escolha e assume os riscos. Quando compra um carro, ele pode ser de má qualidade; quando paga por alguns tipos de cirurgia, há um risco substancial de que ela não seja bem-sucedida; quando compra uma casa, você não pode ter certeza da condição do imóvel ou se vai gostar do bairro. A renda também é, geralmente, incerta. Os funcionários correm o risco de serem demitidos, e autônomos como advogados, médicos e proprietários de pequenas firmas, podem ter um bom ou um mau ano. Quando a incerteza é um aspecto importante da escolha do consumidor, os economistas utilizam outros modelos, mais complexos. Mas mesmo esses modelos são baseados no modelo visto neste capítulo.

Um outro problema é a informação imperfeita. Em nosso modelo, supomos que os consumidores saibam exatamente quais bens estão comprando e os preços pelos quais podem comprá-los. No mundo real, devemos, algumas vezes, gastar tempo e dinheiro para obter essas informações. Os preços podem ser diferentes em lojas diferentes e em dias variados, dependendo se há uma liquidação ou não, por isso talvez tenhamos de fazer telefonemas ou procurar as lojas que estejam vendendo mais barato. Para ter certeza da qualidade das compras, podemos ter de assinar a revista Consumer Reports (Relatórios do Consumidor) ou gastar tempo inspecionando bens ou ouvindo conselhos de outras pessoas. Durante as últimas décadas, os economistas têm se interessado muito na informação imperfeita e nas suas conseqüências para o comportamento de tomada de decisão.

Um terceiro problema é que as pessoas podem gastar mais que suas rendas em um determinado ano, pegando dinheiro emprestado ou tirando da poupança. Podem também gastar menos que suas rendas, para guardar dinheiro ou pagar dívidas. Modelos econômicos foram construídos para lidar com todas essas complicações. Nesses modelos, os consumidores fazem escolhas para o atual ano e para anos futuros ao mesmo tempo, sendo restringidos pela sua renda total em *todos* os anos.

Finalmente, existem casos em que os indivíduos, na realidade, não escolhem racionalmente como definimos o termo. Por exemplo, as pessoas, algumas vezes, julgam a qualidade pelo preço. Diamantes, vestidos de designers, ternos, serviços médicos e até mesmo automóveis são, algumas vezes, entendidos como melhores se seus preços forem mais altos. Isso significa que o consumidor não pode comparar dois grupos de bens isoladamente. Ele deve, primeiro, saber seus preços. Quando os preços são mudados, são também alteradas as preferências do consumidor, violando a descrição das preferências racionais. Atualmente economistas se juntaram a psicólogos para estudar as violações das preferências racionais.

Em suma, existe uma variedade de casos no quais a teoria do consumidor, como apresentada neste capítulo, não funcionaria bem. Os economistas desenvolveram modelos mais complexos para lidar com alguns desses casos, e a pesquisa continua com relação a outros. Mas não devemos exagerar importância desses casos. Se pensar sobre suas próprias decisões econômicas, você descobrirá que, na maioria das vezes, suas escolhas são racionais, e a simples teoria da tomada de decisão do consumidor, apresentada neste capítulo, as descreve com bastante precisão.

Utilizando a TEORIA

MELHORIA DA EDUCAÇÃO

Até aqui, neste capítulo, consideramos o problema de um consumidor tentando maximizar a utilidade selecionando a melhor combinação de bens e serviços. A teoria do consumidor, no entanto, pode ser

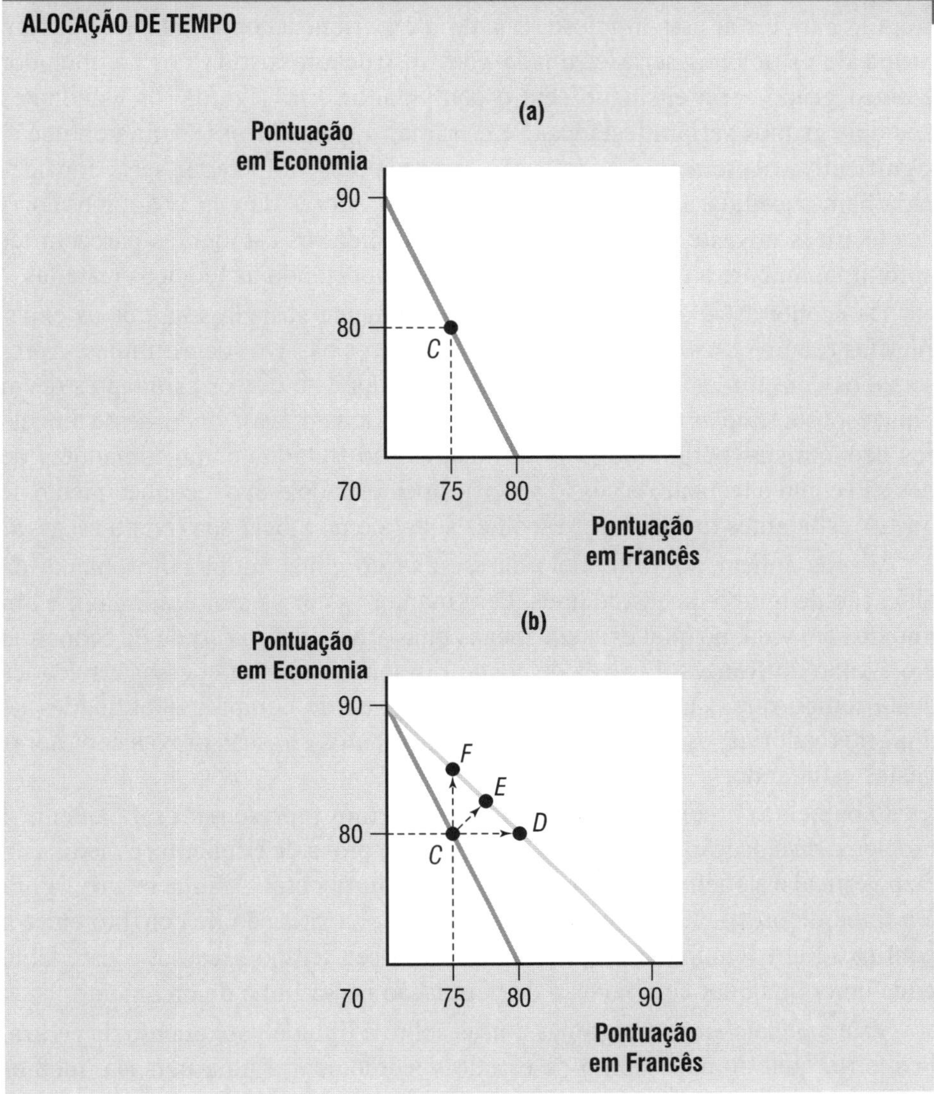

Figura 9

O painel (a) mostra combinações de pontos em provas de Francês e de Economia que podem ser obtidas para uma determinada quantidade de tempo de estudo. A inclinação de –2 indica que cada ponto adicional em Francês requer um sacrifício de 2 pontos em Economia. O estudante escolhe o ponto *C*. O painel (b) mostra que o ensino de francês assistido por computador faz com que a linha de orçamento gire para fora. Os pontos em Francês são, agora, menos caros. O estudante pode mover-se para o ponto *D*, obtendo uma pontuação maior em Francês, ou escolher *F*, utilizando todo o tempo liberado com o Francês para estudar Economia. Pode, ainda, escolher um ponto intermediário como o *E*.

ampliada para considerar quase qualquer decisão entre duas alternativas. Os economistas utilizam o modelo da teoria do consumidor para entender como as pessoas escolhem entre trabalho e lazer, entre gastar agora e investir para o futuro e mesmo entre trabalho honesto e atividades criminais. Nesta seção, aplicaremos a perspicácia da teoria do consumidor a um outro assunto: melhorar a qualidade da educação.[3]

Bilhões de dólares foram gastos, nas últimas décadas, em tentativas de melhorar a qualidade da educação nas escolas, instituições de ensino superior e universidades. Apenas em 1999, o Departamento de Educação dos EUA (U.S. Department of Education) gastou cerca de $900 milhões nesses esforços. Muito desse dinheiro foi gasto com pesquisas para avaliar novas técnicas educacionais. Por exemplo, imagine que a instrução assistida por computador possa ajudar os

[3] Esta seção é baseada nas idéias originalmente publicadas em *New World of Economics*, de Richard B. McKenzie e Gordon Tullock, 3 ed. (Burr Ridge, IL: Irwin, 1981).

estudantes a aprenderem melhor ou mais rapidamente. Um projeto de pesquisa comum para testar essa hipótese seria uma experiência controlada, na qual um grupo de estudantes seria ensinado com instrução assistida por computador e outro grupo seria ensinado sem o computador. Em seguida, os estudantes dos dois grupos seriam testados. Se o primeiro grupo tivesse uma pontuação significativamente maior, a instrução assistida por computador seria considerada bem-sucedida. Para decepção dos pesquisadores da educação, a maioria das técnicas novas e promissoras foi malsucedida: os estudantes parecem ter aproximadamente a mesma pontuação, não importando as técnicas testadas.

Os economistas acham esses estudos altamente suspeitos, já que as experiências tratam os estudantes como respondedores passivos de estímulos. Apresentados com um estímulo (a nova técnica), supõe-se que os estudantes dêem uma resposta simples (tendo uma pontuação maior na prova). Onde, nesse modelo (os economistas perguntam), os estudantes são tratados como tomadores de decisão como o restante de nós? Especificamente, onde está o reconhecimento de que os estudantes devem fazer escolhas sobre como alocar seu tempo escasso?

Vamos aplicar nosso modelo da escolha do consumidor ao problema da alocação de tempo dos estudantes. Para manter as coisas simples, imagine um mundo sem vida, no qual existem apenas duas atividades: o estudo da economia e o estudo do francês. Em vez de custar dinheiro, cada uma dessas atividades custa tempo que está pouco disponível. Em vez de comprar quantidades de duas mercadorias, os estudantes "compram" pontos em suas provas com horas gastas estudando.

O painel (a) da Figura 9 mostra como podemos representar graficamente o problema da alocação de tempo. A pontuação na prova de Economia é medida no eixo vertical e a pontuação em Francês, no eixo horizontal. A linha reta da figura é a linha de orçamento do estudante que mostra a situação de conflito entre a pontuação em Economia e em Francês. Com seu tempo escasso, o estudante pode obter qualquer combinação de pontuação nessa linha de orçamento.

Vale a pena observar algumas coisas sobre a linha de orçamento da figura. Primeiro, quanto mais tempo de estudo você dedicar a uma matéria, melhor você se sairá no teste. Isso significa, porém, *menos* tempo de estudo para a outra matéria e uma pontuação menor na prova dessa matéria. Assim, o custo de oportunidade de ter uma melhor pontuação em Francês é a pontuação menor em Economia e vice-versa. É por isso que a linha de orçamento tem uma inclinação negativa: quanto mais alta a pontuação em Francês, mais baixa a pontuação em Economia. À medida que o estudante se move para baixo ao longo da linha de orçamento, ele está tirando as horas do estudo de Economia para estudar Francês.

Segundo, observe que os eixos vertical e horizontal iniciam em 70, não em 0. Isso ocorre para que o exemplo não se torne tão deprimente. Se o estudante dedicar *todo* o seu tempo de estudo para economia e nenhum para francês, ele terá uma pontuação de 90 em Economia, mas ainda conseguirá ter uma pontuação de 70 (em vez de zero) em Francês, simplesmente assistindo à aula e prestando atenção. Se ele dedicar todo o seu tempo para o francês, terá uma pontuação de 80 em Francês e de 70 em Economia. *(Aviso:* Não tente utilizar esse exemplo para convencer seu instrutor de Economia que você merece no mínimo 70 na sua próxima prova.)

Finalmente, a linha de orçamento da figura foi desenhada como uma linha reta, com inclinação de –2. Entretanto, nesse exemplo, cada ponto adicional em Francês requer que o estudante sacrifique dois pontos em Economia, independentemente de onde ele esteja na sua linha de orçamento. Essa suposição simplesmente ajuda a tornar a análise mais concreta. Nenhuma das conclusões seria diferente se tivéssemos uma inclinação diferente para a linha de orçamento ou mesmo uma linha de orçamento curvada, na qual a situação de conflito seria alterada à medida que nos movêssemos ao longo dela. Mas vamos tirar um momento para entender o que nosso exemplo significa.

Como vimos, a inclinação de qualquer linha de orçamento é $-P_x/P_y$, onde x é o bem medido no eixo horizontal e y é o bem medido no eixo vertical. Em nosso exemplo, $-P_x/P_y$ é convertido em $-P_{\text{ponto em francês}}/P_{\text{ponto em economia}}$. Mas qual é o "preço" do ponto em um exame de Francês ou de Economia? Diferente do caso de Max que tinha que alocar seus *fundos* escassos entre concertos e cinemas, o estudante deve alocar seu *tempo* escasso entre os dois bens que deseja: pontos na prova de Francês e pontos na prova de Economia. O *preço* do ponto em uma prova não é, portanto, um preço em dinheiro, mas sim um *preço em tempo*: o número de horas de estudo necessárias para obter um ponto adicional. Por exemplo, se forem necessárias duas horas adicionais de estudo para obter um outro ponto em Francês, o preço por ponto em Francês será de duas horas. No exemplo, imaginamos que o preço permaneça constante, não importa quantas horas sejam gastas estudando uma matéria, ou seja, são necessárias duas horas adicionais de tempo de estudo para aumentar a pontuação em Francês de 70 para 71, de 71 para 72 e assim por diante. Além disso, na figura, consideramos que o preço por ponto em Economia seja metade do preço por ponto em Francês. A inclinação da linha de orçamento é, portanto $-P_{\text{ponto em francês}}/P_{\text{ponto em economia}} = -2$.

Agora, vamos voltar a atenção para a tomada de decisão do estudante. O estudante obtém utilidade tanto da sua pontuação em Economia como da sua pontuação em Francês – quanto maior a pontuação em um, maior sua utilidade. Entre todas essas combinações de pontuação na sua linha de orçamento, qual oferecerá a ele a maior utilidade total? Podemos responder a essa pergunta utilizando a mesma técnica que utilizamos para Max e sua decisão entre concertos e filmes, mas com uma diferença importante: em vez de procurar a combinação de dois bens, de modo que as utilidades marginais *por dólar* sejam iguais, procuraremos a combinação de pontos nas provas das duas matérias, para que as utilidades marginais *por hora* sejam iguais. Afinal, são horas que devem ser gastas em pontos adicionais nas provas, não dólares. No geral:

> *Ao alocar tempo entre duas atividades que fornecem utilidade, um indivíduo selecionará a combinação de atividades que faça com que a utilidade marginal por hora de uma atividade seja igual à utilidade marginal por hora da outra atividade.*

Suponha que essa condição seja satisfeita, para o estudante, no ponto C, onde ele tem uma pontuação de 80 em Economia e de 75 em Francês. É aí que a utilidade marginal por hora em Francês é igual à utilidade marginal por hora em Economia.

Agora, vamos introduzir uma nova técnica que utilize computador na aula de Francês que é muito eficaz: permite que os estudantes aprendam mais francês com o mesmo tempo de estudo ou que estudem menos e aprendam a mesma quantidade. Isso representa uma *redução* do preço dos pontos em Francês. Agora, são necessárias menos horas para ganhar um ponto em Francês, assim a linha de orçamento irá girar para fora como mostrado no painel (b) da Figura 9. Na nova linha de orçamento, se o estudante dedicar todo o seu tempo ao francês, ele poderá ter uma pontuação mais alta que antes – 90, em vez de 80 – por isso o intercepto horizontal mover-se-á para a direita. E como nada foi alterado em seu curso de Economia, o intercepto vertical permanece o mesmo. Observe, também, que a inclinação da linha de orçamento foi alterada – para –1. Agora, o custo de oportunidade de um ponto adicional em Francês é um ponto em Economia, em vez de dois.

Depois de introduzida a nova técnica no curso de Francês, o estudante *tomador de decisão* estará localizado em um ponto na sua nova linha de orçamento, o ponto em que as utilidades marginais por hora são iguais nos dois cursos. Onde fica esse ponto dependerá, é claro, de suas preferências e o painel (b) ilustra algumas possibilidades. No ponto *D*, seu desempenho em Francês melhoraria, mas seu desempenho em Economia permaneceria o mesmo. Esse parece ser o tipo de resultado que os pesquisadores da educação têm em mente quando criam seus experimentos: se uma técnica bem-sucedida for introduzida no curso de Francês, devemos estar habilitados a medir o impacto dessa técnica com uma prova de Francês.

O ponto *F* ilustra uma escolha diferente: *somente* o desempenho em Economia melhora, enquanto a pontuação em Francês permanece inalterada. Aqui, embora a técnica em Francês seja bem-sucedida (ela altera, na realidade, a linha de orçamento), nenhum desse sucesso é mostrado em pontuações mais altas em Francês.

Como uma nova técnica no curso de Francês pode melhorar o desempenho em economia, mas não em francês? A resposta é encontrada trazendo o impacto da nova técnica para os já familiares efeitos renda e substituição. Podemos ver que a nova técnica reduz o custo do tempo de obter pontos adicionais em Francês. O efeito substituição (os pontos em Francês são relativamente mais baratos) tenderá a melhorar a pontuação do aluno em Francês, na medida em que ele substitui seu tempo de estudo de economia por estudo de francês, mas também existe um efeito "*renda*": o "poder de compra" de seu tempo aumentou, já que agora ele poderia utilizar sua alocação fixa de tempo de estudo para "comprar" pontuações mais altas *nos dois* cursos. Se o desempenho em francês for um "bem normal", essa elevação no "poder de compra" trabalhará a fim de ampliar sua pontuação em Francês e se for um "bem inferior", poderá trabalhar no sentido de *reduzir* sua pontuação em Francês. O ponto *F* pode ocorrer porque o desempenho em Francês é um bem *tão* inferior que o efeito negativo da renda cancela o efeito substituição positivo. Nesse caso, os pesquisadores da educação julgarão, incorretamente, a nova técnica como um fracasso completo, por não afetar a pontuação em Francês.

Isso pode, realmente, acontecer? Talvez. É fácil imaginar um estudante que considere 75 uma nota boa o suficiente em francês e passe a utilizar qualquer sobra de tempo para melhorar seu desempenho em algum outro curso. Mais comumente, podemos esperar que um estudante escolha um ponto como o *E*, em algum lugar entre os pontos *D* e *F*, com o desempenho melhorando *nos dois* cursos. Mesmo nesse caso, a mais alta a pontuação em Francês mede apenas uma *parte* do impacto da técnica. O efeito restante é visto em uma pontuação mais alta em Economia.

Isso nos leva a uma conclusão geral: quando reconhecemos que os estudantes fazem *escolhas*, devemos esperar que somente *um pouco* do impacto de uma técnica apareça melhor no curso no qual é utilizada. No mundo real, estudantes de nível superior geralmente fazem vários cursos de uma vez e têm outros interesses que também competem pelo seu tempo (eventos culturais, festas, filmes, telefonemas, exercícios físicos, e assim por diante). Um tempo poupado em virtude de um ensino melhor em um único curso pode muito bem ser "gasto" em *todas* essas alternativas, com apenas um pouco de tempo dedicado a um desempenho melhor nesse único curso. Assim, não podemos medir completamente o impacto de uma nova técnica examinando a pontuação em apenas um curso. Isso sugere o porquê de a pesquisa educacional ser realizada como é: uma avaliação mais precisa iria necessitar de uma contabilidade mais completa de todo o tempo de um estudante, o que seria caro e difícil de conseguir. No entanto, permanecemos justificados ao tratar essa pesquisa com um certo ceticismo.

RESUMO

Os consumidores enfrentam dois fatos simples da vida: têm de pagar pelos bens e serviços que compram e têm rendas limitadas para gastar. Esses fatos são resumidos pela *restrição de orçamento* do consumidor. Dadas essas preferências, os consumidores decidem quais bens consumir, escolhendo a combinação, ao longo da sua restrição de orçamento que resulte na maior *utilidade* ou satisfação.

De acordo com a *lei da utilidade marginal decrescente,* a utilidade marginal ou adicional obtida com um bem diminui à medida que uma quantidade maior desse bem é consumida. O consumidor que tenta maximizar a utilidade escolhe a combinação de bens ao longo da sua restrição de orçamento, combinação essa em que a utilidade marginal por dólar gasto é a mesma para todas as mercadorias. Esse é um exemplo do *princípio da tomada de decisão marginal.*

Um aumento da renda muda a restrição de orçamento para fora. O consumidor responde escolhendo mais de todos os bens normais e menos dos bens inferiores. Uma alteração do preço de um bem faz com que a restrição de orçamento gire. O consumidor responde comprando mais de um bem cujo preço caiu e menos de um bem cujo preço aumentou. Ao desenhar a reação de um consumidor para uma série de preços, podemos gerar uma *curva de demanda* de um bem, com uma inclinação para baixo. A inclinação para baixo reflete a interação do *efeito substituição* e do *efeito renda.* Para um bem normal, os dois efeitos contribuem para a inclinação para baixo da curva de demanda. Para um bem inferior, podemos ter a convicção de que o efeito substituição domina o efeito renda, de modo que – novamente – a curva de demanda terá uma inclinação para baixo.

PALAVRAS-CHAVE

restrição de orçamento
utilidade marginal
preferências racionais
linha de orçamento
lei da utilidade marginal decrescente
tomada de decisão marginal

preço relativo
utilidade
curva de demanda individual
efeito substituição
efeito renda

PERGUNTAS PARA REVISÃO

1. Quais variáveis são tidas como constantes ao longo de uma linha de orçamento?
2. Quais tipos de alterações irão mudar ou girar a linha de orçamento?
3. Explique a relação entre a quantidade total e a quantidade marginal.
4. Declare e explique a lei da utilidade marginal crescente. Você consegue pensar em um bem ou serviço que você consome que não esteja sujeito a essa lei? A utilidade marginal poderia ser negativa? Dê um exemplo.
5. Os economistas geralmente supõem que as preferências do consumidor sejam logicamente consistentes. O que isso significa? Quais são algumas outras suposições que os economistas fazem sobre as preferências?
6. Discuta esta declaração: "A suposição dos economistas sobre a racionalidade do consumidor é muito forte. Por exemplo, qualquer pessoa que fuma cigarros está, claramente, sendo irracional".
7. Qual condição será satisfeita quando um consumidor escolher a combinação de bens que maximiza a utilidade sujeita a uma restrição de orçamento?
8. O que são os efeitos renda e substituição? Como eles estão relacionados com a lei da demanda?
9. "A curva de demanda para um bem inferior tem uma inclinação para cima." Verdadeiro ou falso? Explique.
10. Como é obtida uma curva de demanda de mercado?

PROBLEMAS E EXERCÍCIOS

1. Parvez, um estudante de Farmacologia, alocou $120 por mês para gastar em romances e em CDs usados. Os romances custam $8 cada e os CDs, $6 cada. Desenhe essa linha de orçamento. O que aconteceria a essa linha se o preço de um CD aumentasse para $10?
2. Parvez, o consumidor da pergunta 1, está gastando $120 por mês em romances e em CDs usados. Para romances, $UM/P = 5$ e para CDs, $UM/P = 4$. Ele está maximizando sua utilidade? Caso não esteja, deveria ele consumir (1) mais romances e menos CDs ou (2) mais CDs e menos romances?
3. Anita consome pizza e Pepsi. As tabelas a seguir mostram a quantidade de utilidade que ela obtém com diferentes quantias dessas duas mercadorias:

Pizza		Pepsi	
Quantidade	**Utilidade**	**Quantidade**	**Utilidade**
4 pedaços	115	5 latas	63
5 pedaços	135	6 latas	75
6 pedaços	154	7 latas	86
7 pedaços	171	8 latas	96

Suponha que a Pepsi custe $0,50 por lata e a pizza $1 por pedaço e que Anita tenha $9 para gastar em comida e bebida. Qual combinação de pizza e Pepsi maximizará sua utilidade?

4. Um apresentador de televisão está tentando decidir como alocar um segmento de 15 minutos entre dois convidados em um show que irá acontecer. As palhaçadas de Pauly Shore começam a enjoar rapidamente. Sua utilidade marginal, pela aparência dele, é determinada por $UM = 500 - 20T$, onde T é o número de minutos em que Pauly vai ao ar. (Assim, o primeiro minuto que Pauly vai ao ar fornece ao apresentador 480 "utils", o segundo minuto, 460 e assim por diante.) Tony Randall, no entanto, é sempre um convidado sólido. O apresentador pode contar com ele para uma constante de 200 "utils" a cada minuto em que ele está na frente das câmeras. Pauly exige $200 por minuto para sua aparição. Tony fica feliz

com $100 por minuto. Para maximizar sua utilidade, quanto tempo o apresentador deve conceder a cada convidado?

5. Três pessoas têm as tabelas de demanda individual dadas a seguir para o cereal Count Chocula. As tabelas mostram quantas caixas cada um compraria por mês a diferentes preços:

Preço	Pessoa 1	Pessoa 2	Pessoa 3
$5,00	0	1	2
$4,50	0	2	3
$4,00	0	3	4
$3,50	1	3	5

   a. Qual é a tabela de demanda de mercado para esse cereal? Supondo que essas três pessoas sejam os únicos compradores, desenhe a curva de demanda de mercado.
   b. Por que as três pessoas têm tabelas de demanda diferentes?

6. O que aconteceria à curva de demanda de mercado para ternos de poliéster – um bem inferior – se a renda dos consumidores aumentasse?

7. Larsen E. Pulp, presidente da Pulp Fiction Publishing Co., acaba de receber algumas más notícias: o preço do papel, o insumo mais importante da firma, aumentou.
   a. Em um diagrama de oferta/demanda, mostre o que acontecerá ao preço da mercadoria de Pulp (romances).
   b. Explique os efeitos renda e substituição resultantes para um cliente típico de Pulp. Para cada efeito, a quantidade demandada do cliente irá aumentar ou diminuir? Certifique-se de informar quaisquer suposições que estiver fazendo.

QUESTÕES DESAFIADORAS

1. Os Smith são uma família de baixa renda, com $10.000 disponíveis por ano para gastar com alimento e moradia. O alimento custa $2 por unidade e a moradia, $1 por metro quadrado por ano. Os Smith estão dividindo os $10.000 igualmente entre alimento e moradia.
   a. Desenhe sua restrição de orçamento em um diagrama com alimento no eixo vertical e moradia no eixo horizontal. Rotule a escolha de consumo atual da família. Quanto eles gastam com alimentos? E com moradia?
   b. Suponha que o preço da moradia aumente para $2 por metro quadrado. Desenhe a nova linha de orçamento. Os Smith podem continuar a consumir as mesmas quantias de alimentos e moradia que anteriormente?
   c. Em resposta ao preço elevado da moradia, o governo disponibiliza um complemento de renda especial. Os Smith recebem uma concessão em dinheiro de $5.000, que deve ser gasta com alimento e moradia. Desenhe a nova linha de orçamento deles e a compare à linha obtida na parte a. Os Smith *poderiam* consumir a mesma combinação de alimentos e moradia que na parte a?
   d. Com a concessão em dinheiro e com a moradia a um valor de $2 por metro quadrado, a família *irá* consumir a mesma combinação que na parte a? Por que sim, ou por que não?

2. Quando uma economia está passando por inflação, os preços da maioria dos bens e serviços aumentam, mas a taxas diferentes. Imagine uma situação inflacionária mais simples na qual *todos* os preços – e todos os salários e rendas – estejam aumentando à mesma taxa – vamos dizer, 5% por ano. O que aconteceria às escolhas dos consumidores em tal situação? Dica: Pense no que aconteceria à linha de orçamento.

EXERCÍCIOS EXPERIMENTAIS

1. Junto com outros estudantes da sua sala, determine suas demandas individuais e de grupo para a gasolina. Crie um gráfico que liste os seguintes preços por galão (3,785

litros): $0,75, $1,50, $2,25, $3,00, $3,75, $4,50. Pergunte a cada estudante – e a si próprio – quantos galões *por mês* eles comprariam para cada preço possível. Após isso, faça as alternativas a seguir.

a. Desenhe a curva de demanda de cada estudante. Verifique se as curvas são consistentes com a lei da demanda.
b. Obtenha a curva de demanda do "mercado" adicionando as quantidades demandadas de todos os estudantes, para cada preço possível.
c. O que você acha que acontecerá à curva de demanda de mercado após sua classe se formar e suas rendas aumentarem?

2. Quando consome alguma coisa, você paga um preço em dinheiro, mas também há um "preço em tempo" envolvido. É necessário um tempo valioso para decidir o que você deseja comprar, para comparar itens e preços e para realmente utilizar ou consumir o bem. Utilize uma coluna de jornal para encontrar um exemplo de um novo bem, serviço ou política governamental que você ache que irá *reduzir* o preço em tempo de algum produto. Como você acha que isso afetará a demanda pelo produto? Algum produto relacionado será afetado?

APÊNDICE

TEORIA DO CONSUMIDOR COM CURVAS DE INDIFERENÇA

Uma das desvantagens da teoria da escolha do consumidor, apresentada neste capítulo – com base na utilidade marginal – é que nunca seria possível "ver" informações importantes sobre as preferências do consumidor. Mas há uma maneira muito mais visual de caracterizar as preferências, utilizando *curvas de indiferença.* Este apêndice supõe que você tenha lido, neste capítulo, a seção sobre restrição do orçamento. No entanto, a não ser em uma nota de rodapé, não supõe nenhuma familiaridade com a teoria da utilidade marginal.

Considere Kate, cuja irmã está passando seu primeiro ano da faculdade no exterior, em Moscou. Kate gosta de falar com sua irmã ao telefone, mas, como todo consumidor, enfrenta um orçamento limitado. Para tornar o exemplo mais realista, reconheceremos que Kate compra vários bens diferentes (não apenas dois) e que sua restrição orçamentária exige que todas as suas compras, juntas, fiquem dentro de seu orçamento. Como podemos utilizar um diagrama bidimensional para indicar as compras de mais de duas mercadorias? Por meio de um truque de economista: em um eixo, medimos os interurbanos e no outro, as unidades de "todos os outros bens" juntos. Na Figura A.1, o eixo horizontal mede os minutos de tempo ao telefone por semana e o vertical mede as unidades de *todos os outros bens combinados.* O ponto *G,* por exemplo, representa uma combinação em que Kate fala com sua irmã por dez minutos toda semana e compra 50 unidades de todos os outros bens.

Figura A.1

UMA CURVA DE INDIFERENÇA

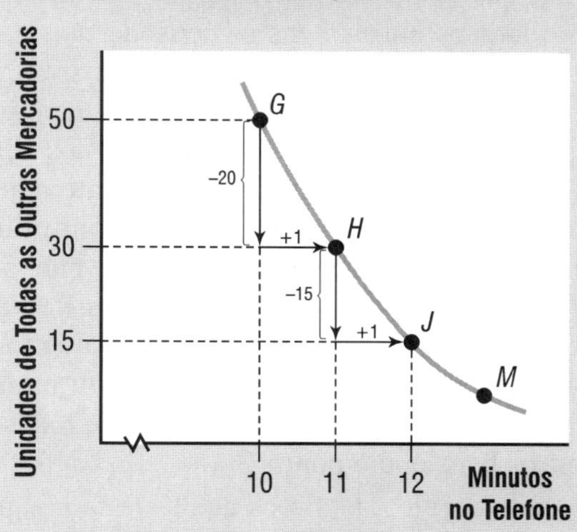

Essa curva mostra todas as combinações de tempo ao telefone e de outros bens que contentam Kate igualmente. No ponto *G*, quanto Kate está gastando pouco tempo ao telefone, a curva é relativamente íngreme. Ela está disposta a trocar vários de "todos os outros bens" por um minuto a mais ao telefone. Em *M*, a curva é mais plana, indicando que ela está disposta a trocar menos dos "outros bens" por um minuto adicional no telefone.

O que iremos supor sobre as preferências de Kate? Discutimos duas suposições no corpo do capítulo: que suas escolhas são logicamente consistentes (racionais) e que, para todos os bens, quanto mais, melhor. Agora, introduzimos mais uma característica que parece comum entre os gostos das pessoas: com muitos tipos de bens e serviços, as pessoas tendem a preferir uma variedade, em vez de extremos, naquilo que consomem, com as outras coisas permanecendo iguais. Para ser mais preciso, suponha que você seja indiferente entre ter dez vídeos recém-lançados e ter dez CDs de sucesso, isto é, você acha qualquer uma dessas duas combinações de bens igualmente satisfatória. De acordo com a preferência por diversidade no consumo, se uma combinação oferecida contiver cinco desses vídeos e cinco desses novos CDs, você vai preferir essa alternativa com variedade a qualquer uma das duas opções extremas que concentram seu consumo em apenas um bem.

Claro, existem exceções a essa regra também como alguém que coleciona selos e moeda pode preferir uma coleção completa de uma das duas a uma coleção pela metade de cada. Tais exemplos, no entanto, parecem especiais e raros, de modo que os economistas geralmente supõem, no mínimo, uma preferência por diversidade no consumo de uma pessoa.

Agora, vamos caracterizar as preferências de Kate, escolhendo um ponto ao acaso, como o ponto *G* da figura. Pedimos a Kate para nos dizer quanto poderemos reduzir de seu consumo de todos os outros bens se concedermos a ela mais um minuto de conversa com a irmã, de modo que ela não ficará nem melhor nem pior após a alteração. Suponha que ela nos diga: "Trocaria 20 unidades de todos os outros bens por mais um minuto de conversa com minha irmã e não me sentiria melhor nem pior pela troca". Kate, portanto, deve ser *indiferente entre* o ponto *G* de um lado e o ponto *H* de outro, já que o ponto *H* concede a ela mais um minuto ao telefone e 20 unidades a menos de todos os outros bens que o ponto *G*.

Em seguida, pedimos que Kate se imagine no ponto *H* e lhe fazemos a mesma pergunta. Se ela responder "Eu trocaria 15 unidades dos outros bens por mais um minuto de conversa", ela deve ser indiferente entre o ponto *H* e o ponto *J*, pois *J* concede a ela mais um minuto de tempo ao telefone e 15 unidades a menos dos outros bens que o ponto *H*. Agora, sabemos que Kate é indiferente entre o ponto *J* e o ponto *H* e entre o ponto *H* e o ponto *G*. Se ela for racional, deve ser totalmente indiferente entre os três pontos *G*, *H* e *J*. (Lembre-se de que a escolha racional requer uma escolha consistente.) Continuando dessa maneira, podemos traçar um conjunto de pontos que – no que concerne a Kate – são igualmente satisfatórios e concedem a ela a mesma utilidade total com seu consumo. Quando ligamos esses pontos com uma linha, obtemos uma das curvas de indiferença de Kate.

*Uma **curva de indiferença** representa todas as combinações de duas categorias de bens que satisfazem igualmente o consumidor.*

Observe duas coisas sobre a curva de indiferença da Figura A.1. Primeiro, ela se inclina para baixo. Segundo, ela se afasta da origem, tornando-se mais plana à medida que nos movemos para o sudoeste ao longo dela. Cada uma dessas coisas resulta das suposições que fizemos sobre as preferências. A curva de indiferença inclina-se para baixo, pois toda vez que concedemos a Kate mais um minuto ao telefone, fazemos com que ela se sinta melhor (quanto mais, melhor). A fim de encontrar outro ponto na sua curva de indiferença original, devemos torná-la pior com a mesma quantidade, *retirando* o gasto com outros bens. Assim, cada vez que nos movemos para a direita ao longo de uma curva de indiferença, também devemos nos mover para baixo.

A inclinação de uma curva de indiferença – a mudança ao longo do eixo vertical, dividida pela mudança ao longo do eixo horizontal à medida que nos movemos ao longo dele – nos informa a taxa na qual Kate poderia trocar todas os outros bens por telefonemas e ainda permanecer indiferente. E a *curvatura* da sua curva de indiferença? Por que ela foi desenhada com uma inclinação negativa *e* formou um arco, afastando-se da origem? Na verdade, esse tipo de forma resulta quando as preferências satisfazem o "princípio da diversidade". Em pontos como o *G* – alto na sua curva de indiferença – Kate

Figura A.2

UM MAPA DE INDIFERENÇA

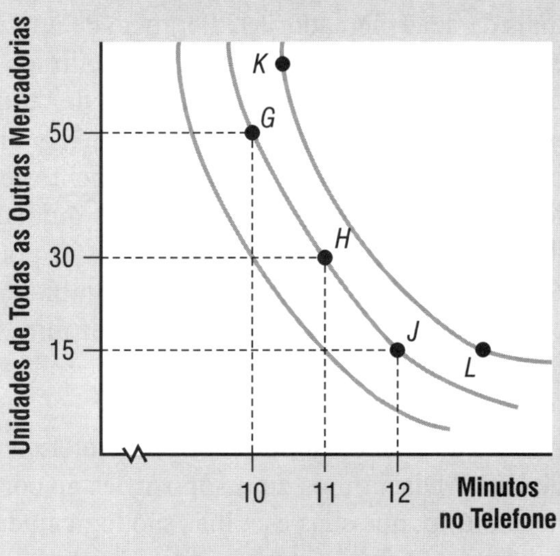

Essas três curvas de indiferença fazem parte do mapa de indiferença de Kate. Ela prefere curvas mais altas a mais baixas.

consome muito de "todos os outros bens" e relativamente poucos telefonemas, se comparado a pontos mais abaixo, como o *M.* Quando Kate tem preferência pela variedade em seu consumo, ela está bem disposta a trocar vários de seus outros bens por mais um minuto de telefonema e isso é refletido na inclinação relativamente íngreme da curva de indiferença, em *G.* De maneira semelhante, se Kate estiver passando muito tempo ao telefone e consumindo relativamente pouco dos outros bens, como é o caso no ponto *M,* ela relutará bastante em trocar mais de seus bens, agora relativamente escassos, por mais tempo ao telefone. Isso é refletido na inclinação relativamente plana da curva de indiferença, em *M.* Assim, podemos esperar que sempre que as preferências mostrarem algum gosto pela variedade no consumo, uma curva de indiferença se tornará mais plana à medida que nos movermos ao longo dela, para baixo e para a direita.

CURVAS PERIGOSAS

Existem dois erros comuns que os estudantes cometem ao desenhar curvas de indiferença. Um é permitir que as extremidades das curvas "se enrolem", como a curva no ponto *B* da figura a seguir, de modo que a curva se incline para cima nas extremidades. Isso viola a suposição de "quanto mais, melhor". Para ver por que, observe que o ponto *A* tem mais dos dois bens que o ponto *B*. Se "quanto mais, melhor", *A* deve ser preferível a *B*, mas *A* e *B* não são indiferentes, de modo que não podem ficar na mesma curva de indiferença. Pelo mesmo motivo, os pontos *M* e *N* não podem estar na mesma curva de indiferença. Lembre-se de que as curvas de indiferença não podem se inclinar para cima.

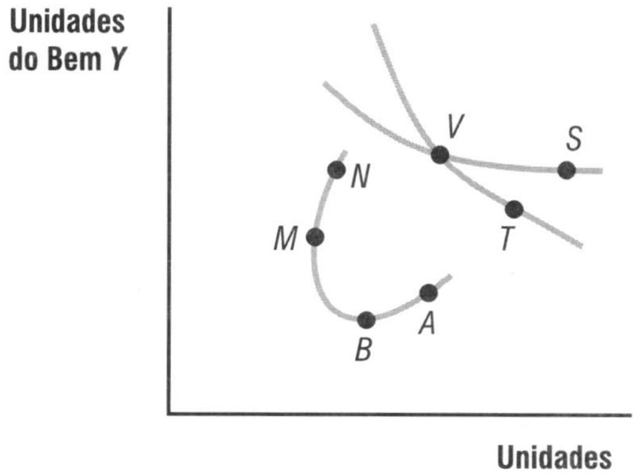

O segundo erro é permitir que duas curvas de indiferença se cruzem. Por exemplo, examine as duas curvas de indiferença que passam pelo ponto *V*. *T* e *V* estão na mesma curva de indiferença, de modo que o consumidor deve ser indiferente entre eles, mas se *V* e *S* estão na mesma curva de indiferença, portanto, o consumidor é indiferente entre eles também. Como a racionalidade requer que as preferências do consumidor sejam consistentes, o consumidor deve, então, ser indiferente entre *T* e *S*, mas isso é impossível, pois *S* tem mais dos dois bens que *T* – uma violação do "quanto mais, melhor". Lembre-se de que as curvas de indiferença não podem se cruzar.

O MAPA DA INDIFERENÇA

Para desenhar a curva de indiferença da Figura A.1, começamos em um ponto específico – o ponto *G.* Na Figura A.2, reproduzimos a curva de indiferença através de *G, H* e *J.* Agora, considere o novo ponto *K* que envolve mais tempo ao telefone e mais dos outros bens que o ponto *G.* Sabemos que o ponto *K* é preferível ao ponto *G* ("quanto mais, melhor"), por isso não está na curva de indiferença que passa pelo ponto *G.* Entretanto, podemos utilizar o mesmo procedimento que usamos anteriormente para encontrar uma *nova* curva de indiferença, ligando todos os pontos indiferentes ao ponto *K.* Na realidade, podemos repetir esse procedimento para qualquer ponto inicial escolhido, desenhando dúzias, centenas ou até mesmo milhares de curvas de indiferença para Kate – tantas quanto quisermos.

O resultado seria um *mapa de indiferença* – um conjunto de curvas de indiferença que descreve as preferências de Kate como as três curvas da Figura A.2. Embora não possamos dizer quanta satisfação Kate experimenta em uma curva de indiferença específica, sabemos que ela iria sempre preferir algum ponto em uma curva de indiferença mais alta a algum ponto em uma curva mais baixa. Por exemplo, considere os pontos *G* e *L*. *L* envolve mais tempo ao telefone, mas menos dos outros bens do que o ponto *G*. Como podemos saber se Kate prefere *L* a *G* ou *G* a *L*? O mapa de indiferença de Kate nos informa que ela *deve* preferir *L* a *G*. Por quê? Sabemos que ela prefere *K* a *G*, pois *K* tem mais de ambos – tanto de tempo ao telefone como das outras mercadorias. Também sabemos que Kate é indiferente entre *L* e *K*, já que eles estão na mesma curva de indiferença. Como ela é indiferente entre *L* e *K*, mas prefere *K* a *G*, ela deve preferir, também, *L* a *G*.

A mesma técnica poderia ser utilizada para mostrar que

qualquer ponto em uma curva de indiferença mais alta é preferido a qualquer ponto em uma curva mais baixa.

Assim, o mapa de indiferença de Kate nos informa como ela classifica todas as alternativas imagináveis. É por isso que dizemos que um mapa de indiferença nos fornece uma caracterização completa das preferências de alguém, já que ele nos permite examinar dois pontos quaisquer e – apenas vendo em quais curvas de indiferença eles estão – saber, imediatamente, qual é o preferido.

A TAXA MARGINAL DE SUBSTITUIÇÃO

A inclinação da curva de indiferença, ao longo de qualquer um dos seus segmentos, nos informa a taxa pela qual o consumidor está disposto a trocar um bem pelo outro e ainda permanecer indiferente. O *valor absoluto* dessa inclinação é chamado *taxa marginal de substituição*, ou *TMS*. A *TMS* desempenha um papel importante na metodologia da curva de indiferença, por isso, vamos defini-la. Quando a quantidade do bem *y* é medida no eixo vertical e a quantidade do bem *x* é medida no eixo horizontal

a taxa marginal de substituição do bem y pelo bem x é ***($TMS_{y,x}$)*** *ao longo de qualquer segmento de uma curva de indiferença, é a inclinação (em valor absoluto) da curva de indiferença ao longo desse segmento. A TMS nos informa a redução da quantidade do bem y necessária para acompanhar um aumento de uma unidade do bem x, a fim de manter o consumidor indiferente à alteração.*

Embora a *TMS* tenha uma definição técnica, seu significado é muito simples. Examine novamente a Figura A.1. Se Kate estivesse, atualmente, consumindo no ponto *G*, ela poderia nos dizer o seguinte: "Se você me concedesse mais um telefonema (bem *x*) e me tirasse 20 unidades de todas os outros bens (bem y), eu ficaria tão bem quanto estou agora". Em seguida, Kate nos diria que sua *TMS* é 20. Como podemos ver na figura, ela também é igual ao valor absoluto da inclinação da curva de indiferença ao longo do segmento *GH*. (A redução ao longo do eixo vertical é 20 e o aumento ao longo do eixo horizontal é 1, portanto, o valor absoluto da inclinação é 20/1 = 20.)

TOMADA DE DECISÃO DO CONSUMIDOR

Agora, podemos combinar tudo o que aprendemos sobre linhas de orçamento, mapas de indiferença e taxa marginal de substituição, para determinar a combinação de bens que Kate deve escolher. A Figura A.3 adiciona a linha do orçamento de Kate ao seu mapa de indiferença. Ao desenhar a linha do orçamento, consideramos que ela tem um orçamento semanal de $200 para gastar em telefonemas e em todos os outros bens e que as tarifas de interurbanos são de $2 por minuto no horário em que Kate gosta de telefonar para sua irmã. Também consideramos que o preço de uma unidade de todos os outros bens é de $1.

Se Kate dedicasse toda sua renda a telefonemas e nada aos outros bens, ela poderia ter 100 minutos de tempo ao telefone por mês. Isso é o intercepto horizontal da sua linha de orçamento

Figura A.3

TOMADA DE DECISÃO DO CONSUMIDOR

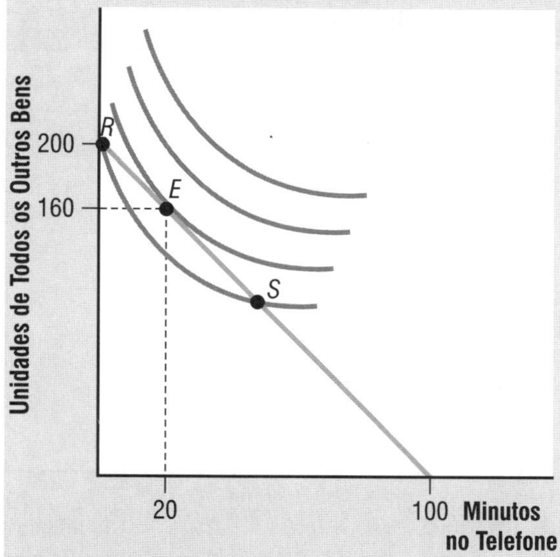

Para Kate, a combinação preferida de telefonemas e de "todos os outros bens" está no ponto *E*. É um ponto na curva de indiferença mais alta, obtida quando consideramos seu orçamento e os preços dos dois bens. Em um ponto como o *R*, sua *TMS* excede a inclinação de sua linha de orçamento, de modo que ela ficaria melhor se aumentássemos seu tempo ao telefone e a movêssemos para uma curva de indiferença mais alta. Em *S*, sua *TMS* é menor que a inclinação da linha, assim ela ficaria melhor se reduzíssemos seu tempo ao telefone.

na figura. Por outro lado, ela poderia escolher zero de tempo ao telefone e 200 unidades de de todos os outros bens – o intercepto vertical. Como o preço de um minuto ao telefone (bem x) é de \$2 e o preço por unidade de todos os outros bens (bem y) é de \$1, a inclinação da linha de orçamento de Kate é de $-P_x/P_y = -\$2/\$1 = -2$. Cada minuto adicional ao telefone requer que Kate gaste \$2 nos outros bens.

Para Kate, a combinação ótima de telefonemas e de outros bens vai satisfazer dois critérios: (1) será um ponto na sua linha de orçamento e (2) ficará na curva de indiferença mais alta possível. Kate poderá encontrar esse ponto caminhando para baixo na sua linha de orçamento, partindo do ponto *R*. À medida que ela o fizer passará por uma variedade de curvas de indiferença. (Para ver isso claramente, rascunhe algumas curvas de indiferença *entre* as desenhadas na figura.) Cada curva de indiferença será mais alta que a anterior, até ela alcançar a curva mais alta possível, no ponto *E*, em que ela compra 160 unidades dos outros bens e 20 minutos de telefonemas interurbanos por semana. Qualquer movimento adicional para baixo na linha de orçamento a colocaria nas curvas de indiferença mais baixas, com isso, esses movimentos a deixariam em uma situação pior. Então, o ponto *E* é sua escolha ótima. Observe duas coisas sobre o ponto *E*. Primeiro, ele ocorre onde a curva de indiferença e a linha de orçamento se tocam, mas não se cruzam. Como podemos ver no diagrama, quando uma curva de indiferença realmente cruza a linha de orçamento, encontramos algum outro ponto na linha de orçamento que fica em uma curva de indiferença mais alta.

Segundo, no ponto *E*, a inclinação da curva de indiferença é a mesma que a inclinação da linha de orçamento. Isso faz sentido? Deveria quando você pensa desta maneira: a inclinação da curva de indiferença é menos a taxa marginal de substituição entre dois bens. A *TMS* nos informa a taxa pela qual o consumidor trocaria um bem pelo outro e permaneceria indiferente. A inclinação da linha de orçamento, ao contrário, nos informa a taxa pela qual o consumidor *consegue, realmente,* trocar um bem pelo outro. Se houver alguma diferença entre a taxa pela qual um consumidor poderia trocar um bem pelo outro com indiferença e a taxa pela qual ele *consegue* trocar, ele sempre poderá tornar-se melhor movendo-se para um outro ponto na linha de orçamento. Por exemplo, suponha que Kate estivesse no ponto *R*, onde sua curva de indiferença é mais íngreme (inclinação = –10) do que sua linha de orçamento (inclinação = –2). Como sua *TMS* no ponto *R* é 10, ela poderia desistir de dez unidades dos outros bens por mais um minuto ao telefone e permanecer indiferente. A linha de orçamento de Kate, porém, nos informa que ela *pode* trocar apenas duas unidades dos outros bens por um outro minuto no telefone. Se a troca de 10 unidades dos outros bens por um outro minuto a deixasse indiferente, mas ela *realmente tivesse* de desistir de apenas duas unidades, ela deveria melhorar fazendo a troca. Concluímos que *quando a curva de indiferença de Kate é mais íngreme que sua linha de orçamento, ela deve gastar mais com telefonemas e menos com outros bens.*

Utilizando um raciocínio semelhante, entenda que Kate deve fazer o movimento oposto – gastando menos em telefonemas e mais nos outros bens – se sua curva de indiferença for mais plana que sua linha de orçamento como no ponto *S*. Apenas quando a curva de indiferença e a linha de orçamento têm a mesma inclinação – quando elas se tocam, mas não se cruzam – Kate está o melhor possível. Mais genericamente,

> *a combinação ótima de bens para um consumidor é a combinação na linha de orçamento, na qual a curva de indiferença tem a mesma inclinação que a linha de orçamento.*

Agora, lembre-se de que a inclinação (o valor absoluto) de uma curva de indiferença, em qualquer ponto, é igual à taxa marginal de substituição entre os dois bens ($TMS_{y,x}$), enquanto a inclinação (o valor absoluto) da linha do orçamento é igual a P_x/P_y. Utilizando esses dois fatos, a conclusão sobre a escolha ótima do consumidor pode ser expressa desta maneira:

> *A combinação ótima de dois bens x e y é a combinação na linha de orçamento para a qual* $TMS_{y,x} = P_x/P_y$.

Se essa condição não for satisfeita, haverá uma diferença entre a taxa pela qual um consumidor poderia trocar um bem *y* por um bem *x* e *permanecer indiferente* e a taxa pela qual ele *poderia, na realidade*, fazer a troca. Isso sempre oferecerá ao consumidor uma oportunidade de tornar-se melhor.[4]

Figura A.4

DERIVANDO A CURVA DE DEMANDA

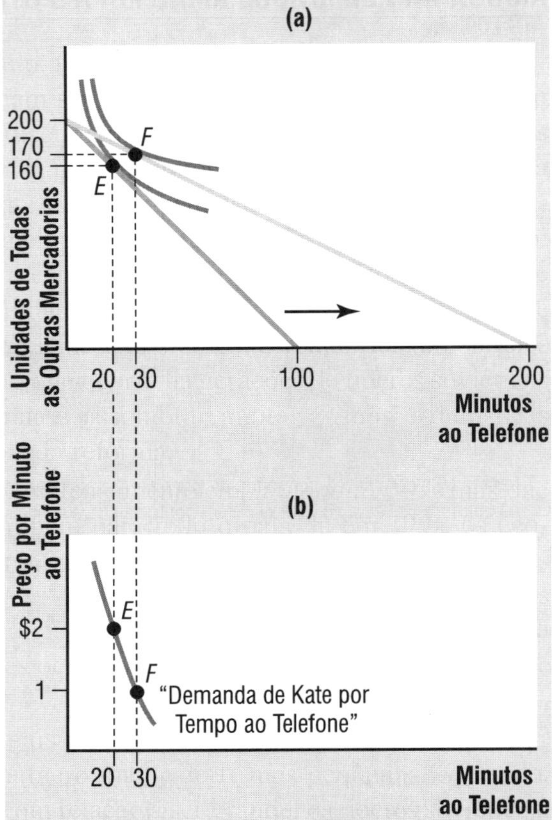

A $2 por minuto ao telefone, Kate escolhe o ponto *E* no painel (a) e passa 20 minutos ao telefone. Se o preço cai para $1 por minuto, sua linha de orçamento gira para fora e ela se move para o ponto *F*, consumindo 30 minutos de tempo ao telefone. A curva de demanda do painel (b) é obtida ligando combinações de preço – quantidade, tais como *E* e *F*.

---

[4] O corpo deste capítulo abrange a abordagem da utilidade marginal para a teoria do consumidor. Você pode estar se perguntando se a abordagem da curva de indiferença leva a uma escolha diferente do consumidor. A resposta é não, pois as duas abordagens levam à mesma combinação ótima de bens. Aqui está a prova:

Primeiro, observe que $TMS_{y,x} = UM_x/UM_y$ para qualquer alteração ao longo de uma curva de indiferença. Por quê? A $TMS_{y,x}$ nos informa a redução do bem *y* a cada alteração de unidade no bem *x* que mantém o consumidor indiferente. Quando o bem *y* é reduzido, a utilidade cai em $UM_y \times \Delta y$ (a mudança na utilidade a cada mudança na unidade de *y* vezes a mudança em *y*). Quando *x* aumenta, a utilidade aumenta em $UM_y \times \Delta x$. Agora, lembre-se de que, à medida que nos movemos ao longo de uma curva de indiferença, a utilidade total deve permanecer inalterada para manter o consumidor indiferente. Assim, à medida que nos movemos ao longo de uma curva de indiferença, deve ser *verdadeiro* que $UM_y \times \Delta y = UM_x \times \Delta x$, ou $\Delta y/\Delta x = UM_x/UM_y$. O lado esquerdo é a alteração em *y* por mudança em unidade de *x* que mantém o consumidor indiferente, ou $TMS_{y,x}$, de modo que temos $TMS_{y,x} = UM_x/UM_y$.

Agora, na abordagem da utilidade marginal, o consumidor escolhe uma combinação de bens tais que $UM_x/P_x = UM_Y/P_Y$ ou, reorganizando, $UM_y/UM_x = P_x/P_y$. Na abordagem da curva de indiferença, o consumidor escolhe a combinação, de modo que $TMS_{y,x} = P_x/P_y$. Como $UM_y/UM_x = TMS_{y,x}$, utilizando a abordagem da utilidade marginal ou a metodologia *TMS*, teremos a mesma combinação ótima de bens.

CURVAS DE INDIFERENÇA E A CURVA DE DEMANDA INDIVIDUAL

Podemos também utilizar as curvas de indiferença para obter a curva de demanda de Kate por interurbanos. No painel (a) da Figura A.4 mostramos o que acontece quando as tarifas dos interurbanos caem de $2 para $1 por minuto. Primeiro, o intercepto horizontal da linha de orçamento de Kate se move para a direita, de 100 minutos para 200 minutos. Segundo, Kate caminhara para baixo, na sua nova linha de orçamento, até atingir o ponto F que a coloca na curva de indiferença mais alta possível. Nesse ponto, ela compra 170 unidades dos outros bens e fala com sua irmã durante 30 minutos por semana. O painel (b) mostra a curva de demanda de Kate por tempo em interurbanos, com base nas informações do painel (a). A $2 por minuto, ela compra 20 minutos ao telefone, e a $1 por minuto, ela compra 30 minutos. Observe que a curva de demanda por interurbanos de Kate satisfaz a lei da demanda: uma queda das tarifas do interurbano aumenta a quantidade demandada de tempo ao telefone.

CAPÍTULO

6 PRODUÇÃO E CUSTO

RESUMO DO CAPÍTULO

No início dos anos 90, a Federação Russa começou uma transformação extraordinária do socialismo centralmente planejado para o capitalismo de mercado. Em algumas áreas, o progresso foi incrível. O governo russo transformou seus sistemas jurídico e financeiro, privatizou virtualmente todas as fábricas e lojas que pertenciam ao Estado e concedeu autonomia substancial aos governos regionais e das cidades. Na realidade, no início dos anos 90, a Rússia parecia equilibrada por um período de grande crescimento econômico e padrões de nível de vida elevados, todavia não funcionou assim. Desde 1989, a produção por pessoa – e o padrão médio do nível de vida – *caiu* em cerca de 30%. O que aconteceu?

Toda a resposta para essa pergunta é controversa e complexa, mas há um acordo disseminado sobre pelo menos *uma* parte da resposta: *existe algo peculiar sobre muitas firmas russas.* Ao ler este capítulo, você entenderá exatamente qual é essa peculiaridade.

Neste capítulo, começamos o estudo das firmas de negócios que produzem e vendem bens e serviços. A primeira seção aborda algumas perguntas gerais, porém, muito importantes. O que são firmas de negócios? Quais vantagens as firmas de negócios desfrutam, com relação a outras maneiras de organização da produção? Por que muitos de nós trabalham como empregados de firmas? Em seguida, no restante do capítulo, voltamos a atenção para a natureza da produção e do custo. Veremos que existem muitas maneiras de medir custos, cada uma nos informando algo diferente sobre a firma.

A NATUREZA DA FIRMA

Firma de negócios Uma firma especializada em produção, operada pelos proprietários – pessoas particulares.

*Uma **firma de negócios** é uma organização especializada em produção, de propriedade de pessoas particulares e operadas por elas mesmas.*

Sua primeira imagem quando ouve a palavra *produção* pode ser uma fábrica cheia e barulhenta, em que os bens são montados peça por peça e, em seguida, enviados para um armazém, para uma eventual venda ao público. Grandes fabricantes podem vir à mente como General Motors, Boeing ou até mesmo Ben & Jerry's. Todas elas produzem coisas, mas a palavra *produção* engloba mais que simples fabricação.

Produção é o processo de combinar insumos para fazer produtos.

Alguns bens são, na verdade, *bens* físicos como automóveis, aeronaves ou sorvetes. Contudo, bens também podem ser *serviços*. Na realidade, muitas das maiores corporações dos EUA produzem serviços. Pense no Citicorp (serviços bancários), na American Airlines (serviços de transporte), na Bell Atlantic (serviços de telecomunicações) e na Wal-Mart (serviços de venda no varejo).

A Figura 1 ilustra as relações entre a firma e aqueles com quem ela faz negócios. Observe que precisamos colocar o corpo de diretores da firma no centro do diagrama. São os diretores que devem decidir o que a firma fará, tanto no dia-a-dia como em um horizonte de tempo maior. Quando nos referimos à firma como *tomadora de decisão*, estamos nos referindo ao diretor ou aos diretores que realmente tomam decisões.

Como podemos ver na figura, a firma deve negociar com uma variedade de indivíduos e de organizações. Ela vende seu produto para *clientes* – que podem ser famílias, órgãos governamentais ou outras firmas – e recebe *receita* deles em retorno. Por exemplo, a Ford Motor Company vende seus automóveis para famílias, para outras firmas (como firmas de aluguel de carro) e para órgãos governamentais (como departamentos de polícia locais). A Ford recebe receita de todos esses clientes.

Para onde vai essa receita? Uma grande parte vai para *ofertadores de insumos.* A Ford deve pagar a mão-de-obra, a maquinaria, o aço, a borracha, a eletricidade, os edifícios das fábricas e o terreno em que eles estão e muito, muito mais. O total de todos esses pagamentos forma os *custos* de produção da firma.

Quando os custos são deduzidos da receita, o que resta é o **lucro** da firma:

Lucro Receita total menos custo total.

Lucro = Receita – Custos

A Figura 1 mostra que o lucro da firma (após os impostos) vai para os *proprietários* que financiaram inicialmente a firma.

Finalmente, toda firma deve estabelecer relações de negócios com o governo. Por um lado, ela paga impostos ao governo e deve obedecer às leis e regulamentações governamentais. Por outro, recebe serviços valiosos do governo que incluem o uso do patrimônio público, como rodovias e pontes e a presença de um sistema jurídico e financeiro que ajuda a economia a funcionar sem problemas.

TIPOS DE FIRMAS DE NEGÓCIOS

Existem cerca de 20 milhões de firmas empresariais nos Estados Unidos e cada uma delas cai em uma das três categorias legais, com base nas regras e condições de propriedade. Em uma **firma individual**, um único indivíduo

Firma individual Uma firma de propriedade de um único indivíduo.

Figura 1

A FIRMA E SEU AMBIENTE

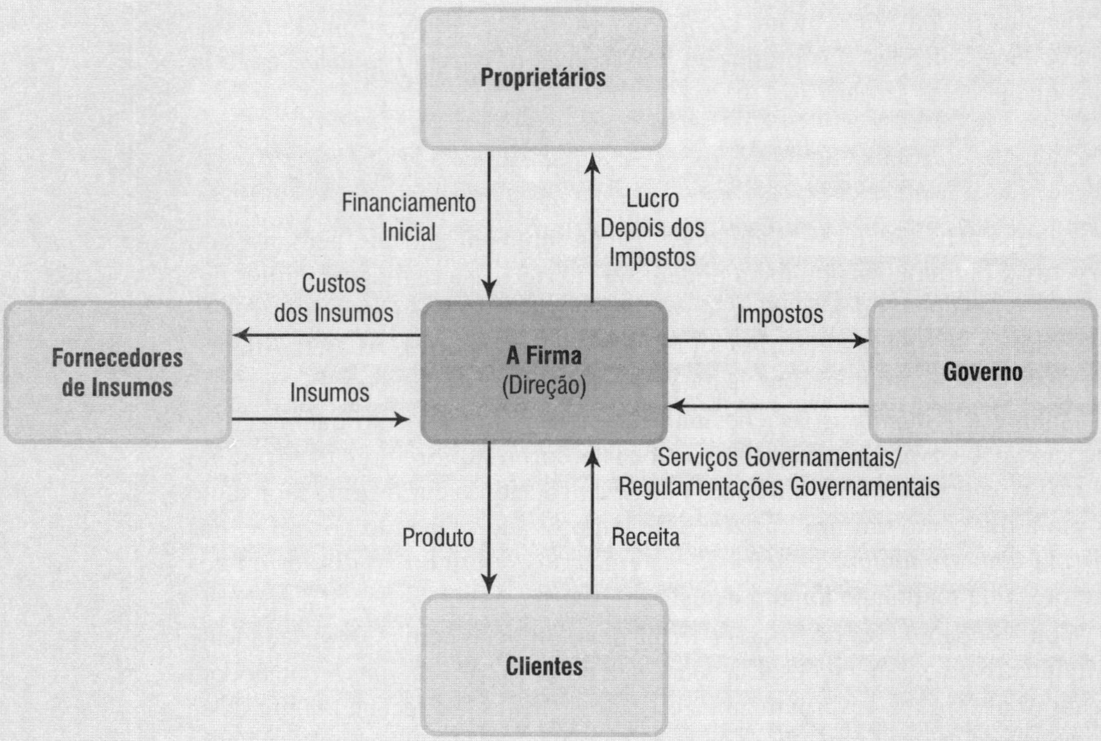

inicia a firma, é dono dela e tem direito a todo o lucro depois dos impostos. Na Figura 2, podemos ver que a maioria das firmas empresariais é individual. Isso não surpreende, já que essa é a forma mais fácil de elas começarem. Em muitos casos, o proprietário simplesmente começa a fazer negócios. Para fins de imposto, o lucro da firma é simplesmente tratado como parte da renda pessoal do proprietário e está sujeito ao imposto de renda pessoal.

Sociedade Uma firma geralmente operada por vários indivíduos que dividem os lucros e possuem responsabilidade pessoal por qualquer perda.

Em uma **sociedade**, as responsabilidades são divididas entre vários sócios-proprietários. Uma clara vantagem da sociedade é que cada proprietário pode tirar folga, deixando os outros sócios como responsáveis pela firma. Além disso, os sócios podem, geralmente, dividir muitos insumos como secretárias, publicidade e áreas de recepção, reduzindo os custos para cada sócio.

Evidentemente, os lucros devem ser divididos também entre os sócios-proprietários. As sociedades são comuns entre profissionais como médicos, advogados e arquitetos.

Embora as firmas individuais e as sociedades sejam fáceis de criar, elas compartilham dois problemas que fazem, em última análise, com que muitos proprietários decidam contra elas. A primeira é a *responsabilidade ilimitada*, em qualquer um desses dois tipos, cada proprietário é considerado pessoalmente responsável pelas obrigações da firma. Se a firma incorrer em débitos e fechar ou se for processada com sucesso por uma grande soma em dinheiro, os proprietários terão de usar seus próprios bolsos para honrar as obrigações.

O segundo problema é a dificuldade de levantar dinheiro para expandir a firma. Em uma firma individual ou em uma sociedade, os proprietários devem

Figura 2

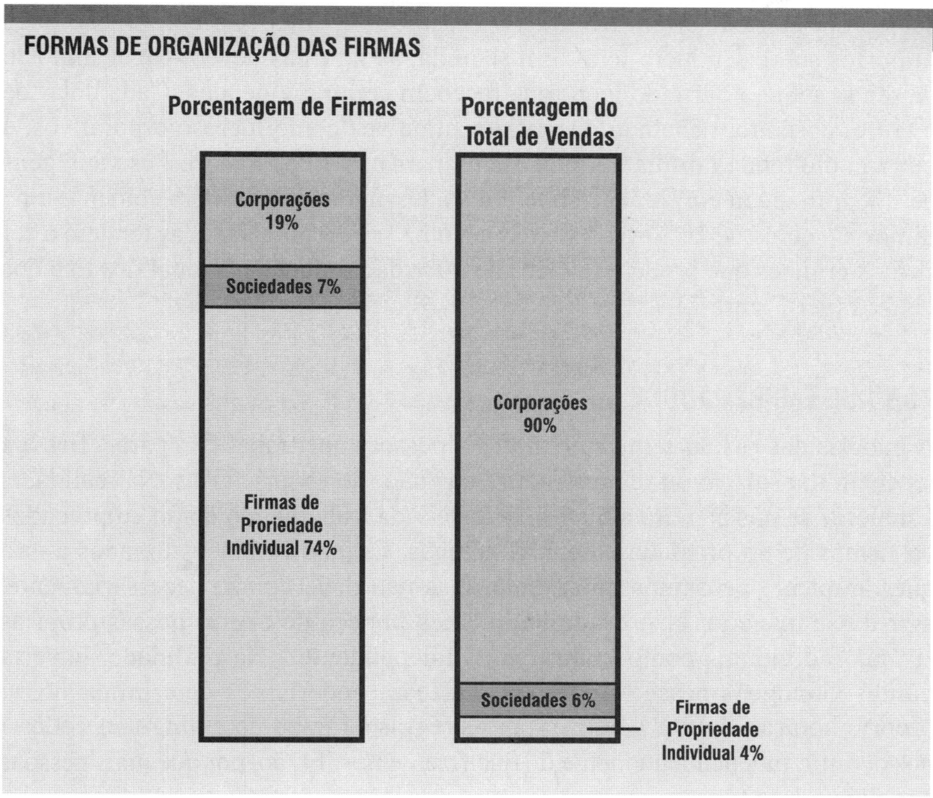

pensar cuidadosamente antes de trazer novos sócios – especialmente estranhos –, pois cada sócio tem responsabilidade total pelo conceito ruim que se possa ter em relação a qualquer um deles. Assim, quando os proprietários precisam de fundos adicionais, eles devem, geralmente, utilizar seu próprio dinheiro ou obter um empréstimo em um banco. Em qualquer um dos casos, os proprietários atuais serão responsáveis por todo o risco se a firma falir.

Essas desvantagens levam muitas firmas a escolher um terceiro tipo de organização: uma **corporação**. Nesse tipo de firma, a propriedade é dividida entre os que compram participações em *ações*. Cada participação em ações dá a seu proprietário direito de voto na diretoria que, por sua vez, contrata os principais gerentes da corporação. E cada participação em ações dá ao proprietário direito a uma parte do lucro da corporação – uma parte do que é pago como *dividendos*. A forma corporativa de organização facilita o levantamento de fundos adicionais: a corporação simplesmente vende participações em ações, trazendo, portanto, novos proprietários. As pessoas hesitam menos em se tornarem sócios-proprietários de uma corporação por causa desta outra vantagem principal: *responsabilidade limitada*. Os proprietários (acionistas) de uma corporação podem perder somente o que pagaram pelas ações que possuem. Eles nunca terão de tirar dinheiro do próprio bolso para honrar as obrigações da firma.

Corporação Uma firma de propriedade daqueles que compram participações em ações. A responsabilidade é limitada à quantia do investimento deles na firma.

Por que, então, nem toda firma escolhe a forma corporativa? Porque uma corporação, além de suas várias vantagens, também tem seus custos adicionais. Para montar uma corporação, documentos do governo devem ser preenchidos e advogados e contadores são normalmente contratados para ajudar com o trabalho. Ao fazer parte de uma corporação, você está sujeito a uma variedade de leis e regulamentações que se aplicam somente a corporações. Finalmente, seus proprietários sofrem *tributação em dobro.* Primeiro, a corporação paga impostos sobre seu lucro total. Em seguida, as famílias devem pagar imposto de renda sobre a parte do lucro que recebem como dividendos. Cada dólar de lucro é, portanto, tributado duas vezes, uma vez como lucros corporativos, e outra como renda familiar. Ainda assim, para as firmas maiores, as vantagens de integrar-se em corporação superam as desvantagens. Embora somente uma minoria – cerca de 20% – das firmas escolha ser corporação, elas tendem a ser firmas grandes que produzem cerca de 90% da produção nacional dos Estados Unidos (ver Figura 2).

POR QUE EMPREGADOS?

A maioria das firmas tem *empregados* – pessoas que trabalham para a firma e recebem um salário ou remuneração, mas não são proprietárias. Na realidade, a maioria de nós passará a maior parte da vida trabalhando como empregados de firmas de propriedade de outras pessoas. Estamos tão acostumados a isso que raramente pensamos no assunto, mas não deveríamos, necessariamente, agir dessa maneira. Não existe lei que nos impeça de operar nossas próprias firmas individuais como contratados independentes. Na realidade, haveria muitas vantagens nesse tipo de organização: poderíamos determinar nosso próprio horário, definir nossas próprias regras de trabalho e ninguém poderia nos demitir, independentemente do que fizéssemos. Então, por que mais pessoas não fazem isso?

Para entender por que tantas pessoas trabalham como empregados, considere a alternativa: cada um de nós trabalhando como trabalhadores independentes. Nesse tipo de economia, nós nos especializaríamos – cada um em uma ocupação ou profissão – e comercializaríamos uns com os outros, mas *trabalharíamos* somente para nós mesmos. Se quisesse comprar um suporte para futon, você iria para um fabricante independente de móveis. Ele, por sua vez, iria comprar a serra de um fabricante de serra independente, a madeira cortada de um cortador de madeira independente e assim por diante, por toda a economia. Dessa maneira, cada um trabalharia por conta própria, concentrando-se em uma atividade na qual tivesse uma vantagem comparativa e aprendendo a fazê-la bem. O material de que precisássemos seria comprado de outros indivíduos. Como resultado, desfrutaríamos todos um maior padrão de vida do que seria possível se cada um de nós fosse totalmente auto-suficiente. No entanto não estaríamos desfrutando o maior padrão de vida possível.

As Vantagens do Emprego. Suponha que, nessa economia de trabalhadores independentes, alguém tivesse uma idéia brilhante: iniciar uma nova organização, uma firma *com empregados*, para produzir suportes para futon. Nessa firma, centenas ou até mesmo milhares de empregados prometeriam aparecer para trabalhar todos os dias, em troca de um salário ou de uma remuneração combinada. Esse tipo de produção apresentaria vantagens importantes, com relação à produção realizada por trabalhadores independentes? De maneira alguma.

Ganhos com a Especialização. Uma vantagem da produção por firma com empregados é a possibilidade de ganhos adicionais com a especialização. Quando muitas pessoas trabalham em uma única organização, métodos de linha de montagem – cada funcionário se especializa em *um aspecto* da produção – tornam-se possíveis. Enquanto o trabalhador independente deve projetar e fazer o suporte para futon, negociar com clientes e anunciar seus serviços, em uma fábrica de móveis cada uma dessas tarefas é executada por indivíduos diferentes que trabalham em tempo integral em sua atividade. Isso aumenta os ganhos com a especialização.

Custos de Transação Menores. Outra vantagem para uma firma com empregados consiste em **custos de transação** menores, um termo que os economistas utilizam para as complicações de se fazer negócios. É necessário encontrar fornecedores confiáveis de tecido, de madeira e de ferramentas, além de tempo para negociar com cada um. Em um mundo de trabalhadores independentes, em que as relações de negócios seriam mais temporárias e flexíveis, cada um de nós passaria uma grande parte do tempo procurando fornecedores confiáveis e de alta qualidade e negociando contratos com eles. Como resultado, os custos da transação seriam altos.

Custos de Transação Os custos de tempo e outros custos necessários para realizar trocas no mercado.

Em uma firma com empregados, entretanto, muitos suprimentos e serviços podem ser produzidos *dentro* da organização, pelos *empregados*. Os proprietários da firma negociam apenas *um* contrato com cada pessoa – um contrato de emprego – que especifica as responsabilidades e obrigações das duas partes. Se a rotatividade de empregados não for grande demais, a firma poderá desfrutar economias significativas nos custos da transação.

Risco Reduzido. Finalmente, a grande firma com empregados oferece todos os envolvidos oportunidades de reduzir o *risco*. Quando os empregados se unem a firmas e concordam em trabalhar por um salário ou remuneração estável, eles recebem um tipo de seguro que os protege contra flutuações em suas rendas. A proteção não é completa – sempre existe a possibilidade de ser demitido quando os tempos estão ruins. Todavia é entendido, tanto pelas firmas como pelos empregados, que os que permanecem no emprego continuarão a receber seu salário ou remuneração normalmente, independentemente das condições da firma. Muitas pessoas – que preferem não brincar com sua fonte de renda – colocam um alto valor nessa característica dos contratos de emprego, uma característica não disponível para o trabalhador independente.

Como as firmas podem oferecer esse tipo de proteção aos empregados? O não-oferecimento de uma remuneração estável, mesmo quando a firma não está bem, aumenta a variabilidade dos lucros da firma? Isso não aumenta o risco que os proprietários da firma enfrentam?

Talvez, porém, as grandes firmas criam oportunidades para os proprietários reduzirem seu risco, por meio da **diversificação**. *Diversificar* é distribuir a sua fonte de renda entre várias alternativas diferentes como sugerido pelo ditado "Não jogue todas as suas fichas em uma única aposta". Com grandes firmas, dois tipos de diversificação são possíveis. Primeiro, a própria firma pode produzir várias linhas diferentes de produtos, de modo que, se uma estiver vendendo pouco, outra poderá estar vendendo bem. Isso é diversificação *dentro* da firma.

Diversificação O processo de reduzir o risco distribuindo fontes de renda entre diferentes alternativas.

Segundo, os proprietários não precisam se limitar à propriedade de apenas uma firma. Podem, em vez disso, diversificar seu investimento, comprando participações em um *portfólio* de firmas que pode ser cuidadosamente escolhido, a fim de que, quando algumas firmas estiverem indo mal, outras estarão, provavelmente, indo bem. Isso é diversificação *entre* firmas e permite que a renda de cada proprietário seja mais estável que os lucros de uma única firma.

Podemos perceber que uma grande firma com empregados oferece várias vantagens, com relação a tralhadores independentes. Essas vantagens ajudam a firma a atrair clientes, trabalhadores e potenciais proprietários. Eis os motivos:

- Os ganhos maiores com a especialização e com a economia nos custos da transação permitem que a firma com empregados produza uma determinada quantidade de mercadoria utilizando menos recursos que um grupo de trabalhadores independentes utilizaria.
- Como a firma pode produzir sua mercadoria utilizando menos recursos, ela pode cobrar preços menores – atraindo *clientes* dos trabalhadores independentes.
- Como a firma economiza em recursos, ela pode pagar taxas de salários mais altas para seus trabalhadores, em relação ao que eles poderiam ganhar como trabalhadores independentes. A firma também pode oferecer a seus trabalhadores um seguro útil contra flutuações na renda. Essas vantagens induzem muitos trabalhadores independentes a se tornarem *empregados.*
- As oportunidades de diversificação dentro ou entre as firmas ajudam a reduzir o risco para os potenciais *proprietários*, estimulando-os a organizar firmas.

Como as firmas modernas com empregados possuem uma vantagem para ganhar clientes, atrair trabalhadores e estimular potenciais proprietários, não é surpreendente que elas produzam tanto da nossa produção.

OS LIMITES PARA A FIRMA

De tudo isso, você pode estar tentado a concluir que o maior é sempre melhor, ou seja, quanto maior a firma, maior será a economia nos custos. Se isso fosse verdade, haveria somente uma única firma, enorme, na economia e todos estaríamos trabalhando para ela. Na realidade, existem limites para os ganhos com a especialização, para a redução dos custos da transação e para as oportunidades de diversificação. O maior *nem sempre* é melhor.

Por quê? Porque à medida que as firmas expandem em tamanho, elas começam a encontrar dificuldades. Por algum motivo, firmas maiores têm mais níveis de gerência que pequenas firmas. Grandes corporações como IBM, General Motors e Bell Atlantic têm centenas de gerentes de alto nível e outros milhares em níveis inferiores. Em uma firma com tantos gerentes, a comunicação e a tomada de decisão tornam-se mais complexas e consomem mais tempo. Na realidade, durante grande parte dos anos 80, a IBM foi criticada por seus acionistas por falhar em acompanhar as rápidas alterações no mercado de pequenos computadores. De acordo com seus críticos, a IBM tinha crescido tanto que o processo de tomada de decisão tinha se tornado lento. Nos anos 90, a Compaq – que tinha se tornado uma firma enorme, com uma grande burocracia – não conseguiu acompanhar as estratégias inteligentes de produção e de marketing desenvolvidas pelos concorrentes, menores e mais ágeis como a Dell e a Gateway.

Grandes firmas também têm dificuldades para *monitorar* seus trabalhadores, a fim de impedir que não cumpram adequadamente com suas obrigações ou façam seu trabalho ineficientemente. Esses problemas aumentam os seus custos, anulando as vantagens do custo de ser grande, descritas anteriormente. Eventualmente, à medida que a firma continua a crescer, chega um ponto em que as vantagens do crescimento adicional são superadas pelas desvantagens. Isso explica por que as firmas não crescem indefinidamente.

Em alguns tipos de produção, as desvantagens de ser grande aparecem logo e os trabalhadores independentes terão a vantagem. Consertos de encanamentos, consertos de sapatos, jardinagem e psicoterapia são quase sempre fornecidos por trabalhadores independentes, não por grandes firmas. Nesses trabalhos, é melhor ter um único profissional ou operário qualificado que execute uma *variedade* de tarefas. A especialização adicional *dentro* do ofício criaria perdas, em vez de ganhos. (Imagine as desvantagens de uma firma de consertos de encanamento, na qual cada trabalhador se especialize: um descobre o problema, outro remove os canos velhos, um outro localiza um cano de reposição, um outro faz a conta e assim por diante.)

PENSANDO SOBRE A PRODUÇÃO

Quando pensamos em produção, é natural pensarmos em *produtos* – as coisas que as firmas *fazem* – e em *insumos* – as coisas que as firmas *utilizam* para fazer os produtos. Insumos incluem recursos (trabalho, capital e terra), bem como matérias-primas e outros bens e serviços fornecidos por outras firmas. Por exemplo, para produzir este livro, a South-Western College Publishing Company utilizou uma variedade de insumos: *trabalho* (incluindo a fornecida pelos autores, editores, artistas, pintores e gerentes da firma); *capital humano* (o conhecimento e as habilidades possuídos pelos trabalhadores que acabamos de citar); *capital físico* (incluindo computadores, caminhões para entrega e um edifício para a sede da firma em Cincinnati), além do *terreno* (sob a sede). A firma também utilizou muitos insumos produzidos por *outras* firmas, incluindo matérias-primas como papel e tinta e serviços de firmas de transporte, de firmas de telefonia e de provedores de acesso à Internet.

Tecnologia Um método pelo qual os insumos são combinados para produzir um bem ou serviço.

A maneira pela qual esses insumos podem ser combinados para produzir produtos é a **tecnologia**. Deixemos para engenheiros e cientistas entender a tecnologia de uma firma e descobrir maneiras de melhorá-la. Ao pensar na firma, os economistas consideram a tecnologia como uma variável determinada, uma *restrição* na produção que é dada pela *função de produção* da firma:

Identificar os Objetivos e as Restrições

> *Para cada combinação diferente de insumos, a* ***função de produção*** *nos informa a quantidade máxima de produtos que uma firma pode produzir durante um determinado período.*

Função de produção Uma função que indica a quantia máxima de mercadoria que uma firma pode produzir durante um certo período, a partir de cada combinação de insumos.

A idéia por trás de uma função de produção está ilustrada na Figura 3. As quantidades de cada insumo entram na caixa que representa a função de produção e a quantidade máxima de bens ou serviços produzidos saem dela. A própria função de produção – a caixa – é uma função matemática que relaciona insumos e produtos.

Figura 3

A FUNÇÃO DE PRODUÇÃO DA FIRMA

Quando uma firma utiliza diferentes insumos, as funções de produção podem ser muito complicadas. Isso ocorre mesmo em firmas pequenas. Por exemplo, a função de produção para uma locadora de vídeos nos informaria quantos vídeos ela poderia alugar por dia, com diferentes combinações de espaço no chão, prateleiras, balconistas, caixas registradoras, vídeos em estoque, luz, ar-condicionado e assim por diante.

Neste capítulo, para simplificar as coisas, explicaremos a função de produção para uma hipotética firma que utiliza somente dois insumos: capital e trabalho. Trata-se de Spotless Car Wash cuja mercadoria é um serviço: o número de carros lavados. O capital da firma é o número de linhas automáticas de lavagem de carros e o trabalho é dado pelo número de trabalhadores em tempo integral que dirigem o carro para a linha, os tiram de lá, os enxugam no final e negociam com clientes.[1]

O CURTO PRAZO E O LONGO PRAZO

Quando uma firma altera seu nível de produção, suas necessidades de insumos são modificadas. Alguns insumos como o trabalho podem ser ajustados relativamente rápido. Outros – por exemplo, equipamentos de capital – podem ser alterados com mais dificuldades. Por quê? Acordos de leasing e de aluguel podem fazer com que a firma assuma um compromisso de continuar pagando pelo equipamento por um certo período, quer o equipamento seja utilizado ou não. Ou pode haver dificuldades práticas para ajustar o capital como um tempo de preparação longo, necessário para adquirir novos equipamentos ou para vender os equipamentos existentes. Essas considerações tornam útil a categorização das decisões da firma em uma destas duas classificações: *decisões de longo prazo* e *decisões de curto prazo.* O **longo prazo** é um horizonte de tempo longo o suficiente para uma firma variar *todos* os seus insumos.

Longo prazo Um horizonte de tempo longo o suficiente para uma firma variar todos os seus insumos.

O longo prazo é diferente para firmas distintas. Para um cirurgião que precisa de vários meses para conseguir um novo laser cirúrgico, encontrar um comprador para o laser cirúrgico que ele tem ou encontrar um consultório maior ou menor, o longo prazo é de vários meses ou mais. A Spotless Car Wash pode levar um ano para adquirir e instalar uma linha automatizada adicional ou para vender as linhas que ela já possui. Para a Spotless, então, o longo prazo é qualquer período maior que um ano.

[1] Evidentemente, uma lavagem de carro utilizaria outros insumos, além de simples capital e trabalho: água, pano para lavar, sabão, eletricidade e assim por diante e os custos desses insumos seriam menores, comparados aos custos da mão-de-obra e do capital. Para simplificar o exemplo, iremos ignorar esses outros insumos completamente.

Quando uma firma toma decisões no longo prazo, ela faz escolhas sobre *todos* os seus insumos, mas também deve tomar decisões em horizontes de tempo mais curtos, durante os quais alguns insumos *não podem* ser ajustados.

O ***curto prazo*** *é um horizonte de tempo no qual pelo menos um dos insumos da firma não pode variar.*

Curto prazo Um horizonte de tempo durante o qual pelo menos um dos insumos da firma não pode variar.

Para a Spotless Car Wash, o curto prazo seria qualquer período *menor* que um ano, o período durante o qual ela fica presa a um determinado número de linhas automatizadas.

Podemos pensar em curto prazo e longo prazo como duas lentes diferentes pelas quais um gerente da firma deve olhar para tomar decisões. As lentes do curto prazo fazem com que pelo menos um dos insumos pareça estar fixo, porém, as lentes do longo prazo fazem todos os insumos parecerem variáveis. Para direcionar a firma nos vários anos seguintes, o gerente deve utilizar a lente de longo prazo. Para determinar o que a firma precisa fazer nas próximas semanas, a lente de curto prazo é a melhor.

PRODUÇÃO NO CURTO PRAZO

Nesta seção, estaremos descrevendo características importantes da produção no curto prazo. Lembre-se de que, no curto prazo, pelo menos um dos insumos da firma não pode ser mudado. Como resultado, a firma terá dois tipos de insumo: fixos e variáveis.

Insumos fixos *são aqueles cuja quantidade permanece constante, não importa a quantidade de produto produzida.* ***Insumos variáveis*** *são aqueles cuja quantidade muda à medida que o nível de produção é alterado.*

Insumo fixo Um insumo cuja quantidade permanece constante, não importa a quantidade de produto produzida.

Identificar os Objetivos e as Restrições

Insumo variável Um insumo cuja utilização muda quando o nível de produção se altera.

Quando as firmas tomam decisões no curto prazo, não há nada que elas possam fazer sobre seus insumos fixos, as decisões ficam limitadas à quantidade de insumos fixos que elas têm. Elas podem, no entanto, fazer escolhas sobre seus insumos variáveis. Na realidade, vemos o tempo todo exemplos de decisões no curto prazo. A Boeing pode decidir reduzir, *neste mês*, sua produção de aeronaves em 5% e demitir milhares de trabalhadores, muito embora ela não possa alterar os edifícios da sua fábrica ou os equipamentos de capital por um ano ou mais. Para a Boeing, a mão-de-obra é variável, enquanto sua fábrica e seus equipamentos são fixos. A Levi Strauss pode decidir aumentar a produção de jeans no próximo trimestre por meio de trabalhadores, tecidos de algodão e máquinas de costura adicionais, ainda que continue com as mesmas fábricas, pois não há tempo para expandi-las ou adquirir novas. Aqui, os trabalhadores, o tecido e as máquinas de costura são todos variáveis, enquanto apenas o edifício da fábrica é fixo.

A Spotless Car Wash utiliza somente dois insumos para produzir sua mercadoria: trabalho e capital. Seu único insumo variável é o trabalho e seu único insumo fixo é o capital. As três colunas da Tabela 1 descrevem a função de produção da Spotless no curto prazo. A coluna 1 mostra a quantidade do insumo fixo, o capital (K). A coluna 2 mostra a quantidade do insumo variável, trabalho (L).

Tabela 1

PRODUÇÃO A CURTO PRAZO NA SPOTLESS CAR WASH

Quantidade de Capital	Quantidade de Trabalho	Produto Total (Carros Lavados por Dia)
1	0	0
1	1	30
1	2	90
1	3	130
1	4	155
1	5	172
1	6	185

Observe que, no curto prazo, a Spotless fica com uma unidade de capital – uma linha automatizada –, mas pode ter tantos quantos desejar. A coluna 3 mostra o *produto total* (Q) da firma.

Produto total A quantidade máxima de produto que pode ser produzida a partir de uma determinada combinação de insumos.

Produto total *é a quantidade máxima de produto que pode ser produzida a partir de uma determinada combinação de insumos.*

Por exemplo, a tabela nos mostra que, com uma linha automatizada, mas sem mão-de-obra, a produção total é zero. Com uma linha e seis trabalhadores, a produção é de 185 carros lavados por dia.

A Figura 4 mostra a *curva de produto total* da Spotless. O eixo horizontal representa o número de trabalhadores, enquanto o eixo vertical mede o produto total. (A quantidade de capital – mantida fixa em uma linha automatizada – não é mostrada no gráfico.) Observe que, cada vez que a firma contrata outro trabalhador, a produção aumenta, de modo que a curva de produto total inclina-se para cima. As setas verticais da figura mostram, precisamente, *quanto* a produção se eleva com cada aumento de uma unidade no emprego. Chamamos esse aumento na produção de *produto marginal do trabalho.*

Figura 4

PRODUTO TOTAL E PRODUTO MARGINAL

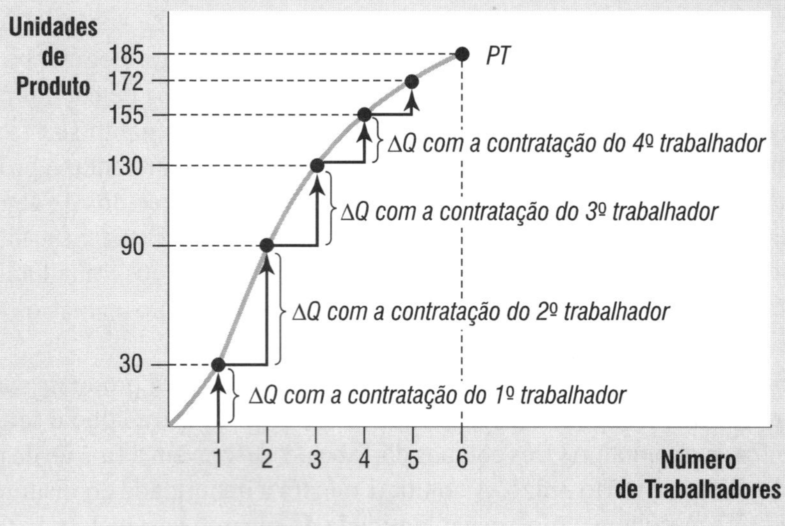

A curva de produto total (*PT*) mostra a quantidade total de produto que pode ser produzida utilizando vários números de trabalhadores. A curva de produto marginal do trabalho (*PML*) mostra a alteração no produto total quando um outro trabalhador é contratado. O *PML* para cada alteração no emprego é indicado pelo comprimento das setas verticais.

> *O* ***produto marginal do trabalho (PML)*** *é o produto adicional produzido quando um ou mais trabalhadores são contratados. Matematicamente, o produto marginal do trabalho é a variação do produto total* (ΔQ) *dividida pela variação do número de trabalhadores contratados* (ΔL): $PML = \Delta Q/\Delta L$.

Produto marginal do trabalho O produto adicional produzido quando mais um trabalhador é contratado.

Por exemplo, se o emprego aumentar de dois para três trabalhadores, o produto total aumentará de 90 para 130, de modo que o produto marginal do trabalho para *essa* mudança no número de trabalhadores será 130 – 90 = 40 unidades de produto.

RENDIMENTOS MARGINAIS DO TRABALHO

Examine as setas verticais da Figura 4 que medem o produto marginal da mão-de-obra e você poderá notar algo interessante. À medida que cada vez mais trabalhadores são contratados, o *PML* aumenta (as setas verticais ficam mais compridas) e, em seguida, diminui (as setas ficam mais curtas). Acredita-se que esse padrão seja comum em muitos tipos de firmas, de modo que vale a pena explorar esse fato.

Aumento dos Rendimentos do Trabalho. Quando o produto marginal da mão-de-obra aumenta, à medida que o número de empregos também aumenta, dizemos que há **aumento dos rendimentos marginais do trabalho.** Toda vez que um trabalhador é contratado, a produção total aumenta em mais do que havia aumentado com a contratação do trabalhador anterior. Por que isso acontece? Um motivo é que os trabalhadores adicionais podem permitir que a produção se torne mais especializada. Outro motivo é que, em níveis de emprego muito baixos, pode não haver trabalhadores suficientes para operar adequadamente o capital disponível. Em qualquer caso, o trabalhador adicional não somente produz alguma produção adicional individualmente, mas também torna todos os outros trabalhadores mais produtivos.

Aumento dos rendimentos marginais do trabalho O produto marginal do trabalho aumenta à medida que mais trabalhadores são contratados.

Na Spotless Car Wash, aumentos dos rendimentos do trabalho são absorvidos até a contratação do segundo trabalhador. Por quê? Embora um trabalhador possa operar a lavagem de carros sozinho, ele precisa fazer tudo: dirigir os carros para dentro e para fora da linha, enxugá-los e negociar com os clientes. Muito do tempo desse trabalhador é gasto na passagem de uma tarefa para a outra. O resultado, como vimos na Tabela 1, é que um trabalhador pode lavar somente 30 carros por dia. Adicione um segundo trabalhador, no entanto, e a especialização torna-se possível. Um trabalhador pode coletar dinheiro e dirigir os carros para a linha e o outro pode dirigi-los para fora e enxugá-los. Assim, com dois trabalhadores, a produção aumenta até 90 lavagens de carros por dia. O segundo trabalhador adiciona mais à produção (60 lavagens de carro) que o primeiro (30 lavagens de carro), tornando *os dois* trabalhadores mais produtivos.

Redução dos Rendimentos do Trabalho. Quando o produto marginal do trabalho é decrescente, dizemos que existe **redução dos rendimentos marginais do trabalho**. A produção aumenta quando outro trabalhador é adicionado, mas o aumento é cada vez menor a cada trabalhador que se adiciona sucessivamente.

Redução dos rendimentos marginais do trabalho O produto marginal do trabalho diminui à medida que mais mão-de-obra é contratada.

Por que isso acontece? À medida que continuamos adicionando trabalhadores, os ganhos adicionais com a especialização ficarão cada vez mais difíceis de aparecer. Além disso, cada trabalhador terá cada vez menos insumos fixos com os quais trabalhar.

Vale a pena destacar esse último ponto. Ele se aplica não apenas ao trabalho, mas a qualquer insumo variável. Em todos os tipos de produção, se continuarmos aumentando a quantidade de qualquer insumo, enquanto mantivermos os outros fixos, a redução dos rendimentos marginais eventualmente começará. Se um fazendeiro adicionar libras de fertilizante a uma quantia fixa de terra, o rendimento poderá aumentar em ritmo contínuo, mas, eventualmente, o *tamanho* do aumento – o produto marginal do fertilizante – começará a cair. Se uma padaria pequena continuar a adquirir fornos adicionais sem contratar nenhum trabalhador ou aumentar seu espaço, a produção adicional de pão – o produto marginal dos fornos – irá declinar. Essa tendência é tão penetrante e difundida que tem a força de uma lei, e os economistas deram um nome a essa lei:

Lei dos rendimentos (marginais) decrescentes À medida que quantidades de algum insumo são adicionadas a uma quantia fixa de outros insumos, seu produto marginal irá, eventualmente, cair.

A ***lei dos rendimentos (marginais) decrescentes*** *afirma que, à medida que continuamos a adicionar mais de qualquer insumo (mantendo os outros insumos constantes), seu produto marginal irá, eventualmente, cair.*

A lei dos rendimentos decrescentes é uma lei física, não econômica. Baseia-se na natureza da produção – na relação física entre insumos e produtos com uma determinada tecnologia. Na Spotless, definiu-se a redução dos rendimentos depois que dois trabalhadores foram contratados. Além desse ponto, a firma está aumentando cada vez mais o número de trabalhadores na lavagem de carros, com apenas uma única linha automatizada. A produção continua a aumentar – já que existe, geralmente, *alguma coisa* que um trabalhador adicional possa fazer para movimentar os carros pela linha mais rapidamente – mas o aumento é menos expressivo a cada vez.

Esta seção se atem à *produção* – a relação *física* entre insumos e produtos. A preocupação mais crítica, entretanto, para uma firma é: quanto *custará* produzir qualquer nível de produção? O custo é medido em dólares e em centavos de dólares, não em unidades físicas de insumos ou produtos. Como vamos ver, o que aprendemos sobre produção o ajudará a entender o comportamento dos custos.

PENSANDO SOBRE CUSTOS

Fale com pessoas que são proprietárias ou que gerenciam firmas e não demorará muito para que a palavra *custo* apareça. Nas firmas, as pessoas se preocupam em como medir, controlar e – principalmente – reduzir os custos. Isso não é de surpreender, os proprietários querem que suas firmas obtenham os mais altos lucros possíveis e os custos devem ser subtraídos da receita para determinar seu lucro. Adiaremos uma discussão completa do lucro até o próximo capítulo. Aqui, vamos nos concentrar apenas nos custos de produção. Como os economistas pensam nos custos, como os custos são medidos e como eles são alterados à medida que a firma ajusta seu nível de produção.

Vamos começar revisitando uma noção familiar. No Capítulo 2, você aprendeu que os economistas sempre pensam no custo como *custo de oportunidade*, ou seja, o que devemos desistir para fazer alguma coisa. Esse conceito se aplica à firma também.

O custo total de produção de uma firma é o custo de oportunidade dos proprietários – todas as coisas das quais eles devem desistir para produzir produtos.

Essa noção – de que o custo de produção é seu custo de oportunidade – está no núcleo do pensamento dos economistas sobre os custos. Isso pode nos ajudar a entender um erro comum que as pessoas cometem ao pensar nos custos de uma decisão.

A IRRELEVÂNCIA DOS CUSTOS IRRECUPERÁVEIS (*SUNK COSTS*)

Suponha que você tenha comprado um carro usado por $5.000 no ano passado. Durante o ano, você pagou $3.000 por vários reparos e agora o carro está funcionando novamente. Um mecânico confiável informa que o carro precisa de uma grande revisão geral, o que custará $7.000. Por outro lado, ele conhece alguém que está vendendo o mesmo modelo de carro, sem defeitos, por $6.000. O que você deve fazer?

Algumas pessoas que enfrentam esse tipo de decisão podem ficar tentadas a consertar o carro que já possuem. Elas podem pensar que um trabalho de reparo de $7.000 é válido, para evitar a perda de um carro que já custou a elas $8.000 ($5.000 para comprá-lo, mais $3.000 em reparos). Isso, porém, seria um pensamento falho. Os $8.000 já pagos são um exemplo de *custo irrecuperável.*

*Um **custo irrecuperável** é um custo que foi pago no passado e não será mudado, não importa sua decisão atual. Custos irrecuperáveis devem ser ignorados quando se tornam decisões atuais.*

Custo irrecuperável
Um custo ocorrido no passado e que não muda em resposta a uma decisão atual.

Por que ignorar os custos irrecuperáveis? Porque eles não fazem parte do custo de *oportunidade* da ação que você está considerando. O custo de oportunidade, lembre-se, é o que você deve desistir ao escolher alguma ação. Mas os custos irrecuperáveis *já existiram* anteriormente, de modo que não fazem parte do custo de fazer sua escolha. No caso do seu carro, os $8.000 que você pagou já se foram, quer você compre um outro carro ou mande consertar o seu. Os únicos custos relevantes são os que *dependem* da sua decisão e que serão alterados com ela. Já que você teria de pagar $7.000 para consertar seu carro, mas somente $6.000 para comprar um equivalente, seria melhor desistir do seu carro e comprar o outro.

Em muitas decisões pessoais, os custos irrecuperáveis estão ocultos no fundo, fazendo com que o tomador de decisão seja tentado a calcular incorreto e a fazer uma escolha errada. Por exemplo, se tiver concluído dois anos da faculdade de medicina e aí descobrir que preferiria ser um advogado a um médico, você pode ser tentado a ficar na faculdade de medicina, pois já gastou muito dinheiro e tempo nela. No entanto, os custos que você já pagou são irrecuperáveis e irrelevantes para sua decisão. Agora só importam os custos que serão *alterados* com sua escolha: os custos de seus anos *remanescentes* na faculdade de medicina, por um lado, ou os custos de concluir três anos de faculdade de direito, por outro.

Custos irrecuperáveis também devem ser ignorados nas decisões comerciais. Por exemplo, a Thomson Learning pagou vários custos para colocar este livro nas suas mãos. Um desses custos foi com os salários da gerência. Suponha que a editora venda toda a primeira impressão e esteja considerando imprimir mais 20.000 cópias. Ela deve pensar nos custos dos salários da gerência? De jeito nenhum. Esses salários são custos irrecuperáveis e não têm relevância para a decisão. Só importam os custos que serão *mudados* se a segunda impressão for encomendada: os custos de impressão, encadernação e envio dos livros. As firmas comerciais, como outros tomadores de decisão, devem ignorar os custos irrecuperáveis, ao fazer escolhas. Somente custos *não* irrecuperáveis devem entrar no processo de tomada de decisão.

CUSTOS EXPLÍCITOS *VERSUS* CUSTOS IMPLÍCITOS

Custos explícitos Dinheiro realmente pago pelo uso de insumos.

O conceito de custo de oportunidade também nos ajuda a classificar os custos em dois tipos. A Tabela 2 lista vários custos diferentes com os quais um proprietário pode ter de arcar. No lado esquerdo estão os **custos explícitos** – casos em que a firma realmente paga com dinheiro seus insumos. Esses pagamentos incluem *remunerações* e *salários* para seus trabalhadores, *aluguéis* pelo uso dos edifícios e da propriedade, *juros* sobre qualquer empréstimo obtido para comprar equipamento e pagamentos pela matéria-prima. Pagamentos como esses fazem, claramente, parte do custo de oportunidade do proprietário, já que os proprietários poderiam ter usado esses fundos para comprar outras coisas úteis.

Custos implícitos O custo de insumos para os quais não existe pagamento diretamente em dinheiro.

Os pagamentos em dinheiro, no entanto, não são os únicos custos de oportunidade para a firma. No lado direito da tabela estão outros custos com os quais um proprietário pode ter de arcar. Esses custos são chamados **custos implícitos**, pois, embora sejam, na realidade, custos para a firma, *nenhum dinheiro muda, realmente, de mãos*. Vamos considerá-los um de cada vez.

Imagine que você possua um restaurante e também o prédio e o terreno. Você não tem de pagar aluguel, assim, seu custo explícito é zero. Isso significa que o prédio e o terreno são de graça? Para um contador – que se concentra nos pagamentos em dinheiro – a resposta é sim. Para um economista – que pensa no custo de oportunidade – a resposta é *de jeito nenhum*. Ao usar seu terreno e seu prédio para seu restaurante, você está sacrificando a oportunidade de alugá-los para outra pessoa. Essa *desistência do aluguel* é um custo implícito e é tanto um custo de produção quanto o aluguel que você pagaria se alguma outra pessoa fosse proprietária do prédio. Nos dois casos, alguma coisa está sendo deixada de lado para você produzir sua mercadoria.

Agora, suponha que, em vez de pegar emprestado o dinheiro para iniciar seu restaurante – comprar fornos, louças, mesas, cadeiras e um estoque inicial de alimentos – você use seu *próprio* dinheiro. Você não terá, portanto, débitos e nenhum juro para pagar sobre eles, de modo que seu juro sobre empréstimos será zero. Mas ainda há um custo a ser considerado: você *poderia* ter colocado seu dinheiro em uma conta bancária, emprestado a alguém ou investido em outro lugar. Em qualquer um desses casos, você teria ganhado *renda sobre o investimento* do seu dinheiro. Os economistas medem o custo de oportunidade do dinheiro que você investe em uma firma como a renda que você *poderia* ter ganhado com esse dinheiro investindo-o em outro lugar. Essa *desistência da renda sobre o investimento* é um custo implícito de fazer negócios.

Tabela 2

OS CUSTOS DE UMA FIRMA

Custos Explícitos	Custos Implícitos
Aluguel pago Juros sobre empréstimos Salários dos gerentes	Custo de oportunidade de: Terreno do proprietário (desistência do aluguel) Dinheiro do proprietário (desistência da renda sobre investimentos)
Remuneração por hora dos trabalhadores Custo das matérias-primas	Tempo do proprietário (desistência da renda do trabalho)

Finalmente, suponha que você decida que o restaurante será gerenciado por você mesmo. Você fugiu dos custos de contratar um gerente? Não realmente, pois você ainda está arcando com um custo de oportunidade: você poderia ter feito alguma outra coisa com o seu tempo. Medimos o valor do seu tempo como a renda que você *poderia* ter ganhado dedicando seu trabalho à sua segunda atividade geradora de renda. Essa *desistência da renda do trabalho* – a remuneração ou salário que você poderia estar ganhando em algum outro lugar – é um custo implícito da sua firma e, portanto, parte do seu custo de oportunidade.

CUSTOS NO CURTO PRAZO

Lembre-se de que, no curto prazo, um (ou mais) dos insumos da firma é fixo. Não importa quanta mercadoria seja produzida, a quantidade desses insumos fixos permanece a mesma. Outros insumos, em contraste, podem variar à medida que o produto é alterado. Como a firma tem esses dois tipos diferentes de insumos no curto prazo, ela também enfrentará dois tipos diferentes de custos.

Os custos dos insumos fixos de uma firma são chamados, não surpreendentemente, **custos fixos**. Como os próprios insumos fixos, os custos fixos permanecem os mesmos, não importa qual o nível de produção. Na maioria das firmas, podemos tratar o aluguel e os juros – quer sejam explícitos ou implícitos – como custos fixos, já que produzir mais ou menos produtos no curto prazo não causará nenhuma mudança nesses custos. Os gerentes, geralmente, referem-se a esses custos como *custos com despesas indiretas* ou, simplesmente, *despesas indiretas*.

Custos fixos Custos dos insumos fixos.

Os custos de obter os insumos variáveis da firma são seus **custos variáveis**. Esses custos, como o uso dos próprios insumos variáveis, aumentarão à medida que a produção aumentar. Na maioria dos negócios, tratamos as remunerações dos empregados horistas e os custos das matérias-primas como custos variáveis, já que as quantidades de mão-de-obra e de matérias-primas podem, geralmente, ser ajustadas consideravelmente rápido.

Custos variáveis Custos de insumos variáveis.

MEDINDO OS CUSTOS NO CURTO PRAZO

Na Tabela 3, voltamos para a hipotética firma, a Spotless Car Wash, e perguntamos: "O que acontece aos *custos* à medida que a produção é alterada no curto prazo?" As primeiras três colunas da tabela fornecem a relação entre insumos e produto – a função de produção – como na Tabela 1, discutida anteriormente. Na Tabela 3, invertemos a ordem das colunas, colocando a produção total primeiro.

Tabela 3 **CUSTOS PARA A SPOTLESS CAR WASH A CURTO PRAZO**

(1) Produção (por Dia)	(2) Capital	(3) Trabalho	(4) *CFT*	(5) *CVT*	(6) *CT*	(7) *CM*	(8) *CFM*	(9) *CVM*	(10) *CTM*
0	1	0	$75	$0	$75		—	—	—
						$2,00			
30	1	1	$75	$60	$135		$2,50	$2,00	$4,50
						$1,00			
90	1	2	$75	$120	$195		$0,83	$1,33	$2,17
						$1,50			
130	1	3	$75	$180	$255		$0,58	$1,38	$1,96
						$2,40			
155	1	4	$75	$240	$315		$0,48	$1,55	$2,03
						$3,53			
172	1	5	$75	$300	$375		$0,44	$1,74	$2,18
						$4,62			
185	1	6	$75	$360	$435		$0,41	$1,95	$2,35

Estamos alterando, levemente, a perspectiva, pois agora, queremos observar como uma alteração na quantidade *produzida* faz com que os *insumos* – e, portanto, os *custos* – de uma firma sejam alterados.

Além da função de produção da Spotless, precisamos saber mais uma coisa, antes de podermos analisar seus custos: o que ela deve *pagar* por seus insumos. Na Tabela 3, o preço da mão-de-obra foi definido em $60 por trabalhador por dia e o preço de cada linha automatizada de lavagem de carros, a $75 por dia.

Como os custos de curto prazo da Spotless são alterados, à medida que sua produção é alterada? Prepare-se, pois existe um número surpreendente de diferentes maneiras de responder a essa pergunta, conforme ilustrado nas colunas remanescentes da Tabela 3.

Custo fixo total O custo de todos os insumos que são fixos a curto prazo.

Custos Totais. As colunas 4, 5 e 6 da tabela mostram três tipos diferentes de custos totais. Na coluna 4, temos o **custo fixo total (*CFT*)** – o custo de todos os insumos que são fixos no curto prazo. Como a quantidade dos próprios insumos fixos, os custos fixos permanecem os mesmos, não importa o nível de produção. Para a Spotless Car Wash, o custo diário de alugar ou de possuir uma linha automatizada é de $75, de modo que o custo fixo total é de $75. Percorrendo a coluna para baixo, podemos ver que esse custo – por ser fixo – permanece o mesmo, não importa quantos carros sejam lavados por dia.

Custo variável total O custo de todos os insumos variáveis utilizados para atingir um nível específico de produção.

A coluna 5 mostra o **custo variável total (*CVT*)** – o custo de todos os insumos variáveis. Para a Spotless, o trabalho é o único insumo variável. À medida que a produção aumenta, mais trabalho é necessário, de modo que o *CVT* aumenta. Por exemplo, para lavar 90 carros por dia, são necessários dois trabalhadores e a cada trabalhador deve ser pago $60 por dia, a fim de que o *CVT* será 2 × $60 = $120. Mas, para lavar 130 carros, são necessários três trabalhadores, logo, o *CVT* aumentará para 3 × $60 = $180.

Custo total Os custos de todos os insumos – fixos e variáveis.

Finalmente, a coluna 6 mostra o **custo total (*CT*)** – a soma de todos os custos fixos e variáveis:

$$CT = CFT + CVT$$

Por exemplo, com a produção de 90 unidades, *CFT* = $75 e *CVT* = $120, o *CT* = $75 + $120 = $195. Como o custo variável total se eleva quando aumenta a produção, o custo total também se ampliará.

Figura 5

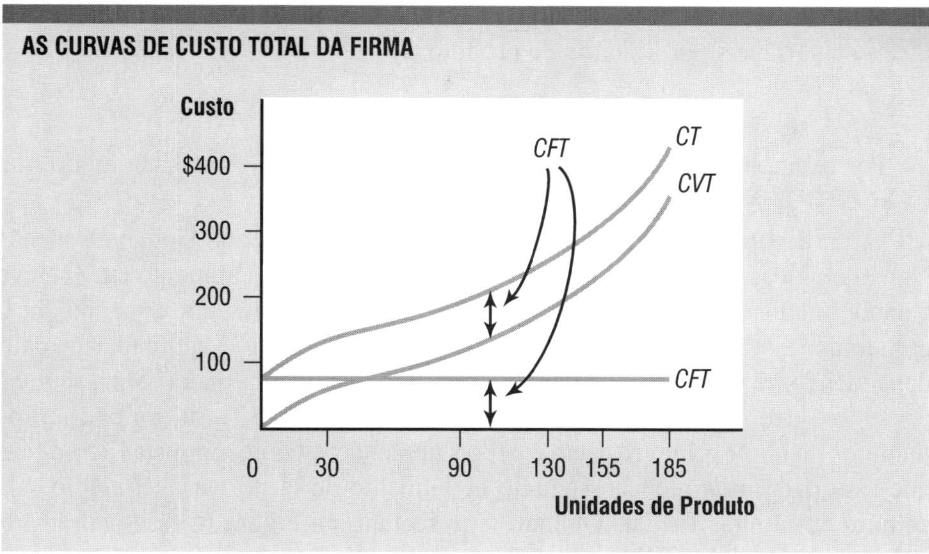

Em qualquer nível de produção, o custo total (*CT*) é a soma do custo fixo total (*CFT*) com o custo variável total (*CVT*).

Agora, examine a Figura 5, na qual fizemos um gráfico com as três curvas de custo para a Spotless Car Wash. Tanto a curva de *CT* como a curva de *CVT* têm inclinação para cima, já que esses custos aumentam junto com a produção. Observe que existem *duas* maneiras de representar o *CFT* no gráfico. Uma é a curva *CFT*, que é uma linha horizontal, já que o *CFT* tem o mesmo valor em qualquer nível de produção. A outra é a *distância vertical* entre as curvas de *CVT* e *CT*, já que *CFT* é sempre a *diferença* entre *CVT* e *CT*. No gráfico, essa distância vertical deve permanecer a mesma, em $75, independentemente do nível de produção.

Custos Médios. Embora os custos totais sejam importantes, algumas vezes é mais útil rastrear os custos de uma firma *por unidade* de produto, o que chamamos *custo médio.* Existem três tipos diferentes de custo médio, cada um obtido de um dos conceitos de custo total que acabamos de discutir.

O **custo fixo médio** (*CFM*) da firma é seu custo fixo total, dividido pela quantidade (*Q*) produzida:

Custo fixo médio Custo fixo total dividido pela quantidade produzida.

$$CFM = \frac{CFT}{Q}$$

Independentemente do tipo de produção ou do tipo de firma, o *CFM* sempre cairá, à medida que a produção aumentar. Por quê? Porque o *CFT* permanece constante, de modo que um aumento em *Q deve* fazer com que a razão *CFT*/*Q* caia. Os gerentes de negócios geralmente se referem a esse declínio no *CFM* como "distribuição de suas despesas indiretas" sobre uma quantidade produzida cada vez maior. Por exemplo, um restaurante tem custos de despesas indiretas para seus prédios, móveis e equipamentos da cozinha. Quanto mais refeições servir, menores serão seus custos com despesas indiretas por refeição. O *CFM*, cai com a produção, na Spotless Car Wash? Examine a Tabela 3 novamente. Quando a produção é de 30 unidades, o *CFM* é $75/30 = $2,50. Com 90 unidades de mercadoria, o *CFM* cai para $75/90 = $0,83. E o *CFM* continua caindo conforme continuamos a descer a coluna. Quanto mais se aumenta a produção, menor será o custo fixo por unidade produzida.

Custo variável médio Custo variável total dividido pela quantidade produzida.

O **custo variável médio (*CVM*)** – na coluna 9 da Tabela 3 – é o custo dos insumos variáveis por unidade de produto:

$$CVM = \frac{CVT}{Q}$$

Por exemplo, com a produção de 30 unidades, CVT = $60, de modo que $CVM = CVT/Q$ = $60/30 = $2,00.

O que acontece ao *CVM* à medida que a produção aumenta? Com base apenas na matemática, não podemos ter certeza. Por um lado, um aumento em *Q* eleva o denominador da fração *CVT*/*Q*. Por outro lado, o *CVT* aumenta, de modo que o numerador também se eleva. Assim, é possível, para o *CVM*, aumentar ou cair, dependendo de *CVT* ou *Q* aumentar em uma porcentagem maior. Mas, se você correr seu dedo para baixo, na coluna *CVM* da Tabela 3, verá um padrão: os números do *CVM* primeiro caem e depois aumentam. Os economistas acreditam que esse padrão de redução seguido de aumento do custo variável médio seja comum em muitas firmas. Quando representado na Figura 6, esse padrão faz com que a curva de *CVM* tenha uma forma de U. Discutiremos o motivo para essa característica em forma de U um pouco mais tarde.

Custo total médio O custo total dividido pela quantidade produzida.

O **custo total médio (*CTM*)** – mostrado na coluna 10 – é o custo total por unidade de produto:

$$CTM = \frac{CT}{Q}$$

Por exemplo, com a produção de 90 unidades, CT = $195, de modo que $CTM = CT/Q$ = $195/90 = $2,17. À medida que a produção aumenta, o *CTM*, da mesma forma que o *CVM*, pode aumentar ou cair, já que o numerador e o denominador da fração *CT*/*Q* se elevam. Geralmente, esperamos que o *CTM*, da mesma maneira que o *CVM*, caia primeiro e depois aumente, por isso a curva de *CTM* também terá forma de U. No entanto, como podemos ver na Figura 6, ela não é idêntica à curva *CVM*. A cada nível de produção, a distância vertical entre as duas curvas é o custo *fixo* médio (*CFM*). Como o *CFM* cai à medida que a produção aumenta, as curvas de *CTM* e *CVM* devem ficar cada vez mais próximas conforme nos movemos para a direita.

Custo Marginal. Os custos total e médio que consideramos até agora nos informam o custo da firma em um *nível* específico de produção. Para muitos propósitos, no entanto, estamos mais interessados em como o custo *varia* quando a produção *varia*. Essa informação é fornecida por outro conceito de custo.

Custo marginal O aumento do custo total decorrente da produção de mais uma unidade de produto.

Custo marginal *(CM) é o aumento do custo total decorrente da produção de mais uma unidade de produto. Matematicamente, o CM é calculado dividindo a variação do custo total (ΔCT) pela variação da produção (ΔQ):*

$$CM = \frac{\Delta CT}{\Delta Q}$$

Para a Spotless Car Wash, o custo marginal é inserido na coluna 7 da Tabela 3 e representado graficamente na Figura 6. Como o custo marginal nos informa o que acontece com o custo total quando a produção *varia*, as entradas da tabela são colocadas *entre* um nível de produção e outro. Por exemplo, quando a produção aumenta de 90 para 130, o custo total aumenta de $195 para $255.

CUSTOS MÉDIO E MARGINAL

Figura 6

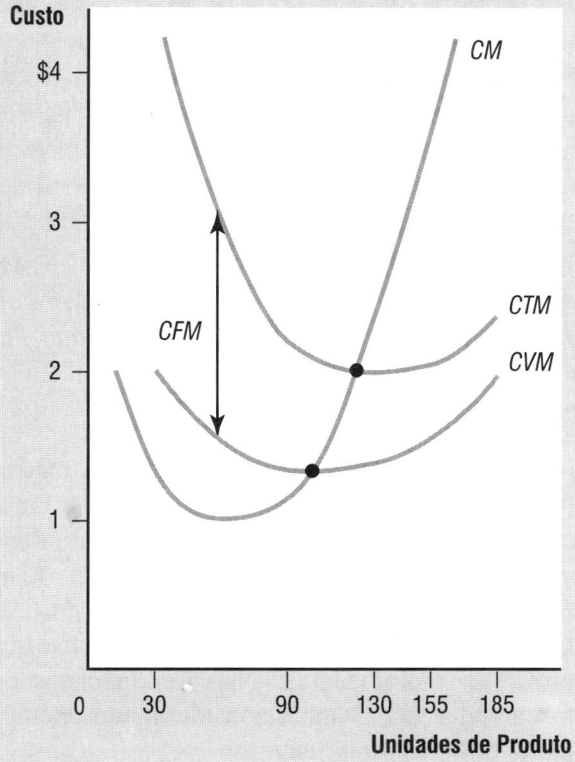

O custo variável médio (*CVM*) e o custo total médio (*CTM*) têm forma de U, primeiro diminuindo e depois aumentando. O custo fixo médio (*CFM*) – a distância vertical entre *CTM* e *CVM* – diminui à medida que a produção aumenta.

A curva de custo marginal (*CM*) também tem a forma de U, refletindo primeiro a elevação e depois a redução dos rendimentos marginais do trabalho. O *CM* passa pelos pontos mínimos tanto da curva de *CVM* como da curva de *CTM*.

Para essa alteração na produção, temos ΔCT = \$255 – \$195 = \$60, enquanto ΔQ = 40, com isso, o *CM* = \$60/40 = \$1,50. Essa entrada é listada *entre* os níveis de produção 90 e 130 na tabela e representada *entre* eles na Figura 6.

EXPLICANDO A FORMA DA CURVA DE CUSTO MARGINAL

Como podemos ver na Tabela 3 (e também na Figura 6), o *CM* primeiro cai e depois aumenta. Por que isso ocorre? Aqui, podemos utilizar o que vimos anteriormente sobre rendimentos marginais do trabalho. Em níveis baixos de emprego e de produção, existem rendimentos marginais cada vez maiores para o trabalho: $PML = \Delta Q/\Delta L$ está aumentando, ou seja, cada trabalhador contratado adiciona mais à produção que o trabalhador anterior. Isso significa que *menos trabalhadores adicionais são necessários para produzir uma unidade adicional de produto.* Agora, como a quantidade adicional de trabalho é o custo da firma para aumentar a produção, o custo de uma unidade adicional de produto (*CM*) deve estar caindo. Assim, como o *PML* está aumentando, o *CM* deve estar caindo.

Para a Spotless, como o *PML* aumenta quando o emprego se eleva de zero para um e de um para dois trabalhadores, o *CM* deve cair à medida que a produção da firma aumenta de zero para 30 unidades (produzidas por um trabalhador) e, em seguida, de 30 para 90 unidades (produzidas por dois trabalhadores).

Em níveis mais altos de produção, temos a situação oposta: uma tendência para os rendimentos marginais diminuírem e o produto marginal do trabalho

($\Delta Q/\Delta L$) cair. Portanto, unidades adicionais de produtos exigem *mais* e *mais* trabalho adicional. Como resultado, cada unidade adicional de produto custa mais e mais para ser produzida. Assim, se o *PML* está caindo, o *CM* deve estar aumentando.

Para a Spotless, a redução dos rendimentos marginais do trabalho ocorre para todos os trabalhadores além do segundo, de modo que o *CM* aumenta para todos os níveis de produção acima de 90 (a quantia produzida por dois trabalhadores).

Para resumir:

Quando o produto marginal da mão-de-obra (PML) aumenta, o custo marginal (CM) cai. Quando o PML cai, o CM aumenta. Como o PML normalmente aumenta e em seguida cai, o CM faz o oposto – cai e, em seguida, aumenta. Assim, a curva de CM tem a forma de U.

A RELAÇÃO ENTRE OS CUSTOS MÉDIO E MARGINAL

Embora o custo marginal e o custo médio não sejam a mesma coisa, existe uma relação importante entre eles. Examine novamente a Figura 6 e observe que as três curvas – *CM, CVM* e *CTM* – primeiro caem e depois aumentam, mas nem todas ao mesmo tempo. A curva de *CM* atinge a parte inferior antes da curva de *CVM* ou da curva de *CTM.* Além disso, a curva de *CM* faz interseção com cada uma das curvas médias *nos seus pontos mais baixos.* Esses aspectos gráficos da Figura 6 não são acidentais. Na verdade, eles seguem as leis da matemática. Para entender isso, vamos considerar um exemplo com o qual você, provavelmente, está mais familiarizado.

Um Exemplo: Pontuações Médias e Marginais nas Provas. Suponha que você faça cinco provas no seu curso de Economia durante o período letivo, com os resultados listados na Tabela 4. Para seu imenso prazer, você tem uma pontuação de 100 na primeira prova. Sua pontuação total – o número total de pontos que você recebeu até agora durante o período letivo – é 100. Sua pontuação marginal – a *variação* na sua pontuação total, provocada pela prova mais recente – também será 100, já que sua pontuação total aumentou de 0 para 100. Sua pontuação média, até agora, também é 100.

Agora, imagine que, para a segunda prova, você se esqueça de estudar ativamente. Em vez disso, você apenas lê o livro, enquanto assiste, ao mesmo tempo, a vídeos de música e escuta as conversas do seu colega de quarto ao telefone. Como resultado, você obtém um 50. Sua pontuação marginal é 50.

Tabela 4

PONTUAÇÕES MÉDIAS E MARGINAIS NAS PROVAS

Número de Provas Feitas	Pontuação Total	Pontuação Marginal	Pontuação Média
0	0		—
		100	
1	100		100
		50	
2	150		75
		60	
3	210		70
		70	
4	280		70
		80	
5	360		72

Como essa pontuação é mais baixa que a média anterior de 100, a segunda prova baixará sua média. Na realidade, sempre que você tiver uma pontuação mais baixa que sua média anterior, você reduzirá a média. Na tabela, vemos que sua média, depois da segunda prova, cai para 75.

Você começa a se preocupar e desliga a TV enquanto estuda. Seu desempenho melhora um pouco: você obtém um 60. A melhoria na sua pontuação – de 50 para 60 – aumenta sua pontuação *média*? De jeito nenhum. Sua média cairá mais uma vez, pois sua pontuação *marginal* de 60 *ainda* é menor que sua média anterior, 75. Como sabemos, quando você tem uma pontuação menor que sua média, ela leva a média para baixo – mesmo se você estiver melhorando. Na tabela, vemos que sua média, agora, cai para 70.

Para a sua quarta prova, você estuda um pouco mais e conquista uma pontuação de 70. Dessa vez, como sua pontuação é *igual* à sua média anterior, a média permanece inalterada em 70.

Finalmente, na sua quinta e última prova, sua pontuação melhora mais uma vez, desta vez para 80. Você teve uma pontuação *maior* que sua média anterior, levando sua média para cima, de 70 para 72.

Esse exemplo pode ser fácil de compreender, pois você está acostumado a entender sua pontuação média em um curso à medida que faz provas adicionais. A relação entre marginal e médio descrita aqui é universal. É a mesma para médias de pontos nas notas, médias de gols de um jogador de futebol *e* para os custos.

Custo Médio e Marginal. Agora, vamos aplicar a discussão anterior às curvas de custo de uma firma. Sempre que o custo marginal está abaixo do custo médio, sabemos que o custo de produção de *mais uma* unidade de produto é *menor* que o custo médio de todas as unidades produzidas até então. Portanto, a produção de mais uma unidade faz a média cair, ou seja, quando o custo marginal fica abaixo do custo médio, o custo médio cai. Isso se aplica tanto ao custo *variável* médio quanto ao custo *total* médio.

Por exemplo, quando a Spotless está produzindo 30 unidades de produto, seu *CTM* é $4,50 e seu *CVM* é $2,00 (ver a Tabela 3 na página 196), mas se a produção aumentar de 30 para 90 unidades, o custo marginal dessas unidades *adicionais* será de apenas $1,00. Como, para essa alteração, o *CM* é menor que o *CTM* e que o *CVM*, ele puxa as duas médias para baixo. Graficamente, quando a curva de *CM* fica abaixo de uma das curvas médias (*CTM* ou *CVM*), a curva média se inclina para baixo.

Considere agora uma mudança, na produção, de 90 para 130 unidades. O custo marginal para essa modificação é de $1,50, mas o *CVM* com 90 unidades é de $1,33. Como o *CM* é maior que o *CVM*, a alteração na produção puxa o *CVM* para cima. Conseqüentemente, a curva de *CVM* começa a se inclinar para cima. Entretanto, o *CTM*, com 90 unidades, é de $2,17. O *CM* ainda é *menor* que o *CTM*, por isso a curva de *CTM* continua a inclinar-se para baixo.

Finalmente, considere a mudança de 130 para 155 unidades. Para essa alteração na produção, o *CM* é de $2,40, maior que os valores anteriores tanto de *CVM* ($1,38) como de *CTM* ($1,96). Se a firma fizer esse movimento, o *CVM* e o *CTM* aumentarão.

Agora, vamos unir o que sabemos sobre custo marginal e o que sabemos sobre a relação entre o custo marginal e o custo médio. Lembre-se de que o custo marginal cai rapidamente quando a firma começa a aumentar o produto a partir de níveis baixos de produção, devido aos aumentos nos rendimentos marginais do trabalho. Assim, o *CM* cairá, inicialmente, *abaixo* do *CVM* e do *CTM*, puxando essas médias para baixo. Se a firma continuar elevando sua produção, haverá uma tendência de redução dos rendimentos do trabalho. O *CM* continuará aumentando, até *exceder* o *CVM* e o *CTM*. Se isso acontecer, outros aumentos na produção *elevarão* o *CVM* e o *CTM*.

Quando expressamos esse argumento em termos das curvas representadas no gráfico da Figura 6, podemos, finalmente, entender por que as curvas de *CVM* e *CTM* têm forma de U.

Com baixos níveis de produção, a curva de CM fica abaixo das curvas de CVM e de CTM, razão pela qual essas curvas se inclinam para baixo. Com níveis mais altos de produção, a curva de CM fica acima das curvas de CVM e de CTM, fazendo as curvas se inclinarem para cima. Assim, à medida que a produção aumenta, as curvas médias primeiro se inclinam para baixo, depois para cima, ou seja, elas têm uma forma de U.

Existe outra observação importante a fazer, antes de deixarmos o curto prazo. Acabamos de ver que sempre que a curva de *CM* fica *abaixo* da curva de *CTM*, o *CTM* está caindo. Quando a curva de *CM* cruza a curva de *CTM* e se eleva *acima* dela, o *CTM* está aumentando. Como resultado, a curva de *CM* deve fazer interseção com a curva de *CTM* no seu ponto *mínimo* como na Figura 6. O mesmo também é verdade para a curva de *CVM*.

A curva de CM fará interseção com os pontos mínimos das curvas de CVM e de CTM.

HORA DE UM INTERVALO

Neste momento, sua mente pode estar nadando em conceitos e termos: curvas de custo total, médio e marginal, custos fixos e variáveis, custos explícitos e implícitos... Estamos cobrindo muitas coisas aqui e ainda temos mais a cobrir: produção e custo no *longo prazo.*

Pode parecer difícil manter esses conceitos de forma correta, mas eles se tornarão cada vez mais fáceis de lidar à medida que você os utilizar nos capítulos a seguir. É melhor, no entanto, não sobrecarregar seu cérebro com muito material novo de uma só vez. Se essa for sua primeira leitura deste capítulo, agora é uma boa hora para um intervalo. Depois, quando estiver renovado, volte e revise o material lido até agora. Quando os termos e os conceitos começarem a parecer familiares, você estará pronto para ir para o longo prazo.

PRODUÇÃO E CUSTO NO LONGO PRAZO

A maioria das firmas de negócios com as quais você tem contato, como o supermercado, as lojas em que você compra roupas novas, sua firma de telefonia e seu provedor de serviços de Internet, planeja estar ativa por bastante tempo. Elas têm um horizonte de planejamento de longo prazo e um de curto prazo. Até agora, entretanto, consideramos o comportamento dos custos somente no curto prazo.

No longo prazo, os custos se comportam de maneira diferente porque a firma pode ajustar *todos* os seus insumos da maneira que desejar.

> *No longo prazo, não existem insumos fixos ou custos fixos, todos os insumos e todos os custos são variáveis. A firma deve decidir qual combinação de insumos utilizar ao produzir qualquer nível de produto.*

Qual combinação de insumos a firma escolherá? Seu objetivo é ganhar o maior lucro possível e, para isso, ela deve seguir a *regra do menor custo.*

> *Para produzir qualquer nível de produto, a firma irá escolher a combinação de insumos que tiver o menor custo.*

Identificar os Objetivos e as Restrições

Vamos aplicar a regra do menor custo para a Spotless Car Wash. Suponha que queiramos saber o custo da lavagem de 185 carros por dia. No curto prazo, é claro, a Spotless não tem de se preocupar com a maneira de produzir esse nível de produto porque ela está com uma única linha automatizada e a única maneira de lavar 185 carros é contratar seis trabalhadores (ver a Tabela 3, na página 196). O custo total no curto prazo será 6 × \$60 + \$75 = \$435.

No longo prazo, contudo, a Spotless pode variar tanto o número de linhas automatizadas quanto o de trabalhadores. Sua função de produção no *longo prazo* vai informar todas as diferentes combinações dos *dois* insumos que podem ser utilizados para produzir qualquer nível de produto. Imagine que quatro combinações diferentes de insumos possam ser utilizadas para lavar 185 carros por dia como na Tabela 5. A combinação *A* utiliza a menor quantidade de capital e a maior quantidade de trabalho – nenhuma linha automatizada e nove trabalhadores lavando os carros à mão. A combinação *D* utiliza a maior quantidade de capital e a menor quantidade de trabalho – três linhas automatizadas com apenas três trabalhadores. Como cada linha automatizada custa \$75 por dia e cada trabalhador custa \$60 por dia, é fácil calcular o custo de cada método de produção. A Spotless escolherá o que tiver o menor custo – a combinação *C*, com duas linhas automatizadas e quatro trabalhadores, com um custo total de \$390 por dia.

Recordando nossos passos, descobrimos que, se a Spotless quiser lavar 185 carros por dia, irá examinar os diferentes métodos de fazê-lo e selecionará o método que tiver o menor custo. Depois de determinado o método de produção mais barato, os outros métodos, mais caros, poderão ser ignorados.

A Tabela 6 mostra os resultados de passar por esse procedimento para vários níveis diferentes de produto. A segun-

CURVAS PERIGOSAS

Ao ler a regra do *menor custo de produção*, você pode começar a pensar que o objetivo da firma é ter o *menor custo possível*, mas isso não é verdade. Para se convencer disso, basta imaginar que o menor custo possível seria zero e, a longo prazo, isso poderia ser obtido não utilizando nenhum insumo e não produzindo nada!

A regra do menor custo diz que *qualquer determinado* nível de produto deve ser produzido com o menor custo possível. O objetivo da firma é *maximizar o lucro* e a regra do menor custo ajuda a fazer isso. Por exemplo, se a firma planejar a produção de dez unidades de produto e houver duas maneiras de produzir esse número de unidades – uma custando \$6.000 e a outra custando \$5.000 – a firma deve sempre escolher a última, pois é a mais barata. Se ela escolher a primeira e acabar produzindo dez unidades de produto, não estará obtendo o maior lucro possível. Observe que \$5.000 não é "o menor custo possível" para a firma, *mas sim o menor custo possível para produzir dez unidades.*

Tabela 5

QUATRO MANEIRAS DE LAVAR 185 CARROS POR DIA

Método	Quantidade de Capital	Quantidade de Trabalho	Custo
A	0	9	\$540
B	1	6	\$435
C	2	4	\$390
D	3	3	\$405

Custo total de longo prazo O custo de produzir cada quantidade de produto quando a combinação de insumos de menor custo é escolhida no longo prazo.

da coluna, **custo total de longo prazo (*CTLP*)**, nos informa o custo de produção de cada quantidade de mercadoria *quando a combinação de insumos de menor custo é escolhida*. Para cada nível de produto, métodos diferentes de produção são examinados, o mais barato é escolhido e os outros são ignorados. Observe que o *CTLP* de zero unidades de produto é \$0. Isso será sempre verdadeiro para qualquer firma. No longo prazo, todos os insumos podem ser ajustados da forma que a firma desejar e a maneira mais barata de se produzir zero unidades de produto é não utilizar *nenhum* insumo. (Para comparação, qual é o custo total, no *curto* prazo, de produzir zero unidades? Por que não pode ser nunca \$0?)

Custo total médio de longo prazo O custo por unidade de produto no longo prazo, em que todos os insumos são variáveis.

A terceira coluna da Tabela 6 fornece o **custo total médio de longo prazo (*CTMLP*)**, o custo por unidade de produto no longo prazo:

$$CTMLP = \frac{CTLP}{Q}$$

O custo total médio no longo prazo é semelhante ao custo total médio definido anteriormente. Os dois são obtidos dividindo o custo total pelo nível de produção. Existe, porém, uma importante diferença: para calcular o *CTM*, utilizamos o custo total (*CT*) que pertence ao curto prazo no numerador e para calcular o *CTMLP*, utilizamos o custo total no *longo prazo* (*CTLP*) no numerador. Assim, o *CTMLP* nos informa o custo por unidade quando a firma pode variar *todos* os seus insumos e sempre escolhe a combinação de insumos com o menor custo possível. O *CTM*, no entanto, nos informa o custo por unidade quando a firma tem um conjunto de insumos fixos.

Tabela 6

CUSTOS NO LONGO PRAZO PARA A SPOTLESS CAR WASH

Produção	CTLP	CTMLP
0	\$0	—
30	\$100	\$3,33
90	\$195	\$2,17
130	\$255	\$1,96
155	\$315	\$2,03
172	\$360	\$2,09
185	\$390	\$2,11
200	\$450	\$2,25
250	\$650	\$2,60
300	\$1.200	\$4,00

A RELAÇÃO ENTRE OS CUSTOS NO LONGO PRAZO E NO CURTO PRAZO

Se você comparar a Tabela 6 (longo prazo) com a Tabela 3 (curto prazo), verá que para alguns níveis de produção, o *CTLP* é menor que o *CT.* Por exemplo, a Spotless pode lavar 185 carros para um *CTLP* de $390. Anteriormente, todavia, vimos que, no curto prazo, o *CT* de lavar esses mesmos 185 carros era de $435. Para entender o motivo para essa diferença, observe novamente a Tabela 5 que lista as quatro diferentes maneiras de lavar 185 carros por dia. No curto prazo, a firma fica com apenas uma linha automatizada, de modo que sua única opção é o método *B.* No longo prazo, no entanto, a firma pode ajustar *todos* os seus insumos, podendo escolher qualquer um dos quatro métodos de produção, inclusive o método *C* que é o mais barato. Em muitos casos, a liberdade de escolher entre diferentes métodos de produção permite que a firma selecione, no longo parzo, uma combinação mais barata do que no curto prazo. Assim, no longo prazo, a firma pode conseguir economizar dinheiro.

Com alguns níveis de produção, a liberdade de ajustar todos os insumos faz com que a firma nada economize. Para lavar 130 carros, por exemplo, o custo no longo prazo – o custo ao utilizar a combinação mais barata de insumos – é o mesmo que o custo total no curto prazo (*CTLP* = *CT* = $255). Para esse nível de produção, o que deve ocorrer é que a combinação de insumos no *curto prazo* precisa ser também a combinação de insumos de menor custo. Assim, se a Spotless quiser lavar 130 carros por dia, deverá escolher, no longo prazo, o mesmo método de produção já utilizado no curto prazo. Com esse nível de produção, a firma poderá não economizar dinheiro ajustando seu capital no longo prazo. (Existem outros níveis de produção listados nas tabelas, para os quais *CTLP* = *CT. Você consegue encontrá-los?)*

O que encontramos para a Spotless Car Wash é verdadeiro para todas as firmas.

No longo prazo, o custo total de produzir um determinado nível de produto pode ser menor ou igual, mas nunca maior que o custo total no curto prazo (CTLP ≤ CT).

Também podemos declarar essa relação em termos de custos *médios,* ou seja, podemos dividir os dois lados da desigualdade por *Q* e obter *CTLP*/*Q* ≤ *CT*/*Q.* Utilizando as definições, isso se traduz em *CTMLP* ≤ *CTM.*

No longo prazo, o custo total de produzir um determinado nível de produto pode ser menor ou igual, mas nunca maior que o custo médio total no curto prazo (CTMLP ≤ CTM).

Custo Médio e Tamanho da Planta. Geralmente, os economistas se referem ao conjunto de insumos fixos à disposição da firma como sua **planta**. Por exemplo, a planta de um fabricante de computador, como a Compaq, consistiria no prédio da sua fábrica e nas linhas de montagem dentro dela. A planta da firma de aluguel de carros Hertz incluiria todos os seus automóveis e as lojas de aluguel. Para a Spotless Car Wash, imaginamos que a planta era, simplesmente, o equipamento de capital – as linhas automatizadas para lavagem de carros. Se a Spotless adicionasse equipamento de capital ao já existente, a cada vez

Planta O agrupamento de insumos fixos à disposição de uma firma.

que adquirisse uma outra linha automatizada, ela teria uma planta diferente e maior. Visto dessa maneira, podemos distinguir curto prazo e longo prazo desta maneira: *no longo prazo, a firma pode alterar o tamanho da sua plantas, no curto prazo, ela está presa ao seu tamanho de planta atual.*

Agora, pense na curva de *CTM* que nos informa o custo total médio da firma no curto prazo. Essa curva é sempre desenhada para uma planta específica, isto é, a curva de *CTM* nos informa como o custo médio se comporta no curto prazo, *quando a firma utiliza uma planta de um determinado tamanho.* Se a firma tivesse uma planta de tamanho diferente, estaria se movendo ao longo de uma curva de *CTM* distinto. Na realidade, existe uma curva de *CTM* diferente para cada planta diversificada que uma firma pode ter. No longo prazo, então, a firma pode optar em qual curva de *CTM* deseja operar. E, como sabemos, para produzir qualquer nível de produto, ela sempre escolherá a curva de *CTM* – entre todas as curvas de *CTM* disponíveis – que permita a ela produzir com o menor custo total médio possível. Essas observações nos informam como podemos representar em um gráfico a curva de *CTMLP* da firma.

Como Representar Graficamente a Curva de CTMLP. Examine a Figura 7 que mostra várias curvas de *CTM* diferentes para a Spotless Car Wash. Existe muita coisa acontecendo nessa figura, por isso vamos examiná-la aos poucos. Primeiro, encontre a curva rotulada de CTM_1. Essa é nossa familiar curva de *CTM* – a mesma mostrada na Figura 6 – que utilizamos para encontrar o custo médio total no curto prazo da Spotless, quando ela tinha somente uma linha automatizada. As outras curvas de *CTM* se referem às *diferentes* plantas que a Spotless *poderia* ter tido. Por exemplo, a curva rotulada de CTM_0 mostra como o custo médio total se comportaria se a Spotless tivesse uma planta com *zero* linhas automatizadas, a CTM_2 mostra o custo total médio com *duas* linhas automatizadas e assim por diante. Como a firma pode escolher, no longo prazo, que tamanho de planta operar, ela também pode optar sobre qual dessas curvas de *CTM* deseja operar. Como sabemos, no longo prazo, ela sempre escolherá a planta com o menor custo médio total possível.

Vamos pegar um exemplo específico. Suponha que a Spotless pense que poderia lavar 130 carros por dia. No longo prazo, qual tamanho de planta ela deve escolher? Examinando as diferentes curvas de *CTM* da Figura 7, vemos que o menor custo possível por unidade – \$1,96 por carro – está no ponto *A*, ao longo da curva de CTM_1. A melhor planta para lavar 130 carros por dia, portanto, terá somente uma linha automatizada. Para esse nível de produção, a Spotless nunca escolheria a planta com zero linha automatizada, já que teria, assim, de operar no ponto *B* da CTM_0. Como o ponto *B* é maior que o ponto *A*, sabemos que o ponto B representa um custo maior por unidade. A firma também não escolheria a planta com duas linhas, operando sobre a curva de CTM_2 no ponto *C*, pois isso significaria um custo por unidade ainda maior. De todas as possibilidades, apenas o ponto *A*, ao longo da curva de CTM_1, permite que a Spotless atinja o menor custo por unidade para lavar 130 carros. Assim, para produzir 130 unidades de mercadoria no longo prazo, a Spotless escolheria operar no ponto *A* sobre CTM_1. Assim, o ponto *A* é o *CTMLP* de 130 unidades.

Agora, imagine que a Spotless queria produzir 185 unidades de mercadoria no longo prazo. A planta com uma única linha automatizada não é mais a melhor escolha. Em vez disso, a firma optaria pela planta com *duas* linhas

Figura 7

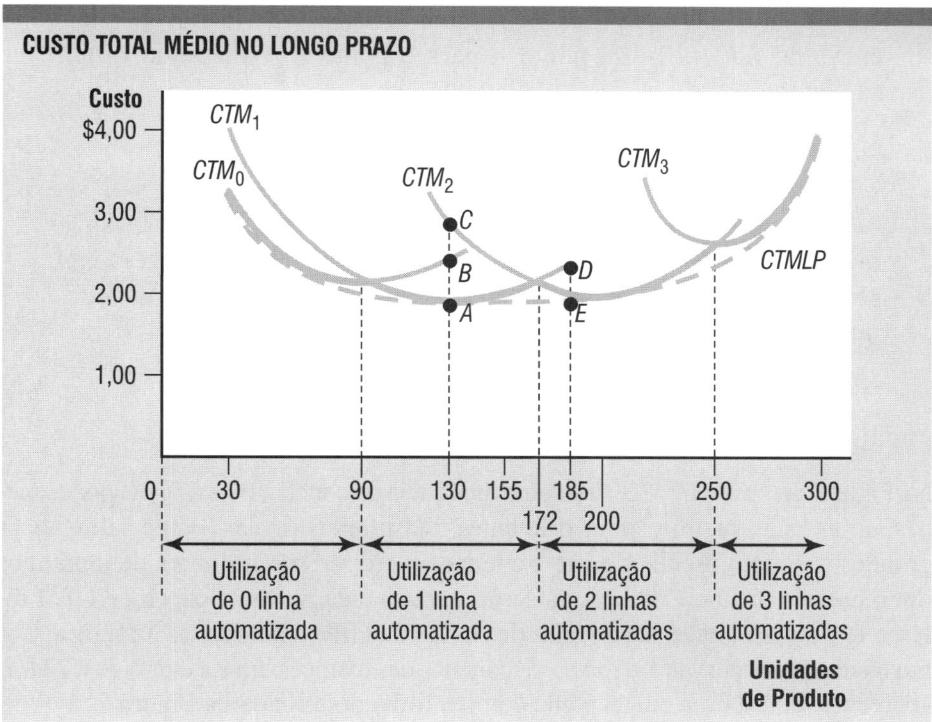

As curvas de custo total médio CTM_0, CTM_1, CTM_2, e CTM_3 mostram os custos médios quando a firma tem zero, uma, duas e três linhas de produção, respectivamente. A curva de *CTMLP* combina partes de todas as curvas de *CTM* da firma. A firma escolherá a curva de *CTM* de menor custo para cada nível de produção.

automatizadas. Como você sabe? Para uma produção de 185, a firma poderia escolher o ponto *D* na CTM_1 ou o ponto *E* na CTM_2. Por ser mais baixo, o ponto *E* é a melhor opção porque o custo médio total seria de $2,11, de modo que esse seria o *CTMLP* de 185 unidades.

Continuando dessa maneira, seríamos capazes de encontrar o *CTMLP* para *todo* nível de produção que a Spotless pudesse produzir. Para gerar qualquer determinado nível de produção, a firma irá sempre operar sobre *a mais baixa* curva de *CTM* disponível. À medida que a produção aumentar, ela se moverá ao longo de uma curva *CTM* até que outra curva de *CTM*, mais baixa, se torne disponível – uma com menores custos. Nesse ponto, a firma aumentará o tamanho da sua planta, podendo mover-se para a curva de *CTM* mais baixa. Por exemplo, à medida que a Spotless eleva seu nível de produção de 90 para 172 unidades de produto, ela continua a utilizar a planta com uma única linha automatizada e se move ao longo de CTM_1. Se ela, porém, desejar produzir *mais* de 172 unidades no longo prazo, aumentará sua planta para *duas* linhas automatizadas e começará a se mover ao longo de CTM_2.

Assim, podemos traçar a curva de *CTMLP* da Spotless combinando apenas as partes mais baixas de todas as curvas de *CTM* que a firma pode escolher. Na Figura 7, é a curva espessa, em forma de concha.

A curva de *CTMLP* de uma firma combina partes de cada curva de *CTM* disponível para a firma no longo prazo. Para cada nível de produção, a firma sempre escolherá operar sobre a curva de *CTM* com o menor custo possível.

A Figura 7 também nos fornece uma visão das opções diferentes com as quais a firma se depara no curto prazo e no longo prazo. Depois de construir uma planta com uma única linha automatizada, as opções da Spotless no curto prazo são limitadas – ela pode somente se mover ao longo da curva de CTM_1. Se ela quiser aumentar sua produção de 130 para 185 unidades, deverá mover-se do ponto *A* para o ponto *D*. Mas, no longo prazo, ela pode se mover ao longo de sua curva de *CTMLP* – do ponto *A* para o ponto *E* – alterando o tamanho da sua planta.

Mais genericamente,

> *no curto prazo, uma firma pode apenas se mover ao longo de sua curva de CTM atual. No longo prazo, no entanto, ela pode se mover de uma curva de CTM para outra, variando o tamanho de sua planta. À medida que ela o fizer, também estará se movendo ao longo de sua curva de CTMLP.*

EXPLICAÇÃO DO FORMATO DA CURVA DE *CTMLP*

Na Figura 7, a curva *CTMLP* tem uma aparência de concha, pois a firma pode, apenas, optar entre quatro plantas diferentes. Mas muitas firmas – especialmente as grandes – podem escolher entre centenas ou até mesmo milhares de tamanhos diferentes de planta. Cada planta seria representada por uma curva de *CTM* diferente, com isso, haveria centenas de curvas de *CTM* amontoadas na figura. Como resultado, as curvas em forma de conchas desapareceriam e a curva de *CTMLP* apareceria como uma curva plana como a linha pontilhada da Figura 7.

Na Figura 8, que reproduz essa curva de *CTMLP* plana, podemos ver que a curva tem forma de U – muito semelhante às curvas de *CVM* e *CTM* vistas anteriormente. Ou seja, à medida que a produção aumenta, os custos médios no longo prazo primeiro decrescem, depois permanecem constantes e, finalmente, crescem. Embora não haja nenhuma lei ou regra de lógica que requeira que uma curva *CTMLP* tenha todas as três fases, em muitas indústrias esse parece ser o caso. Vamos ver o porquê, considerando uma fase de cada vez.

Economias de escala
Reduções no custo total médio no longo prazo, à medida que a produção aumenta.

Economias de Escala. Quando um aumento da produção reduz o *CTMLP*, dizemos que a firma está desfrutando **economias de escala:** quanto mais produto é produzido, menor o custo por unidade.

Em um nível puramente matemático, as economias de escala significam que o custo total no longo prazo está aumentando em uma proporção menor que a produção. Por exemplo, se o dobro de produto (Q) puder ser realizado com menos que o dobro do custo, a razão $CTLP/Q = CTMLP$ cairá. Logo, as economias de escala ocorrem

> *quando o custo total no longo prazo aumenta proporcionalmente menos que a produção e a curva de CTMLP inclina-se para baixo.*

Isso é suficiente para a matemática, mas, no mundo real, *por que* os custos totais deveriam aumentar em uma proporção menor que a produção? Por que uma firma deveria experimentar economias de escala?

Ganhos com a Especialização. Um motivo para as economias de escala são os ganhos com a especialização. Com níveis muito baixos de produção, os trabalhadores podem ter de executar uma variedade maior de tarefas, o que os deixa mais lentos e os torna menos produtivos. À medida que a produção aumenta

Figura 8

A FORMA DA *CTMLP*

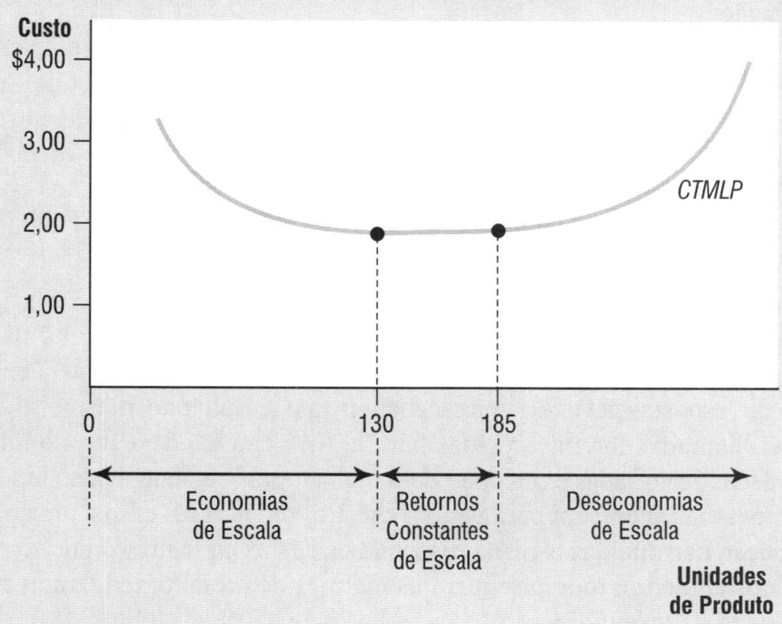

Se o custo total no longo prazo aumenta proporcionalmente menos que a produção, esta reflete as economias de escala e a curva de *CTMLP* inclina-se para baixo. Se o custo aumenta proporcionalmente mais que a produção, há deseconomias de escala e a curva de *CTMLP* inclina-se para cima. Entre essas regiões, o custo e a produção se elevam proporcionalmente, resultando em rendimentos constantes de escala.

e trabalhadores são adicionados, mais possibilidades para especialização são criadas. Na Spotless, uma elevação da produção e do nível de emprego pode permitir que um trabalhador se especialize em pegar dinheiro com os clientes, um segundo em dirigir os carros para a linha, um terceiro em enxugá-los, um quarto em trabalhar na publicidade e assim por diante. Como cada trabalhador é mais produtivo, a produção aumentará em uma proporção maior que os custos.

As maiores oportunidades para uma maior especialização ocorrem quando uma firma está produzindo com um nível de produto relativamente baixo, com uma planta relativamente pequena e uma força de trabalho também pequena. Assim, as economias de escala ocorrem mais facilmente, com níveis menores de produção.

Uso Mais Eficiente de Insumos que Aumentam Englobadamente como um Todo. Outra explicação para as economias de escala envolve a natureza de se aumentar como um todo muitos tipos de plantas e equipamentos. Com isso, queremos dizer que alguns tipos de insumos não podem ser elevados em pequenos incrementos. Pelo contrário, devem ser aumentados em grandes saltos.

Um médico, por exemplo, precisa utilizar uma máquina de raios X, a fim de atender a seus pacientes. A menos que ele possa dividir uma máquina com outros médicos (o que talvez não seja possível), ele deve comprar uma ou mais máquinas completas – não é possível comprar metade ou um quinto de uma máquina de raios X. Suponha que uma única máquina possa atender a 500 pacientes por mês e custe $2.000 por mês (em pagamentos de juros ou em renda de investimentos não realizados). Assim, quanto mais pacientes o médico atender (até 500), menor será o custo da *máquina por paciente*. Por exemplo, se ele atender a 100 pacientes por mês, o custo por paciente será de $2.000/100 = $20. Se ele atender a 500 pacientes, o custo por paciente cairá para $2.000/500 = $4. Se a maior parte da planta e dos equipamentos do médico é do tipo que só pode aumentar como um todo, sua curva de *CTMLP* pode continuar a cair durante algum intervalo de produção.

Vemos esse fenômeno em muitos tipos de negócios: plantas e equipamentos devem ser comprados como um todo e o baixo custo por unidade é obtido somente com altos níveis de produção. Se você decidir iniciar um negócio de entrega de pizza no campus, terá de comprar ou alugar, no mínimo, um forno de pizza. Se puder fazer 200 pizzas por dia com um único forno, os custos totais com seu forno serão os mesmos, quer você asse uma, dez, 50 ou 200 pizzas. Quanto mais pizzas você fizer, menores serão seus custos *por pizza* com o forno.

Outros insumos, além dos equipamentos, também podem ser obtidos como um todo. Os restaurantes devem pagar uma taxa de licença anual e não têm permissão para comprar parte de uma licença se sua produção for pequena. Um serviço de respostas deve ter uma recepcionista o tempo todo, mesmo se apenas algumas chamadas forem recebidas por dia. Um cinema deve ter, no mínimo, um vendedor de entradas e um operador cinematográfico, independentemente de quantas pessoas aparecem para ver o show. Em todos esses casos, um aumento da produção permite que a firma distribua os custos de insumos que só podem ser obtidos como um todo por quantias maiores de produto, reduzindo o custo *por unidade de produto.*

Ao tornarmos mais eficaz o uso de insumos que só podem ser obtidos em bloco, obtemos um impacto maior no *CTMLP* com baixos níveis de produção, quando esses insumos assumem uma proporção maior dos custos totais da firma. Com níveis mais altos de produção, o impacto é menor. Por exemplo, *suponha* que um restaurante deva pagar uma taxa de licença anual de $1.000. Se a produção dobrar de 1.000 para 2.000 refeições por ano, os custos da licença por refeição servida cairão de $1 para $0,50. Se a produção dobrar de 10.000 para 20.000 refeições, os custos da licença por refeição cairão de $0,10 para $0,05 – uma diferença quase imperceptível. Da mesma forma, com a distribuição desses insumos que aumentam em bloco entre mais produção – assim como os ganhos com a especialização – é mais provável que se criem economias de escala com níveis relativamente baixos de produção. Esse é outro motivo pelo qual a curva de *CTMLP* comum – como ilustrada na Figura 8 – inclina-se para baixo, com níveis relativamente baixos de produção.

Um exame da Tabela 6, na página 204, nos informa que existem, na realidade, economias de escala para a Spotless, com baixos níveis de produção. Custa $100 para lavar 30 carros e $195 para lavar 90 carros. Assim, como a produção triplica de 30 para 90, os custos aumentam em apenas $95/$100 ou 95%, então o *CTMLP* cai. A Spotless está, claramente, desfrutando economias de escala. Na realidade, a Figura 8 mostra que ela irá experimentar economias de escala para todos os níveis de produção, até 130 unidades.

Deseconomias de Escala. À medida que a produção continuar a aumentar, a maioria das firmas atingirá um ponto em que o fato de serem grandes provocará problemas. Isso é verdade mesmo no longo prazo, quando a firma está livre para ampliar não só o tamanho das suas instalações, mas também sua força de trabalho. Por exemplo, uma grande firma pode requerer mais níveis de gerência, de modo que a comunicação e a tomada de decisão se tornem mais demoradas e custosas. Também pode ser mais difícil selecionar pessoas que não conseguem se adaptar entre os novos contratados e monitorar os que já estão trabalhando na firma, com isso, há um aumento dos erros, uma fuga das responsabilidades e, até mesmo, roubo. Todos esses problemas contribuem para aumentos do *CTLP* à medida que a produção se eleva e, portanto, funcionam no sentido oposto das forças que ajudam a criar economias de escala. Eventualmente, esses problemas podem tornar-se tão sérios que se a produção dobrar o custo total *mais* que dobrará. Quando isso acontece, o *CTMLP* aumenta. Mais genericamente,

> *quando o custo no longo prazo aumenta mais do que proporcionalmente a elevação da produção existem **deseconomias de escala** e a curva de CTMLP inclina-se para cima.*

Deseconomias de escala Aumentos do custo médio total no longo prazo, à medida que a produção se eleva.

Enquanto as economias de escala são mais prováveis com baixos níveis de produção, as *des*economias de escala são mais prováveis com níveis mais altos de produção. Na Figura 8, é possível ver que a Spotless não experimenta deseconomias de escala até lavar mais de 185 carros por dia.

Retornos Constantes de Escala. Na Figura 8, podemos ver que, para níveis de produção entre 130 e 185, a curva de *CTMLP* é quase horizontal. Nesse intervalo de produção, o *CTMLP* permanece aproximadamente constante, enquanto a produção aumenta. Aqui, a produção e o *CTLP* aumentam quase na mesma proporção.

> *Quando a produção e o custo total no longo prazo aumentam na mesma proporção, a produção é caracterizada por **retornos constantes de escala** e a curva de CTMLP é plana.*

Retornos constantes de escala O custo médio total no longo prazo não é alterado à medida que a produção aumenta.

Por que uma firma iria experimentar retornos constantes à escala? Vimos que, à medida que a produção aumenta, o impacto da especialização e o uso mais eficaz dos insumos que elevam em blocos é reduzido, enquanto os problemas de ser grande tornam-se mais sérios. Com algum nível de produção, essas forças podem, simplesmente, ser canceladas, de modo que uma ampliação da produção não altera o *CTMLP* de maneira nenhuma. A firma terá, assim, retornos constantes à escala, até os problemas de ser grande começarem a dominar. Retornos constantes de escala são mais prováveis de ocorrer em algum intervalo *intermediário* da produção.

Em suma, quando examinamos o comportamento do *CTMLP*, geralmente esperamos um padrão como economias de escala (redução do *CTMLP*) com baixos níveis de produção, retornos constantes de escala (*CTMLP* constante) em alguns níveis intermediários da produção e deseconomias de escala (aumento do *CTMLP*) com altos níveis de produção. É por isso que as curvas de *CTMLP* têm, geralmente, forma de U.

É claro que mesmo as curvas de *CTMLP* em forma de U têm aparências diferentes em firmas distintas. Na realidade, as curvas de *CTMLP* não precisam ter forma de U. Em capítulos posteriores, veremos que a forma de uma curva de *CTMLP* tem muito a dizer sobre a economia: sobre o tamanho das firmas, a natureza da concorrência entre elas e os problemas que os órgãos reguladores do governo enfrentam. Mas já vimos o suficiente sobre produção e custos para entender um problema importante e contínuo em outro país. É um problema provocado – pelo menos em parte – por uma falha no passado em entender a lógica das curvas de custo.

Utilizando a TEORIA

AS CURVAS DE CUSTO E A REFORMA ECONÔMICA NA RÚSSIA

No início deste capítulo, foi sugerido que as firmas russas de produção industrial podiam ser diferentes de firmas equivalentes em outros países. Agora, podemos discutir uma das importantes diferenças: as firmas russas parecem necessitar de mais insumos por unidade de mercadoria – mais trabalho, capital, energia e matérias-primas – que uma firma americana que produz um produto semelhante. Existem muitos motivos para isso: estoque de capital obsoleto, infra-estrutura deficiente (exemplos: rodovias e telecomunicações) e falta de habilidades gerenciais adequadas para a firma de propriedade particular. Mas o problema tem sido exacerbado por um simples mal-entendido de produção e custo que ocorre há gerações de líderes soviéticos – um engano cujo legado continua a assombrar muitas firmas e indústrias russas, mesmo tanto tempo depois da reforma.

A economia soviética confiava intensamente em *monopólios* – firmas que eram as únicas produtoras de um bem para todo o país. Já em 1991, os economistas do governo soviético informaram que das 7.664 principais linhas de produto, 5.884 eram fabricadas por um único produtor.[2] A maioria dessas firmas permanece intacta hoje e, como resultado, elas operam em uma escala muito maior que suas equivalentes ocidentais.

Por que tantos monopólios? Houve, em essência, dois motivos. Primeiro, em uma economia de comando, era mais fácil para o Estado monitorar e controlar menos firmas grandes que um número maior de firmas pequenas. Segundo, havia um preconceito ideológico com relação a ser grande: os líderes soviéticos, de Vladimir Lenin a Leonid Brezhnev, viam a prática capitalista de ter muitas firmas, cada uma produzindo o mesmo item como inútil e duplicativo. Por que, eles perguntavam, várias firmas devem fazer diferentes marcas de pasta de dente que são mais ou menos a mesma coisa, quando um único fabricante pode produzir pasta de dente? Por que ter várias firmas de automóveis concorrentes, cada uma com suas próprias divisões separadas de design, equipes de gerenciamento e rede de distribuição, quando uma única firma necessitaria apenas de *uma* divisão de design, *uma* equipe de gerenciamento e *uma* rede de distribuição? Os líderes soviéticos acreditavam que evitar a duplicação inútil permitiria que seus setores operassem de maneira mais eficaz que os do mundo capitalista, utilizando menos insumos para qualquer nível de produção. Na realidade, eles acreditavam que suas firmas poderiam continuar a desfrutar *economias de escala*, até que cada uma estivesse produzindo para todo o mercado soviético. Essa visão dos custos é ilustrada na Figura 9, na qual a curva de *CTMLP* inclina-se para baixo, por todo o intervalo de produção.[3] Se a liderança

---

[2] GOLDMAN, Marshall. *What Went Wrong with Perestroika* (New York: W. W. Norton, 1992), p. 154.

[3] Nos capítulos posteriores, veremos que existem, na realidade, firmas cuja curva de *CTMLP* inclina-se para baixo em todos os lugares. Essas firmas, porém, são a exceção, não a regra.

soviética estivesse certa – se a Figura 9 tivesse sido um retrato preciso de uma curva de *CTMLP* comum de uma firma – ter firmas monopolistas produzindo para todo o mercado poderia fazer sentido.

Eles, no entanto, não estavam certos: com a transformação para uma economia de mercado, tornou-se aparente que a produção na Rússia – como em todo lugar – é principalmente caracterizada por curvas de *CTMLP* em forma de U como a curva da Figura 10. Durante anos, as grandes firmas russas estiveram operando na região de *des*economias de escala, com níveis de produção iguais a Q_2. Como resultado, seus custos por unidade foram empurrados para cima mais que o necessário. Se a produção tivesse sido organizada de maneira diferente – com várias firmas, cada uma produzindo uma quantidade menor de bens, como Q_1 – os custos por unidade poderiam ter sido menores.

Hoje, muitas dessas grandes firmas russas estão em uma enrascada séria. Como o livre comércio foi aberto, elas devem competir com firmas ocidentais,

A VISÃO SOVIÉTICA DA PRODUÇÃO

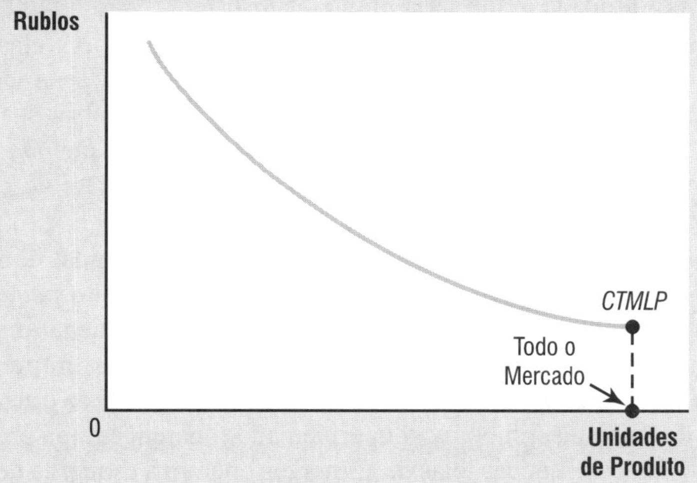

Figura 9

Na antiga União Soviética, os planejadores imaginavam – de maneira incorreta – que suas firmas poderiam desfrutar economias de escala, até que cada uma estivesse produzindo para todo o mercado.

PRODUÇÃO SOVIÉTICA: A REALIDADE

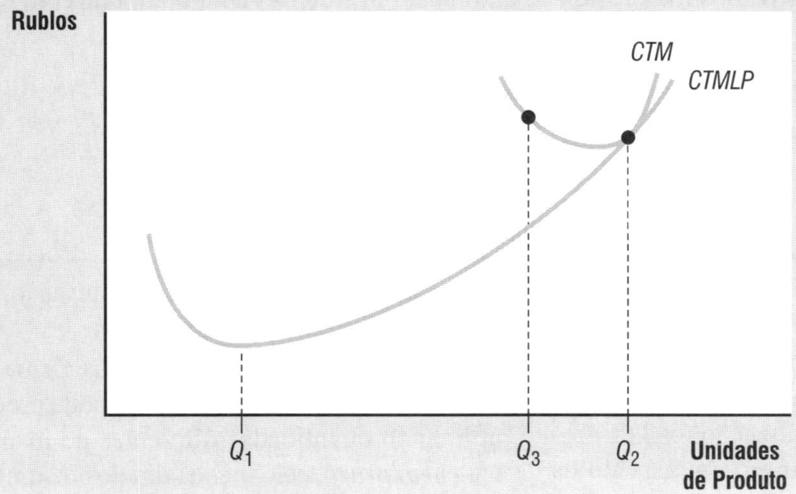

Figura 10

As firmas russas recém-privatizadas têm operado na região de deseconomias de escala – em níveis como Q_2. Se elas reduzirem a produção, no curto prazo, para Q_3, descobrirão que os custos médios aumentam ao longo da *CTM*.

que podem produzir com custos substancialmente menores por unidade. Um estudo recente descobriu que a firma russa industrial média requer cinco vezes mais trabalho, matéria-prima e outros insumos que sua equivalente americana.[4] O que essas firmas russas podem fazer?

Infelizmente, não muito. No curto prazo, quando o tamanho das instalações é fixo, qualquer redução da produção move a firma ao longo de sua curva de *CTM*, não da curva *CTMLP*. Assim, a redução da produção para Q_3 pode *aumentar* os custos por unidade, em vez de reduzi-los.

Mesmo em um horizonte de tempo maior, essas firmas não acharão fácil alterar suas escalas de operações e mover-se ao longo de suas curvas de *CTMLP*. Diferente de muitas grandes firmas ocidentais – que ficaram grandes incorporando firmas menores ou construindo várias instalações em diferentes partes do país – muitas firmas russas grandes foram *construídas* como firmas de planta única. A fábrica, o equipamento, a tecnologia – tudo foi criado para uma planta única e, portanto, não é tão fácil reduzir o tamanho da planta desmembrando uma parte dela. Em muitos casos, a planta teria de ser totalmente redesenhada para a firma mover-se para baixo na sua curva de *CTMLP* e reduzir seus custos por unidade o que seria muito custoso.

Muitas firmas russas descobriram uma maneira mais fácil: elas vendem seus produtos a preços mundiais, sofrendo perdas por causa de seus custos mais altos e, em seguida, apelam ao governo por subsídios para cobrir suas perdas. Isso significa que bilhões de rublos dos fundos do governo que *poderiam* ser utilizados para os necessários serviços governamentais estão, ao contrário, sendo utilizados para manter firmas ineficientes de pé.

De maneira interessante, um setor da economia russa – vendas de alimentos no varejo – sofre do problema *oposto*: firmas que são muito *pequenas*. Na Rússia atual, quase todas as compras de alimentos são de pequenas mercearias, açougueiros e padeiros. E essas pequenas lojas – que não podem tirar proveito das economias de escala – operam com somente cerca de 25% da eficiência dos supermercados maiores. Embora os supermercados operem em (ou próximos a) Q_1, na Figura 10, as pequenas lojas de alimentos operam à esquerda desse nível de produção, com custos médios substancialmente mais altos. Mas o governo russo tributa supermercados com uma taxa maior, eliminando sua vantagem. Como resultado, as pequenas lojas de maior custo são mantidas de pé e os supermercados maiores e de baixo custo não conseguem competir com elas.

[4] LEWIS, William W., "In Russia's Economy, It's Survival of the Weakest", *Wall Street Journal*, 4 de novembro de 1999, p. A30.

RESUMO

Firmas comerciais combinam insumos para produzir mercadorias. Embora alguma produção ocorra no nível familiar, a produção por meio de firmas de negócios com empregados permite ganhos com a especialização (cada trabalhador pode se especializar em um aspecto da produção), reduz os custos da transação e diminui o risco para os empregados.

A *função de produção* de uma firma descreve a produção máxima que ela pode produzir utilizando quantidades diferentes de insumos. No *curto prazo*, pelo menos um dos insumos da firma é fixo. No *longo prazo*, todos os insumos podem ser variados.

O *custo de produção* de uma firma é o custo de oportunidade dos proprietários – tudo de que eles devem desistir, a fim de produzir o produto. No curto prazo, alguns custos são *fixos* e independentes do nível de produção. Outros custos – *custos variáveis* – são alterados à medida que a produção aumenta. *Custo marginal* é a mudança no custo total decorrente da produção de uma unidade a mais de produto. A *curva de custo marginal* tem forma de U, refletindo o comportamento do produto marginal do trabalho. Uma variedade de curvas de custo médio pode ser definida. A *curva de custo variável médio* e a *curva de custo total médio* têm, cada uma, a forma de U que reflete a relação entre o custo médio e o custo marginal.

No longo prazo, todos os custos são variáveis. A *curva de custo total no longo prazo* da firma indica o custo de produzir cada quantidade de produto com a combinação de insumos de menor custo. A *curva de custo total médio no longo prazo* (*CTMLP*) relacionada é formada pela combinação de partes de diferentes curvas de *CTM* – cada parte representando diferentes tamanhos de planta. A forma da curva *CTMLP* reflete a natureza dos retornos à escala. Ela se inclina para baixo quando existem economias de escala, para cima quando existem deseconomias de escala e é plana há rendimentos constantes à escala.

PALAVRAS-CHAVE

firma de negócios
lucro
firma individual
sociedade
corporação
custos de transação
diversificação
tecnologia
função de produção
longo prazo
curto prazo
insumo fixo
custos explícitos
custo total de longo prazo
insumo variável
custos implícitos
custos totais médios no longo prazo
produto total
custos fixos
planta
produto marginal da mão-de-obra
custos variáveis
economias de escala
aumento dos rendimentos marginais do trabalho
custo fixo total
deseconomias de escala
custo variável total
retornos constantes de escala
redução dos rendimentos marginais do trabalho
custo total
custo fixo médio
lei dos rendimentos (marginais) decrescentes-
custo variável médio
custo total médio
custo irrecuperável
custo marginal

PERGUNTAS DE REVISÃO

1. Quais são os três tipos de firma de negócios? Discuta os prós e contras de cada tipo.
2. Por que a maior parte da atividade de produção é realizada por firma, em vez de trabalhadores independentes?
3. Um construtor de casas incorre nos custos a seguir. Quais são exemplos de custos de transação? Por quê?
   a. Custo da madeira cortada.

b. Honorários de advogados para tratar do trabalho jurídico relacionado com a compra do terreno.
c. Despesas com juros de um empréstimo para comprar novos equipamentos.
d. Custo de oportunidade do tempo gasto coletando propostas de subempreiteiras.

4. Durante o final dos anos 90, houve várias fusões de firmas. Em alguns casos, essas firmas produziam os mesmos produtos. Em outros, a fusão unia firmas que faziam produtos totalmente diferentes. Explique um possível motivo para as fusões em cada caso.
5. Dadas as vantagens de tamanho das firmas maiores, por que não esperar que as firmas fiquem cada vez maiores, sem limites?
6. Discuta a diferença entre o curto prazo e o longo prazo e como esses termos estão relacionados com a produção.
7. Quais dos insumos a seguir seriam provavelmente classificados como fixos e quais seriam classificados como variáveis, com um horizonte de tempo de um mês? Por quê?
   a. Fomos para a Nabisco.
   b. Madeira para a La-Z-Boy Chairco.
   c. Laranjas para a Minute Maid Juice Co.
   d. Mão-de-obra para uma franquia do McDonald's.
   e. Carros para a Hertz Rent-a-Car Co.
8. Explique a diferença entre o produto total de uma firma e o produto marginal do trabalho (*PML*) nessa firma. Como eles estão relacionados?
9. Classifique os custos a seguir como fixos ou variáveis para um horizonte de tempo de seis meses. Justifique sua classificação.
   a. Despesas da General Motors com aço.
   b. Aluguel da Pillsbury em sua sede corporativa.
   c. O custo da impressão de notícias para o *New York Times*.
10. Em sua casa, em Vulcan, o Sr. Spock passou todo o tempo trabalhando em uma invenção para dar um grande choque em McCoy sempre que ele dissesse "Droga, Jim, eu sou um médico!" Que pena que a invenção não funcionou. Spock se consolou com a idéia de que, como ele havia utilizado os equipamentos e o laboratório de Starfleet, pelo menos sua tentativa fracassada não tinha custado nada para ele. Esse pensamento é "lógico"? Explique.
11. O custo total no longo prazo (*CTLP*) pode, em algum momento, ser maior que o custo total no curto prazo (*CT*)? Por que sim, ou por que não?
12. Explique a forma em U de uma curva de custo médio comum no longo prazo. Especificamente, por que a curva tem uma inclinação para baixo com níveis mais baixos de produção e uma inclinação para cima com níveis mais altos?
13. Explique o dilema que muitas firmas russas enfrentam hoje.

PROBLEMAS E EXERCÍCIOS

1. A tabela a seguir mostra a produção total (em termos de impostos concluídos por dia) da firma de contabilidade de Hoodwink e Finagle:

Número de Contadores	Número de Impostos Concluídos por dia
0	0
1	5
2	12
3	17
4	20
5	22

Supondo que a quantidade de capital (computadores, máquinas de somar, mesas, etc.) permaneça constante, em todos os níveis de produção:

   a. Calcule o produto marginal de cada contador.
   b. Em que intervalo de nível de emprego você vê aumento dos rendimentos do trabalho? E em que intervalo você vê redução dos rendimentos?
   c. Explique por que o *PML* pode se comportar dessa maneira no contexto de uma firma de contabilidade.

2. A tabela a seguir fornece os custos totais no curto prazo e no longo prazo para vários níveis de produção da Consolidated National Acme, Inc.:

Q	CT_1	CT_2
0	0	350
1	300	400
2	400	435
3	465	465
4	495	505
5	560	560
6	600	635
7	700	735

   a. Qual coluna, CT_1 ou CT_2, fornece o custo total no longo prazo e qual fornece o custo total no curto prazo? Como você sabe?
   b. Para cada nível de produção, encontre o *CFT*, o *CVT*, o *CFM*, o *CVM* e o *CM* no curto prazo.
   c. Com qual nível de produção as combinações de insumos no longo prazo e no curto prazo seriam as mesmas?
   d. Ao iniciar com a produção de duas unidades, os gerentes da Consolidated decidem dobrar a produção para quatro unidades. Assim, eles simplesmente dobram todos os seus insumos no longo prazo. Comente sobre suas habilidades gerenciais.
   e. Em que intervalo de produção você vê economias de escala? E deseconomias de escala? E rendimentos constantes de escala?

3. A Casa de Schnitzel, de Ludmilla, está produzindo dez schnitzels por dia no ponto *A* do diagrama a seguir. O parceiro comercial de Ludmilla, Hans (um tipo impaciente), quer que ela dobre a produção imediatamente.

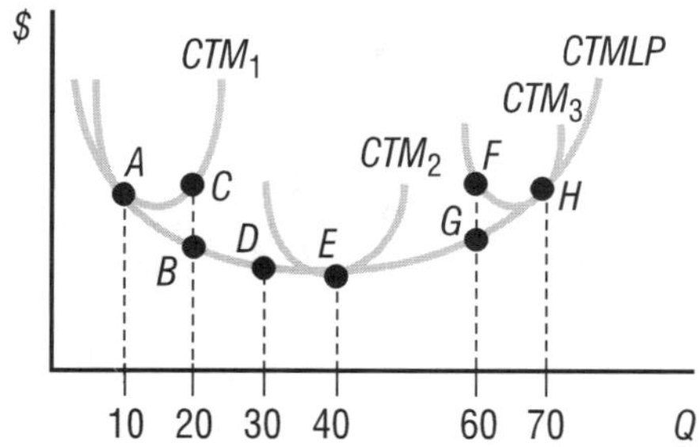

   a. Qual ponto provavelmente ilustrará a situação de custo de Ludmilla para o futuro próximo? Por quê?
   b. Se Ludmilla quiser manter a produção de 20 schnitzels, em que ponto ela vai querer estar, eventualmente? Como ela pode chegar lá?
   c. Eventualmente, Ludmilla e a firma vão muito bem, expandindo, até que se encontram fazendo 70 schnitzels por dia. Depois de alguns anos, Ludmilla descobre que o lucro era maior quando produzia 20 schnitzels por dia. Ela quer voltar a escala da produção para 20 schnitzels por dia – demitindo trabalhadores, vendendo equipamentos, alugando menos espaço e produzindo menos schnitzels. Hans quer reduzir a produção simplesmente diminuindo a farinha e o leite e demitindo trabalhadores. Quem está certo? Discuta a situação com referência aos pontos relevantes do diagrama.
   d. A figura nos informa qual produção Ludmilla deve objetivar? Por que sim ou por que não?

4. Em um ano recente, um inverno longo e rigoroso fez surgir uma demanda mais forte que o normal de óleo para aquecimento. O verão seguinte foi caracterizado por uma forte demanda por gasolina pelos turistas em férias. Mostre o que esses dois eventos podem ter feito às curvas de *CM*, *CVM* e *CTM* de longo prazo da Continental Airlines. (*Dica*: Como esses eventos afetariam o preço do petróleo?)

5. Clean 'n' Shine é uma concorrente da Spotless Car Wash. Como a Spotless, ela deve pagar $75 por dia para cada linha automatizada que utiliza. Mas a Clean 'n' Shine conseguiu entrar em um grupo de mão-de-obra de menor custo, pagando a seus trabalhadores apenas $50 por dia. A tecnologia de produção da Clean 'n' Shine é fornecida na tabela a seguir. Para determinar sua estrutura de custo de curto prazo, preencha as lacunas da tabela.
   a. Em que intervalo de produção a Clean 'n' Shine experimenta aumento dos rendimentos marginais do trabalho? Em que intervalo ela experimenta redução dos rendimentos marginais do trabalho?

Custos no Curto Prazo para a Clean 'n' Shine Car Wash

(1) Produto (por dia)	(2) Capital	(3) Trabalho	(4) *CFT*	(5) *CVT*	(6) *CT*	(7) *CM*	(8) *CFM*	(9) *CVM*	(10) *CTM*
0	1	0	$____	$____	$____		—	—	—
						$____			
30	1	1	$____	$____	$____		$____	$____	$____
						$____			
70	1	2	$____	$____	$____		$____	$____	$____
						$____			
120	1	3	$____	$____	$____		$____	$____	$____
						$____			
160	1	4	$____	$____	$____		$____	$____	$____
						$____			
190	1	5	$____	$____	$____		$____	$____	$____
						$____			
210	1	6	$____	$____	$____		$____	$____	$____

b. À medida que a produção aumenta, os custos fixos médios se comportam como descrito no texto? Explique.

c. À medida que a produção aumenta, o custo marginal, o custo variável médio e o custo médio total se comportam como descrito no texto? Explique.

d. Olhando os números da tabela, mas sem desenhar nenhuma curva, a relação entre *CM* e *CVM* é como descrito no texto? E a relação entre *CM* e *CTM*?

QUESTÕES DESAFIADORAS

1. Desenhe as curvas de custo total no longo prazo e de custo médio no longo prazo para uma firma que experimenta:

   a. Rendimentos constantes de escala durante todos os níveis de produção

   b. Deseconomias de escala durante baixos níveis de produção, rendimentos constantes de escala durante níveis intermediários de produção e economias de escala durante altos níveis de produção. Esse padrão de custos faz sentido? Por que sim ou por que não?

2. Uma firma tem a estranha curva de *CTM* desenhada a seguir. Faça um rascunho da curva de custo marginal que essa firma deve ter. (*Dica:* O que você sabe sobre a relação médio-marginal relacionada com o custo?)

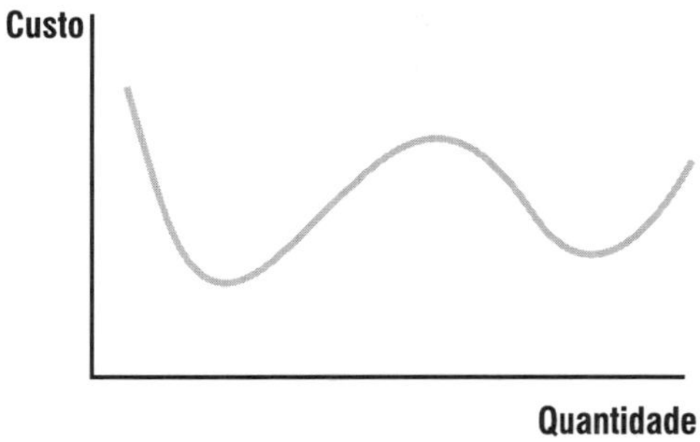

3. A curva a seguir mostra o produto *marginal* do trabalho para uma firma com diferentes níveis de produção.

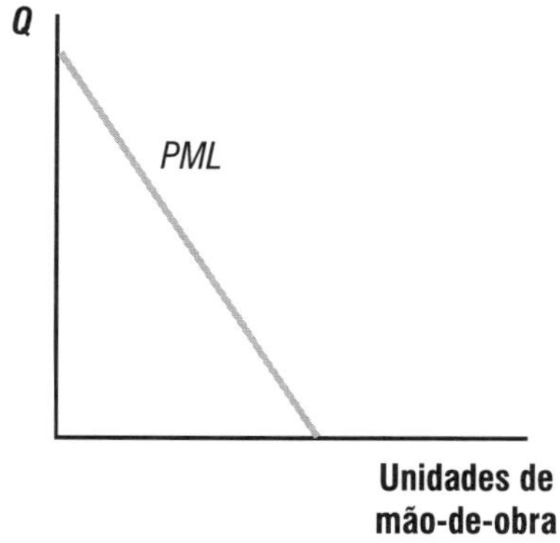

a. Mostre qual seria a aparência da curva de produto total correspondente.
b. As curvas de produto total e marginal para essa firma mostram, em algum lugar, a redução dos rendimentos marginais do trabalho? Elas mostram, em algum lugar, aumento dos rendimentos marginais do trabalho?

EXERCÍCIOS EXPERIMENTAIS

1. A coluna "Technology" na seção Marketplace do *Wall Street Journal* descreve muitas inovações tecnológicas interessantes. Escolha uma e veja se você consegue determinar como ela pode afetar as curvas de custo médio de uma firma. No curto prazo, ela afetará somente os custos variáveis da firma, somente os custos fixos ou os dois tipos de custos? No longo prazo, qual efeito a inovação terá na curva *CTMLP* da firma?

CAPÍTULO

7

COMO AS FIRMAS TOMAM DECISÕES: MAXIMIZAÇÃO DO LUCRO

No início de 1996, os gerentes da Nintendo America, Inc. sabiam que tinham um produto vitorioso em suas mãos: o videogame Nintendo 64. Com o novo produto, os jogadores conseguiriam pular, voar e até mesmo nadar por meio de uma variedade de mundos tridimensionais de fantasia, com imagens mais espetaculares e ação muito mais rápida que em qualquer produto concorrente.

Vieram então as perguntas difíceis. Onde o novo produto deveria ser produzido: Japão, Estados Unidos ou Hong Kong? Como a firma levantaria os fundos para pagar os custos da produção? Quando ela deveria colocar o produto no mercado? Quanto deveria gastar em publicidade e em quais tipos de mídia? E, finalmente, que preço a firma deveria cobrar e quantas unidades deveria produzir?

Essas últimas decisões – quanto produzir e que preço cobrar – são o foco deste capítulo. No fim, a Nintendo planejou produzir 500.000 unidades e decidiu cobrar $199. Mas por que ela não cobrou um preço menor que permitiria vender mais produtos? Ou um preço mais alto que permitiria a ela obter mais lucro sobre cada unidade vendida?

Embora este capítulo se concentre nas decisões da firma sobre preço e nível de produção, as ferramentas que você conhecerá se aplicarão a muitas outras decisões das firmas. Quanto a MasterCard deve gastar em publicidade? Até que horas a Starbucks deve manter suas lojas de café abertas? Quantas cópias a *Newsweek* deve fornecer de graça a potenciais assinantes? Os cinemas devem oferecer sessões às quartas-feiras à tarde, quando o público é pequeno? Este capítulo o ajudará a entender como as firmas respondem a esses tipos de perguntas.

O OBJETIVO DA MAXIMIZAÇÃO DO LUCRO

Para analisar a tomada de decisão na firma, vamos começar com uma pergunta básica: o que a firma está tentando maximizar?

Os economistas pensaram muito sobre essa pergunta. Algumas firmas, especialmente as grandes, são instituições complexas, nas quais muitos grupos diferentes de pessoas trabalham juntos. Os proprietários de uma firma geralmente querem que a firma obtenha tanto lucro quanto possível. Os trabalhadores e os gerentes que realmente dirigem a firma, no entanto, têm outras idéias. Eles podem tentar desviar a firma da maximização do lucro, a fim de se beneficiarem. Por ora, vamos supor que os trabalhadores e os gerentes sejam fiéis servos dos proprietários da firma. Ou seja,

veremos a firma como uma única tomadora de decisões econômicas cujo objetivo é maximizar o lucro do proprietário.

Identificar os Objetivos e as Restrições

Por que fazemos essa suposição? Porque ela provou-se muito *útil* para entender como as firmas se comportam. Quase no fim do capítulo, voltaremos ao tópico importante dos diferentes grupos dentro da firma e aos conflitos potenciais entre eles.

COMO ENTENDER O LUCRO

O lucro é definido como a *receita das vendas* da firma menos seus *custos de produção.* Há um acordo disseminado sobre como medir a receita da firma. Entretanto, existem duas concepções diferentes dos custos da firma e cada uma delas leva a uma definição diferente de lucro.

DUAS DEFINIÇÕES DE LUCRO

Uma concepção de custos é a única utilizada pelos contadores. Com algumas exceções, os contadores consideram apenas os custos *explícitos,* quando o dinheiro é realmente pago.[1] Ao deduzirmos somente os custos reconhecidos pelos contadores, obtemos uma definição de lucro:

Lucro contábil = Receita total – Custos contábeis

Lucro contábil Receita total menos os custos contábeis.

Em economia, como já foi visto, temos uma visão muito mais ampla do custo – *custo de oportunidade.* Para os proprietários da firma, o custo de oportunidade é o valor total de *tudo* que é sacrificado para produzir produtos. Isso inclui não somente os custos explícitos reconhecidos por contadores, como remunerações e salários e despesas com matérias-primas, mas também *custos implícitos,* quando alguma coisa é fornecida para a firma, mas nenhum dinheiro muda de mãos. Por exemplo, se um proprietário contribuir com seu próprio tempo ou dinheiro para a firma, haverá salários não pagos e renda não recebida de investimentos não realizados e ambos são custos implícitos para a firma.

Essa concepção mais ampla dos custos leva a uma segunda definição de lucro:

Lucro econômico = Receita total – *Todos* os custos de produção = Receita total – (Custos explícitos + Custos implícitos)

Lucro econômico A receita total menos todos os custos de produção, explícitos ou implícitos.

A diferença entre o lucro econômico e o lucro contábil é muito importante, pois, quando eles se confundem, alguns erros sérios (e custosos) podem acontecer. Um exemplo pode ajudar a tornar essa diferença clara.

[1] Uma exceção é a *depreciação,* uma cobrança pelo desgaste gradual das instalações e dos equipamentos da firma. Os contadores incluem isso como um custo, mesmo que nenhum dinheiro seja realmente pago.

Suponha que você tenha uma firma que produza camisetas. Você quer calcular seu lucro durante o ano. Seu contador fornece estas informações:

Receita Total das Vendas de Camisetas		**$300.000**
Custo das matérias-primas	$80.000	
Remunerações e salários	150.000	
Eletricidade e telefone	20.000	
Custos com publicidade	40.000	
Custo Explícito Total		**290.000**
Lucro Contábil		**$10.000**

Pelas aparências das coisas, sua firma está obtendo lucro, de modo que você pode se sentir muito bem. Na realidade, se olhar apenas para o *dinheiro* que entra e sai, você obteve, na realidade, um lucro de $10.000 pelo ano... *em lucro contábil.*

Imagine que, para dar início a seu negócio, você tenha investido $100.000 do seu próprio dinheiro que poderia estar rendendo $6.000 em juros se você o colocasse no banco. Você também está utilizando duas salas extras da sua própria casa como fábricas e elas poderiam ter sido alugadas por $4.000 ao ano. Finalmente, você está gerenciando a firma em tempo integral, sem receber um salário separado e poderia estar trabalhando em um emprego ganhando $40.000 por ano. Todos esses custos – os juros, o aluguel e o salário que você *poderia* estar ganhando – são custos implícitos que não foram levados em conta pelo contador. Eles fazem parte do custo de oportunidade da firma, pois são sacrifícios que você fez para que ela pudesse operar.

Agora, vamos examinar essa firma sob a ótica do economista e calcular seu lucro *econômico.*

Receita Total das Vendas de Camisetas		**$300.000**
Custo das matérias-primas	$80.000	
Remunerações e salários	150.000	
Eletricidade e telefone	20.000	
Custos com publicidade	40.000	
Custo Explícito Total	**$290.000**	
Renda de investimentos não realizados	$6.000	
Aluguel não recebido	4.000	
Salário não recebido	40.000	
Custos Implícitos Totais	**$50.000**	
Custos Totais		**$340.000**
Lucro Econômico		**–$40.000**

De um ponto de vista econômico, sua firma não é lucrativa, pois está, na realidade, perdendo $40.000 por ano. Como podemos dizer que sua firma está sofrendo uma perda, quando ela recebe mais dinheiro que paga? Porque seu *custo de oportunidade* – o valor que você está deixando de lado para produzir seu produto – inclui mais que apenas custos monetários. Quando todos os custos são considerados – tanto os implícitos quanto os explícitos – sua receita total não é suficiente para cobrir o que você sacrificou para dirigir sua firma. Você ficaria melhor se utilizasse seu tempo, seu dinheiro e sua sala extra em algum outro uso.

Qual das duas definições de lucro é a correta? Qualquer uma delas, dependendo do motivo pelo qual se mede o lucro. Para propósitos de impostos, o governo está interessado em lucros, conforme medidos por contadores. O governo se importa somente com o dinheiro que você ganhou, não com o que você *poderia* ter ganhado se tivesse feito alguma outra coisa com seu dinheiro ou com seu tempo.

Para nossos propósitos – entender o comportamento das firmas – o lucro econômico, contudo, é, com certeza, melhor. Sua fábrica de camisetas deve continuar operando? Ela deve expandir ou contratar a longo prazo? Outras firmas serão atraídas para o setor de camisetas? É o lucro econômico que nos ajudará a responder a essas perguntas, pois é com ele que você e os outros proprietários se importam.

A medida adequada do lucro para entender e prever o comportamento das firmas é o lucro econômico. Diferente do lucro contábil, o lucro econômico reconhece todos os custos de oportunidade da produção – tanto os custos explícitos como os custos implícitos.

Vamos aplicar essas idéias à Microsoft Corporation. No ano fiscal que terminou em junho de 1999, a Microsoft tinha um lucro contábil de $7,8 bilhões, mas esse não era seu lucro *econômico*. Os proprietários da Microsoft, seus acionistas, tinham investido cerca de $30 bilhões na firma, dinheiro que *poderia* ter rendido juros em um banco ou em algum outro investimento financeiro. Os rendimentos do investimento não realizado devem ser incluídos como parte do custo de oportunidade pago pelos proprietários da Microsoft. Vamos supor que eles pudessem ter ganhado 5%, ao colocar o dinheiro em algum outro investimento. Assim, a renda do investimento não realizado seria de $30 bilhões × 0,05 = $1,5 bilhão. Supondo que a renda do investimento não realizado fosse o único custo implícito para a Microsoft, nós o deduzimos do lucro contábil de $7,8 bilhões para obter um lucro *econômico* de $7,8 bilhões – $1,5 bilhão = $6,3 bilhões.[2]

POR QUE EXISTEM LUCROS?

Quando examinamos a renda recebida pelas famílias na economia, vemos uma variedade de pagamentos. Os que fornecem a terra às firmas recebem *aluguel* – o pagamento pelo uso da terra. Os que fornecem trabalho recebem uma remuneração ou salário. E os que emprestam dinheiro para as firmas para que elas possam comprar os equipamentos essenciais recebem juros. O lucro da firma vai para seus proprietários. O que os proprietários da firma, porém, fornecem que rende a eles esse pagamento?

Os economistas vêem o lucro como pagamento por duas contribuições que são simplesmente tão necessárias para a produção como o são a terra, o trabalho ou a maquinaria. Essas duas contribuições são *correr risco* e *inovação.*

Considere um restaurante que dê lucro para seu proprietário. A terra, o trabalho e o capital que o restaurante utiliza para produzir suas refeições não vieram juntos, simplesmente, como mágica. Alguém – o proprietário – teve de

---

[2] ***Fonte*:** Banco de dados da *Morningstar.com*, 25/11/99. Alguns dos proprietários da Microsoft também são trabalhadores ou gerentes da firma. Não contamos seu sacrifício de tempo como parte do custo implícito dos proprietários, já que esses proprietários recebem um salário separado para compensar pelo seu tempo.

estar disposto a tomar a iniciativa para começar a firma e assumiu o risco de a firma poder fracassar e o investimento inicial ser perdido. Como as conseqüências da perda são muito graves, a recompensa pelo sucesso deve ser grande, a fim de induzir um empreendedor a criar uma firma.

Em uma escala maior, Ted Turner arriscou centenas de milhões de dólares, no final dos anos 70, quando criou a CNN (Cable News Network). Agora que a CNN provou ser tão bem-sucedida, é fácil esquecer como foi arriscado o empreendimento no início. Na época, muitos analistas financeiros respeitados previram que o projeto fracassaria e que Turner seria levado à falência.

Os lucros também são uma recompensa pela *inovação.* Ted Turner foi o primeiro a criar uma rede de notícias globais com transmissão 24 horas, da mesma maneira que Steven Jobs e Steven Wozniak – quando eles formaram a Apple Computer Company, nos anos 70 – foram os primeiros a produzir um computador pessoal que podia ser utilizado para o mercado de massa. Essas são inovações óbvias.

As inovações também podem ser mais sutis e são mais comuns do que podemos imaginar. Quando passamos por uma lavanderia bem-sucedida, podemos não pensar muito nisso, mas alguém, em algum momento, tinha de ser o primeiro a pensar: "Eu aposto que uma lavanderia, neste bairro, iria muito bem". Também pode haver inovações no processo de produção como a melhoria na produção em massa que tornou possível as lentes de contato descartáveis.

Em quase toda firma, se você examinar de perto, descobrirá que algum tipo de inovação foi necessário para que as coisas começassem. A inovação, como arriscar a perder uma riqueza substancial, faz uma contribuição essencial para a produção. O lucro é, em parte, uma recompensa para aqueles que inovam.

AS RESTRIÇÕES DA FIRMA

Se a firma fosse livre para obter qualquer nível de lucro que desejasse, ela obteria lucro infinito. Isso faria com que os proprietários ficassem muito felizes. Para eles, no entanto, a firma não está livre para fazer isso, já que ela enfrenta *restrições* tanto em sua receita quanto em seus custos.

A RESTRIÇÃO DA DEMANDA

Identificar os Objetivos e as Restrições

Uma restrição no lucro da firma surge de um conceito familiar: a curva de demanda. Essa curva sempre nos informa a quantidade de um bem que os compradores desejam comprar a diferentes preços. Mas quais compradores? E de quais firmas eles estão comprando? Dependendo de como respondemos a essas perguntas, podemos estar falando sobre qualquer um dos vários diferentes tipos de curvas de demanda.

As *curvas de demanda de mercado* – como as que estudamos nos Capítulos 3 e 4 – nos informam a quantidade demandada por todos os consumidores de *todas* as firmas de um mercado. A *curva de demanda individual* estudada no Capítulo 5 se referia à quantidade demandada de um bem por apenas *um* consumidor. Neste capítulo, examinamos, contudo, um outro tipo de curva de demanda:

*A **curva de demanda que a firma enfrenta** nos informa, para diferentes preços, a quantidade de clientes que escolherão comprar daquela firma.*

Curva de demanda que a firma enfrenta Uma curva que indica, para preços diferentes, a quantidade de produto que os clientes comprarão de uma firma específica.

Observe que a nova curva de demanda – a curva de demanda que a firma enfrenta – refere-se somente a *uma* firma e a *todos os compradores* que são clientes potenciais dela.

Vamos considerar a curva de demanda enfrentada por Ned, o proprietário e gerente da Ned's Beds, uma fabricante de estruturas para camas. A Figura 1 lista os diferentes preços que Ned poderia cobrar por estrutura de cama e o número delas (por dia) que ele pode vender a cada preço. A figura também mostra um gráfico da curva de demanda que a firma de Ned enfrenta. Para cada preço (no eixo vertical), ela nos mostra a quantidade de produto que a firma pode vender (no eixo horizontal). Observe que, como os outros tipos de curvas de demanda que estudamos, a curva de demanda que a firma enfrenta inclina-se para baixo. A fim de vender mais estruturas de cama, Ned deve baixar seu preço.[3]

A definição da curva de demanda que a firma enfrenta sugere que, ao selecionar um preço, a firma também determinou quanto produto iria vender. Como vimos alguns capítulos atrás, todavia, também podemos inverter a relação da demanda: ao selecionar um nível de produção, a firma também determinou o preço máximo que poderia cobrar. Isso leva a uma definição alternativa:

A curva de demanda que a firma enfrenta nos mostra o preço máximo que ela pode cobrar para vender qualquer determinada quantidade de produto.

Examinando a Figura 1 sob essa perspectiva, vemos que o eixo horizontal mostra níveis alternativos de produção e o vertical mostra o preço que Ned deveria cobrar se desejasse vender cada quantidade de produto.

Essas duas maneiras diferentes de definir a curva de demanda da firma nos mostram que ela é, na realidade, uma restrição para a firma. A firma pode determinar, livremente seu preço *ou* seu nível de produção. Ao fazer a escolha, a outra variável é automaticamente determinada pela curva de demanda da firma. Assim, a firma tem apenas *uma* escolha a fazer. A seleção de um preço específico *determina* um nível de produção e a seleção de um nível de produção *determina* um preço específico. Os economistas geralmente se concentram na escolha do nível de produção, sendo o preço encontrado uma conseqüência. Seguiremos essa convenção neste livro.

Receita Total. A **receita total** de uma firma é o influxo total de recebimentos pela venda de um determinado produto. Cada vez que a firma escolhe um nível

Receita total O influxo total de recebimentos da venda de uma determinada quantidade de produto.

[3] A curva de demanda que se inclina para baixo nos informa que a Ned's Beds vende seu produto em um *mercado imperfeitamente competitivo*, um mercado em que a firma pode *definir* seu preço. A maioria das firmas opera nesse tipo de mercado. Se um gerente pensa "Eu gostaria de vender mais produto, mas para isso eu teria de reduzir meu preço", sabemos que ele opera em um mercado imperfeitamente competitivo. Em um *mercado perfeitamente competitivo*, pelo contrário, a firma teria de aceitar o preço do mercado como determinado – um caso que veremos no próximo capítulo.

Figura 1

A CURVA DE DEMANDA QUE A FIRMA ENFRENTA

(1) Preço	(2) Produção	(3) Receita Total	(4) Custo Total	(5) Lucro
>$650	0	0	$300	–$300
$650	1	$650	$700	–$50
$600	2	$1.200	$900	$300
$550	3	$1.650	$1.000	$650
$500	4	$2.000	$1.150	$850
$450	**5**	**$2.250**	**$1.350**	**$900**
$400	6	$2.400	$1.600	$800
$350	7	$2.450	$1.900	$550
$300	8	$2.400	$2.250	$150
$250	9	$2.250	$2.650	–$400
$200	10	$2.000	$3.100	–$1.100

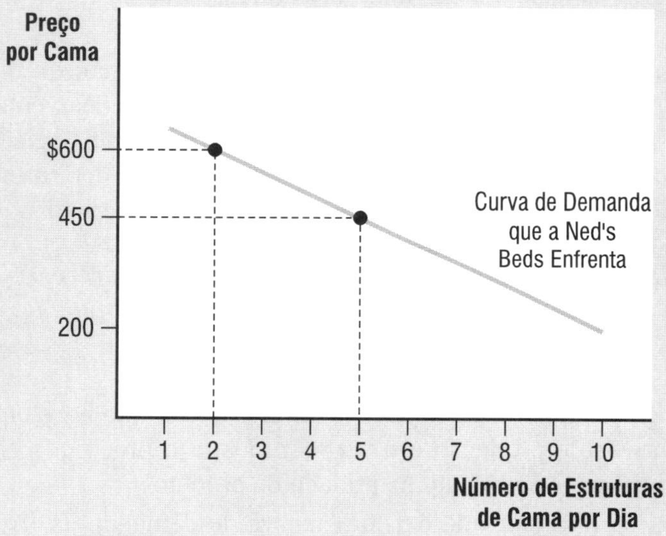

A tabela apresenta informações sobre a Ned's Beds. Dados das duas últimas colunas são representados na figura para mostrar a curva de demanda que a firma enfrenta. Em qualquer ponto ao longo da curva de demanda, a multiplicação do preço por unidade pela quantidade nos dá o valor da receita total, dada na terceira coluna da tabela.

de produção, ela também determina sua receita total. Por quê? Ao conhecermos o nível de produção, também conhecemos o preço mais alto que a firma pode cobrar. A receita total – o número de unidades de produto vezes o preço por unidade – segue automaticamente.

A terceira coluna da Figura 1 lista a receita total da Ned's Beds. Calcula-se cada multiplicando a quantidade de produto (coluna 2) pelo preço por unidade (coluna 1). Por exemplo, se a firma de Ned produzir duas estruturas de cama por dia, ele poderá cobrar $600 cada uma, de modo que a receita total será 2 × $600 = $1.200. Se Ned aumentar a produção para três unidades, deverá reduzir o preço para $550, obtendo uma receita total de 3 × $550 = $1.650. Como a curva de demanda da firma inclina-se para baixo, Ned deverá reduzir seu preço cada vez que sua produção aumentar ou ele não poderá vender tudo o que produzir. Com mais unidades de produto, mas cada uma vendida a um preço menor, a receita total poderá aumentar ou cair. Examinando a coluna da receita total, vemos que, para essa firma, a receita total primeiro aumenta e, em seguida, começa a cair. Isso será discutido com mais detalhes posteriormente.

A RESTRIÇÃO DO CUSTO

Identificar os Objetivos e as Restrições

Toda firma luta para reduzir os custos, mas há um limite para quão baixos os custos podem ficar. Esses limites impõem uma segunda restrição para a firma. De onde esses limites vêm? Eles vêm de conceitos que aprendemos no Capítulo 6. Vamos revê-los rapidamente.

Primeiro, a firma tem uma dada função de produção, determinada por sua tecnologia de produção. A função de produção nos informa todas as diferentes maneiras nas quais a firma pode produzir qualquer nível de produção. No longo prazo, quando todos os insumos são variáveis, a firma pode utilizar *qualquer* método na sua função de produção. No curto prazo, ela é ainda mais restrita: é limitada não somente pela sua função de produção, mas pode utilizar apenas *alguns* dos métodos nessa função de produção, pois um ou mais de seus insumos são *fixos.*

Segundo, a firma deve pagar *preços* por cada insumo que utiliza. Além disso, supomos que não há nada que a firma possa fazer sobre esses preços. Juntos, a função de produção e os preços dos insumos determinam quanto custará produzir qualquer determinado nível de produção. E, ao escolher o método de *menor custo* disponível, a firma levou o custo de produzir esse nível de produção para o mais baixo que ele poderia ir.

A firma utiliza sua função de produção e os preços que deve pagar por seus insumos, a fim de determinar o método de menor custo para produzir qualquer nível de produção. Portanto, para qualquer nível de produção que a firma possa querer produzir, ela deve pagar o custo do "método de menor custo" de produção. Essa é a restrição de custo da firma.

A quarta coluna da Figura 1 lista o custo total de Ned, o menor custo possível de produzir cada quantidade de produto. Mais produção sempre significa maiores custos, de modo que os números, nessa coluna, sempre estão aumentando. Por exemplo, com uma produção de zero, o custo total é de $300. Isso nos informa que estamos examinando os custos no curto prazo, no qual alguns dos custos da firma são *fixos.* (Qual seria o custo de produzir zero unidade se fosse no longo prazo?) Se a produção aumentar de zero para uma estrutura de cama, o custo total aumentará de $300 para $700. Esse aumento no custo total – $400 – é provocado por um aumento dos custos *variáveis* como mão-de-obra e matérias-primas.

Podemos resumir desta maneira a discussão das restrições da firma:

A firma enfrenta restrições que limitam sua capacidade de obter lucro. Para cada nível de produção que a firma pode escolher, sua curva de demanda determina o preço que ela pode cobrar e a receita total que ela receberá. Sua tecnologia de produção e o preço de seus insumos determinam o custo total com que ela deve arcar.

O NÍVEL DE PRODUÇÃO PARA A MAXIMIZAÇÃO DO LUCRO

Nesta seção, fizemos uma pergunta bem simples: como uma firma encontra o nível de produção que lhe dará o maior lucro possível? Examinaremos essa questão a partir de vários ângulos, cada um nos fornecendo uma compreensão maior sobre o comportamento da firma.

A ABORDAGEM DA RECEITA E DO CUSTO TOTAL

Para qualquer nível de produção, sabemos (1) quanta receita a firma irá obter e (2) seu custo de produção. Podemos, assim, calcular facilmente o lucro que é apenas a diferença entre a receita total (*RT*) e o custo total (*CT*).

Na abordagem da receita e do custo total, a firma calcula Lucro = RT – CT para cada nível de produção e seleciona o nível em que o lucro é maior.

Perda Lucro negativo – quando o custo total excede a receita total.

Vamos ver como isso funciona para a Ned's Beds. A coluna 5 da Figura 1 lista o lucro total para cada nível de produção. Se a firma não produzisse estrutura de cama, a (*RT*) seria 0, enquanto o (*CT*) seria $300. O lucro total seria *RT* – *CT* = 0 – $300 = –$300. Diríamos que a firma obteria um lucro de $300 negativos ou uma **perda** de $300 por dia. A produção de uma única estrutura de cama aumentaria a receita total para $650 e o custo total para $700 para uma perda de $50. A receita total aumenta acima do custo total e a firma começa a ter lucro apenas quando produz duas estruturas de cama. Com duas estruturas de cama por dia, a *RT* é $1.200 e o *CT* é $900, de modo que a firma obtém um lucro de $300. Lembre-se de que, como fomos cuidadosos em incluir *todos* os custos em *CT* – os implícitos e os explícitos –, os lucros e as perdas que estamos calculando são lucros e perdas *econômicos*.

Na abordagem da receita e do custo total, encontrar o nível de produção de maximização do lucro é simples: examinamos os números na coluna do lucro, até que encontramos o maior valor – $900 – e o nível de produção no qual ele é alcançado – cinco unidades por dia. Concluímos que a produção que maximiza o lucro para a Ned's Beds é de cinco unidades por dia.

A ABORDAGEM DA RECEITA E DO CUSTO MARGINAL

Há uma outra maneira de encontrar o nível de produção que maximiza o lucro. Essa abordagem, que utiliza o conceito de *marginal*, nos fornece alguns critérios poderosos sobre o processo de tomada de decisão da firma. Lembre-se de que custo *marginal* é a *variação* do custo total de produção de mais uma unidade de produto. Agora, vamos considerar um conceito semelhante para receita.

Receita marginal (RM) A variação na receita total decorrente da produção de uma unidade a mais de produto.

Receita marginal (RM) *é a variação da receita total decorrente da produção de uma unidade a mais de produto. Matematicamente, a RM é calculada dividindo a variação da receita total (ΔRT) pela variação da produção (ΔQ):* $RM = \Delta RT/\Delta Q$.

A Tabela 1 reproduz as colunas *RT* e *CT* da Figura 1, mas adiciona colunas para a receita marginal e para o custo marginal. (Na tabela, a produção está sempre sendo alterada em uma unidade, de modo que podemos utilizar somente ΔRT como nossa medida de receita marginal.) Por exemplo, quando a produção muda de duas para três unidades, a receita total aumenta de $1.200 para $1.650. Para essa variação da produção, RM = $450. Como de costume, os valores marginais são colocados *entre* níveis diferentes de produção, pois eles nos informam o que acontece à medida que a produção é *alterada* de um nível para outro.

CURVAS PERIGOSAS

Você pode estar tentado a esquecer o lucro e pensar que a firma deveria produzir onde sua receita total fosse maximizada. Como podemos ver na Figura 1, a receita total é maior quando a firma produz sete unidades por dia. Com esse nível de produção, porém, o lucro não é tão alto quanto poderia ser. A firma fica melhor produzindo somente cinco unidades. Na verdade, a receita é menor com cinco unidades, mas os custos também são menores. É a diferença entre receita e custo que importa, não a receita isoladamente.

Existem duas coisas importantes a serem observadas sobre a receita marginal. Primeiro, quando RM é *positiva*, um aumento na produção faz com que a receita total *se eleve*. Na tabela, a RM é positiva para todo aumento na receita de zero para sete unidades. Quando RM é *negativa*, uma elevação na produção faz com que a receita total *caia* como ocorre para todos os aumentos acima de sete unidades.

A segunda coisa a ser observada sobre a RM é um pouco mais complicada: cada vez que a produção aumenta, a RM é *menor* que o preço cobrado pela firma no novo nível de produção. Por exemplo, quando a produção se eleva de duas para três unidades, a receita total da firma cresce em $450 – muito embora ela venda a terceira unidade por $550. Isso pode parecer estranho para você. Afinal, se a firma amplia a produção de duas para três unidades e obtém $550 pela terceira unidade de produto, por que sua receita total não aumenta em $550?

Tabela 1

MAIS DADOS PARA A NED'S BEDS

Produção	Receita Total	Receita Marginal	Custo Total	Custo Marginal	Lucro
0	0		$300		–$300
		$650		$400	
1	$650		$700		–$50
		$550		$200	
2	$1.200		$900		$300
		$450		$100	
3	$1.650		$1.000		$650
		$350		$150	
4	$2.000		$1.150		$850
		$250		$200	
5	**$2.250**		**$1.350**		**$900**
		$150		$250	
6	$2.400		$1.600		$800
		$50		$300	
7	$2.450		$1.900		$550
		–$50		$350	
8	$2.400		$2.250		$150
		–$150		$400	
9	$2.250		$2.650		–$400
		–$250		$450	
10	$2.000		$3.100		–$1.100

A resposta é encontrada na curva de demanda da firma, com inclinação para baixo. Essa curva nos informa que, para vender mais produto, a firma deve cortar seu preço. Examine novamente e Figura 1 (página 226). Quando a produção aumenta de duas para três unidades, a firma deve reduzir seu preço de $600 para $550. Além disso, o novo preço de $550 se aplica a *todas as três* unidades que a firma vender.[4] Isso significa que ela *ganha* alguma receita – $550 – vendendo a terceira unidade, mas também *perde* alguma receita – $100 – por reduzir o preço em $50 em cada uma das duas unidades de produto que a firma poderia ter vendido a $600. A receita marginal sempre iguala a *diferença* entre esse ganho e perda na receita – nesse caso, $550 – $100 = $450.

Quando uma firma enfrenta uma curva de inclinação para baixo, cada aumento na produção provoca um ganho de receita – da venda do produto adicional pelo novo preço – e uma perda de receita – de ter de reduzir o preço em todas as unidades anteriores de produto. A receita marginal é, portanto, menor que o preço da última unidade de produto.

Utilizando a *RM* e o *CM* para Maximizar os Lucros. Agora, vamos ver como a receita marginal, junto com o custo marginal, pode ser utilizada para encontrar o nível de produção que maximiza o lucro. A lógica por trás da abordagem do *CM* e da *RM* é esta:

Um aumento da produção sempre aumentará o lucro, desde que a receita marginal seja maior que o custo marginal (RM > CM).

Observe a palavra *sempre*. Vamos ver por que essa declaração um tanto abrangente deve ser verdadeira. A Tabela 1 nos informa que, quando a produção aumenta de duas para três unidades, a *RM* é $450, enquanto o *CM* é $100. Essa variação da produção faz com que tanto a receita total como o custo total cresçam, mas faz a receita se elevar *mais* que o custo ($450 > $100). Como resultado, o lucro deve ampliar. Na realidade, examinando a coluna do lucro, vemos que o aumento da produção de duas para três unidades *realmente* faz com que o lucro se eleve, de $300 para $650.[5]

O inverso dessa afirmação também é verdadeiro:

Um aumento da produção sempre reduzirá o lucro, toda vez que a receita marginal for menor que o custo marginal (RM < CM).

Por exemplo, quando a produção aumenta de cinco para seis unidades, a *RM* é $150, enquanto o *CM* é $250. Para essa variação da produção, a receita total e o custo total cresçam, mas o custo se eleva *mais*, de modo que o lucro deve cair. Na Tabela 1, podemos ver que essa variação da produção realmente faz o lucro cair, de $900 para $800.

---

[4] Algumas firmas podem cobrar dois ou mais preços diferentes pelo mesmo produto. Exploraremos alguns exemplos no Capítulo 9.

[5] Você pode ter notado que o aumento do lucro ($350) é igual à diferença entre a *RM* e o *CM* nesse exemplo. Isso não é por acaso. A *RM* nos informa o *aumento* da receita, ao passo que o *CM* nos informa a *elevação* do custo. A diferença entre eles será sempre o *crescimento* do lucro.

Esses esclarecimentos sobre *RM* e *CM* nos levam à seguinte diretriz que a firma deveria utilizar para encontrar seu nível de produção que maximize o lucro:

> *Para encontrar o nível de produção que maximize o lucro, a firma deve aumentar a produção sempre que RM > CM e reduzir a produção quando RM < CM.*

Vamos aplicar essa regra à Ned's Beds. Na Tabela 1, vemos que, ao nos movermos de zero para uma unidade de produto, a *RM* é \$650, enquanto o *CM* é somente \$400. Como a RM é maior que o CM, esse movimento ampliará o lucro. Assim, se a firma estiver produzindo zero cama, deverá sempre aumentar para uma cama. Ela deve parar aí? Vamos ver. Se ela se mover de uma para duas camas, a *RM* será \$550, enquanto o *CM* será somente \$200. Mais uma vez, *RM* > *CM*, de modo que a firma deve aumentar para duas camas. Você pode verificar na tabela que, se a firma produzir zero, uma, duas, três ou quatro camas, teremos *RM* > *CM* para um aumento de uma unidade, por isso ela sempre terá maior lucro elevando a produção.

Isso é verdade até a produção atingir cinco camas. Nesse ponto, o quadro muda: de cinco para seis camas, a *RM* é \$150, enquanto o *CM* é \$250. Para esse aumento da produção, *RM* < *CM* e, portanto, os lucros seriam reduzidos. Assim, se a firma estiver produzindo cinco camas, ela *não* deve elevar para seis. O mesmo é verdadeiro para todos os outros níveis de produção acima de cinco unidades: a firma *não* deve ampliar a produção, já que *RM* < *CM* para cada aumento. Concluímos que Ned maximiza seu lucro produzindo cinco camas por dia, a mesma resposta que obtivemos utilizando a abordagem da *RT* e do *CT* vista anteriormente.[6]

MAXIMIZAÇÃO DO LUCRO COM UTILIZAÇÃO DE GRÁFICOS

As duas abordagens para a maximização do lucro (utilizando totais ou marginais) podem ser vistas ainda mais claramente quando utilizamos gráficos. Na Figura 2(a) e (b), os dados da Tabela 1 foram representados – as curvas de *CT* e de *RT* no painel esquerdo e as curvas de *CM* e de *RM* no direito.

Observe a relação importante entre as curvas de *RM* e *RT*. A *RM* nos informa a *variação* da receita total à medida que a produção aumenta. Assim, como a curva de *RM* fica acima do eixo horizontal (*RM* > 0), a *RT* deve se elevar e a curva de *RT* deve inclinar-se para cima. Na figura, *RM* > 0 e a curva de *RT* inclina-se para cima, de zero para sete unidades. Quando a curva de *RM* cai abaixo do eixo horizontal (*RM* < 0), a *RT* está diminuindo, de modo que a curva de *RT* começa a inclinar-se para baixo. Na figura, isso ocorre acima de sete unidades de produto. À medida que a produção cresce na Figura 2, a *RM* é primeiro positiva e depois se torna negativa, por isso a curva de *RT* primeiro *aumentará* e depois *cairá*.

---

[6] Algumas vezes a *RM* é precisamente igual a *CM* por alguma variação na produção, embora isso não ocorra na Tabela 1. Nesse caso, o aumento da produção faria com que o custo e a receita crescessem em quantias iguais, de modo que *não* haveria nenhuma variação no lucro. A firma não deve se importar se há essa variação na produção ou não.

Figura 2

MAXIMIZAÇÃO DO LUCRO

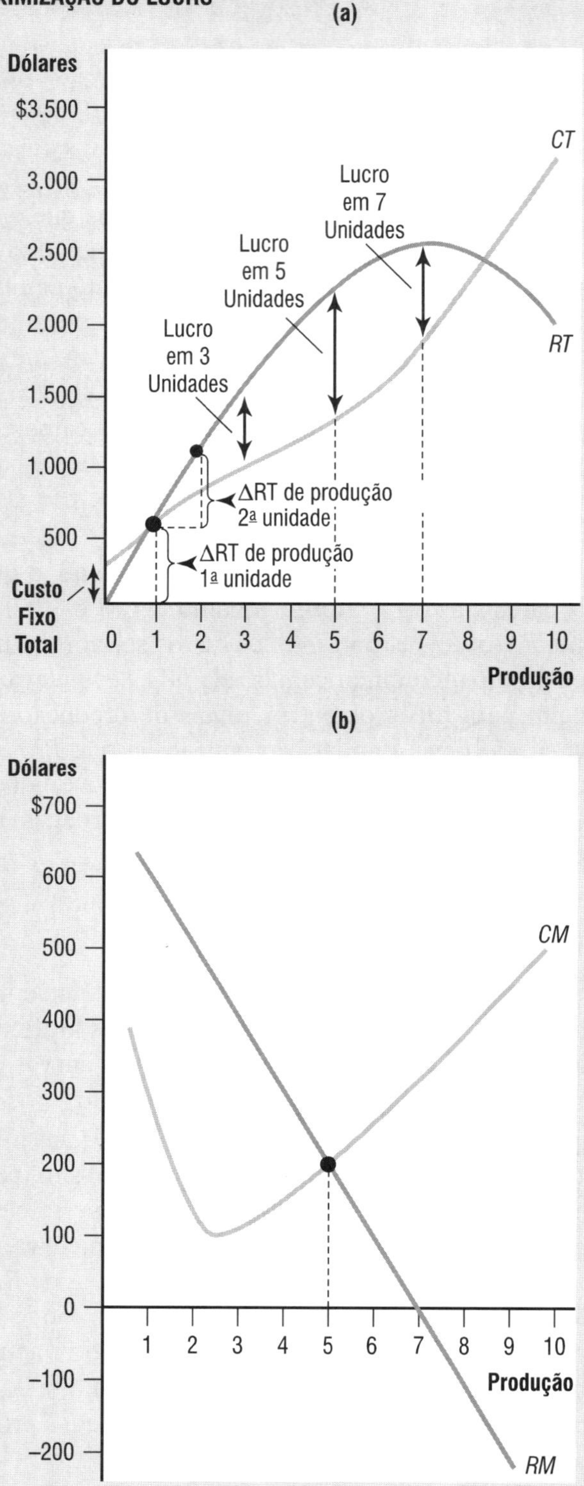

O painel (a) mostra as curvas de receita total (*RT*) e de custo total (*CT*) da firma. O lucro é a distância vertical entre as duas curvas para qualquer nível de produção. O lucro é maximizado quando a distância vertical é maior – com cinco unidades de produto. O painel (b) mostra as curvas de receita marginal (*RM*) e de custo marginal (*CM*) da firma. (Como a *RM* fica acima do eixo horizontal, a curva *RT* inclina-se para cima.) O lucro é maximizado no nível de produção mais próximo ao lugar em que as duas curvas se cruzam – em cinco unidades de produto.

A Abordagem da *RT* e do *CT* com a Utilização de Gráficos. Agora, vamos ver como podemos utilizar as curvas de *CT* e de *RT* para guiar a firma ao seu nível de produção que maximize o lucro. Sabemos que a firma obtém mais lucro com qualquer nível de produção onde *RT* > *CT* – e onde a curva de *RT* fica *acima* da curva de *CT*. Na Figura 2(a), podemos ver que todos os níveis de produção entre duas e oito unidades são lucrativos para a firma. A *quantia* de lucro é simplesmente a *distância vertical* entre as curvas de *RT* e de *CT*, sempre que a curva de *RT* está acima da curva de *CT*. Como a firma não pode vender parte de uma estrutura de cama, ela deve escolher números inteiros para sua produção, portanto, o nível de produção que maximiza o lucro é simplesmente a quantidade em número inteiro na qual essa distância vertical é maior – cinco unidades de produto. Naturalmente, as curvas de *RT* e de *CT* da Figura 2 foram representadas com os dados da Tabela 1, de modo que não deveríamos nos surpreender ao encontrar o mesmo nível de produção que maximiza o lucro – cinco unidades – que havíamos encontrado antes de utilizar a tabela.

Podemos resumir desta maneira a regra gráfica para a utilização das curvas de *RT* e *CT*:

> *Para maximizar o lucro, a firma deve produzir a quantidade de produto em que a distância vertical entre as curvas de RT e de CT seja maior e a curva RT fique acima da curva CT.*

A Abordagem da *RM* e do *CM* Utilizando Gráficos. A Figura 2 também ilustra a abordagem da *RM* e do *CM* para maximizar os lucros. Como é comum, os valores marginais no painel (b) são representados *entre* níveis de produção, já que eles nos informam o que acontece à medida que a produção é alterada de um nível para outro.

No diagrama, se a produção for menor que cinco unidades, a curva de *RM* fica acima da curva de *CM* (*RM* > *CM*), de forma que a firma deve produzir mais. Por exemplo, se considerarmos o movimento de quatro para cinco unidades, comparamos as curvas de *RM* e *CM* no ponto central, entre quatro e cinco. Aqui, a curva de *RM* fica acima da curva de *CM*, por isso o crescimento da produção, de quatro para cinco, aumentará o lucro.

Agora, imagine que a firma esteja produzindo cinco unidades e considerando uma mudança para seis. No ponto central, entre cinco e seis unidades, a curva de *RM* já cruzou a curva de *CM* e agora ela fica *abaixo* da curva de *CM*. Para essa mudança, *RM* < *CM*, uma elevação da produção *reduziria* o lucro da firma. O mesmo é verdadeiro para todo aumento acima de cinco unidades na produção: a curva de *RM* sempre fica abaixo da curva de *CM* e por essa razão a firma reduzirá seus lucros se ampliar a produção. Mais uma vez, descobrimos que o nível de produção que maximiza o lucro da firma é de cinco unidades.

Observe que o nível de produção de maximização do lucro – cinco unidades – é o nível mais próximo ao local em que as curvas de *CM* e *RM* se cruzam. Isso não é por acaso. Para cada variação da produção que *aumenta* o lucro, a curva de *RM* fica acima da curva de *CM*. Na primeira vez em que uma variação da produção *reduzir* o lucro, a curva de *RM* cruzará a curva de *CM* e irá bem abaixo dela. Assim, as curvas de *CM* e *RM* sempre se cruzarão o mais próximo do nível de produção que maximize o lucro.

Com esse esclarecimento gráfico, podemos resumir a abordagem do *CM* e da *RM* desta maneira:

> *Para maximizar o lucro, a firma deve produzir o nível de produção mais próximo ao ponto em que CM = RM, ou seja, o nível de produção em que as curvas de CM e RM se interceptam.*

Essa regra é muito útil, pois nos permite examinar um diagrama das curvas de *CM* e de *RM* e *imediatamente* identificar o nível de produção de maximização do lucro. Neste livro, você verá, com freqüência, essa regra. Quando ler "O nível de produção que maximiza o lucro é onde *CM* é igual a *RM*", interprete como "O nível de produção que maximiza o lucro está mais próximo ao ponto em que a curva de *CM* cruza a curva de *RM*".

Uma Condição Importante. Existe uma exceção importante a essa regra: algumas vezes, as curvas de *CM* e *RM* se cruzam em dois pontos diferentes. Nesse caso, o nível de produção de maximização do lucro é aquele no qual a *curva de CM cruza a curva de RM de baixo para cima.*

A Figura 3 mostra como. No ponto *A*, a curva de *CM* cruza a curva de *RM* *de cima para baixo.* Nossa regra nos informa que o nível de produção nesse ponto – Q_1 – *não* maximiza o lucro. Por que não? Porque, para níveis menores que Q_1, *CM* > *RM*, de modo que o lucro *cai* à medida que a produção se eleva em direção a Q_1. Além disso, o *lucro aumenta*, à medida que a produção cresce para níveis *acima de* Q_1, já que *RM* > *CM* para esses movimentos. Como nunca se paga para se ampliar *para* Q_1 e o lucro sobe ao aumentar a produção *a partir de* Q_1, sabemos que Q_1 não pode, possivelmente, maximizar o lucro da firma.

Examine agora o ponto *B*, em que a curva de *CM* cruza a curva de *RM* vindo de baixo para cima. Podemos ver que, quando estamos em um nível de produção menor que Q^*, sempre se paga para se elevar *Q*, já que *RM* > *CM* para essas mudanças. Também podemos ver que, ao chegarmos em Q^*, aumentos adicionais reduzirão o lucro, já que *CM* > *RM*. Q^* é, portanto, o nível de produção que maximiza o lucro para essa firma, o nível de produção no qual a curva de *CM* cruza a curva de *RM* de *baixo para cima.*

E OS CUSTOS MÉDIOS?

Você pode ter notado que este capítulo tem discutido *a maioria* dos conceitos de custo introduzidos no Capítulo 6, mas ainda não se referiu ao custo *médio.* Existe um bom motivo para isso. Temos nos preocupado com quanto a firma deve produzir, se desejar obter o maior nível possível de lucro. Para atingir esse objetivo, a firma deve produzir mais produto sempre que isso *aumentar* o lucro e ela precisa conhecer apenas o custo *marginal* e a receita *marginal* pa-

CURVAS PERIGOSAS

Um erro comum é achar que a firma deve gerar o nível de produção no qual a diferença entre a *RM* e o *CM* seja o maior possível como duas ou três unidades de produção na Figura 2. Vamos ver por que isso está errado. Se a firma produzir duas ou três unidades, ela deixará muitos crescimentos lucrativos na produção inexplorados – aumentos em que *RM* > *CM*. Como a *RM* é um pouco maior que o *CM*, ela paga para ampliar a produção, já que fazer isso adicionará mais à receita que ao custo. A firma deve estar satisfeita somente quando a diferença entre *RM* e *CM* for o *menor* possível – não o *maior* possível.

Figura 3

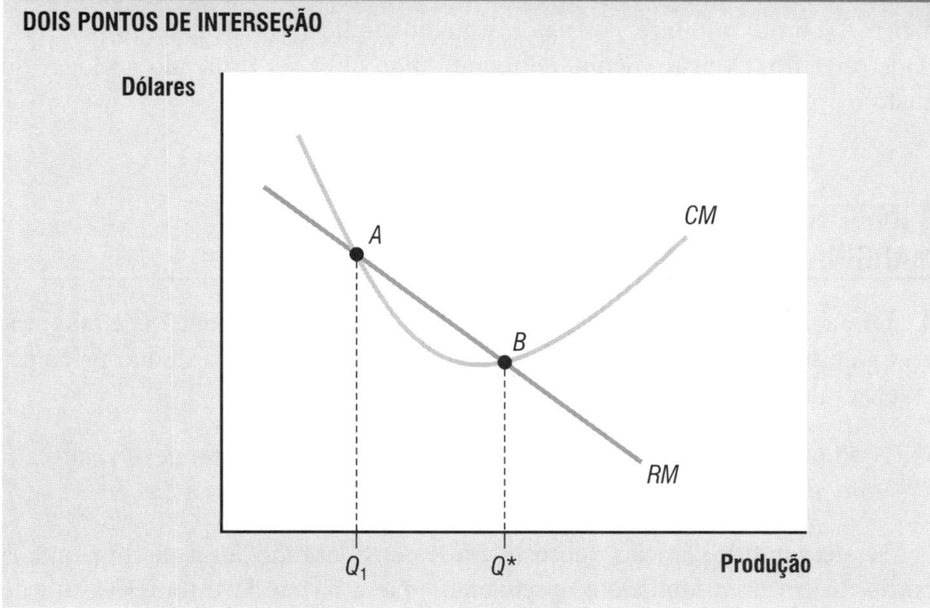

Algumas vezes, as curvas *RM* e *CM* se interceptam duas vezes. O nível de produção de maximização do lucro é sempre encontrado onde *CM* cruza *RM* de baixo para cima.

ra esse propósito. Os diferentes tipos de custo médio (*CTM*, *CVM* e *CFM*) são simplesmente irrelevantes. Na realidade, um erro comum – algumas vezes cometido até pelos gerentes das firmas – é utilizar o custo *médio* no lugar do custo *marginal* para tomar decisões.

Por exemplo, suponha que um fabricante de iate queira saber quanto seu custo total irá aumentar no curto prazo se ele ampliar a produção em uma unidade. É tentador – *embora errado* – pensar desta maneira: "Meu custo por unidade (*CTM*) é atualmente $50.000 por iate. Assim, se eu aumentar a produção em uma unidade, meu custo total crescerá em $50.000 e se eu elevar a produção em duas unidades, meu custo total aumentará em $100.000 e assim por diante".

Existem dois problemas com essa abordagem. Primeiro, o *CTM* inclui muitos custos que são *fixos* no curto prazo e o custo de todos os insumos fixos como a fábrica e os equipamentos e o pessoal de design. Esses custos *não* aumentam quando iates adicionais são produzidos e eles são, portanto, irrelevantes para a tomada de decisão da firma no curto prazo. Segundo, o *CTM* é *alterado*, à medida que a produção cresce. O custo por iate pode aumentar acima de $50.000 ou cair abaixo de $50.000, dependendo de a curva de *CTM* ter inclinação para cima ou para baixo no nível de produção atual. Observe que o primeiro problema – os custos fixos – poderia ser resolvido com o uso do *CVM*, em vez do *CTM*. O segundo problema – alterações no custo médio – permanece, mesmo quando o *CVM* é utilizado.

A abordagem correta é utilizar o *custo marginal* de um iate e considerar elevações na produção uma unidade por vez. A firma pode também produzir onde a curva *CM* cruza sua curva *RM* de baixo para cima. O custo médio não ajuda, apenas confunde a questão.

Isso significa que todos os seus esforços para dominar o *CTM* e o *CVM*, suas definições e relações uns com os outros e com o *CM* foram uma perda de tempo? Longe disso. Como veremos, o custo médio se provará *muito* útil nos capítulos a seguir. Veremos que, enquanto os valores marginais informam a firma sobre *o que* fazer, os valores médios indicam a firma *quão bem* isso pode ser feito. O custo médio, entretanto, *não* deve ser utilizado no lugar do custo marginal como uma base para decisões.

A IMPORTÂNCIA DA TOMADA DE DECISÃO MARGINAL: UMA VISÃO MAIS AMPLA

A abordagem do *CM* e da *RM* para encontrar o nível de produção de maximização do lucro é, realmente, uma aplicação muito específica de um princípio mais geral.

Abordagem marginal para o lucro Uma firma maximiza seu lucro tomando qualquer ação que adicione mais à sua receita que ao seu custo.

A ***abordagem marginal para o lucro*** *define que uma firma deve tomar qualquer ação que adicione mais à sua receita que ao seu custo.*

Neste capítulo, a ação que estivemos considerando foi a de aumentar a produção em uma unidade e aprendemos que a firma deve tomar essa ação sempre que *RM* > *CM*. Como a *RM* é quanto essa ação *adiciona* à receita e o *CM* é quanto ela *adiciona* ao custo, podemos ver que o tempo todo estivemos, utilizando uma aplicação específica da abordagem marginal mais geral para o lucro. E esse princípio pode ser aplicado a *qualquer outra decisão* que a firma enfrente.

Como podemos ser tão ousados a ponto de dizer *qualquer* decisão que a firma enfrente? Qualquer ação que amplie a receita da firma mais que seus custos, aumentará, *por definição*, seus lucros. Suponha que fazer o presidente da firma cantar "The Star-Spangled Banner" (o hino americano) toda manhã adicione mais à receita que ao custo. Assim, para obter lucro máximo, o presidente da firma deve fazer exatamente isso. No entanto, não precisamos tratar de ações absurdas, já que existem várias ações realistas para ilustrar esse princípio.

Figura 4

O nível de publicidade que maximiza o lucro da firma é encontrado onde o custo de um centímetro quadrado de espaço de publicidade é igual à receita adicional que o centímetro quadrado irá gerar.

ESCOLHA DE PUBLICIDADE QUE MAXIMIZE O LUCRO

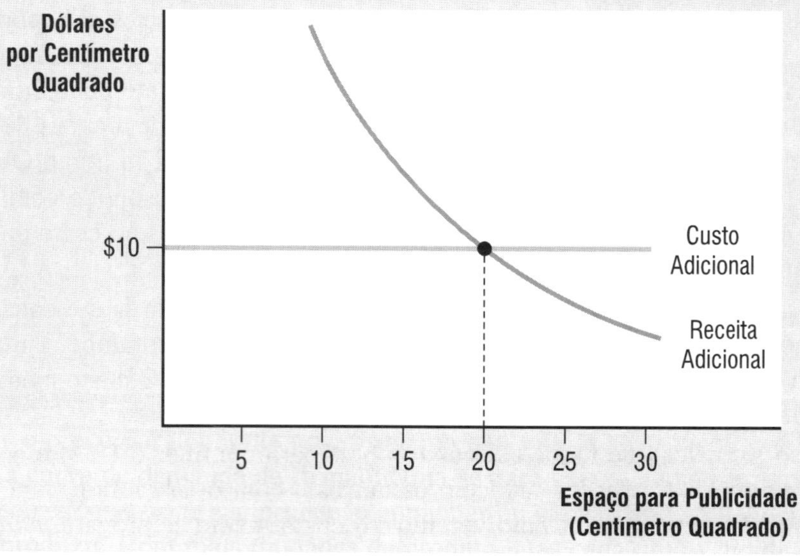

Considere o gerente de um cinema que deve decidir o tamanho de anúncio em um jornal local. Suponha que cada centímetro quadrado de publicidade custe $10. A Figura 4 mostra a curva de custo adicional de publicidade para cinema que será uma linha horizontal em $10. Cada vez que o anúncio aumenta em um centímetro quadrado, o custo total *cresce* em $10.[7] Imagine também que, quanto maior o anúncio, maior a receita com a venda de entradas. Assim, a receita adicional cai à medida que o anúncio aumenta, em incrementos de centímetro quadrado. Nesse caso, a curva de receita marginal para publicidade tem inclinação para baixo como a desenhada na figura. A abordagem marginal para o lucro nos informa que a firma deve continuar a aumentar o tamanho do anúncio, já que a receita adicional decorrente da ação é maior que o custo adicional dessa elevação. Observe que estamos supondo que os espectadores adicionais atraídos por anúncios adicionais não aumentam os outros custos do cinema. Como podemos ver no diagrama, a firma deve selecionar o tamanho do anúncio onde as duas curvas se cruzam, o que ocorre quando o tamanho do anúncio é de 20 centímetros quadrados. Qualquer anúncio maior ou menor que isso faria o cinema obter um lucro menor.

A abordagem marginal para o lucro explica muito dos comportamentos das firmas que vemos no mundo real. Ela informa que uma firma com o objetivo de maximizar o lucro tomará qualquer ação que adicione mais à sua receita que aos seus custos, quer a ação seja fazer um lobby com o governo para tratamento especial, ampliar as horas que uma loja fica aberta, fazer *recall* de um produto defeituoso ou distribuir amostras grátis de um produto. (Podemos pensar sobre como as firmas decidiriam sobre cada uma dessas ações utilizando a abordagem marginal para os lucros.) Dois outros exemplos dessa técnica são discutidos com mais detalhes na seção "Utilizando a Teoria", ao final deste capítulo.

LIDANDO COM AS PERDAS

Até agora, lidamos somente com o caso agradável de firmas lucrativas e como elas selecionam seu nível de produção que maximiza o lucro. E quanto a uma firma que não consegue obter um lucro positivo em *nenhum* nível de produção? O que ela deve fazer? A resposta depende de qual horizonte de tempo estamos examinando.

O CURTO PRAZO E A REGRA DE FECHAMENTO

No curto prazo, a firma deve pagar seus insumos fixos, pois não há tempo suficiente para vendê-los ou sair de acordos de arrendamento e aluguel. Mas a firma *ainda* pode tomar decisões sobre a produção. Uma delas é *fechar* – parar de produzir, pelo menos temporariamente.

Em um primeiro momento, você pode pensar que uma firma com perdas deve sempre encerrar suas atividades a curto prazo. Afinal, por que continuar

[7] Não fique confuso com essa linha horizontal. As curvas de "custo adicional" que consideramos até agora foram todas curvas de *CM*. Essas curvas tinham forma de U porque rastreavam o custo adicional de produzir mais *produto* quando havia aumento e, em seguida, redução dos rendimentos do trabalho. Nesse exemplo, estamos examinando o custo adicional *não* de produzir mais produto, mas de comprar mais *espaço para publicidade*. Se o espaço custar $10 constantes por centímetro quadrado, o custo adicional de mais um centímetro quadrado será constante em $10 também.

produzindo se não está obtendo lucro? Na realidade, veremos que faz sentido, para algumas firmas não lucrativas, continuar operando.

Imagine uma firma com as curvas de *CT* e *RT* mostradas no painel (a) da Figura 5 (ignore a curva de *CVT* por enquanto). Qualquer que seja a quantidade produzida pela firma, a curva de *CT* fica acima da curva de *RT*, de forma que ela sofrerá uma perda, um lucro negativo. Para essa firma, o objetivo ainda é a maximização do lucro. Agora, no entanto, o lucro mais alto será o lucro com o *menor valor negativo*. Em outras palavras, a maximização dos lucros se torna *minimização das perdas*.

Se a firma continuar produzindo, a menor perda possível estará em um nível de produção de Q^*, em que a distância entre as curvas de *CT* e *RT* é a menor possível. Q^* também é o nível de produção que encontraríamos utilizando a abordagem marginal para o lucro (aumentando a produção sempre que ela adicionar mais à receita que aos custos). É por isso, no painel (b) da Figura 5, que as curvas de *CM* e *RM* devem se interceptar em (ou muito próximo a) Q^*.

Figura 5

MINIMIZAÇÃO DA PERDA

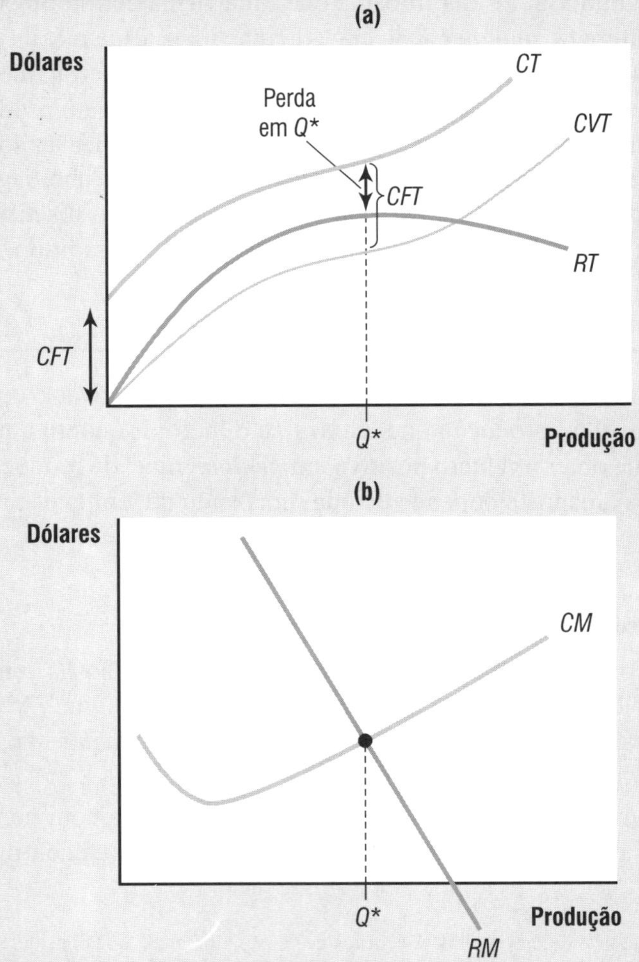

A firma mostrada aqui não pode obter um lucro positivo em nenhum nível de produção. Se ela produzir alguma coisa, minimizará sua perda produzindo onde a distância vertical entre a *RT* e o *CT* for o menor possível. Como a *RT* excede o *CVT* em Q^*, a firma produzirá lá no curto prazo.

A pergunta é: essa firma deve produzir em Q^* e sofrer uma perda? A resposta é sim – *se* a firma perdesse ainda *mais* ao parar de produzir e fechar sua operação. Lembre-se de que, no curto prazo, uma firma deve continuar a pagar seu custo fixo total (*CFT*), independentemente de qual nível de produto ela produz – mesmo que não produza. Se a firma fechar, ela terá, portanto, uma perda igual ao seu *CFT*, já que não obterá nenhuma receita. Mas, se produzindo alguma mercadoria a firma puder reduzir sua perda para alguma coisa *menor* que o *CFT*, ela deve ficar aberta e continuar produzindo.

Para entender mais claramente a decisão de fechar, vamos pensar nos custos variáveis totais da firma. Os gerentes das firmas geralmente chamam o *CVT* de *custo operacional* da firma, já que esta paga esses custos variáveis quando continua a operar. Se uma firma, ao ficar aberta, consegue obter receita *mais* que suficiente para cobrir seus custos operacionais, ela está fazendo um *lucro operacional* ($RT > CVT$). Ela não deve fechar, pois seu lucro operacional pode ser utilizado para ajudar a pagar seus custos fixos. Se a firma, porém, não pode nem mesmo cobrir seu custo operacional ao ficar aberta, isto é, se ela sofre *uma perda operacional* ($RT < CVT$), ela deve, definitivamente, fechar. Continuar a operar apenas *adiciona* mais perda à firma, aumentando acima dos custos fixos a perda total.

Isso sugere a diretriz a seguir – chamada **regra de fechamento** – para uma firma com perda:

Regra de fechamento No curto prazo, a firma deve continuar a produzir se a receita total exceder o total dos custos variáveis; caso contrário, deve fechar.

Deixe Q^* ser o nível de produção no qual RM = CM. *Em seguida, no curto prazo:*
Se $RT > CVT$ em Q^*, a firma deve continuar produzindo.
Se $RT < CVT$ em Q^*, a firma deve fechar.
Se $RT = CVT$ em Q^*, a firma deve ser indiferente entre fechar e continuar produzindo.

Examine novamente a Figura 5. Em Q^*, a firma obtém um lucro operacional, já que sua curva de *RT* está acima de sua curva de *CVT*. Essa firma, como vimos, deve continuar operando.

FECHAMENTO

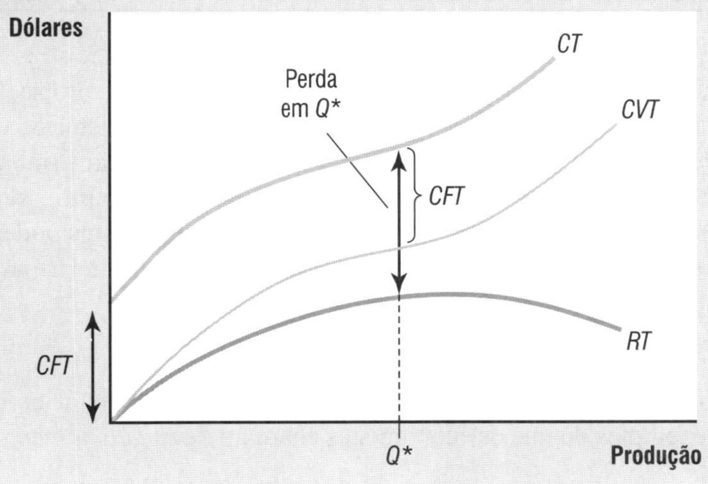

Figura 6

Em Q^*, o custo variável total dessa firma excede sua receita total. A melhor política é fechar, não produzir nada e sofrer uma perda igual ao *CFT* no curto prazo.

A Figura 6 foi desenhada para uma firma diferente, com as mesmas curvas de *CT* e *CVT* que a firma da Figura 5, mas com uma curva de *RT* mais baixa. Ela *não consegue* obter um lucro operacional, já que sua curva de *RT* está abaixo da curva de *CVT* em todos os lugares, mesmo em Q^*. Essa firma deve fechar.

A regra de fechamento é um determinante poderoso da decisão da firma quanto a ficar aberta ou encerrar a produção no curto prazo. Ela nos informa, por exemplo, por que algumas firmas sazonais como sorveterias em áreas de *resort* no verão, fecham durante o inverno, quando a *RT* cai tanto que se torna menor que o *CVT*. E por que os produtores de aço, de automóveis, de produtos agrícolas e de aparelhos de televisão geralmente continuam produzindo por algum tempo, mesmo quando estão perdendo dinheiro.

O LONGO PRAZO: A DECISÃO DE SAIR

A regra de fechamento se aplica somente ao curto prazo, um horizonte de tempo curto demais para a firma fugir de seus compromissos de pagar pelos insumos fixos como instalações e equipamentos. Na realidade, somente utilizamos o termo *fechamento* quando nos referimos ao curto prazo.

Uma firma também pode parar de produzir a longo prazo. Nesse caso, dizemos que a firma decidiu **sair** da indústria.

Sair Quando uma firma deixa uma indústria, encerrando permanentemente a produção.

A longo prazo, a decisão de sair é diferente da de fechar a curto prazo. É por isso que, no longo prazo, *não* existem custos fixos, já que todos os insumos podem sofrer variação. Portanto, uma firma que sai – reduzindo todos os seus insumos para zero – terá custo *zero* (uma opção não disponível no curto prazo). Como sair também significa receita zero, uma firma que sai obtém lucro zero. Quando uma firma decide sair e obter lucro zero? Quando sua única alternativa é obter lucro *negativo*.

Uma firma deve sair do setor a longo prazo quando – no seu melhor nível de produção possível – ela não tem nenhuma alternativa a não ser lucro negativo.

No próximo capítulo, examinaremos mais de perto a decisão de sair e outras considerações de longo prazo.

Identificar os Objetivos e as Restrições

O OBJETIVO DA FIRMA REVISITADO

Até agora, neste capítulo, assumimos que uma firma toma decisões que maximizam seu lucro, ou seja, que ela é operada em nome de seus proprietários que recebem seus lucros. Em grandes firmas, porém, os proprietários contratam gerentes para dirigir a firma e estes, por sua vez, contratam trabalhadores. Podemos ter certeza de que os trabalhadores e gerentes maximizarão o lucro, como os proprietários desejam? Ou os trabalhadores e gerentes podem ir atrás de seus *próprios* objetivos que acabam por reduzir o lucro da firma?

O PROBLEMA AGENTE-PRINCIPAL

Os relacionamentos entre trabalhadores, gerentes e proprietários dentro da firma são exemplos do que os economistas chamam de *relacionamentos agente-principal*.

*Um **principal** é uma pessoa ou um grupo que contrata alguém para fazer um trabalho. Um **agente** é a pessoa contratada para fazer esse trabalho.*

Principal Uma pessoa ou um grupo que contrata alguém para fazer um trabalho.

Agente Uma pessoa contratada para fazer um trabalho.

Os relacionamentos agente-principal podem ser vistos em todos os lugares da economia. Seu professor de Economia, por exemplo, é um *agente* da universidade e de seus administradores que são os principais. Se alguém limpa sua casa ou apartamento, essa pessoa é seu agente e você é o principal. Os relacionamentos agente-principal são uma conseqüência natural da especialização. Se cada um de nós se especializar em um único tipo de bem ou serviço, sempre nos encontraremos produzindo para outros. Assim, os relacionamentos agente-principal, ao deixarem a especialização na produção, nos permitem desfrutar altos padrões de vida. Mas eles geralmente são problemáticos.

*O **problema agente-principal** surge quando um agente tem (1) interesses conflitantes com os do principal e (2) capacidade para perseguir esses interesses.*

Problema agente-principal A situação que surge quando um agente tem interesses conflitantes com os do principal e possui capacidade para perseguir seus interesses.

Na prática, o problema agente-principal provavelmente não surgirá quando o agente puder ser monitorado de perto. Por exemplo, quando você contratar alguém para limpar sua casa, uma rápida inspeção lhe dirá se o trabalho foi feito adequadamente. Em outros casos, esse tipo de monitoramento pode ser difícil ou impossível. Se você contratar uma babá, somente ela saberá, com certeza, como tratou a criança na sua ausência. De maneira semelhante, a maioria das pessoas que leva seu carro para reparos não tem o conhecimento para dizer se o mecânico (seu agente) diagnosticou o problema honestamente ou fez todo o trabalho relacionado na conta. Em cada um desses casos, o agente sabe algo importante que o principal não sabe, pois essa situação impede o monitoramento adequado e cria um problema agente-principal.

O PROBLEMA AGENTE-PRINCIPAL NA FIRMA

Em firmas de negócios, existem dois relacionamentos agente-principal importantes: um entre os proprietários e gerentes e outro entre os gerentes e os trabalhadores. Cada um desses relacionamentos pode ser contaminado por objetivos conflitantes. Os gerentes estão, com certeza, interessados em manter seus empregos e em serem promovidos, proporcionando um forte incentivo para agradar aos proprietários lutando por altos lucros. No entanto, os gerentes talvez estejam também interessados em *outras* coisas que podem inflar os custos das firmas e reduzir seus lucros. Essas coisas incluem altos salários, férias longas, o prestígio de gerenciar um grande número de funcionários ou benefícios adicionais como viagens aéreas em primeira classe, grandes escritórios com vistas bonitas e contas de despesas exageradas. Os gerentes podem também utilizar bens da firma como telefones, fotocopiadoras e computadores, para uso pessoal.

E os trabalhadores? Eles estão interessados em manter seus empregos e em serem promovidos e, portanto, têm algum incentivo para agradar aos seus gerentes. Entretanto, eles também podem ter outros objetivos conflitantes com a maximização do lucro como não trabalhar muito, ter intervalos longos para almoço e (da mesma forma que os gerentes) aproveitar bens da firma para uso pessoal.

Podemos ver que os agentes na firma têm interesses *conflitantes* com os de seus principais. Isso é um dos requisitos para um problema agente-principal. E quanto ao segundo requisito? Ele é satisfeito? Os agentes têm *capacidade* para perseguir seus interesses?

Na realidade, sim. Os proprietários podem, até certo ponto, monitorar as ações dos gerentes lendo relatórios trimestrais dos lucros da firma. Mas os proprietários nunca podem saber, tanto quanto os gerentes, sobre as condições e os eventos na firma, por isso não podem sempre dizer se as decisões dos gerentes levaram *ao mais alto lucro possível*. De maneira semelhante, os gerentes podem observar quanto produto os trabalhadores estão produzindo, mas, por não estarem em todos os lugares ao mesmo tempo, não podem saber se os trabalhadores estão desempenhando suas tarefas *tão bem quanto poderiam estar*.

O problema agente-principal é, provavelmente, mais sério em grandes firmas que nas menores. Se você for proprietário de uma pequena sorveteria e contratar um ajudante para servir o sorvete enquanto você lida com os clientes, você saberá quanto seu funcionário está trabalhando e de quanto tempo são seus intervalos, além de ter uma ótima chance de pegá-lo se ele começar a roubar sorvete para levar para casa. Contudo, uma grande firma, como a Ben & Jerry's, com centenas de gerentes e milhares de trabalhadores, tem um problema sério nas mãos. Os acionistas não podem ter certeza de que as contas de despesas da gerência estão sendo utilizadas somente para propósitos da firma ou de que cada promoção ou pagamento é justificado. Se os gerentes quiserem expandir a firma – iniciando uma linha de produto – eles estão com lucros mais altos em mente ou apenas querem aumentar as oportunidades de promoção dentro da firma? De maneira semelhante, os gerentes têm dificuldades em impedir que os trabalhadores horistas reduzam o ritmo quando não estão sendo observados ou em assegurar que cada trabalhador bata seu próprio cartão de ponto.

Os economistas têm pensado muito sobre o problema agente-principal. Utilizando modelos que vêem a firma como um conjunto de diferentes grupos – trabalhadores, gerentes e proprietários – a economia está descobrindo novas situações nas quais o problema agente-principal afeta o comportamento das firmas comerciais, das organizações sem fins lucrativos (como hospitais e universidades) e de órgãos governamentais (como departamentos de polícia e o exército). Esses modelos nos ajudam a entender por que as firmas podem e realmente se desviam do comportamento de maximização do lucro e como os diferentes tipos de supervisão e de arranjos de pagamento podem ajudar a resolver o problema agente-principal em diferentes tipos de organizações.

A HIPÓTESE DA MAXIMIZAÇÃO DO LUCRO

Da discussão anterior, pode ficar a impressão de que a hipótese da maximização do lucro subjacente na maior parte deste capítulo é, de alguma maneira, ingênua. Afinal, por causa do problema agente-principal, a firma *nem sempre* maximiza os lucros, muito embora isso seja o que os proprietários desejam. Por que, então, baseamos a teoria do comportamento da firma em uma hipótese tão simples? Por que não voltar e ver a firma à luz do problema agente-principal?

Por um motivo muito bom: a hipótese da maximização do lucro, embora não completamente precisa, é, na maioria dos casos, razoavelmente precisa. Embora a maximização do lucro não seja o *único* objetivo dos tomadores de decisão da firma, parece ser a força impulsionadora da maioria das decisões gerenciais. Lembre-se de que um modelo econômico contém *abstrações* da realidade. Para ficar simples e compreensível, ele deixa de lado muitos detalhes do mundo real e inclui apenas o que é relevante para o propósito à mão. Se o propósito for explicar *conflitos dentro da firma* ou *desvios do comportamento de maximização do lucro*, o problema agente-principal será um elemento central do modelo. Quando o propósito é explicar como as firmas decidem que preço cobrar e quanto produzir, quanto gastar com publicidade ou se devem fechar ou continuar operando no curto prazo, a hipótese da maximização do lucro tem provado ser suficiente. Ela explica o que as firmas realmente fazem com uma precisão razoável e, geralmente, extraordinária.

Mesmo em firmas maiores, a maximização do lucro parece ser a força mais importante que impulsiona as decisões da firma. Mas como isso pode acontecer quando os problemas agente-principal podem ser tão sérios em grandes firmas? Em parte, porque o mercado fornece algumas *soluções* ao problema agente-principal das grandes firmas. Embora longe de serem perfeitas, elas impedem que a firma fique longe *demais* do curso de maximização do lucro.

Por exemplo, se os gerentes de uma firma inflarem significativamente os custos e reduzirem o lucro, as ações da companhia tornarão-se menos atraentes a compradores potenciais e seu preço cairá. A gerência enfrentará, então, uma destas duas conseqüências: (1) uma **revolta dos acionistas**, na qual os proprietários, vendo que sua firma é menos lucrativa que outras firmas da indústria, substituem a equipe de gerência por uma outra que prometa fazer melhor ou (2) uma **aquisição hostil**, na qual estranhos compram a maioria das ações da firma a preços baixos, geralmente com o objetivo de retirar os gerentes atuais e substituí-los por melhores. (O termo *hostil* é tomado do ponto de vista dos gerentes atuais.)

Revolta dos acionistas Quando os proprietários, insatisfeitos com os lucros que estão obtendo, substituem a equipe de gerência da firma.

Aquisição hostil Quando estranhos compram ações de uma firma com o objetivo de substituir a equipe da gerência e aumentar os lucros.

Em grandes corporações, decisões deficientes de gerência podem reduzir os lucros em milhões ou até mesmo bilhões de dólares. Como há muito em jogo, as revoltas dos acionistas e as aquisições hostis não são, de maneira nenhuma, incomuns.

Um exemplo recente de uma revolta dos acionistas ocorreu na USAir. Com lucros negativos a cada ano, de 1990 a 1994, a companhia estava caminhando para a falência. Os acionistas culparam a gerência. Em janeiro de 1996, a diretoria da companhia, eleita por seus acionistas, tomou o primeiro passo na direção de substituir a equipe de gerência, trazendo Stephen Wolf como seu novo executivo-chefe. Wolf realizou uma série de ações drásticas que incluíram um pedido maior de novos aviões, corte agressivo de custos e uma mudança no nome da firma para US Airways. Durante os anos seguintes, mais alterações foram implementadas, os lucros aumentaram rapidamente e o valor de mercado das ações da US Airways cresceu em 1.000%.

Uma aquisição hostil é mais complicada que uma revolta de acionistas, pois os gerentes atuais que são, provavelmente, perdedores neste tipo de aquisição, podem tentar uma variedade de medidas para impedi-la. Um exemplo recente – e um que ilustra um pouco do vocabulário que veremos nas páginas de negócios dos jornais locais – é o caso da John Labatt Ltd., fabricante de cerveja canadense. Quando os lucros da Labatt diminuíram, no final de 1994, e o preço de suas ações caíram para 19 dólares canadenses por ação, a imprensa financeira culpou as decisões deficientes da gerência. Ao sentir que a firma estava pronta para uma aquisição hostil, os gerentes da Labatt tentaram impedi-la com uma variedade de ações criadas para tornar a firma menos atraente aos estranhos como a venda de ativos valiosos ou a aceitação de novos projetos particularmente arriscados. Na reunião anual com os acionistas da companhia, os acionistas votaram por rejeitar esses movimentos. Eles *queriam* uma aquisição, para que pudessem vender suas ações a um preço que refletisse o lucro *potencial* da firma sob nova gerência. Assim, a tentativa de aquisição hostil veio no início de 1995, quando um estranho – a Onex Corporation – se ofereceu para comprar todas as ações da Labatt por 24 dólares canadenses cada. A gerência da Labatt respondeu tentando organizar uma **aquisição amigável** por outra firma, que eles consideravam menos propensa a demiti-los. O **cavaleiro branco** que veio salvá-los foi a Interbrew SA, fabricante de cerveja belga. A Interbrew estava ansiosa por expandir-se até o Canadá para cumprir seu próprio plano estratégico, fazendo uma oferta ainda mais generosa aos acionistas da Labatt: 28,5 dólares canadenses por ação. Em junho de 1995, a diretoria da Labatt, representando os acionistas, concordou, felizmente, com a aquisição. Um novo presidente logo foi colocado no lugar e a firma passou a aumentar tanto sua participação no mercado doméstico quanto suas exportações para os Estados Unidos.

Aquisição amigável Quando a gerência de uma firma organiza uma aquisição por outra firma, que eles consideram não propensa a demiti-los.

Cavaleiro branco Uma firma que executa uma aquisição amigável.

A ameaça de ser demitido é um incentivo poderoso para os gerentes se preocuparem com os lucros, mas muitas firmas utilizam também estímulos positivos. *Bônus* no fim do ano – pagamentos além das remunerações e salários regulares – geralmente são vinculados ao lucro total da firma. Em muitos casos, esses bônus são uma parte substancial da compensação total de um gerente. As **opções de ações** – que oferecem aos gerentes o direito de comprar participações em ações da companhia a um preço preestabelecido – são outro incentivo positivo. Se os gerentes tiverem um bom desempenho, o valor de mercado das ações da firma irá aumentar. Os gerentes podem, assim, *exercer* suas opções de ações – comprando a ação a um preço baixo preestabelecido – e, ao escolherem, podem vender imediatamente as ações pelo preço mais alto do mercado e embolsar a diferença.

Opções de ações Direitos de compra de ações a um preço preestabelecido.

Para ver como as opções de ações funcionam, vamos utilizar o caso de Floyd Hall (sem nenhum relacionamento com um dos autores deste livro). Em junho de 1995, Hall foi contratado como o novo presidente da Kmart Corporation. Seu salário anual era de cerca de $1 milhão. Todavia, ele também recebeu opções de ações para comprar três milhões de ações da Kmart pelo preço, na época, de $12,38 por ação. Se ele e sua equipe de gerência conseguissem aumentar os lucros da firma e convencer os acionistas potenciais de que o crescimento dos ganhos iria continuar, as ações da Kmart se tornariam mais atraentes e seu preço se elevaria. Exemplificando: se as ações aumentassem em $20 por ação, Floyd Hall conseguiria exercer suas opções: ele poderia comprar três milhões de ações a $12,38 cada (um total de $37 milhões) e, em seguida, vendê-las imediatamente a $20 cada (um total de $60 milhões), obtendo um ganho pequeno, de $23 milhões.

Não é necessário dizer que Hall tentou fazer tudo o que podia para ampliar os lucros da Kmart nos vários anos que se seguiram. Os resultados estavam misturados. Os lucros *realmente* cresceram, mas Hall não conseguiu convencer os acionistas e potenciais acionistas de que o crescimento rápido nos ganhos iria *continuar*, especialmente com a Kmart enfrentando concorrentes agressivos como a Wal-Mart e a Target.

Em abril de 2000, as ações da Kmart estavam sendo vendidas, na realidade, a um preço médio de $9 por ação, significativamente *abaixo* do preço da época em que Hall havia sido contratado. As opções de ações de Hall não tinham, portanto, valor nenhum: qual seria, assim, o ponto de exercer o direito de comprar ações a $12,38 quando elas poderiam ser compradas no mercado por $9? No entanto, como Hall ainda possuía as opções, ele tinha um incentivo poderoso para continuar tentando. (Se ele fracassasse em aumentar o preço das ações, provavelmente não permaneceria no cargo por muito mais tempo. No final de 1999, pelo menos duas grandes cadeias de supermercado – Safeway e Kroger – estavam, de acordo com o reportado, visando à Kmart como um potencial candidato para aquisição.)

Incentivos como bônus e opções de ações, por um lado, e ameaças de revolta dos acionistas ou de aquisição hostil, por outro, são geralmente suficientes para manter o olho da gerência nos lucros da companhia. Quando essa abordagem de promessa de recompensa e punição ao mesmo tempo não funciona, revoltas *reais* ou aquisições – e a queda ou punição da gerência – asseguram que os gerentes deficientes não sobrevivam por muito tempo. A qualquer tempo, portanto, podemos esperar que a *maioria* dos gerentes tente maximizar os lucros, na *maioria* das vezes.

Mecanismos semelhantes ajudam a assegurar que trabalhadores horistas contribuam para obter lucro máximo na firma. Existem, na verdade, muitas oportunidades de evitar ou até mesmo frustrar os objetivos da gerência, mas eles podem ser perseguidos *somente até um ponto* ou o trabalhador pode esperar ser demitido. Homer Simpson da televisão derramou café, em várias ocasiões, no painel de controle do reator nuclear operado por ele, roubou equipamento caro para uso pessoal e tirou sonecas enquanto o reator recebia uma sobrecarga. Ninguém no mundo real sobreviveria em um trabalho tendo esse histórico.

Por todos os motivos que acabamos de discutir, supomos que o fato de as firmas maximizarem os lucros para seus proprietários não está muito longe da realidade. O problema agente-principal realmente existe e nos ajuda a entender muitos aspectos do comportamento da firma como o surgimento de conflitos, a estrutura de pagamento e os métodos utilizados para supervisionar trabalhadores e gerentes. Entretanto, se o objetivo for obter uma previsão razoavelmente precisa das decisões da firma, a maximização do lucro funciona muito bem.

Peça a um físico para prever quando uma bola de boliche atirada do topo do edifício Empire State atingirá o solo. Os cálculos dele irão supor que a bola está caindo em um vácuo perfeito. Peça a um economista para prever quanto produto uma firma irá produzir e que preço ela irá cobrar. Ele irá supor que o único objetivo da firma é maximizar o lucro. Nos dois casos, as suposições levam a previsões – se não perfeitamente precisas – bastante precisas.

FAZENDO ERRADO E FAZENDO CERTO

Utilizando a TEORIA

Hoje, quase todos os gerentes têm uma boa idéia dos conceitos que vimos neste capítulo, principalmente devido ao fato de a microeconomia ter sido uma parte importante do currículo de toda escola de negócios. Mas se voltarmos algumas décadas – época em que menos gerentes tinham diploma em negócios – poderemos encontrar dois exemplos de como a falha da gerência em entender a teoria básica da firma levou a erros sérios. Em um caso, a ignorância da teoria fez com que um grande banco fosse à falência. No outro, uma companhia aérea conseguiu um desempenho melhor que o de seus concorrentes, pois *eles* permaneceram ignorantes da teoria.

FAZENDO ERRADO: O FRACASSO DO FRANKLIN NATIONAL BANK

Na metade dos anos 70, o Franklin National Bank – um dos maiores bancos dos Estados Unidos – foi à falência. A gerência do banco havia cometido vários erros, mas nos concentraremos nos mais sérios.

Primeiro, um pouco do histórico. Um banco é muito semelhante a qualquer outra firma de negócios: gera produto (neste caso um serviço, fazendo empréstimos) utilizando uma variedade de insumos (terra, trabalho, capital e matérias-primas). O preço do produto do banco é a taxa de juros que ele cobra pelos empréstimos. Por exemplo, com uma taxa de juros de 5%, o preço de cada dólar emprestado é de 5 centavos por ano.

Infelizmente para os bancos, eles também devem *pagar* pelo dinheiro que emprestam. A maior fonte de fundos são os depósitos dos clientes, pelos quais o banco deve pagar juros. Para emprestar *mais* do que seus clientes depositaram, o banco pode obter fundos com uma segunda fonte, o *mercado de fundos federais*, em que os bancos emprestam dinheiro uns para os outros. Para conseguir dinheiro emprestado nesse mercado, o banco geralmente tem de pagar uma taxa de juro superior à que paga sobre os depósitos dos clientes.

Na metade de 1974, John Sadlik, principal executivo financeiro do banco, pediu ao seu pessoal para computar o custo médio, para o banco, de um dólar em fundos de empréstimo. Naquela época, os fundos do Franklin vinham de três fontes, cada uma com seu próprio custo de juros associado:

Fonte	Custo dos juros
Contas correntes	2,25%
Contas de poupança	4%
Fundos que foram pedidos como empréstimo	9–11%

O que esses números nos dizem? Primeiro, cada dólar depositado em uma conta *corrente* do Franklin custa ao banco 2,25 centavos de dólar por ano,[8] enquanto cada dólar em uma conta de *poupança* custa ao Frankling 4 centavos de dólar. Além disso, o Franklin – como outros bancos da época – tinha de pagar entre 9 e 11 centavos por dólar pedido de empréstimo no mercado de fundos federais. Quando os contadores do Franklin foram solicitados a encontrar o custo médio de um dólar em empréstimo, dividiram o custo total dos fundos

[8] Esse custo não era, realmente, um pagamento direto de juros aos depositantes, já que nos anos 70 os bancos geralmente não pagavam juros sobre contas correntes. Mas os bancos *realmente* forneciam serviços gratuitos como descontos de cheques, extratos mensais, café de graça e presentes aos depositantes de contas correntes e o custo dos brindes foi computado como sendo de 2,25 centavos por dólar de depósito.

pelo número de dólares emprestados. O número a que eles chegaram foi de 7 centavos.

Esse custo médio de 7 centavos por dólar é um número interessante, mas, como sabemos, *não deveria ter relevância para as decisões de maximização do lucro da firma.* E foi aí que o Franklin errou. Na época, todos os bancos – incluindo o Franklin – estavam cobrando taxas de juros de 9% a 9,5% para seus melhores clientes, mas Sadlik decidiu que, como o dinheiro estava custando uma *média* de 7 centavos por dólar, o banco poderia fazer um pequeno lucro emprestando dinheiro a 8% – ganhando 8 centavos por dólar. De acordo com isso, ele ordenou que seus funcionários de empréstimo aprovassem todo empréstimo que pudesse ser feito para um mutuário respeitável a um juro de 8%. Não é necessário dizer que, com os outros bancos cobrando 9% ou mais, o Franklin National Bank tornou-se um lugar muito popular para pedir dinheiro emprestado.

Onde o Franklin obteve os fundos adicionais que estava emprestando? Esse era um problema para os gerentes de *outro* departamento do Franklin que eram responsáveis por *obter* fundos. Não era fácil atrair depósitos adicionais em contas correntes e em contas de poupança, pois nos anos 70 a taxa de juros que os bancos podiam pagar era regulamentada pelo governo. Isso deixava uma única alternativa: o mercado de fundos federais. E foi exatamente a ele que o Franklin se dirigiu para obter os fundos que saíam do seu departamento de empréstimos. Claro, esses fundos eram emprestados a eles não a 7%, o custo médio dos fundos, mas de 9% a 11%, o custo de um empréstimo no mercado de fundos federais.

Para entender o erro do Franklin, vamos examinar novamente o número de custo médio que ele estava utilizando. Esse número incluía um custo irrelevante: o custo dos fundos obtidos com os depósitos dos clientes. Esse custo era irrelevante para as decisões de empréstimos do banco, já que empréstimos *adicionais* não viriam desses depósitos, mas sim do mercado de fundos federais, mais caro. Além disso, esse número médio tendia a aumentar à medida que o Franklin expandia seus empréstimos. Como sabemos disso? O custo *marginal* de um dólar adicional em empréstimos – 9 a 11 centavos por dólar – era maior que o custo *médio*, de 7 centavos. Como vimos, sempre que o marginal é maior que o médio, ele puxa o médio para cima. Assim, o Franklin estava baseando suas decisões em um número de custo médio que não apenas incluía custos irrecuperáveis (*sunk costs*) irrelevantes, mas também tendia a crescer à medida que seus empréstimos aumentavam.

Mais diretamente, podemos ver o erro do Franklin pelas lentes da abordagem marginal. A *receita marginal* de cada dólar adicional emprestado a 8% era de 8 centavos, enquanto o *custo marginal* de cada dólar adicional – já que ele veio do mercado de fundos federais – era de 9 a 11 centavos. O *CM* era maior que a *RM*, de modo que o Franklin estava, na realidade, perdendo dinheiro toda vez que seus funcionários de empréstimo aprovavam outro empréstimo. Não foi surpreendente o fato de esses empréstimos – que nunca deveriam ter sido feitos – fazerem os lucros do Franklin *caírem*, pois em um ano, o banco perdeu centenas de milhões de dólares. Isso, junto com outros erros da gerência, fez o banco cair.[9]

---

[9] Para obter mais informações sobre a falha do Franklin National Bank, consulte Sanford Rose, "What Really Went Wrong at Franklin National?". *Fortune*, outubro de 1974, pp. 118-226.

FAZENDO CERTO: O SUCESSO DA CONTINENTAL AIRLINES

A Continental Airlines estava fazendo algo que parecia um erro terrível. Todas as outras firmas aéreas estavam, na época, seguindo uma regra simples: elas ofereceriam um vôo somente se, na média, 65% dos assentos pudessem ser preenchidos com passageiros pagantes, já que apenas assim o vôo atingiria um ponto de equilíbrio. A Continental, no entanto, estava voando com apenas 50% da capacidade de seus jatos preenchida e estava, na realidade, expandindo os vôos em muitas rotas. Quando a política da Continental vazou, seus acionistas ficaram nervosos e os gerentes das firmas concorrentes sorriram, esperando o fracasso da Continental. Ainda assim, os lucros da Continental – já mais altos que a média da indústria – continuaram a aumentar. O que estava acontecendo?

Havia, na realidade, um erro sério sendo cometido, mas pelas *outras* companhias aéreas, não pela Continental. Esse erro deve agora lhe ser familiar: a utilização do custo médio, em vez do custo marginal, para tomar decisões. A regra "65% da capacidade" utilizada por toda a indústria era obtida mais ou menos assim: o custo total da firma aérea durante o ano (*CT*) era dividido pelo número de vôos durante o ano (*Q*) para obter o custo médio de um vôo (*CT*/*Q* = *CTM*). Para o vôo comum, esse custo chegava a cerca de $4.000. Como um jato tinha de estar 65% cheio para obter vendas de passagem de $4.000, a indústria considerava desperdício e cancelava todo vôo que decolasse, repetidamente, com menos de 65%.

Geralmente, havia dois problemas em utilizar o *CTM* dessa maneira. Primeiro, o custo médio de uma firma aérea por vôo inclui muitos custos que são fixos e são, portanto, irrelevantes para a decisão de adicionar ou retirar um vôo. Esses custos incluem o custo de gerenciar o sistema de reservas, pagar juros sobre o débito da firma e taxas fixas por direitos de aterrissagem nos aeroportos – nenhum custo que seria alterado se a firma adicionasse ou retirasse um vôo. Além disso, o custo médio normalmente *muda* à medida que a produção *se altera*, de modo que é errado supor que ele seja constante em decisões sobre *variação da produção.*

A gerência da Continental, liderada por seu vice-presidente de operações, tinha decidido tentar a abordagem marginal para o lucro. Sempre que se considerava um novo vôo, todos os departamentos da firma eram solicitados a determinar o custo *adicional* com o qual teriam de arcar. Claro, os únicos custos adicionais eram pelos insumos *variáveis* como comissários adicionais, equipes de terra, refeições durante o vôo e o combustível. Esses custos adicionais chegavam a apenas $2.000 por vôo. Assim, o custo *marginal* de um vôo adicional, $2.000, era significativamente menor que a receita marginal de um vôo preenchido com 65% da capacidade – $4.000. A abordagem marginal para os lucros nos diz que, quando $RM > CM$, a produção deve ser aumentada que era o que a Continental estava fazendo. Na realidade, a Continental chegou, corretamente, à conclusão de que a receita marginal de um vôo preenchido, mesmo com 50% da capacidade – $3.000 – ainda era maior que seu custo marginal e, portanto, oferecer o vôo elevaria o lucro. Era por isso que a Continental estava expandindo as rotas, mesmo quando conseguia preencher somente 50% dos seus assentos.

No início dos anos 60, a Continental conseguiu desempenho melhor que o de seus concorrentes utilizando um segredo: a abordagem marginal para os lucros. Hoje, é claro, isso não é mais segredo e todas as firmas aéreas utilizam a abordagem marginal ao decidir quais vôos oferecer.[10]

[10] Para obter mais informações sobre a estratégia da Continental, consulte "Airline Takes The Marginal Bone", *Business Week*, 20 de abril de 1963, pp. 111-114.

RESUMO

Na economia, vemos a firma como uma única tomadora de decisões econômicas, com o objetivo de maximizar o lucro dos proprietários. Lucro é a receita total menos *todos* os custos de produção, explícitos ou implícitos. Em seu intuito de maximização do lucro, as firmas enfrentam duas restrições. Uma é expressa na curva de demanda que a firma enfrenta. Ela indica o preço máximo que a firma pode cobrar para vender qualquer quantidade de produto. Essa restrição determina a receita da firma a cada nível de produção. A outra restrição é imposta pelos custos: mais produção sempre significa maiores custos. Ao escolher a produção que maximiza o lucro, a firma deve considerar receitas e custos.

Uma abordagem para escolher o nível ótimo de produção é medir o lucro como a diferença entre a receita total e o custo total a cada nível de produção e, em seguida, selecionar o nível de produção no qual o lucro seja maior. Uma abordagem alternativa utiliza a *receita marginal* (*RM*) – a variação da receita total pela produção de mais uma unidade de produto – e o *custo marginal* (*CM*) – a variação do custo total pela produção de mais uma unidade. A firma deve aumentar a produção sempre que $RM > CM$, e reduzir a produção sempre que $RM < CM$. O nível de produção que maximiza o lucro é o nível mais próximo ao ponto em que $RM = CM$.

Se o lucro for negativo, mas a receita total exceder o custo variável total, a firma deve continuar a produzir no curto prazo. Caso contrário, ela deve fechar e sofrer uma perda igual ao seu custo fixo.

Tudo isso supõe que a firma será gerenciada de acordo com os melhores interesses dos proprietários. No entanto, um problema agente-principal pode existir, no qual os trabalhadores ou gerentes perseguem seus próprios interesses em detrimento dos interesses dos proprietários. Ainda assim, os proprietários da firma aparecem com uma série de incentivos para manter os olhos dos gerentes e dos trabalhadores nos lucros. A hipótese da maximização do lucro, embora não completamente precisa, é precisa o suficiente para ser útil.

PALAVRAS-CHAVE

lucro contábil
perda
principal
lucro econômico
receita marginal (RM)
agente
curva de demanda que a firma enfrenta
abordagem marginal para o lucro
problema agente-principal
regra de fechamento
revolta dos acionistas
receita total
sair
aquisição hostil
aquisição amigável
cavaleiro branco
opções de ações

QUESTÕES PARA REVISÃO

1. Qual é a diferença entre o lucro contábil e o lucro econômico?
2. Uma firma pode obter um lucro contábil e ao mesmo tempo sofrer um prejuízo econômico? Se sim, forneça um exemplo numérico. Uma firma pode obter um lucro econômico enquanto sofre um prejuízo contábil? Novamente, se for possível, forneça um exemplo numérico.
3. Dê o nome de duas contribuições ao processo de produção para as quais o lucro seja um pagamento. Escolha uma firma local e explique, brevemente, como o empreendedor por trás dela fez cada uma dessas contribuições.
4. Quais são os três tipos de curva de demanda que estudamos até agora neste livro? O que cada uma nos informa?
5. Quais são as restrições à capacidade da firma em obter lucro? Como surge cada restrição?
6. Como a firma seleciona o nível de produção em que o lucro é maior na:
   a. abordagem da receita e do custo total?
   b. abordagem da receita e do custo marginal?

   Como cada abordagem é ilustrada graficamente?
7. Quais são as duas condições necessárias para que o problema agente-principal surja?
8. Discuta esta declaração: "A hipótese de que o único objetivo de uma firma é a maximização do lucro é completamente irrealista. Grupos diferentes dentro de uma firma geralmente vão atrás de seus próprios objetivos que geralmente não têm nada a ver com lucro".
9. Qual a diferença (se houver) entre uma aquisição hostil e uma revolta de acionistas?
10. Quais forças ajudam a assegurar que as firmas realmente busquem maximizar seus lucros?

PROBLEMAS E EXERCÍCIOS

1. Você tem um emprego de apenas um período para trabalhar/estudar em uma biblioteca. O salário é de $10 por hora, durante três horas por dia aos sábados e domingos. Alguns amigos querem que você se junte a eles em uma viagem de fim de semana para esquiar, saindo sexta à noite e voltando na segunda de manhã. Eles estimam que sua parte da gasolina, hotel, passagens para o teleférico e outras despesas sejam de $30. Qual é seu custo total (considerando tanto os custos explícitos quanto os implícitos) para a viagem?
2. Até recentemente, você trabalhou para uma firma de desenvolvimento de softwares com um salário anual de $35.000. Agora, você decide abrir sua própria firma. Planejando ser o próximo Bill Gates, você sai do emprego, retira $10.000 de uma conta de poupança (que paga 5% de juros) e usa o dinheiro para comprar o hardware mais atual para usar na sua firma. Você também converte um quarto no porão de sua casa que estava sendo alugado por $250 por mês, em um escritório para sua nova firma de softwares.

   Depois, você arrenda alguns equipamentos de escritório por $3.600 por ano e contrata dois programadores por apenas um período, com salário de $25.000 por ano. Você também descobre que custa cerca de $50 por mês fornecer aquecimento e luz para seu novo escritório.
   a. Quais são os custos explícitos anuais totais da sua nova firma?
   b. Quais são os custos implícitos anuais totais?
   c. Ao final do seu primeiro ano, seu contador informa, alegremente, que suas vendas totais do ano somaram $55.000. Ele o parabeniza pelo ano lucrativo. Sua parabenização é justificada? Por quê?
3. Os dados a seguir são combinações preço/quantidade/custo para a divisão de computadores mainframe da indústria Titan:

Quantidade	Preço por Unidade	Custo Total de Produção
0	acima de $225.000	$200.000
1	$225.000	$250.000
2	$175.000	$275.000
3	$150.000	$325.000
4	$125.000	$400.000
5	$90.000	$500.000

a. Qual será a receita marginal se a produção aumentar de duas para três unidades? (*Dica*: Calcule a receita total em cada nível de produção primeiro.) Qual será o custo marginal se a produção aumentar de quatro para cinco unidades?

b. Que quantidade a Titan deve produzir para maximizar a receita total? E o lucro total?

c. Qual é o custo fixo da Titan? Como os custos marginais da Titan se comportam à medida que a produção aumenta? Forneça uma explicação plausível para o fato de os custos marginais de um fabricante de computador poderem se comportar dessa maneira.

4. Discuta quão sério você acha que o problema agente-principal seria em cada uma das situações a seguir:

 a. Você deixa seu computador em uma loja para reparos.

 b. Você e um amigo compram e gerenciam uma firma juntos.

 c. Um casal contrata você para cuidar da casa durante dois meses, enquanto eles estão na Europa.

 d. Um funcionário possui ações da firma para a qual ele trabalha. Seu supervisor, doente, se ausenta por uma semana.

5. Cada entrada na tabela mostra a receita marginal e o custo marginal quando uma firma aumenta a produção para uma determinada quantidade:

Quantidade	*RM*	*CM*
10	30	40
11	29	35
12	27	30
13	25	25
14	23	20
15	21	15
16	19	19
17	17	23

Qual é o nível de produção que maximiza o lucro?

6. As tabelas a seguir fornecem informações sobre demanda e custo total para duas firmas. No curto prazo, quanto cada firma deve produzir?

Firma A

Quantidade	Preço	Custo Total
0	acima de $125	$250
1	$125	$400
2	$100	$500
3	$75	$550
4	$50	$600
5	$25	$700

Firma B

Quantidade	Preço	Custo Total
0	acima de $500	$500
1	$500	$700
2	$400	$900
3	$300	$1.100
4	$200	$1.300
5	$100	$1.500

QUESTÕES DESAFIADORAS

1. O *lucro marginal* de uma firma pode ser definido como a variação no seu lucro quando a produção aumenta em uma unidade.

 a. Calcule o lucro marginal para cada variação na produção da Ned's Beds na Tabela 1.

 b. Declare uma regra completa para encontrar o nível de produção em que o lucro é maximizado em termos de lucro marginal.

2. A Howell Industries é especializada em plásticos de precisão. Sua mais recente in-

venção promete revolucionar a indústria de eletrônicos e eles já fizeram e venderam 75 dos dispositivos milagrosos. Eles estimaram os custos médios como determinados na tabela a seguir:

Unidade	*CA*
74	$10.000
75	$12.000
76	$14.000

A Backus Electronics acabou de oferecer à Howell $150.000 para eles produzirem a 76ª unidade. A Howell deve aceitar a oferta e fabricar o dispositivo adicional?

EXERCÍCIO EXPERIMENTAL

1. Utilize o *Wall Street Journal* para encontrar um exemplo do problema agente-principal. No seu exemplo, quem é o agente e quem é o principal? Há evidência de que os interesses do agente sejam conflitantes com o do principal e que o agente consiga perseguir seus interesses? Como esse problema pode ser resolvido?

CAPÍTULO

8

CONCORRÊNCIA PERFEITA

RESUMO DO CAPÍTULO

Ninguém sabe exatamente quantos tipos diferentes de bens e serviços são oferecidos para venda nos Estados Unidos, mas o número deve ser algo em torno de dezenas de milhões. Cada um desses bens é comercializado em um mercado em que compradores e vendedores se unem, tendo esses mercados várias coisas em comum. Os vendedores querem vender pelo *maior* preço possível, os compradores procuram o *menor* preço possível e toda a comercialização é *voluntária*. A semelhança termina aqui.

Quando observamos compradores e vendedores em ação, vemos que bens e serviços diversos são vendidos de maneiras amplamente diferentes. Tome a publicidade como exemplo. Todos os dias somos inundados com discursos de vendedores na televisão, no rádio e nos jornais para uma longa lista de produtos: pastas de dentes, perfumes, automóveis, sites na web, comidas para gatos, serviços de banco e outros. Mas você já viu, alguma vez, um fazendeiro na televisão tentando convencê-lo a comprar *o* trigo dele, em vez do trigo de outros fazendeiros? Os acionistas de grandes corporações como a General Motors vendem suas ações anunciando no jornal? Por que, em um mundo no qual virtualmente *tudo* parece ser anunciado, não vemos anúncios de trigo, milho, petróleo bruto, ouro, cobre, participações em ações ou moeda estrangeira?

Agora considere os lucros. Qualquer pessoa que inicia uma firma espera fazer o máximo lucro possível. Ainda assim, algumas firmas, como Microsoft, Quaker Oats e Pepsico, obtêm um lucro considerável para seus proprietários ano após ano, enquanto em outras companhias, como a Trans World Airlines e a maioria das pequenas firmas, o lucro econômico é geralmente baixo.

Poderíamos dizer "É assim, simplesmente, que a coisa funciona" e atribuir todas essas observações ao puro acaso. No entanto, a economia é, na realidade, a *explicação* dessas coisas – encontrar padrões entre o caos da vida econômica do dia-a-dia. Quando os economistas voltam sua atenção para diferenças no comércio como essas, eles pensam, imediatamente, sobre a *estrutura de mercado.*

Estrutura de mercado
As características de um mercado que influenciam a maneira como a comercialização ocorre.

Por ***estrutura de mercado****, queremos dizer todas as características de um mercado que influenciam o comportamento dos compradores e vendedores quando eles se juntam para comercializar.*

Para determinar a estrutura de qualquer mercado específico, iniciamos com três perguntas simples: (1) *Quantos* compradores e vendedores estão no mercado? (2) Cada vendedor está oferecendo um *produto padronizado*, mais ou menos indistinguível daquele oferecido por outros vendedores, ou há diferenças significativas entre os produtos de diferentes firmas? (3) Existe alguma *barreira para entrar ou sair*, ou *estranhos* podem entrar ou sair facilmente desse mercado?

As respostas nos ajudam a classificar um mercado em um dos quatro tipos básicos: *concorrência perfeita*, *monopólio*, *concorrência monopolista* ou *oligopólio*. O assunto deste capítulo é a concorrência perfeita. Nos dois próximos capítulos, examinaremos atentamente as outras estruturas de mercado.

O QUE É CONCORRÊNCIA PERFEITA?

A expressão "concorrência perfeita" parece familiar? Deveria, pois a vimos anteriormente, no Capítulo 3. Lá, vimos (brevemente) que o famoso modelo da oferta e da demanda explica como os preços são determinados nos *mercados perfeitamente competitivos*. Agora, vamos examinar os mercados perfeitamente competitivos de uma maneira muito mais profunda e abrangente. Ao final deste capítulo, você entenderá claramente como a concorrência perfeita e o modelo da oferta e da demanda estão relacionados.

Vamos começar com a própria palavra "concorrência". Quando ouvimos essa palavra, pensamos em uma rivalidade pessoal intensa como a que existe entre dois boxeadores competindo em um ringue ou entre dois estudantes competindo pela melhor nota em uma sala pequena. Existem, porém, formas menos pessoais de concorrência. Se fez o exame vestibular para entrar na faculdade, você concorreu com milhares de outros que estavam fazendo o exame em salas como a sua em todo o país, mas a concorrência era *impessoal*: você estava tentando fazer o melhor que podia, tentando desempenhar melhor que os outros no geral e não concorrendo com nenhum indivíduo da sala. Na economia, o termo "concorrência" é utilizado no último sentido. Ele descreve uma situação de concorrência difusa e impessoal em um ambiente altamente populoso. A estrutura de mercado que veremos neste capítulo – concorrência perfeita – é um exemplo dessa noção.

Caracterizar o Mercado

OS TRÊS REQUISITOS DA CONCORRÊNCIA PERFEITA

Concorrência perfeita
Uma estrutura de mercado na qual existem muitos compradores e vendedores, o produto é padronizado e os vendedores podem entrar ou sair facilmente do mercado.

Concorrência perfeita *é uma estrutura de mercado com três características importantes:*

1. *Existe um grande número de compradores e um grande número de vendedores. Cada um compra ou vende apenas uma pequena fração da quantidade total do mercado.*
2. *Os vendedores oferecem um produto padronizado.*
3. *Os vendedores podem entrar ou sair facilmente do mercado.*

Essas três condições provavelmente levantam mais perguntas que respostas, portanto, vamos ver o que cada uma realmente significa.

Um Grande Número de Compradores e Vendedores. Na concorrência perfeita, deve haver muitos compradores e vendedores. Quantos? Seria bom se pudéssemos especificar um número – como 32.456 – para esse requisito. Infelizmente, não podemos, pois o que constitui um grande número de compradores e vendedores pode ser diferente em várias condições.

Em um mercado perfeitamente competitivo, o número de compradores e vendedores é tão grande que nenhum tomador de decisão individual pode afetar significativamente o preço do produto alterando a quantidade que compra ou vende.

Pense no mercado mundial para trigo. No lado da venda, existem centenas de milhares de fazendeiros de trigo individuais – mais de 250.000 somente nos Estados Unidos. Cada um desses fazendeiros produz somente uma pequena fração da quantidade total do mercado. Se algum deles dobrasse, triplicasse ou até mesmo quadruplicasse sua produção, o impacto na quantidade total do mercado e no preço do mercado seria desprezível. O mesmo é verdadeiro no lado da compra: existem tantos pequenos compradores que nenhum deles pode afetar o preço do mercado aumentando ou reduzindo sua quantidade demandada.

A maioria dos mercados agrícolas está de acordo com o requisito grande número/pequeno participante, como os mercados para metais preciosos, (ouro e prata) e os mercados para as ações e títulos das grandes corporações. Por exemplo, mais de dois milhões de ações da General Motors são compradas e vendidas *diariamente* por (conforme este livro é escrito) cerca de $70 por ação. Se um único acionista vendesse $1 milhão de dólares – cerca de 14.000 ações – provocaria somente uma alteração quase imperceptível na quantidade ofertada naquele dia.

Pense agora no mercado de tênis para atletismo nos EUA. Quatro grandes produtores – Nike, Reebok, Adidas e FILA – são responsáveis por 75% do total das vendas. Se qualquer um desses produtores decidisse alterar a produção em até 10%, o impacto na quantidade total ofertada – e no preço de mercado – seria *muito* percebido. O mercado de tênis para atletismo, assim, não atinge o requisito grande número/pequeno participante, de forma que não é um exemplo de concorrência perfeita.

Um Produto Padronizado Oferecido pelos Vendedores. Em um mercado perfeitamente competitivo, os compradores não percebem diferenças significativas entre os produtos de um vendedor e os de outro. Por exemplo, os compradores de trigo não têm, normalmente, nenhuma preferência pelo trigo de um fazendeiro com relação ao de outro, por isso o trigo com certeza passa no teste do produto padronizado. O mesmo é verdadeiro para muitos outros produtos agrícolas – milho, mel e grãos de soja. Também é verdadeiro para commodities – petróleo bruto, miúdos de porco, ouro ou prata e instrumentos financeiros como ações e títulos de uma firma. (Uma ação da AT&T é indistinguível de outra.)

Quando os compradores *realmente* notam diferenças significativas nas produções de diferentes vendedores, o mercado não é perfeitamente competitivo.

Por exemplo, a maioria dos consumidores percebe diferenças entre as várias marcas de café na prateleira do supermercado e pode ter fortes preferências por uma marca. Café, portanto, não passa no teste do produto padronizado da concorrência perfeita. Outros bens e serviços que não passam nesse teste incluem computadores pessoais, automóveis, casas, instituições de ensino superior e atendimento médico.

Entrada e Saída Fácil do Mercado. A entrada em um mercado raramente é gratuita. Um novo vendedor deve sempre incorrer em *alguns* custos para montar a loja, começar a produção e estabelecer contatos com clientes. No entanto, um mercado perfeitamente competitivo não tem barreiras *significativas* para desestimular novos participantes: qualquer firma que deseje entrar pode fazer negócios nas mesmas condições de firmas já presentes. Por exemplo, qualquer pessoa com experiência no campo pode começar a plantar e a cultivar trigo pagando os mesmos custos que os fazendeiros de trigo veteranos. O mesmo é verdadeiro para quem deseje abrir uma lavanderia de lavagem a seco, um novo restaurante ou uma firma de consultoria de comércio eletrônico para companhias que desejem vender de maneira mais eficaz pela Internet. Cada um desses exemplos passaria no teste de entrada livre da concorrência perfeita.

Em muitos mercados, entretanto, existem barreiras significativas à entrada, geralmente impostas pelo governo. Algumas vezes, o governo impõe restrições *absolutas* ao número de participantes permitidos no mercado. Por exemplo, o número de táxis licenciados para operar na cidade de Nova York é fixo, determinado pela prefeitura. Dos anos 30 até 1996, esse número foi definido em 11.787. No final dos anos 90, a cidade finalmente aumentou o número de licenças de táxi, mas somente em algumas centenas, levando o total para 12.187. A menos que a cidade emita mais licenças, a real entrada nesse mercado será impossível – as licenças podem mudar de mãos, mas o número total de táxis com permissão para operar legalmente não pode crescer. Outro exemplo de barreiras governamentais à entrada são as *leis de zoneamento*. Elas colocam limites rígidos sobre a maneira como muitas firmas, como cinemas, supermercados e hotéis, podem operar em uma área local.

Barreiras à entrada também podem surgir sem ação governamental, simplesmente porque os vendedores existentes têm uma vantagem importante que os novos participantes não podem duplicar. A lealdade à marca desfrutada pelos produtores existentes de cereais de café da manhã, de café instantâneo e de refrigerantes exigiria que um novo participante tirasse os clientes das firmas já existentes – um empreendimento muito custoso. Economias de escala significativas podem fornecer às firmas existentes uma vantagem de custo com relação aos novos participantes. Discutiremos essas e outras barreiras à entrada com mais detalhes em capítulos posteriores.

Além da entrada fácil, a concorrência perfeita requer uma *saída* simples: uma firma que sofre uma perda no longo prazo deve estar apta a vender sua planta e seus equipamentos e deixar a indústria para sempre, sem obstáculos. Alguns mercados satisfazem esse requisito e alguns não. Exemplificando, as leis sobre fechamento de plantas podem exigir um aviso com bastante antecedência e acordos de sindicatos podem resultar em pagamentos de altas indenizações quando trabalhadores são demitidos. Ou, então, os equipamentos talvez sejam especializados como uma linha de montagem criada para produzir apenas um tipo de automóvel a ponto de não poderem ser vendidos se a firma decidir sair do mercado. Essas e outras barreiras à saída não estão de acordo com as hipóteses da concorrência perfeita.

A CONCORRÊNCIA PERFEITA É REALISTA?

As três hipóteses que um mercado deve satisfazer para ser perfeitamente competitivo (ou apenas "competitivo") são bem restritivas. Qualquer mercado satisfaz todos esses requisitos? Quão amplamente podemos aplicar o modelo da concorrência perfeita quando pensamos no mundo real?

Primeiro, lembre-se de que a concorrência perfeita é um *modelo*, uma representação abstrata da realidade. Nenhum modelo pode capturar *todos* os detalhes de um mercado do mundo real, nem deve. Ainda assim, em alguns casos, o modelo se adapta muito bem. Vimos que o mercado para trigo, por exemplo, passa em todos os três testes para um mercado competitivo: muitos compradores e vendedores, mercadoria padronizada e fácil entrada e saída. Na realidade, a maioria dos mercados agrícolas satisfaz os requisitos rígidos da concorrência perfeita de maneira muito próxima como o fazem muitos mercados financeiros e alguns mercados para bens e serviços de consumo.

Na vasta maioria dos mercados, uma ou mais das hipóteses da concorrência perfeita serão, em um sentido rígido, violadas. Isso pode sugerir que o modelo seja aplicável somente em alguns casos limitados. Ainda assim, quando os economistas examinam os mercados do mundo real, eles utilizam a concorrência perfeita com mais freqüência que qualquer outra estrutura de mercado. Por que isso ocorre?

Primeiro, com a concorrência perfeita, podemos utilizar técnicas simples para fazer algumas previsões fortes sobre a resposta de um mercado a mudanças nos gostos do consumidor, na tecnologia e nas políticas governamentais. Enquanto outros tipos de modelos de estrutura de mercado também resultam em previsões valiosas, eles geralmente apresentam um maior grau de dificuldade, e suas previsões são menos definitivas. Segundo, os economistas acreditam que muitos mercados – embora não completamente perfeitamente competitivos – cheguem *razoavelmente* perto de serem competitivos. Quanto melhor o mercado do mundo real se ajustar ao modelo, mais precisas serão as previsões ao utilizá-lo.

Podemos até mesmo – com algum cuidado – utilizar o modelo para analisar mercados que violem as três suposições. Pegue o mercado mundial para aparelhos de televisão. Há cerca de uma dúzia de grandes vendedores nesse mercado. Cada um deles sabe que suas decisões de produção terão *algum* efeito no preço de mercado, mas nenhum deles pode ter um impacto *importante* no preço. Os consumidores reconhecem a diferença entre uma marca e outra, mas suas preferências não são muito fortes e a maioria reconhece que a qualidade se tornou tão padronizada que todas as marcas são, na realidade, substitutas próximas umas das outras. E existem, na realidade, barreiras à entrada – as firmas já existentes têm redes de suprimentos e de distribuição que os novos participantes teriam dificuldade para replicar – que não são *tão* grandes para manter novos participantes de fora, em face do alto lucro potencial. Assim, embora o mercado para televisões não satisfaça completamente nenhum dos requisitos da concorrência perfeita, ele não está muito longe de satisfazer alguns deles. O modelo não terá um desempenho tão preciso para televisões como tem para o trigo, mas, dependendo de quanta precisão é necessária, poderá funcionar bem.

Em suma, a concorrência perfeita pode aproximar condições e resultar em previsões suficientemente precisas em uma ampla variedade de mercados. É por isso que encontramos, geralmente, economistas utilizando o modelo para analisar os mercados para petróleo bruto, bens eletrônicos de consumo, refeições fast-food, tratamento médico e educação superior, muito embora em cada um desses casos um ou mais requisitos possa não ser completamente satisfeito.

A FIRMA PERFEITAMENTE COMPETITIVA

Quando ficamos à distância e examinamos as condições em um mercado competitivo, obtemos uma visão do que está ocorrendo. Quando ficamos próximos e examinamos a *firma* competitiva individual, obtemos um quadro completamente diferente e esses dois quadros estão intimamente relacionados. Afinal, um mercado é um grupo de tomadores de decisões individuais, muito semelhante a um corpo humano que é um conjunto de células. Em um mercado perfeitamente competitivo, as células individuais das firmas, os consumidores e o corpo completo do mercado afetam um ao outro por meio de uma variedade de mecanismos de retorno. É por isso que, ao aprendermos sobre a firma competitiva, também devemos discutir o mercado competitivo no qual ela opera.

A Figura 1(a) aplica as ferramentas já vista por nós – oferta e demanda – ao mercado competitivo para ouro. A curva de demanda do mercado inclina-se para baixo: à medida que o preço cai, os compradores querem comprar mais. A curva de oferta inclina-se para cima: à medida que o preço aumenta, a quantidade total ofertada pelas firmas no mercado cresce. A interseção das curvas de oferta e de demanda determina o preço de equilíbrio do ouro que, na figura, é de $400 por onça troy (sistema de peso empregado para ouro e prata, equivalente a 31.103 gramas).[1] Esse é um território familiar. Vamos agora mudar as lentes e ver como a Small Time Gold Mines, uma firma de mineração individual, vê o mercado.

Identificar os Objetivos e as Restrições

OBJETIVOS E RESTRIÇÕES DA FIRMA COMPETITIVA

A Small Time, como toda firma de negócios, luta para maximizar o lucro e enfrenta restrições. Por exemplo, ela deve utilizar certa tecnologia de produção para produzir sua mercadoria e deve pagar certos preços por seus insumos. Como resultado, a firma Small Time enfrenta uma restrição de custo familiar, bem semelhante à da Spotless Car Wash, no Capítulo 6, e à da Ned's Beds, no Capítulo 7. A Small Time Gold Mines enfrenta um custo total de produção para qualquer nível de produção que possa querer produzir. Além do custo *total*, a Small Time tem as curvas de *CTM*, *CVM* e *CM* e elas têm as formas familiares já vistas nos dois capítulos anteriores.

[1] O ouro é vendido por onça troy que é cerca de 10% mais pesado que uma onça (28,691g) comum.

Figura 1

A INDÚSTRIA E A FIRMA COMPETITIVAS

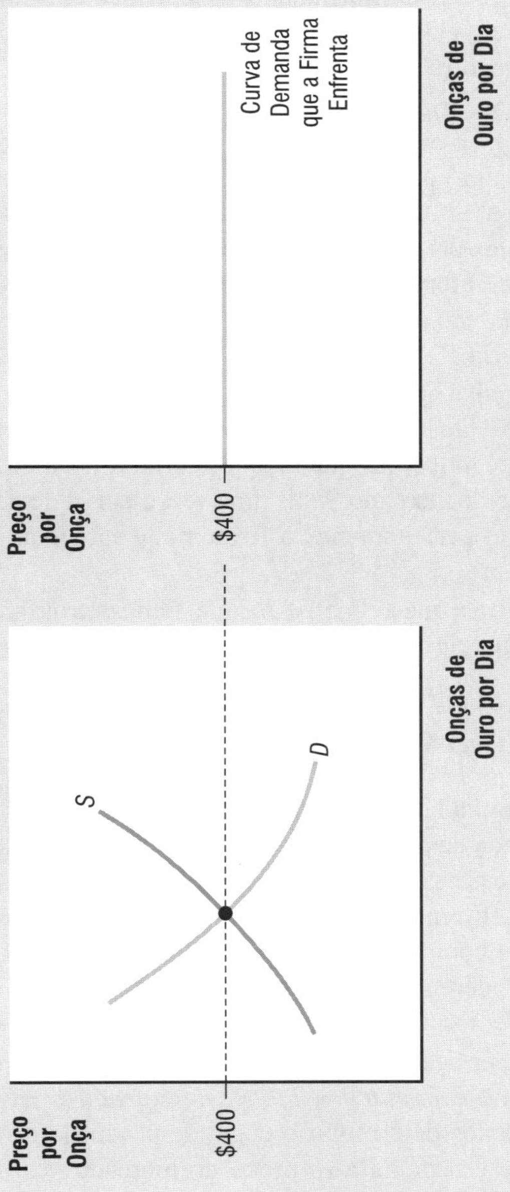

No painel (a), as curvas de oferta e de demanda do mercado se interceptam para determinar um preço de mercado de $400 por onça. A firma comum, no painel (b), pode vender tudo o que quiser por esse preço. A curva de demanda que a firma competitiva enfrenta é uma linha horizontal ao preço de mercado.

Uma firma perfeitamente competitiva enfrenta uma restrição de custo, como qualquer outra firma. O custo de produzir qualquer determinado nível de produção depende da tecnologia de produção da firma e dos preços que ela deve pagar por seus insumos.

Além de uma restrição de custo, a Small Time Gold Mines enfrenta uma restrição de demanda como qualquer firma. Mas existe algo diferente sobre a restrição de demanda para uma firma perfeitamente competitiva como a Small Time.

A Curva de Demanda que uma Firma Perfeitamente Competitiva Enfrenta. O painel (b) da Figura 1 mostra a curva de demanda que a Small Time Gold Mines enfrenta. Observe a forma especial da curva: ela é horizontal ou infinitamente elástica ao preço. Isso nos informa que, independentemente de quanto ouro a Small Time produzir, ela sempre o venderá pelo mesmo preço – $400 por onça troy. Por que isso ocorre?

Primeiro, na concorrência perfeita, a produção é padronizada – os compradores não distinguem o ouro de uma ou de outra mina. Se a Small Time cobrasse um preço mesmo um pouco maior que o dos outros produtores, ela perderia todos os seus clientes – eles simplesmente comprariam de um concorrente da Small Time cujos preços seriam menores. A curva de demanda horizontal captura esse efeito, informando-nos que, se a Small Time aumentar seu preço acima de $400, ela não apenas venderá *menos* mercadoria, mas não venderá *nenhuma* mercadoria.

Segundo, a Small Time é somente um produtor pequeno, em relação a todo o mercado de ouro. Não importa quanto ela decida produzir, não pode provocar uma diferença perceptível na quantidade ofertada no mercado, por isso não pode afetar o preço de mercado. Mais uma vez, a curva de demanda horizontal descreve esse efeito perfeitamente: a firma pode aumentar sua produção sem ter de reduzir seu preço.

Tudo isso significa que a Small Time não tem controle sobre o preço de sua mercadoria – ela simplesmente aceita o preço do mercado como dado.

Tomadora de preço Qualquer firma que trate o preço de seu produto como dado e além do seu controle.

Na concorrência perfeita, a firma é uma ***tomadora de preço*** *– ela trata o preço de sua mercadoria como dado.*

A curva de demanda horizontal que a firma enfrenta e o comportamento resultante da tomada de preço das firmas são marcas da concorrência perfeita. Quando um gerente pensa "Se produzirmos mais mercadoria, teremos de reduzir o preço", a firma enfrenta uma curva de demanda de *inclinação para baixo* e não é uma firma competitiva. O gerente de uma firma competitiva sempre pensará assim: "Poderemos vender pelo preço atual tudo o que produzirmos. Então, quanto devemos produzir?"

Observe que, por aceitar o preço de mercado como dado, a única decisão da firma competitiva é *quanto produto ela deve produzir e vender.* Após tomar essa decisão, podemos determinar o custo de produção da firma, bem como a receita total que ela ganhará (o preço do mercado vezes a quantidade de produto produzida). Vamos ver como isso funciona na prática, com a Small Time Gold Mines.

DADOS DE CUSTO E DE RECEITA PARA UMA FIRMA COMPETITIVA

A Tabela 1 mostra os dados de custo e de receita para a Small Time. Nas primeiras duas colunas estão as diferentes quantidades de ouro que a Small Time poderia produzir todo dia e o preço máximo que ela poderia cobrar. Como a Small Time é uma firma competitiva – uma tomadora de preço – o preço permanece constante em $400 por onça, não importa *quanto* ouro ela produz.

Passe seu dedo para baixo nas colunas de receita total e de receita marginal. Como o preço é sempre $400, cada vez que a firma produz outra onça de ouro, a receita total aumenta em $400. É por isso que a receita marginal – a receita adicional com a venda de mais uma onça de ouro – permanece constante a $400.

Tabela 1

DADOS DE CUSTO E DE RECEITA PARA A SMALL TIME GOLD MINES

(1) Produção (Onças Troy de Ouro por Dia)	(2) Preço (por Onça Troy)	(3) Receita Total	(4) Receita Marginal	(5) Custo Total	(6) Custo Marginal	(7) Lucro
0	$400	$0		$550		–$550
			$400		$450	
1	$400	$400		$1.000		–$600
			$400		$200	
2	$400	$800		$1.200		–$400
			$400		$50	
3	$400	$1.200		$1.250		–$50
			$400		$100	
4	$400	$1.600		$1.350		$250
			$400		$150	
5	$400	$2.000		$1.500		$500
			$400		$250	
6	$400	$2.400		$1.750		$650
			$400		$350	
7	$400	$2.800		$2.100		$700
			$400		$450	
8	$400	$3.200		$2.550		$650
			$400		$550	
9	$400	$3.600		$3.100		$500
			$400		$650	
10	$400	$4.000		$3.750		$250

A Figura 2 representa a receita total e a receita marginal da Small Time. Observe que a curva de receita total (*RT*) no painel (a) é uma *linha reta* que se inclina para cima. Cada vez que a produção aumenta em uma unidade, a *RT* aumenta os mesmos $400, isto é, a inclinação da curva de *RT* é igual ao preço do produto.

A curva de receita marginal (*RM*) é uma linha *horizontal* ao preço de mercado. Na realidade, a curva de *RM* é a mesma linha horizontal que a curva de demanda. Por quê? Lembre-se de que a receita marginal é a receita adicional que a firma obtém com a venda de uma unidade adicional de produto. Para uma firma competitiva tomadora de preço, essa receita adicional sempre será o preço por unidade – não importa quantas unidades ela já estiver vendendo.

Para uma firma competitiva, a receita marginal para cada quantidade é igual ao preço de mercado. Por esse motivo, a curva de receita marginal e a curva de demanda que a firma enfrenta são a mesma – uma linha horizontal ao preço de mercado.

No painel (b), rotulamos a linha horizontal "*d* = *RM*", já que essa linha é a curva de demanda da firma (d) e a sua curva de receita marginal (*RM*).[2]

[2] Neste capítulo e nos capítulos posteriores, as letras em caixa baixa para quantidades e para as curvas de demanda se referem à firma individual e as letras em caixa alta se referem a todo o mercado. Por exemplo, a curva de demanda que a firma enfrenta é rotulada *d*, enquanto a curva de demanda do mercado é rotulada *D*.

Figura 2

O painel (a) mostra as curvas de receita total (*RT*) e de custo total (*CT*) de uma firma competitiva. A *RT* é uma linha reta com inclinação igual ao preço do mercado. O lucro é maximizado em sete onças por dia, onde a distância vertical entre a *RT* e o *CT* é maior. O painel (b) mostra que o lucro é maximizado onde a curva de custo marginal (*CM*) intercepta as curvas de demanda horizontal (*d*) e de receita marginal (*RM*).

MAXIMIZAÇÃO DO LUCRO NA CONCORRÊNCIA PERFEITA

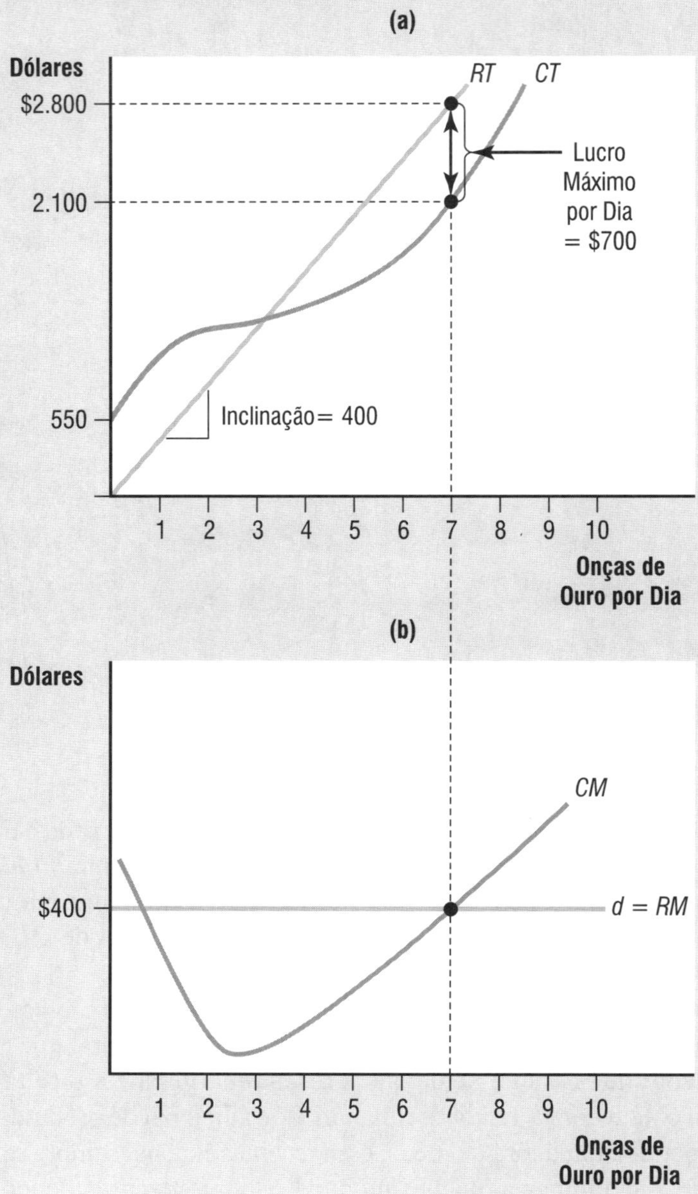

As colunas 5 e 6 da Tabela 1 mostram o custo total e o custo marginal para a Small Time. Não há nada especial sobre os dados de custo para uma firma competitiva. Na Figura 2, você pode ver que o custo marginal (*CM*) – como é usual – primeiro cai e, em seguida, aumenta. O custo total, portanto, se eleva primeiro a uma taxa decrescente, e, em seguida, a uma taxa crescente. (É aconselhável examinar o Capítulo 6 para verificar por que esse comportamento de custo é tão comum.)

COMO ENCONTRAR O NÍVEL DE PRODUÇÃO QUE MAXIMIZA O LUCRO

Uma firma competitiva, como qualquer outra firma, quer obter o maior lucro possível e, para isso, deve utilizar os princípios que vimos no Capítulo 7. Embora os diagramas pareçam um pouco diferentes para firmas competitivas, as idéias por trás deles são as mesmas. Podemos utilizar a Tabela 1 ou a Figura 2 para encontrar o nível de produção que maximiza o lucro. E podemos utilizar as técnicas que já vimos: a abordagem da receita total e do custo total ou a abordagem da receita marginal e do custo marginal.

A Abordagem da Receita Total e do Custo Total. Na metodologia da *RT* e do *CT*, o lucro para cada nível de produção – inserido na última coluna da Tabela 1 – é igual a *RT* – *CT*. Examine as entradas de lucro até encontrar o valor mais alto, $700 por dia. O nível de produção no qual a firma obtém esse lucro – sete onças por dia – é o nível de produção que maximiza o lucro. De maneira alternativa, utilize o gráfico no painel (a) da Figura 2. O lucro é a distância entre as curvas de *RT* e *CT* e essa distância é maior quando a firma está produzindo sete unidades de produto, confirmando o que encontramos na tabela.

A Abordagem da Receita Marginal e do Custo Marginal. Na abordagem da *RM* e do *CM*, a firma deve continuar a aumentar a produção quando a receita marginal é maior que o custo marginal. Podemos verificar, utilizando a Tabela 1, que, se a firma estiver produzindo, inicialmente, uma, duas, três, quatro, cinco ou seis unidades, $RM > CM$ e, por essa razão, produzir mais, elevará o lucro. Ao produzir sete unidades, no entanto, $RM < CM$, por isso mesmo, aumentos adicionais na produção irão reduzir o lucro. De maneira alternativa, utilizando o gráfico do painel (b) da Figura 2, procuramos o nível de produção em que $RM = CM$. Como mostra o gráfico, existem dois níveis de produção nos quais a *RM* e o *CM* se interceptam. Podemos, no entanto, ignorar o primeiro ponto de cruzamento porque lá a curva de *CM* cruza a curva de *RM de cima para baixo.* Lembre-se de que a produção que maximiza o lucro é encontrada onde a curva de *CM* cruza a curva de *RM* de *baixo para cima.* Mais uma vez, isso ocorre com sete unidades de produto.

Podemos ver que encontrar o nível de produção que maximiza o lucro para uma firma competitiva não requer nenhum conceito ou técnica. No capítulo 7, já vimos tudo o que precisávamos saber. Na realidade, a única diferença é a da aparência. Ned's Beds, a firma do Capítulo 7, *não* operava em um mercado de concorrência perfeita. Como resultado, tanto a sua curva de demanda como sua curva de receita marginal inclinavam-se *para baixo.* A Small Time, entretanto, opera em concorrência perfeita, por isso suas curvas de demanda e de *RM* são a mesma linha horizontal.

COMO MEDIR O LUCRO TOTAL

Já vimos uma maneira de medir o lucro total de uma firma em um gráfico: a distância vertical entre as curvas de *RT* e de *CT*. Nesta seção, veremos outra maneira gráfica de medir o lucro.

Para fazer isso, começamos com o *lucro por unidade* da firma que é a receita obtida com cada unidade menos o custo por unidade. A receita por unidade é simplesmente o preço (*P*) do produto da firma e o custo por unidade é o *CTM*, portanto, podemos escrever:

$$\textbf{Lucro por unidade} = P - CTM$$

Figura 3

COMO MEDIR O LUCRO OU A PERDA

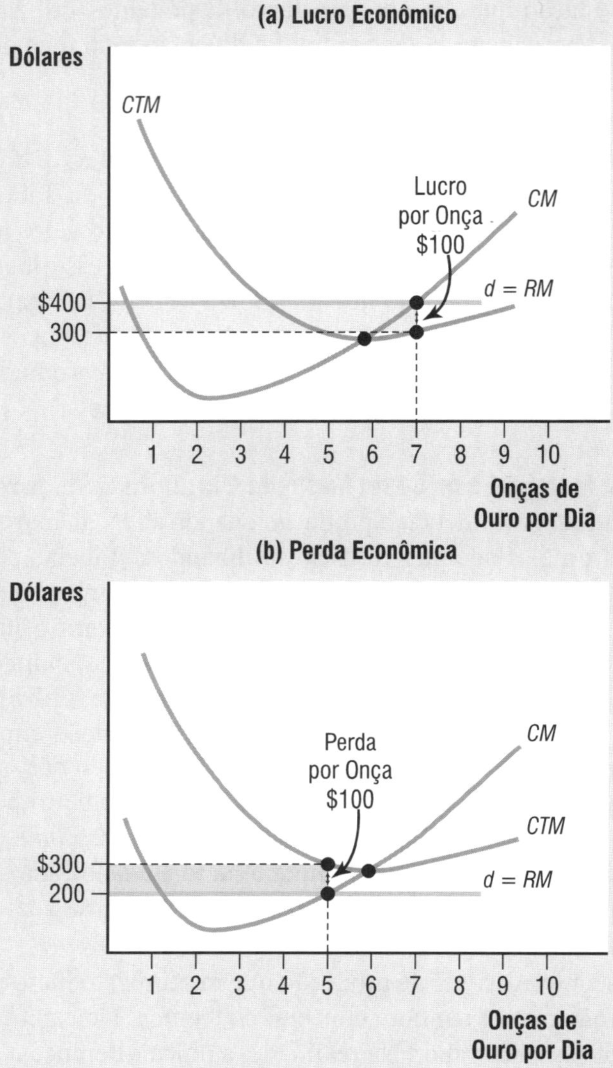

A firma competitiva, no painel (a), produz onde o custo marginal é igual à receita marginal ou sete unidades de produto por dia. O lucro por unidade nesse nível de produção é igual à receita por unidade ($400) menos o custo por unidade ($300) ou $100 por unidade. O lucro total (indicado pelo retângulo sombreado de cinza) é igual ao lucro por unidade vezes o número de unidades vendidas, $100 × 7 = $700. No painel (b), a firma enfrenta um preço de mercado menor, de $200 por onça. O melhor que a firma pode fazer é produzir cinco onças por dia e sofrer uma perda, mostrada pela área cinza. Ela perde $100 por onça em cada uma das cinco onças produzidas, de modo que a perda total é de $500 – a área do retângulo sombreado de cinza.

Na Figura 3(a), a curva de *CTM* da Small Time foi representada com os dados da Tabela 1 (p. 261). Quando a firma está produzindo no nível de produção que maximiza o lucro, sete unidades, seu *CTM* é $300. Como o preço do produto é $400, o lucro *por unidade* = *P* – *CTM* = $400 – $300 = $100. Essa é apenas a distância vertical entre a curva de demanda da firma e sua curva de *CTM* no nível de produção que maximiza o lucro.

Ao conhecermos o lucro por unidade da Small Time, é fácil calcular seu lucro *total*: basta multiplicar o lucro por unidade pelo número de unidades vendidas.

A Small Time está obtendo lucro de \$100 com cada onça de ouro e vende sete onças ao todo, por isso o lucro total é \$100 × 7 = \$700.

Agora, examine o retângulo cinza na Figura 3(a). A altura desse retângulo é o lucro por unidade, e a largura é o número de unidades produzidas. A *área* do retângulo – altura × largura – é igual ao lucro da Small Time:

> *Uma firma obtém lucro sempre que P > CTM. Seu lucro total no melhor nível de produção é igual à área de um retângulo com altura igual à distância entre P e CTM e largura igual ao nível de produção.*

Na figura, a Small Time tem sorte: a um preço de \$400, há vários níveis de produção nos quais ela pode obter lucro. Seu problema é selecionar o nível que torna seu lucro o maior possível. (Todos devemos ter tais problemas.)

E se o preço tivesse sido menor que \$400, tão baixo que, na realidade, a Small Time não conseguisse obter um lucro em *nenhum* nível de produção? O melhor que ela poderia fazer seria escolher a menor perda possível. Como fizemos no caso do lucro, podemos medir a perda total da firma utilizando a curva de *CTM*.

O painel (b) da Figura 3 reproduz as curvas de *CTM* e de *CM* da Small Time do painel (a). Dessa vez, contudo, consideramos um preço menor para o ouro – \$200 – por isso a curva *d* = *RM* da firma é a linha horizontal em \$200. Como para qualquer nível de produção essa linha fica abaixo da curva de *CTM*, o lucro por unidade (*P* – *CTM*) é sempre negativo: a Small Time não consegue obter um lucro positivo em *nenhum* nível de produção.

Com um preço de \$200, a curva de *CM* cruza a curva de *RM* de baixo para cima em cinco unidades de produto. Assim, a menos que a Small Time decida fechar (discutiremos o fechamento posteriormente), ela deve produzir cinco unidades. Nesse nível de produção, o *CTM* é \$300 e o lucro por unidade é *P* – *CTM* = \$200 – \$300 = –\$100, uma *perda* de \$100 por unidade. A perda total é a perda por unidade vezes o número de unidades produzidas ou –\$100 × 5 = –\$500. Isso é igual à área do retângulo sombreado de cinza na Figura 3(b) com altura igual a \$100 e largura igual a cinco unidades.

> *Uma firma sofre uma perda sempre que P < CTM no melhor nível de produção. Sua perda total é igual à área de um retângulo com altura igual à distância entre P e CTM e com largura igual ao nível de produção.*

A CURVA DE OFERTA DA FIRMA NO CURTO PRAZO

Uma firma competitiva é uma tomadora de preço, ela aceita o preço do mercado como dado e, em seguida, decide quanto produto irá produzir a esse preço. Se o preço do mercado for alterado por algum motivo, o preço aceito como dado será mudado também. A firma terá, assim, que encontrar um novo nível de produção que maximize o lucro. Vamos ver como a escolha do nível de produção da firma muda à medida que o preço do mercado aumenta ou diminui.

CURVAS PERIGOSAS

É tentador – mas *errado* – pensar que a firma deve produzir onde o lucro *por unidade* (*P* – *CTM*) é maior. O objetivo da firma é maximizar o lucro *total*, não o lucro por unidade. Utilizando a Tabela 1 ou a Figura 3(a), podemos verificar que, enquanto o lucro *por unidade* da Small Time é maior em seis unidades de produção, seu lucro *total* é maior em sete unidades.

A Figura 4(a) mostra as curvas de *CTM, CVM* e *CM* para um produtor competitivo de trigo. Ela também apresenta cinco hipotéticas curvas de demanda que a firma pode enfrentar, cada uma correspondendo a um diferente preço de mercado para o trigo. Se o preço de mercado fosse de \$3,50 por saca, a firma enfrentaria a curva de demanda d_1 e o nível de produção maximizaria o lucro – onde *CM* = *RM* – seria de 7.000 sacas por ano. Se o preço caísse para \$2,50 por saca, a firma enfrentaria uma curva de demanda d_2 e seu nível de produção que maximizaria o lucro cairia para 5.000 sacas. Podemos ver que o nível de produção que maximiza o lucro é sempre encontrado caminhando do preço até encontrar a curva de *CM* da firma e, em seguida, descendo para o eixo horizontal. Em outras palavras,

à medida que o preço da mercadoria é alterado, a firma desliza ao longo de sua curva de CM *para decidir quanto produzir.*

Há um problema com isso, pois se a firma estiver sofrendo uma perda grande o suficiente para justificar o fechamento, ela *não* produzirá ao longo da sua curva de *CM*, mas sim zero unidade. Com isso, a fim de saber com certeza quanto produto a firma irá produzir, devemos nos lembrar da regra de fechamento que vimos no Capítulo 7.

Suponha que o preço da Figura 4(a) caia para \$2 por saca. A esse preço, o melhor nível de produção são 4.000 sacas e a firma sofre uma perda, já que $P < CTM$. A firma deve fechar? Vamos ver. Em 4.000 sacas, também é verdade que $P > CVM$, já que a curva de demanda fica acima da curva de *CVM* nesse nível de produção. Multiplicando por *Q* os dois lados da última desigualdade, temos

$$P \times Q > CVM \times Q$$

Como $CVM \times Q$ é apenas *CVT*, essa desigualdade é igual a

$$RT > CVT$$

Como vimos no Capítulo 7, uma firma *nunca* deve fechar quando $RT > CVT$. Assim, a um preço de \$4, a firma ficará aberta e produzirá 4.000 unidades de produto.

Agora, imagine que o preço caia até \$0,50 por saca. A esse preço, *RM* = *CM* em 1.000 sacas, mas observe que aqui $P < CVM$. Mais uma vez, multiplicamos os dois lados por *Q* para obter

$$P \times Q < CVM \times Q$$

ou

$$RT < CVT$$

Uma firma deve *sempre* fechar quando $RT < CVT$ desse modo, ao preço de \$0,50, porque ela irá produzir *zero* unidade de produto.

Finalmente, vamos considerar um preço de \$1. Com ele, *RM* = *CM* em 2.000 sacas e aqui temos *P* = *CVM* ou *RT* = *CVT*. A \$1, portanto, a firma será indiferente entre permanecer aberta e fechar. Chamamos esse preço de **preço de fechamento** da firma, já que ela fechará a qualquer preço menor e permanecerá aberta a qualquer preço maior. O nível de produção ao qual a firma irá fechar deve ocorrer

Preço de fechamento O preço ao qual uma firma está indiferente entre produzir e fechar.

OFERTA NO CURTO PRAZO EM CONCORRÊNCIA PERFEITA — **Figura 4**

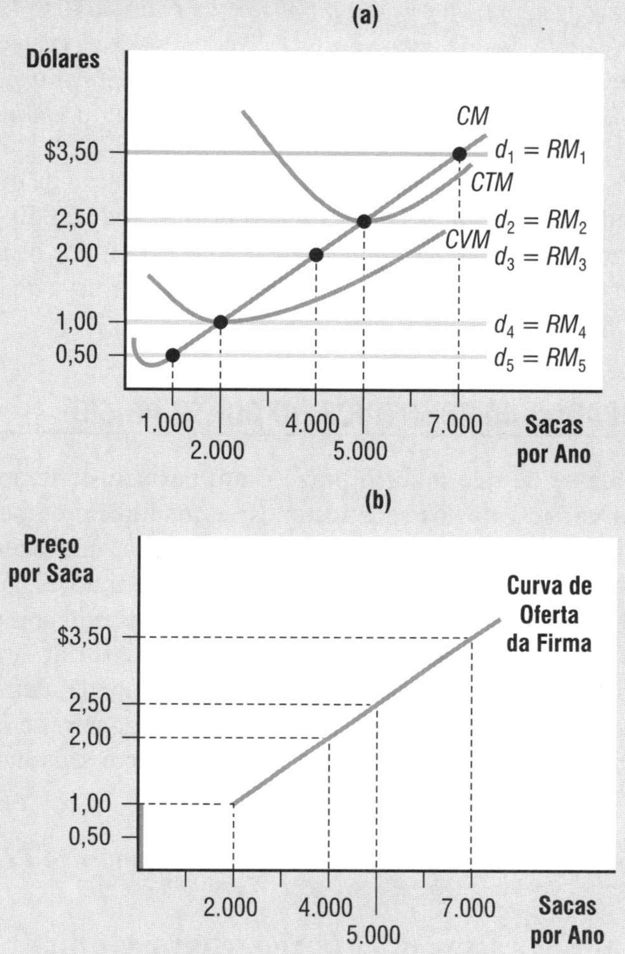

O painel (a) mostra uma típica firma competitiva que enfrenta vários preços de mercado. Para preços entre \$1 e \$3,50 por saca, a quantidade que maximiza o lucro é encontrada deslizando ao longo da curva *CM*. Abaixo de \$1 por saca, é melhor a firma fechar, pois $P < CVM$ e, portanto, $RT < CVT$. O painel (b) mostra que a curva de oferta da firma consiste em dois segmentos. Acima do preço de fechamento, de \$1 por saca, a curva de oferta da firma segue a curva de *CM*. Abaixo desse preço, a curva de oferta coincide com o eixo vertical.

no *mínimo* da curva de *CVM*. Por quê? Observe que, à medida que o preço do produto é reduzido, o melhor nível de produção é encontrado deslizando-se ao longo da curva de *CM*, até onde as curvas de *CM* e *CVM* se cruzam. Nesse ponto, a firma irá fechar. E – como vimos no Capítulo 6 – a curva de *CM* sempre cruzará a curva de *CVM* no seu ponto mínimo.

Agora, vamos recapitular o que descobrimos sobre a decisão de produção da firma. Para todos os preços acima do ponto mínimo da curva de *CVM*, a firma permanecerá aberta e produzirá o nível de produção no qual $RM = CM$. Para esses preços, a firma deslizará ao longo de sua curva de *CM* para decidir quanto produzir. Para qualquer preço abaixo do *CVM* mínimo, porém, a firma fechará e produzirá zero unidade. Podemos resumir todas as informações em uma única curva – a **curva de oferta da firma** – que nos informa quanto produto a firma irá produzir a diferentes preços.

Curva de oferta da firma Uma curva que mostra a quantidade de produto que uma firma competitiva produzirá a diferentes preços.

A curva de oferta da firma competitiva tem duas partes. Para todos os preços acima do ponto mínimo da sua curva de CVM, a curva de oferta coincide com a curva de CM. Para todos os preços abaixo do ponto mínimo da curva de CVM, a firma irá fechar, por isso sua curva de oferta é um segmento de linha vertical em zero unidade de produto.

No painel (b) da Figura 4, desenhamos a curva de oferta para o hipotético fazendeiro de trigo. À medida que o preço cai de $3,50 para $1, a produção é determinada pela curva de *CM* da firma. Para todos os preços *abaixo* de $1 – o preço de fechamento – a produção é zero e a curva de oferta coincide com o eixo vertical.

MERCADOS COMPETITIVOS NO CURTO PRAZO

Lembre-se de que o curto prazo é um período de tempo muito curto para a firma variar *todos* os seus insumos: a quantidade de pelo menos um insumo permanece fixa. Por exemplo, no curto prazo, um fazendeiro de trigo ficará com uma área de terra e um certo número de tratores. Agora, vamos estender o conceito do curto prazo da firma para o mercado como um todo. Se o curto prazo for tempo insuficiente para uma firma variar seus insumos fixos, faz sentido pensar que também é tempo insuficiente para uma *nova* firma adquirir esses insumos fixos e *entrar* no mercado. De maneira semelhante, é um período de tempo muito curto para as firmas reduzirem seus insumos fixos para zero e *saírem* do mercado. Concluímos que,

no curto prazo, o número de firmas na indústria é fixo.

A CURVA DE OFERTA DE MERCADO (CURTO PRAZO)

Curva de oferta do mercado Uma curva que indica a quantidade de produto que todos os vendedores de um mercado produzirão a diferentes preços.

Após sabermos como encontrar a curva de oferta de cada firma *individual* em um mercado, poderemos determinar facilmente **a curva de oferta do mercado** no curto prazo que mostra a quantidade de produto que todos os vendedores do mercado oferecerão a cada preço.

Para obter a curva de oferta do mercado, somamos as quantidades de produto ofertadas por todas as firmas do mercado a cada preço.

Para manter as coisas simples, suponha que haja 100 fazendas idênticas de trigo e que cada uma tenha a curva de oferta mostrada na Figura 5(a) – a mesma curva de oferta que obtivemos na Figura 4. A um preço de $3,50, cada firma produziria 7.000 sacas. Com 100 firmas como essas, a quantidade ofertada do mercado seria 7.000 × 100 = 700.000 sacas. A um preço de $2,50, cada firma teria uma oferta de 5.000 sacas, resultando em uma oferta de mercado de 500.000. Continuando assim, podemos desenhar a curva de oferta de mercado mostrada no painel (b) da Figura 4. Observe que depois que o preço cai para abaixo de $1 – o preço de fechamento para cada firma – a curva de oferta de mercado pula para zero.

A curva de oferta de mercado na figura é uma curva de oferta de mercado no *curto prazo*, já que nos fornece o nível de produção combinado apenas das firmas *já* na indústria. Quando nos movemos ao longo dessa curva, estamos imaginando duas coisas como constantes: (1) os insumos fixos de cada firma e (2) o número de firmas no mercado.

EQUILÍBRIO NO CURTO PRAZO

Como um mercado perfeitamente competitivo alcança o equilíbrio? Já abordamos essa questão no Capítulo 3, no estudo sobre oferta e demanda. Agora, examinaremos o equilíbrio mais de perto, prestando atenção à firma individual, ao consumidor individual e ao mercado.

Encontrar o Equilíbrio

A Figura 6 une tudo o que discutimos até agora, incluindo o que vimos no Capítulo 5, sobre escolha do consumidor, para pintar um quadro completo de como um mercado competitivo chega a um equilíbrio no curto prazo. No lado direito, somamos as quantidades ofertadas de todas as firmas para obter a curva de oferta de mercado. No lado esquerdo, somamos as quantidades demandadas de todos os

Figura 5

COMO OBTER A CURVA DE OFERTA DE MERCADO

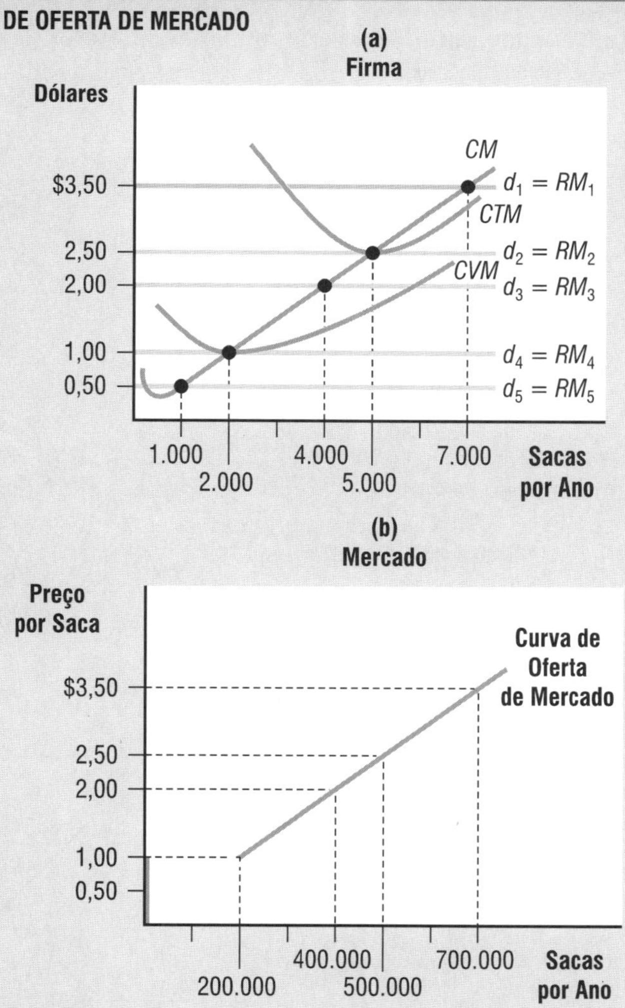

A curva de oferta de mercado do painel (b) é obtida pela soma das quantidades ofertadas de produto de todas as firmas no mercado a cada preço, como mostrado no painel (a).

consumidores para obter a curva de demanda de mercado. As curvas de oferta e de demanda de mercado mostram relações se/então: se o preço fosse *x*, *então* as firmas iriam oferecer essa quantidade e os consumidores iriam comprar aquela quantidade. Até esse ponto, os preços e as quantidades são puramente hipotéticos. Ao unirmos as duas curvas e encontrarmos seu ponto de interseção, conhecemos o preço de *equilíbrio* – o preço no qual a comercialização realmente acontecerá. Finalmente, confrontamos cada firma e cada consumidor com o preço de equilíbrio para encontrar a quantidade real que cada consumidor comprará e a quantidade real que cada firma produzirá.

A Figura 7 é mais específica, ilustrando dois equilíbrios possíveis no curto prazo no mercado de trigo. No painel (a), se a curva de demanda do mercado fosse D_1, o preço de equilíbrio no curto prazo seria de $3,50. Cada firma enfrentaria a curva de demanda horizontal d_1 – painel (b) – e decidiria produzir

Figura 6

CONCORRÊNCIA PERFEITA

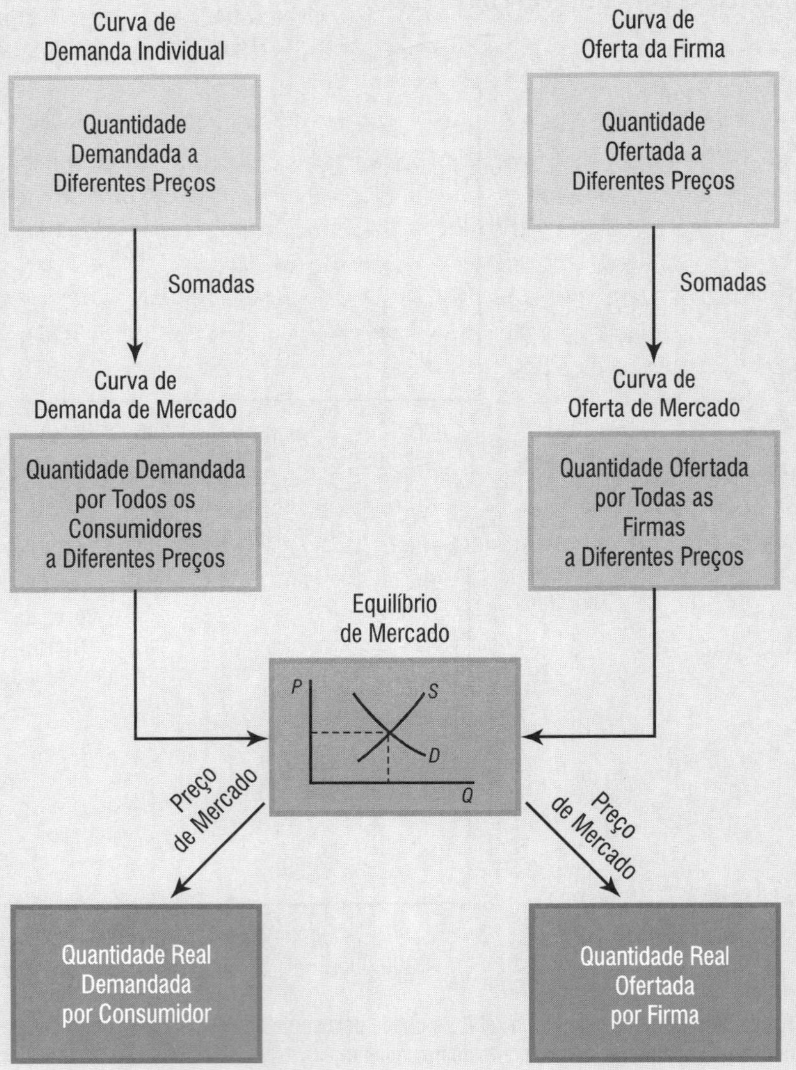

7.000 sacas. Com 100 dessas firmas, a quantidade de equilíbrio de mercado seria de 700.000 sacas. Observe que, a um preço de \$3,50, cada firma está desfrutando um lucro econômico, já que $P > CTM$.

Se a curva de demanda do mercado fosse D_2, o preço de equilíbrio seria de \$2. Cada firma enfrentaria uma curva de demanda d_2 e produziria 4.000 sacas. Com 100 firmas, a quantidade de equilíbrio de mercado seria de 400.000. Aqui, cada firma está sofrendo uma perda econômica, já que $P < CTM$. Esses dois exemplos nos mostram que, no *equilíbrio de curto prazo, as firmas competitivas podem obter um lucro econômico ou sofrer uma perda econômica.*

EQUILÍBRIO DE CURTO PRAZO NA CONCORRÊNCIA PERFEITA — Figura 7

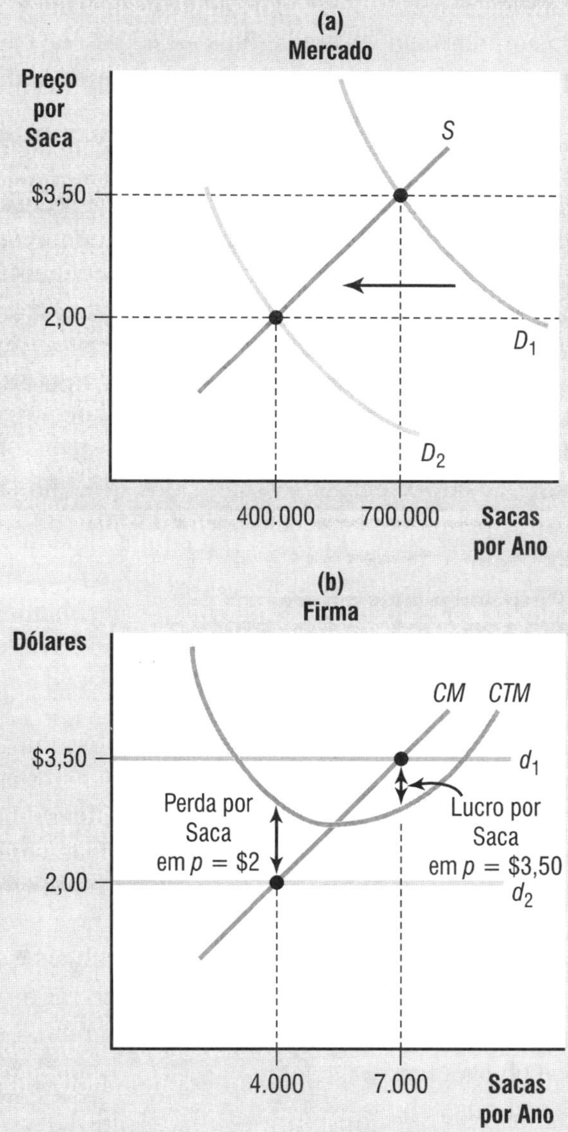

No painel (a), a curva de demanda D_1 intercepta a curva de oferta S para determinar o preço de mercado de \$3,50 por saca. A firma no painel (b) aceita esse preço como dado, produz 7.000 sacas por ano – determinadas na interseção de sua curva de custo marginal com a curva de demanda horizontal d_1 – e obtém um lucro no curto prazo. Se a curva de demanda do mercado mudar para a esquerda, para D_2, o preço do mercado cairá para \$2 por saca. A firma típica reduz a produção para 4.000 sacas por ano e sofre uma perda no curto prazo.

Estamos para sair do curto prazo e voltar a atenção para o que acontece em um mercado competitivo no longo prazo. Antes, vamos examinar como estabelecer um equilíbrio no curto prazo. Uma parte desse processo – que combina as curvas de oferta e de demanda para encontrar o equilíbrio de mercado – tem sido familiar o tempo todo, mas podemos avaliar melhor quanta informação está contida em cada uma dessas curvas e que trabalho impressionante o mercado faz coordenando milhões de decisões tomadas por pessoas que podem, inclusive, nunca se encontrar.

Pense nisto: muitos consumidores e firmas individuais, cada um com seus próprios interesses, comercializando no mercado. Nenhum deles tem poder para decidir ou influenciar o preço de mercado. Em vez disso, o preço é determinado por *todos* eles, fazendo ajustes até que a quantidade ofertada *total* seja igual à quantidade demandada *total.* Em seguida, ao enfrentar o preço de equilíbrio, cada consumidor compra a quantidade que deseja, cada firma produz o nível de produção que deseja e podemos ter certeza de que todos eles estão aptos a realizar seus planos. Cada comprador pode encontrar vendedores dispostos a vender e cada vendedor pode encontrar compradores dispostos a comprar.

Na concorrência perfeita, o mercado soma as preferências de compra e de venda de consumidores e produtores individuais e determina o preço de mercado. Cada comprador e vendedor aceita o preço de mercado como dado e cada um é capaz de comprar ou vender a quantidade desejada.

De um certo ponto de vista, esse processo é uma coisa bela e acontece todos os dias nos mercados do mundo todo – mercados para trigo, milho, cevada, grãos de soja, maçãs, laranjas, ouro, prata, cobre e outros mais. Algo muito semelhante acontece em outros mercados que não satisfazem por completo os requisitos para a concorrência perfeita – mercados para televisores, livros, ar-condicionado, refeições fast-food, óleo, gás natural, água engarrafada e jeans. A lista é virtualmente infinita.

MERCADOS COMPETITIVOS NO LONGO PRAZO

Até agora, exploramos apenas o curto prazo, assumindo como fixo o número de firmas no mercado. A concorrência perfeita se torna ainda *mais* interessante no longo prazo, quando a entrada e a saída de firmas no mercado pode ocorrer. Afinal, o longo prazo é um horizonte de tempo longo o suficiente para uma firma variar *todos* os seus insumos. Deve, portanto, ser longo o suficiente para *novas* firmas adquirirem insumos fixos e entrarem no mercado e para as firmas já existentes na indústria venderem seus insumos fixos e *saírem* do mercado.

O que faz as firmas terem o objetivo de entrar ou sair de um mercado? O motivo para entrar no mercado é o lucro econômico e a razão para a saída é a perda econômica.

O LUCRO, A PERDA E O LONGO PRAZO

Lembre-se de que o lucro econômico é a quantia pela qual a receita total excede *todos* os custos de produção. Os custos a serem deduzidos incluem custos implícitos como renda de investimentos não realizados e salários não pagos para um proprietário que dedica dinheiro e tempo à firma. Assim, quando uma firma obtém um lucro econômico positivo, sabemos que os proprietários estão ganhando *mais* do que conseguiriam dedicando seu dinheiro e tempo a alguma outra atividade.

Um episódio temporário de lucro econômico positivo não causa muito impacto em uma indústria competitiva, a não ser o prazer temporário que dá aos proprietários das firmas competitivas, mas quando o lucro positivo reflete as condições básicas na indústria e a expectativa é de que essa situação continue, ocorrem importantes mudanças. Novas firmas, famintas por lucro irão querer entrar no mercado e – como *não existem barreiras à* entrada – elas poderão entrar.

De maneira semelhante, se as firmas no mercado estão sofrendo perdas econômicas, elas não estão obtendo receita suficiente para cobrir todos os seus custos. Deve haver, então, outras oportunidades para compensar de maneira mais adequada os proprietários por seu dinheiro ou tempo. Se houver expectativa de que essa situação continue durante o horizonte de planejamento de longo prazo da firma – um período longo o suficiente para variar *todos* os insumos – existe apenas uma coisa para a firma fazer, sair do mercado vendendo sua planta e equipamentos, reduzindo, portanto, a perda para zero.

Em um mercado competitivo, o lucro econômico e a perda econômica são as forças que impulsionam a mudança no longo prazo. A expectativa de lucro econômico contínuo faz novas firmas entrarem no mercado; a expectativa de perdas econômicas contínuas faz firmas já existentes saírem do mercado.

No mundo real dos negócios, entrada e saída ocorrem, literalmente, todos os dias. Em alguns casos, vemos a entrada ocorrer por meio da formação de uma firma totalmente nova, como no final dos anos 90, quando os altos lucros dos primeiros provedores de serviços de Internet (ISPs – Internet Service Providers) – America Online, o CompuServe e o Prodigy – levaram à criação de mais de 7.000 novos ISPs ao final da década. A entrada de novas firmas também pode ocorrer quando uma firma já existente adiciona um novo produto à sua linha. Por exemplo, entre as firmas que entraram no mercado de ISPs, estavam muitas que haviam sido criadas anos antes de *haver* coisas como um ISP como a Sprint (que entrou com o Earthlink), a Microsoft (o Microsoft Network) e a AT&T. Embora essas firmas não fossem *novas*, elas eram *novos participantes* no mercado de serviços de Internet.

A saída também pode ocorrer de diferentes maneiras. Uma firma pode sair completamente do negócio vendendo seus ativos e se livrando para sempre de todos os custos. Todos os anos, milhares de pequenas firmas saem dos mercados dessa maneira. Você pode conhecer locadoras de vídeo, mercearias ou lojas de móveis que decidiram fechar permanentemente suas portas. Restaurantes, em particular, parecem especialmente propensos à perda econômica no longo prazo. Foi relatado que metade dos novos restaurantes saem do mercado durante os primeiros dois anos de funcionamento.

A saída também pode ocorrer quando uma firma pára de produzir uma linha específica de produto, mesmo se continuar a produzir outras coisas. Por exemplo, firmas de publicação decidem abandonar revistas malsucedidas, ainda que continuem a lutar pela publicação de outras revistas e livros.

Encontrar o Equilíbrio

EQUILÍBRIO NO LONGO PRAZO

A entrada e a saída – não importa como aconteçam – são forças poderosas nos mercados competitivos do mundo real. Elas determinam como esses mercados mudam no longo prazo, quanto produto estará, em última análise, disponível aos consumidores e os preços que devem pagar. Para explorar essas questões, vamos ver como a entrada e a saída de firmas movem um mercado para seu equilíbrio no longo prazo, de diferentes pontos de partida.

Do Lucro no Curto Prazo para o Equilíbrio no Longo Prazo. Suponha que o mercado para trigo esteja, inicialmente, em um equilíbrio de curto prazo, como o ponto *A* no painel (a) da Figura 8, com a curva de oferta de mercado S_1. O preço de equilíbrio inicial é de $4,50 por saca. No painel (b), vemos que uma firma competitiva típica – que produz 9.000 sacas – está obtendo lucro econômico, já que $P > CTM$ nesse nível de produção. Como permanecemos no curto prazo – sem nenhuma firma nova entrando no mercado – essa situação não será alterada.

À medida que entrarmos no longo prazo, muitas coisas mudarão. Primeiro, o lucro econômico atrairá novos participantes, aumentando o número de vendedores no mercado e *deslocando a curva de oferta de mercado para a direita*. (Lembre-se de que a curva de oferta de mercado *S* é desenhada para um número fixo de firmas e, com mais firmas no mercado, uma quantidade maior será ofertada a cada preço.) Conforme a curva de oferta de mercado é deslocada para a direita, várias coisas acontecem: (1) O preço de mercado começa a cair de $4,50 para $4,00, para $3,50 e assim por diante. (2) À medida que o preço de mercado cai, a curva de demanda que cada firma enfrenta é deslocada para baixo. (3) Cada firma – que luta para maximizar os lucros – irá deslizar para baixo, na sua curva de custo marginal, reduzindo a produção.[3]

O processo de ajuste – no mercado e na firma – continua bem até quando? Para responder a essa pergunta, lembre-se em primeiro lugar, do motivo pelo qual esses ajustes estão ocorrendo: o lucro econômico está atraindo novos participantes e deslocando a curva de oferta de mercado para a direita. Assim, todas as alterações irão parar quando o *motivo* para a entrada – o lucro positivo – não existir mais. E isso, por sua vez, requer que a curva de oferta de mercado seja deslocada o bastante para a direita e que o preço caia o suficiente, de maneira que *cada firma existente esteja obtendo lucro econômico igual a zero.* Os painéis (c) e (d) da Figura 8 mostram no, no final, o equilíbrio no longo prazo. Primeiro, examine o painel (c) que mostra o equilíbrio de mercado no longo prazo no ponto *E*. A curva de oferta de mercado foi deslocada para S_2 e o preço caiu para $2,50 por saca. Em seguida, examine o painel (d) que nos informa por que a curva de oferta de mercado pára de mudar ao alcançar S_2. Com essa curva de oferta, cada firma está produzindo no ponto mais baixo de sua curva *CTM*, com $P = CTM = \$2,50$, e cada uma está obtendo lucro econômico zero. Sem nenhum lucro econômico, não há motivo para a entrada

---

[3] Existe uma outra conseqüência possível que ignoramos aqui: a entrada de novas firmas na indústria que altera a demanda por insumos, também pode alterar os preços dos mesmos. Se isso ocorrer, a curva de *CTM* da firma será alterada. Por enquanto, vamos supor que a entrada (e a saída) de firmas não afeta os preços dos insumos, por isso a curva de *CTM* não sofrerá mudanças.

Figura 8

DO EQUILÍBRIO NO CURTO PRAZO PARA O EQUILÍBRIO NO LONGO PRAZO

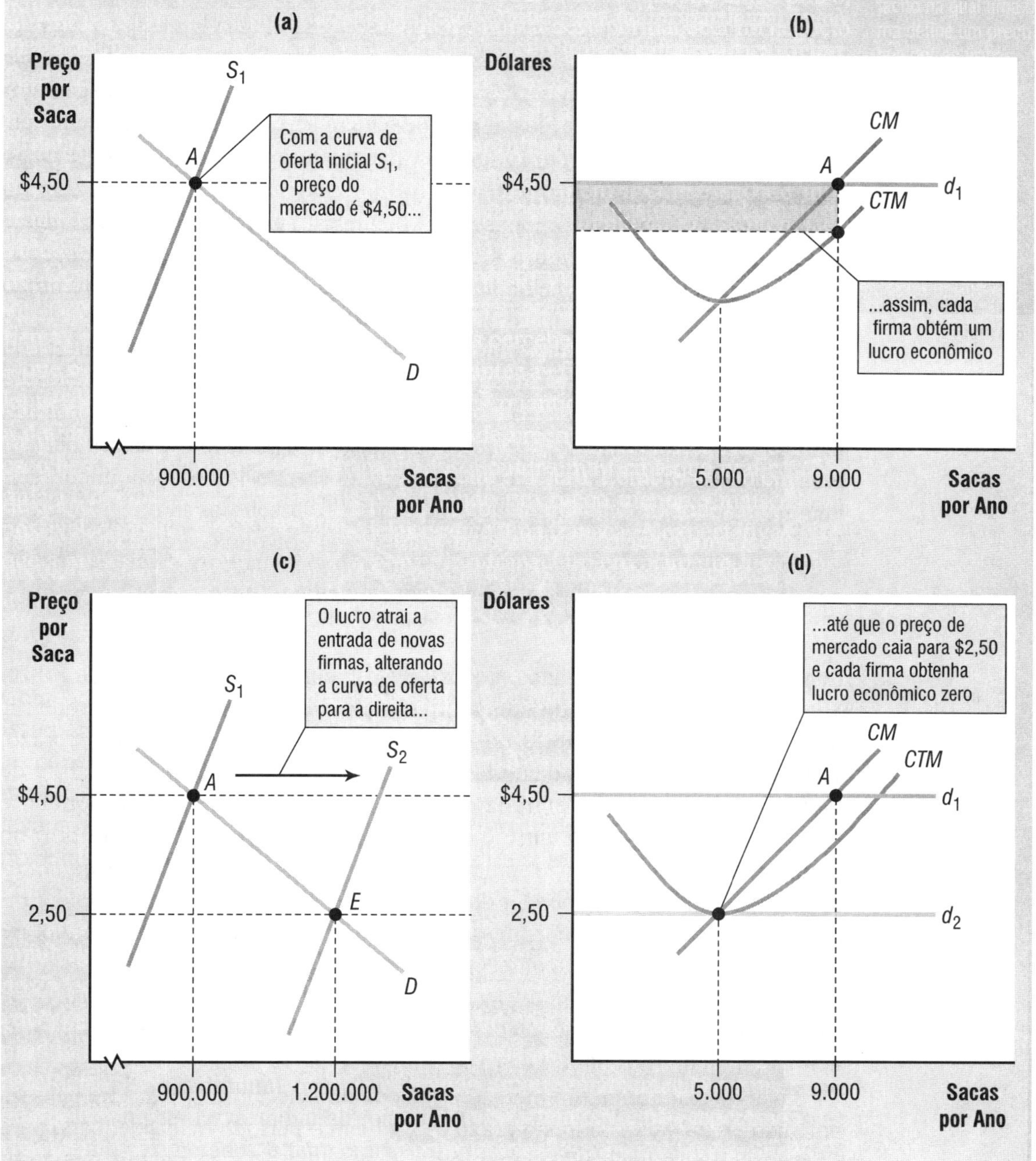

de novas firmas no mercado, não havendo, portanto, motivo para outra mudança na curva de oferta de mercado.

Em um mercado competitivo, o lucro econômico positivo continua a atrair novos participantes até que o lucro econômico seja reduzido a zero.

Antes de prosseguirmos, examine com atenção a Figura 8. À medida que o mercado se move para seu equilíbrio no longo prazo – ponto E nos painéis (c) e (d) –, a produção de cada firma *cai* de 9.000 para 5.000 sacas. Mas, no mercado como um todo, a produção *aumenta* de 900.000 para 1.200.000 sacas. Como isso pode acontecer? (Veja se você consegue responder a essa pergunta sozinho.)

Da Perda no Curto Prazo para o Equilíbrio no Longo Prazo. Acabamos de ver como – iniciando com uma posição de lucro no curto prazo na firma típica – um mercado competitivo irá se ajustar até que o lucro seja eliminado. E se começarmos de uma posição de perda? Como você pode imaginar, o mesmo tipo de ajuste irá ocorrer, mas na direção oposta.

Essa é uma boa oportunidade para você testar suas próprias habilidades e entendimento. Estude a Figura 8 com atenção. Em seguida, veja se consegue desenhar um diagrama semelhante que ilustre o ajuste da *perda* no curto prazo para o equilíbrio no longo prazo. Inicie com um preço de mercado de $1. Utilize a mesma curva de demanda da Figura 8, mas desenhe uma curva de oferta de mercado nova e adequada. Em seguida, deixe o mercado funcionar. Mostre o que acontece no mercado e em cada firma à medida que a perda econômica faz algumas firmas saírem. Se você fizer isso corretamente, acabará em um preço de mercado de $2,50, com cada firma obtendo lucro econômico zero. Seu gráfico irá ilustrar a seguinte conclusão:

> *Em um mercado competitivo, as perdas econômicas provocam a saída de firmas até que essas perdas sejam reduzidas a zero.*

Como Distinguir os Resultados no Curto Prazo dos Resultados no Longo Prazo. Vimos que em um mercado competitivo o equilíbrio no curto prazo pode ser muito diferente do equilíbrio no longo prazo. No equilíbrio de curto prazo, as firmas competitivas podem obter lucros ou sofrer perdas. No equilíbrio de longo prazo, depois que entrada e saída já ocorreram, o lucro econômico é sempre zero. A distinção entre o equilíbrio no curto prazo e o equilíbrio no longo prazo é importante não somente nos mercados competitivos. Em *qualquer* mercado, a análise irá depender do período de tempo que estamos considerando e o período correto depende da pergunta a que estamos respondendo. Se quisermos prever o que acontecerá vários anos depois de uma alteração na demanda, devemos perguntar qual será o novo equilíbrio no *longo prazo*. Se desejarmos saber o que acontecerá alguns *meses* depois de uma mudança na demanda, olharemos para o novo equilíbrio no *curto prazo*.

Quando examinam um mercado, os economistas automaticamente pensam no curto prazo *versus* o longo prazo e escolhem o período mais adequado para a pergunta cuja resposta desejam saber. Como veremos, essa maneira de pensar é aplicada repetidamente na economia.

A NOÇÃO DE LUCRO ZERO NA CONCORRÊNCIA PERFEITA

De acordo com a descrição anterior, podemos nos perguntar por que alguém, em sã consciência, iria querer montar um negócio em uma indústria competitiva ou nela permanecer durante qualquer período de tempo, já que – no longo prazo – eles podem esperar lucro econômico zero. Na realidade, se você deseja se tornar um milionário, aconselha-se que não compre uma fazenda de trigo. No entanto, a maioria dos fazendeiros de trigo – como a maioria dos outros vendedores em mercados competitivos – não amaldiçoa seu destino. Pelo contrário, eles provavelmente estão muito contentes com o desempenho de seus negócios. Como isso pode acontecer?

Lembre-se de que lucro *econômico* zero não é o mesmo que lucro *contábil* zero. Quando uma firma está com lucro *econômico* zero, ela ainda está tendo algum lucro contábil. Na realidade, o lucro contábil é suficiente para cobrir todos os custos do proprietário, incluindo a compensação por qualquer renda de investimentos não realizados ou por salários não pagos. Suponha, por exemplo, que um fazendeiro de trigo tenha pago $100.000 pela terra e trabalhe durante 40 horas por semana. Imagine, também, que o dinheiro *pudesse* ter sido investido de alguma outra maneira, rendendo $6.000 por ano e o fazendeiro *pudesse* ter trabalhado, de maneira igualmente agradável, em outro lugar, ganhando $40.000 por ano. Assim, os custos implícitos da fazenda seriam de $46.000 e lucro econômico zero significaria que a fazenda estaria obtendo $46.000 em *lucro contábil* por ano. Isso não deixaria um fazendeiro de trigo extasiado, mas faria valer a pena continuar trabalhando na fazenda. Afinal, se o fazendeiro desistisse e partisse para a próxima melhor alternativa, ele não iria melhorar. Para enfatizar que lucro econômico zero não é um resultado desagradável, os economistas geralmente o substituem pelo termo **lucro normal** que é um sinônimo para "lucro econômico zero" ou "lucro contábil suficiente para cobrir os custos implícitos". Utilizando essa linguagem, podemos resumir as condições no longo prazo, na firma típica, desta maneira:

Lucro normal Um outro nome para o lucro econômico zero.

No longo prazo, toda firma competitiva obtém lucro normal, *ou seja, lucro econômico zero.*

A CONCORRÊNCIA PERFEITA E O TAMANHO DA PLANTA

Existe mais uma característica dos mercados competitivos no longo prazo que ainda não discutimos: o tamanho da planta da firma competitiva. As mesmas forças – entrada e saída – que fazem todas as firmas obterem lucro econômico zero *também* asseguram que

no equilíbrio no longo prazo, toda firma competitiva seleciona seu tamanho de planta e nível de produção, para operar no ponto mínimo de sua curva CTMLP.

Para ver o porquê, vamos considerar o que aconteceria se essa condição fosse violada. A Figura 9(a) ilustra uma firma em um mercado perfeitamente competitivo. A firma enfrenta um preço de mercado P_1 e produz quantidade q_1, onde $CM_1 = RM_1$. Com essa planta, a firma tem custos médios determinados por CTM_1. Observe que a firma está obtendo lucro zero, já que o custo médio é igual a P_1 no melhor nível de produção.

O painel (a), entretanto, *não* mostra um verdadeiro equilíbrio no longo prazo. Como sabemos disso? Primeiro, no longo prazo, a firma típica vai querer expandir. Por quê? Aumentando o tamanho de sua planta, ela pode deslizar para baixo na sua curva de *CTMLP* e produzir mais produto a um menor custo por unidade. Já que é uma firma perfeitamente competitiva – um participante pequeno do mercado – ela pode expandir dessa maneira *sem* afetar o preço do mercado. Em conseqüência, a firma – após sua expansão – pode operar sobre uma curva de *CTM* inferior e nova, por isso o *CTM* é menor que *P*. Verificamos, então, que, após sua expansão, a firma pode obter um lucro econômico.

Figura 9

A CONCORRÊNCIA PERFEITA E O TAMANHO DA PLANTA

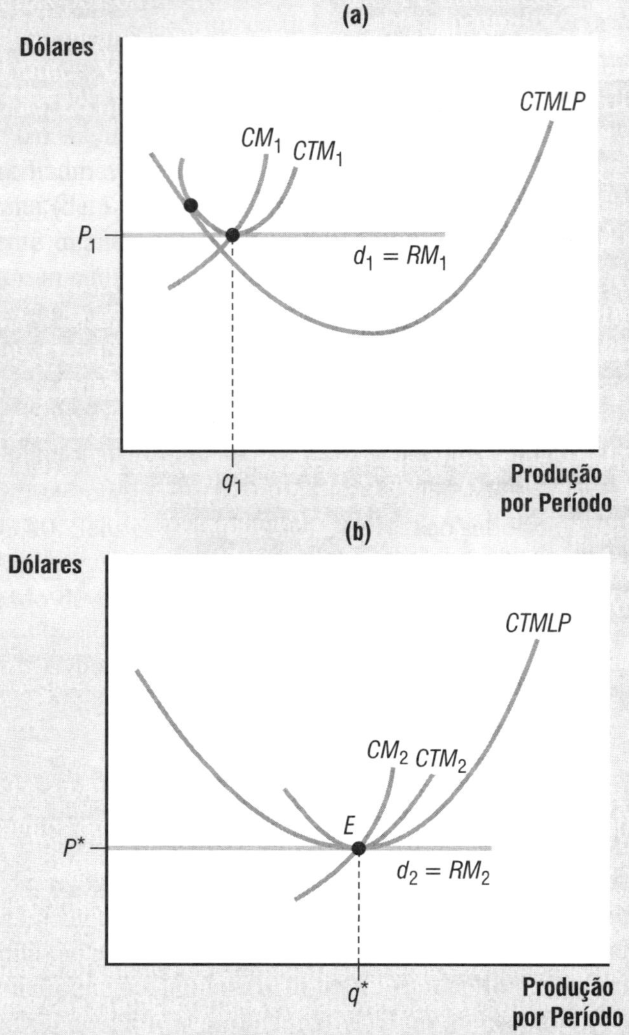

A firma do painel (a) enfrenta o preço P_1 e produz a quantidade q_1. Ela obtém lucro zero, pois o preço é igual ao custo médio. No longo prazo, essa firma vai querer expandir. Ao deslizar para baixo na curva de *CTMLP*, ela poderia produzir mais produto a um custo menor por unidade e obter um lucro econômico. Por sua vez, o lucro econômico irá atrair novas firmas e isso reduzirá o preço do mercado. A posição de equilíbrio da firma no longo prazo é mostrada no painel (b). A firma obtém lucro zero operando no mínimo da curva de *CTMLP*.

Segundo, essa mesma oportunidade de obter lucro econômico positivo atrai novos participantes que irão introduzir maiores plantas desde o início. A expansão das firmas já existentes e a entrada de novas aumenta a produção do mercado e reduz o preço de mercado. O processo irá parar – um equilíbrio no longo prazo será estabelecido – somente quando não houver potencial para obter lucro econômico positivo com *qualquer* tamanho de planta. Como podemos ver no painel (b), essa condição é satisfeita somente quando cada firma está operando no ponto mínimo da sua curva de *CTMLP*, utilizando a planta representada pela curva de CTM_2 e produzindo um nível de produto igual a q^*. A entrada e a expansão devem continuar no mercado até que o preço caia para P^*, pois somente aí cada firma – fazendo o melhor possível – obtém lucro econômico zero. *(Pergunta:* no longo prazo, o que aconteceria à firma do painel (a) se ela se recusasse a aumentar o tamanho da sua planta?)

UM RESUMO DA FIRMA COMPETITIVA NO LONGO PRAZO

O painel (b) da Figura 9 resume tudo o que vimos sobre a firma competitiva no equilíbrio de longo prazo. A firma típica – que aceita o preço de mercado P^* como dado – produz q^* que é o nível de produção que maximiza o lucro, no qual $RM = CM$. Como isso é no longo prazo, cada firma obterá lucro econômico zero, portanto, sabemos, ainda, que $P^* = CTM$ e como $P^* = CM$ e $P^* = CTM$, também deve ser verdadeiro que $CM = CTM$. Como vimos no Capítulo 6, o *CM* e o *CTM* são iguais apenas no ponto mínimo da curva de *CTM*. Assim, sabemos que cada firma deve operar no menor ponto possível da curva de *CTM* para a planta que está operando. Finalmente, cada firma seleciona a planta que torna seu *CTMLP* o menor possível, por isso cada uma opera no ponto mínimo da sua curva de *CTMLP*.

Existem muitas coisas acontecendo na Figura 9 (b) e podemos uni-las em uma declaração muito simples:

> *Para cada firma competitiva, no equilíbrio de longo prazo, P = CM = CTM mínimo = CTMLP mínimo.*

Na Figura 9(b), essa igualdade é satisfeita quando a firma típica produz no ponto *E*, onde suas curvas de demanda, custo marginal, *CTM* e *CTMLP* se interceptam. Vale a pena lembrar essa figura, já que ela resume muitas informações sobre mercados competitivos em um único quadro. (Aqui está um autoteste: feche o livro, coloque as anotações de lado e desenhe um conjunto de diagramas no qual uma curva por vez *não* passe pelo ponto de interseção comum das outras três. Em seguida, explique qual princípio da firma ou do comportamento do mercado é violado pelo seu diagrama. Faça isso separadamente para as quatro curvas.)

A Figura 9(b) também explica uma das maneiras importantes pela qual a concorrência perfeita beneficia os consumidores: no longo prazo, cada firma é direcionada para o tamanho de planta e nível de produção nos quais o custo por unidade seja o menor possível. Esse menor custo por unidade possível também é o preço por unidade que os consumidores pagarão. Se o preço fosse menor que P^*, não valeria a pena, para as firmas, continuar produzindo a mercadoria no longo prazo. Assim, dada a curva de *CTM* que cada firma enfrenta nessa indústria – uma curva determinada pela tecnologia de produção de cada firma e pelos custos de seus insumos – P^* é o menor preço possível que irá assegurar a disponibilidade continuada do bem. Na concorrência perfeita, os consumidores obtém a melhor negociação que poderiam, possivelmente, conseguir.

O QUE ACONTECE QUANDO AS COISAS MUDAM?

Vimos como as firmas competitivas tomam decisões, como estas levam a um equilíbrio no curto prazo no mercado e como o mercado se move do equilíbrio no curto prazo para o equilíbrio no longo prazo por meio da entrada e saída de firmas. É hora de nos voltarmos para a Etapa-Chave nº 4: *O que acontece quando as coisas mudam?* Nesta seção, lidaremos com uma alteração na demanda para o produto e, no processo, veremos alguns recursos adicionais importantes da concorrência perfeita. Na seção intitulada "Utilizando a Teoria", examinaremos as mudanças na tecnologia.

O Que Acontece Quando as Coisas Mudam?

UMA ALTERAÇÃO NA DEMANDA

Na Figura 10, o painel (a) mostra um mercado competitivo que está, inicialmente, no equilíbrio no longo prazo no ponto *A*, onde a curva de demanda do mercado D_1 e a curva de oferta S_1 se interceptam. (Ignore as outras curvas por enquanto). O painel (b) mostra as condições na firma que enfrenta a curva de demanda d_1 e produz a quantidade q_1 que maximiza o lucro.

Suponha agora que a curva de demanda de mercado seja deslocada para a direita, para D_2, e permaneça lá. (Essa modificação poderia ser provocada por qualquer um de vários fatores. Se não conseguir listar alguns deles, volte para o Capítulo 3 e examine novamente a Figura 3.) Os painéis (c) e (d) mostram o que acontece. No *curto prazo*, o deslocamento na curva de demanda move o equilíbrio de mercado para o ponto *B*, com a produção de mercado Q_{SR} e o preço P_{SR}. Ao mesmo tempo, a curva de demanda que cada firma enfrenta é deslocada para cima e cada firma eleva a produção para q_{SR}, o novo nível que maximiza o lucro. Nesse nível de produção, $P > CTM$, com cada firma obtendo lucro econômico. Assim, o impacto, no curto prazo, de um aumento na demanda é (1) um aumento do preço de mercado, (2) um crescimento da quantidade de mercado e (3) lucros econômicos.

Quando nos voltamos para o longo prazo, sabemos que a entrada de novas firmas irá ocorrer (por quê?) e, assim, a curva de oferta de mercado é deslocada para a direita, levando o preço para baixo, até que cada firma obtenha lucro econômico zero. Mas até onde o preço deve cair para que isso aconteça? Até onde podemos esperar que a curva de oferta de mercado seja alterada? Ao responder a essa pergunta, adicionaremos mais um detalhe ao modelo que havíamos ignorado até agora.

Pense no que acontece à medida que a entrada de novas firmas ocorre em uma indústria. Com mais firmas, a produção aumenta, fazendo a indústria ter maior demanda por *insumos* – mais matérias-primas, mais trabalho, mais capital e mais terra. Podemos, geralmente, esperar que os preços desses insumos se elevem.

Agora, um aumento nos preços dos insumos irá afetar a curva de *CTM* de uma firma. Por quê? Sempre que desenhamos a curva de *CTM*, imaginemos que a tecnologia de produção da firma e os preços que ela deve pagar por seus insumos permaneçam constantes, mas quando se tornam mais caros, o custo por unidade será maior em *qualquer* nível de produção. Como resultado, a curva de *CTM* será deslocada para cima. Por exemplo, a expansão da indústria de alcachofra aumentaria a demanda por terra adequada ao cultivo da cultura, elevaria o preço da terra e empurraria para cima a curva de *CTM* enfrentada por produtor de alcachofra.[4]

Vamos somar o que sabemos até agora. Após a alteração da curva de demanda, chegamos ao ponto B do painel (c) no curto prazo. Nesse ponto, o preço é maior e a firma típica está obtendo lucro econômico. O lucro atrai a entrada de novas firmas, por isso a curva de oferta de mercado começa a ser deslocada para a

---

[4] Observe que, na Figura 10, a curva de custo marginal não é deslocada para cima. Isso ocorre porque supomos que somente insumos *fixos* – como terreno ou espaço da fábrica – estão se tornando mais caros. Um aumento do preço de um insumo fixo não afeta a curva de *CM* que nos informa o custo de produzir unidades *adicionais* de mercadoria. No entanto, se insumos *variáveis* tivessem uma elevação do preço, a curva de *CTM e* a curva *CM* seriam deslocadas para cima na Figura 10. Isso acontece porque um aumento do preço de um insumo variável eleva o custo por unidade de mercadoria (*CTM*) *e* o custo de produzir *mais uma* unidade de mercadoria (*CM*).

Figura 10

UMA INDÚSTRIA DE CUSTO CRESCENTE

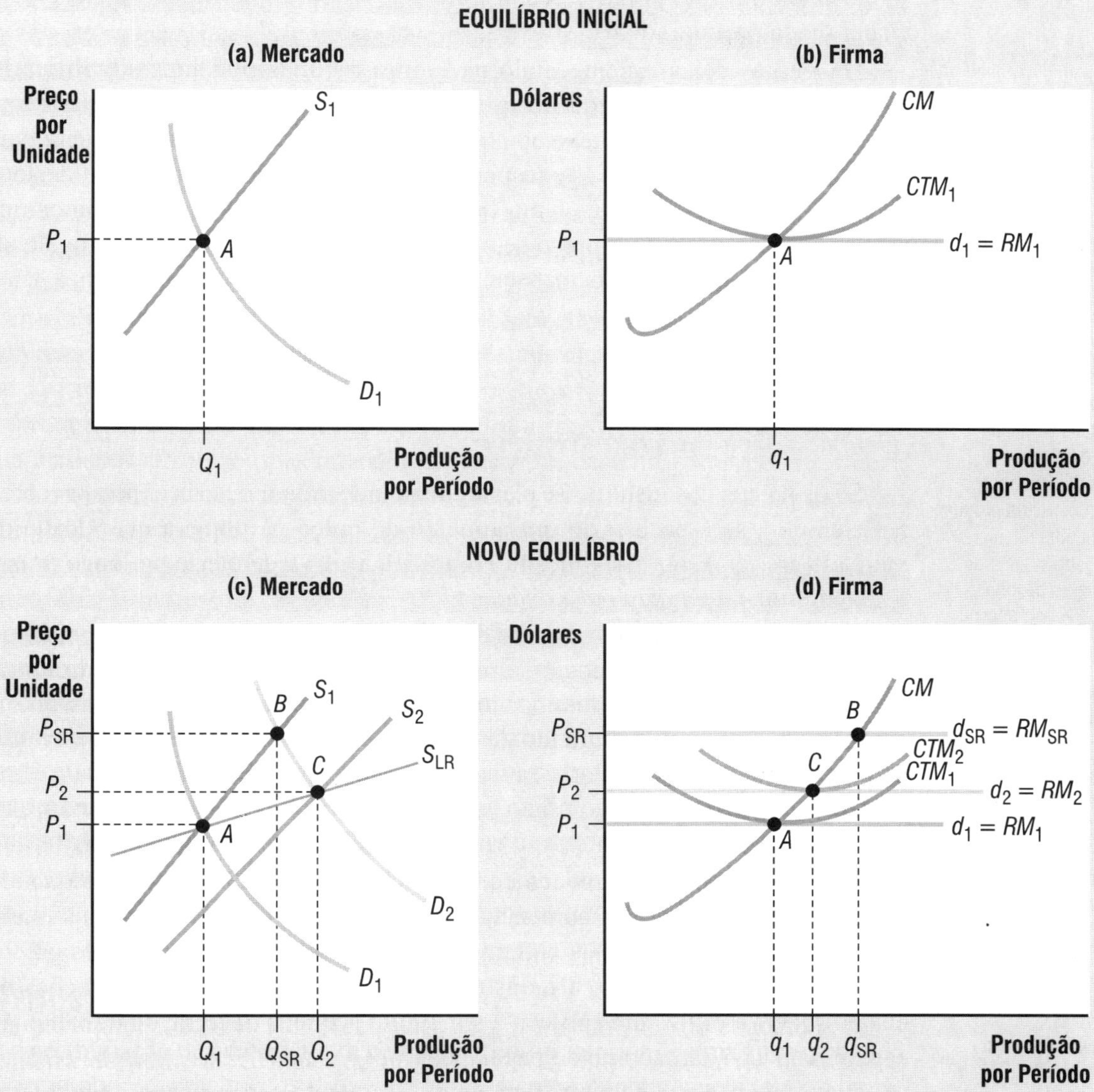

No ponto *A*, no painel (a), o mercado está no equilíbrio de longo prazo. A firma típica no painel (b) obtém lucro econômico zero. Se a demanda aumenta, o preço de mercado também aumenta. As firmas individuais aumentam a produção e obtêm um lucro econômico no ponto *B*. O lucro atrai a entrada de novas firmas, elevando a oferta de mercado e levando o *CTM* para cima. Quando o equilíbrio no longo prazo é restabelecido, no ponto *C* do painel (c), o preço é mais alto, mas a firma típica, mais uma vez, obtém lucro econômico zero. A curva de oferta de mercado no longo prazo é uma linha de inclinação para cima encontrada ligando pontos como *A* e *C* no painel (c).

direita, reduzindo, novamente, o preço. Ao mesmo tempo, a expansão da produção na indústria aumenta o preço dos insumos e desloca a curva CTM da firma típica para cima. No painel (d), a curva CTM é deslocada para cima, para a curva pontilhada CTM_2.

Agora vem uma conclusão importante: como a curva de *CTM* foi deslocada para cima, o lucro zero irá ocorrer a um preço *maior* que o preço inicial P_1. No painel (d), a firma típica obterá lucro zero quando o preço for P_2. Assim, a entrada de novas firmas irá cessar e a curva de oferta de mercado irá *parar* de se deslocar para a direita quando o preço do mercado atingir P_2. Na figura, isso ocorrerá quando a curva de oferta de mercado atingir S_2. O equilíbrio final de longo prazo será no ponto *C*, com preço P_2, produção da indústria em Q_2 e a firma típica produzindo q_2.

Há muitas coisas acontecendo na Figura 10, mas podemos simplificar a história se *ignorarmos* o equilíbrio de curto prazo no ponto *B* e simplesmente perguntarmos: o que acontece no *longo prazo* depois que a curva de demanda é deslocada para a direita? A resposta é: o equilíbrio de mercado se desloca do ponto *A* para o ponto *C*. Uma linha desenhada por esses dois pontos nos informa, no longo prazo, o preço de mercado que podemos esperar para qualquer quantidade que o mercado forneça. Na Figura 10, essa é a linha cinza fina, chamada *curva de oferta no longo prazo* (S_{LR}).

Curva de oferta de longo prazo Uma curva que indica a quantidade de produto que todos os vendedores de um mercado produzirão a diferentes preços, depois que todos os ajustes de longo prazo tiverem ocorrido.

> ***A curva de oferta no longo prazo*** *mostra a relação entre o preço de mercado e a quantidade produzida pelo mercado depois que todos os ajustes de longo prazo tiverem ocorrido.*

Se os preços dos insumos se elevarem quando uma indústria expandir (como no exemplo), será necessário um aumento do preço para que a quantidade de mercado cresça. É por isso que, na Figura 10, a curva de oferta no longo prazo, S_{LR}, tem uma *inclinação para cima.*

Indústria de custo crescente Uma indústria na qual a curva de oferta no longo prazo sobe, pois a curva de *CTM* de cada firma é deslocada para cima à medida que a produção da indústria aumenta.

As coisas, no entanto, não *têm* de acabar como na Figura 10. Depende do que acontece aos preços dos insumos à medida que novas firmas entram na indústria e começam a demandar insumos, juntamente com as firmas que já estão lá. Na Figura 10, o aumento da demanda por insumos causa uma elevação do preço desses insumos. Por essa razão, a curva de *CTM* é deslocada para cima e a curva de oferta no longo prazo tem uma inclinação para cima. Esse tipo de indústria, que é a mais comum, é chamado **indústria de custo crescente**.

Indústria de custo constante Uma indústria na qual a curva de oferta no longo prazo é horizontal, pois a curva de *CTM* de cada firma não é afetada pelas alterações na produção da indústria.

Existem duas outras (menos comuns) possibilidades. Uma ocorre quando uma indústria utiliza uma porcentagem tão pequena dos insumos totais que – mesmo quando novas firmas entram – não existe efeito perceptível nos preços dos insumos. Por exemplo, a indústria de livros didáticos para instituições de ensino superior utiliza uma porcentagem muito pequena da terra, do trabalho, do capital da nação, bem como do papel e da tinta da nação. Essa indústria poderia se expandir consideravelmente, sem nenhum aumento perceptível nos preços dos insumos. Como resultado, o *CTM* se manteria constante à medida que novas firmas entrassem na indústria, e – como solicitaremos que você verifique na pergunta desafiadora do final do capítulo – a curva de oferta no longo prazo seria horizontal. Esse tipo de indústria é uma **indústria de custo constante.**

Indústria de custo decrescente Uma indústria na qual a curva de oferta no longo prazo cai, pois a curva de *CTM* de cada firma é deslocada para baixo à medida que a produção da indústria aumenta.

A última possibilidade é a **indústria de custo decrescente**, na qual a entrada de novas firmas realmente *reduz* os preços dos insumos. Isso ocorre quando as firmas que produzem os *insumos* desfrutam economias de escala, reduzindo seu custo por unidade – e os preços que elas cobram – à medida que elas aumentam a produção. Por exemplo, fitas de vídeo *são* um insumo importante para as locadoras de vídeo. Nos anos 80, a entrada de novas firmas na indústria de aluguel de vídeo levou a uma maior demanda e a uma maior produção de fitas de vídeo. Como os produtores de vídeo desfrutavam economias de escala, sua maior produção levou a menores custos e a menores preços para as fitas. No final, a entrada de novas firmas na indústria de aluguel de vídeo realmente *reduziu* os custos médios para todas elas. Em uma indústria de custo decrescente, como a indústria de aluguel de vídeo, a curva de oferta no longo prazo tem uma inclinação *para baixo*. (A pergunta desafiadora nº 1, no final deste capítulo, pede que você verifique isso.)

SINAIS DO MERCADO E A ECONOMIA

A discussão anterior de alterações na demanda incluía muitos detalhes. Vamos tirar um momento para fazer uma descrição ampla. Vimos que um *aumento* da demanda sempre leva a uma *elevação* da produção do mercado no curto prazo à medida que firmas já existentes aumentam seus níveis de produção e a um crescimento *ainda maior* na produção no longo prazo à medida que novas firmas entram no mercado.

Também poderíamos ter analisado o que acontece quando a demanda *aumenta*, mas você deveria fazer isso sozinho, desenhando o diagrama. Se desenhar corretamente, você descobrirá que o deslocamento para a esquerda da curva de demanda provocará uma queda na produção no curto prazo e uma queda ainda maior no longo prazo.

Agora, vamos sair desses detalhes e ver o que eles realmente nos informam sobre a economia. Podemos iniciar com um fato simples: no mundo real, as curvas de demanda para diferentes bens e serviços estão constantemente sendo alteradas. Por exemplo, durante a última década, os americanos desenvolveram um gosto maior por água engarrafada. O americano médio tomava 24,2 litros de água em 1988 e mais de duas vezes essa quantidade – 50,3 litros – em 1998. Como conseqüência, a *produção* de água engarrafada cresceu significamente. Isso parece mágica: os consumidores querem mais água engarrafada e pronto a economia providencia isso. O que o modelo da concorrência perfeita nos mostra são os trabalhos por trás da mágica, a seqüência lógica de eventos que levam o desejo de consumir mais água engarrafada até seu surgimento nas prateleiras das lojas.

O segredo é este: à medida que a demanda aumenta ou cai em um mercado, os *preços mudam*. E as mudanças nos preços agem como *sinais* para as firmas entrarem ou saírem de uma indústria. Como esses sinais funcionam? Como vimos, quando a demanda cresce, o preço tende a *superar*, inicialmente, seu valor de equilíbrio no longo prazo durante o processo de ajuste, criando lucros temporários de tamanho considerável para as firmas já existentes. De maneira semelhante, quando a demanda diminui, o preço cai *abaixo* do seu valor de equilíbrio no longo prazo, criando perdas de tamanho considerável para as firmas já existentes. Esses movimentos exagerados e temporários no preço e os lucros e perdas que eles provocam são forças quase irresistíveis que atraem novas firmas para o mercado ou levam firmas já existentes a saírem dele. Dessa maneira, a economia é levada a produzir qualquer grupo de bens que os consumidores preferirem.

Por exemplo, como os americanos alteraram seus gostos para água engarrafada, a curva de demanda de mercado para esse bem foi deslocada para a direita e o preço aumentou. Inicialmente, o preço se elevou *acima* do seu novo valor de equilíbrio no longo prazo, fazendo as firmas de água engarrafada já existentes – a Poland Spring e a Arrowhead – terem altos lucros. Os altos lucros, por sua vez, atraíram novas firmas, especialmente novas marcas de firmas já estabelecidas como a Aquafina da Pepsi e a Dasani da Coca. Como resultado, a produção expandiu para corresponder ao aumento da demanda dos consumidores. Mais terra, trabalho e capital são, agora, utilizados para produzir água engarrafada. De onde vieram esses recursos?

Em grande parte, eles foram obtidos das indústrias que experimentavam um *declínio* na demanda. Nessas indústrias, contudo, os preços menores provocaram a saída, a liberação de terra, trabalho e capital para serem utilizados em outras indústrias em expansão como a indústria de água engarrafada.

Sinais do mercado Mudanças de preço que fazem as firmas alterarem sua produção para corresponder mais de perto à demanda do consumidor.

Em uma economia de mercado, as alterações nos preços agem como ***sinais do mercado****, assegurando que o padrão de produção corresponda ao padrão das demandas do consumidor. Quando a demanda cresce, uma elevação do preço sinaliza às firmas para entrarem no mercado, aumentando a produção da indústria. Quando a demanda diminui, uma queda do preço sinaliza às firmas para saírem do mercado, reduzindo a produção da indústria.*

É importante que, em uma economia de mercado, nenhum indivíduo ou órgão governamental comande esse processo. Não existe nenhum posto de comando central em que as informações sobre a demanda do consumidor sejam reunidas e ninguém diz às firmas como responder. Em vez disso, as firmas já existentes e as novas participantes – na sua *própria* busca por lucros mais altos – respondem aos sinais do mercado e ajudam a movê-lo na direção em que ele precisa ir. Era isso que Adam Smith queria dizer quando sugeriu que tomadores de decisão individuais agem – como se fossem guiados por uma *mão invisível* – para o benefício geral da sociedade, muito embora, como indivíduos, estejam meramente tentando satisfazer seus próprios desejos.

Utilizando a TEORIA

MUDANÇAS NA TECNOLOGIA

A concorrência perfeita, embora seja uma maravilha para a sociedade, é complicada na firma individual. Vimos que o lucro econômico – quando ocorre – existe somente por um momento, antes de ser eliminado pela entrada de outras firmas. De maneira semelhante, a perda econômica é eliminada pela saída de firmas, uma expressão um tanto clínica para fracassos dolorosos de milhares de firmas comerciais todos os anos, mas essas características da concorrência fazem dela um mecanismo poderoso para satisfazer nossos desejos materiais. Nesta seção, examinaremos outra maneira pela qual a concorrência perfeita, embora muito cruel com relação à firma individual, funciona para o benefício geral da sociedade: a adoção de nova tecnologia.

Um segmento que experimentou alterações tecnológicas particularmente rápidas nos anos 90 foi o agrícola. Utilizando sementes geneticamente alteradas, os fazendeiros conseguem cultivar culturas mais resistentes a insetos e mais tolerantes a herbicidas. Isso reduz o custo total e médio de produzir qualquer quantidade das culturas beneficiadas pelo avanço tecnológico.

A Figura 11 ilustra o mercado para milho, que poderia, também, ser para grãos de soja, algodão ou muitas outras culturas. No painel (a), o equilíbrio inicial de mercado começa no ponto A, no qual o preço do milho é de $3,00 por saca. No painel (b), a fazenda típica produz 1.000 sacas por ano e – com um custo médio determinado pelo CTM_1 –obtém lucro econômico zero.

Figura 11

MUDANÇA TECNOLÓGICA NA CONCORRÊNCIA PERFEITA

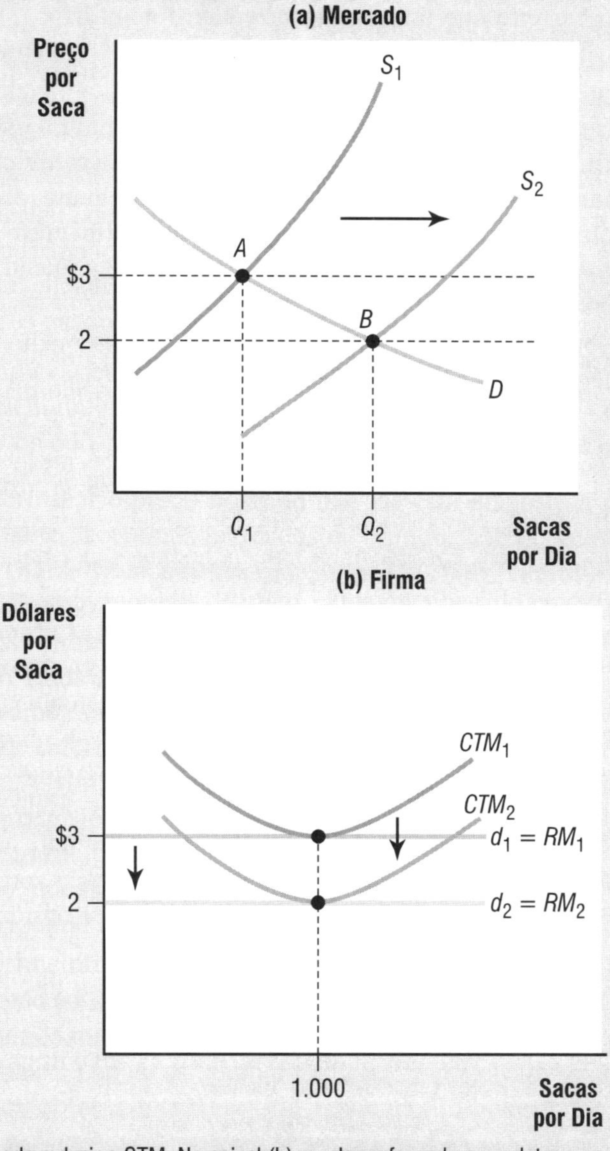

A alteração tecnológica pode reduzir o CTM. No painel (b), qualquer fazenda que adotar a nova tecnologia irá obter um lucro econômico se conseguir produzir ao preço antigo de mercado, $3 por saca. Esse lucro levará seus concorrentes a adotarem a mesma tecnologia e também atrairá novos participantes. O preço cai à medida que a oferta de mercado aumenta, até que cada fazenda esteja, mais uma vez, obtendo lucro econômico zero.

Vejamos o que acontece quando sementes de milho novas e de maior rendimento são disponibilizadas. Suponha, primeiro, que somente uma fazenda utilize a nova tecnologia. Essa fazenda desfruta uma alteração para baixo na sua curva de *CTM*, de CTM_1 para CTM_2. Como essa mudança é muito pequena em relação ao mercado, ela pode produzir tudo o que deseja e continuar a vender a $3,00. Apesar de não termos desenhado a curva *CM* da fazenda, podemos ver que a fazenda tem vários níveis de produção para escolher, onde $P > CTM$, podendo assim obter lucro econômico.

Não por muito tempo. No longo prazo, o lucro econômico nessa fazenda terá duas conseqüências. Primeiro, todos os outros fazendeiros do mercado terão um incentivo poderoso para adotar a nova tecnologia: plantar, eles mesmos, a semente modificada geneticamente. Na concorrência perfeita, eles podem fazê-lo, pois não há barreira que impeça um fazendeiro de utilizar a mesma tecnologia que qualquer outro. Como essas fazendas adotam as sementes da nova tecnologia, suas curvas de *CTM* cairão para CTM_2.

Segundo, estranhos terão um incentivo para entrar nessa indústria com plantas que utilizam a nova tecnologia, deslocando a curva de oferta de mercado para a direita (de S_1 para S_2) e reduzindo o preço de mercado. O processo irá parar somente quando o preço de mercado atingir o nível no qual as *fazendas que utilizarem a nova tecnologia* obtiverem lucro econômico zero. Na Figura 11, isso acontece ao preço de $2,00 por saca.[5]

A partir desse exemplo, chegamos a duas conclusões sobre a mudança tecnológica na concorrência perfeita. Primeiro, o que irá acontecer a um fazendeiro relutante em mudar sua tecnologia? Quando *outros* fazendeiros fizerem a alteração e o preço de mercado cair de $3,00 para $2,00, o fazendeiro relutante se verá sofrendo uma perda econômica, porque seu custo médio permanecerá em $3,00. Seus concorrentes o deixarão ao sabor dos ventos e, se ele se recusar a se ajustar, será forçado a sair da indústria. No final, *todas* as fazendas do mercado deverão utilizar a nova tecnologia.

Segundo, quem se beneficiará da nova tecnologia no longo prazo? Não os fazendeiros que a adotam. *Alguns* fazendeiros – os primeiros a fazerem a adoção – poderão desfrutar lucro no *curto prazo*, antes que o preço se ajuste completamente, mas, no longo prazo, todos os fazendeiros voltarão para onde começaram, obtendo lucro econômico zero. Os ganhadores serão os *consumidores* de milho, por se beneficiarem do menor preço.

Embora alguns dos dados do exemplo sejam hipotéticos, a história não é. O fazendeiro americano médio, hoje, alimenta 129 pessoas, o dobro da quantia de apenas alguns anos atrás. Como o exemplo sugere, existem forças poderosas que levam os fazendeiros a adotarem novas tecnologias com aumento de produtividade. Entre 1995 e 1999, nos EUA, a parte da área de milho plantada com as novas sementes cresceu de zero para cerca de metade.

Mais genericamente, podemos resumir assim o impacto da alteração tecnológica:

> *Na concorrência perfeita, um avanço tecnológico leva a um deslocamento para a direita da curva de oferta de mercado, reduzindo o preço de mercado. No curto prazo, os primeiros a adotarem a nova tecnologia podem desfrutar lucro econômico, mas, no longo prazo, todos os que a adotarem obterão lucro econômico zero. As firmas que se recusarem a utilizar a nova tecnologia não irão sobreviver.*

Em muitas indústrias competitivas como mineração, madeira e agricultura, os avanços tecnológicos se espalharam, na realidade, rapidamente, deslocando

---

[5] Nesse exemplo, supomos que o preço da nova tecnologia permanece o mesmo em toda a indústria. Se o preço da nova tecnologia aumentasse, a curva de *CTM* da firma típica ainda poderia ser deslocada para baixo no longo prazo, mas não tão baixo quanto a curva de CTM_2. A curva de oferta do mercado seria deslocada para a direita, mas não tão para a direita quanto a S_2 e o preço cairia, mas não até $2.

as curvas de oferta de mercado rápida e constantemente para a direita durante os últimos 100 anos. Os consumidores colheram grandes recompensas desses avanços, mas não foi sempre fácil para as firmas individuais.

Isso pode explicar, pelo menos em parte, por que muitos pequenos fazendeiros fizeram *lobby* para o governo impor limites nas novas técnicas agrícolas, como as sementes geneticamente alteradas do exemplo. Os pequenos fazendeiros sabem que serão os últimos a obter essas novas sementes e, portanto, sofrerão perdas no curto prazo quando fazendeiros maiores saltarem à frente deles. De qualquer maneira, no longo prazo, o que a maioria dos pequenos fazendeiros pode esperar é um retorno ao lucro econômico zero. A mudança tecnológica é, na realidade, difícil para o pequeno fazendeiro, mas permitiu que a indústria como um todo alimentasse uma população mundial em crescimento, com preços em declínio constante.

RESUMO

Concorrência perfeita é uma estrutura de mercado na qual (1) existem grandes números de compradores e vendedores e cada um compra ou vende somente uma pequena parte da quantidade total do mercado; (2) os vendedores oferecem um produto padronizado e (3) eles podem, facilmente, entrar ou sair do mercado. Embora poucos mercados reais satisfaçam essas condições de maneira precisa, o modelo ainda é útil em uma grande variedade de casos.

Cada firma perfeitamente competitiva enfrenta uma curva de demanda horizontal e pode vender quanto deseja ao preço de mercado. A firma escolhe seu nível de produção que maximiza o lucro igualando o custo marginal ao preço de mercado. Sua *curva de oferta no curto prazo* é a parte da sua curva de *CM* que fica acima do custo variável médio. O lucro total é o lucro por unidade (*P* – *ACT*) vezes a quantidade que maximiza o lucro.

No curto prazo, o preço de mercado é determinado onde a curva de oferta de mercado – a soma horizontal de todas as curvas de oferta das firmas – cruza a curva de demanda de mercado. No equilíbrio de curto prazo, as firmas já existentes podem obter um lucro (nesse caso, novas firmas entrarão no mercado) ou sofrer uma perda (firmas já existentes sairão do mercado). A entrada ou saída irá continuar até que, no longo prazo, cada firma esteja obtendo lucro econômico zero. Para cada firma competitiva no equilíbrio de longo prazo, preço = custo marginal = custo total médio mínimo = custo total médio no longo prazo mínimo.

Quando as curvas de demanda mudam, os preços são mais alterados no curto prazo que no longo prazo. Os movimentos temporários e exagerados dos preços agem como sinais do mercado, assegurando que a produção aumente e diminua, correspondendo ao padrão das preferências do consumidor.

PALAVRAS-CHAVE

estrutura de mercado
preço de fechamento
lucro normal
indústria de custo constante
concorrência perfeita
curva de oferta da firma
curva de oferta no longo prazo
indústria de custo decrescente
tomador de preço
curva de oferta do mercado
indústria de custo crescente
sinais do mercado

QUESTÕES PARA REVISÃO

1. Quais são as três características que tipificam um mercado perfeitamente competitivo? Explique a importância delas.
2. Como os economistas justificam a utilização do modelo perfeitamente competitivo para analisar mercados que claramente não satisfazem uma ou mais hipóteses desse modelo?
3. Em uma escala de 1 a 5, sendo 5 satisfação total e 1 insatisfatório, classifique os mercados a seguir em termos da satisfação das três características do modelo perfeitamente competitivo. Atribua uma pontuação para cada característica e justifique sua atribuição.
   a. Lojas de roupas
   b. Restaurantes
   c. Edição de livros
   d. Produção de videogame doméstico
   c. Produção de aviões a jato
4. Por que a curva de demanda que uma firma perfeitamente competitiva enfrenta é infinitamente elástica?
5. "Para maximizar o lucro, uma firma perfeitamente competitiva deve produzir o nível de produção no qual o custo marginal seja igual ao preço." Verdadeiro, falso ou incerto? Explique.
6. Para calcular o lucro (ou perda) de uma firma perfeitamente competitiva, examinamos a diferença entre *P* e *CTM*, mas, para determinar o nível de maximização do lucro (ou minimização da perda), concentramo-nos no preço e no custo marginal. Por quê?
7. Discuta esta declaração: "Os economistas precisam prestar mais atenção ao mundo real dos negócios. Seu modelo de concorrência perfeita prevê que as firmas de um mercado acabarão não obtendo nenhum lucro – nada acima dos custos. Como qualquer contador pode lhe dizer, se examinarmos as folhas de balanço da maioria das firmas de qualquer indústria, veremos que a receita excede o custo e, portanto, elas realmente têm um lucro".
8. Verdadeiro, falso ou incerto? Explique sua resposta.
   a. Uma firma perfeitamente competitiva é lucrativa quando o preço excede o *CVM* mínimo.
   b. A curva de oferta de uma firma competitiva é somente sua curva de *CM*.
9. Qual é a principal característica que distingue o curto prazo do longo prazo, na análise de um mercado competitivo?
10. Verdadeiro ou falso? Em um mercado perfeitamente competitivo, um aumento da produção exige um alto preço no curto prazo, mas não no longo prazo. Justifique sua resposta.

PROBLEMAS E EXERCÍCIOS

1. Em 1999, (1) as vendas de veículos utilitários esportivos (SUVs – Sport Utility Vehicles) foram às alturas e (2) o preço da gasolina aumentou. Como os SUVs fazem menos quilômetros por litro que os automóveis que eles substituíram, seus proprietários acabaram comprando mais gasolina, mesmo quando o preço por litro se elevava. Essa é uma violação da lei da demanda?
2. Imagine que uma firma perfeitamente competitiva tenha os custos variáveis totais (*CVT*) a seguir:

Quantidade:	0	1	2	3	4	5	6
CVT:	0	6	11	15	18	22	28

Ela também tem custos fixos de $6. Se o preço do mercado for de $5 por unidade:

   a. Descubra a quantidade que maximiza o lucro da firma, utilizando a abordagem da receita marginal e do custo marginal.
   b. Verifique seus resultados resolvendo o problema. Utilize a abordagem da receita total e do custo total. A sua firma está obtendo um lucro positivo, sofrendo uma perda ou está em um ponto de equilíbrio?

3. Suponha que o mercado de cartolina seja perfeitamente competitivo. Em cada cenário a seguir, uma firma comum deve continuar a produzir ou fechar no curto prazo? Desenhe um diagrama que ilustre a situação da firma em cada caso.
   a. *CTM* mínimo = $2,00
      CVM mínimo = $1,50
      Preço de mercado = $1,75
   b. *RM* = $1,00
      CVM mínimo = $1,50
      CTM mínimo = $2,00
4. A tabela a seguir fornece a quantidade ofertada e a quantidade demandada para vários preços no mercado perfeitamente competitivo de embalagem de carnes:

Preço (por kg)	Q_S (em milhões de kg)	Q_D
$1,00	10	100
$1,25	15	90
$1,50	25	75
$1,75	40	63
$2,00	55	55
$2,25	65	40

   Imagine que cada firma no setor de embalagem de carnes enfrente esta estrutura de custos:

[kg]	*CT*
60.000	$110.000
61.000	$111.000
62.000	$112.000
63.000	$115.000

   a. Qual é o nível de produção que maximiza o lucro para a firma comum? (*Dica*: Calcule o *CM* para cada alteração na produção, encontre o preço de equilíbrio e calcule a *RM* para cada mudança na produção.)
   b. Esse mercado está no equilíbrio de longo prazo? Por quê? (*Dica*: Calcule o *CTM*)
   c. O que você espera que aconteça com o número de firmas de embalagem de carne no longo prazo? Por quê?
5. Suponha que a indústria de padiolas para gatos seja perfeitamente competitiva e esteja, atualmente, no equilíbrio de longo prazo.
   a. Desenhe diagramas tanto para o mercado como para uma firma típica, mostrando o preço de equilíbrio e a quantidade para o mercado e as curvas de *CM*, *CTM*, *CVM*, *RM* e de demanda para a firma.
   b. Seu amigo sempre teve paixão para entrar no negócio de padiola para gatos. Se o mercado estiver no equilíbrio de longo prazo, será lucrativo para ele entrar nesse mercado? Por quê?
   c. Imagine que as pessoas comecem a preferir cachorros como animais de estimação e a posse de gatos caia. Mostre nos seus diagramas da parte (a) o que acontecerá na indústria e na firma no longo prazo.
   d. A curva de oferta de mercado é mais plana no curto ou no longo prazo? Por quê?
6. Em uma indústria de custo crescente, em um mercado perfeitamente competitivo, a curva de oferta no longo prazo é sempre mais plana que a curva de oferta de mercado no curto prazo? Explique.
7. Com um diagrama de quatro painéis, semelhante à Figura 10, mostre o que acontece em uma indústria de *custo crescente* quando a curva de demanda de mercado é deslocada *para a esquerda*.

QUESTÕES DESAFIADORAS

1. A Figura 10 deste capítulo mostra o processo de ajuste no longo prazo, após um crescimento da demanda. A figura supõe que os preços dos insumos *aumentem* à medida que a produção da indústria se expande. No entanto, em algumas indústrias, os preços dos insumos podem *cair* à medida que a produção se expande. Isso ocorreria se as firmas que produzem insumos desfrutassem economias de escala (consulte o Capítulo 6). Nesse caso, uma elevação da produção de insumos realmente reduziria seu custo por unidade e o preço dos insumos.

a. Redesenhe a Figura 10 considerando que os preços dos insumos *caem* à medida que a produção da indústria se expande. Ilustre o que acontece no curto prazo e no longo prazo depois que a curva de demanda de mercado é deslocada para a direita.
b. Desenhe a curva de oferta no longo prazo para essa indústria. De que forma ela difere da curva de oferta no longo prazo da Figura 10?
c. Como a sua nova figura pode ajudar a explicar por que os preços dos computadores pessoais caíram constantemente durante as últimas duas décadas?

2. Em casos raros, descobre-se que as tecnologias existentes são poluentes ou fisicamente perigosas, por isso são banidas. Examine a seção "Utilizando a Teoria" deste capítulo. Em seguida, mostre graficamente os efeitos de banir uma tecnologia que seja de uso comum em um setor competitivo. (*Dica*: Banida a tecnologia, o que acontecerá com a curva de custo médio?)

EXERCÍCIO EXPERIMENTAL

1. Alugue o filme *Trocando as Bolas* (*Trading Places*), estrelado por Eddie Murphy e Dan Ackroyd. Aproveite o filme, mas preste atenção especial à cena próxima ao final, em que Billy Ray e Louis participam de um leilão de futuros de suco de laranja. Como a chegada de novas informações afeta o preço dos contratos de futuros? Tente modelar a situação utilizando as curvas de oferta e de demanda.

CAPÍTULO

9

MONOPÓLIO

RESUMO DO CAPÍTULO

"Monopólio" é o mais próximo que a economia chega de um palavrão. Está freqüentemente associado a pensamentos de poder extraordinário, preços altos e injustos e exploração. Mesmo no jogo Monopólio, ao adquirir um bairro comprando propriedades adjacentes, você explora os outros jogadores cobrando deles um aluguel mais alto.

A má reputação é parcialmente merecida porque existem, na realidade, aspectos negativos ligados ao monopólio. Uma mitologia, porém, tem-se desenvolvido em torno do comportamento de monopólio, cheia de exageros, meias-verdades e falsidades. Muitos monopólios são socialmente prejudiciais, mas em alguns casos eles podem ser a melhor maneira de organizar a produção.

Este capítulo lida com monopólios em vários aspectos: o que eles são, como surgem e como se comportam em diferentes ambientes. Com algumas exceções, vamos nos concentrar no *entendimento*, não na *avaliação*, adiando até os Capítulos 14 e 15 uma discussão completa do que é bom e mau sobre o monopólio.

O QUE É UM MONOPÓLIO?

Na maioria de suas compras – um corte de cabelo, uma refeição em um restaurante, um carro, educação em uma instituição de nível superior – mais de um vendedor está concorrendo pelo seu dinheiro e você pode escolher de qual comprar. Em alguns mercados, no entanto, você não tem escolha. Quando deseja enviar uma carta por vias normais, você deve utilizar os Correios. Se quiser um serviço de televisão a cabo, você deve utilizar a firma de televisão a cabo da sua área. Muitas cidades possuem apenas um jornal local. E, se você mora em uma cidade pequena, pode ter apenas um médico, um posto de gasolina ou um cinema à disposição. Estes são exemplos de *monopólios.*

Firma monopolista A única vendedora de um bem ou serviço que não tem substitutos próximos.

Mercado monopolista O mercado no qual uma firma monopolista opera.

*Uma **firma monopolista** é a única vendedora de um bem ou serviço que não tem substitutos próximos. O mercado no qual a firma de monopólio opera é chamado **mercado monopolista.***

Caracterizar o Mercado

Um conceito-chave na definição de monopólio é a noção de *substitutabilidade*. Existe, geralmente, mais de uma maneira de satisfazer um desejo e um único vendedor de um bem ou serviço *não* é considerado um monopólio se outras firmas venderem produtos – substitutos próximos – que satisfaçam essa mesma preferência. Por exemplo, somente uma firma no país, a Kellogg, vende o Kellogg's Corn Flakes, mas outras firmas de cereais vendem suas próprias marcas de sucrilhos que são substitutos próximos para os da Kellogg. Vários outros tipos de cereais de flocos, flocos de trigo ou flocos de aveia são também substitutos muito próximos para o Kellogg's Corn Flakes. É por isso que não consideramos a Kellogg uma firma monopolista.

A definição de uma firma ou de um mercado monopolista pode parecer precisa, no mundo real, entretanto, nem sempre é assim, pois depende de quão ampla ou limitadamente definimos o mercado que estamos analisando. Em geral, ao decidir se um mercado é um monopólio, devemos incluir no mercado todos os produtos que são *substitutos próximos* para o produto em questão. Mas a que ponto um substituto deve ser próximo para que um produto seja incluído no mercado?

Considere, por exemplo, o serviço de televisão a cabo nos Estados Unidos. Alguns parágrafos atrás, esse era um de nossos exemplos de um monopólio. Também podemos ter filmes e outro tipo de entretenimento na televisão aberta, na locadora de vídeo local e até mesmo na Internet. Ao incluirmos cada um desses produtos como parte de um mercado amplamente definido para serviços de entretenimento, consideramos que existem vários vendedores, por isso a firma de televisão a cabo *não* é um monopólio. Todavia, essas outras fontes de entretenimento são substitutos *próximos*? Para algumas pessoas e alguns propósitos, sim. Para outros, um serviço a cabo não possui substitutos próximos: a utilização da Internet para fazer download de vídeos requer uma conexão especial de alta velocidade e um aparelho que aceite arquivos de computador, as locadoras de vídeo alugam somente filmes e a televisão aberta tem como objetivo uma audiência mais ampla que a maioria dos canais a cabo que tendem a ter como alvo espectadores mais específicos. Se definirmos o mercado de maneira mais limitada, como "confiável, doméstico e serviços de entretenimento especializados", a firma a cabo local vai parecer, novamente, um monopólio.

Considere também o mercado de romances de terror. Podemos pensar, com certeza, que esse mercado não é um monopólio. Afinal, qualquer definição razoável do mercado incluiria os produtos de várias editoras, todas elas concorrendo pelo seu dinheiro quando você pesquisa nos corredores da livraria local, mas se você desejar ler o último romance de Stephen King, haverá um único vendedor: Scribner que publica todos os livros de Stephen King.

Como todos temos preferências e características diferentes, podemos ter opiniões diferentes sobre o que é e o que não é um substituto "próximo". Em consequência, podemos ter idéias diferentes sobre quão ampla ou limitadamente devemos definir um mercado ao tentar decidir se ele é um monopólio. Faz sentido, assim, ver o monopólio como um espectro maior que uma categoria específica. Em um lado está o *monopólio puro*, em que existe somente um vendedor de um bem para o qual poucos compradores poderiam encontrar um substituto. O único médico, advogado ou mercado de comida em uma pequena cidade chega muito perto de ser um monopólio puro. Indo para outro lado, alcançamos firmas que vendem um bem para o qual realmente existem substitutos razoáveis –

pelo menos para alguns compradores e para alguns propósitos – e que não são substitutos muito *próximos* para a maioria dos compradores ou para a maioria dos propósitos. A firma a cabo local é um exemplo desse campo do meio e a maioria dos economistas ampliaria o rótulo "monopólio" para essa parte do espectro. Contudo, à medida que vamos mais longe no espectro, encontramos bens para os quais muitos compradores podem encontrar substitutos próximos, fazendo o termo *monopólio* não ter mais sentido. A Scribner é um exemplo desse tipo de firma. Se você for um fã dedicado de Stephen King e não aceitar substitutos, para você, pessoalmente, a Scribner pode parecer um monopolista. Para a maioria das pessoas, outros autores o substituem razoavelmente bem. É por isso que não consideramos a Scribner um monopólio.

AS FONTES DE MONOPÓLIO

Em um mercado perfeitamente competitivo, *não* existem barreiras significativas à entrada de novas firmas. O monopólio, ao contrário, surge *por causa* das barreiras à entrada. Nesta seção, consideramos as três barreiras mais comuns responsáveis pela criação e manutenção dos mercados monopolistas: economias de escala, controle de um insumo escasso e barreiras criadas pelo governo.

ECONOMIAS DE ESCALA

No Capítulo 6, vimos que economias de escala na produção fazem a curva de custo médio no longo prazo da firma inclinar-se para baixo. Quanto mais bens a firma produzir, menor será seu custo por unidade. Quando as economias de escala persistem até o ponto em que uma única firma esteja produzindo para todo o mercado, chamamos o mercado de um *monopólio natural.*

*Um **monopólio natural** existe quando, devido a economias de escala, uma firma pode produzir com um custo médio por unidade inferior ao que podem produzir duas ou mais firmas.*

Monopólio natural Um mercado no qual – devido a economias de escala – uma firma pode operar com um custo médio inferior ao que podem operar duas ou mais firmas.

A firma de monopólio, ou o mercado de monopólio no qual ele opera, é chamada monopólio *natural* por um bom motivo: a menos que o governo interfira, somente um vendedor sobrevive – o mercado evolui, *naturalmente*, para um monopólio. Por que isso ocorre? Porque, após uma firma já ter se estabelecido, um novo participante teria de cobrar um preço mais baixo que o da outra para atrair clientes. A firma já existente *reduziria* seu preço para manter seus clientes. Nessa guerra de preços, a firma já existente tem uma forte vantagem: como único vendedor no mercado, ela já produz mais bens que o novo participante poderia produzir. Seu custo por unidade já é mais baixo que o do novo participante. A firma já existente pode reduzir seu preço para apenas um pouco acima do seu custo mínimo por unidade e ainda obter um pequeno lucro. Se o novo participante, com maior custo por unidade, tentar igualar esse preço, sofrerá uma perda. Antecipando esse resultado, novos participantes potenciais ficarão de fora.

Pequenos monopólios locais são quase sempre monopólios *naturais*. Pense no único posto de gasolina de uma pequena cidade. Como ele precisa de um conjunto mínimo de insumos fixos (uma bomba para cada tipo de gasolina, espaço para os carros estacionarem e uma permissão da prefeitura), independentemente da quantidade de litros vendidos, cada litro adicional vendido aumenta o custo por unidade do posto. Ao produzir para todo o mercado (a pequena cidade), ele atinge o menor custo possível por unidade. Nessas circunstâncias, um novo participante potencial teria de pensar muito antes de entrar nesse mercado, pois poderia não conseguir sobreviver a uma guerra de preços com a firma já existente. A mesma lógica pode explicar a posição de monopólio mantida pelo único cinema, mercado de alimentos ou dentista em uma pequena cidade. Todos eles são monopólios naturais, pois continuam a desfrutar economias de escala até o ponto de servirem todo o mercado.[1]

CONTROLE DE INSUMOS ESCASSOS

Algumas firmas mantêm seu *status* de monopólio com o controle de um insumo necessário para produzir um bem. Por exemplo, de 1893 até os anos 40, a Alcoa (Aluminum Company of America) era o único vendedor de alumínio nos Estados Unidos porque possuía virtualmente todos os depósitos de bauxita do país, um recurso natural necessário para produzir alumínio. De maneira semelhante, desde os anos 80, a sul-africana De Beers tem desfrutado um quase monopólio na venda de diamantes acabados, por ter comprado a maior parte das minas de diamantes do mundo ou os diamantes brutos que vêm delas.

BARREIRAS IMPOSTAS PELO GOVERNO

Algumas vezes, o interesse público é mais bem-atendido ao ter um único vendedor em um mercado. Nesses casos, o governo geralmente interfere e cria barreiras à entrada, assegurando que o mercado permaneça um monopólio. Nos Estados Unidos, os monopólios foram criados por todos os níveis de governo: federal, estadual e local. Os dois principais métodos de criação de monopólio são (1) a proteção da propriedade intelectual por meio de patentes, marcas registradas e direitos autorais, (2) as franquias exclusivas do governo.

Proteção da Propriedade Intelectual. As palavras que você está lendo agora são exemplos de *propriedade intelectual* que inclui trabalhos literários, artísticos e musicais, bem como invenções científicas. A maioria dos mercados para uma propriedade intelectual específica é monopólio: uma firma ou indivíduo possui a propriedade e é o único vendedor dos direitos para utilizá-la. Isso tem vantagens e desvantagens. Como veremos neste capítulo, os preços tendem a ser maiores no monopólio que na concorrência perfeita e os monopólios geralmente obtêm lucro econômico como uma conseqüência. Isso é bom para o monopólio, mas ruim para todo o resto. Por outro lado, é apenas essa promessa de lucro do monopólio que estimula o surgimento de idéias e a criação de produtos originais, o que certamente beneficia o restante de nós. A agenda pessoal da Palm Pilot, o *laser* da Visex para remodelar a córnea e os mecanismos de busca de segunda geração da Internet como o Google, o About.com e o Direct Hit foram todos

[1] Você está se perguntando o que determina o tamanho de "todo o mercado"? Descobrirá no próximo capítulo, no qual veremos o assunto dos monopólios naturais e também discutiremos oligopólios naturais.

lançados por inovadores que incorreram em riscos e custos consideráveis com uma esperança de lucros futuros. O mesmo é verdadeiro para cada CD que você ouve, cada romance que você lê e cada filme ao qual você assiste.

Ao lidar com propriedade intelectual, o governo assume um compromisso: permite que os criadores da propriedade intelectual desfrutem um monopólio e obtenham lucro econômico, mas somente por um período limitado. Ao terminar esse tempo, é concedida a permissão para que outros vendedores entrem no mercado e espera-se que a concorrência entre eles abaixe os preços.

Os dois tipos mais importantes de proteção legal para a propriedade intelectual são as *patentes* e os *copyrights (direitos autorais)*. As novas descobertas científicas e os produtos resultantes delas são protegidos por uma **patente** obtida com o governo federal. A patente impede que outra pessoa venda a mesma descoberta ou produto por cerca de 20 anos.

Patente Uma concessão temporária de direitos de monopólio sobre um novo produto ou descoberta científica.

A Eli Lilly Company, por exemplo, retém uma patente sobre a substância química fluoxetina, ingrediente ativo do Prozac, a primeira droga antidepressiva sem efeitos colaterais graves. A Lilly tem obtido um lucro enorme com o Prozac, com vendas de quase $2,5 bilhões da droga apenas em 1999. Outras firmas farmacêuticas, forçadas a trabalhar em torno da patente da Lilly, demoraram muito tempo para desenvolver drogas similares de sua propriedade. Enquanto isso, a Lilly era o único vendedor de um produto sem nenhum substituto próximo.

Trabalhos literários, musicais e artísticos são protegidos por um ***copyright*** que concede direitos exclusivos sobre o material por, no mínimo, 50 anos. Por exemplo, o *copyright* deste livro é de propriedade da Pioneira Thomson Learning. Nenhuma outra firma ou indivíduo pode imprimir cópias e vendê-las ao público e ninguém pode citar o livro à vontade antes de obter permissão da Editora.

Copyright Uma concessão de direitos exclusivos para vender um trabalho literário, musical ou artístico.

Copyrights e patentes são geralmente vendidos para outra pessoa ou firma, mas isso não altera o *status* de monopólio do mercado, já que ainda existe um único vendedor. Por exemplo, Paul McCartney comprou o *copyright* de centenas de músicas que ele não compôs, incluindo a música *Happy Birthday.* Embora você seja livre para cantar essa música em uma festa de aniversário particular, qualquer pessoa que queira cantá-la no rádio ou na televisão, isto é, qualquer pessoa que deseje lucrar com a música, deve obter uma licença de McCartney e pagar a ele um pequeno *royalty.*

Franquia do Governo. As grandes firmas que geralmente pensamos ser monopólios – firmas de utilidade pública, de telefone e de televisão a cabo – têm seu *status* de monopólio garantido por meio de **franquias do governo** – uma concessão de direitos exclusivos sobre um produto. Aqui, a barreira à entrada é bem simples: qualquer outra firma que entrar no mercado será processada.

Franquia do governo Um direito concedido pelo governo para ser o único vendedor de um produto ou serviço.

Os governos geralmente concedem franquias quando acham que o mercado é um *monopólio natural.* Nesse caso, uma única grande firma – que desfruta de economias de escala – teria um custo mais baixo por unidade que várias firmas menores, de modo que o governo tenta atender ao interesse público *assegurando* que não haja concorrentes. Em troca desse *status* de monopólio, o vendedor deve se submeter à propriedade e ao controle do governo ou a qualquer outra regulamentação governamental sobre seus preços e lucros.

Essa é a lógica por trás do *status* de monopólio do U.S. Postal Service. Não importa quantas cartas ele entregue, uma firma postal deve ter carteiros o suficiente para chegar a todas as casas todos os dias. Duas firmas postais precisariam de muito mais carteiros para entregar o mesmo número total de cartas, elevando os custos e, em última análise, o preço do envio de uma carta. Assim, a entrega de cartas é um monopólio natural que o governo federal escolheu possuir e controlar, em vez de simplesmente regulá-lo. Uma lei federal proíbe qualquer outra firma de oferecer um serviço de entrega de cartas normais.

Os governos *locais* também criam monopólios concedendo franquias exclusivas em uma variedade de indústrias que eles consideram monopólios naturais. Essas indústrias incluem firmas de utilidade pública que oferecem eletricidade, gás e água, bem como serviços de coleta de lixo.

Identificar os Objetivos e as Restrições

OBJETIVOS E RESTRIÇÕES DO MONOPÓLIO

O objetivo de um monopólio – como o de qualquer firma – é obter o maior lucro possível e como outras firmas um monopolista enfrenta restrições.

É importante ler mais uma vez a última frase. Pode ser tentador pensar que um monopolista – por não enfrentar nenhum concorrente direto em seu mercado – está livre de restrições ou que suas restrições são especiais, diferente das de outras firmas. Por exemplo, muitas pessoas pensam que a única força que impede um monopolista de cobrar preços extremamente altos é a revolta do público. Nessa visão, a firma de televisão a cabo cobraria \$200, \$500 ou até mesmo \$10.000 por mês se pudesse, simplesmente, "sair ilesa dessa".

Com um pouco de reflexão, é fácil ver que um monopolista enfrenta restrições puramente *econômicas* que limitam seu comportamento, semelhantes às enfrentadas pelas outras firmas que não são monopólio. Quais são essas restrições?

Primeiro, existe uma restrição nos *custos* do monopólio: para qualquer nível de produção que o monopolista possa produzir, ele deve pagar um certo custo total. Isso é determinado pela tecnologia de produção do monopolista que informa quanto de um bem ele pode produzir com diferentes combinações de insumos e pelos preços que ele deve pagar por esses insumos. Em outras palavras, as restrições nos custos do monopolista são as mesmas para qualquer tipo de firma como a perfeitamente competitiva que estudamos no capítulo anterior.

Existe também uma *restrição de demanda*. A curva de demanda do monopolista (*curva de demanda de mercado*) nos informa o preço máximo que um monopolista pode cobrar para vender qualquer quantidade determinada de bens.[2]

---

[2] A restrição de demanda pode ser simples ou complexa, dependendo de o monopolista ter de cobrar o mesmo preço para cada unidade de produto que vende ou poder cobrar preços distintos para clientes diferentes ou em unidades diferentes. Por enquanto, estamos considerando o caso do monopolista de *preço único* – o que deve cobrar o mesmo preço único para todas as unidades. Posteriormente, neste capítulo, iremos discutir o que acontece quando um monopolista pode cobrar vários preços diferentes ao mesmo tempo.

Para resumir:

Um monopolista, como qualquer firma, luta para maximizar o lucro e, como toda firma, enfrenta restrições. Para qualquer nível de produção que possa produzir, o custo total é determinado por (1) sua tecnologia de produção (2) e pelos preços que deverão pagar pelos seus insumos. Para qualquer nível de produto que possa produzir, o preço máximo que pode cobrar é determinado pela curva de demanda de mercado para seu produto.

PREÇO OU DECISÃO DE PRODUÇÃO DO MONOPÓLIO

Observe que o título desta seção é "preço *ou* decisão de produção", não "preço *e* decisão de produção". O motivo é que as firmas não competitivas – como os monopólios – *não* tomam duas decisões separadas sobre preço e quantidade, mas sim *uma* decisão apenas. Mais especificamente, depois que a firma determina seu nível de produção, ela também determina seu preço máximo que ela pode cobrar e ainda vender esse nível de produção. De maneira semelhante, depois que a firma determina seu preço, ela também determina seu nível de produção (o máximo de produto que ela pode vender ao preço determinado). Para manter as coisas simples, vamos nos concentrar na decisão de *produção* da firma e, em seguida, determinar o preço máximo que permitirá que a firma venda o nível de produto pelo qual decidiu.

Suponha que um monopolista esteja considerando vender mais produto. Como ele enfrenta uma curva de demanda com inclinação para baixo, deve reduzir seu preço. No entanto, o preço novo mais baixo deve ser cobrado *não* apenas sobre as novas unidades adicionais que deseja vender, mas sobre *todas* as unidades de produto, incluindo as que estavam sendo vendidas a um preço mais alto. Por exemplo, se sua firma de televisão a cabo local desejar mais assinantes, ela terá de reduzir suas taxas para todos, incluindo os já assinantes. Assim, a redução do preço e o aumento na produção têm dois efeitos sobre a receita total. Por um lado, mais bens são vendidos, o que tende a *aumentar* a receita total e, por outro, *todas* as unidades agora são vendidas por um preço menor, levando à *redução* da receita total. O efeito líquido pode ser um aumento ou uma queda da receita total ou – outra maneira de dizer a mesma coisa – a *receita marginal* da firma pode ser positiva ou negativa.[3]

A Figura 1 ilustra as curvas de demanda e de receita marginal para a Zillion-Channel Cable – um monopolista que vende serviços de televisão a cabo para os residentes de uma cidade. Vamos supor que a Zillion-Channel esteja livre da regulamentação governamental. Na figura, a curva de demanda mostra o número de assinantes a cada preço mensal para a TV acabo. A curva de demanda é tanto uma curva de demanda de *mercado* como a curva de demanda *que a firma enfrenta*, já que a Zillion-Channel é a única firma nesse mercado.

3 Isso deve ser familiar para você. No Capítulo 7, a Ned's Beds enfrentou uma curva de demanda de inclinação para baixo e teve de reduzir seu preço em todas as suas estruturas de cama para vender mais. Embora Ned não fosse necessariamente o único vendedor em seu mercado, sua receita total e marginal comportava-se da mesma maneira que estamos descrevendo aqui.

Figura 1

Um monopólio enfrenta uma curva de demanda do mercado com inclinação para baixo. Para vender produto adicional, a firma deve reduzir seu preço. A receita marginal (*RM*) mostra a variação da receita total que resulta do aumento de uma unidade na produção. *RM* é menor que o preço; para vender uma unidade adicional, o monopólio deve reduzir o preço dessa unidade e das unidades anteriores.

DEMANDA E RECEITA MARGINAL

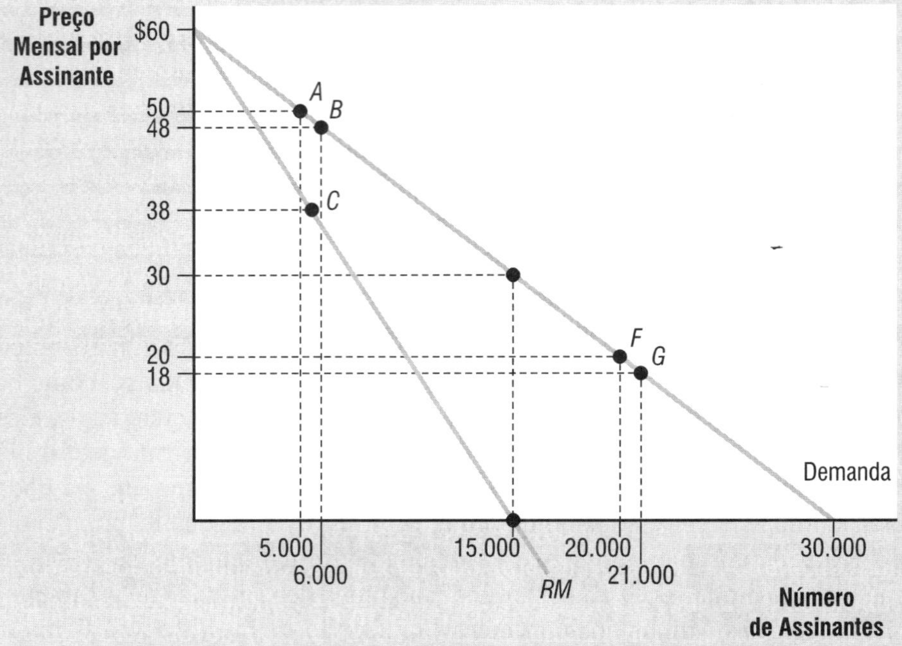

Vamos ver o que acontece à receita da Zillion-Channel à medida que nos movemos do ponto *A* para o ponto *B* ao longo de sua curva de demanda. No ponto *A*, a firma cobra um preço mensal de $50 e atrai 5.000 assinantes pagos, para uma receita total de 5.000 × $50 = $250.000. Se ela reduzir seu preço para $48, movendo-se para o ponto *B*, mais 1.000 pessoas irão assinar, proporcionando uma receita total de 6.000 × $48 = $288.000. Assim, ao mover-se do ponto *A* para o ponto *B*, a receita total aumenta em $38.000. A receita marginal para esse movimento – que nos informa a elevação na receita por unidade adicional de produto – pode ser calculada desta maneira:

$$RM = \frac{\Delta RT}{\Delta Q} = \frac{(\$288.000 - \$250.000)}{(6.000 - 5.000)} = \frac{\$38.000}{1.000} = \$38$$

Esse valor para a receita marginal – $38 – é representado no ponto *C* que está no centro entre os pontos *A* e *B*. Observe que a *RM* é *menor* que o novo preço do produto, $48. Isso é conseqüência dos dois efeitos que acabamos de discutir. Por um lado, o monopólio está vendendo mais bens e obtendo $48 em cada unidade adicional e, por outro, tem de cobrar um preço menor nas 5.000 unidades anteriores de produto que estava vendendo. No movimento de *A* para *B*, a receita total aumenta e a receita marginal é positiva, mas menor que $48.

Quando uma firma – incluindo um monopólio – enfrenta uma curva de demanda com inclinação para baixo, a receita marginal é menor que o preço do produto. Portanto, a curva de receita marginal fica abaixo da curva de demanda.

Para outros movimentos ao longo da curva de demanda, a receita total pode cair, tornando negativa a receita marginal. (Verifique isso para o movimento do ponto *F* até o ponto *G*.) Para essas variações, a receita marginal fica abaixo do eixo horizontal.

A curva de receita marginal isolada nos informa algo sobre a decisão de produção do monopólio.

Um monopólio nunca produz um nível de produção no qual a receita marginal seja negativa.

Podemos ter certeza desse princípio pela simples lógica. Se a receita marginal for negativa, a produção de mais um bem irá *reduzir* a receita total da firma, mas a produção de mais produto também irá *aumentar* o seu custo total. Como a receita cairá e o custo aumentará, o lucro será reduzido. Assim, uma firma que opera em um intervalo de receita marginal negativa reduz seu lucro ao produzir mais. De maneira contrária, sempre é possível aumentar o lucro produzindo menos.[4] Portanto, a firma nunca quer manter a produção em um intervalo no qual a receita marginal seja negativa. A Zillion-Channel, por exemplo, nunca cobrará menos que $30 e nem terá mais de 15.000 assinantes.

Saber que um monopólio irá produzir somente onde a receita marginal for positiva limita as possibilidades de alguma maneira, mas não o suficiente. Qual dos vários níveis de produção menores que 15.000 unidades a Zillion-Channel irá escolher? Para responder a isso, voltaremos à regra (do Capítulo 7) que permite a *qualquer* firma encontrar seu nível de produção que maximiza o lucro.

Para maximizar o lucro, a firma deve produzir o nível de produção em que CM = RM e a curva de CM cruza a curva de RM de baixo para cima.

A Figura 2 adiciona a curva de custo marginal da Zillion-Channel às curvas de demanda e de receita marginal da Figura 1. O maior lucro possível ocorre em um nível de produção de 10.000, onde a curva de *CM* cruza a curva de *RM* de baixo para cima. A fim de vender esse nível de produto, a firma cobrará $40, localizando-se no ponto *E* da sua curva de demanda. É possível ver que, para um monopólio, *preço e produção não são decisões independentes, mas maneiras diferentes de expressar a mesma decisão.* Depois de determinar seu nível de produção que maximiza o lucro (10.000 unidades), a Zillion-Chanel também determinou seu preço que maximiza o lucro ($40) e vice-versa.

LUCRO E PERDA

Na Figura 2, podemos determinar o preço e o nível de produção da Zillion-Channel, mas não podemos ver se a firma está tendo um lucro ou uma perda eco-

---

[4] Podemos, também, declarar esse resultado em termos da elasticidade-preço da demanda: um monopólio de preço único nunca deve produzir em um nível de produção em que a demanda seja inelástica. Por que isso ocorre? No Capítulo 4, vimos que um aumento do preço irá elevar o gasto total com um bem quando a demanda for inelástica. Como em um monopólio temos um único vendedor em um mercado, o gasto total dos consumidores é a receita total do monopólio. Assim, quando a demanda é inelástica, um aumento do preço causa um crescimento da receita total do monopólio. Ao mesmo tempo, reduz a produção e, por tabela, o custo total, por isso o lucro total deve aumentar. Concluímos que, quando a demanda é inelástica, o monopólio pode sempre aumentar seu lucro elevando seu preço e produzindo menos.

nômica. Para isso precisamos de mais uma adição ao diagrama: a curva de custo médio. Lembre-se de que

Lucro por Unidade = *P* – *CTM*

Agora, o preço, *P*, em qualquer nível de produção, é lido fora da curva de demanda. O lucro por unidade, assim, é apenas a distância entre a curva de demanda da firma e sua curva de *CTM*.

A Figura 3(a) é apenas a Figura 2, mas adiciona a curva de *CTM* da Zillion-Channel. Como podemos ver, no nível de maximização do lucro de 10.000, o preço é de \$40 e o custo médio total, \$32, por isso o lucro por unidade é de \$8.

CURVAS PERIGOSAS

Uma pergunta pode ter ocorrido: onde está a *curva de oferta* do monopólio? A resposta é que *não existe curva de oferta para um monopólio.* A curva de oferta de uma firma nos informa quantos bens uma firma quer produzir e vender quando *apresentada* a diferentes preços. Isso faz sentido para uma firma perfeitamente competitiva que aceita o preço do mercado como dado e responde decidindo quantos bens irá produzir. Um monopólio, ao contrário, *não* é um tomador de preço, pois ele *escolhe* seu preço. Como o monopolista é livre para escolher seu preço que *maximiza seu lucro*, a noção de uma curva de oferta não se aplica a um monopólio.

Agora, examine o retângulo cinza na figura. A altura desse retângulo é o lucro por unidade (\$8) e a largura é o número de unidades produzidas (10.000). A *área* do retângulo, altura × largura, é igual ao lucro total da Zillion-Channel, ou \$8 × 10.000 = \$80.000.

Um monopólio obtém lucro sempre que P > CTM. Seu lucro total, no melhor nível de produção, é igual à área de um retângulo com altura igual à distância entre P e o CTM e com largura igual ao nível de produção.

Figura 2

PREÇO DO MONOPÓLIO E DETERMINAÇÃO DO PRODUTO

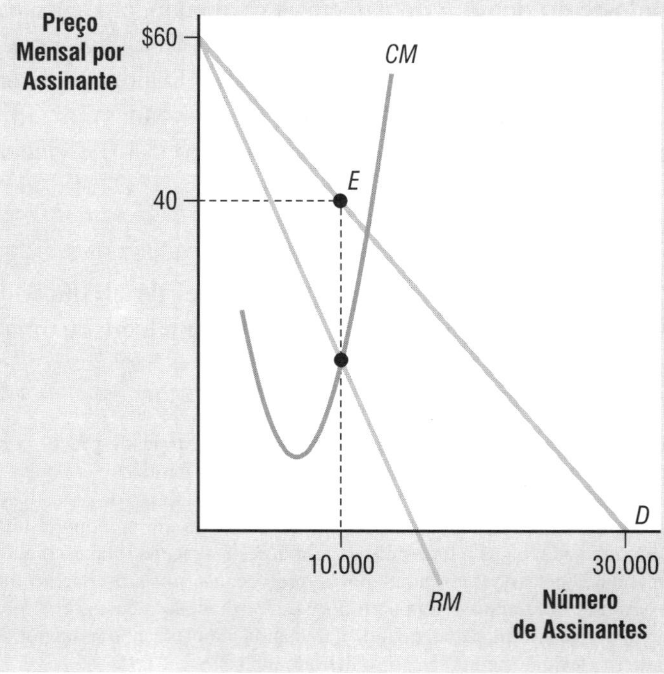

Como qualquer firma, o monopolista maximiza o lucro produzindo onde o *CM* é igual à *RM*. Aqui, a quantidade é de 10.000 unidades. O preço cobrado (\$40) é lido fora da curva de demanda. É o preço mais alto ao qual o monopolista pode vender esse nível de produto.

Você deve reconhecer isso: é exatamente a maneira como representamos o lucro de uma firma perfeitamente competitiva (compare com a Figura 3(a) do Capítulo 8). O diagrama parecia diferente na concorrência perfeita porque a curva de demanda da firma era horizontal, mas em um monopólio ela tem inclinação para baixo.

A Figura 3(b) ilustra o caso de um monopólio que sofre uma perda. Aqui, os custos são maiores que no painel (a) e a curva de *CTM* fica em qualquer lugar acima da curva de demanda, de modo que a firma irá sofrer uma perda em qualquer nível de produção. No melhor nível de produção, 10.000, o *CTM* é $50, por isso a perda por unidade é de $10. A perda total ($100.000) é a área do retângulo cinza, cuja altura é a perda por unidade ($10) e a largura é o melhor nível de produção (10.000). Ser um monopolista não é garantia de lucro. Se os custos forem altos demais ou se a demanda for insuficiente, um monopolista pode atingir um ponto de equilíbrio ou sofrer uma perda.

Um monopólio sofre uma perda sempre que P < CTM. Seu lucro total, no melhor nível de produção, é igual à área de um retângulo com altura igual à distância entre CTM e o P e com largura igual ao nível de produção.

EQUILÍBRIO NOS MERCADOS DE MONOPÓLIO

Um mercado de monopólio está em equilíbrio quando a única firma no mercado – a firma monopolista – está maximizando seus lucros. Afinal, quando a firma produz a quantidade de maximização do lucro e cobra o preço mais alto que possibilita a venda dessa quantidade, ela não tem incentivo para alterar o preço ou a quantidade, a menos que alguma coisa seja modificada no mercado (o que iremos explorar posteriormente).

Para o monopólio, no entanto, como para a concorrência perfeita, temos expectativas diferentes sobre o equilíbrio no curto prazo e o equilíbrio no longo prazo.

EQUILÍBRIO NO CURTO PRAZO

Encontrar o Equilíbrio

No curto prazo, um monopólio pode obter lucro econômico ou sofrer perda econômica. (Pode, é claro, atingir o equilíbrio também. Veja se consegue desenhar sozinho esse caso.) Um monopólio que estiver obtendo um lucro econômico continuará a operar no curto prazo, cobrando o preço e produzindo o nível de produção no qual *RM* = *CM*, como na Figura 3(a).

E se um monopólio sofrer uma perda no curto prazo? Aí, ele terá de tomar a mesma decisão que qualquer outra firma: fechar ou não. A regra que vimos no Capítulo 7 – que uma firma deve fechar se *RT* < *CVT* no nível de produção em que a receita marginal e o custo marginal são iguais – se aplica a qualquer firma, incluindo um monopólio. Como vimos no Capítulo 8, também podemos expressar a regra de fechamento em termos de preço e de custo variável médio.

Qualquer firma – incluindo um monopólio – deve fechar se P < CVM ao nível de produção em que RM = CM.

Figura 3

LUCRO E PERDA DO MONOPÓLIO

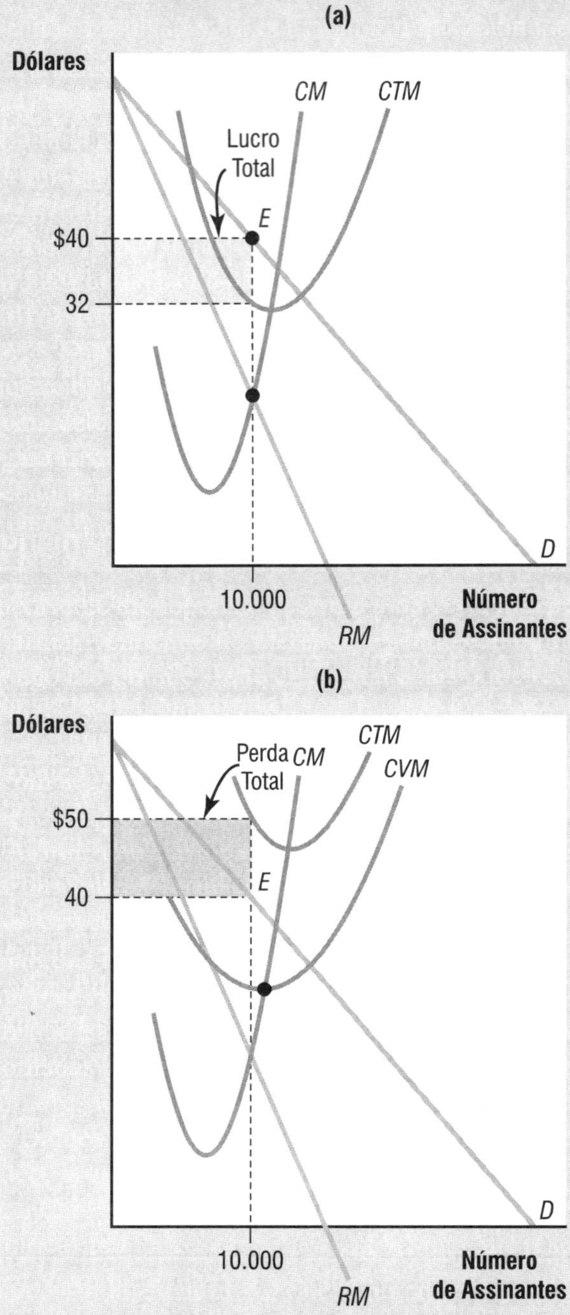

No painel (a), o lucro do monopolista é a diferença entre o preço e o custo total médio (*CTM*) multiplicado pelo número de unidades vendidas. A área cinza indica um lucro de $80.000. O painel (b) mostra um monopolista que sofre uma perda. No melhor nível de produção, *CTM* excede o preço. O retângulo cinza mostra uma perda de $100.000.

Se o preço da firma por unidade não puder cobrir seus custos variáveis ou operacionais por unidade no seu melhor nível de produção (onde $RM = CM$), a firma deve fechar.

Na Figura 3(b), a Zillion-Channel está sofrendo uma perda, mas, como $P = \$40$ e *CVM* é menor que $40, temos $P > CVM$ e a firma deve continuar operando. Sozinho, desenhe uma curva de *CVM* alternativa, no painel (b), que faria a Zillion-Channel tomar a decisão de fechar. *(Dica:* Essa curva será maior que a curva *CVM* já existente.)

Em alguns casos, a regra de fechamento prevê, de maneira precisa e realista, quando um monopólio irá fechar no curto prazo. Em outros casos, porém, não prevê. Muitos monopólios produzem um serviço vital como transporte ou comunicação e, geralmente, operam sob regulamentação governamental. Imagine que o monopólio tenha uma alteração temporária para cima na sua curva de *CVM*, em decorrência de um aumento do preço de um insumo variável. Suponha, ainda, que ocorra uma mudança temporária para a esquerda de sua curva de demanda, em razão de uma redução da renda familiar. Em qualquer um dos casos, se o monopólio descobrir que $P < CVM$, é provável que o governo não permita que ele feche, mas sim que utilize as receitas com impostos para cobrir as perdas da firma.

EQUILÍBRIO NO LONGO PRAZO

Encontrar o Equilíbrio

Um dos entendimentos mais importantes do capítulo anterior foi que firmas perfeitamente competitivas *não podem* obter lucro no equilíbrio de longo prazo. O lucro atrai novas firmas para o mercado e a produção do mercado aumenta. Isso, por sua vez, faz o preço de mercado cair, eliminando qualquer lucro temporário obtido por uma firma competitiva.

Esse processo não existe em um mercado de monopólio, onde as barreiras *impedem* a entrada de outras firmas no mercado. Estranhos querem entrar em um setor quando um monopólio está obtendo lucro além do lucro econômico, mas eles *não conseguem.* Assim, o mercado não oferece nenhum mecanismo para eliminar o lucro do monopólio e

diferente das firmas perfeitamente competitivas, as firmas monopolistas podem obter lucro econômico no longo prazo.

E a perda econômica? Se um monopólio for uma franquia do governo e enfrentar uma perspectiva de perda no longo prazo, o governo pode decidir subsidiá-lo, a fim de mantê-lo funcionando – especialmente se fornecer um serviço vital como entrega de correspondência ou trânsito em massa. Mas se o monopólio for de controle e de propriedade privada, não esperamos ver perdas no longo prazo. Um monopólio com perda econômica prevista para continuar indefinidamente deve sempre sair da indústria como qualquer outra firma.

Um monopólio de propriedade privada que sofre uma perda econômica no longo prazo irá sair da indústria como sairia qualquer outra firma de negócios. No longo prazo, portanto, não devemos encontrar monopólios de propriedade privada sofrendo perdas econômicas.

COMPARAÇÃO DO MONOPÓLIO COM A CONCORRÊNCIA PERFEITA

Já vimos uma diferença importante entre o monopólio e os mercados perfeitamente competitivos: na concorrência perfeita, o lucro econômico é brutalmente reduzido para zero pela entrada de outras firmas e no monopólio, o lucro econômico pode continuar indefinidamente.

O monopólio também difere da concorrência perfeita de outra maneira:

Podemos esperar que um mercado monopolista tenha um preço maior e uma menor produção que um mercado perfeitamente competitivo semelhante.

Para ver por que isso ocorre, vamos explorar o que aconteceria se uma única firma tomasse um mercado perfeitamente competitivo, transformando-o em um monopólio. A Figura 4 ilustra um mercado competitivo que consiste em

Figura 4

COMPARAÇÃO DO MONOPÓLIO COM A CONCORRÊNCIA PERFEITA

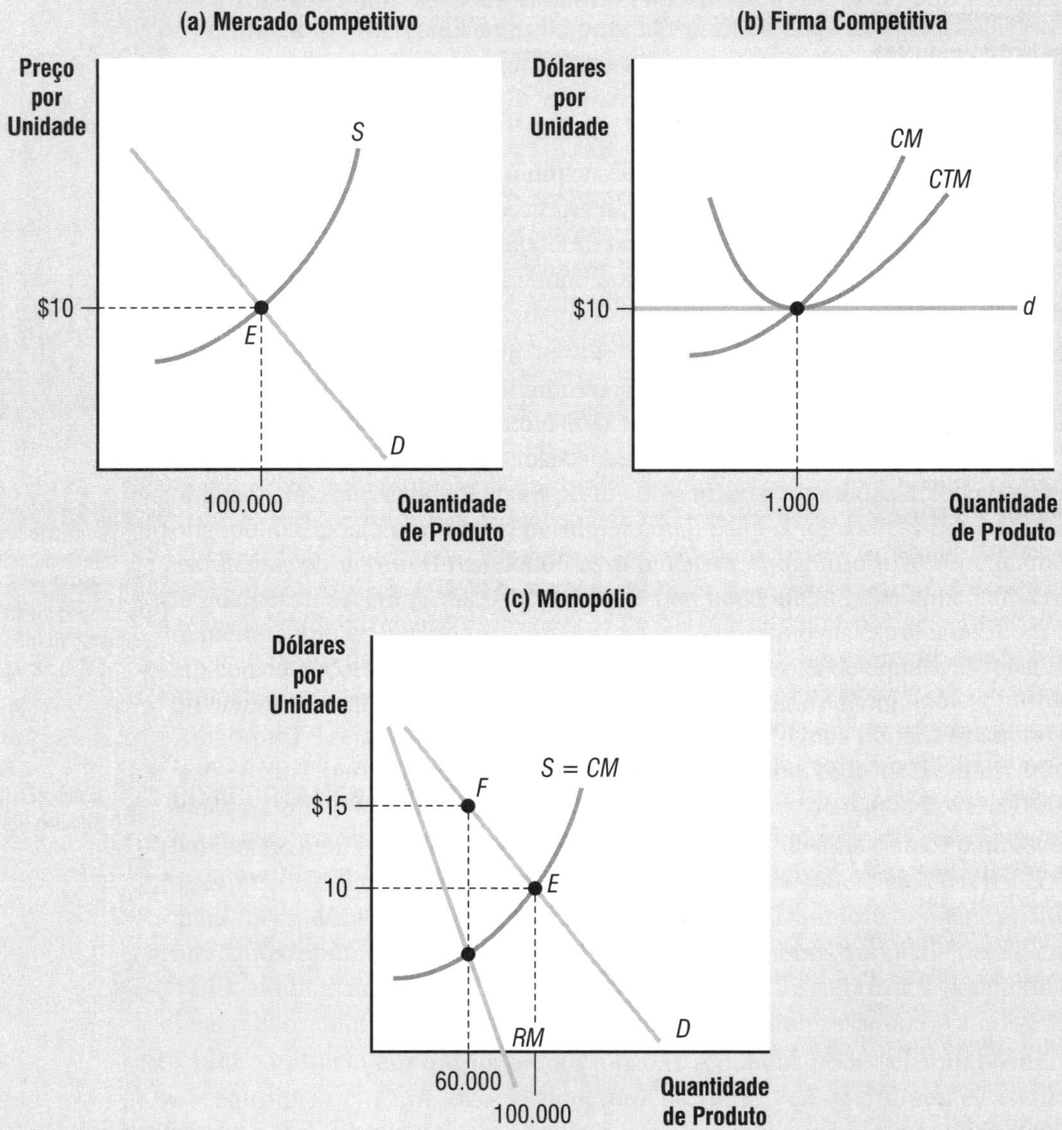

O painel (a) mostra um mercado competitivo comum, com 100 firmas idênticas. O preço do mercado é de $10 por unidade. A esse preço, cada firma (painel b) vende 1.000 unidades e obtém lucro econômico zero. O monopolista que comprar todas essas firmas enfrentará uma curva de demanda do mercado *D* no painel (c). Produzirá 60.000 unidades – onde *RM* = *CM*. O monopolista vai produzir menos que as firmas competitivas produziam, e cobrar um preço mais alto ($15, em vez de $10).

100 firmas idênticas. O mercado está no equilíbrio de longo prazo no ponto *E*, com um preço do mercado de $10 e uma produção de mercado de 100.000 unidades. No painel (b), a firma comum enfrenta uma curva de demanda horizontal em $10, tem uma produção de 1.000 unidades e obtém lucro econômico zero.

Agora, imagine que uma única firma compre todas as 100 firmas para formar um monopólio. O novo mercado de monopólio está ilustrado no painel (c). No monopólio, a curva de demanda horizontal que cada firma enfrenta torna-se irrelevante. Em vez disso, a curva de demanda com a qual o monopólio se preocupa é a curva de demanda do *mercado*, com inclinação para baixo, igual à curva de demanda do mercado do painel (a). Como a curva de demanda tem inclinação para baixo, a receita marginal será menor que o preço e a curva de *RM* ficará abaixo da curva de demanda. Para maximizar o lucro, o monopólio desejará encontrar o nível de produção em que *CM* = *RM*. Entretanto, qual é a nova curva de *CM* do monopólio?

Vamos supor que o monopólio não altere a maneira como o produto é produzido, assim cada firma anteriormente competitiva continuará a produzir seu produto com a mesma tecnologia que antes, apenas operando como uma das 100 instalações diferentes que o monopólio controla. Com essa hipótese, *a curva de custo marginal do monopólio será a mesma que a curva de oferta do mercado do painel (a)*. Por quê? Primeiro, lembre-se de que a curva de oferta do mercado é obtida adicionando a curva de oferta de cada firma individual ou seja, a curva de custo marginal de cada firma individual. Portanto, a curva de oferta de mercado informa o custo marginal – para *alguma* firma – de produzir outra unidade de produto para o mercado. Quando o monopólio adquire cada uma dessas firmas individuais, a curva de oferta de mercado diz quanto custará ao *monopólio* produzir outra unidade de produto em cada uma de suas plantas. Por exemplo, o ponto *E*, na curva de oferta do mercado, revela que, quando a oferta total for 100.000, com cada planta produzindo 1.000, o aumento na produção em mais uma unidade custará ao monopólio $10, pois esse será o custo marginal em cada uma das suas plantas. O mesmo é verdadeiro em cada um dos outros pontos ao longo da curva de oferta do mercado competitivo: sempre informará o custo, para o monopólio, de produzir mais uma unidade em uma das plantas que agora possui. Em outras palavras, a curva de oferta de inclinação para cima do painel (c), que é a curva de oferta do mercado quando este é competitivo, torna-se a curva de custo marginal para uma única firma quando o mercado é monopolizado. Por essa razão, a curva é rotulada tanto como *S* (oferta de mercado) como *CM* (o custo marginal do monopolista).

Temos agora todas as informações necessárias para encontrar a escolha de preço e de quantidade do monopólio. No painel (c), a curva *CM* do monopólio cruza de baixo para cima a curva *RM* em 60.000 unidades de produção. Isso será o nível de produção de maximização do lucro do monopólio. Para vender esse tanto de produção, o monopólio cobrará $15 por unidade – ponto *F* na sua curva de demanda.

Observe o que aconteceu no exemplo: após a aquisição do monopólio, o preço aumentou de $10 para $15 e a quantidade do mercado caiu de 100.000 para 60.000. O monopólio, comparado a um mercado competitivo, *cobra mais e produz menos.*

Por quê? O monopólio – diferente de cada firma competitiva – enfrenta uma curva de demanda de inclinação para baixo. Como resultado, para o monopólio, a receita marginal é menor que o preço. Enquanto uma firma competitiva pode vender outra unidade de produto e ganhar o preço como receita adicional, quando um monopolista vende outra unidade, ele ganha *menos* que o preço como receita adicional. Portanto, o monopólio irá interromper o aumento de sua produção em um nível inferior de produção ao que pararia uma indústria de firmas perfeitamente competitivas. Obviamente, como o monopólio quer vender uma quantidade inferior no mercado, cobrará um preço de mercado mais alto.

Vejamos quem ganha e quem perde com a aquisição. Ao aumentar o preço e restringir a produção, o novo monopólio obtém lucro econômico. Sabemos disso porque, em um preço de $10 – o preço competitivo – cada uma das suas plantas atingiria o equilíbrio, de forma que, a $15 – o preço que maximiza o lucro – ele deve fazer melhor do que atingir o ponto de equilíbrio.

Os consumidores, no entanto, perdem de duas maneiras: pagam mais pelo produto que compram e – em decorrência dos preços mais altos – compram menos bens. A mudança de concorrência perfeita para monopólio, portanto, beneficia os proprietários do monopólio e prejudica os consumidores do produto.

Tenha em mente uma condição importante com relação a esse resultado: ao compararmos o monopólio com a concorrência perfeita, vemos que o preço é maior e a produção é menor no monopólio *se tudo o mais for igual*. Em particular, imaginamos que, depois da monopolização do mercado, a tecnologia de produção permanece inalterada em cada firma anteriormente competitiva.

Um monopólio pode *alterar* a tecnologia de produção, de modo que tudo o mais *não* permaneceria igual. Por exemplo, um monopólio pode fazer cada uma de suas novas plantas se *especializar* em alguma parte do processo de produção ou atingir eficiências no planejamento do produto, na supervisão de funcionários, na contabilidade ou nas relações com o consumidor. Se essas economias de custo permitissem ao monopólio utilizar uma mescla de insumos menos custosa para qualquer dado nível de produção, a curva de custo marginal do monopólio no painel (c) seria *mais baixa* que a curva de oferta de mercado competitivo do painel (a). Se adicionarmos outra curva de *CM*, inferior, ao painel (c), veremos que ela tende a *reduzir* o preço do monopólio e a *aumentar* seu nível de produção – exatamente o inverso dos efeitos discutidos anteriormente. Se a economia de custos fosse grande o suficiente e a curva de *CM* caisse o bastante, um monopólio poderia maximizar o lucro cobrando um preço mais baixo e produzindo mais produto que um mercado competitivo peoduziria. (Veja se pode desenhar um diagrama para demonstrar esse caso.) A conclusão geral a que podemos chegar é esta:

A monopolização de uma indústria competitiva leva a dois efeitos opostos: (1) para qualquer dada tecnologia de produção, a monopolização leva a preços mais altos e a menor produção e (2) alterações na tecnologia de produção tormam possível, ao monopólio, cobrar preços menores e aumentar a produção. O efeito final no preço a na quantidade depende das forças relativas desses dois efeitos.

POR QUE OS MONOPÓLIOS GERALMENTE OBTÊM LUCRO ECONÔMICO ZERO

O título desta seção pode causar confusão. Acabamos de ver que, no longo prazo, um monopólio pode obter lucro econômico e nunca deve permanecer no negócio se sofrer uma perda. Assim, como podem os monopólios geralmente obter lucro zero no mundo real? É apenas coincidência? Não. Existem duas forças que tendem a reduzir os lucros do monopólio.

1. *Regulamentação governamental.* Como discutido anteriormente, em muitos casos de monopólio natural, uma firma obtém a concessão de uma franquia do governo para ser a única vendedora em um mercado. Isso tem sido verdadeiro para monopólios que oferecem serviços de água, eletricidade e gás natural. Em troca de sua franquia, o monopólio deve aceitar a regulamentação do governo que geralmente inclui a exigência de submeter os preços a uma comissão pública para aprovação. O governo desejará manter os preços altos o suficiente para sustentar o monopólio no negócio, mas não mais alto que isso. Como o monopólio permanecerá no negócio a menos que sofra uma perda no longo prazo, a estratégia ideal de definição de preço para a comissão reguladora seria manter o lucro econômico do monopólio em zero. Lembre-se, no entanto, de que o lucro econômico inclui o custo de oportunidade dos fundos investidos pelos proprietários do monopólio. Se a comissão pública for bem-sucedida, o lucro da *contabilidade* do monopólio será apenas o suficiente para corresponder ao que os proprietários poderiam obter investindo seus fundos em algum outro lugar, ou seja, o monopólio irá obter lucro econômico zero. A regulamentação do monopólio pelo governo será discutida com mais detalhes no Capítulo 15, em imperfeições de mercado.

2. *Receita de favoritismo político.* Outro fator que reduz o lucro de um monopólio vem da interação entre política e economia. Como vimos, muitos monopólios podem obter e manter seu *status* de monopólio devido a barreiras governamentais à entrada. Mesmo quando um monopólio é regulamentado pelo governo, a regulamentação pode ser imperfeita, resultando em um preço maior que o ideal. Mais importante, muitos monopólios criados por meio de barreiras governamentais são completamente não regulados. Por exemplo, um cinema ou curso de golfe em miniatura pode desfrutar um monopólio em uma área porque as regulamentações de zoneamento impedem a entrada de concorrentes ou, em países menos desenvolvidos, a uma única firma pode ser concedido direito exclusivo de vender ou produzir um bem específico. Em todos esses casos, o monopólio é deixado livre para definir seu preço como desejar. Quando uma regulamentação é imperfeita ou quando um monopólio está livre de uma regulamentação, não esperamos que ele obtenha lucro econômico para seus proprietários?

Geralmente não. As barreiras governamentais à entrada – por exemplo, as leis de zoneamento – geralmente são controversas, pois, como vimos, um monopólio pode cobrar um preço mais alto e produzir menos bens que um mercado competitivo. Assim, o governo será tentado a tirar o *status* de exclusividade de um monopólio e permitir que os concorrentes entrem no mercado. O monopólio, por sua vez, geralmente toma alguma ação para *preservar* as barreiras governamentais à entrada. Os economistas chamam tais ações *rent-seeking activity* (expressão em inglês para designar agentes econômicos e políticos que, em busca de vantagens pessoais, submetem as políticas públicas a seus interesses).

Atividade *rent-seeking*
Qualquer ação dispendiosa pela qual uma firma se responsabiliza para estabelecer ou manter seu *status* de monopólio.

Qualquer ação custosa que uma firma execute para estabelecer ou manter seu status de monopólio é chamada ***atividade rent-seeking.***

Em países com burocracias corruptas, a atividade de *rent-seeking* político inclui propinas para funcionários do governo. Em governos menos corruptos, inclui o tempo e o dinheiro gastos com o *lobby* com os legisladores e com o público para políticas favoráveis. Por exemplo, em 1999, a AT&T adquiriu várias firmas de transmissão a cabo, o que deu à firma um monopólio no serviço de Internet e de televisão a cabo em milhões de residências nos Estados Unidos. Exceto por um problema: os governos das cidades – antes de aprovarem a AT&T como nova operadora do serviço a cabo da cidade – estavam exigindo que ela permitisse aos outros provedores de serviço de Internet concorrentes, como a AOL e a Bell Atlantic, utilizarem suas novas linhas de cabo. Isso, é claro, reduziria os lucros do monopólio da AT&T nessas cidades. Como poderíamos prever, a AT&T iniciou uma guerra contra essas políticas de "acesso aberto". Gastou milhões de dólares em advogados, em pessoas para fazer *lobby* e em firmas de relações públicas. Tentou, até mesmo, influenciar a opinião pública, ajudando a fundar o grupo para *lobby "Hands Off the Internet"*. Em Miami, por exemplo, a AT&T conseguiu convencer 11 dos 13 membros do conselho da cidade a mudar de idéia e a votar contra o "acesso aberto". Como você pode imaginar, as despesas da AT&T reduziram seu lucro de monopólio.[5]

Qual seria a quantia máxima de gasto com *rent-seeking* que um monopólio estaria disposto a assumir? A resposta, como você pode imaginar, é uma quantia igual ao lucro que a firma está tentando proteger. Por exemplo, se uma firma puder preservar $100 milhões em lucro por meio de uma conta pendente, ela estará disposta a pagar *até* $100 milhões em despesas com *lobby.* Claro, pode não ser necessário pagar essa quantia, dependendo da natureza da conta e da dificuldade em persuadir os legisladores, mas podemos dizer isto:

A atividade rent-seeking, que ajuda a criar ou a manter a posição de monopólio de uma firma, faz parte dos custos da firma. Como resultado, essa atividade tende a reduzir o lucro econômico da firma e pode reduzi-lo a zero.

O Que Acontece Quando as Coisas Mudam?

O QUE ACONTECE QUANDO AS COISAS MUDAM?

Quando um monopólio está maximizando o lucro, não tem incentivo para alterar sua quantidade de produção ou seu preço *a menos* que alguma coisa capaz de afetar suas decisões seja alterada. Nesta seção, iremos verificar como uma alteração na demanda para o produto do monopolista afeta o equilíbrio em um mercado de monopólio.

De volta ao Capítulo 8, vimos como um mercado competitivo se ajusta a uma alteração na demanda. Em particular, vimos que um aumento na demanda provocou uma elevação no preço e na quantidade do mercado. A mesma conclusão geral é verdadeira para um monopolista? Vamos ver.

[5] ***Fonte:*** *Wall Street Journal,* "ATT' Used Carrot and Stick Lobbying Efforts in Local Debates over Access to Cable TV Lines", 24 de novembro de 1999, p. A20.

ALTERAÇÃO NA DEMANDA **Figura 5**

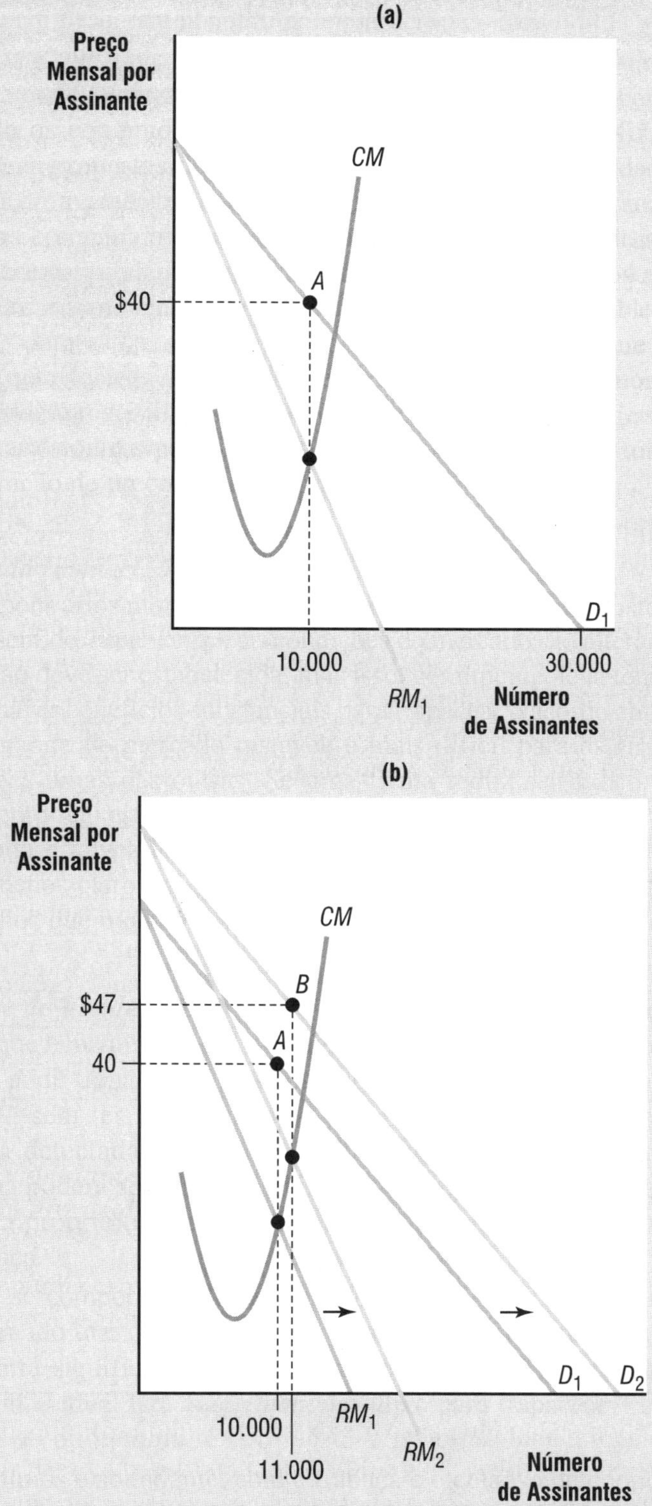

O painel (a) mostra a Zillion-Channel em equilíbrio. Ela está fornecendo 10.000 unidades de serviço de TV a cabo a um preço de $40 por mês e obtendo um lucro mensal de $80.000. O painel (b) mostra a mesma firma seguindo um aumento da demanda de D_1 para D_2. Com o crescimento da demanda, a *RM* é maior em cada nível de produção. No novo equilíbrio, a Zillion-Channel cobra um preço mais alto ($47), fornecendo mais serviço de TV (11.000 unidades) e obtendo um lucro maior.

O painel (a) da Figura 5 mostra a Zillion-Channel Cable obtendo um lucro positivo no curto prazo. Como antes, ela está produzindo 10.000 unidades por mês, cobrando $40 por unidade e obtendo um lucro mensal de $80.000 (não mostrado). O fato de a Zillion-Channel ser um monopolista, no entanto, não significa que ela seja imune às alterações na demanda.

O que pode fazer um monopolista experimentar uma alteração na demanda? A lista de causas possíveis é a mesma para a concorrência perfeita. Se você precisar de um lembrete dessas causas, examine novamente a Figura 3 do Capítulo 8. Por exemplo, um aumento na preferência do consumidor para um bem do monopolista irá alterar a curva de demanda para a direita, além de mudar a curva de demanda do mercado para a direita em um mercado competitivo.

Suponha que a demanda para o serviço de cabo local cresça porque um show de comédia da Zillion-Channel e um dos serviços de prêmio atraiam um acompanhamento entusiástico – um aumento na preferência por serviços a cabo. No painel (b) da Figura 5, isso é mostrado por um deslocamento para a direita da curva de demanda, de D_1 para D_2. Observe que a curva de receita marginal é alterada também, de RM_1 para RM_2. Com uma estrutura de custo inalterada, o novo equilíbrio no curto prazo ocorrerá onde a RM_2 fizer interseção com a curva de *CM* que permaneceu inalterada. Como podemos ver, o resultado é uma elevação na quantidade, de 10.000 para 11.000 e um preço mais alto – $47 por mês, em vez dos $40 originais. Nesse sentido, os mercados de monopólio se comportam de maneira muito semelhante aos mercados competitivos (embora a *extensão* do aumento no preço e na quantidade geralmente *não* seja a mesma que em um mercado competitivo). E o lucro do monopolista, então? Com o preço e a quantidade agora mais altos, a receita total claramente também aumentou, mas o custo é maior também. Assim, parece que o lucro poderia ter tanto elevado quanto caído.

O resultado, entretanto, é que o lucro *deve* ser maior no novo equilíbrio (ponto *B*). Sabemos disso porque a Zillion-Channel tem a opção de continuar a vender sua quantidade original, 10.000, a um preço maior. Se, como imaginamos, ela iniciar obtendo um lucro nesse nível de produção, o preço mais alto certamente lhe dará um lucro ainda *maior.* Mas a lógica de *RM* = *CM* informa que o maior lucro de todos ocorre em 11.000 unidades. Podemos concluir que:

> *Um monopolista reagirá a um aumento na demanda produzindo mais bens, cobrando um preço mais alto e obtendo um lucro maior. Reagirá a uma redução na demanda reduzindo a produção, baixando o preço e sofrendo uma redução no lucro.*

DISCRIMINAÇÃO DE PREÇO

Monopólio de preço único Uma firma monopolista que está limitada a cobrar o mesmo preço para cada unidade de produto vendida.

Até agora, analisamos as decisões de um **monopólio de preço único** – o que cobra o mesmo preço em todas as unidades que vende. Nem todos os monopólios operam dessa maneira. Por exemplo, os serviços essenciais geralmente cobram taxas diferentes por kilowatt/hora, dependendo da energia ser usada em casa ou na firma. As firmas de telefonia cobram taxas diferentes para ligações feitas por pessoas em diferentes planos de ligação. Alguns planos de clientes da Filadélfia permitem que eles liguem de graça para Trenton e New Jersey, enquanto outros clientes pagam nove centavos por minuto para as mesmas ligações. Nem essa política de preços variados está limitada a monopólios: os cinemas cobram preços mais baixos para cidadãos idosos, as firmas aéreas cobram preços menores para aqueles que reservam seus vôos com antecedência e os supermercados e firmas de alimentos cobram preços mais baixos para clientes que cortam cupons de seu jornal local.

Em alguns casos, os diferentes preços são devidos às diferenças nos custos de produção da firma. Por exemplo, pode ser mais caro entregar um produto em um local muito distante da fábrica, por isso uma firma pode cobrar um preço mais alto para clientes nas áreas mais afastadas. Em outros casos, os preços diferentes surgem não das diferenças de custo, mas do reconhecimento da firma de que *alguns clientes estão dispostos a pagar mais que outros.*

Discriminação de preço *ocorre quando uma firma cobra preços diferentes para clientes diferentes por motivos outros que não sejam as diferenças no custo.*

Discriminação de preço Cobrança de preços diversos para clientes diferentes, por motivos que não sejam as diferenças no custo.

O termo *discriminação*, nesse contexto, requer que nos acostumemos a ele. Na linguagem do dia-a-dia, *discriminação* carrega uma conotação negativa: pensamos, imediatamente, na discriminação contra alguém por causa de sua raça, sexo ou idade. Um monopólio de discriminação de preço não distingue com base em preconceitos, estereótipos ou má vontade com relação a nenhuma pessoa ou grupo. Em vez disso, ele divide seus clientes em diferentes categorias com base nas suas *disposições de pagar* pelo bem. Ao fazê-lo, um monopólio pode tirar ainda mais lucro do mercado. Por que, então, nem *toda* firma pratica essa discriminação?

REQUISITOS PARA A DISCRIMINAÇÃO DE PREÇO

Toda as firmas *gostariam* de praticar a discriminação de preço, mas nem todas podem. Para uma discriminação de preço bem-sucedida, três condições devem ser satisfeitas:

1. *Deve haver uma curva de demanda com inclinação para baixo para o produto da firma.* A fim de praticar a discriminação de preço, uma firma deve conseguir aumentar seu preço para pelo menos *alguns* clientes sem perder o negócio com eles. Uma firma competitiva não pode praticar a discriminação de preço: se ela elevasse seu preço, mesmo que pouco, para alguns clientes, eles simplesmente comprariam o produto idêntico de alguma outra firma que estivesse à venda pelo preço de mercado. Esse é um motivo pelo qual não existe discriminação de preço em mercados perfeitamente competitivos como os mercados para trigo, grãos de soja e prata.

Quando uma firma enfrenta uma curva de demanda com inclinação para baixo, no entanto, sabemos que alguns clientes continuarão a comprar, mesmo quando o preço aumentar. Monopólios – que enfrentam curvas de demanda com inclinação para baixo – sempre satisfazem o requisito de demanda com inclinação para baixo.

2. *A firma deve estar capacitada a identificar os consumidores dispostos a pagar mais.* A fim de determinar quais preços cobrar para quais clientes, uma firma deve identificar quanto os diferentes clientes estão dispostos a pagar. Isso geralmente é difícil. Suponha que seu barbeiro ou cabeleireiro quisesse

fazer uma discriminação de preço. Como ele determinaria quanto você está disposto a pagar por um corte de cabelo? Ele poderia lhe *perguntar*, mas você não diria a verdade, pois sabe que ele somente utilizaria a informação para cobrar mais. As firmas que praticam a discriminação de preço – na maioria dos casos – devem ser bem espertas, confiando em métodos mais indiretos para descobrir quanto seus clientes estão dispostos a pagar.

Por exemplo, as firmas aéreas sabem que as pessoas que viajam a negócios e precisam chegar rapidamente ao seu destino estão dispostas a pagar um preço mais alto pela viagem aérea do que os turistas ou pessoas em férias que podem viajar mais facilmente de trem, ônibus ou carro. Claro, se as firmas aéreas meramente *anunciassem* um preço mais alto para a viagem de negócios, ninguém admitiria estar viajando a negócios ao comprar uma passagem. As firmas aéreas devem, portanto, encontrar maneiras de identificar as pessoas que viajam a negócios sem perguntar diretamente. O método é cruel, mas razoavelmente eficaz: as pessoas que viajam a negócios geralmente planejam suas viagens no último minuto e não em fins de semana, enquanto turistas e pessoas em férias geralmente planejam muito tempo antes estas viagens. As firmas aéreas oferecem um desconto para clientes que reservam um vôo com várias semanas de antecedência e viajam em fins de semana e cobram um preço mais alto para aqueles que reservam no último minuto e viajam em outros dias da semana. Claro, algumas pessoas que viajam a negócios podem fazer um planejamento com antecedência e pagar o preço mais baixo e alguns viajantes pessoais que não conseguem planejar com antecedência podem ser cobrados fora do mercado, mas, em geral, as firmas aéreas conseguem cobrar um preço mais alto para um grupo de pessoas – que viajam a negócios – que estão dispostas a pagar mais. [6]

Os vendedores de varejo por catálogo – como a Victoria's Secret – têm uma pista facilmente disponível para determinar quem está disposto a pagar mais: o endereço do cliente. As pessoas que moram em CEPs de alta renda recebem catálogos com preços mais altos que as pessoas que moram em áreas de baixa renda. E os vendedores no varejo pela Internet – como a CDnow – têm uma alternativa: utilizam softwares para rastrear as compras anteriores do cliente e descobrir se cada um deles é um gastador ou uma pessoa que compra com moderação. Somente os últimos terão os preços baixos. (A CDnow oferece aos que compram com moderação um endereço de um site secreto na web com descontos especiais. Todos os outros clientes pagam o preço total.) [7]

3. *A firma deve impedir que os clientes de baixo preço revendam para os clientes de alto preço.* Impedir que um produto seja revendido por clientes de baixo preço pode ser um problema irritante para um futuro discriminador.

[6] Algumas vezes, argumenta-se que o comportamento de definição de preço das firmas aéreas é baseado inteiramente em uma diferença de custo para a firma aérea. Por exemplo, é provavelmente mais caro, para uma firma dessas, manter assentos disponíveis até o último minuto, pois existe um risco de que eles possam não ser vendidos. O preço mais alto para as reservas de último minuto compensaria a firma aérea, portanto, pelos assentos não vendidos. (Consulte, por exemplo, o artigo de John R. Lott Jr. e Russell D. Roberts em *Economic Inquiry,* janeiro de 1991.) Todavia, sabemos que as diferenças de custo não são o único motivo para o diferencial de preço ou as firmas aéreas não teriam adicionado o requisito de preços mais baixos para os que viajam em fins de semana que não têm nada a ver com seus custos.

[7] SCOTT, Woolley. "I Got it Cheaper than You", *Forbes,* 2 de novembro de 1998.

Por exemplo, quando as firmas aéreas começaram a praticar a discriminação de preço, um mercado de revenda se desenvolveu. As pessoas que viajavam a negócios podiam comprar passagens de intermediários no último minuto. Esses intermediários reservam pelo menor preço e, em seguida, anunciavam suas passagens para venda. Para agir contra isso, as firmas aéreas impuseram o requisito adicional de que a compra pelo preço mais baixo só poderia ocorrer para quem permanecesse o fim de semana todo fora. Com essa restrição, conseguiram reduzir substancialmente o resgate de passagens de baixo preço para as pessoas que viajavam a negócios.

É mais fácil impedir a revenda de um *serviço* devido à sua natureza pessoal. Um cabeleireiro pode cobrar preços diferentes para clientes distintos sem temer que um cliente venda seu penteado para outro. O mesmo é verdadeiro para serviços fornecidos por médicos, advogados e professores de música.

A revenda de *produtos*, no entanto, é muito mais difícil de impedir, já que os produtos podem ser facilmente transferidos de pessoa para pessoa sem perder sua utilidade. Um exemplo interessante de até onde uma firma pode ter de ir para impedir a revenda de um produto é o caso da Rohm and Haas, uma firma química. Nos anos 40, a Rohm and Haas vendia por dois preços o pó metil metacrilato, utilizado para fabricar plásticos duráveis. Os usuários industriais, que tinham muitas outras opções, pagavam 85 centavos por libra (0,4536kg) e os laboratórios dentais, que não tinham outra escolha de material para fazer dentaduras e estavam dispostos a pagar mais, pagavam $22 por libra. Apesar dos enormes esforços da Rohm and Haas contra, esse diferencial de preço levou a um próspero mercado de revenda: os usuários industriais compravam metil metacrilato a 85 centavos por libra e vendiam por muito mais aos laboratórios dentais. Memorandos internos na Rohm and Haas revelavam que a firma, desesperada por uma solução, considerava (mas não levou a cabo) um plano para colocar chumbo ou arsênico em todo pó vendido pelo menor preço, para que os laboratórios dentais não conseguissem utilizá-lo.[8]

EFEITOS DA DISCRIMINAÇÃO DE PREÇO

A discriminação de preço sempre beneficia os proprietários de uma firma: quando a firma pode cobrar preços diferentes para clientes diferentes, ela tem a chance de utilizar essa habilidade para aumentar seu lucro. Os efeitos, porém, sobre os consumidores podem variar. Para entender como a discriminação de preço afeta a firma e os consumidores de seu produto, vamos pegar um exemplo simples. Imagine que somente uma firma – a No-Choice Airlines – ofereça vôos diretos em pequenos aviões entre Omaha e Salina, no Kansas. (Qual barreira à entrada pode explicar o monopólio da No-Choice nessa rota? Se estiver confuso, examine novamente a seção sobre fontes de monopólio neste capítulo.)

A Figura 6(a) ilustra o que a No-Choice faria se *não* pudesse praticar a discriminação de preço e tivesse de operar como um monopólio de preço único. Como $RM = CM$ em 30 passagens de ida e volta por dia, o preço de maximização do lucro da No-Choice seria $120 por passagem. O custo total médio da firma

[8] STOCKING, De George W.; WATKINS, Myron W. *Cartels in Action:* Case Studies in International Business Diplomacy (New York: The Twentieth Century Fund, 1946), p. 403.

para 30 viagens de ida e volta é de \$80, por isso seu lucro por passagem seria de \$120 – \$80 = \$40. O lucro total é \$40 × 30 = \$1.200, igual à área do retângulo sombreado.

Discriminação de Preço que Prejudica os Clientes. Agora, suponha que a No-Choice descubra que, em um dia médio, dez das 30 pessoas que compram passagens sejam pessoas viajando a negócios, dispostas a pagar mais e ela possa identificá-los por sua resistência em reservar com antecedência. A No-Choice poderia praticar a discriminação de preço oferecendo dois preços: \$120 para os que reservassem antecipadamente e \$160 para os outros. Na realidade, a No-Choice estaria elevando o preço de \$120 para \$160 para seus dez clientes que viajam a negócios.

Vamos calcular o impacto no lucro da No-Choice. Como ela continuaria a vender as mesmas 30 viagens de ida e volta, não existiria impacto em seus custos. A receita, entretanto, aumentaria: ela cobraria \$40 a mais que antes em dez de suas passagens de ida e volta. Assim, a No-Choice obteria um lucro diário adicional de \$40 × 10 = \$400. Esse *aumento* do lucro é identificado como o retângulo sombreado da Figura 6(b). O lucro total seria, então, a soma de dois números: o lucro que a No-Choice obtinha *antes* da discriminação de preço (\$1.200, a área do retângulo sombreado no painel (a)) e o *crescimento* do lucro, devido à discriminação de preço (\$400, a área do retângulo sombreado no painel (b)). Ao praticar a discriminação de preço, a No-Choice elevaria seu lucro total de \$1.200 para \$1.600 por dia.

E os consumidores? Já que dez clientes pagariam \$40 a mais cada, eles perderiam 10 × \$40 = \$400 por pagar o preço mais alto. Outros viajantes, que continuariam a pagar \$120 por suas passagens, não seriam afetados pelo preço mais alto.

Resumindo, nesse caso, o impacto da discriminação de preço, comparado à política de preço único, é uma transferência direta de fundos dos consumidores para a firma. O aumento do lucro da firma é igual aos pagamentos adicionais pelos consumidores. Essa conclusão se aplica mais genericamente assim:

> *Quando a discriminação de preço aumenta o preço, para alguns consumidores, acima do preço que eles pagariam em uma política de preço único, ela prejudica os consumidores. O lucro adicional para a firma é igual à perda monetária dos consumidores.*

Discriminação de Preço que Beneficia os Clientes. Vamos voltar à situação inicial com a No-Choice e supor que, em vez de cobrar mais dos viajantes a negócios, ela decida agir de outra maneira. A No-Choice descobre que os estudantes que viajam para fazer faculdade em Salina estão indo de trem, por ser mais barato. Com um preço de \$100, a firma aérea poderia vender uma média de dez passagens de ida e volta por dia para os estudantes. A nova política da No-Choice é esta: \$120 por uma passagem de ida e volta, mas um preço especial de \$100 para estudantes que mostram suas carteirinhas. O resultado é apresentado no painel (c). Embora a decisão de vender dez passagens adicionais leve a No-Choice para além do nível de produção no qual *CM* = *RM*, isso não é problema.

A curva de *RM* foi desenhada sob a suposição de que a No-Choice cobra um único preço e deve reduzir o preço de todas as passagens para vender mais. Com a discriminação de preço, a curva de *RM* não revela mais o que acontece à receita da No-Choice quando a produção aumenta. A firma conseguirá ampliar seu lucro vendendo as passagens adicionais.

O raciocínio é este: a No-Choice está vendendo, agora, dez passagens de ida e volta *adicionais*, por isso, nesse caso, tanto seu custo como sua receita serão alterados. Cada passagem adicional acrescenta $100 à receita da firma – essa é a nova receita marginal – e uma quantia aos custos determinados por sua curva de *CM*. Assim, a distância entre $100 e a curva de *CM* fornece o

DISCRIMINAÇÃO DE PREÇO **Figura 6**

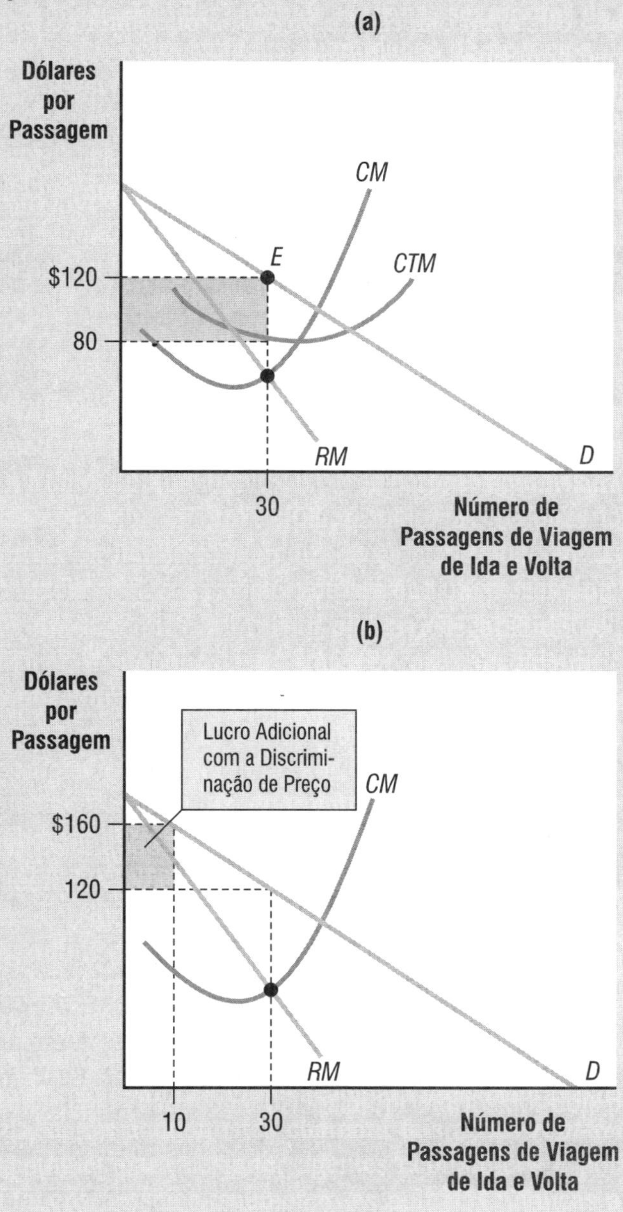

(*Continua*)

Figura 6

DISCRIMINAÇÃO DE PREÇO (*Continuação*)

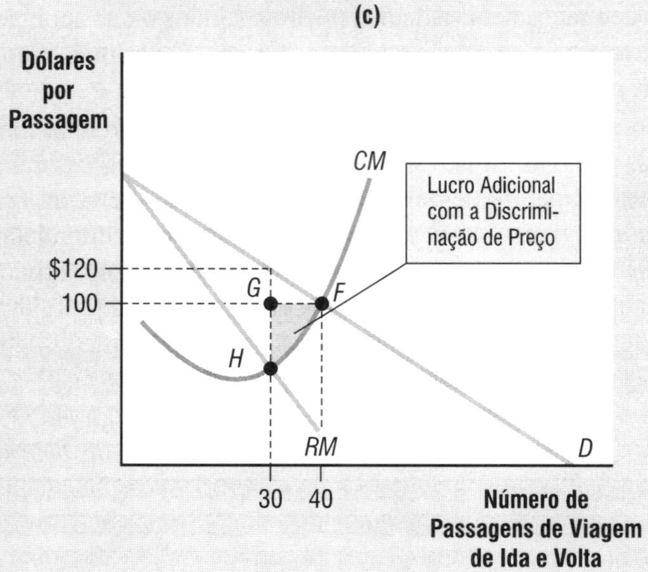

O painel (a) mostra uma firma aérea de monopólio de preço único, vendendo 30 passagens de ida e volta a $120 cada e obtendo um lucro de $1.200. O painel (b) revela a condição da mesma firma aérea se ela pudesse cobrar um preço mais alto para as pessoas que viajam a negócios. O retângulo sombreado mostra o lucro adicional que a firma aérea obteria praticando a discriminação de preço. O lucro total seria é de $1.600. O painel (c) apresenta uma estratégia alternativa. Além de vender 30 passagens comuns a $120 cada, a firma aérea atrai dez passageiros adicionais com uma taxa de estudante mais baixa de $100. Assim, o aumento do lucro é a área da região sombreada.

lucro adicional obtido com cada passagem adicional e o lucro adicional total é a área sombreada *HGF* do painel (c) da Figura 6.

E os consumidores? Os 30 consumidores originais não são afetados, já que o preço das suas passagens não foi alterado. Os novos clientes – os dez estudantes – saem na frente: cada um consegue pegar o vôo, em vez da viagem de trem, que é mais longa. Nesse caso, a discriminação de preço beneficia o monopólio, ao mesmo tempo em que beneficia um grupo de consumidores – os estudantes que não estavam comprando o serviço antes, mas que o *comprarão* a um preço menor e ganharão alguns benefícios com isso. Como o preço de ninguém aumenta, ninguém é prejudicado por essa política.

Quando a discriminação de preço reduz o preço, para alguns clientes, abaixo do que eles pagariam em uma política de preço único, ela beneficia os consumidores e as firmas.

Claro, é possível, para uma firma, combinar *os dois* tipos de discriminação de preço, elevando o preço acima do que cobraria como um monopólio de preço único, para alguns clientes e reduzindo para outros. Esse tipo de discriminação de preço aumentaria o lucro da firma, enquanto beneficiaria alguns consumidores e prejudicaria outros. (Para praticar, desenhe um diagrama que mostre a mudança no lucro total se a No-Choice cobrasse três preços: um preço básico, de $120, um preço de $160 para pessoas que viajam a negócios e um preço de $100 para estudantes. Quem ganharia e quem perderia?)

Discriminação Perfeita de Preço. Suponha que uma firma possa, de alguma maneira, encontrar o preço máximo que os clientes estejam dispostos a pagar para *cada* unidade do produto vendida. Assim, ela pode aumentar seus lucros ainda mais praticando a *discriminação perfeita de preço.*

*Na **discriminação perfeita de preço**, uma firma cobra do cliente o máximo que ele esteja disposto a pagar por unidade que compra.*

Discriminação perfeita de preço O ato de cobrar de cada cliente do máximo que ele estaria disposto a pagar por unidade comprada.

A discriminação perfeita de preço é muito difícil de ser praticada no mundo real, pois exigiria que a firma lesse a mente de seus clientes. No entanto, muitas situações do mundo real chegam bem perto da discriminação perfeita de preço. Os vendedores de carros usados colocam um preço de etiqueta bem mais alto que o preço que consideram poder realmente obter e, em seguida, avaliam cada cliente para determinar o desconto necessário para concluir a venda. O vendedor pode examinar as roupas do cliente e seu carro atual, perguntar sobre o trabalho do cliente e observar quão sofisticado o cliente é sobre carros, tudo com o objetivo de determinar o preço máximo que ele está disposto a pagar. Uma avaliação semelhante ocorre nos mercados de quinquilharias, vendas de garagens e em muitas outras situações nas quais o preço é *negociado*, em vez de fixado com antecedência.

Para ver como a discriminação perfeita de preço funciona, considere Nancy, que vende bonecos do Elvis nos mercados de quinquilharias. Para tornar a análise mais simples, vamos supor que Nancy não tenha custos fixos para fazer negócios e que o custo de cada boneco seja de $10 para fazer, independentemente de quantos ela produz. Assim, o custo de Nancy por boneco (*CTM*) é de $10 em todos os níveis de produção. Além disso, já que cada boneco *adicional* custa $10 para fazer, seu custo marginal (*CM*) também é de $10 em qualquer nível de produção. É por isso, que na Figura 7 tanto a curva *CM* como a curva *CTM* são a mesma linha horizontal em $10.

Vamos imaginar, primeiramente, que Nancy seja uma monopolista de preço único, cobrando um preço preanunciado para cada boneco que vende. A figura mostra a curva de demanda que ela enfrentaria em um dia comum: a um preço de $30 ela poderia vender 20 bonecos, a um preço de $25 poderia vender 30 e assim por diante. Nancy obteria lucro máximo vendendo 30 bonecos por dia, cobrando $25 cada um. Seu lucro por unidade seria de $25 – $ 10 = $15, a distância vertical entre a curva *CTM* e a curva de demanda em 30 unidades. Seu lucro total seria $15 × 30 bonecos = $450 por dia que é igual à área do retângulo sombreado.

Agora, suponha que Nancy se torne especialmente hábil em avaliar seus clientes. Ela aprende como distinguir os verdadeiros fanáticos por Elvis (um macacão branco e enfeitado de lantejoulas é uma pista fatal) de pessoas que simplesmente querem o boneco como um mero presente. Além disso, observando a maneira como as pessoas lidam com o boneco e ouvindo suas conversas com seus companheiros, Nancy consegue discernir o preço exato máximo que cada cliente pagaria. Na realidade, ela sabe exatamente onde, na curva de demanda, cada cliente estaria localizado. Com suas novas habilidades, Nancy pode aumentar seu lucro tornando-se uma *discriminadora perfeita de preço* – para cada unidade adicional ao longo do eixo horizontal, ela irá cobrar o preço indicado pela altura vertical da curva de demanda.

Figura 7

A monopolista de preço único vende 30 bonecos por dia a $25 cada. Com um *CTM* constante de $10, ela obtém um lucro de $450 por dia como mostrado pelo retângulo cinza. No entanto, se puder cobrar de cada cliente o máximo que ele estiver disposto a pagar – mostrado pela altura da curva de demanda –, ela deve vender 60 bonecos, onde *CM* = *P* no ponto *J*. Seu lucro aumentaria para a área do triângulo *BHJ*.

DISCRIMINAÇÃO DE PREÇO PERFEITA

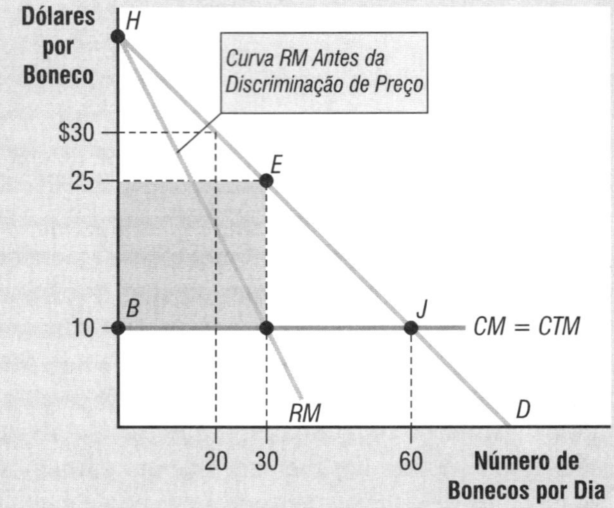

Quantos bonecos Nancy deve vender agora? Para responder a essa pergunta, precisamos encontrar o novo nível de produção no qual *RM* = *CM*. Mas a curva *RM* na figura não é mais válida, pois ela era baseada na suposição de que Nancy tinha de reduzir o preço em *todas* as unidades cada vez que quisesse vender outra. Como discriminadora perfeita de preço, ela precisa reduzir o preço somente na unidade *adicional* que vende e o aumento da sua receita será o preço dessa unidade adicional. Por exemplo, se ela estiver vendendo, no momento, 30 bonecos e quiser vender 31, reduzirá o preço da boneca adicional apenas um pouco, vamos dizer, para $24,50 e, nesse caso, sua receita aumentará em $24,50.

Para um discriminador de preço perfeito, a receita marginal é igual ao preço da unidade adicional vendida. Assim, a curva de RM da firma é a mesma que sua curva de demanda.

Agora é fácil ver o que Nancy deve fazer: como o requisito para maximização do lucro é que *CM* = *RM*, e para um discriminador de preço perfeito *RM* é o mesmo que o preço (*P*), Nancy deve produzir onde *CM* = *P*. Na Figura 7, isso ocorre no ponto *J*, onde a curva de CM faz interseção com a curva de demanda – em 60 unidades de produto. Nesse ponto, a única maneira de aumentar as vendas seria reduzir o preço de um boneco adicional para menos de $10, mas, como o custo marginal de um boneco é de somente $10, teríamos *P* < *CM* e o lucro de Nancy cairia.

(Pense por um momento: qual é o preço que maximiza o lucro de Nancy? Desculpe, essa é uma pergunta que engana: *não existe* preço que maximize o lucro. Como discriminadora perfeita de preço, Nancy obtém o lucro mais alto cobrando *diferentes* preços para diferentes clientes.)

E o lucro total de Nancy? Para cada unidade de produto, ela cobra um preço determinado pela curva de demanda e incorre em um custo de $10. A soma do lucro de *todas* as unidades nos fornece a área abaixo da curva de demanda e acima de $10 ou a área do triângulo *BHJ.*

Agora, podemos determinar quem ganha e quem perde quando Nancy transforma-se de um monopolista de preço único em um discriminador de preço perfeito. Nancy sem dúvida ganha: seu lucro aumenta, do retângulo sombreado para o triângulo maior *BHJ.* Os consumidores do produto são os perdedores: como todos eles pagam mais do que estariam dispostos a pagar, ninguém compra um boneco por um preço que consideraria um "bom negócio".

Um discriminador de preço perfeito aumenta o lucro à custa dos consumidores, cobrando de cada cliente o máximo que ele esteja disposto a pagar pelo produto.

De maneira interessante, a firma de *e-commerce* Priceline.com fornece uma maneira para as firmas aéreas se moverem o mais próximo da discriminação perfeita de preço na venda de passagens de último minuto.

A Priceline – que age como um intermediário entre as firmas aéreas e o cliente – descobriu uma nova maneira de determinar o quanto os viajantes estão dispostos a pagar por uma passagem: *ela pergunta a eles.* E como ela consegue uma resposta honesta? Para comprar uma passagem na Priceline.com, você deve inserir uma proposta. De maneira perspicaz, a Priceline permite que você faça apenas uma proposta por dia. Assim, se precisar comprar sua passagem rapidamente, você terá um forte incentivo para preencher a proposta da maneira mais verdadeira possível. O resultado final: todos os que compram uma passagem na Priceline.com pagam um preço diferente e os que estão *dispostos* a pagar mais geralmente acabam *realmente* pagando mais.

O DECLÍNIO DO MONOPÓLIO

O século passado não foi fácil para os monopólios. Na primeira metade do século, a execução de uma legislação rigorosa antitruste acabou com muitos monopólios existentes havia muito tempo como a Standard Oil em 1911 e a Alcoa em 1945. No restante do século, muitos monopólios e potenciais monopólios ficaram sob o controle dos reguladores do governo e foram incapazes de maximizar completamente o lucro. Hoje, os monopólios enfrentam uma ameaça diferente: o cruel avanço da tecnologia.

Considere, por exemplo, o monopólio natural do serviço telefônico local. O serviço – que no momento ocorre pelos fios telefônicos locais – é caracterizado pelas economias de escala: uma única firma pode produzir a um custo inferior, por unidade, ao que poderiam vários concorrentes produzir. Mas logo as firmas de televisão a cabo terão a tecnologia para oferecer serviço telefônico local por *cabo.* Quando essa tecnologia existir, toda família terá dois fornecedores para escolher: a firma de telefone local já existente *e* a firma a cabo local. Nesse ponto, o *status* de monopólio das firmas de telefonia local terminará.

Mesmo o velho padrão de monopólios – o correio – está sendo ameaçado pela tecnologia. O rastreamento de inventário computadorizado e os jatos mais econômicos permitiram que firmas como a Federal Express e a DHL oferecessem serviços de entrega de cartas de um dia para o outro a um baixo custo, enquanto o e-mail e o pagamento de contas por telefone estão reduzindo o volume das cartas antigas. Não é difícil imaginar um futuro em que você receberá toda a sua correspondência pela Internet e a noção de cartas *entregues em mãos* se tornará algo do passado, uma prática estranha sobre a qual você poderá contar aos seus filhos.

Isso não significa que todos os monopólios estão dando seus últimos suspiros. Por um motivo, algumas novas tecnologias podem estar criando novas barreiras à entrada e podem, até mesmo, estar montando a base para novos monopólios. (Exploraremos alguns exemplos no Capítulo 15.) Outros monopólios – como os criados por patentes e direitos autorais – continuarão a fazer sentido, pois são necessários para recompensar os que incorrem nos custos e riscos da inovação. E alguns monopólios de pequenas cidades – especialmente aqueles que oferecem serviços pessoais na prática, como atendimento médico ou penteados – podem permanecer imunes à ameaça tecnológica. Mas é seguro dizer que o mundo do monopólio, como o conhecemos, está encolhendo.

Utilizando a TEORIA

DISCRIMINAÇÃO DE PREÇO NAS INSTITUIÇÕES DE ENSINO SUPERIOR E NAS UNIVERSIDADES

A maioria das instituições de ensino superior e das universidades fornece algum tipo de ajuda financeira a uma grande parte de seus estudantes. Um pacote de auxílio típico pode incluir subsídios diretos para ajudar a pagar a matrícula, os aposentos e as refeições, empréstimos a juros baixos e um emprego para trabalhar/estudar no campus. As instituições de ensino superior têm muitos motivos para essa política, como ter um corpo de estudantes mais diversificado e ajudar a criar uma sociedade melhor ao tornar os serviços educacionais acessíveis a muitos que, de outra maneira, não poderiam pagar por eles. E, cada vez mais, a ajuda financeira tem sido utilizada como um método eficaz de discriminação de preço, criado para aumentar a receita da instituição de ensino superior.

Como uma instituição de ensino superior pratica a discriminação de preço? Ao oferecer níveis variados de auxílio a diferentes estudantes, a ajuda financeira permite que a instituição de ensino superior cobre diferentes *preços* de cada um. Por exemplo, se o valor total da educação for de \$12.000 por ano, um estudante que recebe um subsídio de \$5.000 paga somente \$7.000 nesse período, um estudante que recebe subsídio de \$8.000 paga somente \$4.000 e assim por diante.

As instituições de ensino superior têm estado, há muito tempo, em uma posição especialmente boa para se beneficiarem da discriminação de preço, pois satisfazem todos os três requisitos:

1. *As instituições de ensino superior enfrentam curvas de demanda de inclinação para baixo.* Embora as instituições de ensino superior não sejam monopólios (outras instituições semelhantes são substitutos próximos), elas também não são concorrentes perfeitos. Cada instituição de ensino superior é única de algumas maneiras – localização, reputação, condições de moradia, vida social e outros detalhes. Por esse motivo, as instituições enfrentam curvas

de demanda com inclinação para baixo para seus serviços. Uma instituição de ensino superior pode aumentar seu preço e perder somente *alguns* – em vez de todos – de seus candidatos a matrícula. De maneira semelhante, qualquer instituição financeira que queira ampliar o número de matrículas pode fazê-lo reduzindo seu preço e atraindo inscrições de quem não participaria com o preço mais alto.

2. *As instituições de ensino superior conseguem identificar os clientes dispostos a pagar mais.* As instituições de ensino superior têm estado, há muito tempo, em uma excelente posição para descobrir quanto seus clientes estão dispostos a pagar por seu produto. Os candidatos à ajuda financeira têm de enviar dados sobre a renda e a riqueza de suas famílias. Os funcionários de admissão sabem que os estudantes de famílias pobres são menos prováveis de participar de suas instituições, a menos que a eles seja oferecido um preço relativamente baixo, enquanto os estudantes de famílias mais ricas têm mais chance de participar, mesmo a preços mais altos. Em anos recentes, no entanto, as instituições de ensino superior foram ainda mais longe nas suas tentativas de identificar a disposição em pagar. (Ver a seguir.)

3. *As instituições de ensino superior conseguem impedir que clientes de baixo preço revendam para clientes de alto preço.* Em uma instituição de ensino, a educação superior é muito semelhante a outros serviços pessoais: uma vez que você paga, não é possível revender para outra pessoa.

Embora muitas instituições de ensino superior tenham sido discriminadoras de preço ativas durante décadas, muitas intensificaram seus esforços a partir de 1992. Naquele ano, o Congresso norte-americano alterou a fórmula utilizada para determinar a necessidade financeira, tornando a maioria dos estudantes elegível para assistência. Isso permitiu que as instituições de ensino superior alocassem ajuda financeira entre um conjunto maior de estudantes. De repente, a discriminação de preço pôde ser utilizada ainda mais amplamente, mas isso exigiu novos métodos de identificação, entre os estudantes, da disposição em pagar.

O mercado respondeu. Consultores especializados, utilizando modelos em computadores para prever a probabilidade de que os estudantes iriam participar da instituição de ensino superior com diferentes preços, começaram a oferecer seus serviços. Um panfleto de consultor perguntava aos funcionários de admissão: "Vocês gastaram a mais para ter alunos que teriam se matriculado com ajuda menor? Vocês gastaram pouco e perderam estudantes que teriam vindo com maior auxílio?"[9]

Em conseqüência, o papel tradicional da ajuda financeira como auxílio para os necessitados mudou. Algumas instituições de ensino superior modificaram os dólares da ajuda para os candidatos mais bem classificados – independentemente de necessidade financeira –, pois esses estudantes teriam mais opções e muito provavelmente não participariam de nenhuma instituição de ensino superior sem ajuda financeira. A Drexel University, em Filadélfia, mudou a ajuda para aqueles que se candidatavam para o curso de Negócios, depois que um modelo no computador previu que as decisões de matrícula deles era mais sensível

---

[9] "Colleges Manipulate Financial-Aid Offers, Shortchanging Many", *Wall Street Journal,* 1º de abril de 1996, p. 1. Na discussão, os exemplos específicos de discriminação de preço também vieram desse artigo.

ao preço. A Johns Hopkins University alterou os dólares de ajuda para os que se matriculavam em Ciências Humanas com pontuações no SAT (teste de aptidão para entrar na universidade) acima de 1.200 e necessidades financeiras relativamente baixas, com base em um modelo semelhante. A Carnegie-Mellon foi ainda mais longe: determina o efeito, na "safra" de estudantes (a porcentagem de estudantes, com certas características, que realmente irão se matricular), de modificar os dólares de ajuda de um grupo para outro. Além disso, a escola pede aos estudantes admitidos que enviem para ela um fax com qualquer oferta de ajuda financeira melhor que possam receber, para que ela decida se vai cobrir a oferta com um "fundo de reação" especial.

Muitos consultores de ajuda financeira recomendam que as instituições de ensino superior retirem o dinheiro da ajuda de estudantes que vêm para entrevistas no campus, já que, ao fazê-lo, esses estudantes revelam um forte desejo de participar da instituição de ensino superior. Existem rumores de que algumas instituições começaram a seguir esse conselho, mas nenhuma de ensino superior admitiu essa prática.

A discriminação de preço mais eficaz nas instituições de ensino superior e nas universidades está certamente alterando a visão tradicional do auxílio financeiro como um programa criado principalmente para ajudar os necessitados. E, enquanto beneficia alguns grupos de estudantes, prejudica outros. Nos sistemas mais novos, os que podem sinalizar uma menor disposição para pagar têm se beneficiado dos preços reduzidos, enquanto os que sinalizam maior disposição para pagar têm sofrido um aumento dos preços.

A avaliação completa dos efeitos da discriminação de preço nas instituições de ensino superior é complicada por um importante fato: a maioria das instituições educacionais não são firmas privadas que se esforçam em maximizar os lucros para seus proprietários. Elas são, na verdade, instituições *sem fins lucrativos*, *sem* proprietários particulares. Assim, qualquer receita adicional que ganham por meio da discriminação de preço acaba sendo utilizada para propósitos educacionais: atrair melhor corpo docente, elevando os salários, melhorar as condições de moradia para os estudantes, manter o valor de instrução menor que seria em outra situação e, até mesmo, fornecer ajuda para mais estudantes no futuro. Cada uma dessas alternativas tem valor para a instituição de ensino superior e seus estudantes, o que sugere que uma maior discriminação de preço nas instituições financeiras, como tantas outras questões econômicas, é um problema de *trade-offs*.

RESUMO

Uma *firma monopolista* é a única vendedora de um bem ou serviço que não tem substitutos próximos. O monopólio surge devido a algumas barreiras à entrada: economias de escala, controle de um insumo escasso e barreiras criadas pelo governo. Como único vendedor, o monopólio enfrenta a curva de demanda do mercado e deve decidir qual preço (ou preços) cobrar a fim de maximizar o lucro.

Como outras firmas, um monopolista de um único preço produz quando $RM = CM$ e define esse preço máximo que os consumidores estão dispostos a pagar por essa quantidade. O lucro do monopólio ($P - CTM$, multiplicado pela quantidade produzida) pode persistir no longo prazo em virtude de barreiras à entrada. No entanto, existem motivos pelos quais os monopólios geralmente obtêm lucro zero no longo prazo. Esses motivos incluem regulamentação do governo e *rent-seeking*.

Alguns monopólios podem praticar *discriminação de preço* cobrando preços variados para diferentes clientes. Fazer isso requer a habilidade de identificar os clientes dispostos a pagar mais e de impedir que os clientes de baixo preço ajudem os clientes de alto preço. A discriminação de preço sempre beneficia o monopolista (caso contrário, ele cobraria um preço único), mas *pode*, algumas vezes, beneficiar alguns consumidores.

PALAVRAS-CHAVE

firma monopolista
patente
atividade *rent-seeking*
discriminação de preço perfeita
mercado de monopólio
copyright/direitos autorais
monopólio de preço único
monopólio natural
franquia do governo
discriminação de preço

QUESTÕES PARA REVISÃO

1. Por que algumas vezes é difícil decidir se uma firma específica é um monopólio? Quais mercados dos EUA são geralmente considerados para exemplificar um monopólio?
2. Por que surgem os monopólios? Discuta os fatores mais comuns que explicam a existência de um monopólio.
3. Como o governo pode criar um monopólio? Por que o governo pode querer fazer isso?
4. Embriagado com o poder, o CEO da Monolith, Inc., um monopólio de preço único, supõe que pode definir o preço que quiser e vender quantas unidades desejar. Ele está correto? Por quê?
5. Verdadeiro ou falso? "A curva de custo marginal de uma firma é sempre a sua curva de oferta." Explique.
6. Por que a decisão de fechar pode ser diferente para um monopólio, em comparação com uma firma perfeitamente competitiva?
7. Por que um monopólio pode obter lucro econômico no longo prazo? Como isso difere da situação que uma firma perfeitamente competitiva enfrenta?
8. Se um monopólio adquire todas as firmas de uma indústria perfeitamente competitiva, explique por que sua curva de custo marginal é a mesma que a curva de oferta da indústria perfeitamente competitiva.
9. A firma *A* maximiza o lucro em uma produção de 1.000 unidades, onde Preço = 50 e *CM* = 50. A firma *B* maximiza o lucro em uma produção de 2.000 unidades, onde Preço = 5 e *CM* = 3. Qual firma é provavelmente um monopólio e qual é perfeitamente competitiva? Explique seu raciocínio.
10. Como a produção e o preço para um monopólio seriam comparados à produção e ao preço se o mesmo mercado fosse perfeitamente competitivo?
11. No longo prazo, um monopólio pode obter lucro econômico positivo, mas, no mundo real, os monopólios geralmente não obtêm. Explique esse aparente paradoxo.
12. Explique a diferença entre um monopólio de preço único e um monopólio que pratica discriminação de preço. Quais condições devem ser apresentadas para um monopólio praticar a discriminação de preço? Explique por que cada condição é necessária.
13. Verdadeiro ou falso? "A discriminação de preço por um monopólio sempre prejudica os consumidores." Explique.

PROBLEMAS E EXERCÍCIOS

1. Desenhe a curva de demanda para uma firma perfeitamente competitiva e para um monopólio, mostrando a curva de *RM* e a curva de demanda em cada gráfico.

   a. Em cada caso, qual é a relação entre a demanda no mercado como um todo e a demanda para a produção de uma firma individual?

   b. Para os dois gráficos, explique a posição da curva de *RM* em relação à curva de demanda.

2. Em uma grande cidade, os vendedores de cachorro-quente são *perfeitamente competitivos* e enfrentam um preço de mercado de $1,00 por cachorro-quente. Cada vendedor tem a tabela de custo total a seguir:

Número de Cachorros-Quentes por Dia	Custo Total
0	$63
25	73
50	78
75	88
100	103
125	125
150	153
175	188
200	233

   a. Adicione a coluna *custo marginal* à direita da coluna de custo total. *(Dica*: Não se esqueça de dividir pela *variação* da quantidade ao calcular MC.)

   b. Qual é a quantidade de cachorros-quentes que maximiza o lucro para o vendedor típico e qual lucro (perda) ele irá obter (sofrer)? Dê sua resposta para os 25 cachorros-quentes mais próximos.

   Um dia, Zeke, um vendedor típico, percebe que, se fosse o único vendedor na cidade, não mais teria de vender seus cachorros-quentes ao preço de mercado $1,00. Em vez disso, ele enfrentaria a tabela de demanda a seguir:

Preço por Cachorro-Quente	Número de Cachorros-Quentes por Dia
> $6,00	0
6,00	25
5,50	50
4,00	75
3,25	100
2,75	125
2,25	150
1,75	175
1,25	200

   c. Adicione as colunas de *receita total* e *receita marginal* à tabela acima. (*Dica*: Não se esqueça, mais uma vez, de dividir pela *variação* da quantidade ao calcular a *RM*.)

   d. Como um monopolista com a programação de custo determinada na primeira tabela, quantos cachorros-quentes Zeke escolheria vender por dia? Qual preço ele cobraria?

   e. Um lobista abordou Zeke, propondo formar uma nova organização chamada "Cidadãos para Eliminar o Caos na Venda de Cachorro-Quente". A organização fará *lobby* perante o conselho da cidade para conceder a Zeke a única licença de cachorro-quente na cidade, com garantia de ser bem-sucedida. O único problema é que o lobista está pedindo um pagamento que soma $200 por dia comercial caso Zeke permaneça no negócio. Pensando puramente na economia, Zeke deve aceitar? (*Dica*: Se você estiver confuso, leia novamente a seção sobre a atividade *rent-seeking*.)

3. Desenhe as curvas de demanda, *RM* e *CTM* que mostram um monopólio em situação de equilíbrio.

4. A seguir estão as informações de demanda e de custo para a Warmfuzzy Press que retém os direitos autorais do novo best-seller *Burping Your Inner Child.*

Q (Nº de Cópias)	*P* (por Livro)	*CTM* (por Livro)
100.000	$100	$20
200.000	$80	$15
300.000	$60	$16 2/3
400.000	$40	$22 1/2
500.000	$20	$31

a. Determine quantos livros a Warmfuzzy deve imprimir e qual preço deve cobrar a fim de maximizar o lucro.

b. Qual é o lucro máximo da Warmfuzzy?

c. Antes da publicação, o autor do livro renegocia seu contrato com a Warmfuzzy. Ele irá receber um grande abraço do CEO, juntamente com um bônus único de $1.000.000, pago quando o livro for publicado. Esse pagamento não fazia parte dos cálculos de custo originais da Warmfuzzy.

Quantas cópias a Warmfuzzy deve publicar agora? Explique seu raciocínio.

5. Desenhe as curvas de *RM* e de demanda para um discriminador de preço perfeito. Como essa curva de *RM* para um discriminador de preço perfeito difere da curva de *RM* para um monopólio de preço único?
6. Examine a Figura 6(c). Claramente, $RM = CM$ no ponto *H*. Mas quando a firma aérea vende passagens com descontos para estudantes de instituições de ensino superior, ela está no ponto *F*, aparentemente, violando a regra de que $RM = CM$. Isso significa que, para um monopólio que pratica a discriminação de preço, $RM = CM$ não é verdadeiro? Explique.
7. Suponha que a discriminação de preço se torne ilegal no mundo todo. Quem se beneficiaria e quem seria prejudicado? Escolha um exemplo com o qual esteja familiarizado e tente determinar os efeitos – tanto no curto prazo como no longo prazo – de banir a discriminação de preço nesse caso.

QUESTÕES DESAFIADORAS

1. Existem circunstâncias nas quais um monopólio venda um mesmo produto pelo mesmo preço que o de uma firma perfeitamente competitiva? Explique.
2. Deixe uma curva de demanda de um monopólio de preço único ser dada por $P = 20 - 4Q$, onde *P* é preço e *Q* é a quantidade demandada. A receita marginal é $RM = 20 - 8Q$ e o custo marginal é $CM = Q^2$. Quanto essa firma deve produzir para maximizar o lucro?
3. No curto prazo, um monopólio utiliza insumos fixos e insumos variáveis para produzir seus bens. Desenhe um diagrama para ilustrar por qual razão, se o preço da utilização de insumos fixos aumentar, não haverá alteração no preço ou na quantidade de equilíbrio do monopólio. (*Dica*: Quais curvas serão alteradas se o preço de um insumo fixo se elevar? Quais curvas permanecerão inalteradas?)

EXERCÍCIO EXPERIMENTAL

1. Aqui está um desafio. Utilize o *Wall Street Journal* para encontrar um caso de monopólio que sofre uma perda. Quando encontrar um, tente determinar quais tipos de alterações fizeram os lucros do monopólio se evaporarem. Em seguida, modele essas alterações utilizando um diagrama de monopólio-padrão.

CAPÍTULO

10

CONCORRÊNCIA MONOPOLISTA E OLIGOPÓLIO

Em um dia, você é provavelmente exposto a centenas de publicidades. O jornal matutino anuncia ofertas especiais de roupas, computadores e toalhas de papel. No caminho para a aula, você pode ver numerosos outdoors competindo pela sua atenção, sugerindo que você fique no Holiday Inn, coma no Burger King ou organize sua vida com um Palm Pilot. Você provavelmente gastará mais tempo assistindo a anúncios de cereais de café da manhã na televisão do que gastará comendo esses cereais. E, ao procurar informações na World Wide Web, anúncios de serviços de compras domésticas, "*webzines*" e provedores de acesso à Internet piscam diante de seus olhos. A publicidade está em todos os lugares na economia.

Até agora neste livro, porém, não se falou muito sobre publicidade. Existe um bom motivo para isso: nas duas estruturas de mercado que estudamos até agora – a concorrência perfeita e o monopólio – as firmas fazem pouca (quando fazem) publicidade. Na realidade, firmas perfeitamente competitivas *nunca* fazem publicidade, mesmo porque não existe motivo para isso. Cada firma de um setor competitivo produz o mesmo produto que qualquer outra, assim, o que elas iriam anunciar? E, em qualquer caso, cada firma pode vender tudo o que deseja pelo preço de mercado, de modo que a publicidade somente elevaria os custos, sem nenhum benefício para a firma. Os monopolistas *algumas vezes* anunciam, mas – como o único vendedor de um bem sem nenhum substituto próximo –não estão sob pressão para fazê-lo.

De onde, então, vem toda a publicidade? Para responder a essa pergunta, devemos olhar além das estruturas de mercado que estudamos até agora e considerar firmas que não sejam nem concorrentes perfeitos e nem monopólios. É isso que faremos neste capítulo. Embora a publicidade seja um recurso interessante que iremos explorar, existem muitos outros recursos além dela.

O CONCEITO DE CONCORRÊNCIA IMPERFEITA

Na concorrência perfeita, existem tantas firmas vendendo o mesmo produto que nenhuma delas pode afetar o preço de mercado. No monopólio, existe apenas *um* vendedor no mercado, por isso ele define o preço que deseja. A maioria dos mercados de bens e serviços, no entanto, não é nem perfeitamente competitiva e nem perfeitamente monopolista. Em vez disso, fica em algum lugar *entre* esses dois extremos, com mais de uma firma, mas não firmas suficientes para se qualificar para a concorrência perfeita. Chamamos esses mercados de *imperfeitamente competitivos.*

A concorrência imperfeita se refere a estruturas de mercado entre a concorrência perfeita e o monopólio. Nos mercados imperfeitamente competitivos existe mais de um vendedor, mas poucos para criar um mercado perfeitamente competitivo. Além disso, mercados imperfeitamente competitivos geralmente violam outras condições da concorrência perfeita, como os requisitos de um produto padronizado ou de livre entrada e saída.

Considere o mercado para automóveis nos Estados Unidos. Certamente não é um monopólio, já que mais de uma dúzia de firmas vendem carros lá: General Motors, Ford, DaimlerChrysler, Mazda, Toyota, Honda, Volvo, Nissan e várias outras. Entretanto, esse mercado também não é perfeitamente competitivo, pois as firmas suprem uma parte relativamente grande do mercado, de modo que cada uma pode afetar o preço do mercado. Além disso, o produto de cada firma é diferente dos produtos das outras: um Toyota não é um Ford e um Ford não é um Jeep. O mercado para automóveis, então, fica em algum lugar entre os extremos do monopólio e a concorrência perfeita.

Leve em conta também os restaurantes. Mesmo uma cidade de tamanho modesto, como Cincinnati tem mais de 3.000 restaurantes diferentes. Isso é, com certeza, um número grande de concorrentes, mas eles não são concorrentes *perfeitos*, já que cada um vende um produto diferenciado de maneiras importantes – no tipo de comida servida, nas receitas utilizadas, na atmosfera, no local e, até mesmo, na amabilidade dos atendentes.

Neste capítulo, estudaremos dois tipos de mercados imperfeitamente competitivos: *concorrência monopolista* e *oligopólio.*

CONCORRÊNCIA MONOPOLISTA

O que hotéis, supermercados e dedetizadores têm em comum? Todos eles vendem seus produtos em condições de **concorrência monopolista.**

Caracterizar o Mercado

Um mercado em que haja concorrência monopolista tem três características fundamentais:

1. *muitos compradores e vendedores;*
2. *nenhuma barreira significativa à entrada ou saída;*
3. *produtos diferenciados.*

Concorrência monopolista Uma estrutura de mercado na qual existem muitas firmas que vendem produtos diferenciados, embora ainda sejam substitutos próximos e na qual existe livre entrada e saída.

Observe que a concorrência monopolista combina algumas características tanto da concorrência pura como do monopólio – e seu nome se deve a isso. Da mesma forma que na concorrência perfeita, existem muitos compradores e vendedores e fácil entrada e saída. Restaurantes, papelarias (com fotocópias), lavanderias de lavagem a seco e virtualmente todas as lojas varejistas como lojas de roupas ou supermercados, são, quase sempre, concorrentes monopolistas. Em cada caso, existem muitos vendedores no mercado e é fácil abrir um negócio ou sair se as coisas não vão bem. Diferente dos concorrentes perfeitos, cada vendedor produz um produto de alguma maneira diferente. Duas cafeterias, papelarias (com fotocópias) ou supermercados não são exatamente iguais. Por esse motivo, um concorrente monopolista pode aumentar seu preço (até um ponto) e perder somente *alguns* de seus clientes. Os outros ficam com a firma, pois preferem o seu produto, mesmo quando ela cobra um pouco mais que seus concorrentes. Assim, um concorrente monopolista enfrenta uma *curva de demanda com inclinação para baixo* e, nesse sentido, é mais um monopolista que um concorrente perfeito.

Como produz um produto diferenciado, um concorrente monopolista enfrenta uma curva de demanda com inclinação para baixo. Quando ele aumenta seu preço em uma quantia modesta, a quantidade demandada diminui (mas não até zero).

O que torna um produto diferenciado? Algumas vezes, é a sua *qualidade*. De acordo com muitos padrões objetivos – como longevidade, desempenho e freqüência de reparo – um Toyota é um carro melhor que um Volkswagen. De maneira semelhante, com base no tamanho do quarto e no serviço, o Hilton tem quartos de hotel melhores que o Motel 6. Em outros casos, a diferença é uma questão de preferência, em vez de qualidade. Em termos de características mensuráveis, a pasta de dentes Colgate provavelmente não é melhor nem pior que a Crest, mas cada uma tem seu próprio sabor e textura e atrai pessoas diferentes.

Outro tipo de diferenciação surge das diferenças na *localização*. Duas livrarias podem ser idênticas em todos os aspectos – acervo, atmosfera, serviço – mas você prefere a mais próxima à sua casa ou escritório.

No fim, a diferenciação de produtos é um problema subjetivo: um produto é diferente sempre que as pessoas *pensam* que ele é, quer sua percepção seja precisa ou não. Você pode saber, por exemplo, que todas as garrafas de água sanitária têm ingredientes idênticos – 5,25% de hipoclorito de sódio e 94,75% de água. Se alguns compradores *pensam* que a água sanitária Clorox é diferente e pagam um pouco mais por ela, a água sanitária Clorox é então um produto diferenciado. Assim, sempre que uma firma não monopolista enfrenta uma curva de demanda com inclinação para baixo, podemos supor que ela produz um produto diferenciado. O *motivo* para a inclinação para baixo pode ser uma diferença na qualidade do produto, nas preferências do consumidor, na localização, ou pode ser algo totalmente ilusório, mas as implicações econômicas são sempre as mesmas: a firma pode aumentar seu preço sem perder todo o seu negócio.

CONCORRÊNCIA MONOPOLISTA NO CURTO PRAZO

Identificar os Objetivos e as Restrições

O concorrente monopolista individual comporta-se muito como um monopólio. Suas restrições são sua tecnologia de produção determinada, os preços que ele deve pagar por seus insumos e a curva de demanda com inclinação para baixo que ele enfrenta. E, como qualquer outra firma, seu objetivo é maximizar o lucro produzindo onde $RM = CM$. O resultado pode ser lucro econômico ou perda no curto prazo.

UMA FIRMA CONCORRENTE MONOPOLISTA NO CURTO PRAZO

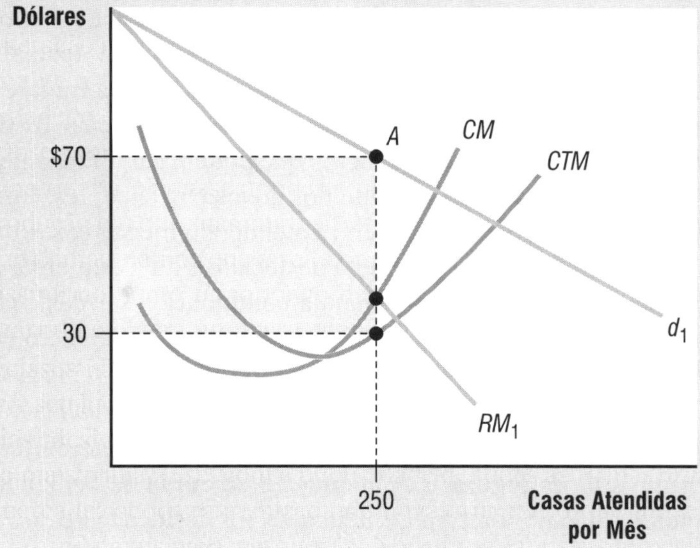

Figura 1

A Kafka Exterminators, um concorrente monopolista, enfrenta a curva de demanda com inclinação para baixo d_1 e a curva de receita marginal RM_1. Ela atende a 250 casas por mês (onde $RM = CM$), cobra $70 por casa e obtém um lucro de $10.000 no curto prazo, mostrado pelo retângulo cinza.

A principal diferença é esta: enquanto um monopólio é o único vendedor em seu mercado, um concorrente monopolista é um entre muitos vendedores. Quando um *monopólio* aumenta seu preço, seus clientes devem pagar ou consumir menos do bem que teve seu preço aumentado. Quando um *concorrente monopolista* eleva seu preço, seus clientes têm uma opção adicional: podem comprar um bem semelhante de outra firma. Assim, com tudo o mais permanecendo constante, a curva de demanda que uma firma enfrenta deve ser mais aplainada na concorrência monopolista que no monopólio. Como substitutos próximos estão disponíveis na concorrência monopolista e não no monopólio, uma determinada elevação no preço deve provocar uma queda maior na quantidade demandada.

A Figura 1 ilustra a situação de um concorrente monopolista – Kafka Exterminators. A figura mostra a curva de demanda – d_1 – que a firma enfrenta, bem como as curvas de receita marginal, de custo marginal e de custo médio total. Como concorrente monopolista, a Kafka Exterminators concorre com muitos outros serviços de dedetização em sua área local. Assim, se ela aumentar seu preço, perderá alguns de seus clientes para a concorrência. Se a Kafka tivesse um *monopólio* local no negócio de dedetização, esperaríamos que o mesmo aumento no preço provocasse uma queda menor na quantidade demandada, já que os clientes teriam de comprar da Kafka ou então teriam de se livrar dos insetos sozinhos.

Encontrar o Equilíbrio

Como qualquer outra firma, a Kafka Exterminators produzirá onde $RM = CM$. Podemos ver na Figura 1 que, quando a Kafka enfrenta a curva de demanda d_1 e a curva de receita marginal associada RM_1, seu nível de produção que maximiza o lucro é de 250 casas atendidas por mês, ao preço de $70 por casa. No curto prazo, a firma pode obter um lucro econômico ou uma perda econômica ou pode atingir o ponto de equilíbrio. Na figura, a Kafka está obtendo um lucro econômico: o lucro por unidade é $P - CTM = \$70 - \$30 = \$40$ e o lucro mensal total – a área do retângulo cinza – é $\$40 \times 250 = \$10.000$.

CONCORRÊNCIA MONOPOLISTA NO LONGO PRAZO

Se a Kafka Exterminators fosse um monopólio, a Figura 1 poderia ser o fim da história. A firma continuaria a obter lucro econômico para sempre, já que barreiras à entrada manteriam fora qualquer concorrente potencial. Mas, na concorrência monopolista – onde não existem barreiras à entrada e saída – a firma não desfrutará seu lucro por muito tempo. À medida que novos vendedores entrarem no mercado, atraídos pelos lucros que podem ser obtidos nele, alguns clientes da Kafka vão passar para o lado dos novos participantes. Em qualquer preço determinado, a Kafka se encontrará atendendo menos casas que antes e a curva de demanda que ela enfrenta será deslocada para a esquerda. A entrada continuará a ocorrer e a curva de demanda continuará a ser deslocada para a esquerda, até que a Kafka e as outras firmas estejam obtendo lucro econômico zero.[1] Isso é mostrado na Figura 2. O lucro zero requer que o preço que maximiza o lucro – $40 – seja igual ao custo total médio de produção.

Encontrar o Equilíbrio

Observe que a nova curva de demanda (d_2) fica à esquerda da curva de demanda original d_1 da Figura 1. A inclinação da curva de demanda também pode ser alterada. Como a curva de demanda foi deslocada para a esquerda, também o foi a curva de RM_1 para RM_2. A produção de mais uma unidade de um bem soma menos à receita total que adicionava antes da alteração, pois o preço que os consumidores estão dispostos a pagar em cada nível de produção

Figura 2

UMA FIRMA MONOPOLISTICAMENTE COMPETITIVA NO LONGO PRAZO

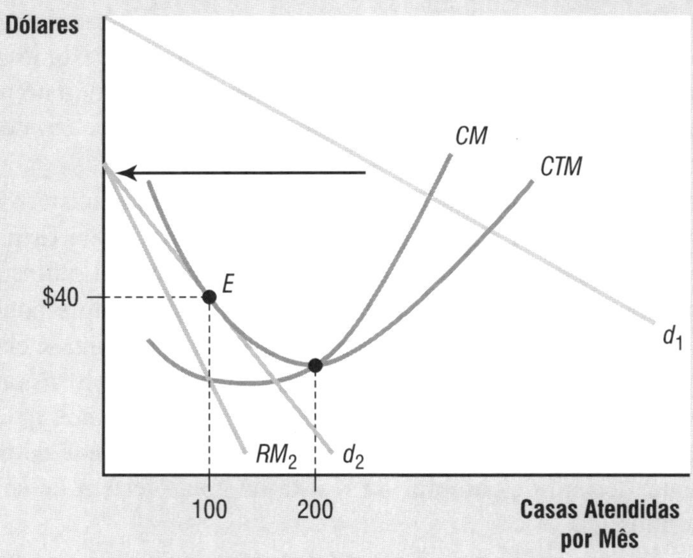

Se as firmas existentes estiverem obtendo lucro no curto prazo, a entrada de novas firmas ocorrerá. A curva de demanda que a Kafka Exterminators enfrenta será deslocada para a esquerda. O equilíbrio no longo prazo ocorre no ponto *E*, a quantidade na qual a nova curva de receita marginal, RM_2, faz interseção com a curva de custo marginal *CM*. O preço de $40 é igual ao *CTM*, de modo que a firma obtém lucro econômico zero.

[1] Outras coisas podem acontecer à medida que o setor se expande. Por exemplo, a demanda maior para insumos pode aumentar ou reduzir as curvas de *CTM* e de *CM* comuns da firma, dependendo de estarmos lidando com um setor de custo crescente ou decrescente. (Consulte o Capítulo 8.) Isso, no entanto, não altera o resultado: a entrada no mercado continuará até que a firma comum obtenha lucro econômico zero, mesmo se as curvas de *CM* e de *CTM* tiverem sido alteradas.

é, agora, menor. O novo nível de produção em que o lucro é maximizado – onde *RM* = *CM* – é de 100 unidades e o preço é de $40 por unidade. Como *CTM* também é $40, a firma está obtendo lucro econômico zero.

Também podemos reverter essas etapas. Se a firma típica estiver sofrendo uma perda econômica (desenhe esse diagrama sozinho), a *saída* de firmas ocorrerá. Com menos concorrentes, essas firmas que permanecerem no mercado ganharão clientes e suas curvas de demanda serão deslocadas *para a direita*. A saída acabará somente quando a firma típica estiver obtendo lucro econômico zero – como na Figura 2. Assim, a Figura 2 representa o equilíbrio no longo prazo da firma típica, quer comecemos de uma posição de lucro econômico ou de perda econômica.

Na concorrência monopolista, as firmas podem obter lucro econômico positivo ou negativo no curto prazo. Mas, no longo prazo, a livre entrada e saída de firmas no mercado irá assegurar que cada uma obtenha lucro econômico zero como na concorrência perfeita.

A previsão do nosso modelo é realista? Na realidade, sim, porque no mundo real os concorrentes monopolistas geralmente obtêm lucro ou perda econômica no curto prazo, mas – dado o tempo suficiente – os lucros atraem novos participantes e as perdas resultam em uma recessão no setor, até que as firmas estejam obtendo lucro econômico zero. No longo prazo, restaurantes, lojas varejistas, salões de beleza e outras firmas concorrentes monopolistas obtêm lucro econômico zero para seus proprietários. Existe lucro econômico suficiente somente para cobrir os custos implícitos de fazer negócio, o que é suficiente apenas para impedir que os proprietários direcionem seu tempo e dinheiro para algum empreendimento alternativo.

Pense na sua própria cidade. Há um certo tipo de negócio que aparece em todo lugar? Outro tipo de negócio está desaparecendo gradualmente? Se você olhar à sua volta, verá a entrada e a saída de firmas ocorrendo bem diante de seus olhos, à medida que os mercados com concorrência monopolista se ajustam do equilíbrio no curto prazo para o equilíbrio no longo prazo.

EXCESSO DE CAPACIDADE NA CONCORRÊNCIA MONOPOLISTA

Examine novamente a Figura 2. Quando a firma comum obtém lucro econômico zero, sua curva de demanda toca – *mas não cruza* – sua curva de *CTM*. Esse sempre será o caso no longo prazo. Para ver o porquê, desenhe um diagrama agora mostrando a curva de demanda realmente *cruzando* a curva de *CTM*. Se fizer isso corretamente, você descobrirá que em *alguns* níveis de produção o preço é maior que o *CTM* e a firma pode obter lucro econômico produzindo lá. Todavia, esse lucro atrai a entrada de novas firmas, de forma que ainda não estamos no equilíbrio de longo prazo.

Observe, também, que, no ponto *E*, onde as duas curvas se tocam, a curva de *CTM* tem a mesma inclinação que a curva de demanda – uma inclinação *negativa*. Assim, no longo prazo, um concorrente monopolista sempre produz na parte em que sua curva de *CTM* tem *inclinação para baixo* e, portanto, *nunca produz no custo médio mínimo*. Na realidade, seu nível de produção é sempre *muito pequeno* para minimizar o custo por unidade. A firma opera com *excesso de capacidade*. (O nível de produção no qual o custo por unidade é minimizado é geralmente chamado capacidade de produção.) Na Figura 2, a Kafka Exterminators atingiria o custo mínimo por unidade atendendo 200 casas por mês – a capacidade de produção da firma – mas, no longo prazo, ela atenderia 100 casas por mês.

No longo prazo, um concorrente monopolista vai operar com excesso de capacidade, ou seja, produzirá pouquíssimos bens para atingir o custo mínimo por unidade.

Para ver por que um concorrente monopolista *não pode* minimizar o custo médio no longo prazo, imagine que a Kafka Exterminators quisesse fazê-lo atendendo a 200 casas por mês. Com sua curva de demanda atual, ela sofreria uma perda, já que $P < CTM$ nesse nível de produção. Contudo, pode haver outra maneira para a Kafka: talvez ela possa comprar um de seus concorrentes e assumir sua firma. Assim, as curvas de demanda e de receita marginal da Kafka ficariam ainda mais para a direita (é aconselhável que você desenhe isso) e a firma – produzindo mais – poderia conseguir atingir custos por unidade mínimos (ou pelo menos mais baixos). Embora isso possa funcionar no curto prazo, não funciona no longo prazo. Com essa nova curva de demanda e seu menor custo por unidade, a Kafka obteria lucro. No longo prazo, o lucro atrairia a entrada de novas firmas no mercado e a Kafka estaria de volta ao ponto inicial.

Esse exemplo nos fornece outra maneira de ver a capacidade em excesso: no longo prazo, existem *muitas* firmas na concorrência monopolista, cada uma produzindo poucos bens para atingir o custo mínimo por unidade. Se houvesse menos firmas, cada uma poderia reduzir seu *CTM*, mas a situação não iria durar. Cada firma obteria lucro, cada lucro provocaria a entrada de novas firmas, a entrada forçaria cada firma a reduzir sua produção e, no longo prazo, haveria, mais uma vez, muitas firmas produzindo poucos bens para minimizar o custo médio.

O excesso de capacidade é fácil de observar. Pense no shopping suburbano com uma dúzia ou mais de lojas de roupas. Muitas vezes, uma ou mais dessas lojas não tem clientes. Ou pense em todos os restaurantes da sua cidade. Com que freqüência eles estão totalmente ocupados? Em cada caso, atender mais clientes reduziria o custo por unidade, mas isso exigiria menos firmas, o que – como sabemos – não pode ocorrer no longo prazo.

O excesso de capacidade sugere que a concorrência monopolista seja cara para os consumidores e, na realidade, ela é. Lembre-se de que, na concorrência perfeita, $P = CTM$ mínimo no longo prazo. (Examine novamente a Figura 9 do Capítulo 8, na página 278.) Na concorrência monopolista, temos $P > CTM$ mínimo no longo prazo. Assim, se as curvas de *CTM* fossem as mesmas, o preço sempre seria maior na concorrência monopolista.

Esse raciocínio pode tentar você a lançar-se a uma conclusão: os consumidores estão em melhores condições na concorrência perfeita. Não tire conclusões tão rápidas, lembre-se de que, para obter os resultados benéficos da concorrência perfeita, todas as firmas devem produzir bens idênticos. É precisamente pelos concorrentes monopolistas produzirem bens *diferenciados* – e, portanto, terem curvas de demanda com inclinação para baixo – que $P > CTM$ mínimo no longo prazo. E os consumidores, geralmente, *se beneficiam* da diferenciação do produto. (Se você acha que não, imagine como se sentiria se todos os restaurantes da sua cidade servissem um menu idêntico, se todas as pessoas tivessem de vestir o mesmo tipo de roupa ou se todos os grupos de rock do país executassem os mesmos tons.) Visto sob esse prisma, podemos considerar os preços e custos mais altos na concorrência monopolista como o preço que pagamos pela variedade de produtos. Alguns podem argumentar que existe muita variedade em uma economia de mercado de quantas marcas diferentes de pasta de dente realmente precisamos?, mas outros desejariam transformar todas as indústrias de concorrência monopolista em indústrias perfeitamente competitivas.

CONCORRÊNCIA EXTRAPREÇO

Se um concorrente monopolista quiser aumentar sua produção, uma maneira será cortar seu preço, ou seja, ele poderá mover-se *ao longo* da sua curva de demanda. Um corte no preço, porém, não é a única maneira de aumentar a produção. Como a firma produz um produto diferenciado, ela pode vender mais convencendo as pessoas que o seu próprio produto é melhor que o de outras firmas. Tais esforços, se bem-sucedidos, vão *deslocar* a curva de demanda da firma para a direita.

> *Qualquer ação que uma firma execute – que não seja um corte no preço – para aumentar a demanda pelos seus bens é chamada* ***concorrência extrapreço****.*

Concorrência extrapreço Qualquer ação – a não ser um corte no preço – que uma firma executa para aumentar a demanda por seu produto.

Melhores serviços, produtos com garantia, entregas gratuitas em casa, embalagem mais atraente – bem como publicidade para informar os clientes sobre essas coisas – são exemplos de concorrência extrapreço. Restaurantes fast-food são notórios pela concorrência extrapreço. Quando o Burger King diz "Tenha à sua maneira", a firma está dizendo: "Nossos hambúrgueres são melhores que os do McDonald's porque *nós* os fazemos de acordo com o pedido". Quando o McDonald's responde com uma mulher nova e atraente por trás do balcão, quando você pede um Big Mac, ele está dizendo, na realidade: "E daí, se não fazemos seus hambúrgueres à sua maneira? Nosso pessoal tem melhor aparência e é mais feliz que o do Burger King".

A concorrência extrapreço é outro motivo porque os concorrentes monopolistas obtêm lucro econômico zero no longo prazo. Se uma firma inovadora descobre uma maneira de alterar sua curva de demanda para a direita – oferecendo melhor serviço ou publicidade mais esperta – no curto prazo ela pode obter lucro. Isso significa que outras firmas, menos inovadoras, sofrerão um deslocamento para a esquerda em *suas* curvas de demanda, à medida que perderem as vendas para uma rival mais inovadora.

Não por muito tempo. Eventualmente, *todas* as firmas imitarão as ações das mais bem-sucedidas entre elas. Se as garantias dadas aos produtos permitirem que algumas firmas obtenham lucro econômico, *todas* as firmas oferecerão garantias pelos seus produtos. Se a publicidade der o resultado desejado, *todas* as firmas iniciarão campanhas de publicidade. No longo prazo, podemos esperar que *todos* os concorrentes monopolistas façam publicidade de seus produtos, estejam preocupados com o serviço e promovam quaisquer ações que tenham se provado lucrativas para outras firmas na indústria. Toda a concorrência extrapreço é cara – deve-se *pagar* pela publicidade, pelas garantias dos produtos, por melhor treinamento de pessoal – e esses custos devem estar incluídos na curva de *CTM* de cada firma, deslocando-a para cima. Isso, no entanto, não altera nenhuma das conclusões sobre a concorrência monopolista no longo prazo.

Na realidade, a concorrência extrapreço as fortalece. No curto prazo, uma firma pode obter lucro, ou por ter relativamente poucos concorrentes ou porque descobriu uma nova maneira de atrair clientes. No longo prazo, a firma lucrativa verá sua curva de demanda se deslocar para a esquerda, ou em razão da entrada de novas firmas, ou da imitação de sua concorrência extrapreço bem-sucedida ou a ambos. No fim, cada firma se encontrará novamente na situação descrita na Figura 2. Por causa dos custos da concorrência extrapreço, a curva de *CTM* de cada firma será mais alta do que seria caso não houvesse concorrência extrapreço. Entretanto, ela ainda tocará, mas não cruzará, a curva de demanda, e a firma ainda obterá lucro econômico zero. Observaremos com mais atenção uma forma de concorrência extrapreço – publicidade – na seção "Utilizando a Teoria", no final deste capítulo.

OLIGOPÓLIO

Um concorrente monopolista desfruta uma certa independência. Existem tantas *outras* firmas vendendo no mercado – sendo cada uma um peixe tão pequeno em um lago tão grande – que cada uma delas pode tomar decisões sobre preço e quantidade sem se preocupar com a maneira como as outras vão reagir. Por exemplo, se uma única farmácia em uma grande cidade reduz seus preços, pode supor, com segurança, que qualquer outra farmácia que poderia se beneficiar da redução no preço já o fez ou fará logo, independentemente de suas próprias ações. Assim, não há motivo para a farmácia que reduziu o preço levar as reações das outras farmácias em conta ao tomar suas próprias decisões de definição de preço.

Em alguns mercados, a maioria da produção é vendida por poucas firmas. Esses mercados não são monopólios (existe mais de um vendedor), mas eles também não são concorrentes monopolistas. Existem tantas firmas que as ações tomadas por qualquer uma afetará *muito* as outras e provavelmente vão gerar uma resposta. Por exemplo, mais de 60% dos automóveis vendidos nos Estados Unidos são fabricados por uma das "Big Three": General Motors, Ford e DaimlerChrysler. Se a GM reduzisse seu preço para aumentar sua produção, a Ford e a Chrysler sofreriam uma queda significativa em suas próprias vendas. Elas não ficariam felizes com isso e provavelmente responderiam com reduções de preço. A produção da GM, por sua vez, seria afetada pelas reduções de preço na Ford e na Chrysler.

Quando somente algumas grandes firmas dominam o mercado (as ações de cada uma têm um impacto importante nas outras), seria tolice de qualquer firma ignorar as reações de seus concorrentes. Pelo contrário, nesse mercado, cada firma reconhece sua *interdependência estratégica* com as outras. Antes que a equipe de gerentes tome uma decisão, eles devem raciocinar assim: "Se agirmos da forma *A*, nossos concorrentes agirão da forma *B*, agiríamos, então, da forma *C* e eles responderiam agindo da forma *D*..." e assim por diante. Esse tipo de pensamento é a marca da estrutura de mercado que chamamos *oligopólio.*

*Um **oligopólio** é um mercado dominado por um pequeno número de firmas estrategicamente interdependentes.*

Caracterizar o Mercado

Oligopólio Uma estrutura de mercado na qual um pequeno número de firmas é estrategicamente interdependente.

Existem diferentes tipos de oligopólios. Os produtos podem ser mais ou menos idênticos entre firmas – como fios de cobre – ou diferenciados – como computadores laptop. Um mercado ologopolista pode ser internacional como o mercado para pneus de automóveis; nacional como o mercado para cereais de café da manhã ou local como o mercado para jornais diários. Pode haver uma firma dominante cuja participação no mercado exceda em muito a de todas as outras como a Microsoft no mercado de softwares para computadores pessoais. Ou pode haver várias grandes firmas de tamanho semelhante como a Boeing e a Airbus no mercado global para grandes aeronaves de passageiros. Veremos que os mercados oligopolistas podem ter características diferentes, mas, em todos os casos, *um pequeno número de firmas estrategicamente interdependentes produz a maior parte da produção do mercado.*

OLIGOPÓLIO NO MUNDO REAL

Quando aplicamos a definição de oligopólio ao mundo real, as coisas começam a parecer um pouco ambíguas. Primeiro, devemos decidir como definir nosso mercado. Se utilizarmos uma definição muito limitada (por exemplo, o mercado para filmes em uma região a dez quarteirões da sua casa), encontraremos pouquíssimas firmas no mercado que oferecem produtos semelhantes. À medida que ampliarmos para definições mais comuns (como o mercado para filmes em Austin, Texas), o número de concorrentes aumentará e muitos desses mercados serão definidos mais precisamente como concorrentes monopolistas. Na prática, para decidir se um mercado é um oligopólio, definimos o mercado de maneira ampla o bastante para incluir todos os substitutos razoavelmente próximos. Assim, dizemos "mercado de cereais para o café da manhã", em vez de "mercado de alimentos" (que seria amplo demais) ou "mercado de sucrilhos" (que seria limitado demais). Dizemos "mercado de aço", em vez de "mercado de metais" (amplo demais) ou "mercado para lingotes de aço de seis polegadas" (limitado demais).

Um problema mais complicado para identificar oligopólios no mundo real é o sentido da expressão *poucas firmas.* Quantas firmas podem existir antes que o mercado não seja mais um oligopólio? Na teoria, necessitamos de um número pequeno o suficiente, de forma que cada firma precisa considerar as reações de suas rivais ao tomar decisões, isto é, um número pequeno o suficiente para que a interdependência estratégica ocorra. Mas a interdependência estratégica, por si só, é um problema de grau porque um mercado com somente quatro grandes firmas exibe interdependência significativa. À medida que consideramos mercados com seis, dez ou 15 firmas, a interdependência diminui e podemos preferir aplicar o modelo não estratégico da concorrência monopolista.

Finalmente, a "dominação do mercado" por algumas firmas não é um conceito preciso. A fim de as firmas serem estrategicamente interdependentes – o requisito-chave de um oligopólio – as poucas firmas principais devem produzir uma grande parte da produção do mercado. Se três grandes firmas juntas tivessem uma participação no mercado de, vamos dizer, 5%, as decisões de qualquer uma teriam pouco impacto nas outras. Com uma participação de 90%, todos concordaríamos que elas dominariam o mercado, seriam estrategicamente interdependentes e que o mercado seria, portanto, um oligopólio. Se a participação dessas firmas no mercado fosse somente de 30%, a interação estratégica poderia se tornar fraca o suficiente para ser ignorada. Novamente, o modelo da concorrência monopolista poderia ser mais adequado.

Você pode ver que oligopólio é uma questão de grau, não uma classificação absoluta. Podemos imaginar um espectro: em uma ponta estão as indústrias nas quais um número muito pequeno de firmas produz uma grande quantidade da produção. Nessas indústrias, existe uma forte interdependência estratégica entre as firmas, de modo que as idéias sobre oligopólio se ajustarão de uma maneira bem estreita a elas. À medida que prosseguimos ao longo do espectro, a dominação do mercado pelas maiores firmas diminui, a interdependência estratégica cai e a análise do oligopólio tem menos a contribuir para o entendimento da firma e do comportamento do mercado.

POR QUE OS OLIGOPÓLIOS EXISTEM

As firmas oligopolistas nem sempre obtêm lucro econômico no longo prazo, mas mesmo quando obtêm, a entrada de novas firmas no mercado não ocorre – algumas grandes firmas continuam a dominar a indústria. Assim, a procura pela origem dos oligopólios é realmente uma pesquisa pelas *barreiras à entrada* específicas que deixam de fora os concorrentes e mantêm o domínio de apenas algumas firmas. Quais são essas barreiras?

Economias de Escala: Oligopólios Naturais. As economias de escala (ver o Capítulo 6) podem explicar por que algumas indústrias permanecem oligopolistas. O nível de produção no qual as economias de escala se esgotam – e a curva *CTMLP* da firma chega ao seu ponto mais baixo – é chamado **escala de eficiência mínima (EEM)** – da firma. A EEM de uma firma depende da sua tecnologia de produção e dos preços que ela deve pagar por seus insumos.

Escala de eficiência mínima (EEM) O nível de produção no qual economias de escala são esgotadas e o *CTMLP* mínimo é atingido.

A Figura 3 ilustra três diferentes possibilidades para a EEM de uma firma típica na indústria. Nesses três casos, supõe-se que o custo médio mínimo no longo prazo seja de $50 – o menor preço que as firmas poderiam cobrar sem sofrer uma perda no longo prazo. A curva de demanda nesse mercado nos informa que, se o preço *fosse* de $50, a quantidade demandada seria 100.000 unidades. Como $50 é o menor preço que as firmas podem cobrar no longo prazo, 100.000 unidades é a maior quantidade possível vendida nesse mercado no longo prazo.

No painel (a), a EEM ocorre em 1.000 unidades. Uma pequena firma que produz 1.000 unidades tem uma vantagem de custo sobre uma grande firma que produz 10.000 unidades. Se não houver barreiras à entrada, vamos esperar muitas pequenas firmas nesse mercado (mas não mais de 100 firmas – você pode explicar por quê?). Assim, esperamos que o mercado seja de concorrência perfeita ou de concorrência monopolista.

O painel (c) ilustra o caso do *monopólio natural* discutido no Capítulo 9. Aqui, as economias de escala continuam em um intervalo tão amplo de produção que o menor custo por unidade é obtido quando uma firma produz para todo o mercado. Após uma única firma ter se estabelecido nessa indústria, ela pode impedir a entrada de novas firmas cobrando um preço inferior ao de qualquer potencial concorrente, já que, ao produzir para todo o mercado, ela obtém o menor custo médio possível.

Finalmente, o painel (b) ilustra o caso intermediário. As economias de escala se estendem por um grande intervalo de produção, mas ainda há espaço para mais de um concorrente. Esse é o caso do *oligopólio natural*. Na figura, a EEM é obtida com 25.000 unidades e esperamos que essa indústria tenha não mais do que quatro firmas. Por quê? Estabelecidas as quatro firmas, elas podem facilmente cobrar um preço inferior ao de qualquer novo participante, produzindo temporariamente 25.000 unidades cada, obtendo o menor custo por unidade e cobrando um preço de $50. (Por que não poderiam as *cinco* firmas produzirem 25.000 unidades nesse mercado?) Além disso, um novo participante deve geralmente iniciar com pouca produção e pouca participação no mercado para, em seguida, tentar ganhar, gradualmente, os clientes das firmas preexistentes. Mas, ao iniciar com pouca produção, o novo participante terá custos mais altos por unidade que qualquer uma dessas firmas e enfrentará muitas dificuldades para ganhar os clientes delas.

A Reputação como Barreira. Um novo participante pode sofrer simplesmente por ser novo. Oligopolistas já estabelecidos têm, provavelmente, reputações favoráveis. Em muitos mercados oligopolistas – como os mercados de refrigerantes e os de cereais para o café da manhã –, gastos intensos com publicidade também ajudaram a criar e a manter a lealdade à marca. Um novo participante pode conseguir alcançar os que já estão na indústria, mas isso talvez exija um período substancial de altos custos com publicidade e baixas receitas. Em alguns casos, onde os lucros potenciais são grandes, os investidores podem decidir que o risco vale a pena e aceitar as perdas iniciais para entrar na indústria.

Figura 3

ESCALA DE EFICIÊNCIA MÍNIMA E ESTRUTURA DO MERCADO

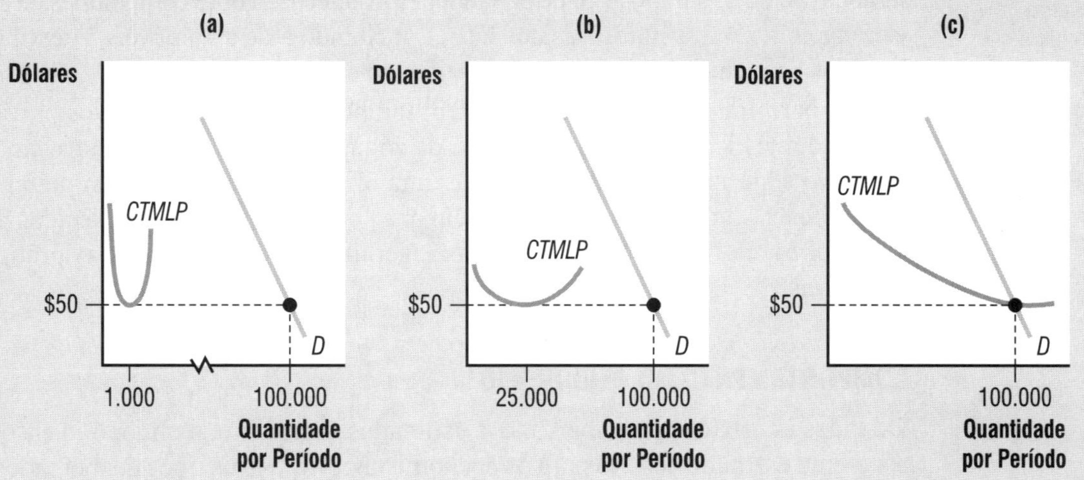

Se o *CTMLP* fosse de $50, o menor preço que poderia ser cobrado no longo prazo seria $50. Dada a curva de demanda *D*, 100.000 unidades seria a quantidade máxima que poderia ser vendida no longo prazo. No painel (a), a *EEM* ocorre em 1.000 unidades. Sem barreiras à entrada, um grande número de pequenas firmas deve povoar o mercado. O painel (c) ilustra um monopólio natural: o menor custo médio é obtido quando uma única firma supre todo o mercado. O painel (b) mostra um oligopólio natural. A *EEM* ocorre em 25.000 unidades, por isso não deve haver mais do que quatro firmas no mercado.

Ted Turner assumiu um risco desses e sustentou vários anos de perdas, antes que seus empreendimentos a cabo (Cable News Network, Turner Network Television e Turner Broadcasting System) obtivessem lucro. Em outras indústrias, as perdas iniciais podem ser muito grandes e a probabilidade de sucesso, pequena demais, para que os investidores decidam arriscar seu dinheiro começando uma nova firma. Mesmo se começarem, podem preferir a estratégia baixo-custo/baixo-risco, iniciando com uma pequena firma que não desafie o domínio das que já estão no mercado. Tom's of Maine, uma pequena firma de pasta de dentes que cresceu, parece estar seguindo essa metodologia. A próxima vez que estiver no supermercado, observe o espaço dedicado à Tom's of Maine, em comparação ao fornecido para marcas dominantes como a Colgate e a Crest.

Barreiras Estratégicas. As firmas oligopolistas geralmente buscam estratégias *propositais* para afastar potenciais concorrentes. Elas podem manter a capacidade de produção em excesso como um sinal para um potencial participante: com aviso de pouca antecedência, podem facilmente saturar o mercado e deixar o novo participante com pouca ou sem nenhuma receita. Elas podem também fazer acordos especiais com distribuidores para receberem o melhor espaço nas prateleiras das lojas varejistas ou fazer acordos de longa duração com os clientes para assegurar que seus produtos não sejam desalojados rapidamente pelos do novo participante. E elas podem gastar grandes quantias em publicidade para tornar difícil, a um novo participante, diferenciar seu produto.

Barreiras Criadas pelo Governo. Como os monopólios, os oligopólios não se intimidam em fazer *lobby* com o governo para preservar seu domínio no mercado. Um dos alvos mais fáceis é a concorrência estrangeira. As companhias de aço dos EUA são incansáveis em seus esforços para limitar a quantidade de aço estrangeiro – especialmente japonês – vendido no mercado de lá. No passado, elas foram bem-sucedidas em obter taxas especiais sobre o aço importado. Foram bem-sucedidas também ao obter a imposição de penalidades financeiras sobre companhias de aço estrangeiras. Outras indústrias dos EUA – incluindo a de automóveis, a têxtil e a de chips de memória de computador – tiveram sucessos semelhantes.

As barreiras governamentais podem também operar contra novos participantes domésticos. A regulamentação de zonas pode impedir a construção de um novo supermercado, cinema ou de uma oficina mecânica em um mercado local, preservando o *status* de oligopólio das poucas firmas já estabelecidas por lá. O *lobby* de firmas já estabelecidas é geralmente a origem dessas práticas restritivas.[2]

COMPORTAMENTO DO OLIGOPÓLIO

De todas as estruturas de mercado já estudadas neste livro, o oligopólio é a que apresenta o grande desafio para os economistas. Nos outros tipos de mercados –

[2] Esse tipo de *lobby* é geralmente disfarçado. Em julho de 1995, a Home Depot, Inc. processou a Rickel Home Centers por formar secretamente uma organização chamada Concerned Citizens for Community Preservation, cujo único objetivo era impedir que a Home Depot abrisse novas lojas em cidades onde a Rickel já tivesse seus próprios pontos-de-venda *(The Wall Street Journal*, 18 de agosto de 1995, p. 1).

concorrência perfeita, monopólio e concorrência monopolista – cada firma age independentemente, sem se preocupar com as reações das outras. Sua tarefa é simples: selecionar um nível de produção, ao longo da sua curva de demanda que forneça o máximo lucro.

Essa abordagem, entretanto, não descreve um oligopolista. A essência do oligopólio, lembre-se, é a *interdependência estratégica*, em que cada firma antecipa as ações das suas rivais ao tomar decisões. Assim, não podemos analisar a decisão de uma firma isoladamente das outras. A fim de entender e prever o comportamento nos mercados oligopolistas, os economistas tiveram não só que modificar as ferramentas utilizadas para analisar as outras estruturas de mercado, como também desenvolver ferramentas totalmente novas que auxiliassem no entendimento dessa estrutura mercadológica.

Vamos examinar essa idéia de interdependência estratégica com mais atenção e ver por que a abordagem simples utilizada em outros mercados não funciona no oligopólio. Imagine que a Kafka Exterminators, em vez de ser um concorrente monopolista, seja um dos três únicos dedetizadores da cidade – um oligopolista. A fim de desenhar a curva de demanda da Kafka – como a da Figura 1 (página 329) – precisaríamos supor que os preços de seus concorrentes permanecem inalterados à medida que a Kafka muda seu próprio preço. Mas e se um ou os dois concorrentes *diminuíssem* seus preços? Esses concorrentes acabariam por atrair alguns dos clientes da Kafka e a curva de demanda da Kafka seria deslocada para a esquerda ou seja, a Kafka teria menos clientes a cada preço. De maneira semelhante, se um ou os dois rivais *aumentassem* seu preço, a curva de demanda da Kafka seria deslocada para a direita. Assim, a posição da curva de demanda da Kafka dependerá dos preços fixados pelos seus rivais.

Isso complica a tomada de decisão da firma. Cada vez que a Kafka cogita mover-se ao longo de sua curva de demanda alterando seu próprio preço, ela sabe que seus concorrentes reagirão modificando *seus* preços, também causando um deslocamento da curva de demanda da Kafka. Assim, a Kafka não enfrenta uma curva de demanda estável e não pode analisar seu processo de tomada de decisão com uma regra simples como $CM = RM$, como fizemos em outros tipos de mercados. Podemos ver por que o oligopólio apresenta tal desafio, não apenas para as próprias firmas, mas também para os economistas que as estudam.

Embora um grande progresso tenha sido feito, não há, ainda, uma única teoria unificada de oligopólio. Em vez disso, tem havido uma variedade de abordagens, com novas descobertas importantes que continuam a aprofundar o entendimento. As abordagens que oferecem uma compreensão mais profunda sobre o comportamento do oligopólio utilizam **a teoria dos jogos**.

Teoria dos jogos Uma abordagem para modelagem da interação estratégica de oligopolistas, em termos de movimentos e contramovimentos.

A Abordagem da Teoria dos Jogos. A palavra *jogo* aplicada à tomada de decisão do oligópolio pode parecer fora de lugar. Jogos como pôquer, basquetebol ou xadrez são geralmente jogados por diversão e, mesmo quando o dinheiro está envolvido, as somas são em geral pequenas. O que os jogos têm em comum com decisões comerciais importantes, onde centenas de milhões de dólares e milhares de empregos podem estar em jogo?

Na realidade, muitas coisas. Em todos os jogos – exceto naqueles de pura sorte, como a roleta – a estratégia do jogador deve levar em conta as estratégias seguidas por outros jogadores. Essa é precisamente a situação do oligopolista. A teoria dos jogos analisa as decisões do oligopólio como se elas fossem jogos, examinando as regras que os jogadores devem seguir, os lucros ou *payoffs*[3] que eles estão tentando obter e as estratégias que eles podem utilizar para obtê-los.

O Dilema do Prisioneiro. A maneira mais fácil de entender como a teoria dos jogos funciona é começar com um exemplo simples e não econômico – o *dilema do prisioneiro* – que explica por que uma técnica para obter confissões, comumente utilizada pela polícia, é, geralmente, tão bem-sucedida. Imagine que dois parceiros de crime (vamos chamá-los Rose e Colin) tenham cometido um crime sério (assassinato), mas tenham sido presos por um crime menos sério (roubo). A polícia tem evidências suficientes para assegurar uma condenação por roubo, mas sua evidência para assassinato não pode ser utilizada no tribunal. Sua única esperança para uma condenação por assassinato é conseguir que um ou ambos os parceiros incriminem o outro.

A estratégia tradicional é separar os parceiros e explicar o seguinte para cada um: "Olhe, você já está enfrentando uma sentença de cinco anos por roubo, mas vamos oferecer um acordo: se você confessar o assassinato, implicando seu parceiro e ele *não* confessar, faremos o promotor do Estado não pedir uma pena muito grande. Você pegará, no máximo, três anos. Se você e seu parceiro, *os dois*, confessarem, cada um pegará 20 anos. Se seu parceiro confessar e você *não*, você pegará 30 anos".

Figura 4

O DILEMA DO PRISIONEIRO

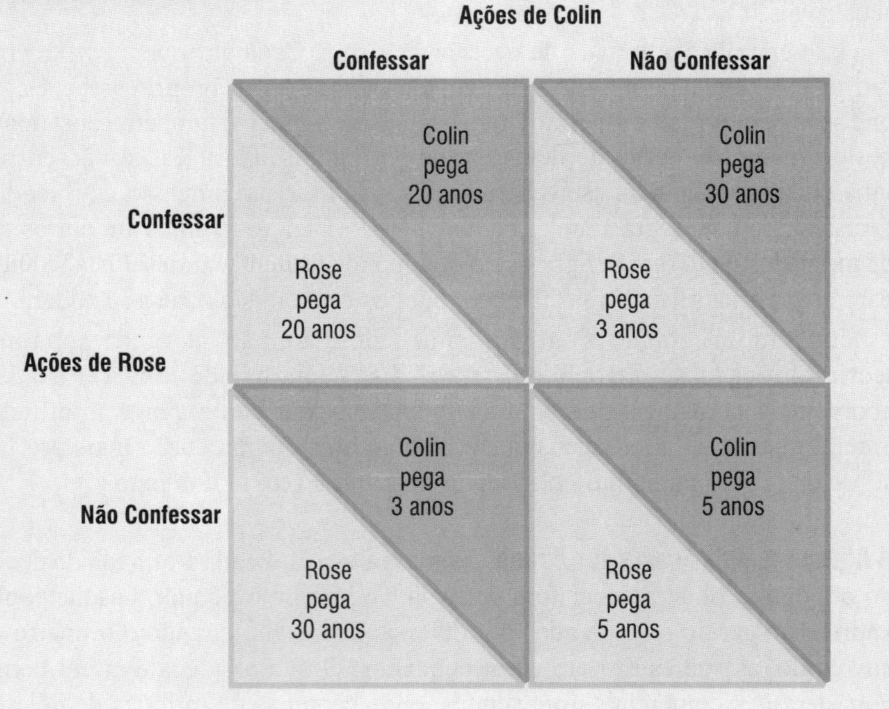

[3] N.R.T.: O significado do termo *payoff* equivale à recompensa que cada jogador obtém ao final de um jogo.

Cada parceiro nessa situação é um *jogador* em um *jogo* e a Figura 4 mostra a **matriz de *payoffs*** para esse jogo – uma listagem dos *payoffs* (ou lucros) que cada jogador terá para cada combinação possível de estratégias que os dois podem selecionar. A matriz de *payoffs* apresenta muitas informações de uma vez, por isso vamos estudá-la passo a passo.

Matriz de *payoffs*
Uma tabela que mostra os *payoffs* para cada um dos dois participantes, para cada par de estratégias que eles escolhem.

Primeiro, observe que cada *coluna* representa uma estratégia que Colin pode escolher: confessar ou não confessar. Segundo, cada *linha* representa uma estratégia que Rose pode selecionar: confessar ou não confessar. Assim, cada uma das quatro caixas na matriz de *payoff* representa uma das quatro combinações de estratégias possíveis que podem ser selecionadas nesse jogo:

1. Caixa do canto superior esquerdo: Rose e Colin confessam.
2. Caixa do canto inferior esquerdo: Colin confessa e Rose não.
3. Caixa do canto superior direito: Rose confessa e Colin não.
4. Caixa do canto inferior direito: nem Rose e nem Colin confessam.

Agora, vamos examinar o jogo do ponto de vista de Colin. As informações mostradas em *cinza-claro* em cada caixa são os possíveis *payoffs* de Colin – sentenças de cadeia. (Ignore as entradas em cinza-escuro por enquanto). Por exemplo, o quadrado do canto esquerdo inferior mostra que, quando Colin confessa e Rose não, Colin recebe uma sentença de somente três anos.

Colin quer o melhor acordo possível para si próprio, mas não tem certeza do que seu parceiro fará. (Lembre-se, eles estão em salas separadas.) Colin primeiro se pergunta qual estratégia seria melhor *se* seu parceiro confessasse. A *primeira linha* da matriz nos guia por seu raciocínio: "Se Rose decidir confessar, minha melhor escolha será confessar também porque eu pegarei 20 anos, em vez de 30". Em seguida, Colin determina a melhor estratégia se Rose *não* confessar. Como a *linha inferior* mostra, ele raciocinará assim: "Se Rose não confessar, minha melhor escolha será confessar porque eu pegaria três anos, em vez de cinco."

Vamos recapitular: se Rose confessar, a melhor escolha de Colin será confessar. Se Rose *não* confessar, a melhor escolha de Colin será, mais uma vez, confessar. Assim, independentemente da estratégia de Rose, a melhor escolha de Colin será confessar. Nesse jogo, a estratégia "confessar" é um exemplo de uma *estratégia dominante.*

*Uma **estratégia dominante** é aquela melhor para um jogador, independentemente da estratégia do outro jogador.*

Estratégia dominante
A melhor estratégia para uma firma, independentemente da estratégia escolhida por seu concorrente.

Se um jogador tem uma estratégia dominante em um jogo, podemos supor, com segurança, que ele a seguirá.

E Rose? Em outra sala, ela é introduzida ao *mesmo* conjunto de opções e *payoffs* que seu parceiro – como mostrado pelas entradas em cinza-escuro na matriz de *payoffs*. Quando Rose olha para baixo em cada *coluna*, ela pode ver seus possíveis *payoffs* para cada estratégia que Colin pode seguir. Como você vê (e certifique-se de que possa ver, passando por todas as possibilidades), Rose tem a mesma estratégia dominante que Colin – confessar. Podemos, agora, prever que *os dois* jogadores seguirão a estratégia de confessar e que o resultado do jogo – o canto esquerdo superior – é uma confissão dos dois parceiros, com cada um recebendo uma sentença de 20 anos.

Observe que existe um resultado melhor tanto para Rose como para Colin, localizado no canto inferior direito, mas esse resultado – cinco anos na prisão para cada um deles – requer que nenhum confesse. Isso, por sua vez, requer que um confie no outro. Se Rose não confessar, esperando que Colin fará o mesmo, e Rose estiver errada, ela pegará 30 anos – o pior resultado de todos. O mesmo é verdadeiro para Colin – ele também pegará 30 anos se não confessar, mas Rose sim. Como cada jogador age de uma maneira totalmente voltada para seus próprios interesses, eles não conseguem obter o melhor resultado para os dois.

Duopólio Um mercado oligopolista com apenas dois vendedores.

Identificar os Objetivos e as Restrições

Jogos Simples de Oligopólio. O mesmo método utilizado para entender o comportamento de Rose e Colin no dilema do prisioneiro pode ser aplicado a um mercado simples de oligopólio. Imagine uma cidade com somente dois postos de gasolina: Gus's Gas e Filip's Fillup. Esse é um exemplo de um oligopólio com somente duas firmas, chamado **duopólio**. Supomos que Gus e Filip, como Rose e Colin no dilema do prisioneiro, devem tomar suas decisões independentemente, sem saber previamente o que o outro fará.

A Figura 5 mostra a matriz de *payoff* que os duopolistas enfrentam, onde cada um dos dois deve escolher entre um preço maior e um preço menor para sua gasolina.[4] As colunas da matriz representam as estratégias possíveis de Gus, enquanto as linhas representam as estratégias de Filip. Cada quadrado mostra um possível *payoff* – lucro anual – para Gus (sombreado de cinza-claro) e para Filip (sombreado de cinza-escuro). (Certifique-se de ver, por exemplo, que, se Gus definir um preço maior e Filip definir um preço menor, Gus sofrerá uma perda de $10.000, enquanto Filip desfrutará um lucro de $75.000.)

Os *payoffs* na figura seguem uma lógica que encontramos em muitos mercados de oligopólio. Cada firma terá um lucro maior se todas as firmas cobrarem um preço maior. A melhor situação, porém, para qualquer uma das firmas é fazer suas rivais cobrarem um preço maior, enquanto ela, *sozinha*, cobra um preço menor e atrai clientes da concorrência. A pior situação para qualquer uma das firmas é cobrar um preço maior, enquanto suas rivais cobram um preço menor, pois assim ela perderá muitos clientes para suas rivais.

As entradas na matriz de *payoff* da Figura 5 refletem essa situação: os lucros são maiores ($50.000), tanto para Gus como para Filip, quando os dois cobram um preço maior, e são menores ($25.000), quando os dois cobram um preço menor. Quando os dois seguem estratégias diferentes, a firma com preço menor obtém o melhor *payoff* possível ($75.000), enquanto a firma com o maior preço obtém o pior *payoff* possível (–$10.000).

Vamos examinar o jogo do ponto de vista de Gus, utilizando as entradas sombreadas de cinza-claro na matriz de *payoff*. Se Filip escolher um preço menor (a linha superior), então Gus deverá escolher também um preço menor, já que isso dará a ele um lucro de $25.000, em vez de uma perda de $10.000. Se Filip selecionar um preço maior (a linha inferior), então, mais uma vez, Gus deve escolher um preço menor, já que isso dará a ele um lucro de $75.000, em vez de $50.000. Assim, não importa o que Filip faça, o melhor movimento de Gus é cobrar um preço menor – sua estratégia *dominante*.

[4] Em um mercado do mundo real para gasolina – mesmo em um com somente dois postos de gasolina – haveria muitos preços para escolher. A hipótese de apenas dois preços é uma "hipótese simplificadora" que facilita a visão do que está acontecendo.

Encontrar o Equilíbrio

Uma análise semelhante do ponto de vista de Filip, utilizando as entradas sombreadas de cinza-escuro, nos informa que sua estratégia dominante é a mesma: um preço menor. Assim, o resultado desse jogo é a caixa no canto superior esquerdo, onde os dois jogadores cobram um preço menor e cada um obtém um lucro de $25.000.

O resultado do jogo é, também, o *equilíbrio* de mercado para esse oligopólio. Quando cada tomador de decisão cobra o menor preço, ele está fazendo o melhor possível, dadas as ações dos outros. Portanto, após eles atingirem o canto superior esquerdo, nem Gus e nem Filip terão incentivo para alterar seu preço. Nessa caracterização simples, onde um preço menor e um preço maior são as únicas opções, Gus e Filip estão, cada um, fazendo o melhor possível, dada a escolha do outro. Como cada um está agindo independentemente, nenhum tem incentivo para alterar sua decisão. O preço de *equilíbrio de mercado*, nesse caso, é o menor preço.

Jogos de Oligopólio no Mundo Real. Enquanto o exemplo nos ajuda a entender as idéias básicas da teoria dos jogos, as situações de oligopólio no mundo real raramente são tão simples. Primeiro, há, geralmente, mais de duas estratégias para escolher (por exemplo, uma variedade de preços diferentes ou diferentes valores para gastar em concorrência *extrapreço* como em publicidade). Além disso, há geralmente mais de dois jogadores, de modo que uma matriz de *payoff*, como a da Figura 5, não é o suficiente. Ainda assim, como cada firma tem uma estratégia dominante, podemos prever o resultado do jogo – o equilíbrio do mercado – embora possamos precisar da ajuda de um computador, em casos mais complexos.

Figura 5

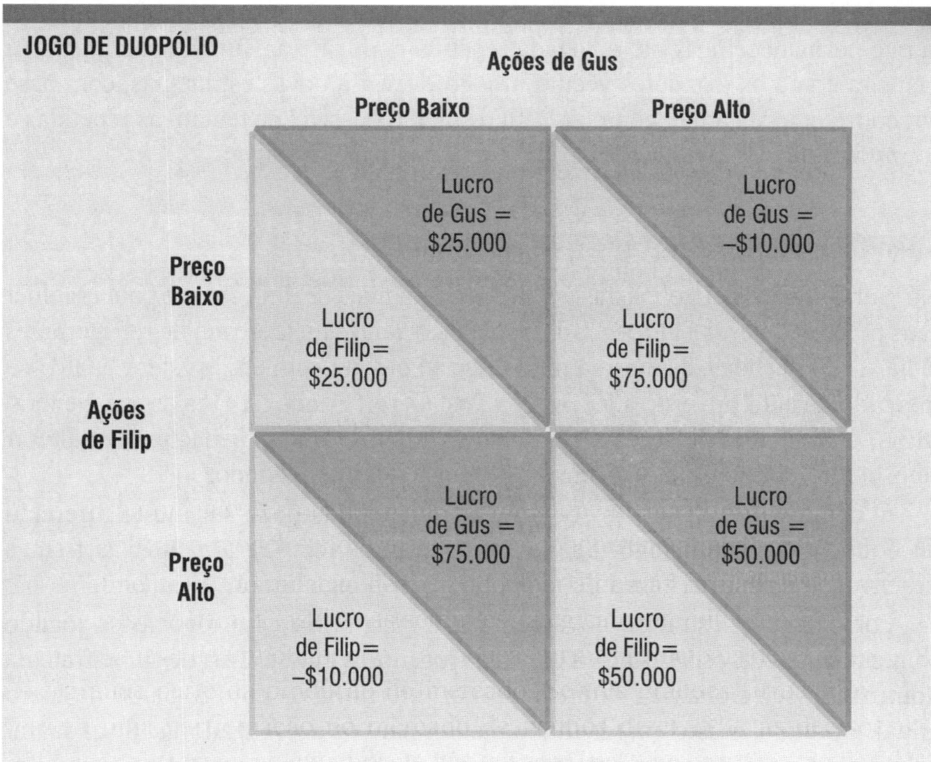

Segundo, em alguns jogos, um ou mais jogadores podem *não* ter uma estratégia dominante. Por exemplo, se alterarmos somente uma entrada na figura – mudando o *payoff* de Gus de $75.000 (caixa do canto inferior esquerdo) para $40.000 – Gus não terá mais uma estratégia dominante. Para ver o porquê, desenhe a matriz de *payoff* revisada. (Tire um momento para fazer isso, antes de continuar lendo.) Se desenhar a matriz revisada corretamente, você conseguirá verificar o seguinte: se Filip cobrar um preço menor, Gus deverá cobrar um preço menor e se Filip cobrar um preço maior, Gus deverá cobrar um preço maior. A escolha de Gus dependerá da escolha de Filip. No entanto, como não alteramos nenhum dos *payoffs* de Filip, ele ainda tem uma estratégia dominante – cobrar um preço menor. Como Gus *sabe* que Filip vai selecionar um preço menor, ele também selecionará um preço menor. Assim, ainda podemos prever o equilíbrio de mercado: um preço menor para as duas firmas. Esse exemplo mostra que, *quando um jogador tem uma estratégia dominante, ainda podemos prever o resultado do jogo, quer o outro jogador tenha uma estratégia dominante ou não.*

E se *também* alterarmos o *payoff* de Filip de $75.000 (canto superior direito) para $40.000? Como podemos verificar, *nenhum* dos jogadores terá uma estratégia dominante e, assim, nenhum poderá prever o que o outro fará. Além disso, nós – como observadores de fora – não conseguiremos prever o resultado. *Quando nenhum jogador tem uma estratégia dominante, precisamos de uma análise mais sofisticada para prever um resultado para o jogo.*

Terceiro, no exemplo, limitamos os jogadores a *uma* jogada do jogo. Enquanto isso pode fazer sentido no dilema do prisioneiro – onde os jogadores têm somente uma chance de tomar uma decisão – não é realista para a maioria dos mercados oligopolistas. Na realidade, para postos de gasolina e para quase todos os outros oligopólios, existe um **jogo repetido**, no qual os dois jogadores selecionam uma estratégia, observam o resultado dessa tentativa e jogam o jogo repetidamente, já que permanecem rivais. A jogada repetida pode alterar, fundamentalmente, a maneira como os jogadores vêem um jogo e levar a novas estratégias, com base em considerações no longo prazo. Um resultado possível de tentativas repetidas é o *comportamento cooperativo*, para o qual nos voltamos agora.

Jogo repetido Uma situação na qual vendedores estrategicamente interdependentes concorrem durante muitos períodos de tempo.

Encontrar o Equilíbrio

COMPORTAMENTO COOPERATIVO NO OLIGOPÓLIO

No mundo real, os oligopolistas geralmente têm mais de uma chance para escolher seus preços. A Pepsi e a Coca-Cola são concorrentes no mercado de refrigerantes já há várias décadas, da mesma forma que a Ford, a DaimlerChrysler e a GM, no mercado de automóveis e a Kellogg, a Post (Kraft Foods), a Quaker e a General Mills, no mercado de cereais para café da manhã. Essas firmas podem alterar seus preços com base nas respostas de suas rivais no passado.

O equilíbrio em um jogo com jogadas repetidas pode ser muito diferente do equilíbrio em um jogo jogado somente uma vez. Geralmente, as firmas desenvolvem alguma forma de *cooperação* no longo prazo.

Por exemplo, examine novamente a Figura 5. Se esse jogo fosse jogado somente uma vez, esperaríamos que cada jogador seguisse atrás de sua estratégia dominante, selecionasse um preço menor e terminasse com $25.000 de lucro anual. Contudo, existe um resultado melhor para os dois jogadores. Se cada um cobrasse um preço maior, obteria um lucro de $50.000 por ano. Se Gus e Filip permanecessem concorrentes ano após ano, esperaríamos que percebessem que, cooperando, os dois obteriam melhores resultados. E existem muitas maneiras de os dois cooperarem.

Conluio Explícito. A maneira mais simples de cooperação explícita é o **conluio explícito**, no qual os gerentes se encontram face a face para decidir como definir preços. No exemplo, Gus e Filip podem chegar a um acordo para cada um cobrar um preço maior, movendo o resultado do jogo para o canto inferior direito da Figura 5, onde cada um ganha $50.000 de lucro anual, em vez de $25.000.

Conluio explícito Cooperação sobre definição de preços que envolve a comunicação direta entre firmas concorrentes.

Uma forma de conluio explícito é o **cartel**, no qual as partes selecionam o preço ao longo da curva de demanda do mercado que maximiza os lucros totais no setor. Eles fazem isso escolhendo o preço e a quantidade de produto que um monopólio cobraria se possuísse todas as firmas do mercado. Para manter seu lucro de monopólio, o cartel deve assegurar que a produção combinada de todas as firmas seja igual à quantidade que maximiza o lucro. Ele consegue isso alocando uma parte da produção do mercado para cada membro do cartel.

Cartel Um grupo de firmas que selecionam um preço comum para maximizar os lucros totais da indústria.

O cartel mais famoso, nos anos recentes, tem sido a OPEP – Organização dos Países Exportadores de Petróleo – que se encontra periodicamente para definir o preço e a quantidade de petróleo que cada um dos seus membros pode produzir. Na metade dos anos 70, a OPEP quadruplicou seu preço por barril em apenas dois anos, levando a um aumento enorme nos lucros para os membros do cartel. No final dos anos 90, a OPEP exercitou seus músculos mais uma vez, dobrando o preço do petróleo em 18 meses.

Se aumentar os preços por meio de um conluio explícito é uma coisa tão boa para os oligopolistas, por que nem todos os oligopolistas fazem isso? Por dois motivos. Primeiro, é ilegal em muitos países, incluindo os Estados Unidos, e as penalidades, se os oligopolistas forem pegos, podem ser severas. A OPEP não foi considerada ilegal por nenhuma das nações participantes. Na maioria dos casos, o conluio explícito *é* ilegal e deve ser realizado com o maior segredo.

Segundo, é difícil manter o conluio explícito. Em um cartel, cada membro pode roubar negócios dos outros – e aumentar seu lucro – vendendo mais que sua parte alocada. O cartel precisa ter algum mecanismo de coação, alguma maneira de punir as firmas que produzem mais que suas partes acordadas. Claro, por causa de seu *status* ilegal, o cartel não pode levar criminosos a tribunais, mas mecanismos alternativos de coação, como ameaças de permitir que outros membros aumentem sua produção, pode – na melhor das hipóteses – não ter credibilidade ou pode – na pior das hipóteses – destruir o cartel. (Veja a discussão sobre a OPEP a seguir.)

Conluio Tácito. Como o conluio explícito é ilegal, ele é raro nos Estados Unidos. Outras maneiras de cooperação, todavia, foram desenvolvidas entre os oligopolistas. Em qualquer momento que as firmas cooperem *sem* um acordo explícito, elas estão se envolvendo em **conluio tácito**. Geralmente, os jogadores adotam estratégias ao longo das seguintes linhas: "Em geral, definirei um preço alto. Se meu rival também definir um preço alto, continuarei definindo um preço alto. Se meu rival definir um preço menor, eu o punirei definindo um preço menor na próxima vez". Podemos ver que, se os dois jogadores ficarem com essa estratégia, os dois sempre definirão o preço alto. Cada um está esperando que o outro seja o primeiro a definir um preço menor, só que isso nunca acontece.

Conluio tácito Qualquer forma de cooperação oligopolista que não envolva um acordo explícito.

"Pagar na mesma moeda" Uma estratégia teórica de jogo que consiste em fazer a outro jogador, neste período, o que ele fez a você no período anterior.

Um exemplo desse tipo de estratégia é a de **"pagar na mesma moeda"** (*tit for tat*), definida como fazer para o outro jogador exatamente o que ele acabou de fazer para você. No duopólio de posto de gasolina, por exemplo, Gus escolherá o maior preço sempre que Filip tiver definido o maior preço no jogo anterior e Gus escolherá o menor preço se isso for o que Filip fez no jogo anterior. Com jogadas suficientes do jogo, Filip poderá, eventualmente, perceber que pode fazer Gus estabelecer o maior preço desejado definindo o maior preço ele mesmo, e que ele não deve explorar a situação definindo o menor preço, pois isso fará com que Gus estabeleça o menor preço da próxima vez. O resultado em cada jogada será, então, o canto inferior direito da Figura 5, com cada firma obtendo o lucro mais alto, de $50.000.

Estratégias do tipo "pagar na mesma moeda" são proeminentes na indústria de aviação. Quando uma grande companhia aérea anuncia tarifas com descontos especiais, suas rivais quase sempre anunciam tarifas idênticas no dia seguinte. A resposta das rivais não somente as ajuda a permanecerem competitivas, mas também fornece um sinal, para a firma que reduz preços, de que ela não conseguirá oferecer descontos que não sejam compensados por suas rivais.

"Pagar na mesma moeda", no entanto, nem sempre é eficaz e a indústria de aviação tem tido períodos de instabilidade. Em 1992, quando várias companhias aéreas anunciaram tarifas especiais restritas ao verão, a American Airlines respondeu com tarifas ainda mais baixas, reduzindo pela metade o preço de muitas passagens. A maioria das companhias aéreas copiou o movimento da American, resultando em tarifas muito abaixo do nível de maximização do lucro durante a maior parte do verão. A Continental e a Northwest, duas das companhias aéreas mais atingidas pela redução de tarifas da American, processaram a American baseadas na teoria de que ela estava tentando ensiná-las uma lição: não se desviarem das tarifas normais. O júri rejeitou as reclamações da Continental e da Northwest e concluiu que esse tipo de conduta não era uma violação das leis antitruste. As tarifas aéreas ficaram muito mais estáveis por vários anos depois do veredicto do júri. As rivais da American estavam, sem dúvida, relutantes em fazer reduções nas tarifas que atrairiam uma reação do tipo "pagar na mesma moeda" semelhante.

Em maio de 1999, o Departamento de Justiça dos EUA acusou a American de um tipo diferente e mais letal de estratégia "pagar na mesma moeda". De acordo com o governo, a American reduziu drasticamente os preços e aumentou o número de vôos que saíam de Dallas, Fort Worth, para tirar três novos participantes do mercado: Vanguard, Sun Jet International e Western Pacific. A American, como a companhia aérea mais forte, sabia que conseguiria tolerar uma guerra de preços mais longa que os novos participantes que não tinham tantas outras rotas lucrativas para mantê-los em pé. Se as acusações do governo estiverem corretas, as ações da American foram criadas, em parte, como um sinal para outros participantes potenciais. A American estava, na realidade, dizendo: "Se você estiver pensando em competir conosco em rotas que dominamos, espere uma forte reação 'pagar na mesma moeda' que acabará com você para sempre".[5]

[5] "Governo processa a American Airlines, acusando-a de definição de preço predatória", *New York Times*, 14 de maio de 1999, e "Os problemas para provar a definição de preço predatória", *New York Times*, 20 de maio de 1999.

Uma outra forma de conluio tácito é a **liderança de preço**, na qual uma firma – a *líder de preço* – define seu preço e os outros vendedores seguem esse padrão. O líder pode ser a firma dominante do setor (a que tiver maior participação no mercado, por exemplo) ou a posição de líder pode girar de firma para firma. Durante a primeira metade do século passado, a U.S. Steel agia normalmente como líder de preço na indústria do aço. Quando ela alterava seus preços, outras firmas automaticamente a seguiam. Mais recentemente, a Goodyear tem sido considerada líder na indústria de pneus. Seus aumentos de preço são virtualmente sempre seguidos, depois de dias, pela Michelin, pela Bridgestone e pela maioria das outras firmas da indústria.

Liderança de preço
Uma forma de conluio tácito na qual uma firma define um preço que outras firmas copiam.

Com a liderança de preço, não existe acordo formal. Em vez disso, a escolha do líder, o critério que ele utiliza para definir seu preço e a disposição das outras firmas em segui-la ocorrem porque as firmas percebem – sem discussão formal – que o sistema beneficia todas elas. Para manter as firmas seguidoras de preço longe de trapaças – tais como obter grandes quantidades de negócios devido à definição de um preço menor que o líder de preço – o líder e as firmas que escolhem segui-lo devem estar capacitados a punir uma firma que pratica irregularidades. Elas podem fazer isso definindo um preço menor o mais rápido possível, depois que qualquer uma delas pratica uma trapaça. A expectativa é a de que a resposta será suficiente para prevenir o trapaceiro em primeiro lugar.

Os Limites para o Conluio. É tentador pensar que o conluio – explícito ou tácito – forneça aos oligopólios poder absoluto sobre seus mercados, deixando-os livres para aumentar os preços e explorar o público sem limites. Mas o poder do oligopólio – mesmo com o conluio – tem seus limites.

Primeiro, mesmo as firmas que praticam o conluio são restringidas pela curva de demanda de mercado: um aumento no preço sempre reduzirá a quantidade demandada do mercado. Existe um único preço – o preço de monopólio do cartel – que maximiza os lucros totais de todas as firmas do mercado e cobrar qualquer preço maior que esse nunca atenderá aos interesses do grupo.

Segundo, o conluio – mesmo quando tácito – pode ser ilegal. Embora possa ser difícil provar, as firmas que simplesmente *aparentam* estar praticando o conluio podem descobrir que estão enfrentando um exame minucioso do governo. Na realidade, raramente se passa um mês sem o anúncio de uma ou mais novas investigações de conluio pelo Departamento de Justiça do governo dos Estados Unidos.[6]

Terceiro, o conluio é limitado pela existência de incentivos poderosos à fraude em qualquer acordo. Como a próxima seção mostra, a fraude é um problema endêmico entre oligopolistas que praticam o conluio e geralmente leva ao colapso, até mesmo dos acordos mais formais.

O Incentivo à Fraude. Vamos voltar a Gus e Filip por um momento. Após jogadas repetidas do jogo na Figura 5, com cada jogada terminando no canto superior esquerdo ($25.000 em lucro para cada jogador), os proprietários dos dois postos

[6] Embora os preços de outros bens e serviços também tenham aumentado durante esse período, a elevação do preço *relativo* do petróleo foi um pouco menor – 400% –, mas ainda relativamente drástico.

de gasolina percebem que podem fazer melhor com alguma forma de conluio. De uma maneira ou de outra – por meio de um acordo formal explícito, por meio de um comportamento do tipo "pagar na mesma moeda" ou por meio de um entendimento em que um dos dois se tornará o líder do preço – eles chegam a uma solução cooperativa de maior preço. O resultado do jogo se move, assim, para o canto inferior direito, onde cada firma obtém $50.000 em lucro. O mercado ficará lá?

Talvez sim. O problema é que cada jogador pode concluir que ele é capaz de fazer ainda melhor trapaceando. Por exemplo, quando Gus se compromete com um preço maior, Filip pode obter ainda mais lucro ($75.000) trapaceando e vendendo sua gasolina por um preço menor. Isso reduziria o lucro de Gus para –$10.000, de modo que ele, também, provavelmente mudaria seu preço para o menor preço e os dois jogadores voltariam para um resultado não cooperativo, com base nas suas estratégias dominantes.

Você pode pensar que, no duopólio de dois postos de gasolina de uma pequena cidade, esse tipo de trapaça nunca aconteceria, pelo fato de cada jogador poder, muito facilmente, observar o que o outro está fazendo e nenhuma das partes querer voltar ao equilíbrio não cooperativo. Mas pode ser do interesse de cada jogador trapacear *ocasionalmente*. Filip, por exemplo, talvez pense que pode desfrutar o encanto do alto lucro antes que Gus tenha a chance de reagir, e, assim – quando Gus *realmente* reagir – Filip pode reverter ao esquema cooperativo. Gus, em contraste, pode tentar desencorajar isso com movimentos do tipo "pagar na mesma moeda", *punindo* Filip toda vez que ele trapacear cobrando um preço correspondente ao preço de Filip ou indo além e cobrando um preço ainda menor (não mostrado na matriz de *payoffs*). Ao fazê-lo, ele está dizendo a Filip: trapacear não é de seu interesse. Gus, por outro lado, poderia definir seu preço a um valor ainda menor, informando a Filip: "É melhor me deixar trapacear ocasionalmente, pois me punir não é de *seu* interesse".

Como podemos ver, a análise desse tipo de comportamento requer alguns modelos de teoria dos jogos um tanto sofisticados e os economistas estão ativamente envolvidos em criá-los. Alguns desses modelos prevêem guerras de preços ocasionais, como as observadas em mercados de gasolina e frutas frescas em cidades pequenas, ou nos mercados nacionais para viagens aéreas.

Quando a Trapaça é Provável? Embora nenhuma firma queira destruir completamente um acordo de conluio trapaceando – já que isso significaria um retorno ao equilíbrio não cooperativo, no qual cada firma obtém um lucro menor – algumas firmas podem estar dispostas a *arriscar* a destruição do acordo se os benefícios forem grandes o suficiente. Em qualquer acordo de conluio, podemos esperar que cada firma pondere sobre os custos e benefícios de trapacear. No lado do custo está a probabilidade de ser detectado, resultando em uma reação punitiva de outras firmas ou em um colapso do acordo. No lado do benefício está o ganho de um lucro adicional de cobrar um preço menor que as outras firmas.

Essa lógica sugere uma grande probabilidade de que a trapaça ocorra – e o conluio provavelmente não será bem-sucedido – nas condições a seguir:

Dificuldade em Observar os Preços das Outras Firmas. Em mercados em que os preços são negociados com cada cliente – como em contratos gerais ou nas vendas de carro no varejo – é difícil para as firmas observar os preços realmente cobrados por seus concorrentes. Nesses mercados, onde a probabilidade de ser pego trapaceando é baixa, esperamos pouca cooperação ou conluio.

Em contraste, quando os preços das outras firmas são fáceis de observar, a trapaça é detectada mais facilmente e, portanto, menos provável de ocorrer. Por exemplo, quando os compradores são órgãos governamentais ou firmas de utilidade pública, as propostas dos competidores podem ser mostradas ao público. A indústria da aviação fornece um outro exemplo interessante: na maioria dos casos, as companhias aéreas podem observar os preços de suas rivais, pois essas informações são públicas. No entanto, desde o final dos anos 90, muitas companhias aéreas encontraram uma maneira de superar o problema. Ao vender passagens para a firma de viagens on-line Priceline.com, que por sua vez as vende em uma variedade de diferentes preços para os indivíduos, as companhias aéreas podem reduzir seus preços, em pelo menos algumas de suas passagens, sem alertar os outros participantes. Com o tempo, isso deve tornar mais difícil a cooperação de preço entre as companhias aéreas.

Demanda de Mercado Instável. Alterações freqüentes na demanda de mercado encorajam a trapaça por vários motivos. Primeiro, qualquer acordo preexistente pode não fazer mais sentido, uma vez que as condições do mercado são alteradas. Uma nova organização deve ser estabelecida, mas isso, geralmente, leva tempo. Nesse ínterim, pode haver benefícios substanciais para trapacear o acordo antigo. Segundo, com a demanda do mercado instável, é mais difícil para as firmas interpretarem as ações umas das outras. Se uma firma reduz seu preço, ela está trapaceando o acordo ou está meramente respondendo a uma alteração nas condições da demanda e talvez tentando tornar-se, ela mesma, uma líder de preço? Com sinais menos claros, a detecção da trapaça é menos provável, de modo que esperaríamos que o conluio se desfizesse.

Um Grande Número de Vendedores. Quanto maior o número de firmas, mais trapaças esperamos que ocorram. É por isso que, com muitas firmas, cada uma pode raciocinar que pode trapacear – aumentando sua produção além de sua quantidade alocada – sem ter muito impacto no preço do mercado. Assim, sua trapaça não será detectada. Mesmo se ela pensar que sua trapaça *será* detectada, cada firma poderá se ver como peixe pequeno em um grande lago, raciocinando que sua própria trapaça será tolerada como um aborrecimento, em vez de uma ameaça.

Se várias firmas se comportarem dessa maneira – todas elas aumentando sua produção e esperando que os outros membros do cartel não percebam – o preço de mercado cairá significativamente. A trapaça será, assim, percebida. Nesse caso, a firma individual terá ainda *mais* incentivo para trapacear – caso contrário ela sofrerá.

A história de conluios é abundante, com a trapaça e o colapso da cooperação entre as firmas, sugerindo que essas três condições são suficientemente satisfeitas em muitos mercados. Quando os benefícios da trapaça são grandes e os custos, baixos, podemos esperar que os arranjos de conluio entrem em colapso.

OS LIMITES PARA O OLIGOPÓLIO

Algumas pessoas pensam que os EUA e outras economias ocidentais estão se movendo incansavelmente em direção ao oligopólio como estrutura de mercado dominante. A alteração tecnológica é geralmente citada como o motivo. Por exemplo, no início do século XX, inúmeras firmas nos EUA fabricavam carros de passageiros. Com o desenvolvimento da tecnologia de produção em massa, o número caiu e permaneceu constante em três. Histórias como essa sugerem uma economia na qual os mercados são cada vez mais controlados e manipulados por uns poucos participantes que – por meio do conluio – exploram o público para seu próprio ganho. Em 1932, dois economistas – Adolf Berle e Gardiner Means – observaram a tendência em direção à grande firma e previram que, a menos que alguma coisa fosse feita para parar isso, as 200 maiores firmas dos EUA controlariam toda a economia da nação até 1970.

Esses medos se provaram infundados. Hoje, existem centenas de milhares de firmas nos Estados Unidos. Além disso, as evidências não mostram nenhuma forte tendência em direção a uma concentração cada vez maior das indústrias dos EUA.

Já observamos um motivo para isso: em muitas indústrias, a escala de eficiência mínima é tão pequena em relação ao tamanho do mercado que firmas pequenas não têm nenhuma desvantagem de custo. Existem outras forças poderosas que operam para restringir e até mesmo reduzir o tamanho do oligopólio na economia.

Legislação Antitruste e sua Execução. Políticas antitrustes nos Estados Unidos e em muitos outros países foram criadas para proteger os interesses de consumidores assegurando concorrência adequada no mercado. Na prática, a execução da legislação antitruste se concentrou em três tipos de ações: (1) impedir acordos de conluio entre firmas como acordos de fixação de preços; (2) desmembrar ou limitar as atividades de grandes firmas cuja dominação do mercado prejudicasse os clientes e (3) impedir fusões que levassem a dominação prejudicial do mercado.

O impacto de ações antitruste vai bem além das firmas específicas chamadas para o tribunal. Os gerentes de outras firmas que tencionam fazer movimentos anticompetitivos têm de pensar muito sobre as conseqüências de atos que possam violar as leis antitrustes. Por exemplo, muitos economistas acreditam que no final dos anos 40 e início dos anos 50, a General Motors teria tirado a Ford e a Chrysler do mercado ou as teria comprado, se não fosse por medo de uma ação antitruste. (A lei antitruste será discutida com mais detalhes no Capítulo 15.)

A Globalização dos Mercados. Embora os oligopolistas geralmente tentem impedi-la, enfrentam uma concorrência cada vez mais forte dos produtores estrangeiros. Alguns economistas argumentam, por exemplo, que o mercado dos EUA para automóveis, hoje, tem tantos vendedores estrangeiros que mais se assemelha a uma concorrência monopolista do que a um oligopólio. Alterações parecidas ocorreram nos mercados dos EUA para televisões em cores, equipamentos de som, computadores, cervejas e vinhos. Ao mesmo tempo, a entrada dos produtores dos EUA nos mercados estrangeiros ajudou a aumentar a concorrência para filmes, shows de televisão, roupas, produtos de limpeza doméstica e comida pronta.

Mudança Tecnológica. Você pode pensar que mudanças tecnológicas favorecem, invariavelmente, as grandes firmas e que, devido a isso, somente umas poucas firmas dominam as novas tecnologias. Entretanto, muitas novas tecnologias servem para *aumentar* a concorrência, eliminando as barreiras à entrada. O oligopólio das três principais redes de televisão (CBS, ABC e NBC) foi devido, em parte, ao espectro limitado de transmissão da televisão. A televisão a cabo quebrou essa barreira e reduziu significativamente a dominação das redes.

Nova tecnologia também pode destruir um oligopólio natural, fazendo surgir economias de escala. Lembre-se (ver a Figura 3) de que, em um oligopólio natural, a EEM é grande em relação ao tamanho do mercado. Assim, qualquer coisa que reduza a EEM ou aumente o tamanho do mercado pode aumentar o número de firmas que têm capacidade de concorrer de maneira eficaz na indústria. Na indústria de entretenimento doméstico, essas duas características podem ocorrer. A tecnologia sem fio vai eliminar a necessidade de cabos caros e, portanto, reduzir o número de assinantes necessários para minimizar o custo por unidade (a EEM). Ao mesmo tempo, a tecnologia permitirá que as firmas vendam em mais de uma localidade, alterando, assim, o mercado de entretenimento doméstico de um mercado local para um mercado nacional, onde dúzias ou mesmo centenas de firmas competirão.

PUBLICIDADE NA CONCORRÊNCIA MONOPOLISTA E NO OLIGOPÓLIO

Utilizando a TEORIA

Começamos este capítulo observando que os concorrentes perfeitos nunca anunciam e que os monopólios anunciam relativamente pouco. A publicidade, porém, é quase sempre encontrada na concorrência monopolista e muito freqüentemente no oligopólio. Por quê? Todos os concorrentes monopolistas e muitos oligopolistas produzem produtos diferenciados. Nesses tipos de mercados, a firma ganha clientes convencendo-os de que seu produto é diferente e melhor em alguns aspectos que o de seus concorrentes. A publicidade, quer apenas informe aos clientes sobre o produto ("O novo Toyota Corolla faz 19 km por litro na rodovia"), quer tente influenciá-los mais sutil e psicologicamente ("Nosso perfume exótico preencherá sua vida com mistério e intriga"), é uma maneira de diferenciar nitidamente um produto na mente dos consumidores. Como outras firmas tirarão proveito da oportunidade de anunciar, qualquer firma que *não* anunciar poderá perder clientes. Nesta seção, utilizamos as ferramentas que vimos neste capítulo para examinar alguns aspectos da economia da publicidade.

PUBLICIDADE E EQUILÍBRIO DE MERCADO NA CONCORRÊNCIA MONOPOLISTA

O Que Acontece Quando as Coisas Mudam?

Um concorrente monopolista anuncia por dois motivos: alterar a curva de demanda para a direita (uma maior quantidade demandada a cada preço) e tornar a demanda para sua produção *menos* elástica (de modo que possa aumentar o preço e sofrer uma redução menor na quantidade demandada). A publicidade custa dinheiro, por isso, além de seu impacto na curva de demanda, ela também afeta a curva de *CTM* da firma. Qual é o impacto final da publicidade na firma típica?

A Figura 6(a) mostra as curvas de *CTM* e de demanda para uma firma – a Narcissus Fragrance – que fabrica e vende perfumes. Inicialmente, quando não existe nenhuma publicidade na indústria, a Narcissus está no equilíbrio de longo prazo no ponto *A*, no painel (a), no qual sua curva de demanda ($d_{\text{sem pub}}$) e a curva de *CTM* ($CTM_{\text{sem pub}}$) se tocam. A firma cobra \$60 por garrafa, vende 1.000 garrafas por mês e obtém lucro econômico zero.

Agora, suponha que a Narcissus decida realizar uma campanha publicitária cara na televisão e que, por enquanto, nenhuma outra firma faça publicidade. Assim, o custo da publicidade vai alterar a curva de *CTM* da firma para cima,

Figura 6

PUBLICIDADE NA CONCORRÊNCIA MONOPOLISTA

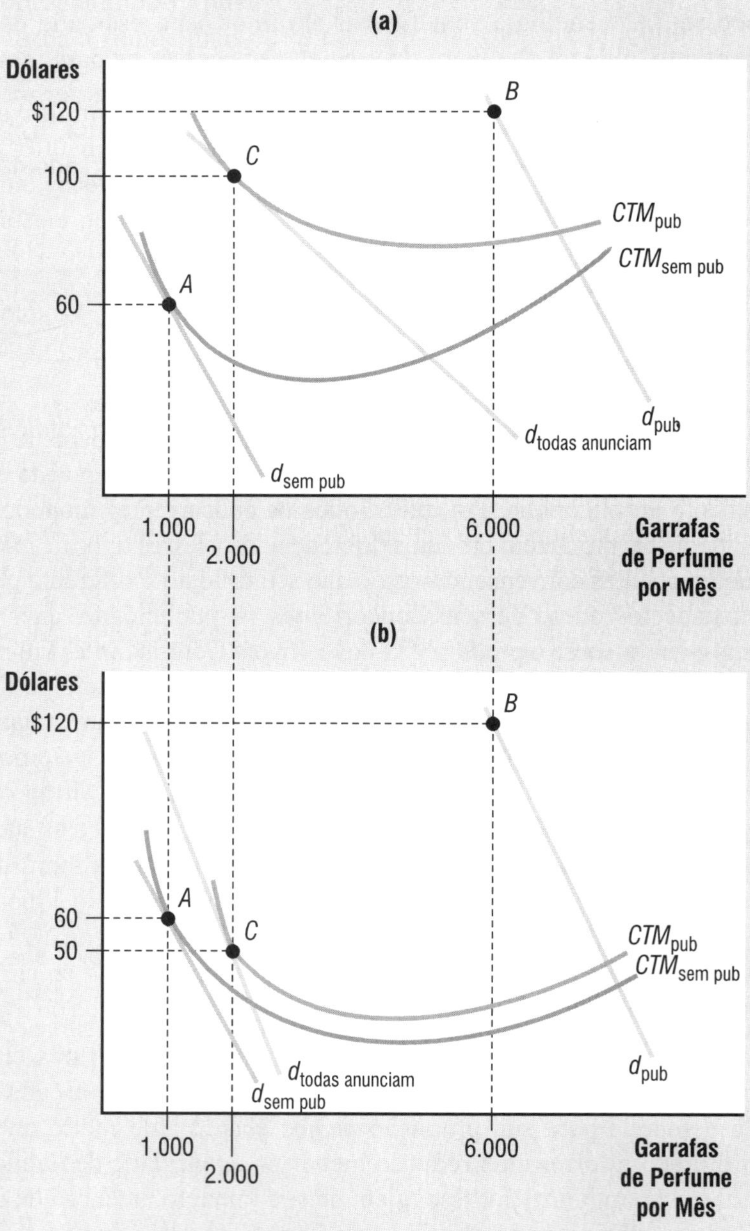

A Narcissus Fragrance está, inicialmente, em equilíbrio de longo prazo no ponto *A* do painel (a). Se ela realiza uma campanha publicitária, seus custos médios aumentam para CTM_{pub} e sua curva de demanda se desloca para d_{pub}. Como resultado, ela obtém um lucro econômico, por unidade, de $P - CTM_{\text{pub}}$. Esse lucro leva seus competidores a realizarem sua própria publicidade. À medida que eles o fazem, a curva de demanda da Narcissus é deslocada para dentro, para $d_{\text{todas anunciam}}$. O equilíbrio no longo prazo é restabelecido no ponto *C*, onde a Narcissus está novamente obtendo lucro econômico zero. No painel (b), como no painel (a), a publicidade desloca a curva de *CTM* para cima. Nesse caso, contudo, a expansão da produção da indústria leva os custos por unidade da firma para baixo. O declínio é grande o suficiente, de modo que o preço no longo prazo é menor depois da publicidade (\$50) que antes (\$60).

para CTM_{pub}. O custo por unidade será maior em todos os níveis de produção. Observe, no entanto, que o aumento é menor em níveis de produção maiores, nos quais o custo do anúncio é disseminado por um número maior de unidades. Além da alteração na *CTM*, a campanha publicitária mudaria a curva de demanda para a direita e a tornaria mais plana. Como a Narcissus é a *única* firma que faz publicidade, o efeito na curva de demanda seria substancial, modificando-a até d_{pub}. Observe que existem muitos pontos, ao longo dessa nova curva de demanda, na qual a Narcissus poderia obter lucro. O maior lucro ocorrerá no nível de produção em que suas curvas *CM* e *RM* (não mostradas) se interceptam. No painel (a), imaginamos que isso ocorre em 6.000 garrafas por mês. A firma operará, assim, no ponto *B*, ao longo de sua nova curva de demanda, cobrará $120 por garrafa e obterá um lucro econômico, já que $P > CTM$.

A Narcissus não conseguirá permanecer no ponto *B* por muito tempo. No longo prazo, seu lucro tentará outras firmas a iniciarem suas próprias campanhas publicitárias, deslocando a curva de demanda da Narcissus para a esquerda, tornando-a mais plana. E se, com a publicidade de todas as firmas, *ainda* houver lucro no mercado, ocorrerá a entrada de novas firmas, o que moverá a curva de demanda ainda mais para a esquerda. No fim, a Narcissus terminará em um ponto como o *C* na curva de demanda $d_{\text{todas anunciam}}$, onde $P = CTM = \$100$ e a firma obtém lucro econômico zero.

Observe que, como outras firmas estão anunciando, a Narcissus também *deve* anunciar. Por quê? Se ela escolher não anunciar, sua curva de *CTM* retornará para $CTM_{\text{sem pub}}$, mas sua curva de demanda ficará em algum lugar à esquerda de $d_{\text{sem pub}}$. ($d_{\text{sem pub}}$ era a curva de demanda quando nenhuma firma estava anunciando. Agora, com seus concorrentes realizando campanhas publicitárias, se escolher *não* anunciar, a Narcissus venderá menos produto do que vendia originalmente.) Com custos médios dados por $CTM_{\text{sem pub}}$ e a curva de demanda em algum lugar à esquerda de $d_{\text{sem pub}}$, a Narcissus sofreria uma perda em *qualquer* nível de produção. Assim, se ela desejar permanecer no mercado no longo prazo, ela *deverá* anunciar.

Podemos resumir o impacto da publicidade, como ilustrado no painel (a), desta maneira: a produção da firma típica aumentou (de 1.000 para 2.000 unidades) e, portanto, a publicidade aumentou o tamanho total do mercado – mais perfumes estão sendo comprados. Mas a firma individual não se beneficia disso. Como cada firma deve pagar os custos da publicidade e mais concorrentes entraram no mercado, a Narcissus e seus concorrentes estarão, cada um, obtendo lucro econômico normal – como estavam originalmente.

E os preços que os consumidores pagarão? Podemos pensar que a publicidade cara aumentará o preço para os consumidores. No painel (a), foi isso que aconteceu: a publicidade aumentou o preço de $60 para $100 no longo prazo.

Esse não é o *único* resultado possível. O painel (b) ilustra o caso um tanto surpreendente em que a publicidade leva a *menores* custos por unidade e a um preço *menor* para os consumidores. Como antes, começamos com a Narcissus no ponto *A*, com nenhuma publicidade no mercado e, em seguida, nos movemos para o ponto *B* quando a Narcissus é a única firma que realiza anúncios e terminamos no ponto *C*, após a publicidade de outras firmas e a entrada de novas firmas no mercado terem eliminado o lucro econômico da Narcissus.

Observe que, no painel (b), o impacto final da publicidade é reduzir tanto o custo por unidade como o preço, de $60 para $50. Como isso pode acontecer?

Ao anunciar, a firma consegue produzir e vender mais produto. Isso é verdadeiro, mesmo quando *todas* as firmas anunciam, pois a demanda total do mercado aumentou. Como a firma estava originalmente na parte de inclinação para baixo da sua curva de *CTM*, sabemos que seus custos *sem* publicidade serão reduzidos à medida que a produção se expandir. Se essa redução for *grande* o suficiente – como no painel (b) – os custos por unidade cairão, mesmo quando os custos de publicidade estiverem incluídos. Em outras palavras, como você, eu e todo o mundo estamos comprando mais perfumes, cada produtor pode operar mais próximo à sua capacidade de produção com custos menores por unidade. No longo prazo, a entrada de novas firmas forçará cada firma a repassar para nós as economias no custo.

A análise sugere a conclusão a seguir:

Na concorrência monopolista, a publicidade aumenta o tamanho do mercado. Mais unidades são vendidas. No longo prazo, cada firma obtém lucro econômico zero, da mesma forma como se nenhuma firma estivesse fazendo publicidade. O preço para o consumidor, no entanto, pode aumentar ou diminuir.

PUBLICIDADE E CONLUIO NO OLIGOPÓLIO

O Que Acontece Quando as Coisas Mudam?

Neste capítulo, vimos que os oligopolistas têm um forte incentivo para se envolverem em conluio tácito que é difícil de detectar. Quando uma firma aumenta seus preços e outras a seguem, isso pode ser evidência de liderança de preço ou pode ser que os custos da indústria tenham aumentado e *todas* as firmas – afetadas da mesma maneira – decidiram, independentemente, aumentar seus preços. Em alguns casos, como em decisões estratégicas sobre oligopólio, podemos utilizar um modelo simples da teoria dos jogos para mostrar que o conluio está, quase certamente, ocorrendo.

Vamos pegar a indústria de aviação como exemplo. Pesquisas de opinião mostram que os passageiros estão muito preocupados sobre a segurança das companhias aéreas. Qualquer companhia aérea que pudesse convencer o público de seu histórico de segurança superior teria um lucro considerável.[7] Ainda assim, nenhuma companhia aérea, até hoje, realizou um anúncio com informações sobre seu histórico de segurança ou atacou a segurança de uma concorrente. ("Voe United. Te levaremos lá... Vivo!") Vamos ver por quê.

A Figura 7 mostra alguns *payoffs* hipotéticos desse tipo de publicidade como visto por duas firmas, a United Airlines e a American Airlines que concorrem em uma rota específica. Concentre-se primeiro na parte superior – as entradas sombreadas de cinza-claro – que mostra os *payoffs* para a American. Se nenhuma firma realizasse anúncios sobre segurança, a American obteria um nível de lucro que chamaremos *médio* como um ponto de referência. Se a American realizasse anúncios se vangloriando da sua própria segurança, mas a United não, o lucro da American certamente aumentaria – para o "alto" na matriz de payoff. Se as duas

[7] Existem várias maneiras de interpretar as estatísticas de acidentes: número de passageiros mortos ou feridos por milha voada, número de batidas por milha voada, número de passageiros mortos ou feridos por decolagem e assim por diante. Pesquisando muito, a maioria das companhias aéreas poderia encontrar um indicador pelo qual apareceriam como as "mais seguras".

Figura 7

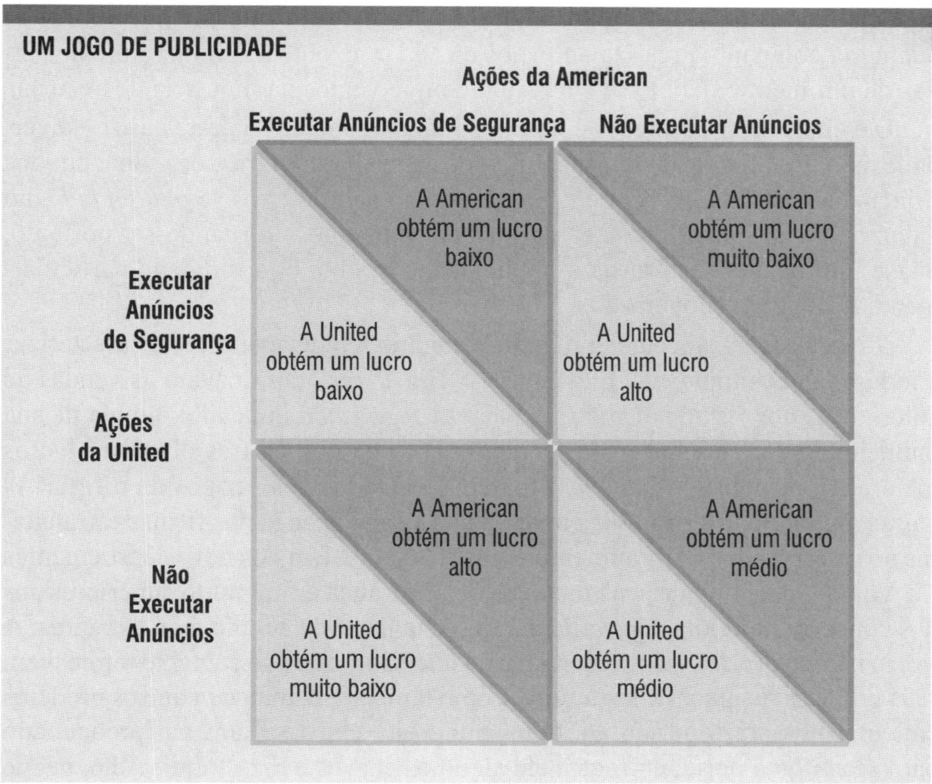

firmas realizassem anúncios sobre segurança – especialmente anúncios negativos que atacassem a rival – a demanda do público para passagens aéreas certamente seria reduzida. Lembrados dos perigos de voar, mais consumidores escolheriam viajar de trem, ônibus ou carro. O lucro da American, nesse caso, seria menor se comparado com o lucro na hipótese de *nenhuma* firma realizar anúncios, por isso o rotulamos de "baixo" na matriz de *payoffs*. Finalmente, o pior resultado possível para a American – "muito baixo" na figura – ocorre quando a United se vangloria do seu próprio histórico de segurança, mas a American não.

Agora, examine as estratégias possíveis da American. Se a United decidir realizar os anúncios (linha superior), a melhor ação da American será realizá-los também. Se a United não realizar os anúncios (linha inferior), a melhor ação da American ainda será realizá-los. Assim, a American tem uma estratégia dominante: independentemente da decisão da United, ela deve realizar os anúncios de segurança.

Como podemos verificar, a United cujos *payoffs* são os menores (as entradas sombreadas de cinza-escuro) enfrenta uma situação totalmente simétrica e ela, também, tem a mesma estratégia dominante: realizar os anúncios. Assim, quando cada companhia aérea age independentemente, o resultado desse jogo é mostrado no canto superior esquerdo, em que cada companhia aérea realiza anúncios e obtém um lucro baixo. Por que não observamos esse resultado?

A resposta é que as companhias aéreas estão jogando umas contra as outras repetidamente e alcançam o tipo de equilíbrio cooperativo que discutimos anteriormente. Cada companhia aérea pode punir sua rival da próxima vez se esta falhar em cooperar agora. No resultado cooperativo, a companhia aérea joga com a estratégia de que ela *não* realizará os anúncios se a sua rival não anunciar. O resultado do jogo move-se para o canto inferior direito. Aqui, nenhuma companhia realiza anúncios e cada uma obtém um lucro médio, em vez de um lucro baixo. Esse é o resultado que vemos na indústria de aviação.

Devemos estar surpresos com o resultado cooperativo neste caso? Na verdade, não. Lembre-se de que a habilidade de se dar bem trapaceando é um dos principais obstáculos à cooperação. Quando o acordo envolve *publicidade*, no entanto, a trapaça seria detectada instantaneamente – tornando-se, portanto, quase improvável. Isso torna a publicidade em uma oportunidade particularmente boa para a cooperação.

Até os anos 80, um entendimento de conluio semelhante parecia caracterizar a indústria de automóveis. Enquanto as "Big Three" dominavam as vendas de automóveis nos Estados Unidos, a palavra *segurança* nunca foi ouvida na sua publicidade. Parecia haver um entendimento de que as três obteriam lucros maiores se os consumidores *não* fossem lembrados dos perigos de dirigir. As coisas mudaram nos anos 80, à medida que a participação das firmas estrangeiras no mercado dos EUA aumentou drasticamente. Um dos novos participantes – a Volvo – decidiu que seus recursos de segurança eram muito superiores aos dos concorrentes e que não valia mais a pena jogar de acordo com as regras. A Volvo começou a realizar comerciais, na televisão, que não somente reforçavam seus próprios recursos de segurança, como também insinuavam que os produtos concorrentes eram perigosos. (Em uma noite chuvosa, um pai preocupado pára seu filho à porta, entrega a ele algumas chaves e diz: "Aqui, filho, pegue o Volvo".) Após a Volvo ter começado a realizar comerciais como esse, os outros fabricantes de automóveis não tinham escolha, a não ser responder. Hoje, anúncios de automóveis mencionam, rotineiramente, recursos de segurança, como freios *antilock* e *airbags.*

Algo semelhante pode estar para acontecer na indústria de aviação. A "Volvo", nesse caso, não é uma companhia aérea, mas um fabricante de aeronaves. Em novembro de 1999, a Airbus realizou anúncios criados para convencer o público de que seus jatos A340 de quatro motores são mais seguros para viagens transatlânticas que os 777 de dois motores da Boeing. Um anúncio – impresso em mais de uma dúzia de jornais e revistas, incluindo o *Economist*, a *Fortune* e o *Wall Street Journal* – mostrava um Airbus A340 sozinho, voando sob um céu escuro e ameaçador, com um mar agitado embaixo. A legenda dizia: "Se estiver no meio do Pacífico, você desejará estar no meio de quatro motores". Não é de surpreender que a Boeing tenha condenado o anúncio, declarando que "essa tática não tão sutil de amedrontamento... é uma despedida drástica dos altos padrões que o setor atendia tradicionalmente. As ações da Airbus causaram, e com razão, uma quantia considerável de desprazer na indústria". As principais companhias aéreas reagiram de maneira ainda mais forte. Gordon Bethune, executivo da Continental Airlines, informou a Airbus que o anúncio "torna menos provável que depositemos a confiança em vocês ou em seus produtos".[8]

A ação da Airbus destruiu permanentemente o equilíbrio cooperativo "sem anúncios" entre os fabricantes de aeronaves? Ou a cooperação será restaurada? Só o tempo poderá dizer.

---

[8] "Competitor's 'scare tactic' vexes Boeing," *Herald Net*, 6 de novembro de 1999 *(www.heraldnet.com)*; "Airlines Blast New Ads from Airbus..." *Wall Street Journal*, 22 de novembro de 1999.

AS QUATRO ESTRUTURAS DE MERCADO: UM *POSTSCRIPTUM*

Apresentamos as quatro diferentes estruturas de mercado: concorrência perfeita, monopólio, concorrência monopolista e oligopólio. Cada uma tem características diferentes e leva a previsões diferentes sobre definição de preço, lucro, concorrência extrapreço e as respostas das firmas a alterações em seus ambientes.

A Tabela 1 resume algumas hipóteses e previsões associadas a cada uma das quatro estruturas de mercado. Enquanto a tabela é um exame útil dos *modelos* que estudamos, não é um guia de como analisar mercados do mundo real: não podemos simplesmente examinar o conjunto de mercados que vemos à nossa volta e dizer: "Esse é um mercado perfeitamente competitivo", "Aquele é um oligopólio" e assim por diante. Por que não? Porque os mercados do mundo real geralmente têm características de mais de um tipo de estrutura de mercado. Uma churrascaria, por exemplo, pode ser vista como um concorrente monopolista no mercado para restaurantes de Memphis, como um oligopolista no mercado para churrascarias de Memphis ou como monopolista no mercado para churrascaria a uma distância curta de Graceland.

Podemos ver como os modelos de estrutura de mercado nos ajudam a organizar e a entender o caos aparente dos mercados do mundo real. Agora, parece, terminamos com um tipo diferente de caos, podemos escolher entre dois, três ou mesmo quatro modelos diferentes ao estudar um mercado específico.

Como vimos várias vezes neste livro, a escolha de modelo não é realmente arbitrária porque ela depende das *perguntas às quais estamos tentando responder*. Para explicar por que uma churrascaria *específica* com nenhum concorrente nas redondezas obtém lucro econômico ano após ano ou por que ela gasta tanto do seu lucro na atividade de *rent-seeking* (fazer *lobby* com a diretoria de

Tabela 1

UM RESUMO DAS ESTRUTURAS DE MERCADO

	Concorrência Perfeita	**Concorrência Monopolista**	**Oligopólio**	**Monopólio**
SUPOSIÇÕES SOBRE...				
Número de Firmas	Muitas	Várias	Poucas	Uma
Produção de Diferentes Firmas	Idêntica	Diferenciada	Idêntica ou Diferenciada	—
Visão da Definição de Preço	Tomador de preço	Determinador de preço	Determinador de preço	Determinador de preço
Barreiras à Entrada ou à Saída?	Não	Não	Sim	Sim
Interdependência Estratégica?	Não	Não	Sim	—
PREVISÕES:				
Decisões de Preço e de Produção	*CM* = *RM*	*CM* = *RM*	Por meio de interdependência estratégica	*CM* = *RM*
Lucro no Curto Prazo	Positivo, zero ou negativo	Positivo, zero ou negativo	Positivo, zero ou negativo	Positivo, zero ou negativo
Lucro no Longo Prazo	Zero	Zero	Positivo ou zero	Positivo ou zero
Publicidade?	Nunca	Quase sempre	Sim, se diferente	Algumas vezes

zoneamento local), usaríamos, mais provavelmente, o modelo de monopólio. Se quiséssemos explicar por que a *maioria* das churrascarias não obtém muito lucro econômico ou por que elas pagam por anúncios nas páginas amarelas e nos jornais locais ou por que há excesso de capacidade (mesas vazias) na indústria, utilizaríamos o modelo da concorrência monopolista. Para explicar uma guerra de preços entre os poucos restaurantes no bairro ou para explorar a possibilidade de conluio explícito ou tácito na definição de preço ou na publicidade, utilizaríamos o modelo de oligopólio. E, se quiséssemos as explicações *mais simples* possíveis sobre preços, entradas e saídas de firmas na indústria e lucro no curto prazo e no longo prazo, utilizaríamos o modelo perfeitamente competitivo que ignora as distinções entre refeições em diferentes restaurantes e qualquer barreira à entrada que possa existir.

Esse exemplo deve convencê-lo de que a economia é tanto arte como ciência, e isso, em parte, é o que a mantém interessante e intelectualmente desafiadora. As perguntas também estão constantemente mudando. Nos anos recentes, os microeconomistas têm abordado vários problemas que não poderiam ter sido imaginados há apenas uma década. Como a posição dominante da Microsoft no setor de softwares de computador afeta o preço e a qualidade dos produtos no seu ponto-de-venda local de softwares? Como a cooperação entre a IBM, a Apple, a Compaq e a Toshiba em design de hardware afetaria, em última análise, os consumidores? Por que o e-mail é tão barato e ficará dessa maneira? As companhias de telefonia local e interurbana devem ficar de fora dos mercados umas das outras? Por que a definição de preço das passagens aéreas é tão mais complicada e instável que a definição de preço das passagens de ônibus ou de trem? Responder a essas perguntas requer conhecimento específico sobre as diferentes indústrias, mas também requer um entendimento das diferentes estruturas de mercado e um pensamento cuidadoso sobre qual delas utilizar em cada caso.

Voltaremos às quatro estruturas de mercado novamente quando estudarmos a operação da microeconomia como um todo, a noção de eficiência econômica e o papel adequado do governo na economia. Primeiro, devemos explorar um outro tipo de mercado, um tipo de mercado que, até agora, ignoramos.

RESUMO

A *concorrência monopolista* é uma estrutura de mercado na qual existem muitos pequenos compradores e vendedores, nenhuma barreira significativa à entrada ou à saída e as firmas vendem produtos diferenciados. Como no monopólio, cada firma enfrenta uma curva de demanda de inclinação para baixo, escolhe a quantidade que maximiza o lucro, onde $RM = CM$ e cobra o preço máximo possível para essa quantidade. Como na concorrência perfeita, o lucro no curto prazo atrai novos participantes. À medida que firmas entram na indústria, as curvas de demanda que as firmas já existentes enfrentam são deslocadas para a esquerda. Eventualmente, cada firma obtém lucro econômico zero e produz um nível de produção acima do custo médio mínimo.

Oligopólio é uma estrutura de mercado dominada por um pequeno número de firmas estrategicamente interdependentes. Agora, a entrada é desestimulada por economias de escala, barreiras relacionadas com a reputação, barreiras estratégicas e barreiras criadas pelo governo à entrada. Como cada firma, ao tomar decisões, deve antecipar as reações das suas rivais, é difícil prever o comportamento do oligopólio. No entanto, uma abordagem – *teoria dos jogos* – tem oferecido ricos esclarecimentos sobre o funcionamento dessa estrutura mercadológica.

Na teoria dos jogos, uma *matriz de payoffs* indica o *payoff* para cada firma para cada combinação de estratégias adotada por essa firma e suas rivais. Uma *estratégia dominante* é a melhor para uma firma específica, independentemente do que sua rival faça. Se não houver nenhuma cooperação entre as firmas, qualquer uma que tiver uma estratégia dominante vai jogá-la e isso ajudará a prever o resultado do jogo. Se nenhuma firma tiver uma estratégia dominante, será muito mais difícil prever o que acontecerá – especialmente para jogos que são jogados somente uma vez.

Algumas vezes, os oligopolistas podem cooperar para aumentar os lucros. *O conluio explícito*, no qual os gerentes se encontram para definir preços, é ilegal nos Estados Unidos. Como resultado, outras formas de *conluio tácito* surgiram. Ainda assim, a trapaça é uma ameaça constante ao conluio e é mais provável quando há uma dificuldade em se observar os preços, quando a demanda de mercado é instável e quando existe um grande número de vendedores. A ação antitruste do governo, a globalização do mercado e a mudança tecnológica são ameaças ao conluio dos oligopolistas.

PALAVRAS-CHAVE

concorrência monopolista
escala de eficiência mínima
duopólio
teoria dos jogos
jogada repetida
concorrência extrapreço
matriz de *payoffs*
conluio explícito
oligopólio
estratégia dominante
cartel
conluio tácito
"pagar na mesma moeda"
liderança de preço

QUESTÕES PARA REVISÃO

1. Quais características um mercado de concorrência monopolista compartilha com um mercado perfeitamente competitivo? E com um mercado monopolista?
2. Verdadeiro ou falso? "No longo prazo, um concorrente monopolista produzirá o nível de produção que minimiza o custo total médio." Explique.
3. Verdadeiro ou falso? "A única maneira de um concorrente monopolista aumentar suas vendas é reduzir seu preço." Explique.
4. Como o oligopólio difere da concorrência monopolista, da concorrência perfeita e do monopólio?
5. Classifique cada uma das firmas a seguir como perfeitamente competitiva, concorrente monopolista, oligopolista ou monopolista. Justifique sua resposta. Discuta quais características da designação de mercado que você atribuiu estão, provavelmente, presentes.
   a. General Motors.
   b. Uma fazenda de milho no Paraná.
   c. Copiadora da Xerox (em uma cidade grande).
   d. Copiadora da Xerox (a única copiadora em um raio de duas milhas do seu campus).
   e. De Beers Diamonds (internacional).

   f. Sorvetes Ben & Jerry (nacional).
   g. Jornal diário (um ou dois em uma cidade de tamanho médio).
   h. Jornal em espanhol (o único na comunidade hispânica de uma cidade de tamanho médio do Sudoeste).
6. Qual é a diferença entre um oligopólio natural e um monopólio natural?
7. Discuta alguns fatores que possam manter novos participantes de fora de um mercado oligopolista.
8. Quais condições são prováveis de levar à trapaça em um acordo de conluio? Explique por que cada uma torna a fraude mais provável.
9. A escala de eficiência mínima, em uma certa indústria, é de 2.300 unidades. De qual informação adicional você precisa para prever se essa indústria será perfeitamente competitiva, concorrente monopolista, um oligopólio ou um monopólio?
10. Como a mudança tecnológica limita o grau de concentração de uma indústria? Forneça alguns exemplos.
11. Discuta quanta publicidade cada uma das firmas a seguir provavelmente fará e por quê. Em cada caso com possibilidade de a firma anunciar, explique exatamente o que ela pode estar tentando realizar com sua publicidade.
    a. Continental Cablevision, a única fornecedora de serviços a cabo de Cambridge, Massachusetts.
    b. Uma fazenda de laticínio no Norte do Estado de Nova York.
    c. Lojas de vídeo da Blockbuster.
    d. Homestake, uma firma de mineração de ouro.
    e. Dell Computer Co.

PROBLEMAS E EXERCÍCIOS

1. Desenhe as curvas relevantes para mostrar um concorrente monopolista que sofre uma perda no curto prazo. O que essa firma fará no longo prazo se a situação não melhorar? Como essa ação afetará *outras* firmas do mercado?
2. Suponha que o negócio de plásticos seja monopolisticamente competitivo.
   a. Desenhe um gráfico que mostre a situação de equilíbrio, no longo prazo, para uma firma típica da indústria. Rotule, claramente, as curvas de demanda, *RM*, *CM* e *CTM*.
   b. Um dos principais insumos para a indústria de plásticos é o petróleo. Desenhe um novo gráfico que ilustre a posição, no curto prazo, de uma firma de plásticos após um aumento nos preços do petróleo. Novamente, mostre todas as curvas relevantes.
   c. Se os preços do petróleo permanecerem no nível novo e maior, o que acontecerá para fazer as firmas da indústria de plásticos voltarem a um equilíbrio de longo prazo?
3. Em uma cidade pequena do Estado de Nevada, Ptomaine Flats, existem somente dois restaurantes, o Road Kill Cafe e o Sal Monella's, de comida italiana. Cada restaurante tem de decidir se limpa seu local ou se continua a ignorar as violações do código de saúde.

   Cada restaurante faz, atualmente, um lucro anual de $7.000. Se os dois fossem mais limpos, atrairiam mais clientes, mas deveriam incorrer no custo (substancial) da limpeza. Assim, eles ficariam com um lucro de $5.000. No entanto, se um fosse limpo e o outro não, o influxo de jantares para o mais limpo mais do que cobriria os custos da limpeza. O lugar mais higiênico acabaria com $12.000 e o estabelecimento mais sujo incorreria em uma perda de $3.000.
   a. Escreva a matriz de *payoffs* para esse jogo, rotulando claramente as estratégias e os *payoffs* de cada jogador.
   b. Qual é a estratégia dominante de cada jogador?

c. Qual será o resultado do jogo? Explique sua resposta.
d. Suponha que os dois restaurantes acreditem que enfrentarão a mesma decisão repetidamente. Como o resultado pode diferir? Por quê?
e. Suponha que, se um é limpo e o outro permanece sujo, o restaurante mais limpo faz somente $6.000 em lucro. Todos os outros *payoffs* são os mesmos de antes. Qual será o resultado do jogo agora, sem conluio? E com conluio?

4. Imagine que a Nike e a Adidas sejam os únicos vendedores de calçados para atletismo nos Estados Unidos. Elas estão decidindo quanto cobrar por sapatos semelhantes. As duas escolhas são "Alto" (A) e "Escandalosamente Alto" (EA). A matriz de *payoffs* é como se segue (os *payoffs* da Nike estão no canto inferior esquerdo de cada célula):
   a. As duas firmas têm estratégias dominantes? Se sim, quais são elas?
   b. Qual será o resultado do jogo?
   c. Se a Nike se tornar a líder de preço reconhecida na indústria, qual será sua estratégia dominante? Qual será o resultado do jogo? Por quê?

Adidas

Nike	A	EA
A	$500.000 (Adidas) / $1 mil. (Nike)	$300.000 (Adidas) / $1,7 mil. (Nike)
EA	$550.000 (Adidas) / $800.000 (Nike)	$600.000 (Adidas) / $1,2 mil. (Nike)

QUESTÕES DESAFIADORAS

1. Imagine que o governo tenha decidido tributar todas as firmas de uma indústria concorrente monopolista. Especificamente, suponha que ele cobre um imposto fixo de cada firma, ou seja, o montante do imposto é o mesmo, independentemente de quantos bens a firma produz. No curto prazo, como esse imposto afetará o preço, o nível de produção e o lucro da firma típica nessa indústria? Qual será o efeito no longo prazo?
2. Nessa página, você encontrará a matriz de *payoffs* para um jogo de dois jogadores, em que cada jogador tem três estratégias possíveis: *A*, *B* e *C*. O *payoff* para o jogador 1 está listado na parte inferior esquerda de cada célula. Suponha que não haja cooperação entre os jogadores.
   a. Algum jogador tem uma estratégia dominante? Se sim, qual jogador (ou jogadores) e qual é a estratégia dominante?
   b. Podemos prever o resultado desse jogo a partir da matriz de *payoff*? Por quê?
   c. Imagine que a estratégia *C* não esteja mais disponível para nenhum dos jogadores. Algum deles tem uma estratégia dominante agora? Podemos prever, então, o resultado do jogo? Explique.

Jogador 2

Jogador 1	A	B	C
A	4 (J2) / 9 (J1)	6 (J2) / 2 (J1)	7 (J2) / 8 (J1)
B	1 (J2) / 3 (J1)	4 (J2) / 8 (J1)	3 (J2) / 7 (J1)
C	7 (J2) / 7 (J1)	3 (J2) / 6 (J1)	4 (J2) / 9 (J1)

EXERCÍCIO EXPERIMENTAL

1. Se você olhar com atenção, poderá, geralmente, encontrar evidências de *liderança de preço*. Por exemplo, o *Wall Street Journal* freqüentemente publica histórias sobre tarifas aéreas. Geralmente, uma companhia aérea altera suas tarifas – em certas rotas ou em todas – e outras companhias aéreas igualam essas alterações em um dia ou dois. Verifique o *Wall Street Journal*. Quando encontrar uma história assim, verifique novamente alguns dias depois. Outras companhias aéreas seguiram a líder ou a líder foi forçada a voltar atrás nas alterações de preço?

CAPÍTULO

11

O MERCADO DE TRABALHO

RESUMO DO CAPÍTULO

No final da década de 90, milhares de novos especialistas em medicina pulmonar, anestesiologia, oftalmologia, neurocirurgia e radiologia ficaram chocados e decepcionados. Depois de mais de quatro anos de instituição de ensino superior – e mais dez anos entre faculdade de medicina e residência – seus salários acabaram muito menores do que eles haviam previsto quando começaram a traçar os caminhos de sua carreira. Por que os salários dos especialistas caíram enquanto esses estudantes estavam se preparando para se tornarem médicos?

Quando entender como os mercados de trabalho funcionam – o assunto deste capítulo – você saberá como responder a essa pergunta e a várias outras. Os salários no seu próprio campo vão aumentar ou cair no futuro? O que faz as firmas decidirem contratar mais trabalhadores ou demiti-los? Por que, na maioria das vezes, a economia parece ter o suficiente de cada tipo de trabalhador, sem que qualquer órgão governamental fiscalize isso? E por que, ocasionalmente, existe escassez em algumas profissões? O que deve ser feito?

MERCADOS DE FATORES EM GERAL

Até agora, neste livro, analisamos uma variedade de mercados – para trigo, TV a cabo, serviços, dedetizadores domésticos, gasolina, perfumes, viagens aéreas e mais. Todos esses mercados tinham uma coisa em comum: eram **mercados de produtos**, nos quais as firmas vendiam bens e serviços para famílias ou outras firmas. Claro, os produtos não eram feitos de ar, mas sim dos *recursos* da economia – trabalho, capital, terra e recursos naturais. Esses recursos devem ser comprados daqueles que os possuem. Como os recursos são, algumas vezes, chamados *fatores de produção*, os mercados nos quais eles são comercializados são chamados **mercados de fatores**.

Mercados de produtos Mercados nos quais as firmas vendem bens e serviços para famílias ou outras firmas.

Mercados de fatores Mercados nos quais os recursos – capital, terra, trabalho e recursos naturais – são vendidos para firmas.

Neste e nos próximos dois capítulos, vamos alterar o foco de mercados de produtos para mercados de fatores. A Figura 1 ilustra a conseqüência dessa mudança.

Observe que, no mercado de produtos, as famílias precisam de produtos e as firmas os oferecem. Nos mercados de fatores, esses papéis

Figura 1

MERCADOS DE PRODUTOS E MERCADOS DE FATORES

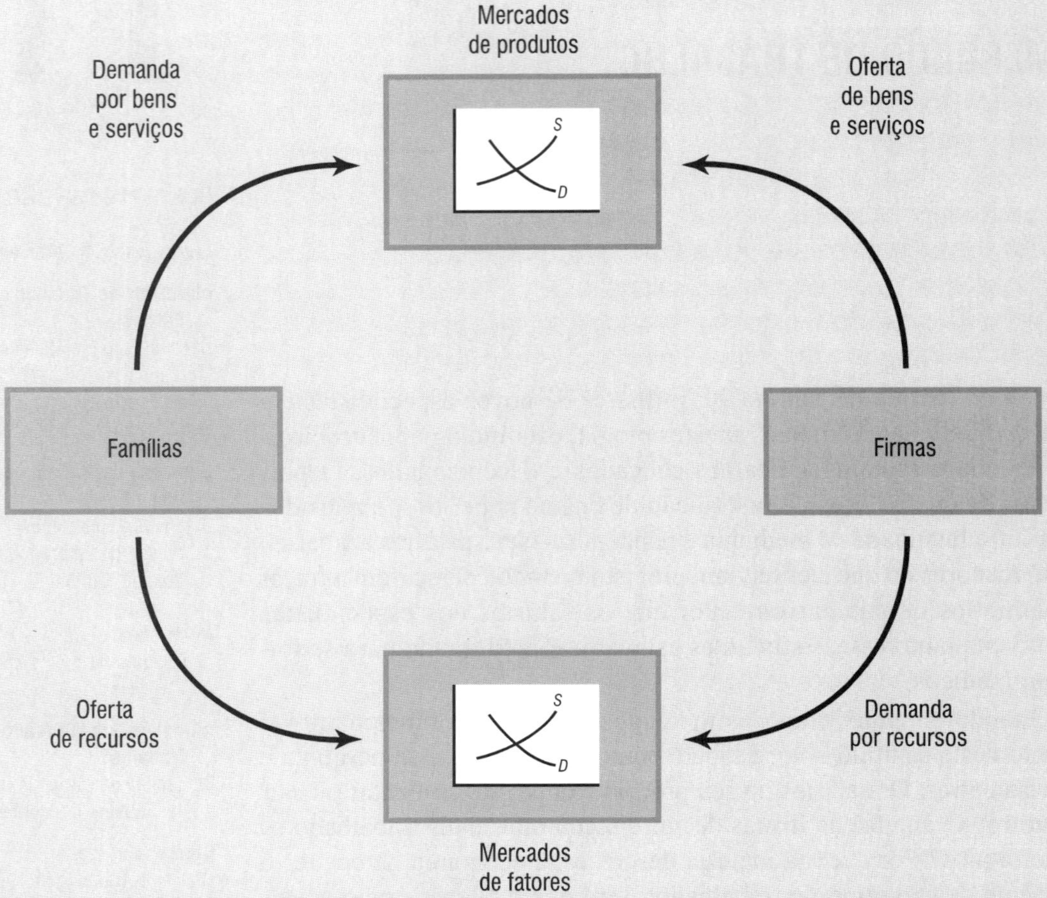

Nos mercados de produtos, as famílias precisam de bens e serviços e as firmas os fornecem. As firmas precisam de trabalho, capital e recursos naturais e as famílias os fornecem.

são, geralmente, invertidos: as firmas precisam de terra, trabalho e capital e as famílias, que os possuem, são os ofertantes.

Por que os mercados de fatores são importantes? Primeiro, porque não podemos entender totalmente os mercados para bens e serviços, a menos que entendamos os mercados para os *recursos* necessários para produzi-los. Na realidade, a separação desses dois tipos de mercados, como fizemos, embora seja útil para o aprendizado, é altamente artificial, já que a decisão de produzir mais de um bem implica uma decisão de empregar mais recursos. Por exemplo, quando a Ford decide produzir mais automóveis, ela deve utilizar mais trabalho, mais maquinaria ou mais terra para suas fábricas e, talvez, mais dos três. Ela também precisará de maior quantidade de insumos produzidos por outras firmas – aço, pneus, pára-brisas – e essas firmas, por sua vez, terão de obter mais trabalho, capital, terra e recursos naturais para produzir esses insumos. Podemos ver que os *produtos* e os *recursos* utilizados para produzi-los são, na realidade, duas faces da mesma moeda. O que veremos nos próximos capítulos o ajudará a entender como esses dois lados da economia – mercados de produtos e mercados de fatores – se encaixam.

MERCADOS DE TRABALHO EM PARTICULAR

A abordagem básica que utilizaremos para estudar o mercado de trabalho pode, inicialmente, parecer um pouco cruel: trataremos o trabalho como uma *commodity* – algo comprado e vendido no mercado – e consideraremos o valor do salário como o preço dessa *commodity*. A taxa salarial pode ser definida como um valor por hora (por exemplo, $20 por hora), um valor diário ($160 por dia) ou qualquer outra unidade de tempo.

Agora, em uma primeira aproximação, explicamos como a taxa salarial de um trabalhador é determinada da mesma maneira que explicamos o preço de uma saca de trigo. Examinamos como grupos de tomadores de decisões econômicas se unem nos mercados, a fim de comercializar (Etapa-chave nº 1) com cada tomador de decisão para maximizar alguma coisa, cada um enfrentando restrições (Etapa-chave nº 2). Olhamos, então, para o preço de equilíbrio determinado nesses mercados (Etapa-chave nº 3) e – eventualmente – exploramos como as várias mudanças afetam esse preço de equilíbrio (Etapa-chave nº 4). Fazemos isso por um simples motivo: funciona.

Obviamente, o trabalho *é* diferente de outras coisas comercializadas. Primeiro, os vendedores de trigo não se importam com quem compra seu produto, desde que aceitem o preço de mercado. Os vendedores de trabalho, por outro lado, se importam com muitas coisas além da sua taxa salarial quando procuram um trabalho: condições de trabalho, colegas de trabalho amigáveis, distância de casa, possibilidades de avanço, prestígio, sentir-se realizado, etc.

Uma segunda característica distinta do trabalho é a significação especial do preço no mercado: a taxa salarial. A maior parte da renda que as pessoas obtêm durante a vida vem de seus trabalhos e seus salários por hora, por semana ou por ano determinarão quão bem elas podem se alimentar, se vestir, morar, ou seja, sustentarem a si próprias e a suas famílias. Isso adiciona uma dimensão moral especial a eventos no mercado de trabalho.

Neste capítulo, aplicamos o modelo básico de oferta e demanda para explicar como as taxas salariais e o emprego são determinados e o que os fazem mudar. Mais no final, também discutiremos algumas características especiais do mercado de trabalho e continuaremos a explorá-las no próximo capítulo.

DEFININDO UM MERCADO DE TRABALHO

Caracterizar o Mercado

Se você for como a maioria dos estudantes de instituições de nível superior, vai procurar um emprego em período integral logo após se formar. Do ponto de vista econômico, você se tornará um vendedor em um mercado de trabalho. Mas qual mercado de trabalho? Como vimos várias vezes neste livro,

> *quanto mais ampla ou limitadamente definimos um mercado depende de perguntas específicas às quais desejamos responder.*

Por exemplo, suponha que estejamos interessados em explicar por que, na média, pessoas com curso superior, ganham mais que pessoas com apenas diplomas do colegial. Vamos querer definir o mercado de trabalho bem amplamente: o mercado para todo trabalhador com curso superior nos Estados Unidos. Nesse mercado, você será um de cerca de 35 milhões de vendedores e seu empregador, um de centenas de milhares de compradores.

Por outro lado, poderíamos estar interessados em descobrir como os salários, em algumas profissões (vamos dizer, medicina), são determinados. Para esse propósito, utilizaríamos uma definição mais limitada: o mercado para médicos nos Estados Unidos. Os vendedores seriam todos indivíduos com diplomas de medicina e os compradores seriam todos os hospitais, universidades e clínicas particulares que os contratam. Poderíamos limitar ainda mais e perguntar por que as as taxas salariais dos médicos de Boston são maiores que as taxas salariais dos médicos de outros lugares. Aqui, os compradores e vendedores estariam limitados àqueles já na área de Boston ou àqueles que poderiam se mudar para lá no período considerado. Neste capítulo, faremos muitas perguntas diferentes sobre mercados de trabalho e precisaremos examinar tanto os mercados definidos de maneira ampla quanto os definidos de maneira limitada, para responder a essas perguntas.

Caracterizar o Mercado

MERCADOS DE TRABALHO COMPETITIVOS

Da mesma forma que existem diferentes tipos de mercados de produtos, também existem variados tipos de mercados de trabalho. O número de compradores e vendedores, a presença ou a ausência de barreiras à entrada, quer todos os trabalhadores do mercado sejam mais ou menos os mesmos ou não, enfim todas essas características ajudam a definir a *estrutura* do mercado de trabalho. Este capítulo se concentra em **mercados de trabalho perfeitamente competitivos.** Um mercado de trabalho é considerado perfeitamente competitivo quando satisfaz três condições:

Mercado de trabalho perfeitamente competitivo Um mercado com muitos vendedores de trabalho indistinguíveis uns dos outros e muitos compradores, no qual não existe nenhuma barreira para entrar ou sair.

1. Existem muitos compradores (firmas) e vendedores (famílias) de trabalho no mercado.
2. Todos os trabalhadores do mercado parecem iguais para as firmas.
3. Não existem barreiras para entrar ou sair do mercado de trabalho.

Essas condições parecem familiares? Deveriam, pois são quase idênticas às características da concorrência perfeita em um mercado de produtos (Capítulo 8). A única diferença aqui é o trabalho, em vez de um bem ou serviço, estar sendo comercializado.

Poucos mercados de trabalho satisfazem completamente cada um desses requisitos. Você pode pensar, assim, que o modelo competitivo pode ser aplicado somente em alguns casos limitados. Ainda assim, quando os economistas examinam os mercados de trabalho do mundo real, eles utilizam o modelo da concorrência perfeita com mais freqüência que qualquer outro modelo. Por quê?

Primeiro, o modelo competitivo nos permite tirar algumas fortes conclusões sobre mercados de trabalho e como eles respondem às mudanças na economia, utilizando técnicas simples. Outros modelos de mercados de trabalho, apesar de geralmente valiosos, são mais complexos, com previsões menos claras. Segundo, os mercados de trabalho, em sua grande maioria, embora não sejam perfeitamente competitivos, estão próximos de serem – o suficiente para justificar a utilização do modelo. Quanto mais um mercado de trabalho satisfizer as condições de um mercado competitivo, mais precisa será a análise.

Por exemplo, considere o requisito de que todos os trabalhadores sejam iguais. Sabemos que nunca dois trabalhadores são precisamente iguais e que nenhuma saca de trigo é verdadeiramente idêntica a outra. Uma inspeção atenta sempre encontrará algumas diferenças. O que importa nos dois casos, no entanto, é que um comprador potencial não perceba diferenças importantes.

Alguns mercados de trabalho se ajustam melhor que outros a esses requisitos. Um fazendeiro que contrata catadores de maçã faz pouca distinção entre os candidatos ao trabalho, desde que todos pareçam atender aos requisitos mínimos de força e agilidade. Por outro lado, o gerente de uma grande corporação que contrata programadores de computador pode observar mais as diferenças de talento e habilidade entre os candidatos. Ainda assim, o gerente muitas vezes considera todos os que se formaram em programas de treinamento conceituados como substitutos próximos entre ele. Na maioria dos mercados de trabalho, as semelhanças entre os trabalhadores são mais importantes que suas diferenças e a suposição de que todos os trabalhadores são iguais não está muito longe da realidade para as firmas.

Dedicaremos a maior parte deste capítulo ao modelo competitivo, pois ele pode ser aplicado muito amplamente e serve como um ponto de referência com relação a outros tipos de mercados de trabalho que possam ser avaliados. Quando um economista é solicitado a analisar o mercado para programadores de computador, advogados, professores de instituições de ensino superior, enfermeiros, bibliotecários ou corretores de ações, ele busca o modelo competitivo primeiro, muito embora em cada um desses casos um ou mais dos requisitos de concorrência perfeita não seja completamente satisfeito. Também examinaremos, entretanto, alguns desvios importantes da concorrência perfeita no próximo capítulo.[1]

FIRMAS NOS MERCADOS DE TRABALHO

Podemos pensar que firmas que competem no mesmo mercado de produtos também competem no mesmo mercado de trabalho. Isso é, *algumas vezes*, verdadeiro. Por exemplo, as fazendas de alcachofra no Norte da Califórnia concorrem no mesmo mercado de produtos (o mercado nacional para alcachofras) e no mesmo mercado de trabalho (o mercado para trabalho no campo no Norte da Califórnia).

Esse não é sempre o caso. Primeiro, algumas firmas que concorrem no mesmo mercado de produtos operam em mercados de trabalho completamente *diferentes*. Por exemplo, a Volvo e a General Motors compartilham eventuais mercados de produtos no mundo todo – como o mercado dos EUA para carros de passageiros –, mas participam de mercados de trabalho totalmente diferentes. Enquanto a Volvo contrata a maioria dos seus trabalhadores no mercado suíço, a GM contrata os trabalhadores nos Estados Unidos.

Segundo, algumas firmas que operam em diferentes mercados de produtos concorrem no *mesmo* mercado de trabalho. Por exemplo, as companhias aéreas operam em mercados de produtos completamente diferentes das firmas de consultoria da Internet como a Viant e a USWeb/CKS. No entanto, quando as companhias aéreas querem contratar gerentes, elas devem ir ao mercado nacional para MBAs. Nesse mercado de trabalho, as companhias aéreas se encontram

[1] O Capítulo 12, em particular, vai explorar o que acontece nos mercados de trabalho quando existem *barreiras à entrada, diferenças em habilidade* e *discriminação.*

em concorrência direta com as firmas da Internet que também estão tentando contratar MBAs.

> *O lado da demanda de um mercado de trabalho inclui todas as firmas que contratam trabalho nesse mercado. Essas firmas podem – não necessariamente – concorrer no mesmo mercado de produtos.*

DEMANDA DE TRABALHO POR UMA ÚNICA FIRMA

Um mercado de trabalho competitivo tem dois lados: compradores e vendedores. Nesta seção, começamos a exploração pelo lado dos compradores no mercado de trabalho – demanda de trabalho – examinando como uma firma típica em um mercado de trabalho decide quanto trabalho empregar. Antes de entrarmos na mecânica, vamos voltar um pouco e refletir sobre o que é a demanda por trabalho.

A demanda por trabalho é diferente dos outros tipos de demanda que estudamos até agora em um aspecto muito importante: é a demanda por um *insumo* na produção, não uma demanda por bens. Quando os consumidores demandam produtos – como perfumes, estruturas para camas ou filmes –, eles o fazem porque essas coisas lhes dão prazer ou satisfação. Elas são desejadas ardentemente por eles. A Microsoft, porém, não demanda trabalho porque seus acionistas obtêm satisfação em empregar pessoas. Em vez disso, em sua tentativa de maximizar o lucro, ela escolhe produzir e vender uma certa quantidade de softwares e isso *requer* que ela contrate um determinado número de trabalhadores. A demanda da Microsoft por trabalho é, portando, *derivada* da demanda por seus softwares.

Demanda derivada A demanda por um insumo que surge e varia com a demanda pelo produto que ajuda a produzir.

> *A demanda de trabalho é uma **demanda derivada** – ela surge e vai variar com a demanda pelo produto da firma.*

A expressão "vai variar com" é importante: a demanda de trabalho por uma firma *mudará* sempre que a demanda pelo produto da firma sofrer alterações. Na última década, à medida que a demanda por softwares aumentou, a demanda de trabalho pelos fabricantes de softwares – como a Microsoft, a Intuit e a Oracle – também cresceu. Em contraste, a demanda por máquinas de datilografia diminuiu na última década, já que mesmo os gerentes de mais alto nível digitam, agora, os próprios memorandos em seus computadores. A demanda de trabalho pelos fabricantes de máquinas de escrever reduziu na mesma proporção.

Identificar os Objetivos e as Restrições

OBJETIVOS E RESTRIÇÕES

Como a firma decide quantos trabalhadores contratar? Como sempre, vemos a firma como uma *tomadora de decisão econômica* que está lutando para *maximizar o lucro*. Contudo, a firma enfrenta *restrições* à medida que toma decisões de emprego.

Essas restrições podem ser simples ou complexas, dependendo de quanta liberdade a firma tem para selecionar seus insumos. Por enquanto, simplificaremos a discussão supondo que a firma possa variar *somente* a quantidade de trabalho e esteja com determinada quantidade de capital e de outros insumos. Essa hipótese se encaixará melhor para uma firma que utilizar um horizonte de curto prazo. Por exemplo, no curto prazo, uma fazenda pode conseguir contratar ou demitir trabalhadores, mas corre o risco de continuar com um determinado número de tratores e uma determinada quantidade de terra.

Quais são as restrições que a firma enfrenta quando o trabalho é o único insumo que ela pode variar?

Primeiro, a firma enfrenta uma determinada tecnologia, representada pela sua função de produção. A tecnologia da firma nos informa quantos bens ela pode produzir com cada trabalhador que ela é capaz de empregar. Por exemplo, sabemos que, se uma fazenda contrata mais trabalhadores, ela pode produzir mais de sua cultura. A tecnologia da fazenda nos informa *quanto* mais ela pode produzir cada vez que contrata outro trabalhador.

Segundo, a firma enfrenta uma restrição no preço que pode cobrar por seu *produto*. Essa barreira é determinada pela curva de demanda que a firma enfrenta. Para manter a análise simples, vamos imaginar que a firma venda seu produto em um mercado de produtos perfeitamente competitivo. Como vimos no Capítulo 8, isso significa que a firma enfrenta uma curva de demanda horizontal para seu produto. De maneira equivalente, a firma é uma tomadora de preço: pode vender qualquer nível de produção que escolher, mas cada unidade deve ser vendida ao preço de mercado e nem um níquel a mais. Isso pode parecer um pouco limitador, mas lembre-se de que o modelo competitivo é uma aproximação útil para muitos mercados de produtos, mesmo aqueles que não satisfazem completamente todas as condições da concorrência perfeita. (É aconselhável rever esse ponto no Capítulo 8.)

Finalmente, a firma deve *pagar* pelo trabalho e por seus outros insumos, mas quanto? Lembre-se de que, neste capítulo, estamos lidando com os mercados de trabalho perfeitamente competitivos. Como existem muitas firmas em um mercado de trabalho competitivo – tantas que cada uma contrata somente uma pequena parte do trabalho total disponível – nenhuma decisão de emprego de uma única firma pode ter impacto perceptível na taxa salarial de mercado. Um único restaurante, por exemplo, pode dobrar ou triplicar o número de garçons que emprega, sem ter nenhum impacto na taxa salarial que terá de pagar – o salário atual para garçons.

*Nos mercados de trabalho competitivos, cada firma é uma **tomadora de salários**: ela aceita a taxa salarial de mercado como dado.*

Tomadora de salário
Qualquer firma que aceita a taxa salarial de mercado como dado ao tomar decisões de emprego.

Essa é uma restrição importante sobre o comportamento da firma no mercado de trabalho: ela não pode decidir qual valor de salário pagar; mas pode somente decidir *quantos trabalhadores contratar pelo salário atual*. Em suma, tratamos o mercado de produtos da firma e seu mercado de trabalho como perfeitamente competitivos.

a firma enfrenta três restrições, à medida que decide quantos trabalhadores empregar: (1) sua tecnologia determina quanto produto a firma pode produzir para cada quantidade de trabalhadores; (2) o preço de mercado no mercado de produtos informa à firma por quanto ela pode vender seu produto e (3) a taxa salarial de mercado no mercado de trabalho informa à firma quanto ela deve pagar a cada trabalhador.

Não há nada que a firma possa fazer em relação a essas restrições. No entanto, ela pode escolher quantos trabalhadores contratar. Como a firma toma essa resolução? Como sempre, utilizaremos o princípio de tomada de decisão marginal para entender o comportamento da firma, examinando como uma determinação específica altera sua receita por um lado e seus custos por outro. Em vez de examinar a resolução de produzir uma unidade a mais de produto, como fizemos até agora, examinaremos a opção de contratar um trabalhador a mais. Essa decisão vai mudar a receita da firma, já que a adição de um trabalhador aumentará sua produção e a produção adicional será vendida e também vai modificar os custos da firma, já que o trabalhador adicional deve ser pago.

A DECISÃO DE EMPREGO DA FIRMA QUANDO SOMENTE O TRABALHO É VARIÁVEL

Na Tabela 1, retornamos a uma firma que conhecemos no Capítulo 6, a Spotless Car Wash. As primeiras duas colunas da tabela foram reproduzidas da Tabela 1 daquele capítulo e não introduz nada novo. A coluna 1 apresenta números diferentes de trabalhadores que a Spotless pode contratar e a coluna 2, a quantidade de um bem produzida por dia.

A coluna 3 mostra o produto marginal do trabalho (*PMT*) – o produto adicional produzido quando *mais um* trabalhador é contratado. Por exemplo, quando a firma contrata o terceiro trabalhador, a produção aumenta de 90 para 130, por isso o *PMT* para essa mudança é 40.

O produto marginal do trabalho foi discutido no Capítulo 6, mas não foi incluído na tabela de lá. Neste capítulo, no entanto, seremos muito explícitos sobre o produto marginal do trabalho e como ele se comporta. Em particular, observe que, na Tabela 1, o produto marginal do trabalho *aumenta* à medida que o

Tabela 1

DADOS DA SPOTLESS CAR WASH (MERCADOS DE PRODUTO E DE TRABALHO PERFEITAMENTE COMPETITIVOS)

(1) Quantidade de Trabalho	(2) Produto Total (Carros Lavados por Dia)	(3) Produto Marginal do Trabalho (*PMT*)	(4) Preço por Lavagem de Carro	(5) Receita Total	(6) Produto-Receita Marginal (*PRM*)	(7) Salário (*W*)
0	0		$4	$0		
		30			$120	$60
1	30		$4	$120		
		60			$240	$60
2	90		$4	$360		
		40			$160	$60
3	130		$4	$520		
		25			$100	$60
4	155		$4	$620		
		17			$68	$60
5	172		$4	$688		
		13			$52	$60
6	185		$4	$740		
		5			$20	$60
7	190		$4	$760		

emprego cresce de 0 para 1 e para 2 trabalhadores. Isso nos informa que, de 0 para 2 trabalhadores, a Spotless tem *retornos crescentes para o fator trabalho.* Acima de dois trabalhadores, entretanto, o emprego adicional faz o produto marginal do trabalho *cair* e a Spotless ter uma *diminuição nos rendimentos do trabalho.* (Consulte o Capítulo 6 caso deseje se lembrar dos rendimentos do trabalho.)

A coluna 4 traz o preço que a Spotless pode cobrar para cada lavagem de carro. O preço permanece constante em $4, independentemente da quantidade de bens produzidos, informando-nos que a Spotless é uma firma competitiva no seu mercado de produtos. Pode lavar todos os carros que deseja, sem reduzir o preço. A quinta coluna lista a receita total da firma para cada número de trabalhadores que é encontrada multiplicando a quantidade (coluna 2) pelo preço (coluna 4).

Produto-Receita Marginal (*PRM*). Agora, examine a coluna 6 que introduz algo novo. Essa coluna lista o *aumento na receita da firma pela contratação de um trabalhador adicional.* Por exemplo, quando a firma contrata o quarto trabalhador, sua receita diária se eleva de $520 para $620, um crescimento de $100. Esse aumento na receita é chamado *produto-receita marginal do trabalho.*

> *O **produto-receita marginal** (PRM) do trabalho é a variação na receita total devida a contratação de mais um trabalhador. Matematicamente, o PRM é calculado dividindo a variação na receita total (ΔRT) pela variação (ΔT): PRM = ΔRT/ΔT do número de trabalhadores.*

Produto-receita marginal (*PRM*)
A variação na receita decorrente da contratação de mais um trabalhador.

Também podemos pensar no *PRM* de outra maneira: quando a firma contrata outro trabalhador, o aumento na produção é dado pelo produto marginal do trabalho. O crescimento na receita é a quantidade de dinheiro pelo qual o produto adicional pode ser vendido ou o preço (*P*) vezes o produto marginal do trabalho (*PMT*). Por exemplo, ao mover-se de três para quatro trabalhadores, a Spotless lava 25 carros a mais (*PMT* = 25), a $4 cada, por isso a receita aumenta em *PMT* × *P* = 25 × $4 = $100. Esse é o mesmo valor que obtivemos para o *PRM* anteriormente, utilizando Δ*RT*/Δ*T*.

> *Quando o produto é vendido em um mercado de produtos competitivo, o PRM pode ser calculado multiplicando o produto marginal do trabalho pelo preço do bem: PRM = PMT × P.*

Isso explica por que os valores de *PRM* na tabela primeiro aumentam e, depois, caem. Como vimos no Capítulo 6, geralmente esperamos elevação nos rendimentos do trabalho (crescimento no *PMT*) em níveis

CURVAS PERIGOSAS

Lembre-se de que a produtividade marginal (e o produto-receita marginal derivado dela) é uma característica da *produção*, não uma característica de um trabalhador individual. O *PMT* nos informa em quanto a produção de uma firma aumentará quando um ou mais trabalhadores forem contratados. É fácil confundir isso com uma produtividade *pessoal* do indivíduo que é baseada em habilidade e esforço. Para ver a diferença, considere este exemplo: suponha que você possa digitar 90 palavras por minuto sem erros – sua produtividade pessoal como digitador é muito alta. Se uma firma de processamento de texto o contratasse, em quanto cresceria a produção de manuscritos acabados? Isso depende. Imagine que a firma tenha apenas cinco computadores. Se você fosse o quinto trabalhador, teria seu próprio computador e a produção se elevaria consideravelmente. Se você fosse o vigésimo trabalhador contratado, teria de compartilhar um computador com, talvez, três outros trabalhadores e muito do seu tempo seria gasto aguardando uma máquina. A produção não aumentaria muito. Embora suas próprias habilidades fossem as mesmas nos dois casos, a produção que você *adicionaria* à firma, se contratado – a produtividade marginal do trabalho – seria bem diferente.

muito baixos de emprego, seguido, eventualmente, da redução dos rendimentos do trabalho (queda do *PMT*) em níveis mais altos de emprego. Como *P* permanece constante quando a produção é vendida competitivamente, o comportamento de *PRM* = *P* × *PMT* espelha o do *PMT*, primeiro aumentando e, depois, caindo.[2]

O Custo de um Trabalhador Adicional. Acabamos de ver como a contratação de um trabalhador adicional altera a receita da firma, mas como? Lembre-se de que uma firma competitiva no mercado de trabalho é uma tomadora de salários. Na Tabela 1, a taxa salarial de mercado para lavadores de carros é de $60 por dia, por isso, cada vez que a Spotless contrata um trabalhador *adicional*, seu custo total por dia aumenta em $60.

O Nível de Emprego de Maximização do Lucro. Agora que sabemos como a contratação de outro trabalhador muda o custo da firma e sua receita, podemos utilizar esse conhecimento para ver como uma firma decide quantos trabalhadores empregar. Lembre-se (do Capítulo 7) da abordagem marginal para lucros.

A abordagem marginal para o lucro diz que uma firma deve tomar qualquer ação que adicione mais à sua receita que ao seu custo.

Quando aplicamos essa abordagem à decisão de emprego da firma, a situação que ela enfrenta é a *contratação de mais um trabalhador.* Como essa resolução adicionará *PRM* à receita da firma todos os dias e o salário diário *W* ao seu custo, a firma obterá o maior lucro possível seguindo esta simples diretriz:

Contratar um novo trabalhador quando PRM > W, mas não quando PRM < W.

Vamos aplicar a diretriz à Spotless Car Wash. Quando ela passa de zero para um trabalhador, a receita se eleva em $120 (*PRM* = $120) e o custo, em $60 (*W* = $60). Como a receita aumenta mais que os custos (*PRM* > *W*), a contratação desse primeiro trabalhador adicionará mais lucro à firma. O mesmo é verdadeiro quando o segundo, o terceiro, o quarto e o quinto trabalhadores são contratados. (Verifique isso você mesmo.) Ao passar do quinto para o sexto trabalhador, *PRM* = $52, enquanto *W* = $60. Como *PRM* < *W*, a firma *não* deve contratar o sexto trabalhador, deve parar no quinto. Descobrimos o nível de emprego que maximiza o lucro da firma: cinco trabalhadores.

Podemos entender ainda melhor a decisão de emprego da Spotless fazendo um gráfico dos dados marginais da Tabela 1 como fizemos na Figura 2. Como é usual, os valores marginais são representados *entre* os níveis de emprego, já que nos informam o que acontece quando o emprego muda de um nível para outro. O valor do *PRM* aumenta primeiro e, em seguida, cai à medida que o emprego muda, por isso a *curva* de *PRM* da figura primeiro inclina-se para cima e, em seguida, para baixo. A taxa salarial – o custo por dia de contratar o trabalhador adicional – é sempre a mesma como mostrado na linha horizontal em $60.

---

[2] Se a produção for vendida em condições de concorrência *imperfeita*, o *PMR* não será igual a *P* × *PMT*. Embora a contratação de outro trabalhador ainda aumente a produção pelo *PMT*, a firma deve reduzir o preço para vender o produto adicional. Nesse caso, a contratação de outro trabalhador elevará a receita da firma de acordo com o produto adicional produzido (*PMT*) vezes a receita adicional por unidade de produto (*RM*), de modo que *PRM* = *PMT* × *RM*.

Como o número de empregados é menor que cinco trabalhadores, a curva de *PRM* fica acima da linha de salário (*PRM* > *W*) e a firma, portanto, deve contratar outro trabalhador. Suponha que a firma tenha contratado cinco trabalhadores e esteja estudando a contratação de um sexto. Para isso, a curva de *PRM* fica *abaixo* da linha do salário. Como *PRM* < *W*, o aumento no emprego *reduz* o lucro da firma. O mesmo é verdadeiro para todo crescimento no emprego acima de cinco trabalhadores. Nesse intervalo, a curva de *PRM* sempre fica abaixo da linha do salário, por isso a firma reduz seus lucros contratando um outro trabalhador. Utilizando a Figura 2, vemos que o nível ótimo de emprego é de cinco trabalhadores, da mesma maneira que descobrimos anteriormente, utilizando a Tabela 1.

O número de trabalhadores que maximiza o lucro – cinco – é o nível de emprego mais próximo de *PRM* = *W*, ou seja, a curva de *PRM* cruza a linha do salário. O motivo é simples: para cada alteração no emprego que *aumenta* o lucro, a curva de *PRM* fica acima da linha do salário. Na primeira vez que a contratação de um trabalhador *reduzir* o lucro, a curva cruzará a linha do salário e ficará bem abaixo dela.

Essa observação nos permite afirmar uma regra simples para a decisão de emprego da firma:

O NÍVEL DE EMPREGO QUE MAXIMIZA O LUCRO

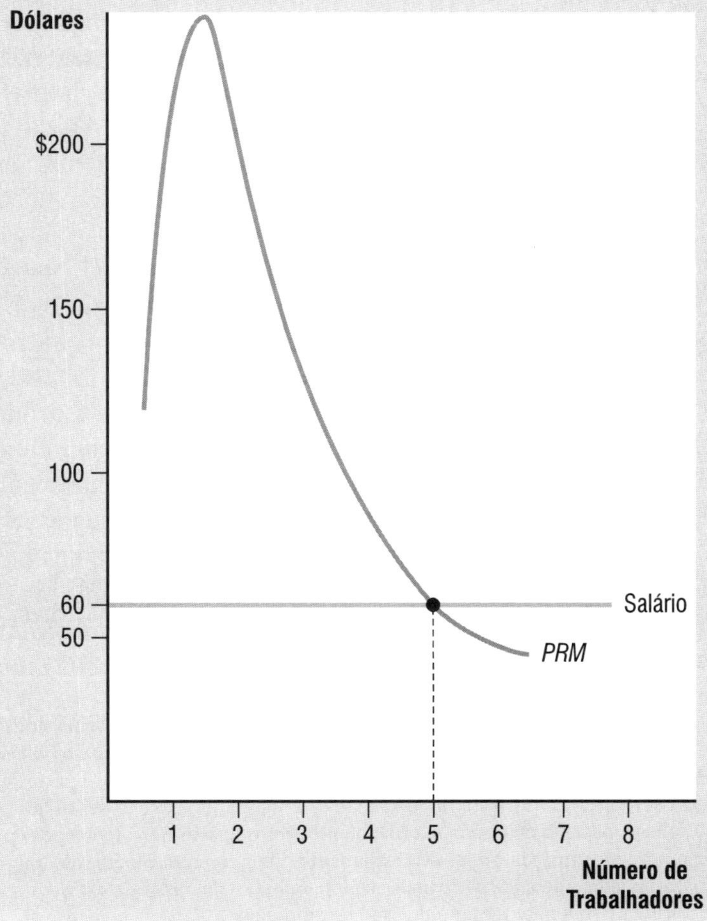

Figura 2

A firma deve tomar qualquer ação que adicione mais à receita que ao custo. Em um mercado de trabalho, ela deve continuar a aumentar o tamanho da sua força de trabalho, desde que o produto-receita marginal do trabalho (*PRM*) exceda o valor do salário. O nível de emprego que maximiza o lucro da Spotless Car Wash é de cinco trabalhadores.

Já vimos as duas regras diferentes para a firma seguir para a maximização do lucro. A firma utiliza *RM* = *CM* para encontrar o nível de produção que maximiza o lucro, e *PRM* = *W* para encontrar o nível de emprego que maximiza o lucro. Mas isso sugere um problema potencial: e se as regras *PRM* = *W* e *RM* = *CM* levarem a conclusões diferentes? Por exemplo, se a regra *PRM* = *W* informasse à firma para contratar cinco trabalhadores, o que determinaria uma produção total de 172 lavagens de carros e, porém, a regra *RM* = *CM* informasse à firma para lavar 185 carros?

Na realidade, isso não pode acontecer nunca, pois as duas regras são apenas duas maneiras diferentes de ver a *mesma* decisão da firma. Elas sempre levarão à mesma determinação.

Vamos ver por quê. Lembre-se de que a *contratação* de outro trabalhador aumentará a produção da firma e, portanto, sua receita. Se a contratação desse trabalhador elevar a receita mais que os custos da firma (*PRM* > *W*), cada unidade adicional de *bem* produzido deverá adicionar mais à receita que ao custo (*RM* >*CM*). Portanto, sempre que *PRM* > *W*, sabemos que *RM* > *CM* e quer a firma siga a regra de maximização do lucro pela produção ou a regra de maximização do lucro pelo emprego, ela sempre acabará contratando o mesmo número de trabalhadores e produzindo o mesmo nível de produto.

Para maximizar o lucro, a firma deve contratar o número de trabalhadores de maneira que PRM = W, ou seja, onde a curva de PRM faça interseção com a linha do salário.[3]

A Curva de Demanda de Trabalho da Firma. Na Tabela 1, o valor do salário que a firma tinha de pagar era de $60 por dia. E se o salário tivesse sido diferente – vamos dizer, $50 por dia? Como você pode ver por si mesmo, com esse salário inferior, a firma teria contratado seis trabalhadores, em vez de cinco. O nível ótimo de emprego sempre dependerá da taxa salarial.

Figura 3

A CURVA DE DEMANDA DE TRABALHO DA FIRMA

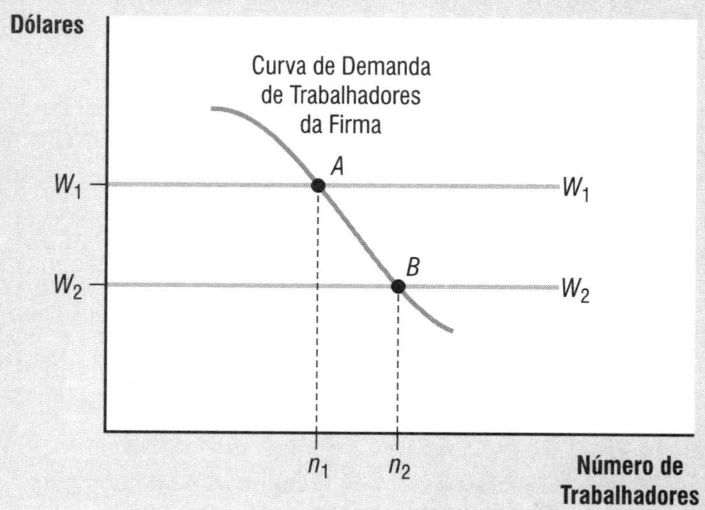

À medida que a taxa salarial varia, a firma se move ao longo da sua curva de *PRM* para decidir quantos trabalhadores contratar. Como resultado, a parte com inclinação para baixo da curva de *PRM* é a curva de demanda de trabalho da firma. Ela mostra quantos trabalhadores serão demandados a cada taxa salarial.

[3] Existe uma condição importante: os lucros serão maximizados somente se a curva de *PRM* cruzar a linha do salário *de baixo para cima*, ou seja, se estivermos na parte de *inclinação para baixo* da curva de *PRM*. Para provar isso para si mesmo, desenhe um exemplo no qual a parte de inclinação para cima da curva de *PRM* cruze a linha salário de cima para baixo. Observe que o *PRM* será maior que o salário à direita do ponto de cruzamento, por isso sempre valerá a pena para a firma *aumentar* o emprego acima do ponto de cruzamento. De agora em diante, os diagramas deste capítulo mostrarão somente a parte de inclinação para baixo da curva de *PRM*, já que é a única parte utilizada pela firma para tomar a decisão de emprego.

A Figura 3 mostra o que acontece na firma típica à medida que a taxa salarial varia. Para cada taxa salarial, o nível ótimo de emprego, no qual $PRM = W$, é encontrado quando caminhamos horizontalmente pela curva de *PRM* e, em seguida, para baixo, para o eixo horizontal. Por exemplo, com uma taxa salarial de W_1, a firma desejará contratar n_1 trabalhadores. Se o salário cair para W_2, o nível ótimo de emprego aumentará para n_2. À medida que a taxa salarial reduz, a firma se move ao longo da sua curva de *PRM* para decidir quantos trabalhadores contratar. É por isso que chamamos a parte de inclinação para baixo da curva de *PRM* de *curva de demanda de trabalho da firma.*

Quando o trabalho é o único insumo variável, a parte de inclinação para baixo da curva de PRM é a curva de demanda da firma, que nos informa quantos trabalhadores a firma desejará empregar a cada taxa salarial.

A DECISÃO DE EMPREGO DA FIRMA QUANDO VÁRIOS INSUMOS SÃO VARIÁVEIS

Até agora, limitamo-nos à firma que pode alterar somente o emprego de trabalho. Consideramos fixa a quantidade de outros insumos. Algumas vezes, no entanto, a firma deve decidir sobre as quantidades de dois ou mais insumos simultaneamente. Por exemplo, com um horizonte de planejamento de longo prazo, uma firma vê *todos* os seus insumos como variáveis, incluindo não apenas trabalho, mas também os equipamentos essenciais e o tamanho de sua

Figura 4

A DECISÃO DE EMPREGO COM INSUMOS VARIÁVEIS

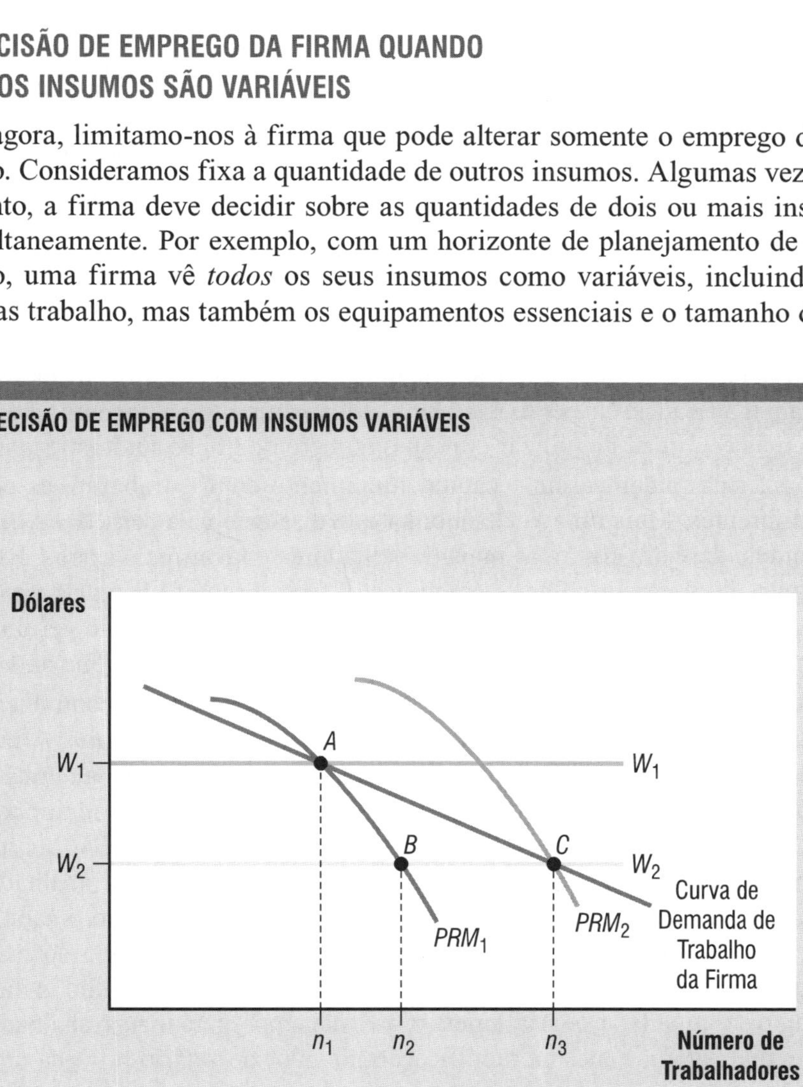

Para um determinado grupo de insumos não relacionados com o trabalho, a Spotless contrata n_1 trabalhadores a um salário de W_1 – determinado no ponto A ao longo da curva de PRM_1. Se o salário cair para W_2, a firma desejará contratar mais trabalhadores, mas também irá querer adicionar mais capital. À medida que ela o fizer, o produto marginal do trabalho aumentará e a curva de *PRM* será alterada para PRM_2.

No salário W_2, ela agora contrata n_3 trabalhadores – no ponto *C*. A conexão de pontos, como *A* e *C*, resulta, nesse caso, na curva de demanda de trabalho.

planta. Mesmo no curto prazo, uma firma pode conseguir variar alguns tipos de capital (como ferramentas de mão), matérias-primas, energia e trabalho. Quando há mais de um insumo variável, ainda podemos utilizar os conceitos que desenvolvemos para o caso de um único insumo variável? Sim, podemos, mas com alguns ajustes.

O nível ótimo de emprego *ainda* irá satisfazer a condição de que $PRM = W$. Afinal, se $PRM > W$, a firma sempre poderá aumentar seu lucro contratando outro trabalhador e ela contrará. Assim, mesmo quando houver mais de um insumo variável, a regra $PRM = W$ ainda será satisfeita quando a firma estiver fazendo o melhor possível. O que é diferente é o seguinte: com mais de um insumo variável, o *PMT* – e, portanto, o *PMR* do trabalho – dependerá das quantidades de *outros* insumos que a firma utiliza. Isso requer que obtenhamos a curva de demanda de trabalhadores da firma de uma maneira um pouco diferente como veremos.

A Curva de Demanda de Trabalhadores da Firma com mais de um Insumo Variável. A Figura 4 apresenta a situação que a Spotless Car Wash enfrenta quando pode variar *dois* insumos: trabalho e capital (linhas automatizadas de lavagem de carros). Quando a taxa salarial é W_1, a firma emprega n_1 trabalhadores. Isso nos coloca no ponto *A* da figura.

Agora, o salário cai para W_2. O que a firma fará? Se ela puder variar *somente* a quantidade de trabalho, mover-se-á ao longo da curva de PRM_1, para o ponto *B*, expandindo o emprego para n_2 trabalhadores. Isso ocorre porque, ao longo de qualquer curva de *PRM*, supõe-se que as quantidades de todos os outros insumos permaneçam inalteradas. No ponto *B*, a firma utilizará mais trabalhadores para lavar carros, mas continuará a utilizar o mesmo número de linhas automatizadas.

Se a firma puder variar o capital juntamente com o trabalho, as coisas serão diferentes. Mais uma vez, suponha que o salário caia para W_2. A firma, como antes, desejará contratar mais trabalhadores e lavar mais carros. Estará, no entanto, livre para escolher a combinação de insumos de *menor custo* para produzir seu novo e mais alto nível de produção. Essa combinação geralmente incluirá não apenas mais trabalho, mas também mais capital do que antes.

Com mais capital, o trabalho será mais produtivo, portanto, a contratação de mais um trabalhador adicionará *mais* que antes à produção da firma. A produtividade marginal do trabalho aumentará e a curva de *PRM* será alterada para cima, para PRM_2 na figura.[4] Como resultado, quando o salário diminuir para W_2, a firma estará localizada no ponto *C*, onde sua *nova* curva de *PMR*, PMR_2, cruzará W_2. O nível de emprego que maximiza o lucro será então de n_3 trabalhadores. A curva de demanda de trabalho, que mostra seu emprego ótimo a cada taxa salarial, será a linha que liga pontos como *A* e *C*. Como no caso do insumo único que exploramos anteriormente, a curva de demanda de trabalho inclina-se para baixo – a uma taxa salarial inferior, a firma empregará mais trabalhadores. Observe que, agora, a mesma modificação no valor do salário provoca um au-

[4] No exemplo, uma queda na taxa salarial faz a firma decidir utilizar *mais* capital. No entanto, para algumas firmas e alguns tipos de capital, uma queda no valor do salário pode provocar uma *redução* no capital, à medida que a firma decide substituir mais de seu, agora barato, fator de produção. Chamamos isso *substituição do capital por trabalho.* Alguns exemplos de insumos essenciais que são *substituíveis* por trabalho serão fornecidos posteriormente.

mento maior no emprego. A demanda por trabalhadores é mais elástica, mais sensível às mudanças na taxa salarial.

Vamos recapitular: quando a firma pode variar mais de um insumo, uma queda no valor do salário causa um aumento da quantidade demandada de trabalhadores e da utilização de outros insumos. A curva de *PMR* é deslocada para cima, e o emprego desejado cresce *mais* do que na situação em que somente a quantidade de trabalho podia variar. Como resultado, a curva de demanda de trabalho parece diferente no caso de vários insumos – é mais plana que no caso de insumo único – mas as duas conclusões mais importantes ainda são verdadeiras.

Quer a firma possa variar somente o trabalho ou vários insumos simultaneamente, o nível ótimo de emprego vai satisfazer à regra PRM = W e a curva de demanda de trabalho se inclinará para baixo. Uma redução no valor do salário provocará um aumento no emprego.

A DEMANDA DE MERCADO POR TRABALHO

Quantos trabalhadores todas as firmas de um mercado de trabalho desejarão empregar? Essa pergunta é respondida pela curva de demanda de *mercado.* Examine a Figura 5 que mostra as curvas de demanda de trabalho para três das muitas firmas em um mercado de trabalho.[5] A uma taxa salarial de de \$10/hora, a curva de demanda de trabalho da Firma *A*, ℓ^d, nos informa que ela demanda 100 trabalhadores, enquanto a firma *B* demanda 50 trabalhadores, a Firma *C*, 90 trabalhadores, e assim por diante, para todas as outras firmas nesse mercado de trabalho. Ao somarmos esses números, obtemos a quantidade demandada de trabalho do mercado quando a taxa salarial é de \$10: $N_1 = 100 + 50 + 90 + \ldots$ Agora, suponha que a taxa salarial aumente para \$12. O nível de emprego na Firma *A* cairá para 80 trabalhadores, na Firma *B*, para 40 trabalhadores, na Firma *C*, para 30, e assim por diante. Com menos trabalhadores necessários para cada firma individual, a quantidade demandada de trabalho de mercado cairá para $N_2 = 80 + 40 + 30\ldots$

*A **curva de demanda de trabalho de mercado** indica o número total de trabalhadores que todas as firmas em um mercado de trabalho desejam empregar a cada taxa salarial. Ela é encontrada pela soma horizontal de todas as curvas de demanda de trabalhadores de cada firma individual.*

Curva de demanda de trabalho de mercado Curva que indica o número total de trabalhadores que todas as firmas em um mercado de trabalho querem empregar em cada taxa salarial.

Observe que a curva de demanda de trabalho de mercado inclina-se para baixo, da mesma forma que a curva de demanda de trabalho de cada firma.

[5] Podemos pensar que, sempre que a taxa salarial se elevar e as firmas no mercado de trabalho responderem reduzindo o emprego e a produção, o preço do produto vai aumentar. Não é necessariamente assim: as firmas que contratam no mesmo mercado de trabalho podem não vender no mesmo mercado de produtos. (Ver "Curvas Perigosas" neste tópico.) Nesse caso, uma alteração na taxa salarial não afetará o preço do produto. Em outros casos, nos quais uma mudança no valor do salário afeta muitas firmas no mesmo mercado de produtos, essa modificação também pode fazer o preço do produto alterar a curva de *PRM* de cada firma. Não podemos, assim, simplesmente somar as curvas de *PRM* de firmas individuais para obter a curva de demanda de trabalho de mercado, já que uma mudança na taxa salarial (e uma modificação no preço do produto) fará essas curvas se deslocarem. No entanto, a curva de demanda de trabalho de mercado ainda vai inclinar-se para baixo, e nenhuma das importantes conclusões será afetada.

Se uma queda no valor do salário fizer cada firma no mercado querer empregar mais trabalhadores, a quantidade demandada total também se elevará.

MUDANÇAS NA CURVA DE DEMANDA DE TRABALHO DE MERCADO

Mercados de trabalho, como outros mercados da economia, estão passando por constantes mudanças, em parte provocadas por *alterações* nas curvas de

Figura 5 **A DEMANDA DE MERCADO POR TRABALHADORES**

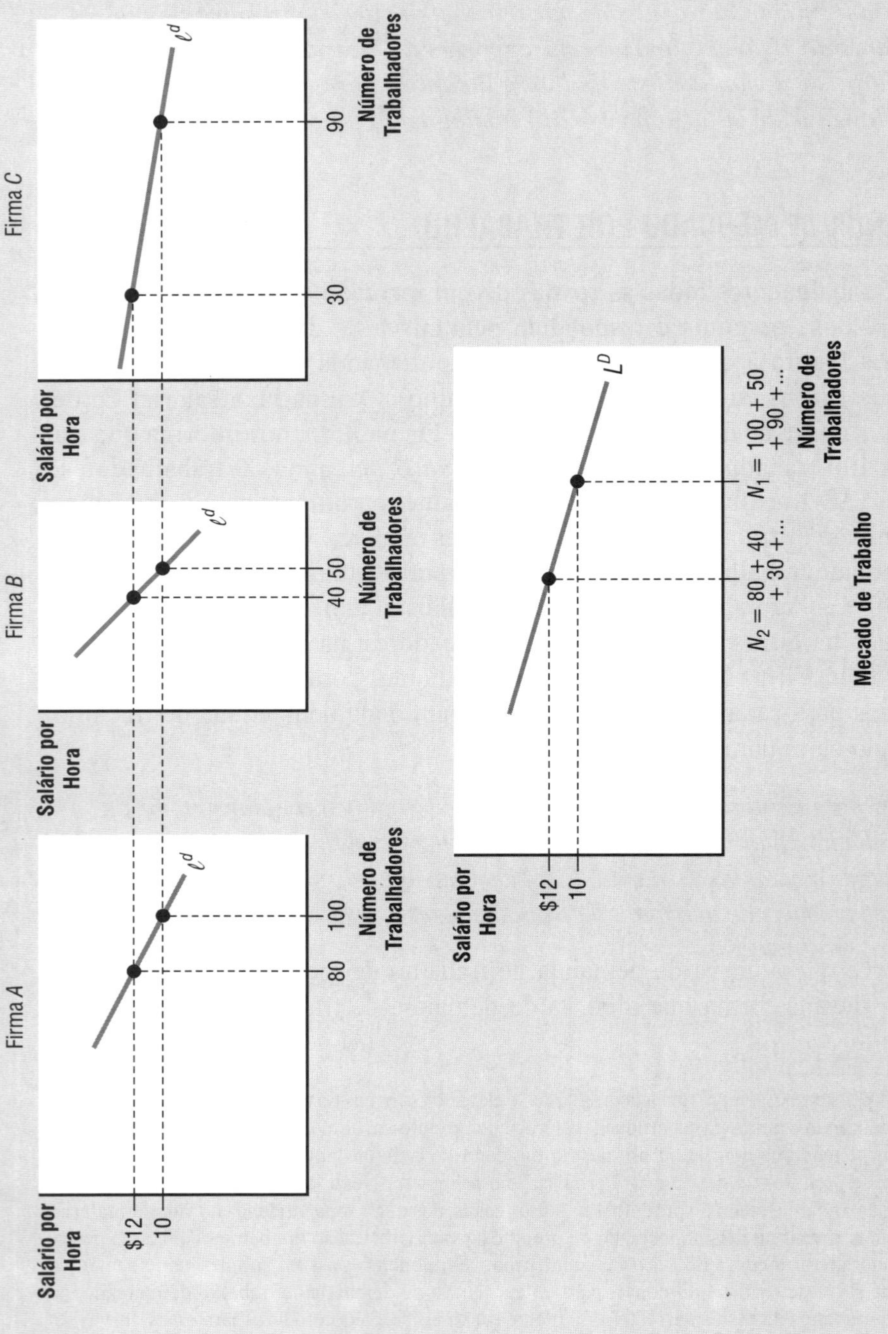

Cada firma que participa de um mercado de trabalho tem sua própria curva de demanda de trabalho com inclinação para baixo. A curva de demanda do mercado é encontrada por meio da soma da quantidade demandada de trabalho por firma a cada taxa salarial.

demanda de trabalho. Como veremos na segunda metade deste capítulo, essas modificações podem ter efeitos drásticos nos trabalhadores, aumentando ou reduzindo os valores dos seus salários ou fazendo alguns perderem o emprego.

Já vimos que, diante de uma alteração na taxa salarial, nós nos movemos *ao longo* de uma curva de demanda de trabalho como no movimento do ponto *A* para o ponto *B* na Figura 3 (página 374). Mas quando alguma *outra* coisa diferente da mudança no valor do salário faz as firmas demandarem mais ou menos trabalho, a curva de demanda de trabalho muda. A Figura 6 ilustra um exemplo geral. No painel (a), a firma comum vivencia uma modificação para a direita da sua curva de demanda de trabalho, de ℓ^d_1 para ℓ^d_2. Como resultado, a curva de demanda de trabalho do mercado – a soma horizontal das curvas de demanda de trabalho de todas as firmas – é deslocada para a direita também, de L^D_1 para L^D_2 no painel (b). Depois da alteração, mais trabalho é demandado a qualquer taxa salarial.

Quais fatores provocariam as mudanças nas curvas de demanda de trabalho como as da Figura 6?

Uma Alteração no Preço do Produto da Firma. Lembre-se de que a demanda por trabalho é uma demanda *derivada* – surge da demanda para a produção da firma. Suponha que a demanda aumente no mercado de produtos, fazendo o preço (*P*) se elevar. Assim, cada firma que vende um bem nesse mercado também vai alterar suas decisões de emprego. Como *PRM* = *P* × *PMT*, o aumento no preço fará a curva de *PRM* ser maior a cada nível de emprego, ou seja, a curva de *PRM* de cada firma afetada será modificada para cima. Portanto, sua curva de demanda de trabalho será alterada para cima (e para a direita) também. Agora, *se* muitas dessas firmas (aquelas cujo preço do produto aumentou) contratarem funcionários no mesmo mercado de trabalho, a demanda de *mercado* por trabalho nesse mercado de trabalho também se elevará. Se poucas firmas cujos preços aumentaram contratarem nesse mercado de trabalho, não haverá alteração perceptível na curva de demanda de mercado de trabalho. Assim,

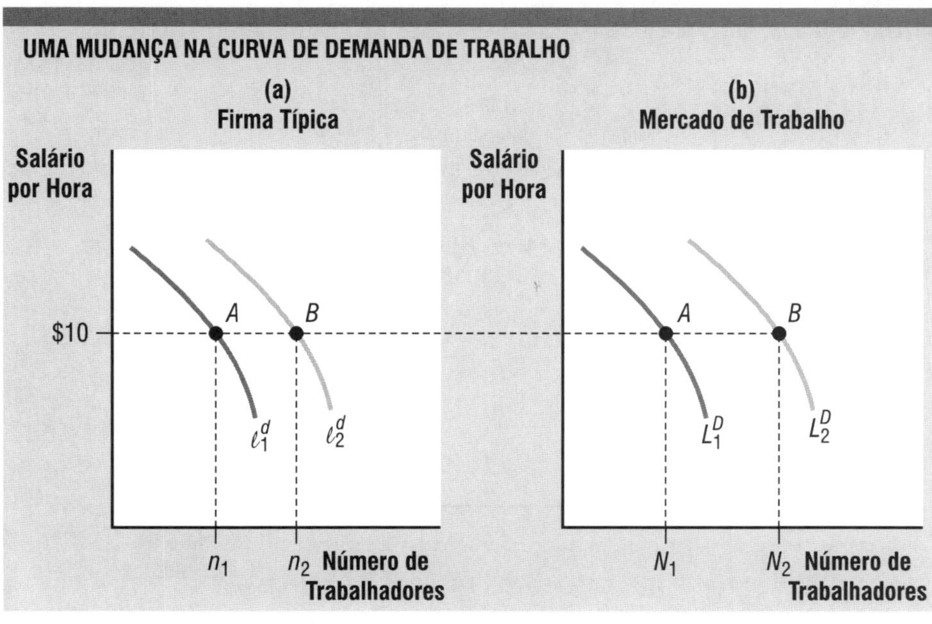

Figura 6

Um aumento no preço do bem, uma mudança na tecnologia ou uma alteração no preço de um outro insumo faz a demanda da firma individual por trabalho se elevar – como de ℓ^d_1 para ℓ^d_2 no painel (a). No painel (b), a curva de demanda de trabalho de mercado é deslocada também para a direita. A qualquer taxa salarial, mais trabalho é demandado.

o efeito de uma alteração no preço do produto, na demanda por trabalho, depende de muitas firmas no mercado de trabalho também compartilharem o mesmo mercado de produtos. Quando elas compartilham, um aumento no preço do produto muda a curva de demanda por trabalho de mercado para a direita. Uma queda no preço do produto muda a curva de demanda por trabalho para a esquerda.

Uma Mudança na Tecnologia. O progresso tecnológico modifica a função de produção da firma – a relação entre seus insumos e sua produção. Um tipo de progresso é um crescimento na quantidade de produto que pode ser produzida com um *determinado* agrupamento de insumos. Por exemplo, muitas firmas descobriram que a oferta de horário flexível aos trabalhadores – a liberdade de eles alocarem suas horas semanais como desejarem – torna seus funcionários mais produtivos. O horário flexível pode, assim, permitir que as firmas produzam mais produto com a mesma quantidade de trabalho, capital e matérias-primas. O *PMT* e o *PRM* do trabalho em cada nível de emprego aumentam, mudando a curva de demanda de trabalho de cada firma – e a curva de demanda de trabalho do mercado – para a direita.

Insumo complementar Um insumo cujo uso aumenta o produto marginal de outro insumo.

Insumo substituto Um insumo cujo uso diminui o produto marginal de outro insumo.

Outro tipo de progresso tecnológico ocorre quando um insumo totalmente novo é introduzido. Como o novo insumo afetará a demanda de mercado por trabalho? Depende. Se o novo insumo for **complementar** ao trabalho – elevando o produto marginal a cada nível de emprego – ele vai alterar para a direita a curva de *PRM* da firma típica (sua curva de demanda de trabalho), como na mudança de ℓ^d_1 para ℓ^d_2 na Figura 7. Por exemplo, os trabalhadores em uma fábrica de blue jeans poderiam fazer mais jeans com máquinas de costura do que se costurassem com as próprias mãos. Se a firma levasse máquinas de costura para sua fábrica, o produto marginal do trabalho aumentaria.

Um novo insumo também pode ser **substituível** por trabalho – *reduzindo* o produto marginal em cada nível de emprego. Por exemplo, robôs industriais – que tendem a substituir os trabalhadores na linha de montagem – podem reduzir

Figura 7

INTRODUÇÃO DE UM NOVO INSUMO

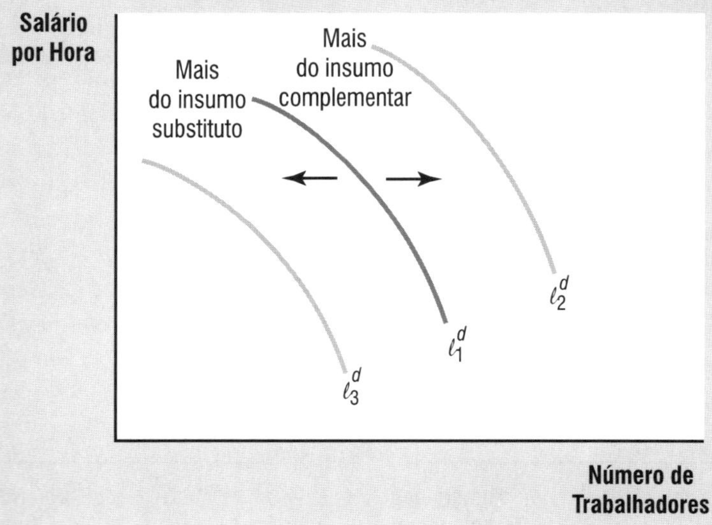

Se um novo insumo for introduzido no processo de produção, a demanda de mercado de trabalho será alterada. Se o novo insumo for complementar ao trabalho – se ele aumentar o produto marginal do trabalho a cada valor de salário – a curva de demanda será deslocada para fora. No entanto, se o novo insumo for um substituto do trabalho, a curva de demanda de trabalho será deslocada para dentro.

o produto marginal desses trabalhadores. A introdução de insumo substituível altera a curva de *PRM* da firma (sua curva de demanda de trabalho) para a esquerda, de ℓ^d_1 para ℓ^d_3 na Figura 7.

Ao sabermos se uma nova tecnologia é complementar ao trabalho ou substituta do trabalho, podemos deduzir como ela afetará a demanda de mercado por trabalho.

Quando muitas firmas em um mercado de trabalho adquirem uma nova tecnologia, a curva de demanda de trabalho de mercado é deslocada para a direita, se a tecnologia for complementar ao trabalho, e para a esquerda, se a tecnologia for substituta do trabalho.

Determinar se uma nova tecnologia é complementar ao trabalho ou substituta dele pode ser complicado, já que as firmas geralmente contratam mais de um tipo de trabalhador. Pense no que acontece quando os vendedores do varejo, como a Macy's ou a Barnes & Noble, adquirem, pela Internet os insumos necessários. Sua demanda por trabalhadores altamente qualificados – o tipo que pode operar e manter o hardware e criar e modificar páginas da Web – aumenta. Por outro lado, sua demanda por trabalhadores de alguma maneira menos qualificada – vendedores, controladores de inventário, e assim por diante – é reduzida, pois as vendas on-line não requerem que esses serviços sejam executados por trabalhadores. Assim, o impacto do progresso tecnológico na demanda de trabalho depende, de maneira crucial, de *qual* mercado de trabalho estamos examinando – o mercado para trabalhadores de alta tecnologia ou o mercado para vendedores menos qualificados.

Uma Alteração no Preço de Outro Insumo. Quando o preço de algum insumo *que não seja* o trabalho é alterado, a firma geralmente ajusta as quantidades de *todos* os insumos, incluindo o trabalho. O impacto na curva de demanda de trabalho depende se o insumo for complementar ou substituto.

Uma queda no preço do hardware de computador faria os varejistas contratarem mais trabalhadores de alta tecnologia. Por quê? Como o hardware de computador é complementar para trabalhadores de alta tecnologia, a curva de *PRM* (curva de demanda de trabalho) para trabalhadores de alta tecnologia mudaria para a direita em cada firma de vendas no varejo. Se muitos desses varejistas participassem do mesmo mercado de trabalho de alta tecnologia, uma queda no preço do hardware de computador levaria para a direita a curva de demanda para trabalhadores de alta tecnologia desse mercado.

Uma queda no preço do hardware de computador – que substitui vendedores – teria um impacto oposto em um mercado de trabalho menos qualificado. À medida que as firmas adquirissem o hardware para estarem on-line, o produto marginal dos vendedores seria reduzido e a curva de *PRM* (curva de demanda de trabalho) seria deslocada para a esquerda nessas firmas, provocando um deslocamento para a esquerda da curva de demanda de trabalho no mercado de vendedores.

Em geral,

quando o preço de algum outro insumo é reduzido, a curva de demanda de trabalho de mercado pode ser deslocada para a direita ou para a esquerda. Será deslocada para a direita se esse outro insumo for complementar ao trabalho e para a esquerda se o outro insumo for substituto do trabalho.

É interessante notar que esse "outro insumo" pode ser *de um mercado de trabalho diferente* como trabalhadores estrangeiros. Muitas pessoas temem os acordos de livre comércio com países estrangeiros de baixos salários, pois receiam que isso torne mais fácil e mais barato para as firmas americanas instalarem fábricas nesses países. Esse medo levou a uma oposição política intensa ao ALCA (Acordo de Livre Comércio da América do Norte) que os Estados Unidos assinou com o México e o Canadá em 1993 e contribuiu para os protestos (que levaram a tumultos nas ruas) quando a Organização Mundial do Comércio se reuniu em Seattle, no fim de 1999.

Os oponentes do livre comércio reclamam que, à medida que as firmas americanas forem seduzidas a implantar instalações de produção no México e em outros países pobres, os empregos para os americanos tenderão a desaparecer. Seu argumento é que o trabalho estrangeiro é altamente substituto do trabalho americano, por isso permitir que as firmas americanas contratem trabalho estrangeiro barato reduz a demanda por trabalhadores americanos. (Vamos discutir esse argumento – pelo menos em parte – no Capítulo 16, mas aqui vai uma dica: O trabalho estrangeiro é substituto do trabalho americano *em geral* ou somente em certos mercados de trabalho? Existem outros mercados de trabalho em que o trabalho estrangeiro seja considerado *complementar* ao trabalho americano?)

Uma Mudança no Número de Firmas. Nos Estados Unidos, as firmas estão continuamente entrando e saindo dos mercados de trabalho locais. A entrada de novas firmas desloca a curva de demanda de trabalho de mercado para a direita e a saída desloca a curva para a esquerda.

Algumas vezes, a entrada ocorre devido ao surgimento de uma indústria totalmente nova, como a indústria de softwares que se expandiu drasticamente na década de 80 e a demanda por trabalho na área foi deslocada para a direita na em torno de Seattle. Outras vezes, a entrada e a saída ocorrem quando as firmas migram de um mercado de trabalho local para outro. Na metade da década de 90, as firmas no setor de chips de computadores começaram a mudar para Oregon, deslocando a demanda por trabalho para a direita nesse Estado e para a esquerda nas áreas que as firmas abandonaram.

A Tabela 2 resume o que aprendemos sobre as mudanças na curva de demanda de trabalho de mercado. Tenha cuidado ao examiná-la. Ela mostra somente aumentos em cada variável. Uma redução em cada variável deslocaria a curva de demanda de trabalho na direção oposta.

Tabela 2

ALTERAÇÕES NA CURVA DE DEMANDA DE TRABALHO

Um aumento	Fará com que a curva de demanda no mercado de trabalho
na demanda pelo produto da firma	ser deslocada para a direita
no preço de um insumo complementar	ser deslocada para a esquerda
no preço de um insumo substituível	ser deslocada para a direita
no número de firmas no mercado	ser deslocada para a direita
na tecnologia*	ser deslocada para a direita se um novo insumo for complementar ao trabalho, e para a esquerda se o insumo for substituto do trabalho

*Uma "elevação" na tecnologia aqui significa a disponibilidade de um novo insumo.

OFERTA DE TRABALHO

Até agora, consideramos o lado da demanda do mercado de trabalho e o comportamento das firmas que demandam trabalhadores. Vamos voltar a atenção para o lado da *oferta* do mercado de trabalho e para as *famílias* que oferecem trabalho para as firmas. Começaremos com a decisão de oferta de trabalho do indivíduo e, em seguida, continuaremos a discutir a oferta de trabalho no mercado como um todo.

OFERTA DE TRABALHO INDIVIDUAL

No Capítulo 5, o problema do indivíduo era escolher a combinação de bens e serviços que maximizasse sua utilidade, sujeita às restrições de uma renda limitada e de preços dados para bens e serviços. Agora, preocupamo-nos com um indivíduo no mercado de *trabalho* que – mais uma vez – luta para maximizar a utilidade sujeita às restrições. Vamos examinar, primeiro, as barreiras que os indivíduos enfrentam em um mercado de trabalho competitivo. Em seguida, consideraremos como o indivíduo que as enfrenta pode fazer escolhas.

Identificar os Objetivos e as Restrições

Os Indivíduos como Tomadores de Salários. Pense na última vez em que você procurou um emprego. Não importa se foi um emprego profissional, com exigência de qualificação e experiência consideráveis, ou um emprego de iniciante, como caixa de banco, garçom, empacotador de mercearia ou recepcionista: pode ter havido centenas – talvez até milhares – de outras pessoas procurando empregos semelhantes no seu mercado de trabalho. Quer você tenha decidido vender seu trabalho nesse mercado ou não, sua decisão foi uma gota muito pequena em um enorme oceano: o valor de salário de mercado não foi afetado.

Essa característica – tantos vendedores que nenhum sozinho pode afetar a taxa salarial de mercado – é uma das condições para a concorrência perfeita e é satisfeita na maioria dos mercados de trabalho.

Em um mercado de trabalho competitivo, cada vendedor é um tomador de salários, ou seja, aceita a taxa salarial de mercado como dada.

Essa é uma restrição importante à sua decisão de emprego. Você não pode escolher o valor do seu salário, pois ele é determinado pelas condições do mercado.

Identificar os Objetivos e as Restrições

O *trade-off* entre renda e lazer. O valor de salário que você pode ganhar desempenha um papel importante em um *trade-off* que todos enfrentamos: quanto mais tempo passamos desfrutando atividades de lazer – conversando com os amigos, indo ao cinema, lendo, fazendo exercícios, e assim por diante – menos tempo passamos trabalhando e ganhando renda. O valor do salário determina a exata natureza desse *trade-off.* Por exemplo, se você conseguir ganhar $10 por hora trabalhando, cada hora adicional de lazer custará $10 em renda não obtida. Em um sentido, $10 é o *preço* de uma hora adicional de lazer, pois é desse valor que você tem de desistir, em termos de dinheiro, para desfrutá-la.

Já que diferentes pessoas recebem diferentes taxas salariais, elas enfrentam equilíbrios diferentes entre lazer e renda. Uma hora de lazer é "mais cara" para alguém que ganha $100 por hora que para alguém com um salário de $10 por hora.

Além das diferenças nas taxas salariais, existe outra maneira em que o *trade-off* entre renda e lazer pode diferenciar entre as pessoas: alguns trabalhadores têm liberdade considerável para variar suas horas semanais de trabalho.

Por exemplo, muitos profissionais autônomos – médicos, advogados, escritores, etc. – podem ajustar suas horas de trabalho como quiserem, aumentando ou reduzindo o número de clientes que atendem. Além disso, os trabalhadores horistas podem, algumas vezes, variar suas horas de trabalho, escolhendo entre trabalhar durante apenas um período ou em período integral ou aceitando ou recusando cumprir horas extras. Nesses casos, onde as horas podem ser variadas, os economistas pensam na oferta de trabalho utilizando um modelo de escolha individual bem semelhante ao que vimos para a teoria do consumidor no Capítulo 5. No entanto, em vez de escolher a combinação ótima de diferentes *bens*, o indivíduo escolhe a combinação ótima de *renda* e *lazer*.

Na maioria dos mercados de trabalho, você terá relativamente pouca liberdade para variar suas horas de trabalho, pois seu empregador vai esperar que você trabalhe durante um número fixo de horas – geralmente oito horas por dia, cinco dias por semana. Nesse caso, sua escolha não será *quanto* trabalhar, mas sim *oferecer ou não seu trabalho em um mercado específico.* Sua escolha de horas de trabalho em qualquer mercado de trabalho se restringe a 40 horas por semana ou zero hora por semana. Neste capítulo, vamos nos concentrar em mercados de trabalho de *horas fixas* como esse, já que eles são mais comuns.

Identificar os Objetivos e as Restrições

A Decisão de Ofertar Trabalho. Em um mercado de trabalho com horas fixas, ainda podemos ver um indivíduo maximizando a sua utilidade? Pode parecer que não – pelo menos não da maneira familiar. Se suas horas são fixas, não existem ajustes marginais a serem feitos. Ao contrário, você toma decisão: oferecer seus serviços de trabalho em um mercado ou *não.* Mesmo nessa escolha, a maximização da utilidade desempenha um papel importante: ao decidir se trabalha ou não ou em que mercado de trabalho você pode oferecer seu trabalho, você sempre selecionará a opção que fornecer a maior utilidade. Vamos explorar mais essa escolha.

Salários de Reserva. Um dos autores deste livro, em sua juventude, passou seis meses trabalhando como limpador de ovos – limpando as fezes das galinhas dos ovos fertilizados durante oito horas por dia, cinco dias por semana. Não é emprego dos mais agradáveis, e as chances são grandes de que você não esteja planejando, atualmente entrar nessa linha de trabalho. Mas você poderia pensar novamente e decidir que limpar ovos não seria tão ruim assim se o emprego pagasse $50 por hora? $100 por hora? E $200 por hora? Com certeza *alguma* taxa salarial o induziria a aceitar um trabalho como limpador de ovos. Os economistas chamam *a taxa salarial mais baixa* que o convenceria a oferecer seu trabalho em um mercado como seu **salário de reserva** para esse mercado de trabalho. Até atingir esse valor de salário, você está reservando seu tempo para outros usos que ofereçam mais utilidade – não trabalhando ou trabalhando em algum outro mercado de trabalho. Sempre que a taxa de salário de um mercado exceder seu salário de reserva para esse mercado, você decidirá trabalhar. Quando o valor

Salário de reserva O valor de salário mais baixo pelo qual um indivíduo ofereceria trabalho para um mercado de trabalho específico.

de salário do mercado for menor que seu salário de reserva para esse mercado, você preferirá não trabalhar.[6]

OFERTA DE TRABALHO DE MERCADO

Quando falamos em quantidade ofertada de trabalho em um mercado, estamos nos referindo ao número de pessoas qualificadas que desejam empregos nele. Como vimos, um indivíduo desejará trabalhar em um mercado sempre que o valor do salário for maior que seu salário de reserva. No entanto, como os trabalhadores têm preferências diferentes com relação a condições de trabalho em empregos diferentes e preferências variadas com relação até mesmo ao trabalho, eles têm salários de reserva diferenciados para qualquer mercado específico. Por exemplo, se você odeia cobras, seu salário de reserva para um emprego como treinador-assistente de cobras em um circo é muito alto, talvez $200 por hora ou mais. Se você gosta de cobras, pode agarrar a chance de trabalhar com elas, mesmo com um salário de $10 por hora.

À medida que a taxa salarial em um mercado aumenta, excede mais salários de reserva dos indivíduos, por isso mais pessoas oferecem seu trabalho nesse mercado. Portanto,

quanto maior a taxa de salário, maior a quantidade ofertada de trabalho.

O painel (a) da Figura 8 ilustra uma **curva de oferta de trabalho** em um mercado de trabalho hipotético, informando o número de pessoas que desejarão empregos a cada taxa salarial. Nesse mercado, a quantidade ofertada de trabalho a um salário por hora de $10 é de mil trabalhadores, por isso sabemos que mil pessoas têm salários de reserva de $10 por hora ou menos. A um salário de $12, a quantidade ofertada de trabalho é de 1.200, de modo que sabemos que mais 200 pessoas têm salários de reserva entre $10 e $12 por hora.

Curva de oferta de trabalho Uma curva que indica o número de pessoas que querem emprego em um mercado de trabalho, a cada taxa salarial.

MUDANÇAS NA CURVA DE OFERTA DE TRABALHO DE MERCADO

Uma alteração na taxa salarial provoca um movimento *ao longo* de uma curva de oferta, como no movimento do ponto *C* para o ponto *D* na Figura 8 (a). Mas as curvas de oferta de trabalho podem (e geralmente isso acontece) *mudar*. O painel (b) ilustra um aumento na oferta de trabalho nesse mercado. Observe que, *a qualquer taxa salarial dada*, mais pessoas querem trabalhar nesse mercado após a mudança. Por exemplo, quando a curva de oferta de trabalho for $L^S{}_1$, mil indivíduos querem empregos a uma taxa de salário anual de $10. Após a mudança para $L^S{}_2$, o número dos que querem emprego com um salário de $10 aumenta para 1.800.

O que faz uma curva de oferta de trabalho mudar? Geralmente,

---

6 O que acontecerá se o salário do mercado exceder seu salário de reserva em mais de um mercado ao mesmo tempo? Como as preferências são *racionais* (Capítulo 5), isso nunca acontecerá, pois significaria que você não pode decidir qual combinação entre trabalho e renda é mais atraente. Por exemplo, suponha que o salário do mercado para empregos de limpeza de ovos seja de $25 por hora e que, nesse valor de salário, a limpeza de ovos seja sua escolha de emprego preferida. Assim, seu salário de reserva para qualquer emprego *deve*, por definição, ser maior que o salário atual do mercado para esses outros empregos: você não aceitará outro emprego, mediante seu salário atual, se o emprego de limpar ovos estiver disponível.

Figura 8

A CURVA DE OFERTA DE TRABALHO DE MERCADO

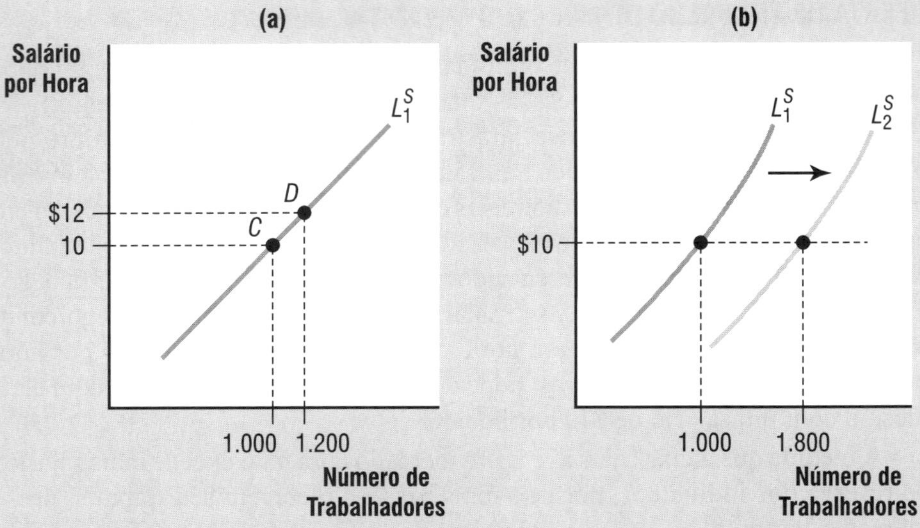

O painel (a) mostra uma curva de oferta de trabalho de mercado com inclinação para cima. Uma alteração na taxa salarial provoca um movimento ao longo dessa curva, como do ponto *C* para o *D*. No painel (b), a curva de oferta de mercado muda em resposta a uma mudança em qualquer determinante da oferta de trabalho que não seja o salário. A qualquer taxa salarial, a oferta de trabalho é maior, depois da modificação.

uma curva de oferta de mercado muda quando alguma outra coisa que não seja uma alteração na taxa salarial provoca uma modificação no número de pessoas que querem trabalhar em um mercado específico.

Sejamos mais específicos. O que, exatamente, faz uma curva de oferta de trabalho mudar?

Uma Mudança na Taxa Salarial de Mercado em Outros Mercados de Trabalho. Imagine que você tenha acabado de se formar em Direito. Você sempre sonhou em trabalhar em um escritório de advocacia de ponta. Por ter sido bom aluno, você tem boas possibilidades de obter um trabalho nesse mercado, onde os salários médios no primeiro ano são de $105.000 (incluindo os bônus comuns). Um dia, enquanto você está enviando currículos, um amigo lhe telefona. "Você não pode imaginar", ele diz. "Acabei de saber que firmas de Internet estão procurando advogados, dispostas a pagar salários de $150.000 no primeiro ano." Ao ouvir essa notícia, você decide ir para um emprego em uma firma que acabou de começar na Internet, em vez de um escritório de advocacia.

Seu comportamento nessa história seria plausível? Com certeza. Muitas pessoas sairão de um mercado de trabalho e entrarão em outro, por causa de um amplo diferencial de salário entre eles. No exemplo, seu comportamento – e o de centenas de outros – faria a curva de oferta de trabalho de mercado para advogados em escritórios de advocacia de ponta se deslocar para a esquerda.

O exemplo *não* é hipotético. No início de 2000, à medida que as firmas de Internet começaram a oferecer salários elevadíssimos para advogados recém-formados, o número de candidatos para empregos em escritórios de advocacia de ponta foi significamente reduzido – ocasionando um deslocamento para a esquerda na curva de oferta de trabalho. A fim de atrair candidatos qualificados, os escritórios de advocacia de ponta foram forçados a aumentar os salários do primeiro ano (incluindo bônus) de $105.000 para mais de $150.000 em um único ano![7] (Observação: a elevação final nos salários depende da nova interseção entre a curva de oferta de trabalho *e* a curva de demanda de trabalho como veremos um pouco depois neste capítulo.)

A moral da história é que o comportamento de oferta de trabalho em um mercado de trabalho pode depender, de maneira importante, das condições nos *outros* mercados de trabalho. Em geral,

> *como alguns indivíduos podem escolher entre dois mercados diferentes para oferecer seu trabalho, um aumento na taxa salarial em um mercado provoca um deslocamento para a esquerda na curva de oferta de trabalho do outro.*

Mudanças no Custo de Aquisição de Habilidades Humanas. Para se qualificar a trabalhos na maioria dos mercados de trabalho, os trabalhadores precisam de habilidades especiais ou de treinamento, o que os economistas chamam de *capital humano.* Esse é exatamente o caso de profissionais altamente pagos como médicos, advogados, engenheiros, arquitetos e gerentes comerciais. Na maioria dos empregos que podemos pensar – reparo de computador, encanamento, carpintaria, ensino de línguas e assim por diante – espera-se que um trabalhador tenha habilidades específicas, antes de entrar no mercado de trabalho. A aquisição dessas habilidades pode ser cara – em tempo, dinheiro ou nos dois. Uma alteração no custo da aquisição de capital humano poderá afetar o número de pessoas que decidirão investir em treinamento a uma dada taxa de salário e, portanto, deslocará a curva de oferta de trabalho.

Por exemplo, suponha que as escolas de negócios no país inteiro elevem sua inscrição para MBAs em 20% e não haja outras mudanças na economia. O que acontecerá no mercado para gerentes comerciais? Inicialmente, nada. Os ofertantes de trabalho nesse mercado são os que já têm MBA e que não serão afetados pelo aumento na inscrição.

Pense agora nas pessoas que estão decidindo sobre suas carreiras. A uma dada taxa de salário, uma carreira em negócios parecerá menos atraente que antes, agora que a inscrição está mais alta. E, a qualquer taxa de salário dada, menos pessoas se inscreverão em programas de MBA. Dentro de poucos anos – o tempo que leva para passar pelo programa – a curva de oferta de trabalho no mercado para gerentes com MBA será deslocada para a esquerda à medida que os gerentes aposentados não forem completamente substituídos por novos.

Mais genericamente,

> *um aumento no custo de aquisição de capital humano necessário para entrar em um mercado de trabalho – devido a um aumento nas mensalidades escolares, menos bolsas concedidas ou requisitos de maior período na escola – desloca a curva de oferta de trabalho para a esquerda. Um decréscimo no custo de aquisição de capital humano desloca a curva de oferta de trabalho para a direita.*

---

[7] LEONHARDT, David. "Law firms' pay soars to stem dot-com defections", *New York Times* (2 de fevereiro, 2000).

Mudanças na População. Permanecendo tudo igual, quanto maior a população em qualquer área geográfica, maior o número de pessoas que desejarão trabalhar. A população pode crescer naturalmente (nos Estados Unidos, os nascimentos excedem as mortes em 1,6 milhão por ano) ou por meio da imigração (900.000 pessoas a mais, aproximadamente, imigram para os Estados Unidos todos os anos, em contraste com as que emigram). Em qualquer um dos casos, o crescimento populacional faz as curvas de oferta de trabalho tanto nos mercados de trabalho nacional e local serem deslocadas para a direita com o tempo.

As curvas de oferta de trabalho também podem ser alteradas em razão da migração *dentro* de um país. Geralmente, essas mudanças são uma resposta atrasada a uma modificação anterior nas taxas salarias relativas. Na década de 90, altas taxas salariais em Oregon seduziram muitos trabalhadores a se mudarem para lá. Isso levou a deslocamentos para a direita nas curvas de oferta de trabalho em Oregon e a deslocamentos para a esquerda nas regiões de onde esses trabalhadores saíram.

Mudanças nas Preferências. Em qualquer população, existe um espectro de preferências para diferentes tipos de empregos. Uma parte da população prefere trabalhar com números e odeia trabalhar com pessoas e outra prefere justamente o inverso. Alguns optam pelo perigo e agitação, enquanto outros pela segurança e rotina. Uma alteração nessas preferências pode alterar os salários de reserva em um mercado de trabalho e, portanto, o número de pessoas que querem trabalhar em um mercado de trabalho a qualquer taxa salarial dada. Uma modificação nas preferências pode alterar a curva de oferta de trabalho de mercado.

Um exemplo considerável é ilustrado na Tabela 3 que mostra a mudança na participação da mulher na força de trabalho de 1960 a 1998. Em 1960, somente 38% das mulheres acima de 16 anos estavam na força de trabalho (trabalhando ou procurando trabalho), enquanto a participação dos homens na força de trabalho era de 83%. Em 1998, a taxa de participação da mulher na força de trabalho aumentou para quase 60%. A mudança foi ainda mais drástica para mulheres casadas. Em 1960, somente 32% estavam na força de trabalho e em 1998, a proporção tinha quase dobrado, para 61%.

Um motivo importante para esse aumento na oferta de trabalho parece ser uma mudança nas preferências. Muitas mulheres alteraram suas visões de si mesmas e de seu papel econômico na sociedade durante esse período e decidiram trabalhar. Como resultado, creches de baixo custo surgiram no país todo, reduzindo os *custos* de aceitar um emprego. Juntas, a mudança nas preferências por trabalho e a redução no custo de oportunidade de trabalhar

Tabela 3

TAXAS DE PARTICIPAÇÃO NA FORÇA DE TRABALHO (PORCENTAGEM DE PESSOAS ACIMA DE 16 ANOS QUE ESTÃO TRABALHANDO OU PROCURANDO EMPREGO)

	Homens	Homens Casados (com Esposas Presentes)	Mulheres	Mulheres Casadas (com Maridos Presentes)
1960	83,3	89,2	37,7	31,9
1970	79,7	86,1	43,3	40,5
1980	77,4	80,9	51,5	49,8
1990	76,4	78,6	57,5	58,4
1998	74,9	77,6	59,8	61,3

Fonte: U.S. Census Bureau, *Statisfical Abstract of the United States*, 1999 (Tabelas 657 e 658) B-37

deslocaram as curvas de oferta de trabalho para a direita nos mercados de trabalho em todo o país. Com qualquer taxa salarial dada, mais mulheres queriam empregos nesses mercados de trabalho.

Modificações nas preferências podem ocorrer em mercados definidos também de maneira mais limitada. No meio do tumulto social do final da década de 60 e início de 70, muitos recém-formados em instituições de ensino superior queriam trabalhos que trouxessem uma contribuição direta e visível para o bem-estar da comunidade. Certos profissionais – professores, trabalhadores sociais e organizadores de comunidade – eram especialmente populares. Como resultado, as curvas de oferta de trabalho nesses mercados foram deslocadas para a direita. Ao mesmo tempo, carreiras de pagamento tradicionalmente mais alto, tais como finanças corporativas, marketing e vendas, tornaram-se relativamente menos populares. Nesses mercados, as curvas de oferta de trabalho foram deslocadas s para a esquerda.[8] Começando no início da década de 80 e continuando hoje, as preferências voltaram ao que eram: trabalhos de alta renda em negócios, direito e campos de alta tecnologia tornaram-se cada vez mais populares, invertendo as mudanças na oferta de trabalho da década de 60.

A Tabela 4 resume as causas das alterações na curva de oferta de trabalho. Veja se você consegue *explicar* cada uma das entradas, em vez de meramente memorizá-las, e, em seguida, reproduza essa tabela e a Tabela 2 – para a demanda de trabalho – sozinho.

OFERTA DE TRABALHO NO CURTO PRAZO *VERSUS* OFERTA NO LONGO PRAZO

A quantidade de trabalho fornecida para um mercado depende crucialmente do período que estamos considerando. Em geral, quando adotamos um horizonte de tempo maior, a quantidade ofertada de trabalho é mais sensível a alterações na taxa salarial – a oferta de trabalho é mais *elástica*. Por que isso ocorre? Sabemos que taxas salariais maiores aumentam a quantidade ofertada de trabalho em um mercado. Geralmente, *leva-se tempo* para que as pessoas adquiram as habilidades necessárias para se qualificar em um mercado de trabalho ou para se moverem de um mercado de trabalho para outro.

Em alguns mercados, o tempo necessário para adquirir habilidades pode ser considerável. Para se qualificar como advogado, é necessário três anos completos de treinamento após passar pela instituição de ensino superior; um professor de

Tabela 4

MUDANÇAS NA CURVA DE OFERTA DE TRABALHO

Um aumento	Fará com que a curva de oferta de trabalho de mercado
Na preferência por trabalho em um mercado	ser deslocada para a direita
Na população	ser deslocada para a direita
Nos custos de capital humano	ser deslocada para a esquerda
Na taxa salarial em um mercado alternativo	ser deslocada para a esquerda

[8] Como o número de trabalhadores com diplomas universitários aumenta a cada ano, a curva de oferta de trabalho na maioria dos mercados profissionais é deslocada para a direita todo ano. A alteração nas preferências discutida aqui realmente fez as curvas de oferta de trabalho em empregos de alta renda se deslocarem para a direita *mais lentamente* do que em outra situação.

uma instituição de ensino superior, geralmente, precisa de quatro anos ou mais, e um médico precisa de, no mínimo, sete anos ou mais para se especializar. Outros trabalhos, como secretária ou trabalhador de construção, podem ter necessidade de treinamento mais curto, mas ainda talvez levam um tempo significativo antes que a resposta completa a uma alteração de salário ocorra.

Por exemplo, suponha que a taxa salarial das secretárias aumente. Antes que a resposta completa da oferta de trabalho ocorra, as pessoas que estão decidindo sobre suas carreiras devem *ter conhecimento* da mudança, *decidir* tornarem-se secretárias, adquirir as habilidades com processadores de texto, além de outras habilidades fundamentais, preparar seus currículos, descobrir quais empregos estão disponíveis e, finalmente, começar a procurar. E é somente no último estágio – no qual um indivíduo começa a *procurar* um emprego – que ele se torna parte da oferta total de trabalho em um mercado. A resposta completa da oferta de trabalho a uma mudança no valor do salário pode levar meses ou anos, dependendo dos ajustes necessários.

Ao analisar um mercado de trabalho local, existe outro motivo para esperar uma resposta atrasada da oferta de trabalho: geralmente leva-se um tempo considerável para mover-se de um mercado de trabalho local para outro. Por exemplo, imagine que o valor de salário dos *chefs* aumente na Filadélfia, em relação a outras áreas dos Estados Unidos. Os *chefs* de Austin, Texas ou Seattle e de Washington estarão no próximo vôo para a Filadélfia? Altamente improvável. Mais uma vez, haverá uma variedade de atrasos. Primeiro, os *chefs* de outras cidades precisam descobrir sobre a elevação de salário na Filadélfia. Segundo, eles precisam determinar se a taxa salarial mais alta é permanente ou temporária – já que poucas pessoas se mudariam para outra cidade somente para ganhar salários mais altos por algumas semanas ou meses. Terceiro, eles devem tomar a *decisão* de mudar. (Se você já enfrentou essa escolha difícil, pode imaginar como é difícil decidir desenraizar-se dos amigos e da família e mudar-se para uma nova cidade.) Quarto, eles precisam arrumar as coisas em sua cidade: aviso prévio no emprego atual, terminar o contrato de aluguel do apartamento ou vender a casa, talvez até esperar que os filhos terminem o ano escolar. Considerando-se todas as coisas, pode, facilmente, levar anos até que uma resposta completa da oferta de trabalho ao aumento de salário seja concluída.

Para levar esses atrasos em conta, é conveniente definir dois períodos para o comportamento da oferta de trabalho. Definimos o *curto prazo* como um período muito curto para as pessoas se moverem até uma nova localidade ou adquirir novas habilidades. Assim, no curto prazo, a resposta da oferta de trabalho a uma mudança no salário vem daqueles que *já têm as habilidades e a localização geográfica* necessárias para trabalhar em um mercado.

O *longo prazo*, em contraste, é o tempo suficiente para adquirir novas habilidades ou mudar de localidade. No longo prazo, a resposta da oferta de trabalho a uma alteração no valor do salário inclui os que se mudarão para ou fora da área, e aqueles que vão adquirir as habilidades necessárias para se qualificar para o mercado de trabalho.

A Figura 9 ilustra essa distinção em um gráfico. Quando a taxa salarial é de $25, 30.000 trabalhadores oferecem trabalho no mercado mostrado. Agora, suponha que o salário aumente para $40. No curto prazo, a quantidade ofertada de trabalho se elevará de 30.000 para 60.000, pois um número maior de traba-

A CURVA DE OFERTA DE TRABALHO NO LONGO PRAZO — Figura 9

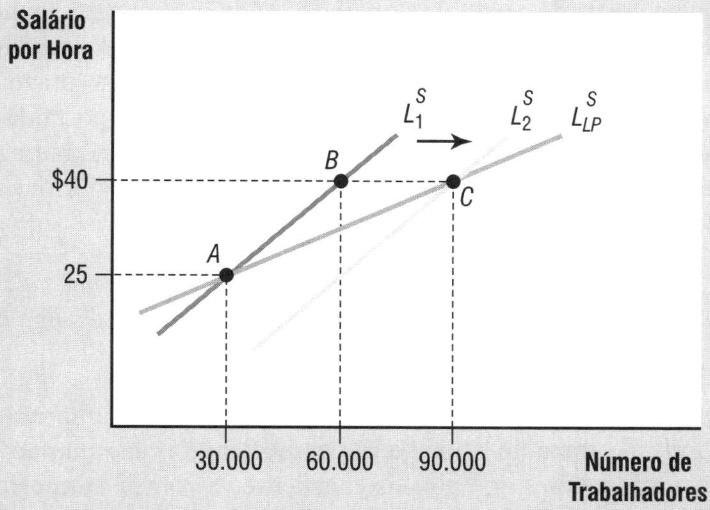

Com um salário de $25, 30.000 trabalhadores oferecem trabalho nesse mercado. Se o salário aumentar para $40, pessoas adicionais que já têm as habilidades necessárias e que já moram na área decidirão oferecer trabalho no mercado. A quantidade ofertada se elevará para 60.000, como resultado de um movimento para o ponto *B* na curva de oferta de trabalho no curto prazo. Durante períodos mais longos, no entanto, um salário de $40 atrairá novos participantes. Com mais pessoas procurando trabalho nesse mercado, a curva de oferta no curto prazo será deslocada para a direita. Portanto, se o salário permanecer em $40, a quantidade ofertada de trabalho crescerá – de 60.000 para 90.000. A curva de oferta de trabalho no longo prazo é encontrada ligando os pontos *A* e *C*.

lhadores que *já* têm habilidades e que *já* moram na área decidirão trabalhar pelo salário mais alto. São pessoas cujo salário de reserva nesse mercado é maior que $25, mas não superior a $40. Assim, no curto prazo, vamos nos mover ao longo da curva de oferta L^S_1, do ponto *A* para o ponto *B*.

À medida que prosseguirmos no longo prazo, a alta taxa de salário atrairá participantes para o mercado de trabalho. Isso aumentará o número de indivíduos que, em habilidades e local, podem realmente trabalhar lá. Como resultado, a curva de oferta de trabalho será deslocada para a direita, até que a entrada no mercado de trabalho cesse. Na Figura 9, isso ocorre quando a curva de oferta de trabalho atinge L^S_2, no ponto em que todos os que querem entrar nesse mercado de trabalho por um salário de $40 já o fizeram. No fim, se o salário permanecesse em $40, a quantidade ofertada de trabalho cresceria até 90.000.

Se perguntarmos "Qual é a resposta da curva de oferta de trabalho no *longo prazo* a um aumento na taxa salarial, de $25 para $40?", a resposta será "a quantidade ofertada de trabalho aumenta de 30.000 para 90.000". Em outras palavras, no longo prazo, movemo-nos do ponto *A* para o ponto *C* na figura. Ligando esses dois pontos com uma linha, obtemos a *curva da oferta de trabalho no longo prazo*, rotulada L^S_{LP}:

A curva de oferta de trabalho no longo prazo *nos informa quantas pessoas (qualificadas) desejarão trabalhar em um mercado de trabalho a cada taxa salarial, depois de feitos todos os ajustes. Especificamente, quando todos aqueles que querem adquirir novas habilidades ou querem mudar para um outro local já o fizeram.*

Curva de oferta de trabalho no longo prazo Uma curva que indica quantas pessoas (qualificadas) desejarão trabalhar em um mercado de trabalho, depois de um ajuste completo devido a uma alteração na taxa salarial.

Observe que, para um aumento no salário de \$25 para \$40, a curva de oferta de trabalho no longo prazo (L^S_{LP}) é mais elástica com relação ao salário que a curva de oferta de trabalho (L^S_1) de curto prazo. Quando a taxa salarial cresce em uma determinada porcentagem, a oferta de trabalho se eleva em uma porcentagem maior no longo prazo do que no curto prazo. Esse sempre será o caso, pois, quando a taxa salarial aumenta, a resposta da oferta de trabalho no longo prazo inclui todos aqueles que entrarão no mercado de trabalho no curto prazo, *mais* as pessoas *adicionais* que entrarão no mercado no longo prazo. Assim,

> *a resposta da oferta de trabalho no longo prazo é mais elástica com relação ao salário do que a resposta da oferta de trabalho no curto prazo.*

Fazendo Errado: Oftalmologistas no Canadá. A falha em reconhecer que a oferta de trabalho é mais elástica no longo prazo que no curto prazo levou os formuladores de políticas canadenses a cometer um erro sério no meio da década de 80. O Canadá tem um programa nacional de seguro-saúde que define os honorários para os serviços médicos. Como parte de uma medida de corte de custos, os administradores do sistema decidiram reduzir os honorários pagos aos oftalmologistas para tratamento de rotina dos olhos, com o objetivo de alinhá-los com os honorários dos optometristas,* especialistas em receitar óculos, que eram menores.

O raciocínio era: se os optometristas estivessem dispostos a fornecer o serviço mediante a um menor honorário, os oftalmologistas deveriam estar dispostos a fazer o mesmo. Afinal, os oftalmologistas já haviam pago seu treinamento, sendo esses custos tidos como *sunk costs* (custos *irrecuperáveis* – consulte o Capítulo 6), irrelevantes em qualquer decisão corrente. Os custos *correntes* para realizar exames nos olhos são os mesmos tanto para oftalmologistas quanto para os optometristas. Os honorários de exames de olhos feitos por oftalmologistas poderiam ser cortados porque haveria pouca mudança no número de exames de olhos realizados por eles.

Por um tempo, a política pareceu funcionar: os oftalmologistas reclamaram, mas continuaram a fornecer tratamento de rotina para seus pacientes. Depois de vários anos, uma coisa interessante aconteceu: o número de oftalmologistas caiu drasticamente e, logo, os administradores da saúde no Canadá ficaram preocupados em ter poucos oftalmologistas.

O erro dos administradores foi ver sua política somente por meio da lente do curto prazo, quando deveriam ter se preocupado também com o longo prazo. Do ponto de vista do curto prazo, a resposta da oferta de trabalho a qualquer mudança na taxa salarial é limitada àqueles que já têm o treinamento. Como os custos de treinamento desses médicos são *sunk costs* (custos irrecuperáveis), eles continuariam, na verdade, a exercer a profissão com baixos honorários até que se aposentassem. No curto prazo, então, a curva de oferta de trabalho pode assemelhar-se a L^S_2 na Figura 9 – não muito elástica, com relação ao salário. Quando as taxas salariais dos oftalmologistas foram reduzidas – vamos dizer, de

* N.R.T.: Profissional da área oftalmológica, não formado em medicina. Essa profissão não existe no Brasil.

$40 para $25 como na figura – o número de especialistas exercendo a profissão caiu muito pouco ao longo da curva L^S_2.

Tendo uma visão de longo prazo, também consideramos a resposta da oferta de trabalho entre aqueles que *poderiam* adquirir capital humano necessário para se qualificar no mercado de trabalho – nesse caso, aqueles que *ainda estariam decidindo sobre uma carreira*. No Canadá, para tornar-se oftalmologista, a pessoa precisa cursar a faculdade de medicina durante quatro anos, continuar com treinamento adicional especializado em distúrbios do olho e fazer alguns anos de residência. Um optometrista, em contraste, precisa de somente dois anos de treinamento depois da faculdade. Assim, um valor de salário mais alto (mais alto que o do optometrista) é necessário para atrair participantes potenciais para o mercado de trabalho dos oftalmologistas. Quando os honorários dos exames oftalmológicos foram igualados, a renda média dos oftalmologistas caiu e – com o tempo – a curva de oferta no curto prazo começou a ser deslocada para a esquerda. (Na Figura 9, imagine um deslocamento de L^S_2 para L^S_1.) Com o salário ainda em $25, o número de oftalmologistas caiu ainda mais – para 30.000 (ponto *A*) na figura.

Mais uma vez, observe que a curva de oferta de trabalho no longo prazo, L^S_{LP}, é mais elástica que a curva de oferta de trabalho de curto prazo inicial (L^S_2 na nossa história). De acordo com isso, a resposta da oferta de trabalho foi muito maior no longo prazo do que os administradores, pensando no curto prazo, tinham antecipado. Em última análise, o governo canadense foi forçado a inverter o curso e a restaurar os honorários mais altos para os oftalmologistas.

EQUILÍBRIO NO MERCADO DE TRABALHO

Encontrar o Equilíbrio

A Figura 10(a) ilustra o mercado para paralegais na área metropolitana de Chicago. (Os paralegais são profissionais com treinamento legal, mas sem diploma em Direito que auxiliam os advogados.) O equilíbrio nesse mercado ocorre onde as curvas de oferta e de demanda se interceptam. O salário de equilíbrio é de $20 por hora e o emprego de equilíbrio é de 3.000 paralegais. O painel (b) ilustra uma firma típica nesse mercado. A firma aceita o valor de salário do mercado de $20 como dado e contrata o número de paralegais que maximiza o lucro – dez – onde sua curva de demanda de trabalho corta a linha do salário, *W*.

Como sabemos que o equilíbrio nesse mercado é como o descrevemos? E como podemos ter confiança de que o mercado atingirá esse equilíbrio? Suponha que a taxa salarial esteja abaixo de $20 – digamos, $16. A essa taxa salarial, os escritórios de advocacia desejarão contratar 4.500 paralegais, mas somente 2.000 pessoas aceitarão trabalhar nesse mercado de trabalho. A concorrência entre os escritórios por paralegais elevará a taxa salarial. Portanto, $16 não pode ser a taxa salarial de equilíbrio nesse mercado, já que ele começaria a aumentar automaticamente. Quando o salário por hora atingisse $20, no entanto, não haveria nenhum incentivo para qualquer firma oferecer um salário mais alto, pois cada firma poderia contratar a $20 todos os paralegais que desejasse.

De maneira semelhante, imagine que o salário por hora fosse *maior* que $20 (vamos dizer, $24). Como podemos ver no painel (a) da figura, a qualquer taxa salarial maior que $20, mais pessoas desejariam trabalhar como paralegais do que os escritórios pensariam contratar. Os escritórios iriam descobrir que eles

Figura 10

EQUILÍBRIO NO MERCADO DE TRABALHO

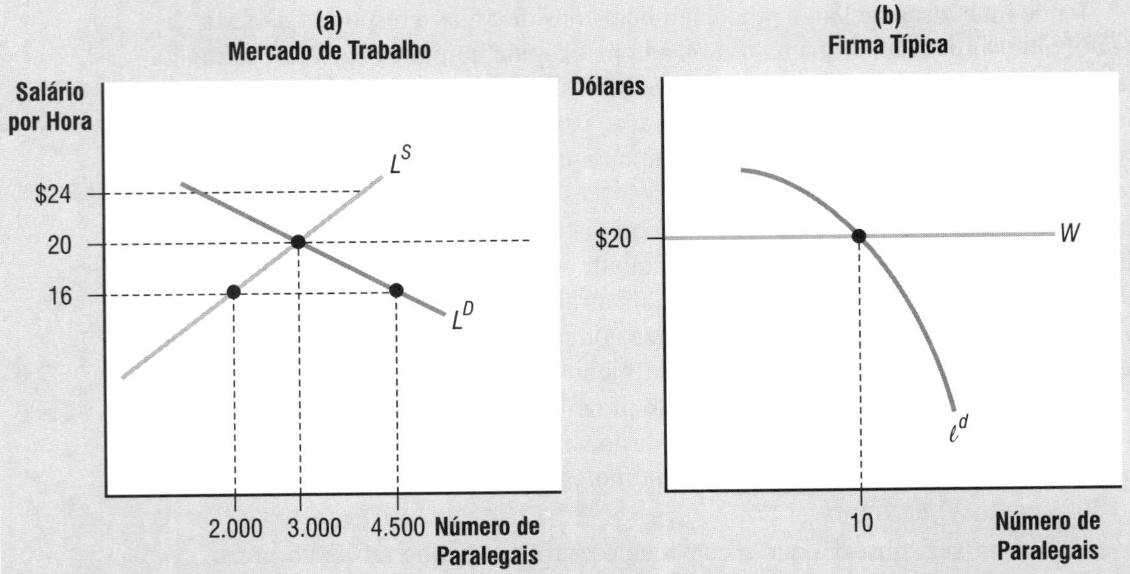

No painel (a), as curvas de oferta e de demanda de mercado de paralegais em Chicago se interceptam para determinar um salário de $20 por hora. Com esse salário, 3.000 paralegais são contratados. A firma de advocacia individual do painel (b) aceita o salário do mercado como dado e emprega paralegais até o ponto em que sua *PRM* é igual a essa taxa salarial. A firma mostrada contratará dez paralegais a um salário de $20 por hora.

podem pagar menos e ainda contratar todos os paralegais que desejassem, de modo que o salário por hora começaria a cair. Mais uma vez, quando o salário caisse até $20, não haveria nenhum motivo para qualquer outra alteração.

As forças da oferta e da demanda levam um mercado de trabalho competitivo ao seu ponto de equilíbrio – o ponto em que as curvas de oferta e de demanda de trabalho se interceptam.

O QUE ACONTECE QUANDO AS COISAS MUDAM?

Os mercados de trabalho – como os mercados de produto – estão em um fluxo contínuo. Uma variedade de eventos pode causar uma mudança na curva da demanda de trabalho (consulte a Tabela 2 na página 382) ou na curva de oferta de trabalho (veja a Tabela 4 na página 389). Nesta seção, exploramos como essas mudanças afetam o equilíbrio em um mercado de trabalho.

O Que Acontece Quando as Coisas Mudam?

UMA MUDANÇA NA DEMANDA DE TRABALHO

O que acontece quando uma curva de demanda de trabalho é alterada? Na Figura 11(a), o mercado de trabalho está inicialmente em equilíbrio no ponto *A*, no qual a curva de demanda $L^D{}_1$ intercepta a curva de oferta de trabalho no curto prazo, $L^S{}_1$. O salário por hora de equilíbrio é de $20 e o emprego de equilíbrio é de 5.000. O painel (b) mostra a firma típica que enfrenta um salário de mercado de $20 e que maximiza o lucro contratando 50 trabalhadores.

Agora, suponha que cada firma, em seu mercado de trabalho, experimente uma modificação para a direita em sua curva de demanda de trabalho. (O que pode causar isso? Examine novamente a Tabela 2.) Cada firma desejará contratar mais trabalhadores a qualquer salário, de modo que a curva de demanda de trabalho do mercado no painel (a) será deslocada para a direita, elevando o salário do mercado para $40. Esse é um movimento ao longo da curva de oferta de trabalho, $L^S{}_1$ do ponto *A* para o ponto *B*, com o emprego aumentando para 8.000.

Enquanto isso, a firma típica aceitará o novo salário mais alto, de $40 como dado. Ela decidirá empregar 80 trabalhadores. Quem serão os trabalhadores adicionais que oferecerão trabalho nesse mercado? Como isso ocorre no curto prazo, serão indivíduos já qualificados (em habilidades ou localização geográfica) para trabalhar, com salários de reserva maiores que $20, mas não maiores que $40.

Esse não é o fim da história. No longo prazo, a alta taxa salarial atrairá novos participantes ao mercado de trabalho – pessoas que irão adquirir o treinamento necessário ou se mudar para uma nova localidade. A população de trabalhadores potenciais qualificados aumentará, deslocando a curva de oferta para a direita.

Isso pode parecer um pouco confuso. Não estamos examinando uma alteração na *demanda* de trabalho nesta seção? Na realidade, estamos. No entanto,

UMA MUDANÇA NA DEMANDA DE TRABALHO **Figura 11**

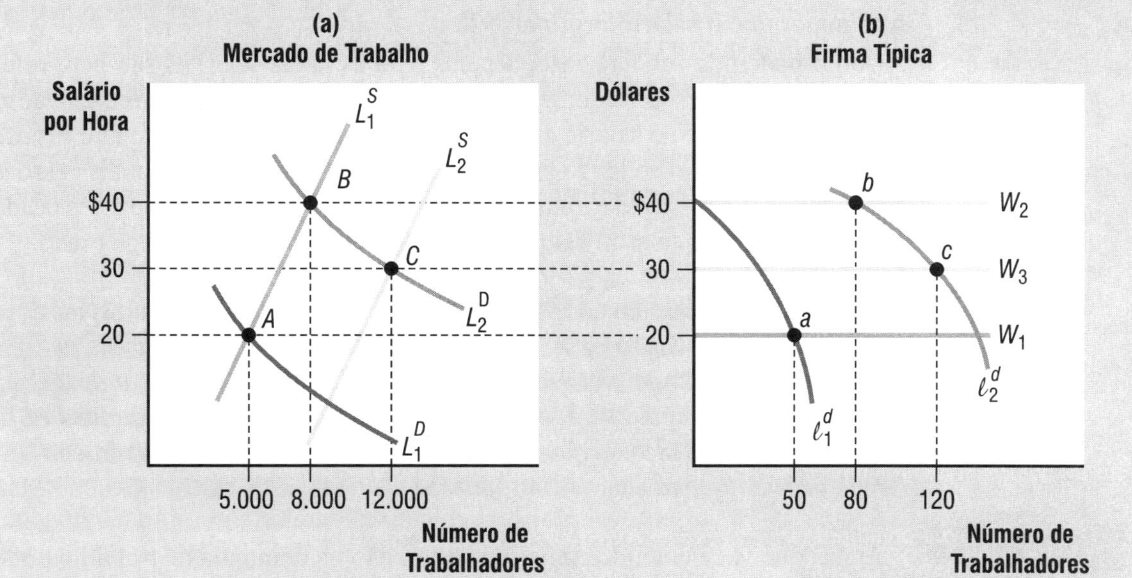

No painel (a), o mercado está, inicialmente, em equilíbrio no ponto *A*. O salário é de $20 e o emprego, de 5.000. Esse equilíbrio é perturbado por um deslocamento para a direita da curva de demanda de trabalho. Cada firma desejará contratar mais trabalhadores. Como todas elas contratam, a curva de demanda de mercado é deslocada para a direita, levando o salário para cima – $40 no ponto *B*. O emprego no mercado aumenta para 8.000 e a firma típica contrata 80 trabalhadores. No longo prazo, a taxa salarial mais alta atrairá trabalhadores adicionais. Sua entrada deslocará a curva de oferta de mercado para a direita e o salário cairá para $30, no ponto *C*. Com o mercado de trabalho mais uma vez no equilíbrio de longo prazo, o emprego no mercado será de 12.000, e a firma típica empregará 120 trabalhadores.

como a mudança na demanda faz a taxa salarial aumentar e uma taxa salarial maior atrai novos trabalhadores para o mercado depois de algum tempo, a curva de oferta de trabalho no curto prazo será, eventualmente, modificada também.

No curto prazo, uma mudança na demanda de trabalho nos move ao longo de uma curva de oferta no curto prazo. No longo prazo, o aumento resultante na taxa salarial fará a curva de oferta de trabalho de curto prazo ser alterada também.

O deslocamento para a direita na curva de oferta de trabalho nos moverá para baixo, ao longo da curva L^D_2. O emprego deverá-se expandir ainda mais e a taxa salarial de mercado cairá, gradualmente. Quando esse movimento será interrompido? Somente quando a entrada nesse mercado não for mais atraente. No diagrama, isso ocorre quando a curva de oferta de trabalho atinge L^S_2, os salários se mantêm em $30, o emprego de mercado é de 12.000 e cada firma está contratando 120 trabalhadores. Observe que a entrada pára *antes* de o salário cair novamente para seu valor original, $20. Por que isso ocorre?

Em grande parte, porque as pessoas têm preferências diferentes. Em qualquer mercado de trabalho, entre os que desejam estar lá, a maioria – que tem os menores salários de reserva – *já* está lá antes da alteração da taxa salarial. Quando a taxa salarial em um mercado aumenta, os novos participantes são os que *não* teriam trabalhado pela taxa antiga, mas que estariam dispostos a trabalhar por uma taxa mais alta. No longo prazo, o salário não pode voltar ao seu valor original de $20, pois, nesse valor, muitos dos novos participantes sairiam, fazendo a taxa salarial aumentar novamente. Quando a curva de oferta no curto prazo parar de mudar, a taxa salarial de mercado – como $30 na figura – será maior que o salário original, $20.

Como podemos ver, as conseqüências para as taxas salariais são bem diferentes no curto prazo e no longo prazo. No curto prazo, existe uma elevação relativamente grande no salário – de $20 para $40. A taxa salarial de fato *excede* seu valor de equilíbrio no longo prazo. Com o tempo, à medida que mais pessoas são atraídas para o mercado e a curva de oferta de trabalho do mercado é deslocada para a direita, a taxa salarial cai para seu valor de equilíbrio no longo prazo.

As taxas salariais, como os preços de bens e serviços, agem como sinais do mercado – levando os trabalhadores a moverem-se para áreas em que seu trabalho seja mais valorizado. Quando a curva de demanda de trabalho é deslocada, a taxa salarial supera o seu valor de equilíbrio de longo prazo. À medida que o sinal começa a funcionar, essa superação temporária da taxa salarial desaparece.

Agora que você entende como uma alteração na demanda de trabalho pode afetar os salários em um mercado de trabalho, volte e leia o parágrafo que abriu este capítulo. Por que os salários dos especialistas médicos nos EUA caíram na década de 90? Muito por causa de um deslocamento para a esquerda na demanda de trabalho. Iniciando no final da década de 80, os consumidores começaram a mudar de médicos particulares caros para HMOs (*health maintenance organizations* – organizações de manutenção da saúde) com um custo menor. Como resultado, a demanda para atendimento médico nos consultórios e hospitais particulares – que empregam a maior parte dos especialistas – foi reduzida (ou, mais precisamente, começou a crescer mais devagar). Isso começou a acontecer no final da década de 80 – bem quando os que hoje são novos especialistas estavam decidindo fazer cursos preparatórios para medicina nas instituições de ensino superior. Sua decisão, claro, foi baseada, parcialmente, nos ganhos mais altos de médicos que prevaleceram durante a maior parte daquela década.

A seqüência de eventos foi exatamente o inverso daqueles descritos na Figura 11, incluindo a queda nas taxas salariais sofrida por especialistas. (Para você se testar, desenhe um diagrama que mostre o que aconteceu ao salário desses especialistas, começando com uma redução na demanda para especialistas médicos. Se a curva de demanda permanecer no lugar após a mudança inicial, você espera que os salários aumentem ou caiam durante os próximos dez anos? *Dica:* A taxa salarial vai superar, somente desta vez, em um sentido *decrescente*.)

UMA MUDANÇA NA OFERTA DE TRABALHO

O Que Acontece Quando as Coisas Mudam?

Alterações na oferta de trabalho costumam ocorrer lentamente. Um novo exame da Tabela 4 mostra por quê. Embora as preferências por trabalhos diferentes possam mudar, e, realmente mudam, as modificações são, geralmente, muito graduais. O custo de adquirir capital humano pode ser alterado mais rapidamente, mas isso só muda uma curva de oferta de trabalho depois de passado um determinado período. Por exemplo, uma queda no preço de estudar em uma faculdade de direito desloca a curva de oferta de trabalho para a direita *três anos depois* – quando os que entraram na faculdade de direito finalmente vão obter seus diplomas e começar a entrar no mercado de trabalho. De maneira semelhante, quando a taxa salarial em algum mercado de trabalho alternativo é alterada – como a taxa em uma outra cidade – leva-se tempo para as pessoas se mudarem de uma localidade para outra e entrarem em um novo mercado de trabalho.

Essas alterações – por mais que pareçam graduais – são importantes para entender as mudanças no mercado de trabalho, especialmente no longo prazo. Vamos explorar um exemplo: um deslocamento para a esquerda na curva de oferta de professores de negócios que ocorreu durante o final da década de 90.

Por que a curva de oferta de professores de negócios foi deslocada para a esquerda? Um motivo foi uma redução do número de pessoas *qualificadas* para dar aulas de negócios nas faculdades, isto é, um decréscimo do número de pessoas com ph.Ds. em matérias relacionadas com negócios. Para entender o porquê, precisamos voltar para o início da década de 90, quando os salários para indivíduos com MBAs das melhores universidades aumentaram consideravelmente, drenando pessoas que poderiam, caso contrário, ter permanecido na escola e obtido o doutorado. Em apenas três anos, o número de novos títulos de doutorado concedidos nas matérias relacionadas com negócios caiu mais de 10% – de 1.114, em 1996, para 1.006 em 1998. De repente, o número de novos Ph.Ds. que entraram no mercado de trabalho foi menor que o número de Ph.Ds. que se aposentaram, de modo que houve uma redução no conjunto de trabalhadores qualificados para dar aulas de negócios. Em outras palavras, a curva de oferta de trabalho foi deslocada para a esquerda.

A coisa vai mais além. Os que *tinham* o doutorado e *estavam* qualificados para ensinar nas escolas de negócios também enfrentavam um mercado de trabalho alternativo: o mercado para analistas de negócios e analistas financeiros do setor privado com doutorado. Nesse mercado alternativo, os salários estavam aumentando ainda mais rapidamente que no mercado para MBAs. Na realidade, ao final da década de 90, muitas firmas de Wall Street estavam atraindo ph.Ds. de universidades oferecendo salários duas ou quatro vezes maiores do que eles poderiam ganhar dando aulas. Não surpreendentemente, com qualquer dada taxa salarial, menos pessoas queriam permanecer na universidade. Portanto, por esse motivo, também, a curva de oferta de trabalho foi deslocada para a esquerda.

Vamos examinar um mercado mais específico: o mercado para novos professores de finanças. Na Figura 12, a redução na oferta desses professores é ilustrada pelo deslocamento para a esquerda da curva de oferta de trabalho, de L^S_1 para L^S_2. Ao mesmo tempo, houve um crescimento na demanda para professores de finanças, à medida que as inscrições para MBA continuaram a crescer. Isso significa que a curva de *demanda* para esses professores foi deslocada para a direita, de L^D_1 para L^D_2. O decréscimo na oferta de trabalho e a elevação na demanda de trabalho, combinados, moveram o equilíbrio do ponto *A* para o ponto *B*, fazendo o salário de equilíbrio dos novos professores de finanças aumentar de $66.900 por ano, em 1995, para $85.300, em 1998.

Finalmente, uma última pergunta sobre a Figura 12: o que irá acontecerá no longo prazo? Essa é uma pergunta que engana, pois *estamos* discutindo o longo prazo. No exemplo, como na maioria dos casos de mudanças na oferta de trabalho, a própria mudança ocorre no longo prazo. Na realidade, a curva de oferta de trabalho pára seu deslocamento – no ponto *B* – somente quando todos os ajustes de longo prazo já ocorreram. Quando uma mudança de longo prazo na oferta de trabalho é a causa de modificações no mercado de trabalho, não existe alteração para ser investigada no equilíbrio de curto prazo.

Figura 12

O MERCADO PARA PROFESSORES DE FINANÇAS NOS ANOS 90

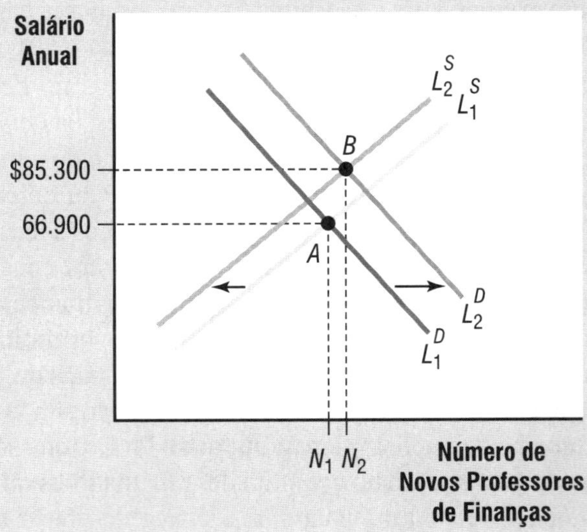

Durante a década de 90, a oferta no mercado de novos professores de Finanças caiu, conforme mostrado pelo deslocamento para a esquerda da curva de oferta do mercado. Ao mesmo tempo, a maior demanda por cursos de Finanças fez a curva de demanda se deslocar para a direita. Como resultado, o salário de equilíbrio aumentou de $66.900 para $85.300.

ESCASSEZ E EXCESSO DE TRABALHO

Algumas vezes, ouvimos sobre uma escassez ou um excesso de trabalhadores em algumas profissões ou comércio: no início da década de 90, havia um excesso de cientistas; na metade da década de 90, uma escassez de desenvolvedores de softwares. Os economistas definem uma **escassez de trabalho** como um *excesso de demanda* por trabalho – uma situação na qual a quantidade demandada de trabalhadores em um mercado é maior que a quantidade ofertada à taxa salarial vigente. De maneira semelhante, um **excesso de trabalho** é um *excesso de oferta* de trabalhadores, quando a quantidade ofertada de trabalho é maior que a quantidade demandada.

Escassez de trabalho A quantidade demandada de trabalho excede a quantidade ofertada à taxa salarial vigente.

Excesso de trabalho A quantidade ofertada de trabalho excede a quantidade demandada à taxa salarial vigente.

Examine novamente e Figura 10 (página 394). Quando o salário por hora está no seu valor de equilíbrio ($20), as quantidades demandadas e ofertadas são iguais, não existe um excesso de demanda nem um excesso de oferta de paralegais. Argumentamos que, em um mercado de trabalho competitivo, qualquer excesso de demanda ou excesso de oferta é corrigido automaticamente. A concorrência por empregos escassos ou a concorrência por trabalhadores escassos leva o valor do salário para seu valor de equilíbrio. Agora, examinemos novamente as Figuras 11 e 12. Lá, vimos que as alterações na oferta ou na demanda de trabalho provocam mudanças na taxa salarial de equilíbrio e no nível de emprego, mas – como o salário pode ser ajustado – não há escassez ou excesso.

Essas observações sugerem que uma escassez ou um excesso pode ocorrer somente quando a taxa salarial falha em mover-se para seu valor de equilíbrio por algum motivo. Isso é importante, pois a mídia geralmente atribui escassez e excesso somente às forças da oferta e da demanda.

Escassez e excesso em um mercado de trabalho não são conseqüência natural de alterações nas curvas de oferta e de demanda. Uma escassez de trabalho ocorre somente quando a taxa salarial falha em aumentar para seu valor de equilíbrio. De maneira semelhante, um excesso de trabalho ocorre somente quando a taxa salarial falha em cair para seu valor de equilíbrio.

Os microeconomistas se interessam muito por escassez e excesso, por serem eventos custosos para os indivíduos, para as firmas e para a sociedade como um todo. Uma escassez em um mercado de trabalho dificulta para as firmas a tarefa de encontrar trabalhadores e as força a pagar custos maiores de recrutamento para preencher vagas de emprego. No fim, algumas vagas devem permanecer abertas – simplesmente não existem trabalhadores suficientes para preenchê-las – o que significa que produtos de valor não serão produzidos.

De maneira semelhante, um excesso em um mercado de trabalho dificulta aos trabalhadores a tarefa de encontrar empregos nesse mercado. O tempo que poderia ser gasto ganhando renda e produzindo produtos é dedicado, em vez disso, ao envio de currículos ou à espera pela sorte grande.

Por que um valor de salário algumas vezes falha em ajustar-se ao seu valor de equilíbrio? No início deste capítulo, foi apontado que, embora o mercado de trabalho seja semelhante a outros mercados em muitos aspectos, ele também tem algumas características especiais. Primeiro, o preço do trabalho – a taxa salarial – é a principal fonte de renda da maioria das famílias. A maioria de nós não aceitaria trabalhar para um empregador que alterasse a taxa salarial toda vez que houvesse uma mudança na demanda ou na oferta de trabalho, pois a renda iria mudar de maneira relativamente desorganizada. Uma firma com reputação de fazer reduções freqüentes no salário teria dificuldade para atrair trabalhadores em primeiro lugar. Ela poderia ter de pagar taxas salariais mais altas, em média, do que uma firma com uma melhor reputação. Ao desenvolver uma reputação por estabilidade de salário, uma firma tem mais facilidade para atrair trabalhadores e pode obter maior lucro no longo prazo.

Agora, considere o que acontece quando a curva de demanda de trabalho é deslocada para a direita (como na Figura 11) ou a curva de oferta de trabalho é deslocada para a esquerda (como na Figura 12). À taxa salarial original, haveria uma escassez de trabalho que geralmente levaria a taxa salarial para cima. Mas, por algumas semanas, ou até mesmo vários meses, uma firma pode resistir a um aumento de salário – mesmo quando tem vagas não preenchidas – pois está relutante em ficar presa a uma taxa salarial elevada indefinidamente, especialmente se acredita que a situação de escassez é temporária. No entanto, se a modificação na demanda ou na oferta de trabalho for duradoura, as firmas eventualmente perceberão (depois de alguns meses? anos?) isso e morderão a isca, preenchendo suas vagas pagando a taxa salarial de equilíbrio mais alta.

Utilizando a TEORIA

ENTENDENDO O MERCADO DE TRABALHO PARA PESSOAS COM CURSO SUPERIOR

Os estudantes têm vários motivos para ir à faculdade, mas um dos mais importantes é investir no seu próprio capital humano. De maneira simplista, fazer faculdade permitirá que você tenha uma renda mais elevada que teria se não a fizesse. Quanto mais elevada? Em 1998, quem tinha colegial, aos 25 ou mais, ganhava $19.735 por ano, enquanto quem tinha curso universitário ganhava $36.708.[9]

O *salário-prêmio* da faculdade é a porcentagem pela qual a renda de quem tem curso superior excede a renda de quem tem colegial. A Figura 13 (próxima página) apresenta como esse prêmio tem se comportado nos anos recentes, separadamente para homens e mulheres. Observe a relativa estabilidade nos prêmios durante o final da década de 60 e durante a de 70 e o aumento drástico durante 80 e 90. Em 1998, o prêmio para o sexo masculino tinha atingido 72%, e 90% para as mulheres.[10]

As ferramentas que vimos neste capítulo podem ajudá-lo a entender por que o salário-prêmio se comportou dessa maneira. O primeiro passo é perceber que, a cada ano, os mercados de trabalho para aqueles com diplomas de curso superior e para aqueles com diplomas de colegial passam por mudanças como as mostradas na Figura 14 (página 402). Todo ano, em cada um desses mercados de trabalho, tanto a curva de oferta de trabalho como a curva de demanda de

[9] U.S. Bureau of the Census, "Measuring 50 Years of Economic Change" (Washington, DC: U.S. Government Printing Office, 1998), Tabela C-8.

[10] Isso não significa que as mulheres com curso superior ganham mais que homens com curso superior. Na realidade, as mulheres ganham menos. Isso diz, na verdade, que a *lacuna* da porcentagem de renda entre pessoas com curso superior e pessoas com colegial é maior para as mulheres.

Figura 13

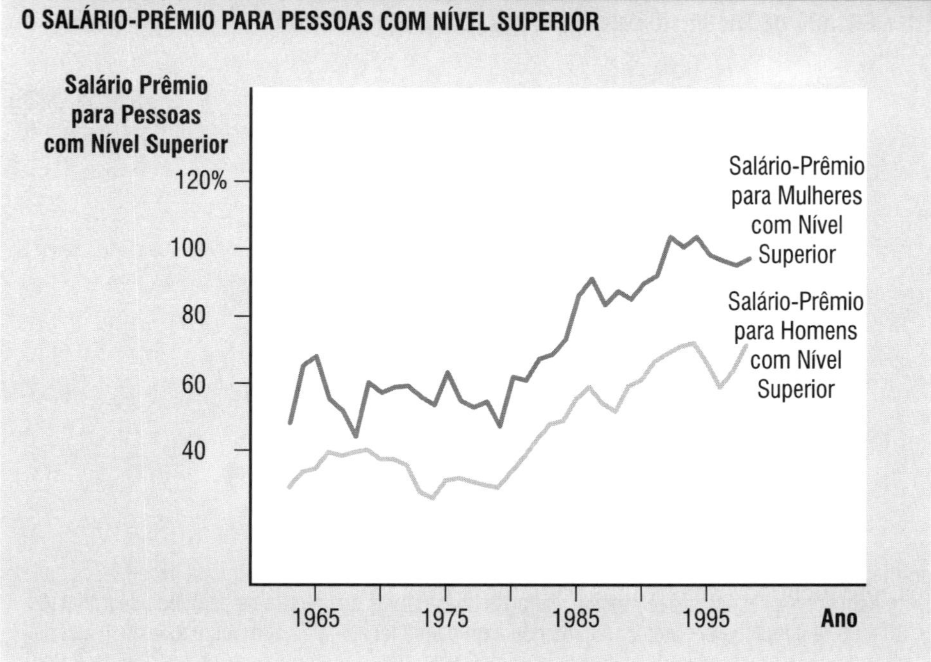

O salário-prêmio para pessoas com nível superior caiu durante o final das décadas de 60 e 70, mas mudou nitidamente durante 80 e 90. Em 1998, o prêmio para homens atingiu 72% e para as mulheres 99%.

trabalho são deslocadas para a direita. A taxa salarial, no entanto, pode aumentar ou diminuir em cada mercado, dependendo de qual curva se desloca mais para a direita – a curva de oferta de trabalho ou a curva de demanda de trabalho.

Vamos nos concentrar no mercado para pessoas com diplomas de curso superior durante as décadas de 80 e 90. Por que a oferta de trabalho foi deslocada para a direita a cada ano? Primeiro, porque houve um aumento na *proporção* de pessoas jovens que fazem faculdade. Por exemplo, a proporção de pessoas de 18 e 19 anos na faculdade cresceu de 46%, em 1980, para 62% em 1997. Isso, por sua vez, foi parcialmente provocado por uma alteração nas preferências para educação de nível superior, e parcialmente por uma resposta atrasada, no longo prazo, às altas taxas salariais ganhas por pessoas com nível superior no início.

Segundo, a própria população aumentou. Isso teria elevado o número de pessoas com nível superior e deslocado a curva de oferta para a direita, mesmo se a *proporção* de jovens fazendo faculdade tivesse permanecido a mesma.

Por que a curva de demanda de trabalho foi deslocada para a direita a cada ano? Em parte, por causa do crescimento normal na economia. À medida que as firmas ficam maiores e novas firmas nascem, há mais demanda de trabalho a qualquer taxa salarial.

Outro motivo para aumentos na demanda de trabalho foi a mudança tecnológica. Durante as últimas décadas, a mudança tecnológica ampliou as exigências de habilidades para muitos tipos de trabalho. Empregos de rotina como somar números, processar solicitações simples de informações pelo telefone ou soldar peças em uma linha de montagem estão, cada vez mais, sendo executados por computadores e outras máquinas. Os trabalhos oferecidos às *pessoas*, enquanto isso, têm exigido mais habilidades que antes. Em vez de querer pessoas que executem tarefas de rotina, as firmas querem contratar pessoas capazes de escrever um software, de projetar e dar suporte a computadores e páginas da Web, de utilizar equipamentos de alta tecnologia. Como resultado, muitas firmas

Figura 14

O MERCADO DE TRABALHO PARA PESSOAS COM CURSO SUPERIOR

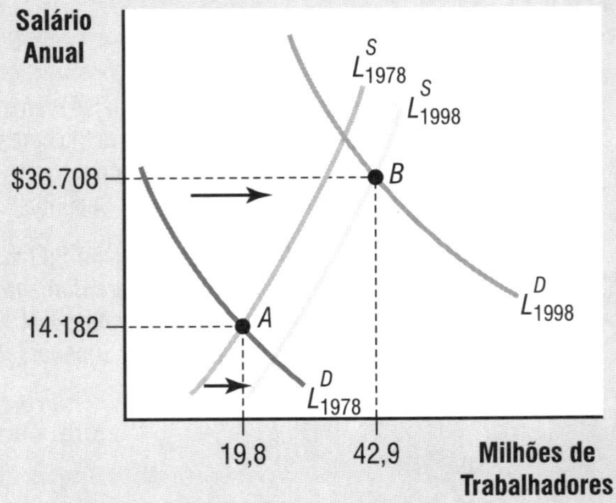

As alterações no salário-prêmio – a porcentagem pela qual os ganhos das pessoas com ensino superior excedem os das pessoas com colegial – podem ser explicadas em termos de alterações nas curvas de oferta e de demanda de trabalho. Durante as décadas de 80 e 90, a demanda cresceu à medida que a mudança tecnológica aumentou as exigências de habilidades em muitos empregos. Ao mesmo tempo, a oferta aumentou por causa de um crescimento na população de indivíduos em idade de cursar o ensino superior, e na proporção desses indivíduos que escolheram fazer faculdade. Como a demanda mudou mais rápido que a oferta, a taxa salarial média para pessoas com nível superior aumentou – de $14.182 para $36.708.

modificaram seus esforços de contratação para pessoas com nível superior que deven ter mais habilidades e ser mais capazes de adquirir novas habilidades.

Observe que, na Figura 14, o resultado das mudanças na demanda e na oferta de trabalho foi um aumento na taxa salarial anual, de $14.182, em 1978, para $36.708 em 1998. Isso ocorreu, porque, durante as últimas duas décadas, a curva de demanda para pessoas com diploma de curso superior foi deslocada para a direita mais rapidamente do que a curva de oferta. No mercado para os que têm apenas diplomas de colegial (não mostrado), o oposto estava ocorrendo: a curva de demanda de trabalho foi deslocada para a direita praticamente no mesmo valor e, algumas vezes, mais lentamente que na curva de oferta de trabalho. Como resultado, as taxas salariais de pessoas com colegial reduziu.

O que vai acontecer no futuro? Existem duas tendências concorrentes. A primeira é uma aceleração no deslocamento para a direita da curva de oferta de trabalho para pessoas com nível superior. Isso deverá *reduzir* o salário-prêmio das pessoas com nível superior. Por que a aceleração da oferta de trabalho é alterada para pessoas com nível superior? Em parte, porque os jovens ainda estão respondendo ao excesso das taxas salariais ocorrido nos anos anteriores. Além disso, espera-se que os subsídios do governo à educação – que cresceram rapidamente na última década, de $20 bilhões, em 1990, para cerca de $42 bilhões em 1999 – cresçam ainda mais na próxima década. Esses subsídios – na forma de concessões, fundos para trabalhar/estudar e empréstimos a juros baixos para estudantes – tornam a educação superior mais acessível aos estudantes e, portanto, elevam o número de pessoas que escolhem se matricular.

Também pode haver uma tendência contrária: uma aceleração no deslocamento para a direita da curva de *demanda* de trabalho para pessoas com nível superior. Isso ocorre devido a mudanças adicionais na tecnologia. Muitas das novas tecnologias atualmente em pauta são complementares ao trabalho altamente qualificado, mas substitutas do trabalho menos qualificado. Os estudantes certamente adquirem habilidades valiosas ao fazer faculdade. Além disso, estudos mostraram que as firmas investem mais treinamento formal em estudantes com diplomas de curso superior do que em estudantes que tenham apenas o colegial, aumentando mais a vantagem de qualificação das pessoas com nível superior.

A maioria dos analistas do mercado de trabalho prevêm que, nos próximos anos, no mercado de trabalho para pessoas com nível superior, a curva de demanda por trabalho será deslocada para a direita mais rapidamente que a curva de oferta de trabalho. Assim, espera-se que a taxa salarial para pessoas com nível superior cresça. No mercado para pessoas com colegial, no entanto, a expectiva é de que as mudanças na curva de oferta de trabalho superem as mudanças na curva de demanda. Como resultado, espera-se que o salário-prêmio para estudantes de nível superior aumente.

É interessante verificar que esse salário-prêmio para pessoas com nível superior é um dos motivos por trás de uma tendência na direção de uma maior desigualdade de renda nas décadas de 80 e 90, mas não é o único motivo. Estudos mostraram que a desigualdade se elevou mesmo dentro de grupos: maior desigualdade *entre* pessoas com nível superior e *entre* pessoas com colegial. O que explica esse crescimento na desigualdade de renda?

Para responder a essa pergunta, devemos ampliar e aprofundar nossa análise da desigualdade de renda. Começaremos a fazer isso no próximo capítulo.

RESUMO

As firmas precisam de *recursos* – terra, trabalho e capital – para produzir seus produtos. Os recursos são comercializados em *mercados de fatores,* nos quais as firmas são demandantes e as famílias são ofertantes. O *mercado de trabalho* é um mercado de fator-chave. A maioria das famílias obtém a maior parte da sua renda com a venda de seu trabalho. Um *mercado de trabalho perfeitamente competitivo* é um no qual existem muitos compradores e vendedores, todos os trabalhadores parecem os mesmos para as firmas e não há barreiras à entrada e à saída.

A demanda de trabalho por uma firma é uma *demanda derivada* – derivada da demanda para o produto que a firma produz. Em um mercado de trabalho competitivo, cada firma enfrenta uma taxa salarial determinada pelo mercado. Se o trabalho for o único insumo variável, a firma contrata até o ponto no qual o *produto-receita marginal* (*PRM)* do trabalho – a variação na receita total por contratar mais um trabalhador – é igual à taxa salarial. A *curva de demanda de trabalho* da firma é a parte com inclinação negativa da sua curva de *PRM.* Se houver mais de um insumo variável, a curva de demanda da trabalho será mais plana, pois mudanças no uso de um insumo irão afetar a produtividade dos outros insumos. Ainda assim, a firma contratará trabalhadores até o ponto em que *PRM* for igual a taxa salarial.

A *demanda de mercado por trabalho* é a soma horizontal de todas as curvas de demanda de trabalho individuais das firmas. No lado da oferta, a *curva de oferta de trabalho* com inclinação para cima reflete os *salários de reserva* das famílias. Uma taxa salarial mais alta irá atrair mais trabalhadores para um mercado específico. As curvas de oferta e de demanda de trabalho de mercado se interceptam para determinar a taxa salarial de mercado e o emprego para uma determinada categoria de trabalho.

O equilíbrio de mercado pode ser alterado por uma variedade de motivos. Mudanças em qualquer uma das curvas levam a uma nova combinação de taxa salarial de equilíbrio e de emprego. Um aumento na *demanda* de trabalho pode resultar de uma elevação no preço do produto da firma, de uma mudança tecnológica que aumenta o *produto marginal do trabalho (PMT)*, da introdução de um novo insumo complementar ao trabalho ou de um crescimento no número de firmas contratando nesse mercado. Em cada caso, a curva de demanda de trabalho do mercado se desloca para a direita, elevando a taxa salarial e o nível de emprego. A *oferta* de trabalho de mercado pode aumentar como resultado de uma redução na taxa salarial em outros mercados de trabalho, uma redução no custo de adquirir habilidades necessárias para o mercado de trabalho, um aumento na população ou uma modificação nas preferências em favor de trabalhar nesse mercado. O aumento na oferta de trabalho reduz a taxa salarial, ampliando, ao mesmo tempo, o nível de emprego.

É importante distinguir entre uma mudança de curto prazo e uma mudança de longo prazo no equilíbrio de mercado. No curto prazo, supomos um número fixo de pessoas qualificadas que estão localizadas na área geográfica do mercado de trabalho. O longo prazo, em contraste, é um período longo o suficiente para os trabalhadores adquirirem novas habilidades de emprego, ou para se mudarem para novas localizações geográficas. No longo prazo, estranhos podem entrar no mercado e lá oferecer trabalho. Após uma mudança na demanda de trabalho, o valor do salário geralmente *supera* o valor no curto prazo e, em seguida, volta gradualmente para seu valor de equilíbrio no longo prazo.

PALAVRAS-CHAVE

mercados de produtos
mercados de fatores
mercado de trabalho perfeitamente competitivo
demanda derivada
insumo complementar
curva de oferta de trabalho de longo prazo
tomador de salário
insumo substituto
escassez de trabalho
produto-receita marginal
salário de reserva
excesso de trabalho
curva de demanda de trabalho de mercado
curva de oferta de trabalho

QUESTÕES PARA REVISÃO

1. O que significa quando dizemos que a demanda de uma firma por trabalho é uma *demanda derivada*?
2. Explique como a introdução de um novo insumo que é complementar ao trabalho afeta a demanda de trabalho. Faça o mesmo para um insumo substituto de trabalho.
3. Como uma firma em um mercado de trabalho perfeitamente competitivo decide quantos trabalhadores contratar? Que taxa salarial ela paga a eles?
4. Como o produto-receita marginal do trabalho, *PRM*, é calculado? Por que geralmente estipula-se que essa fórmula é válida somente "quando o produto é vendido em um mercado competitivo de produtos"? (Por exemplo, pense se $PRM = P \times PMT$ serviria no contexto de um monopólio.)
5. Existe uma diferença entre a curva de *PRM* de uma firma e sua curva de demanda de trabalho? Caso exista, qual é a diferença?
6. Por que a curva de demanda de trabalho de uma firma torna-se mais plana quando outros insumos, além do trabalho, podem variar (como no longo prazo)?

7. Examine novamente e Figura 11 (página 395). Quando o salário de mercado aumentou de $20 para $40 no curto prazo, a firma típica ampliou o número de trabalhadores contratados de 50 para 80. Como isso pôde acontecer? O bom senso dita que, quando o valor do salário se eleva, as firmas querem contratar *menos* – não mais – trabalhadores. Resolva o paradoxo.
8. O que é um salário "de reserva"? Por que seu próprio salário de reserva seria diferente para empregos diferentes? Por que os salários de reserva de dois indivíduos geralmente são diferentes quando eles estão pensando no *mesmo* emprego?
9. Em que sentido a taxa salarial é um *sinal*? Como esse sinal está relacionado com os equilíbrios de curto e de longo prazos em um mercado de trabalho?
10. Verdadeiro ou falso. "Quando a curva de demanda de trabalho é deslocada para a esquerda, o resultado inevitável é desemprego." Explique.

PROBLEMAS E EXERCÍCIOS

1. No país da Barrônia, o mercado para trabalhadores da construção é perfeitamente competitivo. Explique o que aconteceria à taxa salarial de equilíbrio e ao emprego de equilíbrio dos trabalhadores da construção sob cada uma das circunstâncias a seguir:
   a. Os adultos jovens na Barrônia começam a desenvolver uma preferência por morar em suas próprias casas e apartamentos, em vez de morar com os pais até se casarem.
   b. As firmas de construção começam a utilizar robôs recém-desenvolvidos que executam muitas tarefas anteriormente executadas por trabalhadores da construção.
   c. Por causa de uma guerra na vizinha Errônia, os trabalhadores da construção de Errônia atravessam a fronteira até a Barrônia.
   d. Existe um aumento na demanda por automóveis na Barrônia e os trabalhadores da construção desse país possuem as habilidades necessárias para produzir automóveis.
2. A seguir, temos as informações de emprego e de produção diária para a Your Mama, fabricante perfeitamente competitivo de placas-mãe de computadores.

Número de Trabalhadores	Produção Total
10	80
11	88
12	94
13	97
14	99

   Um trabalhador na Your Mama ganha $80 por dia e as placas-mãe são vendidas por $27,50.
   a. Quantos trabalhadores serão empregados? Como você sabe?
   b. Suponha que o salário do mercado para trabalhadores de placa-mãe aumente em $5 por dia por trabalhador, mas o preço do mercado de placas-mãe permaneça inalterado. O que acontecerá ao emprego na firma? Por quê?
3. Para o mercado de especialistas médicos dos EUA, discutido na seção "Uma mudança na demanda de trabalho", mostre o que aconteceu, no curto prazo e no longo prazo, à medida que a demanda por esses especialistas caiu. Utilize as curvas de oferta e de demanda de trabalho de mercado, bem como a curva de demanda de trabalho de um hospital individual.
4. Indústrias relacionadas com a defesa foram grandes empregadoras de físicos durante a Guerra Fria. Quando as tensões terminaram depois da queda da União Soviética, entretanto, houve cortes na defesa.
   a. Utilizando gráficos, ilustre o impacto, no mercado para físicos, dos cortes na defesa. O que aconteceu a sua taxa salarial de equilíbrio e ao número de pessoas empregadas? Imaginando que o mercado se ajustasse ao novo equilíbrio, os cortes teriam provocado desemprego entre os físicos? Por quê?

b. Na realidade, muitas firmas de defesa tinham contratos de longo prazo com seus profissionais, prendendo-os a salários específicos durante anos. Como esse fato altera sua resposta em (a)? Isso poderia explicar por que o desemprego ocorreu entre os físicos no início da década de 90? Explique.

5. Desenhe uma típica curva de oferta de trabalho de mercado para programadores de computador, referente ao próximo ano. Depois, desenhe a curva examinando a próxima década. O que explica a principal diferença entre as duas?
6. Suponha que a carne desidratada seja um bem inferior. Discuta os efeitos de um aumento na renda nacional na taxa salarial de equilíbrio e no nível de emprego na indústria de carne desidratada.
7. Leia novamente a seção "Uma mudança no salário de mercado em outros mercados de trabalho". Em seguida, faça dois diagramas de mercado de trabalho – um mostrando o mercado para advogados em escritórios de advocacia e o outro mercado em firmas que começaram a atuar na Internet. Mostre o que aconteceria ao salário e ao emprego de advogados, nos dois mercados, se a demanda para serviços de Internet fosse *reduzida*.

QUESTÃO DESAFIADORA

1. Muitas pessoas pensam que a imigração para os Estados Unidos – por causar concorrência por empregos – reduzirá os valores dos salários dos trabalhadores americanos. Ainda assim, embora os Estados Unidos admitam centenas de milhares de imigrantes a cada ano, o salário, nos EUA, continua crescendo. Você pode explicar por quê? Existe algum grupo de trabalhadores dentro da economia para o qual o medo de salários menores se justifica? Explique.

EXERCÍCIO EXPERIMENTAL

1. Utilize o jornal para localizar dois artigos que descrevam os efeitos das mudanças tecnológicas nos mercados de trabalho. Em cada caso, identifique um tipo de trabalho que seja complementar à nova tecnologia e um tipo de trabalho que seja substituível pela nova tecnologia. Em cada um desses mercados de trabalho, esboce um diagrama de oferta e de demanda para mostrar o efeito da mudança tecnológica.

CAPÍTULO

12

DESIGUALDADE DE RENDA

Você se senta em uma reunião com seu pessoal de vídeo e seu pessoal internacional e mastiga os números. Com – vamos dizer – Nicholas Cage e Ed Harris... você obtém um conjunto de números. Você coloca o nome [Sean] Connery, os números sobem bastante.

Um executivo de alto escalão da Disney, explicando por que Sean Connery recebeu $12 milhões para estrelar junto a Nicholas Cage no filme A Rocha. [1]

RESUMO DO CAPÍTULO

Imagine, por um momento agradável, que você seja Sean Connery. Seu dia de trabalho normal começa em uma limusine, levando-o ao local da filmagem do dia, onde você será perturbado por maquiadores e pessoal de figurino. Você decora algumas linhas de diálogo e, em seguida, fica por perto durante várias horas, enquanto os inevitáveis problemas técnicos são resolvidos. Durante esse tempo, você é cercado de assistentes cujo único trabalho é mantê-lo feliz, que o olham com respeito, até mesmo com adoração, e o chamam de "Senhor Connery". Finalmente, você executa o trabalho do dia: talvez dez minutos de diálogo. Se cometer um erro, terá outra chance de fazer corretamente – tantas chances quantas precisar. Depois de fazer isso todos os dias durante quatro ou cinco meses, você receberá um cheque de $12 milhões.

Agora, mude de direção e imagine-se em um emprego menos recompensador. Por exemplo, um preparador de comida rápida em uma cafeteria. Você passa o dia suando diante de uma grelha quente, girando uma pequena roda de metal com uma quantidade infinita de pedidos, cada um dizendo o que você deve fazer durante os próximos três minutos. Você prepara várias centenas de refeições por dia, enquanto enfrenta o mau humor de garçons e garçonetes que querem rapidez, que o olham feio quando você esquece que um cliente queria batatas fritas e não assadas e que o chamam de qualquer coisa menos pelo seu nome. Ao final do dia, seu rosto está coberto de gordura, seus olhos estão vermelhos da fumaça e seus pés estão doloridos de tanto que você ficou em pé. E, por trabalhar dessa maneira dia após dia, por um ano inteiro, você recebe $15.000.

Algumas pessoas o consideram uma pessoa de sorte ainda assim: de acordo com o U.S. Census Bureau, quase 36 milhões de pessoas vivem na pobreza, com rendas ainda menores – pequenas demais para atingir um padrão de vida aceitável.

Vivemos em um país com diferenças extremas em riqueza e renda. Os que estão no topo andam de limusines com chofer, enquanto os

[1] *The New York Times*, 18 de setembro de 1995, p. D11.

que estão na base mal conseguem comprar sapatos. Um motivo para isso é a diferença nos salários – o assunto da primeira parte deste capítulo. Aqui, você verá *por que* Sean Connery ganha mais que um cozinheiro de comida rápida. Na realidade, você verá por que a maioria dos advogados, médicos e gerentes corporativos ganha mais que a maioria dos professores, motoristas de caminhão e trabalhadores de linha de montagem e por que esses trabalhadores, por sua vez, ganham mais que trabalhadores do campo, vendedores de lojas e garçons. Como veremos, podemos explicar muito sobre as diferenças de salário, utilizando as ferramentas que vimos no capítulo anterior.

O trabalho é apenas um recurso que as pessoas oferecem ao mercado e os ganhos do trabalho são apenas uma fonte de renda. Além disso, algumas pessoas possuem e oferecem outros recursos – como capital ou terra – e podem obter renda também com eles. Ainda assim, outras pessoas – no final da escada da economia – não podem fornecer *nenhum* recurso para o mercado. Para entender a desigualdade de renda de maneira mais ampla, devemos ampliar o alcance para além do mercado de trabalho e examinar os ganhos – ou a falta deles – de *todas* as fontes. Faremos isso na segunda metade do capítulo.

POR QUE OS SALÁRIOS DIFEREM?

Em qualquer momento, algumas das desigualdades salariais que observamos são desigualdades de *curto prazo*. Por exemplo, suponha que os trabalhadores de dois mercados de trabalho ganhem o mesmo salário *se* seus mercados estiverem no equilíbrio de longo prazo. Se o ajuste ao equilíbrio de longo prazo levar algum tempo – como geralmente acontece (ver o Capítulo 11) –, os salários poderão permanecer desiguais por algum tempo.

Existem também a desigualdade de salário de *longo prazo* – diferenças nos salários que persistem depois de feitos todos os ajustes. Quando pensamos na desigualdade de renda, estamos mais preocupados com as diferenças nos salários no longo prazo, já que as diferenças no curto prazo, por definição, desaparecerão com o tempo.

A Tabela 1 apresenta os ganhos médios por hora em várias indústrias em 1980, 1990 e 1999. Observe as diferenças substanciais nos salários que persistiram durante as últimas duas décadas. Por exemplo, o trabalhador médio na indústria de mineração obteve uma renda, de maneira consistente, quase duas vezes maior que o trabalhador médio no varejo. A desigualdade nas rendas obtidas pelo trabalho, entre os *indivíduos*, é muito maior do que a tabela mostra. Primeiro, os números são números *médios*, já que eles ignoram as diferenças substanciais nos salários *dentro* de cada indústria. Em 1999, os trabalhadores horistas mais bem remunerados na mineração ganhavam, substancialmente, mais de $17,09 por hora e os trabalhadores com pior remuneração no varejo ganhavam menos que $9,15. Segundo, a tabela ignora os benefícios como seguro-saúde e aposentadoria. Essa renda oculta tende a ser maior na extremidade alta da escala, aumentando ainda mais o grau de desigualdade. Terceiro, a tabela inclui pagamentos somente para trabalhadores *horistas* e exclui as rendas do trabalho (geralmente maiores) dos supervisores e executivos com salário mensal. Dados mais precisos – se pudessem ser obtidos – revelariam uma disparidade ainda maior nos salários entre os trabalhadores nos EUA. Como uma hora do trabalho humano pode ter valores tão diferentes no mercado?

Tabela 1

SALÁRIOS MÉDIOS POR HORA

Indústria	1980	1990	1999
Mineração	$9,29	$13,80	$17,09
Construção	$10,10	$13,84	$17,21
Fabricação	$7,42	$10,91	$14,04
Finanças, seguro e imobiliário	$5,89	$10,09	$14,70
Comércio no varejo	$4,96	$6,78	$9,15
Média para o setor privado	$6,76	$10,08	$13,35

Fonte: Bureau of Labor Statistical Data. Os dados são de setembro de cada ano.

UM MUNDO IMAGINÁRIO

Caracterizar o Mercado

Para entender por que os salários diferem no mundo real, vamos começar imaginando um mundo *irreal*, com três características:

1. Exceto pelas diferenças nos salários, todos os empregos são igualmente atraentes para todos os trabalhadores.
2. Todos os trabalhadores são capazes de fazer qualquer trabalho.
3. Todos os mercados de trabalho são perfeitamente competitivos.

Nesse mundo, esperaríamos que todo trabalhador ganhasse um salário idêntico no longo prazo. Vamos ver por quê.

A Figura 1 apresenta dois mercados de trabalho diferentes que, no início, têm salários diferenciados. O painel (a) mostra um mercado local para assistentes de executivos que ganham $20 por hora. O painel (b) traz o mercado para carpinteiros que ganham $30 por hora. Esse diagrama poderia descrever o equilíbrio no longo prazo nesses mercados? De jeito nenhum.

Imagine que você trabalhe com processamento de textos. De acordo com a primeira suposição, carpintaria é tão atraente para você quanto o trabalho de secretário. No entanto, como a carpintaria possui uma remuneração maior, você prefere ser um carpinteiro. De acordo com a segunda suposição, você está *qualificado* para ser um carpinteiro e, de acordo com a terceira suposição, não existem barreiras para impedir que você se torne um. Assim, você – e muitos outros assistentes de executivos – começará a procurar emprego como carpinteiro. No painel (a), a curva de oferta de trabalho será deslocada para a esquerda (saída do mercado para os assistentes) e, no painel (b), a curva de oferta de trabalho será deslocada para a direita (entrada no mercado para carpinteiros). À medida que essas alterações ocorrerem, o salário de mercado dos assistentes de executivos aumentará e o dos carpinteiros cairá.

Encontrar o Equilíbrio

Quando a entrada e a saída de trabalhadores cessará? Quando não existir mais nenhum motivo para que um assistente de executivo queira ser um carpinteiro, ou seja, quando os dois mercados de trabalho estiverem pagando o mesmo salário, de $26 no exemplo. No longo prazo, o mercado para assistentes executivos atinge o equilíbrio no ponto *A*' e o mercado para carpinteiros, no ponto *B*'.

Na história, assistentes de executivos realmente *mudam* de emprego para tornarem-se carpinteiros. Mas os salários se igualariam no longo prazo, mesmo se ninguém mudasse de emprego. Por quê? Se a carpintaria pagar mais, os novos participantes da força de trabalho, decidindo sua profissão pela primeira

Figura 1

DESAPARECENDO OS DIFERENCIAIS DE SALÁRIO

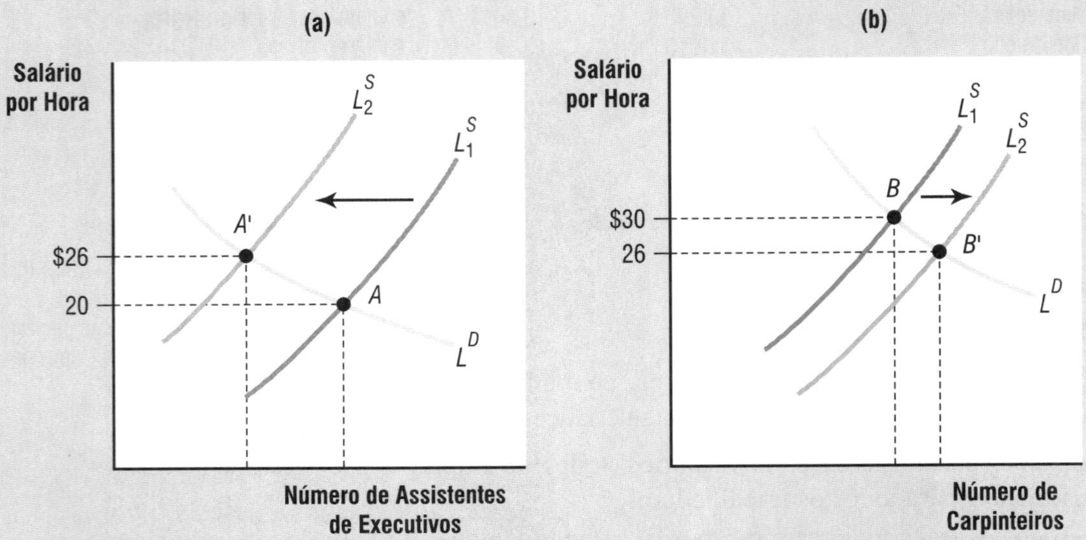

Inicialmente, a oferta e a demanda para assistentes de executivos, no painel (a), determinam um salário de equilíbrio de $20 por hora – no ponto *A*. No painel (b), o salário inicial de carpinteiros é de $30 por hora. Se esses mercados são competitivos, se os dois empregos são igualmente atraentes e se todos os trabalhadores são igualmente capazes de fazer os dois trabalhos, esse diferencial de salário não pode persistir. Alguns assistentes de executivo desistem do cargo – reduzindo a oferta no painel (a) – e tornam-se carpinteiros – aumentando a oferta no painel (b). Essa migração continuará até que o salário dos dois mercados seja de $26.

vez, escolherão a carpintaria, em vez de trabalho de secretaria. Assim, à medida que houver mais assistentes de executivos aposentando do que entrando na profissão, seus números cairão. Na carpintaria, em contraste, haverá mais novos participantes que aposentados e o número de carpinteiros aumentará. Essas alterações continuarão até que os salários sejam iguais nos dois mercados.

O que é verdadeiro para assistentes de executivos e carpinteiros vale para *qualquer* par de mercados de trabalho que possamos escolher. Médicos e trabalhadores da construção, professores e fazendeiros – todos ganhariam o mesmo salário. Nessa hipótese, mercados de trabalho diferentes são como água no mesmo lago – se o nível se eleva em uma margem, a água flui para a outra margem até que o nível seja o mesmo em todos os lugares. Da mesma maneira, trabalhadores vão fluir para mercados de trabalho com maiores salários, igualando os salários em diferentes empregos *se* as três características forem satisfeitas.

Tire qualquer uma dessas hipóteses do caminho e o resultado do salário igual desaparece. Isso nos informa onde procurar as fontes de desigualdade de salário no mundo real: uma *violação* de uma ou mais dessas três suposições.

O Que Acontece Quando as Coisas Mudam?

COMPENSANDO DIFERENCIAIS

Em nosso mundo imaginário, todos os empregos eram atraentes para todos os trabalhadores. No mundo real, no entanto, os empregos diferem em centenas de maneiras que importam para os trabalhadores. Quando um emprego é intrinsecamente mais ou menos atraente que outro, podemos esperar que seus salários se distingam por um *diferencial de compensação no salário.*

Um ***diferencial de compensação no salário*** *é uma diferença, nos valores dos salários, que torna dois empregos igualmente atraentes para um trabalhador.*

Diferencial de compensação no salário Uma diferença nos salários que torna dois empregos igualmente atraentes para um trabalhador.

Para ver como os diferenciais de compensação no salário surgem, vamos considerar algumas das importantes maneiras nas quais os empregos podem diferir.

Características Não Monetárias do Trabalho. Suponha que você trabalhe dentro de um arranha-céu e descubra que pode ganhar $1 a mais por hora lavando as janelas do edifício pelo lado de fora. Você "fluiria" para o mercado de trabalho de lavadores de janela como água em um lago? Provavelmente não. Em razão do risco maior de morte, não valeria a pena.

O perigo é um exemplo de uma **característica não monetária do trabalho.** É um aspecto de um emprego – bom ou mau – que não é facilmente medido em dólares. Quando você pensa em uma carreira, quer esteja ciente disso ou não, você está avaliando centenas de características não monetárias do trabalho: o risco de morte ou lesão, a limpeza do ambiente de trabalho, o prestígio que pode esperar na comunidade, a quantidade de esforço físico necessário, o grau de estímulo intelectual, o potencial para crescimento. Enfim, a lista é longa. Você também pensa na localização geográfica do emprego e nas características da comunidade na qual você viveria e trabalharia: clima, índices de criminalidade, níveis de poluição, o sistema de transporte, amenidades culturais e assim por diante. O que tudo isso sugere sobre os diferentes salários no longo prazo? Lembre-se de que, no equilíbrio no longo prazo, não existe motivo automático para que o salário seja alterado. Isso, por sua vez, requer que as pessoas não tenham nenhum incentivo para deixar um mercado de trabalho e entrar em outro, pois essas alterações deslocariam as curvas de oferta de trabalho e mudariam o salário de cada mercado. Os trabalhadores, entretanto, se sentirão satisfeitos por ficar em um emprego que consideram menos desejável somente se houver um diferencial de compensação no salário. O diferencial de compensação será apenas o suficiente para impedir que os trabalhadores migrem de um mercado de trabalho para outro.

Característica não monetária do trabalho Qualquer aspecto de um trabalho – que não seja o salário – que tenha importância para um funcionário potencial ou atual.

Vamos ver como os diferenciais de compensação entram no exemplo de processadores de texto e carpinteiros. Examine novamente a Figura 1. Anteriormente, dissemos que, se os dois empregos forem igualmente atraentes, ambos pagarão o mesmo salário no longo prazo. Agora, imagine que todos prefiram empregos sedentários como processadores de texto, ao trabalho físico como carpintaria, e que haja um diferencial de salário de $10, em favor da carpintaria para tornar os dois empregos igualmente desejáveis. Assim, os dois mercados se estabilizarão nos pontos *A* e *B*, nos quais os carpinteiros recebem um diferencial de compensação de salário de $10 por hora para compensar as características menos desejáveis de seus empregos.

As características não monetárias dos diferentes trabalhos fazem surgir diferenciais de compensação no salário. Empregos considerados intrinsecamente menos atraentes tendem a pagar maiores salários, as outras coisas permanecendo iguais.

E os empregos incomumente *atraentes*? Esses empregos, geralmente, pagam diferenciais *negativos* de compensação no salário. Por exemplo, muitos recém-formados em faculdades são atraídos para carreiras nas artes ou na mídia. Como os empregos iniciais de nível nessas indústrias são muito desejáveis pelos motivos não monetários, eles tendem, na média, a pagar menores salários que empregos semelhantes em outras indústrias. Pelo mesmo motivo, as pessoas aceitam menores salários quando um emprego oferece uma maior probabilidade de crescimento – e de um salário maior – no futuro. Não surpreende, portanto, que aos *trainees* de gerência nas grandes corporações sejam pagos, geralmente, salários relativamente baixos.

Evidentemente, pessoas diferentes possuem preferências diversas por condições de vida e de trabalho. Enquanto alguns preferem um ambiente de trabalho quieto e silencioso como uma biblioteca ou um laboratório, outros preferem o tumulto de uma doca de carregamento ou de um andar de comercialização. Enquanto a maioria das pessoas é extremamente avessa a arriscar suas vidas, algumas preferem, na realidade, viver perigosamente como em trabalhos policiais ou em operações de resgate. Portanto, não podemos utilizar preferências pessoais para afirmar se um emprego é mais ou menos atraente ou para decidir quais empregos devem pagar um diferencial de compensação positivo ou negativo. Em vez disso, quando mercados de trabalho são perfeitamente competitivos, a entrada e a saída de trabalhadores determinam, automaticamente, o diferencial de compensação salarial em cada mercado de trabalho.

Esse é um motivo pelo qual a maioria dos economistas é cética em relação à idéia de *valor comparável*, segundo a qual um órgão governamental deve determinar as habilidades necessárias para executar diferentes trabalhos e comandar as diferenças de salário necessárias entre eles. Embora essa política pudesse corrigir algumas desigualdades quando os mercados de trabalho são imperfeitamente competitivos, também poderia introduzir várias desigualdades, já que ninguém pode saber como diferentes trabalhadores avaliariam as centenas de características de cada emprego. Os economistas geralmente preferem políticas para aumentar a concorrência e eliminar a discriminação, para que o próprio mercado possa determinar o valor comparável.

Uma Digressão: Vale a Pena ser Incomum? Uma implicação dos diferenciais de compensação salarial é que os trabalhadores com preferências incomuns, geralmente, têm uma vantagem monetária no mercado de trabalho. Por exemplo, somente uma pequena parte dos trabalhadores *prefere* empregos perigosos como trabalho policial. Como o mercado de trabalho é competitivo e há uma demanda relativamente alta por trabalhadores em empregos perigosos, os policiais ganham mais que os que estão em outros empregos semelhantes, com menor risco de morte ou lesão. Mas, se você for uma dessas pessoas incomuns que *preferem* o perigo, obterá um diferencial de compensação no salário igual ao de todos os outros policiais, muito embora você tenha escolhido ser um policial de qualquer maneira.

Nesse momento, se prefere o clima frígido de inverno do Alaska, se prefere lavar janelas no 90º andar ou se acha que seria divertido defender a indústria de cigarros na mídia, você pode ganhar um salário maior colocando suas preferências um tanto incomuns no trabalho.

Diferenças no Custo de Vida. Muitas pessoas acham que morar em Cleveland ou na Filadélfia é quase da mesma maneira atraente. Ainda assim, os salários na Filadélfia são cerca de 10% maiores que em Cleveland. Por quê? Um motivo importante é que os preços na Filadélfia são cerca de 10% maiores que em Cleveland. Se os salários fossem iguais nas duas cidades, muitas pessoas em decisão de onde morar escolheriam Cleveland, onde seus ganhos teriam maior poder de compra. A oferta de trabalho nos mercados de trabalho da Filadélfia cairia, aumentando os salários lá, enquanto a oferta nos mercados de trabalho em Cleveland se elevaria, lá reduzindo os salários. No fim, a diferença de salário seria suficiente para compensar o custo de vida mais alto da cidade de Filadélfia.

As diferenças nos custos de vida podem provocar diferenciais de compensação no salário. As áreas em que os custos de vida são maiores que a média tendem a ter salários maiores que a média.

Diferenças no Capital Humano. Suponha que você tenha decidido tornar-se um profissional que faz prognósticos ontológicos (não precisa procurar, é um emprego hipotético). Você foi informado que o emprego exige doutorado e paga $60.000 por ano, e isso é bom para você, já que seu salário de reserva para essa profissão é menor que $60.000. Ao candidatar-se à pós-graduação, você descobre que quem faz prognósticos ontológicos deve ter *dois* doutorados, não um. O seu salário de reserva aumentaria? Absolutamente. Um segundo doutorado exige, no mínimo, mais quatro anos de estudo, o que significa custos de oportunidade adicionais para matrícula, livros e renda não ganha. E, se seu salário de reserva se elevar para acima de $60.000, você mudará de idéia e procurará outra carreira.

Essa história hipotética deve convencê-lo de que os maiores custos de treinamento – como os que médicos, advogados, engenheiros e cientistas de pesquisa enfrentam – tornam o emprego menos atraente. A fim de atrair trabalhadores, essas profissões devem pagar um salário maior que o de outras profissões que, de certa forma, são semelhantes, mas exigem menos treinamento.

Em termos da Figura 1 (página 410), vamos voltar aos pontos iniciais, *A* e *B*, onde os carpinteiros ganham um salário maior que o dos processadores de texto. Essa diferença de salário atraiu trabalhadores para a carpintaria e os afastou do processamento de textos, até que os salários se tornaram iguais nos dois mercados. Agora, suponha que a carpintaria exigisse mais treinamento que o processamento de texto. Esperaríamos que a mudança de emprego – e as mudanças nas curvas de oferta de trabalho – *parasse* antes que os salários fossem igualados. No longo prazo, após todos os ajustes terem sido feitos, os carpinteiros ganhariam mais, para compensá-los por arcarem com maiores custos de treinamento.

As diferenças nas exigências do capital humano podem fazer surgir diferenciais de compensação nos salários. Empregos que exigem treinamento mais custoso tendem a pagar maiores salários, as outras coisas permanecendo iguais.

Os diferenciais de compensação explicam muito do diferencial de salário entre os empregos que exigem diplomas de curso superior e os que exigem somente diploma de colegial. Em 1998, uma pessoa com curso superior ganhava um salário anual de $43.782, enquanto pessoas com colegial ganhavam somente $23.594. Os ganhos especialmente altos de dentistas, ($92.350), advogados ($75.890) e médicos ($102.020)[2] refletem, pelo menos em parte, diferenciais de compensação pelo alto capital humano requerido – e custos de capital humano – para iniciar em suas profissões.

A idéia dos diferenciais de compensação de salário remonta a Adam Smith, que foi quem primeiro observou que empregos desagradáveis parecem pagar mais que outros empregos que exigem habilidades e qualificações semelhantes. É um conceito poderoso e pode explicar muitas diferenças que observamos nos salários, mas não todas.

DIFERENÇAS EM HABILIDADE

Em 1998, aos 35 anos, Michael Jordan ganhava mais de $50 milhões – $34 milhões jogando basquetebol pelo Chicago Bulls e o restante endossando produtos como Gatorade, serviços de telefone WorldCom/MCI e tênis Nike. Isso era um diferencial de compensação por ser desagradável jogar basquete profissional? Por um alto risco de morte no trabalho? O custo de vida em Chicago era centenas de vezes maior que em outras cidades? Jordan tinha, aos 35, gasto mais anos aprimorando suas habilidades que um advogado, médico, arquiteto ou engenheiro ou, até mesmo, mais que o jogador comum de basquete?

A resposta para todas essas perguntas é *não.* Não percebemos a explicação óbvia: Jordan é um *excelente* jogador de basquete, melhor que 99,999% da população poderia ser com *qualquer* quantidade de treinamento. Isso ocorre, em parte, por causa de seus *dons* – as características valiosas que ele possui devido ao nascimento ou a experiências na infância, mas que não exigiram nenhum custo de oportunidade de sua parte. No caso de Jordan, esses dons incluem sua velocidade, agilidade e coordenação naturais. Mas Jordan também mostrou uma perseverança extraordinária em explorar seu talento. Juntos, seus dons de talento e sua decisão e trabalho em explorá-los fizeram dele um atleta de habilidade incomparável.

Embora Michael Jordan possa ser um caso extremo, o princípio se aplica a todos. Nem todo o mundo tem a inteligência necessária para ser um cientista de pesquisa, a mão firme para ser um neurocirurgião, a habilidade de pensamento rápido para ser um negociante de mercadorias, a mente bem organizada para ser um gerente comercial ou o talento para ser um artista ou um dançarino de balé. Isso viola nosso mundo imaginário, o princípio de que todos os trabalhadores têm igual habilidade em todos os empregos e explica muito da desigualdade de salário que observamos no mundo real.

Podemos entender isso em termos da Figura 1 (página 410). Um diferencial no salário entre dois trabalhos iguais poderia persistir se os que trabalham por menores salários (ponto *A* no painel (a)) não pudessem entrar no mercado de maior salário (ponto *B* no painel (b)), pois – independentemente de quanto capital humano eles adquirissem – nunca conseguiriam trabalhar bem o suficiente.

Muitos economistas acreditam que a desigualdade de renda piorou na década de 90. Se isso for verdade, as diferenças nas habilidades podem estar desem-

[2] Os números de salários para dentistas, advogados e médicos são médias de 1998 do *Bureau of Labor Statistics.*

penhando um papel importante. Descobertas científicas e avanços tecnológicos podem ter ampliado não somente as exigências de habilidades de muitos empregos, mas também as capacidades necessárias para adquirir essas habilidades. (Por exemplo, maior perseverança e inteligência são necessárias para dominar um programa de processamento de texto do que para aprender a digitar.)

A Figura 1, no entanto, somente nos informa parte da história: os salários diferem não apenas *entre* diferentes tipos de empregos, mas também *dentro* de categorias de emprego. E isso ocorre amplamente porque, em qualquer ofício ou profissão, o talento, a inteligência e a habilidade física dos trabalhadores – e seu valor para as firmas – variam consideravelmente.

Por exemplo, imagine que dois arquitetos tenham igual educação e treinamento, mas que o arquiteto A – mais talentoso – possa fazer projetos mais inovadores e atrair duas vezes mais clientes que pagam bem, em comparação com o arquiteto B. Assim, uma firma deve estar disposta a pagar ao arquiteto A duas vezes mais que ao arquiteto B.

> *Em geral, os que possuem mais talento, inteligência ou perseverança são mais produtivos no trabalho e geram mais receita para as firmas. Assim, as firmas se dispõem a pagar a eles um salário maior.*

Examine novamente a citação no início deste capítulo. Por que a Disney estava disposta a pagar $12 milhões para Sean Connery, para que ele estrelasse em *A Rocha*? O executivo do alto escalão explica: "Quando você coloca o nome de [Sean] Connery, os números sobem bastante". Os números aos quais ele está se referindo são a receita da *bilheteria*, da qual metade vai para a Disney. Em grande parte, por causa de seus dons de talento e aparência, Sean Connery pode dar mais receita à Disney que Ed Harris – receita suficiente para justificar um salário de $12 milhões, quando Harris poderia ter sido contratado por – vamos dizer – $1 milhão.

A Economia dos Astros. Sean Connery e Michael Jordan são exemplos de astros – indivíduos que são quase universalmente considerados os melhores ou entre os poucos que estão no topo, em suas profissões. Nos anos recentes, esses indivíduos incluem a modelo Cindy Crawford, a atriz Gwyneth Paltrow, o advogado Johnnie Cochran, o apresentador de programa de entrevistas Jay Leno e o escritor John Grisham. (Quaisquer que sejam seus próprios sentimentos com relação a qualquer uma dessas pessoas, o mercado – onde as pessoas votam com seus dólares – as considera no topo de suas profissões.) Ainda assim, a habilidade excepcional explica plenamente os ganhos extremamente altos desses astros? Vamos ver.

Sem dúvida, o âncora do jornal da NBC, Tom Brokaw, é melhor para apresentar as notícias que a maioria dos âncoras

CURVAS PERIGOSAS

É tentador pensar que empregos que exigem maiores habilidades ou talentos *automaticamente* pagarão mais que empregos que mais pessoas conseguem fazer. Isso não é necessariamente verdadeiro. Menos pessoas podem escrever uma boa poesia, em relação ao número de pessoas que podem escrever um bom artigo de jornal, mas ainda, assim, os jornalistas ganham substancialmente mais que os poetas. Por quê? Pouquíssimas pessoas *lêem* poesia e, nesse mercado, a demanda derivada por poetas é muito baixa em relação à sua oferta. Por outro lado, um grande número de pessoas lê jornais. Comparado ao mercado para poetas, a demanda derivada por jornalistas é consideravelmente mais alta em relação à oferta. Você evitará bastante confusão ao lembrar-se de que o salário de equilíbrio é determinado pelos *dois* lados do mercado – a oferta e a demanda – em vez de apenas por um ou por outro.

de jornais locais. Ele, porém, é melhor o suficiente para justificar um salário 20 ou 30 vezes maior que o apresentador local mais bem pago? De maneira semelhante, Sean Connery é substancialmente melhor que o ator médio, talvez mesmo entre os melhores. Contudo, ele é melhor o suficiente para justificar um salário centenas de vezes maior que a média? O mesmo é observado entre os melhores cantores, médicos, advogados, e assim por diante: os ganhos adicionais que eles obtêm por estarem no topo parecem fora de proporção para suas habilidades adicionais. Como isso pode acontecer?

A explicação, em todos esses casos, *está* baseada na habilidade – e também pelas recompensas exageradas que o mercado oferece para os que são considerados os melhores entre os melhores de um campo.[3] Vamos supor que você prefira ler um romance por mês para seu entretenimento. Se puder escolher entre o melhor romance publicado no mês e um romance quase tão bom quanto você naturalmente escolherá aquele que pensa ser o melhor. Apenas as pessoas que lêem *dois* romances por mês escolherão o melhor *e* o segundo melhor e somente quem lê três escolherá os três melhores. Se a maioria das pessoas classificar os romances recentes de mistério na mesma ordem, o melhor venderá milhões de cópias, o segundo poderá vender centenas de milhares e o terceiro poderá vender somente milhares. Muito embora os três romances possam ser muito próximos em qualidade, os ganhos dos autores serão amplamente diferentes.

A mesma coisa ocorre nos mercados para concertos de rock, filmes de ação e transmissões de notícias. Em todos esses casos, onde os que estão no topo podem vender seus serviços para milhões de pessoas ao mesmo tempo, a recompensa por ser o melhor pode ser astronômica.

Esse fenômeno não se limita aos astros da mídia. Imagine que você precise de um transplante de coração e o melhor cirurgião seria 10% melhor que o segundo melhor cirurgião. Você não estará disposto a pagar um prêmio de mais de 10% para ter o melhor, em vez de o segundo melhor? O mesmo se aplica aos executivos corporativos. Se o principal executivo da Wal-Mart puder tomar decisões apenas levemente melhores que as da Kmart, a Wal-Mart poderá ganhar participação significativa no mercado com relação à Kmart e seus ganhos poderão ser muitas vezes maiores que os da Kmart. Esse é um motivo pelo qual, no mundo comercial, pequenas diferenças nas habilidades percebidas dos executivos levam a diferenças enormes nos salários.

BARREIRAS À ENTRADA

O Que Acontece Quando as Coisas Mudam?

Em nosso mundo imaginário, não havia barreiras à entrada em nenhum ofício ou profissão. A ausência de restrições é um elemento importante para a suposição de que o mercado de trabalho é competitivo. Mas, em alguns mercados de trabalho, as barreiras mantêm fora os futuros participantes, resultando em maiores salários nesses mercados.

Na Figura 1 (página 410), vimos que, se aos carpinteiros fossem pagos maiores salários que aos processadores de texto, a entrada de novos trabalhadores no mercado para os carpinteiros igualaria os salários nos dois empregos.

[3] Consulte, por exemplo, FRANK, Robert H.; COOK, Philip J. *The Winner Take All Society* (The Free Press: Nova York, 1995).

E se os carpinteiros fossem *protegidos* da concorrência por uma barreira à entrada, uma que impedisse os recém-chegados de se tornarem carpinteiros? Assim, a curva de oferta de trabalho no painel (b) *não* seria deslocada para a direita e o maior salário para os carpinteiros poderia persistir. Voltando para a analogia da água fluindo para igualar o nível de água nas duas margens de um lago, uma barreira à entrada é como uma parede no meio do lago: ela bloqueia o fluxo, permitindo que uma margem tenha um nível de água maior que o da outra.

Como as restrições à entrada de novos trabalhadores ajudam a manter altos salários para os protegidos pelas barreiras – os que já têm empregos no mercado protegido – não deveríamos nos surpreender ao descobrir, que em quase todos os casos, são os já empregados os responsáveis pelo surgimento das barreiras. Todavia não seria o bastante simplesmente colocar uma placa "Recém-chegados, não se aproximem!". A força dos maiores salários é uma força poderosa e o impedimento da entrada requer uma força no mínimo tão poderosa quanto. O que conserva os recém-chegados fora de um mercado, mantendo, assim, um salário mais que competitivo para os que já estão trabalhando?

Em muitos mercados de trabalho, as leis de licenciamento ocupacional mantêm de fora novos participantes potenciais. Profissionais muito bem pagos, como médicos, advogados e dentistas, bem como os que possuem um comércio como barbeiros, proprietários de salão de beleza e encanadores, não podem vender legalmente seus serviços sem primeiro obter uma licença. Em muitos Estados, sem uma licença não é possível nem mesmo vender o serviço de trançar cabelos. Para obter a licença, você deve concluir um longo curso em cosmetologia e passar em uma prova.

A AMA (American Medical Association – Associação Médica Norte-Americana), organização profissional à qual quase metade dos médicos norte-ameri-

O MERCADO PARA MÉDICOS

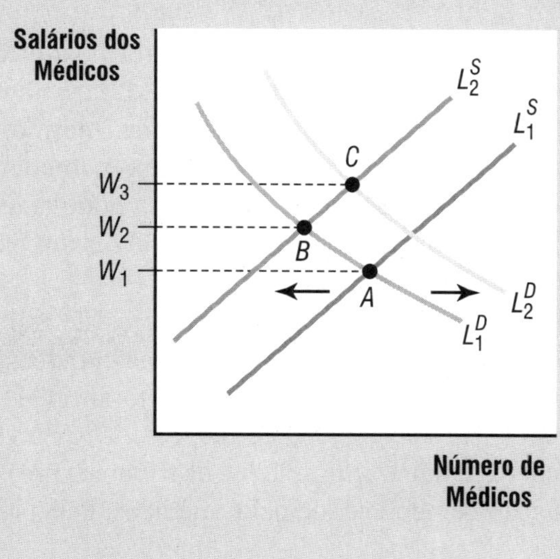

Figura 2

Sem a AMA, as curvas de oferta e de demanda para médicos se interceptariam no ponto *A*, para determinar o salário W_1. As ações da AMA para restringir a oferta de médicos fizeram a curva de oferta ser L^S_2 que fica à esquerda de L^S_1. Isso implica um maior salário, W_2. Além disso, a AMA tem procurado aumentar a demanda de serviços médicos impedindo que quem não seja médico concorra. Isso desloca a curva de demanda para a direita – para L^D_2 –, aumentando ainda mais o salário para W_3.

canos pertence, é, talvez, o mais forte exemplo de licenciamento ocupacional como uma barreira à entrada. A AMA se defende como uma defensora vigilante de altos padrões de tratamento de saúde, por meio da sua regulamentação de escolas médicas, seus certificados de especialistas e de seu lobby com o governo. Os economistas tendem a ter uma visão muito diferente da AMA. Embora não neguem que algumas de suas iniciativas realmente elevem a qualidade dos médicos, eles vêem a associação, primeiramente, como um instrumento para manter altas as rendas para os médicos.

A Figura 2 mostra o mercado para médicos nos Estados Unidos. Na ausência de qualquer atividade que aumente a renda, a curva de oferta de trabalho $L^S{}_1$ interceptaria a curva de demanda de trabalho $L^D{}_1$ no ponto A, o que resultaria no salário de equilíbrio W_1. Não se sabe se esse salário seria relativamente alto ou baixo, pois desde 1847 – quando a AMA foi fundada – esse equilíbrio competitivo nunca foi obtido.

Boa parte da atividade da AMA foi desenvolvida para reduzir a *oferta* de médicos. Imediatamente depois de sua fundação, ela impôs rígidos procedimentos de licenciamento que elevavam os custos de entrada para *novos* médicos. Os profissionais já existentes estavam isentos das novas exigências. Apesar dessas restrições, houve um crescimento rápido do número de médicos perto do final do século XIX. Em resposta, entre 1900 e 1920, a AMA fechou quase metade das faculdades de medicina do país.[4] Essas e outras iniciativas para restringir a oferta de médicos resultaram em uma curva de oferta para médicos como $L^S{}_2$, que fica à esquerda de $L^S{}_1$, movendo o equilíbrio para o ponto B, além de aumentar os salários para W_2.

Esse não é o fim da história. A AMA tem procurado elevar a *demanda* de serviços médicos, impedindo que não médicos competissem com médicos. Durante sua história, a associação moveu-se agressivamente para limitar a concorrência de parteiras, quiropráticos, homeopatas e outros profissionais da saúde. Ao limitar o acesso para esses profissionais da saúde, a AMA aumenta a demanda pelos serviços de seus próprios membros. O impacto dessas políticas tem sido um deslocamento para a direita na curva de demanda para médicos, para $L^D{}_2$, movendo o equilíbrio para um ponto como o C e ampliando os salários ainda mais, para W_3.

(Se você acha que a manutenção de altos padrões é a principal motivação para essas políticas, considere que a política da AMA permite que os médicos exerçam a profissão em *qualquer* área da medicina, mesmo em uma na qual ele não tenha treinamento especializado. Por exemplo, um dermatologista sem nenhum treinamento ou experiência em obstetrícia pode fazer um parto; uma parteira com ampla experiência pode ser presa se fizer um parto sem a supervisão de um doutor em medicina.)

No final da década de 80, o aumento nos custos do tratamento de saúde levou a um maior escrutínio público da AMA e suas práticas anticompetitivas foram intensamente atacadas. Algumas restrições foram relaxadas e o número de médicos por 100.000 pessoas cresceu de 169, em 1975, para 233 em 1990. Ao mesmo tempo, a Federal Trade Commission e os tribunais pressionaram a AMA a remover sua proibição de publicidade pelos médicos. Pela primeira vez, novos

4 "Doctors Operate to Cut Out Competition", *Business and Society Review*, Verão de 1986, pp. 4-9.

participantes puderam competir com profissionais já estabelecidos por meio da publicidade de seus preços e serviços. Não surpreende que muitos médicos tenham começado a reclamar de queda nas rendas.

Na década de 90, a publicidade dos médicos foi intensificada e o número de médicos por 100.000 pessoas se elevou ainda mais, atingindo 245 em 1997. Além disso, as organizações de manutenção da saúde têm lutado para reduzir a demanda pelos serviços dos médicos, exigindo aprovação prévia para exames e procedimentos cirúrgicos caros, especialmente os realizados por especialistas. As reclamações dos médicos se intensificaram.

DEFINIÇÃO DE SALÁRIO PELOS SINDICATOS

Um sindicato representa os interesses coletivos de seus membros. Os sindicatos possuem muitas funções, incluindo pressionar por condições de trabalho melhores e mais seguras, operar programas de treinamento e administrar programas de pensão. Mas o principal objetivo de um sindicato é aumentar o pagamento de seus membros. Uma lei federal proíbe que um sindicato crie uma barreira visível à entrada. É ilegal, para uma firma, concordar em contratar somente membros do sindicato. Em vez disso, o sindicato negocia com a firma um salário maior que o competitivo. No entanto, como vimos no capítulo anterior, com um salário maior, a firma terá um menor nível de emprego que maximize o lucro. Assim, muitos trabalhadores potenciais serão mantidos fora de empregos com sindicato, pois a firma não os contratará pelo salário do sindicato.

O maior salário do sindicato é contrário aos interesses do empregador. Por que então o empregador concorda? Porque o sindicato tem o poder de greve. Durante uma greve, os trabalhadores da firma se recusam a trabalhar – a firma sofre perda nos lucros. Para não correr o risco de uma greve, os empregadores geralmente concordam com o maior salário exigido pelo sindicato.

A Figura 3 ilustra como os sindicatos podem criar diferenças de salários. Supomos que empregos em duas indústrias – como o transporte em caminhão de longa jornada e o transporte em caminhão de curta jornada – sejam igualmente atraentes em todos os aspectos, menos nas taxas salariais. Sem nenhum sindicato, esses dois mercados atingirão o equilíbrio nos pontos A e B, respectivamente, onde os dois pagarão o mesmo salário, W_1.

Agora, imagine, em vez disso, que os caminhoneiros de longa jornada estejam organizados em um sindicato, que negociou um maior salário, W_2, com os empregadores. Com esse salário, haverá um excesso de oferta de caminhoneiros de longa jornada, igual a 350.000 – 250.000 = 100.000. Geralmente, esperaríamos que um excesso de oferta de trabalhadores forçasse o salário para baixo, mas o acordo de salário do sindicato impede isso. Com menos empregos disponíveis no setor sindicalizado, alguns ex-caminhoneiros de longa jornada procurarão trabalho como caminhoneiros de curta jornada, *não sindicalizados*. Assim, no painel (b), a curva de oferta de trabalho é deslocada para a direita. No equilíbrio, o número de caminhoneiros de curta jornada aumenta de 200.000 para 225.000 e seus salários reduzem para W_3. O resultado final é um diferencial de salário de $W_2 - W_3$ entre trabalhadores sindicalizados e não sindicalizados. Observe que somente parte do diferencial ($W_2 - W_1$) representa um aumento nos salários dos trabalhadores sindicalizados; a outra parte ($W_1 - W_3$) vem de uma queda nos *salários* dos trabalhadores não sindicalizados.

Figura 3

DIFERENCIAIS DE SALÁRIO DOS TRABALHADORES SINDICALIZADOS

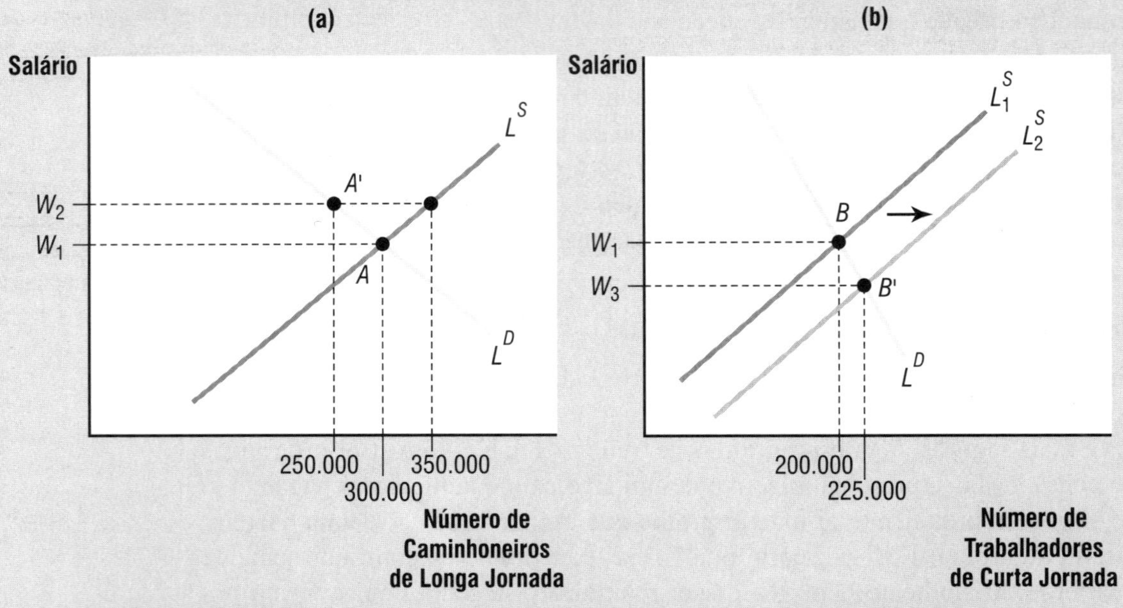

Na ausência de um sindicato, os mercados para caminhoneiros de longa e de curta jornadas estariam em equilíbrio com o mesmo salário, W_1. Se os caminhoneiros de longa jornada se organizarem em um sindicato, poderão negociar um maior salário – W_2. Com esse salário, haverá uma oferta em excesso de 100.000 caminhoneiros de longa jornada. Com menos empregos disponíveis no setor sindicalizado, os caminhoneiros deslocados procurarão trabalho na indústria de transporte por caminhão de curta jornada, aumentando a oferta lá e levando o salário para baixo, para W_3.

Por meio de um aumento nos salários dos membros e uma redução nos salários dos não membros, os sindicatos criam um diferencial no salário entre os mercados de trabalho sindicalizados e não sindicalizados.

No fim, qual o tamanho do diferencial no salário entre trabalhadores sindicalizados e não sindicalizados? H. Gregg Lewis[5] analisou mais de 200 estudos que faziam precisamente essa pergunta e determinou que, entre 1967 e 1979, os membros de sindicatos ganhavam, em média, cerca de 15% mais que trabalhadores semelhantes não sindicalizados.

Dados o conflito que cerca muitas negociações de salário entre sindicato e gerência e a atenção da mídia dedicada a eles, essa diferença pode parecer relativamente pequena. Mas tenha em mente que um diferencial de 15% – cerca de $1,75 por hora no salário médio de hoje – equivale a $3.640 por ano e continua, ano após ano. Depois de 40 anos no emprego, o membro médio do sindicato pode esperar um ganho de cerca de $145.000 maior que o membro médio não sindicalizado, o suficiente para dar entrada em uma casa *e* para colocar um filho na faculdade sem nenhum empréstimo estudantil. Se o diferencial de cada ano fosse colocado no banco a juros de 5%, equivaleria a aproximadamente $465.000 após 40 anos. O diferencial de salário entre trabalhadores sindicalizados e não sindicalizados é algo para ser levado a sério.

[5] LEWIS, H.G. *Union Relative Wage Effects:* A Survey (Chicago: University of Chicago Press, 1986).

O diferencial caiu, muito provavelmente, desde 1979, à medida que o poder de negociação dos sindicatos foi enfraquecido. Isso se reflete, em parte, em um declínio na participação em sindicatos: na metade da década de 50, 25% da força de trabalho dos EUA era sindicalizada. Hoje, somente cerca de 13% da força de trabalho são membros de sindicatos. No entanto, os sindicatos ainda mantêm uma presença significativa em muitas indústrias como automóveis, aço, carvão, construção, mineração e transporte por caminhões e eles certamente são responsáveis por pelo menos *alguns* dos maiores salários ganhos nessas indústrias.

DISCRIMINAÇÃO E SALÁRIOS

Discriminação ocorre quando *os membros de um grupo têm oportunidades diferentes devido a características que não têm a ver com suas habilidades.* Durante a história americana, a discriminação contra as mulheres e as minorias tem sido disseminada em artigos para casa, empréstimos comerciais, serviços ao consumidor e empregos. A última área – empregos – é o nosso foco aqui. Embora leis rígidas e programas governamentais de incentivo tenham reduzido a discriminação visível no emprego – como os anúncios de "Precisa-se" que pediam homens brancos na década de 50 – formas menos óbvias de discriminação permanecem.

Discriminação Quando um grupo de pessoas tem oportunidades diferentes devido a características pessoais que nada têm que ver com suas habilidades.

O primeiro passo para entender a economia da discriminação é distinguir duas palavras geralmente confundidas. O *preconceito* é uma antipatia emocional por membros de um certo grupo; a *discriminação* se refere às oportunidades restritas oferecidas a esses grupos. Como veremos, embora o preconceito seja, *algumas vezes*, a causa da discriminação, não precisa, necessariamente, ser. E a discriminação pode ocorrer mesmo sem preconceito.

PRECONCEITO DO EMPREGADOR

Quando se pensa em discriminação no emprego, a primeira imagem pode ser a de um gerente que se recusa a contratar membros de algum grupo como afro-americanos ou mulheres, devido a puro preconceito. Como resultado, as vítimas de preconceito, impedidas de trabalhar em empregos de alto salário, devem aceitar salários menores em algum outro lugar. Sem dúvida, muitos empregadores contratam de acordo com seus preconceitos pessoais. Mas, você pode se surpreender descobrindo que os economistas, geralmente, consideram o preconceito do empregador uma das *últimas* fontes de discriminação no mercado de trabalho.

Para ver o porquê, examine a Figura 4, que apresenta o mercado de trabalho dividido em dois amplos setores, A e B. Para manter as coisas simples, vamos supor que todos os trabalhadores tenham as mesmas qualificações e achem os empregos em qualquer um dos setores igualmente atraentes. Sob essas condições, se *não* houvesse discriminação, os dois setores pagariam o mesmo salário, W_1. (Você pode explicar por quê?)

Agora, suponha que as firmas do setor A decidissem não empregar mais os membros de algum grupo – vamos dizer, mulheres. O que aconteceria? As mulheres começariam a procurar empregos no setor B *que não discrimina*; a curva da oferta de trabalho nesse setor seria deslocada para a direita, reduzindo o salário para W_2. Ao mesmo tempo, com as mulheres não sendo mais bem-

Figura 4

DISCRIMINAÇÃO DO EMPREGADOR E VALORES DE SALÁRIOS

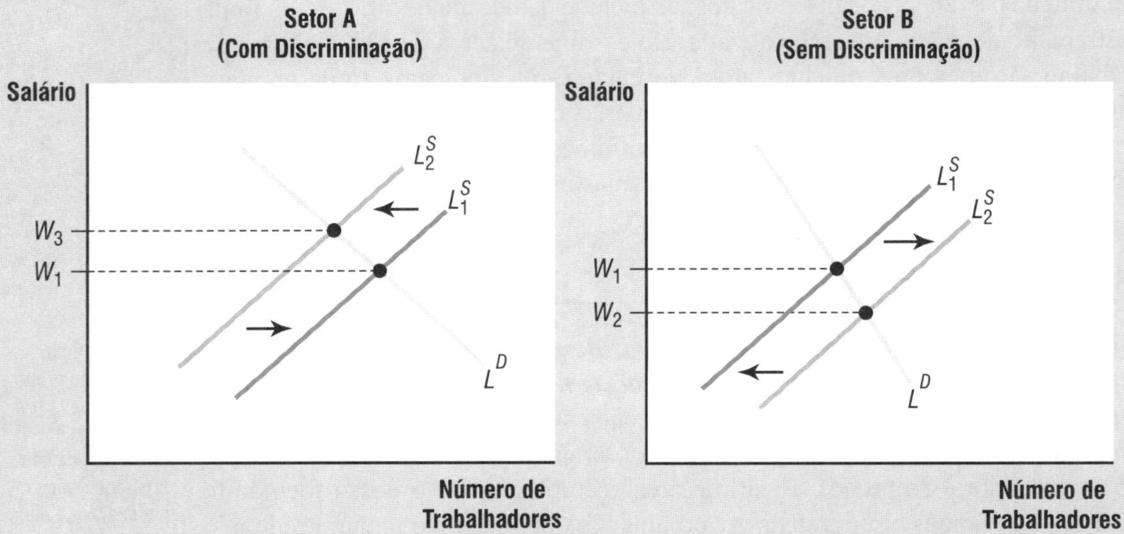

Na ausência de discriminação, o valor do salário seria W_1 nos dois setores, A e B. Se as firmas do Setor A discriminassem algum grupo – como mulheres – o grupo procuraria emprego no setor que não discriminasse, o Setor B. O aumento na oferta de trabalho no Setor B faria o salário de lá cair para W_2, enquanto um decréscimo na oferta de trabalho no Setor A faria o salário se elevar para W_3. Mas apenas temporariamente. À medida que os homens migrassem do Setor B para o setor agora com maior salário, o Setor A, as alterações de oferta de trabalho nos dois setores seriam invertidas. O salário voltaria para W_1 nos dois setores.

vindas no setor A, a curva de oferta de trabalho nesse setor seria deslocada para a esquerda, elevando o salário para W_3. Parece que a discriminação do empregador criaria um diferencial de salário de gênero igual a $W_3 - W_2$.

O diferencial, no entanto, seria apenas temporário. Por quê? Com a taxa salarial do setor B agora menor, os *homens* sairiam desse mercado e procurariam empregos no setor A, que paga mais. Esses movimentos inverteriam as modificações na oferta de trabalho e, no fim, os dois setores pagariam o mesmo salário novamente. O preconceito do empregador contra mulheres poderia levar a uma mudança permanente na *composição* de trabalhadores em cada setor – com apenas homens trabalhando no setor A e os dois sexos trabalhando no setor B – mas *não levaria a nenhuma alteração nas taxas salariais.*

O preconceito do empregador não consegue nem mesmo mudar a composição de trabalhadores em um dos setores, pois existe outra força trabalhando para eliminar essa forma de discriminação de uma vez: o mercado do produto. Como os empregadores preconceituosos devem pagar maiores salários para empregar homens, eles terão maiores custos médios que os empregadores não preconceituosos. Se as firmas preconceituosas venderem sua mercadoria em um mercado competitivo, elas sofrerão perdas e, em última análise, serão forçadas a sair de suas indústrias. No longo prazo, os empregadores preconceituosos serão substituídos por não preconceituosos. Se o mercado do produto for imperfeitamente competitivo, a firma ainda terá de enfrentar seus acionistas ou proprietários. A menos que *seu* preconceito seja tão forte que estejam dispostos a esquecer o lucro, a gerência estará sob pressão para contratar mulheres qualificadas por um menor salário. Em qualquer um dos casos, *quando o preconceito origina-se dos empregadores, as forças do mercado trabalham para desestimular a discriminação e reduzir ou eliminar qualquer diferença de salário entre o grupo favorecido e o não favorecido.*

FUNCIONÁRIO E PRECONCEITO DO CLIENTE

E se os *trabalhadores* – em vez de os empregadores – forem preconceituosos? As conclusões serão muito diferentes. Se, por exemplo, um número significativo de trabalhadores do sexo masculino na linha de produção não gostar da supervisão de mulheres, a contratação de supervisores do sexo feminino poderá reduzir a produtividade, aumentar os custos para qualquer nível de produção e, portanto, reduzir o lucro. Em um mercado de produção competitivo, a firma *que não discrimina* é forçada a sair da indústria. Mesmo nos mercados de produção imperfeitamente competitivos, os acionistas *desejarão* que a firma discrimine os supervisores do sexo feminino, mesmo se eles próprios não forem preconceituosos. Nesse caso, não podemos contar com o mercado para resolver o problema.

O mesmo argumento é aplicável quando o preconceito se origina dos *clientes* da firma. Por exemplo, se muitos proprietários de automóveis não confiarem em mecânicos do sexo feminino, a oficina que os contratar perderá alguns clientes e sacrificará o lucro. É verdade que a exclusão de mecânicos do sexo feminino será custosa – significará pagar maiores salários para os homens e cobrar preços maiores – entretanto os clientes estarão dispostos a *pagar* um preço maior, por preferirem mecânicos do sexo masculino. Mesmo no longo prazo, as mulheres poderão ser excluídas do negócio de conserto de carros.

Mais genericamente, se o preconceito do trabalhador ou do cliente for comum em indústrias de altos salários, as mulheres serão forçadas a irem para empregos de baixos salários.

Quando o preconceito origina-se dos funcionários da firma ou dos clientes da firma e as forças do mercado estimulam, em vez de desestimular, a discriminação pode levar a uma diferença permanente de salários entre os grupos favorecidos e os não favorecidos.

DISCRIMINAÇÃO ESTATÍSTICA

Suponha que você esteja encarregado de contratar dez funcionários para sua firma. Imagine, também, que mulheres jovens e casadas, em seu setor, tenham uma probabilidade duas vezes maior de deixar seus empregos em dois anos, em comparação com os homens (digamos, porque elas decidem ter filhos) e que isso seja muito custoso para sua firma. Novos trabalhadores devem ser recrutados e treinados e a produção é interrompida quando há uma lacuna temporária no pessoal. Vamos supor que 20 pessoas se candidatem às dez posições – metade homens e metade mulheres. Todos candidatos são igualmente qualificados e você não tem maneiras de saber quais oferecem maior probabilidade de sair em dois anos. Quem você irá contratar?

Se seu único objetivo for maximizar o lucro da firma, não haverá dúvida: você contratará os homens. (Se você tiver outros objetivos, poderá não durar muito tempo como gerente dessa firma.) Observe que, no exemplo, não houve menção de preconceito. Na realidade, se não houver nenhum traço de preconceito em você, nos funcionários da firma ou em seus clientes, a maximização do lucro ainda poderá levar à contratação dos homens.

Discriminação estatística Quando indivíduos são excluídos de uma atividade com base na probabilidade estatística de comportamento em seu grupo e não em suas características pessoais.

Discriminação estatística – assim chamada porque os indivíduos são excluídos com base na probabilidade estatística de comportamento em seu grupo e não em suas próprias características pessoais – é um caso de discriminação sem preconceito. Isso pode levar a um empregador sem preconceito e voltado à maximização do lucro a discriminar um membro individual de um grupo, muito embora esse indivíduo, em particular, possa nunca ter se envolvido em um comportamento que pudesse causar temor.

Alguns observadores têm sugerido que a discriminação estatística é, geralmente, uma máscara para o preconceito. Por exemplo, considere a discriminação estatística contra as mulheres. De fato, é mais provável que as mulheres deixem o trabalho para cuidar de suas crianças. Mas os homens têm maior probabilidade de desenvolver problemas com álcool e drogas, o que pode levar a um julgamento errado e a acidentes custosos no trabalho. Se não houvesse preconceito, os riscos associados com a contratação de homens seriam colocados na equação. De acordo com os críticos da teoria da discriminação estatística, o comportamento negativo de um grupo favorecido (como homens) é raramente considerado pelos empregadores.

LIDANDO COM A DISCRIMINAÇÃO

Como vimos, a discriminação devido ao puro preconceito do empregador tem uma probabilidade muito pequena de provocar um impacto nos mercados de trabalho. Como alguns empregadores *não* são preconceituosos, os que *são* têm uma desvantagem competitiva. No longo prazo, o mercado ajuda a *eliminar* esse tipo de discriminação.

Para outros tipos de discriminação – como estatística *ou* devido ao preconceito do trabalhador ou do consumidor – os incentivos do mercado funcionam de maneira oposta, levando a um problema permanente e persistente. Nesses casos, muitos economistas e outros formuladores de políticas acreditam que é necessária uma ação do governo. Isso ocorre especialmente quando os grupos discriminados já são pobres ou possuem alguma desvantagem.

Alguns são a favor de programas de ação afirmativa, que estimulam, ativamente, as firmas a expandirem as oportunidades para as mulheres e as minorias; outros são a favor de imposição mais rígida das leis antidiscriminação e de penalidades mais severas quando ocorre uma contratação discriminatória. As duas abordagens de políticas forçam *todas* as firmas a arcar com os custos da contratação não discriminatória, para que nenhuma firma fique em desvantagem. Por exemplo, ao forçar *todas* as firmas a contratar mulheres – e a arcar com os custos de maiores taxas de desistência ou de alienar trabalhadores ou clientes que possam ser preconceituosos – nenhuma firma é colocada em desvantagem por contratar mulheres.

DISCRIMINAÇÃO E DIFERENCIAIS DE SALÁRIO

Em quanto foram reduzidos os salários de grupos vitimados pela discriminação? Como veremos, essa é uma pergunta difícil de responder.

Tabela 2

MÉDIA DE GANHOS SEMANAIS, 1998 (SALÁRIO POR TEMPO INTEGRAL)

	Renda Média	Porcentagem de Renda das Pessoas Brancas do Sexo Masculino
Pessoas brancas do sexo masculino	$615	100%
Pessoas negras do sexo masculino	$468	76%
Pessoas hispânicas do sexo masculino	$390	63%
Pessoas brancas do sexo feminino	$468	76%
Pessoas negras do sexo feminino	$400	65%
Pessoas hispânicas do sexo feminino	$337	55%

Fonte: U.S. Statistical Abstract, 1999, Tabela 702. (Observação: pessoas de origem hispânica podem ser de qualquer raça.)

Um ponto inicial é a Tabela 2 que mostra os ganhos médios da população para diferentes grupos de trabalhadores em tempo integral. Observe a diferença substancial nos ganhos entre homens e mulheres de qualquer raça e entre brancos e negros de qualquer sexo. Isso não prova que o impacto da discriminação nos salários é substancial? Não necessariamente.

Considere o diferencial entre brancos e negros para homens. Em 1998, os homens negros ganhavam 24% menos que os brancos, em média. Mas *um pouco* dessa variação devia-se a diferenças na educação, experiência no trabalho, escolha do emprego e localização geográfica entre brancos e negros. Por exemplo, a proporção de adultos negros com curso superior é de aproximadamente metade dos adultos brancos. Mesmo se todas as firmas fossem completamente "cegas" em suas contratações e pagamentos de salários, desproporcionalmente, menos negros teriam empregos de maior pagamento que exigem curso superior e isso produziria um diferencial de ganhos em favor dos brancos. O mesmo se aplicaria se a probabilidade de os negros morarem em áreas de baixos salários fosse maior ou se, em média, tivessem menos anos de experiência anterior ao se candidatarem a empregos.

Vários estudos sugerem que, se limitarmos as comparações a brancos e negros com a mesma educação, localização geográfica e, em alguns casos, a mesma habilidade (medida por uma variedade de diferentes testes), 50% ou mais da diferença dos ganhos desaparece.[6]

Isso significa que a discriminação é responsável por metade ou menos do diferencial nos ganhos? De jeito nenhum: muitas diferenças observadas na educação, localização geográfica e habilidade são o *resultado* da discriminação no mercado de trabalho. A Figura 5 ilustra um círculo vicioso de discriminação no mercado de trabalho. Primeiro, a discriminação no trabalho provoca um diferencial de salário entre brancos e negros qualificados. Com um menor salário, os negros têm menos incentivo para permanecer na força de trabalho ou para investir em capital humano, já que colhem menores recompensas por essas atividades. O resultado é que os negros, em média, têm menos educação e menos experiência de trabalho que os brancos, e empregadores "cegos" contratarão, desproporcionalmente, menos negros em empregos que pagam bem, perpetuando seus menores salários.

[6] Consulte, por exemplo, O'NEILL, June. "The Role of Human Capital in Earnings Differences Between Black and White Men", *Journal of Economic Perspectives* (outono de 1990), pp. 25-45.

Figura 5

O CICLO VICIOSO DA DISCRIMINAÇÃO

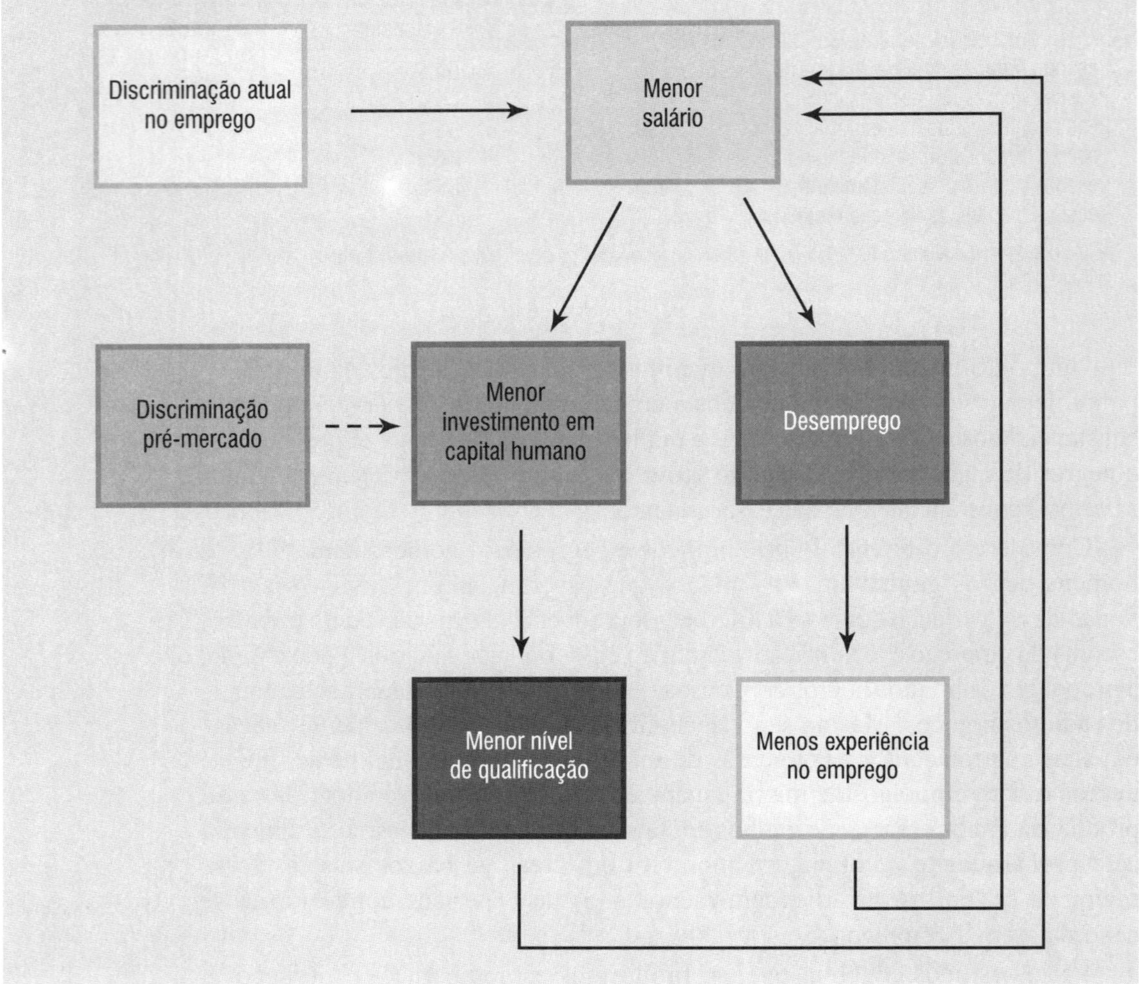

Além da discriminação no mercado de trabalho, existe uma discriminação *pré-mercado* – um tratamento desigual em educação e moradia – que ocorre *antes* de um indivíduo entrar no mercado de trabalho. Por exemplo, independentemente das rendas das famílias negras, a discriminação em moradia pode excluir bairros com melhores escolas públicas, resultando em menos negros sendo admitidos em faculdades. O tratamento discriminatório pelos professores de uma escola contribui para menores aspirações e expectativas reduzidas do mercado de trabalho. Tudo isso contribui para a síndrome do baixo salário.

Um raciocínio semelhante se aplica à lacuna de ganhos entre mulheres e homens. Por um lado, temos uma grande diferença de ganhos. Em 1998, por exemplo, os ganhos de trabalhadores brancos do sexo feminino eram de apenas 76% dos ganhos dos homens brancos. Por outro lado, estudos sugerem que um terço ou mais da diferença entre o sexo feminino e o masculino é causado por diferenças em habilidades e experiências de trabalho. No entanto, para mulheres, bem como para negros e outras minorias, as diferenças em habilidades e experiências podem ser o *resultado* de menores salários, não apenas a causa deles: como as mulheres sabem que ganharão menos que os homens e terão mais problema para crescer no emprego, elas têm menos incentivo para investir em capital humano e ficar na força de trabalho. A discriminação pré-mercado também desempenha um papel. Vários estudos sugeriram que o tratamento diferente de garotas na escola secundária pode reduzir suas aspirações ao mercado de trabalho. Mesmo antes da escola, as garotas podem ser induzidas a preferir caminhos diferentes (e de menor pagamento) de carreira que os garotos como enfermagem em vez de medicina.

No fim, não sabemos tanto quanto gostaríamos sobre o impacto da discriminação nos salários, mas as pesquisas estão prosseguindo a um ritmo rápido. Como vimos, os dados devem sempre ser interpretados com cuidado.

Ao medir o impacto da discriminação de ganhos no mercado de trabalho, a diferença de salário entre dois grupos fornece uma superestimativa, já que falha em responsabilizar-se pelas diferenças em habilidades e experiências. No entanto, a comparação somente de trabalhadores com habilidades e experiências semelhantes leva a uma subestimação, pois algumas diferenças são provocadas pela discriminação, tanto no mercado de trabalho como fora dele.

MEDINDO A DESIGUALDADE DE RENDA

Os diferenciais de salário entre as famílias são uma causa importante da desigualdade de renda, mas não a única. Duas pessoas com idênticas *taxas* de salário por hora podem obter *rendas* de salários amplamente diferentes, pois uma fica mais freqüentemente desempregada que a outra ou porque uma trabalha mais horas por semana que a outra.

Além disso, os salários não são a única fonte de renda. Algumas famílias fornecem capital (recebendo renda de juros ou lucro) ou terra e recursos naturais (recebendo renda de aluguel). Essas formas de renda são, geralmente, chamadas *renda de atividades não relacionadas com o trabalho* ou **renda de propriedade**, para distingui-las da renda-salário obtida somente do trabalho. Algumas dessas maiores rendas – como a de Bill Gates – são uma mistura de renda de trabalho e de propriedade. Muitas famílias também recebem **transferências de pagamentos** do governo como seguro-social, seguro-desemprego ou pagamentos de subsídios de complementos de rendimentos.

Renda de propriedade Renda derivada da oferta de capital, terra ou recursos naturais.

Transferência de pagamento Qualquer pagamento que não seja uma compensação pela oferta de bens ou serviços.

Quando nos preocupamos com a justiça dos sistemas econômicos ou com os problemas sociais que podem resultar da desigualdade, estamos, em última análise, preocupados com a desigualdade na renda *total*, independentemente de sua fonte. O que podemos dizer sobre a desigualdade de renda nos Estados Unidos? Embora tenhamos muitas medidas de desigualdade de renda, todas elas deixam muito a desejar. Aqui, consideramos as duas medidas mais comumente citadas.

A TAXA DE POBREZA

Taxa de pobreza A porcentagem de famílias cujas rendas ficam abaixo de um certo mínimo – a **linha de pobreza**.

Linha de pobreza O nível de renda abaixo do qual uma família é considerada como estando na pobreza.

A **taxa de pobreza** nos informa a porcentagem de famílias cujas rendas ficam abaixo de um certo mínimo, chamado **linha de pobreza**. A taxa de pobreza oficial relatada pelo governo dos EUA é calculada desta maneira: o governo determina o custo de alimentar famílias de diferentes tipos (número e idades das crianças, famílias rurais *versus* urbanas, etc.). Assim, supõe-se que uma família precise de, pelo menos, três vezes seu orçamento para alimentos para pagar moradia, roupas, transporte e outras necessidades básicas. De acordo com isso, o orçamento para alimentos é triplicado para que se obtenha a linha de pobreza referente a cada tipo de família. Por exemplo, em 1997, a linha de pobreza para uma família de duas pessoas era uma renda anual de $10.473; para uma família de quatro pessoas, era de $16.400.

Finalmente, a taxa de pobreza é definida como a porcentagem de famílias dos EUA que ficam abaixo de suas respectivas linhas de pobreza. Em 1997, a taxa de pobreza oficial dos EUA era de 10,3%, evidenciando que 103 de cada 1.000 famílias ficavam abaixo da linha de pobreza definida para suas características. Durante as duas décadas passadas, a taxa de pobreza variou entre 9% e 12%.

As taxas de pobreza são importantes, pois mantêm os formuladores de políticas e o público cientes das condições no final da escada econômica. De preocupação particular é a *distribuição* desigual da pobreza entre diferentes grupos da população. Como podemos ver na Tabela 3, a taxa de pobreza para famílias negras e hispânicas permaneceu, persistentemente, acima da taxa para as famílias brancas.

Um motivo para a incidência persistentemente alta de pobreza entre negros e hispânicos são as menores taxas salariais ganhas por trabalhadores desses dois grupos, e isso, por sua vez, é devido à discriminação e às diferenças nos níveis de educação (que podem resultar da discriminação pré-mercado). Em 1997, por exemplo, 25% da população branca tinha curso superior, mas apenas 13% dos negros e 10% dos hispânicos tinham se formado na faculdade. Além de ter menores salários, negros e hispânicos ganham muito menos renda de atividades não relacionadas com o trabalho, em comparação com os brancos não hispânicos.

A taxa de pobreza nos fornece informações importantes sobre as famílias mais pobres e como a pobreza é distribuída entre diferentes grupos da sociedade. Como medida de desigualdade de renda, no entanto, a taxa de pobreza sofre sérias desvantagens.

Primeiro, ao calcular a renda da família, o governo deixa de fora o valor dos selos de alimentação, do tratamento médico e de alguns outros programas que ajudam as famílias pobres. Esses programas estão se tornando mais importantes com o tempo. Como resultado, a porcentagem de pobreza tende a permanecer quase a mesma, muito embora muitas pessoas pobres estejam ficando em uma situação melhor.

Um segundo problema com a medição da desigualdade com a taxa de pobreza é que ela ignora a desigualdade entre os que estão *acima* da linha de

Tabela 3

TAXAS DE POBREZA PARA AS FAMÍLIAS DOS EUA

Ano	Todas as Famílias	Brancas	Negras	Hispânicas
1970	10,1%	8,0%	29,5%	Não disponível
1980	10,3%	8,0%	28,9%	23,2%
1990	10,7%	8,1%	29,3%	25,0%
1997	10,3%	8,4%	23,6%	24,7%

Fonte: *U.S. Statistical Abstract*, 1999, Tabela 768.

pobreza. Para um quadro mais abrangente da desigualdade, devemos nos voltar para outras medidas como a que será introduzida na próxima seção.

A CURVA DE LORENZ

A Tabela 4 fornece dados que podemos utilizar para medir a desigualdade em todo o espectro da distribuição de renda. A tabela mostra a porcentagem da renda total obtida em cada quinto da população, quando as famílias são organizadas de acordo com suas rendas, da menor para a maior. Por exemplo, a tabela mostra que, em 1998, os 20% das famílias com as menores rendas ganharam 3,6% da renda total e os 20% que ganham mais ganharam 49,2% do total. Se todas as famílias tivessem ganhado rendas idênticas em todos os anos, cada entrada da tabela seria de 20%. Observe, entretanto, o alto grau de *desigualdade* na tabela. A desigualdade parece ainda maior quando os 20% que ganham mais são divididos ainda mais: em 1998, os 5% das famílias que ganhavam mais (não mostradas na tabela) ganhavam 21,4% da renda total, mais de quatro vezes a sua parte proporcional.

Para obter um quadro mais claro do que esses números significam, examine a Figura 6. O eixo horizontal mede a porcentagem cumulativa do total de famílias e o eixo vertical mede a porcentagem cumulativa da renda total. Por exemplo, em 1998, os 20% das famílias que ganhavam menos recebiam 3,6% da renda total e os 20% seguintes ganhavam 9,0%, de modo que os 40% que ganhavam menos recebiam 3,6% + 9,0% = 12,6% da renda total. Assim, um dos pontos da figura está 40% no eixo horizontal e 12,6% no vertical. A curva desenhada que passa por todos os pontos obtidos dessa maneira é chamada **curva de Lorenz**.

Curva de Lorenz Uma linha que mostra a porcentagem cumulativa de renda recebida por porcentagem cumulativa de famílias, quando as famílias são agrupadas de acordo com suas rendas.

Se todas as famílias ganhassem a mesma renda, a curva de Lorenz seria uma linha grossa com uma inclinação de 1 (marcada "Linha de igualdade completa"), já que os 20% que ganham menos receberiam 20% do total, os 40% que ganham menos receberiam 40% e assim por diante, até que atingíssemos 100% de todas as famílias que – por definição – sempre ganham 100% da renda. Em contraste, a curva de Lorenz em uma economia com desigualdade sempre será curvada no meio, embora inicie e termine no mesmo ponto, como a linha de igualdade completa. Isso nos fornece uma representação visual da desigualdade de renda:

Tabela 4

PORCENTAGEM DA RENDA TOTAL DAS FAMÍLIAS, OBTIDA EM CADA QUINTO DAS FAMÍLIAS DOS EUA

	O Menor Quinto	O Segundo Quinto	O Terceiro Quinto	O Quarto Quinto	O Maior Quinto	Coeficiente de Gini
1970	4,1%	10,8%	17,1%	24,5%	43,3%	0,394
1980	4,2%	10,2%	16,8%	24,8%	44,1%	0,403
1990	3,9%	9,6%	15,9%	24,0%	46,6%	0,428
1991	3,8%	9,6%	15,9%	24,2%	46,5%	0,428
1992	3,8%	9,4%	15,8%	24,2%	46,9%	0,433
1993	3,6%	9,0%	15,1%	23,5%	48,9%	0,447
1994	3,6%	8,9%	15,0%	23,4%	49,1%	0,456
1995	3,7%	9,1%	15,2%	23,3%	48,7%	0,450
1996	3,7%	9,0%	15,1%	23,3%	49,0%	0,455
1997	3,6%	8,9%	15,0%	23,2%	49,4%	0,459
1998	3,6%	9,0%	15,0%	23,2%	49,2%	0,456

Fonte: U.S. Census Bureau, *Historical Income Tables*, 1967-98.

quanto mais curvada for a curva de Lorenz – ou quanto maior for a área marcada por *A* na figura – maior será o grau de desigualdade.

Coeficiente de Gini Uma medida de desigualdade de renda. É o resultado da divisão da área acima da curva de Lorenz e abaixo da linha de igualdade completa pela área abaixo da diagonal.

Um dos indicadores numéricos mais populares de desigualdade de renda – o **coeficiente de Gini** – é obtido com a curva de Lorenz de uma maneira muito simples. Dividimos a área *A* da Figura 6 pela área total sob a diagonal (área *A* mais área *B*). Quanto mais desigual a distribuição de renda, maior será a área *A* em relação à área $A + B$ e maior o coeficiente de Gini. Se houvesse igualdade completa de renda, em que todos ganhassem a mesma renda, a área *A* seria igual a zero, por isso o coeficiente de Gini, $A/(A + B)$, seria igual a zero também. O maior grau de desigualdade – no qual uma pessoa ganha toda a renda e o restante não ganha nada – daria um coeficiente de Gini de 1,0. (Prove isso para si mesmo desenhando a curva de Lorenz para esse caso.) Em geral,

quanto maior o coeficiente de Gini – até um máximo de 1,0 – maior o grau de desigualdade de renda.

Em 1998, o coeficiente de Gini para a renda das famílias norte-americanas era de 0,456 (ver a Tabela 4).

As curvas de Lorenz (e seus coeficientes de Gini associados) são geralmente utilizadas para comparar a desigualdade de renda entre países como na Figura 7. Observe a semelhança entre as curvas de Lorenz de três países desenvolvidos: os Estados Unidos, a França e o Japão. O Japão tem um coeficiente de Gini apenas um pouco menor que o dos Estados Unidos, enquanto o da França é apenas um pouco maior. Uma desigualdade muito maior é vista no Brasil, onde a sociedade é drasticamente dividida entre os extremamente pobres – membros tribais do país e os moradores de favelas em áreas urbanas – a classe média, relativamente rica e os extremamente ricos.

Figura 6

A curva de Lorenz mede a porcentagem cumulativa da renda recebida por uma porcentagem cumulativa particular da população, organizada da menor renda para a maior.

A CURVA DE LORENZ DOS EUA

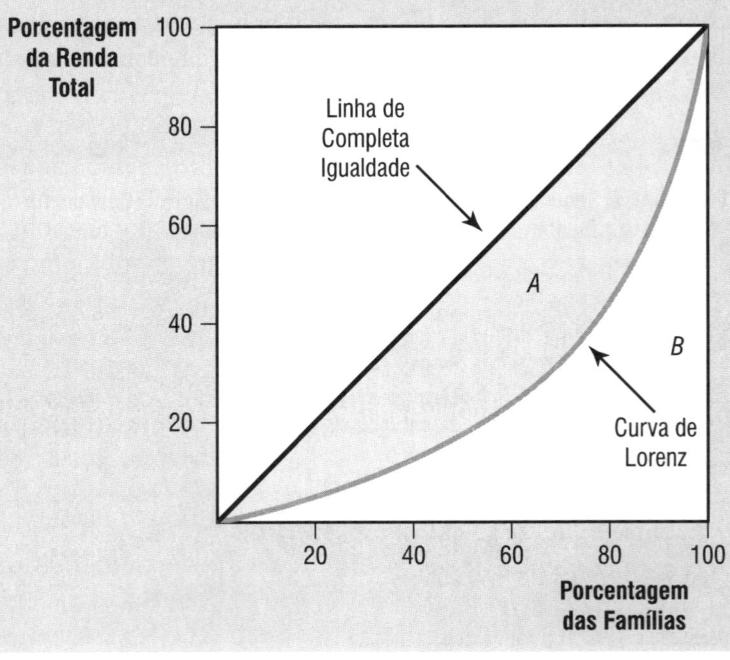

Figura 7

AS CURVAS DE LORENZ PARA PAÍSES SELECIONADOS

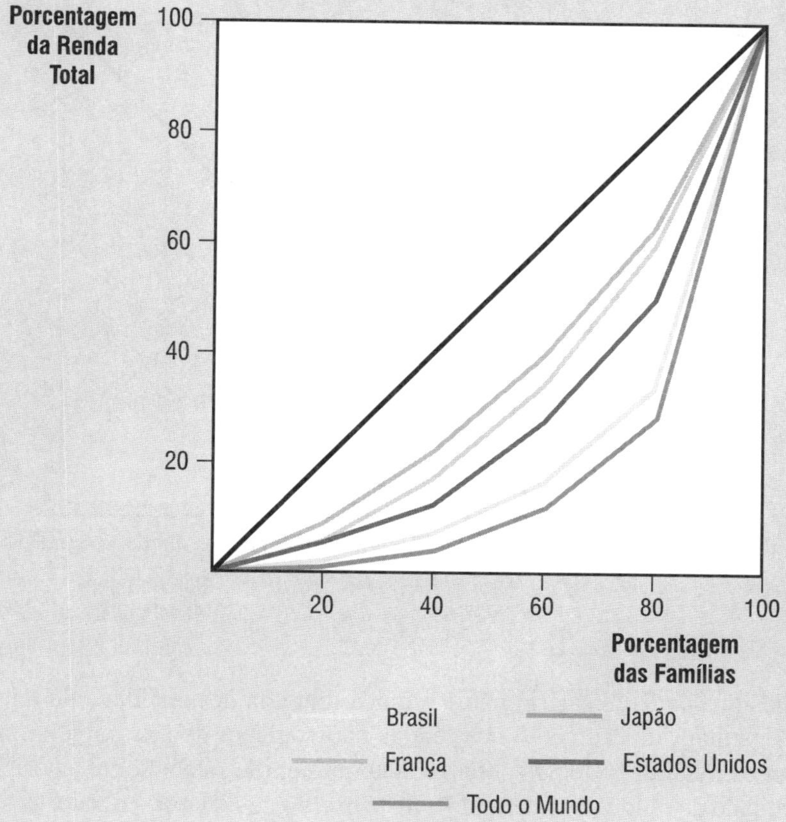

Dentro dos países, os coeficientes de Gini geralmente são pouco alterados de ano para ano. São mais úteis para indicar as tendências durante longos períodos. Por exemplo, o aumento lento, mas constante da desigualdade nos Estados Unidos nas últimas décadas tem-se refletido em um coeficiente que aumenta de 0,394, em 1970, para 0,456 em 1998. Durante esse tempo, o quinto da população que ganhava mais ganhou cinco pontos percentuais, a maior parte dos quais vinha de parte dos três quintos que ganhavam menos. A alteração de 1992 para 1993 foi particularmente surpreendente, violando a regra geral de alterações lentas: nesses dois anos, o coeficiente de Gini cresceu de 0,433 para 0, 447. Isso desencadeou um debate sobre as causas da elevação da desigualdade de renda e o que deveria ser feito sobre isso que continuou durante a década.

Alguma coisa que vimos neste capítulo ajuda a explicar o aumento da desigualdade de renda na década de 90? Na verdade, sim. A desigualdade de renda surge muito da desigualdade de salário. Entre os motivos para a desigualdade de salário há três – diferenças no capital humano, diferenças em habilidade e a economia dos "superastros" – que se tornaram muito significativos na década de 90. Como discutimos no Capítulo 11, o ritmo cada vez mais rápido da mudança tecnológica elevou, provavelmente, as recompensas relativas para os que têm uma habilidade e educação maior que a média. E a revolução nas telecomunicações – especialmente a Internet – criou novos meios para os "superastros" atingirem maior audiência e rendas ainda maiores.

Figura 8

Nos Estados Unidos, a renda é mais igualmente distribuída que a riqueza.

AS CURVAS DE LORENZ NOS EUA PARA RENDA E RIQUEZA

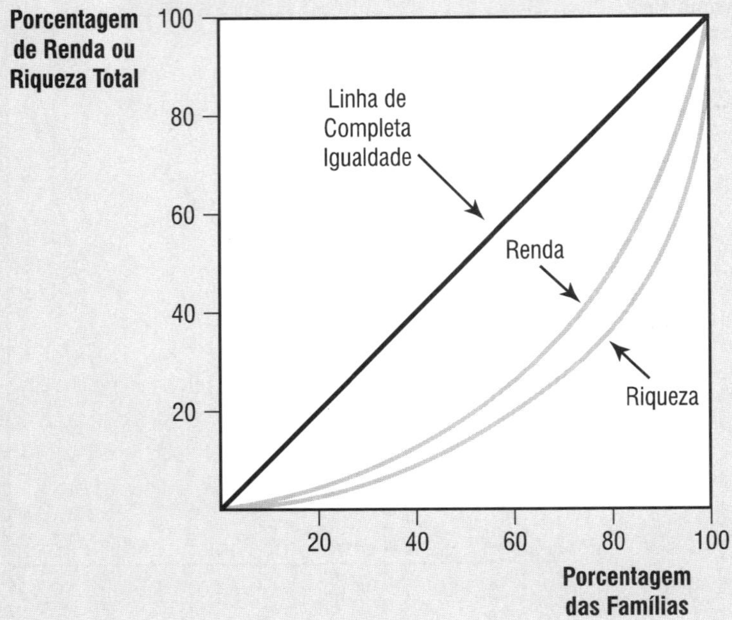

A desigualdade de salário não é a única fonte da desigualdade de renda. As pessoas ganham um aumento nas rendas não somente de seu trabalho, mas de sua riqueza. Assim, podemos obter uma compreensão maior sobre as origens da desigualdade de renda considerando a distribuição de *riqueza* – o valor dos ativos das famílias (suas casas, ações, títulos, contas bancárias, etc.) em algum ponto do ano. A Figura 8 traça a curva de Lorenz para a riqueza das famílias ao lado da curva de Lorenz para a renda da família, utilizando dados de 1998.[7] Como podemos ver, a riqueza é muito menos igualmente distribuída que a renda, especialmente no topo, onde 10% das famílias possuíam mais da metade da riqueza total.

A distribuição de riqueza é importante em seu próprio direito. A riqueza oferece segurança financeira e psicológica, permite que uma pessoa sustente seus herdeiros e pode conferir influência política a quem a possui.

Além disso, como discutido anteriormente, *a riqueza fornece renda para os que a possuem a cada ano.* Na realidade, é daí que vem a renda de atividades não relacionadas com o trabalho. Se você possui participações em ações de uma corporação, receberá uma participação nos lucros da firma; se você possui títulos, receberá pagamentos de juros; se possui um prédio de apartamentos ou um pequeno centro comercial, receberá aluguel. Como os que ganham baixos salários também tendem a possuir pouca riqueza, a desigualdade da riqueza *contribui* para a desigualdade da renda total.

PROBLEMAS COM AS MEDIDAS DE DESIGUALDADE

De maneira ideal, gostaríamos que as medidas de desigualdade de renda nos informassem algo sobre a desigualdade no *bem-estar econômico* e de utilizá-las

[7] "Recent Changes in U.S. Family Finances: Results from the 1998 Survey of Consumer Finances", *Federal Reserve Bulletin* (janeiro de 2000).

como um guia para a política econômico-social. Para esses propósitos, contudo, a taxa de pobreza, o coeficiente de Gini e outros medidores da desigualdade de renda – pelo menos na maneira em que são medidos na prática – sofrem de sérias deficiências.

Renda Ganha *Versus* Renda Disponível. As medidas de desigualdade são baseadas na renda *ganha* por diferentes grupos, não na renda *disponível* para ser despendida. Por uma variedade de motivos, elas podem ser muito diferentes.

Primeiro, os Estados Unidos como teoricamente todos os países desenvolvidos têm um imposto de renda progressivo (as famílias de maior renda pagam uma maior porcentagem de sua renda). Todavia, como as medidas de desigualdade são baseadas na renda antes do imposto, elas tendem a exagerar na desigualdade da renda disponível.

As medidas norte-americanas também ignoram algumas transferências governamentais como atendimento médico gratuito, selos dos alimentos e moradias subsidiadas que liberam renda para outros usos. É claro que os pagamentos de transferências não podem levar ninguém, rapidamente, do quinto da população com menor renda para o quinto de maior renda, entretanto, eles certamente aumentam a parte da renda para o quinto que ganha menos. Ignorar as transferências, como ignorar os impostos, leva a um *exagero* da desigualdade. A reputação da Suécia como sociedade igualitária, por exemplo, é baseada em um imposto de renda altamente progressivo e em transferências generosas do governo, além de programas para a parte da população que ganha menos. Nada disso é refletido na curva de Lorenz da Suécia.

Por outro lado, as medidas da desigualdade nos Estados Unidos ignoram os benefícios que vão, principalmente, para os que estão no meio e a renda de ganhos de capital que vai principalmente para os que estão no topo. (Um indivíduo tem um ganho de capital quando vende ativos – ações, títulos ou bens imobiliários – a um preço maior que o preço de compra original.) Se fossem inclusos os benefícios e os ganhos de capital nas medidas, elas mostrariam uma proporção maior da renda total indo para o meio e para o topo. Por esses motivos, as medidas norte-americanas podem *atenuar* a desigualdade de renda.

Mobilidade de Renda. Dizer que os 20% das famílias que obtêm uma renda menor ganham 3,6% da renda é uma coisa e outra bem diferente é dizer que, ano após ano, *as mesmas famílias permanecem obtendo uma renda menor.* Os Estados Unidos têm uma sociedade relativamente móvel – as pessoas mudam de carreira, mudam de emprego e iniciam novos negócios mais freqüentemente que na maioria dos outros países. Essas alterações fornecem a essas pessoas bons anos e anos ruins. Se muitas dessas famílias que estão no topo ou na base estiverem lá apenas temporariamente, não em um horizonte de tempo maior, então existe uma desigualdade menor do que os medidores sugerem.

Além disso, a própria renda de uma pessoa tende a ser modificada em um padrão previsível durante a sua vida. A maioria dos trabalhadores inicia ganhando baixas rendas que, em seguida, aumentam à medida que eles adquirem mais habilidades e experiência e, finalmente, caem drasticamente na aposentadoria. Isso pode também distorcer as medidas de desigualdade de renda. Para pegar um exemplo extremo, imagine uma economia que tenha sempre apenas cinco trabalhadores, cada um deles passando pelas mesmas cinco fases de renda durante suas vidas: $40.000 por ano na primeira década, $60.000 na segunda, $80.000 na terceira, $100.000 na quarta e, então, $20.000 na década de aposentadoria. Suponha, também, que, em algum ponto no tempo, um trabalhador esteja em cada fase. Assim, a renda anual total na economia será de $20.000 + $40.000 + $60.000 + $80.000 + $100.000 = $300.000. A cada ano, o quinto da população que recebe menos (o trabalhador aposentado) ganhará somente $20.000/$300.000 = 0,066 da renda total. O quinto da população que recebe mais (o trabalhador no auge do seu poder de ganho) terá $100.000/$300.000 = 0,333 da renda total. Embora todos tenham um perfil de renda idêntico durante sua vida – a igualdade total de *ganhos na vida* – a curva de Lorenz, mostra uma desigualdade substancial.

O problema é que as curvas de Lorenz, os coeficientes de Gini, as taxas de pobreza e a maioria das outras medidas de desigualdade nos fornecem um quadro instantâneo, quando o que gostaríamos, de maneira ideal, seria de um quadro em movimento – um quadro da distribuição dos ganhos durante a vida. Essas informações seriam muito difíceis de obter, pois seria necessário rastrear as rendas de uma grande amostra de pessoas durante a de todas.

Alguns estudos, porém, rastrearam os ganhos durante vários anos e as descobertas são interessantes. Examine a Tabela 5. Cada coluna de dados representa os indivíduos em um quinto específico da renda durante os anos 1968-70. (Foi feita uma média da renda deles durante os três anos, 1968, 1969 e 1970.) A entrada de dados na coluna nos informa onde essas famílias terminaram duas décadas mais tarde, em 1989-91. Por exemplo, os 53,8 no canto esquerdo superior nos dizem que 53,8% das famílias que estavam entre o quinto da população que ganhava menos em 1968-70 ainda estavam lá em 1989-91.

O que esses números trazem, no geral? Primeiro, que a distribuição de renda nos EUA tem sido, pelo menos de alguma maneira, móvel. Cerca de metade dos que estão entre o quinto da base moveu-se para cima em uma geração e metade dos que estão entre o quinto do topo moveu-se para baixo. Isso não significa que os que estão no topo trocaram de lugar com os que estão na base. Pelo contrário, havia pouco movimento de um extremo para o outro e também movimento substancial dos extremos para os três quintos do meio. Por exemplo, durante o período estudado, 45% dos que estavam na base e 47% dos que estavam no topo moveram-se para o meio.

Os dados da tabela podem, na realidade, atenuar a mobilidade nos Estados Unidos, já que não nos informam o que aconteceu entre os períodos de início e

Tabela 5

MOBILIDADE DE RENDA ENTRE 1968-70 E 1989-91

		Posição em 1989-91				
		Base 20%	**Segundo 20%**	**Terceiro 20%**	**Quarto 20%**	**Topo 20%**
Posição em 1968-70	20% da base	53,8	21,8	18,8	4,8	0,9
	20% na segunda posição	22,7	25,4	18,5	25,8	7,7
	20% na terceira posição	11,1	21,4	24,4	27,8	15,4
	20% na quarta posição	5,3	22,6	23,0	19,3	29,8
	20% no topo	7,0	8,6	16,2	22,2	46,1

Fonte: GOTTSCHALK, Peter; DANZIGER, Sheldon. "Family Income Mobility – How Much is There and Has it Changed?" *Boston College Working Papers in Economics*, nº 398 (dezembro de 1997). Número de indivíduos: 1.840.

de fim do estudo. Um certo número de famílias que estavam nos mesmos quintos em 1968-71 e 1989-91, na realidade, saiu dos seus quintos no meio tempo. Em outras palavras, a tabela nos fornece dois quadros separados pelo tempo, mas ela ainda não é um quadro em movimento.

Um estudo mais antigo,[8] mas menos impregnado desse problema, concentrou-se nos movimentos para a pobreza e para fora dela. O estudo descobriu que, enquanto 24,4% das famílias tinham caído abaixo da linha de pobreza em pelo menos um ano entre 1969 e 1978, apenas 5,4% ficaram abaixo da linha em cinco ou mais desses anos e somente 0,7% ficou abaixo da linha durante os dez anos. Isso sugere que, pelo menos desde 1970,

> *a pobreza tem estado longe de uma sentença a ser cumprida por uma vida inteira para a maioria dos americanos pobres, mas, para uma pequena minoria, a pobreza é, na verdade, um problema persistente. Todas essas informações são ocultas pela própria taxa de pobreza.*

Interpretações Descuidadas. Outro problema com as medidas da distribuição de renda é uma crítica não das próprias medidas em si, mas de como elas são interpretadas. Até agora, tentamos ser totalmente descritivos, evitando julgamentos de valor sobre as palavras "igualdade" e "desigualdade". Mas pergunte a si mesmo: ao ler este capítulo, você fez a suposição implícita de que mais desigualdade é ruim e mais igualdade é bom? Muitas pessoas (exceto poucos economistas) automaticamente reagem dessa maneira. Confundem *igualdade* – que significa que todos obtêm o mesmo resultado – com eqüidade – que implica *justiça e igual tratamento.* Mesmo que tivéssemos uma medida perfeita de desigualdade de renda – como uma baseada na renda da vida toda realmente disponível para cada cidadão –, um cuidado extremo seria necessário ao tirar conclusões sobre eqüidade e justiça. Os motivos para isso são o assunto da próxima seção.

DESIGUALDADE DE RENDA, JUSTIÇA E ECONOMIA

É difícil definir justiça, em grande parte porque todos temos idéias muito diferentes sobre o que ela seja. Testemunhe os conflitos – que geralmente acabam em socos – entre crianças brincando, em que a acusação "Isso não é justo" é invariavelmente respondida com "Sim, é". Ou pense nos conflitos sobre propriedade conjugal nos processos de divórcio, sobre propriedade comercial na dissolução de uma sociedade ou sobre as notas dadas por professores. Em todos esses casos, disputas altamente emocionais concentram-se em definições totalmente diferentes do que seja justo.

Na maioria, os economistas estão livres da controvérsia da justiça, já que muito do campo enfatiza questões positivas (descritivas e de previsão), em vez de questões normativas (prescritivas). Mas não existe maneira de evitar o problema da justiça quando se discute a desigualdade de renda. Afinal, qual é o propósito de medir a desigualdade, primeiramente, se não compararmos *o que é* com algum padrão de *o* que *deveria ser?*

---

[8] DUNCAN, Greg et al., *Years of Poverty, Years of Plenty: The Changing Fortunes of American Workers and Families* (Ann Arbor, MI: University of Michigan Institute for Social Research, 1984).

Como a controvérsia sobre a justiça é baseada em valores conflitantes como os economistas podem contribuir para esse debate? Na realidade, bastante.

Primeiro, apesar da controvérsia, existem *algumas* questões de justiça sobre as quais quase todos concordam. Ao identificar as várias causas diferentes das desigualdades de renda – como fizemos neste capítulo – podemos, pelo menos, apontar os tipos de desigualdades que quase todos consideraríamos justas e as que consideraríamos injustas. Isso não é um feito pequeno, e pode nos ajudar a evitar políticas que tornariam, quando adequadamente entendidas, a distribuição de renda mais *injusta*.

Por exemplo, quase todo mundo concorda que a desigualdade de renda devida unicamente a diferenciais de salário de compensação é completamente justa. Se um trabalhador deve compensar com mais horas, um maior risco de morte, clima mais desagradável, um maior risco de desemprego ou mais anos de estudo que outro, é justo que ele receba mais. Assim, a eliminação dos diferenciais de salário de compensação, que tornaria as rendas mais *iguais*, também as tornaria menos *eqüitativas* para a maioria de nós.

O mesmo é verdadeiro para algumas desigualdades na renda de propriedade. Você se lembra da fábula da cigarra que tocava violino o dia todo e da formiga que se preparava para o inverno? Embora muitos americanos bem de vida tenham herdado sua riqueza, muitos outros adquiriram suas riquezas durante anos de longas horas de trabalho, poupando ou incorrendo em risco. Se alguns de nós escolhessem fazer esses sacrifícios, mas não fizessem, seria realmente justo se todos tivéssemos a mesma riqueza? Seria justo a cigarra terminar tão rica quanto a formiga? A maioria de nós diria que não.

Esses exemplos sugerem a chave para o denominador comum:

A desigualdade resultante de escolhas que qualquer um de nós possa fazer é considerada justa.

E o outro lado da moeda? Todos concordamos que a desigualdade que surge não de escolhas diferentes, mas de *oportunidades* diferentes é inerentemente injusta? Na realidade, porém, não parecemos concordar com isso.

Em alguns casos, nos quais as oportunidades são restritas – como na discriminação – existe um acordo disseminado e a política social é, geralmente, dirigida para a remoção ou o enfraquecimento dessas barreiras – por exemplo, dar às vítimas de discriminação no emprego o direito de processar.

Em outros casos, não há consenso sobre justiça. Por exemplo, alguns vêem grandes diferenças na riqueza herdada como um mal social, criando um campo de jogo desigual desde o início da vida. Outros acreditam que a liberdade de utilizar sua propriedade como bem entender – incluindo a passagem desta para os herdeiros – é um direito humano fundamental. Desacordos semelhantes ocorrem em relação à desigualdade que surge de talento, inteligência, beleza ou força física herdados.

Em uma democracia, conflitos de valores como esses são resolvidos na cabine de votação. A economia tem alguma coisa com o que contribuir aqui? Sim porque ao decidirmos os nossos objetivos, existe o problema muito difícil de criar políticas para atingi-los. Um entendimento mais completo dos impactos das diferentes políticas e os custos de oportunidade que elas exigem que paguemos podem nos ajudar a evitar erros sérios e prejudiciais.

Suponha que a maioria dos cidadãos, aplicando suas próprias definições de justiça, decidissem que é injusto os superastros – os mais talentosos ou inteligentes ou mais fisicamente dotados entre nós – receberam as enormes recompensas que o mercado lhes concede. A questão de justiça, na maioria das mentes, teria sido resolvida.

Vêm então as perguntas difíceis. Quais seriam as opções para limitar essas altas rendas? Quais seriam as conseqüências de cada ação? Em particular, qual seria o custo de oportunidade para o restante de nós? Os incentivos reduzidos significariam menos descobertas de drogas que salvam vidas ou de novas tecnologias? Menos empreendedores estariam dispostos a dedicar seu tempo, dinheiro e energia para descobrir quais bens e serviços queremos? A qualidade da cultura cairia à medida que muitos cantores, escritores, artistas, músicos e atores talentosos decidissem que – com um prêmio menor no topo – a carreira de arte não vale mais a pena? Em outras palavras, o esforço de distribuir a torta da economia mais igualitariamente resultaria em uma fatia menor de torta, no geral? Se sim, quanto menor? E como a carga seria dividida entre o restante de nós?

Essas são perguntas às quais a economia, mais que qualquer outra ciência social, está preparada para responder. Um exemplo desse tipo de análise será discutido na seção "Utilizando a Teoria" a seguir.

O SALÁRIO-MÍNIMO

Utilizando a TEORIA

Uma política motivada por um desejo de distribuição de renda mais igualitária – pelo menos para os que estão na base da distribuição – é a lei federal do salário-mínimo. Quando ela foi criada pela primeira vez, em 1938, o salário-mínimo era de 25 centavos por hora, válido para indústrias que empregavam apenas 43% da força de trabalho. Em 1999, o salário-mínimo era de $5,15 por hora e abrangia quase 90% da força de trabalho. O salário-mínimo cria uma maior igualdade entre os cidadãos? Vamos ver.

Para entender o efeito do salário-mínimo, dividiremos o mercado de trabalho dos EUA em três partes: (1) o mercado para trabalho qualificado; (2) o mercado para trabalho não qualificado, coberto pela lei do salário-mínimo e (3) o mercado para trabalho não qualificado em indústrias *não* cobertas pela lei porque esta não se aplica (garçons, empregadas e babás) ou porque as firmas rotineiramente a violam (geralmente, firmas muito pequenas, difíceis de monitorar).

A Figura 9 apresenta qual seria o equilíbrio inicial nos três mercados se não houvesse um salário-mínimo. A taxa salarial no mercado de trabalho qualificado, onde a demanda é alta em relação à oferta, é de $20 por hora. No mercado de trabalho não qualificado, com demanda menor em relação à oferta, supomos que o salário seja de $4. Observe que os salários nos dois mercados de trabalho não qualificado são iguais, já que – na falta de uma lei de salário-mínimo – os trabalhadores migrariam para o mercado com o maior salário.

Agora, vamos impor um salário-mínimo de $5,15 no setor não qualificado coberto pela lei e traçar os efeitos na figura. Primeiro, o emprego no setor não qualificado coberto pela lei cai de N_1 para N_2, no painel (b). Como a quantidade

Figura 9

O SALÁRIO-MÍNIMO

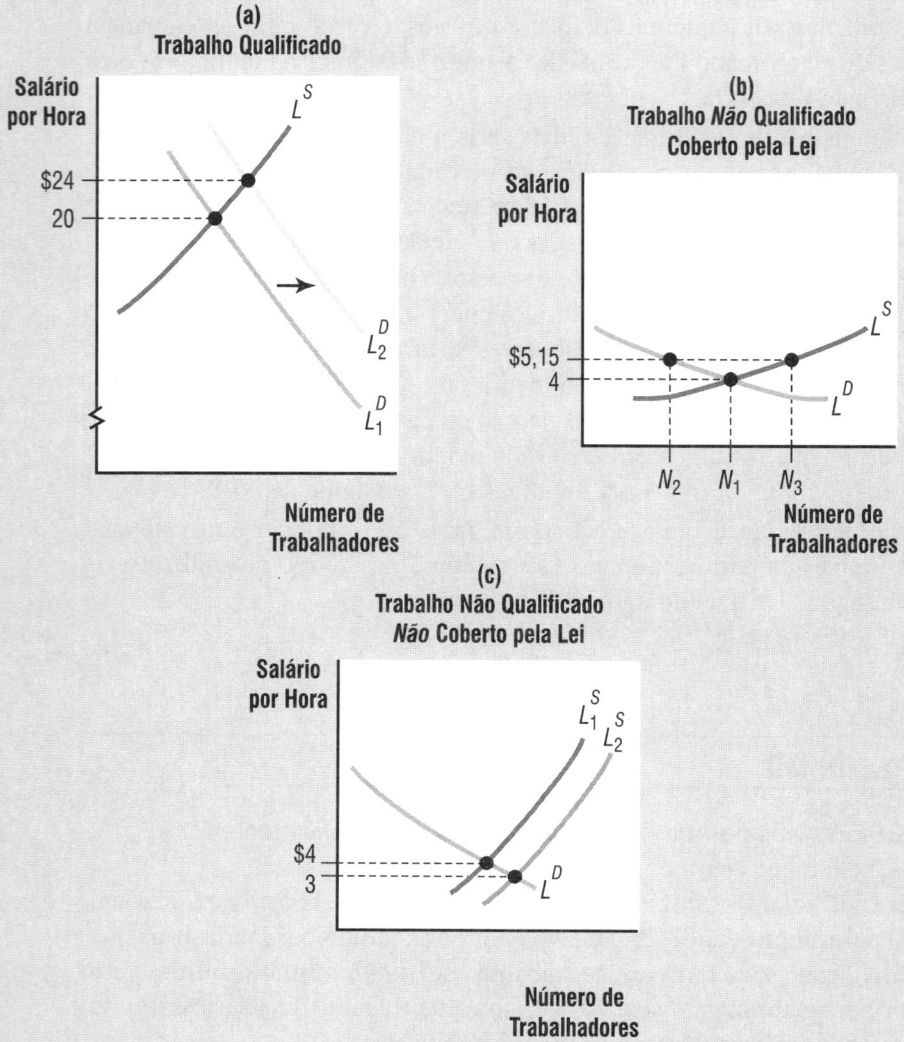

Na ausência de uma lei de salário-mínimo, o salário no mercado para trabalho qualificado é alto – por exemplo, $20 por hora. No mercado de trabalho não qualificado, o salário é baixo – $4 por hora. Se um salário-mínimo de $5,15 por hora for imposto, o emprego no setor não qualificado coberto pela lei – painel (b) – cairá de N_1 para N_2. Com um maior salário para o trabalho não qualificado, algumas firmas utilizarão trabalhadores qualificados e equipamentos de capital, em vez de trabalhadores não qualificados. Isso aumentará a demanda por trabalho qualificado e o salário por hora do painel (a) para $24. Ao mesmo tempo, alguns indivíduos que perderem seus empregos no mercado não qualificado, coberto pela lei do painel (b), mover-se-ão para o mercado de trabalho não qualificado não coberto pela lei – painel (c) –, reduzindo ainda mais o salário lá.

demandada é menor que a ofertada, com um salário de $5,15 e como nenhuma firma pode ser forçada a contratar mais trabalhadores do que deseja, haverá um excesso de oferta de trabalho igual a $N_3 - N_2$. Parte desse excesso será causada por uma elevação na quantidade ofertada, de N_1 para N_3; com um salário maior, mais pessoas desejarão trabalhar. Mas parte dele também ocorrerá em razão de uma redução na quantidade da demanda, de N_1 para N_2. Já podemos ver que, enquanto alguns trabalhadores não qualificados se beneficiarão – obtendo maior salário – outros serão prejudicados – eles perdem seus empregos. Isso, porém, é apenas o começo.

Alguns dos que perderem seus empregos no setor coberto pela lei se moverão para o único setor em que os empregos ainda estiverem disponíveis – o setor não coberto pela lei. Lá, a curva de oferta de trabalho será deslocada para a direita, de $L^S{}_1$ para $L^S{}_2$ no painel (c) e o salário de mercado cairá abaixo do seu valor inicial – $3 no exemplo. Assim, o impacto do salário-mínimo vaza para o setor não coberto por ele. A maior competição pelos empregos reduz os salários de *todos* os trabalhadores lá, mesmo daqueles que já estavam empregados, antes de o salário-mínimo ter sido imposto. Esperamos uma queda nos salários de garçons, empregados e trabalhadores não qualificados que trabalham em firmas que não cumprem a lei.

E os trabalhadores qualificados? Eles são afetados pela legislação do salário-mínimo? Podemos pensar que não, já que eles já estão ganhando mais que o mínimo. No entanto, quando o salário do trabalhador não qualificado aumentar no setor coberto pela lei, os empregadores de lá utilizarão até certo grau os trabalhadores qualificados e os equipamentos de capital, em vez de trabalho não qualificado. Por exemplo, um lavador de pratos pode ser substituído por uma sofisticada máquina de lavar louças que exige manutenção e reparo por trabalhadores qualificados. Um lavador de chão não qualificado que usa uma escova pode ser substituído por um serviço de limpeza que utiliza trabalhadores qualificados que operam equipamentos de alta tecnologia para limpar e encerar o chão. A substituição por trabalho qualificado desloca a curva de demanda de trabalho do painel (a) para a direita, de $L^D{}_1$ para $L^D{}_2$. Além disso, o trabalho qualificado é necessário para criar, produzir e comercializar os próprios equipamentos de capital, contribuindo para um maior crescimento na demanda. Como resultado, a taxa salarial no setor qualificado aumenta de $20 para $24 no exemplo.

Podemos ver que o salário-mínimo desencadeia uma série de eventos. No fim, alguns trabalhadores não qualificados se beneficiam, na forma de maiores pagamentos. Outros trabalhadores não qualificados são prejudicados por menores pagamentos ou por desemprego. Existe apenas um grupo de trabalhadores no qual todos se beneficiam: os trabalhadores qualificados. Isso não deve surpreender, já que, por muitas décadas, os maiores defensores do aumento do salário-mínimo têm sido os sindicatos cuja associação consiste, quase totalmente, em trabalhadores qualificados.

O que os economistas pensam do salário-mínimo? Há entendimento e discordância. As pesquisas mostram, consistentemente, que uma grande maioria dos economistas concorda com a análise apresentada aqui e também com a conclusão desta análise: o salário-mínimo provoca desemprego entre trabalhadores não qualificados. Por exemplo, em uma pesquisa de 1995, de economistas especializados no estudo de mercados de trabalho, 87% concordaram que "o salário-mínimo eleva o desemprego entre os trabalhadores jovens e não qualificados".[9]

Quanto desemprego é provocado por um aumento no salário-mínimo? Aqui, os resultados da pesquisa econômica variam e os economistas discordam. Na pesquisa de 1995, quando perguntados sobre os efeitos de um aumento de 10% no salário-mínimo (por exemplo, de $5,15 para $5,65), a estimativa média do crescimento no desemprego entre os adolescentes era de 2%. Entretanto, havia

[9] WHAPLES, Robert. "Is There Consensus among American Labor Economists? Survey Results on Forty Propositions", *Journal of Labor Research*, outono de 1996 (vol. XVII, nº 4), pp. 730-731.

uma variação considerável em torno da média, já que apenas um quarto das previsões ficou entre 1% e 3%.

E o aconselhamento político? Também há discordâncias. Uma pequena maioria dos economistas especializados nos mercados de trabalho (57%) acreditava que o salário-mínimo deveria ser elevado, independentemente de qualquer crescimento no desemprego. Não surpreende que os favoráveis a um aumento no salário-mínimo acreditavam em um efeito de desemprego relativamente pequeno. Os que se opunham a qualquer aumento no salário-mínimo pensavam que o impacto no emprego de adolescentes seria maior (3%).

RESUMO

Em todos os países, as rendas variam de maneira marcante. Isso ocorre, em parte, por causa de diferenças nos salários que podem ser determinadas por diferenças na atratividade dos empregos, diferenças na produtividade e por imperfeições nos mercados de trabalho. Quando a atratividade de dois empregos varia, *diferenciais de compensação de salário* surgem para equilibrar essas diversidades. Quando a produtividade dos trabalhadores difere, os trabalhadores mais produtivos ganham maiores salários. Em alguns casos, as barreiras à entrada de novos trabalhadores contribuem para aumentar os salários dos trabalhadores protegidos.

Outro motivo para os diferenciais de salário é o preconceito. Quando existe preconceito do empregador, as forças do mercado funcionam para desestimular a discriminação e reduzir as diferenças de salário entre os grupos. No entanto, o preconceito do funcionário e o do cliente estimulam a discriminação e podem levar a variações de salário permanentes.

As rendas também se distinguem por causa de diferenças na renda de atividades não relacionadas com o trabalho. A *taxa de pobreza* é a parte de famílias cujas rendas – não importa como sejam medidas – caem abaixo de uma certa *linha de pobreza* mínima. A *curva de Lorenz* e o *coeficiente de Gini* associados são medidas abrangentes de desigualdade de renda. Nos Estados Unidos, como na maioria dos países, a riqueza é distribuída de maneira menos igualitária que a renda.

Todas as medidas de renda nos informam algo sobre desigualdade de renda, mas todas elas sofrem de deficiência. Um imposto de renda progressivo, programas de transferência do governo e benefícios significam que a renda *ganha* difere da renda disponível para gastar. Além disso, a maioria das medidas de desigualdade pertence a um determinado ponto no tempo. A renda, por si só, tende a ser alterada, em um padrão previsível, durante a vida de cada indivíduo.

PALAVRAS-CHAVE

diferencial de compensação de salário
discriminação
discriminação estatística
característica não monetária do emprego
renda de propriedade
transferência de pagamento
curva de Lorenz
taxa de pobreza
coeficiente de Gini
linha de pobreza

QUESTÕES PARA REVISÃO

1. Para cada emprego a seguir, você esperaria que o diferencial de compensação de salário fosse positivo ou negativo? (Em cada caso, compare a um emprego como programador

de computador.) Descreva quais características não monetárias do emprego e quais exigências de capital humano poderiam estar em jogo em cada caso.

a. Trabalhador em um frigorífico.
b. Professor em instituição de ensino superior.
c. Advogado.
d. Garçom de bar em um *resort* tropical
e. Policial da cidade de Nova York.

2. Neste capítulo, vimos várias explanações para a desigualdade de salário. Qual explanação (ou explanações) melhor explica cada um dos casos a seguir?
   a. Um paralegal em Nova York ganha mais que um paralegal que faz o mesmo trabalho em Keokuk, Iowa.
   b. Embora eles trabalhem nos mesmos casos e façam muitas vezes as mesmas coisas, o salário de um advogado é muitas vezes maior que o de um paralegal.
   c. Larry King ganha mais como apresentador de programa de entrevistas que Goofey Gary, o homem do noticiário da manhã de um show de rádio de Nova York.
   d. Um professor de filosofia, com doutorado, ganha menos que um contador que tenha apenas bacharelado.
   e. Os trabalhadores da construção na Alemanha, que têm sindicatos fortes e amplos programas de treinamento, recebem salários maiores que os dos trabalhadores americanos nas mesmas profissões.
3. Por que os ganhos não são sempre proporcionais à habilidade?
4. Verdadeiro ou falso? A discriminação nem sempre surge com o preconceito. Explique.
5. Explique como as forças do mercado tendem a:
   a. Estimular a discriminação quando o preconceito ocorre com funcionários ou clientes de uma firma.
   b. Desestimular a discriminação quando o preconceito ocorre com os empregadores.
6. O que é "discriminação estatística"? Quais são algumas soluções possíveis para isso?
7. Como os avanços tecnológicos contribuíram para elevar a desigualdade de renda na década de 90?
8. Explique como o diferencial de salário entre trabalhadores sindicalizados e não sindicalizados pode aumentar. Ilustre com gráficos relevantes.
9. Liste e descreva todas as fontes possíveis de renda que não sejam salários.
10. Discuta alguns dos problemas associados às medidas de desigualdade estudadas neste capítulo.
11. Qual seria o coeficiente de Gini se a renda em um país fosse igualmente distribuída?

PROBLEMAS E EXERCÍCIOS

1. Os mercados de trabalho para trabalhadores das fábricas e trabalhadores da construção estão em equilíbrio: o salário nos dois é W_0 e o número de empregados é N_0. Suponha que os dois mercados de trabalho sejam perfeitamente competitivos, que não haja barreiras à entrada ou saída de trabalhadores e que as habilidades das fábricas sejam muito semelhantes às habilidades da construção.
   a. Inesperadamente, a demanda por produtos da fábrica decola. Com a utilização de gráficos, mostre o efeito, no curto prazo, no salário de equilíbrio e no número de empregados nas fábricas.
   b. Desenhe gráficos que ilustrem a posição de equilíbrio, no longo prazo, nas duas indústrias.
2. A tabela a seguir lista a renda anual de dez cidadãos da pequena cidade de Dismal Seepage.

Joe	$10.000	**Dick**	$18.000
Jim	$15.000	**Ellen**	$3.000
Sue	$4.000	**Ann**	$30.000
Jack	$25.000	**Ralph**	$8.000
Roy	$7.000	**Bill**	$50.000

   a. Desenhe a curva de Lorenz para essa comunidade.

b. No mesmo gráfico, desenhe outra curva de Lorenz (hipotética) que refletiria os efeitos das transferências de pagamentos, mas não os benefícios.

c. Faça uma estimativa aproximada dos coeficientes de Gini para (a) e para (b).

d. Imagine que todas as pessoas na cidade morem sozinhas e que o custo anual de alimentação para uma única pessoa seja de $3.000. Qual seria a taxa de pobreza oficial da cidade?

QUESTÕES DESAFIADORAS

1. Você está formando uma sociedade desde o início. Questões de distribuição de renda, igualdade de oportunidade e assim por diante são completamente decididas por você. A única armadilha é que você precisa morar na sociedade criada e você não sabe, com antecedência, sua posição econômica relativa nela (alta ou baixa renda, talentoso, na média ou abaixo da média, etc.). Que tipo de sociedade você moldaria? Discuta como seus planos refletiriam seus valores com relação a justiça, eqüidade, eficiência e assim por diante, bem como suas preocupações com relação a você ficar no topo ou na base.

2. Alguns defensores do salário-mínimo argumentam que qualquer redução no emprego dos não qualificados será pequena. Eles afirmam que um aumento no salário mínimo, na realidade, elevará o montante total pago aos trabalhadores não qualificados (por exemplo: salário × o número de trabalhadores não qualificados empregados). Discuta quais hipóteses eles estão fazendo sobre a elasticidade da demanda por trabalhador em relação ao salário.

EXERCÍCIO EXPERIMENTAL

1. Os jornais, algumas vezes, publicam artigos sobre a distribuição de renda e o impacto pessoal da pobreza. Escolha um artigo e veja se consegue identificar algumas forças econômicas que afetam a distribuição de renda e a pobreza.

CAPÍTULO

13

MERCADOS DE CAPITAIS E FINANCEIROS

RESUMO DO CAPÍTULO

Em janeiro de 2000, os eventos a seguir foram manchetes em todos os jornais dos Estados Unidos.

- A America Online, o maior provedor de serviços de Internet do país, adquiriu a Time Warner, um conglomerado de mídia que possuía a revista *People*, a Elektra Records, a CNN, a Cinemax e dezenas de outras firmas. O preço de compra para a Time Warner foi de $183 bilhões, tornando-a a maior aquisição corporativa da história dos Estados Unidos.
- A Corning Inc. anunciou que gastaria $750 milhões em instalações e equipamentos nos anos seguintes, para expandir sua capacidade de fabricação de fibras ópticas em mais de 50%.
- O Departamento de Educação relatou um *boom* na educação à distância, com as inscrições mais que dobrando entre 1995 e 1998.
- A Extensity, uma nova firma de softwares, vendeu participações em ações ao público pela primeira vez. Antes do fim do mês, o preço de suas ações tinha aumentado 260%.

Esses eventos podem dar a impressão de que pouco têm a ver uns com os outros. Na realidade, todos eles surgiram de uma fonte semelhante. Em cada caso, o evento ocorreu porque algum tomador de decisão conseguiu atribuir um valor ao dinheiro a ser recebido no *futuro*.

Neste capítulo, estudaremos as decisões sobre *fluxos de pagamentos futuros*. Mais especificamente, estudaremos dois tipos de decisões: (1) a de investir em capital produtivo como os edifícios das fábricas, em equipamentos ou em habilidades e treinamento e (2) a de comprar ativos financeiros como ações e títulos. Para entender todas essas decisões, precisamos de novos conceitos e técnicas para nos ajudar a atribuir um valor a ser recebido no futuro.

CAPITAL FÍSICO E A DECISÃO DE INVESTIMENTO DA FIRMA

O conceito de *capital* foi introduzido no primeiro capítulo deste livro. Lá, vimos que capital é um dos *recursos* da sociedade, juntamente com terra e trabalhadores. Mais especificamente, capital é qualquer *ferramenta* duradoura que as pessoas utilizam para produzir bens e serviços. Também vimos que podemos classificar o capital em duas categorias: *capital físico* como as plantas e os equipamentos de propriedade das firmas comerciais e *capital humano* a exemplo de habilidades e treinamento da força de trabalho. Nesta seção, vamos nos concentrar na decisão das firmas sobre capital físico e trataremos do capital humano na próxima seção.

Identificar os Objetivos e as Restrições

Como uma firma comercial decide quanto comprar de capital físico? Da mesma maneira que toma qualquer outra decisão. O objetivo da firma é maximizar seu lucro – não apenas neste ano, mas durante muitos anos futuros. No entanto, ao tentar selecionar a melhor quantidade de capital a comprar, a firma enfrenta restrições.

Primeiro, a firma enfrenta uma dada tecnologia, representada pela sua função de produção. A tecnologia nos informa quanto produto a firma pode produzir com cada quantidade de capital que pode comprar e utilizar.

Segundo, a firma enfrenta uma restrição no preço que pode cobrar por seu *produto*. Essa restrição é determinada pela curva de demanda que a firma enfrenta. Como fizemos ao estudar os mercados de trabalho, manteremos a análise simples, supondo que as firmas vendam seu produto em mercados de produto perfeitamente competitivos, ou seja, cada firma aceita o preço de seu produto como dado.

Finalmente, a firma deve *pagar* por seu capital, além de pagar por seus outros insumos. Aqui, mais uma vez, vamos imaginar que ela enfrente um mercado perfeitamente competitivo para capital físico. Como conseqüência, a firma aceita como dado o preço de mercado do capital que compra.

Dadas essas restrições – tecnologia, o preço pelo qual ela pode vender seu produto e o preço que ela deve pagar por seu capital – a firma tenta comprar a melhor quantidade de capital físico. Como ela faz essa escolha?

Vamos tornar essa pergunta mais específica. Suponha que você seja o gerente da frota na Quicksilver Delivery Service. Sua firma entrega pacotes para pequenos varejistas na área metropolitana de Chicago e cobra, pelo serviço, a taxa de mercado de $4 por pacote. Você é encarregado de comprar novos caminhões à medida que a firma se expande. Quantos caminhões você deve comprar?

Pense em alguns capítulos atrás, quando vimos sobre a demanda por trabalho. Lá, vimos que – ao determinar o número de trabalhadores a empregar que maximizaria o lucro – a firma deveria continuar contratando trabalhadores adicionais enquanto seu benefício para a firma – medido pelo produto-receita marginal do trabalho (PRM_T) – excedesse o custo para a firma – a taxa de salário.

Algo muito semelhante é verdadeiro no caso de sua demanda por novos caminhões. Você deseja determinar – para cada caminhão adicional – se o benefício excede o custo. Portanto, existem alguns paralelos óbvios entre a demanda por caminhões e a demanda por trabalho da sua firma, mas existem também algumas diferenças importantes.

Primeiro, sua firma não *possui* o trabalhador que emprega. Em vez disso, ela *aluga* trabalhadores, pagando a cada um deles um certo salário por semana. Com o capital, as coisas são diferentes. Embora seja possível alugar equipamentos, a maioria das firmas escolhe *comprar* todo o seu seu capital. Como o capital é durável e, por definição, dura muito tempo, a firma deve pensar no futuro ao decidir comprar a planta e os equipamentos.

Vamos reformular a decisão da firma sobre capital, utilizando uma linguagem que, agora, já deve ser familiar a você. A receita anual adicional obtida com uma unidade de capital – como um caminhão – é chamada **produto-receita marginal de capital** (*PRM_K*) que nos informa apenas parte da história. Ele mede a receita adicional em qualquer ano, mas, para encontrar o benefício *total* do capital, precisamos medir a receita adicional durante *muitos* anos – tantos anos quantos o capital irá durar. Por exemplo, quando você comprar um caminhão, ele contribuirá para a renda da sua firma no mesmo ano, no próximo ano e no futuro. Dessa maneira, ao medirmos os benefícios de comprar outro caminhão, devemos encontrar uma maneira de avaliar a receita que o mesmo obtém para sua firma durante vários anos.

Produto-receita marginal de capital O aumento da renda devido a um crescimento de uma unidade no insumo de capital.

"Isso é fácil", você pode pensar. "Basta adicionar a receita que um caminhão adicional trará para mim em cada ano em que eu obtiver." Por exemplo, suponha que você esteja decidindo se compra um caminhão que irá durar 15 anos e que sua PRM_K seja de $10.000. De acordo com esse método de determinação dos benefícios do caminhão, bastaria multiplicar o PRM_K anual de $10.000 pelo número de anos de duração do caminhão. O benefício total do caminhão seria, então, 15 × $10.000 = $150.000. Estaria certo?

Não exatamente. O problema com essa abordagem é que ela adiciona a receita de cada ano ao total, independentemente de *quando* a receita foi ganha. Na realidade, o valor de um pagamento futuro depende de quando esse pagamento for recebido. Para ver o porquê, teremos de nos desviarmos da Quicksilver Delivery e explorar a questão dos pagamentos futuros de uma maneira mais ampla. Voltaremos à Quicksilver e seus caminhões quando terminarmos.

O VALOR FUTURO DOS DÓLARES

Para ver por que o valor de um pagamento futuro depende de *quando* o pagamento for recebido, devemos passar pela experiência do pensamento a seguir. Imagine que você possa escolher entre receber $1.000 agora ou daqui a um ano. Você tem de pensar muito antes de tomar uma decisão? Independentemente de quando você realmente vai gastar o dinheiro, é sempre melhor ter os dólares antes que depois. Por exemplo, vamos supor que você não planeje gastar o dinheiro até o ano que vem. Assim, se você ganhar os $1.000 agora, poderá colocá-los no banco e obter juros por um ano, tendo *mais* de $1.000 quando finalmente gastar o dinheiro. Por outro lado, imagine que você planeje gastar o dinheiro já. Assim, recebê-lo *agora* o fará economizar os juros que você teria de pagar pedindo dinheiro emprestado para uso imediato.

> *Como os dólares presentes podem ganhar juros e como juros devem ser pagos por dólares presentes emprestados, é sempre preferível receber a mesma soma de dinheiro antes a depois. Portanto, um dólar recebido agora* vale mais *que um dólar recebido depois.*

O conhecimento de que os dólares recebidos no futuro valem menos que os dólares recebidos hoje é importante. Entretanto, ao analisar mercados de capitais, precisamos saber exatamente *quanto* um determinado pagamento futuro vale, ou seja, quanto dos dólares de hoje você comercializaria para o pagamento futuro.

Valor presente O valor, no dólar de hoje, de uma soma de dinheiro a ser recebida ou paga em uma data específica.

O valor presente *(VP) de um pagamento futuro é o valor desse pagamento futuro em dólares de hoje. De maneira alternativa, é o máximo que uma pessoa pagaria hoje pelo direito de receber o pagamento futuro.*

Para que você entenda melhor esse conceito, vamos formular um exemplo simples. Qual é o valor presente de $1.000 a serem recebidos daqui a um ano? Ou seja, qual seria o máximo que você pagaria *hoje*, a fim de receber $1.000 daqui a um ano? A resposta certamente *não* seria $1.000. Por que não? Se pagasse $1.000 hoje para garantir $1.000 em um ano, você estaria desistindo do que *poderia* emprestar para outra pessoa, com juros. Se você emprestasse o dinheiro, acabaria com mais de $1.000 daqui a um ano. Portanto, nunca faria sentido pagar $1.000 agora para $1.000 serem recebidos daqui a um ano.

Você pagaria $900 pela garantia de pagamento futuro? Ou $800? Na realidade, você pagaria no máximo a quantia de dinheiro que, se emprestada com o recebimento de juros, lhe rendesse exatamente $1.000 daqui a um ano. Essa quantia de dinheiro é o *valor presente* de $1.000 a ser recebido em um ano, por ser o máximo que você poderia despender em troca de pagamento futuro.

Essa observação sugere que o valor presente de um pagamento futuro depende da taxa de juros na qual você pode emprestar os fundos. Suponha que essa taxa de juros seja de 10% por ano. Então, o valor presente de $1.000 a ser recebido daqui a um ano é uma quantia em dinheiro que – se emprestada a um juro anual de 10% – renderá precisamente $1.000 em um ano. A um juro de 10%, cada dólar emprestado lhe renderá 1,10 dólar em um ano, de modo que o *VP* que procuramos satisfará à equação a seguir:

$$VP \times 1{,}10 = \$1.000$$

Solucionando para *VP*, temos

$$VP = \frac{\$1.000}{1{,}10} = \$909$$

Em outras palavras, se você emprestar $909 a juros de 10%, terá $1.000 daqui a um ano. Portanto, *$909* é o valor máximo do qual você está disposto a desistir hoje para obter $1.000 em um ano ou *$909 é o valor de $1.000 a ser recebido daqui a um ano.*

Podemos generalizar esse resultado observando que, se a taxa de juros tivesse sido algo diferente de 0,10 – que chamaremos i – ou se a quantia em dinheiro tivesse sido algo diferente de $1.000 – por exemplo, Y dólares – o valor presente satisfaria à equação

$$VP \times (1 + i) = Y$$

ou

$$VP = \frac{Y}{(1 + i)}$$

E se o pagamento de $\$Y$ fosse recebido daqui a *dois* anos, em vez de um? Poderíamos utilizar a mesma lógica para encontrar o valor presente. Nesse caso, cada dólar emprestado se tornaria $(1 + i)$ dólares após um ano e, então – quando o dólar mais os juros obtidos fossem emprestados novamente por um segundo ano – ele se tornaria $(1 + i)(1 + i) = (1 + i)^2$ dólares ao fim do segundo ano. Assim, o *VP* satisfará

$$VP \times (1 + i)^2 = Y$$

e, solucionando pelo *VP*, obtemos

$$VP = \frac{Y}{(1 + i)^2}$$

Finalmente, para pagamentos a serem recebidos em um, dois ou qualquer número de anos no futuro, podemos afirmar que

o valor presente de $Y a ser recebido em n *anos no futuro é igual a*

$$\mathbf{VP = \frac{Y}{(1 + i)^n}}$$

Por exemplo, com uma taxa de juros de 10%, o valor presente de $1.000, a ser recebido daqui a três anos, seria

$$VP = \frac{\$1.000}{(1{,}10)^3} = \$751$$

O processo de tornar comparáveis dólares de diferentes datas é chamado **desconto**. Como a taxa de juros é utilizada para computar o valor presente dos dólares futuros, a própria taxa de juros é chamada **taxa de desconto**.[1] A Tabela 1 mostra o valor presente de um dólar a ser recebido em diferentes ocasiões no futuro, com diversas taxas de desconto.

Desconto O ato de converter um valor futuro em seu valor presente e equivalente.

Taxa de desconto A taxa de juros utilizada para computar os valores presentes.

Por exemplo, qual é o valor presente de $1 a ser recebido daqui a dez anos? Se a taxa de juros for de 10%, o valor presente equivalente é de $1 *dividido por* $(1{,}10)^{10}$ ou $1/2,59 = $0,39. Isso nos informa que, quando a taxa de juros (taxa de desconto) é de 10%, qualquer pessoa que espere receber $1 daqui a dez anos pode aceitar também $0,39 agora. Afinal, quando emprestado a juros de 10% ao ano, 39 centavos serão $1 em dez anos.

Pela lógica dos cálculos do valor presente e pelas entradas da Tabela 1, podemos ver que

o valor presente de um pagamento futuro será menor se (1) o tamanho do pagamento for menor, (2) a taxa de juros for maior ou (3) o pagamento for recebido mais tarde.

Tabela 1

VALORES PRESENTES DE PAGAMENTOS FUTUROS DE $1

Nº de Anos no Futuro	Valor de $1 a ser recebido daqui a vários anos com diferentes taxas de desconto		
	5%	10%	15%
0	$1,00	$1,00	$1,00
1	$0,95	$0,91	$0,87
2	$0,91	$0,83	$0,76
3	$0,86	$0,75	$0,66
4	$0,82	$0,68	$0,57
5	$0,78	$0,62	$0,50
10	$0,61	$0,39	$0,25
20	$0,38	$0,15	$0,06

[1] Na macroeconomia, o termo *taxa de desconto* tem um significado completamente diferente: é a taxa de juros que o Federal Reserve (Banco Central dos Estados Unidos) cobra dos bancos quando empresta reservas a eles. Não existe conexão entre os dois significados diferentes do termo.

Cuidado ao trabalhar com taxas de juros: elas podem se expressar na forma de porcentagem ou na forma decimal. Uma taxa de juros de cinco por cento (5%) também pode ser expressa na forma decimal como 0,05. É por isso que a expressão "1+ *i*" é igual a 1,05 quando a taxa de juros é de 5%. De maneira semelhante, uma taxa de juros de 0,5% (*metade* de 1%) se converter em 0,005 na forma decimal, e "1 + i" é igual a 1,005.

Por que o adiamento de um pagamento futuro reduz seu valor presente? Porque, quanto mais tarde você recebe seu dinheiro, maior o sacrifício de juros que você *poderia* ter obtido no meio tempo. Por que maiores taxas de juros reduzem o valor presente de um pagamento futuro? Porque, quanto maior a taxa de juros, maiores são os juros que você *poderia* ter obtido emprestando seu dinheiro hoje e, portanto, maior renda de juros é *sacrificada* com a espera.

Finalmente, existe mais uma maneira na qual utilizamos a fórmula para cálculos de valores atuais, isto é, determinar o valor de um fluxo de pagamentos futuros, com cada pagamento individual a ser recebido em um momento *diferente* no futuro. Por exemplo, como podemos calcular o valor, no dólar de hoje, do seguinte fluxo de pagamentos futuros: \$1.000 a serem recebidos daqui a um ano, \$900 a serem recebidos daqui a dois anos e \$600 a serem recebidos daqui a três anos? A resposta é: primeiro, calculamos o valor presente de cada pagamento e em seguida, adicionamos esses valores presentes juntos:

$$VP = \frac{\$1.000}{(1+i)} + \frac{\$900}{(1+i)^2} + \frac{\$600}{(1+i)^3}$$

Com uma taxa de juros de 10%, o valor presente *total* de todo o fluxo de pagamentos é igual a:

$$\begin{aligned} VP &= \frac{\$1.000}{(1{,}10)} + \frac{\$900}{(1{,}10)^2} + \frac{\$600}{(1{,}10)^3} \\ &= \$909{,}09 + \$743{,}80 + \$450{,}79 \\ &= \$2.103{,}68 \end{aligned}$$

A lógica do valor presente nos mostra por que qualquer pessoa que espera receber um fluxo de pagamentos futuros deve descontar cada um desses pagamentos antes de somá-los. A próxima seção fornece um exemplo de como as firmas utilizam o valor presente para tomar decisões sobre investimentos em novo capital.

A DEMANDA DA FIRMA POR CAPITAL

Vamos voltar ao problema na Quicksilver Delivery Service. Quantos caminhões novos você deve comprar? Suponha que o primeiro caminhão novo comprado fosse utilizado para atender o território do norte. A compra desse caminhão permitiria que sua firma entregasse 2.500 pacotes adicionais por ano, gerando, portanto, \$4 × 2.500 = \$10.000 em receita anual adicional.[2] Assim, o produto-receita marginal desse primeiro novo caminhão seria de \$10.000 por ano.

Um segundo caminhão novo seria utilizado em um novo território no nordeste. Como resultado, esse caminhão também geraria \$10.000 em receita

---

[2] Quando informamos com quanta receita adicional um caminhão vai contribuir, estamos nos referindo à receita *líquida*. Já subtraímos qualquer custo adicional que envolve ter outro caminhão como os custos da gasolina, manutenção e reparos e a contratação de outro motorista.

Tabela 2

O VALOR PRESENTE DOS CAMINHÕES NA QUICKSILVER DELIVERY SERVICE (COM UMA TAXA DE DESCONTO DE 10%)

Caminhão	Receita Anual Adicional (PRM_K)	Valor Presente Total da Receita Adicional Por 15 anos
1	\$10.000	$\frac{\$10.000}{(1,1)} + \frac{\$10.000}{(1,1)^2} + \ldots + \frac{\$10.000}{(1,1)^{15}} = \$76.060,80$
2	\$10.000	$\frac{\$10.000}{(1,1)} + \frac{\$10.000}{(1,1)^2} + \ldots + \frac{\$10.000}{(1,1)^{15}} = \$76.060,80$
3	\$ 8.000	$\frac{\$8.000}{(1,1)} + \frac{\$8.000}{(1,1)^2} + \ldots + \frac{\$8.000}{(1,1)^{15}} = \$60.848,64$
4	\$ 5.000	$\frac{\$5.000}{(1,1)} + \frac{\$5.000}{(1,1)^2} + \ldots + \frac{\$5.000}{(1,1)^{15}} = \$38.030,40$
5	\$ 2.000	$\frac{\$2.000}{(1,1)} + \frac{\$2.000}{(1,1)^2} + \ldots + \frac{\$2.000}{(1,1)^{15}} = \$15.212,16$

adicional. Assim, seu *PRM* anual também seria igual a \$10.000. Se comprasse um terceiro caminhão, você o utilizaria no território oeste, onde, durante um ano comum, ele geraria \$8.000 de receita adicional. Um quarto caminhão poderia gerar \$5.000 de receita em uma nova rota no sul. E um quinto caminhão seria utilizado no território sudeste, mas apenas parcialmente, para entregar pacotes. No restante do tempo, ele seria utilizado para recolher pacotes enviados para o endereço errado, para entregar correspondências e para vários outros propósitos. Ele geraria \$2.000 de receita adicional por ano.

Vamos imaginar que cada caminhão tenha uma vida útil esperada de 15 anos,[3] de modo que a Quicksilver possa esperar 15 anos de receita adicional para cada caminhão adicional comprado. Se a taxa de desconto adequada para os cálculos do *VPD* da Quicksilver for de 10%, podemos calcular o *VPD* total da receita futura como na Tabela 2. Observe que, após a firma ter comprado dois caminhões, os totais da última coluna ficam menores à medida que o número de caminhões aumenta. Isso ocorre por causa de uma propriedade de insumos que deve ser familiar para você – a diminuição da produtividade marginal. À medida que mais e mais capital for empregado, o produto marginal do capital (*PMK*) declina – cada caminhão adicional pode entregar menos pacotes adicionais que o caminhão anterior. Como o preço cobrado pelos serviços de entrega (*P*) é constante em \$4 por pacote, isso significa que o produto-receita marginal do capital ($PRM_K = P \times PMK = \$4 \times PMK$) também diminui à medida que caminhões adicionais são comprados. Finalmente, com uma redução do PRM_K, os totais de valor presente na última coluna também devem ser reduzidos à medida que mais caminhões são adicionados.

Agora que sabemos o valor presente total que você obtém com cada caminhão, sabemos quantos caminhões você deve comprar? Quase. Ainda existe o problema de quanto cada caminhão *custa*. Lembre-se de que você deve comprar um

[3] Na realidade, não é muito correto supor que um caminhão possa gerar a mesma quantidade de receita todos os anos de sua vida útil. Os caminhões, como todos os outros bens essenciais, se *depreciam* – se desgastam gradualmente. Como resultado, a receita adicional contribuída por um determinado caminhão fica menor cada ano que passa, em vez de permanecer a mesma, como esboçamos. Ignorar a depreciação ajuda a manter a matemática simples. Se continuar em economia, você verá como incorporar a depreciação aos cálculos do valor presente.

caminhão sempre que o benefício desse exceder seu custo. Assim, você compraria todos os caminhões para os quais os números na última coluna da Tabela 2 excedessem o preço de um caminhão. Por exemplo, se os caminhões de entrega custassem $65.000 cada, certamente faria sentido comprar os primeiros dois caminhões, dos quais cada um geraria um valor presente total de $76.061 em receita adicional, mas *não* faria sentido comprar o terceiro, pois ele geraria um valor presente total de apenas $60.849 – menos que o preço do caminhão. Se, por outro lado, os caminhões custassem $50.000 cada, faria sentido comprar três deles, já que os primeiros três caminhões gerariam para a firma um valor presente total maior que $50.000.

Os exemplos se concentraram em um tipo especial de capital – caminhões de entrega – mas a mesma lógica funciona para qualquer outro tipo de capital físico – linhas de montagem automática, computadores desktop, armários do tipo arquivo, locomotivas e guindastes de construção. Em cada um desses casos, o primeiro passo para tomar uma decisão sobre a compra de capital é atribuir valor a uma unidade adicional de capital. Esse valor é o valor presente total da receita futura gerada pelo capital.

Essa primeira etapa – colocar um valor no capital físico – é tão importante e tão amplamente aplicável que podemos nos referir a ela como um princípio geral.

Princípio da avaliação de ativos A idéia de que o valor de um ativo é igual ao valor presente total de todos os benefícios futuros que ele gera.

*O **princípio da avaliação de ativos** diz que o valor de qualquer ativo é a soma dos valores presentes de todos os benefícios futuros que ele gera.*

O princípio da avaliação do ativo nos informa como determinar o benefício marginal com a compra de outra unidade de capital como outro caminhão. A próxima etapa é comparar esse benefício marginal com o custo do próprio capital. Como vimos, a firma deve, assim, comprar qualquer capital para o qual o benefício marginal (valor presente da receita futura) seja maior que o custo.

O QUE ACONTECE QUANDO AS COISAS MUDAM: A CURVA DE INVESTIMENTO

Investimento Compras de novo capital que a firma faz durante um certo período de tempo.

Investimento é o termo que os economistas utilizam para descrever as compras de novo capital feitas pelas firmas durante um determinado período. No exemplo anterior, se os caminhões custarem $50.000 cada, a Quicksilver deverá comprar três. Se ela comprasse os três caminhões neste ano, seus gastos com investimento durante o ano seriam de $50.000 × 3 = $150.000.

Essa conclusão sobre investimento, porém, é feita com base na suposição de que a taxa de juros e a taxa de desconto da Quicksilver são de 10%. Com uma taxa de juros menor – por exemplo, 5% – a receita por ano teria um valor presente maior, por isso o valor presente de qualquer caminhão seria maior. A conclusão sobre o gasto com investimentos da Quicksilver poderia, assim, ser mudada. De maneira semelhante, um aumento na taxa de juros – por exemplo, para 15% – *reduziria* o valor presente da receita de cada ano e *diminuiria* o valor presente de um caminhão.

A Tabela 3 apresenta como os cálculos do valor presente total para cada caminhão são modificados à medida que a taxa de juros é alterada. A tabela supõe inalterados os outros ingredientes da tomada de decisão da firma. Cada pacote entregue ainda gera receita de $4 e a produtividade de cada caminhão ainda é

Tabela 3

CÁLCULOS DO VALOR PRESENTE PARA VÁRIAS TAXAS DE JUROS

Caminhão	Receita Adicional Anual	Valor Presente Total com uma Taxa de Desconto de:		
		5%	10%	15%
1	$10.000	$103.797	$76.061	$58.474
2	$10.000	$103.797	$76.061	$58.474
3	$8.000	$83.037	$60.849	$46.779
4	$5.000	$51.898	$38.030	$29.237
5	$2.000	$20.759	$15.212	$11.695

a mesma de antes. Por exemplo, um caminhão utilizado na rota do norte ainda permite que a Quicksilver entregue 2.500 pacotes adicionais por ano.

Os números das últimas três colunas são calculados apenas como os números que calculamos na Tabela 2. A única diferença é que, em vez de sempre supor uma taxa de desconto de 10%, a Tabela 3 mostra o valor presente total para cada caminhão em três taxas de juros diferentes. Observe o que acontece à medida que nos movemos da esquerda para a direita na tabela de qualquer caminhão específico: a taxa de juros aumenta de 5% para 10% e para 15% e o valor do caminhão para a firma cai.

Se os caminhões custarem $50.000 cada, quanto a Quicksilver investirá (gastar em novos caminhões) a uma dada taxa de juros? Vamos ver. Se a taxa de juros for de 5%, a Quicksilver deverá comprar quatro caminhões, pois cada um dos primeiros quatro caminhões terá um valor presente total maior que $50.000 a essa taxa de juros. O quinto caminhão, contudo, terá um valor presente total de apenas $20.759, por isso a firma não deverá comprá-lo. Assim, se a taxa de juros for de 5%, o gasto com investimentos da Quicksilver será de $50.000 × 4 = $200.000.

Se a taxa de juros aumentar para 10%, a Quicksilver deverá comprar apenas três caminhões. (Você pode ver por quê? *Dica*: Qual é o valor presente total do quarto caminhão quando a taxa de juros é de 10%?) Nessa taxa de juros maior, o gasto com investimentos da Quicksilver cairá para $50,000 × 3 = $150.000. Finalmente, se a taxa de juros se elevar para 15%, a Quicksilver deverá comprar apenas dois caminhões e seu gasto total com investimentos será de $50.000 × 2 = $100.000.

O que é verdadeiro para a Quicksilver é verdadeiro, na economia, para todas as firmas que compram caminhões: quanto mais alta a taxa de juros, menos caminhões as firmas que fazem serviços de entrega – além de outras firmas que compram caminhões – vão adquirir e menores serão os gastos com investimentos em caminhões durante o ano.

Tire um momento para pensar em por que isso acontece. Os caminhões, em si, são os mesmos e são tão produtivos quanto antes. Mas cada caminhão tem menos valor para as firmas em termos de *dólar-presente.* Isso ocorre porque esperar para receber receitas futuras, agora, tem um custo de oportunidade maior, enquanto o caminhão ainda é pago em dólar de hoje, cujo valor não é afetado pela taxa de juros. Assim, cada firma desejará menos caminhões a qualquer preço dado.

Além disso, a mesma lógica se aplica às compras de outros capitais. Com taxas de juros altas, as firmas americanas acabam comprando menos de todos os diferentes tipos de capital – não apenas caminhões de entrega, mas também outros bens duráveis como computadores, ferramentas de máquinas, junções e máquinas para gráficas. Não deve ser surpreendente, então, esta conclusão:

À medida que a taxa de juros aumenta, cada firma de negócios na economia – utilizando o princípio da avaliação de ativos – atribui um valor menor ao capital adicional e decide comprar menos dele. Portanto, na economia como um todo, um crescimento da taxa de juros provoca uma redução nos gastos com investimentos.

A relação entre a taxa de juros e o gasto com investimentos é ilustrada pela curva de investimento da economia, mostrada na Figura 1. A curva inclina-se para baixo, indicando que um aumento na taxa de juros provoca uma queda no gasto com investimentos. Quando estudar *macroeconomia*, você aprenderá que a curva de investimento é importante para o desempenho da economia geral, por vários motivos, mas aqui está a dica de um deles: quando a taxa de juros cai, o maior investimento no novo capital significa que o *estoque de capital* do país – a quantidade total de capital instalado – acabará maior do que seria caso o contrário ocorresse. Com mais capital, o trabalho será mais produtivo, e o padrão de vida, mais elevado. Essa relação entre a taxa de juros, o gasto com investimentos e o tamanho final do estoque de capital é um motivo pelo qual os formuladores de políticas prestam tanta atenção ao nível geral das taxas de juros na economia.

Para recapitular:

Menores taxas de juros aumentam o investimento da firma em capital físico, tornando maior o estoque de capital e elevando o padrão de vida geral.

INVESTIMENTO EM CAPITAL HUMANO

Até aqui, neste capítulo, exploramos o investimento em capital *físico*. Agora vamos considerar o investimento em capital *humano* – as qualificações e habilidades

Figura 1

A CURVA DE INVESTIMENTO

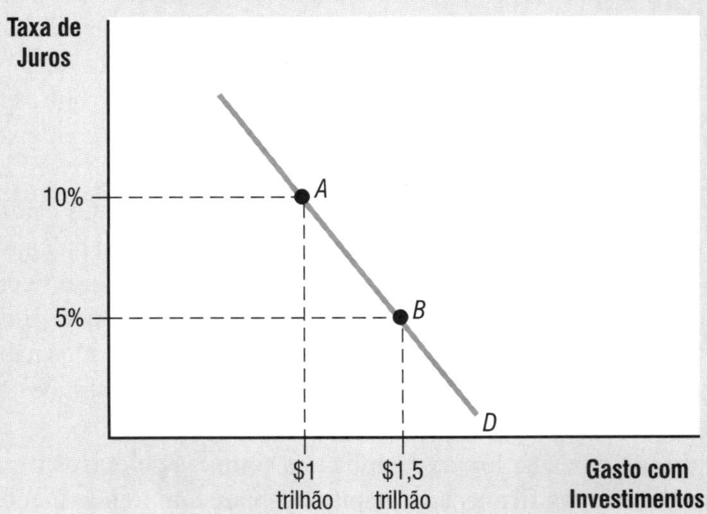

À medida que a taxa de juros cai de 10% para 5%, cada firma que compra um tipo específico de capital compra mais dele. Como resultado, o investimento total da economia em capital físico aumenta de $1 trilhão para $1,5 trilhão. Isso é mostrado com o movimento do ponto *A* para o ponto *B* ao longo da curva de investimento mostrada na figura.

da força de trabalho. Como o capital físico, essas qualificações e habilidades são ferramentas duradouras que tornam o trabalhador mais produtivo para produzir produtos. Mas, diferente do capital físico – que é de propriedade das firmas – o capital humano é comumente propriedade de trabalhadores individuais.

Os economistas têm muito interesse no investimento em capital humano. Aqui, vamos nos concentrar em apenas duas questões: primeiro, quem paga para que os trabalhadores adquiram capitais humanos – os próprios trabalhadores ou as firmas que os empregam? Veremos que alguns tipos de capital humano são geralmente pagos pelas firmas e outros são pagos pelos trabalhadores. Segundo, quando um indivíduo deve pagar ele mesmo para adquirir capital humano, como ele faz essa escolha? Ou seja, como um indivíduo decide adquirir ou não habilidades que o tornariam mais valioso para um empregador?

CAPITAL HUMANO GERAL *VERSUS* ESPECÍFICO

Os economistas classificam o capital humano em duas categorias, de acordo com a amplitude com que ele pode ser aplicado à força de trabalho. O capital humano que o torna mais produtivo em *muitas* firmas diferentes é chamado **capital humano geral**. Se você estudar engenharia na faculdade, por exemplo, seu conhecimento o ajudará em qualquer uma das milhares de firmas de fabricação em todo o país, incluindo as que fazem aeronaves, automóveis e chips de computadores.

Capital humano geral Conhecimento, educação ou treinamento que é valioso em muitas firmas diferentes.

Existe também o **capital humano específico**, que é, principalmente, de valor em uma *firma específica*. Por exemplo, suponha que você aceite um emprego como engenheiro trabalhando em motores de jatos na General Electric, e aprenda detalhes específicos sobre o motor GE90. Esse conhecimento será capital humano específico, pois será útil apenas se você continuar a trabalhar nos motores a jatos da GE. Se você for para a Pratt & Whitney, os detalhes específicos aprendidos sobre o GE90 serão inúteis, por não se aplicarem aos motores da Pratt & Whitney.

Capital humano específico Conhecimento, educação ou treinamento valorizado somente em firmas específicas.

A Tabela 4 mostra os tipos de capital humano que você pode precisar para ser um engenheiro aeroespacial bem-sucedido na General Electric.

As entradas da tabela que são capitais humanos gerais seriam úteis não somente na GE, mas também em muitas outras firmas, incluindo outros fabricantes de aeronaves. Mas as entradas que são capitais humanos específicos não teriam valor em outra firma que não fosse a GE.

Tabela 4

TIPOS DE CAPITAL HUMANO NECESSÁRIOS PARA SER UM ENGENHEIRO AEROESPACIAL BEM-SUCEDIDO NA GENERAL ELECTRIC

Geral	Capacidade de raciocínio lógico Dominar os raciocínios matemático e físico Conhecimento dos princípios gerais de projetos de engenharia Cursos em termodinâmica, mecânica dos fluidos e transferência de calor
Específico	Experiência com motores a jatos da General Electric Conhecimento das qualificações e habilidades de outros engenheiros da GE A familiaridade com os tipos de aeronaves que utilizam os motores a jatos da GE Entendimento da estrutura corporativa exclusiva da GE e de seu processo de tomada de decisão

Existe um motivo muito bom para distinguir capital humano geral de específico. As firmas têm incentivos limitados para investir em capital humano geral, pois não conseguem ter certeza de coletar todos os benefícios. Para ver o porquê, suponha que uma firma como a General Electric pague a seus funcionários para que obtenham diplomas de engenheiros. Isso exigirá um gasto tremendo em pagamentos de mensalidades, sem citar o custo da produção perdida para a GE enquanto seus funcionários estiverem na escola, e não trabalhando, ou o custo de substituí-los por outros, talvez trabalhadores temporários. Mas, depois que os funcionários se formarem, não haverá lei que os obrigue a empregar suas novas habilidades como empregados da *General Electric*. Eles poderão testar o mercado de trabalho e descobrir que uma firma rival está disposta a pagar um salário maior que o oferecido pela GE. Essa firma rival, afinal, não arcou com o custo de estudar os funcionários da GE e, portanto, está mais bem posicionada para pagar salários maiores que os da General Electric.

Como podemos ver, uma firma ganha pouco investindo no capital humano geral. E poucas firmas investem. Na prática, os indivíduos geralmente pagam o custo de adquirir seu próprio capital humano geral. Você está provavelmente fazendo isso agora, ao estudar economia.

Mais genericamente,

> *Os empregados possuem incentivos limitados para fornecer capital humano geral, já que ele aumenta o valor do trabalhador para muitas firmas e o trabalhador coletará os benefícios na forma de um salário maior. Portanto, os trabalhadores devem adquirir capital humano geral por conta própria ou com a ajuda de subsídios do governo.*[4]

Observe a última expressão na declaração sombreada. Os governos, geralmente, oferecem subsídios para faculdades e escolas e fornecem concessões e empréstimos para os estudantes. Por quê? À medida que os indivíduos adquirem capital humano geral, eles se tornam mais produtivos e capazes de obter salários maiores. Portanto, eles devem estar dispostos a pagar o custo total de seu estudo, mesmo se isso significa ter de fazer empréstimo.

Há, no entanto, um problema: a maioria dos que vão para a faculdade são jovens e ainda não acumularam muita riqueza para ser utilizada como garantia para um empréstimo estudantil. Sem ajuda do governo, eles teriam dificuldade em conseguir empréstimo para seus gastos com estudo. Como os bancos sabem, por experiência amarga, que a taxa de inadimplência com empréstimos para estudantes é bem alta, eles relutam em liberar esses empréstimos, a menos que o governo os garanta.

Considerando que a sociedade como um todo se beneficia quando os estudantes adquirem mais educação formal, os governos intervêm para ajudar mais pessoas a obter estudo de todos os níveis. Eles fazem isso gerenciando escolas elementares e secundárias, oferecendo subsídios a faculdades e universidades e oferecendo empréstimos a juros baixos para estudantes de nível superior.

---

[4] Claro, existem exceções: algumas firmas *realmente* pagam para que seus funcionários terminem a faculdade ou obtenham diplomas profissionais. Isso, porém, não é muito comum e os funcionários geralmente têm de assinar contratos especiais prometendo trabalhar por um determinado número de anos.

Agora, vamos voltar a atenção ao capital humano específico, útil apenas para um funcionário específico. Os trabalhadores individuais *não* estão, geralmente, dispostos a pagar o custo do capital humano específico. Por que não? Por ser diferente do capital humano geral, que acaba beneficiando os trabalhadores, o capital humano específico acaba beneficiando a firma. Por exemplo, suponha que um engenheiro da GE desenvolva conhecimento sobre as qualificações e habilidades de outros engenheiros da GE – um exemplo de capital humano específico. Assim, ele não é mais útil, para a Boeing ou para qualquer outra firma, do que era antes de adquirir esse conhecimento. Essas outras firmas não estarão dispostas a pagar a ele um salário maior por causa de seu capital humano específico, portanto, a GE não terá de pagar a ele um salário maior para mantê-lo. Assim, o capital humano específico não beneficia o trabalhador na forma de um salário maior, mas *sim*, a GE, pois o trabalhador – embora seja pago o mesmo salário que antes – é, agora, mais produtivo.

Evidentemente, tanto os trabalhadores como as firmas sabem que o capital humano específico beneficia a firma e, portanto, a firma é quem acaba pagando por ele.

Os indivíduos têm pouco incentivo para pagar pelo capital humano específico, já que ele aumenta seu valor apenas para uma firma e a mesma irá coletar os benefícios. Portanto, as firmas fornecem capital humano específico para seus trabalhadores às suas próprias custas.

A DECISÃO DE INVESTIR EM CAPITAL HUMANO GERAL

Agora que vimos que os indivíduos geralmente pagam para adquirir seu próprio capital humano geral, mas como a decisão de investir é tomada? Vamos pegar um exemplo específico: suponha que um contador tenha de decidir, com base unicamente econômica, se deve participar de um curso sobre gerenciamento de livros de firmas de entretenimento. É um curso caro, $30.000 em matrícula e outros $25.000 em renda não recebida durante os três meses em que ele estiver matriculado no curso. Mas o curso aumentará sua renda em $10.000 por ano para cada um dos próximos oito anos, após os quais ele planeja se aposentar.

O princípio da avaliação de ativos representa um papel importante na decisão do contador.

Para o trabalhador que o possui, o capital humano é um ativo que gera maior renda no futuro. Portanto, o benefício de qualquer determinado investimento em capital humano é igual ao valor presente total da renda futura adicional.

A uma taxa de juros anual de 10%, o valor presente total do fluxo de receita extra seria de $53.349. Como o curso custa $55.000, não valeria a pena. O valor presente total da renda adicional seria *menor* que o custo do curso. Em termos puramente econômicos, o contador estaria melhor se não participasse do curso.

E se a taxa de juros anual fosse menor – por exemplo, 8%? O custo de participar do curso – $55.000 – permaneceria o mesmo, pois seria pago *agora*, mas o valor presente total da renda adicional seria maior, de $57.466. Assim, com uma taxa de juros de 8%, o investimento seria válido, por ter benefício (medido em valor presente total) seria maior que o seu custo. No geral,

O investimento em capital humano, como o investimento em capital físico, está inversamente relacionado com a taxa de juros. Quanto menor a taxa de juros, maiores os benefícios de qualquer investimento em capital humano e mais capital humano os trabalhadores desejarão adquirir.

Além disso, as conseqüências da alteração no investimento são muito semelhantes para o capital humano e para o capital físico. Lembre-se do que aprendemos sobre o capital físico: ele nos torna mais produtivos como trabalhadores e, à medida que as firmas adquirem mais dele, a economia e o padrão de vida crescem. A mesma coisa ocorre com o capital humano, quanto mais adquirimos, mais podemos produzir. Assim,

menores taxas de juros estimulam os indivíduos a investir em capital humano geral. Como resultado, a quantia total de capital humano – e o padrão de vida geral – será mais elevada se as taxas de juros forem menores.

MERCADOS FINANCEIROS

Você pode estar se perguntando o que mercados financeiros – como mercados de ações e títulos – têm a ver com o outro assunto deste capítulo: mercados para capital. Afinal, capital – como máquinas e fábricas – é algo *real*, pois permite que as firmas produzam bens e serviços reais. A mesma coisa ocorre com o capital humano que permite que pessoas reais produzam mais bens e serviços reais.

Nos mercados financeiros, as coisas comercializadas são apenas *pedaços de papel*, que não ajudam diretamente ninguém a produzir nada. Portanto, o que esses pedaços de papel têm a ver com capital?

Ativo financeiro Uma promessa de pagar renda futura de alguma forma como em dividendos futuros ou pagamentos de juros futuros.

Na realidade, bastante. Os pedaços de papel comercializados nos mercados financeiros são **ativos financeiros** – promessas para pagar renda futura ao seu proprietário. De acordo com isso, o valor de um ativo financeiro é calculado da mesma maneira que o valor de qualquer outro ativo como um caminhão ou um computador. Encontramos o *valor presente total* dos pagamentos futuros que o ativo vai gerar. Assim, o método de avaliação é uma conexão entre mercados de capitais e mercados para ativos financeiros.

Existe outra conexão entre esses dois tipos de mercados também. Como o capital dura por muitos anos, a maioria das firmas consegue os recursos financeiros para suas compras de capital incorrendo em obrigações financeiras que duram vários anos. Para obter o dinheiro para comprar caminhões, edifícios de fábricas, mobília de escritório e outras formas de capital, as firmas geralmente emitem papéis de reconhecimento de dívida de longa duração e os trocam pelo dinheiro necessário. Isso deixa a firma com capital de longa duração, mas também uma obrigação de longa duração, para fazer pagamentos futuros. Evidentemente, quanto mais capital a firma comprar, maior será o valor dos papéis de reconhecimento de dívida (IOVs) que a firma emitirá. Assim, existe uma estreita conexão *econômica* entre a decisão de uma firma de ser a que demanda em um mercado de capitais e a sua decisão de ser um fornecedor nos mercados financeiros.

No restante deste capítulo, vamos explorar dois tipos de ativos financeiros: títulos e ações. Também analisaremos os mercados muito dados à publicidade, nos quais esses ativos são comercializados.

O MERCADO DE TÍTULOS

Se uma firma quiser comprar uma nova frota de caminhões, construir uma nova fábrica ou atualizar seu sistema de computadores, ela deverá decidir como financiar essa compra. Uma maneira de fazer isso é a venda de **títulos**. Um título é simplesmente uma promessa de pagar uma certa quantia de dinheiro chamada **principal**, ou **valor de face**, em alguma data futura. Embora $10.000 seja a quantia principal mais comum, também podemos encontrar títulos com valores nominais de $100.000, $5.000 e outras quantias.

Título Uma promessa de pagar uma soma específica de dinheiro em uma data futura.

Principal (valor de face) A quantia de dinheiro que um título promete pagar quando vencer.

A **data de vencimento** de um título é a data na qual o principal será pago ao proprietário do título. Quando o título tem uma data de vencimento de 30 anos após a data na qual ele foi vendido, nós o chamamos título de 30 anos. Outros títulos possuem validades mais curtas: 15 anos, um ano, seis meses ou até mesmo três meses.

Data de vencimento A data na qual a quantia principal de um título será paga ao seu proprietário.

Alguns títulos, incluindo muitos dos títulos vendidos pelo governo federal dos Estados Unidos, são **títulos de desconto puro**. Um título de desconto é o que não faz nenhum pagamento, a não ser pelo principal, pago no vencimento. Por exemplo, em algum momento da sua vida, você pode ter obtido de presente um título de poupança dos Estados Unidos, emitido pelo governo federal e vendido na maioria dos bancos. Um título de poupança de $100 é uma promessa do governo federal de pagar $100 ao proprietário do título em, por exemplo, 30 anos. Se o título de poupança for vendido por $40 e pagar $100 no vencimento, o juro total do título será de $60 – a diferença entre por quanto o título foi originalmente vendido e quanto o proprietário receberá no vencimento.

Título de desconto puro Um título que não promete nenhum pagamento, exceto o principal que é pago no vencimento.

A maioria dos títulos, no entanto, promete – além do reembolso do principal – uma série de pagamentos no meio-termo, chamados **pagamentos de cupons**. Por exemplo, um título de 30 anos, de $10.000, pode prometer um pagamento de cupons – por exemplo, de $600 – por ano, pelos 30 anos, e, em seguida, pagar $10.000 no vencimento.

Pagamentos de cupons Uma série de pagamentos periódicos que um título promete antes do vencimento.

O **rendimento** de um título é a taxa de juros efetiva que o título obtém para seu proprietário. O rendimento de um título, como veremos, está intimamente relacionado com o preço que alguém paga pelo título.

Rendimento A taxa de retorno que um título obtém para seu proprietário.

Quanto Vale um Título?

Para determinar o valor de um título, vamos começar com um exemplo simples: um título de desconto puro que promete pagar $10.000 no vencimento, em exatamente um ano. Os $10.000 são um pagamento futuro e o método de calcular esse valor não deve causar surpresa, pois envolve o *valor presente*. Vamos supor que a taxa de juros na qual você pode pedir emprestado e emprestar seja de 10%. Em seguida, podemos determinar o valor presente do título com nossa fórmula de dedução:

$$VP = \frac{\$Y}{(1+i)} = \frac{\$10.000}{1{,}10} = \$9.091$$

Como o valor presente de $10.000, a ser recebido em um ano, é de $9.091, esse é o máximo que você deve pagar pelo título. Supondo que o proprietário atual do título possa pedir emprestado ou emprestar com o mesmo juro de 10%, $9.091 são o menor preço pelo qual ele venderá o título para você. Concluímos que esse título será vendido por $9.091 – não mais e não menos.

O mesmo princípio se aplica a tipos mais complicados de títulos como títulos de desconto que não pagam por muitos anos ou títulos com cupons. Por exemplo, imagine que um título que vence em cinco anos tenha um principal de $10.000 e prometa um pagamento de cupons de $600 por ano até o vencimento, com o primeiro pagamento feito daqui a um ano. O valor presente total desse título será:

$$VP = \frac{\$600}{(1{,}10)} + \frac{\$600}{(1{,}10)^2} + \frac{\$600}{(1{,}10)^3} + \frac{\$600}{(1{,}10)^4} + \frac{\$600}{(1{,}10)^5} + \frac{\$10.000}{(1{,}10)^5} = \$8.483{,}69$$

Mais uma vez, esse valor presente total – $8.483,69 – será o valor do título e esse será o preço pelo qual ele será comercializado, já que os compradores e vendedores utilizam a mesma taxa de desconto de 10% em seus cálculos.

Preços e Rendimentos de Títulos. Existe uma relação importante entre o preço de um título e o rendimento ou taxa de retorno que o título obtém para seu proprietário. É mais fácil perceber isso com um título de desconto puro, como o título que paga $10.000 em um ano, no exemplo anterior. Se você comprasse esse título por $8.000, obteria, no final do ano, juros de $10.000 – $8.000 = $2.000 sobre um ativo que teria custado $8.000. Seu rendimento seria de $2.000/$8.000 = 0,25, ou 25%.

Se você tivesse pago $9.000 por esse mesmo título, seus ganhos com juros seriam de $10.000 – $9.000 = $1.000 e seus rendimentos seriam de $1.000/ $9.000 = 0,111 ou 11,1%.

Como podemos ver, o rendimento obtido com um título depende do preço pago por ele. Para cada preço, existe um rendimento diferente. Quanto maior o preço de um título, menor o seu rendimento. Isso se aplica não apenas a simples títulos de desconto, mas também a títulos mais complicados, com pagamentos de cupons. O raciocínio é o mesmo nos dois casos: um título promete pagar quantias fixas de dólares em datas fixas no futuro. Quanto mais você acaba pagando por esses pagamentos futuros prometidos, menor sua taxa de retorno.

Mais genericamente,

> *existe uma relação inversa entre os preços dos títulos e os seus rendimentos. Quanto maior o preço de qualquer determinado título, menor o seu rendimento.*

O que é verdadeiro para um único título vale também para títulos em geral: quando os preços de muitos títulos aumentam juntos, de modo que o preço médio dos títulos se eleva, o *rendimento* médio dos títulos deve estar caindo.

Mercado primário O mercado no qual ativos financeiros recém-emitidos são vendidos pela primeira vez.

Mercado secundário O mercado no qual os ativos financeiros anteriormente emitidos são vendidos.

Mercados Primário e Secundário de Títulos. Cada tipo de ativo financeiro é comercializado em dois tipos diferentes de mercados. **Mercado primário** é onde ativos financeiros recém-emitidos são vendidos pela primeira vez. Depois que um ativo financeiro é vendido no mercado primário, o comprador está livre para vendê-lo para outra pessoa. Quando um ativo emitido anteriormente é vendido de novo, a venda ocorre no **mercado secundário**. A maioria das comercializações que ocorrem nos mercados financeiros em um determinado dia é *comercialização no mercado secundário.*

Aplicando essa distinção aos títulos, diríamos que o *mercado primário de títulos* é onde títulos recém-emitidos são vendidos para seus compradores originais, enquanto o mercado *secundário* de títulos é onde títulos anteriormente emitidos mudam de mãos.

É apenas no mercado primário que uma firma realmente obtém fundos para seus projetos de investimentos. Após uma firma ter emitido e vendido um título, ele poderá mudar de mãos muitas vezes no mercado secundário, mas a firma não se beneficiará diretamente dessas vendas. A comercialização no mercado secundário é uma troca entre partes privadas; a firma ou o órgão governamental que originalmente emitiu não estão envolvidos.

Ainda assim, firmas e órgãos governamentais seguem de perto os mercados secundários de títulos. Por quê? O resultado é que o mercado secundário tem efeitos de feedback importantes no mercado primário e, portanto, afeta os que querem pedir dinheiro emprestado por títulos emitidos. A conexão entre esses dois mercados surge porque a maioria dos títulos oferecidos para venda no mercado primário tem substitutos muito próximos disponíveis no mercado secundário. Por exemplo, suponha que a IBM queira pedir dinheiro emprestado emitindo títulos de dez anos de $10.000 no mercado primário. A fim de atrair compradores, ela terá de vender esses *novos* títulos pelo mesmo preço dos seus títulos *antigos* de $10.000, comercializados no mercado secundário, que ainda têm dez anos até o vencimento. Afinal, não há motivo para um comprador de títulos preferir um título novo, de dez anos, a um título antigo que ainda tenha dez anos para correr, se os dois forem emitidos pela mesma corporação e tiverem o mesmo valor de face. Assim,

embora os emissores não sejam diretamente participantes da comercialização no mercado secundário, eles são afetados pelo que acontece nesse mercado. Mais especificamente, se o preço de um título aumentar no mercado secundário, o preço que poderá ser cobrado para títulos semelhantes e recém-obtidos no mercado primário também se elevará.

Como existe uma relação tão estreita entre os preços e os rendimentos dos títulos, também podemos expressar essa idéia em termos de rendimento.

Se o rendimento de um título cair no mercado secundário, o rendimento de títulos semelhantes recém-emitidos no mercado primário também cairá.

O rendimento de um título é o que uma firma acaba pagando quando emite títulos e os vende no mercado primário. Assim, uma firma gostaria que o rendimento do seu título fosse o menor possível (sendo o preço de seu título o maior possível).

Por que os Preços dos Títulos (e os Rendimentos dos Títulos) Diferem? Milhares de diferentes tipos de títulos são comercializados nos mercados financeiros todos os dias. Existem títulos corporativos de vários vencimentos e títulos emitidos pelos governos local, estadual e federal e por órgãos governamentais. Títulos emitidos

CURVAS PERIGOSAS

Não pense que o risco de inadimplência é o único risco de propriedade de um título. O portador de um título também corre o risco porque as taxas de juros podem ser alteradas no futuro. Por que isso é um risco para o portador de um título? Lembre-se de que o preço de qualquer título é igual ao valor presente total de seus pagamentos futuros. Como vimos, maiores taxas de juros resultam em menores valores presentes e em menores preços para os títulos. Assim, se você quiser vender um título depois de tê-lo comprado, um aumento nas taxas de juros o forçará a vendê-lo a um preço menor – possivelmente, um preço ainda menor que o preço que você pagou. Mesmo os títulos do governo – que não carregam risco de inadimplência – ainda carregam risco de taxa de juros.

Obviamente, as taxas de juros podem mudar a seu favor também, mas permanece o fato de que a compra de um título é sempre um jogo de azar, pois as taxas de juros podem mudar a seu favor ou contra você.

por firmas estrangeiras e governos também são comercializados nos Estados Unidos. Cada título tem seu próprio rendimento. Por que isso ocorre? Por que todos os títulos não resultam no mesmo rendimento? Por que cada título não é vendido a um preço que torne seu rendimento idêntico ao de qualquer outro?

A resposta é encontrada no princípio de avaliação de ativos, que nos informa que um título – como qualquer ativo – vale o valor presente total de seus pagamentos futuros. Imagine-se como um operador de títulos, tentando determinar o preço máximo que deve oferecer por um título. Você conhece o valor de face do título e sua data de vencimento, bem como os valores e datas de qualquer pagamento de cupons que ele possa fazer. Seu problema, então, se resume a determinar qual taxa de desconto utilizar para calcular o valor presente total desses pagamentos futuros. É necessário determinar qual taxa de desconto refletirá de maneira precisa o custo de oportunidade dos seus fundos.

Se você estivesse *absolutamente certo* de que receberia o pagamento futuro prometido, sua taxa de desconto seria a taxa de juros que você *poderia* ganhar com *outros* investimentos absolutamente certos. As promessas feitas pelo governo dos Estados Unidos são geralmente consideradas as mais confiáveis e a taxa de juros sobre os títulos do governo norte-americano é geralmente chamada *taxa sem risco.* Portanto, se você tiver, no título que está considerando comprar, a mesma fé que tem nos títulos do governo dos Estados Unidos, utilize a taxa de juros dos títulos do governo norte-americano como sua taxa de desconto e calcule o *VP* total de acordo com ela.

Poucos títulos, entretanto, são tão seguros quanto os títulos do governo dos Estados Unidos. Na realidade, firmas privadas ocasionalmente vão à falência e não cumprem suas obrigações – alguns exemplos recentes incluem a Barneys, em 1996, a Montgomery Ward, em 1997, e a Boston Chicken, em 1998. O mercado de títulos está alerta com relação à possibilidade de inadimplência e os títulos são taxados de acordo com essa possibilidade. A Moody's, um dos serviços que avaliam os títulos, classifica os títulos como Aaa (o de inadimplência menos provável), Aa, A, Baa e assim por diante. Quando um título tem uma maior possibilidade de inadimplência, o custo de oportunidade dos seus fundos para comprá-lo é maior apenas que os juros não ganhos, pois você também está perdendo a segurança – você arrisca perder todo o valor do título. Portanto, para títulos mais arriscados, sua taxa de desconto deve incluir o custo de oportunidade de juros não ganhos que poderiam ter sido obtidos com os títulos do governo dos Estados Unidos, *mais* um prêmio extra que reflete o maior risco. Quanto mais arriscado o título, maior a taxa de desconto que deve ser aplicada a ele e menor seu valor presente total.

Tabela 5

TAXA DE JUROS DE TÍTULOS (14 DE JANEIRO DE 2000)

Classificação	Taxa de juros
Título do governo federal	6,68%
Título corporativo Aaa	7,84%
Título corporativo Aa	8,00%
Título corporativo A	8,18%
Título corporativo Baa	8,42%

Fonte: Site da Moody's Investors Service.

Para atribuir um valor a títulos de maior risco, os participantes do mercado utilizam uma maior taxa de desconto que com títulos seguros. Isso leva a valores presentes totais menores e a menores preços para títulos de maior risco. Com menores preços, títulos mais arriscados possuem rendimentos maiores.

A Tabela 5 mostra que o mercado valoriza títulos dessa maneira. Ela apresenta os rendimentos de diferentes tipos de títulos em 14 de janeiro de 2000. Observe como os rendimentos divergem. A diferença entre o rendimento sem risco de 6,68% e o rendimento de risco Baa é de mais de 1,7 ponto porcentual. Essa diferença é o prêmio que compensa investidores pela chance de que um título Baa entre em inadimplência em um determinado ano.

Os títulos de governos estrangeiros economicamente instáveis geralmente possuem alto risco de inadimplência. Esses riscos podem, em conseqüência carregar altos rendimentos. Por exemplo, na metade da década de 90, o rendimento dos títulos do governo russo que prometiam reembolso em dólares americanos era mais que o triplo do rendimento dos títulos do governo dos Estados Unidos. Os compradores de títulos russos não tinham uma fé completa de que o governo russo conseguiria obter os dólares para cumprir promessa de reembolso. Eles precisavam, portanto, ser compensados pelo risco de inadimplência. De fato, em agosto de 1998, o governo russo *realmente* não conseguiu pagar sua dívida, fazendo os portadores de títulos – tanto indivíduos como grandes bancos centralizadores de dinheiro – perderem bilhões de dólares.

O risco é o único motivo pelo qual os preços e os rendimentos dos títulos diferem. Se você continuar a estudar a economia financeira, verá que dois títulos com taxa de inadimplência igual podem ter rendimentos diferentes por uma variedade de motivos, incluindo diferenças em suas datas de vencimento, distinções na freqüência de pagamentos de cupons ou porque um título é mais amplamente comercializado (e, portanto, mais fácil de ser vendido rapidamente) que outro.

O MERCADO DE AÇÕES

Quota de ações
Uma participação na propriedade de uma corporação.

Uma **quota de ações**, como um título, é um ativo financeiro que promete pagamentos futuros a seu proprietário, mas a natureza da promessa é muito diferente para os dois tipos de ativos. Quando uma corporação emite um título, ela está *pegando dinheiro emprestado* e prometendo pagar. Quando uma corporação emite uma quota de ações, ela traz novos proprietários à própria firma. Na realidade, uma quota de ações *é*, por definição, *uma participação* *na propriedade* de uma firma. Aqueles que pagam por suas quotas oferecem à firma os fundos e, em retorno, a firma deve a eles – em alguma data ou em datas no futuro – uma participação em seus lucros.

Por exemplo, em janeiro de 2000, a Lycos, Inc. – firma de mídia na Web e desenvolvedora do mecanismo de busca na Internet Lycos – queria levantar fundos para financiar uma expansão. Ela poderia ter pedido os fundos emprestados emitindo títulos e vendendo-os no mercado primário, mas, em vez disso, emitiu novas quotas de ações, trazendo, assim, novos proprietários.

Quando uma firma deseja levantar dinheiro no mercado de ações, ela entra em contato com um banco de investimentos. Bancos de investimentos são firmas especializadas em avaliar o potencial de mercado de novas emissões de ações. Juntos, a firma e o banqueiro de investimentos desenvolvem um prospecto que descreve a oferta – a natureza do negócio da firma, o número de ações que serão vendidas e assim por diante. O propósito do prospecto é informar potenciais investidores dos riscos envolvidos. Ele deve ser analisado pela *Securities and Exchange Commission* (o equivalente, no Brasil, à Comissão de Valores Mobiliários – CVM), o principal órgão regulador que fiscaliza os mercados financeiros.

Aprovado o prospecto, a firma pode vender ações ao público. Se essa for a primeira oferta de ações dessa firma, a venda será chamada *IPO* (*Initial Public Offering – Oferta Pública Inicial*). O banqueiro de investimentos da firma geralmente tenta angariar compradores para a oferta antes que os títulos sejam realmente liberados para a venda. Na prática, são geralmente grandes investidores institucionais, como fundos mútuos, que compram primeiro as novas ações.

Mercados Primário e Secundário de Ações. Quando uma corporação emite novas ações – como parte de uma IPO ou de uma oferta secundária – elas são vendidas no *mercado primário de ações.* Quando a Lycos, Inc. vendeu seis milhões de ações a $77,375 cada, a firma esperava receber $77,375 × 6 milhões ou cerca de $464, 3 milhões. Desses rendimentos, ela pagou seus banqueiros de investimentos e ficou com o restante para gastar na expansão de suas operações. Foi a única vez em que a corporação recebeu qualquer renda com as vendas das suas ações. Daí em diante, as ações foram comercializadas no *mercado secundário* – o mercado em que ações emitidas anteriormente são vendidas e revendidas.

Como no mercado de títulos, a corporação que emite não tem relação *direta* com o mercado secundário é muito importante para as firmas que levantam fundos no mercado primário, por dois motivos. Primeiro, por causa do mercado secundário, as pessoas que compram ações sabem que podem vendê-las facilmente quando quiserem. Isso torna as pessoas mais dispostas a possuir ações, incluindo novas ações que as firmas emitem para levantar fundos.

Segundo, alterações de preços no mercado secundário afetam o preço que uma firma pode obter com a venda de ações no mercado primário. Na realidade, quando as ações de uma firma já estão sendo comercializadas no mercado secundário, uma oferta pequena de novas ações sempre será vendida pelo preço do mercado secundário. Isso ocorre porque as novas ações da firma são substitutos perfeitos para as ações que já estão sendo comercializadas no mercado secundário. Se o preço cair no mercado secundário, o preço das novas ações deve cair na mesma quantia, a fim de ser tão atraente para os compradores quanto as ações do mercado secundário. Isso significa que a firma levantará menos dinheiro com sua oferta pública. Uma queda séria no preço das ações no mercado secundário pode até mesmo levar uma firma a cancelar uma oferta pública e a adiar qualquer projeto de investimento que a oferta supostamente financiaria.

Propriedade Direta e Indireta de Ações. Muitas pessoas possuem quotas de ações diretamente. Você ou um membro da família pode ter comprado, por exemplo, 200 ações da barnesandnoble.com por conta própria, telefonando para um corretor ou on-line. As ações são, depois, mantidas pela sua corretora e você está livre para comprar mais ou vendê-las quando desejar, também com um telefonema ou on-line.

Você pode também possuir ações *indiretamente* comprando ações de um **fundo mútuo**. Um fundo mútuo é uma corporação que compra participações de ações em *outras* corporações. Existem fundos mútuos especializados em firmas de Internet, em firmas estrangeiras localizadas em regiões específicas como a Europa ou a Ásia e em firmas antigas que têm uma reputação de lucros estáveis, se não crescentes. A maioria dos fundos mútuos sugere que, ao fazer pesquisa cuidadosa nas firmas e previsões profissionais sobre o futuro, eles podem escolher ações dentro de sua especialidade de maneira mais sábia que um não profissional. (Discutiremos a precisão dessa declaração na seção Utilizando a Teoria deste capítulo.)

Fundo mútuo
Uma corporação especializada em possuir quotas de ações em outras corporações.

Uma maneira final pela qual as famílias podem – indiretamente – possuir ações são os fundos de pensão gerenciados por seus empregadores. Essas contas não devem ser confundidas com contas de aposentadoria – chamadas contas 401(k) e 403(b) – que os próprios funcionários gerenciam, nas quais as ações são de propriedade direta ou indireta por meio de ações de fundos mútuos. Em contraste, quando o fundo de pensão de um trabalhador é gerenciado por um empregador, os fundos totais disponíveis para aposentadoria dependem do desempenho dos mercados de ações e de títulos, mas o trabalhador não tem competência para participações em comprar e vender, ele próprio, títulos, ações ou fundos mútuos. Não é incomum, que metade ou mais dos fundos nessas contas de aposentadoria sejam mantidos em ações, com a maioria do restante em títulos.

A propriedade de ações nos Estados Unidos está crescendo rapidamente. Em 1999, os americanos tinham mais riqueza no mercado de ações que no valor das suas próprias casas. Quarenta e oito por cento dos americanos possuíam participações em ações ou fundos mútuos que eles mesmos gerenciavam, contrastando com os 19% de 1983. Se incluíssemos as participações em contas de aposentadoria, gerenciadas por empregadores, que incluem ações, a porcentagem de americanos com uma participação no mercado de ações seria muito maior.

Por que as Pessoas Possuem Ações? Por que tantos indivíduos e controladores de fundos escolhem aplicar seu dinheiro em ações? Você já sabe parte da resposta. Quando possui uma quota de ações, você possui uma parte da corporação. Na realidade, a fração da corporação que você possui é igual à fração do total de ações da firma que você possui. Por exemplo, em janeiro de 2000, Tommy Hilfiger, o fabricante de roupas, tinha 95 milhões de ações. Se você possuísse 10.000 ações da Tommy Hilfiger, você teria 10.000/95.000.000 = 0,000105 ou cerca de um cento de 1% dessa firma. Isso significa que você teria, em um sentido, direito a uma centena de 1% dos lucros da firma depois dos impostos.

Na prática, no entanto, a maioria das firmas não paga *todos* os seus lucros aos acionistas. Em vez disso, uma parte do lucro é mantida como *lucros retidos,* para uso posterior pela firma. A parte do lucro que é distribuída aos acionistas é chamada **dividendos**. Os pagamentos de dividendos de uma firma beneficiam os acionistas de uma maneira muito semelhante à que os pagamentos de juros beneficiam os portadores de títulos, fornecendo uma fonte de renda constante. Claro, como proprietário de parte de uma firma, você é proprietário também de parte de qualquer lucro retido, mesmo se você não se beneficiar deles até mais tarde.

Dividendos A parte do lucro corrente de uma firma, distribuída aos acionistas.

À parte dos dividendos, um segundo – e, geralmente, mais importante – motivo pelo qual as pessoas possuem ações é que elas esperam desfrutar **ganhos de capital** – os retornos que uma pessoa obtém quando vende um ativo por um preço maior que o pago por ela. Por exemplo, se você comprar ações da Compaq Computer a $30, e posteriormente vendê-las a $35 (por ação), seu ganho de capital será de $5 por ação. Esse ganho será adicional a qualquer dividendo pago pela firma enquanto você possuía a ação.

Ganho de capital O retorno obtido ao vender um ativo financeiro por um preço maior do que foi pago por ele.

Algumas ações não pagam nenhum dividendo, pois a gerência acredita que os acionistas fiquem em melhor situação reinvestindo todos os lucros dentro da firma, para que os lucros *futuros* sejam ainda maiores. A idéia é aumentar o valor da ação e criar ganhos de capital para os acionistas quando a ação for finalmente vendida. A America Online, por exemplo, não paga dividendos, mas tinha um valor total de $136,8 bilhões em ações em janeiro de 2000. Ela obteve esse valor porque os investidores esperavam que ela pagasse dividendos em algum ponto e que o fluxo de dividendos crescesse a partir dali. Outro exemplo é a Microsoft que nunca pagou um dividendo, mas tinha um valor em torno de $595 bilhões no início de 2000. Os acionistas da Microsoft tinham grande fé que eles iriam, eventualmente, obter dinheiro com a firma.

Durante o século passado, as ações corporativas foram, geralmente, um bom investimento. Elas eram especialmente recompensadoras durante a década de 90, desfrutando (na média) um retorno anual de 15%. Isso significa que, em média $1.000 investidos no mercado de ações em 1º de janeiro de 1990 teriam aumentado para $4.045 no início de 2000.

Avaliação de uma Ação. O valor de uma ação, como qualquer outro ativo, é o valor presente total de seus pagamentos futuros. Para uma ação, os pagamentos futuros são todos os lucros que se espera que a ação obtenha para seu proprietário. Então, em que período as ações devem ser avaliadas? Diferente de um título, que tem uma data de vencimento, espera-se que uma ação permaneça como um ativo que obtém lucro para algum proprietário pelo período em que a firma existir – para sempre, a menos que os participantes do mercado antecipem que a firma sairá do negócio em alguma data futura. Felizmente, economistas e matemáticos desenvolveram fórmulas para medir o valor presente total dos lucros futuros de uma firma sob uma variedade de hipóteses diferentes. Por exemplo, a fórmula mais simples nos informa que, se uma firma obtiver um $*Y* constante após os impostos todos os anos, para sempre, o valor presente total desses lucros futuros será de $*Y*/*i*, onde *i* é a taxa de desconto. Assim, por exemplo, se houver expectativa de que uma firma obtenha $10 milhões após os impostos para seus proprietários, todo ano, para sempre e se a taxa de desconto for de 10% – de acordo com a fórmula – o *VP* total desses lucros futuros será de $10 milhões/0,10 = $100 milhões. Se houver um milhão de ações dessa firma, cada ação deverá valer $100 milhões/1 milhão = $100.

O valor da ação de uma firma é igual ao valor presente total dos lucros da firma após os impostos, dividido pelo número de ações.

Observe que estamos avaliando uma ação por lucros futuros, não por dividendos. Lembre-se de que as firmas, geralmente, empregam seus lucros na própria firma, a fim de aumentar ainda mais a sua taxa de crescimento. O que conta são os lucros após os impostos, pois eles pertencem aos acionistas da firma, quer eles os recebam em dinheiro ou não.

Ao avaliar, entretanto, as ações de companhias do mundo real – companhias em que se espera que os ganhos cresçam e companhias cujos ganhos futuros envolvem algum risco – a fórmula simplificada que acabamos de utilizar é muito limitadora. Outras fórmulas, mais complicadas, foram utilizadas e veremos algumas se estudarmos ainda economia ou negócios. Mesmo sem saber fórmulas detalhadas, podemos tirar quatro conclusões importantes sobre os fatores que podem afetar o valor de uma ação.

Primeiro, as previsões de ganhos geralmente são feitas com base nos ganhos atuais da firma. O valor presente total dos lucros futuros da firma será maior se esses lucros estiverem surgindo de uma base maior de lucro corrente. Assim,

um aumento nos lucros correntes eleva o valor de uma ação.

Segundo, para qualquer valor-base determinado de lucro corrente, uma elevação na expectativa de crescimento do lucro esperado em cada ano futuro aumentará o valor presente total dos lucros da firma. Assim,

um aumento na expectativa de crescimento dos lucros eleva o valor de uma ação.

Terceiro, como vimos, uma taxa de desconto maior reduz o valor presente de qualquer pagamento a ser recebido no futuro. Assim,

um aumento nas taxas de juros – ou mesmo um crescimento na expectativa de haver elevação nas taxas de juros – reduz o valor de uma ação.

Finalmente, existe o problema do risco. Ao tomar decisões financeiras, a maioria das pessoas prefere uma coisa certa a um jogo de azar (embora haja exceções). Nós nos ajustamos para o risco em nosso cálculo do *VP*, aplicando uma taxa de desconto maior para pagamentos futuros que são mais arriscados. Isso significa que o *VP* de qualquer lucro de anos futuros será menor quando a quantia desses lucros futuros for menos certa. De acordo com isso, *um aumento na taxa de risco percebido dos lucros futuros diminui o valor de uma ação.*

Lendo as Páginas de Ações. Nos Estados Unidos, os mercados financeiros são tão importantes que os preços das ações e dos títulos são monitorados continuamente. Se você desejar saber o valor de uma ação, pode descobrir instantaneamente verificando com um corretor ou se conectando em um site que ofereça esse tipo de informação. Um desses sites é o Thomson Investors Network, mas existem dúzias de outros. Além disso, os preços das ações e outras informações são fornecidos diariamente nos jornais locais e em publicações financeiras especializadas como o *Wall Street Journal.*

Para algumas pessoas, as páginas que cobrem o mercado de ações parecem tão impenetráveis quanto os hieróglifos egípcios. Na realidade, as informações nas páginas de ações são muito fáceis de entender, depois que você decide aprender.

A Figura 2 apresenta um extrato do New York Stock Exchange Composite Transactions, publicado no *Wall Street Journal* de 9 de fevereiro de 2000. Os dados se referem ao dia de comercialização anterior – terça-feira, 8 de fevereiro de 2000.

Figura 2

TABELA DO MERCADO DE AÇÕES, 9 DE FEVEREIRO DE 2000

	52 Weeks Hi	Lo	Stock	Sym	Div	Yld %	PE	Vol 100s	Hi	Lo	Close	Net Chg
	11 7/8	8 15/16	GabelliConv	GCV	.80a	8.1	...	81	10	9 7/8	9 7/8	+ 1/16
	26 15/16	23 1/16	GabelliConv pf		2.00	8.3	...	6	24 1/8	24	24 1/8	+ 1/8
	12 15/16	10 9/16	GabelliTr	GAB	1.44f	11.9	...	1497	12 1/4	12 1/16	12 1/8	+ 1/8
	26 3/16	20 1/2	GabelliTr pf		1.81	7.9	...	67	23	22 11/16	23	+ 1/4
	19 3/4	11	GabelliMlti	GGT	3.62e	19.8	...	481	18 3/4	18 3/16	18 5/16	+ 3/16
	26 1/4	22	GabelliMlti pf		1.98	8.3	...	14	23 3/4	23 9/16	23 3/4	+ 1/8
n	10 9/16	7 7/16	GabelliUt	GUT	.60	7.5	...	165	8 1/8	8	8	...
	25 3/4	20 1/4	GblsRsdntl	GBP	2.12	9.4	14	994	22 5/8	22 3/8	22 7/16	– 1/16
	25 1/4	16 1/16	GblsRsdntl pfA		2.08	11.1	...	88	19 3/16	18 3/16	18 11/16	– 1/16
	6 15/16	3 15/16 ♣	Gainsco	GNA	.07	1.2	dd	15	6 1/8	6 1/16	6 1/16	...
	5 1/2	**1 1/4 ♣**	**GaleyLord**	**GNL**		**...**	**dd**	**293**	**2 1/4**	**2**	**2 1/4**	**+ 3/16**
	59 5/16	22 1/4 ♣	GalileoInt	GLC	.36	1.6	11	5604	23 11/16	23 1/8	23 1/8	– 3/8
	66 1/4	44 1/16	Gallagr	AJG	1.60	2.9	16	567	55 13/16	54 15/16	55 11/16	– 5/16
	29 1/4	12 3/4	GallaherGp	GLH	1.49e	10.9	...	1376	14 3/8	13 5/8	13 5/8	– 3/8
	83 5/8	60 5/8 ♣	Gannett	GCI	.84	1.2	21	5931	70 13/16	69 3/4	70 5/8	+ 7/8
s	53 3/4	30 13/16	Gap Inc	GPS	.09	.2	35	25472	50 1/2	49 5/8	50 1/16	+ 1/16
	21 3/4	11 ♣	GardnrDenvr	GDI		...	12	231	18 1/8	17 13/16	17 7/8	+ 1/16
	25	9 9/16 ♣	GartnerGp	IT	1.19e	8.2	20	2473	14 5/8	14 5/16	14 1/2	– 5/16
n	26	9 3/8 ♣	GartnerGp B	ITB		...	...	424	12 11/16	12 1/4	12 11/16	...
s	**84**	**28 3/8**	**Gateway**	**GTW**		**...**	**45**	**29842**	**62 3/8**	**59**	**59 5/16**	**– 3 3/4**
	33 1/16	23 3/8	GaylEnt	GET	.80	2.8	10	400	29 15/16	28 11/16	28 3/4	– 1 1/8
s	13 1/4	7 3/8 ♣	GenCorp	GY	.36e	4.8	4	1048	7 3/4	7 7/16	7 7/16	– 3/16
sn	**172 3/4**	**58 1/4**	**Genentech**	**DNA**		**...**	**...**	**10676**	**159**	**153 1/4**	**158 1/8**	**+ 7 5/8**
	22 1/4	13 1/8	Gener ADS	CHR	j	...	...	1837	16 7/8	16 3/8	16 11/16	+ 7/16
	39 1/2	30 1/4 ♣	GenAmInv	GAM	5.09e	13.8	...	171	37 1/4	36 13/16	36 7/8	– 1/8
	26 1/8	20 1/4 ♣	GenAmInv pf		1.80	7.7	...	78	23 5/8	23 3/8	23 3/8	– 3/8
	20 3/8	6 7/16	GenlCbl	BGC	.20	2.2	6	3205	9 1/4	8 13/16	9 1/4	+ 1/4
s	**5 3/8**	**1 7/8**	**GenChmGp**	**GCG**	**.20**	**8.4**	**3**	**86**	**2 3/8**	**2 1/4**	**2 3/8**	**+ 1/8**
	14 13/16	5 5/8	GenCigar	MPP		...	3	381	14 3/4	14 9/16	14 9/16	– 1/16
▲	9 5/8	2 1/16	GenDatacm	GDC		...	dd	1449	9 11/16	9 1/4	9 9/16	+ 1/4
	75 7/16	42 1/4	GenDynam	GD	.96	2.2	9	20702	44 5/8	42 11/16	43	– 1 1/2
	159 1/2	95 3/4	GenElec	GE	1.64f	1.2	42	62230	138 7/16	136 1/2	137 1/16	+ 1 3/16
	38 5/8	25 ♣	GenGrthProp	GGP	2.04f	7.0	15	3734	29	28 3/4	28 15/16	+ 3/16
	25 9/16	17 3/4 ♣	GenGrthProp pf		1.81	8.8	...	66	20 11/16	20 1/4	20 9/16	+ 1/16
s	43 15/16	29 3/8	GenMills	GIS	1.10	3.6	16	11792	31	30 9/16	30 13/16	+ 1/4
	97 1/8	59 3/4	GenMotor	GM	2.00	2.5	9	42406	80 9/16	78 7/16	79 7/16	– 1
				[illegible]				14386	109 3/16	104 5/8	107 1/2	– 2

Fonte: *The Wall Street Journal* (9 de fevereiro de 2000), página C6.

Vamos nos concentrar em uma ação típica – The Gap (listada como Gap Inc.), um grande vendedor no varejo. As primeiras duas colunas da tabela mostram o maior e o menor preços pagos pela ação durante as 52 semanas anteriores. Você pode ver que a ação da Gap variou em preço, de um alto, de \$53$\frac{3}{4}$ por ação, para um baixo, de \$30$\frac{13}{16}$. Por tradição, os preços das ações eram sempre cotados em frações de um dólar. No entanto, a partir de 2000, a Securities and Exchange Commission começou a exigir que os preços das ações dos EUA fossem definidos em decimais, como faz o restante do mundo. Nesse sistema, um preço de \$53$\frac{3}{4}$ seria relatado como \$53,75.

As colunas seguintes mostram o nome da ação – abreviado para Gap Inc. – seguido de seu símbolo de ação – GPS. Pode ser necessário saber o símbolo da ação caso você queira encontrar o preço de uma ação on-line ou em uma "fita de registrador" – o relatório contínuo de comércio de ações que toma de parede a parede muitas instituições financeiras ou a parte inferior da tela da rede de televisão CNBC.

As duas colunas seguintes relatam os dividendos em dinheiro mais recentes da firma – nesse caso, 0,09 ou nove centavos por ação – e o *rendimento do dividendo* correspondente, dividindo os dividendos do ano mais recente pelo preço corrente da ação. Para a Gap, era 0,2, o que significa que, se o dividendo tivesse sido pago em 31 de janeiro, cada ação pagaria um dividendo igual a dois décimos de 1% do valor corrente da ação. A razão preço/lucro (P/L), mostrada na coluna seguinte, é o preço corrente da ação dividido por seu lucro após o imposto por ação durante os 12 meses anteriores. Ou, colocando de outra maneira, a razão PL nos informa o custo de cada dólar dos lucros anuais após os impostos. O número 35 significa que o preço corrente da ação da Gap era 35 vezes o tamanho de seus ganhos mais recentes por ação ou que – se comprasse essa ação – você estaria pagando \$35 para cada dólar de lucro anual que a firma estivesse obtendo.

Muitas pessoas observam as razões PL de perto. Elas teorizam que uma ação com uma razão PL baixa é um melhor negócio, por custar menos por dólar de lucro. Essa estratégia, contudo, pode ser enganadora. A razão PL de uma firma pode ser muito baixa, pois suas perspectivas futuras não são muito boas. As pessoas podem não estar esperando muito crescimento nos lucros futuros da firma ou podem até mesmo estar esperando que os lucros caiam, de modo que não pagarão um preço alto para cada dólar de ganhos *atuais*. Por outro lado, uma firma em que se espera que os lucros cresçam rapidamente pode comandar uma razão PL muito *alta*. As pessoas estão dispostas a pagar um preço maior por essa ação, pois esperam que os lucros cresçam, mas a razão PL será alta, por medir o preço de um dólar de lucros *atuais*, em vez de lucros futuros. Em geral, uma razão PL incomumente alta ou baixa não informa às pessoas se a ação é relativamente cara ou relativamente barata. Por isso devemos sempre considerar as perspectivas futuras da ação.

As colunas restantes trazem informações sobre as transações do dia mais recentes dessa ação – 8 de fevereiro de 2000, nesse caso. A coluna de título *Vol 100s* indica quantas ações, em centenas, foram comercializadas naquele dia. Multiplicando o número tabulado de 25472 por 100, descobrimos que cerca de 2,55 milhões de ações mudaram de mãos naquele dia. As colunas *Hi* (alta), *LO* (baixa) *e Close* (fechar) que vêm a seguir mostram que, em 8 de fevereiro, o preço por ação variou de um preço alto de \$50$\frac{1}{2}$ para um preço baixo de \$49$\frac{5}{8}$ e que terminou o dia em 50\frac{1}{16}$. A coluna final – *Net Chg* – nos informa que o preço de uma ação da Gap aumentou em $\frac{1}{16}$ ou um pouco acima de seis centavos por ação, com relação ao seu preço no final da comercialização do dia *anterior*.

Além de informar sobre ações individuais, o *Wall Street Journal* e outros jornais também falam sobre alterações em médias ou índices de diferentes mercados de ações. Essas mudanças devem representar movimentações nos preços das ações como um todo ou movimentos em tipos específicos de ações. A média mais popular é a **Dow Jones Industrial Average** que monitora o preço das 30 maiores companhias dos Estados Unidos, incluindo AT&T, IBM e Wal-Mart. Outra média popular é a **Standard & Poor's 500**, muito mais ampla, que monitora os preços das ações das 500 maiores corporações.

Dow Jones Industrial Average Um índice dos preços das ações das 30 maiores companhias dos EUA.

Standard & Poor's 500 Um índice dos preços das ações das 500 maiores companhias dos EUA.

Explicando os Preços das Ações. Olhando o recorte de jornal da Figura 2, você pode ver que a maioria das ações passa por uma alteração de preço em qualquer determinado dia. Por quê? Como todos os preços, os preços das ações são determinados pela oferta e pela demanda. No entanto, as curvas de oferta e de demanda requerem um pouco de reinterpretação.

Caracterizar o Mercado

A Figura 3 apresenta um diagrama de oferta e de demanda das ações da Gap. Em comparação com a maioria das curvas de oferta que você viu neste livro – que informam a quantidade de alguma coisa que os fornecedores desejarão *vender* durante um determinado período – a curva de oferta na Figura 3 é um pouco diferente. Ela mostra a quantidade de ações em *existência* em qualquer momento no tempo. Esse é o número de ações que as pessoas *realmente* possuem.

Em um determinado dia, o número de ações da Gap em existência é apenas o número que a Gap havia emitido anteriormente, até aquele dia. Portanto, independentemente do que aconteça ao preço hoje, o número de ações permanece inalterado. É por isso que a curva de oferta na figura é uma linha vertical em 851 milhões, evidenciando que existem 851 milhões de ações em circulação, independentemente do preço.

Agora, pelo simples fato de existirem 851 milhões de ações da Gap, isso não significa que seja esse o número de ações que as pessoas *querem* possuir. O desejo de possuir ações da Gap é determinado pela curva de demanda de inclinação para baixo. Como você pode ver, quanto menor o preço da ação, mais ações da Gap as pessoas desejarão possuir. Por que isso ocorre?

Como vimos, o valor de uma participação em ação de qualquer proprietário é igual ao valor presente total de seus lucros futuros após os impostos. Todavia, nem todos os indivíduos calculam esse valor presente total da mesma maneira. Alguns podem acreditar que os lucros da Gap continuarão a crescer tão rapidamente quanto cresceram no passado, enquanto outros – mais pessimistas – podem acreditar que os melhores dias da Gap ficaram para trás, prevendo uma taxa de crescimento muito menor. Alguns investidores podem não se importar com os riscos e outros podem ser especialmente avessos ao risco e utilizar uma taxa de desconto maior que reduza o valor presente do lucro de cada ano futuro.

Assim, em qualquer momento, existe um conjunto de estimativas do valor presente total de uma ação. À medida que o preço da ação cai, ou seja, desce cada vez mais aquém das estimativas do valor presente total das pessoas, mais e mais pessoas acharão a ação um bom negócio e desejarão possui-la. É isso que a curva de demanda com inclinação para baixo nos informa.

O MERCADO PARA AÇÕES EXISTENTES DA GAP

Figura 3

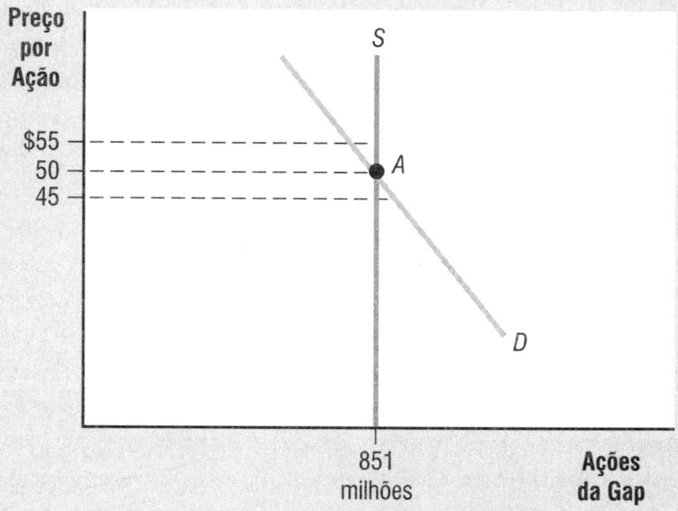

Em um determinado dia, o número de ações de uma firma é fixo. Aqui, a curva de oferta vertical mostra que 851 milhões de ações da Gap existem, independentemente do preço por ação. A curva de demanda com inclinação para baixo mostra que investidores diferentes têm visões distintas das perspectivas da Gap. O preço de equilíbrio de $50 por ação é determinado no ponto *A*, onde o número de ações demandadas é igual ao número das existentes.

Agora, examinando a Figura 3, você pode ver que, em qualquer preço diferente de $50 por ação, o número de ações que as pessoas *possuem* (na curva de oferta) é diferente do número que elas *querem* possuir (na curva de demanda). Por exemplo, a um preço de $45 por ação, as pessoas desejariam mais ações do que possuem atualmente. Muitas tentariam comprar a ação e o preço subiria. A $55 por ação, ocorreria o oposto, as pessoas se veriam com mais ações que o desejado e tentariam se livrar do excesso vendendo-as. As vendas repentinas fariam o preço cair. Apenas no preço de equilíbrio, de $50 – no qual as curvas de oferta e de demanda se interceptam – as pessoas estariam satisfeitas com o número de ações *realmente* mantidas no momento.

Encontrar o Equilíbrio

As ações atingem seu preço de equilíbrio de maneira quase instantânea. Legiões de negociadores de ações – tanto indivíduos quanto administradores de fundos profissionais – sentam-se a seus computadores, prontos para comprar ou vender ações de uma firma específica, no minuto em que sentem que têm um excesso de oferta ou escassez dessas ações. Assim, podemos ter confiança de que o preço de uma ação, em qualquer momento, é o preço de equilíbrio.

Por que os preços das ações são *alterados* tão freqüentemente? Ou, como as ações são vendidas pelos seus preços de equilíbrio a quase todo momento, podemos perguntar por que os preços de *equilíbrio* das ações são alterados tão freqüentemente.

Já que uma curva de oferta, como a da Figura 3, apenas é deslocada quando há uma oferta pública inicial ou secundária, e isso ocorre apenas ocasionalmente e é muito anunciado, as alterações do dia-a-dia nos preços de equilíbrio não podem ser provocadas por deslocamentos na curva de oferta. Elas devem ser provocadas por mudanças na *demanda*. A Figura 4 mostra como um deslocamento para a direita na curva de demanda das ações da Gap poderia fazer o preço aumentar para $55 por ação. Na realidade, em raras ocasiões a curva de

Figura 4

A demanda de ações da Gap vai aumentar se (1) as taxas de juros caírem, (2) se o risco percebido da ação cair ou (3) se as perspectivas de lucros da firma melhorarem. Na figura, a curva de demanda é deslocada para a direita, de D_1 para D_2, elevando o preço de \$50 para \$55 por ação.

UM AUMENTO NA DEMANDA DAS AÇÕES DA GAP

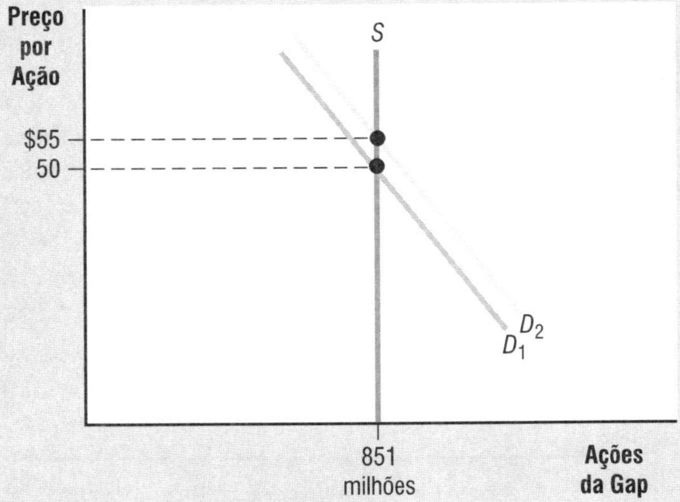

O Que Acontece Quando as Coisas Mudam?

demanda das ações de uma firma se deslocou tanto para a direita em um único dia a ponto de o preço da ação dobrar ou até mesmo triplicar.

O que provoca essas mudanças repentinas na demanda por ações?

A lógica do valor presente fornece a resposta. Qualquer coisa que faça grandes grupos de indivíduos alterarem suas estimativas do valor presente total dos lucros futuros desloca a curva de demanda. Por exemplo, a taxa de desconto utilizada nos cálculos do *VP* será *reduzida* sempre que houver uma queda nas taxas de juros na economia. Ela também diminuirá se os lucros futuros tornarem-se mais certos. Tornando a taxa de desconto, *d*, menor, essas alterações aumentariam o valor presente total de uma ação e deslocariam a curva de demanda para a direita (as pessoas desejariam comprar mais ações a qualquer preço). De maneira semelhante, um crescimento além do esperado no lucro corrente ou uma elevação na taxa de crescimento esperada dos lucros, ampliará o valor presente total das ações e deslocará a curva de demanda para a direita.

Quando os preços das ações mudam drasticamente, as causas geralmente, são algumas novas informações que se tornaram disponíveis. Por exemplo, suponha que a Gap anuncia a inauguração de 100 lojas na China. Se as pessoas acreditarem que isso ajudará a aumentar o lucro da Gap, suas estimativas do valor presente total dessas ações se elevarão, deslocando a curva de demanda para a direita. Como na Figura 4, isso aumentará o preço de equilíbrio da ação. Por outro lado, pode ser que uma das rivais da Gap anuncie uma venda especial. Nesse caso, as pessoas podem esperar que as vendas da rival cresçam à custa da Gap ou que a Gap terá de reduzir os preços para manter sua participação no mercado. Se isso ocorrer, as pessoas vão prever um lucro menor por ação, a curva de demanda será deslocada para a esquerda e o preço cairá (não mostrado na figura).

O PAPEL ECONÔMICO DOS MERCADOS FINANCEIROS

Agora que investigamos alguns detalhes específicos com relação a mercados financeiros, vale a pena voltar e adotar uma visão mais ampla. Quais funções os mercados financeiros exercem? Nesta seção, tomaremos o ponto de vista de um economista e tentaremos descrever exatamente como os mercados financeiros nos tornam melhores.

Uma palavra que ressoa neste capítulo é *tempo*. Os mercados para capitais físico e humano, bem como os mercados financeiros, refletem as decisões tomadas com o tempo. Quando uma firma compra um ativo de capital, ela gasta hoje em troca dos benefícios que uma máquina ou uma planta vão gerar por muitos anos. Quando um indivíduo investe em capital humano, algo semelhante ocorre – os custos são incorridos hoje em troca de benefícios futuros.

Na ausência de mercados de *capitais*, todos estaríamos restritos a viver como se não houvesse, literalmente, amanhã. Teríamos de desistir dos avanços da produtividade incorporados em novos bens de capital e das descobertas conceituais que surgem do investimento em educação e treinamento. Cada um de nós – e a sociedade como um todo – ficaria muito mais pobre.

Também ficaríamos mais pobres se não houvesse mercados *financeiros*. As firmas não conseguiriam se tornar muito grandes ou crescer tão rápido se ficassem restritas a sustentar seu crescimento unicamente por meio de lucros retidos. Sem mercados de capitais não haveria AT&T, IBM e Microsoft e não conseguiríamos desfrutar os produtos que essas firmas produzem. Essas três firmas – e, na realidade, a maioria das grandes corporações – voltaram-se para os mercados de ações e de títulos a fim de obter fundos para suas aquisições de capital.

Além disso, sem os mercados financeiros, estaríamos limitados como indivíduos. Poderíamos poupar para a aposentadoria ou para a educação de nossos filhos, mas de maneira não muito frutífera, pois não ganharíamos nenhum juro ou dividendo com a poupança. Sem os mercados financeiros, os bancos seriam pouco mais que casas seguras, armazenando o dinheiro até que precisássemos dele e cobrando de nós honorários pelos serviços, em vez de nos pagar juros.

Todos os mercados que estudamos neste capítulo nos permitem poupar dinheiro e obter uma taxa de retorno e proporcionam às firmas investir e crescer. Eles ajudam a amenizar as restrições econômicas impostas pela escassez e certamente contribuem para o alto padrão de vida que desfrutamos. Quando os que economizam e os que pedem empréstimos se unem nos mercados financeiros, os dois lados se beneficiam. Vamos examinar mais de perto algumas funções econômicas que os mercados financeiros exercem.

1. *Facilitando a produção em larga escala.* As grandes firmas industriais, hoje tão comuns, têm apenas cerca de cem anos de idade. No século XIX e antes, teria sido extremamente incomum encontrar qualquer firma que empregasse cem trabalhadores, muito menos milhares de funcionários, comuns nas firmas de hoje. À medida que a tecnologia foi alterada e inovações como transporte ferroviário, eletricidade e o motor a gasolina foram introduzidos, tornou-se, de repente, possível ter firmas que atendiam aos mercados nacionais, em vez de locais. As firmas cresceram e também cresceu sua necessidade de acumular grandes somas de dinheiro.

Para pegar apenas um único exemplo, pense nas ferrovias. À medida que a rede de trilhos se espalhava pelos Estados Unidos, as ferrovias precisavam (1) reunir grandes quantidades de terra para formar as bases dos trilhos, as estações e outras instalações; (2) comprar trilhos de aço e contratar os trabalhadores necessários para estender milhares de trilhos e (3) investir em locomotivas e outros materiais. Essas tarefas eram enormes e exigiam grandes somas de dinheiro que as firmas podiam, possivelmente, acumular com seus lucros retidos. Portanto, as novas ferrovias se voltaram ao mercado de títulos em busca de fundos, da mesma forma que as grandes firmas de hoje procuram os mercados de ações e de títulos para obter dinheiro para expandir suas operações. Sem um bom funcionamento dos mercados financeiros, pouco do extraordinário crescimento econômico do século XIX poderia ter ocorrido.

2. *Realocando os gastos através do tempo.* Vimos que os mercados financeiros permitem que as firmas invistam em novos projetos hoje, em vez de esperar até que os fundos necessários se acumulem com as operações atuais. Algo semelhante é verdadeiro para as famílias individuais – mercados financeiros permitem que elas realoquem seu consumo pelo tempo. Para ver isso, imagine que você deseje comprar um novo carro. Se não houvesse mercado financeiro, você teria de esperar até que pudesse economizar os fundos necessários. Com os mercados financeiros, você faz um empréstimo que permite o aumento do seu consumo hoje, com o custo de reduzir o consumo futuramente (à medida que você pagar o empréstimo). Ou imagine que você esteja preocupado com a renda durante a aposentadoria. Os mercados fornecem uma maneira para que você acumule os fundos necessários. Ao abrir uma conta de poupança, comprar um título ou investir em um fundo mútuo, você está reduzindo seu consumo hoje, a fim de desfrutar maior consumo no futuro.

Mais genericamente, os mercados financeiros realocam os excesso de fundos de unidades superavitárias – em sua maioria, indivíduos que não estão consumindo todas as suas rendas hoje – para unidades deficitárias – em sua maioria, firmas que desejam gastar hoje mais que sua renda atual. Ao fazê-lo, esses mercados ajudam os indivíduos, as firmas e até mesmo o governo a atingir a melhor utilização *intertemporal* de recursos.

3. *Reduzindo o risco.* Na ausência de mercados financeiros, as firmas ainda poderiam investir e as famílias ainda poderiam economizar, mas isso seria muito arriscado. Imagine, por exemplo, se você tivesse algum dinheiro extra e quisesse que ele aumentasse. Você poderia ficar em contato com uma firma local e se oferecer para emprestar dinheiro, em troca de dividendos futuros ou de pagamentos de juros. Se você tivesse sorte e a firma tivesse sucesso, você sairia na frente. E se a firma passasse por tempos difíceis ou, até mesmo, saísse do mercado? Com todos os ovos em uma única cesta, por assim dizer, seu investimento seria muito arriscado.

Agora, vamos repetir o cenário – desta vez com os mercados financeiros. Novamente, você tem dinheiro para investir, mas agora há muito mais opções. Em vez de colocar todo o seu dinheiro em uma única firma, você pode comprar participações em ações em uma variedade de firmas ou participações em um fundo mútuo. Como já vimos, a diversificação de portfólio é uma boa maneira de reduzir o risco. E essa diversificação é realmente possível somente com mercados de ações e de títulos de bom funcionamento.

4. *Disciplinando a gerência.* Todo mercado determina um preço. Os mercados financeiros não são uma exceção. Os preços de ações e títulos, porém, desempenham várias funções importantes que não são óbvias à primeira vista. Uma dessas funções é fornecer retorno instantâneo que permita que os gerentes

corporativos vejam como eles estão se saindo. O preço de uma participação em ações da Delta Airlines, por exemplo, informa aos gerentes da Delta como o mercado vê suas políticas. Se o preço da ação aumentar sem que tenha havido alteração na taxa de desconto, isso significa que milhares de investidores estão – coletivamente – dando um voto de confiança para essas políticas. Eles acreditam que os ganhos futuros da Delta serão maiores do que pensavam antes de o preço se elevar. Se o preço for reduzido, isso significa que os investidores estão votando com os seus dólares contra a maneira que a firma está sendo gerenciada.

Imagine também que você seja o principal executivo financeiro de uma nova firma da Internet. A sua firma tem grandes perspectivas de crescimento, mas é necessário obter fundos no mercado de ações. Que tipo de pagamento você pode esperar com a venda das suas ações? Ao verificar os preços das ações dos seus concorrentes, você pode formar, pelo menos, uma estimativa aproximada do que o mercado está disposto a pagar pelas suas ações. E, após você ter começado a participar do mercado de ações, o preço da ação existente lhe fornecerá uma indicação de quanto dinheiro você pode levantar vendendo ações adicionais.

ALGUÉM PODE PREVER OS PREÇOS DAS AÇÕES?

Utilizando a TEORIA

Todos os dias, programas de notícias financeiras, como o *Wall Street Week* e o *Squawk Box* da CNBC, oferecem conselhos do mercado financeiro a milhões de telespectadores. Os analistas do mercado de ações entrevistados nesses shows nos mostram que fizeram uma pesquisa cuidadosa ou que têm uma fórmula secreta e que, seguindo seus conselhos, você obterá mais dividendos e lucros sobre o capital do que poderia obter sozinho. Evidentemente, para previsões *realmente* boas, você terá de pagar um preço e assinar o boletim informativo particular deles ou utilizá-los como seu corretor de ações.

Para você pode ser surpresa saber que a vasta maioria dos economistas não acredita neles. Os economistas, como uma regra, não acreditam que *nenhuma* pessoa – não importa a esperteza ou quanta pesquisa faça – possa fazer muito melhor que você, um estudante introdutório de economia, lendo este livro e descobrindo o mercado de ações pela primeira vez. Na realidade, eles não acreditam que alguém possa prever o que acontecerá aos preços das ações com mais eficiência que alguém que *nunca* tenha estudado economia e que escolha quais ações comprar jogando dardos na página de ações.

Como isso pode acontecer? Responderemos a essa pergunta considerando, primeiro, os dois métodos diferentes utilizados por analistas para fazer suas previsões. Esses dois métodos tentam prever mudanças na curva de demanda para uma ação, como a da Figura 4 (página 470). Mas os métodos que eles utilizam para fazer suas previsões são muito diferentes.

PREVISÃO DOS PREÇOS DAS AÇÕES: ANÁLISE FUNDAMENTALISTA

Um método amplamente praticado para prever os preços das ações é a **análise fundamentalista**. Como seu nome sugere, a análise fundamentalista se concentra nas *forças fundamentais* que impulsionam os lucros futuros de uma firma e no valor atribuído a esses lucros por participantes no mercado de ações. Os analistas fundamentalistas estudam os dados sobre as condições da economia como um todo, sobre indústrias específicas e sobre firmas individuais. Para

Análise fundamentalista Um método de prever o preço de uma ação com base nas forças fundamentais que impulsionam os lucros futuros da firma.

tentar prever o que acontecerá ao preço das ações de firmas específicas, eles consideram os produtos fabricados por uma firma, a demanda futura para esses produtos e os movimentos estratégicos de concorrentes atuais ou futuros da firma em questão. Estudam também a gerência superior da firma e tentam avaliar a esperteza e a criatividade desses gerentes.

Com a utilização desses métodos, os analistas fundamentalistas tentam determinar se uma ação está desvalorizada ou supervalorizada em relação ao restante do mercado. Se ela estiver desvalorizada no seu ponto de vista, eles recomendarão que seu cliente ou empregador compre a ação. Se ela estiver supervalorizada, recomendarão que a ação seja vendida.

PREVISÃO DOS PREÇOS DAS AÇÕES: ANÁLISE GRÁFICA

Análise gráfica Um método de prever o preço de uma ação, com base no comportamento passado dessa ação.

Outro método para prever os preços das ações – que parece tornar-se mais popular a cada dia – é a **análise gráfica** (ou técnica). A idéia básica é que você pode colocar em gráfico o comportamento recente do preço de uma ação e, com base em certos padrões, prever se a ação terá seu valor ampliado ou reduzido em um futuro próximo. Os analistas gráficos acreditam que tudo o que você precisa saber para prever as alterações no preço futuro de uma ação está contido no comportamento passado da ação. Muitos analistas gráficos recomendam que seus clientes ou empregadores comprem e vendam ações de firmas específicas com base nas movimentações de preços no passado, sem nem mesmo saber o que a firma produz.

Os analistas gráficos acreditam que as ações se movem em tendências. Eles têm nomes numerosos e coloridos para os padrões que dizem ver. Por exemplo, existe um padrão chamado "cabeça e ombros" que aparece quando o preço de uma ação atinge uma alta e, em seguida, cai um pouco, depois atinge uma nova alta, cai novamente e, em seguida, atinge uma alta pela terceira vez. Se essa terceira alta – o ombro direito – não for igual à alta anterior, muitos analistas técnicos esperam uma importante queda no valor.

Várias pessoas acham a análise gráfica atraente, pois existem, na verdade, elementos de comportamento estratégico no investimento no mercado de ações. Ao tentar prever o que acontecerá às suas 50 ações da General Motors durante os próximos seis meses não é suficiente entender as perspectivas da GM e os fatores demográficos que afetam a demanda de automóveis. Também é necessário prever como os outros acionistas da GM vêem as coisas. Se, por algum motivo, muitos deles acharem que o valor das ações da GM vai cair, eles venderão suas próprias ações, levando o preço, portanto, para baixo. O valor das suas ações também cairá. Portanto, pensar no mercado de ações parece semelhante ao tipo de jogo teórico que encontramos no Capítulo 10. Parece que cada participante do mercado tem de determinar o que os outros participantes irão fazer. Essa é uma tarefa assustadora que algumas pessoas pensam que pode ser gerenciada com a procura de padrões nos preços das ações e essas pessoas confiam nos analistas gráficos para encontrar esses padrões.

A VISÃO DO ECONOMISTA: TEORIA DOS MERCADOS EFICIENTES

Embora os economistas acreditem que as análises gráfica e fundamentalista possam, geralmente, explicar os movimentos dos preços das ações no *passado*, eles são extremamente céticos com relação à habilidade de qualquer pessoa de *prever* alterações nos preços das ações. É por isso que os economistas tendem a ter a visão de **mercados eficientes** do mercado de ações. De acordo com esse ponto de vista, o mercado de ações digere novas informações que possam afetar os preços das ações *de maneira eficiente*, ou seja, rápida e completamente.

Mercado eficiente Um mercado que incorpora, instantaneamente, todas as informações disponíveis relevantes para o preço de uma ação.

As implicações da visão dos mercados eficientes são impressionantes. Primeiro, significa que você não pode, na média, derrotar o mercado fazendo pesquisa e encontrando e comprando ações desvalorizadas (ou vendendo as supervalorizadas). Você não pode fazer isso porque qualquer pesquisa que *você* fizer também será feita pelos outros, e já estará, portanto, incorporada ao preço da ação. Isso significa que – se o objetivo é superar a média de um amplo mercado de ações, como o Standard & Poor's 500 – a análise fundamentalista e a análise gráfica são uma grande perda de tempo.

Por exemplo, a análise fundamentalista nos informa que, se uma companhia surgir com uma nova patente valiosa, o valor presente total de seus lucros futuros aumentará. Como resultado, a curva de demanda de ações dessa firma será deslocada para a direita, como na Figura 4 (página 470), e o preço de equilíbrio aumentará. Mas quem se beneficia desse aumento no preço? Se o anúncio da patente for uma surpresa, apenas os que tiverem sorte suficiente para estar com as ações quando o anúncio for feito. Isso ocorre porque a mudança na demanda e o ajuste ao novo equilíbrio serão virtualmente instantâneos. Todos os que possuírem as ações ajustarão para cima, imediatamente, o preço pedido pelas ações para cima, de modo que ninguém conseguirá comprar a um preço menor que o de equilíbrio.

E se o anúncio *não* for uma surpresa? E se, ao fazer uma pesquisa cuidadosa, você puder prever quais firmas *estão para surgir* com novas patentes valiosas? Com certeza, então, sua pesquisa valerá a pena, permitindo que você compre uma ação quando o preço estiver baixo e a venda a um preço maior quando o anúncio surgir e surpreender a todos. Certo?

Sinto em dizê-lo, mas, de acordo com a visão dos mercados eficientes, isso está muito errado. Qualquer pesquisa que *você* puder fazer poderá e será também feita pelos *outros*. Portanto, embora você possa entender quais companhias têm a probabilidade de serem bem-sucedidas, essa informação já estará refletida no preço da ação. Por exemplo, as ações de companhias *com maior probabilidade* de anunciar patentes valiosas também terão um preço maior que as ações de companhias com menor probabilidade de fazê-lo.

De acordo com a visão dos mercados eficientes do mercado de ações, qualquer informação que possa ser utilizada para prever os lucros futuros de uma ação será incorporada ao preço de uma ação assim que esta se tornar publicamente disponível. Portanto, no momento em que um analista fundamentalista prevê que o preço de uma ação vai aumentar ou cair, ele já se elevou ou reduziu. Os analistas fundamentalistas não podem ajudá-lo a superar o mercado.

E a análise gráfica? Afinal, são os seres humanos que compram e vendem ações e suas decisões são tomadas com base na psicologia humana. Certamente, um analista gráfico brilhante que estude cuidadosamente as decisões de compra e venda de milhões de pessoas e que consiga descobrir as regras psicológicas secretas que governam a comercialização de ações, adivinhando padrões no meio do caos, certamente *ele* pode superar o mercado.

Sinto em dizer, mas a visão dos mercados eficientes é cética sobre essa idéia também. Por quê? Imagine um padrão muito simples: por causa de exuberância, fadiga ou superstição, é mais provável que as pessoas comprem ações às sextas-feiras, em vez de vendê-las, e, portanto, na média, os preços das ações aumentam toda sexta. Como todos antecipariam esse padrão, eles comprariam ações na quinta, esperando lucrar com a corrida da sexta. E isso faria as ações se elevarem na quinta, não na sexta, de modo que as pessoas comprariam na quarta e assim por diante. Logo, não haveria nenhum padrão – a sexta-feira seria como qualquer outro dia. Embora esse seja um exemplo muito simples, a lógica se aplica a *qualquer* padrão que um analista gráfico possa descobrir.

De acordo com a visão dos mercados eficientes do mercado de ações, um padrão nos movimentos dos preços das ações que possa ser observado por um bom analista será incorporado aos preços das ações assim que percebido. Portanto, os padrões do mercado de ações desaparecem assim que alguém consegue descobri-los. Os analistas técnicos não podem ajudá-lo a superar o mercado.

A teoria dos mercados eficientes nos informa que a única informação que afeta o mercado de ações é a informação de surpresa – um novo anúncio de uma grande inovação tecnológica ou, até mesmo, novas informações que sugiram que a firma *pode* atingir tal inovação. As únicas pessoas que se beneficiam dessas informações quando elas se tornam públicas são as que têm sorte suficiente de já possuir ações antes de as informações estarem disponíveis.[5]

Além disso, a teoria dos mercados eficientes diz que *não existem padrões observáveis* na movimentação dos preços das ações. Isso, por sua vez, significa que as ações individuais e os índices médios amplos, como o Dow Jones Industrial Average e o Standard & Poor's 500, irão exibir alterações totalmente *aleatórias*. Se uma ação – ou o Dow Jones Industrial Average – cair durante três dias seguidos, a probabilidade de que cairá de novo não será diferente de quando ela cai, aumenta e cai em seguida.

Os mercados eficientes podem, primeiramente, parecer um desafio à teoria dos preços. Por que gastamos tantos esforços em aprender como os preços das ações são determinados, apenas para, em seguida, aprender que eles são alterados aleatoriamente? A reconciliação está em entender que é *por causa* dos muitos esforços para compreender a que preços as ações devem ser vendidas que os preços são modificados aleatoriamente. O preço de hoje reflete tudo conhecido hoje, pelo mercado como um todo, sobre a ação. Como resultado, o preço pode ser alterado apenas se novas informações surgirem. Mas as informações serão novas apenas se forem inesperadas, ou seja, por acaso. Se soubéssemos que o preço iria se elevar, ele já teria aumentado.

---

5 Outro grupo que pode se beneficiar com essas informações são os *insiders* – pessoas com conexões com a firma e que têm acesso às informações *antes* que elas se tornem públicas. Eles podem comprar ou vender ações logo, antes de as informações se refletirem no preço das ações. O lucro de informações privilegiadas é ilegal. Quem faz isso, quando pego, paga multas altas e algumas vezes até vai para a prisão. No entanto, a imposição das leis nesse caso é difícil porque isso, geralmente, é difícil de ser detectado.

A teoria dos mercados eficientes é uma das teorias mais exaustivamente testadas de toda a economia. Milhares de estudos confirmaram a eficiência dos preços das ações, com relação a todos os tipos de informações. Não é possível derrotar o mercado comprando ações somente de firmas cujos presidentes fizeram o MIT (ou qualquer outra instituição). Não é possível derrotar o mercado comprando ações apenas de firmas de indústrias em crescimento. Não é possível derrotar o mercado comprando ações que aumentaram. Não é possível derrotar o mercado comprando ações que caíram.

Todo ano alguns analistas gráficos e fundamentalistas parecem se dar muito bem e *realmente* superam o mercado. E, se assistir a qualquer programa de televisão sobre investimentos, os verá sendo entrevistados e fazendo previsões. Isso não contradiz a teoria dos mercados eficientes?

De jeito nenhum e aqui está o porquê. Em qualquer grande grupo de pessoas que escolhem ações, sempre esperamos que alguém tenha uma sorte fora do comum e que alguém tenha uma falta de sorte fora do comum. Na realidade, esperamos isso mesmo quando ninguém do grupo sabe *nada* sobre o mercado de ações, mesmo se, por exemplo, eles escolhessem quais ações comprar jogando dardos na página de ações. Evidentemente, os que escolhem ações e *não têm sorte* nunca serão entrevistados, pois somente as pessoas de sorte terão atenção. Mas as evidências mostram que a superação do mercado em um ano não deixa um analista com mais ou menos chance de superar o mercado no ano seguinte.

Embora a idéia de mercados eficientes seja abrangente e elimine muitas estratégias de investimentos como inúteis, suas implicações para o investidor que a entende podem ser muito úteis.

Primeiro, o simples fato de que você não pode superar o mercado não significa que você não deve investir no mercado. O preço médio da ação, durante longos períodos, tende a aumentar. Na realidade, se somados os dividendos e ganhos de capital, vemos que as ações – no longo prazo – obtêm um melhor rendimento, para seus proprietários, que os títulos. Isso ocorre porque as ações possuem mais risco e os investidores no mercado de ações devem ser compensados por correr esse risco.

Segundo, se alguém lhe pedir pagamento por conselhos na escolha de ações, *não* pague. Você consegue se dar bem também escolhendo as ações sozinho, mesmo se as escolher aleatoriamente. As ações que escolher terão a mesma probabilidade de se elevar ou cair que as ações escolhidas por um perito.

Terceiro, como você tem de pagar comissões ao comercializar ações, comercialize o menos possível. Ao utilizar uma estratégia "comprar e reter", você pode participar na taxa de retorno de longo prazo maior que a dos títulos, com gasto mínimo.

Finalmente, escolha um portfólio diversificado com ações diferentes que tendam a não aumentar e cair juntas. Esse portfólio terá menos risco que um portfólio não diversificado com a mesma taxa de retorno esperada. O investidor que seguir as implicações das hipóteses dos mercados eficientes reunirá um conjunto diversificado de ações e, então, os manterá, comprando e vendendo somente quando entrar dinheiro vivo novo ou quando estiver precisando de dinheiro vivo.

RESUMO

Capital físico, capital humano e ativos financeiros fornecem benefícios futuros aos seus proprietários que podem ser comprados diretamente, comprando ou contratando o ativo que os gera. O princípio da avaliação de ativos nos informa como as firmas e os indivíduos determinam o valor de qualquer ativo antigo – como o valor presente total de toda renda futura que o ativo vai gerar.

A demanda de uma firma por capital físico reflete o produto-receita marginal do capital – o produto marginal do capital multiplicado pelo preço do produto da firma. Por causa da redução da produtividade marginal, o produto-receita marginal do capital geralmente cai à medida que mais capital é adquirido. O valor de uma unidade adicional de capital físico é o *valor presente total* de todos os produtos-receitas marginais dos anos futuros. Esse valor presente total será menor quando as taxas de juros forem maiores. Portanto, taxas de juros maiores desestimulam o investimento em capital físico.

O capital humano pode ser dividido entre capital humano geral – de valor em muitas firmas – e capital humano específico – em sua maioria, de valor em apenas uma firma. Embora as firmas, geralmente, paguem para que seus trabalhadores adquiram capital humano específico, está a cargo dos trabalhadores individuais adquirirem seu próprio capital humano geral. Taxas de juros maiores desestimulam o investimento em capital humano, da mesma forma que acontece com o capital físico.

Existem muitos tipos de mercados financeiros, incluindo os mercados para títulos e ações corporativas. O preço de um título será igual ao valor presente total de seus pagamentos futuros. O valor de uma participação em ação corporativa é o valor presente total dos lucros futuros da firma após os impostos, dividido pelo número de ações. Esse valor depende do lucro atual da firma, da expectativa sobre a taxa de crescimento dos lucros, da taxa de juros na economia e do risco associado aos lucros futuros da firma. Em um mercado eficiente, o preço das ações corporativas reflete todas as informações disponíveis. Não há padrões previsíveis, nas movimentações dos preços das ações que possam ser explorados para obter lucro.

PALAVRAS-CHAVE

produto-receita marginal do capital
valor presente
desconto
taxa de desconto
investimento
princípio da avaliação de ativos
capital humano geral
capital humano específico
ativo financeiro
título
principal (valor de face)
data de vencimento
título de desconto puro
pagamentos de cupons
rendimento
mercado primário
mercado secundário
participação em ação
fundo mútuo
dividendo
lucro sobre o capital
DJIA (Dow Jones Industrial Average)
Standard & Poor's 500
análise fundamentalista
análise gráfica
mercado eficiente

QUESTÕES PARA REVISÃO

1. O que é o produto-receita marginal do capital? Como é calculado e como está relacionado com a demanda por capital?
2. Por que \$100 recebidos hoje valem mais que \$100 recebidos daqui a um ano?

3. Qual é o valor presente de $1.000 a serem recebidos daqui a dois anos? Suponha que a taxa de juros relevante seja de 10% ao ano.
4. Qual é a relação entre o valor presente de um pagamento futuro e (1) o tamanho desse pagamento, (2) a taxa de juros e (3) a data na qual o pagamento será recebido?
5. O que é o princípio da avaliação de ativos? Dê exemplos de como ele seria utilizado para avaliar uma parte de capital físico, de capital humano geral e de um título.
6. Dê exemplos de capitais humanos geral e específico (que não sejam os apresentados no capítulo).
7. Explique a relação entre:
   a. o preço de um título e seu rendimento;
   b. o preço de um título e o risco da firma que o emitiu;
   c. o preço de um título e seu valor de face.
8. Por que uma corporação se importaria com o preço de suas ações no mercado secundário?
9. Quais são os papéis econômicos desempenhados pelos mercados financeiros? Como eles ajudam a economia a operar de maneira mais eficaz e a crescer mais rapidamente?
10. Qual é a visão dos mercados eficientes do mercado de ações? Quais são suas principais implicações?

PROBLEMAS E EXERCÍCIOS

1. Você está pensando em comprar uma nova impressora a laser para ser utilizada na firma de publicação em que você trabalha durante um período. A impressora custa $380, e você espera produzir receita adicional de $100 por ano em cada um dos próximos cinco anos. Ao final do quinto ano, ela será inútil. Responda às perguntas a seguir:
   a. Qual é o valor da impressora para você, se a taxa de juros anual é de 10%? A compra da impressora é justificável?
   b. Sua resposta referente à questão (a) seria alterada se a taxa de juros fosse de 8%? A compra seria justificável nesse caso? Explique.
   c. Sua resposta referente à questão (a) seria alterada se a impressora custasse $350? A compra seria então justificável?
   d. Sua resposta referente à questão (a) seria alterada se a impressora pudesse ser vendida por $500 ao final do quinto ano? A compra seria justificável nesse caso? Explique.

   Quais lições você pode aprender com as respostas a essas perguntas?
2. Sua firma está com intenção de comprar alguns computadores. Cada computador custa $2.600 e cada um tem um produto-receita marginal anual. Como você planeja utilizar os computadores para diferentes propósitos, você classificou esses propósitos em ordem descendente ou em *PRM* anual:

Computador	***PRM_K* anual**
1	$3.000
2	$2.000
3	$1.000
4	$ 500

   a. Suponha que cada computador tenha uma vida útil de três anos e nenhum valor a partir daí. Se a taxa de juros for de 10% ao ano, quantos computadores você deve comprar?
   b. Se, antes da compra dos computadores, a taxa de juros fosse reduzida para 5% ao ano, quantos computadores você compraria?
3. Em cada um dos casos a seguir, determine o que aconteceria à quantia de capital humano na qual os indivíduos ou firmas decidissem investir.
   a. Governos estaduais investem quantias significativas de dinheiro na construção de novas instituições de ensino superior e universidades.
   b. Novos métodos de ensino aumentam a quantidade de conhecimento que os estudantes acumulam em cada curso.

c. A taxa de juros geral da economia aumenta.

d. Como os empregadores estão procurando uma força de trabalho mais qualificada, o valor médio da taxa salarial para pessoas com curso superior aumenta.

4. Explique em que sentido os mercados de trabalho são semelhantes aos mercados de capitais, e em que sentido eles são diferentes.

5. Boa notícia! Acabou de ser descoberto ouro no seu jardim. Os engenheiros de mineração informam que você pode pensar em extrair cinco libras de ouro por ano, para sempre. O ouro está sendo vendido, atualmente, por $400 por onça e não se espera que esse preço mude. Com uma taxa de juros de 5% ao ano, estime o valor total da sua mina de ouro.

6. Há um ano, você comprou um título de dois anos de $900. O título tem um valor de face de $1.000, com um ano ainda até o vencimento. Ele promete um pagamento adicional de juros de $50 na data de vencimento. Se a taxa de juros corrente for de 5% ao ano, qual ganho (ou perda) de capital você pode esperar se vender o título hoje?

7. Suponha que as pessoas tenham certeza de que a firma vai obter um lucro anual de $10 por ação, para sempre. Se a taxa de juros for de 10%, quanto as pessoas vão pagar por uma participação em ações dessa firma? Imagine, agora, que as pessoas não tenham certeza sobre o lucro futuro, o que as faz utilizar uma taxa de desconto de 15%. Quanto elas pagarão agora?

QUESTÕES DESAFIADORAS

1. Suponha que você esteja pensando em fazer faculdade de medicina. Sua educação médica custará $15.000 por ano e você espera receber seu diploma em quatro anos. (Os custos anuais de $15.000 são o custo de oportunidade da sua educação. Eles incluem itens como salários não ganhos e ensino, mas não incluem alimentação e moradia que você consumiria de qualquer maneira.) Suponha que você espere, como resultado de tornar-se um médico, ganhos $5.000 por ano maiores do que seriam se você tivesse ido trabalhar imediatamente após ter obtido o segundo grau. Imagine que a taxa de juros seja de 10% ao ano e que sua expectativa de vida de trabalho ativa seja de 20 anos. A decisão de fazer faculdade de medicina é justificada como um investimento econômico? Identifique os fatores que poderiam alterar o julgamento sobre a faculdade de medicina como um investimento.

2. A fórmula do valor de ativos pode ser modificada para fazer o cálculo com taxas de juros variáveis com o tempo. Para um horizonte de tempo de três anos, a fórmula modificada seria:

$$\text{Valor} = \frac{Y_1}{(1+i_1)} + \frac{Y_2}{(1+i_1)(1+i_2)} + \frac{Y_3}{(1+i_1)(1+i_2)(1+i_3)}$$

onde i_1 i_2 e i_3 são as taxas de juros nos anos um, dois e três, respectivamente. Suponha que uma firma esteja considerando dois projetos – A e B – com os custos e receitas a seguir:

Projeto	Custo	Ano 1 Receita	Ano 2 Receita	Ano 3 Receita
A	50	20	20	20
B	33	20	30	40

Utilize essas informações para determinar qual dos projetos deveria ser levado adiante se:

a. a seqüência das taxas de juros fosse i_1= 0,1, i_2 = 0,11, i_3 = 0,121 (isto é, as taxas de juros aumentam 10% por ano, iniciando com uma taxa de juros de 10%);

b. a seqüência das taxas de juros fosse i_1= 0,1, i_2 = 0,09, i_3 = 0,081 (isto é, as taxas de juros caem em 10% por ano, iniciando com uma taxa de juros de 10%).

c. Que lição você pode tirar das suas respostas às questões (a) e (b)?

EXERCÍCIO EXPERIMENTAL

1. O *Wall Street Journal* é uma excelente fonte de informações com relação aos mercados financeiros dos EUA. A maior parte da seção Money and Investing (Dinheiro e Investimento) é dedicada a informações sobre atividades financeiras de firmas individuais e sobre os mercados de ações e de títulos em geral. Vale a pena examinar essa seção e tentar encontrar um artigo sobre uma Oferta Pública de Ações (Initial Public Offering – IPO). Quais fatores, discutidos neste capítulo, estão influenciando o preço pelo qual as novas ações estão sendo oferecidas?

CAPÍTULO

14

EFICIÊNCIA ECONÔMICA E O IDEAL COMPETITIVO

No final da década de 80, um processo de mudança econômica terrível começou a ocorrer no mundo todo. Um sistema econômico sob o qual mais de 30% da população do mundo vivia começou a se decompor. O sistema – estilo soviético de socialismo centralmente planejado – tinha prevalecido na União Soviética por mais de 70 anos, e na China e na Europa Ocidental, por 40 anos. Na Europa Ocidental, a mudança foi surpreendentemente abrupta, à medida que um país após o outro – Polônia, Hungria, Alemanha Ocidental e Checoslováquia – desmantelou a antiga ordem econômica. Em dezembro de 1991, a União Soviética – o segundo país mais poderoso do mundo – deixou de existir e 15 novos países – ansiosos por abandonar o antigo sistema econômico – surgiram para tomar o seu lugar. Na China, a mudança econômica tem sido mais gradual, mas não menos profunda. No início do século XXI, 1,4 bilhão de pessoas na China estavam começando a desfrutar a liberdade de um estilo ocidental para iniciar um negócio, procurar empregos, negociar com estrangeiros e possuir ativos financeiros.

Muitas forças poderosas combinaram-se para destruir e desacreditar amplamente, no mundo todo, o planejamento central do estilo soviético. Essas forças incluíram corrupção dentro dos mais altos níveis do governo, a alienação e o cinismo entre a população, o desejo universal por democracia e por uma liberdade individual e um forte nacionalismo dentro das repúblicas soviéticas. Mas havia um motivo – puramente econômico – adicional para a morte do sistema: a ineficiência.

Neste capítulo, vamos examinar de perto o conceito da eficiência. Você verá que há mais nesse conceito do que parece à primeira vista. Verá também por que os economistas acreditam que o sistema de mercado seja capaz de atingir um maior nível de eficiência que qualquer outro sistema econômico desenvolvido até agora.

Em muitas situações, no entanto, o mercado não trabalha adequadamente. Assim, a fim de atingir o maior nível possível de eficiência, o governo deve desempenhar um papel ativo na economia. A ciência econômica tem muito a dizer sobre a necessidade de intervenção governamental e o tipo de intervenção necessária, para remediar diferentes tipos de problemas na economia privada. No próximo capítulo, vamos nos concentrar no papel do governo em capacitar e melhorar a eficiência econômica.

O SIGNIFICADO DA EFICIÊNCIA

O que, exatamente, queremos dizer com a palavra *eficiência*? Todos nós utilizamos essa palavra ou seu oposto, em nossas conversas do dia-a-dia: "Gostaria de poder organizar meu tempo de maneira mais eficiente", "Ele é um trabalhador muito ineficiente", "Nosso escritório está organizado de maneira muito eficiente" e assim por diante. Em cada um desses casos, utilizamos a palavra *ineficiente* para significar "inútil" e *eficiente* para significar "a ausência de desperdício".

Na economia, eficiência também significa ausência de desperdício – embora um tipo muito específico de desperdício: *o desperdício de uma oportunidade para melhorar uma pessoa sem piorar ninguém*. Mais especificamente,

> *a* eficiência econômica *é alcançada quando não há como reorganizar a produção ou alocação de bens de uma maneira que uma pessoa melhore sem que a outra piore.*

Observe que a eficiência econômica é um conceito limitado. Embora seja um objetivo importante para uma sociedade, não é o único. A maioria de nós listaria a justiça como outro objetivo social importante. Uma economia, entretanto, pode ser eficiente mesmo se a maioria das pessoas for pobre e algumas forem extraordinariamente ricas – uma situação que muitos de nós consideraria injusta.

> *Uma economia eficiente não é necessariamente uma economia justa.*

Por que os economistas colocam tanta ênfase na eficiência e não em questões de justiça? Em grande parte porque a definição de justiça de uma pessoa depende de valores morais e éticos sobre os quais há discordâncias consideráveis na sociedade. Questões de justiça devem, portanto, ser resolvidas politicamente.

Virtualmente, todos concordaríamos que, se falhássemos em tomar ações que pudessem melhorar algumas pessoas na sociedade, *sem prejudicar ninguém*, ou seja, se falhássemos em atingir a eficiência econômica, teríamos perdido uma oportunidade valiosa. A economia – ajudando-nos a entender as condições prévias para a eficiência econômica e ensinando-nos como produzir essas condições prévias – pode fazer uma importante contribuição para o nosso bem-estar material.

MELHORIAS DE PARETO

Imagine este cenário: um garoto e uma garota estão almoçando na escola fundamental. O garoto franze a testa ao olhar para o sanduíche de pasta de amendoim que, nesse dia específico, dá água na boca da garota. Ela diz: "Quer trocar?" O garoto olha para o sanduíche de frango dela, pensa por um momento e diz: "Quero".

Essa pequena cena, que ocorre milhares de vezes todos os dias nas escolas, é um exemplo de uma negociação em que as duas partes melhoram e ninguém é prejudicado. Por mais simples que seja, essa negociação está no núcleo do conceito de eficiência econômica. É um exemplo de uma *eficiência de Pareto* que recebeu esse nome por causa do economista italiano Vilfredo Pareto (1848-1923), o primeiro a explorar, sistematicamente, a questão da eficiência econômica.

Melhoria de Pareto Uma ação que melhora pelo menos uma pessoa e não prejudica ninguém.

Uma ***melhoria de Pareto*** *é uma ação que melhora pelo menos uma pessoa e não prejudica ninguém.*

Em uma economia de mercado, como a dos Estados Unidos, em que a comercialização é voluntária, literalmente centenas de milhões de melhorias de Pareto ocorrem todos os dias. Na realidade, toda compra é um exemplo de uma melhoria de Pareto. Quando você paga $30 por uma calça jeans, a calça deve valer mais para você que os $30 ou você não a teria comprado. Assim, você melhora fazendo a compra. Por outro lado, o proprietário da loja deve ter valorizado seus $30 mais do que valorizava a calça ou não a teria vendido para você. Portanto, ele também melhorou. A compra da calça jeans, como virtualmente toda compra feita por todo consumidor diariamente, é um exemplo de uma melhoria de Pareto.

A noção de uma melhoria de Pareto nos ajuda a chegar a uma definição formal de eficiência econômica.

Eficiência econômica Uma situação em que cada possível melhoria de Pareto ocorreu. Em outras palavras, não existe mais a possibilidade de obter uma melhoria de Pareto.

A ***eficiência econômica*** *é atingida quando todas as melhorias de Pareto possíveis são exploradas. Nessas condições, não existe mais a possibilidade de obter nenhuma melhoria de Pareto.*

Essa definição pode ser aplicada a um mercado individual ou à economia como um todo. Suponha que examinemos o mercado para impressoras a laser e que não consigamos identificar uma única melhoria de Pareto nesse mercado que ainda não tenha sido explorada. Não importa o quanto examinemos, não conseguiremos encontrar uma mudança no preço ou no nível de produção ou qualquer outra alteração que melhore algum produtor ou algum consumidor sem prejudicar ninguém. Assim, diremos que o mercado de impressoras a laser é economicamente eficiente.

De maneira alternativa, podemos examinar a economia como um todo. Se descobríssemos melhorias de Pareto remanescentes que *não estivessem ocorrendo* – por exemplo, uma alteração no preço de algum bem ou na quantidade de um bem produzido – consideraríamos a economia economicamente *ineficiente.*

Evidentemente, nenhuma economia pode explorar *todas* as melhorias de Pareto, por isso nenhuma sociedade pode ser *completamente* eficiente em termos econômicos, de acordo com nossa definição. Atingir algo próximo à eficiência econômica, no entanto, é um objetivo importante. Ao examinarmos os mercados e as economias do mundo real, é melhor ver a eficiência econômica como uma seqüência. Em uma ponta da seqüência estão economias nas quais, em parte dos mercados, a maioria das oportunidades para as melhorias de Pareto é explorada. Na outra ponta da seqüência estão economias nas quais muitos mercados são economicamente ineficientes – muitas oportunidades para ganho mútuo permanecem inexploradas. Como você verá neste capítulo, os mercados perfeitamente competitivos tendem a ser economicamente eficientes e as economias de mercado tendem a ficar mais próximas da ponta economicamente eficiente do espectro, em comparação com outros tipos de economia.

CURVAS PERIGOSAS

A decisão sobre o que é ou não uma melhoria de Pareto pode, geralmente, ser confusa. Por exemplo, suponha que você esteja no deserto, prestes a morrer de sede e encontre uma banca com água engarrafada à venda. "Quanto custa a água?", você pergunta. "Deixe-me ver sua carteira", diz o proprietário da banca. Você entrega carteira e o proprietário rapidamente avalia o conteúdo: $200. "Será $200 por garrafa." Você está tão desesperado por água que concorda.

Isso foi uma melhoria de Pareto? Com certeza. A água vale muito mais de $200 para você (sem ela, você teria morrido), por isso você definitivamente melhorou. O vendedor também se beneficiou, já que ele presumivelmente conseguiu um lucro muito grande. E ninguém foi prejudicado nessa transação.

E o vendedor de água não se aproveitou de você? Como um exemplo tão claro de exploração pode ser considerado uma melhoria de Pareto desejável? Para entender por que é desejável, lembre-se de que a caracterização de uma ação como melhoria de Pareto significa apenas que os dois lados se beneficiam com a ação. Não nos informa se o benefício total é *distribuído* entre as duas partes de uma maneira que consideraríamos *justa*. Neste exemplo, as duas partes melhoram se comercializarem, em vez de não comercializarem. Assim é uma melhoria de Pareto. A lição a ser lembrada é que uma melhoria de Pareto não é necessariamente justa ou correta, mas as duas partes sempre melhoram ao fazê-la.

PAGAMENTOS DE UMA DAS PARTES PARA A OUTRA E MELHORIAS DE PARETO

Os exemplos de melhorias de Pareto que consideramos até agora envolvem transações facilmente organizadas, nas quais uma pessoa comercializa com outra e as duas saem lucrando. Como as duas partes se beneficiam, elas têm todo o incentivo para se encontrar e comercializar.

Existem situações mais complicadas que envolvem grupos de pessoas, nas quais uma melhoria de Pareto surgirá apenas se um dos lados fizer um tipo especial de pagamento ao outro, o que chamamos *pagamento de uma das partes para a outra.* Aqui está um exemplo: imagine que uma lavanderia de lavagem a seco se estabeleça no térreo de um prédio residencial. Todos os que moram no prédio sofrem com a fumaça e o barulho alto, por isso querem que a lavanderia se mude. Em decorrência de uma lei de zoneamento que impede a entrada de lavanderias adicionais na área, a lavanderia está fazendo um lucro econômico. Ela não quer se mudar. Assim, parecemos estar em um impasse: se a lavanderia se mudar para outro local (por exemplo, no competitivo distrito comercial da cidade), os moradores ganharão, mas a lavanderia será prejudicada – perderá seu lucro econômico. É possível melhorar pelo menos uma das partes – a lavanderia ou os moradores ou as duas – sem ao mesmo tempo prejudicar ninguém? Vamos ver.

Suponha que haja 100 moradores e cada um pague com prazer um extra de $50 por mês – um total de 100 × $50 = $5.000 – para tirar a lavanderia. Imagine, também, que o lucro econômico da lavanderia seja de $3.000 por mês. Os moradores podem se unir e concordar em pagar à lavanderia $4.000 por mês para que ela se mude do prédio. Com esse acordo, os moradores melhoram, pois ganham benefícios que valem, no mínimo, $5.000 por mês para eles, mas, na realidade, pagam apenas $4.000 por mês. A lavanderia melhora, considerando que perde $3.000 em lucro mensal, mas ganha $4.000 em pagamentos mensais dos moradores. Em outras palavras, ao organizar o pagamento adequado dos moradores para a lavanderia – compensação para sair do prédio – todos podem melhorar. Como você vê, existem muitos pagamentos de uma parte para outra que fariam o truque. Os moradores poderiam pagar qualquer quantia entre $3.000 e $5.000 por mês e as duas partes ainda ganhariam.

Vamos examinar um bom número de melhorias de Pareto neste capítulo e no próximo. Para ajudar na compreensão, ilustraremos cada uma delas com um cartão de marcação, para mostrar que ninguém envolvido no acordo fica para trás. Para nossos moradores do prédio e para a lavanderia, o cartão de marcação fica assim:

***Ação*: os moradores pagam à lavanderia $4.000 por mês para ela sair do prédio**

Lavanderia	Ganha pagamento de:	$4.000 por mês
	Perde lucro de:	$3.000 por mês
	Sai lucrando em:	$1.000 por mês
Moradores	Ganham benefícios que valem:	$5.000 por mês
	Pagam:	$4.000 por mês
	Saem lucrando em:	$1.000 por mês

Observe que, sem o pagamento de uma parte para a outra, fazer a lavanderia deixar o prédio *não* seria uma melhoria de Pareto, já que a lavanderia seria prejudicada. O pagamento de uma parte para a outra converte uma ação que prejudicaria alguém em uma ação que não prejudica ninguém – uma melhoria de Pareto.

Algumas ações que – por si sós – não seriam melhorias de Pareto podem ser convertidas em *melhorias de Pareto se acompanhadas por um pagamento adequado de uma das partes.*

OS ELEMENTOS DA EFICIÊNCIA

A eficiência econômica pode ser dividida em dois componentes: *eficiência produtiva* e *eficiência alocativa*. Como os nomes sugerem, a eficiência produtiva envolve a organização da produção para obter a máxima produção possível com todos os recursos disponíveis. A eficiência alocativa, por outro lado, lida com *quais* bens e serviços a economia deve produzir. Nas próximas páginas, vamos nos concentrar exclusivamente na eficiência produtiva. Em seguida, o foco estará na análise da eficiência alocativa.

EFICIÊNCIA PRODUTIVA

A eficiência produtiva tem a ver com quão bem utilizamos os recursos para *produzir* bens e serviços.

Eficiência produtiva Quando é impossível produzir mais de um bem sem produzir menos de algum outro bem.

Uma economia é ***produtivamente eficiente*** *quando é impossível produzir mais de um bem sem produzir menos de algum outro bem.*

Para entender essa definição, vamos considerar seu oposto: *in*eficiência produtiva. Examinamos esse conceito pela primeira vez no Capítulo 2 – na seção intitulada "A procura por uma refeição gratuita". Lá, você viu que uma economia produtivamente *in*eficiente poderia produzir mais de uma coisa *sem* produzir menos de alguma outra coisa. Evidentemente, tal sociedade não estaria produzindo tudo o que poderia, mas sim desperdiçando oportunidades de produzir mais bens e serviços. Uma economia produtivamente eficiente, ao contrário, *não* desperdiça nenhuma oportunidade de produzir mais bens.

AS POSSIBILIDADES DE PRODUÇÃO ENTRE AS CONEXÕES DA INTERNET E OUTROS BENS

Figura 1

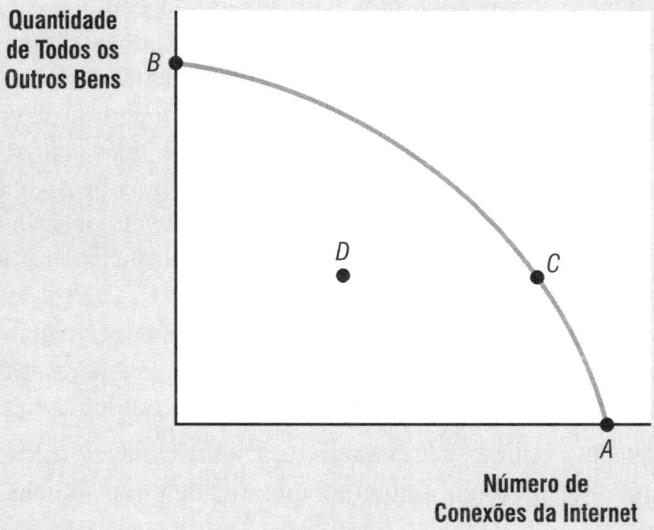

A *FPP* ilustra o *trade-off* entre a produção de dois tipos de bens. Ao longo da curva, podemos produzir mais de um tipo de bem, simplesmente produzindo menos do outro. Para ser produtivamente eficiente, a economia deve operar *ao longo* da sua *FPP*. Qualquer ponto dentro da fronteira é ineficiente. Por exemplo, no ponto *D*, é possível produzir mais conexões da Internet com alta velocidade, sem produzir menos de outros bens – movendo a economia para o ponto *C*.

Vamos analisar o que você viu sobre a eficiência produtiva no Capítulo 2. A Figura 1 mostra uma fronteira de possibilidades de produção para a economia. O eixo horizontal mede o número de famílias com uma conexão de alta velocidade à Internet durante o ano, enquanto o eixo vertical mede a produção de todos os outros bens e serviços. O ponto *A* representa o número máximo de pessoas conectadas em alta velocidade que poderíamos produzir a cada ano, se disponibilizássemos todos os recursos – terra, trabalho e capital – na produção dos bens e serviços necessários para as pessoas conectadas em alta velocidade. É claro que, como no ponto *A* estaríamos utilizando todos os recursos para as pessoas conectadas à Internet, não produziríamos mais nada. O ponto *B*, ao contrário, mostra o máximo de produção possível de outros bens e serviços, mas implica que *nenhum* dos recursos seria utilizado para produzir conexões com a Internet de alta velocidade.

Movimentos ao longo da *FPP* ilustram o *trade-off* existente entre a produção dessas duas categorias de bens. Por exemplo, se a economia estiver, inicialmente, operando no ponto *B*, para que ela se mova até o ponto *C* (para produzir mais conexões de alta velocidade), os recursos deverão ser retirados da produção de outros bens: do cultivo de trigo, da produção de shows de televisão, da fabricação de mobílias, assim por diante e então colocados em uso nas instalações de cabos óticos, na produção de modems e no fornecimento de linhas de ajuda para clientes confusos. Assim, movendo-nos ao longo da curva, vemos que a produção de mais conexões de alta velocidade significa produzir menos de outros bens e vice-versa.

O que isso tem a ver com a eficiência produtiva? Muito.

Para ser produtivamente eficiente, uma economia deve estar operando em sua FPP.

Por exemplo, suponha que estejamos localizados no ponto *D*, *dentro da FPP*. Assim, para uma determinada quantidade de outros bens, a economia *não* está produzindo a quantidade máxima de conexões de alta velocidade que poderia produzir. Ao nos movermos para um ponto como o *C*, poderíamos conectar mais pessoas a cada ano sem produzir menos de qualquer outra coisa. Portanto, em *D*, a economia é produtivamente *in*eficiente.

A eficiência produtiva é crucial para obter o melhor padrão de vida possível. Os recursos são escassos – não há terra, trabalho e nem capital suficientes para produzir todos os bens e serviços com os quais as pessoas sonham. Se houver uma ineficiência produtiva, alguém – ou possivelmente todos – poderá desfrutar um maior padrão de vida corrigindo essa ineficiência.

Três Requisitos para a Eficiência Produtiva. Podemos entender melhor a eficiência produtiva examinando as condições que devem ser satisfeitas para que uma economia a atinja. As três condições para a eficiência produtiva são:

1. A economia deve utilizar todos os seus recursos disponíveis (pleno emprego).
2. Cada firma deve produzir a máxima quantidade possível com os recursos disponíveis.
3. A alocação de insumos entre as firmas deve produzir a máxima quantidade possível de bens.

Vamos considerar cada uma dessas condições.

Pleno Emprego dos Recursos

> *Para ser produtivamente eficiente, a economia deve operar em pleno emprego, fazendo uso de todos os recursos oferecidos pelos proprietários de recursos.*

Recursos não empregados são a forma mais óbvia de ineficiência. Quando pessoas que querem trabalhar não estão trabalhando, quando prédios e terras não são utilizados ou quando máquinas estão ociosas, existe uma oportunidade de produzir mais bens colocando esses recursos para trabalhar. Mesmo as economias bem organizadas, como a dos Estados Unidos, têm recursos não empregados. Muitos prédios de escolas permanecem completamente vazios no verão e muitos atores permanecem completamente desempregados durante meses seguidos, embora os prédios e os atores pudessem ser utilizados para produções teatrais que tivessem valor para o público. (Em muitas cidades, os empreendedores ou funcionários do governo encontraram uma maneira de realizar isso, mas não em todas as cidades.)

Ocasionalmente, uma *recessão* atinge a economia. O desemprego de trabalhadores e de outros recursos aumenta. Uma recessão representa uma oportunidade desperdiçada de produzir mais bens e move a economia ainda mais para longe da eficiência produtiva. Podemos ver isso na Figura 1: uma recessão coloca uma economia dentro da sua *FPP*, em um ponto como *D*. Se pudéssemos eliminar a recessão e colocar os desempregados para trabalhar, poderíamos produzir mais de algumas coisas sem ter de produzir menos de outras coisas. As causas das recessões e o que o governo pode e não pode fazer para eliminá-las são problemas macroeconômicos e não serão abordados neste capítulo.

Máxima Produção a Partir de Determinada Quantidade de Insumos

A eficiência produtiva requer que toda firma na economia produza o máximo possível de bens com os recursos que estiver utilizando.

Algumas décadas atrás, os contratos dos sindicatos exigiam que os tipógrafos organizassem os tipos para todos os anúncios de jornal, mesmo quando as firmas que publicavam os anúncios forneciam sua própria cópia pronta para impressão. O tipo "fictício" dos tipógrafos era destruído e a cópia original do cliente era, na realidade, utilizada. Essa prática é um exemplo perfeito de ineficiência dentro de uma firma. O jornal poderia ter utilizado seus tipógrafos para fazer um jornal melhor que seria vendido para mais pessoas, mas, em vez disso, tiveram de utilizá-los de maneira completamente não produtiva. Esse tipo de prática tendeu a desaparecer à medida que a economia foi agilizada e tornou-se mais eficiente.

Ainda podemos encontrar exemplos. Os motoristas de táxi de Virgínia que levam as pessoas para Washington, DC, não têm permissão para pegar passageiros em Washington e os motoristas de táxi de Washington não têm permissão para pegar passageiros em Virgínia, depois de deixar os passageiros nos dois aeroportos de Virgínia. Como resultado, centenas de táxis fazem viagens de volta sem passageiros todos os dias – desperdiçando combustível e tempo de trabalho, que poderiam ser utilizados para fornecer um serviço útil de táxi. Claramente, não estamos produzindo a quantidade máxima de serviços de transporte com os recursos que estamos dedicando ao transporte.

Alocação Eficiente de Insumos Entre as Firmas. O terceiro requisito para a eficiência produtiva é que os insumos sejam alocados entre as firmas objetivando obter a máxima produção possível. Mais especificamente,

A eficiência produtiva requer que os recursos sejam alocados entre as firmas de uma maneira que a economia não possa aumentar a produção de um bem sem reduzir a produção de algum outro bem.

Esse requisito para eficiência é o mais sutil dos três da lista. Recursos não empregados e práticas ineficientes *dentro* das firmas podem ser claros, mas a alocação errada de insumos *entre* firmas é pouco provável de ser clara.

Aqui está um exemplo simples: imagine que um armazém e uma oficina estejam localizados um ao lado do outro. A oficina não tem banheiro, de modo que seus mecânicos têm de andar mais de um quarteirão para usar o banheiro público várias vezes ao dia, mas tem um computador extra que raramente é utilizado. O armazém tem um banheiro pouco utilizado, mas não tem computador para controle de inventário e, portanto, seus funcionários têm de passar horas desvendando os pedidos do dia seguinte. Um dia, os proprietários das duas firmas se reúnem e percebem que se a oficina trocasse o computador extra pelo uso do banheiro do armazém, o armazém poderia enviar mais pedidos por dia e a oficina poderia consertar mais carros. Como isso aumentaria a produção de bens das duas firmas sem reduzir a produção de mais nada, a economia não era produtivamente eficiente antes da troca. Em uma *FPP*, a troca seria representada como um movimento de um ponto dentro da curva para um ponto *na* curva.

Evidentemente, esse exemplo foi criado para ser fácil, não realista. Certamente podemos imaginar casos realistas nos quais uma reorganização de insumos entre firmas nos daria mais de algum bem sem ter menos de algum outro bem. Imagine se um hospital de Minneapolis tivesse seis técnicos para cada radiologista, de modo que os técnicos eram pouco utilizados e os radiologistas sobrecarregados, enquanto outro hospital em St. Paul tinha apenas dois técnicos para cada radiologista. Deslocar os radiologistas para St. Paul e os técnicos para Minneapolis poderia aumentar o volume de raios X produzidos nos dois hospitais.

Concorrência Perfeita e Eficiência Produtiva. Uma coisa é descrever as condições para atingir a eficiência produtiva e outra é entender como essas condições são obtidas na prática. A seguir, veremos como a concorrência perfeita atinge a eficiência produtiva.

No Capítulo 8, analisamos os mercados de produtos perfeitamente competitivos e nos Capítulos 11 e 13, examinamos os mercados perfeitamente competitivos para o trabalho e os ativos financeiros. Nesses casos, os mercados eram competitivos porque satisfaziam a três condições:

Caracterizar o Mercado

1. Havia grandes números de compradores e vendedores e cada um compra ou vende apenas uma pequena fração da quantidade total no mercado.
2. Os vendedores oferecem um produto ou recurso padronizado.
3. Os vendedores podem entrar ou sair facilmente do mercado.

Um motivo pelo qual os economistas dedicam tanto tempo à análise da estrutura do mercado de concorrência perfeita é devido a uma importante conclusão:

Mercados perfeitamente competitivos tendem a ser produtivamente eficientes.

Quando os mercados são perfeitamente competitivos, não podemos produzir mais de uma coisa sem produzir menos de alguma outra coisa. Vamos ver o porquê, examinando como os mercados competitivos ajudam a satisfazer as três condições para a eficiência produtiva.

Maximização dos Lucros e Pleno Emprego dos Recursos. As firmas voltadas à maximização dos lucros tentarão, ao máximo, fazer uso de qualquer recurso não empregado. Pense novamente sobre quantos prédios de escolas ficam vazios no verão. Esse desperdício de recursos muito provavelmente não ocorreria, se os prédios fossem de propriedade particular e os proprietários fossem livres para procurar o máximo lucro ao utilizá-los. O motivo do lucro é uma força forte para colocar recursos não utilizados para trabalhar, se isso não for contrário às leis, à propriedade governamental ou a forças semelhantes. (Evidentemente, isso não significa que a regulamentação ou a propriedade governamental seja uma coisa ruim. Lembre-se de que a eficiência produtiva – e até mesmo a eficiência econômica – não é o único objetivo da sociedade.)

Firmas perfeitamente competitivas lutam para obter o máximo lucro, mas também o fazem outros tipos de firmas. Assim, *uma economia na qual as firmas são livres para buscar lucro máximo – quer sejam perfeitamente competitivas ou não – tende a ter pleno emprego de recursos.*[1]

Maximização dos Lucros e Máxima Produção com Determinados Insumos. As firmas voltadas para a maximização dos lucros também evitam ineficiências nas suas operações internas – elas produzem o máximo que conseguem com os insumos que utilizam. Novamente, o motivo do lucro é um forte estímulo para esse tipo de eficiência. Se mais produção puder ser obtida com os mesmos insumos, o proprietário de uma firma obterá uma receita maior sem nenhum aumento no custo. Quem poderia resistir em fazer essa alteração que gera lucro que vai direto para o bolso do proprietário?

Para ver isso de outra maneira, imagine se alguma firma *não* satisfizesse a condição "máxima produção". Em outras palavras, suponha que ela pudesse encontrar uma maneira de ter a mesma produção utilizando menos recursos. Assim, ela poderia ter menores custos com a mesma receita total. Como o lucro é a receita total menos o custo total, essa mudança na produção sempre aumentaria o lucro. Assim, em uma economia de mercado na qual todas as firmas lutam para maximizar os lucros, cada firma terá a máxima produção possível com os recursos que utilizar.

Em uma economia na qual as firmas são livres para buscar o lucro máximo – perfeitamente competitiva ou não – elas tendem a ter a máxima produção possível com os insumos que utilizam.

Concorrência Perfeita e a Melhor Alocação de Insumos entre Firmas. Para ver se uma economia perfeitamente competitiva é produtivamente eficiente, temos de verificar a última condição – se a alocação de insumos *entre* firmas é o melhor possível. Devemos nos certificar de que não haja maneiras de mover os insumos de uma firma para outra de modo a elevar a produção de um produto sem reduzir a produção de outro produto.

Considere o caso de Anita e Bob que cultivam cebolas. Cada um possui sua própria terra (um insumo fixo) e contrata trabalho (um insumo variável) durante a estação de cultivo. Em cada fazenda, a adição de outro trabalhador aumentará a produção total de acordo com o produto marginal do trabalho (*PMT*) da fazenda.

A divisão eficiente do trabalho – a que fornece o maior nível de produção – ocorre onde os produtos marginais do trabalho nas duas fazendas são iguais. Mais genericamente,

quando o trabalho for alocado eficientemente entre duas firmas que produzem o mesmo tipo de produto, o produto marginal do trabalho será o mesmo nas duas firmas.

---

[1] Períodos de alto desemprego durante as recessões são uma importante – mas temporária – exceção a essa declaração.

Para ver o porquê, imagine que os produtos marginais não sejam iguais. Em particular, suponha que, na fazenda de Anita, $PMT^A = 2$, ou seja, um trabalhador adicional produz duas toneladas de cebolas, enquanto na fazenda de Bob, $PMT^B = 3$. Então, se mudássemos um trabalhador da fazenda de Anita para a fazenda de Bob, Anita perderia duas toneladas de cebola, enquanto Bob ganharia três toneladas. A produção total de cebolas aumentaria em uma tonelada por semana. Assim, sempre que os produtos marginais do trabalho forem diferentes para quaisquer duas firmas, a economia será produtivamente ineficiente.

Para ver como essa ineficiência produtiva implica ineficiência econômica, precisamos demonstrar, apenas, que o deslocamento de um trabalhador da fazenda de Anita para a de Bob é uma melhoria de Pareto. Para fazê-lo, vamos supor que as cebolas sejam vendidas por $100 por tonelada e que cada trabalhador da fazenda ganhe $240. Vamos imaginar também que os trabalhadores sejam indiferentes entre trabalhar nas duas fazendas, desde que recebam o mesmo salário. Assim, somente Anita e Bob são afetados pela mudança. Aqui está o cartão de marcação para melhoria de Pareto:

***Ação*: um trabalhador é deslocado da fazenda de Anita para a de Bob**

Bob	Ganha receita de 3 toneladas de cebolas:	$300
	Paga salário de:	$240
	Sai lucrando em:	$ 60
Anita	Ganha com a economia de pagamentos de salários:	$240
	Perde receita de 2 toneladas de cebolas:	$200
	Sai lucrando em:	$ 40

À medida que o trabalhador for deslocado da fazenda de Anita para a de Bob, o produto marginal do trabalho será alterado. Por causa da lei dos rendimentos decrescentes da produtividade marginal, o produto marginal do trabalho de Bob cairá e o de Anita aumentará. No entanto, como os dois PMT_S não são iguais, mais melhorias de Pareto são possíveis.

Agora, vamos ver como a competição ajuda a levar a economia na direção de uma alocação eficiente do trabalho. Suponha que os dois fazendeiros contratem trabalhadores em um mercado de trabalho competitivo e vendam suas cebolas em um mercado de produtos competitivo. Assim, cada um paga o salário de $240 por semana que prevalece no mercado. Como o mercado de trabalho é competitivo, nenhum fazendeiro pode afetar esse salário. E como o mercado de cebolas é competitivo, os dois fazendeiros vendem a um preço, $100, que eles não podem afetar. Lembre-se do Capítulo 11[2] que, para maximizar o lucro, Anita contratará trabalhadores, até o ponto em que $P \times PMT^A = W$, o que podemos reorganizar para $PMT^A = W/P$. De maneira semelhante, Bob irá contratar trabalhadores, até que $P \times PMT^B = W$, reorganizado para $PMT^B = W/P$. Como PMT^A e PMT^B são os dois iguais a W/P, eles devem ser iguais um ao outro, de modo que temos $PMT^A = PMT^B$. No processo de maximização do lucro, as firmas competitivas acabam com produtos marginais do trabalho iguais. Como resultado, elas alocam o trabalho de maneira eficiente.

---

[2] No Capítulo 11, a condição para a maximização do emprego é que $PRM = W$. Além disso, mostra também que, quando uma firma vende seus bens em um mercado perfeitamente competitivo, o PRM é o mesmo que $P \times PMT$. Assim, podemos reescrever a condição para a maximização do emprego como $P \times PMT = W$.

O que é verdadeiro para esse tipo de trabalho será verdadeiro para qualquer insumo – outros tipos de trabalho, capital, terra, petróleo e qualquer outra coisa. No fim, sabemos que quando os mercados de insumos e de produtos são perfeitamente competitivos, é impossível transferir qualquer insumo de uma firma para outra e ter um aumento de produção. Assim, a alocação de insumos entre as firmas competitivas é produtivamente eficiente.

Eficiência Produtiva em Perspectiva. A eficiência produtiva, em todos os seus aspectos, é boa para a economia. Qualquer sociedade que queira atingir um alto padrão de vida irá lutar pela eficiência produtiva, pois, caso contrário, ela não fará o melhor de seus recursos limitados. Uma maneira mais específica de afirmar isso é a seguinte:

A eficiência produtiva é necessária para a eficiência econômica.

Como sabemos disso? Imagine uma economia que seja produtivamente *in*eficiente. Da definição de eficiência produtiva, sabemos que, nessa economia, existe uma oportunidade de produzir mais de algum bem – por exemplo, conexões de alta velocidade com a Internet – sem produzir menos de qualquer outra coisa. Desde que *algum* membro da sociedade possa melhorar obtendo uma conexão adicional de alta velocidade e nenhuma outra produção sofra – de modo que ninguém seja prejudicado – *devemos* produzir a conexão adicional para ser economicamente eficiente. Você pode ver que um movimento na direção da eficiência produtiva com a produção de mais conexões em alta velocidade também seria um movimento na direção da eficiência *econômica*. A menos que atinjamos a eficiência produtiva, os cidadãos não melhoram tanto quanto poderiam melhorar, de modo que também não somos economicamente eficientes.

A eficiência produtiva, no entanto, *não garante* eficiência econômica. Uma economia produtivamente eficiente ainda poderia ser economicamente *in*eficiente. Como?

Imagine, por exemplo, uma economia com recursos completamente empregados. Nela, cada firma produz o máximo possível com os recursos que está utilizando e os recursos são distribuídos entre as firmas, de modo a obter a produção máxima total de bens e serviços. Essa economia é produtivamente eficiente, já que seria impossível produzir mais de um bem sem produzir menos de algum outro bem. E se a maioria dos recursos, porém, fosse utilizada para produzir bens e serviços que ninguém quisesse? (Casas construídas inteiramente de vidro? Roupa de baixo tecida com lã de aço? Massa com pinha?) Ou então, suponha que essa economia estivesse produzindo bens que as pessoas realmente desejassem, mas que acabassem indo para as famílias erradas? (Fãs de rock recebendo CDs de George Straight e fãs de Straight com os CDs de Alanis Morisette.) Apesar de produtivamente eficiente, essa sociedade ainda estaria *desperdiçando* algo importante. A oportunidade de tornar as pessoas o melhor que elas podem ser, fornecendo os recursos disponíveis *e dadas suas preferências.* Nos exemplos, poderíamos melhorar todo o mundo, se alterássemos a mescla de bens produzidos para que estes se adequassem mais às preferências das pessoas ou se mudássemos a maneira que qualquer determinado grupo de bens seria distribuído entre a população. Poderíamos realmente chamar essa sociedade de "eficiente" quando ela estivesse desperdiçando as oportunidades de melhorar seus cidadãos?

A eficiência produtiva apenas faz parte da história da eficiência. Uma sociedade produtivamente eficiente pode estar desperdiçando oportunidades para melhorar seus cidadãos por estar produzindo os bens "errados" ou porque os bens não são distribuídos para aqueles que mais os valorizam.

A eficiência econômica requer não apenas eficiência produtiva, mas também outro tipo de eficiência – *eficiência alocativa* – que é o assunto na próxima seção.

EFICIÊNCIA ALOCATIVA

Como acabamos de ver, a eficiência produtiva não *garante* a eficiência econômica. Além de *produzir* bens eficientemente, a eficiência econômica requer que as famílias tenham os bens *certos* nas quantidades *certas.* A eficiência econômica requer, portanto, a eficiência *alocativa.*

Eficiência alocativa Quando não existe alteração na quantidade consumida de nenhum bem por nenhum consumidor que seria uma melhoria de Pareto.

Uma economia é ***eficiente, do ponto de vista alocativo,*** *quando não existe alteração na quantidade consumida de nenhum bem, por nenhum consumidor que seja uma melhoria de Pareto.*

Para explorar o conceito de eficiência alocativa, vamos voltar a uma ferramenta familiar – a oferta e a demanda.

Uma Outra Visão das Curvas de Oferta e de Demanda. A Figura 2 apresenta a curva de demanda de Angela para laranjas. Essa curva de demanda nos mostra a quantidade que ela demanda a cada preço. Por exemplo, a $0,28 por laranja, Angela compra cinco laranjas por semana.

Podemos também interpretar essa curva de demanda de maneira diferente, pois ela nos informa quanto cada laranja adicional *vale* para Angela. Por exemplo, suponha que queiramos saber o valor, para Angela, da sexta laranja. Sabemos que, quando o preço de uma laranja é de $0,28, Angela escolhe não comprar a sexta laranja. Mas, se o preço cair para $0,27, ela *compra* a sexta laranja. Portanto, a sexta laranja deve valer $0,27 para ela.

Podemos concluir que a altura da curva de demanda em cada quantidade indica o valor adicional ou o benefício extra que um consumidor obteria consumindo essa última laranja. O *benefício marginal* da sexta laranja para Angela (no ponto *A*) é de $0,27. De maneira semelhante, o benefício marginal da décima sexta laranja (no ponto *B*) é de $0,17. É por isso que, na figura, a curva de demanda também foi rotulada como *curva de benefício marginal.*

O que é verdadeiro para Angela também será verdadeiro para todos os outros consumidores de laranjas, de modo que, quando voltamos a atenção para a curva de demanda do *mercado* para laranjas – como a da Figura 3 – a altura da curva nos informa o valor que *algum* cliente irá obter com a última laranja consumida. Mais genericamente,

a altura da curva de demanda do mercado, em qualquer quantidade, nos mostra o benefício marginal – para alguém – da última unidade de um bem consumida.

Figura 2

O BENEFÍCIO MARGINAL DE ANGELA COM O CONSUMO DE LARANJAS

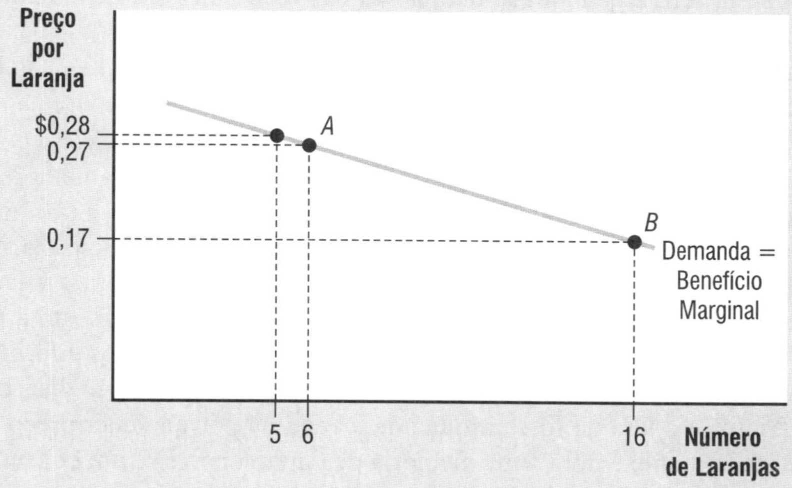

A curva de demanda de Angela mostra o benefício marginal que ela recebe com cada laranja adicional. A $0,28 cada, ela consome cinco laranjas. Se o preço cair para $0,27, ela consumirá seis. Seu benefício marginal com essa sexta laranja deve ser de $0,27. De maneira semelhante, a altura da curva de demanda no ponto *B* mostra seu benefício marginal com a décima sexta laranja – $0,17.

Figura 3

EFICIÊNCIA NO MERCADO DE LARANJAS

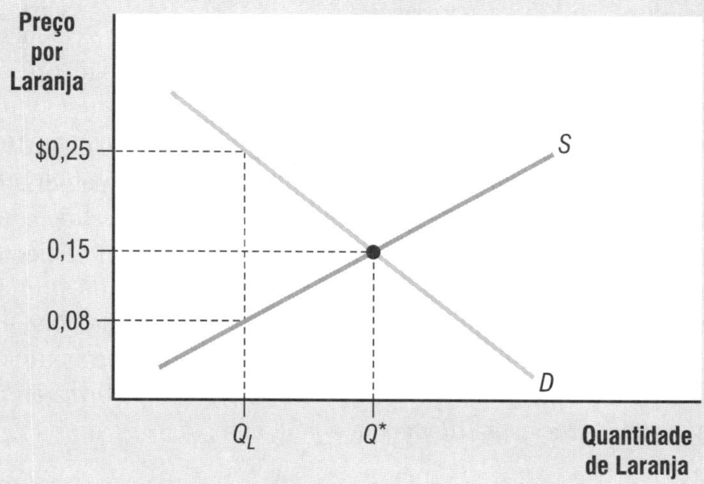

A quantidade Q^*, onde as curvas da oferta e da demanda se cruzam, é a quantidade economicamente eficiente. O benefício marginal para algum consumidor com a última laranja consumida é simplesmente igual ao custo de produzi-la – $0,15. Com uma quantidade menor, como Q_L, o benefício marginal ($0,25) excede o custo marginal ($0,08). Isso é ineficiente.

Agora que reinterpretamos a curva de demanda do mercado como a curva de benefício marginal, vamos examinar a sua contraparte: a curva de oferta do mercado. No Capítulo 5, você viu que a curva de oferta de uma firma competitiva também é sua curva de custo marginal. E, no Capítulo 7, você viu que a curva de oferta do mercado nos informa o custo marginal da produção de uma unidade adicional de um bem em *alguma* firma. Ou seja,

> *a altura da curva de oferta do mercado, em qualquer quantidade, mede o custo marginal – para alguma firma – da última unidade produzida.*

Encontrar o Equilíbrio

A Quantidade Eficiente de um Bem. Qual é a quantidade eficiente de um bem, ou seja, a quantidade que aproveita todas as melhorias de Pareto possíveis do mercado? Ela será a quantidade na qual as curvas de oferta e de demanda se interceptam – representadas por Q^* na Figura 3. Com essa quantidade, o benefício marginal para algum cliente com a última laranja consumida – $0,15 – é igual ao custo marginal para alguma firma de colher, enviar e vender essa laranja.

Por que essa é a quantidade economicamente eficiente? Para ver o porquê, vamos considerar outros níveis de produção e mostrar que as melhorias de Pareto ocorrem, à medida que o consumo se move mais próximo a Q^*. Em Q_L, um nível abaixo do nível eficiente, a curva de demanda (benefício marginal) fica acima da curva de oferta (custo marginal). De acordo com a curva de benefício marginal, sabemos que algum consumidor estaria disposto a pagar até $0,25 por uma laranja adicional. A curva de custo marginal nos informa que alguma firma estaria disposta a oferecer essa laranja por $0,08. As duas partes melhorariam se a laranja fosse produzida e vendida por qualquer preço entre $0,08 e $0,25. Por exemplo, uma melhoria de Pareto ocorre se um consumidor compra outra laranja por $0,15 como você pode ver no cartão de marcação a seguir:

***Ação*: uma laranja a mais é produzida e vendida por $0,15**

Algum consumidor	Ganha benefícios no valor de:	$0,25
	Paga:	$0,15
	Sai lucrando em:	$0,10
Algum produtor	Ganha receita de:	$0,15
	Custo:	$0,08
	Sai lucrando em:	$0,07

De maneira semelhante, você deve conseguir mostrar que um nível de consumo acima de Q^* é alto demais para ser eficiente. (Descreva uma melhoria de Pareto que envolva a produção de uma laranja a menos.) O único nível de consumo no qual nenhuma melhoria de Pareto é possível é Q^* que é o nível eficiente:

O nível eficiente de produção de qualquer bem é onde a curva de demanda, ou de benefício marginal, cruza a curva de oferta ou de custo marginal. Em qualquer outro nível de produção, uma melhoria de Pareto é possível com a alteração da produção.

Agora, podemos unir tudo o que vimos sobre oferta, demanda e eficiência:

Em uma economia perfeitamente competitiva, o custo marginal de um bem é determinado pela curva de oferta do mercado e o benefício marginal do bem é determinado pela curva de demanda do mercado. Assim, a quantidade de equilíbrio – onde as curvas de oferta e de demanda se interceptam – também é a quantidade eficiente – onde o benefício marginal e o custo marginal são iguais.

Vamos considerar essa última afirmação com cuidado. Ela nos informa que, se deixarmos os produtores e consumidores sozinhos para negociarem uns com os outros como quiserem – se o mercado for perfeitamente competitivo – a quantidade comprada e vendida será automaticamente a quantidade eficiente.

Agora podemos ver por que o mercado nunca produz bens como massa com pinha. Suponha que custe $5,00 fazer um prato com essa iguaria, mas nenhum consumidor coloca um valor marginal nele maior que $0,20. A quantidade eficiente para produzir seria zero – não deve ser produzido. E é exatamente isso que o mercado fará, já que não há nenhum preço no qual as curvas de oferta e de demanda se interceptam. (Tente desenhar as possíveis curvas de oferta e de demanda para esse bem para provar isso para você mesmo.)

CURVAS PERIGOSAS

Aqui está um lembrete importante: não confunda eficiência com justiça. A produção da quantidade de um bem onde as curvas de oferta e de demanda se interceptam é *eficiente*, mas pode não ser *justa*.

Para ver o porquê, lembre-se de que a curva de demanda – ou de benefício marginal – nos informa de quanto algum consumidor desistiria para comprar outra unidade de um bem. Isso, por sua vez, depende de quanta renda o consumidor *tem*. Uma pessoa muito pobre pode querer comida desesperadamente, mas, sem renda, seu desejo não seria registrado de maneira nenhuma na curva de demanda da Figura 2. Assim, em princípio, um nível eficiente de produção de alimentos poderia ser um no qual muitas pessoas estivessem famintas e apenas algumas – aquelas com renda – possuíssem comida.

Mais genericamente, a curva de demanda do mercado para qualquer bem depende da distribuição de renda e riqueza na sociedade. Se essa distribuição for considerada injusta, as quantidades de bens produzidos e consumidos serão injustas também, muito embora elas possam ser eficientes.

Como o mercado atinge esses resultados extraordinários – não produzindo os bens errados e produzindo os bens certos nas quantidades certas? O trabalho do mercado é estabelecer o preço de equilíbrio do bem – o preço ao qual a quantidade demandada e ofertada sejam iguais. Após o preço ter sido determinado, cada consumidor ajusta o consumo até seu *benefício marginal se igualar ao preço.* Cada firma continua a ajustar sua produção, até que seu *custo marginal se iguale ao preço.* Assim, cada consumidor irá acabar consumindo, até que seu *benefício marginal seja igual ao custo marginal* de alguma firma. Assim, no mercado como um todo, a última unidade produzida fornecerá um benefício marginal para um determinado cliente igualar seu custo marginal a uma determinada firma.

Observe que esse resultado surge automaticamente. Os consumidores não têm de abordar as firmas e pedir para que elas produzam a quantidade economicamente eficiente de cada bem. Em vez disso, as firmas maximizam o lucro e os consumidores maximizam seu bem-estar e – como conseqüência – a economia produz a quantidade eficiente do bem. Não existem oportunidades remanescentes para melhorias de Pareto no mercado.

EFICIÊNCIA ECONÔMICA E CONCORRÊNCIA PERFEITA: UM RESUMO

A Figura 4 resume as quatro condições que discutimos – três para eficiência produtiva e uma para eficiência alocativa. Na parte inferior, a tabela observa as condições nas quais o tipo correspondente de eficiência irá ocorrer. Observe que todas as condições são satisfeitas na concorrência perfeita.

Mercados perfeitamente competitivos tendem a ser economicamente eficientes, ou seja, eficientes tanto produtiva como alocativamente.

A noção de que a concorrência perfeita – em que muitos compradores e vendedores tenham, cada um, fazer o melhor por si mesmo – na realidade fornece uma economia eficiente é uma das idéias mais importantes na economia.

Figura 4

TIPOS DE EFICIÊNCIA ECONÔMICA E CONDIÇÕES NAS QUAIS ELAS OCORREM

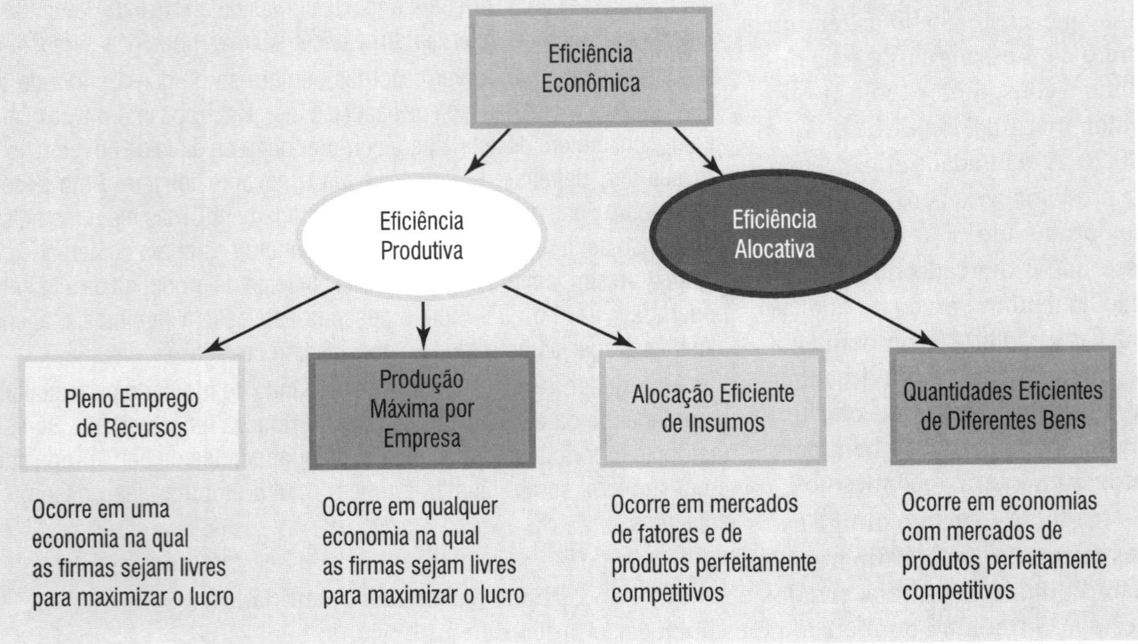

Adam Smith, grande economista inglês do século XVIII, cunhou o termo a *mão invisível* para descrever a força que leva uma economia competitiva implacável e automaticamente na direção da eficiência econômica:

> *[O indivíduo] não pretende promover o interesse público e nem sabe quanto o está promovendo... Ele pretende apenas seu próprio ganho, e é nisso, como em muitos outros casos, levado por uma* mão invisível *para promover um fim que não fazia parte de sua intenção. Nem sempre é pior para a sociedade que isso não faça parte da sua intenção. Ao ir atrás do seu próprio interesse, ele freqüentemente promove o da sociedade de maneira mais eficaz que quando realmente pretende promovê-lo. [Ênfase adicionada.]*

Uma implicação do pensamento de Smith é que, em muitos casos, os resultados que obtemos da mão invisível na concorrência são melhores que o que obteríamos da mão *visível* na regulamentação ou nas operações governamentais da economia. Lembre-se de que a mão invisível funciona melhor em uma economia na qual os mercados estão funcionando bem e onde eles são perfeitamente competitivos. Como veremos na próxima seção e também no próximo capítulo, quando existe concorrência imperfeita ou quando os mercados começam a funcionar de outras maneiras, a mão invisível pode não funcionar. Nesses casos, a ação governamental pode ser necessária para promover a eficiência econômica.

A INEFICIÊNCIA DA CONCORRÊNCIA IMPERFEITA

Caracterizar o Mercado

Vimos que a concorrência perfeita fornece as quantidades eficientes de bens para o consumidor. E as outras estruturas de mercado? Aqui, vamos considerar um exemplo de ineficiência da concorrência imperfeita.

Pense no mercado para sucrilhos mostrado na Figura 5. Existe concorrência imperfeita nesse mercado, quando cada produtor de sucrilhos – a Kellogg, por exemplo – enfrenta uma curva de demanda de inclinação para baixo para seu produto como a da figura. Como vimos, primeiramente, no Capítulo 7, quando a curva de demanda que a firma enfrenta inclinar-se para baixo, a receita marginal em cada nível de produção será menor que o preço. É por isso que, na figura, a curva da receita marginal é desenhada *abaixo* da curva de demanda. Finalmente, você viu que a firma vai maximizar o lucro igualando a receita marginal ao custo marginal. Na figura, isso ocorre quando a firma produz o nível de produto q^*.

Identificar os Objetivos e as Restrições

Agora, considere uma característica crucial desse mercado:

Em um mercado imperfeitamente competitivo, o preço de equilíbrio excede o custo marginal de produção da firma.

Encontrar o Equilíbrio

Na Figura 5, quando a firma está maximizando o lucro no nível de produto q^*, o preço – e o benefício marginal para algum consumidor – é de \$3,00 por caixa de sucrilhos, enquanto o custo marginal é de apenas \$1,00. O resultado é *ineficiência econômica* – mais especificamente, um nível de produção de sucrilhos menor que o nível eficiente porque, quando a produção é q^*, podemos encontrar uma melhoria de Pareto. Por exemplo, suponha que um consumidor compre mais uma caixa de sucrilhos e pague \$2,00. Aqui está um cartão de marcação para essa transação que mostra que isso resultaria em uma melhoria de Pareto:

***Ação*: uma caixa a mais de sucrilhos é produzida e vendida**

Algum consumidor	Ganha benefícios no valor de:	\$3,00
	Paga:	\$2,00
	Sai lucrando em:	\$1,00
A firma de sucrilhos	Ganha receita de:	\$2,00
	Custo marginal:	\$1,00
	Sai lucrando em:	\$1,00

O consumo adicional é benéfico, pois o benefício marginal para o consumidor excede o custo marginal para o produtor. Se a Kellogg *não* produzir uma caixa adicional, o mercado para sucrilhos será ineficiente.

Como você pode ver, nos mercados de monopólio ou imperfeitamente competitivos, a quantidade de maximização do lucro para firmas – e a quantidade de equilíbrio de mercado – é ineficiente. É possível produzir mais do bem e melhorar tanto produtores como consumidores – uma melhoria de Pareto. No entanto, isso não ocorrerá, se as firmas se comportarem como mostrado na Figura 5. Assim, do ponto de vista da eficiência,

os mercados de monopólio e os imperfeitamente competitivos, nos quais a firma cobra um preço maior que o custo marginal, produzem poucos bens a um preço alto demais.

Essa conclusão se aplica a qualquer estrutura de mercado – concorrência monopolista, monopólio ou oligopólio – na qual esperamos que o preço exceda o custo marginal.

Figura 5

A INEFICIÊNCIA DA CONCORRÊNCIA IMPERFEITA

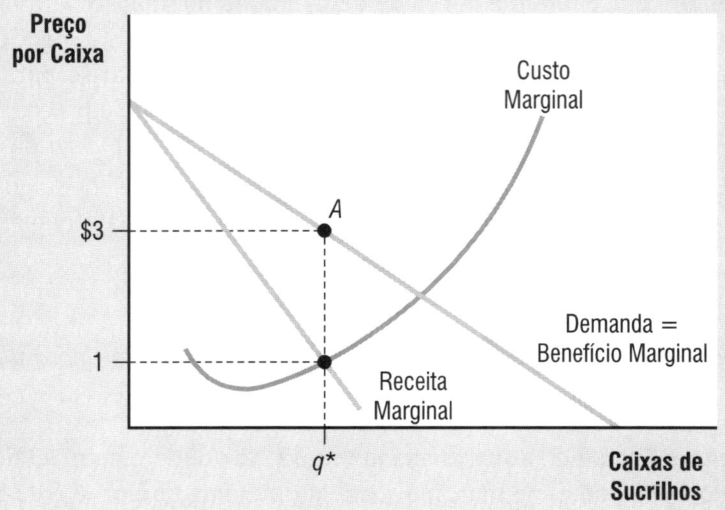

Uma firma imperfeitamente competitiva, como a Kellogg, enfrenta uma curva de demanda com inclinação para baixo e maximiza o lucro produzindo q^* caixas de sucrilhos. Com essa produção, o benefício de outra caixa para algum consumidor ($3) excede o custo marginal de produzi-la ($1). Isso é economicamente ineficiente.

Se os dois lados ganham com o tipo de transação que acabamos de descrever, o que os impede de continuar? A resposta pode ser encontrada na Figura 5. A curva de demanda para sucrilhos tem inclinação para baixo. Para vender caixas adicionais, a Kellogg deve cobrar um preço menor – em *todas* as caixas. É por isso que a receita marginal é menor que o preço. (Se você precisar de uma reciclagem neste ponto, volte ao Capítulo 9 ou Capítulo 10.) Se a firma pudesse vender uma caixa adicional a $2,00 – *e continuar cobrando $3,00 de todas as outras caixas* – ela, na realidade, faria a transação. Como vimos no Capítulo 9, uma firma discriminadora de preço pode fazer exatamente isso. Mas você também viu que nem toda firma pode fazer a discriminação de preços, e mesmo uma firma discriminadora de preços pode não conseguir cobrar preços diferentes o suficiente para tirar vantagem de *todas* as melhorias de Pareto.

Na concorrência imperfeita, é a capacidade das firmas de fazer acordos separadamente, por meio da discriminação de preços, que impede que as melhorias de Pareto ocorram.

PARA ONDE VAMOS DAQUI?

Neste capítulo, exploramos o conceito de eficiência econômica, nos concentrando em três questões centrais: o que significa eficiência econômica, o que ela exige e por que uma economia com *mercados perfeitamente competitivos e que funcionam bem* tende a atingi-la. Observe as palavras em itálico na última frase. Como acabamos de ver, quando os mercados são *imperfeitamente* competitivos, a eficiência econômica não será atingida. Além disso, os mercados podem não funcionar bem por outros motivos, além da concorrência imperfeita. Quais são essas outras maneiras que os mercados podem falhar em executar? E o que devemos fazer quando uma economia com tais mercados – deixada por si só – não atinge a eficiência econômica? Vamos tratar dessas questões no próximo capítulo.

O COLAPSO DO COMUNISMO

Utilizando a TEORIA

A eficiência econômica pode ser uma ferramenta poderosa para nos ajudar a entender as alterações econômicas que ocorreram no mundo no final da década de 80 e início de 90. Também pode nos ajudar a entender as mudanças que continuam a ocorrer na China no ano de 2000 e além e podem ajudar a entender modificações que virão a ocorrer – no futuro – em países atrasados como Cuba, Bielo-Rússia e Coréia do Norte também. Colocado de maneira simplista, o sistema que essas nações tiveram durante décadas – o socialismo planejado centralmente – era economicamente ineficiente. É verdade, no entanto, que o sistema inspirado nos soviéticos de alocação de recursos por comando e de propriedade de recursos pelo Estado tinha suas vantagens. Ele permitiu que tanto a União Soviética como a China se tornassem superpotências. Mas, o sistema estava infectado por tanta ineficiência, que – longe de atingir seus objetivos de derrotar os padrões de vida da economia de mercado – entrou em colapso.

Nesta seção, examinaremos a antiga economia soviética por meio das lentes da eficiência econômica. Muito do que dissermos, no entanto, se aplica a outros países que basearam suas economias – no todo ou em parte – no modelo soviético.

Como a economia soviética funcionava, na realidade? Aqui estão algumas de suas principais características:

- *Propriedade de recursos:* com poucas exceções, o Estado possuía todas as fábricas, terras e equipamentos essenciais.
- *Alocação de recursos:* por comando. Os planejadores em Moscou definiam milhares de metas de produção e alocavam os recursos que o Estado sentia serem necessários para atingi-las. Como a produção de uma firma era o insumo de outra, as firmas eram intensamente interdependentes e os planejadores do Estado levavam suas metas de produção muito a sério.
- *Preços dos bens de consumo:* definidos pelo Estado. Em parte, os planejadores tentavam igualar a quantidade demandada para cada bem com a quantidade ofertada (a meta de produção do Estado). Na prática, isso geralmente era impossível. Escassez e excesso eram ocorrências regulares.
- *Preço de matérias-primas e recursos:* definido pelo Estado que acabara desviando muito acima e abaixo do custo marginal.
- *Salários:* definidos pelo Estado, com ênfase intensa na eqüidade.

A gestão da economia de Moscou nunca funcionou da maneira que as autoridades queriam. Um motivo era pura complexidade: precisava ser dito a milhares de fábricas para produzir, como produzir, em quais quantidades, com quanto de cada insumo e para quais firmas e lojas fornecer os bens. Quando uma fábrica falhava em cumprir sua meta de produção, a escassez virava uma cascata em toda a economia, paralisando setores dependentes daquela fábrica.

Um exemplo famoso ocorreu em 1989, quando a fábrica que produzia locomotivas para toda a economia soviética atingiu somente 75% da sua meta. Quando os planejadores de Moscou investigaram, eles descobriram o porquê: a fábrica que fazia *motores* para locomotivas tinha atingido apenas 75% de *sua* meta. Por que? Porque a fábrica de motores não conseguia obter o fornecimento suficiente de matérias-primas para cumprir *sua* meta porque o sistema de trem estava sendo gerenciado de maneira muito deficiente, em parte por causa de uma escassez de locomotivas.

Para impedir uma pane como essa no sistema, Moscou fazia de tudo que podia para assegurar que as metas de produção fossem cumpridas, na maioria das vezes independentemente do custo. Os gerentes enfrentavam sérias conseqüências, se não cumprissem essas metas – em alguns momentos da história soviética, eles enfrentavam longos períodos de prisão – mas enfrentavam pouca penalidade por quaisquer outras práticas de gestão deficiente, já que o Estado se concentrava tão intensamente nas metas de produção.

Como resultado, a economia era produtivamente ineficiente. O sistema não se utilizava do forte incentivo de maximização dos lucros, de modo que as fábricas não geravam, necessariamente, a máxima produção com uma determinada quantidade de insumos. (Veja a Figura 4.) Se um gerente ficasse sem insumos, ele simplesmente pedia ao órgão de planejamento do Estado para fornecer mais. Não havia como o órgão de planejamento verificar se o gerente de, por exemplo, uma fábrica de rádio realmente *precisava* de mais fio de cobre ou se ele estava fazendo um trabalho de gerenciamento deficiente ou até mesmo, se ele estava vendendo fio de cobre por fora.

Além disso, se um gerente realmente conseguisse produzir sua meta de produção em um ano utilizando *menos* que suas quantidades alocadas de insumos, o órgão regulador tinha o hábito de reduzir sua alocação de insumos no ano seguinte. Por exemplo, se uma fábrica de automóveis conseguisse produzir sua meta de número de carros com 10% menos de aço que tinha alocado, no ano seguinte, ela iria, provavelmente, descobrir que sua alocação de aço era 10% menor. Isso dava ao gerente da fábrica de automóveis um incentivo para *ter certeza* de que todo o aço alocado fosse usado, mesmo se isso significasse o desperdício de um pouco de aço. Os hotéis queimavam combustível de aquecimento nos dias quentes, para ter certeza de que não seriam pegos com gás ou carvão extra no fim do ano.

Em outras palavras, comparada às economias de mercado, a economia soviética fazia um trabalho deficiente para resolver o problema agente-principal discutido no Capítulo 7. Os sistemas de segurança que ajudavam a economia dos EUA se os gerentes que não fizessem um bom trabalho – revolta dos acionistas e aquisições – o sistema soviético não possuía semelhante. Os gerentes soviéticos, como agentes dos planejadores, podiam continuar a fazer o que quisessem, desde que cumprissem suas metas de produção e tornassem visíveis aos distantes planejadores centrais que estavam fazendo um bom trabalho.

Além de não fazer o melhor uso de insumos dentro das firmas, os insumos eram alocados *entre* firmas de uma maneira ineficiente. Por exemplo, todo gerente de fábrica tinha um incentivo para *reunir* trabalhadores – manter mais trabalhadores à disposição do que era necessário e manter todo trabalhador alocado para a firma fazendo *alguma coisa*, mesmo se fosse apenas ficar circulando por perto. Como as firmas não tinham proprietários particulares, não havia ninguém para reclamar sobre o custo extra de trabalhadores desnecessários. Contudo, ter trabalhadores extras facilitava para dar conta da produção de emergência como quando o Estado repentinamente solicitava que a firma aumentasse sua produção porque alguma outra firma precisava de mais insumos. Como resultado, algumas fábricas tinham trabalhadores em excesso, enquanto outras sofriam de grave escassez. O deslocamento de trabalhadores de uma firma para uma outra poderia ter aumentado a produção de alguns bens, sem reduzir a produção de qualquer outro. Mas, esses deslocamentos raramente aconteciam porque os gerentes com excesso de trabalhadores não tinham nenhum incentivo para desistir deles, em prol de alguma outra firma.

Finalmente, além da ineficiência produtiva, a economia soviética também falhava em atingir a eficiência alocativa – fornecer quantidades eficientes de diferentes bens, levando em consideração as preferências dos indivíduos. Embora as famílias fossem livres para comprar qualquer bem que desejassem com suas rendas determinadas pelo Estado, muitos bens não estavam disponíveis. Quando alguma coisa saía errado no plano, por exemplo, o setor de eletricidade não cumprisse sua meta de produção mensal – era sempre o consumidor que sofria. O Estado iria assegurar que todas as *indústrias* que precisavam de eletricidade a recebessem. Se essas indústrias não recebessem a energia, a escassez poderia ameaçar toda a estrutura do plano. Portanto, em vez disso, o Estado simplesmente disponibilizaria menos energia para as famílias.

O mesmo ocorria com outros produtos que serviam tanto como bens de consumo como insumos para outras firmas – lápis, papel, madeira, gasolina, óleo de cozinha, açúcar e outros. Em uma economia de mercado, se a oferta de algum insumo diminui, seu preço aumenta e os consumidores economizam no seu uso, tentando encontrar substitutos. Entretanto, na economia soviética, todos os preços eram definidos pelo Estado. Uma simples redução na oferta significava uma escassez. A maioria dos soviéticos carregava sacolas de compra o tempo todo, para o caso de alguma coisa para comprar se tornasse disponível.

Enquanto o sistema soviético sofria escassez de muitos bens de consumo, também sofria excessos de outros, especialmente sapatos, camisetas, ternos e vestidos que ninguém queria porque estavam surrados ou fora de moda. Os planejadores centrais tinham problemas suficientes para criar um plano *consistente* – um em que algumas firmas produzissem insumos suficientes para permitir que outras firmas produzissem uma quantidade suficiente de bens. Eles passavam pouco tempo tentando fazer seu plano coincidir com as preferências do consumidor.

Em suma, os soviéticos tentavam confiar em uma mão *visível*, em vez de confiar nos mecanismos automáticos da mão *invisível*. No fim, isso provou ser uma tarefa muito assustadora e o sistema era extremamente ineficiente. Muitas melhorias de Pareto importantes que *teriam* ocorrido em uma economia de mercado não ocorreram – ou não podiam ocorrer – na economia soviética. Como os recursos eram escassos (como em qualquer país), o não aproveitamento de tantas oportunidades para melhorar as pessoas levava a um padrão de vida muito menor do que a União Soviética deveria ter tido. A nação era rica em recursos naturais e estava apenas 20% atrás dos EUA em capital por trabalhador e em educação. Todavia, a produção por trabalhador na União Soviética era apenas um terço do nível dos Estados Unidos.

O padrão de vida não era baixo apenas em relação ao Ocidente, mas iniciando nos anos 80 – começou a *crescer* muito mais lentamente que o do Ocidente também. Tornou-se claro para os líderes soviéticos que seu país não estava apenas atrás do Ocidente, mas estava ficando cada vez mais para trás, com cada ano que passava. À medida que fax, máquinas copiadoras, fitas de vídeo e outros métodos modernos de comunicação possibilitaram aprender sobre a vida em outros países mais bem organizados, os cidadãos soviéticos se tornaram mais e mais insatisfeitos e descrentes sobre seu próprio sistema.

Agora, a Rússia e outros países que formavam a União Soviética estão tentando se converter em economias de mercado. Essa tarefa, também, está se provando difícil. Um dos motivos para essa dificuldade foi discutido na seção "Utilizando a Teoria" do Capítulo 6: no sistema soviético, fazia sentido construir fábricas enormes que podiam produzir o suficiente para atender à necessidade do país inteiro por produtos específicos. Agora, porém, com a transição para um sistema de mercado, os proprietários dessas instalações são monopólios, cobrando preços ineficientemente altos.

Além disso, nas economias de mercado, a mão invisível opera dentro de uma infra-estrutura de leis e instituições fornecidas pelo governo que você estudará no próximo capítulo. Embora muitos países do leste europeu tenham tido um grande sucesso em criar essa infra-estrutura, os países da antiga União Soviética, incluindo a Rússia, ainda estão lutando para criar essa infra-estrutura. É um fato triste que dez anos após o colapso da União Soviética o produto na Rússia ainda estivesse abaixo do já conhecido baixo nível que tinha obtido sob o planejamento central.

RESUMO

Um mercado ou uma economia é economicamente eficiente quando não há maneira de realocar a produção ou o consumo de maneira que melhore pelo menos uma pessoa sem piorar qualquer outra. Por trás dessa definição, existem várias condições específicas que devem ser satisfeitas.

A eficiência produtiva ocorre quando é impossível produzir mais de um bem sem produzir menos de algum outro. Ela exige que todos os recursos produtivos sejam plenamente empregados, que cada firma produza o máximo possível com os recursos que utiliza e que os recursos sejam alocados entre as firmas para produzir o máximo de produtos possível. Essas três condições são satisfeitas em mercados perfeitamente competitivos de produtos e de insumos.

A eficiência produtiva é necessária, mas não garante a eficiência econômica. A eficiência alocativa também é uma condição necessária para a eficiência econômica. A eficiência alocativa é obtida quando não existem alterações na quantidade consumida de qualquer bem que resultaria em uma melhoria de Pareto. Essa condição é automaticamente satisfeita nos mercados perfeitamente competitivos, em que o benefício marginal da última unidade consumida é igual ao custo marginal de produzi-la. Os mercados perfeitamente competitivos não são eficientes porque o preço excede os custos marginais de produção da firma.

PALAVRAS-CHAVE

melhoria de Pareto
eficiência econômica
eficiência produtiva
eficiência alocativa

QUESTÕES PARA REVISÃO

1. Defina, resumidamente, as eficiências produtiva, alocativa e econômica. Qual é a relação entre a eficiência produtiva e a econômica? Qual é a relação entre a eficiência alocativa e a econômica?

2. Explique por que a concorrência imperfeita leva a resultados ineficientes.
3. Descreva brevemente cada uma das características de eficiência a seguir e identifique as condições sob as quais elas ocorrem.
   a. Pleno emprego dos insumos.
   b. Produção máxima dentro de cada firma.
   c. Alocação eficiente de insumos entre as firmas.
   d. Níveis eficientes de produção e de consumo de diferentes bens.
4. Qual ação a seguir seria uma melhoria de Pareto? Qual *poderia* se tornar uma melhoria de Pareto se o pagamento correto de uma das partes para a outra fosse incluído?
   a. Você compra uma Coca-Cola no restaurante do aeroporto, onde ela custa \$2,50.
   b. Você e um amigo vão ao cinema e entram em acordo sobre a qual filme assistir.
   c. Um conhecido que valoriza tanto sua raquete de tênis que você a pega emprestado e não devolve mais.
5. Dê um exemplo de uma situação que é produtivamente eficiente, mas não economicamente eficiente.

PROBLEMAS E EXERCÍCIOS

1. Em cada uma das situações a seguir, identifique uma melhoria de Pareto que seja inexplorada. Explique o que pode ser feito para permitir que a melhoria de Pareto ocorra. Em cada caso, um pagamento de uma das partes para a outra estaria envolvido? Por que um governo poderia querer impedir essa melhoria de Pareto?
   a. Você é um indivíduo de baixa renda que recebe vales de comida do governo. Os vales de comida não podem ser utilizados para comprar itens que não sejam comida (por exemplo toalhas de papel). Você deseja comprar algumas toalhas de papel.
   b. Em algumas cidades, o governo limita o aluguel que pode ser cobrado dos apartamentos. Você deseja alugar um apartamento com o aluguel controlado. O aluguel controlado é abaixo do aluguel de equilíbrio e muitas outras pessoas também desejam alugar esse apartamento. Você tem um encontro com o síndico do prédio para ver o apartamento.
2. Existem 30 estudantes em uma aula de economia. Cada estudante gosta de todos os tipos de rosquinhas e quanto mais melhor. Mas eles diferem em suas preferências. Metade dos estudantes prefere rosquinhas de chocolate à simples. A outra metade dos estudantes prefere rosquinha simples à de chocolate. O instrutor deseja dar todas as rosquinhas que tem. Explique se as ações nas partes (a) até (c) resultam em uma situação que seja economicamente eficiente.
   a. O instrutor traz 60 rosquinhas (todas simples) e as dá a um único aluno, isto é, nenhum outro aluno recebe rosquinhas.
   b. O instrutor traz 60 rosquinhas (todas simples) e dá duas para cada estudante.
   c. O instrutor traz 60 rosquinhas (metade simples e metade de chocolate) e dá duas (uma de cada tipo) para cada estudante.

   Para cada alocação que você identificar como ineficiente, descreva uma transação que reflita uma melhoria de Pareto.
3. Examine novamente e Figura 3 (p. 495). Suponha que o governo imponha controles de preço no mercado para laranjas, definindo um preço mínimo de \$0,25 por laranja. Qual seria o novo preço e a nova quantidade? Esse resultado é eficiente? Se não for, descreva a natureza da ineficiência identificando uma melhoria de Pareto que não esteja sendo explorada.
4. O Capítulo 9 discutiu a discriminação de preço perfeita. Lembre-se de que um monopolista que discrimina perfeitamente o preço produz até o ponto em que sua curva de custo marginal intercepta a curva de demanda do mercado. Esse nível de produção é eficiente? Explique sua resposta.

5. A Figura 5 apresenta um nível de produção ineficiente produzido por um ofertante monopolisticamente competitivo de sucrilhos. Imagine que o governo impusesse um imposto de \$2 por caixa de sucrilhos. O imposto afetaria o nível de produto produzido por essa firma? O resultado ainda seria ineficiente?

QUESTÃO DESAFIADORA

Um ofertante monopolista de eletricidade enfrenta uma curva de demanda dada por $P = 15 - Q$, onde P é o preço em centavos por quilowatt-hora de eletricidade e Q são os milhares de quilowatt-hora produzidos e vendidos. A curva da receita marginal (RM) é $RM = 15 - 2Q$ e o custo marginal de produzir um quilowatt-hora de eletricidade é constante em $CM = 5$ (por exemplo, \$0,05 por quilowatt-hora).

a. Quais são o preço e a quantidade de equilíbrio?
b. O governo da cidade deseja negociar um preço especial pelo qual um adicional de 2.000 quilowatts-hora de eletricidade poderá ser vendido às famílias de baixa renda. O preço especial não terá efeito no preço cobrado para os consumidores existentes. Qual é o preço máximo por quilowatt-hora que a firma pode cobrar e ainda esperar vender a eletricidade extra? Qual é o preço mínimo que ela está disposta a aceitar?
c. A mudança para esse sistema de determinação de preço de duas camadas seria uma melhoria de Pareto? Explique por quê. Desenvolva um cartão de marcação para ilustrar sua conclusão.

CAPÍTULO

15

O PAPEL DO GOVERNO NA EFICIÊNCIA ECONÔMICA

RESUMO DO CAPÍTULO

A economia dos Estados Unidos confia intensamente nos mercados. Ainda assim, mesmo nos Estados Unidos, a atividade de mercado é auxiliada pelo governo de duas maneiras cruciais. Primeiro, o governo fornece a infra-estrutura que permite que os mercados funcionem.

Parte da infra-estrutura é física – rodovias, pontes, aeroportos, hidrovias e prédios. Igualmente importante é a *infra-estrutura institucional* do sistema de mercado – leis, tribunais e órgãos reguladores. Embora a manutenção da infra-estrutura institucional utilize apenas uma pequena parte dos recursos do país, a economia de mercado entraria em colapso sem ela.

A segunda maneira do governo auxiliar a atividade de mercado é interferindo quando os mercados não estão funcionando adequadamente – quando deixam as melhorias de Pareto inexploradas e, portanto, falham em obter eficiência econômica. As ferramentas do governo para tornar os mercados mais eficientes incluem regulamentação, lei antitruste e tributação. Neste capítulo, você verá como essas ferramentas funcionam.

Essa não é a primeira vez que discutimos o envolvimento do governo nos mercados, mas as primeiras discussões se concentravam em situações nas quais o governo *interferia* no funcionamento de uma economia de mercado. Essas situações incluíam preços-teto e preços-chão, bem como barreiras criadas pelo governo para entrar nos mercados de produtos e de trabalho. Em muitos casos, o resultado eram problemas para a economia que poderiam ter sido evitados por melhores políticas. Neste capítulo, o foco é completamente diferente: examinaremos como o governo *contribui* para a eficiência econômica, ajudando-nos a obter melhorias de Pareto que de outra maneira não ocorreriam.

Começaremos examinando a infra-estrutura institucional de uma economia de mercado e, em seguida – com mais detalhes – duas partes importantes dessa infra-estrutura: os sistemas legal e de regulamentação. Em seguida, voltaremos a atenção para os mercados que falham, não funcionando eficientemente e o que o governo pode fazer sobre eles.

A INFRA-ESTRUTURA INSTITUCIONAL DE UMA ECONOMIA DE MERCADO

Os americanos consideram sua infra-estrutura institucional como quase completamente certa. A melhor maneira de avaliar a infra-estrutura dos Estados Unidos é visitar outro país que tenha uma estrutura deficiente. Em muitos países, é mais provável a polícia *roubar* os cidadãos do que protegê-los dos roubos. Em alguns países, as pessoas não têm direitos efetivos à propriedade – outra pessoa pode começar a construir um barracão em suas terras sem ser impedido pelo governo. Se uma pessoa for ferida por um motorista bêbado, pode não haver nenhum sistema para compensá-la ou para punir o motorista. Muitas nações sofrem com as máfias poderosas que extorquem dinheiro a título de proteção, ameaçando fechar a firma ou machucar seus proprietários.

Vários países sofrem com esses problemas. A Figura 1 ilustra um resultado importante: quando os países são divididos em três grupos, de acordo com a qualidade de sua infra-estrutura institucional, existe uma forte relação entre infra-estrutura e produção por trabalhador. Os países à esquerda – com infra-estruturas de menor qualidade – conseguiam atingir apenas cerca de $3.000 em produção por trabalhador por ano em 1988. Nesses países, os direitos de propriedade são deficientes, os contratos não são impostos e o governo é mais freqüentemente um predador que um protetor da atividade econômica. No meio da figura estão os países com infra-estruturas de média qualidade e eles têm uma média de cerca de $5.500 em produção por trabalhador por ano. À direita, estão os países mais bem organizados, com média de $17.000 em produção por trabalhador e os países com as melhores infra-estruturas – como os Estados Unidos – atingiam níveis de produção maiores que o dobro dessa média.

O tipo de infra-estrutura dos Estados Unidos eficiente é em auxiliar uma próspera economia de mercado, mas não é o único tipo de infra-estrutura que

Figura 1

Os países com infra-estruturas de baixa qualidade produziam uma média de apenas $3.000 por trabalhador por ano em 1988. Esses países costumam a ter governos corruptos, imposição de contratos desfavoráveis e direitos a deficientes propriedades. Países com infra-estruturas de maior qualidade, incluindo os Estados Unidos, produziam uma média de $17.000 por trabalhador por ano.

INFRA-ESTRUTURA DO GOVERNO E PRODUÇÃO POR TRABALHADOR

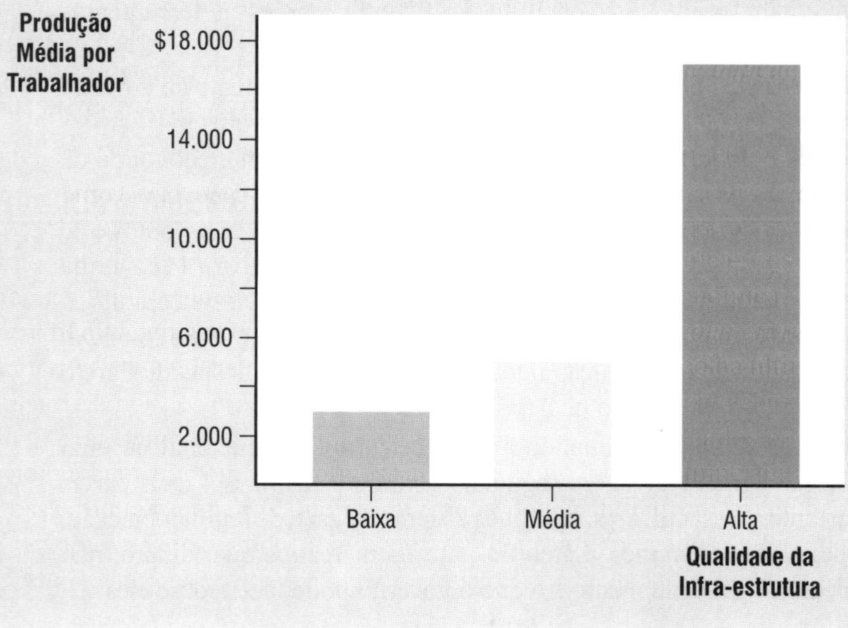

funciona. A economia de mercado do Japão gera cerca de 80% de produção por trabalhador, como faz a economia dos Estados Unidos, mas o Japão confia muito menos que os Estados Unidos no sistema jurídico e muito mais nos relacionamentos dentro de redes de firmas. Nos dois países, no entanto, o governo desempenha um papel importante no fornecimento e no auxílio da infra-estrutura institucional que faz os mercados funcionarem sem problemas.

O SISTEMA LEGAL

A espinha dorsal da infra-estrutura institucional de uma economia de mercado é o sistema legal. Evidentemente, o sistema legal também é importante por motivos não econômicos. A lei nos protege de danos físicos e emocionais e nos garante liberdade de discurso e outras liberdades civis vitais. Aqui, vamos nos concentrar no papel puramente econômico do sistema legal, ou seja, nas maneiras em que ele auxilia os mercados e nos ajuda a obter a eficiência econômica. Examinaremos cinco categorias amplas: lei criminal, lei de propriedade, lei de contrato, lei de delito civil e lei antitruste.

Lei Criminal. Embora a lei criminal tenha dimensões morais e éticas importantes, sua função *econômica* central é limitar as trocas a voluntárias. Como as duas partes concordam com a troca voluntária, elas devem se beneficiar com ela. Se nenhum terceiro for prejudicado, esse intercâmbio será sempre uma melhoria de Pareto. Mas uma troca involuntária – roubo, por exemplo – sempre prejudica um dos lados.

Ao tornar ilegais a maioria das trocas involuntárias, a lei criminal ajuda a canalizar as energias nas atividades produtivas e de trocas que beneficiem todas as partes envolvidas. Dessa maneira, a lei criminal contribui para a eficiência econômica.

Evidentemente, para ser eficaz, não é suficiente apenas *definir* quais atividades são prejudiciais. O código criminal também deve ser imposto, com penalidades sérias e certas o suficiente para dissuadir as pessoas de cometer crimes prejudiciais. Em alguns casos, provou-se muito mais fácil esboçar um código criminal do que conseguir sua imposição.

A Rússia, por exemplo, decretou um novo código criminal sofisticado na metade da década de 90, mas não conseguiu impô-lo em razão da corrupção maciça nos governos e nas forças policiais locais. Como resultado, um número desproporcional de cidadãos russos executa atividades que prejudicam outros como extorsões de proteção que vitimam pequenas firmas ou eliminação de concorrentes com ameaças e até mesmo assassinatos. A prevalência do crime econômico é um dos principais motivos pelos quais a Rússia – apesar de se transformar de uma economia centralmente planejada para uma economia de mercado – permaneceu mergulhada na ineficiência econômica à medida que entrou no novo milênio.

Lei de Propriedade. A lei de propriedade concede às pessoas direitos precisamente definidos sobre as coisas que elas possuem. Sem a lei de propriedade, você passaria uma boa parte do seu tempo lidando com pessoas que afirmariam possuir sua casa, sua fazenda ou sua fábrica. Nos Estados Unidos e em outros países avançados, sistemas altamente seguros mantêm controle sobre quem possui as terras, os carros, as ações, os aviões, as patentes e outras importantes propriedades. Disputas sobre propriedade são raras, pois o sistema funciona muito bem.

Quando os direitos de propriedade são definidos de maneira deficiente, muito tempo e energia são desperdiçados em disputas sobre propriedade e as pessoas perdem tempo tentando coletar recursos de outras, tempo que poderia ser gasto com a produção de bens e serviços valiosos. Como resultado,

os países com direitos de propriedade definidos de maneira deficiente não produzem tantos bens com seus recursos como poderiam se tivessem direitos de propriedade mais bem definidos. Uma produção maior poderia melhorar algumas pessoas sem prejudicar ninguém – uma melhoria de Pareto. Assim, os países com direitos de propriedade definidos de maneira deficiente são economicamente ineficientes.

Lei de Contrato. Em 1991, um advogado chamado John Mackall teve uma ótima idéia: criar uma firma de venda de baterias para computadores por catálogo. Ele tinha o dinheiro para iniciar o negócio, mas não o tempo, por isso fez um acordo com um estudante (de muita sorte) de negócios, Ken Hawk, para iniciar o 1-800 BATERIAS.

Como parte do acordo, Mackall e Hawk assinaram um contrato que dava a este 75% da firma. Mackall investiu $50.000 e recebeu os 25% restantes. Como resultado, a firma foi um sucesso: em 1998, tornou-se a maior fornecedora de baterias e acessórios para laptops e telefones celulares, com vendas anuais de cerca de $30 milhões.

O que garantia que Hawk daria a Mackall sua participação de 25% nos lucros? Em países cuja lei de contrato não é bem definida ou é imposta com menos rigidez, alguém na posição de Mackall iria se preocupar em não conseguir sua participação posteriormente. Nos Estados Unidos, essa preocupação não surgiria, pois os contratos podem ser impostos.

Um contrato é uma promessa mútua. Geralmente – como no exemplo da firma de baterias – uma pessoa faz alguma coisa primeiro (Mackall forneceu a idéia e $50.000 em dinheiro) e a outra promete fazer alguma coisa posteriormente (Hawk prometeu gerenciar a firma e pagar 25% do lucro para Mackall). Já que nenhum terceiro é prejudicado, o intercâmbio que ocorre em um contrato é sempre uma melhoria de Pareto – é um acordo voluntário que não vai ocorrer sem que os dois lados melhorem.

Os contratos desempenham um papel especial em uma economia de mercado. Sem eles, as únicas melhorias de Pareto possíveis seriam as que envolvessem intercâmbio simultâneo. Os contratos, porém, nos permitem fazer intercâmbios nos quais uma pessoa vai primeiro. Essa pessoa tem de confiar que a outra cumprirá a promessa. Sem essa certeza, ninguém estaria disposto, primeiramente, a fazer o acordo. Assim, os contratos possibilitam a formação de novas firmas e a contratação de serviços de peritos especializados em coisas como consertos de automóveis, consertos de telhados, odontologia e serviços legais – todos os casos nos quais alguém vai primeiro.

Os contratos possibilitam trocas que ocorrem com o passar do tempo e nas quais uma pessoa deve agir primeiro. Dessa maneira, ajudam a sociedade a desfrutar todos os benefícios da especialização e das trocas.

É importante observar que a imposição legal de contratos não é a única força que faz as pessoas manterem promessas. Primeiro, pais, organizações religiosas e escolas ensinam as pessoas que manter promessas é uma obrigação moral. Segundo, uma reputação por não cumprimento dessas seria prejudicial para a firma de uma pessoa. A vendedora no varejo pela Internet barnesandnoble.com poderia não estar no mercado se a firma desenvolvesse uma reputação por ficar com o dinheiro das pessoas e apenas *algumas vezes* entregar os livros pedidos.

Ainda assim, embora a socialização e a preocupação com a reputação sejam importantes, os contratos e a infra-estrutura para impô-los desempenham um papel vital em tornar a economia mais eficiente. Por exemplo, sabemos que, apesar dos esforços de pais, líderes religiosos e escolas, há potenciais trapaceiros suficientes para criar problemas. A lei de contrato fornece uma maneira eficaz de lidar com eles. Além disso, essa lei facilita, para as novas firmas, a entrada e o crescimento em uma indústria. Afinal, leva tempo para desenvolver uma reputação de cumpridor de promessas. Por causa da lei de contrato, no entanto, as pessoas estão mais dispostas a se arriscar em novas firmas, pois sabem que terão a lei por trás delas se a nova firma não cumprir um acordo.

Lei de Delito Civil. A lei de contrato lida com pessoas ou firmas economicamente envolvidas umas com as outras, como os ofertantes e seus clientes, ou parceiros em um acordo de negócios. A lei de delito civil, por outro lado, lida com interações entre estranhos ou pessoas não ligadas por contratos.

Mais especificamente, um **delito civil** é um ato ilegal – como a fabricação de um produto não seguro – que prejudica alguém e para o qual a pessoa lesada pode procurar solução na justiça. A *lei* de delito civil define os tipos de danos para os quais alguém pode procurar solução legal e quais tipos de compensação a pessoa lesada pode esperar.

Delito civil Um ato ilegal que prejudica alguém.

Quando as pessoas e as firmas são consideradas responsáveis por lesões causadas, elas agem com mais cuidado. A lei de delito civil nos Estados Unidos fornece incentivos para os motoristas dirigirem cuidadosamente, para os médicos examinarem seus pacientes com mais atenção e para os fabricantes de produtos – como os de cortadores de grama elétricos – controlarem os riscos por meio de projetos adequados.

A lei de delito civil também protege contra *fraude*, na qual um vendedor – de um produto, de uma firma ou de ações – mente para o comprador, a fim de fazer a venda. Em alguns países, a fraude é um problema tão difundido que você não pode confiar nas reclamações feitas por vendedores de qualquer coisa. Nos Estados Unidos, pelo contrário, os vendedores são extraordinariamente cuidadosos com relação às suas reclamações. Você ficaria extremamente surpreso se comprasse uma roupa de baixo e descobrisse, mais tarde, que ela esta cheia de poliéster. De maneira semelhante, as informações fornecidas por uma firma quando ela vende ações para o público são analisadas com muito cuidado pelos advogados da firma, para ter certeza de sua precisão. Se uma firma diz que possui 17 milhões de barris de petróleo ou cinemas com 125 telas, você pode ter quase total certeza de que ela realmente possui. As penalidades por mentir sobre um assunto como esse são rígidas.

Lei Antitruste. A lei antitruste foi criada a impedir que as firmas façam acordos ou se envolvam em outro comportamento que limite a concorrência e prejudique os consumidores. Mais especificamente, a lei antitruste opera em três áreas:

1. *Acordos entre concorrentes.* A lei antitruste dos Estados Unidos – expressa na Seção 1 do *Sherman Act* – proíbe "contratos, combinações ou conspirações" entre firmas concorrentes que prejudicariam os consumidores com elevação dos preços. Os acordos mais escandalosos proibidos por essa lei são os que fixam os preços diretamente. A lei também proíbe acordos que aumentem os preços *indiretamente*, limitando a concorrência entre os vendedores. Um acordo entre firmas para alocar os mercados entre elas – de modo que um vendedor atenda a um grupo de clientes exclusivamente, enquanto outros vendedores nomeiam seus próprios grupos de clientes exclusivos – pode violar a lei. Por exemplo, na metade da década de 90, os dois únicos vendedores importantes de cursos de revisão para o exame da Ordem dos Advogados, feito por potenciais advogados, dividiram seu território para evitar a concorrência. Os tribunais declararam esse acordo ilegal, pois reduzia a concorrência.

2. *Monopolização.* A Seção 2 do *Sherman Act* torna ilegal monopolizar ou tentar monopolizar um mercado. Na forma como a lei é hoje interpretada, é ilegal um vendedor prejudicar um rival interferindo em suas operações ou criando dificuldades para o rival por outros meios. Por exemplo, é ilegal uma firma espalhar informações falsas sobre o produto de um rival como parte de um esforço para tirar esse rival do mercado. Entretanto, a lei não proíbe o monopólio nem prejudica os concorrentes. Em vez disso, proíbe *certas etapas* para a aquisição ou manutenção de um monopólio ou para prejudicar os concorrentes. Uma firma que prejudica seus rivais ao vender um produto melhor, tirando o concorrente do mercado, não está violando a lei.

3. *Fusões.* Em uma fusão, duas firmas se juntam para formar uma nova firma. O resultado é um aumento do perigo de maiores preços com o oligopólio ou monopólio. Por exemplo, se a maior firma de um mercado tiver uma participação de 40% no total das vendas e a segunda maior tiver uma participação de 30%, podemos esperar que a rivalidade entre elas beneficie os consumidores. No entanto, se elas se fundirem para formar uma única firma com uma participação de 70%, a rivalidade desaparecerá e os preços aumentarão. Fusões desse tipo são geralmente bloqueadas nos Estados Unidos, com base na Seção 7 do *Clayton Act*. Examinaremos as fusões com mais detalhes posteriormente, neste capítulo.

REGULAMENTAÇÃO

A regulamentação é outra parte importante da infra-estrutura institucional que auxilia uma economia de mercado. Com a regulamentação, um órgão governamental – como o FDA (Food and Drug Administration), a EPA (Environmental Protection Agency) ou a comissão das firmas de utilidade pública estaduais – tem poder para direcionar as firmas a tomarem ações específicas. A EPA tem um controle detalhado sobre quais substâncias uma firma pode liberar na atmosfera ou na água. As comissões de utilidades públicas definem o preço da eletricidade, do gás e do serviço de telefonia. Geralmente, os reguladores devem aprovar as ações das firmas antes que elas sejam executadas, como no caso das aprovações, pelo FDA, de novas drogas. Além de proteger a segurança e a saúde pública, a regulamentação também é utilizada para ajudar os mercados a funcionar mais eficientemente, como discutiremos de maneira mais completa, neste capítulo.

A regulamentação tem uma diferença fundamental em relação à utilização de procedimentos legais: os reguladores vão a fundo nas operações das firmas, para dizer a elas o que fazer, enquanto os procedimentos legais geralmente resultam em multas ou em outras penalidades se as firmas fizerem algo errado. Para compreender melhor a distinção, considere as diferentes maneiras nas quais as companhias de telefonia regional e de longa distância são tratadas. Como elas são regulamentadas, às companhias de telefonia regional (como a Bell South ou a Cincinnati Bell) são *ditos* que preço cobrar. As companhias de telefonia de longa distância, em contrapartida, são amplamente não regulamentadas, por isso cobram quanto querem. Se as companhias de longa distância forem pegas quebrando a lei ao definir os preços (por exemplo, entrando em acordos ilegais para restringir a concorrência), elas terão de pagar multas e seus gerentes poderão ir para a prisão.

LEI E REGULAMENTAÇÃO EM PERSPECTIVA

A mão invisível do sistema de mercado não pode operar sozinha. O sistema legal, juntamente com os órgãos reguladores, cria um ambiente no qual a mão invisível pode fazer seu trabalho. Quase toda melhoria de Pareto imaginável se apóia na infra-estrutura legal e de regulamentação. Lembre-se da última vez em que você comprou uma refeição em um restaurante. Se pagou em dinheiro, a lei criminal contra falsificação permitiu que o restaurante aceitasse mais rapidamente seu dinheiro. Se o pagamento foi com cartão de crédito, a lei de contrato assegurou ao restaurante que ele fosse pago, eventualmente, pela companhia de cartão de crédito. O próprio restaurante não poderia funcionar sem contratos com os fornecedores, o proprietário do prédio e os funcionários. Você pode ter razoável confiança de que a comida não estava contaminada, em parte por causa de inspeções de órgãos reguladores locais e também porque a lei de delitos civis fornece fortes incentivos contra produtos prejudiciais.

E os casos em que a lei e a regulamentação não parecem estar funcionando perfeitamente? Afinal, ainda temos crimes contra as pessoas e a propriedade. Produtos não seguros, como automóveis com um projeto deficiente ou jantares congelados contaminados, *são* produzidos e apenas algumas vezes retirados do mercado antes de prejudicar alguém. As firmas realmente fixam preços e apenas algumas vezes são pegas. Esses e incontáveis outros exemplos significam que a infra-estrutura institucional está falhando?

Sim e não. Embora exemplos como esses nunca sejam bem-vindos, a sociedade *escolheu* não eliminá-los totalmente. Poderíamos, se quiséssemos, acabar com o crime, com os produtos não seguros e com os outros prejuízos à vida econômica, decretando leis e regulamentações mais severas e as impondo até as últimas conseqüências. Contudo, isso exigiria gastos em imposição legal e de regulamentação ainda maiores que os de atualmente. Ao decidir se devemos fazê-los, devemos comparar os benefícios – produtos mais seguros, crime reduzido e coisas semelhantes – contra os custos.

Por exemplo, em parte por causa da forte lei de delitos civis, os Estados Unidos são um dos países mais seguros do mundo e estão ficando cada vez mais seguros. Em 1990, a taxa de mortes de crianças menores de 12 anos tinha caído para menos da metade do nível de 1960. A taxa de mortes de adultos no trabalho também caiu consideravelmente. No entanto, mesmo os Estados Unidos escolheram não *eliminar completamente* os riscos para a segurança: a cada ano, 20 pessoas em cada 100.000 morrem em acidentes. Por que aceitamos isso? Porque a eliminação completa (ou quase completa) dos acidentes fatais exigiria que muitos dos recursos fossem desviados de outros usos. A maioria de nós pensaria que simplesmente não vale a pena. Por exemplo, para eliminar todos os acidentes fatais que podem ser evitados, teríamos de exigir que todos os aviões de passageiros fossem inspecionados dúzias – talvez centenas – de vezes depois de cada vôo e que os motoristas se matriculassem em um curso de reciclagem a cada ano, talvez a cada mês, atualizando e reforçando suas habilidades ao volante e a consciência sobre segurança. Que todos os restaurantes inspecionassem suas refeições a procura de contaminação por *E. coli* antes de servi-la. Além de que todos os assoalhos e sapatos fossem fabricados com material especial para tornar impossível escorregar. Ainda assim, todos esses requisitos teriam de ser impostos de maneira rígida, exigindo mais policiais e inspetores para pegar os contraventores e mais tribunais e cadeias para processá-los e penalizá-los. Nesse tipo de mundo, o padrão de vida cairia e todos concordaríamos que melhoraríamos aceitando riscos adicionais de acidentes a fim de liberar recursos para aumentar a produção.

> *Um sistema legal e de regulamentação que assegurasse uma* completa eliminação *do crime, de produtos não seguros e de outras atividades não bem-vindas seria menos eficiente que um sistema que tolerasse alguma quantidade dessas atividades. Uma infra-estrutura eficiente deve considerar os custos e os benefícios de atingir os objetivos legais e de regulamentação.*

TRIBUTAÇÃO

A infra-estrutura legal e de regulamentação fornecida pelo governo não é gratuita. Ela forma *recursos* para prover essas instituições – o trabalho de policiais, juízes e inspetores, o capital de veículos da polícia, de prédios de tribunais e de computadores, além da terra em que estão os prédios do governo. Em uma economia de mercado, o governo não toma à força esses recursos; ele os *compra* no mercado, como faria qualquer pessoa do setor privado.

Como o governo raramente *vende* seus serviços para o público, ele precisa de uma fonte de dinheiro para todas as suas compras. É aí que entram os *impostos.*

Os principais tipos de impostos nos Estados Unidos são:

- imposto sobre consumo (*excise taxes*),[NRT] que são impostos sobre produtos específicos, como a gasolina;
- impostos de renda pagos por indivíduos e corporações;

N.R.T.: um *imposto sobre consumo* é aquele em que uma determinada sobretaxa tributária é acrescentada ao preço de cada unidade de um produto. *Imposto sobre consumo* sobre a gasolina, bebidas alcoólicas e perfumes são exemplos comuns.

- impostos sobre as folhas de pagamentos para financiar a Previdência Social;
- impostos sobre a propriedade;
- impostos sobre as vendas.

Os impostos têm um efeito importante na eficiência da economia. Por outro lado, ao fornecer os fundos para a infra-estrutura legal e de regulamentação da economia, os impostos ajudam a *aumentar* a eficiência. Além disso, como você verá, impostos específicos algumas vezes ajudam a produzir a eficiência econômica em um mercado.

Por outro lado, podem criar – e criam – ineficiências também.

Os impostos aumentam a eficiência fornecendo os fundos para a infra-estrutura social de uma economia de mercado. Mas eles podem tornar mercados específicos mais ou menos dependentes da natureza do imposto e das condições iniciais do mercado.

No restante desta seção, examinaremos de perto como dois tipos de impostos – *excise taxes* e impostos de renda – afetam a eficiência econômica.

O Que Acontece Quando as Coisas Mudam?

Excise Taxes. No Capítulo 4, você aprendeu sobre os *excise taxes*, que são impostos sobre bens ou serviços específicos. Você viu, naquele capítulo, como um *excise tax* – no caso, um imposto sobre passagens aéreas – afetou o mercado para passagens aéreas: um aumento no preço de equilíbrio e uma redução na quantidade de equilíbrio de passagens vendidas. Na discussão no Capítulo 4, descrevemos *o que* aconteceu após um imposto sobre um produto específico ter sido fixado, mas não *avaliamos* os impostos sobre produtos específicos em termos de eficiência econômica. Faremos isso agora.

A Figura 2 examina o mercado para viagens aéreas internacionais, o mesmo mercado analisado, na Figura 4 do Capítulo 4 (página 101). Supomos que *D* seja a curva de demanda do público para passagens aéreas e que seja imposto um *excise tax* de $100 por passagem nesse mercado. Observe que existem duas curvas de oferta na figura. *S* é a curva de oferta de mercado familiar, que nos informa o preço que as companhias aéreas devem receber a fim de ofertar cada quantidade de passagem por dia, *sem nenhum excise tax*. No entanto, com um *excise tax* de $100, uma companhia aérea precisaria receber $100 a mais, para obter o mesmo valor por passagem recebido antes do imposto. Assim, o preço necessário para induzir as companhias aéreas a ofertar cada número de passagens seria $100 maior que antes. É por isso que a curva de oferta *S'* fica $100 acima da curva de oferta original *S*.

Sem nenhum *excise tax*, o mercado estaria em equilíbrio no ponto *A*, com 11,3 milhões de passagens vendidas e um preço de $730. Mas, com $100 de *excise tax*, o equilíbrio se desloca para o ponto *B*, com dez milhões de passagens vendidas. Os viajantes pagam $800 por passagem. Desse valor, a companhia aérea recebe $700 por passagem e o governo fica com a diferença – $100.

Agora somos capazes de ver como um *excise tax* pode criar ineficiência em um mercado. Como estamos utilizando as curvas de oferta e de demanda, consideramos que o setor aéreo como competitivo, de modo que a curva de oferta *S* também é a curva de custo marginal. Assim, com dez milhões de passagens, o custo, para alguma companhia aérea, de fornecer mais uma pas-

Figura 2

EFEITO DE UM IMPOSTO SOBRE O CONSUMO

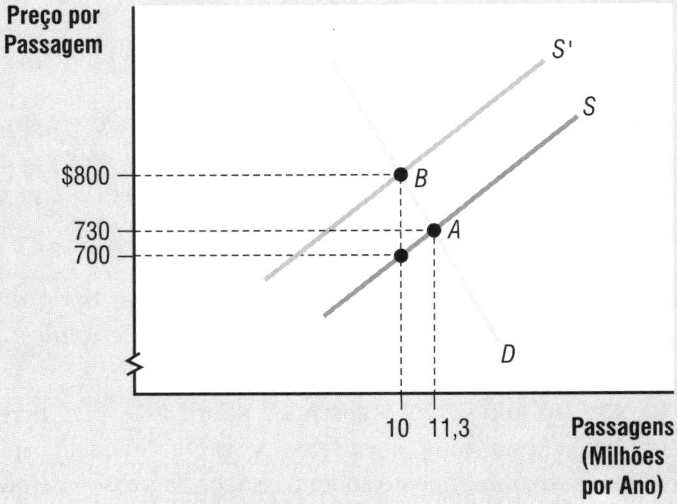

No ponto *A*, o mercado está em equilíbrio, com 11,3 milhões de passagens vendidas e um preço de $730 por passagem. Com um *excise tax* de $100 imposto pelo governo, a curva de oferta se desloca para *S'*. O equilíbrio é deslocado para o ponto *B*, onde os viajantes pagam $800 por passagem e as companhias aéreas mantêm $700. Isso é ineficiente, por possibilitar que alguns viajantes se beneficiem das passagens adicionais em mais do que custa às companhias aéreas para fornecê-las. A venda de mais passagens permitiria que as companhias aéreas, os passageiros e o governo ganhassem benefícios adicionais.

sagem internacional seria de $700. Entretanto, de acordo com o Capítulo 14, na interpretação da curva de demanda como a curva de benefício marginal, algum viajante ganharia um benefício de $800 com essa passagem. No ponto B, portanto, um viajante poderia obter um benefício de $800 para uma viagem adicional que custaria somente $700 para ser produzida. Mas a passagem *não* está sendo vendida com o *excise tax*. Há lugar para uma melhoria de Pareto.

O que vem a seguir apenas um exemplo – entre muitos exemplos possíveis – de uma melhoria de Pareto: a companhia aérea poderia cobrar, por exemplo, $750 por uma viagem a mais, incluindo $10 em *excise tax*. O governo receberia um adicional de $10 em receita de impostos pela viagem, e a companhia aérea manteria os $740. O cartão de marcação na página seguinte mostra como cada uma das três partes seria afetada.

Como você pode ver, no exemplo, a venda da passagem adicional seria uma melhoria de Pareto: ninguém seria prejudicado e o viajante, a companhia aérea e o governo ganhariam. Mas essa melhoria de Pareto exigiria que o governo aceitasse menos que os $100 em impostos com a viagem extra. Normalmente, os governos não aceitam esses acordos. Se aceitassem, seriam pressionados a ampliar a redução de impostos para todos os viajantes e a política do governo seria descoberta. Como o governo insiste em obter seu total de $100, não existe lugar para uma melhoria de Pareto entre o viajante e a companhia aérea.

Ação*: uma companhia aérea vende uma passagem adicional por $750, com $10 em *excise tax

Viajante	Ganha benefícios no valor de:	$800
	Paga:	$750
	Sai lucrando em:	$ 50
Companhia aérea	Recebe:	$750
	Paga imposto de:	$ 10
	Custo marginal:	$700
	Sai lucrando em:	$ 40
Governo	Recebe:	$ 10
	Sai lucrando em:	$ 10

O crescimento da receita de impostos com um *excise tax* para um bem específico tem um efeito distorcido, semelhante ao da concorrência imperfeita. Aumenta o preço do bem e faz as pessoas consumirem muito pouco dele – menos que a quantidade eficiente. Na presença de um imposto do tipo *excise tax*, algumas elevações mutuamente benéficas na produção e no consumo não ocorrerão.

O aumento geral da receita de impostos com excise taxes é ineficiente, por criar uma situação na qual o benefício marginal para um consumidor é maior que o custo marginal para algum produtor. Portanto, muito pouco dos bens tributados serão produzidos e consumidos.

Até aqui, consideramos um *excise tax* utilizado para elevar a receita geral de impostos. Agora, vamos considerar outro motivo para um imposto do tipo *excise tax*: uma cobrança por um serviço específico do governo. Em particular, suponha que o *excise tax* seja utilizado para pagar os controladores de tráfego aéreo, os reparos dos aeroportos e outros bens e serviços que beneficiem os viajantes quando eles viajam. Imagine, também, que cada passagem vendida custe ao governo $100 em serviços adicionais. Nesse caso, quando o governo cobra um *excise tax* de $100 e o mercado atinge o equilíbrio no ponto *B* da Figura 2, nenhuma outra melhoria de Pareto seria possível – o mercado é eficiente. Como você sabe? Considere mais uma viagem. O governo não pode nem sequer permitir a saída, a menos que receba $100 em receita para cobrir os custos dos serviços adicionais que fornece. Portanto, quando tentamos encontrar uma melhoria de Pareto a partir do ponto *B*, devemos incluir $100 para o governo. Além disso, as companhias aéreas devem receber, no mínimo, $700 por passagem para que possam partir, já que é o custo marginal de outra passagem. Portanto, vamos ver o que aconteceria se a companhia aérea vendesse outra passagem por $800 e desse $100 para o governo:

Ação*: uma companhia aérea vende uma passagem adicional por $800, com $100 em *excise tax

Viajante	Ganha benefícios no valor de:		$800
	Paga:		$800
	Sai lucrando em:	(pode partir)	$ 0
Companhia aérea	Recebe:		$800
	Paga imposto de:		$100
	Custo marginal:		$700
	Sai lucrando em:	(pode partir)	$ 0
Governo	Recebe:		$100
	Tem custos de:		$100
	Sai lucrando em:	(pode partir)	$ 0

Como você pode ver, todos atingem o equilíbrio. Na realidade, como o governo deve receber no mínimo \$100 e a companhia aérea, \$700, a venda de outra passagem não pode melhorar *ninguém*, a menos que alguém seja prejudicado. A partir do ponto *B*, nenhuma melhoria de Pareto é possível. Assim, o equilíbrio no ponto *B* é um equilíbrio eficiente.

Quando um serviço do governo é utilizado junto com um bem de mercado, é eficiente para o governo cobrar um excise tax, sobre o bem, igual ao custo marginal de produção do serviço governamental utilizado com esse bem.

O Que Acontece Quando as Coisas Mudam?

O Imposto de Renda. Na seção anterior, você viu que o aumento na receita *geral* com um *excise tax* (em vez de pagar por um serviço específico do governo) é ineficiente. Você pode pensar que seria eficiente elevar as receitas de imposto gerais com o Imposto de Renda. Afinal, o Imposto de Renda é aplicado a *toda* renda, não a um bem específico. Nesta seção, você verá que os impostos de renda também podem criar ineficiência.

A Figura 3 mostra o porquê, utilizando o diagrama de demanda/oferta de trabalho do Capítulo 11. O eixo vertical registra o salário diário pago pelos empregadores. Sua curva de demanda de mercado para trabalhadores é L^D. A curva de oferta dos trabalhadores, sem um Imposto de Renda, é $L^S{}_1$. Após um Imposto de Renda com uma taxa de 25% ter sido aplicado à renda do salário,

Figura 3

No ponto *A*, o mercado de trabalho está em equilíbrio com um salário por hora de \$175. Agora, o governo impõe um Imposto de Renda a uma taxa de 25% sobre toda renda obtida. A curva de oferta de trabalho gira para cima, para L^S_2. Ela mostra que os trabalhadores devem receber mais, a fim de levar para casa o mesmo salário de antes do Imposto. O novo equilíbrio no ponto *B* é ineficiente porque a contratação de mais um trabalhador forneceria mais receita a alguma firma (\$200 por dia) do que seria necessário para o trabalhador fornecer de boa vontade o trabalho (\$150 por dia).

EFEITO DE UM IMPOSTO DE RENDA EM UM MERCADO DE TRABALHO

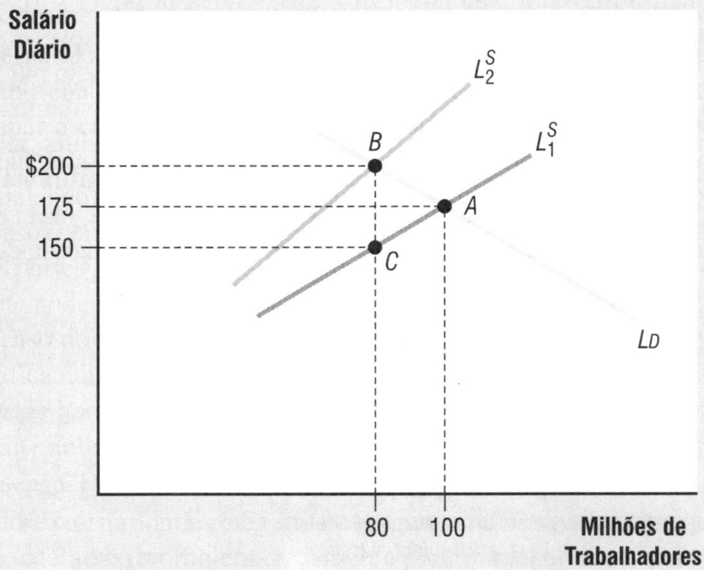

a curva de oferta de trabalho se desloca para $L^S{}_2$. Cada ponto em $L^S{}_2$ é maior que o ponto abaixo dela, em $L^S{}_1$.

Por que o deslocamento? Considere o ponto *C* em $L^S{}_1$. Esse ponto nos informa que, quando os trabalhadores receberem $150 por dia sem Imposto de Renda, 80 milhões de pessoas desejarão trabalhar. Mas, quando o governo coleta um Imposto de Renda, os trabalhadores escolhem se devem ou não oferecer trabalho, com base no que conseguirão reter *depois* dos impostos. Introduzido os 25% de Imposto de Renda, os trabalhadores devem receber $200 para levar para casa $150, por isso será necessário, agora, uma taxa salarial diária de $200 (ponto *B* em $L^S{}_2$) para que 80 milhões de pessoas ofereçam seu trabalho. E o mesmo é verdadeiro para cada outro ponto na curva de oferta de trabalho: independentemente do salário antes necessário para fazer que um determinado número de pessoas trabalhasse agora será preciso um salário maior.

Sem Imposto de Renda, o equilíbrio estaria no ponto *A*, com um salário de $175 por dia. Com esse imposto, no entanto, o equilíbrio do mercado ocorre no ponto *B*, onde o salário pago pelos empregadores é de $200 e o salário recebido pelos trabalhadores, depois de pago o Imposto de Renda é de $150. O novo equilíbrio no ponto *B* é eficiente? De jeito nenhum, já que podemos facilmente chegar a uma melhoria de Pareto a partir desse ponto.

Suponha, por exemplo, que estejamos no ponto *B* e um trabalhador adicional seja contratado. Sabemos que o produto-receita marginal para alguma firma é de $200 por dia porque no ponto *B*, cada firma contrata trabalhadores até que o *PRM* do trabalho seja igual à taxa salarial de mercado (ver o Capítulo 11). Assim, contratar mais um trabalhador daria a alguma firma $200 em receita adicional. Também sabemos que, no ponto *B*, existe algum trabalhador que seria simplesmente indiferente entre trabalhar e não trabalhar por um salário líquido de $150. Assim, aqui está a melhoria de Pareto: alguma firma contrata mais um trabalhador e paga a ele *mais* de $150 por dia – por exemplo, $170. Além disso, faremos o governo concordar em tributar esse trabalhador em apenas $10 (em vez de os normais 25%, o que seria 0,25 × $170 = $42,50), de modo que o trabalhador levará para casa $160 por hora, depois dos impostos. O cartão de marcação a seguir mostra que todos se beneficiam:

***Ação*: uma firma contrata outro trabalhador por $170 por dia e o governo coleta $10 adicionais por dia em impostos**

Trabalhador	Recebe salário de:	$170
	Paga Imposto de Renda de:	$ 10
	Desiste do tempo que vale:	$150
	Sai lucrando em:	$ 10
Empregador	Ganha receita de:	$200
	Paga:	$170
	Sai lucrando em:	$ 30
Governo	Recebe impostos de:	$ 10
	Sai lucrando em:	$ 10

Como o cartão de marcação apresenta, o trabalhador melhora: ele está disposto a trabalhar por um salário líquido de $150 por dia, mas obtém $160 após os impostos. O benefício marginal do funcionário com o trabalhador adicional, obtido a partir da curva de demanda *D*, é de $200 no ponto *B* e paga apenas $170 para o funcionário – uma melhoria. E o governo obtém um adicional de $10 em impostos que não teria sido coletado sem esse movimento. Todos lucram.

Infelizmente, os governos não conseguem negociar os impostos de renda para as decisões de emprego individual mais do que fazem com os impostos para passagens aéreas. Portanto, a melhoria de Pareto proposta não ocorrerá. O Imposto de Renda cria ineficiência no mercado de trabalho.

Agora, veremos que dois tipos de impostos – o *excise tax* (quando utilizado para receita geral) e o imposto de renda – são ineficientes. Uma análise semelhante de outros impostos comumente utilizados na economia de mercado, como os impostos sobre folhas de pagamento ou os impostos sobre as vendas gerais, chegaria à mesma conclusão: eles são ineficientes.

Existe *algum* imposto eficiente que poderíamos utilizar para sustentar as atividades gerais do governo? Se você examinar novamente as Figuras 2 (página 516) e 3 (página 518), verá que os impostos que analisamos criam ineficiência *alterando um preço de mercado* como o preço de mercado de passagens aéreas ou o preço de mercado do trabalho. Com o resultado, o equilíbrio é alterado da quantidade *eficiente,* no ponto *A*, para a quantidade *ineficiente,* no ponto *B.*

Um imposto eficiente, ao contrário, não afetaria nenhum preço em nenhum mercado e, portanto, não tiraria a quantidade, em nenhum mercado, do nível eficiente. Por exemplo, imagine se todos tivessem de pagar o mesmo valor em impostos – por exemplo, $2.000 – independentemente de sua renda ou riqueza ou de quanto eles compraram ou venderam de qualquer bem. Esse tipo de imposto – chamado *lump-sum tax* – não afetaria, diretamente, o preço ou a quantidade em nenhum mercado, por isso que não criaria nenhuma ineficiência. A maioria de nós, todavia, considera impostos globais injustos, pois eles exigem que o pobre pague o mesmo valor que o rico. Como você pode imaginar, esses impostos – muito embora eficientes – têm pouca chance de serem escolhidos em uma democracia. Em uma sociedade preocupada com a justiça, os impostos são baseados na renda ou em outras medidas que envolvam alguma ineficiência.

Como o governo não consegue funcionar sem impostos e os únicos impostos eficientes não são justos, toleramos a ineficiência que os impostos provocam.

FALHAS DE MERCADO

Falha de mercado Um equilíbrio de mercado que falha em aproveitar cada melhoria de Pareto.

Uma **falha de mercado** ocorre quando um mercado – deixado por si só – é ineficiente. Em outras palavras: uma falha de mercado ocorre quando os participantes do mercado falham em aproveitar cada melhoria de Pareto. Nesta seção, examinaremos três tipos diferentes de falhas de mercado para os quais as atenções dos economistas têm-se voltado: monopólio e concorrência imperfeita, externalidades e bens públicos. Como você verá, o envolvimento do governo pode, geralmente, ajudar a lidar com – e até mesmo curar – uma falha de mercado. Mas o envolvimento do governo tem custos, além dos benefícios, e lidar com falhas de mercado permanece um dos aspectos mais controversos da política econômica.

MONOPÓLIO E CONCORRÊNCIA IMPERFEITA

No Capítulo 14, vimos que um mercado puramente competitivo produz o nível economicamente eficiente de produção – todas as melhorias de Pareto são feitas. Também vimos que, quando a concorrência não é perfeita, as firmas produzem menos que a quantidade eficiente de bens e deixam as oportunidades de ganho mútuo não exploradas. Portanto, estruturas de mercado que não sejam a concorrência perfeita podem ser consideradas *falhas de mercado.*

O extremo mais distante da concorrência perfeita é o monopólio – um mercado com apenas um vendedor e nenhum substituto próximo. Um monopolista – como qualquer outro concorrente que não seja perfeito – enfrenta uma curva de demanda com inclinação para baixo. No Capítulo 14, vimos que uma firma assim irá produzir um nível de produção *inferior* ao nível eficiente, deixando inexploradas as melhorias de Pareto. (É aconselhável voltar agora ao capítulo anterior e rever esse resultado.)

O que o governo pode fazer? Uma opção é dividir o monopólio em duas ou mais firmas menores que terão de competir umas com as outras. O governo já fez isso em mais de uma ocasião (e você verá um exemplo famoso na seção "Utilizando a Teoria" deste capítulo). Existe, entretanto, uma situação na qual dividir a firma não faria sentido: a do monopólio *natural.*

O Caso Especial do Monopólio Natural. No Capítulo 9, você viu que um *monopólio natural* existe quando, devido a economias de escala, uma firma pode produzir para todo o mercado com um custo menor por unidade que duas ou mais firmas. Se o governo ficar de fora, esse tipo de mercado naturalmente tenderá para o monopólio. A Figura 4 ilustra um exemplo de um monopólio natural: uma companhia de utilidade pública de eletricidade em uma cidade comum. Como a companhia de utilidade pública deve produzir (e manter) os fios elétricos para cada bairro da cidade, o custo por unidade (*CTMLP*) é muito alto e os níveis de produção são muito baixos. No entanto, a produção de uma unidade *adicional* de eletricidade é muito barata – \$0,15 constantes por quilowatt-hora em nosso exemplo – pois envolve apenas custos com combustível e trabalhadores. Assim, o custo por unidade cai à medida que a produção aumenta, pois o custo da instalação elétrica pode ser disseminado entre mais e mais unidades de produto.[1]

Na ausência de uma intervenção governamental, sabemos o que o monopolista natural faz: tenta obter o maior lucro possível. Suas restrições são familiares: ele enfrenta uma curva de demanda para eletricidade, utiliza uma tecnologia específica de produção e deve pagar por seus insumos. Todas essas restrições são ilustradas pelas curvas de demanda e de custo na Figura 4. Seguindo a regra de tomada de decisão marginal, a firma produzirá cinco milhões de quilowatts-hora de eletricidade, onde as curvas de *RM* e *CM* se cruzam, e cobrará um preço de \$0,60 – o maior preço que pode cobrar, para vender cinco milhões de quilowatts-hora por dia. Isso coloca o mercado no ponto *A* na curva de demanda do monopolista. O lucro total da firma é indicado pelo retângulo cinza.

---

[1] É interessante notar que o mercado para eletricidade – há muito um exemplo-padrão de monopóio natural nos livros didáticos – tornou-se competitivo em alguns Estados. Em 1998, aos californianos foi concedida a oportunidade de escolher entre vários fornecedores de eletricidade – incluindo os fornecedores de outras regiões do Estado. Em 2000, essa escolha tinha se disseminado para vários outros Estados. Todavia, a entrada de novos concorrentes, nesse caso, não envolveu nenhuma duplicação de custos, como fiação. Isso ocorreu devido a uma ampliação do mercado para incluir firmas de utilidade pública de outras localidades. Isso foi possível graças aos avanços tecnológicos do processamento das informações e da transferência de energia.

Figura 4

REGULAMENTAÇÃO DE UM MONOPÓLIO NATURAL

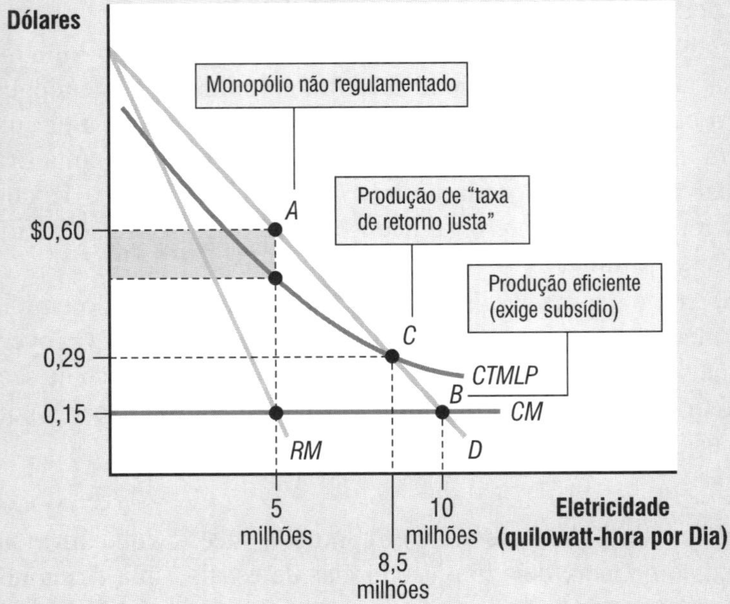

Um monopólio natural tem uma curva de *CTMLP* com inclinação para baixo durante todo o intervalo da demanda do mercado. Deixado sem regulamentação, o monopólio produziria cinco milhões de quilowatts-horas, ponto em que o custo marginal é igual à receita marginal e obtém um lucro mostrado pelo retângulo sombreado. Essa quantidade seria ineficiente, pois o valor do quinto milionésimo quilowatt-hora para algum consumidor ($0,60) excederia o custo marginal de produzi-lo ($0,15).

Os reguladores do governo poderiam obter o resultado eficiente determinando um preço de $0,15 por quilowatt-hora. Assim, o monopolista produziria a quantidade eficiente de 10 milhões de quilowatts-hora no ponto B. No entanto, com o preço menor que *CTMLP* para essa quantidade, a firma teria de ser subsidiada ou sairia do mercado.

Uma alternativa seria definir o preço igual ao custo médio no ponto *C*, fazendo a firma obter uma "taxa de retorno justa". A quantidade resultante de 8,5 milhões de quilowatts-hora ainda ineficiente, mas não tão ineficiente quanto a quantidade não seria regulamentada de cinco milhões.

O ponto *A,* contudo, representa um nível *ineficiente* de produção. Um quilowatt-hora adicional de eletricidade seria avaliado por algum cliente a $0,60, mas custaria à firma apenas $0,15 para ser produzido. Na realidade, o nível de produção eficiente na figura é de dez milhões de quilowatts-hora por dia, *onde a curva de* CM *cruza a curva de demanda.* Depois que a produção subir para esse nível, outro aumento valerá $0,15 por quilowatt-hora para algum cliente – *exatamente* o que custaria à firma produzi-lo. Nenhuma melhoria de Pareto é possível.

A menos que a firma possa fazer discriminação de preço – cobrando de alguns clientes menos de $0,60 e mantendo o preço de $0,60 para todos os seus clientes atuais – ela não elevará sua produção para mais de cinco milhões de quilowatts-hora, por isso o mercado falha em nos dar o nível de produção economicamente eficiente – uma falha de mercado.

O que o governo pode fazer?

Uma política *não* muito eficaz seria dividir o monopolista natural em várias firmas concorrentes. Por quê? Várias firmas forneceriam, cada uma, para apenas uma *parte* do mercado, seus custos por unidade nunca poderiam ser tão baixos quanto os de uma única firma. (*Pense:* Cada firma de energia teria de fornecer e manter sua própria rede de instalação elétrica para as famílias, de modo que cada uma teria custos fixos muito altos e não conseguiria disseminá-los entre os clientes em todo o mercado.) Essa política nunca poderia nos levar ao ponto *B* da Figura 4 porque com mais de uma firma, nenhuma delas poderia cobrar $0,15 por quilowatt-hora e permanecer no mercado.

Se a divisão de um monopólio natural não for aconselhável, o que o governo pode fazer para nos levar mais próximos da eficiência econômica? Existem duas outras opções: (1) regulamentação e (2) propriedade pública. Vamos considerar uma de cada vez.

No início deste capítulo, você viu que, na regulamentação, um órgão governamental vai fundo nas operações de uma firma e toma algumas das decisões da firma sob seu próprio controle. No caso de um monopólio natural, os reguladores estão interessados em obter eficiência econômica, o que fazem dizendo à firma qual *preço* ela pode cobrar.

À primeira vista, você pode pensar que os reguladores do monopólio natural têm um emprego fácil. Por exemplo, na Figura 4, sabemos que a quantidade eficiente é de dez milhões de quilowatts-hora por dia e que, se o preço for de $0,15, essa será exatamente a quantidade que os consumidores comprarão. Portanto, tudo o que os reguladores têm a fazer é definir o preço oficial a $0,15 para proporcionar um mercado eficiente.

Infelizmente, não é tão fácil. Primeiro, existe o problema da informação: os reguladores devem conseguir traçar a curva de *CM* e a curva de demanda de mercado. Esse trabalho é especialmente difícil quando os gerentes do monopólio – esperando um preço maior – têm um incentivo para exagerar os custos. Mesmo com um monopólio cooperativo, o trabalho é extremamente complexo e os melhores reguladores podem esperar por uma aproximação grosseira das curvas reais.

Mais importante ainda é que, mesmo com informações perfeitas sobre as curvas de custo e de demanda do monopolista, os reguladores têm um sério problema. Se você examinar novamente a Figura 4, perceberá que a curva de *CM* fica em algum lugar *abaixo* da curva de *CTMLP.* Esse deve ser o caso para um monopólio natural, já que economias de escala – o motivo para o monopólio natural – significam que a curva de *CTMLP* inclina-se para baixo e isso pode ocorrer apenas quando o custo marginal é menor que o custo médio. (Consulte o Capítulo 6, na relação marginal/médio, caso você tenha se esquecido o porquê.)

Agora você pode ver o problema para os reguladores: se eles definirem o preço eficiente de $0,15, para que os compradores demandem a quantidade eficiente de dez milhões de quilowatts-hora por dia, o custo por unidade da firma será *maior* que $0,15 por quilowatt-hora. A firma sofrerá uma perda e no longo prazo, sairá do mercado.

Esse problema deixa o regulador com duas alternativas. Primeiro, ele poderia definir o preço igual ao *CM* ($0,15 por quilowatt-hora no exemplo) e *subsidiar* o monopólio com o orçamento geral, para cobrir a perda. Isso, porém, exigiria que os pagadores de impostos em geral – em vez de apenas os clientes do monopólio – ajudassem a pagar pelo produto. Uma pequena melhoria seria cobrar, de todos os clientes, uma *taxa de usuário* por participar do mercado. A taxa de usuário – que se tornaria receita para o monopólio – poderia ser definida para simplesmente eliminar a perda do monopólio e mantê-lo no mercado.

Na prática, no entanto, os reguladores da economia de mercado do mundo todo escolhem, geralmente, outra solução. Eles determinam um preço que forneça aos proprietários uma "taxa de retorno justa" para fundos que eles colocaram no monopólio. Essa taxa de retorno justa é projetada para ser a mesma taxa de retorno que eles *poderiam* ter obtido em um investimento alternativo semelhante. Em outras palavras, a taxa de retorno justa deve fornecer ao monopólio o que os economistas chamam de *lucro normal* – um lucro alto o suficiente apenas para cobrir todos os custos de oportunidade do proprietário, incluindo os juros não obtidos com seus próprios fundos.

Que preço conseguirá realizar isso? Lembre-se de que incluímos *todos* os custos nas curvas de custo, incluindo o custo de oportunidade dos fundos do proprietário. Assim, uma taxa de retorno justa já foi incorporada à curva *CTMLP* da Figura 4. Se a firma cobrar um preço igual ao custo *médio*, ela cobrirá todos os custos da operação, incluindo a taxa de retorno justa para os proprietários. Você pode ver que, no ponto *C* – com um preço de $0,29 por quilowatt-hora – a firma está cobrando o menor preço possível que a impede de sofrer uma perda. Essa estratégia – chamada **precificação pelo custo médio** – é a solução mais comum escolhida pelos reguladores dos monopólios naturais. Mais genericamente,

Precificação pelo custo médio A estratégia reguladora de definir o preço de um monopolista natural igual ao custo médio total de longo prazo.

com a precificação pelo custo médio, os reguladores lutam para definir o preço igual ao custo por unidade, no qual a curva de CTMLP cruza a curva de demanda. Com esse preço, o monopólio natural tem um lucro econômico zero que fornece a seus proprietários uma taxa de retorno justa e mantém o monopólio no mercado.

A precificação pelo custo médio não é uma solução perfeita. Por um motivo, ela não torna, na realidade, o mercado eficiente. Por exemplo, observe que, na Figura 4, apenas 8,5 milhões de unidades são produzidas e não a quantidade eficiente de dez milhões. Entretanto, comparada à não-existência de regulamentação, precificação pelo custo médio reduz o preço para aos consumidores e aumenta a quantidade que eles compram, levando-nos aos níveis mais próximos de eficiência.

Outro problema com a precificação pelo custo médio é que ela fornece pouco ou nenhum incentivo para o monopólio natural economizar no capital. O monopólio pode se elevar incessantemente – incorporando cada vez mais novas emissões de ações e usando o resultado monetário para comprar maquinaria e capital – confiante de que os reguladores sempre assegurem que o preço será ajustado para garantir lucro normal. A tendência dos monopólios naturais regulamentados de investir excessivamente em capital é conhecida como **efeito Averch-Johnson**, o nome dos dois economistas que primeiro o explicaram.[2] O efeito Averch-Johnson é um exemplo específico de uma idéia mais geral: quando uma firma não está lutando para maximizar o lucro (nesse caso, porque o governo está garantindo uma taxa de retorno específica), ela não precisa economizar nos custos.

Efeito Averch-Johnson A tendência de o monopólio natural regulamentado investir excessivamente em capital.

Outros Casos de Concorrência Não Perfeita. Lembre-se de que um monopólio natural é apenas *um* exemplo de como uma quebra na concorrência perfeita provoca uma falha de mercado. *Qualquer* mercado que não seja perfeitamente

[2] AVERCH, Harvey; JOHNSON, Leland. "Behavior of the Firm under Regulatory Constraint", *American Economic Review*, dezembro de 1962, pp. 1052-1069.

competitivo é, tecnicamente, uma falha de mercado. Em alguns casos, o afastamento da concorrência perfeita é tão grande que o governo considera a ação necessária. Na seção "Utilizando a Teoria" deste capítulo, você verá alguns exemplos de como a política antitruste tem lidado com falhas de mercado em casos de oligopólio e monopólio (não naturais).

Um exame atento dos mercados poderia encontrar a concorrência não perfeita – e, portanto, uma falha de mercado – em quase todo lugar na economia, em mercados para livros, roupas, automóveis, cinemas, bicicletas, computadores e outros. O que o governo deve fazer com todos esses casos?

Vamos pegar um exemplo: o mercado não perfeitamente competitivo para pipocas no cinema. Suponha um preço de $0,50 para fazer outra caixa de pipoca em um cinema, mas que a pipoca seja vendida por $2,00, pois o proprietário do cinema é o único vendedor disponível. Sabemos que os clientes obtêm um benefício marginal de $2,00 ou mais quando escolhem comprar uma caixa de pipoca. Caso contrário, não fariam a escolha de comprar por esse preço, porém, como o preço de $2,00 excede o custo marginal de $0,50, há lugar para uma melhoria de Pareto. Se um cliente receber outra caixa e pagar, por exemplo, $1,50, o cinema terá um extra de $1,00 ($1,50 recebido menos o custo de $0,50), enquanto o cliente ganhará $0,50 (benefício marginal de $2,00 menos o pagamento de $1,50). Esse ganho mútuo não ocorrerá se o cinema não puder fazer discriminação de preço (o que é duvidoso – ver o Capítulo 9). A redução do preço de uma caixa de pipoca exigiria a redução do preço de *todas* as caixas. Isso reduziria o lucro geral do cinema. A pipoca adicional, portanto, não seria produzida – a melhoria de Pareto não ocorreria.

O governo deve utilizar a lei antitruste para transformar o mercado imperfeitamente competitivo para pipoca no cinema em um mercado competitivo? Ou ele deve utilizar alguma outra correção – como a regulamentação, para reduzir o preço da pipoca – para consertar essa falha de mercado? A maioria dos economistas e dos formuladores de políticas responderia a essas duas perguntas com um "não" absoluto.

Primeiro, nenhum dos atos específicos proibidos pela lei antitruste provoca concorrência imperfeita no mercado de pipoca no cinema. É uma suposição segura que o proprietário do cinema não tenha conspirado com outros proprietários para elevar os preços da pipoca. Em vez disso, um cinema não é, simplesmente, um local muito promissor para a ocorrência de competição. Não podemos esperar que os proprietários criem bancas concorrentes de venda de pipoca dentro de seus cinemas.

E a *regulamentação* do preço da pipoca? Poderíamos imaginar uma comissão estadual de pipoca de cinema. Seria necessário um pessoal para coletar dados sobre os custos de fazer pipoca nos cinemas e determinar, por exemplo, uma vez por ano, o preço máximo que os cinemas poderiam cobrar pela pipoca, com base na precificação pelo custo médio. Desejaríamos que o governo criasse essa comissão? Provavelmente não. Os custos de uma burocracia do governo para regular o preço da pipoca provavelmente excederiam os benefícios.

O governo, geralmente, ignora as falhas de mercado em razão da concorrência imperfeita quando não há violação da lei antitruste e o produto não é importante o suficiente para afetar nosso bem-estar econômico de maneira séria. Em vez disso, o governo concentra-se em aplicar suas iniciativas antitruste e de regulamentação a produtos responsáveis por frações maiores dos orçamentos da maioria das famílias e para os quais um preço não regulamentado estaria muito acima do custo marginal, como no caso das companhias de utilidade pública de eletricidade e dos serviços de telefonia local.

EXTERNALIDADES

Se você mora em uma casa de estudantes, com certeza já teve a desagradável experiência de tentar estudar enquanto o aparelho de som do quarto ao lado estava fazendo barulho – e, geralmente, não com o seu tipo de música. Isso pode não parecer um problema econômico, mas *é*. O problema é que seu vizinho de quarto, ao decidir ouvir música alta, está considerando apenas os custos *privados* (o sacrifício do seu próprio tempo) e os benefícios *privados* (o prazer da música) de sua ação. Ele não está considerando os danos que causa a você. Na realidade, os danos que você sofre por não conseguir estudar podem ser maiores que o custo para ele de diminuir o volume. Nesse caso, ele diminuir o volume poderia ser uma melhoria de Pareto, com um pagamento adequado de uma das partes. A menos que ele realmente diminua o volume, a situação permanecerá ineficiente.

Quando uma ação privada tem efeitos colaterais que afetam de maneira importante outras pessoas, temos o problema das *externalidades*:

Externalidade Um subproduto de um bem ou atividade que afeta alguém não imediatamente envolvido na transação.

*Uma **externalidade** é um subproduto de um bem ou atividade que afeta alguém não imediatamente envolvido na transação.*

Por exemplo, o subproduto de o seu vizinho ouvir música alta é o barulho que entra em seu quarto. Chamamos isso uma externalidade *negativa*, pois o subproduto é prejudicial. Observe, porém, que a definição de externalidade não está limitada a efeitos prejudiciais. Quando o subproduto é *benéfico* a um terceiro, temos uma externalidade *positiva*. Consideraremos exemplos de externalidades positivas um pouco mais tarde.

As externalidades negativas geralmente surgem em situações sociais. Quando você faz um trabalho em grupo, alguém que goste de escutar a si próprio falando pode dominar a conversa e impedir que os outros do grupo façam progressos. A pessoa que fala está considerando os custos e benefícios privados de sua ação (continuar falando), mas não os custos de tempo extra impostos ao grupo como um todo. Em casos como esses, regras, convenções sociais e delicadeza ou pagamentos de uma das partes podem, geralmente, resolver o problema. No trabalho em grupo, um lembrete pode ser suficiente para manter curtos e objetivos os comentários de todos. No caso do aparelho de som alto, uma solicitação para diminuir o volume pode ser suficiente ou a casa de estudantes pode criar uma regra, proibindo música alta em certas horas. Se tudo o mais falhar, você pode oferecer um pagamento suplementar implícito: dizendo ao seu vizinho que lhe emprestaria, com prazer, alguns de seus CDs se ele apenas mantivesse o volume baixo.

Quando externalidades negativas surgem em *mercados* em que muitas pessoas são afetadas, o problema raramente pode ser resolvido com convenções sociais, regras simples ou pagamentos de uma das partes. No capítulo anterior, vimos um exemplo de uma externalidade – a lavanderia cuja fumaça perturbava os moradores de um prédio. Mostramos que fazer com que a lavanderia se mudasse, com o pagamento adequado de uma das partes, seria uma melhoria de Pareto. No entanto, no que diz respeito aos negócios, as chances são de que nenhuma convenção social ou regra universalmente aceita tirará a lavanderia de lá. E os pagamentos suplementares para a lavanderia podem ser problemáticos. O simples fato de os moradores do prédio estarem *dispostos* a compensar a lavanderia pela sua perda não significa que eles podem, na realidade, *providenciar* o pagamento suplementar necessário. A fim de que isso aconteça, alguém deve ter a idéia de uma ação coletiva, negociar com as partes envolvidas e, em seguida, coletar o dinheiro de cada morador. Com 100 moradores, isso será uma tarefa bem difícil. Alguns moradores podem tentar obter uma saída sem ter de pagar – recusando-se a pagar, raciocinando que, se a maioria dos outros pagar, a lavanderia se mudará de qualquer maneira e os moradores não pagantes obterão o benefício de graça. Esse problema daquele que *"aproveita o benefício de graça"* é um obstáculo no caminho de muitas melhorias de Pareto. É por isso que geralmente nos voltamos para o governo para lidar com externalidades importantes que afetam muitas pessoas.

O Que Acontece Quando as Coisas Mudam?

Lidando com uma Externalidade Negativa. Muitas externalidades negativas são resultantes de algum tipo de *poluição.* O som alto é poluição sonora – a adição de barulho não desejável no seu ambiente. As cidades poluem rios e lagos com esgoto e as indústrias os fazem com produtos químicos. Carros e subestações de energia poluem a atmosfera. Como você verá, a poluição – como outras externalidades negativas – cria ineficiência.

A Figura 5 ilustra uma ineficiência que pode ser resultante da produção e do uso da gasolina que polui o ar com monóxido de carbono, fuligem, pó e outros perceptíveis e microscópicos sólidos. Na figura, consideramos perfeitamente competitivo o mercado para gasolina. A curva de oferta reflete os custos mar-

Figura 5

UMA EXTERNALIDADE NEGATIVA

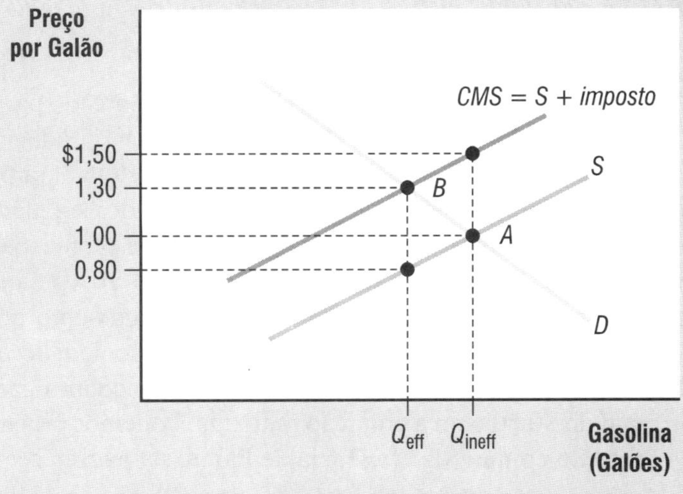

No ponto *A*, o mercado para gasolina está em equilíbrio. No entanto, o uso da gasolina cria poluição, impondo um custo à sociedade de $0,50 por galão. O equilíbrio no ponto *A* é ineficiente, pois o custo marginal social (*CMS*) de $1,50 por galão excede o benefício marginal privado, de $1,00. O governo poderia corrigir essa externalidade aplicando um imposto de $0,50 por galão, igual ao custo da poluição criada. Isso deslocaria a curva de oferta para *CMS* = *S* + imposto. No novo equilíbrio (ponto *B*), o custo marginal social seria igual ao benefício marginal, de modo que o ponto *B* seria eficiente.

ginais de produção da gasolina *para alguma firma*. Podemos chamar isso *custo marginal privado*, já que ignora qualquer custo para o público geral como os danos ambientais e à saúde provocados pela poluição.

A curva de demanda, *D*, reflete o *benefício marginal privado* do bem. Ela nos informa o valor que os consumidores atribuem ao bem quando consideram os benefícios apenas para si próprios. Sem nenhum controle da poluição, o equilíbrio no mercado competitivo ocorre no ponto *A*, onde a curva de oferta *S* e a curva de demanda se interceptam. Nesse ponto, o benefício privado da última unidade produzida é igual ao seu custo privado de produção. Se não houvesse externalidade, esse ponto seria eficiente, conforme discutimos neste capítulo.

Isso não é o nível de produção economicamente eficiente. Porque cada galão de gasolina vendido provoca danos na forma de poluição e isso não está em consideração no mercado. Vamos supor que cada galão de gasolina imponha um custo de $0,50 na economia. A curva rotulada de *CMS* nos informa o *custo marginal social* da gasolina que é igual ao custo marginal privado mais $0,50. Observe que a curva de *CMS* fica *acima* da curva de oferta do mercado. Como não existem benefícios importantes para o público que não sejam os desfrutados pelos consumidores de gasolina, podemos imaginar que o *benefício marginal social* – o benefício marginal privado mais os benefícios marginais para o público social – seja o mesmo que a curva do benefício marginal privado para os consumidores – a curva de demanda do mercado.

Depois de desenharmos a curva de *CMS* separada na Figura 5, descobrimos um problema: no nível de produção de equilíbrio (ponto *A*), o custo marginal social de $1,50 é maior que o benefício marginal social (e o benefício marginal privado) de $1,00. O último galão de gasolina produzido nesse mercado custa à sociedade mais que o benefício proporcionado. Como você verá, isso é ineficiente.

Um mercado com uma externalidade negativa associada à produção ou ao consumo de um bem é ineficiente. No equilíbrio do mercado, o custo marginal para todas as partes excede o benefício marginal de todas elas.

Vamos demonstrar essa conclusão geral no mercado para gasolina. Faremos surgir uma melhoria de Pareto – uma alteração na produção longe do ponto *A* – que não ocorre. Suponha que alguma firma esteja para produzir um galão a menos de gasolina. O consumidor que desistir desse galão poderá perder um benefício marginal de $1,00. Agora, imagine que ele receba um pagamento por fora de $0,80 do produtor de gasolina e um de $0,40 da sociedade no geral, totalizando $1,20. A firma pagará $0,80 do pagamento por fora, mas evitará um custo marginal de produção de $1,00. A sociedade em geral pagará os $0,40 remanescentes do pagamento por fora, enquanto ganhará um benefício marginal de $0,50 com a poluição reduzida. Podemos preencher assim o cartão de marcação comum da eficiência de Pareto na página seguinte.

Acabamos de demonstrar que, no mercado para gasolina, o ponto *A* é ineficiente. Considere agora o ponto *B*. Nesse ponto, o custo marginal privado é de $0,80 por galão e a externalidade negativa custa à sociedade $0,50 por galão, por isso o custo marginal *social* de produzir gasolina é igual ao benefício marginal de $1,30 por galão. Esse ponto é eficiente.

***Ação*: um consumidor consome um galão de gasolina a menos e recebe um pagamento por fora de $ 0,80 de um produtor de gasolina e um de $ 0,40 da sociedade em geral**

Produtor de gasolina	Economia de custo com a produção de um galão a menos:	$1,00
	Pagamento ao usuário:	$0,80
	Sai lucrando em:	$0,20
Usuário de gasolina	Recebe pagamento suplementar de:	$1,20
	Perde benefícios da gasolina no valor de:	$1,00
	Sai lucrando em:	$0,20
Humanidade	Ganha benefícios, com menos poluição, no valor de:	$0,50
	Pagamento ao usuário:	$0,40
	Sai lucrando em:	$0,10

Para ver o porquê, vamos considerar o que aconteceria se houvesse uma diminuição *adicional* na produção de um galão. Isso privaria um consumidor da gasolina que ele valoriza em $1,30. Liberaria recursos em alguma firma produtora de gasolina, no valor de $0,80, de modo que esse seria o pagamento máximo de uma das partes que a firma poderia fazer, sem ser prejudicada. Finalmente, o pagamento máximo de uma das partes que poderia vir do público geral – sem provocar uma perda para eles – seria de $0,50. Assim, o máximo pagamento possível ao consumidor que poderia ocorrer seria de $0,80 + $0,50 = $1,30 – apenas o suficiente para compensar o consumidor pela perda da gasolina. Ninguém sairia lucrando nesse movimento, por isso não haveria motivo para fazê-lo. No ponto *B*, todas as melhorias de Pareto foram exploradas – o mercado atingiu seu ponto eficiente.

Como podemos obter esse resultado eficiente? Apenas por meio de ação governamental. Levaria muito tempo e trabalho para que os produtores individuais e os consumidores de gasolina organizassem os pagamentos suplementares e os cortes adequados na produção e monitorassem essa organização após todos terem concordado.

Um método que o governo poderia utilizar para deslocar o mercado de gasolina para o ponto *B* seria um imposto. Na Figura 5, suponha que o governo tivesse aplicado um imposto igual a $0,50 – o dano provocado por galão adicional de gasolina. Assim, além de pagar por seus outros insumos, cada firma nesse mercado teria de pagar um adicional de $0,50 para o governo. Isso aumentaria o custo marginal de produção de cada firma em $0,50, ou seja, deixaria o custo marginal *privado* igual ao custo marginal *social.* Como resultado, a curva de oferta do mercado seria deslocada para cima, da curva rotulada *S* na figura para a curva rotulada *CMS* = *S* + imposto. Observe que, como resultado do imposto, a nova curva de oferta do mercado intercepta a curva de demanda no ponto eficiente, *B.* Aplicado o imposto, o mercado atingirá, *automaticamente*, o nível eficiente de produção – o ponto *B.*

Um imposto igual à diferença entre o custo marginal social e o custo marginal privado pode corrigir uma externalidade negativa e tornar um mercado eficiente.

Um imposto não é a única maneira de corrigir uma externalidade negativa. O governo poderia, em vez disso, utilizar a regulamentação para deslocar o mercado de gasolina até o ponto eficiente. Os reguladores poderiam dizer aos proprietários de carros quando eles poderiam dirigir ou, aos produtores de carro, quanto de poluição seus veículos teriam permissão de emitir. Na realidade, essa última regulamentação – restrições à poluição em novos automóveis – tem sido o método de escolha para a redução da poluição dos automóveis na maioria dos Estados. Mas, independentemente da política governamental usar impostos, regulamentação ou alguma outra política, a conclusão é a mesma: na presença de uma externalidade negativa, o mercado, por si só, produzirá "muitos" bens – demais para ser eficiente. A intervenção governamental é necessária para reduzir a produção ao nível eficiente.

O Que Acontece Quando as Coisas Mudam?

Lidando com uma Externalidade Positiva. E o caso de uma externalidade positiva, na qual o subproduto de uma atividade ou de um serviço *beneficia* outras partes, em vez de prejudicá-las? Mais uma vez, o mercado não chegará ao nível de produção economicamente eficiente, mas, neste caso, a produção será *baixa demais*. Para ver o porquê, considere o mercado de ensino superior. Cada um de nós, ao decidir sobre fazer faculdade, leva em conta os custos privados (mensalidade, moradia e alimentação, e o que poderá obter caso não vá à faculdade) e os benefícios privados (um salário maior e um emprego mais interessante no futuro, o prazer de aprender). Mas, ao estudar, você também beneficia outros membros da sociedade, de muitas maneiras. Por exemplo, você será um eleitor mais informado e, portanto, ajudará a guiar o governo nas direções que beneficiarem muitas pessoas além de você. Se você se formar em química, biologia ou engenharia mecânica, poderá inventar alguma coisa que beneficie a sociedade em geral mais do que você. Poderá também aprender conceitos e adquirir habilidades que o tornem um membro mais responsável da sua comunidade. Assim, o mercado para ensino superior envolve uma externalidade positiva.

Vamos ver por que um mercado competitivo em ensino superior – sem nenhuma interferência do governo – não produziria a quantidade economicamente eficiente de educação. A Figura 6 apresenta o mercado para diplomas de bacharelado. Sem uma política para corrigir a externalidade, o mercado estará em equilíbrio no ponto *A*, onde a curva de benefício marginal privado (curva de demanda) faz interseção com a curva de custo marginal privado (curva de oferta). Nesse equilíbrio, a curva de demanda nos informa que o último estudante que compra um estudo de ensino superior o valoriza em $50.000.

Esse não é, no entanto, o nível de produção economicamente eficiente. Por quê? Porque, cada vez que um estudante vai para a faculdade, o público geral se beneficia de maneiras não consideradas no mercado. Vamos imaginar que possamos medir esses benefícios para o público geral e que eles somem $15.000 por diploma adicional de bacharelado. Na Figura 6, a curva rotulada *BMS* nos informa o *benefício marginal social* de outro diploma de bacharelado que é igual ao benefício marginal privado mais $15.000. Suponhamos que o custo marginal social de um diploma adicional de bacharelado será o mesmo que o custo marginal privado. Não há externalidades negativas nesse mercado – apenas externalidades positivas. Assim, a curva de oferta do mercado também é a curva de custo marginal social.

Você pode agora ver o problema: no equilíbrio (ponto *A*), o benefício marginal social é maior que o custo marginal social. No ponto *A*, existem estudantes

Figura 6

UMA EXTERNALIDADE POSITIVA

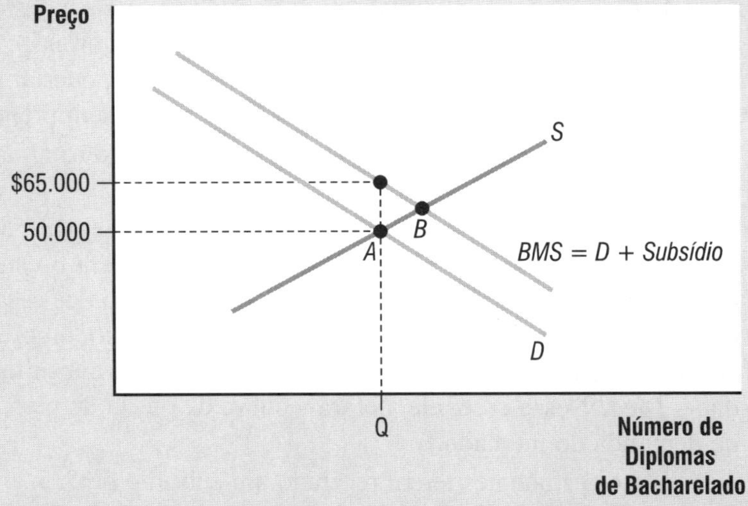

No ponto *A*, o mercado para o ensino superior está em equilíbrio. O ensino, no entanto, cria uma externalidade positiva para outros membros da sociedade. O ponto *A* não é eficiente, porque o benefício marginal social (*BMS*) de $65.000 por diploma excede o custo marginal de produção, igual a $50.000. O governo poderia resolver a externalidade subsidiando o ensino superior. Isso deslocaria a curva de demanda para cima, para *BMS* = D + Subsídio. O novo equilíbrio, no ponto *B*, seria eficiente, já que, nesse ponto, o benefício marginal social seria igual ao custo marginal de produção.

adicionais que – se tiverem ido à faculdade – fornecerão benefícios adicionais (para si mesmos e para a sociedade) maiores que os custos adicionais. A menos que os estudantes vão à faculdade, não estamos aproveitando uma potencial melhoria de Pareto. O ponto *A* não é eficiente.

Mais genericamente,

um mercado com uma externalidade positiva associada à produção ou ao consumo de um bem é ineficiente. No equilíbrio do mercado, o benefício marginal para todas as partes excede o custo marginal para todas elas.

Se você ainda não estiver convencido, aqui está apenas mais um exemplo de uma melhoria de Pareto que não ocorre quando estamos no ponto *A*. Mais um estudante vai para a faculdade, acompanhado por um pagamento de $10.000 do povo dos Estados Unidos. O pagamento é feito para a faculdade, que passa metade para o estudante, na forma de uma redução na mensalidade, de $50.000 para $45.000. O cartão de marcação a seguir mostra como todos ganhariam nesse exemplo.

***Ação*: mais um estudante vai para a faculdade, com um pagamento por fora de $10.000 da sociedade para a faculdade**

Estudante de nível superior	Ganha benefícios no valor de:	$50.000
	Paga:	$45.000
	Sai lucrando em:	$5.000
Instituição de ensino superior	Recebe mensalidade, do Estudante, de:	$45.000
	Recebe pagamento suplementar de:	$10.000
	Incorre custos de:	$50.000
	Sai lucrando em:	$5.000
Cidadãos dos Estados Unidos	Ganham benefícios no valor de:	$15.000
	Fazem pagamento suplementar de:	$10.000
	Saem lucrando em:	$5.000

Agora que sabemos que o equilíbrio do mercado no ponto *A* é ineficiente, qual ponto representa o nível de produção *eficiente*? A resposta é: o ponto *B*, em que o benefício marginal social de um ensino superior e o custo marginal social (e privado) são iguais. No ponto *B*, não existem melhorias de Pareto ainda por fazer – nenhuma alteração na produção para a qual poderíamos encontrar um pagamento suplementar que melhoraria uma pessoa sem prejudicar ninguém.

Como podemos mudar um mercado com uma externalidade positiva para um resultado mais eficiente, como no ponto *B*?

O governo poderia subsidiar o ensino superior em $15.000 por diploma de bacharelado. O subsídio poderia ser fornecido para o estudante ou para a escola, assim o efeito seria o mesmo em qualquer um dos casos. No diagrama, consideramos que o subsídio vai para o estudante. (Como exercício, veja se consegue desenhar o diagrama para o caso em que o subsídio vai para a faculdade. *Dica:* Nesse caso, ele afetará a curva de oferta do mercado, não a curva de demanda do mercado.)

Após os estudantes terem recebido um subsídio de $15.000, a curva de demanda do mercado será deslocada para cima em $15.000. Qualquer que seja o preço levado a um certo número de diplomas *antes* do subsídio, agora esse preço será $15.000 maior. Se dois milhões de diplomas de bacharelado por ano fossem demandados, sem o subsídio, a de $50.000, após o subsídio os mesmos dois milhões de diplomas seriam demandados a $65.000. Desse preço, os compradores estariam pagando somente $50.000 de seus próprios bolsos; o restante seria pago pelo governo. Observe que, como resultado do subsídio, a nova curva de demanda do mercado faz interseção com a curva de oferta no ponto eficiente, *B*.

Um subsídio igual à diferença entre o benefício marginal social e o benefício marginal privado pode corrigir uma externalidade positiva e tornar um mercado eficiente.

BENS PÚBLICOS

Bem público Um bem não competitivo e não excludente. O mercado não pode e não deve fornecer tais bens.

Bem privado Um bem competitivo e excludente, fornecido por firmas privadas no mercado.

Rivalidade Uma situação em que o consumo, por uma pessoa, de um produto ou serviço significa que ninguém mais pode consumi-lo.

Um dos principais papéis do governo na economia é fornecer **bens públicos**. São bens que o mercado *não pode* e *não deve* fornecer, em decorrência de suas características exclusivas. O *governo* fica com a responsabilidade de fornecer bens públicos nas quantidades eficientes, geralmente sem cobrar por isso.

Para entender o que torna um bem público e não privado, vamos começar observando duas características dos **bens privados**, aqueles fornecidos por firmas privadas no mercado. Primeiro, um bem privado é caracterizado por **rivalidade** no consumo: se uma pessoa o consumir, nenhuma outra pessoa poderá consumi-lo. Se você alugar um apartamento, outra pessoa *não* poderá alugar esse apartamento. O mesmo se aplica virtualmente a todos os bens que você comprar no mercado: comida, computadores, mobília, e assim por diante. A rivalidade também se aplica aos serviços privados. Por exemplo, o tempo que você passa com seu médico, advogado ou terapeuta é o tempo que outra pessoa *não* passará com esse profissional.

A maioria dos bens e serviços que consideramos até agora neste livro é de bens rivais. Ao permitir que o mercado forneça bens rivais a um determinado preço, asseguramos que as pessoas levem em consideração os custos de suas decisões para utilizar esses bens. Se esses bens fossem fornecidos gratuitamente, as pessoas tenderiam a utilizá-los mesmo se seu valor fosse menor que o valor dos recursos utilizados para produzi-los. Além disso, a oferta gratuita de um bem rival permite que algumas pessoas que não valorizam muito o bem coletem os suprimentos disponíveis, privando outros que poderiam valorizar os bens ainda mais. Assim, deixar esses bens para o mercado – que cobra um preço que reflete seu custo marginal – tende a promover a eficiência econômica. Concluímos que,

> *Quando há rivalidade no consumo de um bem, o mercado privado deve fornecê-lo.*

Uma segunda característica de um bem privado é a **exclusão** – a habilidade de excluir aqueles que não pagam por um produto para consumi-lo. Quando vai ao supermercado, você não tem permissão para comer iogurte congelado, a menos que pague por ele. O mesmo ocorre quando você vai ao cinema, compra um carro ou vai à faculdade. Mas imagine uma situação na qual as firmas não conseguissem impedir os não pagadores de consumir um bem. O mercado seria *incapaz* de fornecer o bem, pois nenhuma firma estaria disposta a oferecer esse bem para venda. Sem a exclusão, nenhum cliente pagaria pelo bem, já que ele poderia ser consumidor pagando ou não.

Exclusão A habilidade de excluir quem não paga para consumir um bem.

> *Bens privados têm duas características: rivalidade e exclusão. A rivalidade sugere que o mercado deve fornecer o bem e a exclusão sugere que o mercado fornecerá o bem.*

Nem todos os bens têm essas duas características. Considere, por exemplo, um parque urbano localizado em uma área pela qual passam muitas pessoas durante o dia. As pessoas desfrutaram caminhadas no parque, simplesmente porque é bonito ver o lugar. Mas fornecer e manter o parque requer muitos recursos e matérias-primas: o trabalho de arquitetos de paisagem e de jardineiros, ferramentas de jardinagem, fertilizantes, bulbos de flores e assim por diante. No entanto, uma caminhada no parque é, essencialmente, *não excludente.* Se uma firma privada administrasse o parque, ela não poderia limitar os benefícios de caminhar conquistados por quem pagassem por isso. (Sim, ela poderia construir uma cerca enorme, mas isso impediria que *qualquer pessoa* que passasse por ali visse e aproveitasse o parque.) Por esse motivo, uma firma privada teria dificuldades em sobreviver criando e mantendo um parque para caminhadas.

A firma não poderia *pedir* que as pessoas contribuíssem de acordo com a importância que elas colocam no parque? Sim, mas cada indivíduo teria um incentivo para subestimar sua importância e não pagar nada. Esse é o *problema daquele que aproveita o benefício de graça*, mencionado anteriormente neste capítulo:

> *Quando um bem é não excludente, as pessoas têm um incentivo para o usufruirem de* graça *– deixar que outros paguem pelo bem, de modo que eles possam aproveitá-lo sem pagar.*

Parques urbanos administrados por firmas privadas enfrentariam um problema extremamente sério com pessoas que tentam aproveitar o benefício de graça. As pessoas raciocinariam que sua própria contribuição faria uma diferença tão pequena para os fundos do parque que, além da obrigação moral e de um sentido de responsabilidade social, elas não teriam nenhum motivo para pagar. Haveria tantas pessoas se aproveitando do benefício de graça que os que realmente pagassem compartilhariam uma carga muito pesada – pesada demais para tolerar. Assim, uma firma privada não conseguiria fornecer esse serviço – não conseguiria permanecer no mercado.

Quando um bem é não excludente, o setor privado não *o fornece. Se quisermos esse tipo de bem, o governo deve fornecê-lo.*

Além de serem não excludentes, os parques *não possuem rivais*: uma pessoa pode consumir ou aproveitar o passeio pelo parque sem que outro consuma ou aproveite menos. Além disso, ela não usa *nada a mais dos recursos da sociedade* quando os benefícios do parque são estendidos a uma pessoa adicional. Por esse motivo, mesmo se o setor privado *pudesse*, de alguma maneira, nos cobrar de acordo com o consumo pela vista que desfrutamos à medida que caminhamos pelo parque, ele *não deveria* cobrar. Porque, ao cobrar um preço toda vez que passarmos pelo parque, a firma forçará cada um de nós a considerar um custo pessoal que *não* corresponde a nenhum custo de oportunidade para a sociedade. Cada vez que uma pessoa adicional desfruta a vista do parque, ocorre uma melhoria de Pareto: essa pessoa ganha e ninguém perde. Assim, para ser economicamente eficiente, *todos* que coloquem *algum valor* na vista do parque devem vê-lo. Isso, porém, ocorrerá somente se o preço de ver o parque for *zero*.

Isso nos leva a uma conclusão importante: como o preço economicamente eficiente para o parque é zero, as firmas privadas – que teriam de cobrar um preço positivo – não devem administrá-lo. Mesmo se uma firma *pudesse* excluir os que não pagam, ela *não deveria* fazê-lo. Ao cobrar um preço positivo, o número de pessoas que decidem pagar e aproveitar o parque ficaria abaixo do nível economicamente eficiente.

Quando um bem ou serviço não possui rivais, o mercado não pode oferecê-lo eficientemente. Em vez disso, para atingir a eficiência econômica, o bem ou serviço teria de ser fornecido gratuitamente.

Vimos, agora, que bens podem ter rivais e ser excludentes ou não. Isso leva a quatro combinações possíveis de características, conforme mostrado na tabela:

	Exclusão	**Não há exclusão**
Rivalidade	**Bem Privado:** O mercado deve e irá fornecer	**Bem Misto:** O mercado não irá fornecer
Sem rivais	**Bem Misto:** O mercado fornecerá muito pouco	**Bem Público:** O mercado não deve e não irá fornecer

No canto superior esquerdo estão os bens privados – os tipos de bens que discutimos nos capítulos anteriores. Esses bens incluem estruturas de cama, lavagens de carros, grãos de soja, serviços de dedetização, eletricidade e assim por diante. O mercado, possivelmente auxiliado por meio de correções para externalidades, os fornecerá de maneira eficiente.

O canto inferior esquerdo é uma categoria mista – um bem que não é nem puramente privado e nem puramente público. Esse tipo de bem está se tornando cada vez mais importante, pois ele inclui a maioria dos produtos de informação. Considere os softwares produzidos pela Microsoft. A Microsoft tem o poder de excluir você da utilização dos softwares, pelo menos a princípio. Ainda assim, seu uso desses softwares custa quase nada para a Microsoft – software é tão fácil de ser copiado que se torna, efetivamente, um bem não competitivo. O mesmo raciocínio que nos levou a tornar gratuita a disponibilização de relatórios de previsão do tempo argumenta a favor da cópia livre ilimitada de softwares. Contudo, na realidade, a cópia de softwares é uma violação da lei federal de direitos autorais. Geralmente, não subsidiamos a escrita de softwares. Assim, a política pública falha, deliberadamente, em distribuir o software de maneira eficiente entre os usuários de computador. Por quê?

A resposta está relacionada com incentivos. A menos que a Microsoft possa cobrar pelo uso dos seus softwares, ela não terá nenhum incentivo para desenvolver novos produtos. O mesmo princípio se aplica a muitos outros produtos de informação, como idéias patenteadas, pinturas, livros, cinemas e marcas comerciais. Na ausência de proteção de patentes, nenhum novo produto seria desenvolvido por firmas privadas.

No canto superior direito está uma categoria mista – um bem que não é nem puramente privado e nem puramente público. Nessa categoria, os bens são competitivos – *deveriam* ser vendidos por um preço – mas a exclusão é difícil ou impossível, por isso que o mercado *não* os fornecerá. As ruas da cidade, os parques urbanos e alguns recursos naturais importantes estão nessa categoria. Os economistas utilizam o termo **tragédia dos comuns** para descrever o problema que se desenvolve quando as pessoas não podem ser excluídas do uso de bens competitivos. Em um tradicional vilarejo inglês, a área pública era uma área livremente disponível a todas as famílias para que seus animais pastassem. Os direitos à pastagem são bens competitivos: se uma vaca come a grama, a outra não pode comer a grama. Os comuns, todavia, não tinham nenhum método de exclusão. A terra era utilizada em excesso, provocando danos a *todas* as famílias.

Tragédia dos comuns
O problema do uso excessivo quando um bem é competitivo, mas não excludente.

Na vida moderna, o exemplo mais importante da tragédia dos comuns está no uso das rodovias. Com algumas exceções, o governo nos fornece rodovias e podemos utilizá-las o quanto quisermos, gratuitamente, logo elas são consideradas amplamente não excludentes. Ainda assim, o espaço na rodovia é completamente competitivo – dois carros não podem usar o mesmo lugar na rodovia ao mesmo tempo. Como resultado, temos a tragédia dos comuns: os engarrafamentos nos horários de pico, já que as pessoas que viajam todos os dias usam as rodovias em excesso por não levarem em conta os atrasos que provocam aos outros motoristas. Em algumas rodovias, o governo ou as firmas privadas excluíram alguns usuários cobrando pedágios, mas essas são exceções à regra.

Um exemplo mais recente da tragédia dos comuns começou a se desenvolver no fim de 1999 e início de 2000, quando a mídia *streaming* passou a ser de uso comum na Internet. Vídeo *streaming*, por exemplo, permite que o espectador veja uma imagem ininterrupta de filme em seu computador. O áudio *streaming* faz o mesmo para músicas e outros sons. O problema é que esses pacotes de dados em *streaming* são tão grandes que geralmente provocam congestionamentos na Web. Além disso, o fluxo de dados – para fornecer sons ou imagens ininterruptos – sempre fornece a si mesmo prioridade com relação a outro tráfego na Internet, violando as regras que governam todos os outros dados da Rede. Como resultado, se fôssemos livres para exibir uma transmissão ao vivo ou um clipe de filme nos computadores sempre que quiséssemos, poderíamos criar atrasos enormes para tipos mais normais de tráfego da Internet – atrasos que pioram a todos nós, quando o sistema, como um todo, é considerado. À medida que o uso do *streaming* se tornar maior, o governo e as instituições privadas que regulamentam a Internet deverão evoluir para cobrar por esses fluxos de dados, da mesma maneira que os usuários de telefone são cobrados por telefonemas longos. A menos que isso ocorra, uma verdadeira tragédia dos comuns poderá se desenvolver.

Finalmente, no canto inferior direito da tabela, encontramos os bens públicos: os não competitivos – o mercado privado *não deve* fornecê-los – e não excludentes – o mercado *não irá* fornecê-los. A maioria de nós concorda que os bens públicos devem ser fornecidos pelo governo e os governos no mundo todo o fazem. Além de parques, bens públicos incluem defesa nacional, polícia e proteção contra fogo, além da infra-estrutura jurídica e de regulamentação que discutimos neste capítulo. (Veja se consegue explicar por que essa infra-estrutura é tanto não excludente quanto não competitiva.)

Tenha em mente, entretanto, que o simples fato de um bem ser fornecido pelo governo não o transforma automaticamente em *bem público* no sentido econômico. Alguns governos de outros países possuem bancos, firmas industriais e firmas de comunicação. Esses governos fornecem bens e serviços, mas os economistas os chamariam bens privados porque eles são competitivos e excludentes. Categorizamos os bens em públicos e privados com base nas suas *características*, não em qual setor os fornece.

EFICIÊNCIA E GOVERNO EM PERSPECTIVA

Neste capítulo, você viu que uma economia com *mercados perfeitamente competitivos e de bom funcionamento* tende a ser economicamente eficiente. Observe as palavras em itálico. Como você viu neste capítulo, muitos tipos de envolvimento do governo são necessários para assegurar que o mercado funcione bem e lide com as falhas de mercado. O governo ajuda os mercados a funcionarem, fornecendo uma infra-estrutura jurídica e de regulamentação. Em casos extremos de concorrência imperfeita, a ação antitruste ou de regulamentação do governo pode ser necessária. O governo aplica impostos e subsídios para lidar com externalidades e ele próprio intervém para fornecer bens e serviços não competitivos, não excludentes ou os dois.

Esses casos de envolvimento do governo apresentam controvérsias. Na realidade, a maioria das controvérsias que colocam os democratas contra os republicanos nos Estados Unidos (ou os conservadores contra o Partido Trabalhista na Inglaterra ou os social-democratas contra os democrata-cristãos na Alemanha) está relacionada com quando e em que extensão o governo deve se envolver na economia. Debates sobre educação pública, Previdência Social, comércio internacional e imigração estão no centro das questões do papel adequado do governo. Algumas das diferenças são sobre o papel do governo em produzir uma economia mais *justa*, mas existe também um debate sobre o papel do governo em produzir a eficiência econômica.

Essas controvérsias são tão acaloradas e variadas que é fácil esquecer quando existe *entendimento* sobre o papel do governo. Qualquer um que estude o papel do governo na economia dos Estados Unidos, do Canadá, do México, da França, da Alemanha, da Grã-Bretanha, do Japão e a vasta maioria das outras economias desenvolvidas é surpreendido por um fato muito claro: a maioria da atividade econômica ocorre entre indivíduos privados. Em todos esses países, existe um entendimento disseminado de que – embora a intervenção do governo seja geralmente necessária – as forças mais poderosas que exploram as melhorias de Pareto e levam a economia na direção da eficiência são as ações dos produtores e consumidores individuais.

ESTUDOS DE CASOS DE ANTITRUSTE E REGULAMENTAÇÃO

Utilizando a TEORIA

Neste capítulo, descrevemos duas ferramentas – lei antitruste e regulamentação – que podem ajudar a resolver um problema importante: a ineficiência provocada pela concorrência imperfeita. Agora, vamos considerar alguns exemplos nos quais o governo dos Estados Unidos interveio em um mercado e utilizou essas ferramentas para tentar tornar o mercado mais eficiente. Como veremos, o governo, geralmente, obtém sucesso.

DIVIDINDO UM MONOPÓLIO: ALCOA

A Alcoa (Aluminum Company of America) inventou uma produção moderna de alumínio e foi o único vendedor de alumínio nos Estados Unidos por muitos anos. (A Alcoa só não era um monopólio *puro* porque importava um pouco de alumínio.) Em 1937, a Alcoa se tornou o alvo da ação antitruste do governo dos Estados Unidos. Com o preço cerca de 60% acima do custo marginal, o mercado de alumínio era imperfeitamente competitivo. O caso do governo era que a Alcoa tinha mantido seu quase monopólio impedindo que novos produtores entrassem no mercado. Por exemplo, a produção de alumínio exige enormes quantidades de eletricidade. A Alcoa tinha assinado acordos com produtores de energia elétrica que os impedia de vender energia para qualquer outro fabricante de alumínio.

Por causa de ações como essas, a Corte Suprema determinou que a Alcoa tinha violado a lei antitruste e ordenou a divisão parcial da companhia. O ramo canadense da Alcoa foi transformado em uma companhia concorrente separada. Ao mesmo tempo, o governo também estabeleceu dois novos concorrentes: Reynolds e Kaiser Aluminum. Essa etapa comum – na qual o governo realmente criou novas firmas privadas – foi possível porque o governo tinha construído fábricas de alumínio durante a Segunda Guerra Mundial. A decisão de criar duas novas firmas, em vez de vender as instalações para a Alcoa, refletiu uma preocupação com a eficiência no mercado de alumínio e um desejo de torná-lo mais competitivo.

Como resultado das duas políticas – a ação antitruste e as firmas criadas pelo governo – o mercado de alumínio se tornou muito mais competitivo. A experiência com a Alcoa é um exemplo de uma conclusão mais geral:

> *A política do governo pode tornar um mercado mais competitivo, com menores preços,* transformando *um mercado de monopólio em um mercado com companhias concorrentes.*

REGULAMENTAÇÃO E DESREGULAMENTAÇÃO: AS COMPANHIAS AÉREAS

A indústria de companhias aéreas fornece muitos exemplos de políticas atuais e de políticas propostas para melhorar a eficiência e corrigir as falhas de mercado. No início do desenvolvimento das viagens aéreas – na década de 30 – o governo federal decidiu que o mercado de companhias aéreas era suficientemente importante e estava tão deficitário que a regulamentação era necessária. Um órgão regulador, o Civil Aeronautics Board (CAB), foi criado para determinar quais companhias aéreas teriam permissão para operar, onde e quando elas poderiam voar e quanto cobrariam. O CAB continuou a regular o setor até 1978, quando foi abolido.

Uma das preocupações sobre o negócio das companhias aéreas – tanto na época do CAB como hoje – é a possibilidade de essas companhias aéreas cobrarem muito *pouco* por seus lugares, à medida que competem pelos clientes. Isso pode levar as companhias a fazer cortes na segurança. Outra preocupação é mais sutil, mas merece sério estudo: baixos preços podem ser uma maneira de manter rivais potenciais fora do mercado ou, até mesmo, de levar um rival existente para fora do mercado. Experiências subseqüentes mostraram que o CAB criou mais ineficiência que curou.

Por quê? Primeiro, o CAB, em essência, proibia a abertura de qualquer nova companhia aérea. Segundo, ele definia altas tarifas e restringia rotas e horários para as companhias aéreas que tinham permissão para operar. A evidência mais forte da ineficiência provocada pela regulamentação veio de mercados para viagem dentro da Califórnia e do Texas, onde o CAB não tinha poder regulador. Cada um desses Estados tinha uma companhia aérea vigorosa, bem-sucedida e *não regulamentada* que oferecia tarifas muito menores e um serviço melhor que o das companhias regulamentadas. Uma dessas companhias aéreas, a Southwest, ampliou esses benefícios para muitos outros Estados, já que se tornou livre para operar em qualquer lugar que escolhesse.

A regulamentação da indústria de companhias aéreas promovida pelo CAB não foi bem-sucedida e terminou em 1978. Após a desregulamentação, muitas novas companhias aéreas foram abertas. Embora todas as companhias fossem livres para cobrar tarifas no preço que desejassem, o nível médio das tarifas caiu substancialmente, em comparação aos preços de outros bens e serviços. Como resultado, o volume de viagens aéreas aumentou muito.

Esse tipo de experiência prática com a regulamentação das companhias aéreas fez com que muitos observadores tomassem cuidado ao recomendar que outras indústrias fossem regulamentadas. Na realidade, a indústria de companhias aéreas foi transformado pela desregulamentação. Centenas de novas companhias aéreas foram abertas e muitas companhias existentes, especialmente a Southwest, cresceram muito.

> *Na prática, a regulamentação, geralmente, tem o efeito compreensível de impedir a entrada de novos concorrentes no mercado. Quando isso ocorre, a remoção da regulamentação resulta em maior concorrência e menores preços.*

O que foi responsável pela falha de um órgão regulador como o CAB em fornecer preços eficientemente baixos? Quais lições podemos aprender sobre a regulamentação em geral? A lição mais importante é esta: *órgãos reguladores, geralmente, ficam sob a influência das firmas que regulamentam.* As companhias aéreas que se beneficiavam da proteção do CAB convenceram o órgão a se opor à concorrência e aos preços baixos. O público que viajava era menos eficaz no lobby junto ao CAB para que este provesse esses benefícios.

Embora a desregulamentação tenha *melhorado* a eficiência na indústria aérea, ainda permanece uma ineficiência significativa. A indústria de companhias aéreas não regulamentada não está nem um pouco perto da pura competição. Apesar das condições que podem parecer favoráveis à concorrência – muitas firmas vendendo em cada mercado ou capazes de entrar facilmente no mercado – existem sinais de concorrência imperfeita. O sinal mais forte é o preço extremamente alto das passagens não restritas. Se você não reservar com antecedência e não viajar no fim de semana, uma viagem transcontinental poderá custar perto de $2.000, cerca de 40 centavos de dólar por milha. Entretanto, o custo marginal de fornecer viagem aérea é de apenas cerca de oito centavos de dólar a milha e tarifas negociadas estão, geralmente, nesse nível.

Outro sinal de concorrência limitada é que, em algumas rotas, existe apenas uma única firma aérea voando sem paradas, com tarifas muito altas. Considere os vôos para Minneapolis. Existem seis vôos sem paradas por dia de Boston, 14 de Detroit, seis de Los Angeles, sete de Memphis, nove de Nova York, sete de San Francisco e 14 de Washington, DC-Baltimore. *Essas seis rotas, porém, são de vôos realizados pela Northwest Airlines.* E as tarifas nessas rotas são relativamente altas.

Por que outras companhias aéreas não entram nesses mercados e concorrem com a Northwest? Afinal, existem companhias aéreas que já operam nos dois aeroportos. Embora elas não tenham, no momento, nenhum vôo ligando os dois aeroportos, poderiam adicionar um em alguns dias. Portanto, elas não poderiam ter participação em alguns dos lucros da Northwest? O que as impede?

Na interação estratégica entre a Northwest e suas rivais, o que importa para uma companhia que pensa em entrar em um desses mercados não é o que a Northwest está fazendo *agora*, mas o que ela pode fazer no *futuro* – após uma companhia aérea rival ter entrado no mercado. A Northwest pode ter um lucro substancial levando passageiros de Nova York para Minneapolis com tarifas relativamente altas, mas pode desestimular as rivais convencendo-as de que definiria tarifas *menores* se uma dessas rivais escolhesse entrar no mercado Nova York-Minneapolis.

A história da concorrência no setor aéreo ainda não acabou. No final de 1999, o governo deu um forte empurrão para a concorrência do setor. Naquele ano, o Departamento de Justiça dos Estados Unidos iniciou um caso antitruste contra a American Airlines com relação à sua resposta às outras companhias aéreas que tentaram competir com a ela nas rotas Dallas-Fort Worth. O governo acredita que a American violou a lei antitruste reduzindo tarifas e expandindo o serviço quando as rivais entraram no mercado e, em seguida, aumentando tarifas e reduzindo o serviço quando as rivais descobriram que não conseguiam ganhar dinheiro.

A ação do governo contra a American já foi reembolsada para o consumidor, muito embora – quando isso foi escrito – o caso ainda não tenha sido ouvido no tribunal. O simples fato de se iniciar a ação antitruste parece ter incentivado pelo menos alguns competidores a entrar em rotas das quais eles tinham, anteriormente, se mantido longe. Por exemplo, em maio de 1999, logo depois de iniciado o caso da American Airlines, uma companhia aérea pequena e de tarifas baixas, Sun Country, começou a concorrer com a Northwest em várias de suas rotas de monopólio anteriores. (Na realidade, a Sun Country tem as mesmas seis rotas da Northwest Minneapolis.) Parece que um fator na decisão da Sun Country de concorrer nessas rotas era uma crença de que – na luz do caso antitruste contra a American – a Northwest não ousaria reagir de maneira agressiva.

PRESERVANDO A CONCORRÊNCIA: REFRIGERANTES

Na metade da década de 80, a Pepsi anunciou sua intenção de comprar a 7-Up. A Coca-Cola sugeriu que poderia comprar a Dr Pepper. As fusões entre rivais poderiam reduzir a concorrência talvez resultando em maiores preços e maior ineficiência no mercado. Mas os formuladores de política consideram dois outros fatores antes de concluir que uma fusão é prejudicial. Primeiro, uma fusão pode resultar em custos reduzidos – por exemplo, porque uma firma maior poderia aproveitar melhor as economias de escala. Nesse caso, a fusão faria uma contribuição para a eficiência produtiva que poderia até mesmo ter mais valor que a redução na eficiência decorrente da redução na concorrência. Segundo, o impacto de uma fusão pode ser tão pequeno que não vale a pena tentar impedi-la, da mesma maneira que os formuladores de política decidem não fazer nada sobre a pipoca de preço excessivo.

A Divisão Antitruste do Departamento de Justiça publicou os critérios que utiliza para analisar as fusões em busca de possível desafio. Os critérios examinam as participações no mercado – a fração das vendas totais no mercado, a partir das vendas apontadas por vendedor. Aqui estão as participações no mercado dos principais fabricantes de refrigerantes, no momento das fusões propostas:

Vendedor	Participação de Refrigerante Mercado (porcentagem)
Coca-Cola	39
Pepsi-Cola	28
Dr Pepper	7
7-Up	6
RJ Reynolds (Canada Dry e Sunkist)	5
Todas as outras	15

Se houvesse um grande número de vendedores, cada um com uma pequena participação, a fusão de um par de vendedores provavelmente teria pouco efeito na concorrência e no preço. Acontece que, nesse caso, duas das companhias que propunham um aumento por meio de fusões – a Coca-Cola e a Pepsi – tinham participações em torno de um terço do mercado.

Índice de Herfindahl-Hirschman A soma do quadrado das participações no mercado de todas as firmas de um setor.

Na prática, o Departamento de Justiça decide sua posição com relação às fusões com base no **Índice de Herfindahl-Hirschman (HHI).** Esse índice é a soma das porcentagens ao quadrado de participação do mercado de todos os vendedores do mercado. Se o mercado for um monopólio, no qual um vendedor tem uma participação de 100%, o HHI tem seu maior valor possível: $100^2 = 10.000$. Se houvesse 100 vendedores, cada um com uma participação de 1% – provavelmente um mercado bem competitivo – o HHI seria $1^2 + 1^2 + 1^2 + 1^2 + ... = 100$.

Em geral, *quanto maior o HHI, mais concentrada (e menos competitiva) é a indústria.* As regras de análise do Departamento de Justiça são:

Se o HHI for	E a alteração de fusão proposta no HHI for	Então
Menor que 1.000	–	Não desafia a fusão
Entre 1.000 e 1.800	Menor que 100	Não desafia a fusão
Entre 1.000 e 1.800	Acima de 100	Considera desafiar a fusão
Acima de 1.800	Menor que 50	Não desafia a fusão
Acima de 1.800	Acima de 50	Considera desafiar a fusão

Antes das fusões propostas, o HHI no setor de refrigerantes era de aproximadamente $39^2 + 28^2 + 7^2 + 6^2 + 5^2 + 15(1)^2 = 2.430$. (Como uma aproximação, calculamos que os 15% restantes do mercado são compostos por 15 pequenas firmas, cada qual respondendo por 1% do total das vendas do mercado.) Assim, a indústria cai na categoria "acima de 1800" das regras. Como você pode calcular sozinho, a aquisição 7-UP pela Pepsi teria aumentado o HHI em 336 pontos. (Subtraia 28^2 e 6^2 e adicione $(28 + 6^2)$. Se a Coca-Cola comprasse a Dr Pepper, o HHI teria aumentado em mais 546 pontos. Cada uma dessas fusões teria elevado o HHI em mais de 100 pontos, e – não surpreendentemente – por isso o governo anunciou que se oporia às duas aquisições. Diante da perspectiva de um processo investigativo custoso e demorado e, provavelmente, de uma batalha nos tribunais, as duas companhias abandonaram seus planos.

O desestímulo da fusão de refrigerantes é apenas um exemplo de uma conclusão mais geral:

A política antitruste pode manter a competição, impedindo fusões entre grandes concorrentes.

A eficácia da política antitruste na preservação da concorrência vai muito além das fusões ativamente desestimuladas pelo Departamento de Justiça. Muitas fusões que poderiam, caso contrário, ocorrer, nunca atingem o estágio de planejamento, pois a resposta negativa do governo pode ser facilmente prevista.

UM DESAFIO CONTÍNUO: A PODEROSA MICROSOFT

Os bens e serviços produzidos pela gigante Microsoft Corporation atingem a vida no dia-a-dia. Em quase todo computador que você usa (que não seja um produto Apple), você encontra a Microsoft cada vez que inicia o Windows. Mesmo com um computador Apple, você provavelmente utiliza o Microsoft Word ou Excel. E, mesmo não usando um computador, você pode ter negócios freqüentes com pessoas que usam. Por exemplo, quando reserva um vôo, visita seu médico ou compra livros didáticos, a firma com a qual você negocia pode controlar suas contas utilizando produtos Microsoft. Seu instrutor de economia pode, inclusive, controlar as notas dos estudantes utilizando um software da Microsoft.

Os produtos que a Microsoft vende podem ser divididos em três categorias amplas:

1. Software de sistema operacional Windows, arrendado para os fabricantes de computador e vendido para os usuários.
2. Softwares aplicativos como Word, Excel e Internet Explorer.

3. Informações sobre versões atuais e futuras do Windows que seriam úteis para os desenvolvedores de outros aplicativos como processadores de texto, planilhas e navegadores da Internet, bem como para desenvolvedores de outros sistemas operacionais, que poderiam executar aplicativos Windows.

Todos esses produtos estão perto de serem não competitivos. Software é basicamente informação – não reduz o benefício de um usuário do software se outro usuário tiver o mesmo software. O único custo de equipar outro usuário é o custo mínimo de copiar o software. A provisão eficiente de produtos não competitivos requer um preço próximo a zero.

Ainda assim, a Microsoft cobra muito mais que zero por seu software. O Windows custa $90 no varejo, o Windows NT, centenas de dólares, e o Word e outros aplicativos, $100 ou mais. As informações voltadas para os desenvolvedores de softwares são fornecidas em um CD-ROM que custa várias centenas de dólares.

Alguns dos outros problemas identificados pelos críticos da Microsoft são:

1. Os contratos da Microsoft com os fabricantes de computadores e criadores de sites da Web tornaram difícil para outros fornecedores de softwares afastar a Microsoft, mesmo quando os rivais ofereciam melhores condições para os fabricantes de computadores. Os contratos não permitiam que os fabricantes de computadores reduzissem seus pagamentos para a Microsoft, mesmo se eles equipassem algumas de suas máquinas com sistemas operacionais não Microsoft.
2. Em um mercado de aplicativos – de softwares de cheques eletrônicos – a Microsoft tentou reduzir a concorrência fazendo uma fusão com seu principal rival, a Quicken.
3. A Microsoft tem usado a ameaça de preços baixos para manter os rivais fora de seus mercados e tem, na realidade, utilizado preços baixos, incluindo a distribuição gratuita de softwares para afastar um software existente. Por exemplo, o governo contestou o fato de a Microsoft fornecer de graça o Internet Explorer como parte do Windows.
4. A Microsoft não revela todos os segredos do Windows para desenvolvedores externos. Isso dá a ela vantagens nos mercados de aplicativos e torna difícil para qualquer outra pessoa desenvolver um sistema operacional que execute programas Windows. Por exemplo, o WordPerfect pode ficar atrás do Microsoft Word no mercado de processamento de textos porque os desenvolvedores de softwares da WordPerfect não têm as mesmas informações que os desenvolvedores da Microsoft sobre novos recursos do Windows.

Existem soluções para esses problemas, com base nas ferramentas descritas neste capítulo? Nenhuma fácil. Vamos pegar, primeiro, o problema de definição de preço eficiente. Quase ninguém acha que a Microsoft deveria ser solicitada a definir preços eficientes – próximos a zero – para seus softwares. Com esses preços, a Microsoft não teria incentivo nenhum para desenvolver softwares no futuro. Ninguém acredita que os softwares deveriam ser desenvolvidos e fornecidos gratuitamente pelo governo, como a previsão do tempo. Em razão da necessidade prática de os softwares serem escritos por companhias privadas, como a Microsoft, é necessário fornecer a essas companhias a oportunidade de obter lucros para pagar os custos de desenvolvimento. A única fonte prática desses lucros é o direito de vender os softwares por um preço bem acima do custo de copiá-lo.

E sobre o comportamento anticompetitivo no qual a Microsoft aparentemente está envolvida? O Departamento de Justiça dos EUA tem investigado várias reclamações de comportamento ilegal pela Microsoft desde 1994 e tomou três importantes ações. Primeiro, fez um acordo no qual a Microsoft – sem admitir comportamento anticompetitivo – alteraria seus contratos com fabricantes de computadores, de modo que suas rivais poderiam ter uma chance de vender seus sistemas operacionais alternativos. (Até agora, o acordo teve pouco efeito porque não há rivais efetivos no mercado.) Segundo, o governo bloqueou a proposta de fusão da Microsoft com a Intuit, a companhia que faz o Quicken. Como o governo deu esse passo, a concorrência entre o software de cheque eletrônico da Microsoft e o Quicken se intensificou, para benefício do consumidor.

Terceiro, o governo processou a Microsoft em 1998 por várias práticas que limitavam as chances de surgir um rival do Microsoft Windows. De acordo com o caso do governo, se a Microsoft tivesse obedecido às leis antitruste, haveria uma chance de estarmos utilizando navegadores avançados da Web para fazer o trabalho no computador, em vez de ainda termos de lidar com o Windows.

Observe que os primeiros dois passos realmente dados pelo Departamento de Justiça tinham uma característica crucial: eles lidavam com problemas muito específicos com soluções igualmente específicas. Eles não tentavam lidar com questões maiores como definição de preço eficiente. Essas questões maiores estão sob consideração ativa à medida que o caso do governo contra a Microsoft progride.

O problema mais controverso é o último da lista – as políticas da Microsoft com relação ao fornecimento de informações sobre o Windows para estranhos. Embora a Microsoft forneça aos desenvolvedores um volume desconcertante de informações, há ainda mais que é conhecido apenas dentro da companhia. As pessoas dentro da Microsoft sabem sobre as melhorias que estão por vir no Windows, antes das que estão fora da companhia. Muitas pessoas no negócio de softwares – com algum apoio de economistas – clamam por um uso muito mais agressivo das leis antitruste para dar uma chance melhor aos desenvolvedores de softwares de fora da Microsoft. Elas propõem que os desenvolvedores externos de aplicativos compartilhem todas as informações dos desenvolvedores de aplicativos da Microsoft, a fim de permitir que os primeiros concorram de maneira eficaz com a Microsoft.

Outra proposta é que a Microsoft seja solicitada a publicar o código do Windows, para que os desenvolvedores externos entendam como ele funciona. Finalmente, alguns propõem que a Microsoft seja dividida em companhias separadas para o Windows e para os softwares aplicativos, de modo que todos os desenvolvedores de softwares aplicativos teriam as mesmas informações.

Todas essas propostas para limitar as atividades da Microsoft podem provocar mais danos que bens. Por exemplo, a divisão da Microsoft em companhias de Windows e de aplicativos eliminaria a vantagem que os desenvolvedores de aplicativos da Microsoft têm hoje. Mas também negaria aos consumidores o benefício de melhorias dos produtos, possíveis na Microsoft devido ao fato de as mesmas equipes trabalharem no sistema operacional e nos outros softwares.

Faria sentido a regulamentação da Microsoft? Propostas para regulamentação se concentraram em dar aos desenvolvedores externos um papel maior na definição de padrões e no fornecimento mais rápido de informações sobre novos recursos do sistema operacional que a Microsoft estiver desenvolvendo. Mas o sucesso irregular da regulamentação em outras indústrias torna muitas pessoas céticas quanto à definição de qualquer tipo de regulamentação em softwares.

A Microsoft Corporation, uma firma dominante em uma nova indústria, apresenta desafios especiais para o governo. Apesar de estar próximo de ser um monopólio, aplicar os instrumentos-padrão da lei antitruste ou da regulamentação muito amplamente teria custos, mas também teria benefícios.

A Microsoft continua a ser um desenvolvedor ativo de novos e melhores softwares – ela não tem sido significativamente contida pelas medidas tomadas até agora. Mas é importante ter em mente que o comportamento da Microsoft tem sido fortemente influenciado pelos sistemas legal e econômico dos EUA, nos quais ela opera – sistemas que fornecem fortes incentivos para comportar-se como um concorrente honesto.

RESUMO

Quando os mercados falham em atingir eficiência econômica – quando deixam potenciais melhorias de Pareto inexploradas – o governo geralmente intervém e ajuda. Os governos também têm um papel no fornecimento da infra-estrutura institucional que ajuda os mercados a florescerem. Este capítulo é sobre o papel do governo na eficiência econômica.

O sistema legal gerido pelo governo é um elemento-chave da infra-estrutura institucional. A lei criminal limita as trocas a voluntárias. A lei de propriedade contribui para direitos de propriedade que podem ser impostos. A lei de contrato ajuda a melhorar a eficiência da troca quando uma parte deve ir primeiro, embora a lei de delitos civis afete as interações entre estranhos.

Finalmente, a lei antitruste tenta impedir danos aos consumidores, causados pela concorrência limitada. Além do sistema legal, o sistema de regulamentação do governo afeta muitos aspectos da vida econômica.

Para financiar suas operações, os governos confiam principalmente em receitas de impostos. Os impostos, no entanto, têm outros efeitos econômicos. Em alguns casos, eles criam ineficiências e impedem que melhorias de Pareto ocorram. Em outros casos, podem ser utilizados para melhorar a ineficiência econômica. Dois tipos importantes de impostos são o *excise tax* – um imposto sobre vendas de um produto específico – e o Imposto de Renda.

Uma falha do mercado ocorre quando um mercado, deixado por si só, falha em obter eficiência econômica. A concorrência imperfeita, as externalidades e os bens públicos são exemplos de falhas de mercado. Os governos têm uma variedade de ferramentas para corrigir essas falhas. Pela ação antitruste e pela regulamentação, eles podem, algumas vezes, diminuir a lacuna entre o preço e o custo marginal nos mercados imperfeitamente competitivos. As externalidades – subprodutos sem preço de transações econômicas que afetam os estranhos – podem ser corrigidas por meio de impostos ou subsídios. E os bens públicos – não competitivos e não excludentes – podem ser fornecidos pelo próprio governo.

PALAVRAS-CHAVE

delito civil
efeito Averch-Johnson
bem privado
tragédia dos comuns
falha de mercado
externalidade
rivalidade
índice de Herfindahl-Hirschman
precificação pelo custo médio
bem público
exclusão

QUESTÕES PARA REVISÃO

1. Explique como cada uma das leis a seguir melhora a eficiência econômica:
   a. Lei criminal.
   b. Lei de propriedade.
   c. Lei de contrato.
   d. Lei de delitos civis.
   e. Lei Antitruste.
2. Quais ações específicas são proibidas pela lei antitruste?
3. Como a regulamentação difere das decisões na justiça em seu efeito na firma?
4. Identifique os cinco principais tipos de impostos nos Estados Unidos.
5. O que é uma falha de mercado? Quais são as principais causas das falhas de mercado?
6. O que é um monopólio natural? Dê um exemplo.
7. O que é uma externalidade? Dê um exemplo de uma externalidade positiva e de uma negativa – não mencionados no capítulo. Quais são os efeitos de externalidades positivas e negativas na ausência de intervenção governamental?
8. O que é um bem público puro? Como um bem público é diferente de um bem privado?
9. O que é o "problema de quem aproveita o benefício de graça"?

PROBLEMAS E EXERCÍCIOS

1. Em sala de aula, um estudante geralmente faz perguntas e envolve o instrutor em longas discussões.
   a. Esse comportamento envolve externalidades positivas? Externalidades negativas? As duas? Nenhuma? (Seja claro sobre as suposições feitas para chegar às suas respostas.).
   b. O resultado é eficiente? Caso não seja, que tipos de "soluções" você pode sugerir?
2. Quando uma externalidade negativa cria uma ineficiência, o governo pode, algumas vezes, corrigir a ineficiência por meio de um imposto, como mostrado na Figura 5 (página 527). Uma metodologia alternativa é a regulamentação. Suponha que o mercado de gasolina da Figura 5 esteja em equilíbrio no ponto *A*. O governo deseja corrigir a externalidade impondo um limite maior na quantidade de gasolina que pode ser produzida e vendida.
   a. Que quantidade deve ser escolhida como o limite superior?
   b. A regulamentação da gasolina dessa maneira corrigiria a ineficiência? Explique.
   c. Essa maneira de lidar com a externalidade negativa cria algum problema especial, comparada à imposição de um imposto?
3. Classifique cada um dos bens a seguir, utilizando seu melhor julgamento com relação a ser (a) competitivo ou não competitivo e (b) excludente ou não excludente.
   a. Parques em um bairro residencial.
   b. Defesa militar.
   c. Comida.
   d. Roupa.
   e. Moradia.
   f. Saúde.

4. Considere os dados a seguir sobre participações de mercado em uma indústria.

Firma A	25%
Firma B	20%
Firma C	15%
Firma D	10%
Firma E	9%
Firma F	8%
Firma G	7%
Firma H	6%

   a. Qual é o índice de Herfindahl-Hirschman do setor?
   b. Identifique cada fusão de duas firmas nessa indústria que o Departamento de Justiça não irá considerar desafiadora. (Dica: Não há muitas.)
   c. Suponha que todas as fusões identificadas na parte (b) tenham ocorrido. Nesse ponto, haverá alguma fusão entre duas firmas que o Departamento de Justiça não irá considerar desafiadora?
5. Dê um exemplo de um bem público que não seja fornecido pelo governo. Dê um exemplo de um bem que seja fornecido pelo governo, mas não seja um bem público.
6. No ano passado, Pat e Chris moravam em apartamentos separados. Cada um consumia 400 galões de água quente por mês. Neste ano, eles estão dividindo um apartamento. Para sua surpresa, eles descobriram que estão utilizando um total de 1.000 galões por mês. Por quê?
7. Muitas universidades subsidiam seus times de futebol. Se as vendas de ingressos não forem suficientes para cobrir o custo do programa de futebol, a universidade cobre a diferença. Existem externalidades positivas que justifiquem o uso de um subsídio? Caso existam, quais são essas externalidades e quem são os terceiros que se beneficiam delas?
8. Em que sentido um bem público é igual a uma externalidade positiva?

QUESTÕES DESAFIADORAS

1. Imagine que Douglas e Ziffel tenham propriedades contíguas à fazenda do Sr. Haney. A lei de zoneamento atual permite que Haney utilize a fazenda para qualquer propósito. Haney decidiu criar porcos (o melhor uso da terra). Uma criação de porcos vai obter $ 50.000 por ano, para sempre.
   a. Supondo que a taxa de juros seja de 10% ao ano, quanto vale a fazenda de porcos de Haney? *(Dica:* Utilize a fórmula especial de dedução do Capítulo 13.)
   b. Imagine que o próximo melhor uso da propriedade de Haney seja residencial, onde poderia obter $20.000 por ano. Qual seria o pagamento único mínimo que Haney aceitaria para concordar em restringir sua terra ao uso residencial para sempre?
   c. Suponha que Douglas esteja disposto a pagar $200.000 por um fim na criação de porcos na terra de Haney, enquanto Ziffel esteja disposto a pagar não mais que $150.000. (Pelo mesmo motivo, Ziffel não se importa com a criação de porcos tanto quanto Douglas.) Se Douglas pagar $200.000 a Haney e Ziffel pagar $150.000, isso será uma melhoria de Pareto? Quem se beneficiará e quem perderá. Quanto?
   d. Se Douglas pagar $150.000 e Ziffel, $150.000, isso será uma melhoria de Pareto? Quem se beneficiará e quem perderá. Quanto?
2. A indústria puramente competitiva de café com leite enfrenta uma curva de demanda dada por

$$Q^D = 10 - P$$

ou, de maneira equivalente,

$$P = 10 - Q^D$$

e a curva de oferta de café com leite é dada por

$$Q^S = P \text{ ou } P = Q^D$$

onde P é o preço por café com leite, em dólares, e onde Q^D e Q^S são quantidades demandadas e ofertadas, medidas em milhões de xícaras.

a. Desenhe, em um gráfico, a curva de oferta e a curva de demanda originais. Determine o preço e a quantidade de equilíbrio.
b. Agora, considere que um *excise tax* de \$2 por café com leite seja imposto. Isso altera a curva de oferta para $P = 2 + Q^S$. Represente em um gráfico a nova curva de oferta (após o imposto) e a curva de demanda. Determine o preço e a quantidade de equilíbrio após o imposto.
c. Quanta receita de imposto o governo obtém?
d. Mostre como uma melhoria de Pareto é possível com o equilíbrio determinado na parte (b).

EXERCÍCIO EXPERIMENTAL

1. Um bom lugar para encontrar informações recentes sobre atividades antitruste é a coluna Legal Beat do *Wall Street Journal,* dentro da seção Marketplace. Tente encontrar pelo menos um exemplo que mencione uma fusão, e determine a base para a resposta do governo. As diretrizes do Departamento de Justiça foram mencionadas no artigo?

CAPÍTULO

16

VANTAGEM COMPARATIVA E OS GANHOS COM A COMERCIALIZAÇÃO

Os consumidores adoram trocas vantajosas. O resto do mundo oferece aos consumidores dos Estados Unidos uma infinidade de trocas vantajosas – carros do Japão, chips de memória de computador da Coréia, sapatos da China, tomates do México, madeira do Canadá, açúcar do Caribe. Essas compras de bens estrangeiros pelos americanos sempre foram um assunto controverso. Devemos deixar esses bens entrar no país? Os consumidores certamente se beneficiam disso. Mas as mercadorias estrangeiras baratas não ameaçam os empregos dos trabalhadores americanos e os lucros dos produtores americanos? Como equilibramos os interesses de trabalhadores e produtores específicos de um lado com os interesses dos consumidores em geral? Essas questões são importantes não apenas nos Estados Unidos, mas em todos os países.

Após a Segunda Guerra Mundial, houve um movimento mundial em direção a uma política de *livre comércio* – o movimento, sem obstáculos, de bens e serviços entre as fronteiras nacionais. Um exemplo desse movimento foi a criação – em 1995 – de um novo corpo internacional: a OMC (Organização Mundial do Comércio). O objetivo da OMC é ajudar a resolver disputas comerciais entre seus membros e reduzir obstáculos ao livre comércio no mundo todo. Até um certo ponto, ela foi bem-sucedida: impostos sobre importação, limitações à importação e todos os tipos de regulamentação enganadora, criados para limitar as importações, estão, gradualmente, desaparecendo. Ao final de 1999, 135 países tinham se unido à OMC. E alguns outros 30 países, incluindo China, Taiwan, Rússia e Vietnã, estavam ansiosos para unir-se ao grupo de livre comércio.

Embora muitas barreiras estivessem sendo derrubadas, outras estavam sendo criadas. Os governos asiáticos foram intencionalmente lentos e ineficazes ao permitir que as firmas vendessem serviços financeiros e de telecomunicações. Os Estados Unidos renovaram sua cota mantida sobre as importações de açúcar havia muito tempo e, ao final da década de 90, tomaram sérias medidas para reduzir as importações de aço da Rússia, Brasil e Japão. Os europeus restringiram as vendas dos serviços americanos de comunicação por satélite e da carne americana. O Canadá interferiu nas vendas de revistas e de programas de televisão americanos dentro de suas fronteiras. Os países pobres impuseram tarifas sobre computadores, semicondutores e softwares exportados por países ricos. Estes anunciaram sua intenção de manter, pelo menos até 2005, as cotas existentes sobre têxteis e roupas vendidos pelos países pobres.

Examinando a mistura contraditória de políticas de comércio que existe no mundo, resta-nos imaginar: o livre comércio internacional é uma boa coisa que nos faz melhorar ou é ruim, algo que deveria ser mantido sob alerta? Neste capítulo, você verá como aplicar as ferramentas da economia a questões que envolvem o comércio internacional. Mais importante, você verá como podemos ampliar a análise econômica para um contexto global, no qual os mercados se estendem entre fronteiras internacionais e os criadores de discussão são firmas, famílias e órgãos do governo de diferentes países.

A LÓGICA DO LIVRE COMÉRCIO

Muitas pessoas gostam da idéia de serem auto-suficientes. Poucas preferem viver sozinhas em uma remota região do Alaska ou nas áreas distantes de Montana. Considere os defeitos da auto-suficiência: se vivesse sozinho, você seria pobre. Você não poderia *exportar* ou vender nenhuma parte da sua própria produção nem poderia *importar* ou comprar dos outros nenhuma coisa que eles produzissem. Você estaria limitado a produzir seus próprios bens e serviços. Sem dúvida, a comida, a roupa e a moradia que você conseguiria produzir sozinho seriam em pequena quantidade e deficientes em qualidade – nada como os itens que você atualmente usufrui. Além disso, você não poderia obter muitas coisas – eletricidade, televisão, carros, viagens de avião ou a penicilina que poderia salvar sua vida.

Os defeitos da auto-suficiência explicam por que a maioria das pessoas não a escolhe. Em vez disso, elas preferem se especializar e comercializar entre si. No Capítulo 2, você viu que a especialização e o intercâmbio nos permitem desfrutar maior produção e maior padrão de vida que o possível de uma outra maneira.

Esse princípio se aplica não apenas a indivíduos, mas também a *grupos* de indivíduos como os que moram dentro das fronteiras que definem as cidades, os distritos, os Estados ou os países. Assim como todos nós nos beneficiamos quando os *indivíduos* se especializam e fazem intercâmbio entre si, também podemos nos favorecer quando *grupos* de indivíduos se especializam na produção de bens e serviços diferentes e há o intercâmbio desses bens e serviços com outros *grupos.*

Imagine o que aconteceria se os residentes do seu Estado mudassem de uma política de comércio aberto com outros Estados para uma de auto-suficiência, recusando-se a importar qualquer coisa de "Estados estrangeiros" ou a exportar qualquer coisa para eles. Essa organização seria preferível à auto-suficiência individual – pelo menos haveria especialização e comercialização *dentro* do Estado. A eliminação do comércio entre Estados, porém, certamente resultaria em muitos sacrifícios. Na ausência dos insumos necessários para sua produção, por exemplo, seu Estado poderia ter de se sustentar sem bananas, algodão ou pneus. Os bens nele fabricados provavelmente seriam produzidos de maneira ineficiente. Por exemplo, embora os residentes de Vermont *pudessem* perfurar o solo em busca de petróleo e os texanos *pudessem* produzir xarope de bordo, eles poderiam produzir apenas com grande custo de recursos.

Assim, não faria sentido insistir na auto-suficiência econômica de cada um dos 50 Estados. Os descobridores dos Estados Unidos sabiam disso: eles impuseram proibições contra tarifas, cotas e outras barreiras ao comércio interestadual logo na Constituição dos Estados Unidos. As pessoas de Vermont e Texas estão muito melhor com o livre comércio entre os Estados do que estariam se cada Estado fosse auto-suficiente.

O que é válido para Estados também é válido para países inteiros. Os membros da OMC sustentaram o argumento para sua conclusão final: a especialização nacional e o intercâmbio podem expandir os padrões de vida no mundo por meio do livre comércio *internacional*. Esse tipo de comércio envolve o movimento de bens e serviços entre fronteiras nacionais. Bens e serviços produzidos domesticamente, mas vendidos no exterior, são chamados **exportações**, já os produzidos no exterior, mas consumidos domesticamente, são chamados **importações**. O objetivo a longo prazo da OMC é remover todas as barreiras às exportações e importações, a fim de estimular a especialização e a comercialização entre países, o que tem sido muito bem-sucedido dentro dos países.

Exportações Bens e serviços de produção doméstica, mas vendidos no exterior.

Importações Bens e serviços produzidos no exterior, mas consumidos domesticamente.

A TEORIA DA VANTAGEM COMPARATIVA

Os economistas que primeiro consideraram os benefícios do comércio internacional se concentraram, de início, na *vantagem absoluta* de um país.

Vantagem absoluta A capacidade de produzir um bem ou serviço utilizando menos recursos que outro país.

*Um país tem uma **vantagem absoluta** em um bem quando pode produzi-lo utilizando menos recursos que outro país.*

Da maneira como os primeiros economistas viam, os cidadãos de toda nação poderiam melhorar seu bem-estar econômico especializando-se na produção de bens nos quais tivessem vantagem absoluta e exportando-os para outros países. Por sua vez, eles importariam bens de países que tivessem uma vantagem absoluta nesses bens.

Em 1817, no entanto, o economista britânico David Ricardo discordava. A vantagem absoluta, ele dizia, não era um ingrediente necessário para o comércio internacional mutuamente benéfico. A chave era a *vantagem comparativa*, pois

Vantagem comparativa A capacidade de produzir um bem com um custo de oportunidade inferior ao de outro país.

*um país tem uma **vantagem comparativa** na produção de um bem, se puder produzi-lo com um custo de oportunidade menor do que algum outro país.*

Observe a diferença entre as definições de vantagem absoluta e de vantagem comparativa. Enquanto a vantagem absoluta em um bem é baseada nos recursos utilizados para produzi-lo, a vantagem comparativa é baseada no *custo de oportunidade* de produzi-lo. E medimos o custo de oportunidade da produção de um bem não pelos recursos utilizados para produzi-lo, mas sim pela quantidade de *outros bens* cuja produção deve ser sacrificada.

Ricardo argumentava que um parceiro comercial potencial poderia ser completamente inferior na produção de todos os bens – exigindo mais recursos por unidade de cada bem que outro país – e ainda ter uma vantagem comparativa em algum bem. A vantagem comparativa surgiria pelo fato de o país ser *menos* inferior na produção de alguns bens que de outros. De maneira diferente, um país que tivesse uma vantagem absoluta na produção de tudo ainda poderia – contrário à opinião comum – se beneficiar do comércio. Teria uma vantagem comparativa apenas em alguns bens.

O comércio mutuamente benéfico entre dois países é possível sempre que um país for relativamente melhor que outro na produção de um bem. Ser relativamente melhor significa ter a habilidade de produzir um bem com um custo de oportunidade menor, ou seja, com um sacrifício menor de outros bens não produzidos.

CUSTO DE OPORTUNIDADE E VANTAGEM COMPARATIVA

Para ilustrar o pensamento de Ricardo, vamos considerar um mundo hipotético de dois países, China e Estados Unidos. Os dois estão produzindo apenas dois bens: ternos masculinos e computadores. Eles poderiam melhorar comercializando entre si? Ricardo nos faria examinar os custos de oportunidade. Para encontrá-los, vamos considerar quanto custa produzir esses bens em cada país. A fim de manter o exemplo simples, vamos supor que os custos por unidade – para ternos e computadores – permaneçam os mesmos, independentemente da quantidade de unidades produzidas.

As informações relevantes sobre custos são fornecidas na Tabela 1. Como as firmas chinesas mantêm sua contabilidade em iuanes (CNY) e as firmas americanas em dólares, os dados de custos são expressos de acordo com isso. Podemos utilizar os dados da tabela para calcular o custo de oportunidade de um aumento da produção de cada bem em cada país.

Primeiro, suponha que a China fosse produzir um computador adicional. Para isso, teria de desviar 10.000 iuanes de recursos do setor de ternos. Isso, por sua vez, exigiria que a China produzisse menos ternos. Quantos a menos? Como cada terno usa até 2.000 iuanes em recursos, a utilização de 10.000 iuanes para um computador exigiria a produção de 10.000/2.000 = 5 ternos a menos. Assim, o custo de oportunidade de um computador na China é de cinco *ternos*. Esse custo de oportunidade é registrado na Tabela 2 (analise a tabela e verifique se consegue encontrar essa entrada). Nos Estados Unidos, a produção de um computador adicional requer o desvio de $1.000 dólares de recursos da fabricação de ternos. Como cada terno custa $500, isso significa uma perda de dois ternos. Assim, nos Estados Unidos, o custo de oportunidade de um computador é de dois ternos – o que também pode ser encontrado na Tabela 2.

Resumindo, vemos que, na China, o custo de oportunidade de um computador é de cinco ternos e, nos Estados Unidos, de dois ternos. Portanto, os Estados Unidos – com o menor custo de oportunidade de produção de computadores – *têm uma vantagem comparativa para fabricar computadores.*

Tabela 1

CUSTOS DE PRODUÇÃO

	Por Terno	Por Computador
China	2.000 CNY	10.000 CNY
Estados Unidos	$500	$1.000

Tabela 2

CUSTOS DE OPORTUNIDADE

	Por Terno	Por Computador
China	$1/5$ computador	5 ternos
Estados Unidos	$1/2$ computador	2 ternos

Observe que, na Tabela 2, efetuamos cálculos semelhantes para o custo de oportunidade de fazer um terno, medindo o custo de oportunidade em termos de *computadores não fabricados*. Esses cálculos estão resumidos na primeira coluna da tabela. Veja se pode utilizar esses números para verificar se a China tem uma vantagem comparativa na produção de ternos.

Agora, podemos utilizar as conclusões sobre vantagem comparativa para apresentar como os dois países podem ganhar com a comercialização. A explicação vem em duas etapas. Primeiro, mostramos que, se a China pudesse ser persuadida a produzir mais ternos e os Estados Unidos a produzir mais computadores, a produção mundial total de bens aumentaria. Segundo, como cada país poderia lucrar comercializando com o outro.

ESPECIALIZAÇÃO E PRODUÇÃO MUNDIAL

Utilizando os números da Tabela 2, se a China produzisse, por exemplo, dez ternos a mais, teria de sacrificar a produção de dois computadores à medida que os recursos fossem deslocados entre as duas indústrias. Se os Estados Unidos, simultaneamente, produzissem quatro computadores extras, teriam de sacrificar oito ternos – novamente porque os recursos completamente empregados teriam de ser deslocados. Como resultado, até mesmo dessa mudança pequena, a produção mundial de ternos aumentaria em dois e a produção mundial de computadores também se elevaria em dois – apesar de nenhum recurso a mais do que antes ser utilizado. A Tabela 3 resume as alterações.

A produção adicional de ternos e computadores, nesse exemplo, representa o ganho com a especialização, de acordo com a vantagem comparativa – um ganho, como a próxima seção apresentará, que os dois parceiros comerciais vão compartilhar. Também é o tipo de ganho que, multiplicado um milhão de vezes, fica atrás dos benefícios substanciais que os países obtêm com o livre comércio.

O exemplo específico dado aqui não é o único que pode ser obtido com a tabela de custos de oportunidade. Por exemplo, se a China produzisse 20 ternos a mais e, portanto, quatro computadores a menos, enquanto os Estados Unidos repetissem a mudança da Tabela 3 (menos oito ternos e mais quatro computadores), a produção mundial de ternos aumentaria em 12, enquanto a produção de computadores permaneceria inalterada. Poderíamos criar outros exemplos nos quais a produção mundial de computadores cresce e a de ternos permanece a mesma. (Como exercício, tente criar um exemplo semelhante.)

Tabela 3

UMA PEQUENA ALTERAÇÃO NA PRODUÇÃO

	Produção de Terno	Produção de Computador
China	+10	−2
Estados Unidos	−8	+4
Mundo	+2	+2

Em todos os casos, no entanto, o principal entendimento permanece o mesmo:

Se os países se especializarem de acordo com a vantagem comparativa, um uso mais eficiente de determinados recursos irá ocorrer. Com os mesmos recursos, o mundo pode produzir mais pelo menos de um bem, sem reduzir a produção de qualquer outro bem.

GANHOS COM O COMÉRCIO INTERNACIONAL

Agora, prosseguimos para a segunda etapa no caso de Ricardo, mostrando que os dois lados podem ganhar com a comercialização. Observe primeiro que, se os dois países mudarem a produção, como na Tabela 3, mas *não* comercializarem entre si, cada país teria mais de um bem, mas *menos* de outro. Entretanto, por causa do aumento na produção *mundial*, os fluxos do comércio internacional poderiam ser organizados, de maneira que cada país compartilharia o ganho na produção total. Muitos arranjos diferentes são possíveis; aqui está um que repartiria os ganhos da produção mundial igualmente: a China exporta (e os Estados Unidos importam) nove ternos importa (e os Estados Unidos exportam) três computadores.

A Tabela 4 resume o resultado final. A segunda coluna da tabela mostra as alterações na *produção* de cada país, com base nas informações da Tabela 3. A terceira coluna apresenta quanto de cada bem é exportado ou importado. Finalmente, a última coluna traz com quanto mais de cada bem os cidadãos de cada país terminam. No exemplo, a China e os Estados Unidos terminam com um terno e um computador adicionais. Observe que, se somarmos esses ganhos com a comercialização (um total de dois ternos e de dois computadores), eles serão precisamente iguais aos ganhos na produção mundial observados anteriormente, na Tabela 3. Isso não é coincidência: com apenas dois países, quando a produção mundial de um bem aumenta, um país ou o outro deve acabar consumindo esse bem.

Vale a pena reiterar que as modificações mutuamente benéficas resumidas na Tabela 4 são baseadas na vantagem *comparativa*, não na vantagem *absoluta*. Para tornar esse ponto ainda mais claro, vamos examinar de um outro ponto de vista as informações da Tabela 1. Em vez de pensarmos sobre o *custo* de produção de um bem, examinaremos diretamente os recursos utilizados para essa produção. Para manter as coisas simples, suponhamos que o único recurso que os países utilizam na produção seja o trabalhador. Além disso, imaginemos,

Tabela 4

OS GANHOS COM A ESPECIALIZAÇÃO E A COMERCIALIZAÇÃO

	Produção	Perda com Exportações (–) ou Ganhos com Importações (+)	Ganho Líquido
China			
Ternos	+10	–9	+ 1
Computadores	–2	+3	+ 1
Estados Unidos			
Ternos	–8	+9	+ 1
Computadores	+4	–3	+ 1

arbitrariamente, que uma hora de um trabalhador custe 16 iuanes na China e dez dólares nos Estados Unidos. Assim, o preço de 2.000 iuanes para fazer um terno lá na China significa que 125 horas de um trabalhador são necessárias, pois 125 horas × 16 iuanes por hora = 2.000 iuanes. Assim, na Tabela 5, inserimos 125 horas por trabalhador necessário por terno na China.

Fazendo cálculos semelhantes, descobrimos que são necessárias 625 horas para fabricar um computador na China e, nos Estados Unidos, 50 horas para fazer um terno e 100 horas para fabricar um computador.

Agora, é fácil ver que os Estados Unidos têm uma vantagem absoluta – utilizando menos insumo por unidade de produto que a China – na produção dos *dois* bens. A especialização e a comercialização mutuamente benéficas ainda seriam possíveis? Muito. Os dados de custo de oportunidade na Tabela 2 ainda se aplicam (verifique isso por si só) além de todas as conclusões que obtivemos com as Tabelas 3 e 4 que foram baseadas nas informações da Tabela 2. Portanto,

se os custos de oportunidade diferirem, a especialização e a comercialização poderão ser benéficas para todos os envolvidos. Isso é verdadeiro, independentemente das partes envolvidas serem países, Estados, distritos ou indivíduos. Permanece verdadeiro mesmo se uma delas possuir uma vantagem ou desvantagem absoluta completa.

OS TERMOS DE TROCA

Termos de troca A taxa a qual um país pode comercializar produtos produzidos domesticamente por produtos produzidos no exterior.

No exemplo atual, a China exporta nove ternos em troca de três computadores. Essa taxa de intercâmbio (nove ternos por três computadores ou três ternos por computador) é conhecida como **termos de troca**. Nossa escolha específica de três para um para termos de troca distribuiu os ganhos na produção mundial igualmente entre os dois países. (Ver a Tabela 4.) Com diferentes termos de troca, contudo, a distribuição do benefício teria sido desigual. Não consideraremos, aqui, precisamente *como* os termos de troca são determinados (é uma questão de oferta e demanda), mas podemos estabelecer os limites dentro dos quais eles devem ficar.

Examine novamente a Tabela 2 (página 552). A China nunca desistiria de *mais* de cinco ternos para importar um computador porque poderia sempre obter um computador por cinco ternos *domesticamente*, deslocando recursos para a produção de computadores.

De maneira semelhante, os Estados Unidos nunca exportariam um computador por *menos* que dois ternos, já que poderiam substituir um computador por dois ternos domesticamente (novamente, deslocando recursos entre as indústrias). Portanto, o equilíbrio dos termos de troca deve ficar *entre* cinco ternos para um computador e dois ternos para um computador. Fora desse intervalo, um dos dois países se recusaria a comercializar. Observe que, no

Tabela 5
INSUMOS DE TRABALHADORES NECESSÁRIOS

	Por Terno	Por Computador
China	125 horas	625 horas
Estados Unidos	50 horas	100 horas

exemplo, consideramos que os termos de troca fossem de três ternos por um computador – bem dentro do intervalo aceitável.

TRANSFORMANDO GANHOS POTENCIAIS EM GANHOS REAIS

Até agora, neste capítulo, discutimos as vantagens *potenciais* da especialização e do comércio entre países, mas uma importante questão permanece: como esse potencial é concretizado? Quem ou o que faz um país deslocar recursos de algumas indústrias para outras e, em seguida, comercializar no mercado mundial?

Os ministros do comércio internacional nas reuniões da OMC decidem quem deve produzir e comercializar cada produto? Algum grupo de pessoas oniscientes e benevolentes em Washington e em outras capitais mundiais faz todos os arranjos necessários? De jeito nenhum. Dentro da estrutura da OMC, supõe-se que os funcionários do governo criem o ambiente para o livre comércio, mas eles não decidem quem tem uma vantagem comparativa em quê ou o que deve ser produzido nesse ou naquele país. Hoje, nas economias de mercado em todo o mundo, são os consumidores individuais e as firmas que decidem comprar coisas – em casa ou no exterior. Com suas ações conjuntas, eles determinam onde as coisas são produzidas e quem comercializa com quem, ou seja, a promessa da teoria de Ricardo é atingida por meio dos mercados. As pessoas apenas têm de fazer o que fazem naturalmente: comprar produtos ao menor preço. Sem saber, elas estão promovendo o sonho de Ricardo.

Vamos ver como isso funciona. Na ausência de comércio, os preços dos bens dentro de um país vão refletir seus custos domésticos de oportunidade. Se a produção de mais um computador nos Estados Unidos exigir o sacrifício de dois ternos, o preço de um computador deverá ser aproximadamente duas vezes maior que o preço de um terno.

Vamos imaginar a situação antes que a comercialização entre os dois países comece. Suponhamos que os preços em cada país sejam precisamente iguais aos custos de produção de cada país, conforme determinado antes, na Tabela 2. Esses preços são mostrados novamente na Tabela 6, em negrito. Por enquanto, ignore os preços entre parênteses.

Agora, suponha que seja permitida a abertura do comércio entre os dois países. Considere a decisão de um consumidor dos Estados Unidos que pode escolher comprar ternos e computadores em qualquer um dos países. Para comprar bens dos produtores chineses, os americanos devem pagar em iuanes. A fim de obter essa moeda, os americanos devem ir ao *mercado de câmbio estrangeiro* e trocar seus dólares por iuanes na **taxa de câmbio** atual – a taxa na qual uma moeda pode ser trocada por outra. Vamos imaginar que a taxa de câmbio seja de oito iuanes por dólar.

Taxa de câmbio A quantidade de uma moeda que é trocada por uma unidade de outra moeda.

Com essa taxa de câmbio, um americano pode comprar um terno feito na China, com preço de 2.000 iuanes, trocando $250 dólares por 2.000 iuanes e, em seguida, comprando o terno. Assim, para o americano, o *preço em dólar de um terno chinês* é de $250 que aparece entre parênteses abaixo do preço em iuanes. De maneira semelhante, o preço em dólar de um computador chinês de 10.000 iuanes é de $1.250 dólares – também entre parênteses.

Examinando a Tabela 6, você pode ver que, para um americano, ternos da China a $250 dólares são mais baratos que ternos dos Estados Unidos a $500 dólares, *por isso os americanos vão preferir comprar ternos da China.* Quando

Tabela 6

PREÇOS NA CHINA E NOS ESTADOS UNIDOS, COM UMA TAXA DE CÂMBIO DE 8 CNY PARA $1

	Por Terno	Por Computador
China	**2.000 CNY** ($250)	**10.000 CNY** ($1.250)
Estados Unidos	**$500** (4.000 CNY)	**$1.000** (8.000 CNY)

falamos de computadores, chegamos à conclusão oposta: um computador dos Estados Unidos a $1.000 dólares é mais barato que um computador chinês a $1.250 dólares e por essa razão os *americanos vão preferir comprar computadores dos Estados Unidos.*

Agora, pegue o ponto de vista de um consumidor chinês que possa comprar bens americanos ou chineses. Para comprar bens americanos, os consumidores da China precisaram de dólares que eles podem obter pela taxa de câmbio atual: oito iuanes para um dólar. A última linha da tabela (com números entre parênteses) apresenta os preços dos bens americanos em iuanes. Para um comprador chinês, ternos chineses a 2.000 iuanes são mais baratos que ternos americanos a 4.000 iuanes e computadores americanos a 8.000 iuanes são mais baratos que computadores chineses a 10.000 iuanes. Portanto, *um chinês, bem como um americano, vai preferir comprar computadores dos Estados Unidos e ternos da China.*

Suponha agora que o comércio com ternos e computadores, proibido anteriormente, esteja aberto. Todos comprariam ternos na China e computadores nos Estados Unidos e o processo de especialização começaria, de acordo com a vantagem comparativa. Os fabricantes de ternos chineses expandiriam sua produção, enquanto os fabricantes de computadores chineses sofreriam perdas, demitiriam trabalhadores e até deixariam a indústria. Na China trabalhadores desempregados da indústria de computadores encontrariam emprego na indústria de ternos. Alterações análogas ocorreriam nos Estados Unidos, à medida que a produção de computadores expandisse. Essas mudanças nos padrões de produção continuariam até que a China se especializasse na produção de ternos e os Estados Unidos se especializassem na produção de computadores, ou seja, até que cada país produzisse de acordo com sua vantagem comparativa.

O exemplo ilustra uma conclusão geral:

> *Quando os consumidores são livres para comprar pelos menores preços, eles naturalmente comprarão um bem do país que tiver uma vantagem comparativa na produção desse bem. As indústrias desse país respondem produzindo mais desse bem e menos de outros. Dessa maneira, os países tendem, naturalmente, a se especializarem nos bens nos quais eles possuem uma vantagem comparativa.*[1]

[1] Você pode se sentir perturbado sobre a maneira como chegamos a essa conclusão: simplesmente *afirmamos* que a taxa de câmbio era de oito iuanes por dólar. E se tivéssemos escolhido outra taxa de câmbio? Com um pouco de trabalho, você pode verificar que, com qualquer taxa de câmbio entre quatro iuanes por dólar e dez iuanes por dólar, a conclusão ainda permanecerá: os países produzirão, automaticamente, de acordo com sua vantagem comparativa. Além disso, você pode verificar que, se a taxa de câmbio fosse *além* desses limites, os residentes dos dois países desejariam comprar as duas mercadorias de apenas um país. Isso modificaria a demanda por iuanes e forçaria a taxa de câmbio de volta para entre oito iuanes por dólar e quatro iuanes por dólar.

ALGUMAS CONDIÇÕES IMPORTANTES

Examine novamente as Tabelas 3 e 4 (páginas 552 e 553). Lá, você viu como uma pequena alteração na produção – com a China se deslocando na direção dos ternos e os Estados Unidos na direção dos computadores – aumentou a produção mundial dos dois bens. Se isso puder acontecer uma vez, por que não mais uma? E mais uma? E mais uma? Na realidade, o exemplo simples parece sugerir que os países se especializassem *completamente*, produzindo *apenas* os bens nos quais tenham uma vantagem comparativa. Parece, também, que a China deveria sair *completamente* da produção de computadores e os Estados Unidos deveriam sair *completamente* da produção de ternos.

O mundo real, no entanto, é mais complicado que os exemplos simplificados podem sugerir. Apesar dos custos de oportunidade divergentes, algumas vezes *não* faz sentido dois países comercializarem entre si ou pode fazer sentido comercializar, mas *não* se especializar completamente. A seguir, veja algumas considerações do mundo real que podem levar a uma redução do comércio ou a uma incompleta especialização.

Custos de Comercialização. Se houver altos custos de transporte ou altos custos para fazer negociações entre fronteiras nacionais, o comércio poderá ser reduzido e até mesmo tornar-se inacessível. Altos custos de transporte são especialmente importantes para bens perecíveis como sorvetes que devem ser enviados congelados e para a maioria dos serviços pessoais como cortes de cabelo, exames oftalmológicos e refeições em restaurantes. Nenhum deles é geralmente comercializado internacionalmente. (Imagine o custo da viagem para um cabeleireiro americano que quisesse vender um penteado para um residente da China.)

Os custos de fazer negociações são, geralmente, maiores para o comércio internacional que para o comércio dentro de fronteiras domésticas. Por um motivo, leis diferentes devem ser levadas em consideração. Além disso, existem diferentes costumes comerciais e de marketing para serem dominados. Os altos custos de transporte e os altos custos de fazer negócios ajudam a explicar por que os países continuam a produzir alguns bens nos quais não têm uma vantagem comparativa e por que não há especialização completa no mundo.

Um custo final do comércio internacional surge da necessidade de trocar moeda doméstica por moeda estrangeira. No comércio internacional, importadores e exportadores, geralmente, correm algum risco de mudança na taxa de câmbio. Por exemplo, suponha que um importador americano de ternos da China concorde em pagar, com antecedência, 100.000 iuanes por um carregamento de ternos. No momento em que o acordo é feito, a taxa de câmbio é de oito iuanes por dólar, por isso o importador sabe que o carregamento custará $12.500 dólares. Suponha que, antes do pagamento, a taxa de câmbio seja alterada para cinco iuanes por dólar. O carregamento de ternos – pelo qual o importador ainda deve pagar 100.000 iuanes – custará a ele 20.000 dólares. O aumento nos custos pode acabar com os lucros do importador ou até mesmo fazer com que ele perca dinheiro no carregamento.

É interessante observar que os países podem trabalhar para reduzir o custo da comercialização. Na realidade, esse foi o principal motivo por trás da criação de uma moeda nova e única – o *euro* – para ser compartilhada por 11 países europeus, incluindo França, Alemanha, Holanda e Itália. O euro foi introduzido no comércio no início de 1999. Em julho de 2002, as moedas nacionais separadas dos países da "Eurolândia" deixam gradativamente de existir e o franco francês, a lira italiana e o marco alemão, além de várias outras moedas nacionais, se tornarão relíquias do passado. A mudança para uma moeda única eliminou todos os custos e riscos das transações de câmbio estrangeiro do comércio intra-europeu. Isso está permitindo que esses países europeus se especializem mais completamente, de acordo com sua vantagem comparativa e aumentem ainda mais os ganhos com o comércio.

Tamanho dos Países. O primeiro exemplo apresentava duas grandes economias capazes de satisfazer completamente às demandas uma da outra. Algumas vezes, países muito grandes, como os Estados Unidos, comercializam com um muito pequeno, como Tonga, país em uma ilha do Pacífico. Se o país menor se especializasse completamente, sua produção seria pequena para atender plenamente à demanda do maior. O país maior continuaria a produzir os dois bens e se especializaria apenas no sentido de produzir *mais* de seu bem de vantagem comparativa – em vez de *nada além* desse bem. O país menor se especializaria completamente. Isso ajuda a explicar por que os Estados Unidos continuam a produzir bananas, embora o com um custo de oportunidade muito maior que muitos pequenos países latino-americanos.

Aumento do Custo de Oportunidade. Em todas as nossas tabelas, consideramos constante o custo de oportunidade, à medida que a produção era alterada. Por exemplo, na Tabela 2, o custo de oportunidade de um terno na China é de $1/5$ de um computador – independentemente de quantos ternos ou computadores sejam fabricados na China. Normalmente, no entanto, o custo de oportunidade de um bem aumenta à medida que mais dele é produzido. (Por quê? É aconselhável revisar a lei do custo de oportunidade crescente, no Capítulo 2.) Nesse caso, cada etapa do caminho para a especialização alteraria o custo de oportunidade. Um ponto poderia ser atingido – antes da completa especialização – no qual os custos de oportunidade tornariam-se *iguais* nos dois países e não haveria maiores ganhos mútuos com a comercialização. (Lembre-se: os custos de oportunidade devem *diferir* entre os dois países, para que o comércio seja mutuamente benéfico.) No fim, embora ocorresse a comercialização, não haveria especialização completa. Em vez disso, cada país produziria os dois bens, da mesma maneira que China e Estados Unidos produzem, cada um, ternos *e* computadores no mundo real.

Barreiras Governamentais ao Comércio. Os governos podem decretar barreiras à comercialização. Em alguns casos, essas barreiras aumentam os custos de comercialização e, em outros, elas tornam a comercialização impossível. Como esse é um tópico muito importante, consideraremos as barreiras impostas pelo governo à comercialização em uma seção separada, posteriormente, neste capítulo.

AS FONTES DA VANTAGEM COMPARATIVA

Acabamos de ver como os países podem se beneficiar com a especialização e o comércio quando possuem vantagens comparativas. Mas o que determina a vantagem comparativa em primeiro lugar? Em muitos casos, as respostas são

Tabela 7

EXEMPLOS DE ESPECIALIDADES NACIONAIS NO COMÉRCIO INTERNACIONAL

País	Especialidade Resultante de Recursos Naturais ou do Clima
Arábia Saudita	Petróleo
Canadá	Madeira
Estados Unidos	Grãos
Espanha	Óleo de oliva
México	Tomates
Jamaica	Minério de alumínio
Itália	Vinho
Israel	Frutas cítricas
	Especialidade Não Baseada em Recursos Naturais ou no Clima
Japão	Carros, aparelhos eletrônicos de consumo
Estados Unidos	Softwares, filmes, músicas
Suíça	Relógios
Coréia	Aço, navios
Hong Kong	Têxteis
Grã-Bretanha	Serviços financeiros

as diferenças em recursos naturais. A parte superior da Tabela 7 contém alguns exemplos. A Arábia Saudita possui uma vantagem comparativa na produção de petróleo porque tem campos de com bilhões de barris de petróleo que podem ser extraídos a baixo custo. O Canadá é um importante exportador de madeira, pois seu clima e sua geografia tornam sua terra mais adequada ao cultivo de árvores que de outras culturas. O Canadá é um bom exemplo de vantagem comparativa sem vantagem absoluta – cultiva muita madeira não porque possa fazê-lo utilizando menos recursos que outros países, mas porque sua terra é ainda menos adequada para o cultivo de outras culturas.

A parte inferior da Tabela 7 apresenta exemplos de especialização internacional nos quais a vantagem comparativa surge de alguma *outra* causa que não sejam os recursos naturais. O Japão tem uma enorme vantagem comparativa na fabricação de automóveis – mais de 40% dos automóveis do mundo são fabricados lá. Esse número seria ainda maior se não houvesse leis limitando a importação de carros japoneses na Europa. Ainda assim, nenhum dos recursos naturais necessários para fabricar carros está disponível no Japão, já que o minério de ferro, o carvão e o petróleo que fornecem os ingredientes básicos para os carros são todos importados.

Os países geralmente se especializam em produtos baseados em suas próprias fontes de recursos naturais. Mas recursos naturais não são a única base para a vantagem comparativa.

Explicar as origens das especialidades na parte inferior da Tabela 7 não é fácil. Por exemplo, se você pensa que sabe por que o Japão domina completamente o mercado mundial para videocassetes e outros produtos eletrônicos de consumo – vamos supor, alguma capacidade única de produção em massa de produtos de precisão – certifique-se de ter uma explicação para o fato de o Japão estar em um distante segundo lugar em impressoras de computador. A firma que domina o mercado de impressoras – a Hewlett-Packard – é americana. Além disso, a habilidade de produção em massa de produtos de alta qualidade não é exclusiva do Japão, conforme a Suíça mostrou há muito tempo com o desenvolvimento de sua especialidade internacional em relógios.

Mesmo no canto mais remoto do mundo, carros, câmeras e videocassetes serão japoneses, filmes e músicas serão americanos, roupas serão de Hong Kong ou da China e os banqueiros serão da Grã-Bretanha. Embora não possamos explicar os motivos por trás das vantagens comparativas desses países, *podemos* explicar por que um país mantém sua vantagem comparativa após ter começado. O Japão, hoje, desfruta uma enorme vantagem comparativa em carros e aparelhos eletrônicos de consumo, em grande parte porque acumulou um estoque de capital – capital físico capital humano – bem adequado para a produção desses bens. O estoque de capital físico inclui as várias plantas de fabricação e de projetos que os japoneses construíram durante anos. O capital humano no Japão, porém, não é menos importante. Os gerentes japoneses sabem como antecipar as características que os compradores de carros e de produtos eletrônicos de amanhã desejarão no mundo todo. E os trabalhadores japoneses desenvolveram habilidades adaptadas para a produção desses produtos. Os estoques de capitais físico e humano no Japão sustentam sua vantagem comparativa praticamente da mesma maneira que os estoques de recursos naturais levam às vantagens comparativas em outros países. Muito provavelmente, o Japão continuará a ter uma vantagem comparativa em carros e produtos eletrônicos, bem como os Estados Unidos continuarão a ter uma vantagem comparativa na criação de filmes.

Os países geralmente desenvolvem fortes vantagens comparativas nos bens que produziram no passado, independentemente do motivo por que começaram a produzir esses bens.

POR QUE ALGUMAS PESSOAS FAZEM OBJEÇÃO AO LIVRE COMÉRCIO

Devido aos benefícios evidentes que os países podem obter especializando-se e comercializando, por que alguém faria objeção ao livre comércio internacional? Por que os mesmos governos que se uniram à OMC se voltam e criam obstáculos ao livre comércio? A resposta não é difícil: apesar do benefício da nação como um todo, alguns grupos dentro do país, no curto prazo, provavelmente perderão com o livre comércio, mesmo enquanto outros ganharem muito. Infelizmente, em vez de encontrar maneiras de compensar os perdedores – melhorá-los também – geralmente permitimos que eles bloqueiem as políticas de livre comércio. O modelo simples de oferta e demanda ajuda a ilustrar essa história.

No primeiro exemplo, depois que o comércio se abre, a China exporta ternos e os Estados Unidos os importam. A Figura 1 ilustra o impacto no mercado de ternos nos dois países. Para manter as coisas simples, converteremos em dólares o preço de ternos na China, para medirmos os preços em dólar no eixo vertical dos dois painéis.

Encontrar o Equilíbrio

Antes de o comércio ser aberto, o mercado chinês de ternos está em equilíbrio no ponto *E*, com o preço igual a P_S ("sem comércio ") e a quantidade igual a Q_S. O mercado de ternos nos Estados Unidos está em equilíbrio no ponto *F*, com preço P'_S e quantidade Q'_S. Observe que, antes que o comércio seja aberto, o preço é menor na China – o país com uma vantagem comparativa em ternos.

O Que Acontece Quando as Coisas Mudam?

Com o comércio aberto, os americanos começarão a comprar ternos chineses, elevando seu preço. À medida que o preço na China aumenta de P_S para P_C

O IMPACTO DA COMERCIALIZAÇÃO **Figura 1**

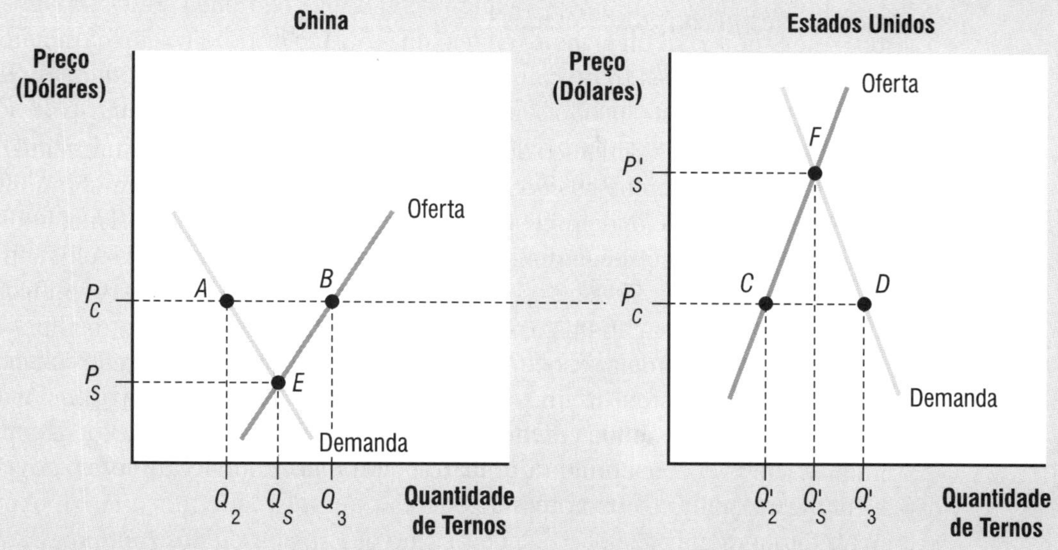

Antes do comércio, o mercado de ternos chinês está em equilíbrio no ponto *E*, e o mercado dos Estados Unidos está em equilíbrio no ponto *F*. Quando o comércio começa, os americanos compram os ternos chineses mais baratos, elevando seus preços. Em resposta, os fabricantes chineses aumentam a produção e os consumidores chineses reduzem suas compras. No preço de equilíbrio, P_C, os chineses compram Q_2 ternos, os americanos compram $Q_3 - Q_2$ ternos chineses e a quantidade total de ternos chineses produzidos e vendidos é Q_3. A distância *CD*, que traz as importações americanas de ternos, é igual à distância *AB*, que mostra as exportações chinesas.

Como resultado da comercialização, os fabricantes de ternos chineses vendem mais ternos por um preço maior, mas os consumidores chineses pagam mais por seus ternos. Nos Estados Unidos, os fabricantes de ternos pioram, mas os compradores de ternos se beneficiam do menor preço.

("com comércio"), os produtores chineses elevam sua produção, deslocando-se de *E* para *B* ao longo da curva de oferta e os consumidores chineses reduzem suas compras, deslocando-se de *E* para *A* ao longo da curva de demanda. Isso parece criar um "excesso de oferta" de ternos na China igual a *AB*, mas não se trata, *na realidade*, de um excesso de oferta, pois *AB* é precisamente o número de ternos exportados para os Estados Unidos. Toda a produção de ternos – Q_3 – é comprada tanto por chineses como por americanos.

Consideremos agora os efeitos nos Estados Unidos. Lá, os consumidores estão mudando de ternos feitos nos Estados Unidos para ternos feitos na China. Com uma menor demanda pelos ternos dos Estados Unidos, seu preço cairá. Com o livre comércio, os Estados Unidos conseguirão comprar ternos chineses pelo mesmo preço que os chineses (ignorando os custos com transporte) e, portanto, o preço de ternos nos Estados Unidos deverá cair para P_C. Se o preço cair, os produtores de terno dos Estados Unidos reduzirão sua produção de *F* para *C* ao longo da curva de oferta e os consumidores dos Estados Unidos aumentarão suas compras de *F* para *D* ao longo da curva de demanda. Isso parece criar uma escassez de ternos nos Estados Unidos igual a *CD*, mas não é uma escassez: *CD* é precisamente o número de ternos importados da China.

Agora, vamos ver como diferentes grupos são afetados pela abertura do comércio.

O IMPACTO DO COMÉRCIO NO PAÍS EXPORTADOR

Quando o comércio é aberto para ternos, a China é o país exportador. Como os diferentes grupos são afetados?

- *Os produtores de terno e os trabalhadores chineses melhoram.* Antes do comércio internacional, os produtores vendiam Q_S ternos ao preço P_S e com a comercialização, eles vendem uma maior quantidade, Q_3, por um preço maior, P_C. Os trabalhadores da indústria ficam igualmente satisfeitos, certamente por causa de sua parte certa da bonança à medida que o número de trabalhadores demandados aumenta junto com o nível de produção. Tanto a gerência como os trabalhadores no setor de ternos da China são, provavelmente, favoráveis ao livre comércio.
- *Os compradores chineses de terno estão piores.* Por quê? Antes do comércio, eles compravam Q_S ternos pelo preço P_S e agora eles devem pagar o maior preço, P_C e consumir a menor quantidade, Q_2. Se o prejuízo for grande o suficiente, os consumidores podem se unir e fazer um lobby com o governo para restringir o livre comércio:

Quando a abertura do comércio resulta em mais exportações de um bem, os produtores do bem melhoram e sustentarão o aumento do comércio. Consumidores do bem ficarão piores e farão oposição ao aumento do comércio.

A história contada aqui não é hipotética. Um exemplo típico é fornecido pela agricultura americana, que por décadas exportou uma grande porcentagem de várias culturas para a antiga União Soviética. Os plantadores de trigo, centeio e milho fizeram tudo que podiam para promover esse comércio. Todos os tipos de pessoas em áreas de cultivo de grão, de vendedores de carros a vendedores de fertilizantes, estavam igualmente por trás do acordo comercial da Rússia, pois se beneficiavam indiretamente desse acordo. Os consumidores americanos, no entanto, reclamavam amargamente. Pães, cereais e farinha estavam mais caros. Também os ovos e os frangos, pois estes eram alimentados com grãos mais caros.

O IMPACTO DO COMÉRCIO NO PAÍS IMPORTADOR

Agora, vamos considerar o impacto do livre comércio de ternos nos Estados Unidos, o país importador. Mais uma vez, é fácil descobrir quem está feliz e quem está infeliz com a nova organização.

- *Os produtores de ternos e os trabalhadores americanos pioram.* Eles vendiam a quantidade Q'_S pelo preço P'_S, mas agora estão furiosos, pois vendem a menor quantidade, Q'_2, pelo menor preço, P_C. Os trabalhadores da indústria também sofrem, pois o número de trabalhadores demandados cai com o nível de produção. Tanto a gerência quanto os trabalhadores provavelmente farão oposição ao livre comércio.
- *Os compradores de ternos dos Estados Unidos melhoram.* Eles costumavam comprar a quantidade Q'_S pelo preço P'_S, mas agora pagam o menor preço, P_C, e consomem a maior quantidade, Q'_3. Os consumidores dos Estados Unidos favorecerão o livre comércio:

Tabela 8

ATITUDES NA DIREÇÃO DO LIVRE COMÉRCIO

	Em Setores de Exportação que Desfrutam Vantagem Comparativa	Em Setores de Importação que Sofrem de Desvantagem Comparativa
Em favor da comercialização	Proprietários de firmas, trabalhadores	Consumidores
Anticomercialização	Consumidores	Proprietários de firmas, trabalhadores

Quando a abertura do comércio resulta em aumento nas importações de um produto, os produtores domésticos do produto pioram e farão oposição ao aumento do comércio. Os consumidores melhoram e serão favoráveis a um crescimento do comércio.

Essa história também não é hipotética, como um exemplo da metade da década de 90 ilustra. Um fabricante de roupas ucraniano produzia casacos femininos elegantes e de alta qualidade e os vendia nos Estados Unidos. Com o preço dos casacos entre $89 e $139, mais de um milhão deles foram vendidos. Quando os fabricantes americanos de casacos reclamaram sobre o novo concorrente, o governo dos Estados Unidos interveio. Uma rígida limitação à importação acabou com metade das importações ucranianas em 1995. Além disso, os Estados Unidos aplicaram um imposto de 21,5% sobre os casacos ofensores. Os interesses dos fabricantes de casacos prevaleceram, com relação aos interesses dos consumidores de casacos dos Estados Unidos.

ATITUDES NA DIREÇÃO DO LIVRE COMÉRCIO: UM RESUMO

Nos exemplos, estamos discutindo o impacto do livre comércio de ternos. Poderíamos contar a mesma história sobre o livre comércio de computadores. Nesse caso, os Estados Unidos teriam o papel de exportador e a China seria o importador. Entretanto, as conclusões sobre os impactos a respeito dos diferentes grupos nos países exportadores e importadores permaneceriam as mesmas e também permaneceriam as conclusões sobre quem favorece e quem faz oposição ao livre comércio. A Tabela 8 resume a atitude em relação à comercialização que podemos esperar desses diferentes grupos.

COMO O LIVRE COMÉRCIO É RESTRITO

Até agora, neste capítulo, você viu que a especialização e a comercialização, de acordo com a vantagem comparativa, podem melhorar consideravelmente o bem-estar de países inteiros. É por isso que os governos geralmente favorecem o livre comércio. Ainda assim, o comércio internacional pode, no curto prazo, prejudicar grupos específicos de pessoas. Esses grupos geralmente fazem lobby com seu governo para restringir o livre comércio.

Quando os governos decidem acomodar os oponentes do livre comércio, eles podem utilizar um destes dispositivos para restringir o comércio: tarifas ou cotas.

O Que Acontece Quando as Coisas Mudam?

Tarifa Um imposto sobre importações.

TARIFAS

Uma **tarifa** é um imposto sobre bens importados. Pode ser fixada em quantidade de dólar por unidade física ou pode ser uma porcentagem do valor do bem. Nos dois casos, o efeito no país que impõe a tarifa é semelhante.

A Figura 2 ilustra os efeitos de uma tarifa do governo dos Estados Unidos sobre os ternos chineses. Inicialmente, antes que a tarifa seja imposta, o preço dos ternos nos dois países é P_C e a China exporta *AB* deles, enquanto os Estados Unidos importam o mesmo número (representado pela distância *CD* no mercado americano). Agora, suponha que os Estados Unidos imponham uma tarifa sobre os ternos chineses. Como ficará mais caro, para os fabricantes de terno chineses, vender ternos nos Estados Unidos, eles deslocarão um pouco da sua produção de volta para o mercado doméstico na China. Nos Estados Unidos, pelo preço antigo, P_C, essa redução na oferta de ternos *criará* uma escassez, mas – como sabemos – escassezes forçam o preço para cima. No diagrama, o preço nos Estados Unidos aumentará para P_3. À medida que o preço se elevar, a quantidade de ternos fornecida domesticamente aumentará e a quantidade demandada domesticamente diminuirá. As importações nos Estados Unidos serão reduzidas, de acordo com isso, para *KL*. Na China, as vendas de ternos anteriormente exportados reduzirão o preço para P_2. Observe que – no equilíbrio final, com o preço nos Estados Unidos igual a P_3 e o preço na China igual a P_2 – as importações nos Estados Unidos (*KL*) e as exportações chinesas (*HJ*) serão iguais, ou seja, cada terno chinês não comprado por um consumidor chinês será comprado por um consumidor americano. Como você pode ver, os consumidores americanos vão piorar – eles pagarão um preço maior por menos ternos. Os produtores americanos, por outro lado, vão melhorar muito: venderão mais ternos por um preço maior. Na China, o impacto será o oposto:

Figura 2

OS EFEITOS DE UMA TARIFA SOBRE TERNOS

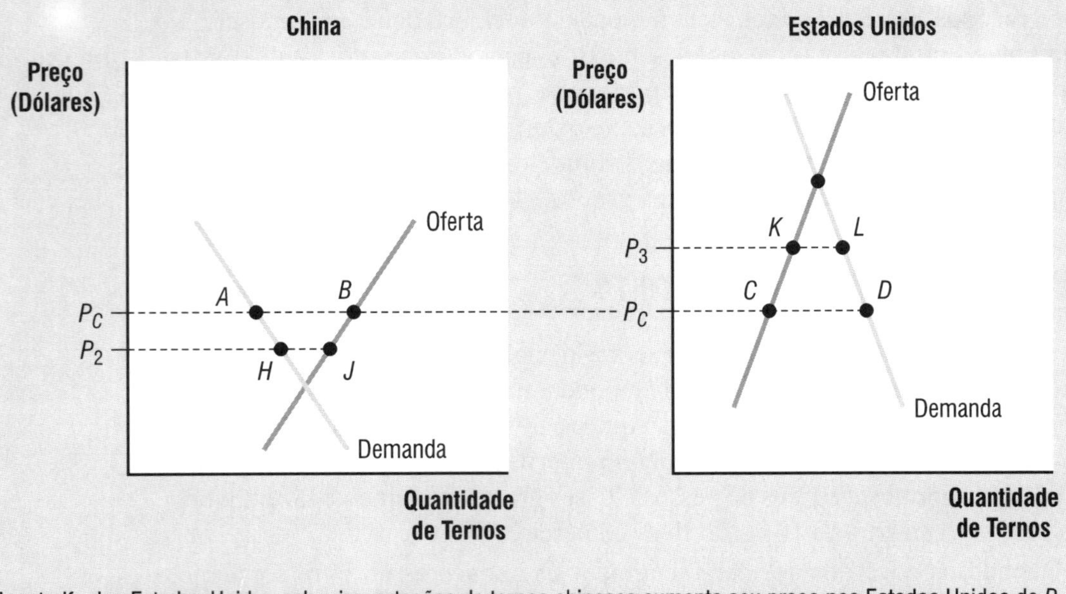

Uma tarifa dos Estados Unidos sobre importações de ternos chineses aumenta seu preço nos Estados Unidos de P_C para P_3. Como resultado dessa elevação, as importações nos Estados Unidos caem para *KL*, que é igual às exportações chinesas, *HJ*. Com menos ternos produzidos, o preço na China cai para P_2.

o preço do terno cairá, portanto, os produtores chineses perderão e os consumidores chineses ganharão.

Sabemos também que, como o volume de comércio diminuirá, os ganhos com o comércio, de acordo com a vantagem comparativa, também serão reduzidos. Os dois países, como um todo, vão piorar, como resultado da tarifa:

As tarifas reduzem o volume do comércio e aumentam os preços domésticos de bens importados. No país que impõe a tarifa, os produtores ganham e os consumidores perdem. Mas o mundo como um todo perde, pois as tarifas reduzem o volume de comércio e, portanto, reduzem os ganhos com o comércio.

COTAS

O Que Acontece Quando as Coisas Mudam?

Cota Um limite no volume físico de importações.

Uma **cota** é um decreto do governo que limita as importações de um bem a uma quantidade física máxima – 500.000 casacos ucranianos por ano, por exemplo. Como o objetivo é restringir as importações, uma cota é definida abaixo do nível de importações que ocorreriam no livre comércio. Seus efeitos gerais são precisamente os mesmos que os de uma tarifa.

A Figura 2, que utilizamos para ilustrar as tarifas, também pode ser utilizada para analisar o impacto de uma cota. Nesse caso, consideramos que o governo dos Estados Unidos simplesmente decreta que permitirá a entrada *KL* de ternos no país e que ele consegue impor essa cota. Mais uma vez, o preço de mercado nos Estados Unidos aumentará para P_3. (Por quê? Por qualquer preço menor que P_3, as importações totais de *KL* mais a quantidade doméstica ofertada – dada pela curva de oferta – seriam menores que a quantidade demandada. Isso faria o preço se elevar.) E mais uma vez, a redução nas importações dos Estados Unidos se transformará em uma redução das exportações chinesas – para *HJ*. Os mercados de ternos dos dois países acabarão exatamente no mesmo lugar em que estariam se os Estados Unidos tivessem imposto uma tarifa que ampliasse o preço nos Estados Unidos para P_3.

A discussão anterior parece sugerir que as tarifas e as cotas são a mesma coisa. Embora os preços nos dois países possam acabar no mesmo nível com uma tarifa ou uma cota, existe uma diferença importante entre essas duas políticas de restrição comercial. Uma tarifa, afinal, é um imposto sobre bens importados. Quando um governo impõe uma tarifa, ele obtém alguma receita toda vez que um bem é importado. (Veja se pode determinar a quantidade de receita de tarifas na Figura 2.) Essa receita pode ser utilizada para financiar programas do governo ou reduzir impostos, para benefício do país como um todo. Quando um governo impõe uma cota, contudo, ele não ganha nenhuma receita.

As cotas têm efeitos semelhantes aos das tarifas – reduzem a quantidade de importações e aumentam os preços domésticos. Embora as duas medidas ajudem os produtores domésticos, elas reduzem os benefícios da comercialização para o país como um todo. No entanto, uma tarifa tem um objetivo por trás: maior receita para o governo.

Os economistas, que geralmente se opõem a medidas como cotas e tarifas para restringir o comércio, argumentam que, se um desses dispositivos tiver de ser utilizado, as tarifas são a melhor escolha. Embora as duas políticas sejam capazes de reduzir os ganhos que os países podem desfrutar com a especialização e a comercialização entre si, a tarifa fornece alguma compensação na forma de receita adicional para o governo.

PROTECIONISMO

Protecionismo A crença de que as indústrias de uma nação devem ser protegidas da concorrência estrangeira.

Este capítulo resumiu os *ganhos* que surgem com o comércio internacional, mas também resumiu alguns dos *sofrimentos* que esse comércio pode provocar em diferentes grupos dentro de um país. Embora o país como um todo se beneficie, alguns cidadãos do país exportador e do país importador podem ser prejudicados. Os grupos que sofrem com a comercialização com outros países desenvolveram vários argumentos contra o livre comércio. Juntos, esses argumentos formam uma posição conhecida como **protecionismo** – a crença de que os setores de uma nação devem ser *protegidos* do livre comércio com outros países. Alguns argumentos protecionistas são um tanto sofisticados e exigem consideração cuidadosa. Consideraremos alguns deles um pouco mais tarde. Grupos anticomércio, por outro lado, também promulgaram vários mitos para sustentar suas crenças protecionistas. Vamos considerar alguns desses mitos.

MITOS SOBRE O LIVRE COMÉRCIO

"UM PAÍS DE ALTOS SALÁRIOS NÃO PODE PERMITIR O LIVRE COMÉRCIO COM UM PAÍS DE BAIXOS SALÁRIOS. O PAÍS DE ALTO SALÁRIO TERÁ O PREÇO DE TODOS OS SEUS BENS SUBESTIMADOS E PERDERÁ TODAS AS SUAS INDÚSTRIAS OU, CASO CONTRÁRIO, SEUS TRABALHADORES TERÃO DE ACEITAR SALÁRIOS E PADRÕES DE VIDA TAMBÉM IGUALMENTE BAIXOS."

É verdade que alguns países têm salários muito maiores que outros. Aqui estão números dos salários médios por hora, incluindo benefícios como férias pagas e seguro-saúde: Alemanha, \$28,28; Japão, \$19,37; Estados Unidos, \$18,24; Coréia, \$7,22; México, \$1,75; menos de um dólar na Rússia, na China e na Índia. Como você pode ver, os países mais ricos e mais desenvolvidos possuem salários muito maiores que os países mais pobres e menos desenvolvidos. (O diferencial de salário entre os Estados Unidos e a China, por exemplo, é, na realidade, de cerca de 20 para 1 – muito maior que o diferencial de 5 para 1 que utilizamos em nossas tabelas.) Isso leva ao medo de os países mais pobres conseguirem cobrar preços baixos pelos seus bens, deixando os trabalhadores americanos sem emprego, a menos que eles também concordem em trabalhar por baixos salários.

Esse argumento é incorreto por dois motivos. Primeiro, é verdade que os trabalhadores americanos recebem mais que os chineses, mas isso ocorre porque o trabalhador médio americano é mais *produtivo* que seu equivalente chinês. Afinal, a força de trabalho americana estuda mais e as firmas americanas fornecem a seus trabalhadores maquinaria mais sofisticada que as firmas chinesas. Se um americano pudesse produzir 80 vezes a produção de um trabalhador chinês em uma hora, embora os salários nos Estados Unidos possam ser aproximadamente 50 vezes maiores, o custo *por unidade* produzida ainda seria menor nos Estados

Unidos. Isso é refletido no exemplo nas Tabelas 5 (página 554) e 6 (página 556). Se você olhar atentamente, verá que, embora os trabalhadores americanos recebam mais que seus equivalentes chineses, eles podem produzir um computador com uma quantidade muito menor de trabalho, de forma que os custos de trabalho por computador são realmente menores nos Estados Unidos.

Suponha, todavia, que o custo por unidade *seja* menor na China. Assim, há outro argumento ainda, mais básico, contra o medo de uma perda geral de empregos ou de queda geral nos salários nos Estados Unidos: vantagem comparativa. Vamos pegar um caso extremo. Imagine que a produtividade do trabalho seja a mesma nos Estados Unidos e na China, de modo que a China – com menores salários – possa produzir *tudo* mais barato que os Estados Unidos. Os dois países ainda ganharão, se a China se especializar em produtos nos quais sua vantagem de custo seja relativamente grande e os Estados Unidos se especializarem em bens nos quais a vantagem de custo da China seja relativamente pequena. Ou seja, embora a China tenha uma vantagem absoluta em tudo, os Estados Unidos ainda terão uma vantagem comparativa em algumas coisas. Os ganhos mútuos com o comércio surgirão não da vantagem absoluta, mas da vantagem comparativa.

"UM PAÍS DE BAIXA PRODUTIVIDADE NÃO PODE PERMITIR O LIVRE COMÉRCIO COM UM PAÍS DE ALTA PRODUTIVIDADE. O PRIMEIRO SERÁ DERROTADO PELO OUTRO E PERDERÁ TODAS AS SUAS INDÚSTRIAS."

Esse argumento é o outro lado do primeiro mito. Aqui, o país mais pobre e menos desenvolvido é, supostamente, prejudicado pelo comércio com um país mais rico. Esse mito, como o primeiro, confunde a vantagem absoluta com a vantagem comparativa. Se o país de alta produtividade (por exemplo, os Estados Unidos) pudesse produzir *todos* os bens com menos recursos que o país de baixa produtividade (por exemplo, a China), o país de baixa produtividade *ainda* teria uma vantagem comparativa em *alguns* bens. Ele ganharia, então, produzindo esses bens e comercializando com o país de alta produtividade. Esse é o caso em nosso exemplo, dê uma olhada na Tabela 5 e lembre-se de que os Estados Unidos possuem uma vantagem absoluta nos dois exemplos, ainda que – como vimos – o comércio beneficie os dois países.

Para tornar esse ponto ainda mais claro, vamos trazê-lo mais próximo de casa. Imagine que exista uma cidade pequena e pobre nos Estados Unidos, com trabalhadores que sejam, relativamente, pessoas sem estudo e que trabalhem com pouco equipamento essencial, por isso apresentam produtividade muito baixa. Os residentes dessa cidade melhorariam bloqueando suas fronteiras e não comercializando com o restante dos Estados Unidos, que têm uma produtividade maior? Antes de responder, pense no que isso significaria: os residentes da cidade pobre teriam de produzir tudo sozinhos – cultivar seus próprios alimentos, fabricar seus próprios carros e aparelhos de televisão e, até mesmo, fornecer sua própria diversão. Obviamente, eles iriam piorar no isolamento. O que é verdade *dentro* de um país também é verdade *entre* diferentes países: o fechamento do comércio piora um país como um todo, independentemente de seu nível de salários ou de sua produtividade. Mesmo um país de baixa produtividade melhora comercializando com outros países.

"OS TRABALHADORES AMERICANOS NÃO QUALIFICADOS VÊM SOFRENDO POR CAUSA DO COMÉRCIO EM FREQÜENTE EXPANSÃO ENTRE OS ESTADOS UNIDOS E OUTROS PAÍSES."

Verdade seja dita, os trabalhadores não qualificados perderam terreno de 1980 para o início de 1990, por *algum* motivo. Os trabalhadores com curso universitário vêm desfrutando maior poder de compra com seus ganhos, enquanto os que têm apenas segundo grau perderam cerca de 25% de seu poder de compra de 1980. A culpa dessa tendência adversa tem sido colocada no aumento do comércio com países de baixos salários.

Antes que você chegue a alguma conclusão, vamos olhar mais de perto. A discussão anterior neste capítulo nos informa onde procurar efeitos que ocorram por meio do comércio. Se a abertura do comércio prejudicar trabalhadores pouco qualificados nos Estados Unidos, isso será feito da redução dos preços de produtos que empregam muitos desses trabalhadores. Por exemplo, se os Estados Unidos foram recentemente inundados com roupas baratas, veremos um relativo declínio dos preços das roupas nesse país e reduções nos ganhos entre trabalhadores da indústria de roupas que, geralmente, não são qualificados. Um estudo recente que tem essa abordagem não encontrou quase nenhuma alteração nos preços relativos de produtos nesse país que emprega muitos trabalhadores não qualificados. Estudos que têm outras abordagens encontraram apenas efeitos modestos. Em geral, os economistas que examinaram a relação entre mudanças nos padrões de comércio e os ganhos rebaixados de trabalhadores americanos não qualificados concluíram que o comércio estrangeiro é um pequeno contribuidor.[2]

ARGUMENTOS SOFISTICADOS PARA A PROTEÇÃO

Embora a maioria dos argumentos protecionistas que lemos na mídia sejam baseados em uma falta de compreensão da vantagem comparativa, alguns argumentos mais recentes para proteger as indústrias domésticas são baseados em um entendimento mais sofisticado de como os mercados funcionam. Esses argumentos se tornaram coletivamente conhecidos como *política de comercialização estratégica*. De acordo com seus proponentes, um país pode ganhar em algumas circunstâncias auxiliando certas indústrias "estratégicas" que beneficiam a sociedade como um todo, mas que não conseguem crescer em um ambiente de livre comércio.

A política de comércio estratégico é mais efetiva quando um mercado é dominado por algumas grandes firmas.[3] Com poucas firmas, as forças de competição – que comumente reduzem os lucros de um setor para níveis muito baixos – não operam. Portanto, cada firma do setor pode obter altos lucros. Esses lucros beneficiam não somente os proprietários da firma, mas também o país de maneira mais geral, já que o governo conseguirá obter algum lucro

---

2 Os estudos incluem "Trade and U.S. Wages: Giant Stucking Sound or Small Hiccup?" de LAWRENCE, Robert Z.; SLAUGHTER, Matthew J. *Brookings Papers on Economic Activity:* Microeconomics, *2*:1993, pp. 161-210; e SACHS, Jeffrey D.; SHATZ, Howard J. "Trade and Jobs in U.S. Manufacturing", *Brookings Papers on Economic Activity, 1*:1994, pp. 1-84.

3 Por que pode haver apenas algumas firmas em um mercado? No Capítulo 8, você viu alguns dos motivos. Eles incluem economias de escala, barreiras legais (como proteção de patentes) e comportamento estratégico da parte de firmas existentes, para manter fora os concorrentes.

com os impostos sobre os lucros corporativos. Quando um governo ajuda uma indústria a concorrer internacionalmente, ele aumenta a probabilidade de que altos lucros – e os benefícios gerais resultantes – serão deslocados de um país estrangeiro para seu próprio país. Assim, a interferência no livre comércio – por meio de cotas, tarifas ou até mesmo um subsídio direto às firmas domésticas – pode, na realidade, beneficiar o país como um todo.

Um argumento relacionado com a política de comércio estratégico é o *argumento da indústria nascente*. Esse argumento começa com uma simples observação: a fim de desfrutar todos os benefícios do comércio, os mercados devem alocar recursos na direção dos bens nos quais a nação tenha uma vantagem comparativa. Isso inclui não apenas mercados para recursos como trabalho e terra, mas também *mercados financeiros*, onde as firmas obtêm fundos para novos produtos. Mas, em alguns países – especialmente países em desenvolvimento – os mercados financeiros não funcionam muito bem. Sistemas legais deficientes ou informações incompletas sobre firmas e produtos podem impedir uma nova indústria de obter financiamento, apesar da possibilidade de o país ter uma vantagem comparativa nessa indústria após ela ter sido formada. Nesse caso, o auxílio do governo para a "indústria nascente" pode ser garantido até que a indústria seja capaz de "andar com suas próprias pernas".

A política de comércio estratégico e o auxílio a indústrias jovens são controversos. Os oponentes a essas idéias enfatizam os problemas:

1. Após o princípio de auxílio do governo a uma indústria ser aceito, grupos de interesses especiais de todos os tipos farão lobby para obter auxílio, quer beneficiem o público geral ou não.
2. Quando um país fornece auxílio a uma indústria mantendo bens estrangeiros de fora, outros países podem responder igualmente. Se eles responderem com tarifas e cotas próprias, o resultado serão uma redução no volume do comércio mundial e uma queda nos padrões de vida. Se forem utilizados subsídios para auxiliar uma indústria estratégica e outro país responder com seus próprios subsídios, os dois governos perderão receitas e nenhum ganhará os lucros procurados.
3. A política de comércio estratégico supõe que o governo tenha informações para determinar quais indústrias, jovens ou não, são verdadeiramente estratégicas e quais não são.

Ainda assim, os argumentos relacionados com a política de comércio estratégico sugerem que a proteção ou o auxílio do governo podem ser garantidos em algumas circunstâncias, mesmo se a colocação em prátca desse auxílio se provar difícil. Além disso, os argumentos ajudam a nos lembrar das condições nas quais o livre comércio é mais benéfico para um país:

> *A produção provavelmente refletirá o princípio da vantagem comparativa quando as firmas puderem obter fundos para projetos de investimento e quando puderem entrar livremente em indústrias lucrativas. Assim, o livre comércio, sem intervenção governamental, funciona melhor quando os mercados estão funcionando bem.*

Isso pode explicar, em parte, por que os Estados Unidos, onde os mercados funcionam relativamente bem, estão há décadas entre os mais fortes defensores do ideal do livre comércio.

Utilizando a TEORIA

RESTRIÇÕES AO COMÉRCIO NOS ESTADOS UNIDOS

Nenhum país tem um comércio completamente livre com o resto do mundo, pois todo governo limita o comércio, de uma maneira ou de outra. Apesar de sua atitude pró-comércio, os Estados Unidos restringiram as importações em muitos casos. Entre as restrições ao comércio atualmente impostas pelo governo dos Estados Unidos, estão estas:

- Firmas aéreas estrangeiras não podem transportar passageiros de um ponto a outro dentro dos Estados Unidos.
- A madeira canadense pode entrar nos Estados Unidos somente em quantidades limitadas.
- Importações de fibras e têxteis são estritamente limitadas.
- Importadores de muitos produtos têm de pagar tarifas.
- A quantidade de açúcar que pode ser importada é estritamente limitada e é muito menor do que ocorreria com o livre comércio.

Além disso, o governo geralmente toma medidas temporárias para limitar certos tipos de importações ou aumentar seus preços. Por exemplo, os Estados Unidos exigiram que o Japão limitasse as exportações de automóveis durante certos períodos e o governo exigiu que os fabricantes asiáticos de chips de memória de computador dobrassem os preços de seus produtos nos Estados Unidos por um tempo. Novamente, essas práticas, embora restritivas, não são tão severas como as de muitos outros governos: os fabricantes de carros japoneses vendem milhões de carros nos Estados Unidos, mas quase nenhum na Europa, onde existe uma proibição fixa às importações de seus carros.

Como vimos neste capítulo, a proteção beneficia os que fabricam o produto protegido, mas é ruim para os consumidores. Como resultado, existe um cabo de guerra entre os interesses dos consumidores e os interesses dos produtores. Geralmente, nos Estados Unidos, os consumidores ganham. Como tantas importações são permitidas no país livre de tarifas, a taxa média de tarifas nos Estados Unidos para todas as importações (que já chegou a 50%) foi reduzida para 3% na metade na década de 90. Assim, os consumidores dos Estados Unidos desfrutam os benefícios da importação de muitos produtos listados na Tabela 7 – óleo de oliva da Espanha, tomates do México e carros e videocassetes do Japão. Os consumidores também se beneficiam indiretamente quando os produtores domésticos compram insumos no exterior, como petróleo, alumínio, madeira e aço.

Na outra ponta do comércio, os consumidores americanos sofrem e os produtores ganham com algumas cotas persistentes como a cota de importação de açúcar. Como vimos na Figura 2, a cota sobre importações aumenta o preço para os residentes domésticos. Não é surpresa que o preço do açúcar nos Estados Unidos seja aproximadamente dez vezes maior que o preço no mercado mundial.

Cotas – como a cota do açúcar dos Estados Unidos – criam problemas próprios maiores. Primeiro, como a cota eleva os preços domésticos acima dos preços de qualquer lugar do mundo, os importadores têm um incentivo para comprar o bem no mercado internacional, violando a cota. A cota de açúcar dos Estados Unidos, por exemplo, tem de ser imposta pela "política do açúcar". Seu trabalho é garantir que boa parte do açúcar cultivado nos Estados Unidos seja exportada, em vez de vendida domesticamente. Caso contrário, esse açúcar eliminaria o diferencial de preço e reduziria o preço do açúcar nos Estados Unidos para o preço de livre comércio como P_C na Figura 2 (página 564). Dessa maneira, recursos valiosos – como o trabalho da polícia do açúcar – são utilizados para impor a cota.

Outro problema com a cota é como decidir quem importará o bem com restrições. Os importadores têm muito a ganhar, já que podem comprar pelo menor preço mundial e vender pelo preço doméstico, artificialmente alto. Uma abordagem lógica seria o governo leiloar tíquetes que permitam que o portador importe uma determinada quantidade do bem restrito. Em seguida, o governo receberia alguma receita com o leilão, tornando a cota semelhante a uma tarifa em seu impacto total. Essa abordagem, porém, nunca foi utilizada na prática. Em vez disso, o direito à importação é geralmente *concedido* pelo governo como no caso do açúcar.

O impacto das cotas, em geral, pode ser entendido com um exame atento do dano provocado pela cota do açúcar nos Estados Unidos:

1. Ela nega aos consumidores americanos os benefícios do livre comércio – a habilidade de comprar açúcar barato de países que possuem vantagens comparativas na produção de açúcar.
2. Ela reduz as rendas dos produtores de açúcar nos países, geralmente, pobres e tropicais que possuem vantagens comparativas na produção de açúcar.
3. A lacuna entre os preços nos Estados Unidos e os preços no mercado mundial cria um incentivo para atividades ilegais e devastadoras como contrabando de açúcar, corrupção da "polícia do açúcar" ou importação de doces para serem refinados novamente em açúcar. (Algumas pessoas estão realmente na prisão por desobedecer à cota de importação de açúcar.)
4. O poder do governo para conceder direitos de importação de açúcar faz as pessoas perderem recursos promovendo lobby por esses direitos e isso pode provocar corrupção dos funcionários do governo encarregados.
5. O governo não recebe a receita que poderia arrecadar.

Quem se beneficia da cota do açúcar? Um novo exame da Tabela 8 (página 563) fornece a resposta: os produtores e consumidores estrangeiros de açúcar. Mas, como o princípio da vantagem comparativa mostra, o mundo como um todo é o perdedor.

RESUMO

A especialização e o comércio internacional permitem que as pessoas no mundo todo desfrutem maior produção e maiores padrões de vida do que seria possível de outra maneira. Os benefícios do comércio internacional irrestrito podem remontar à idéia da vantagem comparativa. O comércio mutuamente benéfico é possível sempre que um país pode produzir um bem com um custo de oportunidade menor que o de seu parceiro comercial. Quando os custos de oportunidade diferem, os países podem se especializar de acordo com sua vantagem comparativa, comercializar uns com os outros e acabar consumindo mais.

Apesar dos benefícios líquidos para cada país como um todo, alguns grupos dentro de cada país perdem, enquanto outros ganham. Quando o comércio leva a mais exportações, os produtores domésticos ganham e os consumidores domésticos são prejudicados. Quando as importações aumentam com o resultado da comercialização, os produtores domésticos sofrem e os consumidores domésticos ganham. Os perdedores, geralmente, estimulam o governo a bloquear ou a reduzir o comércio por meio do uso de tarifas – impostos sobre bens importados – e cotas – limites sobre o volume de importações.

Uma variedade de argumentos foi proposta a favor do protecionismo. Alguns são claramente inválidos e falham em reconhecer o princípio de que os dois lados ganham quando os países comercializam de acordo com sua vantagem comparativa. Argumentos mais sofisticados para a restrição ao comércio podem ter mérito em certas circunstâncias. Esses argumentos incluem política comercial estratégica – a noção de que o governo deve auxiliar certas indústrias estratégicas – e a idéia de proteger indústrias "jovens" quando os mercados financeiros são imperfeitos.

PALAVRAS-CHAVE

exportações
vantagem comparativa
taxa de câmbio
cota
importações
termos de troca
tarifa
protecionismo
vantagem absoluta

QUESTÕES PARA REVISÃO

1. Descreva a teoria da vantagem comparativa.
2. Qual é a diferença entre a vantagem absoluta e a vantagem comparativa?
3. O que são termos de troca e por que eles são importantes?
4. Quais são as fontes de vantagem comparativa?
5. O que é uma tarifa? Quais são seus principais efeitos econômicos? Como uma cota difere de uma tarifa?
6. Quais argumentos têm sido feitos em favor do protecionismo? Quais deles podem ser válidos e em quais circunstâncias?
7. Liste as maneiras pelas quais uma cota sobre café importado prejudicaria a nação que a impusesse.

PROBLEMAS E EXERCÍCIOS

1. Suponha que os custos de produção de chapéus de inverno e trigo em dois países sejam estes:

	Por Chapéu de Inverno	Por Saca de Trigo
Estados Unidos	$10 dólares	$1 dólar
Rússia	5.000 rublos	2.500 rublos

   a. Qual é o custo de oportunidade da produção de mais um chapéu de inverno nos Estados Unidos? E na Rússia?
   b. Qual é o custo de oportunidade da produção de mais uma saca de trigo nos Estados Unidos? E na Rússia?
   c. Qual país tem uma vantagem comparativa nos chapéus de inverno? E no trigo?
   d. Construa uma tabela, semelhante à Tabela 3, que ilustre como uma alteração na produção de cada país aumentaria a produção mundial.
   e. Se a taxa de câmbio fosse de 1.000 rublos por dólar, a comercialização mutuamente

benéfica ocorreria? Em caso positivo, explique qual mecanismo induziria os produtores a exportar de acordo com a vantagem comparativa do seu país. Caso contrário, explique por que não e em que direção A taxa de câmbio seria modificada. (*Dica:* Construa uma tabela semelhante à Tabela 6.)

f. Responda às mesmas perguntas para uma taxa de câmbio de 100 rublos por dólar.

2. A tabela a seguir fornece informações sobre a oferta e a demanda para carne bovina no Paraguai e no Uruguai. (É aconselhável desenhar as curvas de oferta e de demanda para cada país para ajudá-lo a visualizar o que está acontecendo.)

Paraguai			Uruguai		
Preço	**Quantidade Ofertada**	**Quantidade Demandada**	**Preço**	**Quantidade Ofertada**	**Quantidade Demanda**
0	0	1.200	0	0	1.800
5	200	1.000	5	0	1.600
10	400	800	10	0	1.400
15	600	600	15	0	1.200
20	800	400	20	200	1.000
25	1.000	200	25	400	800
30	1.200	0	30	600	600
35	1.400	0	35	800	400
40	1.600	0	40	1.000	200
45	1.800	0	45	1.200	0

a. Na ausência de comercialização, qual é o preço e qual é a quantidade de equilíbrio no Paraguai? E no Uruguai?

b. Se os dois países começarem a comercializar, o que acontecerá ao preço da carne bovina? Quantas costelas de carne bovina serão compradas no Paraguai e quantas no Uruguai por esse preço?

c. Quantas costelas de carne bovina serão produzidas no Paraguai e quantas no Uruguai? Por que existe uma diferença entre a quantidade comprada e a quantidade produzida em cada país?

d. Quem se beneficia e quem perde com a abertura do comércio entre esses dois países?

3. Utilize os dados sobre oferta e demanda fornecidos na pergunta 2 para responder às questões a seguir:

a. Imagine que uma tarifa imposta no Uruguai tenha aumentado para $25 por costela o preço da carne importada do Paraguai. O que acontecerá ao consumo de carne bovina no Uruguai? E com a produção de carne bovina? Quanta carne bovina será importada do Paraguai?

b. Como a tarifa afetará o Paraguai? O que acontecerá ao preço da carne bovina depois que o Uruguai impuser sua tarifa? Como a produção doméstica e o consumo serão afetados?

c. Suponha, em vez disso, que o Uruguai tenha imposto uma cota sobre a importação de carne bovina do Paraguai – apenas 200 costelas de carne bovina podem ser importadas por ano. O que acontecerá ao preço da carne bovina no Uruguai? O que acontecerá ao consumo de carne bovina no Uruguai? O que acontecerá com a produção de carne bovina?

d. Como a cota afetará o Paraguai? O que acontecerá ao preço da carne bovina após o Uruguai ter imposto sua cota? Como a produção doméstica e o consumo serão afetados?

QUESTÃO DESAFIADORA

Imagine que as Ilhas Marshall não comercializem com o mundo externo. Elas têm um mercado doméstico competitivo para videocassetes. As curvas de oferta e de demanda de mercado são refletidas na tabela ao lado:

Preço ($/VÍDEO)	Quantidade Demandada	Quantidade Ofertada
500	0	500
400	100	400
300	200	300
200	300	200
100	400	100
0	500	0

a. Desenhe as curvas de oferta e de demanda e determine a quantidade e o preço domésticos de equilíbrio.

b. De repente, os moradores descobrem as virtudes do livre intercâmbio e começam a comercializar com o mundo externo. As Ilhas Marshall são um país muito pequeno e, portanto, seu comércio não tem efeito no preço estabelecido no mercado mundial. Eles podem importar a quantidade de videocassetes que desejarem pelo preço mundial de $100 por videocassete. Nessa situação, quantos videocassetes serão comprados nas Ilhas Marshall? Quantos serão produzidos? Quantos serão importados?

c. Após protestos dos produtores domésticos, o governo decide impor uma tarifa de $100 por vídeo importado. Agora, quantos videocassetes serão comprados nas Ilhas Marshall? Quantos serão produzidos? Quantos serão importados?

d. Qual será a receita do governo com a tarifa descrita na parte (c)?

EXERCÍCIO EXPERIMENTAL

1. O *Wall Street Journal* é uma boa fonte de informações com relação ao comércio internacional. Um bom lugar para olhar é a página Internacional, no verso da First Section do *Journal* de cada dia. Examine um número recente e encontre um artigo que trate de barreiras comerciais – tarifas, cotas e assim por diante. Construa um modelo da barreira comercial utilizando um gráfico e tente determinar quem são os beneficiários e quem são os perdedores. Se você tiver sorte, o artigo fornecerá informações suficientes para que você determine o impacto da barreira comercial no preço e na quantidade do bem em questão.

Utilizando *toda* a

TEORIA

A MICROECONOMIA DO VAREJO ON-LINE

RESUMO DO CAPÍTULO

Durante a década de 90, algo grande aconteceu nas economias dos Estados Unidos e do mundo. Isso pode ser resumido com a palavra *Internet.*

As bases técnicas para a Internet foram criadas muito antes – durante a década de 60 – por pesquisadores que trabalhavam para o Departamento de Defesa dos Estados Unidos. Foi apenas na década de 90, quando a *interface* gráfica do aponte e clique da World Wide Web se desenvolveu que a Internet começou a chamar a atenção do público. A partir de 1995, o número de pessoas conectadas à Internet cresceu rapidamente, dobrando a cada ano. Ao final de 1999, 200 milhões de pessoas – metade delas americanas – tinham acesso à rede.

O desenvolvimento da Internet desencadeou um grande choque em toda a economia que ainda está se ajustando. Ela está mudando a maneira como as firmas comerciais produzem mercadorias. Levou à criação e ao rápido crescimento de indústrias inteiramente novas, incluindo o varejo on-line, leilões on-line, entretenimento, consultoria pela Web, etc. A Internet está criando oportunidades sem precedentes para empreendedores que entendem o potencial da nova tecnologia. E ela tem abalado os mercados financeiros de todo o mundo, especialmente o dos Estados Unidos.

Alterações econômicas dessa magnitude – que provocam uma reconfiguração de toda a economia – não acontecem com freqüência. Quando ocorrem, pode haver a impressão de que as regras antigas não mais se aplicam. Os entendedores da mídia argumentam que estamos em uma nova economia, na qual os princípios econômicos básicos devem ser totalmente reformulados. Até mesmo o moderado *Wall Street Journal*, para dramatizar esse ponto de vista, declarou em uma manchete: "Adeus, Oferta e Demanda".[1]

A oferta e a demanda, no entanto, não foram embora. Pelo contrário, a Internet é um campo de provas da utilidade da oferta e da demanda e das outras ferramentas econômicas que estudamos. Como você verá neste capítulo, essas ferramentas são mais do que nunca necessárias para

---

[1] Seção especial em "Industry and Economics" (Indústria e Economia), *Wall Street Journal*, 1º de janeiro de 2000.

entendermos como a economia está respondendo à Internet e como ela continuará a responder nos anos que estão por vir.

Esta "Utilizando a Teoria" é diferente das outras que você viu neste livro de duas maneiras. Primeiro, em vez de examinarmos apenas *uma* parte da economia por vez – como uma firma individual ou o mercado para um produto específico – examinaremos várias partes da economia, vendo-as como um todo integrado. Segundo, em vez de analisarmos pequenas modificações em mercados maduros – como os mercados para trigo, ouro, viagens aéreas ou serviços de dedetização – examinaremos *grandes* alterações em indústrias em revolução e em uma indústria totalmente nova: *varejo on-line.*

VAREJO ON-LINE: O BÁSICO

O que é um varejista on-line? No nível mais básico, é uma firma que fornece bens e serviços diretamente a consumidores que fazem pedidos on-line. Você reconhecerá, sem dúvida, os nomes de muitas dessas firmas: Amazon.com, barnesandnoble.com, Etoys, pets.com, CameraWorld.com e assim por diante. Para realmente entendermos esse setor, temos de reconhecer que os varejistas on-line produzem e vendem *serviços de varejo.*

Você pode estar pensando: "Eu compro *bens* de firmas on-line. Que história é essa sobre *serviços*?" Essa é uma pergunta sutil, mas importante. Um varejista on-line realmente envia bens para você, no entanto, esses bens não são o que ele *produz.* Livros são produzidos por editores e CDs por firmas de música. O varejista on-line – como qualquer varejista – apenas torna esses bens prontamente disponíveis, para que você possa comprá-los. Assim, é mais preciso dizer que o que um varejista on-line vende e o que você compra dele são os serviços de *disponibilizar os bens.* O preço que você paga por esses serviços é o *markup* do varejista, com relação ao custo de venda de bens no atacado. Por exemplo, quando a barnesandnoble.com compra um livro de uma editora por $20 e o vende por $29,95, você paga $9,95 pelo serviço de tornar o livro convenientemente disponível para compra. Em um sentido, você pagou $20 pelo livro e $9,95 pelos serviços de varejo associados à sua compra.

A indústria de varejo on-line está crescendo rápido. Em 1999, as famílias compravam apenas $30 bilhões em bens pela Internet – uma parte muito pequena do total das compras no varejo. Alguns observadores prevêem que, em uma década, mais da metade das nossas compras no varejo serão feitas on-line. Enquanto outros pensam que essas previsões são exageradas, ninguém duvida que o varejo on-line irá experimentar um crescimento fenomenal nos próximos anos. Para ter uma idéia de como esse crescimento pode ser rápido, considere que, em 2003, as vendas *totais* no varejo têm previsão de exceder a $3 trilhões. Mesmo se 10% dessas compras forem feitas on-line – $300 bilhões – isso significará um aumento de 900% nas compras no varejo on-line em apenas quatro anos.

Esse aumento drástico em vendas será acompanhado por um crescimento igualmente significativo no número de *firmas* que concorrem para oferecer serviços de varejo on-line. Na realidade, nos poucos meses em que você tem estudado microeconomia, nasceram dúzias de novas firmas de varejo on-line.

Quais tipos de alterações podemos esperar na economia como resultado desse crescimento explosivo nos serviços de varejo on-line?

UMA VISÃO GLOBAL: VAREJO ON-LINE E PADRÕES DE VIDA

Uma grande alteração que podemos esperar da Internet em geral – e do varejo on-line em particular – é uma melhoria nos padrões de vida. Para entender por quê, lembre-se de que o fornecimento de qualquer tipo de serviços de varejo – disponibilizar bens para que as pessoas os comprem – consome alguns dos *recursos* da sociedade. O varejo on-line, porém, nos permitirá produzir serviços de varejo utilizando menos recursos do que nunca.

Para ver o porquê, vamos comparar os varejistas tradicionais "lojas físicas" – supermercados, livrarias, lojas de aparelhos, lojas de mobília e assim por diante – com seus semelhantes on-line. Alguns recursos são utilizados em quantidades semelhantes pelos *dois tipos* de varejistas. Por exemplo, os dois devem adquirir bens no atacado para vender ao público, os dois devem ter instalações de armazenamento, os dois devem manter estoques de bens para venda, os dois devem contratar trabalho profissional para anunciar seus serviços, criar estratégias comerciais efetivas, registrar os retornos de impostos e cumprir as regulamentações do governo.

Existem outros recursos que os varejistas podem não ter à disposição ou utilizar de maneira mais econômica que os vendedores no varejo de "lojas físicas". Por exemplo, os varejistas on-line não utilizam vitrines. Isso é uma enorme economia de capital físico e, principalmente, de terra. Por exemplo, a Amazon.com envia boa parte de seus livros direto de seu enorme centro de distribuição no deserto de Nevada – um dos pedaços de terra mais baratos disponíveis. Em contraste, a Borders – para vender da maneira tradicional a seus clientes– deve ter lojas em excelentes edifícios nas cidades de todo o país.

O fato de não ter lojas faz os varejistas on-line economizarem mais do que apenas o custo de edifícios e a terra embaixo deles. Também os faz economizar em trabalhadores: pessoal de vendas, caixas, supervisores e guardas de segurança e todos os recursos incorporados em vitrines, sistemas de segurança automáticos, sistemas de ar condicionado e mais. Embora outros varejistas on-line *realmente* utilizem mão-de-obra mais tecnicamente especializada (como criadores de páginas na Web e técnicos de computadores), a quantidade de trabalhadores *total* que eles precisam para fornecer qualquer quantidade determinada de serviço de varejo é substancialmente menor on-line que nas lojas.

Quanta economia de recursos os varejistas on-line podem desfrutar? Isso é difícil de dizer porque poucos varejistas on-line atingiram seu nível antecipado de vendas no longo prazo – um nível que aproveitaria enormes economias de escala. À medida que essas firmas crescem, o custo médio no longo prazo do fornecimento desses serviços deve cair consideravelmente. Podemos, contudo, ter alguma idéia da economia potencial examinando outro segmento que fornece serviços pela Internet: a indústria de bancos. No início de 1998, o Wells Fargo Bank calculou que o custo marginal de processar uma transação pessoalmente – tempo de trabalho principalmente – era de cerca de $1,07. Em contraste, o custo marginal do processamento de uma transação *on-line* era de apenas $0,01.[2]

Outro recurso economizado quando os serviços de varejo são fornecidos on-line é o tempo do cliente. Colocado de maneira simples, leva-se tempo para comprar da maneira tradicional. Por exemplo, para comprar um novo CD, você

[2] *ComputerWorld*, 5 de janeiro de 1998.

tem de dirigir-se até a loja, estacionar, lidar com multidões, encontrar seu CD, levá-lo para a caixa registradora, esperar na fila, voltar para o carro e dirigir para casa. Em muitas comunidades, isso leva meia hora ou mais. On-line, entretanto, toda a transação pode levar apenas dois minutos – ou menos, se você estiver comprando em um site que já conhece. Além disso, você pode ter a oportunidade ouvir uma amostra do seu CD on-line e decidir que não quer comprá-lo – economizando uma viagem para devolver mercadoria não desejada. Quando esse exemplo é estendido para outros afazeres – compra de comida, roupas, brinquedos, livros, vídeos, ferramentas e talvez artigos de mercearia – a economia de tempo pode ser substancial. O tempo liberado pode ser dedicado a atividades de lazer, para trabalhar em troca de pagamento ou, até mesmo, para fazer mais compras.

O varejo on-line permite que o mesmo serviço de varejo seja fornecido com a utilização de menos recursos. A economia de recursos ocorre tanto no lado da venda (menos trabalho, terra e capital são necessários para disponibilizar bens on-line) como no lado da compra (os consumidores economizam tempo comprando on-line).

Para ver de que maneira isso afeta a sociedade como um todo, examine a Figura 1, em que utilizamos uma ferramenta familiar: a fronteira de possibilidades de produção (FPP), introduzida no Capítulo 2. Para manter as coisas simples, consideremos que a quantidade de lazer que as famílias desfrutam permanece constante, de modo que qualquer recurso liberado com o desenvolvimento do varejo on-line é utilizado para produzir mais bens e serviços. A figura divide a produção anual total em duas categorias: serviços de varejo (medidos ao longo do eixo horizontal) e todos os outros bens e serviços (medidos ao longo do eixo vertical). Inicialmente, antes do desenvolvimento do varejo on-line, estamos restritos a um ponto na FPP interna como o ponto *A*.

Agora, introduzimos o varejo on-line que utiliza menos recursos para produzir uma determinada quantidade de serviços de varejo. Como resultado, a

Figura 1

VAREJO ON-LINE E PADRÕES DE VIDA

A fronteira de possibilidades na produção interna mostra combinações produtivamente eficientes de serviços de varejo e de outras mercadorias e serviços que a economia é capaz de produzir com seu conjunto de recursos existentes. Por meio de interações do mercado, a sociedade escolhe produzir no ponto *A*.

O surgimento do varejo on-line permite que a sociedade escolha um ponto ao longo da nova FPP externa. No ponto *B*, a sociedade teria a mesma quantidade de serviços de varejo que antes, mas mais de outros bens. No ponto *B*", ela teria mais serviços de varejo e a mesma quantidade de outros bens. Por fim, no ponto *B*', ela teria mais dos dois. O padrão de vida da economia é mais alto por causa do advento do varejo on-line.

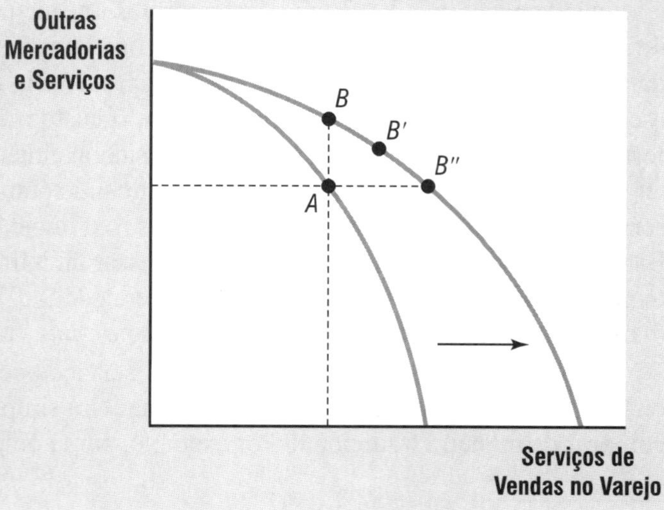

quantidade máxima de serviços de varejo que a sociedade pode fornecer com seus recursos disponíveis aumenta – o intercepto horizontal da FPP se desloca para a direita. O intercepto vertical, no entanto, permanece sem ser afetado pelo desenvolvimento do varejo on-line.[3]

O resultado final é que a FPP gira para fora a partir do eixo vertical. A sociedade pode, agora, escolher qualquer ponto na FPP *externa*. O ponto *B* representa esta escolha: a sociedade consome a mesma quantidade de serviços de varejo que antes e utiliza todos os recursos liberados para produzir *outras* coisas que valorizamos. O ponto *B''* representa outra escolha: a mesma quantidade de outros bens e serviços e mais serviços de varejo. Finalmente, o ponto *B'* representa um caso intermediário: um nível maior de serviços de varejo *e* mais de todos os outros bens e serviços.

O varejo on-line deslocará a fronteira de possibilidades de produção da economia para fora e nos permitirá desfrutar um maior padrão de vida, ou seja, poderemos ter mais e melhores serviços de varejo ou mais de outras coisas que valorizamos ou mais dos dois.

Um maior padrão de vida médio é certamente uma coisa boa. Análise, entretanto, deixa muitas perguntas sem respostas. Por exemplo, *como* os recursos serão deslocados das "lojas físicas" para os varejistas na Internet? E como os *ganhos* para a sociedade serão distribuídos entre diferentes jogadores econômicos: os acionistas que possuem varejos on-line, os consumidores que compram deles e as pessoas que trabalham para eles? Haverá tanto perdedores como ganhadores? E por que os preços das ações dessas firmas devem flutuar tão desordenadamente como flutuam?

Para responder a essas perguntas, devemos examinar as partes individuais da economia e entender como essas partes se ajustam. Não é de surpreender que utilizaremos o processo em quatro etapas para fazer isso.

COMO O PROCESSO EM QUATRO ETAPAS NOS AJUDA A ANALISAR O SETOR DO VAREJO ON-LINE

ETAPA-CHAVE Nº 1: CARACTERIZAR O MERCADO

Caracterizar o mercado

A primeira etapa para responder a quase todas as perguntas sobre a economia é *caracterizar o mercado*. Mas qual mercado devemos examinar? Os varejistas on-line estão envolvidos em vários mercados *diferentes* e quais escolhemos para a análise – e como os caracterizamos – dependem da pergunta específica que estamos tentando responder.

Por exemplo, se quisermos determinar se os varejistas on-line podem obter lucro econômico no longo prazo, precisaremos examinar os *mercados de produtos*, nos quais os varejistas vendem seus serviços para os consumidores. Para analisar os efeitos sobre ordenados e salários de trabalhadores qualificados e não qualificados, precisaremos nos concentrar nos *mercados de trabalho*, nos quais os varejistas on-line contratam seus funcionários. Para analisar o que

[3] Ao mesmo tempo em que o varejo on-line está deslocando a interseção horizontal da FPP, outros desenvolvimentos da Internet estão ajudando a deslocar a interseção *vertical* (não mostrada na figura). No final do capítulo, consulte o Problema 1 para explorar isso ainda mais.

vem acontecendo ao valor das ações da Internet, examinaremos um *mercado financeiro* específico – o *mercado de ações*. Em cada um desses casos, estaremos caracterizando um mercado ou grupo de mercados. Isso significa que teremos de identificar compradores e vendedores que tenham potencial para comercializar e decidir que tipo de modelo de mercado utilizar – concorrência perfeita, concorrência monopolística, oligopólio ou monopólio.

Identificar os Objetivos e as Restrições

ETAPA-CHAVE Nº 2: IDENTIFICAR OS OBJETIVOS E AS RESTRIÇÕES

Em todo mercado, os compradores e vendedores se unem para comercializar têm objetivos e enfrentam restrições. Na maioria dos casos, os objetivos e restrições são semelhantes àqueles que discutimos em algum outro lugar deste livro. Por exemplo, nos mercados para serviços de varejo on-line e tradicional, um consumidor – ao decidir se deve comprar produtos pela Internet ou em uma loja local – luta para atingir o maior nível de utilidade possível e enfrenta as restrições de ter de sair às compras com renda e tempo limitados. O objetivo de utilidade máxima e as restrições de renda e tempo limitados são embutidos nas curvas de demanda que vemos nesses mercados.

De maneira semelhante, boa parte do que vamos supor sobre os objetivos e as barreiras dos varejistas on-line é familiar. Por exemplo, as firmas enfrentam restrições semelhantes de uma determinada tecnologia de produção, de ter de pagar por seus insumos e – quando vendem nos mercados competitivos – de ter de vender seu produto pelo preço de mercado.

E o *objetivo* das firmas de varejo? O objetivo delas – como o de todas as outras firmas que discutimos neste livro – é o lucro máximo?

Sim e não. Por causa da inovação e da natureza dessa indústria, teremos de estender a teoria da maximização do lucro além do material do Capítulo 7. Nesse capítulo – e durante o livro todo – conseguimos nos dar bem com uma simplificação. Consideramos que o objetivo da firma era maximizar o lucro no período *corrente* como este ano. De maneira mais realista, o objetivo da firma não é maximizar o lucro apenas *neste* ano ou apenas no *próximo* ano, mas sim maximizar os lucros durante um longo período – enquanto a firma existir.

O que isso significa na prática? Uma firma deve tomar uma ação que resultará em uma perda de $10 milhões neste ano e, ao fazê-lo, ela pode obter um adicional de $2 milhões em lucro anual pelos próximos dez anos? Ou, mais genericamente, como uma firma pode tomar decisões que envolvam *trade-offs* de lucros de um ano por lucros em outro?

O Capítulo 13 deu a resposta: valor presente.[4] E também sugere uma maneira mais completa de exprimir o objetivo da firma – especialmente quando ela enfrenta diferentes *trade-offs* com o tempo.

> *O objetivo da firma – ao tomar decisões em seu mercado de produtos, seus mercados de fatores e em mercados financeiros – é maximizar o valor presente total de seus lucros futuros.*

---

[4] Um dólar recebido no futuro vale menos que um dólar recebido hoje. Para comparar os dólares recebidos em pontos diferentes no tempo, precisamos converter todos para seus equivalentes nos dias atuais. Fazemos isso escolhendo uma taxa de desconto adequada e, em seguida, utilizando a fórmula $VP = Y_t / (1 + i)^t$, em que Y_t é a quantidade de dinheiro a ser recebida daqui a *t* anos, *i* é a taxa de desconto e *VP* é o valor, hoje, da soma a ser recebida daqui a *t* anos.

Em uma indústria madura, uma firma que maximiza o lucro a cada ano irá, normalmente, maximiza o também valor presente total dos lucros. Assim, a hipótese, neste livro, de que o objetivo de uma firma é maximizar o lucro durante o período corrente é uma suposição útil e realista na maioria dos casos.

Na nova indústria da Internet, como o varejo on-line, a maximização do valor presente total dos lucros futuros pode exigir enormes perdas nos próximos anos. Afinal, novas firmas pontocom devem pagar os custos iniciais de implantação para estabelecer uma presença na Web, além dos custos iniciais altos com publicidade, necessários para atrair os primeiros clientes. Por esse motivo, a visão simplificada do objetivo da firma – maximizar os lucros do ano corrente – não funcionará se quisermos entender os motivos e o modo de agir das firmas de Internet.

ETAPA-CHAVE Nº 3: ENCONTRAR O EQUILÍBRIO

Encontrar o equilíbrio

Muitas perguntas importantes que faremos sobre o setor de varejo on-line estão centralizadas na Etapa-chave nº 3. As firmas de varejo on-line podem se tornar – e permanecerem – lucrativas? A compensação dos funcionários lá permanecerá alta? As ações de firmas individuais – e a indústria como um todo – são um bom investimento? Para responder a essas perguntas, devemos encontrar o equilíbrio de longo prazo nos mercados de varejo on-line. E, como você verá, existe uma discordância considerável entre os observadores com relação à natureza desse equilíbrio.

ETAPA-CHAVE Nº 4: O QUE ACONTECE QUANDO AS COISAS MUDAM?

O Que Acontece Quando as Coisas Mudam?

Na maioria das análises econômicas, esta é a etapa mais interessante e importante. Mas há dois motivos especialmente importantes para analisarmos as indústrias da Internet. Primeiro, a própria Internet é uma alteração importante – que está provocando uma mudança na configuração fundamental da economia. Segundo, como a Internet é muito nova, as modificações que a *afetam* – alterações na tecnologia, na política governamental e nas preferências do consumidor – são muito maiores e têm muito mais impacto.

No restante deste capítulo, utilizaremos o processo em quatro etapas – junto com muitos aspectos da teoria microeconômica que vimos neste livro – para responder a várias perguntas sobre o impacto do varejo on-line. Estaremos examinando vários tipos diferentes de mercados, nos quais compradores e vendedores se unem, cada um tentando atingir seus objetivos e cada um enfrentando suas restrições. Examinaremos o equilíbrio em cada um desses mercados e observaremos o que acontece quando ele é mudado.

ALOCAÇÃO DE RECURSOS: DAS "LOJAS FÍSICAS" À INTERNET

Na Figura 1, vimos que a sociedade tem muito a ganhar deslocando a produção de serviços de varejo das lojas tradicionais para a Internet. Isso, por sua vez, requer que a economia realoque recursos de um setor para outro. Recursos que, caso contrário, seriam consumidos na construção e manutenção de lojas ou de vitrines ou no fornecimento de assistência aos lojistas tradicionais, devem agora ser deslocados para a fabricação de cabos de fibra óptica, para a criação de redes de transmissão e para a criação e a manutenção de páginas da Web. Como ocorre esse deslocamento de recursos?

Podemos responder a essa pergunta utilizando o modelo da concorrência perfeita. De fato, a concorrência perfeita não é uma combinação *exata* para os mercados de varejo on-line e tradicionais, mas chega perto o suficiente para ser útil. Por exemplo, na maioria dos mercados de varejo, existem muitos concorrentes próximos. Embora cada firma não seja *estritamente* uma tomadora de preços, está muito próxima de se tornar uma. Se ela aumentar o preço dos seus serviços de varejo fora de um intervalo limitado (ou seja, começar a elevar seus preços em, vamos supor, 10% ou 20% mais que seus concorrentes), ela logo perderá para os concorrentes todas ou a maior parte de suas vendas. Embora os serviços de varejo não sejam um produto completamente padronizado, eles são, de alguma maneira, padronizados: a maioria dos varejistas dá as mesmas garantias, tem o mesmo nível de serviço e oferece uma seleção de produtos muito semelhante. Finalmente, as barreiras à entrada e à saída, se existem, não são tão significativas. O varejo tradicional sempre foi um mercado fácil de entrar e sair e, até agora, o mesmo tem acontecido ao varejo pontocom como mostrado pelos vários novos concorrentes que entraram virtualmente em todos os mercados de varejo on-line nos últimos anos.

Vamos estreitar o foco e examinar dois mercados de varejo muito específicos: os serviços de varejo on-line e os tradicionais para CDs. Os varejistas *tradicionais* de CDs incluem o WalMart, a MediaPlay, o Kmart e a Tower Records, bem como todas as lojas menores e de propriedade independente. Os vendedores on-line incluem a Amazon.com, a barnesandnoble.com (de propriedade parcial da Barnes & Noble, uma firma separada), a buy.com, a cduniverse.com e a CDNow.

ALTERAÇÕES NO MERCADO DE VAREJO ON-LINE

O painel (a) da Figura 2 apresenta o que está acontecendo ao mercado on-line. Nesse diagrama, estamos utilizando a quantidade de CDs como a medida de serviços de varejo no eixo horizontal, e o *markup* médio como a medida do preço dos serviços de varejo no eixo vertical. A curva de demanda D_l mostra a demanda para os serviços de varejo on-line. A curva de oferta no curto prazo, S_l, mostra a quantidade de serviços de varejo on-line fornecidos por *firmas já existentes no setor.* O equilíbrio de curto prazo nesse mercado está no ponto *A*. (Não supomos que seja um equilíbrio de longo prazo. Na realidade, nenhum mercado da Internet alguma vez atingiu um equilíbrio de longo prazo.) No ponto *A*, a quantidade de serviços de varejo oferecidos (medidos pelo número de CDs vendidos) é Q_1 e o preço desses serviços (o *markup* sobre o custo) é de $7 por CD.

O segundo grupo de curvas de oferta e de demanda do painel (a) ilustra o que acontecerá ao mercado de vendas no varejo on-line no longo prazo. Por dois motivos, a curva de demanda será deslocada para a direita. Primeiro, mais pessoas estarão conectadas à Internet e terão a *capacidade* de comprar bens on-line. Segundo, mesmo entre os que possuírem acesso à Internet, as preferências por comprar bens on-line deverão aumentar com o tempo. (Consulte, no final do capítulo, o problema 2 para explorar isso ainda mais.)

O deslocamento da demanda não é a única alteração no longo prazo; a curva de oferta também será deslocada para a direita. A razão disso é que

Figura 2

EFEITOS, NO MERCADO DE PRODUTOS, DO CRESCIMENTO NO VAREJO PELA INTERNET

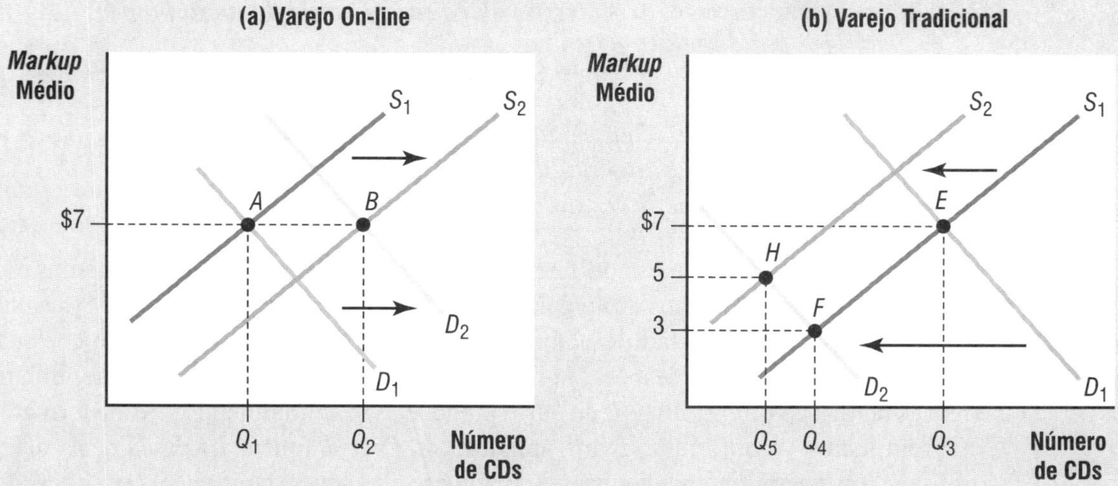

O painel (a) descreve o mercado para CDs vendidos on-line. Inicialmente, as curvas de oferta e de demanda se interceptam no ponto *A* para determinar um *markup* de $ 7 por CD; Q_1 CDs são vendidos com esse *markup*. À medida que as compras on-line se tornam mais populares, a curva de demanda se desloca para a direita, para D_2. A curva de oferta se desloca para a direita também, pois novas firmas entram nessa indústria em busca de lucros. O ponto *B* mostra um possível equilíbrio de longo prazo: o *markup* médio é o mesmo que antes, mas a quantidade de CDs vendidos on-line é maior em Q_2.

O painel (b) apresenta o que acontece aos varejistas tradicionais de CDs em "lojas físicas". À medida que os clientes deslocam suas compras para o método on-line, a curva de demanda do mercado para firmas tradicionais se desloca para a direita, para D_2. No equilíbrio de curto prazo, no ponto *F*, as firmas já existentes sofrem perdas econômicas. Algumas delas saem do setor, deslocando a curva de oferta para a esquerda, para S_2. No novo equilíbrio de longo prazo, no ponto *H*, menos CDs são vendidos em "lojas físicas".

a entrada de firmas continuará a ocorrer durante os anos seguintes. Alguns novos participantes poderão ser firmas totalmente novas – firmas com novas idéias sobre o atendimento ao cliente ou que atendem a mercados especializados em tipos específicos de música. E varejistas tradicionais, como a Tower Music ou o Kmart, poderão entrar e tentar pegar uma parte do mercado on-line.

Qual é o resultado dessas modificações na demanda e na oferta? Discutiremos isso logo. Chegou o momento de abordar uma questão que pode estar lhe causando incômodo.

UM DESVIO: ENTRADA E LUCRO ECONÔMICO

Na Figura 2, a curva de oferta é deslocada para a direita, por causa da entrada de novas firmas. Isso faz sentido? Até agora, neste livro, temos considerado que a entrada ocorre quando firmas que já estão no setor estão desfrutando lucro econômico. Identificamos, ainda, o lucro como uma das principais forças que ajudam a alocar recursos em uma economia de mercado: o lucro atrai novas firmas, enquanto perdas provocam a saída de firmas.

Isso, com certeza, *não* é o que está acontecendo ao varejo on-line. Afinal, quase *todos* os varejistas on-line sofreram perdas significativas desde sua fundação e esperam que essas perdas continuem por vários anos no futuro. Por que, então, existem tantas firmas lutando para entrar nesse setor, quando *deveriam* estar se apressando em direção às portas de saída.

A resposta está centralizada na declaração mais completa do objetivo da firma que apresentamos neste capítulo: as firmas estão preocupadas não apenas com o lucro do ano corrente, mas com o *valor presente total do lucro futuro.*

As forças que impulsionam a entrada e a saída no longo prazo não são o lucro corrente, mas sim o valor presente total do lucro futuro que as firmas antecipam. Quando um participante potencial antecipa um valor presente total positivo do lucro futuro, ele entra na indústria, mesmo quando antecipa perdas no curto prazo.

Os próprios varejistas on-line sempre acompanham admissões de perdas correntes – em documentos que precisam, por lei, registrar na Securities and Exchange Commission (Comissão de Valores Mobiliários) – com declarações de que suas perdas são devidas a despesas *temporariamente* altas. A implicação é que, embora as perdas possam continuar no curto prazo, elas, eventualmente, se transformarão em lucros – conforme a firma amadurecer. (Ver a Tabela 1.) Essas declarações ajudam a garantir aos acionistas da firma que eles devem continuar com suas ações apesar das perdas correntes, pois o lucro futuro mais do que compensará.

ALGUMAS CONCLUSÕES SOBRE O MERCADO PARA SERVIÇOS DE VAREJO ON-LINE

No painel (a) da Figura 2, acabamos no ponto *B*, onde o preço dos serviços de varejo on-line – o *markup* médio em um CD – permanece o mesmo como no ponto *A*. Isso ocorre porque – no diagrama – consideramos que a curva de demanda e a de oferta foram deslocadas para a direita na mesma quantidade. Se a curva de oferta for deslocada para fora mais do que a curva de demanda, o *markup* médio nos CDs comprados pela Internet cairá de seu nível atual. Se a curva de demanda for deslocada para fora mais que a curva de oferta, o *markup* médio será maior.

Finalmente, existe outra possibilidade: o mercado para a compra de CDs on-line começar a se desviar da concorrência perfeita a ponto de o modelo de oferta e demanda não ser mais útil. Por exemplo, se o varejo on-line em CDs tornasse um oligopólio com apenas duas ou três grandes firmas, precisaríamos utilizar um modelo da teoria dos jogos para analisar e prever o *markup* médio na indústria. Sem dúvida, os *markups* médios em um oligopólio desses seria maior que na concorrência perfeita, por motivos que você viu no Capítulo 10.

Independentemente do que acontecer ao preço, no entanto, podemos estar razoavelmente certos de que a *quantidade* dos serviços de varejo on-line no mercado de CDs aumentará. De maneira mais simples, as pessoas comprarão mais CDs on-line daqui a cinco anos do que compram hoje.

E o que ocorre para CDs ocorre também para outros mercados de varejo: mercados para livros, vídeos, softwares, computadores, equipamentos eletrônicos, automóveis e outros. No geral:

As firmas esperam lucros futuros com a venda de bens on-line e esperam que o valor presente total de lucros futuros seja positivo, apesar das perdas iniciais. Esses lucros futuros esperados servem como um sinal do mercado, estimulando as firmas a entrarem nos mercados de varejo on-line e a fornecerem mais serviços de varejo on-line para a sociedade.

Tabela 1

PERDAS RECENTES PARA VAREJISTAS ON-LINE E EXPLICAÇÕES

Varejista na Internet	Oferta Principal	Contabilidade Perda em 1999	Motivo para a Perda
Amazon.com	Livros/mídia	$720 milhões	"Incorremos em perdas significativas desde que começamos a fazer negócios... Para sermos bem-sucedidos, devemos investir intensamente em marketing e promoção e no desenvolvimento do nosso produto, na tecnologia e na infra-estrutura operacional. Nossos programas agressivos de definição de preços resultaram em margens brutas do produto relativamente baixas... Por esses motivos, acreditamos que continuaremos a incorrer em perdas operacionais substanciais no futuro previsível, e essas perdas poderão ser significativamente maiores que nossas perdas correntes."
Egghead.com	Computadores/ softwares	$154,9 milhões	"Esperamos que as margens brutas continuem a ser baixas devido às nossas iniciativas agressivas para ganhar participação no mercado... expandindo e aprimorando nossas operações de atendimento ao cliente, nossas ofertas promocionais... ampliando o crédito para certos clientes comerciais... desistindo de todo ou de parte do frete e da taxa de processamento por períodos limitados de tempo e oferecendo preços promocionais para produtos específicos."
Beyond.com	Softwares	$124,8 milhões	"Para o futuro previsível, a firma pretende expandir recursos financeiros e de gerenciamento significativos em desenvolvimento da marca, marketing e promoção, desenvolvimento do conteúdo do site, relacionamentos estratégicos... além de tecnologia e infra-estrutura operacional, incluindo capacidades ESD (estimated shipping date – data estimada de envio). Como resultado, a firma espera incorrer em perdas adicionais e em fluxo de caixa negativo continuado de operações durante o futuro previsível... A companhia... acredita que comparações de período a período de seus resultados operacionais não são necessariamente significativas e não devem ser uma indicação confável de desempenho futuro."
Garden.com	Jardinagem	$19,1 milhões	"A firma espera passar por perdas operacionais e fluxo de caixa negativo pelo futuro previsível.... [devido a] despesas relacionadas com desenvolvimento da marca, marketing e outras atividades promocionais, desenvolvimento de conteúdo e desenvolvimento de tecnologia e infra-estrutura... Até agora, a firma financiou suas operações com a venda de *equity securities* e não tem gerado dinheiro suficiente com as operações."

***Fontes*:** Susan Reda, "1999 Top 100 Internet Retailers", *STORES* (setembro de 1999); Charles Schwab (www.schwab.com), acessado em 16 de março de 2000; e vários registros dessas firmas na Securities and Exchange Commission.

O IMPACTO NOS VAREJISTAS TRADICIONAIS

Os mercados são interconectados. As alterações que ocorrem em um mercado podem ter efeitos importantes em outros mercados. As mudanças que temos discutido nos mercados para serviços de varejo on-line têm um impacto importante em mercados para serviços de varejo *tradicionais*.

Examine o painel (b) da Figura 2 (página 583) que mostra o mercado de serviços de varejo *tradicional* fornecido por vendedores de CDs de "lojas físicas". Mais uma vez, a quantidade de serviços de varejo é medida pelo número de CDs vendidos, enquanto o preço dos serviços de varejo é o *markup* sobre o custo. Inicialmente, esse mercado está no equilíbrio de longo prazo no ponto *E*.

A demanda maior no mercado *on-line* está associada a uma demanda *menor* no mercado *tradicional*. Assim, a curva de demanda para serviços de varejo tradicionais está sendo deslocada para a esquerda.

No curto prazo – um período curto demais para que os varejistas tradicionais saiam do setor – o equilíbrio é deslocado para o ponto *F.* Os *markups* tradicionais caem, criando perdas (não mostradas) para o varejista tradicional comum. Essas perdas funcionam como *sinais do mercado*, informando às firmas de varejo que a sociedade melhoraria se seus recursos fossem liberados para outros usos. No longo prazo, a perspectiva de perdas futuras fará algumas firmas saírem do setor e a curva de oferta será deslocada para a esquerda, eventualmente atingindo S_2. No fim, o mercado se fixa no ponto *H*, com menos varejistas tradicionais de CDs, fornecendo menos serviços de varejo.

As alterações vistas no painel (b) da Figura 2 podem ser previstas para muitos mercados de varejo tradicionais, não apenas CDs. De modo geral:

Nos próximos anos, a demanda por serviços de varejo tradicionais será reduzida. Ficando tudo o mais igual, isso levará a menores markups e perdas no curto prazo nos varejistas tradicionais, fazendo alguns deles saírem da indústria. No equilíbrio de longo prazo, haverá menos varejistas tradicionais que inicialmente.

Observe que a análise não supõe nenhuma outra mudança nos mercados de varejo tradicionais, exceto pelo deslocamento para a esquerda na curva de demanda e pelas alterações no longo prazo na oferta que se seguem. No mundo real, no entanto, outras coisas podem ser modificadas ao mesmo tempo. Por exemplo, durante os próximos cinco ou dez anos, podemos esperar que as rendas dos consumidores aumentem. Isso deslocará as curvas de demanda para a direita em todos os mercados para bens normais – incluindo mercados para serviços de varejo tradicionais. É possível que o aumento na renda tenha um efeito forte a ponto de a curva de demanda no painel (b) ser deslocada para a direita, não para a esquerda e as conclusões teriam de ser reformuladas. Nesse caso, existiriam *duas* alterações, cada uma tendo um impacto nos varejistas tradicionais. A mudança na renda, sozinha, tenderia a *elevar* o número de varejistas tradicionais e a *aumentar* o *markup* que eles poderiam cobrar. A Internet funcionaria, assim, *contra* esses efeitos, tendendo a empurrar a curva de demanda para a esquerda, reduzindo o número de varejistas e os *markups* que eles poderiam cobrar. No fim, o impacto no mercado dependeria de qual efeito estivesse dominando. Mas podemos, certamente, concluir que:

por causa do varejo on-line, haverá menos varejistas tradicionais do que haveria de outra maneira *e cada um cobrará um markup menor* do que cobraria em outra situação.

VAREJO ON-LINE E MERCADOS DE TRABALHO

A alteração de serviços de varejo de "lojas físicas" para os serviços on-line requer que *recursos* sejam realocados de um setor para o outro. Um dos recursos mais importantes a ser realocado dessa maneira é o *trabalho.* Novos varejistas on-line precisam contratar *designers* de páginas da Web, consultores de Internet, profissionais de marketing, planejadores estratégicos, advogados comerciais, empacotadores de produtos e outros. Ao mesmo tempo, o pessoal de vendas, guardas de segurança, caixas e organizadores de estoques dos pontos-de-venda do varejo tradicional têm de se mudar para outros empregos, mais valorizados pela sociedade.

Como, exatamente, essa realocação de trabalhadores ocorre? O que, por exemplo, faz com que os trabalhadores necessários pelos varejistas on-line se mudarem para lá, vindo de outros empregos? E o que faz o trabalhador deixar o setor de varejo tradicional e se mudar para empregos que a sociedade valoriza mais? Finalmente, quais são as implicações de todas essas modificações para diferentes tipos de trabalhadores?

O IMPACTO NOS PROFISSIONAIS DA INTERNET

Vamos começar explorando o mercado para um tipo específico de trabalhador, cada vez mais contratado por firmas da Internet: os advogados comerciais. Os varejistas on-line e outras firmas da Internet contratam esses advogados para conselhos sobre patentes, impostos e políticas de trabalho, para escrever e negociar contratos com parceiros comerciais, fornecedores e investidores, além de preparar registros oficiais para a SEC e outros órgãos governamentais.

O painel (a) da Figura 3 nos traz o que tem acontecido nesse mercado de trabalho. Na figura, consideramos perfeitamente competitivo o mercado de trabalho para advogados na Internet.

Começamos a análise em 1999. A curva de demanda de trabalho para aquele ano, $L^D{}_{1999}$, inclina-se para baixo: quanto menor o salário, mais advogados as firmas pontocom querem contratar. A curva de oferta de trabalhadores $L^S{}_{1999}$, é a curva de oferta de *curto prazo* de trabalho para esse ano. Ela nos informa a quantidade de trabalho ofertada por *aqueles que já eram advogados qualificados para trabalhar em firmas da Internet.* A curva inclina-se para cima: com maiores salários, mais advogados comerciais qualificados oferecem seus serviços para firmas da Internet.

Em 1999, o mercado de trabalho estava em equilíbrio no ponto *A*, com o advogado em nível de entrada na Internet ganhando cerca de $100.000 por ano. Entre 1999 e 2000, as coisas mudaram. À medida que mais firmas pontocom eram criadas, elas entravam nesse mercado de trabalho para contratar advogados, deslocando a curva de demanda para a direita, para $L^D{}_{2000}$. A curva de oferta de trabalhadores, no entanto, *não foi deslocada* durante esse período, já

Figura 3

EFEITOS, NO MERCADO DE TRABALHO, DO CRESCIMENTO DO VAREJO ON-LINE

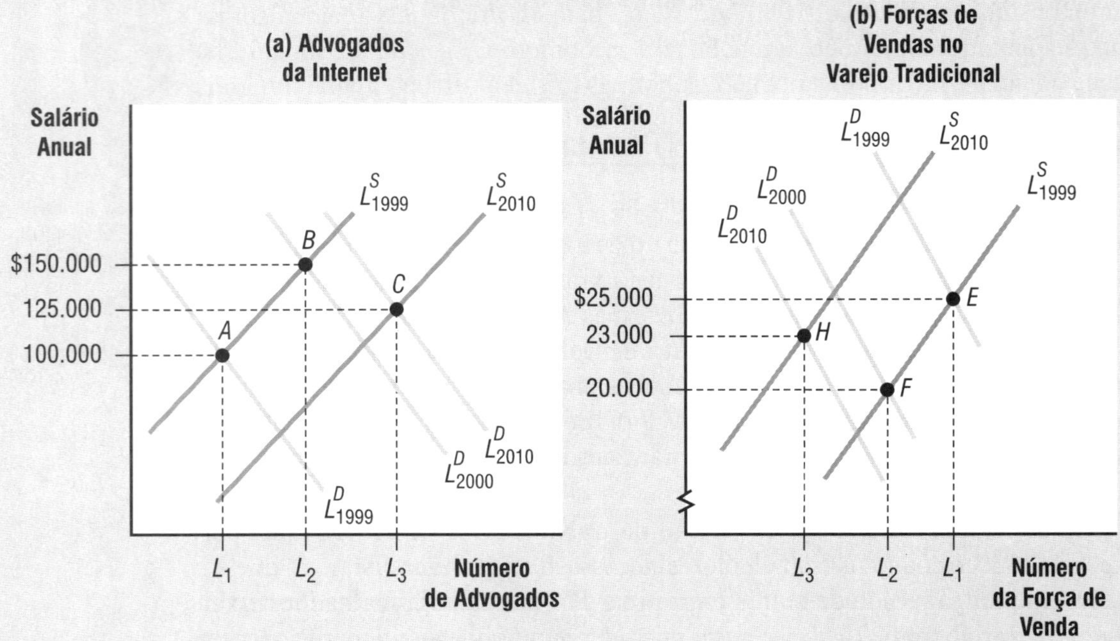

O painel (a) mostra o mercado para advogados da Internet. Em 1999, as curvas de oferta e de demanda de trabalho se interceptavam no ponto *A* para determinar um salário anual de $100.000. No entanto, como mais firmas iniciaram negócios na Internet, a demanda por advogados aumentou, deslocando a curva de demanda para L^D_{2000}. No equilíbrio de curto prazo, no ponto *B*, o salário anual é maior – $150.000 por ano. Eventualmente, entretanto, esse salário atrairá advogados adicionais e a curva de oferta do mercado será deslocada para L^S_{2010}. Simultaneamente, o crescimento do varejo on-line continuará a deslocar a curva de demanda para a direita. Na figura, o equilíbrio de longo prazo é restabelecido no ponto *C*, com um salário de $125.000.

O painel (b) descreve o mercado de trabalho para trabalhadores menos qualificados no varejo tradicional, onde a demanda de trabalho está caindo. No novo equilíbrio de curto prazo, no ponto *F*, o salário anual cai para $20.000. No longo prazo, alguns trabalhadores deixam essa indústria, deslocando a curva de oferta para L^S_{2010}. Ao mesmo tempo, a curva de demanda continua a ser deslocada para a esquerda à medida que varejistas tradicionais saem da indústria. No equilíbrio de longo prazo, no ponto *H*, menos trabalhadores não qualificados são empregados no setor de varejo tradicional.

que um ano é um período muito curto para as pessoas adquirirem diplomas de Direito ou trocar sua especialidade – por exemplo, do Direito Familiar para o Direito Comercial. No curto prazo, portanto, a alteração na demanda de trabalho fez o equilíbrio deslocar-se, ao longo da curva de oferta de trabalho de curto prazo, para o ponto *B*, com um novo salário de $150.000. Essa modificação no salário pode parecer, de modo irrealista, grande para um ano, mas é uma representação precisa de eventos reais: o salário e outras compensações para os novos advogados da Internet, vindos de boas faculdades de Direito, *realmente* aumentaram cerca de 50% entre 1999 e 2000.

O ponto *B*, contudo, *não* é o equilíbrio de longo prazo nesse mercado. No longo prazo, os altos salários dos advogados da Internet provocarão a entrada de novas pessoas nessa profissão. Mais estudantes de ensino superior escolherão Direito em vez de Medicina e mais estudantes de Direito escolherão especialidades no Direito Comercial. Dentro de poucos anos – à medida que esses novos advogados comerciais entrarem no mercado – a curva de oferta de trabalho para advogados da Internet começará a ser deslocada para a direita. Se essa fosse a única alteração, o salário cairia, novamente, para seu nível inicial, mas, como discutimos neste capítulo, existe outra mudança que podemos esperar nesse período: entrada contínua de novas firmas pontocom. Com o tempo, isso deslocaria a curva de demanda cada vez mais para a direita.

Quando o número de firmas da Internet e o de advogados comerciais se estabilizarem – a figura supõe que isso ocorrerá no ano 2010 – as curvas de oferta e de demanda de trabalhadores vão parar de se deslocar. Nesse ponto, com $L^S{}_{2010}$ e $L^D{}_{2010}$, o novo equilíbrio de longo prazo estará no ponto *C*. Observe que, no diagrama, o equilíbrio no longo prazo de advogados da Internet é maior que em 1999, mas menor que em 2000, mas esse *não precisa* ser o resultado. Se o setor pontocom aumentar e ficar grande o suficiente (e a curva de demanda de trabalho for deslocada para a direita o suficiente), o salário poderá acabar *maior* que seu valor inicial. (Você será solicitado a fazer o diagrama desse caso no problema 6 do final do capítulo.)

A análise se aplica não apenas aos advogados da Internet, mas também a *muitos* tipos de trabalhos profissionais necessários pelos varejistas on-line e outras firmas da Internet. Mais genericamente:

> *A demanda por trabalhadores altamente especializados necessários para as firmas da Internet está crescendo, fazendo os salários desses trabalhadores decolar. O aumento nos salários age como um* sinal do mercado – *informando aos indivíduos que a sociedade melhoraria se eles aceitassem empregos em firmas da Internet. A entrada de novos trabalhadores levaria, normalmente, os salários de novo para baixo, de alguma maneira. E a entrada contínua de firmas pontocom funcionará contra a queda dos salários. No novo equilíbrio de longo prazo, haverá mais profissionais altamente qualificados trabalhando em firmas da Internet, ganhando maiores salários que inicialmente, mas não necessariamente tão altos quanto no curto prazo.*

O IMPACTO NOS TRABALHADORES DO VAREJO TRADICIONAL

Agora, volte sua atenção para o painel (b) da Figura 3 que mostra a história do *outro* lado do mercado de trabalho – o lado desagradável. Aqui, examinamos o mercado para pessoal de vendas nos pontos-de-venda de varejo tradicionais. Já vimos que, no curto prazo, esses pontos-de-venda terão de reduzir seus *markups*, a fim de concorrer com varejistas on-line. No diagrama, esse menor preço do mercado para serviços de varejo faz com que a curva de demanda de trabalho para pessoal de vendas seja deslocada para a esquerda, de $L^D{}_{1999}$ para $L^D{}_{2000}$. Esse período de um ano é muito curto para o pessoal de vendas adquirir habilidades ou treinamento para outros trabalhos, por isso não há alteração na curva de oferta de trabalho. O equilíbrio se desloca do ponto *E* para o ponto *F* e o salário de um vendedor comum, baixo no início, cai ainda mais – no exemplo, de $25.000, em 1999, para $20.000 em 2000.

Esse não é o fim da história. No longo prazo, a queda nos salários vai estimular alguns trabalhadores a deixar completamente o setor de varejo tradicional – deslocando a curva de oferta de trabalho para a esquerda. Ao mesmo tempo, alguns varejistas tradicionais – continuando a sofrer perdas – sairão da indústria, deslocando a curva de demanda de trabalho *ainda mais* para a esquerda. Quando esses ajustes pararem – no ano de 2010, na figura – o mercado atingirá seu novo equilíbrio de longo prazo no ponto *H*. No exemplo, os salários do pessoal de vendas de alguma maneira sobressaem, mas permanecem menores do que inicialmente. Todavia, se o setor de varejo tradicional encolher o suficiente no longo prazo, os salários poderão, na realidade, cair *abaixo* de seu nível inicial. (O problema 7 do final do capítulo pede que você faça o diagrama desse caso.)

Análise se aplica não apenas aos empregados de vendas, mas também aos guardas de segurança, caixas e outros trabalhadores especializados que têm trabalhado no setor de varejo tradicional. Mais genericamente:

Por causa do varejo on-line, a demanda por trabalhadores no varejo tradicional está diminuindo ou aumentando mais vagarosamente do que seria de alguma outra maneira. Como resultado, os salários para esses trabalhadores estão ficando estagnados. Isso age como um sinal do mercado – informando aos indivíduos que a sociedade melhoraria se eles aceitassem emprego em algum outro lugar. A saída de trabalhadores do varejo tradicional de alguma maneira traria os salários de volta, mas de forma contínua isso pode funcionar contra esse efeito. No novo equilíbrio de longo prazo, haverá menor número de pessoas trabalhando nos pontos-de-venda de varejo tradicional e ganhando menores salários que inicialmente, mas não necessariamente tão baixos como no curto prazo.

EFEITOS EM OUTROS MERCADOS DE TRABALHO

Até agora, a análise tem-se concentrado em dois tipos de trabalhadores diretamente afetados pelo varejo on-line: profissionais que trabalham para firmas pontocom, como os advogados da Internet, e pessoas menos qualificadas que trabalham para varejistas tradicionais, como os balconistas do varejo.

Os efeitos, contudo, se estendem para *outros* mercados de trabalho. Na realidade, a alteração para o varejo on-line – e o desenvolvimento da Internet – está funcionando para exacerbar uma tendência que observamos, pela primeira vez, no Capítulo 11: o aumento no diferencial de ganhos entre trabalhadores altamente especializados (com nível superior ou diplomas de curso técnico) e trabalhadores menos especializados (com colegial ou menos). Em 1998, uma pessoa com nível superior ganhava quase duas vezes mais que uma pessoa com colegial. Os economistas prevêem que a diferença se elevará na próxima década.

Como a alteração do varejo tradicional para o varejo on-line contribui para essa tendência na economia? A Figura 4 conta a história. O painel (a) mostra o mercado para advogados comerciais que trabalham *fora* do setor da Internet – por exemplo, em escritórios tradicionais de advocacia. À medida que os advogados são atraídos para o setor da Internet, conforme descrito anteriormente, a curva de oferta de trabalho para advogados *não* relacionados com a Internet é deslocada para a esquerda e o equilíbrio é deslocado do ponto *J* para o ponto *K*. Os salários aumentam de $100.000, em 1999, para $150.000 em 2010. Isso é mais que uma possibilidade hipotética. Escritórios de advocacia tradicionais – mesmo os que não têm nada a ver com a Internet – tiveram de elevar a remuneração dos novos advogados em 50% ou mais, a fim de reagir às ofertas das firmas da Internet.

Mudanças semelhantes serão observadas nos mercados profissionais na economia. No longo prazo, os salários de médicos, engenheiros, professores de instituições de ensino superior e artistas comerciais aumentarão, pois as curvas de oferta de trabalho em todos esses mercados serão deslocadas para a esquerda, à medida que algumas pessoas saírem em busca de carreiras de altos salários em firmas da Internet.

Em contraste, o painel (b) da Figura 4 apresenta o que acontece em um mercado de trabalho *menos qualificado*: o mercado para garçons e garçonetes de restaurantes. À medida que o setor de varejo tradicional cai, o pessoal de vendas do varejo se desloca para outros mercados de trabalho como o mercado para empregados de restaurante. A curva de oferta de trabalho nesse mercado se desloca para a direita e o salário de equilíbrio cai. O mesmo vai ocorrer em mercados para trabalhadores menos qualificados em toda a economia: as curvas de oferta de trabalho nesses mercados serão deslocadas para a direita e os salários cairão.

O impacto dessa modificação do varejo tradicional para o varejo on-line se estende além dos mercados diretamente afetados. Como as firmas da Internet tendem a contratar trabalhadores mais altamente qualificados, os salários desses trabalhadores aumentarão, quer eles trabalhem ou não para firmas da Internet. Como os varejistas tradicionais tendem a contratar principalmente trabalhadores menos qualificados, seus salários serão reduzidos ou se elevarão mais lentamente, independentemente de eles trabalharem ou não em lojas de varejo tradicionais.

Esses efeitos, se não forem objetos de atenção, levarão a uma maior ampliação da lacuna de salários entre os trabalhadores com mais estudo e os com menos estudo. Evidentemente, pelos próximos dez anos, outras mudanças poderão equilibrar ou inverter essa tendência. Por exemplo, subsídios que estimulassem pessoas jovens a ir à faculdade funcionariam para neutralizar as alterações na oferta de trabalho nos *dois* painéis da Figura 4. (O problema 8 do final do capítulo pede que você ilustre e explique.)

VAREJO ON-LINE E O MERCADO DE AÇÕES

Enquanto isto está sendo escrito, as ações da Internet – especialmente as ações dos varejistas on-line – parecem estar violando todas as regras de determinação de preço de ações.

Permanecendo tudo igual, esperaríamos que as firmas com altos lucros por ação tivessem altos preços de ações e que as firmas com baixos lucros por ação tivessem baixos preços de ações. Considere, porém, as ações da Amazon.com – o varejista on-line mais amplamente visitado. Ela nunca obteve lucro e não tem perspectiva de obter lucro durante vários anos. Na realidade, suas perdas têm sido impressionantes. A Figura 5 mostra as perdas trimestrais da Amazon – como lucro negativo – de 1997 a 1999. Durante esse período, a Amazon perdeu um total de $881 milhões.

Figura 4

EFEITOS DO VAREJO ON-LINE EM OUTROS MERCADOS DE TRABALHO

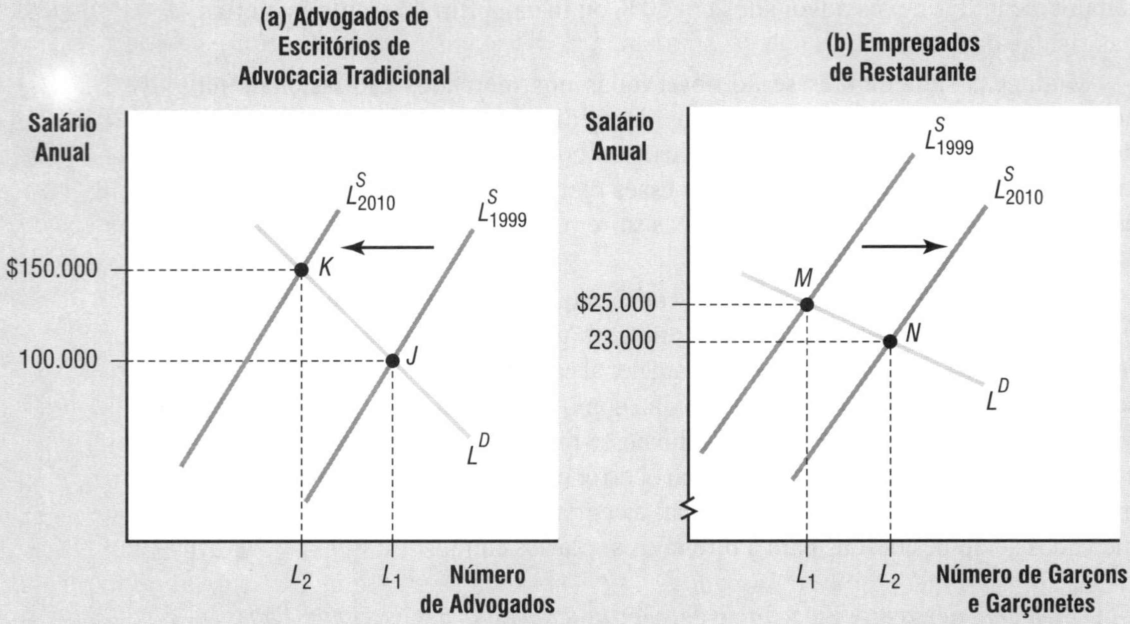

O painel (a) mostra o mercado para advogados em escritórios de advocacia tradicionais. Iniciando do equilíbrio inicial, no ponto *J*, a curva de oferta de trabalho se desloca para a esquerda à medida que os advogados são estimulados a sair pelos maiores salários das firmas da Internet. Como resultado, o valor do salário aumenta para $150.000 no ponto *K*.

No painel (b), o equilíbrio inicial no mercado para garçons/garçonetes de restaurantes é no ponto *M*. À medida que os trabalhadores deixam o setor de varejo tradicional de "lojas físicas", eles procuram trabalho nesse e em outros mercados para emprego menos qualificado. O aumento da oferta no mercado de trabalho de restaurantes leva o salário para baixo – para $23.000 por ano no ponto *N*.

Ainda assim, o valor de mercado, em 20 de março de 2000 – o quanto custaria a compra de todas as ações da Amazon em circulação naquele dia – era de $21,8 bilhões. Esse valor é oito vezes o valor de mercado combinado da Barnes and Noble e da Borders que juntas obtiveram $182 milhões em lucro em 1999.

Considere também a quantidade de capital físico que uma firma possui. Se o pior ainda pudesse piorar, a companhia poderia sempre se liquidar e vender todo o seu capital – os edifícios de escritório que ela possui, as plantas industriais, os computadores, os móveis de escritório, os veículos e assim por diante. Em teoria, poderíamos pensar que o valor de mercado de uma firma deveria ter alguma relação com o valor de seu capital físico. Mas considere a TWA. No início de 2000, essa companhia aérea possuía 185 aeronaves, valiosos direitos de aterrissagem em 24 países e espaços de escritório em excelentes edifícios em todo o país. Ainda assim, o valor de mercado da companhia era de $146 milhões – substancialmente menor que o valor de seu capital. Enquanto isso, o valor de mercado do Yahoo – que possuía capital físico no valor de $20 milhões – era de *$90 bilhões.*

Finalmente, considere *informações* sobre as firmas da Internet. Todo o mundo conhece o negócio em que elas estão. Todos sabem quanto lucro ou perda elas tiveram a cada trimestre, já que, por lei, uma corporação de propriedade pública deve publicar essas informações utilizando práticas de contabilidade-

Figura 5

LUCRO CONTÁBIL TRIMESTRAL DA AMAZON.COM, 1996-1999

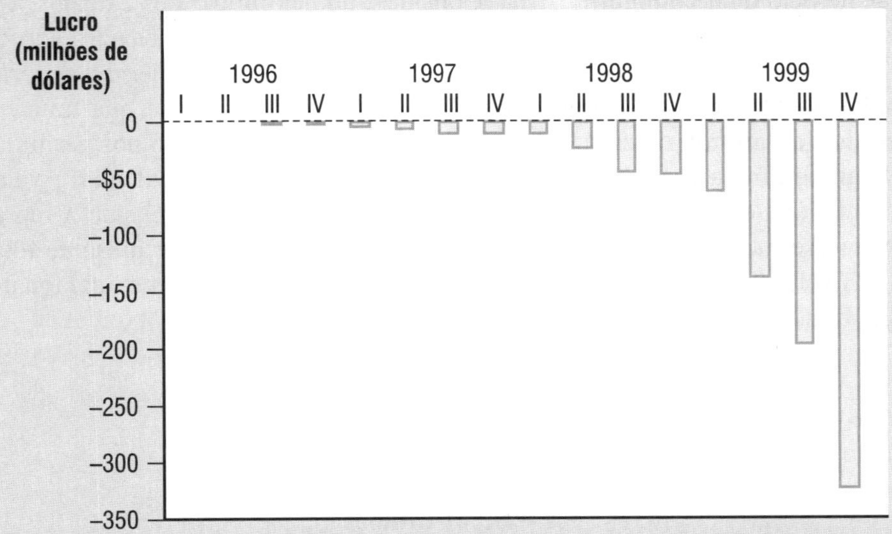

Observação: os números negativos representam perdas

padrão. E todos lêem as mesmas previsões das perspectivas de longo prazo dessas firmas. Portanto, parece que deveria haver algum acordo – em algum dia, em alguma semana ou em algum mês – sobre quanto uma ação de uma firma da Internet vale.

Na realidade, as ações de novas firmas da Internet – especialmente varejistas on-line – têm enfrentado um percurso tortuoso nos últimos anos. Por exemplo, em 1º de junho de 1999, uma ação da Amazon podia ser comprada por $52,91; em 10 de dezembro de 1999, o preço tinha aumentado para $106,69. Assim, em apenas três meses, ele caiu novamente para $62,50 em 3 de março de 2000. Esses movimentos gerais mascaravam movimentos ainda mais voláteis, de um dia para o outro. Por exemplo, em 9 de dezembro de 1999, a ação se elevou em 17% com relação ao seu valor do dia anterior. Em 5 de janeiro de 2000, o valor despencou em quase 15% – novamente, em apenas um dia.

Na realidade, o que está acontecendo às ações da Internet – suas altas avaliações, apesar das perdas e do pouco capital físico e de suas enormes flutuações de preço – faz muito sentido quando você utiliza ferramentas da teoria microeconômica.

Vamos começar com um conceito fundamental do Capítulo 13: o princípio da avaliação de ativos. Ele nos informa que o valor de uma firma é o valor presente total de seus lucros futuros. De acordo com esse princípio, uma firma que não tem nenhum lucro – ou que vem sofrendo perdas ano após ano – poderia ter valor se seus lucros futuros antecipados fossem altos o suficiente para compensar as perdas.

Evidentemente, lucros futuros são *descontados*, por isso um dólar no futuro vale significativamente menos que um dólar presente. Portanto, quanto mais os lucros de uma firma forem adiados para o futuro, maiores serão esses ganhos, para justificar um alto preço das ações agora.

Vamos calcular quanto lucro a Amazon teria de obter no futuro para tornar seu valor de mercado – que era de $21,8 bilhões em março de 2000 – um preço atraente pelo qual comprar a firma. Consideremos, no início dos cálculos, um desconto de 12% (alguns pontos acima da taxa de juros corrente no início de 2000, para ajustar ao risco) e que a Amazon pare de perder dinheiro e se torne imediatamente lucrativa. Consideremos também, para simplicidade, que, uma vez lucrativa, a Amazon obterá um lucro *constante* para sempre. Isso nos permitirá utilizar a fórmula especial de desconto (do Capítulo 13) para calcular o valor presente total de um fluxo constante de pagamentos futuros. Deixando X representar esse lucro constante, a fórmula nos informa que o valor presente total seria $X/0,12$. Queremos o valor para X que torne esse valor presente total igual a $21,8 bilhões. Portanto, devemos resolver a seguinte equação:

$$\frac{X}{0,12} = \$21,8 \text{ bilhões}$$

que nos dá

$$X = \$2,61 \text{ bilhões}$$

Para recapitular: a fim de tornar a Amazon uma compra atraente pelo seu valor de mercado de $21,8 bilhões em março de 2000, ela teria de atingir lucros futuros equivalentes a uma constante de $2,6 bilhões por ano, começando imediatamente e continuando para sempre. É uma quantidade enorme de lucro. Pelos padrões atuais, essa quantidade tornaria a Amazon a trigésima oitava corporação mais lucrativa dos Estados Unidos – à frente da American Express, da Coca-Cola, da Boeing, e da Chevron e atrás apenas da AT&T. Lembre-se, também, de que os cálculos supõem que a Amazon começará a obter lucro imediatamente. Na realidade, a própria firma prevê perdas crescentes por vários anos, por isso teria de obter um lucro maior que $2,6 bilhões para justificar seu valor de mercado.[5]

Os investidores do mercado de ações estavam, no início de 2000, evidentemente otimistas sobre o futuro da Amazon. Mas eles estavam *confiantes*? Aparentemente, não muito. Como observado anteriormente, o valor de mercado da Amazon tinha reduzido pela metade em uma questão de meses, para dobrar novamente alguns meses depois. Parece que a visão do mercado do futuro da Amazon é instável.

Como *deveria* ser. Em virtude de o futuro da Amazon – e o futuro de *todos* os varejistas on-line – depender crucialmente da estrutura de mercado da indústria no longo prazo. O varejo on-line, sobretudo, é tão novo – e as perguntas que o cercam são tão profundas – que as previsões no longo prazo nesse estágio são apenas especulativas.

Por que a estrutura do mercado de varejo on-line no futuro é tão importante? Lembre-se de que, em duas das quatro estruturas de mercado que você viu – concorrência perfeita e monopolista – novas firmas podem entrar facilmente no mercado e a competição reduz o lucro econômico para zero no longo prazo.

---

[5] Evidentemente, os acionistas da Amazon esperam que seu lucro *aumente* para sempre, não que permaneça constante. A estimativa, com base em um lucro anual constante, tem o objetivo de ilustrar apenas a natureza da magnitude.

AVALIAÇÃO DO MERCADO DE AÇÕES NO VAREJO ON-LINE

Figura 6

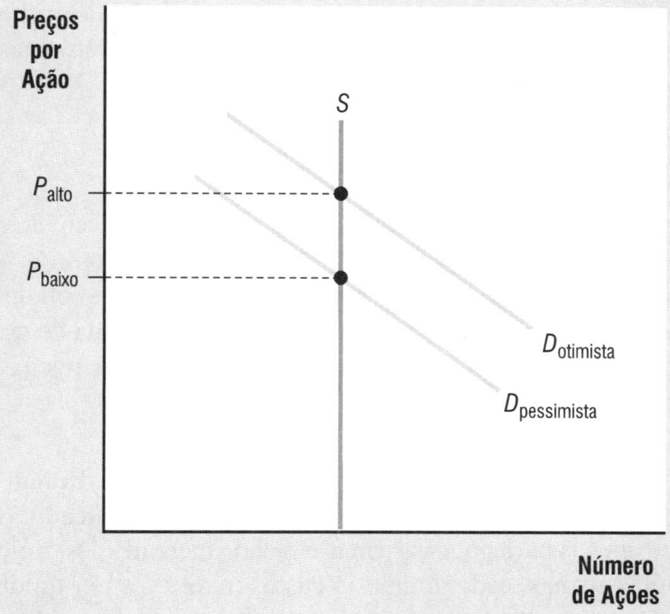

Em um período específico, o número de ações de qualquer firma de varejo on-line é fixo, conforme ilustrado pela curva de oferta vertical. A curva de demanda $D_{pessimista}$ mostra quantas ações as pessoas gostariam de ter a cada preço se elas se inclinassem na direção da concepção de lucros zero. $D_{otimista}$ mostra a demanda se os investidores acreditam que a firma terá lucros no longo prazo. À medida que novas informações se tornam disponíveis, a curva de demanda pode ser deslocada para frente e para trás, por isso o preço por ação oscila entre P_{baixo} e P_{alto}.

Portanto, se a indústria de varejo on-line seguir na direção da concorrência perfeita ou da concorrência monopolista, as ações da Amazon e de outros varejistas da Web serão totalmente desvalorizadas.

Por outro lado, se a indústria seguir na direção de uma estrutura de monopólio ou oligopólio, significativas *barreiras* à entrada manterão potenciais novos participantes de fora. Nessas estruturas de mercado, o lucro no longo prazo é possível (embora não garantido).

Parte da instabilidade observada nas ações do varejo on-line surge de duas visões concorrentes do futuro desse varejo. Por um lado, há a *concepção dos lucros no longo prazo*: esse varejo on-line acabará ou como oligopólio lucrativo ou como monopólio. Por outro lado, há a *concepção de lucros zero*: esse varejo on-line acabará ou como concorrência perfeita ou como concorrência monopolista. E o vento continua mudando de direção. Um investidor que se prende demais a uma concepção pode, racionalmente, começar a inclinar-se na direção de outra concepção em uma questão de semanas, dias ou até mesmo de horas, com base em algumas informações novas. Quando as pessoas se movem *em massa* de um campo para o outro, os preços das ações podem mudar drasticamente.

Isso é mostrado na Figura 6. A curva de oferta vertical apresenta o número de ações de um varejista da Web. A curva de demanda com inclinação para baixo rotulada $D_{pessimista}$ traz quantas ações as pessoas gostariam de ter com cada preço se – com base em informações recentes – os investidores se inclinarem na direção da concepção de lucros zero. A curva de demanda rotulada

D_{otimista} mostra a quantidade de ações demandadas quando os investidores acreditam que a firma terá lucros no longo prazo. À medida que novas informações se tornam disponíveis e a curva de demanda se desloca para frente e para trás, o mesmo acontece com o preço de equilíbrio das ações.

O que está por trás de cada uma dessas visões sobre o futuro do setor de varejo on-line? Como você verá, as duas visões são baseadas na teoria microeconômica que você já aprendeu.

A CONCEPÇÃO DE LUCROS NO LONGO PRAZO

Os que acreditam na existência de lucros no longo prazo devem acreditar também que existem barreiras à entrada na indústria de varejo on-line – restrições significativas o suficiente para criar mercados de monopólio ou de oligopólio altamente lucrativos. Você aprendeu sobre barreiras à entrada de novas firmas nos Capítulos 9 e 10. Quais dessas restrições poderiam ser relevantes para o futuro dos varejistas da Web?

1. ***Economias de Escala.*** Suponha que os varejistas on-line desfrutem economias de escala até estarem atendendo a uma grande parte do mercado. Nesse caso, haverá espaço apenas para poucas firmas em cada mercado de varejo, já que, se houvesse muitas firmas, cada uma teria custos mais altos por unidade.

Economias de escala podem ser particularmente relevantes no varejo online por causa dos altos custos de *lumpy inputs.* Por exemplo, muitos custos da *informação* do varejo on-line – os custos de desenvolvimento e manutenção de sites sofisticados na Web, de sistemas de controle de estoques e de sistemas para organização e controle da entrega de bens – são todos *lumpy costs.* O custo para manter essas redes de informações é o mesmo, quer uma firma venda dez CDs por dia ou 10.000.

2. ***Reputação.*** As reputações certamente importam no varejo tradicional. As pessoas compram, muito provavelmente, em lojas que elas sabem que comercializam boa mercadoria, oferecem bom serviço e permitem retornos com o mínimo de problemas. Além disso, leva-se tempo para descobrir novos varejistas e para testá-los, de modo que as pessoas podem comprar nos mesmos varejistas repetidamente, apenas porque conhecem e se sentem confortáveis com eles.

Na concepção de lucros no longo prazo, a reputação pode ser ainda *mais* importante na Internet, pois os clientes devem pagar *antes* que os bens sejam recebidos. Quando você compra on-line, precisa ter fé que os bens chegarão, que chegarão em boas condições e que chegarão quando prometido.

Nessa visão, os primeiros participantes de um mercado de varejo on-line têm a grande vantagem daquele que é o *primeiro a chegar.* Eles já têm uma reputação estabelecida. Os participantes seguintes se intimidarão devido à necessidade de pagar por campanhas caras de publicidade e por brindes, a fim de retirar clientes dos primeiros participantes. Esse é um custo que os primeiros participantes não tiveram.

Sendo a reputação importante no varejo on-line, poderíamos esperar que os que tivessem as melhores reputações cobrassem por seus serviços de varejo preços mais altos que os de seus concorrentes, menos conhecidos. E alguma evidência inicial sugere que esse é, na realidade, o caso. Em 1999, vários estudos descobriram que as marcas mais reconhecidas no varejo on-line – como a Amazon.com e a CDNow – tendiam a vender bens idênticos por preços 7% a 12% maiores que varejistas menos conhecidos.[6]

3. *Proteção da Propriedade Intelectual.* Você pode pensar que a proteção da propriedade intelectual por meio de direitos autorais e patentes não tem nada a ver com varejistas on-line. Afinal, eles não *escrevem* os livros nem *inventam* os produtos de consumo que vendem. Mas, em 1998, uma decisão da Corte de Apelações dos Estados Unidos, mantida pela Corte Suprema em 1999, permitiu que as firmas patenteassem *maneiras de fazer negócios* pela Internet. Por exemplo, a Amazon.com tem uma patente sobre o processo de pedidos de produtos com um único clique do mouse. Ela tem outra patente sobre um método básico de recompensar sites afiliados por enviar firmas à Amazon. Em 1999, 700 patentes desse tipo foram concedidas a firmas on-line por maneiras de fazer negócios na Web. Sob a lei atual, cada uma dessas patentes dura 20 anos.

Se uma patente reduz custos ou torna um varejista mais atraente para os clientes, o proprietário da patente pode ter lucro sem temer que outros entrem e eliminem esse lucro.

4. *Outras Barreiras.* Na concepção de lucros no longo prazo, o varejo on-line poderia se beneficiar com algumas barreiras adicionais à entrada. Uma dessas barreiras são os *efeitos de rede* – o benefício concedido a um cliente quando *outras* pessoas se tornam clientes. Por exemplo, ao clicar em um livro no site da Amazon, você é imediatamente informado que "outras pessoas que compraram esse livro também compraram...", seguido de uma lista de outros livros dos quais você poderia gostar. Quanto mais pessoas comprarem pela Amazon, maior será o banco de dados que ela poderá utilizar para fazer recomendações e mais úteis serão essas recomendações. Assim, o primeiro varejista a crescer atrairá mais e mais clientes e ficará ainda maior. Um novo participante nunca teria uma chance nesse mercado.

Alguns varejistas on-line vão ainda mais longe na recomendação de produtos – armazenando as preferências de clientes individuais com base nas suas *compras anteriores*. Um vendedor de CDs, por exemplo, pode oferecer uma página inicial diferente – com diferentes produtos – para cada pessoa que se conecta, com base no tipo de música que ela comprou no passado. Dessa maneira, o vendedor pode tirar proveito do recurso de *retenção* – os benefícios especiais que atraem clientes que continuam voltando. Esses benefícios são perdidos quando um cliente muda para outra firma. Se os primeiros varejistas on-line puderem reter seus clientes, novas firmas hesitarão em entrar na indústria.

Se a concepção de lucros no longo prazo estiver correta e barreiras à entrada mantiverem novos participantes de fora – e provocarem saída de firmas em mercados já saturados – a indústria de varejo on-line poderá acabar como um aglomerado de oligopólios, um para cada produto.

---

[6] Veja, por exemplo, os estudos citados por SMITH, Michael; BAILEY, Joseph; BRYNJOLFSSON, Erik, em "Understanding Digital Markets: Review and Assessment", julho de 1999.

Lembre-se, no entanto, de que firmas oligopolistas não *necessariamente* obtêm lucro econômico. Para serem lucrativas, elas devem ter um monopólio, em algum aspecto de seus serviços que as outras firmas não possam copiar ou cooperar com seus concorrentes, a fim de impedir guerras de preço dispendiosas. (As companhias aéreas, por exemplo, são oligopólios, mas nunca conseguiram cooperar por um tempo longo o suficiente para obter lucros significativos.)

Na concepção de lucros de longo prazo, a indústria de varejo on-line satisfaz a esses dois requisitos para lucratividade. Primeiramente, como discutimos, os principais vendedores da Web terão patentes especiais – como a patente de um clique, da Amazon – que impedirão outros de concorrerem para acabar com seus lucros. Segundo, o varejo on-line tem características – como preços facilmente observados – que podem facilitar a cooperação entre firmas e ajudar a impedir ações fraudulentas.

Em resumo,

na concepção dos lucros no longo prazo, os mercados de varejo on-line podem ser lucrativos – altamente lucrativos – devido às barreiras à entrada. Apenas algumas firmas sobreviverão em cada mercado de varejo, e cada sobrevivente terá um monopólio em algum aspecto valioso do serviço de varejo ou conseguirá cooperar com seus poucos concorrentes para elevar os markups e os lucros.

A CONCEPÇÃO DE LUCROS ZERO

Na concepção de lucros zero, os mercados de varejo on-line estão indo na direção da concorrência perfeita ou da concorrência monopolista no longo prazo. Trata-se de estruturas de mercado nas quais a livre entrada de firmas leva o lucro econômico para zero. Nessa visão, as barreiras à entrada não existirão ou serão insignificantes. Vamos examinar cada uma das potenciais barreiras à entrada e o contra-argumento da concepção de lucros zero.

Economias de Escala. Embora as economias de escala estejam, sem dúvida, presentes no varejo on-line, ninguém ainda sabe até que ponto a escala de produção eficiente (EPE) – a parte do mercado na qual o custo por unidade atinge o nível mais inferior – ocorre. Além disso, mercados de varejo on-line são mercados nacionais enormes nos quais cada vendedor pode vender para qualquer comprador de qualquer lugar do país. Com mercados maiores, a EPE deve ocorrer em uma *porcentagem* muito menor do mercado do que ocorreria em um mercado de varejo tradicional e local.

Por exemplo, vamos considerar o mercado para livros – um dos maiores e mais antigos mercados de varejo on-line. Suponha que a EPE nesse mercado ocorra quando um milhão de livros são vendidos anualmente e que o custo por unidade permaneça praticamente o mesmo para vendas além desse número. Imagine, também, que o mercado de livros on-line aumente de 10% do total de vendas de livros, no início de 2000, para cerca de 25% do total de vendas de livros no momento em que o mercado amadurece. Com base nos totais correntes, isso significa compras on-line de cerca de 100 milhões de livros. Sob essas hipóteses, um vendedor que tivesse apenas uma participação de 1% no mercado

– um milhão de livros – não teria desvantagem de custo, em comparação com um que tivesse uma participação de 50% – 50 milhões de livros. Portanto, com base apenas em economias de escala, haveria espaço para 100 firmas vendedoras de livros diferentes. Em outras palavras, na concepção de lucros zero, economias de escala são um argumento fraco para monopólios ou oligopólios nos enormes mercados de varejo nacionais criados pela Internet.

Reputação. Uma boa reputação pode, certamente, fornecer vantagem para uma firma. Mas recém-chegados também podem desenvolver boas reputações e desenvolver uma reputação pode ser *mais fácil* para um novo varejista on-line do que para um novo varejista tradicional. Por exemplo, agências de classificação – como a The Better Business Bureau – logo estarão on-line, deixando as informações sobre um varejista on-line ao alcance de um clique. Além disso, sites da Web têm maneiras de criar boas reputações rapidamente. Eles podem criar comunidades (quadros de aviso e salas de bate-papo) ou confiar em boas palavras em quadros de avisos e salas de bate-papo já existentes. Eles podem comprar links de outros sites confiáveis da Web. Além disso, em virtualmente todos os mercados de varejo, existem muitas firmas *convencionais* que *já* possuem boas reputações. Elas podem se estabelecer on-line sozinhas ou "emprestar" sua reputação para outra firma, por meio de parceria. Por exemplo, a barnesandnoble.com – subsidiária da varejista tradicional Barnes and Noble – entrou no mercado de vendas de livros depois que a Amazon já tinha estabelecido sua liderança, mas desfrutou os benefícios de uma reputação instantânea. De maneira semelhante, a Wal-Mart – participante recente no varejo on-line – desfrutou uma reputação instantânea com base em anos de atendimento a milhões de clientes em todo o país. Assim, na concepção de lucros zero, a reputação é uma barreira improvável à entrada de novos concorrentes.

Proteção à Propriedade Intelectual. O papel da propriedade intelectual na Internet continua sendo um grande desconhecido. No início de 2000, o sistema legal estava dando suporte a patentes de longo prazo para a realização de negócios e isso certamente alongou ainda mais a concepção de lucros de longo prazo. Essas patentes, porém, estão se tornando cada vez mais impopulares na comunidade da Internet. Tão impopulares, na realidade, que Jeff Bezos – CEO e principal acionista da Amazon.com – mudou sua posição sobre patentes na Internet. Em março de 2000, ele argumentou, publicamente, em favor da redução da vida das patentes da Internet para três ou quatro anos e não mais os 20 anos atuais. Na concepção de lucros zero, o sistema legal dos Estados Unidos – e os sistemas legais no mundo todo – vão evoluir para ajudar a manter os mercados de comércio eletrônico abertos e altamente competitivos. As patentes não serão uma barreira significativa à entrada.

Outras Barreiras. E as redes e a retenção? Evidentemente, existe um certo valor em comprar de um vendedor que monitora suas compras, conhece suas preferências e tem um banco de dados de informações grande o suficiente para fazer recomendações de outros produtos. Contudo, existe uma força contrária: o desejo por privacidade. Muitas pessoas não se sentem bem quando suas compras são monitoradas – um pré-requisito para a retenção. Os efeitos da rede podem ter efeito contrário em alguma pessoa que tenha um espírito individualista e que se ressinta de ser aconselhada a comprar produtos simplesmente porque outros compraram. Lembre-se, também, de que a capacidade de um varejista de conhecer suas preferências e fazer recomendações pessoais não pouparam as pequenas lojas de produtos gerais de serem substituídas por grandes comerciantes de massa. (Quando foi a última vez que alguém do pessoal de vendas o reconheceu e recomendou alguma coisa na Target, na Tower ou na Borders local? Ainda assim, essas lojas prosperaram porque atraíram pessoas de lojas menores e que tinham preços maiores.) Na concepção de lucros zero, os efeitos da rede e da retenção são bases duvidosas nas quais pode-se construir lucro econômico de longo prazo.

Finalmente, existe uma característica especial do varejo on-line que fortalece a concepção de lucros zero: a facilidade e a velocidade de obter informações na Rede. Para ver o porquê, pense nas compras *tradicionais*, no mundo físico em que a comparação de preços é demorada e problemática. Ela envolve transporte, espera em fila e a lembrança de informações sobre preços e qualidade, à medida que você vai de uma loja a outra. Assim, nos mercados de varejo *tradicionais*, uma loja pode cobrar preços maiores que os de lojas semelhantes, sem perder todos os seus clientes.

Agora, pense sobre compras na Web. A comparação de lojas não envolve tempo de viagem, apenas apontar e clicar. Além disso, *agentes de compras* poderosos podem fazer comparações para você. Basta clicar no bem que está tentando comprar e o agente de compras informa sobre uma ampla seleção de vendedores e de preços. Dois agentes de compras vão ainda mais longe: o Clickthebutton.com mantém um botão na tela do seu computador que você pode pressionar antes de fazer uma compra, para verificar preços em sites de concorrentes na Web. O R-U-Sure.com coloca um programa no seu computador que *automaticamente* informa os preços dos concorrentes todas as vezes que você faz uma compra. Isso sugere que, no ciberespaço, os varejistas terão mais dificuldade em cobrar mais que seus concorrentes, tornando o lucro econômico ainda menos provável.

Na concepção de lucros zero, os mercados de varejo on-line não conseguirão obter lucro econômico no longo prazo. Barreiras à entrada não serão altas o suficiente para manter novas firmas de fora e a comparação de lojas será fácil. Como resultado, esses mercados se assemelharão, mais de perto, à concorrência monopolista ou à concorrência perfeita, com lucro econômico zero no longo prazo.

De maneira interessante, a Amazon.com – um principal proponente da concepção dos lucros no longo prazo – recentemente pareceu apoiar a concepção dos lucros zero. Em um registro oficial na Securities and Exchange Commission, em agosto de 1999, a Amazon declarou:

> *A concorrência na Internet e nos mercados de comércio on-line provavelmente será intensificada. À medida que vários segmentos de mercado da Internet obtêm bases grandes de clientes leais, os participantes desses segmentos podem utilizar seu poder de mercado para expandir em mercados em que nós operamos. Além disso, novas tecnologias*

expandidas da Web podem aumentar as pressões competitivas nos varejistas on-line. Por exemplo, tecnologias de "agente de compras" permitem que os clientes comparem rapidamente os preços com os dos concorrentes. Essa maior competição pode reduzir as margens operacionais, reduzir a participação no mercado ou prejudicar o valor da marca.

É claro que a Amazon também lançou declarações tomando a oposição oposta. Acontece que, se uma firma líder parece estar nos dois lados da cerca, não surpreende que os investidores do mercado de ações, tentando entender o futuro de uma indústria totalmente nova, estejam incertos. Toda nova decisão de tribunal, toda liberação de números relativos às vendas, toda entrada de um novo concorrente ou falha de uma firma já existente provoca mudanças radicais de opinião e desloca a curva de demanda das ações do varejo on-line como na Figura 6 (página 595). Sem dúvida, os preços dessas ações continuarão a flutuar em valor nos anos seguintes.

MOMENTO PARA *VOCÊ* UTILIZAR A TEORIA

Neste capítulo, aplicamos a teoria da microeconomia – e especialmente o processo em quatro etapas – à indústria de varejo on-line. Explicamos algumas das maneiras nas quais o varejo on-line afeta os mercados de produtos, os mercados de trabalho e os financeiros. Existem muitas outras perguntas que surgiram em razão dessa nova indústria – o impacto na discriminação no mercado de trabalho, na eficiência econômica, no comércio internacional e na distribuição de renda, além de outros.

Agora é o momento de você utilizar a teoria. Examine as perguntas no final deste capítulo. Veja quantas você consegue responder aplicando as ferramentas da microeconomia – e especialmente o processo em quatro etapas.

PROBLEMAS E EXERCÍCIOS

1. Na Figura 1, o desenvolvimento do varejo on-line desloca para fora o intercepto horizontal da FPP, mas deixa inalterado o intercepto vertical. Dê exemplos de *outros* desenvolvimentos da Internet que estão deslocando o intercepto vertical da FPP e explique por que eles o fazem.
2. Na Figura 2, um dos motivos para o deslocamento para a direita da curva de demanda é um aumento nas preferências pela compra de bens on-line por pessoas *já* conectadas à Internet. Você pode dar alguns motivos para tal alteração nas preferências? (*Dica:* Você ou sua família começaram a comprar bens pela Internet no primeiro mês em que estavam conectados? No primeiro ano em que estavam conectados? Quais foram os motivos para o atraso?)
3. A Figura 2 mostra o mercado para serviços de varejo tradicionais em um equilíbrio de longo prazo inicial, um novo equilíbrio de curto prazo e, finalmente, um novo equilíbrio de longo prazo. Mostre os três equilíbrios com um diagrama para a firma de varejo on-line comum. Você precisará desenhar as curvas CTM e CM, bem como a curva de demanda que a firma enfrenta. Suponha que o varejo tradicional seja uma *indústria de custo crescente.*

4. A Figura 2 apresenta que, como resultado do varejo on-line, haverá menos varejistas tradicionais de CDs, cada um cobrando um preço menor no futuro. Crie uma história (um conjunto de suposições que difira das existentes por trás da Figura 2) que leve a cada uma das conclusões a seguir. Ilustre-as com um gráfico.
   a. No longo prazo, existem menos varejistas tradicionais de CDs, cada um cobrando um *markup maior* que antes.
   b. No longo prazo, existem mais varejistas tradicionais de CDs, cada um cobrando um *markup maior* que antes.
5. Existe algum desenvolvimento tecnológico recente que possa reduzir o custo de fornecer serviços de varejo *tradicionais?* Caso exista, qual é? Como isso afetaria a análise do varejo tradicional na Figura 2?
6. No painel (a) da Figura 3, o salário dos advogados comerciais da Internet em 2010 é maior que em 1999, mas menor que em 2000. Utilizando um diagrama semelhante, mostre que o salário *não* pode, logicamente, acabar menor que em 1999, mas que poderia, logicamente, acabar maior que em 2000. Suponha que não exista nenhuma outra alteração afetando o salário, além das consideradas na figura. (*Dica:* Imagine que o varejo on-line passe por uma *enorme* expansão entre 2000 e 2010.)
7. No painel (b) da Figura 3, o salário do pessoal de vendas tradicionais de varejo, em 2010, é menor que em 1999, mas maior que em 2000. Utilizando um diagrama semelhante, mostre que o salário *não* pode, logicamente, acabar maior que em 1999, mas que *poderia*, logicamente, acabar menor que em 2000. Imagine que não exista nenhuma outra modificação afetando o salário, além das consideradas na figura. (*Dica:* Imagine que o setor de varejo tradicional seja significativamente reduzido entre 2000 e 2010.)
8. A Figura 4 traz como a Internet funciona para ampliar a lacuna entre trabalhadores altamente especializados (com curso superior) e trabalhadores menos especializados (com colegial). Como um maior subsídio do governo para estudantes de instituições de ensino superior afetaria os dois painéis da Figura 4? Explique por que os subsídios para instituições de ensino superior têm um impacto não apenas no salário dos que *vão* à faculdade, mas também no salário dos que *não* vão à faculdade.
9. Alguns formuladores de política pediram um abrandamento das restrições de imigração, para ajudar a lidar com efeitos no mercado de trabalho das tecnologias em rápida mudança. Para cada um dos casos a seguir, explique como a análise gráfica na Figura 4 e a conclusão a que chegamos com essa figura devem ser modificadas.
   a. O governo permite maior imigração entre os altamente qualificados, mas não entre os menos qualificados.
   b. O governo permite maior imigração entre os menos qualificados, mas não entre os altamente qualificados.

   A sua resposta à parte (b) seria afetada se imigrantes menos qualificados também tendessem a auxiliar estabelecimentos (por exemplo, varejistas tradicionais) com tendência a empregar trabalhadores menos qualificados?
10. Explique se os efeitos da rede, da retenção ou de ambas estão presentes em cada um dos casos a seguir, e como elas poderiam funcionar como uma barreira à entrada ou ao crescimento de novas firmas.
    a. Concessões de milhagens a viajantes freqüentes pelas companhias aéreas.
    b. O tempo e o aborrecimento necessários para aprender um novo programa processador de texto.
    c. As iniciativas da AOL, em 1999, para impedir que estranhos entrassem em suas salas de bate-papo para se comunicarem com seus assinantes.
    d. Sua decisão de comprar um computador Apple ou Windows.
    e. Uma locadora de vídeo local, cujo proprietário está começando a conhecer os tipos de filmes que você gosta e o fato de você geralmente os alugar às quintas à noite. Ele está começando a separar

certos vídeos para você na quinta, para o caso de você aparecer.

11. Alguns economistas têm argumentado que os varejistas on-line conseguirão *discriminar pelo preço* mais facilmente que os varejistas tradicionais, enquanto outros acreditam que a discriminação pelo preço se provará, eventualmente, mais difícil na Web. Você consegue pensar em argumentos favoráveis a algum lado desse debate? A discriminação de preço implica qualquer coisa sobre lucros de longo prazo?
12. No Capítulo 12, você viu uma variedade de maneiras nas quais grupos não favorecidos são discriminados nos mercados de trabalho. Quais tipos de discriminação no mercado de trabalho são enfraquecidos e quais tipos são fortalecidos pelo aumento no varejo on-line?
13. Qual tipo de varejo – on-line ou tradicional – cria mais externalidades negativas? Dê exemplos para sustentar sua posição.
14. "Os varejistas on-line deveriam ter muito mais facilidade no exterior que os varejistas tradicionais." Suponha que isso seja verdade e os mercados de varejo on-line se tornem mercados *internacionais*. Isso fortalece a concepção de lucros no longo prazo ou a concepção de lucros zero?

QUESTÕES DESAFIADORAS

1. Imagine que um potencial participante de um mercado de varejo on-line possa antecipar três anos de perdas econômicas iguais a $300 milhões, $500 milhões e $200 milhões, respectivamente, e, em seguida, um lucro econômico anual constante que começa no quarto ano e continua para sempre. Supondo que a taxa de desconto adequada seja de 10%, qual lucro econômico anual constante mínimo induziria a firma a entrar no setor? (*Dica*: Utilize a fórmula dada no Capítulo 13 para determinar o valor presente total de um fluxo constante de pagamentos começando neste ano. Certifique-se de deduzir o valor presente total dos primeiros três anos de lucros ausentes e subtraia em seguida o valor presente total das perdas dos três primeiros anos.)
2. Os varejistas tradicionais têm feito lobby para aplicar o imposto de vendas – que eles têm de pagar – às vendas do varejo on-line (que, no início de 2000, permaneciam, em sua maior parte livres de tributação). Se os varejistas tradicionais tiverem êxito, como isso alterará a análise da Figura 2? Certifique-se de informar quaisquer hipóteses que estiver fazendo em sua análise.
3. Alguns economistas acreditam que os Estados Unidos têm uma vantagem comparativa no fornecimento de serviços de varejo on-line. O que seria responsável por essa visão?
4. O crescimento do varejo on-line pode aumentar ou reduzir os retornos para os superastros discutidos no Capítulo 12? Explique.

A

Abordagem marginal para o lucro – Uma firma maximiza seu lucro tomando qualquer ação que adicione mais à sua receita que ao seu custo.

Agente – Uma pessoa contratada para fazer um trabalho.

Agregação – O processo de combinar coisas distintas em um único inteiro.

Alocação de recursos – Um método de determinar quais bens e serviços serão produzidos, como serão produzidos e quem os obterá.

Análise fundamentalista – Um método de prever o preço de uma ação com base nas forças fundamentais que impulsionam os ganhos futuros da firma.

Análise gráfica – Um método de prever o preço de uma ação, com base no comportamento passado dessa ação.

Aquisição amigável – Quando a gerência de uma firma organiza a aquisição dessa firma por outra firma que eles não esperam que os demita.

Aquisição hostil – Quando estranhos compram participações em uma firma com o objetivo de substituir a equipe da gerência e aumentar os lucros.

Atividade *rent-seeking* – Qualquer ação custosa que uma firma executa para estabelecer ou manter seu *status* de monopólio.

Ativo financeiro – Uma promessa de pagar renda futura de alguma maneira, como pagamentos futuros de dividendos ou pagamentos futuros de juros.

B

Bem inferior – Um bem que as pessoas demandam menos à medida que suas rendas aumentam.

Bem normal – Um bem que as pessoas demandam mais à medida que suas rendas aumentam.

Bem privado – Um bem que é rival e que pode ser excluído. É ofertado por firmas privadas no mercado.

Bem público – Um bem que não tem rival e não pode ser excluído. O mercado não pode e não deve fornecer tais bens.

Bens alternativos – Outros bens que uma firma poderia produzir utilizando alguns dos mesmos tipos de insumos que o bem em questão.

Bens de luxo – Um bem com uma elasticidade-renda da demanda maior que um.

C

Capital – Ferramentas de longa duração utilizadas para produzir bens e serviços.

Capital humano – As habilidades e o treinamento da força de trabalho.

Capital humano específico – Conhecimento, educação ou treinamento que são valorizados somente em firmas específicas.

Capital humano geral – Conhecimento, educação ou treinamento que são valiosos em muitas firmas diferentes.

Capitalismo – Um tipo de sistema econômico no qual a maioria dos recursos é de propriedade privada.

Característica não monetária do emprego – Qualquer aspecto de um trabalho, que não seja o salário, que importe para um funcionário potencial ou atual.

Cartel – Um grupo de firmas que seleciona um preço comum que maximiza os lucros totais da indústria.

Cavaleiro branco – Uma firma que executa uma aquisição amigável.

Coeficiente de Gini – Uma medida de desigualdade de renda. A razão da área acima de uma curva de Lorenz e abaixo da linha de igualdade completa para uma área abaixo da diagonal.

Complemento – Um bem que é utilizado *junto com* outro bem.

Comunismo – Um tipo de sistema econômico em que a maioria dos recursos é de propriedade comum.

Concorrência extrapreço – Qualquer ação que uma firma executa para aumentar a demanda por seu produto – que não seja uma diminuição no preço.

Concorrência monopolista – Uma estrutura de mercado na qual existem muitas firmas que vendem produtos diferenciados, embora ainda sejam substitutos próximos e na qual existe entrada e saída livres.

Concorrência perfeita – Uma estrutura de mercado na qual existem muitos compradores e vendedores, o produto é padronizado e os vendedores podem entrar ou sair facilmente do mercado.

Conluio explícito – Cooperação envolvendo a comunicação direta entre firmas concorrentes sobre definição de preços.

Conluio tácito – Qualquer forma de cooperação oligopolista que não envolve um acordo explícito.

Controles de aluguel – Aluguéis máximos impostos pelo governo para apartamentos e casas.

Copyright – Uma concessão de direitos exclusivos para vender um trabalho literário, musical ou artístico.

Corporação – Uma firma de propriedade daqueles que compram ações e cuja responsabilidade é limitada ao valor do seu investimento na firma.

Cota – Um limite físico no volume de importações.

Curto prazo – Um horizonte de tempo durante o qual pelo menos um dos insumos da firma não pode ser variado.

Curva da demanda de trabalho de mercado – Uma curva que indica o número total de trabalhadores que todas as firmas no mercado de trabalho desejam empregar a cada taxa salarial.

Curva de demanda de mercado – A representação gráfica de uma tabela de demanda, isto é, uma curva que mostra a quantidade de um bem ou serviço demandada a vários preços e com todas as outras variáveis mantidas constantes.

Curva de demanda individual – Uma curva que mostra a quantidade de um bem ou serviço demandada por um indivíduo a cada diferente preço.

Curva de demanda que a firma enfrenta – Uma curva que indica, para diferentes preços, a quantidade de produto que os clientes comprarão de uma determinada firma.

Curva de Lorenz – Quando as famílias são agrupadas de acordo com suas rendas, uma linha que mostra a porcentagem cumulativa de renda recebida por porcentagem cumulativa de famílias.

Curva de oferta – A descrição gráfica de uma tabela de oferta, isto é, uma curva que mostra a quantidade de um bem ou serviço oferecido a diferentes preços, com todas as outras variáveis mantidas constantes.

Curva de oferta da firma – Uma curva que mostra a quantidade de bens que uma firma competitiva produzirá a preços diferentes.

Curva de oferta de mercado – Uma curva que indica a quantidade de produto que todos os vendedores de um mercado produzirão a diferentes preços.

Curva de oferta de trabalho – Uma curva que indica o número de pessoas que querem emprego em um mercado de trabalho a cada taxa salarial.

Curva de oferta de trabalho no longo prazo – Uma curva que indica quantas pessoas (qualificadas) desejarão trabalhar em um mercado de trabalho, depois de um ajuste completo devido uma mudança na taxa salarial.

Curva de oferta no longo prazo – Uma curva que indica a quantidade de produto que todos os vendedores em um mercado produzirão a diferentes preços, depois que todos os ajustes no longo prazo tiverem ocorrido.

Custo de oportunidade – O valor da melhor alternativa (ou alternativas) sacrificada quando se realiza uma ação.

Custo fixo médio – Custo fixo total dividido pela quantidade produzida de produto.

Custo fixo total – O custo de todos os insumos que são fixos no curto prazo.

Custo Irrecuperável – Um custo incorrido no passado e que não é alterado em resposta a uma decisão no presente.

Custo marginal – O aumento no custo total de produção decorrente da produção de mais uma unidade de produto.

Custo médio total – Custo total dividido pela quantidade produzida de produto.

Custo total – O custo de todos os insumos fixos e variáveis.

Custo total médio de longo prazo – O custo por unidade de produto no longo prazo, quando todos os insumos são variáveis.

Custo total no longo prazo – O custo de produzir cada quantidade de produto quando a mescla de insumos de menor custo é escolhida no longo prazo.

Custo variável médio – Custo variável total dividido pela quantidade produzida de produto.

Custo variável total – O custo de todos os insumos variáveis utilizados na produção de um particular nível de produto.

Custos da transação – Os custos de tempo e outros custos necessários para levar a cabo as trocas no mercado.

Custos explícitos – Dinheiro realmente pago pelo uso de insumos.

Custos fixos – Custos dos insumos fixos.

Custos implícitos – O custo de insumos para os quais não existe pagamento em dinheiro direto.

Custos variáveis – Custos dos insumos variáveis.

D

Data de vencimento – A data na qual a quantia principal de um título será paga ao seu proprietário.

Delito civil – Um ato ilegal que prejudica alguém.

Demanda com elasticidade unitária – Uma elasticidade-preço da demanda igual a –1.

Demanda derivada – A demanda por um insumo que surge – e varia com – da demanda pelo produto que ajuda a produzir.

Demanda elástica – Uma elasticidade-preço da demanda menor que –1.

Demanda inelástica – Uma elasticidade-preço da demanda entre 0 e –1.

Demanda perfeitamente (infinitamente) elástica – Uma elasticidade-preço de demanda que se aproxima ao infinito.

Demanda perfeitamente inelástica – Uma elasticidade-preço da demanda igual a 0.

Desconto – O ato de converter um valor futuro em seu equivalente presente.

Deseconomias de escala – Aumentos no custo médio total de longo prazo, à medida que se eleva a produção.

Diferencial de compensação salarial – Uma diferença salarial que torna dois empregos igualmente atraentes para um trabalhador.

Discriminação – Quando um grupo de pessoas tem oportunidades diferentes devido a características pessoais que não têm nada a ver com suas habilidades.

Discriminação de preço – Cobrança de diferentes preços para diferentes clientes, por motivos que não sejam as diferenças no custo.

Discriminação de preço perfeita – A cobrança, de cada cliente, do máximo que ele estaria disposto a pagar por unidade comprada.

Discriminação estatística – Quando indivíduos são excluídos de uma atividade com base na probabilidade estatística de comportamento em seu grupo e não em suas características pessoais.

Diversificação – O processo de reduzir o risco diversificando fontes de renda entre diferentes alternativas.

Dividendos – A parte do lucro corrente de uma firma que é distribuída aos acionistas.

Duopólio – Um mercado de oligopólio com apenas dois vendedores.

E

Economia – O estudo da escolha em condições de escassez.

Economia de comando ou planejada centralmente – Um sistema econômico no qual os recursos são alocados de acordo com instruções explícitas de uma autoridade central.

Economia de mercado – Um sistema econômico no qual os recursos são alocados por meio de tomadas de decisão individuais.

Economia normativa – O estudo do que *deveria ser.* É utilizada para fazer julgamentos de valor, identificar problemas e prescrever soluções.

Economia positiva – O estudo do que *é* e de como a economia funciona.

Economia tradicional – Uma economia na qual os recursos são alocados de acordo com práticas vividas por um longo tempo no passado.

Economias de escala – O custo total médio de longo prazo diminui à medida que a produção aumenta.

Efeito Averch-Johnson – A tendência dos monopólios naturais regulados de investir em excesso em capital.

Efeito renda – À medida que o preço de um bem diminui, o poder de compra do consumidor aumenta, provocando uma alteração na quantidade demandada do bem.

Efeito substituição – À medida que o preço de um bem cai, o consumidor substitui esse bem por outros cujos preços não foram mudados.

Eficiência alocativa – Quando não existe alteração na quantidade consumida de nenhuma mercadoria por nenhum consumidor, isso seria uma melhoria de Pareto.

Eficiência econômica – Uma situação em que cada melhoria de Pareto ocorreu.

Eficiência produtiva – Quando é impossível produzir mais de um bem sem produzir menos de algum outro bem.

Elasticidade-preço de demanda – A sensibilidade da quantidade demandada ao preço, ou seja, a variação percentual na quantidade demandada, provocada por uma variação de 1% no preço.

Elasticidade no curto prazo – Uma elasticidade medida logo depois de uma mudança no preço.

Elasticidade no longo prazo – Uma elasticidade medida em um ano ou mais, depois de uma alteração de preço.

Elasticidade preço-cruzada da demanda – A alteração, em porcentagem, na quantidade demandada de um bem, provocada por uma variação de 1% no preço de outro bem.

Elasticidade-renda da demanda – A variação percentual da quantidade demandada , provocada por uma variação de 1% na renda.

Equilíbrio – Um estado de repouso, ou seja, uma situação que, depois de alcançada, não será alterada, a menos que algum fator externo, anteriormente constante, seja modificado.

Escala de Eficiência Mínima (EEM) – O nível de produção no qual economias de escala são esgotadas e o *CTMLP* mínimo é atingido.

Escassez – Uma situação em que a quantidade de alguma coisa disponível é insuficiente para satisfazer o desejo por ela.

Escassez de trabalho – A quantidade demandada de trabalho excede a quantidade ofertada à taxa salarial prevalecente.

Especialização – Um método de produção no qual cada pessoa se concentra em um número limitado de atividades.

Estratégia dominante – Uma estratégia que é melhor para uma firma , independentemente de qual estratégia seu concorrente escolha.

Estrutura de mercado – As características de um mercado que influenciam a maneira como a comercialização ocorre.

Excesso de demanda – A um certo preço, o excesso da quantidade demandada com relação à quantidade ofertada.

Excesso de oferta – A um certo preço, o excesso da quantidade ofertada com relação à quantidade demandada.

Excesso de trabalho – A quantidade ofertada de trabalho excede a quantidade demandada à taxa salarial prevalecente.

Excise taxes – Um imposto sobre um bem ou serviço específico.

Exclusão – A habilidade de excluir quem não paga por consumir uma mercadoria.

Exportações – Bens e serviços produzidos domesticamente, mas vendidos no exterior.

Externalidade – Um subproduto de um bem ou atividade que afeta alguém não imediatamente envolvido na transação.

F

Falha do mercado – Um equilíbrio de mercado que falha em aproveitar cada melhoria de Pareto.

Firma de negócios – Uma firma de pessoas particulares e por elas operada, especializada na produção.

Firma individual – Uma firma de propriedade de um único indivíduo.

Franquia do governo – Um direito concedido pelo governo para ser o único vendedor de um produto ou serviço.

Fronteira de Possibilidades de Produção (FPP) – Uma curva que mostra todas as combinações de dois bens que podem ser produzidos com os recursos e a tecnologia atualmente disponíveis.

Função de produção – Uma função que indica a quantidade máxima de produto que uma firma pode produzir durante um certo período a partir de cada combinação de insumos.

Fundo mútuo – Uma corporação especializada em possuir participações de ações em outras corporações.

G

Ganho de capital – O retorno obtido ao vender um ativo financeiro por um preço maior que o pago.

H

Hipótese crítica – Qualquer hipótese que afeta as conclusões de um modelo de uma maneira importante.

Hipótese da simplificação – Qualquer hipótese que torne um modelo mais simples, sem afetar nenhuma das suas conclusões importantes.

I

Importações – Mercadorias e serviços produzidos no exterior, mas consumidos domesticamente.

Índice de Herfindahl-Hirschman – A soma do quadrado das participações no mercado de todas as firmas de uma indústria.

Indústria de custo constante – Uma indústria na qual a curva de oferta no longo prazo é horizontal, pois a curva de *CTM* de cada firma não é afetada pelas mudanças na produção da indústria.

Indústria de custo crescente – Uma indústria em que a curva de oferta no longo prazo sobe, pois a curva *CTM* de cada firma muda para cima à medida que a produção da indústria aumenta.

Indústria de custo decrescente – Uma indústria em que a curva de oferta no longo prazo inclina-se para baixo , pois a curva de *CTM* de cada firma é alterada para baixo à medida que a produção da indústria aumenta.

Ineficiência produtiva – Uma situação em que mais de pelo menos um bem pode ser produzido, sem sacrificar a produção de algum outro bem.

Insumo complementar – Um insumo cujo uso aumenta o produto marginal de outro insumo.

Insumo fixo – Um insumo cuja quantidade permanece constante, não importa quanto produto seja produzido.

Insumo substituto – Um insumo cujo uso diminui o produto marginal de outro insumo.

Insumo variável – Um insumo cuja utilização muda à medida que o nível de produção muda.

Investimento – Despesas das firmas com novo capital durante um determinado período.

J

Jogo repetido – Uma situação na qual vendedores interdependentes estrategicamente competem durante muito tempo.

L

Lado curto do mercado – A menor quantidade ofertada e a menor quantidade demandada a um particular preço.

Lei da demanda – À medida que o preço de um bem aumenta, a quantidade demandada diminui.

Lei da oferta – À medida que o preço de uma mercadoria aumenta, a quantidade da oferta também se eleva.

Lei da Oferta – Quando o preço de um bem aumenta, a quantidade ofertada desse bem também se eleva.

Lei da utilidade marginal decrescente – À medida que o consumo de um bem ou serviço aumenta, a utilidade marginal diminui.

Lei de aumento do custo de oportunidade – Quanto mais de alguma coisa é produzido, maior o custo de oportunidade de produzir mais uma unidade.

Lei do custo de oportunidade crescente – Quanto mais de alguma coisa é produzido, aumenta o custo de oportunidade de se produzir uma unidade a mais.

Lei dos rendimentos marginais decrescentes – À medida que mais e mais de um insumo for adicionado a uma quantia fixa de outros insumos, seu produto marginal irá, eventualmente, decair.

Liderança de preço – Uma forma de conluio tácito na qual uma firma define um preço que outras firmas seguem.

Linha de pobreza – O nível de renda abaixo do qual uma família é considerada em pobreza.

Linha do orçamento – A representação gráfica de uma restrição orçamentária.

Longo prazo – Um horizonte de tempo longo o suficiente para uma firma variar todos os seus insumos.

Lucro – Receita total menos o custo total.

Lucro contábil – Receita total menos os custos contábeis.

Lucro econômico – A receita total menos todos os custos de produção, explícitos ou implícitos.

Lucro normal – Outro nome para lucro econômico zero.

M

Macroeconomia – O estudo da economia como um todo.

Matriz de *payoff* – Uma tabela que mostra os *payoffs* para cada dois participantes para cada par de estratégias que eles escolhem. O termo *payoff* equivale à recompensa que cada jogador obtém ao final de um jogo.

Média Industrial Dow Jones – Um índice dos preços de ações das 30 grandes firmas dos Estados Unidos.

Melhoria de Pareto – Uma ação que torna pelo menos uma pessoa melhor e não prejudica ninguém.

Mercado – Um grupo de compradores e vendedores com o potencial para comercializar entre si.

Mercado de monopólio – O mercado no qual uma firma monopolista opera.

Mercado de trabalho perfeitamente competitivo – Um mercado com muitos vendedores de trabalho indistinguíveis e muitos compradores e que não envolve nenhuma barreira para entrar ou sair.

Mercado eficiente – Um mercado que incorpora, instantaneamente, todas as informações disponíveis relevantes para o preço de uma ação.

Mercado imperfeitamente competitivo – Um mercado em que um único comprador ou vendedor tem o poder de influenciar o preço do produto.

Mercado negro – Um mercado em que os bens são vendidos ilegalmente a um preço acima do teto legal.

Mercado perfeitamente competitivo – Um mercado em que nenhum comprador ou vendedor tem o poder de influenciar o preço.

Mercado primário – O mercado no qual ativos financeiros recém-emitidos são vendidos pela primeira vez.

Mercado secundário – O mercado no qual os ativos financeiros anteriormente emitidos são vendidos.

Mercados de fatores – Mercados nos quais recursos – capital, terra, trabalho e recursos naturais – são vendidos para firmas.

Mercados de produtos – Mercados nos quais as firmas vendem bens e serviços para famílias ou outras firmas.

Microeconomia – O estudo do comportamento individual de famílias, firmas e governos individualmente e as escolhas que eles fazem e sua interação em mercados específicos.

Modelo – Uma representação abstrata da realidade.

Monopólio – O único vendedor de uma mercadoria ou serviço que não tem substitutos próximos.

Monopólio de um único preço – Uma firma monopolista que está limitada a cobrar o mesmo preço para cada unidade de produto vendida.

Monopólio natural – Um mercado no qual, devido a economias de escala, uma firma pode operar com um custo médio inferior ao que podem operar duas ou mais firmas.

Mudança na demanda – Uma mudança de uma curva de demanda em resposta a uma modificação em alguma outra variável que não seja o preço.

Mudança na oferta – Uma mudança de uma curva de oferta, em resposta a uma alteração em outra variável que não seja o preço.

Mudança na quantidade demandada – O movimento, ao longo de uma curva de demanda, em resposta a uma mudança no preço.

Mudança na quantidade ofertada – Um movimento, ao longo de uma curva de oferta, em resposta a uma mudança no preço.

N

Necessidade econômica – Um bem com uma elasticidade renda da demanda entre zero e um.

O

Oligopólio – Uma estrutura de mercado na qual um pequeno número de firmas é estrategicamente interdependente.

Opções de ações – Direitos de compra de participações em ações a um preço pré-especificado.

P

Pagamento de transferência – Qualquer pagamento que não seja compensação pela oferta de bens ou serviços.

Pagamentos em cupons – Uma série de pagamentos periódicos que um título promete antes do vencimento.

Parceria – Uma firma de propriedade de vários indivíduos, e geralmente operada por eles, que dividem os lucros e possuem responsabilidade pessoal por qualquer perda.

Participação em ações – Uma participação na propriedade de uma corporação.

Patente – Uma concessão temporária de direitos de monopólio sobre um novo produto ou descoberta científica.

Perda – Um lucro negativo quando o custo total excede a receita total.

Piso de preço – Um preço mínimo imposto pelo governo em um mercado.

Plantas – O agrupamento de insumos fixos à disposição de uma firma.

Precificação pelo custo médio – A estratégia reguladora de definir o preço igual ao custo médio total de longo prazo de um monopolista natural.

Preço – A quantia em dinheiro que deve ser paga a um vendedor para obter um bem ou serviço.

Preço de fechamento – O preço no qual uma firma está indiferente entre produzir e fechar.

Preço relativo – O preço de um bem relativo ao preço de outro bem.

Preferências racionais – Preferências que satisfazem duas condições. (1) Quaisquer duas alternativas podem ser comparadas e uma é preferida ou, caso contrário, as duas são avaliadas igualmente e (2) as comparações são logicamente consistentes.

Principal – Uma pessoa ou grupo que contrata alguém para fazer um trabalho.

Principal (valor de face) – A quantia de dinheiro que um título promete pagar quando vencer.

Princípio de avaliação de ativos – A idéia de que o valor de um ativo é igual ao valor total presente de todos os benefícios futuros que irá gerar.

Problema agente-principal – A situação que surge quando um agente tem interesses conflitantes com os do principal e tem capacidade para perseguir esses interesses.

Produto do capital-receita marginal – O aumento na renda devido a um aumento de uma unidade no insumo de capital.

Produto marginal do trabalho – O produto adicional produzido quando mais um trabalhador é contratado.

Produto total – A quantidade máxima de produto que pode ser produzida a partir de uma certa combinação de insumos.

Produto-receita marginal (*PRM*) – A mudança na receita decorrente da contratação de mais um trabalhador.

Protecionismo – A crença de que as indústrias de uma nação devem ser protegidas da concorrência estrangeira.

Q

Quantidade demandada de mercado – A quantidade total de um bem que todos os compradores do mercado escolheriam comprar a cada preço.

Quantidade demandada individual – A quantidade total de um bem que um indivíduo escolheria comprar a um dado preço.

Quantidade ofertada da firma – A quantidade total de um bem ou serviço que uma firma individual escolheria produzir e vender a um certo preço.

Quantidade ofertada de mercado – A quantidade total de um bem ou serviço que todos os produtores de um mercado escolheriam produzir e vender a cada preço.

R

Receita marginal – A mudança na receita total decorrente da produção de mais uma unidade de produto.

Receita total – O influxo total de recebimentos da venda de uma certa quantidade de produto.

Recursos – A terra, o trabalho e o capital que são utilizados para produzir bens e serviços.

Regra de fechamento – No curto prazo, a firma deve continuar a produzir se a receita total exceder os custos variáveis totais. Caso contrário, deve fechar.

Renda – A quantia que uma pessoa ou firma ganha em um período específico.

Renda de propriedade – Renda derivada da oferta de capital, terra ou recursos naturais.

Rendimento – A taxa de retorno que um título ganha para seu proprietário.

Rendimentos marginais crescentes do trabalho – O produto marginal do trabalho aumenta à medida que mais trabalhadores são contratados.

Rendimentos marginais decrescentes do trabalho – O produto marginal do trabalho diminui à medida que mais trabalhadores são contratados.

Restrição orçamentária – As diferentes combinações de mercadorias que um cliente pode comprar com um orçamento limitado, a determinados preços.

Retornos constantes de escala – O custo médio total no longo prazo não é alterado à medida que a produção aumenta.

Revolta dos acionistas – Quando os proprietários, insatisfeitos com os lucros que estão obtendo, substituem a gerência da firma.

Riqueza – O valor total de tudo que uma pessoa ou firma possui, em um ponto no tempo, menos o valor total de tudo que a firma ou pessoa deve.

Rivalidade – Uma situação em que o consumo de um bem ou serviço por uma pessoa significa que ninguém mais pode consumi-lo.

S

Saída – Uma cessação permanente da produção, quando uma firma deixa uma indústria.

Salário de reserva – O valor de salário mais baixo no qual um indivíduo iria ofertar trabalho em um particular mercado de trabalho.

Sinais do mercado – Alterações de preço que fazem com que as firmas mudem sua produção para corresponder mais de perto à demanda do consumidor.

Sistema econômico – Um sistema de alocação de recursos e de propriedade de recursos.

Socialismo – Um tipo de sistema econômico no qual a maioria dos recursos é de propriedade do Estado.

Standard & Poor's 500 – Um índice dos preços de ações das 500 grandes firmas dos Estados Unidos.

Substituto – Um bem que pode ser utilizado no lugar de algum outro bem e que atende a mais ou menos o mesmo propósito.

T

Tabela de demanda – Uma lista que mostra as quantidades de um bem que os consumidores escolheriam comprar, a preços diferentes, com todas as outras variáveis mantidas constantes.

Tabela de oferta – Uma lista que mostra as quantidades de um bem ou serviço que firmas escolheriam produzir e vender a diferentes preços, com todas as outras variáveis mantidas constantes.

Tarifa – Um imposto sobre importações.

Taxa de câmbio – A quantia de uma moeda comercializada por uma unidade de uma outra moeda.

Taxa de desconto – A taxa de juros utilizada para computar os valores presentes.

Taxa de pobreza – A porcentagem de famílias cujas rendas ficam abaixo de um certo mínimo – a linha de pobreza.

Tecnologia – O conjunto de métodos que uma firma pode utilizar para transformar insumos em mercadorias.

Teoria dos jogos – Uma abordagem para modelagem da interação estratégica de oligopolistas, em termos de movimentos e contra-movimentos.

Termos de Troca – A taxa na qual um país pode comercializar produtos de produção doméstica por outros produzidos no exterior.

Terra – O espaço físico em que ocorre a produção, e os recursos naturais que vêm com ele.

Teto de preço – Um preço máximo imposto pelo governo em um mercado.

Tit for tat – Uma estratégia teórica de jogo de fazer a outro jogador, neste período, o que ele fez a você no período anterior.

Título – Uma promessa de pagar uma soma específica de dinheiro em uma data futura.

Título de desconto puro – Um título que não promete nenhum pagamento, exceto o principal, pago no vencimento.

Tomada de decisão marginal – Para entender e prever o comportamento dos tomadores de decisão individuais, nos concentramonos nos efeitos incrementais ou marginais de suas ações.

Tomador de preços – Qualquer firma que trata o preço de seu produto como dado e além do seu controle.

Tomador de salário – Qualquer firma que aceita a taxa salarial de mercado como dada ao tomar decisões de contratação.

Trabalho – O tempo que seres humanos gastam produzindo bens e serviços.

Tragédia dos comuns – O problema de uso excessivo quando um bem é rival, mas não pode ser excluído.

Troca – O ato de comercializar com outros para obter o que desejamos.

U

Utilidade – Prazer ou satisfação obtida a partir do consumo de bens e serviços.

Utilidade marginal – A alteração na utilidade total que um indivíduo obtém por consumir uma unidade adicional de um bem ou serviço.

V

Valor presente – O valor, no dólar de hoje, de uma soma em dinheiro a ser recebida ou paga em uma data específica.

Vantagem absoluta – A capacidade de produzir um bem ou serviço utilizando menos recursos que outros produtores.

Vantagem comparativa – A capacidade de produzir um bem ou serviço com um custo de oportunidade inferior ao de outros produtores ou países.

ÍNDICE REMISSIVO

D

E

M

N

O

P

Q

R

S

T

IMPRESSÃO E ACABAMENTO:
YANGRAF Fone/Fax:
6198.1788